Jetzt lerne ich

JavaScript und HTML

Ralph Steyer

Jetzt lerne ich JavaScript und HTML

Der einfache Einstieg ins Web-Scripting

Markt&Technik
Buch- und Software-Verlag GmbH

Die Deutsche Bibliothek – CIP-Einheitsaufnahme

Steyer, Ralph:
Jetzt lerne ich JavaScript und HTML [Medienkombination] : der einfache Einstieg ins Web-Scripting; Start ohne Vorwissen; HTML-Editor und aktuelle Browser auf CD /
Ralph Steyer. – München : Markt und Technik, Buch- und Software-Verl.
ISBN 3-8272-5541-4
Buch. – 1999
CD-ROM. – 1999

Umwelthinweis:
Dieses Buch wurde auf chlorfrei gebleichtem Papier gedruckt.
Die Einschrumpffolie – zum Schutz vor Verschmutzung – ist aus umweltverträglichem und recyclingfähigem PE-Material.

10 9 8 7 6 5

03 02 01 00

ISBN 3-8272-5541-4

Einbandgestaltung: NOWAK werbeagentur & medien, Pfaffenhofen
Lektorat: Erik Franz, efranz@mut.de
Herstellung: Claudia Bäurle, cbaeurle@mut.de
Satz: text&form, Fürstenfeldbruck
Druck und Verarbeitung: Bosch-Druck, Ergolding, www.bosch-druck.de
Printed in Germany

Inhaltsverzeichnis

Vorwort

Das Internet – es gehört mittlerweile zum Alltag. So wie das Telefon, der Fernseher und der Computer. Für immer mehr Menschen gilt: ein Computer mit Internetanschluß muß her! Ein neues Spielzeug. Viele freuen sich darauf wie auf ein neues Auto, eine Stereoanlage, einen neuen Fernseher. Andere haben sich mit Händen und Füßen dagegen gewehrt. Es hilft nichts – der Computer und das Internet – jeder wird irgendwann davon eingefangen.

Das war vor nur wenigen Jahren noch ganz anders. Obwohl Computer bereits Anfang der 90iger Jahre in vielen Haushalten vorhanden waren, ist der Begriff Internet erst seit Mitte dieses Jahrzehntes ebenso selbstverständlich. Mitte der 80iger Jahre repräsentierte ein Faxgerät den Standard, den eine Firma nicht unterschreiten durfte, wollte sie halbwegs auf dem Stand Zeit sein. Anfang der 90iger Jahre galt ein Handy als trendy und wichtige Personen (oder solche, die sich für wichtig hielten) mußten einfach so etwas besitzen. Diese Geräte werden heute nicht mehr sonderlich beachtet, sondern einfach vorausgesetzt. Wer kein Handy besitzt, muß sich bereits rechtfertigen. Firmen ohne Faxanschluß sind nahezu undenkbar.

Seit einigen Jahren ist dafür das Internet mit seinen Diensten an deren Stelle als Status Quo getreten. Die E-Mail-Adresse machte den Anfang und hat sich inzwischen in vielen Geschäftsbereichen als Selbstverständlichkeit etabliert. Aber auch im Privatbereich gilt – wer heute noch auf die Bitte um Angabe der E-Mail-Adresse mit »Habe ich leider nicht« antwortet, erwirbt schnell der Ruf des Hinterwälders. Und der allgemeinen Akzeptanz der E-Mail-Adresse folgte bald die der eignen Webseite.

Das Internet erlebt hauptsächlich den Aufschwung durch das World Wide Web, in dem sich jedermann einem in die zig Millionen gehendem potentiellen Publikum präsentieren kann. Webprogrammierung ist leicht, kann von jedem durchgeführt werden, der halbwegs mit einem Computer umgehen kann. Wenn Sie hier die ersten Schritte tun, um selbst eine eigne Web-Seite zu erstellen, treten Sie ein in eine faszinierende Welt, die wächst und wächst. Sie werden Bestandteil dessen, was man das Web nennt.

Und last but not least das Schönste – die Erstellung von Web-Seiten kostet so gut wie kein Geld. Sie brauchen keinen teuren Hochleistungsrechner. Ein einfacher PC, der sogar schon einige Jahre auf dem Buckel haben kann, tut es genauso. Und Sie brauchen keine teuren Programme zu Erstellung von Web-Seiten, wie es bei der Programmierung von »normalen« Programmen notwendig ist. Alles, was Sie brauchen, haben Sie sowieso auf Ihrem Rechner, bekommen es kostenlos aus dem Internet oder einer Unzahl von anderen Quellen.

Zum Abschluß des Vorwortes möchte ich Ihnen noch mit einigen Zahlen aus persönlicher Erfahrung präsentieren, welche die wachsende Bedeutung und Akzeptanz von Internet und seinem Aushängeschild WWW verdeutlichen.

Als ich 1996/97 erste Vorträge mit allgemeinen Informationen zum Thema Internet an einer Volkshochschule anbot, fielen von vier über zwei Semester angebotenen Kursen drei aus. Es hatten sich jeweils nur 2–3 Teilnehmer angemeldet. Im Semester 1998/99 meldeten sich auf den gleichen Vortrag (bei gleicher, unscheinbarer Ankündigung im Programmheft) bereits vor Semesterbeginn über 50 Teilnehmer. Der Vortrag mußte um zwei Zusatztermine erweitert werden. Daneben waren meine Spezialkurse zum Internet, welche auf diesem Grundkurs aufbauten, ähnlich überbucht. Selbst Intensivkurse über eine ganze Woche, die vor 2 Jahren niemals die nötige Teilnehmerzahl gefunden hätten, sind mittlerweile wenige Tage nach der Ankündigung ausgebucht.

Viel Spaß beim faszinierenden Einstieg in die Welt der Webprogrammierung wünscht Ihnen

R. J. Steyer *WWW.RJS.DE*

Kapitel 1

Grundlagen

Herzlich willkommen zur Web-Programmierung mit Javascript und HTML. Ich kann mir vorstellen, daß Sie darauf brennen, direkt mit der Erstellung von Web-Seiten zu beginnen. Ich möchte Sie auch nicht mit zuviel Theorie am Anfang quälen. Bevor wir uns jedoch auf die konkrete Erstellung von Web-Seiten stürzen, schaffen wir uns hier zuerst ein paar Grundlagen, damit die nachfolgenden Schritte leichter verständlich werden. Dies ist sicher nicht zwingend, um Web-Seiten erstellen zu können. Es erleichtert aber viele Folgeschritte, wenn wir bei einigen Fachbegriffen von den gleichen Voraussetzungen ausgehen. Sofern Sie also Neuling im Wunderland des Internet sind, möchte ich Sie einladen, mir zu einer kleinen Tour durch die wichtigsten Grundbegriffen zu folgen.

Sie lernen in diesem Kapitel etwas über:

- ✘ Die geschichtliche Entwicklung des Internet.
- ✘ Die aktuelle Situation des Internet.
- ✘ Das Adressierungskonzept im Internet.
- ✘ Die Idee des Programmierens.
- ✘ Die spezielle Situation beim Programmieren im Internet.
- ✘ Die verschiedenen Techniken der Web-Programmierung.
- ✘ Die Funktion eines Browsers und dessen Installation.
- ✘ Grundregeln des Web-Designs und der Web-Programmierung.

1.1 Was sollten Sie wissen?

Dieses Buch verspricht einen Start ohne Vorwissen. Wie ist das gemeint? Nun, dies bedeutet, Sie benötigen kein Vorwissen im Bereich von Web-Programmierung und auch Programmierung im allgemeinen. Sie müssen weder bereits ein Programm geschrieben haben noch überhaupt wissen, was Programmierung so genau ist. Was das Internet ist, bekommen Sie genauso erklärt wie die Grundlagen von Programmierung, sofern dieses für uns überhaupt von Bedeutung ist. Was ich jedoch an Wissen voraussetzen möchte, ist folgendes:

- Sie haben einen Rechner zur Verfügung und können ihn anschalten[1].
- Sie kennen die wichtigsten Begriffe der Hardware (den Begriff selbst zum Beispiel) – etwa Festplatte, Diskette, CD.
- Sie kennen sich in Grundzügen mit Ihrem Betriebssystem aus. Insbesondere beherrschen Sie
  - die Maus (die Klickvorgänge links und rechts, Ziehen mit der Maus),
  - die Fenstertechnik,
  - die Menütechnik
  - das Bedienen eines Dialogfensters,
  - das Starten und Beenden von Programmen, eventuell haben Sie bereits Programme auf Ihrem Rechner selbst installiert,
  - das Öffnen und Speichern von Dateien. Idealerweise können Sie Verzeichnisse auf der Festplatte erstellen.
- Prima ist es, wenn Sie einige Standardprogramme bedienen können – insbesondere Textverarbeitung.
- Sie sollten schon einmal im Internet gewesen sein und wissen, wie Sie ins Internet kommen. Es ist schon besser, wenn der Begriff *Provider* (Dienstanbieter – in unserem Fall die Organisation, über die Anwender normalerweise ins Internet gelangen) und seine Funktion Ihnen nicht ganz fremd sind. Ein eigener Internet-Anschluß ist zwar perfekt, aber nicht Voraussetzung für eine erfolgreiche Arbeit mit diesem Buch. Die Bedienung eines Browsers hingegen sollte in Grundzügen bekannt sein, oder Sie sollten sich zutrauen, diesen mit entsprechenden Erklärungen zu bedienen.

---

1 Bitte nicht lachen. Wenn einem Anfänger noch nie gezeigt wurde, wo ein Rechner einzuschalten ist – woher soll er es dann wissen?

1.2 Geschichte des Internet und WWW

Das Internet – fast jeder kennt mittlerweile der Begriff. Oft wird das Internet als »Netz der Netze« bezeichnet. Dies resultiert aus der Übersetzung von **Inter**connected **Net**works (der Begriff Internet ist daraus zusammengesetzt). Sinngemäß bedeutet das so etwas wie das »Netz der verbundenen Netze«.

Viele Leute reden ständig darüber, aber nur wenige davon wissen, was das Internet eigentlich ist. Gerade diejenigen Personen, die sich mit der Erwähnung des Begriffs Internet nur profilieren wollen, werfen Worte wie Internet, Intranet, elektronische Post, Datenhighway, WWW und World Wide Web permanent durcheinander und tragen mit ihrer Unkenntnis zu einem weit verbreiteten Halbwissen über das Internet bei.

Insbesondere besteht die Gefahr, daß das Internet mit dem WWW (World Wide Web) verwechselt wird. Aber so ist das nicht richtig. Das Internet ist nicht das WWW und das World Wide Web nicht das Internet. Genauso wenig, wie der FC Bayern München nur die Profi-Fußballkicker sind und diese paar Profi-Fußballkicker den ganzen FC Bayern München darstellen. Sie sind aber ein Teil davon. Ein sehr populärer Teil, weswegen fast jeder an die Fußballmannschaft denkt, wenn vom FC Bayern München die Rede ist. Es gibt jedoch noch eine Vielzahl von anderen Abteilungen, die alle dazu gehören. Die Fußballmannschaft ist nur ein Teil des gesamten Vereins.

Beim Internet verhält es sich vollkommen analog. Das WWW ist ein – äußerst populärer – Teil des Internet, aber beileibe nicht das gesamte Internet. Dieses besteht aus einer Vielzahl von Abteilungen (hier heißt es Dienste). Ebenfalls sehr populär ist beispielsweise der E-Mail-Dienst – die elektronische Post im Internet. Dies ist ein Dienst, der erst einmal nichts mit dem WWW zu tun hat. Obwohl die Trennung mittlerweile für einen Laien oft kaum noch zu bemerken ist. Nicht ganz zufällig, denn die einzelnen Dienste des Internet verschmelzen immer mehr unter dem Dach des World Wide Web. Unter der WWW-Oberfläche firmieren viele der einzelnen Dienste des Internet zu einer gemeinsamen Plattform, die von einem Anwender weitgehend über eine zentrale Software bedient werden kann. Aber bevor wir dazu kommen – lassen Sie uns erst einmal klären, was das Internet eigentlich wirklich ist. Dieses läßt sich recht gut über einen kurzen geschichtlichen Abriß erledigen.

1.2.1 Der Ursprung

Der Ursprung des Internet geht in die sechziger Jahren zurück – in die Zeit des kalten Kriegs. Um bei einem atomaren Erstschlag durch die ehemalige UdSSR einen Gegenschlag durchführen zu können, startete zu dieser Zeit in den Vereinigten Staaten von Amerika ein Projekt für ein Computernetzwerk. Dessen Rechner sollten weit genug auseinander stehen, damit nicht alle Schaltstellen gleichzeitig zerstört werden konnten. Insbesondere sollte das zwischen den Rechnern aufgebaute Kommunikationssystem vor Zerstörungen durch einen atomaren Angriff geschützt werden. Die in der ersten Phase der Zerstörung noch übrig gebliebenen Rechner sollten so den Gegenschlag starten können.

MERKSATZ

Was ist ein Netzwerk?

Ein Netzwerk ist der Zusammenschluß von im Prinzip eigenständig funktionstüchtigen Systemen, die für bestimmte Zwecke Informationen austauschen oder sich sonstige Leistungen gegenseitig zur Verfügung stellen.

Wenn beispielsweise ein PC über eine Leitung mit einem weiteren PC verbunden wird, reden wir (sofern die entsprechenden Voraussetzungen zur Funktionstüchtigkeit gegeben sind) bereits von einem Netzwerk. Sofern dann an einem PC ein Drucker angeschlossen ist, kann der zweite PC dann bei entsprechender Konfiguration diesen mit verwenden.

Eine Organisation mit Namen *Advanced Research Projects Agency* (ARPA) begann im Auftrag des US-Verteidigungsministeriums mit dem Projekt. Im Jahre 1969 wurde ein erstes Forschungsnetzwerk mit Namen **ARPANET** präsentiert, das ursprünglich aus vier miteinander verbundenen Rechnersystemen bestand.

Das eigentliche Kommunikationssystem, also die Verbindung der Rechnersysteme, basierte auf heterogenen Netzstrukturen. Neben permanenten Standleitungen (sogar mehrfach) sah das Konzept die Verbindung über das Telefonnetz vor. Zwischen einzelnen Rechnersystemen waren damit eine Vielzahl von unterschiedlichen Wegen möglich (insbesondere über das Telefonnetz).

Gerade das Telefonnetz erlaubt eine Vielzahl von Verbindungswegen, welche bei der Übertragung einer Information gewählt werden können. Dies liegt im wesentlichen daran, daß eine temporäre Telefonverbindung meist aus einzelnen Teilstrecken aufgebaut wird. Nämlich dann, wenn es keine direkte Verbindung von einer Station zum Ziel gibt. Das Zusammenknüpfen der Teilstrecken erfolgt an Relay-Stationen (den Ämtern). Dort wird – je nach Ziel – bei Bedarf eine Zwischenverbindung zum nächsten dem Ziel näher gelegenen Amt temporär aufgebaut, wenn ein Ziel nicht direkt erreicht werden kann (sprich – der angewählte Telefonanschluß hat keine direkte Verbindung zu dem Amt, an dem der anrufende Telefonanschluß angeschlossen ist). Natürlich kann bei einer großen Ausdehnung eines Netzes (wie es beim Telefonnetz der Fall ist) nicht jedes Amt mit jedem anderen Amt im Netz direkt verbunden sein. Jedes Amt ist mit einer begrenzten Anzahl von weiteren Ämtern verbunden. Sofern ein Amt also nicht das Zielamt selbst ist (von dem aus das eigentliche Ziel – der andere Telefonanschluß – direkt erreichbar ist), wird eines der angeschlossenen Ämter das Zielamt selbst oder dem Zielamt zumindest näher sein (sonst wäre das Ziel ja nie erreichbar). Bei großen Entfernungen werden so einfach eine gewisse Anzahl von Teilstrecken hintereinander geschaltet.

Am leichtesten können Sie sich die unterschiedlichen Möglichkeiten, welcher Weg zwischen zwei Rechnersystemen über das Telefonnetz aufgebaut wird, so klarmachen: Denken Sie nur an alte Filme, wo der Held das »Fräulein vom Amt« anrief und von ihm eine Verbindung von – sagen wir mal – der Westküste der USA zur Ostküste verlangte. Daraufhin versuchte das »Fräulein vom Amt«, über Steckverbindungen eine Kollegin zu erreichen, die in einem dem Ziel näher gelegenen Amt arbeitete. War das Amt zu erreichen, gab das »Fräulein vom Amt« das gewünschte Ziel an die Kollegin weiter. Dort – und bei allen folgenden Ämtern – erfolgte der gleiche Vorgang, bis das Zielamt, an dem der gewünschte Anschluß angeschlossen war, erreicht war. Eine (temporäre) Leitung zwischen Westküste und Ostküste war aufgebaut. Anschließend erfolgte noch der Rückruf zum Kunden, daß die Leitung stand.

Stellen Sie sich jetzt einmal die Frage, was bei einem solchen Konzept geschieht, wenn auf einem Amt A das von dort aus dem Ziel nächstgelegene, noch erreichbare Amt B besetzt oder ausgefallen ist (und damit natürlich auch das von Amt B aus ideale Amt C nicht mehr erreicht werden kann)? Das »Fräulein vom Amt A« wird versuchen, ein anderes Amt D zu erreichen, das dem Ziel ebenfalls näher gelegen ist. Vielleicht nicht optimal, aber immerhin geht es weiter. Von dort aus ist aber unter Umständen das dem Ziel nächstgelegene, noch erreichbare Amt ein ganz anderes (Amt E) als bei Situation 1 (dort war es ja Amt C). Die Leitung wird über einen ganz anderen Weg aufgebaut.

Ersetzen Sie nun den Begriff »Fräulein vom Amt« durch Relaystation oder Router[1] (Wegfinder), und Sie haben die Situation, welche tatsächlich in fast

1 Darauf kommen wir noch zu sprechen.

jedem Netz ohne fest vorgegebenen Weg existiert. Selbstverständlich erfolgte die Wegwahl im Telefonnetz schon zu Zeiten des APRANET automatisiert.

Ein solches Verbindungskonzept gewährleistet eine absolut krisensichere Verbindung, denn beim Ausfall einer Zwischenstation oder auch einer Endstation bricht nicht das gesamte Netzwerk zusammen (so wenig, wie das globale Telefonnetz zusammenbricht, wenn ein Telefonknoten in einer Stadt ausfällt oder gar nur ein Telefon Mätzchen macht).

Das Konzept, Computerdaten über das Telefonnetz zu übertragen, war also für den geplanten Zweck ideal. Es gab jedoch eine Vielzahl von Problemen zu lösen, denn das Netz war natürlich ursprünglich nicht dazu gedacht, digitale Informationen zu übermitteln. Das Telefonnetz ist ja ein rein analoges Netz – ein Netz, das nur Töne übertragen kann.

Zuerst einmal müssen für so einen Fall die digitalen Computerdaten umgewandelt werden, damit sie über ein analoges Netz übermittelt werden können. Sogenannte Akustikkoppler übernahmen diese Aufgabe. Der Begriff wird heute – selbst in Deutschland, wo gern lustige Namen für englische Fachbegriffe erfunden werden[1] – nicht mehr verwendet. Der Begriff Modem dürfte dafür mittlerweile geläufig sein. Ein Ableger dieser **Modulation** von digitalen Informationen in analoge Daten auf der sendenden Seite und deren **Dem**odulation (Rückwandlung) auf der empfangenden Seite (deshalb der Name **Modem**) ist das Faxen, welches die gleiche Technik verwendet.

Neben der rein hardwaretechnischen Seite gab es aber noch weitere, sehr komplexe Probleme zu lösen (etwa Sicherheitsaspekte beim Zugang, worauf wir aber nicht näher eingehen wollen). Ursprünglich sah das Konzept des ARPANET vor, daß Daten und Funktionalitäten nicht nur auf einem Rechner vorhanden sein sollten, sondern auf den verschiedenen Rechnern an den unterschiedlichsten Standorten parallel gehalten werden. Diese Rechner sollten miteinander verbunden sein und in regelmäßigen Abständen die wichtigsten Daten abgleichen. Dieser Abgleich erfolgte zum damaligen Zeitpunkt noch nicht über **Online**-Verbindungen im heutigen Sinn (also Aufbau einer Verbindung und der direkten Verwertung der ankommenden Daten). Die Informationen wurden in Datenpakete verpackt, die beim Empfänger zusammengesetzt und dann **offline** (ohne aktuell stehende Verbindung) ausgewertet werden mußten. Ein Konzept mußte entwickelt werden, das die Übertragung der Datenpakete regelte – ein sogenanntes Protokoll. Jedes Datenpaket bekam in diesem Konzept die Zieladresse des Rechners mit-

1 Denken Sie nur – falls Sie sich damit auskennen – an die ach so lustige Eindeutschung von VBA in einigen MS Office-Varianten.

geteilt und konnte unabhängig von den restlichen Datenpaketen (auch der gleichen Nachricht) den Weg zum Empfänger finden. Erst dort wurden zusammengehörende Datenpakete wieder zusammengesetzt.

Ein weiteres wichtiges Problem war die verschiedenartige Architektur der angeschlossenen Rechner und Übertragungsmedien, welche allesamt unterstützt werden sollten. Über die ersten Jahre entstanden diverse Konzepte, die 1973/74 in dem TCP/IP-Übertragungsprotokoll (*Transmission Control Protocol/Internet Protocol*) mündeten. IP und TCP sind im Prinzip zwei getrennte Protokolle (TCP ist ein Erweiterungsprotokoll von IP und sorgt für dessen Übertragungssicherheit, während IP die konkrete Wegsuche des Datenpakets regelt), kommen aber heute fast nur noch in Verbindung vor. Heute versteht man übrigens unter dem allgemeinen Begriff Internet alle Netzwerke, die über das TCP/IP-Übertragungsprotokoll verbunden sind.

TCP/IP ist ein sehr leistungsfähiges Transportprotokoll, aber eben nur ein reines Transportprotokoll – wie das Schienennetz mit seinen Weichen und all den Mechanismen, die einen weitverzweigten, komplexen Verkehr ermöglichen. Was jetzt noch fehlt, sind konkrete Anwendungen für diese Infrastruktur. Man nennt dies die Internet-Dienste. Spezialität aller dieser Dienste ist, daß sie auf TCP/IP als Übertragungskonzept aufsetzen und zudem plattformunabhängig sind. Gerade der letztgenannte Punkt ist von grundlegender Bedeutung, wenn man die Leistungsfähigkeit des Internet verstehen will. Plattformunabhängigkeit sowohl bei der Übertragung als auch bei der konkreten Anwendung. Man kann sämtliche Netzwerkfunktionalitäten auf einem beliebigen Rechnertyp durchführen. Es lassen sich also Rechnertypen miteinander verbinden, die bei einer direkten Kopplung über ein anderes Protokollkonzept (etwa in einem normalen Windows-LAN – Local Area Network – einem lokal begrenzten Netzwerk) erhebliche Verständigungsprobleme miteinander hätten.

Im Laufe der Zeit sind die unterschiedlichsten Anwendungen entstanden, welche die verschiedensten Aspekte der Netzwerkarbeit abdeckten. Etwa Telnet, der Dienst für den ersten Online-Zugriff im Internet. Über Telnet kann man per Internet über einen eignen Befehlssatz auf entfernte Computer zugreifen. FTP (*File-Transfer-Protocol*) ist ein weiterer Dienst, der speziell den Dateiversand im Internet unterstützt und im Gegensatz zu anderen Datei-Transfer-Protokollen einen erweiterten, internen Befehlssatz besitzt. Viele weitere Dienste – etwa News, Mail, Gopher usw. – kamen im Laufe der Zeit dazu.

Gleichzeitig wuchs die Zahl der Rechnersysteme, welche im Rahmen des ARPANET zusammengeschlossen wurden. Anfang der 70er Jahre wurden die ersten Systeme von Universitäten angeschlossen (1972 waren es ca. 50). Als das Internet immer größer wurde, entschlossen sich die Militärs, große Teile des militärischen Bereichs in ein eignes Netz, das MILNET, auszugliedern (1983). Die zivilen Teile (Forschung, Bildung, Gewerbe) wurden seitdem als Internet bezeichnet.

Über die Jahre kamen immer mehr Rechnersysteme zum Internet hinzu, und die Zahl der Anwender erhöhte sich damit zwangsläufig. Insbesondere gab es immer mehr Anwender, die keine Computerexperten waren. Diese hatte mit dem relativ komplizierten Befehlssatz der Internet-Dienste und der komplexen Adressierung von Rechnern im Internet erhebliche Probleme. Das Internet verband ursprünglich hauptsächlich Rechner, welche unter der Unix-Plattform arbeiteten. Dementsprechend war die Bedienung der meisten Funktionen des Internet nur über Unix-Befehle möglich. Auch die internen Befehlssätze der meisten Dienste wie Telnet oder FTP sind stark UNIX-orientiert. Dies war auf Dauer keine Lösung, denn es zeichnete sich Ende der 80er Jahre ab, daß diese Nicht-EDV-Fachleute – hauptsächlich Wissenschaftler – das Internet einfach nutzen wollten, ohne ein Informatikstudium vorher durchzuziehen. Es mußte eine einfachere Bedienoberfläche geschaffen werden, die eine einfache Übertragung von Daten und eine einfache Navigation zwischen weit verteilt liegenden Informationsquellen erlaubt.

1.2.2 Das WWW

Im Jahr 1989 entstand daraufhin im Kernforschungszentrum CERN in der Nähe von Genf ein Projekt, das diese Probleme angehen sollte. Tim Berners-Lee – der Mann hinter dem Projekt – präsentierte als wichtiges Resultat ein neues Protokoll für das Internet, welches den Aufbau und die Übertragung einer grafischen Oberfläche erlauben sollte (eines neuen Internet-Dienstes). Insbesondere war das Protokoll in der Lage, Texte mit speziellen Querverweisen – sogenannte Hyperlinks – zu übertragen und ihnen eine Funktionalität zuzuweisen. Diese Querverweise besaßen die revolutionäre Funktionalität, daß sie beim Anklicken mit der Maus den damit adressierten Rechner anwählten und die ausgewählten Daten übertrugen (das, was wir heute unter Surfen kennen, beruht darauf). Der Name für dieses neue Protokoll war HTTP (*Hyper Text Transport Protocol*). Sie werden es kennen, denn wenn heutzutage irgend jemand seine Internet-Präsenz angibt, wird HTTP das erste sein, was Sie hören werden (etwa `HTTP://www.rjs.de`).

Für den Aufbau dieser neue Oberfläche mußte eine neue Dokumentenbeschreibungssprache entwickelt werden – HTML (*Hypertext Markup Language*). HTML wurde mit Hilfe der Sprache SGML (*Structured Generalized Markup Language*) entwickelt. HTML ist eine sogenannte Dokumentbeschreibungssprache (oder auch Dokumentenformat), deren Basis SGML schon seit Ende der 60er Jahre existiert und welche die logischen Strukturen eines Dokuments beschreibt. Zu einer so beschriebenen logischen Dokumentenstruktur gehören reiner Text, Farbangaben, aber auch Kapitel, Unterkapitel, Absätze, Sprachelemente zur Formatierung von Text und zum Darstellen von Tabellen usw. In HTML wurde speziell die Beschreibung von Verweisen – den Hyperlinks – und das Einbinden von Grafiken integriert. Später sollte die Einbindung von immer mehr Elementen aus dem Bereich Multimedia hinzukommen.

Der Name für den neuen Dienst, der aus HTML erstellt wurde und auf dem HTTP-Protokoll basiert, war WWW – *World Wide Web*. Das, was wir heute als World Wide Web verstehen, ist die Sammlung aller HTML-Seiten (auch Web-Seiten genannt), die im Internet zur Verfügung stehen (plus diverser Zusatzelemente, die mittlerweile dazugekommen sind).

HTML-Dateien bestehen immer aus reinem Text, das heißt Klartext ohne irgendwelche Formatierungen. Dadurch bleiben HTML-Dokumente plattformunabhängig, das heißt, Ihre Web-Seite kann auf PCs, Sun-Workstations, auf Apple Macintoshs, Unix-Rechnern oder jedem anderen am Internet angeschlossenen Rechner dargestellt werden. In einer so inhomogenen Welt wie dem Internet ist dies zwingend und paßt in die Tradition der anderen Dienste.

Da eine HTML-Datei aus reinem Klartext besteht, muß diese Dokumentenbeschreibung interpretiert werden, um der Seite eine über reinen Text hinausgehende Bedeutung zu verleihen. Dazu benötigen Sie eine Software, die die einzelnen Objekte entsprechend ihrer Bedeutung auf dem Bildschirm (oder einem anderen Ausgabemedium) darstellt. Diese Darstellungssoftware kann dann plattformabhängig sein (und ist es auch). Bei dieser Software handelt es sich um den Browser, auf den wir später noch genauer eingehen wollen.

1.3 Das Internet heute

Die Entstehung des WWW war die Initialzündung für das Internet. Hyperlinks und Grafik machten das WWW für eine Vielzahl von Anwendern interessant. Insbesondere war das Vertriebskonzept für die erste ernstzunehmende Darstellungssoftware von Web-Seiten – den legendären NSA-Mosaic-Browser – eine regelrechte Vitaminspritze für das Internet. Es gab den Browser umsonst. Was als rein wissenschaftlicher Dienst zur einfachen Darstellung von wissenschaftlichen Arbeiten geplant war, mutierte zum Kommunikations- und Unterhaltungmedium für die Allgemeinheit. Das Internet ist deshalb heute das größte, globale Netzwerk der Welt. Es verbindet weltweit Millionen von Rechnern permanent, und von jedem Punkt der Welt kann – permanent oder auch temporär[1] – ein beliebiger Computer hinzugeschaltet werden. Es gibt so gut wie keine Beschränkung bezüglich seiner maximalen Ausdehnung.

Es gibt zwar einige Organisationen wie die ISOC (*Internet Society* – eine nicht-kommerzielle Vereinigung, welche sich mit den unterschiedlichsten Aspekten des Internet beschäftigt) oder die IAB (*Internet Architecture Board* – eine Organisation zur Dokumentation, Standardisierung und Förderung von neuen Technologien), die auf globaler Ebene Belange des Internet regeln. Auch auf Ebene der einzelnen Dienste gibt es Organisationen zur Lenkung verschiedenster Belange – etwa das W3C (*World Wide Web-Consortium* – verantwortlich für die Standards im WWW und damit auch HTML) im WWW. Diese Organisationen sind jedoch weitestgehend auf die freiwillige Kooperation der Internet-Gemeinde angewiesen. Vor allem gibt es keine Zensur, denn das Internet hat keine oberste Instanz im herkömmlichen Sinn – besonders nicht, was erlaubte und verbotene Inhalte angeht. Es ist also im besten Sinn des Wortes chaotisch oder anarchistisch. Was das Internet im Prinzip auszeichnet, ist seine Vielfalt. Das damit verbundene Problem zur Verbindung von verschiedenen Rechnern unterschiedlichsten Typs erfolgt über die als gemeinsamer Sprachnenner fungierenden Protokolle.

Trotz dieses scheinbaren Chaos ist das Internet mittlerweile eine gigantische, ernsthafte Kommunikationsplattform. Das WWW ist dabei der Bestandteil, in dem das Publizieren von digitalen Dokumenten für jedermann nahezu zum Kinderspiel geworden ist. Das Erlernen einer Sprache wie HTML ist einfach und auch die Beherrschung einer Scriptsprache keine Zauberei. Die freie Verfügbarkeit von Browsern und der jedermann zur Verfügung stehende Platz auf den Servern von unterschiedlichsten Anbietern (Providern, aber auch Betreibern von Suchmaschinen oder Anbietern von irgendwelchen anderen Dienstleistungen – etwa Online-Banken) bewirken ein ungebremstes, explosionsartiges Wachstum des WWW.

---

1 Was für normale Anwender natürlich wichtig ist – sonst könnten Sie ja nicht über Ihren Provider kurzzeitig am Internet teilnehmen und sich dann wieder abmelden.

MERKSATZ

Server und das Client-Server-Prinzip

Wir haben hier erstmals einen Begriff, welcher von zentraler Bedeutung in vielen Netzwerken ist und den wir in einem kleinen Exkurs klären sollten – der Begriff Server. Genaugenommen erweitern wir den Exkurs noch ein bißchen und klären die Frage, was ein Client-Server-System ist, denn das Internet arbeitet nach dem Client-Server-Prinzip Außerdem werden wir den Begriff HTTP noch ein wenig vertiefen.

Bei der Client-Server-Technik kommt einem Rechner in einem Netzwerk eine besondere Bedeutung zu. Er stellt Leistungen (Bereitstellen von Daten oder Programmen, Datensicherung, Bereitstellung von Hardware) bereit, die von anderen Rechnern genutzt werden. Es ist gewissermaßen der Diener (oder Sklave) der anderen Rechner. Sklave heißt auf Lateinisch Servus. Die englische Ableitung ist Server. Die anderen Rechner sind seine Klienten – englisch Clients.

Bei dieser Erklärung haben wir übrigens ziemlich geschummelt. Genaugenommen handelt es sich sowohl beim Server als auch beim Client um Software – keine Hardware. Wenn Sie etwa eine Excel-Tabelle in ein Winword-Dokument einfügen, kann dabei eine Client-Server-Beziehung aufgebaut werden. Excel dient als Server für Winword. Prinzipiell kann ein physikalischer Rechner durchaus gleichzeitig mehrere Server laufen haben. Allerdings versteht man unter dem Begriff Server oft den physikalischen Rechner selbst.

Um diese vielen Aufgaben auf einem Rechner ausführen und die diversen Client-Anfragen verarbeiten zu können, muß dieser unterschiedlichste Serverprogramme zur Verfügung haben. Im Internet benennt man in diesem Zusammenhang die Serverprogramme nach den jeweilig betreuten Internet-Diensten als FTP-Server, News-Server, Mail-Server, WWW-Server usw.

1.4 Adressierung im Internet

Wir wissen bereits, daß im Internet Informationen in Datenblöcke zerlegt werden. Diese Datenblöcke werden im Internet über das Protokoll TCP/IP mittels sogenannter Router (spezielle Server mit Adreßinformationen und einer Weiterleitungsfunktionalität) vom Sender zum Empfänger weitergeleitet. Wie aber sieht die Verarbeitung von Adreßinformationen auf den Routern aus? In einem derartig komplizierten Computernetzwerk ist eine Orientierung und Navigation nur dann möglich, wenn es dort ein eindeutiges

Adreßkonzept gibt. Wenn also jeder Router weiß, ob er das Ziel eines Datenblocks ist oder ob er ihn zu einem Kollegen weiterleiten muß. Und falls er ihn weiterleiten muß, muß ihm auch bekannt sein, welcher Kollege am Ziel näher dran ist. Das Adreßkonzept muß so umfangreich sein, daß dabei sowohl die einzelnen Rechner als auch die Software-Bestandteile (Web-Seiten, Bilder, Programme) eindeutige Adressen haben müssen.

1.4.1 Die IP-Adressen und das DNS-Konzept

Für jeden einzelnen Rechner innerhalb des Internet muß also eine eindeutige Zuordnung existieren. Diese Zuordnung geschieht im Internet über eine eindeutige Adresse, welche auf den Routern gespeichert ist und für deren Verwaltung im wesentlichen die Organisation IAB verantwortlich ist. Sofern ein Datenblock mit so einer Adressierung bei einem Router ankommt, kennt dieser entweder die Nummer, oder er weiß zumindest, welcher Kollege mehr darüber weiß und fragt dort nach.

Unter dem Transportprotokoll TCP/IP ist eine solche Internet-Adresse genau vier Byte lang. Sie wird als IP-Nummer oder IP-Adresse bezeichnet[1]. Da in einem Byte 256 verschiedene Zeichen binär dargestellt werden können (2 hoch 8 = 256), läßt sich in jedem der vier Byte eine Zahl zwischen 0 und 255 verschlüsseln. Gewöhnlich werden die IP-Adressen im Dezimalsystem dargestellt, und jedes Byte wird durch einen Punkt abgetrennt. Eine fiktive IP-Adresse eines Host (darunter können Sie sich einen Rechner im Internet vorstellen) wäre also so darstellbar:

```
123.210.222.123
```

Die vier Byte werden in logische Abschnitte unterteilt. Die Gliederung ist hierarchisch und in zwei wesentliche logische Abschnitte unterteilt. Der erste Teil der vier Byte ist die eindeutige Adresse des Netzwerks innerhalb des Internet, der zweite Teil die eindeutige Adresse des einzelnen Rechners innerhalb dieses von den ersten Bytes eindeutig bestimmten lokalen Netzwerks. Wieviel Byte dabei für die Adresse des Netzwerks bzw. für die Adresse des einzelnen Rechners verwendet werden, ist vom Typ des Netzwerks, d.h. der Größe des lokalen Netzwerks, abhängig. Ein weltweit gültiges Regelwerk sorgt für die eindeutige Zuordnung und Klassifizierung. Durch diese hierarchische Struktur der IP-Adressen wird die technische Um-

1 Da die freien IP-Adressen zur Neige gehen, sind zur Zeit Aktivitäten im Gange, um das IP-Adressen-Konzept zu erweitern. Das Internet-Protokoll Version 6.0 sieht eine abwärtskompatible Erweiterung der IP-Adressen auf 128 Bit vor. Die bisherigen IP-Adressen werden mit Nullen aufgefüllt. Zusätzlich sollen die IP-Adressen nicht mehr aus Dezimalzahlen, sondern aus Hexadezimalzahlen bestehen.

setzung der Reise eines Datenblocks vom Sender zum Empfänger realisiert. Die Datenblöcke werden auf ihrem Weg von den Routern zuerst nur in eine Grobrichtung weitergeleitet, welche sich aus dem ersten Byte-Bereich ergibt. Erst wenn der Datenblock am lokalen Netzwerk angekommen ist, werden die genauen Adreßangaben von innerhalb des Netzes liegenden Adreßservern ausgewertet. Zwar klingt das im ersten Moment ziemlich kompliziert und willkürlich, es ist aber gut durchdacht und bei näherem Hinsehen logisch. Wir werden uns hier dennoch nicht weiter mit dem genauen Aufbau dieses Systems beschäftigen, da das Verständnis des Konzepts für den Web-Programmierer (gerade für den Einsteiger) von untergeordneter Bedeutung ist. Warum das? Nun, es gibt da noch das DNS-Konzept.

Das DNS-Konzept

Obwohl über IP-Adressen in kompakter und eindeutiger Form eine Adressierung von Rechnern vorgenommen wird, sind sie für Menschen schwer zu merken und zu interpretieren. Aus diesem Grund wurde den IP-Adressen zusätzlich ein eindeutiger Name zugeordnet und diese Zuordnung weltweit auf speziellen Namensservern dokumentiert, wo sie bei Bedarf in die zugehörigen IP-Adressen übersetzt werden.

Verantwortlich für die eindeutige Vergabe und Verwaltung von DNS-Namen im Internet ist eine Organisation namens InterNIC (`www.internic.net`), bzw. deren nationale Ableger wie das *Deutsche Network Information Center* (DE-NIC – `www.denic.de`). Diese Organisation zur Vergabe und Verwaltung von eindeutigen Adreßangaben samt ihrer Unterorganisationen sind wohl die einzigen Instanzen im Internet, welche die Möglichkeit haben, verbindliche Vorschriften zu vergeben.

Da das Internet so groß und komplex ist, übersteigen die gesamten Aliasnamen die Kapazität eines einzelnen Namens-Server. Sofern ein Alias-Name nicht auf dem zuerst kontaktierten Namens-Server zuzuordnen ist, wird entsprechend der Namenshierarchie in einem komplexen Verfahren der Übersetzungsauftrag an andere Namens-Server weitergeroutet, bis die IP-Adresse vollständig ermittelt ist. Das Beispiel von Kurzwahlen im Telefon und deren Beschriftung über die Namen der Personen, die Sie mit dieser Nummer anrufen, macht die Technik vielleicht deutlich. Die Zuordnung der eindeutigen Namen ist wieder ein logisches, hierarchisch geordnetes System. Die logisch zusammengehörenden Bereiche werden **Domain** genannt, woraus sich der Name für dieses Namenssystem ableiten läßt: *Domain-Name-System*, kurz DNS. Genau wie bei den IP-Adressen werden die einzelnen Bestandteile eines DNS-Namens durch Punkte getrennt, die hierarchische Wertigkeit der Stufen ist jedoch genau umgekehrt.

Der hinterste Teil eines solchen Alias-Namens stellt die gröbste logische beziehungsweise inhaltliche Einteilung da (der sogenannte **Top Level Domain**), etwa eine Nation oder eine Organisationsform. Der vorderste Teil bezeichnet direkt den einzelnen Server oder Host (was wiederum auch ein Rechnerverbund sein kann, der nach außen als geschlossene Einheit repräsentiert werden soll). Der – unter Umständen zweiteilige – Mittelteil (der sogenannte **Local Level Domain** (bzw. **Third Level Domain**, wie er gelegentlich genannt wird) und der **Second Level Domain**) ist eine genauere Beschreibung des Rechners (-verbands). Gültige Alias-Namen für einen Internet-Rechner in diesem DNS-Konzept wären folgende:

- ✘ `ftp.microsoft.com`
- ✘ `www.rjs.de`
- ✘ `news.free.de`

Der strukturelle Aufbau eines DNS-Namens sieht also so aus:

```
[server].[Unterdomain].[Top Level Domain]
```

Die einzelnen Domains bilden einen DNS-Baum, in dem die Domains in verschiedenen Ebenen liegen. Die Ebenen werden – wie wir wissen – durch Punkte getrennt. Zu einer Domain werden einzelne Rechner oder Subdomains zusammengefaßt. Die Verwaltung einer Unterteilung einer Domain samt sämtlicher potentieller Subdomains obliegt ausschließlich dem Verwalter der Domain.

Ein DNS-Name wird in der Regel aus drei Bestandteilen bestehen, gelegentlich auch vier Bestandteilen, etwa wenn der Mittelteil aus **Local Level Domain** und **Second Level Domain** besteht (wir haben es hier als Unterdomain zusammengefaßt). Diese Aufteilung ist aber nicht zwingend. Es sind sowohl kürzere DNS-Namen möglich (zweistellig, wenn der Host innerhalb eines Rechnerverbandes sowieso klar ist) als auch längere, obwohl das kaum üblich ist. Ein gelegentlich vorkommender Sonderfall ist der Fall, wo ein Username in einem Schritt mit einem DNS-Namen übermittelt werden soll. Sie finden diese Situation beispielsweise, wenn Sie auf einen FTP-Server zugreifen wollen und dazu ein Paßwort benötigen. In diesem Fall besteht der DNS-Name aus einer solchen Struktur:

```
[username]@[server].[Unterdomain].[Top Level Domain]
```

Der FTP-Fall mit Übermittlung eines Usernamens ist ein Sonderfall eines DNS-Namens, der für die meisten Anwender nicht allzu wichtig sein dürfte. Wenn Sie aber ein wenig weiter denken, können Sie die folgende Aufgabe lösen.

Nennen Sie einen Fall, in dem ein Username zum DNS-Name zählt, aber in der Regel der Server nicht mit angegeben wird (nur [Unterdomain].[Top Level Domain]).

Antwort: der E-Mail-Dienst. Analysieren wir einmal eine typische E-Mail-Adresse, wie sie fast jeder schon mal gesehen hat.

Beispiel: B_Gates@sun.com

B_Gates ist der Username, sun der Unterdomain und com der[1] Top Level Domain. Der Server muß nicht angegeben werden, da er beim E-Mail-Dienst klar ist.

Es gibt auch den Fall, daß der Username aus mehreren Teilen besteht. Eine E-Mail-Adresse wie die folgende ist auch denkbar und paßt in das Konzept:

Beispiel: Bill.Gates@sun.com

Der hinterste Teil des Alias-Namens – die gröbste logische beziehungsweise inhaltliche Einteilung – wird für Rechner, welche in den USA registriert werden, seit Beginn des DNS-Konzepts nach einem eigenen Regelwerk ausgewählt (Ihnen dürfte das in der Aufgabe aufgefallen sein). In der Regel erfolgt kein direkter Hinweis auf die Nation. Es gibt derzeit nur sechs logische Bereiche und einen Spezialfall für die Gründungsorganisation des Internet (arpa), in die alle Computer in der USA (und nur diese) unterteilt werden (daher ist auch die Nation implizit klar). In der folgenden Tabelle sind sie alphabetisch aufgelistet.

Top Level	**Bedeutung**
com	Rechner von kommerziellen Unternehmen
edu	Rechner von Ausbildungsinstitutionen (Universitäten, Schulen, ...)
gov	Regierungsrechner
mil	Militärische Computer
net	Rechner von Organisationen, welche ein eigenes Netzwerk betreiben
org	Rechner von nicht kommerziellen Organisationen

Beispiele für gültige Namen für Rechner in der USA sind:

- www.yahoo.com
- www.microsoft.com
- ourworld.compuserve.com

1 manche sagen auch die Domain

Aktuell diskutiert werden gerade Pläne einer Organisation namens *International Ad Hoc Comittee* (IAHC), welche eine Erweiterung der Top Level Domains um sieben neue Namen vorgeschlagen hat. Diese Erweiterungen sind derzeit jedoch noch nicht verabschiedet und brauchen uns erst einmal nicht zu interessieren.

Außerhalb der USA bezeichnen die Abkürzungen für die Ländernamen die Top Level Domain-Namen. Diese Ländercodes sind in der ISO-3166-Norm festgelegt. Ein paar wichtige Beispiele sind folgende:

Top Level	**Land**
`at`	Österreich
`be`	Belgien
`ca`	Kanada
`ch`	Schweiz
`de`	Deutschland
`dk`	Dänemark
`es`	Spanien
`fr`	Frankreich
`nl`	Niederlande
`no`	Norwegen
`pl`	Polen
`pt`	Portugal
`ru`	Rußland
`se`	Schweden
`tr`	Türkei
`uk`	Großbritannien

Für die USA ist der Top Level Domain `us` reserviert, obwohl wie schon erwähnt dort ein anderes Konzept priorisiert wird.

Es sollte besonders betont werden, daß nur der Top Level Domain eines DNS-Namens fest vorgegeben ist. Außer des strukturellen Aufbaus, einigen nicht erlaubten Sonderzeichen, einer gewissen Begrenzung der Länge und der unbedingt notwendigen Eindeutigkeit (der Name darf noch nicht innerhalb des jeweiligen Top Level Domain vorkommen) gibt es keine Regel für die Auswahl eines DNS-Namens. Insbesondere bedeutet die Wahl des Host-Namens WWW noch lange nicht, daß es sich um einen WWW-Server handelt. Genauso wenig, wie man schließen kann, daß der Host-Name `OURWORLD` kein WWW-Server ist. Ob es sich um einen Rechner handelt, der den WWW-Dienst bedient, wird ausschließlich über das vorangestellte Protokoll im Rahmen des URL gekennzeichnet (darauf kommen wir gleich). Es ist durchaus möglich, daß eine Organisation wie die Telekom ihrem Web-Angebot den Namen

```
Mausi.telekom.de
```

oder

```
Fischmarkt.telekomlein.de
```

gibt. Erlaubt, aber gewiß nicht sinnvoll. Sie erkennen sicher das Problem – ein DNS-Name sollte möglichst aussagekräftig sein. Deshalb hat es sich eingebürgert, ein Web-Angebot mit WWW zu beginnen, gefolgt von einer Abkürzung des Namens der Organisation[1], einer Art Beschreibung oder dem vollen Namen. Damit ist es wahrscheinlicher, daß die Adresse des Rechners leichter erraten wird, wenn ein Anwender gezielt das Angebot einer Organisation sucht. Auf der anderen Seite kann auch die Adresse selbst leichter verstanden werden. Die Standardform

```
[Name des Protokolls].[Organisation].[Top Level]
```

erlaubt so viele Rückschlüsse über die dahinterliegenden Informationen.

1.4.2 Was ist der URL?

Kommen wir nun zu einem zentralen Begriff im Internet. Zur Adressierung von beliebigen Daten und Programmen im Internet muß man zum einen wissen, auf welchem Server sie vorhanden sind. Diese Angabe steht über die IP-Adressen respektive den DNS-Namen bereit. Aber es sind zusätzlich noch einige andere Angaben notwendig.

- Da ist zum einen die Angabe eines Protokolls notwendig, um auch den richtigen Dienst zu verwenden (man nennt dieses Protokoll dann Dienstprotokoll).
- Eine weitere Information, die man in seltenen Fällen benötigt, ist der sogenannte Port. Dabei handelt es sich um eine Art Kanal, auf dem ein Dienst Daten sendet und empfängt (so wie beim CB-Funk). Ports wer-

1 Natürlich auch für eine Person möglich.

den durch numerische Werte zwischen 0 und 1023 angegeben, und in der Regel hat jeder Internet-Dienst einen Defaultwert, der immer dann verwendet wird, wenn man keinen Port angibt (Regelfall). Der Default-Port für einen HTTP-Server ist 80, ein FTP-Server hat den Port 21, Gopher benutzt den Port 70. Es ist allerdings möglich, die Ports für bestimmte Zwecke zu verändern.

- Eine meist notwendige Angabe ist die Bezeichnung des genauen Objekts, welches konkret adressiert werden soll (etwa eine bestimmte Web-Seite). Dies erfolgt über die Angabe eines Pfads und der konkreten Dateibezeichnung (wie Sie es auch in einem lokalen Dateisystem – etwa auf einem PC – vornehmen). Wenn bei einem URL keine Datei explizit angegeben wird, sendet der Server in der Regel eine voreingestellte Datei (etwa eine Einstiegs-Web-Seite, wenn man an das WWW denkt).

All diese Angaben zusammen bilden den sogenannten URL (*Uniform Resource Locator*). Übersetzen kann man das mit *»einheitlichem Adressierungsschema«*. Der Name soll assoziieren, daß für beliebige Objekte im Internet – egal was es ist und welcher konkrete Dienst verwendet wird – ein vereinheitlichtes Schema verwendet wird.

HINWEIS: Ob es **der** URL oder **die** URL heißt, wird fast zum Glaubenskrieg stilisiert. Die Entscheidung bleibt Ihnen überlassen, ich verwende der URL.

HINWEIS: Das Adreßsystem, das sich zur vereinheitlichten Adressierung im Internet durchgesetzt hat, basiert auf dem Konzept der Universal Resource Identifiers (URI), die der Erfinder des WWW – Tim Berners-Lee – in dem Dokument RFC 1630 »Universal Resource Identifiers in WWW: A Unifying Syntax for the Expression of Names and Addresses of Objects on the Network as used in the World Wide Web« veröffentlicht hatte. Dabei stehen drei Begriffe im Mittelpunkt:

Name	Abkürzung	Definition
Universal Resource Identifier	URI	Verknüpfung einer Objektadresse mit einem Namensraum, interpretationsunabhängig
Uniform Resource Locator	URL	spezielle Form einer Objektadresse unter der Angabe eines Zugriffsprotokolls
Uniform Resource Names	URN	dauerhaftere Form von Namensräumen

URIs stellen einen Zeichenketten-basierten Mechanismus zur Kodierung von Objekten im Internet dar. Der abstrakte Begriff der URIs ist in diesem Konzept ein Element der universellen Menge aller Netzwerkadressen. Diese Netzwerkadressen sind potentiell hierarchisch. Ein URL ist eine definierte Ausprägung eines URI. Hierfür wird für real existierende Protokolle durch die IETF (Internet Engineering Task Force) eine Kombination von Protokoll und Adresse in diesem Protokoll definiert, die ein Objekt in diesem Namensraum eindeutig kennzeichnet. Dieser Mechanismus ist insbesondere dergestalt erweiterbar, daß potentielle neue URLs unabhängig von dem verwendeten Zugriffsprotokoll definiert werden können.

Wir werden uns fast ausschließlich mit dem Begriff URL weiter beschäftigen, denn dieser hat sich als allgemeiner Überbegriff durchgesetzt. Die exakte Schreibweise folgt immer dem gleichen Aufbau:

- Die erste Angabe ist immer das verwendete Dienstprotokoll, gefolgt von einem Doppelpunkt.
- Bei den meisten Formen eines URL folgt ein Doppelslash (//). Ausnahme ist der E-Mail-Dienst mit dem Protokoll `mailto`, wo dies in der Regel unterbleibt. Dieser Dienst bildet auch bei der Angabe des DNS-Namens eine kleine Ausnahme[1], wie wir oben schon gesehen haben. Aber auch der verwandte Dienst `news` wird öfter ohne den Doppelslash vorzufinden sein.
- Es folgen die Angaben des Host und der verschiedenen Domains (optional der LocalDomain, der SecondLevelDomain und TopLevelDomain). Die Angaben werden durch Punkte getrennt. Es kann auch direkt die IP-Adresse des Rechners eingegeben werden, was aber in der Praxis selten geschieht. Beim Maildienst muß wieder etwas aufgepaßt werden. Die Angabe dieses URL-Teils erscheint auf den ersten Blick leicht verändert, aber es handelt sich von der abstrakten Theorie her um den analogen Vorgang. Die Angabe des Host kann unterbleiben. Dafür wird der Benutzername angegeben (was strenggenommen ein Postfach auf einem Host, d.h. ein Verzeichnis, ist), gefolgt von einem Klammeraffen (dem @) und dann den verschiedenen Domains – aber das wissen wir ja bereits.
- Durch einen weiteren Slash (/) getrennt erfolgt die Angabe eines Pfads (der wiederum auch durch Slash getrennte Verzeichnisebenen enthalten kann) und einer Datei, sofern dies notwendig ist.

1 Die sich aber mit ein bißchen Nachdenken genau ins Konzept einordnen läßt.

Bitte beachten Sie, daß zur Trennung von Ebenen im URL der Slash (/) verwendet wird und nicht der Backslash (\) wie bei DOS-basierenden Systemen. Der Grund ist die Unix-Vergangenheit des Internet. DOS hatte mit dem Trennzeichen Backslash einen Sonderweg eingeschlagen, dem man im viel älteren Internet natürlich nicht gefolgt ist. Leider müssen sich PC-Anwender deshalb ein wenig umstellen. Dies gilt für sämtliche Pfadangaben, die wir in Zukunft antreffen werden.

Schauen wir uns noch ein paar Beispiele für gültige URLs an, denn Sie werden diesen wieder begegnen. Nämlich dann, wenn Sie in Ihre Web-Seiten Hyperlinks oder beliebige Ressourcen – etwa Grafiken – integrieren wollen.

`http://www.rjs.de`	Angabe von Protokoll und DNS-Name. Die Angabe einer Datei oder eines weiteren Pfades unterbleibt. Es wird normalerweise eine Standardeinstiegsseite zurückgeliefert.
`http://www.rjs.de /bembel.htm`	Angabe von Protokoll, DNS-Name und einer Datei (ohne vorherige weitere Pfadangabe).
`www.ffh.de`	Reine Angabe eines DNS-Namens. Das fehlende Protokoll wird in der Regel durch die Rückmeldung vom Server ergänzt. (Sie werden beispielsweise im Browser erkennen, daß das Protokoll im Adreßfeld des Browsers auftaucht, auch wenn Sie es nicht eingegeben haben.) In der Regel liefert der Server eine Standardeinstiegsseite zurück.
`ftp://ftp.microsoft.com`	Angabe von Protokoll und DNS-Name. Die Angabe einer Datei oder eines weiteren Pfades unterbleibt. Auch bei einem von HTTP abweichenden Protokolls (hier Adressierung des FTP-Servers von Microsoft) wird in der Regel eine Standardeinstiegsseite geliefert.
`news:news.free.de`	Ein weiterer Fall, wo ein vom WWW abweichender Dienst adressiert wird. Nach dem Protokoll folgt in dem Beispiel nur der Doppelpunkt. Je nach Situation kann auch der Doppelslash verwendet werden[1]. Der anschlie-

1 Soweit werden wir aber nicht in die Hintergründe des URL-Konzepts einsteigen.

	ßende DNS-Name verdeutlicht über die erste Angabe `news`, daß es sich um den News-Dienst handelt. Zwingend ist diese Wahl jedoch auch hier nicht.
`http://ourworld.compuserve.com/homepages/RjSteyer/enteFFM.htm`	Angabe von Protokoll, DNS-Name, eines Pfades über zwei Ebenen und einer Datei.
`mailto:hans_dampf@gmx.de`	Dies ist der Sonderfall des E-Mail-Dienstes. Nach Angabe des Protokolls folgt nur der Doppelpunkt und dann die User-ID des Adressaten, der Klammeraffe und dann durch Punkt getrennt Local Domain und Top Level Domain.

1.5 Was heißt Programmieren?

Ich gehe davon aus, daß Sie Web-Programmieren lernen wollen. Aber was heißt eigentlich Programmieren? Diese Frage wird bei unserem Thema vor allem deshalb so interessant, weil die Web-Seitenerstellung über HTML streng genommen gar keine Programmierung, sondern eine Beschreibung des Aussehens von Dokumenten ist. Bei Javascript begeben wir uns jedoch in die Welt der Programmierung.

Programmieren bezeichnet eine Technik, mit der man einem Computer Anweisungen geben kann, die als zusammengefaßte Einheit[1] auftreten. Wenn Sie einem Computer eine einzelne Anweisung geben (Sie klicken beispielsweise mit der Maus auf eine Schaltfläche), reden wir noch nicht von einem Programm oder Programmieren. Wenn Sie jedoch eine Reihe von Anweisungen aufschreiben oder aufzeichnen (etwa mit einem Makrorecorder, z.B. in Winword) und diese dann als Ganzes dem Computer mitteilen, haben Sie programmiert.

Beim Programmieren besteht nun das Problem, daß sich Menschen und Computer vom Aufbau her ein bißchen unterscheiden[2]. Insbesondere denken und sprechen sie verschieden. Während Menschen in unterschiedlichen Sprachen wie Deutsch, Englisch oder Französisch denken und reden,

---

1 In den meisten, vor allem in komplexen Fällen Programm und in einfacheren Fällen oft Makro oder Script genannt. Wir wollen im folgenden im wesentlichen von Programm reden.

2 Geringfügig.

spricht ein Computer immer nur eine Sprache – Maschinensprache[1], eine digitale Sprache.

Digital bedeutet, diese Sprache ist nur aus zwei Informationseinheiten aufgebaut. Oder wir sollten besser von Zuständen oder Schaltern sprechen – *An* oder *Aus*, *Strom* oder *Kein Strom*, *0* oder *1*. Darin kann man erst einmal nicht viel Information unterbringen. Maschinensprache geht aber einen Weg zur Erweiterung des Informationsgehalts, den wir auch bei der normalen menschlichen Sprachen haben. So wie dort aus einzelnen Buchstaben ein Wort zusammengesetzt wird, setzt man in der Maschinensprache erst einmal aus einzelnen Schaltern Zeichenfolgen zusammen, die den menschlichen Buchstaben, aber auch Zahlen und anderen wichtigen Zeichen, entsprechen. Diese Zeichen und deren binäre Darstellung in Nullen und Einsen entsprechen dann dem, was man als Maschinensprache bezeichnet. Erst aus diesen Zeichenfolgen werden durch erneutes Zusammensetzen Worte gebildet, die dann zum Beispiel Befehle sind.

So ein Konzept gab es schon lange, bevor Computer erfunden wurden. Das Morsealphabet ist genauso aufgebaut. Aus einer Folge von kurzen und langen Impulsen wird jeweils ein Buchstabe gebildet und daraus dann ein Wort.

Das Gehirn eines Computers – der sogenannte Prozessor oder Mikroprozessor – verarbeitet also eine Folge von Impulsen, die entweder einer Null oder einer Eins entsprechen. Der Mikroprozessor (CPU = *central processing unit*) ist ein elektronisches Bauteil, kaum größer als eine Streichholzschachtel. Auch wenn Sie zunächst einmal mit dem Begriff CPU nichts anfangen können, haben Sie wahrscheinlich schon Typenbezeichnungen davon gehört. 386er, 486er, Pentium. Na, kommen Ihnen diese Begriffe bekannt vor? Es sind Namen für bestimmte Generationen von Mikroprozessoren. Mit einer Reihe von weiteren Hilfsbausteinen bewältigt der Mikroprozessor seine Aufgaben:

- Steuerung der computerinternen Abläufe
- Steuerung der Datenein- und -ausgabe
- Verarbeitung der Daten (Rechnen).

HINWEIS

So ein Chip begegnet Ihnen ständig im täglichen Leben, sogar wenn Sie keinen Computer haben. In den meisten modernen elektronischen Geräten befindet sich zur Steuerung ein Mikroprozessor.

1 Genaugenommen muß man die Maschinensprache etwas anders als eine menschliche Sprache verstehen. Wir kommen gleich noch drauf.

Der Prozessor versteht nun ganz bestimmte Folgen von Nullen und Einsen als Befehle – sein interner Befehlssatz. Dieser interne Befehlssatz entspricht eher dem, was wir unter menschlicher Sprache verstehen – nicht die Maschinensprache selbst. Die Maschinensprache stellt ein Alphabet zur Verfügung (wie unser lateinisches Alphabet), woraus sich dann der interne Befehlssatz aufbauen läßt (so wie unsere europäischen Sprachen).

Wenn ein Programmierer nun einem Computer Anweisungen geben möchte, muß er diesen internen Befehlssatz des Prozessors kennen und dem Prozessor die jeweiligen Folgen von Nullen und Einsen schicken. Dies könnte etwa so aussehen:

```
010101010101011101010010100101010101001010010101010010101010101
001010101000000000111110101010101111111010101010010101010101010
101010100101010101010101000101011110101010100101010101010010101
010101010101010100101010100101010
```

Alles klar? Ich nehme an, Sie verstehen auf Anhieb die Anweisung, die ich hier aufgeschrieben habe. Das ist gut. Könnten Sie sie mir erklären? Ich verstehe sie nämlich nicht[1].

Es gibt bei der obigen Vorgehensweise einige Unklarheiten und Probleme zu bewältigen:

Wo fängt jeweils ein durch eine Zahlenfolge repräsentiertes Zeichen an? Trennzeichen wie beim Morsecode (kein Zeichen) sind ja nicht möglich, da wir kein Zeichen dafür zur Verfügung haben. Nun, dieses Problem hat man dadurch gelöst, daß immer acht Schalter hintereinander ein Zeichen bedeuten, also eine feste Länge für jedes Zeichen vereinbart ist[2]. Damit läßt sich schon mal etwas Ordnung in die Folge von Nullen und Einsen bringen:

```
01010101   01010111   01010010   10010101
01010010   10010101   01001010   10101010
01010101   00000000   01111101   01010101
11111101   01010100   10101010   10101010
10101001   01010101   01010100   01010111
10101010   10010101   01010100   10101010
10101010   10101001   01010100   10101010
```

Besser? Sicherlich, aber noch nicht gut.

1 Ist auch eine vollkommen zufällige Folge von Nullen und Einsen ;-).

2 Das ist nicht zwingend. Es gibt auch andere Konzepte, die mit der Eindeutigkeit des Anfangs einer Bitfolge arbeiten – etwa Komprimierungsverfahren nach Huffmann.

Die einzelnen Schalter heißen übrigens Bits, *die Folge von jeweils acht Bit heißen* Byte. *1024 Byte sind ein* Kilobyte *und 1024 Kilobyte wiederum ein* Megabyte. *1024 Megabyte sind ein* Gigabyte.

Welche Probleme sind jetzt zu lösen? Nun, welches Byte bedeutet was? Dies ist über international gültige Standards geregelt. Da gibt es beispielsweise den ANSI-Standard (American National Standard Institut) oder den ASCII-Standard (American Standard of Information Interchange), die jedem Byte ein eindeutiges Zeichen zuordnen. Daraus resultierender Text heißt Klartext. Wir hatten diesen Begriff schon und werden ihn mehrfach noch verwenden, denn HTML besteht ausschließlich aus solchem Klartext.

Über acht Bit lassen sich 2 hoch 8 = 256 verschiedene Zeichen darstellen. Sowohl der ANSI- als auch der ASCII-Zeichensatz bestehen aus 256 Zeichen. Die beiden Zeichensätze sind in vielen Bereichen deckungsgleich. Insbesondere für die sichtbaren Zeichen (Buchstaben und Zahlen) – aus denen HTML ausschließlich besteht – herrscht Übereinstimmung. Diese beschränken sich auf die untere Hälfte des Zeichensatzes (unterhalb der ersten 128 Zeichen), weshalb HTML-Anweisungen sogar auf ganz alten Computersystemen, die nur mit einer Zeichenlänge von 7 Bit arbeiten, verstanden werden.

Das nächste Problem ist dann, daß der Programmierer den internen Befehlssatz des Prozessors kennen muß. Er muß seine jeweils spezifische Befehlssprache kennen. Welche Bitfolge, d.h. welches Zeichen steht für welchen Befehl? Dabei gibt es insbesondere das Problem, daß natürlich nicht jeder Prozessor den gleichen Befehlssatz besitzt. Der derzeit größte Hersteller von Prozessoren für PCs ist die Firma INTEL. Es gibt noch weitere Hersteller, deren Fabrikate vergleichbar sind (beispielsweise AMD oder Cyrix). Diese sind wie alle Prozessoren für PCs weitgehend bezüglich ihres internen Befehlssatzes vergleichbar. Prozessoren, die nicht in PCs eingesetzt werden, unterscheiden sich davon jedoch massiv.

So wie es verschiedene menschliche Sprachen gibt, die alle auf unserem Alphabet basieren und dennoch vollkommen verschieden sind, so hat jeder Prozessor seinen internen Befehlssatz, der zwar auf Maschinensprache aufbaut, sich aber dennoch von einem anderen Prozessorbefehlssatz komplett unterscheidet. Ein Programm, das in Maschinensprache für den einen Prozessor erstellt wurde, läuft auf einem Prozessor mit anderem internen

Befehlssatz definitiv nicht. Das Problem besteht beispielsweise, wenn Sie ein Mac-Programm auf einem PC zum Laufen bringen wollen.

Das letzte große Problem ist, daß Maschinensprache extrem schwer zu programmieren ist. Außerdem sind die Folgen von Nullen und Einsen für Menschen kaum zu lesen. Selbst wenn man Maschinensprachenbefehle zu etwas komplexeren Gebilden (etwa einem Kopierbefehl) zusammensetzt und sie über kurze Buchstabenfolgen aufrufbar macht (dies nennt man Assembler), ist die Geschichte immer noch hochkompliziert.

Was ist die Lösung für all diese Probleme? Nun, man schafft eine Schnittstelle zwischen einer für Menschen halbwegs lesbaren Sprache und der Maschinensprache – eine sogenannte höhere Programmiersprache. Beispiele für solche höheren Programmiersprachen sind Basic, Cobol, FORTRAN, C/C++ oder PASCAL. Diese sind bedeutend einfacher als Maschinensprache und beinhalten einen Satz von Sprachelementen mit festgelegter Bedeutung, die meist der englischen Sprache angelehnt sind. Daneben haben solche höheren Programmiersprachen den unschätzbaren Vorteil, daß die darin geschriebenen Anweisungen reiner Klartext sind, der erst einmal für jeden potentiellen Zielprozessor identisch sein kann.

Normalerweise erfolgt die Programmierung, indem Anweisungen an den Computer in einem Editor (also einer Textverarbeitung ohne Formatierungsmöglichkeiten) oder einer darauf aufbauenden grafischen Entwicklungsumgebung (etwa Visual Basic) vom Programmierer eingegeben werden. Der sogenannte Quellcode wird erstellt. Anschließend muß irgendwann die Übersetzung des bisher noch nicht prozessorabhängigen Quellcodes in Maschinensprache erfolgen.

Dies kann entweder direkt dann erfolgen, wenn der Quellcode fertig eingegeben ist. Der Quellcode wird in Maschinensprache übersetzt. Der Prozeß heißt Kompilierung und wird von der Entwicklungsumgebung[1] – je nach eingestellter Option – weitgehend automatisch vollzogen. Dabei muß – je nachdem, auf welchem Prozessor das Programm laufen soll – unter Umständen für jede Plattform ein separates Programm erstellt werden.

Eine andere Möglichkeit ist, daß der Quelltext erst zu der Zeit übersetzt wird, wenn das Programm ausgeführt wird. In diesem Fall müssen Sie nur den Quelltext erstellen und benötigen strenggenommen nur einen Editor für Klartext. Sobald eine Anweisung ausgeführt werden soll, wird sie unmittelbar davor übersetzt. Der Quelltext wird also zur Laufzeit eines Programms interpretiert.

---

1 Das sind alle Programme, die Sie zum Erstellen eines endgültig lauffähigen Programms benötigen.

1.6 Unterschiedliche Plattformen und Interpretation

Das Internet ist heterogen! Sagt Ihnen dieses Satz etwas? Heterogen? Das Wort hatten wir doch schon. Gemäß Definition im Lexikon heißt das uneinheitlich, ungleichartig. In unserem Zusammenhang bedeutet dies, daß wir im Internet die unterschiedlichsten Plattformen vorfinden. Großrechner neben Heimcomputern, Apple-Computer neben PCs. Eine Vielzahl von unterschiedlichen Prozessoren tummelt sich im weltweiten Netz. Aber nicht nur das – Großrechnerbetriebssysteme neben PC-Betriebssystemen, Unix samt Derivaten neben Windows mit seinen vielen Ausprägungen. Auch die Kommunikationswege sind uneinheitlich.

Diese Heterogenität erzwingt eine ganz besondere Technik, auf welche Art und Weise Daten zwischen den Welten ausgetauscht werden. Die Daten müssen für alle Systeme verständlich sein. Auf der einen Seite – dem Transport – übernehmen dies Protokolle wie TCP/IP, welche eine plattformneutrale Übertragung gewährleisten. Die Dienstprotokolle gewährleisten die plattformneutralen Anwendungsumgebungen. Aber auch auf Seiten der konkreten Anwendung dürfen keine plattformbezogenen Anweisungen verwendet werden, will man nicht bewußt gewisse Zielplattformen ausschließen.

Zwar gibt es einige Techniken wie ActiveX oder VBScript, die davon ausgehen, daß fast 90% aller Anwender im Internet einen PC mit Windows verwenden. Diese werden optimal bedient, indem man spezifische Anweisungen für diese Plattformen verwendet. Die restlichen Anwender sind in diesem Konzept die Späne, die nunmal fallen, wenn gehobelt wird. Viele Bewohner der Internet-Welt sehen solche dogmatischen Techniken ziemlich kritisch. Da allerdings sowohl ActiveX als auch VBScript Entwicklungen von Microsoft sind, gibt es zudem diverse Hinderungsgründe, welche die Akzeptanz für diese Technologien behindern. Konkurrenzfirmen von Microsoft tun alles, damit diese Technologien nicht von ihren Produkten (auch auf PC-Ebene unter Windows) unterstützt werden. So unterstützt der Netscape-Navigator (der immer noch populärste Browser im WWW) in keiner Version diese Techniken direkt[1].

1 Weswegen viele Anwender diesen Browser sehr *schätzen* – echt wahr ;-).

Aber auch andere Insellösungen von verschiedenen Herstellern sind im Internet durchgefallen. Die beste Variante im Internet scheint die vollkommene Plattformneutralität sämtlicher Anweisungen zu sein. Jede Anweisung kann auf jeder Plattform verstanden werden. Die konkrete Umsetzung der jeweiligen Anweisungen in plattformspezifische Befehle erfolgt dann auf der jeweiligen Plattform. Die Anweisungen werden durch ein spezifisches Programm interpretiert, das auf der jeweiligen Plattform läuft und die neutralen Befehle dann in konkrete Prozessorbefehle übersetzt und diese ausführt.

Sprachen wie HTML oder Javascript sind exzellente Beispiele für so eine Konstellation. HTML und Javascript bestehen aus Klartext-Anweisungen, die auf jeder Rechnerplattform verstanden werden. Über einen Interpreter – den Browser – werden die Anweisungen in die jeweiligen Prozessorbefehle übersetzt und ausgeführt.

Aber auch noch mächtigere Programmiersprachen wie Java (welche in Form der sogenannten Applets das Internet respektive das WWW nutzen) nutzen das Interpreter-Prinzip. Im Rahmen einer HTML-Seite kann ein Java-Applet eingebunden sein, das dann irgendwelche Aufgaben erledigt. Ein Java-Applet besteht aus sogenanntem Bytecode, der aus dem ursprünglichen Java-Quell-Code erstellt wurde. Er ist zwar schon binär – der erste Schritt in Richtung konkrete Prozessorbefehle, aber immer noch architekturunabhängig[1] und noch nicht vollständig und vor allem noch kein lauffähiges Programm. Erst durch die Interpretation durch einen Java-Interpreter – einer sogenannten virtuellen Maschine (engl. Java Virtual Machine, abgekürzt JVM), welche durch den Browser aufgerufen wird, sofern ein Applet in einer Web-Seite vorhanden ist – wird daraus eine konkrete Anwendung (den Start der sogenannten Java-Laufzeitumgebung erkennen Sie an der Meldung in der Statuszeile eines Browsers).

Interpretation hat noch weitere Vorteile. Die Menge der zu übertragenden Daten ist kleiner, als wenn die gesamte Funktionalität zu übertragen wäre. Außerdem ist es erheblich leichter, Änderungen durchzuführen, und die gesamte Wartung ist unkomplizierter. Der aufwendige Schritt der erneuten Kompilierung unterbleibt.

1 Zumindest, wenn es ein Java-Applet ist, das sich an den Standard des Java-Erfinders Sun hält. Auch hier gab es Versuche von Microsoft, einen eigenen, plattformabhängigen Standard zu etablieren.

1.7 Wie sieht ein Anwender das Web?

Die Interpretation bringt nicht nur Vorteile mit sich. Im Vergleich zu einer vollständig in Prozessorbefehle übersetzten Anwendung gibt es einige Nachteile.

- ✘ Das Laufzeitverhalten von interpretierten Anwendungen wie Java-Applets, aber auch alten Basic-Programmen, ist nicht gut. Da jeder Befehl erst zur Laufzeit (vollständig) übersetzt wird, wird so eine Anwendung durch die zusätzlichen Schritte langsamer, als wenn der Prozessor sich nur mit dem Ausführen der Anweisungen zu beschäftigen hätte.
- ✘ Ein weiterer Nachteil ist unter gewissen Umständen, daß die Befehle und Anweisungen recht leicht durch einen Anwender zu lesen sind (wenn er sich mit der verwendeten Sprache auskennt). Da Interpretercode einfach eine Textdatei ist, ist dieser Quellcode kaum zu schützen. Nicht jeder Programmierer möchte, daß seine ausgefeilten Befehlsstrukturen so leicht zu analysieren sind.
- ✘ Ein großes Problem beim Interpreterkonzept ist das schnelle Veralten der Interpreter. Wenn eine Interpretersprache einen neuen Befehl hinzugefügt bekommt, können die bis dahin entwickelten Interpreter diesen Befehl noch nicht kennen und ihn entsprechend nicht ausführen. Die Situation ist beispielsweise bei Viren und Antivirensoftware analog gegeben. Ein Virenscanner kann in der Regel nur die Viren erkennen, deren Signatur bis zum Zeitpunkt der Erstellung des Virenscanners (bzw. seiner Datenbank) bekannt waren. Neuere Viren werden nicht erkannt (von sogenannten heuristischen[1] Suchmechanismen mal abgesehen). Gerade Dokumentenbeschreibungssprachen wie HTML werden über die Zeit immer weiter entwickelt (derzeit gibt es die vierte Version von HTML und eine Unzahl von herstellerspezifischen Spezialvarianten). Es gibt dementsprechend eine Vielzahl von Browservarianten, und nur die neuesten kennen alle wichtigen Befehle. Und selbst die neuesten Browser kennen nicht jeden Befehl – insbesondere, wenn es sich um eine Sonderanweisung irgendeines Herstellers handelt. Es gibt also Befehle, die der eine Browser kennt, der andere jedoch nicht. Was soll geschehen, wenn ein Browser eine Anweisung bekommt, die er nicht versteht. Abstürzen, wie es normalerweise Windows-Programme tun, wenn ein böser Anwender einen verbotenen Knopf gedrückt hat? Oder

1 nach vorgegebenen Regeln ratend

eine Fehlermeldung bringen, mit der üblicherweise kein Anwender etwas anfangen kann?

Es gibt noch eine dritte Lösung – ignorieren. Das mag zwar erst einmal nicht besonders positiv erscheinen, ist aber immer noch die beste der drei Varianten. Das Ignorieren von unbekannten Anweisungen durch den Browser basiert auf dem Prinzip der Fehlertoleranz, welches zu den Eckdaten von HTML gehört. Dieses Prinzip veranlaßt die Programme zur Auswertung von HTML-Dokumenten, bei der Interpretation so fehlertolerant wie irgend möglich zu sein. Der äußerst positive Effekt ist, daß dann auch syntaktisch unkorrekte Dokumente so weit wie möglich ausgewertet werden können. Soweit Browser korrekte Anweisungen vorfinden, werden diese Anweisungen ausgeführt und angezeigt. Falsche oder unvollständige Anweisungen werden ganz einfach ignoriert. Das Prinzip der Fehlertoleranz ist unumgängliche Voraussetzung dafür, daß immer neue HTML-Anweisungen oder neue Technologien im Internet eingeführt werden können und dennoch die älteren Browser beim Laden solcher Web-Seiten nicht »abschmieren«. Was sie nicht kennen, wird einfach ignoriert. Der Rest wird dargestellt. Eine Abwärtskompatibilität der HTML-Dokumente ist also immer sichergestellt, auch wenn signifikante Informationen beim Anzeigen verloren gehen können.

✘ Ein großes Problem ist in Hinsicht auf Gestaltung von Web-Seiten, daß die Interpretation immer einen erheblichen Spielraum läßt, wie eine Anweisung zu verstehen ist. Gerade das Hilfsmittel Browser mit all seinen Problemen führt zu massiven Konsequenzen für den Web-Programmierer.

Lassen Sie uns die letzte Aussage an Hand von HTML ein bißchen verdeutlichen.

Es gibt in HTML beispielsweise eine Anweisung, daß direkt folgender Text kursiv dargestellt werden soll (`<i>`), bis die Anweisung wieder aufgehoben wird (`</i>`). Der Browser des Anwenders lädt nun eine solche Seite und kommt an den entsprechenden Befehl. Er interpretiert die Anweisung und führt sie aus.

So weit, so gut. Aber wer legt fest, was kursiv eigentlich bedeutet? Neigung der Schrift. Okay, aber um 10 Grad oder vielleicht 11 Grad? Oder gar 30 Grad? Kursiv wäre in allen Fällen richtig. Der Hersteller des Browsers A hat sich für irgendeinen Neigungswinkel α entschieden, während der Hersteller des Browsers B einen Neigungswinkel β vorzieht. Beide Browser werden also die Anweisung verstehen und durchführen, das Resultat wird aber bei beiden unterschiedlich aussehen.[1]

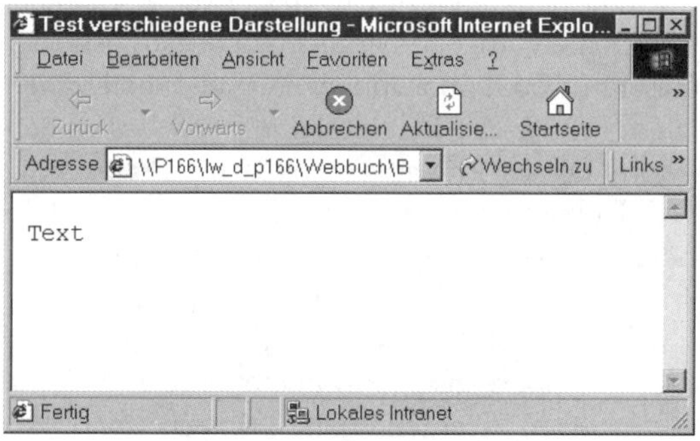

Bild 1.1: Eine Textformatierung im Internet Explorer

Bild 1.2: Die gleiche Textformatierung im Navigator 4.07

Genauso verhält es sich mit Farbangaben. Denken Sie an die Farbe Rot. Sie können sicher sein, daß jedem Leser eine andere Farbnuance vorschwebt. Ein helleres Rot gegenüber einem etwas dunkleren Rot, eine kräftige Farbe gegenüber einem matten Farbton. Trotzdem – Rot gilt für alle Fälle. Wenn ein Browser nun die Anweisung erhält, einen nachfolgenden Text rot darzustellen, kann sich das Resultat wieder von Browser zu Browser unterscheiden. Je nachdem, welcher Farbton den Entwicklern des Browsers vorschwebt.

Diesen Interpretationsspielraum werden Sie bei den unterschiedlichsten Anweisungen in HTML finden (und auch in anderen Techniken). Zwar haben sich die Hersteller von verschiedenen Browsern bei vielen Anweisungen weitgehend geeinigt. Es gibt jedoch immer noch zahlreiche Befehle, die von verschiedenen Browsern ganz unterschiedlich ausgelegt werden. Gerade bei

1 Wobei – kursiv ist eigentlich ein schlechtes Beispiel, da dort die Abstimmung ganz gut funktioniert. Andere Befehle jedoch machen Ärger.

E-Mail (Outlook)

pop3.web.de

smtp.web.de

pop.worldonline.de

smtp.wordonline.de

KLACID®

neuen Befehlen dauert es lange Zeit, bis sich die verschiedenen Lager der Browserhersteller einigermaßen geeinigt haben.

Ein weiterer Aspekt darf auch nicht übersehen werden – Browser lassen sich individuell konfigurieren. Das betrifft Standardschriftarten, -größen, -stile, Farben usw. Auch dies führt dazu, daß es zahlreiche Darstellungen einer Seite geben wird.

Sie sollten als zukünftiger Web-Designer mehrere Browser zur Verfügung haben, damit Sie Ihr Web-Projekt in verschiedenen Umgebungen testen können. Sie können ja niemals sicher sein, mit welcher Betrachtungssoftware Ihre »Kunden« arbeiten. Dabei sind sowohl Browser von verschiedenen Herstellern notwendig als auch verschiedene Versionen eines Browsers (alte Browser gehören für Web-Designer zur Pflichtausstattung). Obwohl gerade letzteres von den Browser-Herstellern aus unverständlichen Gründen extrem erschwert wird. Bei einigen Browser-Versionen wird die Vorgängerversion bei der Installation einer neuen Version einfach gelöscht. Ohne Rückfrage oder Wahlmöglichkeit durch den Anwender[1]. In dem Fall bleibt nur die Möglichkeit, die alte Version nachträglich wieder zu installieren (sofern das geht) oder mehrere Rechner zu verwenden.

Wir werden uns in dem Buch auf zwei Referenzbrowser beziehen. Zum einen werden wir den Navigator 4.07 in der deutschen Version benutzen, der Bestandteil des Netscape® Communicator 4.07 – einer umfangreichen Sammlung von Kommunikationstools – ist. Der zweite Referenzbrowser ist der Internet Explorer 4.01 von Microsoft in der deutschen Version. Das verwendete Referenzbetriebssystem ist Windows 95. Diese Versionen unterscheiden sich in den von uns nachfolgend behandelten Techniken nicht signifikant von den neueren Konstellationen (etwa dem Communicator 4.51 oder dem Internet Explorer 5.0 in Verbindung mit dem Betriebssystem Windows 98 oder anderen Plattformen wie Windows NT). Dies ist ja gerade ein Charakteristikum von HTML und Javascript. Nur wenn es wirklich von Bedeutung ist, werden wir darauf zu sprechen kommen. Ältere Plattformen hingegen werden auffällige Unterschiede aufweisen. Diese wollen wir auf jeden Fall behandeln.

Sie sollten gleichermaßen über einen halbwegs aktuellen Browser verfügen, damit Sie die vorgestellten Beispiele und Befehle nachvollziehen können.

1 Der Microsoft Internet Explorer war so ein unverschämter Dieb. Nach erheblichen Protesten wird mittlerweile zumindest darauf hingewiesen, daß bei der Installation einer neuen Version der Diebstahl der alten Variante zu akzeptieren ist.

Minimal muß Javascript-Unterstützung vorhanden sein, und HTML sollte in der Version 3.2 verstanden werden. Es muß zwar keiner der beiden Referenzbrowser sein, aber diese beiden teilen sich nunmal den Markt und bieten die weitestgehende Unterstützung von neuen Befehlen. Wir werden jedoch an diversen Stellen sehen, daß die Befehlsätze oft nicht identisch sind.

Welche Hardware Sie verwenden, ist ziemlich nebensächlich. Entgegen vieler Gerüchte erzwingt das Internet in der Regel keinen besonders leistungsfähigen Rechner (von einigen Multimedia-Anwendungen abgesehen). Da wir hier mit HTML und Javascript arbeiten, könnten Sie sogar mit einem 286er-PC auskommen. Einem Rechner, dem man sonst kaum noch zutraut, einen Lichtschalter zu steuern. Die Untergrenze für die verwendete Hardware wird nicht durch das Internet gezogen – das Betriebssystem und die verwendeten Browser definieren sie.

Doch leider werden Sie durch das verwendete Betriebssystem gezwungen, einen adäquaten Rechner zu verwenden. Optimalerweise sollten Sie mit einem 32-Bit-Betriebssystem arbeiten, beispielsweise Windows 95, 98 oder NT, OS/2, das Mac-System oder auch Unix. Gerade das Unix-Derivat Linux gewinnt in der letzten Zeit viele Freunde und erweist sich als optimales Internet-Betriebssystem. Zudem läßt sich Linux auch auf nicht so potenten Rechnern fahren.

Theoretisch können Sie selbst mit einem grafischen 16-Bit-Betriebssystem wie Windows 3.x arbeiten. Dies ist jedoch nur eingeschränkt zu empfehlen, da dafür die Browserunterstützung kaum vorhanden ist und einige Techniken wie Java-Applets dort nicht richtig funktionieren. Am unteren Ende der Betriebssysteme gibt es eine echte Einschränkung: befehlszeilenorientierte 16-Bit-Betriebssysteme wie DOS sind out.

Die verwendeten Browser erzwingen vor der Installation einen nicht unerheblichen freien Platz auf der Festplatte. Insgesamt werden Sie mit einem Rechner, der von der Leistungsfähigkeit her einem beliebigen Pentium entspricht, genügend ausgestattet sein. Eine ansprechend große Festplatte (mindestens 250 Mbyte) und genügend Hauptspeicher (mindestens 32 Mbyte) erlauben dann ein entspanntes Arbeiten. Falls Sie einen Rechner kaufen wollen – die derzeitigen Billigangebote von diversen Discountern sind für unsere Zwecke in der Regel mehr als ausreichend.

An dieser Stelle ist es sicher sinnvoll, daß wir ein bißchen in die Praxis gehen. Starten Sie einmal Ihren Rechner, und schauen Sie nach, ob Sie überhaupt einen Browser auf Ihren Rechner installiert haben und wenn ja, welche Browser Ihnen zur Verfügung stehen. Wenn Sie diese(n) gefunden haben, starten Sie bitte einen beliebigen Editor.

Einen Browser sollten Sie eigentlich auf jeden Fall zur Verfügung haben. Es gibt mittlerweile kaum noch Rechnersysteme, auf denen kein Browser vorhanden ist. Dies kann aber selbstverständlich dennoch vorkommen. Falls Sie jedoch einen Browser zur Verfügung haben, werden Sie in der Regel ein Symbol auf dem Desktop vorfinden. Ansonsten können Sie – unter Windows 95/98 oder NT 4.0/5.0 – den Browser meist unter START-PROGRAMME (Schaltfläche auf der Taskleiste) finden. Dort sollten Sie auch einen Editor finden. Beispielsweise im Zubehör von Windows.

Es gibt auch noch eine andere Möglichkeit, wie Sie herausfinden können, ob ein Browser auf Ihrem Rechner vorhanden ist. Suchen Sie sich in Ihrem Dateimanagement-System (etwa dem Arbeitsplatz unter Windows) eine Datei mit der Erweiterung `HTM` oder `HTML`. Ein Doppelklick auf diese Datei sollte den zugeordneten Browser (Ihren Standardbrowser) starten und diese Datei laden.

Falls Sie keinen Browser per Doppelklick auf eine HTML-Seite starten können, heißt dies zwar nicht unbedingt, daß kein Browser auf Ihrem Rechner vorhanden ist. Dennoch ist die Installation eines Browsers in diesem Fall die beste Variante – wir werden Sie gleich durchführen. Zuerst lösen wir noch die letzte Fragestellung auf – wie finden Sie heraus, welchen Browser Sie in welcher Version verwenden?

Wenn Sie Ihren Browser starten, finden Sie im Menü ganz rechts – wie fast immer – die Hilfe zum Programm. Dort kann man sich die Version anzeigen lassen.

Wichtige Vorbereitung

Bitte führen Sie die nachfolgende kleine Übung als Vorbereitung für weitere Übungen durch.

Erstellen Sie für nachfolgende Übungen auf Ihrem Rechner ein Übungsverzeichnis. In diesem sollten Sie alle Dateien speichern, die in zukünftigen Übungen erstellt werden. Selbstverständlich können Sie dann für jede Übung ein eigenes Unterverzeichnis erstellen, sofern in der Übung nicht explizit etwas anderes angegeben wird.

Ein Verzeichnis erstellen Sie beispielsweise, indem Sie – unter Windows – den Arbeitsplatz öffnen, ein Festplatten- oder Diskettenlaufwerk auswählen und dann im DATEI-Menü den Eintrag NEU – ORDNER auswählen.

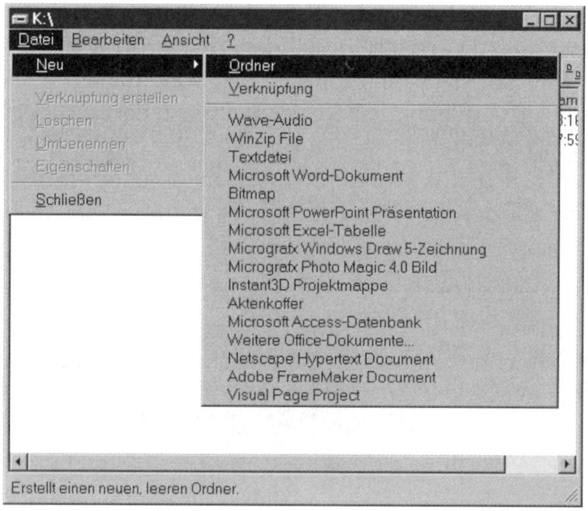

Bild 1.3: Erzeugen eines neuen Ordners

1.7.1 Die Browser-Installation

Es kommt immer wieder vor, daß Sie einen neuen Browser installieren müssen. Dies erzwingt schon das Interpreter-Prinzip, denn um neue Anweisungen und Technologien verstehen zu können, müssen Browser ständig weiterentwickelt werden. Da leider auch permanent Fehler und Sicherheitslükken in den beiden Topbrowsern entdeckt werden, sollten Sie sich regelmäßig eine neue Version besorgen und installieren (und dennoch – wenn es geht – ältere Versionen behalten[1]).

Die beiden von uns verwendeten Referenzbrowser können Sie überall kostenlos (zumindest für Privatleute) erhalten. Sie werden jeden Monat mindestens ein Computerzeitschrift am Kiosk finden, die eine CD mit der jeweils aktuellsten Browser-Version enthält. Legen Sie einfach die CD ein, und suchen Sie die entsprechende Installationsdatei. Eventuell können Sie die Installation auch einfach aus einem Menü starten, welches beim automatischen Start der CD direkt gestartet wird.

Die Installation ist in der Regel ein einfacher Vorgang, der von einem Installationswizard (einem Assistentenprogramm) durchgeführt wird. Wir gehen die Installation am Beispiel vom Netscape® Communicator 4.07 unter Windows 95 durch.

1 Wir sind darauf ja schon eingegangen. Zwar benötigt man nicht jede Zwischenversion, aber einen Browser der gerade nicht mehr aktuellen Vorgängerversion sollten Sie schon besitzen.

Sofern Sie nicht über ein Startmenü einer CD die Installation beginnen können, starten Sie mit einem Doppelklick auf die Datei `cc32e407.exe` (bzw. einer Nachfolgeversion) das Setup-Programm.

Als erstes werden Sie darauf hingewiesen, daß alle weiteren Windowsprogramme beendet werden sollten. Dies ist zwar nicht zwingend erforderlich, aber sinnvoll.

Im nächsten Schritt müssen Sie die Lizenzbedingungen akzeptieren und nachfolgend das Zielverzeichnis und den gewünschten Installationstyp angeben. Bei der Wahl des gewünschten Installationstyps können Sie zwischen einer Standardvariante und einer benutzerdefinierten Version wählen. Entgegen dem Hinweis, daß die benutzerdefinierte Version für erfahrene Benutzer zu empfehlen ist (manche Installationsprogramme schreiben da sogar noch drohend das Wort *nur* hin), ist diese Variante immer vorzuziehen. Sie können gar nichts falsch machen, da die dann auszuwählenden Optionen mit den Einstellungen der Standardvariante vorbelegt sind. Falls Sie sich unsicher sind und nichts verändern, installieren Sie mit den Optionen der Standardvariante. Der Vorteil ist bei der benutzerdefinierten Version jedoch, daß Sie einiges über Ihren Browser lernen und zudem diverse für Sie überflüssige oder nicht gewünschte Dinge deaktivieren, andererseits fehlende Komponenten zusätzlich installieren können.

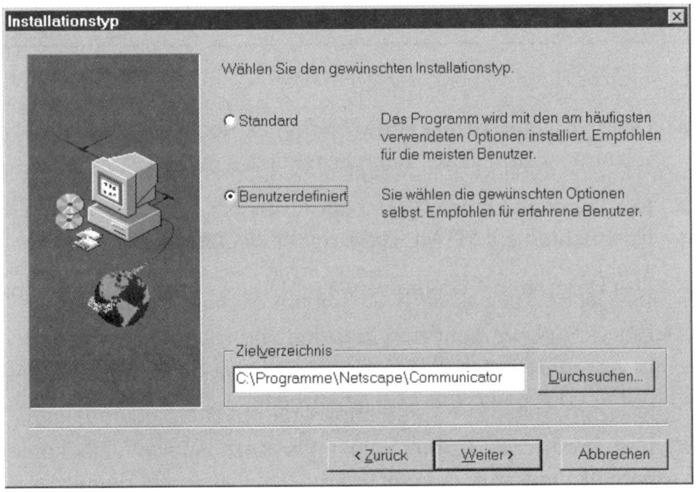

Bild 1.4: Standard oder selbstdefiniert?

Sofern Sie die benutzerdefinierte Version wählen, können Sie im nächsten Schritt die einzelnen Teilkomponenten des Communicator festlegen, die installiert werden sollen.

Der Communicator enthält einige Komponenten, die für 99% der Privatanwender überflüssig sind und viel Platz auf der Festplatte blockieren (etwa ein Programm für Netzkonferenzen). Sie sehen im unteren Teil der Assistentenmaske immer eine Beschreibung, um was für eine Komponente es sich bei dem ausgewählten Listeneintrag handelt. Sie können für die Komponenten auch Teilkomponenten aktivieren und deaktivieren.

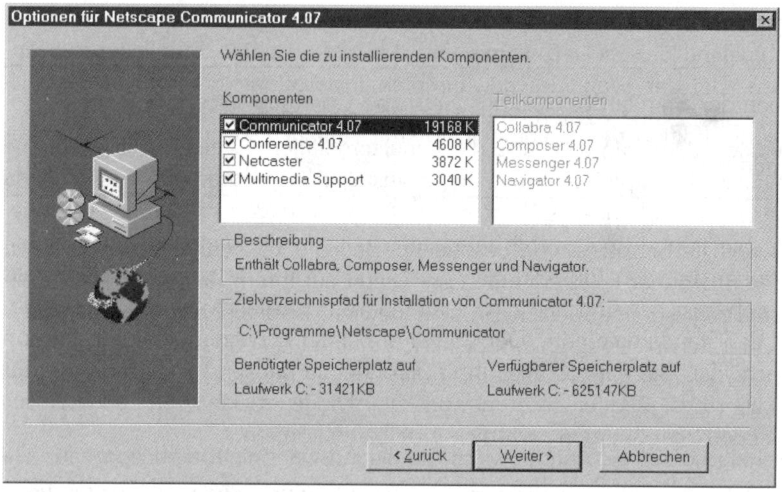

Bild 1.5: Schritt 1 der benutzerdefinierten Variante

HINWEIS

Eine kurze Beschreibung der wichtigsten Communicator-Bestandteile:

- Der Navigator ist als Browser immer noch das zentrale Programm im Communicator. Er wird immer mit installiert.
- Der Messenger ermöglicht das Senden und Empfangen von E-Mail-Nachrichten auf HTML-Basis mit eingebetteten Bildern.
- Das Programm Collabra verwaltet Diskussionsforen (Newsgroups).
- Der Composer dient zum Erstellen und Bearbeiten von WWW-Seiten. Er ist ein integrierter HTML-Editor, der auf Basis des WYSIWYG-Prinzips (What you see is what you get) arbeitet.
- Das Programm Conference unterstützt Audio-/Videokonferenzen und enthält Tools zur Zusammenarbeit mit anderen Benutzern. Dieses Tool wird für die meisten Anwender uninteressant sein und wohl selten installiert (Festplattenplatz ist auch nicht unbeschränkt).

- Mit Netcaster können Sie Channels (Informationsdienste) im WWW abonnieren und sich nach einem individuellen Zeitplan automatisch zusenden lassen. Daneben erlaubt Netcaster das Navigieren im Offline-Modus. Bei Channels sollte man aber immer beachten, daß diese Technologie sehr umstritten ist. Bevor Sie sich darauf einlassen, sollten Sie sich gut über die Risiken und die in Deutschland leider hohen Kosten für die damit verbundene Online-Zeit informieren.

HINWEIS

Neben der Standardversion des Netscape Communicator gibt es eine Professional Edition des Communicator mit zahlreichen zusätzlichen Komponenten.

Der nächste Schritt ist von besonderer Bedeutung, wenn Sie bereits einen anderen Browser besitzen und dieser weiter auf Ihrem Rechner bleiben soll. Normalerweise sind diesem Browser gewisse Dateitypen zugeordnet. Dies bedeutet, wenn Sie einen Doppelklick auf eine Datei dieses Typs ausführen, wird der zugeordnete Browser gestartet und die angeklickte Datei darin dargestellt.

Der Folgeschritt wird nun – wenn Sie die Auswahl nicht aufheben – für alle selektierten Dateitypen den neuen Browser registrieren. Wenn Sie nach dessen Installation einen Doppelklick auf eine Datei dieses Typs ausführen, wird der neu zugeordnete Browser gestartet und die angeklickte Datei darin dargestellt.

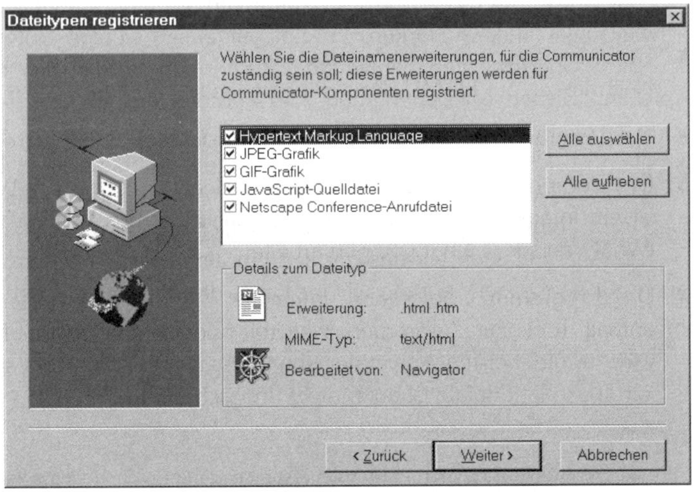

Bild 1.6: Schritt 2 der benutzerdefinierten Variante

Als letzte Aktion müssen Sie noch den Programmordner festlegen, über den Sie den Browser demnächst starten wollen. Dies ist der Eintrag im Startmenü unter PROGRAMME, worin sich der Programmaufruf dann befindet. Wenn Sie nun die Schaltfläche INSTALLIEREN betätigen, startet der eigentliche Installationsvorgang. Nach dessen Beendigung und einem Neustart des Rechners können Sie mit dem Browser arbeiten.

1.8 Unterschiedliche Techniken der Web-Programmierung

HTML, Java, Javascript, CCS, Dynamik-HTML, Formulare und CGI, VBScript, ActiveX, XML, VRML, Java-Beans, Multimedia, Grafiken, Animationen, Videos, Cookies. Eine Vielzahl von Begriffen wird auf Sie bei der Web-Programmierung einprasseln. Alle beschreiben Techniken, mit denen Sie im Web programmieren, beschreiben oder gestalten können. Vielleicht stellen Sie sich die Frage, warum es so viele verschiedene Techniken bei der Web-Programmierung gibt? Würde nicht eine Technik – etwa HTML – genügen? Die Antwort wird vielleicht durch einige Vergleiche deutlich.

Warum gibt es so viele verschiedene Autotypen? Wozu gibt es Limousinen, Kombis, Geländewagen, Roadster? Oder wozu gibt es verschiedene Typen von Fahrrädern? Rennräder, Mountain Bikes, Citybikes? Die Antwort hier ist klar – jeder Typ hat eine unterschiedliche Zielrichtung, einen anders gelagerten Schwerpunkt, andere Stärken.

Beim Web-Design ist es nicht viel anders. Auch hier hat jede der verschiedenen Techniken bei der Web-Programmierung einen anders gelagerten Schwerpunkt, andere Stärken. Es gibt nur einige wenige Unterschiede zu den Situationen mit den Fahrzeugen. Zum einen werden hier ein bißchen Äpfel mit Birnen verglichen[1] und zum anderen gibt es eine Technologie, ohne die die anderen Technologien nicht ins Web kommen, die also herausgehoben ist. Dies ist HTML. Ohne HTML geht nichts im Web. Das Grundgerüst des WWW ist aus HTML aufgebaut. Alle (!) anderen Techniken zur Web-Programmierung verankern sich letztlich irgendwo in einem HTML-Gerüst. Aber befassen wir uns mit den einzelnen Techniken etwas genauer. Auch mit denjenigen, auf die wir im Laufe des Buchs nicht genauer eingehen.

1 Es werden strenggenommen Programmiersprachen mit Beschreibungssprachen und die wiederum mit Grafiktechniken verglichen.

1.8.1 HTML & Co.

Im Zentrum des WWW steht HTML. HTML ist das Grundgerüst des WWW. Zwar ist HTML nicht das ganze Web, aber ohne HTML gäbe es kein Web. Auf jede (!) der anderen Technologien im Web kann man verzichten. Zwar fehlt dann vielleicht eine Nuance im weltweiten Web, aber das Web an sich funktioniert immer noch. Weder Java, Javascript, ActiveX noch VRML[1] ist lebensnotwendig für das WWW. Sogar auf Grafik könnte man letztendlich verzichten. Das Web verliert damit viel an Faszination, ist aber immer noch funktionstüchtig.

HTML ist hingegen nicht wegzudenken. Jede der anderen Technologien benötigt HTML, um sich darin zu verankern. Ob es ein Script in einer Web-Seite ist – das Script wird als Bestandteil einer HTML-Seite übertragen und ausgeführt. Ob es eine Grafik ist – sie ist im Web nur als eine Referenz in einer HTML-Seite verfügbar. Analog verhält es sich mit Java-Applets oder ActiveX-Controls.

Versuchen wir einmal einen – leicht hinkenden – Vergleich mit einem Auto. HTML ist dabei der Kern des Autos – die Karosserie mit Rädern, Lenkung, Bremsen und Antrieb. Kurz – ein voll funktionstüchtiges Auto. Grafiken sind in diesem Vergleich die Lackierung des Autos. Ohne Lackierung ist die Karre zwar recht häßlich, aber sie fährt. Eine Lackierung ohne Auto – sehr komisch, was?!

Scripte und aktive Programme wie Java-Applets oder ActiveX-Controls könnten nun in unserem Vergleich Zusatztechniken wie Servolenkung, ABS, Tempomat, Klimaanlagen oder Navigationssysteme sein. Sonstige Multimedia-Techniken (etwa Videowiedergabe) stehen für das Autoradio. Alles Dinge, die das Auto aufwerten, die Funktionalität erweitern, es bequemer und besser machen. Aber allesamt sind ohne das Auto, worin sie eingebaut werden, absolut nutzlos.

HTML entwickelt sich auch über das Web hinaus in andere Richtungen und wächst an Bedeutung. Sie können bereits in den Programmen des Microsoft-Office-97-Pakets Dokumente im HTML-Format abspeichern.

Auch innerhalb von Betriebssystemen kommt HTML immer mehr zum Einsatz, beispielsweise Windows 98 oder NT 5.0. Die gesamte Active-Desktop-Philosophie basiert auf HTML. Die Channels (Kanäle, die regelmäßig Informationen über das Internet abfragen und auf dem Bildschirm – etwa direkt auf dem Desktop – anzeigen) basieren darauf. Aber auch das Aus-

1 VRML ist eigentlich eine Sonderlösung, da diese Technologie nicht direkt zum Web gehört, sondern den Cyberspace aufbaut.

sehen des Desktops läßt sich analog des Web konfigurieren (inklusive Hyperlinks mit Einfachklick). Die gesamte Funktionalität und Beeinflussung durch den Anwender erfolgt über HTML. HTML wird damit zur Haussprache von Windows.

Im Web stößt HTML jedoch in allen Richtungen an Grenzen und wird dort durch die jeweiligen Zusatztechnologien erweitert. Teilweise basieren diese Erweiterungstechnologien direkt auf HTML. So wie Dynamic HTML und die Style-Sheets respektive CCS (*Cascading Style Sheets*). Wir werden uns im Rahmen des Buchs damit beschäftigen.

Auch der Begriff XML (*Extensible Markup Language*) ist in Zusammenhang mit HTML zu sehen. XML hat ebenfalls seine Wurzeln bei SGML. Es hat aber eine andere Aufgabe. XML ist ein Versuch, SGML und HTML auf einem gemeinsamen Nenner zu vereinen. Genaugenommen ist XML eine sogenannte Metasprache, mit deren Hilfe Sie eine eigene, neue Dokumentenbeschreibungssprache definieren können. Damit läßt sich die Leistungsfähigkeit von HTML zwar erheblich erweitern. Sie können mir aber glauben, daß dies extrem abstrakt ist. Und ich glaube, daß Sie mir in einen XML-Exkurs garantiert nicht folgen werden ;-). Also gehen wir nicht weiter darauf ein.

1.8.2 Scriptsprachen

Eine der wichtigsten Erweiterungen von HTML sind die Scriptsprachen. Bei den Scriptsprachen handelt es sich wie bei HTML um Interpretersprachen. Sie sind ebenfalls von relativ einfacher Struktur. Scriptsprachen müssen als Interpretersprachen natürlich in irgendeinen Interpreter implementiert werden. Dabei muß man erst einmal zwischen Server-seitigen und Client-seitigen Scriptsprachen unterscheiden. Das im Internet praktizierte Client-Server-Prinzip erlaubt die Aufteilung von Funktionalität auf beide beteiligten Partner. Sowohl der Client als auch der Server können diverse Funktionalitäten durchführen.

1.8.3 Server-seitige Scripts

Viele Aktionen im Rahmen eines Client-Server-Prozesses werden vom Server aus über irgendwelche Anwendungen gesteuert. Dies können beispielsweise vollständig kompilierte Programme sein, die einfach auf der Serverplattform laufen. Oder auch Scripte, die durch einen entsprechenden Befehlsinterpreter auf dem Server zur Laufzeit interpretiert werden.

Kommen wir an dieser Stelle nochmals auf die technischen Hintergründe von HTTP zurück. Ein Client sendet über dieses Protokoll eine Anfrage für ein bestimmtes Web-Dokument an einen WWW-Server. Der Server sendet dieses Dokument dann über das gleiche Protokoll wieder zurück zum Client. HTTP unterstützt aber noch weitergehende Aktionen, beispielsweise das Versenden von Server-seitig generierten Daten an den Client. Auch die umgekehrte Richtung funktioniert. Auch der Client kann Daten an den Server senden, die dieser dann an andere Programme weitergibt. Etwa ein Datenbankprogramm. Diese Server-seitigen Prozesse laufen oft über das Common Gateway Interface (CGI) ab. Sie werden damit in Berührung kommen, wenn Sie Formulare erstellen und diese dann auf einem Server mit einem Datenbankprogramm auswerten wollen. Die CGI-Scripte zählen also zu den gebräuchlichsten Server-seitigen Scripten.

MERKSATZ

Server-seitige Scripts können in verschiedenen Sprachen erstellt werden. Die einzig wirklich zwingende Beschränkung der Sprache ist der Web-Server, auf dem sie laufen sollen. Dieser muß nämlich über einen Interpreter für diese Sprache verfügen, sonst geht gar nichts.

Die wohl beliebteste Sprache zum Erstellen von CGI-Scripten ist Perl. Perl ist einfach und wird von den meisten Webservern verstanden. Daneben gibt es zwei wichtige Schnittstellen für Server-seitiges Scripting, mit denen man einen Server veranlassen kann, Befehle auszuführen, bevor eine aufgerufenen Web-Seite zum Client geschickt wird. Die zwei wichtigsten Standards, um Server-seitiges Scripting durchzuführen, sind folgende:

- ✘ *LiveWire*, der Standard von Netscape
- ✘ *ASP* (*Active Server Pages*), der Microsoft-Standard.

LiveWire wird vom Netscape-Web-Server verstanden. Eine auf einem solchen Server plazierte Web-Seite kann mittels Javascript Befehle auf dem Server ausführen, bevor das Dokument an den aufrufenden Browser geschickt wird.

ASP läuft auf dem Microsoft-Web-Server und erlaubt dort die Ausführung von Befehlen auf dem Server, bevor das Dokument an den aufrufenden Browser geschickt wird. ASP erlaubt die Einbindung von Code aus verschiedenen Client-seitigen Scriptsprachen. Dies kann sowohl VBScript sein, aber auch JScript. Dazu können Server-seitige ActiveX-Komponenten integriert werden.

Zu guter Letzt gibt es noch Zwischenformen zwischen Programmen und Interpreterscripten wie die Java-Servlets – die serverseitigen Java-Applets. Diese werden auf dem Server durch einen Befehlsinterpreter – der virtuellen Javamaschine – ausgeführt.

Server-seitiges Scripting bzw. die Ausführung von Programmen auf dem Web-Server selbst ist eine nicht zu unterschätzende Möglichkeit, Funktionalität auf einen Server zu verlagern. Zusammenfassend muß man jedoch zu Server-seitigen Prozessen festhalten, daß damit einige Probleme verbunden sind:

- ✗ Das Erstellen von Server-seitigen Prozessen ist ziemlich kompliziert.
- ✗ Je nach Web-Server, auf dem Sie Ihre Web-Seiten plazieren wollen, müssen Sie mit einer unterschiedlichen Technik arbeiten.
- ✗ Viele Provider erlauben es nicht, daß in ihren Homepage-Bereichen Scripte oder sonstige Programme ausgeführt werden.

Wir werden uns daher nicht genauer mit dieser Technik beschäftigen. Prinzipiell sprengt die intensive Behandlung von Server-seitigen Prozessen auch den Umfang des Buchs und überfordert Einsteiger.

1.8.4 Client-seitige Scripts

Client-seitiges Scripting wird entgegen dem Server-seitigen Scripting Schwerpunkt unseren Buchs sein. Es gibt diverse Scriptsprachen auf der Client-Seite, aber eigentlich nur drei ernstzunehmende, d.h. weitreichend unterstützte Vertreter im WWW. Das sind Javascript (neben HTML Hauptthema des Buchs), JScript und VBScript. Bei Javascript handelt es sich um eine an Java angelehnte, offene, plattformunabhängige Scriptsprache. Entwickelt wurde Javascript im wesentlichen in einer Kooperation von Sun (dem Erfinder von Java) und Netscape. VBScript dagegen ist aus Visual Basic hervorgegangen und weitgehend auf die WINTEL-Plattform (Windows-Betriebssystem + INTEL-basierende Prozessoren) beschränkt. Hersteller dieser Sprache ist Microsoft, welche auch JScript entwickelt haben.

JScript ist die Microsoft-Variante von Javascript, welche zur Unterstützung von Javascripten im Internet Explorer entwickelt wurde. Da bei der direkten Implementation von Javascript in den Internet Explorer Lizenzgebühren an Sun/Netscape fällig wären, hatte Microsoft lieber eine eigene Variante davon entwickelt und im Internet Explorer implementiert. JScript besitzt im wesentlichen die gleiche Struktur wie Javascript und versteht die gleiche Syntax. Allerdings ist der Befehlssatz in einigen Sprachversionen nicht vollständig deckungsgleich. Durch die nicht vorhandene direkte Implementation von Javascript muß der Internet Explorer übrigens sämtliche Javascripte in einer Web-Seite erst in JScripte übersetzen und dann ausführen. Dies funktioniert zwar halbwegs zuverlässig, aber Fehler sind nicht ganz auszuschließen. Wir werden auf JScript nur dann weiter eingehen, wenn es von entscheidender Bedeutung ist.

Wie wir bereits festgehalten haben, handelt es sich bei Scriptsprachen um Interpretersprachen von relativ einfacher Struktur, die von einen Interpreter ausgeführt werden.

Dies realisiert man auf Client-Seite, indem man die Scriptelemente in HTML einbindet. Anschließend werden sie dann von dem Browser (welcher natürlich diese Scriptsprache verstehen muß) interpretiert. Neuere Browser fungieren also nicht nur als HTML-Interpreter, sondern auch als Scriptinterpreter.

VBScript und Javascript sind eine reine Erweiterung des HTML-Codes und nur als eingebundener Bestandteil eines HTML-Gerüsts zu verwenden. Diese Scripte werden also direkt in der HTML-Datei geschrieben. Die sind damit in gewisser Weise normaler Bestandteil des HTML-Dokuments, so wie Überschriften, Verweise oder andere Referenzen.

Sie werden auch nicht wie Java-Applets als vorkompilierte Module in die HTML-Datei integriert, sondern analog HTML als Klartext zur Laufzeit interpretiert. Trotzdem handelt es sich bei Scriptsprachen im Gegensatz zu HTML nicht um reine Beschreibungssprachen, sondern um vollwertige Programmiersprachen, wenn auch auf reiner Interpreterbasis. Was aber tut man mit diesen Scripten überhaupt?

Hauptfunktion von Client-seitigen Scriptsprachen ist eine Verlagerung von Funktionalität vom Server auf den Client. Lassen Sie uns noch mal an CGI (einen Server-seitigen Prozeß) zurückdenken und es in Verbindung mit einem HTML-Formular sehen. CGI stellt einen Mechanismus zur Verfügung, bei dem auf dem Client erfaßte Daten (beispielsweise über ein HTML-Formular) zu einem Server geschickt werden können. Dieser leitet diese Daten zu einem Server-seitigen Programm/Script weiter, wo sie verarbeitet werden. Anschließend geht die Antwort zurück zum Client.

So eine Vorgehensweise hat zahlreiche Nachteile.

- ✘ Das Laufzeitverhalten. Bis eine Antwort wieder beim Client ist, kann viel Zeit vergehen.
- ✘ Belastung der Kommunikationswege.
- ✘ Belastung des Servers bei gleichzeitigem Brachliegen der Client-Ressourcen.

Gerade bei fehlerhaften Daten wird so viel Zeit und Kapazität verbraucht. Stellen Sie sich als Beispiel nur einmal ein Formular vor, in dem die Eingabe eines Geldbetrags gefordert wird. Wenn nun ein Anwender dort statt Zahlen Buchstaben einträgt (etwa der klassische Anfängerfehler, statt einer Null den Buchstaben O einzutragen), werden die fehlerhaften Daten – unter Umständen rund um die Welt – zum Server geschickt, der leitet sie weiter, und erst das Server-seitige Programm bemerkt den Fehler und schickt eine Fehlermeldung als Antwort zurück zum Client. Keine ideale Vorgehensweise, aber so funktioniert CGI tatsächlich. Besser wäre es, wenn der Fehler bereits beim Client bemerkt würde. Bevor die fehlerhaften Daten zum Server gesendet werden. Es muß also Funktionalität auf den Client übertragen werden, die auch ohne Serverkontakt durchgeführt werden kann. In unserem Beispiel eine Typüberprüfung des Eingabefeldes. Dies geschieht, indem das Formular eine gewisse Funktionalität besitzt, die durch ein Script realisiert wird.

Client-seitige Scriptsprachen beinhalten dazu einen gewissen internen Befehlssatz, eine Syntax und eine definierte Struktur. Im wesentlichen werden sie zur Kontrolle von Objekten[1] verwendet. Ein kontrollierbares Objekt ist beispielsweise der Browser selbst. Eigentlich ist es so, daß Client-seitige Scriptsprachen im wesentlichen den relativ dummen Browser intelligenter machen. In modernen Browsern ist die Nutzung einer oder mehrere Scriptsprache(n) integriert, um sie mit weitergehenden Fähigkeiten auszustatten. Gegebenenfalls läßt sich ein Browser sogar erweitern, um die Unterstützung einer standardmäßig nicht integrierten Scriptsprache zu erzwingen[2].

Scripte erlauben es einem Web-Browser, auf eine intelligente Weise mit Situationen, die sonst ein Programm auf dem Web-Server erforderlich machen würden, umzugehen. Wesentlicher Effekt ist damit eine Beschleunigung des Vorgangs, da der Browser keine Anfrage an den Server schicken und die Antwort nicht abwarten muß.

Aber auch andere Objekte lassen sich mit Scripten beeinflussen. VBScript kann beispielsweise zur Kontrolle von Bestandteilen einer Web-Seite, Java-Applets, ActiveX-Controls und anderen Objekten verwendet werden.

HINWEIS

Sie können übrigens Scripte beliebiger Sprachen innerhalb einer Web-Seite mischen. Sie müssen nur gegeneinander abgeschottet werden. Darauf gehen wir noch genauer ein.

1 Was so genau ein Objekt ist, werden wir noch näher erläutern.

2 Es ist so beispielsweise möglich, über ein sogenanntes Plug-in auch im Netscape Navigator VBScript-Befehle auszuführen.

Javascript und VBScript sind sich recht ähnlich, haben aber dennoch einige gravierende Unterschiede wie beispielsweise die konkrete Syntax. Von der Scriptsprache Javascript werden insbesondere ActiveX-Controls nicht unterstützt. Insgesamt krankt VBScript hauptsächlich an seiner Plattformabhängigkeit und der derzeit nur vom Internet Explorer vollzogenen Standardunterstützung. Das können Sie gerne selbst ausprobieren, wenn Sie nur den Netscape Navigator besitzen.

Wir werden zwar nicht weiter auf VBScript eingehen, aber eine kleine Aufgabe ist nach soviel Theorie sicher ganz unterhaltsam und macht das VBScript-Problem deutlich. Sprich – wir werden ein wenig VBScript programmieren.

Dabei ignoriere ich bewußt die Tatsache, daß Sie unter Umständen keine Ahnung davon haben, was wir da so genau tun. Ich greife im Stoff einfach etwas vor. Viel schiefgehen kann dabei nicht, wenn Sie den nachfolgenden Schritten folgen und genau das eingeben, was ich gleich beschreibe.

Am besten wirkt das Beispiel, wenn Sie sowohl einen Internet Explorer ab der Version 3.0 als auch einen neueren Navigator zur Verfügung haben. Aber auch wenn nur ein Browser – gleich von welchem Hersteller – installiert ist, sollten Sie die Aufgabe durchführen.

Dazu starten Sie bitte als erstes einen beliebigen Editor – etwa den Editor, den Sie im Zubehör von Windows finden – und geben folgendes ein (bitte genau auf die einzelnen Zeichen achten – bereits die kleinsten Schreibfehler können fatal sein):

```
<HTML>
<HEAD>
   <TITLE>VBScript - MSGBOX</TITLE>
</HEAD>
<BODY>
Hier folgt ein Button.
<P>
<input name="Schalte" Type="BUTTON" Value="Klick mich">
<script language="VBScript" Event="OnClick" For="Schalte">
<!--
   MsgBox "Alles klar"
-->
</script>
</BODY>
</HTML>
```

Speichern Sie bitte diese Datei unter dem Namen `MSGBOX.HTM` ab. Anschließend laden Sie diese bitte im Internet Explorer (ab der Version 3.0). Was wird passieren?

Der Internet Explorer sollte eine Schaltfläche anzeigen und beim Anklicken der Schaltfläche ein Mitteilungsfenster auf dem Bildschirm erscheinen lassen. Dieses läßt sich mit einem Klick auf den OK-Button wieder schließen.

Bild 1.7: Im Internet Explorer wird ein VBScript ausgeführt

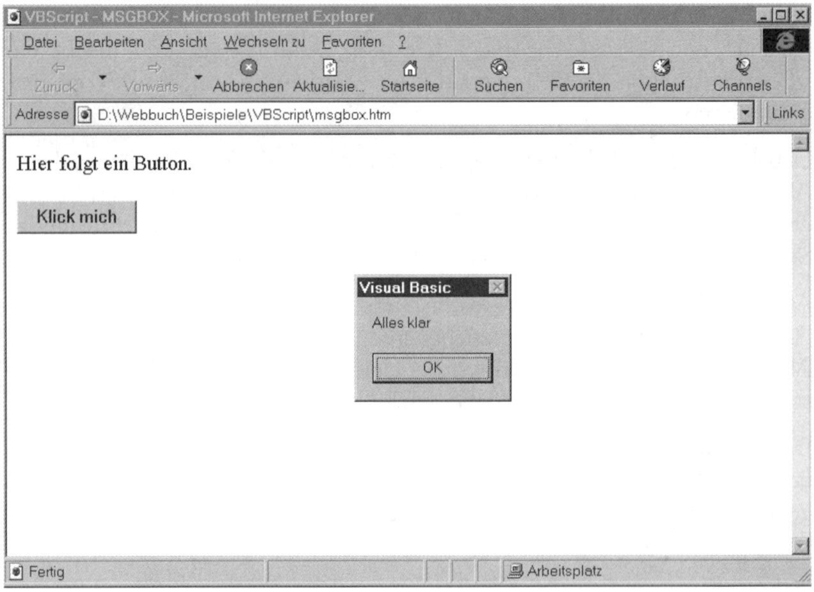

Nun laden Sie die gleiche Datei in den Navigator. Was passiert?

Nicht einmal der Button wird angezeigt. Geschweige denn ein Script ausgeführt. Sie haben hier ein Beispiel dafür, daß es sowohl bei den HTML-Befehlen Abweichungen zwischen verschiedenen Browsern gibt als auch ein Beispiel für das grundsätzliche VBScript-Problem mit der mangelnden Unterstützung.

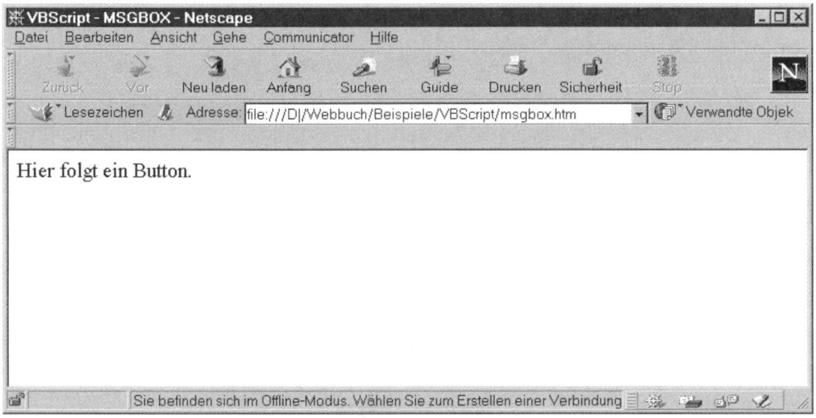

Bild 1.8: Kein Button und keine Script-Ausführung im Navigator

Aber vielleicht versteht der Navigator doch VBScript? Immerhin wird ja der Button nicht angezeigt, um das VBScript aufzurufen. Gut dann lassen Sie uns noch eine zweite Aufgabe angehen. Diesmal führen wir das VBScript automatisch beim Laden der Web-Seite aus.

Starten Sie also bitte wieder den Editor, und geben Sie folgendes ein:

```
<HTML>
<HEAD>
   <TITLE>VBScript - MSGBOX</TITLE>
</HEAD>
<BODY language="VBScript" onload=zeigeBox>
<script language="VBScript">
<!--
  Sub zeigeBox
   MsgBox "Alles klar"
  End Sub
-->
</script>
Hier beginnt das eigentliche HTML.
</BODY>
</HTML>
```

Schauen Sie sich die neue Datei (`MSGBOX2.HTM`) in beiden Browsern an. Überzeugt?

Wenn Sie die Datei wieder in den Internet Explorer laden, wird automatisch das Mitteilungsfenster geöffnet.

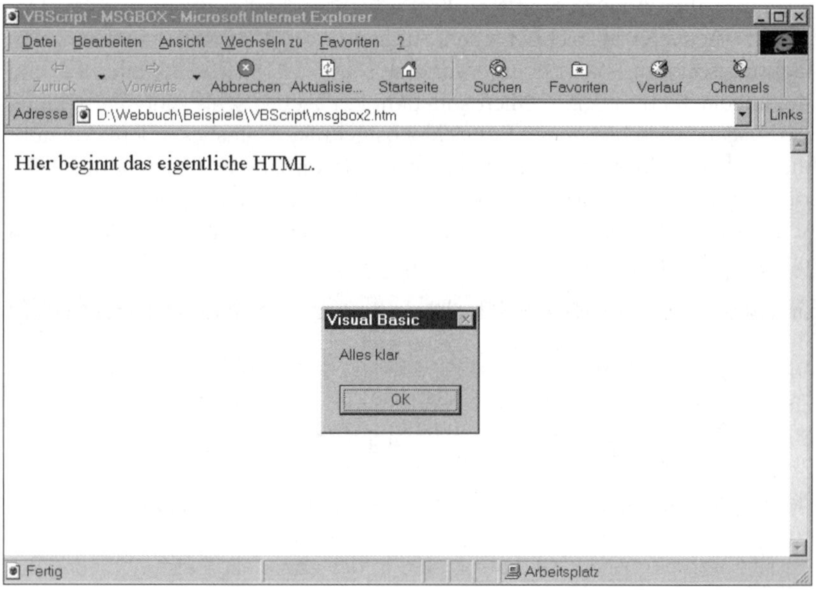

Bild 1.9: Der Internet Explorer führt das Script beim Start der Seite aus

Der Navigator ignoriert dagegen die Anweisung und reagiert unter Umständen sogar mit einer Fehlermeldung in der Statuszeile.

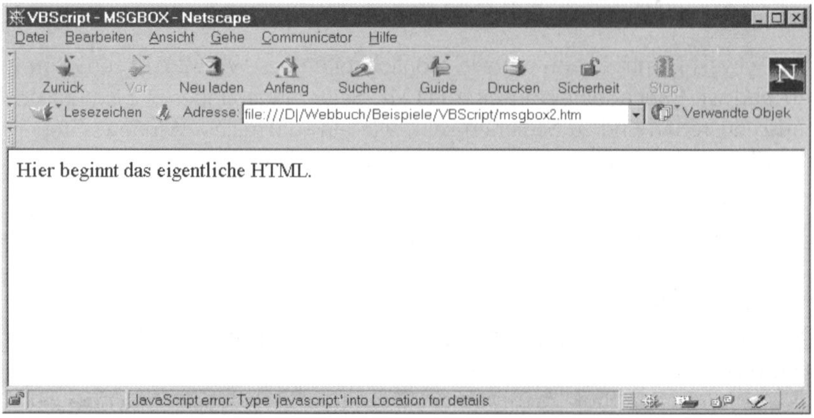

Bild 1.10: Der Navigator verlangt Javascript

1.8.5 ActiveX

ActiveX-Controls werden oft als Microsoft-Alternative zu Java-Applets gesehen. Aber ActiveX-Controls dürfen nicht isoliert gesehen werden. Der Begriff »ActiveX« bezeichnet nach Aussage von Microsoft keine einzelne Technik, sondern ist ein übergeordneter Name für Microsofts Internet- und Multimedia-Technologien. Microsoft definiert ActiveX als eine Verbindung von vielen verschiedenen Entwicklungstechniken. Insbesondere versteht Microsoft die ActiveX-Technologie nicht als direkte Konkurrenz zu Java, sondern als eine Ergänzung. Dies zeigt sich nicht zuletzt darin, daß sowohl ActiveX-Controls als auch Java-Applets als Bestandteile einer Web-Seite mittels VBScript kontrolliert werden können.

Eingeführt wurde die ActiveX-Technologie mit dem Internet Explorer 3.0. Microsoft reagierte damit auf die Plug-in-Technologie, mit der es Netscape Programmierern erlaubte, die Funktionalität des Navigators durch eigenen Code zu erweitern. ActiveX ist explizit nicht plattformunabhängig, sondern läuft (zur Zeit) nur auf einer Computerarchitektur und einer Betriebssystemfamilie ohne Einschränkungen – Intel-PCs und Windows. Einige andere Plattformen werden jedoch zusätzlich – zumindest eingeschränkt – unterstützt. Diese Einschränkung auf eine zentrale Zielplattform für ActiveX hat massive Vorteile. ActiveX-Controls sind in der Lage, alle Leistungen des Betriebssystems Windows auszuschöpfen. Sie können direkt Komponenten von Windows – etwa Mitteilungsfenster, wie wir sie in unseren VBScript-Beispielen verwendet haben – direkt und sehr einfach nutzen. Programmierer müssen nicht jedesmal das Rad neu erfinden, sondern verlassen sich darauf, daß das Betriebssystem gewisse Grundfunktionalitäten bereitstellt.

Ein ActiveX-Control kann auf alle Möglichkeiten des Win32-API zurückgreifen und wird auch als ein in eine HTML-Seite eingebundenes Element genauso aussehen und zu bedienen sein, wie ein »normales« Windows-Steuerelement (denken Sie wieder an unsere VBScript-Beispiele).

Im Mittelpunkt der Microsoft-Internet-Philosophie steht die Übertragung der OLE-Funktionalität (Object Linking and Embedding, zu deutsch Objekte verbinden und einbetten) von Windows auf das Internet. Beispielsweise die Einbindung einer Excel-Tabelle in Winword. Deren Weiterentwicklung DCOM (Distributed Component Object Model), auf der die ActiveX-Controls basieren, hebt die lokale Einschränkung von OLE auf. Mit dieser Technik spielt es keine Rolle mehr, ob ein Objekt auf dem lokalen Rechner oder einem beliebigen Server im Netz beheimatet ist. Auf Grund der integrierten Hinweise auf ihre Ursprünge wird bei einer Aktivierung eines externen Elements der zugehörige Rechner kontaktiert und dort die notwendige Aktion ausgeführt.

ActiveX-Controls lassen sich in jede HTML-Seite einbinden. Sie werden wie Java-Applets bei Bedarf automatisch aus dem Internet auf den Client geladen und installiert. Ein spezieller HTML-Tag bindet das ActiveX-Control in die Web-Seite ein. Wir kommen im Rahmen von HTML zwar noch einmal darauf zurück, aber hier soll schon einmal das Schema verdeutlicht werden:

```
<OBJECT CLASSID = "[wert]" ID = "Name" WIDTH=[Wert]
HEIGHT=[Wert]>
   [ActiveX-Control-Eigenschaften]
</OBJECT>
```

Bei der gerade skizzierten Angabe wird mit der `CLASSID` das Control über einen weltweit eindeutigen 128-Bit-Wert identifiziert und mit `WIDTH=[Wert] HEIGHT=[Wert]` die Position und Größe des Controls festgelegt. Die `CLASSID` eines Controls kann auch mit einem `TYPE`-Befehl referenziert werden, die ID ist der Name, der von der Scriptsprache – etwa VBScript, benutzt werden kann, um das Control anzusprechen. Über die `CLASSID` kann ein Browser entscheiden, ob ein Control bereits geladen wurde und ob es ggf. eine neuere Version eines bereits vorhandenen Controls ist. Auf dieser `CLASSID` baut zugleich das Sicherheitskonzept von ActiveX auf, denn dieses verwendet im wesentlichen diese ID als Registrierungsnummer des Controls. Sie wird als digitale Unterschrift über spezielle Tools in das Control eingebaut. Sofern ein Anwender ein ActiveX-Control auf seinen Rechner lädt, wird diese digitale Unterschrift überprüft und – falls der Browser entsprechend konfiguriert ist – bei fehlender Registrierungsnummer das Laden verweigert.

Diese digitale Unterschrift bekommt ein ActiveX-Control, sobald es sich (d.h. sein Entwickler) bei einer von Microsoft lizensierten Organisation registrieren läßt. Die Funktion des ActiveX-Control wird allerdings nicht überprüft, und es wird damit nicht gesagt, daß das Control harmlos ist. Nicht umsonst lassen sich mit ActiveX-Controls zur Zeit alle möglichen Dinge anstellen, welche einem Anwender schaden können.

ActiveX-Controls lassen sich mit den unterschiedlichsten Programmiersprachen erstellen. Etwa C und C++ und vor allem Visual Basic. In der Version 5.0 erlaubt Visual Basic auf einfachste Weise die Erstellung von ActiveX-Controls.

1.8.6 Cookies

Im Zusammenhang mit Scripting kann man auch Cookies (engl. Kekse) sehen. Es handelt sich um kleine Textdateien, die von einer Web-Seite auf dem Client abgelegt und in denen gewisse Informationen über den Client dokumentiert werden.

Sofern eine Web-Seite entsprechende Befehle enthält, wird eine solche Cookie-Datei vom Browser auf dem Client erzeugt oder verändert, falls bereits vorhanden. Diese Befehle zum Erzeugen und Verwalten von Cookies können sich auf dem Server befinden (etwa als CGI-Script), oder sie sind Bestandteil eines Client-seitigen Scripts.

Der Vorteil von Cookies besteht darin, daß Aktionen, welche ein Anwender bei einem vorherigen Besuch einer Web-Seite durchgeführt hat, dokumentiert und beim erneuten Besuch wieder ausgelesen werden können. Abhängig davon kann ein in eine Web-Seite integriertes Script dann bestimmte Aktionen ausführen. So muß beispielsweise eine einleitende Erklärung einem Besucher nicht erneut angezeigt werden, wenn er diese bereits in der vorherigen Sitzung gesehen hat.

HINWEIS

Man sollte nicht verschweigen, daß viele Anwender ein ungutes Gefühl haben, wenn ihre Aktionen beim Surfen dokumentiert und von fremden Leuten wieder ausgelesen werden können. Die – nicht unberechtigte – Furcht vor Spionage auf dem eignen Rechner und dem Anlegen von Benutzerprofilen führt dazu, daß Programme zum Deaktivieren von Cookies Hochkonjunktur haben.

Sie können aber auch bereits in vielen Browsern Cookies vollkommen deaktivieren. Der Netscape Navigator 4.0x etwa erlaubt dies unter dem Menüpunkt BEARBEITEN und EINSTELLUNGEN... Dort finden Sie im Unterpunkt ERWEITERT die Option. Der Internet Explorer 4.0x hat diese Möglichkeit unter ANSICHT – INTERNETOPTIONEN... im Registerblatt ERWEITERT. Ältere Browser lassen Cookies zum Teil einfach durch, andere wiederum erlauben dem Anwender zumindest, Cookies über eine Rückfrage durch den Browser zu akzeptieren oder abzulehnen, und ganz alte Browser verstehen zum Teil die Scripte zum Anlegen und Verwalten von Cookies noch gar nicht.

Bild 1.11: Deaktivieren von Cookies im Internet Explorer 4.0

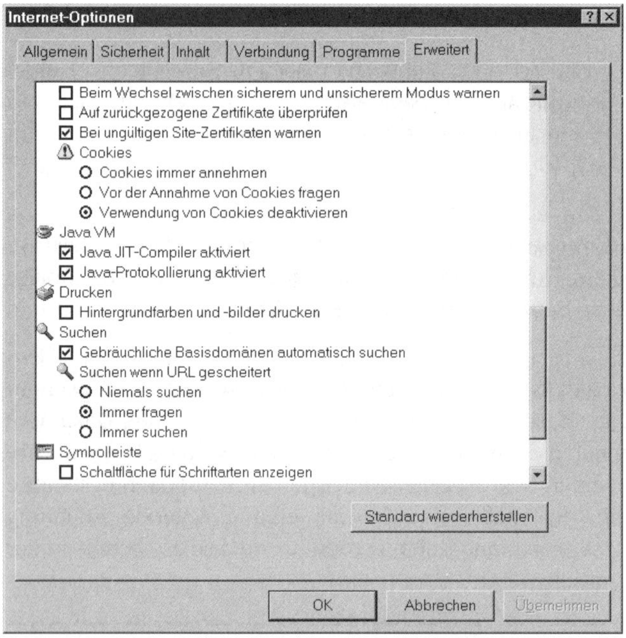

Bild 1.12: Deaktivieren von Cookies im Navigator 4.0

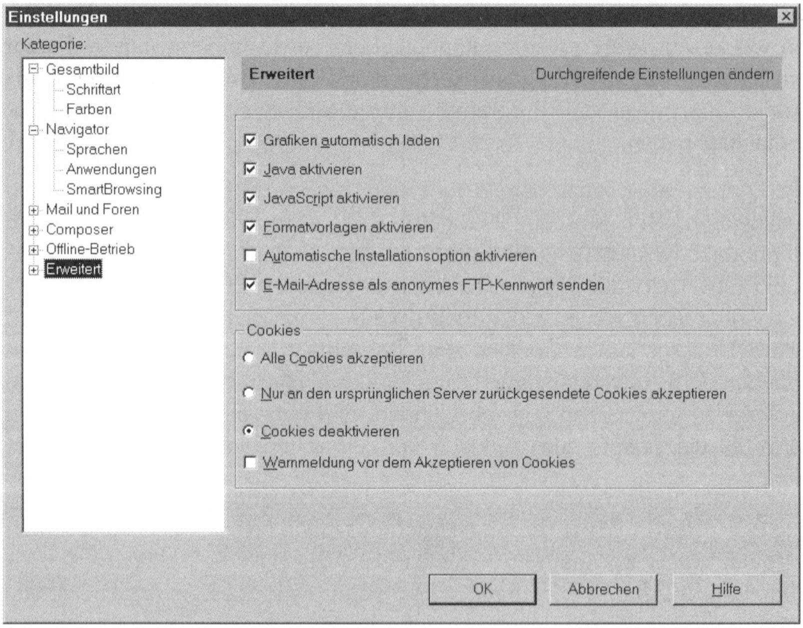

1.8.7 Java

Java ist eine der heißesten Entwicklungen der EDV-Branche. Es handelt sich dabei um eine vollständige Programmiersprache oder sogar ganze Plattform, die von der amerikanischen Firma Sun Microsystem – einem führenden Hersteller von Workstations – entwickelt wurde. Sun gibt folgende offizielle Definition zu Java:

Java: eine einfache, objektorientierte, dezentrale, interpretierte, stabil laufende, sichere, architekturneutrale, portierbare und dynamische Sprache, die Hochgeschwindigkeitsanwendungen und Multithreading unterstützt.

Die Syntax von Java ist im wesentlichen eine an C/C++ angelehnte Programmiersprache, die Konzeption und die Objektorientiertheit stammen eher von Small Talk. Java ist eng mit dem Begriff Internet verbunden. Vielfach wird Java sogar als eine reine Internet-Sprache bezeichnet, was so nicht stimmt. Java zielte ursprünglich gar nicht auf das Internet, sondern war als Basissprache für beliebige programmierbare, elektronische Geräte konzipiert, etwa Videorecorder, Kaffeemaschinen oder Waschmaschinen. Das Internet und vor allem das WWW haben jedoch erst die Popularität von Java bewirkt. In Form von sogenannten Java-Applets lassen sich kleine Java-Programme erstellen, die als Bestandteil einer Web-Seite innerhalb eines – Java-fähigen – Browsers ausgeführt werden können.

Neben den Applets gibt es mittlerweile diverse weitere Java-Programmtypen, die im Web vorkommen können. Da sind zum einen die Java Beans. Sie werden offiziell als ein portables, plattformunabhängiges, in Java geschriebenes Komponentenmodell bezeichnet. Vergleichbar sind Java Beans mit ActiveX-Controls. Im Gegensatz dazu sind Java Beans jedoch explizit plattformunabhängig und in das Sicherheitskonzept von Java integriert. Ein anderer Typ von Java-Programm sind die Java-Servlets. Diese verlagern die Applets vom Client auf den Server und übernehmen dort Aufgaben, die vielfach bisher mit CGI-Scripten durchgeführt wurden. Servlets benötigen im Unterschied zu Applets keine Oberfläche, denn sie fordern ja keine direkte Interaktion mit einem Anwender.

1.8.8 VRML

Wir kommen nun zu einem Sonderfall bei der Behandlung von Web-Technologien – VRML. Wir verlassen nämlich das eigentliche WWW und kommen zu einer Welt, die damit nur verbunden ist. VRML ist die Abkürzung für *Virtual Reality Modeling Language* und ist ein wichtiges Konstruktionsmittel für den Cyberspace – den dreidimensional animierten, virtuellen Raum. VRML ist ein offener Sprachstandard zur Entwicklung von virtuellen Welten.

VRML wurde aus HTML entwickelt und ist wie diese eine Markup-Sprache zum Beschreiben von Dokumenten. VRML und HTML waren vom Aufbau her ursprünglich recht ähnlich, jedoch ist VRML natürlich viel mächtiger und umfangreicher, um die dreidimensionalen Effekte beschreiben zu können.

VRML ist mittlerweile bei der Version 2.0 angelangt, die erst Anfang 1998 unter dem Namen VRML97 als Norm festgeschrieben wurde. VRML soll weder eine direkte Konkurrenz zu Sprachen wie Java noch eine Ablösung von HTML sein. Es ist eher als Ergänzung dieser Sprachen zu sehen, um auf dem zweidimensionalen Bildschirm die Illusion von bewegter Dreidimensionalität zu erzeugen. VRML läßt sich durch seine Offenheit recht leicht mit Sprachelementen anderer Internet-Sprachen kombinieren (hier haben wir die Schnittstelle zum WWW) und mit eigenen Funktionen erweitert.

Um virtuelle VRML-Welten betrachten zu können, benötigen Sie einen eigenen VRML-Browser (z.B. Live3D, der VRML-Browser von Netscape). Statt Hypertexten legt VRML dreidimensionale Szenarien fest, die auf Grund dieser Beschreibung bei jeder Bildschirmdarstellung von den VRML-Browsern jeweils neu berechnet werden. VRML erlaubt mittlerweile die Darstellung von bewegten Animationen, die direkt auf Interaktionen der Surfer reagieren oder selbst Ereignisse (Events) auslösen können, die von den Anwesenden in der virtuellen Welt registriert werden können. Soundelementen sind ebenso integriert. Daneben gibt es eine Vielzahl von Umweltdefinitionen (Landschaften, Himmel, Boden, aber auch atmosphärische Definitionen wie Dunst oder Nebel) für den Aufbau von Cyberwelten.

1.8.9 Grafik und Multimedia

Das WWW quillt mittlerweile über an Grafik und den unterschiedlichsten Multimedia-Elementen. Verschiedene Grafikformate (sowohl statisch als auch bewegt), Videos, Töne – alles läßt sich im Web finden. Und allen Elementen ist gemeinsam, daß sie als Bestandteil einer HTML-Seite an den Browser weitergegeben werden. Wir werden auf die wichtigsten Elemente noch im Rahmen von HTML eingehen.

1.8.10 Warum Javascript und HTML als Schwerpunkt?

Wir haben uns in diesem Buch entschieden, Web-Programmierung mit Javascript und HTML in den Mittelpunkt zu stellen. Warum diese Auswahl?

Nun, an HTML führt kein Weg vorbei. Dies sollte auf Grund der letzten Ausführungen deutlich geworden sein. HTML ist die Grundlage und zudem einfach. HTML ist jedoch in vielen Bereichen beschränkt. Eine Erweiterung der Funktionalität ist oft sinnvoll.

Viele der Erweiterungstechnologien scheiden jedoch für den Anfänger aus oder sind für viele Belange überdimensioniert. Java ist so ein Kandidat. Faszinierend und leistungsfähig, aber nichts für Einsteiger. Vielleicht haben Sie ja Lust, nach dem Erlernen von HTML und Javascript tiefer in die Programmierung einzusteigen. Dann ist Java eine ideale Wahl. ActiveX-Controls sind mittlerweile auf Grund der Sicherheitslücken so sehr in Verruf geraten, daß die meisten Anwender sie nicht mehr akzeptieren, selbst wenn ihr Browser sie versteht. Wenn Sie ActiveX-Controls erstellen lernen, werden Sie kaum Bewunderer für Ihre Resultate finden. Zudem widerspricht die Plattformgebundenheit der Internet-Philosophie.

Andere Technologien wie VRML zielen auf eine zu spezielle Anwendung. Außerdem sind sie meist ebenfalls sehr kompliziert.

Bleiben noch die Scriptsprachen. Sie sind die ideale und einfache Erweiterung der HTML-Funktionalität. Von der Leistungsfähigkeit geben sich Javascript und VBScript nicht viel. Zwar mit unterschiedlichen Schwerpunkten, aber unter dem Strich beide mit ähnlich vielen Stärken.

Javascript wird dennoch eindeutig von den meisten Web-Programmierern bevorzugt. Die größere Akzeptanz von Javascript gegenüber VBScript liegt nicht nur daran, daß Microsoft gerne als meistgehaßte Firma im Internet bezeichnet wird. VBScript beraubt sich mit der Plattformabhängigkeit einer großen Kundschaft. Die mangelnde Unterstützung vieler wichtiger Internet-Firmen verringert die potentielle Kundschaft – sowohl an Web-Programmierern als auch an Anwendern, die VBScripte genießen können. Bei Javascript hat man solche Probleme nicht, und das macht diese Scriptsprache zum idealen Kandidaten für die HTML-Erweiterung. Zusammenfassend kann man sagen, daß HTML und Javascript gerade für Einsteiger leicht nachzuvollziehen sind und schnell sichtbare Erfolge bieten.

1.9 Grundregeln des Web-Designs und der Web-Programmierung

Das WWW erlaubt es heute jedermann, kinderleicht digitale Dokumente zu publizieren. Das potentielle Publikum ist gigantisch. In keinem anderen Medium besteht die Möglichkeit – rein theoretisch –, unzählige Millionen von Zusehern auf der ganzen Welt zu erreichen.

Das Problem ist nur, daß aus einem krächzenden Schreihals noch lange kein Pavarotti wird, wenn man ihm ein perfektes Mikrophon und eine super

Musikanlage zur Verfügung stellt. Die Technik alleine macht noch keine brauchbare Web-Seite aus. Im Gegenteil – die peinlichen und schlechten Resultate, welche man millionenfach im Web findet, zeigen, daß vielfach Web-Design mit Manta-Tuning verwechselt wird. Man findet etwas Neues, also wird es auch eingebaut. Ungenügende Planung oder fehlende Kenntnisse der Grundregeln sind oft zu entdecken. Die vielfach schlechten Tools zum Erstellen von Web-Seiten fördern diese Tendenz.

Bevor wir uns an die konkrete Erstellung von Web-Seiten machen, sollen hier noch ein paar allgemeine Grundregeln des Designs von Web-Seiten angesprochen werden. Diese Regeln gelten unabhängig von der verwendeten Programmiertechnik. Sie sind keine zwingenden Regeln, ohne deren Einhaltung Sie keine Resultate erhalten. Vielleicht mögen sie auch ein wenig subjektiv durch den Geschmack des Autors eingefärbt sein. Gleichwohl sind es Regeln, die viele Bewohner des Web so akzeptieren und die viele gute Web-Designer/Web-Programmierer einhalten. Für »gute« Web-Seiten ist die Einhaltung dieser Regeln sicher keine Garantie, aber Sie vermeiden damit viele Resultate, die eine Vielzahl von Besuchern als »schlecht« bezeichnen würden.

1.9.1 Planung geht über Programmierung

Die gründliche Planung eines Web-Projekts ist meist wichtiger als die konkrete Programmierung. Zur Planung gehören diverse Schritte, welche vor der eigentlichen Programmierung durchdacht werden sollten. Unter anderem folgende Punkte:

- die geplante Aussage des Web-Projekts und die potentielle Zielgruppe (wem soll was gesagt werden?),
- die zu verwendenden Techniken,
- das Layout,
- die Struktur,
- die Wartbarkeit,
- die spätere Bekanntmachung

und vieles mehr.

Für Web-Programmierer, welche rein privat Projekte erstellen wollen, erscheint dieser Schritt vielleicht nicht ganz so entscheidend, aber Sie sollten zumindest darüber informiert sein, daß bei professionellen Projekten die Planungsphase oft doppelt so aufwendig ist wie die konkrete Umsetzung.

1.9.2 Corporate Identity

Halten Sie in Ihrem Web-Projekt ein einheitliches Design durch. Was gleich ist, sollte sich sowohl optisch als auch von der Funktion im gesamten Projekt gleich darstellen, etwa der Hintergrund, Schaltflächen oder der Aufbau einer Seite. In der Berufswelt fällt so etwas unter den Begriff Corporate Identity. Ein Besucher Ihrer Web-Seite kann sich so leichter orientieren und wird nicht durch Nebensächlichkeiten in der Aufmerksamkeit abgelenkt.

1.9.3 Strukturieren Sie ein Projekt

Fast jedes Web-Projekt besteht aus mehr als einer Web-Seite. Da eine Web-Seite aus verschiedenen Gründen möglichst klein sein und horizontales Scrollen nur in Ausnahmefällen notwendig sein sollte, kommen die wenigsten Projekte mit einer Seite aus. Noch verschärfend ist die Tatsache, daß horizontales Scrollen prinzipiell als unfein gilt. Es sollte vermieden werden, daß bei niedriger Auflösung der rechte Rand der Seite im Browser nicht zu sehen ist. Normalerweise kümmert sich der Browser darum, eine Seite automatisch an die horizontale Größe des Browserfensters anzupassen. Mit einigen Anweisungen kann man das allerdings verhindern, und mittels neuer HTML-4-Stilelemente ist eine pixelgenaue Positionierung möglich, die ebenso gefährlich sein kann.

Egal, ob Sie nur eine kleine Seite haben oder eine große Seite – wichtige Informationen gehören immer ganz nach oben in die Seite. Entweder vollständig oder zumindest in Form von Schlagworten oder Überschriften. Dies hat mehrere Gründe. Besonders wichtig ist die Arbeitsweise von Suchmaschinen – Diensten im Internet, mit denen potentielle Besucher Ihre Seiten überhaupt finden. Diese analysieren vor einer Aufnahme einer Seite in ihren Datenbestand den für den Anwender normalerweise unsichtbaren Kopfbereich einer Seite (den Header) mit Hintergrundinformationen und – was hier von Bedeutung ist – die ersten Zeichen (wenige hundert bis vielleicht wenige tausend) einer Seite. Was oben steht, wird zu einer Bewertung herangezogen und kann bei einer späteren Suchabfrage durch einen Anwender zum Treffer führen. Was unten steht, wird nicht mehr bewertet. Dies kann im Extremfall dazu führen, daß Sie unten auf einer Seite ein supertolles Auto zum Verkauf anbieten, ein Anwender genau dieses Modell über eine Suchmaschine sucht und – obwohl Ihre Seite in der Suchmaschine aufgenommen wurde – Ihre Seite nicht findet.

Ein anderer Grund dafür, wichtige Schlagworte und Informationen nach oben in eine Web-Seite zu verfrachten, ist die Übertragungsart der Web-Seite. Ein Anwender wird immer zuerst den oberen Teil einer Web-Seite sehen können. Dieser ist in der Regel auch schon dann sichtbar, wenn die

Seite noch nicht vollständig übertragen ist. Wenn ein Teil der Seite also sichtbar ist, der Rest aber noch eine größere Zeitspanne – von wenigen Sekunden bis in den Minutenbereich, was oft üblich ist – auf sich warten läßt und die ersten Sätze keine überzeugenden Argumente für die Warterei enthalten, wird der Anwender das Laden abbrechen und weitersurfen.

Sie müssen also oft mehrere Seiten in einem Web-Projekt miteinander verknüpfen[1]. Es gibt mehrere Varianten, wie dies erfolgen kann. Als recht sinnvoll hat sich eine hierarchische Struktur erwiesen. Von einem Einstiegsdokument – etwa eine Web-Seite mit Namen »`index.html`«, »`homepage.html`«, »`welcome.html`« »`start.html`« – kann auf verschiedene Folgeseiten verzweigt werden. Diese lassen den Sprung zurück zur Einstiegsseite zu und eventuell auf eine weitere Unterstruktur. Querverbindungen auf einer Ebene sind zwar auch denkbar, machen ein Projekt aber schwerer wartbar und sind für Besucher oft verwirrend.

1.9.4 Zielgruppenspezifisch arbeiten

Wer im Web publiziert, möchte oft eine spezifische Zielgruppe erreichen. Eine gründliche Planung, was dieser Zielgruppe gefällt, was diese an Informationen benötigt bzw. erwartet, was sie stört und was diese Zielgruppe an Plattformen verwendet, ist unabdingbar.

1.9.5 Keine Einbahnstraßen-Philosophie

»Hier bin ich mit meinem Web-Angebot. Schau es Dir an und staune.« Diese Philosophie aus der Anfangszeit des Web ist out. Zum einen findet man auf kaum einer Web-Seite mehr Designtricks, die einen halbwegs erfahrenen Surfer noch staunen lassen[2]. Zum anderen hat sich das Web verändert. Es ist ein bidirektionales Medium geworden. Eine Web-Seite muß (!) immer die Möglichkeit bieten, daß ein Besucher eine Rückmeldung an den Eigner der Web-Seite geben kann. Etwa per E-Mail, Formular (Stichwort Bestellung per Internet) oder Gästebuch.

1.9.6 Keine Sackgassen bitte

Aus jedem Web-Projekt sollten Hyperlinks wieder hinausführen. Es ist kein guter Stil, wenn ein Besucher über die Bedienelemente seines Browsers Ihr Web-Projekt verlassen muß. Ein paar Hyperlinks mit Ihren Favoriten im

1 Per Links, auf die wir noch genauer eingehen.

2 Glauben Sie nicht, daß eine animierte Grafik, eine Hintergrundmusik oder ein Video bei einem Besucher noch einen Ausruf des Erstaunens oder Entzückens erzeugt.

Netz lassen ihn leicht aus Ihrem Projekt entkommen, und er wird eher wiederkommen, als wenn er sich bei Ihnen wie in einer Sackgasse fühlt. Surfer sind nunmal ein scheues Wild, das sich nicht gerne in die Ecke treiben läßt.

1.9.7 Bieten Sie Mehrwert

Ein Web-Projekt, welches für Besucher interessant sein soll, muß ihm etwas bieten. Keine supertollen Effekte oder ach so bunte Grafik kann das liefern. Echter Nutzen ist gefragt, beispielsweise laufend aktualisierte Bilder von einem interessanten Punkt der Welt, etwa minütlich aktualisierte Bilder aus dem Sendestudio eines Radiosenders, wie es der Sender FFH (`www.ffh.de`) praktiziert. Oder irgendwelche nützlichen Tips und Information zu einem Thema. Ein in eine Web-Seite integrierter Chat ist auch nicht schlecht. Eine Sammlung von interessanten Hyperlinks zu anderen Web-Projekten ist besonders einfach und ein echter Nutzwert für Surfer.

1.9.8 Halten Sie Ihr Angebot aktuell, und erneuern Sie die Inhalte laufend

Eine Nachricht von gestern ist eine falsche Nachricht. Wenn Sie sich entschließen, ein Web-Projekt ins Netz zu stellen, sollten Sie sich über den Wartungsaufwand im klaren sein. Es muß gepflegt werden. Alle drei Monate einmal ein paar Details ersetzen langt nicht. Zumindest, wenn es nicht rein privat ist. Ein Web-Angebot gehört regelmäßig aktualisiert. Ein Besucher kommt nur dann mehrfach auf eine Seite, wenn sich das Angebot regelmäßig verändert.

1.9.9 Design und Nichtdesign

Die vielleicht wichtigste Regel ist, daß Web-Seiten klein sein sollten. Die Regel »Weniger ist mehr« gilt in vielen Bereichen des Designs. Ein Bild auf einer leeren Wand wirkt einfach mehr als eine mit Bildern voll gekleisterte Wand. Der berühmte Mathematiker und Physiker Stephen W. Hawking beginnt seinen Bestseller »Eine kurze Geschichte der Zeit« mit dem Hinweis, daß jede Gleichung im Buch die Verkaufszahlen halbieren würde. Deshalb ließ er – bis auf eine unbedingt notwendige mathematische Gleichung ($E=mc^2$) – sämtliche Formeln im Buch weg.

Es ist sicher überzogen, daß jede verwendete Grafik oder sonstige multimediale Effekte die Anzahl der Besucher halbiert. Zu viele Grafiken oder sonstige Mätzchen verärgern jedoch viele Besucher. Nicht nur, weil der ästhetische Aspekt verletzt wird und die Übersichtlichkeit verloren geht. Im Web ist noch etwas anderes besonders wichtig. Mit vielen Elementen auf einer Web-Seite bestehlen Sie den Besucher. Und welcher Besucher läßt sich gerne bestehlen? Sie stehlen ihm seine Zeit, weil die Übertragung (und der Aufbau) einer großen, opulent gestalteten Web-Seite länger dauert als die Übertragung einer kleinen Seite[1]. Und Sie stehlen ihm sein Geld, denn er muß diese Online-Zeit bezahlen. Dieser Diebstahl erfolgt durch die Verwendung von zu vielen Grafiken, aber auch durch die Verwendung von Akustik (etwa Hintergrundmusik) oder die Verwendung von Java-Applets oder ActiveX-Controls, wenn es nicht notwendig ist.

Vielleicht sind Sie jetzt geschockt, aber ich habe mit dieser kleinen Einleitung nur recht drastisch klar machen wollen, daß die exzessive Verwendung von Grafik und anderen multimedialen Effekten das angestrebte Resultat oft nicht erreicht. Aber die Betonung liegt auf exzessiv, und man muß natürlich noch andere Aspekte beachten. In der Kommunikationspsychologie hat man herausgefunden, daß Menschen auf Grund einer sogenannten Reizhierachie reagieren.

1. Den höchsten Reiz löst demnach Bewegung aus. Dies wäre in unserem Fall des Web-Designs eine animierte Grafik, eine dynamische Darstellung über ein Javascript oder ein in eine Web-Seite integriertes Video. Eine Animation löst also Interesse aus. Unbestritten ist jedoch, daß zu viele Bewegungsreize viele Menschen überfordern. Viele Musikvideos zeigen das Extrem der Reizüberflutung. Zwar wird die Zielgruppe diese extreme Reizflut begrüßen (sonst würden die Macher es nicht tun), aber außerhalb der Zielgruppe wird die Reizüberflutung nur als Belästigung empfunden.
2. An der zweiten Stelle der Reizhierachie folgt die Kontur, etwa Schatten, Rahmen, äußere Formen, Bilder. Eine Kontur kann jedoch nur dann auffallen, wenn sie noch als solche im Gesamtbild zu erkennen ist.
3. Der Kontrast steht an Stelle drei. Dies betrifft die Farbkombinationen, welche auf einer Seite zum Tragen kommen. Achten Sie deshalb bei der Farbauswahl immer auf genügend Kontrast zwischen Hinter- und Vordergrund. Dies betrifft auch Hintergrundbilder und darübergelegten Text.
4. An letzter Stelle der Reizhierachie steht der reine Text.

Die niedrige Anordnung von Text in der Reizhierachie bedeutet jedoch nicht, daß Text dadurch an Bedeutung verliert. Reiz ist nicht Information. Als Informationsträger ist Text auf jeden Fall an erster Stelle zu sehen. Eine Grafik kann verstanden werden oder nicht. Viele Anfänger interpretieren

1 Fragen Sie einmal auf der Straße einen Passanten, ob er mal 5 Minuten Zeit für Sie hat, und lassen Sie ihn dann wortlos 5 Minuten stehen, bis Sie ihm ein Bild zeigen.

beispielsweise das Diskettensymbol in der Standardsymbolleiste von MS-Office-Programmen falsch. Von »keine Ahnung«, »irgendeine Schachtel« bis »Rückansicht eines Autos« lauten die Interpretationen. Der entsprechende Menü-Eintrag »Speichern« wird von jedem verstanden (einmal unberücksichtigt, daß der genaue Vorgang des Speicherns nicht unbedingt bekannt ist).

Das Design einer Web-Seite läßt sich in verschiedene Schritte aufgliedern. Diese Gliederung versucht, die Umsetzung von Informationen der realen Welt zu bewerkstelligen, die reale Welt quasi auf dem Bildschirm zu digitalisieren. Die Umsetzung unterscheidet zwischen verschiedenen Aspekten und Problembereichen, die ineinandergreifen und auch nicht getrennt voneinander betrachtet werden dürfen:

- ✘ Das visuelle Design. Darunter faßt die Designtheorie sämtliche Aspekte der Gestaltung des Sichtbaren zusammen. Etwa die Wirksamkeit der Botschaft.
- ✘ Das Design der Mensch-Maschine-Schnittstelle. Eine Benutzeroberfläche sollte so einfach und intuitiv wie möglich sein und dennoch alle Möglichkeiten der Interaktion zwischen Mensch und Maschine bieten.
- ✘ Das Site Design. Darunter fällt das globale Design, die Gesamtstruktur des Web-Projekts, die Logik und die Hierarchie, die Anordnung von Elementen, Verknüpfungen usw.
- ✘ Das konkrete Page Design. Dieses umfaßt das konkrete Design jeder einzelnen Seite eines Projekts.

Die hier zusammengetragenen Aussagen scheinen sich teilweise zu widersprechen. Wir können Sie so zusammenbringen:

1. Gute Planung ist Grundvoraussetzung und ist mindestens so wichtig wie die konkrete Umsetzung.
2. Klare Strukturen und einfache Navigation einhalten.
3. Ein paar wenige Grafiken und/oder ein oder zwei Animationen oder multimediale Effekte sind gut, mehr Reize in Form von Grafiken und vor allem Bewegung überfordern viele Besucher und verärgern durch lange Ladezeiten und hohe Kosten.
4. Ein Bild sagt mehr als tausend Worte, aber Bilder müssen interpretiert werden, sind als Informationsträger mißverständlich. Sie sollten deshalb immer (!) durch alternative Texte erklärt werden. Text ist immer der höchstwertige Informationsträger, aber auch dieser sollte eine Seite nicht überfrachten (lieber mehrere kleine Seiten als eine zu volle Seite).

5. Eine Web-Seite ohne Bilder ist wie eine Suppe ohne Salz. Versalzen ist unangenehm, aber ohne Salz ist die Geschichte fade. Wenn man die Problematik der Ladezeiten, der leider nur eingeschränkt unterstützten Grafikformate (dazu später mehr), der physikalischen Einschränkungen eines Bildschirms bei der Darstellung von Bildern und der heterogenen Plattformwelt (verschiedene Auflösungen, verschiedene maximal darstellbare Farben usw.) bei den Besuchern berücksichtigt, sind (wenige) Bilder auf einer Web-Seite ein Muß.

1.9.10 Keine Schriftarten und Farben erzwingen

Verzichten Sie auf jeden Fall darauf, Ihr Projekt an bestimmte Schriftarten oder Farbdarstellungen zu koppeln. Sie können weder sicher sein, daß eine von Ihnen als zwingend vorausgesetzte Schriftart überhaupt auf der Zielplattform vorhanden ist, noch ob der Anwender einen solchen Zwang überhaupt zuläßt. Wir werden später noch sehen, daß moderne Browser sich so einstellen lassen, immer die Standardschriftarten und -farben zu verwenden. Egal, was ein diktatorischer Web-Designer in seiner HTML-Seite vorschreibt. Das Resultat wird entsprechend sein, und der Fehler darf niemals dem Anwender zugeschoben werden. Der Designer muß diese Möglichkeit auf jeden Fall berücksichtigen.

1.9.11 Alternative Darstellungen bieten

Online-Zeit kostet – altbekannt und schon mehrfach erwähnt – Geld. Viele Web-Nutzer haben deshalb bestimmte Techniken deaktiviert. Etwa das automatische Laden von Grafiken (für preisbewußte Surfer ein Muß) oder das Ausführen von Skripten oder von Applets. Daneben gibt es die sicherheitskritischen Techniken wie Cookies und vor allem ActiveX-Controls, die viele Anwender deaktiviert haben. Für diese Besucher sollten Alternativen angezeigt werden. Entweder zumindest ein Hinweis, daß die entsprechende Seite nur unter Aktivierung der entsprechenden Techniken optimal angezeigt wird[1] oder eine alternative Web-Seite, die aus reinem HTML einer frühen Version (optimal HTML 2.0 oder maximal 3.2) besteht.

Eine zwangsläufige Folge der Ausführungen zu dieser Regel hier ist die nachfolgende.

1 Eigentlich nicht optimal, denn Sie zwingen damit einen Besucher, seine ihm genehmen Gewohnheiten beim Surfen zu ändern. Viele Surfer werden das übel nehmen, aber es ist immer noch besser, als gar nichts zu sehen.

1.9.12 Arbeiten Sie so einfach und rückständig wie möglich

Die Regel mag Ihnen erst einmal verrückt vorkommen. Nicht nur das – sie steht im Widerspruch zu vielen Aussagen der offiziellen Stellen. Was ist damit gemeint? Nun, sofern sich eine Aufgabenstellung über verschiedene Techniken – mit adäquatem (!) Resultat – lösen läßt, nehmen Sie immer diejenige, die am ältesten ist, am schnellsten zu übertragen ist und/oder die wenigsten Voraussetzungen an die darstellende Plattform stellt. Dies äußerst sich beispielsweise so:

- Wenn es eine Anweisung in HTML 2.0 gibt und eine Anweisung in HTML 4, die das identische Resultat liefert, nehmen Sie diejenige aus HTML 2.0. Warum? Die neuere Anweisung wird von weniger Browsern verstanden, und wenn das Resultat gleich ist – warum sollten Sie einem potentiellen Besucher Informationen vorenthalten?
- Wenn Sie mit HTML ein Resultat erzielen können, verzichten Sie auf weitergehende Techniken. Ein Hyperlink als Text ist beispielsweise – entgegen der Aussage, daß ein Bild mehr sagt als tausend Worte – gelegentlich besser als ein grafischer Link. Es gibt dafür drei Gründe. Der eine Grund ist die Übertragungszeit. Die Übertragung von HTML-Befehlen ist fast immer bedeutend schneller als die Übertragung von alternativen Techniken. Der zweite Grund: Techniken wie Grafiken, Scripts, Java-Applets, ActiveX-Controls oder Cookies lassen sich deaktivieren. Die Anzahl der Besucher, welche mit HTML ein befriedigendes Resultat erhalten, ist einfach größer. Eine kleine Ausnahme sind Anweisungen, die auf dem gerade neuesten HTML-Standard beruhen. Es kann durchaus vorkommen, daß ein Browser Javascript versteht, HTML-4-Anweisungen jedoch ignoriert. Der dritte Grund ist, daß viele Techniken an die Plattform beim Besucher große Anforderungen stellen oder unterschiedlich dargestellt werden (etwa Veränderungen durch verschiedene Bildschirmauflösungen oder geringere Farbenanzahl bei der Darstellung), beispielsweise Java-Applets. Sie laufen zwar auf fast jedem Rechner (sofern ein passender Browser installiert ist), aber bei schwachen Rechnern mit einer katastrophalen Performance.
- Arbeiten Sie möglichst nie Browser-spezifisch. Insgesamt sind immer die Techniken vorzuziehen, die allgemein akzeptiert werden. Auch aus dem Grund ist Javascript VBScript vorzuziehen.

1.9.13 Zusammenfassung

Das Internet ist ein heterogenes Netzwerk, in dem die unterschiedlichsten Rechner zusammengeschlossen sind. Der Datentransport basiert auf dem TCP/IP-Protokoll. Darauf setzen einzelne Internet-Dienste auf. Das WWW ist der Teil davon, der eine grafische Oberfläche zur Verfügung stellt und in dem die Navigation über Hyperlinks möglich ist. Es basiert auf dem HTTP-Protokoll und ist im wesentlichen aus HTML-Seiten aufgebaut.

Das Adressierungskonzept innerhalb des Internet erfolgt über eine eindeutige Zuordnung in Form der IP-Adresse. Da IP-Adressen für Menschen schwer zu merken und zu interpretieren sind, wird ihnen zusätzlich ein eindeutiger Name zugeordnet – der DNS-Name. Diese Zuordnung ist weltweit auf speziellen Namensservern dokumentiert, wo sie bei Bedarf in die zugehörigen IP-Adressen übersetzt werden. Die IP-Adresse oder der DNS-Name bilden den zentralen Bestandteil des URL (*Uniform Resource Locator*). Mit diesem einheitlichen Adressierungsschema können beliebige Objekte im Internet angesprochen werden.

In WWW können sehr leicht und schnell Informationen veröffentlicht werden. Dabei können Sie sowohl Dokumente beschreiben (etwa HTML) als auch richtig programmieren (beispielsweise Javascript). Programmieren bezeichnet eine Technik, mit der man einem Computer eine Reihe von Anweisungen geben kann, die als zusammengefaßte Einheit auftreten. Diese müssen irgendwann vor der Ausführung der Befehle in die Sprache der Computer – die Maschinensprache – übersetzt werden. Dabei gibt es die Möglichkeit, das Programm direkt nach der Erstellung für einen bestimmten Prozessor zu übersetzen (zu kompilieren) oder erst nach dem Start des Programms (zu interpretieren). Sowohl HTML als auch die Scriptsprachen basieren auf dem Interpreter-Prinzip. Sie werden vom Browser interpretiert.

Es gibt im Internet eine Vielzahl von Sprachen zur Programmierung. Alle haben spezielle Zielgebiete, unterschiedliche Stärken und Schwächen. An HTML führt jedoch kein Weg vorbei. Javascript ist der ideale Kandidat für die HTML-Erweiterung.

Kapitel 2

Hardcore-Programmierung oder einfacher mit Tools?

In der Programmierung stellt sich zunächst immer die Frage, mittels welcher Instrumente der Programmierer den Quelltext erstellt.

Obwohl sich viele der folgenden Ausführungen auf beliebige Programmiersprachen ausdehnen lassen, wollen wir sie natürlich HTML-spezifisch (und damit auch Javascript-bezogen) auffassen und besonders in dieser Hinsicht spezialisieren.

Sie lernen in diesem Kapitel etwas über:

- Die Unterschiede zwischen Hardcore-Programmierung und der Verwendung von Tools
- Verschiedene Formen von Tools
- Die Vorteile und Nachteile der jeweiligen Strategien

Es gibt zwei extrem gegensätzliche Auffassungen unter Web-Programmierern. Ein Teil der Programmierer zieht die Arbeit mit sogenannten Tools (englisch Werkzeuge, also Hilfsprogramme, welche die Arbeit erleichtern sollen) vor. Die andere Fraktion lehnt solche Tools vollkommen ab und arbeitet ausschließlich mit textbasierenden Editoren. Also Hardcore-Programmierung, d.h. direkte Eingabe jedes Befehls über die Tastatur, Buchstabe für Buchstabe.

Es gibt für beide Extreme Gründe. Aber um es gleich vorweg zu nehmen – das Optimum wird – wie fast immer im Leben – für die meisten Anwender in der Mitte liegen. Schauen wir uns einmal ein paar Argumente der beiden

Seiten an. Stellen wir dabei Vor- und Nachteile der jeweiligen Arbeitsweise gegenüber.

2.1 Hardcore-Programmierung

Nehmen wir uns zuerst die direkte Eingabe jedes Befehls über die Tastatur vor. Dazu benötigen Sie nur einen normalen Texteditor, wie Sie ihn in der einfachsten Ausführung bereits im Zubehör von Windows finden. Da wir hier ausschließlich Klartext erstellen, benötigen wir bei der Erstellung des Quellcodes kein weiteres Programm, welches den Quelltext in Maschinencode übersetzt. Dies übernimmt ja der Interpreter – sprich der Browser – auf der jeweiligen Plattform.

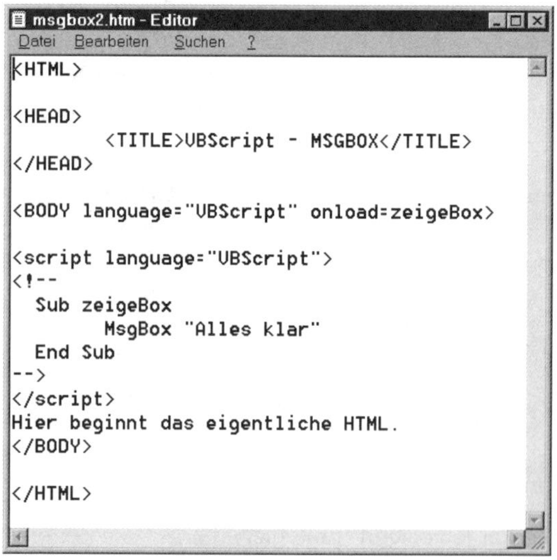

Bild 2.1: Der Standardeditor von Windows

2.1.1 Vorteile

- ✗ Sie haben vollständige Kontrolle über alle Befehle einer Sprache. Man kann beispielsweise immer die neuesten Befehle verwenden, die Tools mit vorgefertigten Befehlen nicht kennen können. Außerdem bieten viele Tools nicht alle Befehle einer Sprache an (obwohl sie zum Erstellungszeitpunkt der Tools bekannt waren), oder sie erlauben nicht die Verwendung sämtlicher Parameter.
- ✗ Vollständige Kontrolle über die gesamten Anweisungen in einem Dokument.

- ✗ Schnellere Eingabe der Befehle, wenn man fix mit der Tastatur ist und die Befehle kennt.
- ✗ Keinerlei zusätzliche Kosten für irgendwelche Programme.

2.1.2 Nachteile

- ✗ Viel Tipparbeit.
- ✗ Man muß die Befehle genau kennen, d.h. die genaue Schreibweise, alle Parameter usw.
- ✗ Speziell in HTML gibt es einen Vorgang, den man Maskieren von Zeichen nennt. Vereinfacht gesagt, geht es darum, daß landesspezifische Zeichen (etwa die deutschen Umlaute ä, ö, ü oder das ß) in ein Format gebracht werden, damit sie international verstanden werden. Dies erfolgt über die Eingabe einer längeren Zeichenfolge, die recht kompliziert ist und in einem reinen Editor jedesmal neu eingegeben werden muß.
- ✗ Eine Eingabe von Befehlen über die Tastatur ist fehlerträchtig.
- ✗ Viel Arbeit bei der Eingabe von Standardvorgängen.

2.2 Tools

Auch Tools zur Erstellung von Web-Seiten haben diverse Vor- und Nachteile. Dabei ist es allerdings extrem vom jeweilig verwendeten Programm abhängig, inwieweit sich die jeweiligen Vor- und Nachteile auswirken.

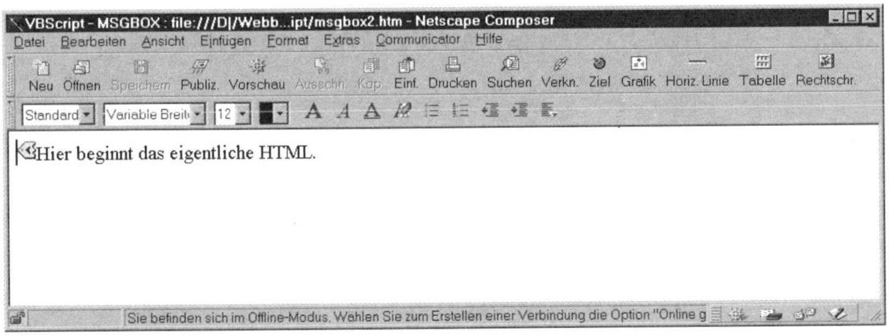

Bild 2.2: Der Netscape Composer

Am besten unterteilen wir die Tools in verschiedene Gruppen. Schauen wir uns einmal ein paar wichtige Typen an.

2.2.1 Editoren mit Zusatzfunktionen

Es gibt da erst einmal diejenigen Programme, die sich kaum von einem normalen Editor unterscheiden. Sie kennen nur als Erweiterung einige Bestandteile einer Sprache (etwa HTML) und unterstützen gewisse Vorgänge, etwa das Maskieren von Sonderzeichen oder Hilfestellung für die Übersichtlichkeit durch farbliche Kennzeichnung von bekannten Befehlen.

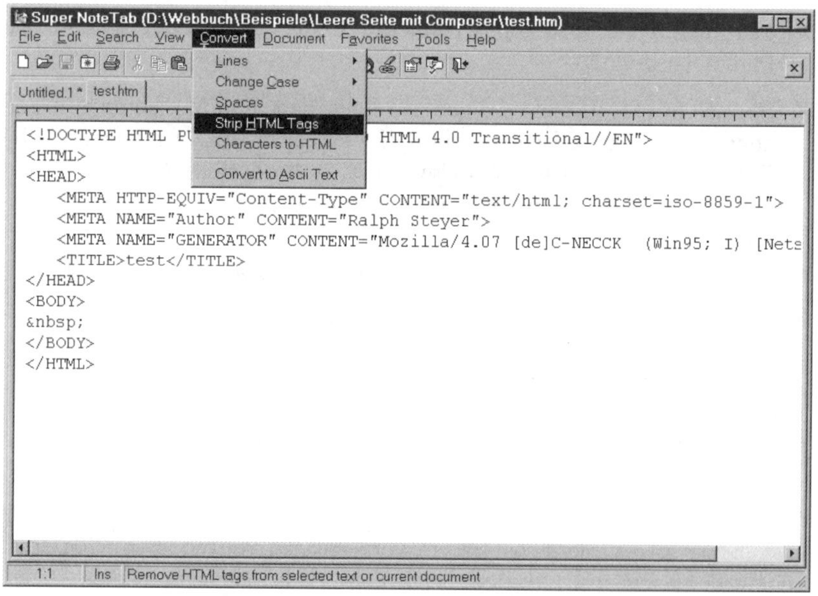

Bild 2.3: Super NoteTab, ein wirklich guter Editor mit HTML-Zusatzfunkionen

2.2.2 HTML-Editoren und HTML-erstellende Programme

Eine andere Gruppe von Tools bietet die Befehle einer Sprache direkt an – etwa durch Menüs oder Symbolleisten, wo der Anwender diese auswählen kann (auch mit der Maus). Sie werden je nach Auswahl und Programm dann in verschiedenartiger Form im Dokument dargestellt.

Bei guten HTML-Editoren kann man zwischen verschiedenen Ansichten des Dokuments – etwa einer Vorschau, einem grafischen Erstellungsmodus und vor allem einer Ansicht des eigentlichen HTML-Codes – hin- und herschalten.

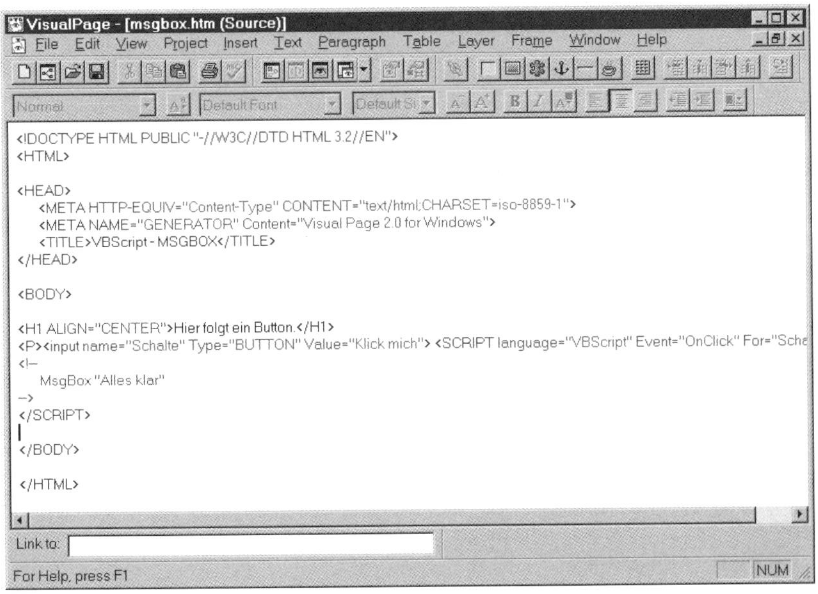

Bild 2.4: Visual Page, ein HTML-Editor, der diverse Eingabemöglichkeiten von HTML-Befehlen beherrscht

Einige HTML-Editoren oder Programme, welche Dokumente in HTML-Code abspeichern können, verschleiern vollständig, daß Sie damit HTML-Seiten erstellen. Dies sind entweder ganz billige HTML-Editoren oder Programme, deren Hersteller die Anwender vom eigentlichen HTML-Source fernhalten wollen.

Es handelt sich bei solchen Quellcode-fernen Programmen oft entweder um reine Textverarbeitungsprogramme (etwa Word ab der Version 7.0), deren resultierende Seite einfach im HTML-Format gespeichert wird. Andere Programme geben sich von der Bedienung her ähnlich. Wenn Sie eine Anweisung auswählen wollen (etwa den Fettdruck), werden Sie wie beispielsweise bei Word einfach Text markieren und dann eine entsprechende Anweisung auswählen (etwa Formatierung über eine Schaltfläche in einer Symbolleiste). Nach Auswahl sehen Sie bei einem Programm mit einem grafischen Erstellungsmodus das Resultat direkt im Erstellungsfenster des Dokuments. Solche Programme schmücken sich oft mit dem Zusatz WYSIWYG (*What you see is what you get*).

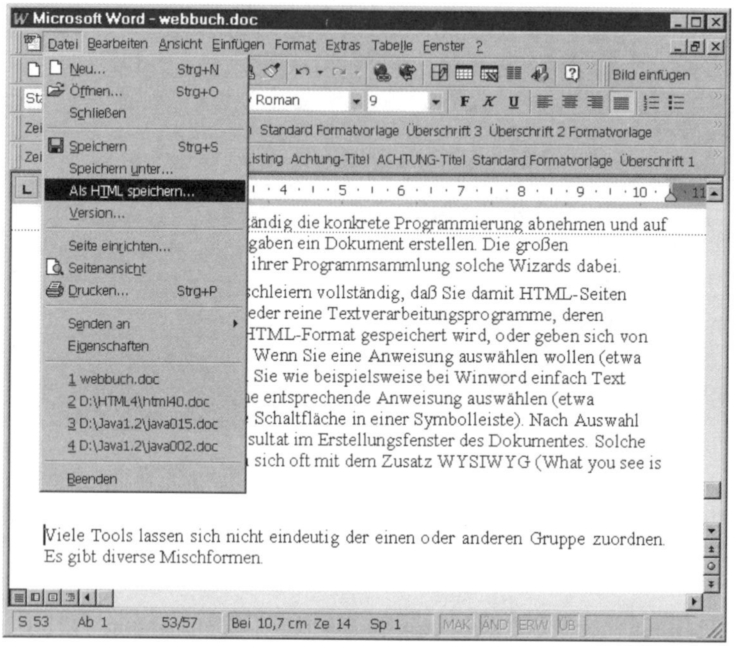

Bild 2.5: Word kann ab der Version 97 HTML-Seiten direkt erstellen

2.2.3 Wizards

Recht häufig kommen sogenannte Wizards vor. Das sind Assistenten, die einem Anwender vollständig die Programmierung und sogar die konkrete Erstellung eines Dokuments abnehmen. Auf Grund einiger Basiseingaben wird ein Dokument erstellt. Die großen Online-Dienste haben in ihrer Programmsammlung solche Wizards dabei.

Zusammenfassend kann man sagen, daß viele Tools sich nicht eindeutig der einen oder anderen Gruppe zuordnen lassen. Es gibt diverse Mischformen. Versuchen wir, übergreifend Vor- und Nachteile von Tools anzugeben.

2.2.4 Vorteile

- ✗ Prinzipiell ergibt sich eine erhebliche Arbeitserleichterung bei Standardeingaben, etwa durch die automatische Erstellung von Quellcode-Gerüsten oder die Maskierung von Zeichen.
- ✗ Die Bedienung entspricht oft der Arbeit in Standardprogrammen, erfolgt sogar unter Umständen in einem Standardprogramm oder hat zumindest eine ähnliche Bedienung wie bekannte Standardprogramme.

- Bei einigen Tools sind nicht einmal mehr Kenntnisse in HTML oder Javascript notwendig.
- Weniger fehleranfällige Eingabe von Befehlen als bei der Eingabe über die Tastatur.
- Viele sprachgebundene Editoren unterscheiden Schlüsselworte und Quelltextstrukturen einer Programmiersprache farblich. Damit läßt sich leichter der Überblick über das Programm/Script behalten, und die Fehlerkorrektur bzw. -vermeidung wird erheblich unterstützt.
- Durch die Möglichkeit der Mauseingabe von Befehlen schneller, wenn man schlecht Schreibmaschine schreiben kann und/oder die Befehle nicht genau kennt.

2.2.5 Nachteile

Den Vorteilen von Hilfsprogrammen stehen eine Vielzahl von Nachteilen gegenüber. Diese werden zwar nicht bei jedem Tool auftreten, aber recht oft vorkommen.

- Die Programme können naturbedingt nur den Sprachstandard kennen, der zum Zeitpunkt ihrer Erstellung realisiert war. Aber auch dieser wird teilweise nicht vollständig unterstützt. Leider bieten viele Programme keine Möglichkeit, neue Befehle hinzuzufügen oder sie anderweitig in den HTML-Quellcode zu integrieren. Dies ist gerade bei Programmen ohne direkten HTML-Kontakt ein gravierender Mangel.
- Sie haben bei vielen Programmen keine genaue Kontrolle über den Quellcode. Gerade diejenigen Programme, die den Anwender von HTML und Javascript fernhalten, erlauben oft nicht die vollständige Ausnutzung der Sprachmöglichkeiten. Dies kann soweit gehen, daß man sich den tatsächlich erzeugten Quellcode in einem Tool überhaupt nicht mehr anzeigen lassen kann und man einen zusätzlichen Editor starten muß.
- Der erzeugte HTML-Code wird sehr oft schlecht sein. Dies kann sich beispielsweise so äußern, daß er unnütz groß ist. Zum Beispiel schreiben viele Programme Befehle mehrfach in den Code, obwohl eine Anweisung nur einmal benötigt wird[1]. Der Anwender wird durch längere Über-

---

1 Es gibt beispielsweise den HTML-Befehl `<center>`. Er zentriert nachfolgende Elemente, bis die Anweisung mit `</center>` beendet wird. Wenn Sie beispielsweise zehn Absätze zentrieren wollen, reicht es aus, vor dem ersten Absatz die Anweisung hinzuschreiben und nach dem zehnten Absatz zu beenden. Viele Tools zentrieren jeden Absatz einzeln und erzeugen überflüssigen Code.

tragungszeiten verärgert, obwohl es überflüssig ist. Daneben kann es vorkommen, daß Befehle automatisch gewählt werden, obwohl es bessere Befehle (etwa weiter abwärtskompatible Befehle oder mit kürzerem Code) mit gleicher Funktionalität gibt. Einige Tools erzeugen darüber hinaus Befehle, die Browser-spezifisch sind. So werden Microsoft-Tools unter Umständen Befehle verwenden, die der Navigator nicht versteht, und Netscape-Programme erzeugen HTML-Code, mit dem der Internet Explorer nichts anfangen kann.

- WYSIWYG ist im Internet reine Theorie. Gerade die Tools, welche dem Anwender bei der Erstellung vorgaukeln, daß seine Web-Seite auf eine bestimmte Art aussieht, erzeugen meist fürchterlichen HTML-Code. *What you see is what you get* – das mag so schon stimmen. Sie bekommen relativ genau das, was Sie bei der Erstellung bereits sehen. Aber wem oder was soll das helfen? Nicht Sie wollen sich Ihr Dokument nachträglich in einem Browser ansehen. Ein anderer Anwender möchte sich das Dokument ansehen, und ob dieser das Resultat genauso sieht, ist mehr als unwahrscheinlich. Er hat sehr wahrscheinlich einen anderen Browser, vermutlich eine andere Bildschirmauflösung, eine andere Anzahl von Farben eingestellt, vielleicht ein anderes Betriebssystem und unter Umständen auch einen ganz anderen Rechnertyp. Sie können selbst dann, wenn der Besucher die gleiche Konfiguration wie Sie hat, nicht sicher sein, daß die Web-Seite so aussieht wie bei Ihnen. Der Browser läßt sich so unterschiedlich konfigurieren, daß es Zufall ist, wenn er genauso eingestellt ist wie bei Ihrem System. WYSIWYG-Programme wiegen den – unerfahrenen – Web-Programmierer in trügerischer Sicherheit, statt ihm zu helfen.
- Durch viele Tools kann es zu ungewollten Codeveränderungen kommen. Sie wollen bestimmte Informationen im Web verbreiten, und die Tools benutzen Ihre Web-Seiten, um beispielsweise Eigenwerbung für den Hersteller des Tools in Ihrer Seite unterzubringen. Sie glauben das nicht? Dann verwenden Sie mal die Suchmaschine Altavista (`http://www.altavista.com`), um über das gesamte Web nach dem Begriff »Microsoft« zu suchen. Sie sollten über zehn Millionen Treffer erhalten[1]. Über Microsoft ist zwar schon viel geschrieben worden, aber so viele Seiten werden sich nicht damit als Thema beschäftigen. Sie werden sogar bei vielen Seiten den Begriff nirgends auf der Seite sehen. Die Trefferzahl resultiert zum Teil daraus, daß viele dieser Seiten mit Microsoft-Tools erstellt wurden. Diese haben ihre Eigenwerbung in die Seite geschrieben (in Form einer Metainformation, die wir im nächsten

1 Bei »Netscape« als Suchbegriff ist es nicht besser.

Punkt behandeln), und die Suchmaschine hat den Begriff als relevant für die Web-Seite bewertet. Das ist ungefähr so zu sehen, als wenn bei den bemerkenswertesten Eckdaten zur Mona Lisa der Hersteller der Pinsel genannt wird.

Machen wir einen kleinen Test. Sie können gerne über ein Tool wie den Composer von Netscape – Bestandteil des Communicator – einmal eine leere Seite erstellen. Dazu starten Sie einfach das Programm und speichern die leere Seite als `Test.htm` ab. Anschließend beenden Sie das Programm und schauen sich in einem normalen Editor an, was da an Informationen bereits in einer leeren Seite stehen. Viele sinnvolle Informationen wie ein HTML-Grundgerüst sind dabei[1]. Unter anderem werden Sie aber auch so etwas wie `<META NAME="GENERATOR" CONTENT="Mozilla/4.07 [de]C-NECCK (Win95; I) [Netscape]">` finden – die blanke Eigenwerbung. Bläht Ihr Dokument auf und verschleiert den eigentlichen Sinn Ihrer Web-Seite.

Die Sache wird noch schlimmer, wenn Sie eine bereits in einem anderen Programm erstellte Web-Seite in manche Tools laden. Der beim anschließenden Speichern erzeugte HTML-Code wird unter Umständen vollständig verändert, auch wenn in dem betroffenen Bereich keine Veränderungen vorgenommen werden. Probieren Sie es ruhig aus. Löschen Sie im Editor die oben genannte Zeile mit der Eigenwerbung, speichern Sie die Datei, öffnen Sie sie wieder im Composer, und speichern Sie sie ohne Änderung. Die Eigenwerbung wird wieder drin sein. Aber auch von Ihnen gut und platzsparend erstellter HTML-Code wird nach den Vorstellungen des Tools umgebaut (meist wird der erzeugte Code schlechter und größer).

✘ Viele Tools bieten nur mangelhafte Unterstützung von Metainformationen (Hintergrundinformationen über die Web-Seite). Wir werden diese Metainformationen später noch genauer ansprechen. Nur soweit vorab – es gibt in HTML-Seiten zwei Bereiche: einen im Anzeigebereich des Browsers sichtbaren Bereich (die für den Anwender sichtbare Web-Seite) und einen dort unsichtbaren Bereich (den Header). Die meisten Tools konzentrieren sich auf die Erstellung des sichtbaren Bereichs (und fügen wie oben erwähnt hauptsächlich Eigenwerbung in dem unsichtbaren Bereich ein). Dies erzeugt beim Anwender ein Gefühl, etwas zu erstellen. Die Erstellung des unsichtbaren Bereichs ist auch mit Arbeit verbunden, aber der Wert dieser Arbeit wird vom unerfahrenen Web-Programmierer nicht erkannt. Die Tools vergessen deshalb diesen Bereich gerne. Nach

---

1 Dazu lernen Sie bald mehr.

dem Motto – wir können dem Anwender doch nicht klar machen, wozu er sich diese Arbeit machen soll. Der unsichtbare Bereich ist jedoch nicht unwichtig. Im Gegenteil – ich möchte so weit gehen und behaupten, daß er in gewisser Hinsicht sogar wichtiger als der sichtbare Bereich ist. Darauf kommen wir aber bei HTML noch zu sprechen.

- Die Verwendung von Wizards erzeugt normalerweise Web-Seiten, deren Design durch vorgefertigte Bausteine auf dem Niveau von »Malen nach Zahlen« liegt. Die Verwendung von Wizards ist eine Möglichkeit, die nur absoluten Laien vorbehalten sein sollte. Aber auch einige andere Programmtypen fördern mangelhaftes Design.
- Viele Tools sind nicht kostenfrei. Es gibt HTML-Tools, die mehrere hundert Mark kosten.
- Die Eingabe von Menübefehlen – also die grafische Bedienung eines Programms – ist für Experten langsamer.

Es wird Ihnen vielleicht aufgefallen sein, daß ich kein besonderer Freund von HTML-Tools bin. Allerdings muß ich zugeben, daß ich über die Zeit von einem radikalen Verfechten der Hardcore-Programmierung abgekommen bin. Ein vorsichtiger Einsatz von guten Tools erspart gerade bei Routineaufgaben viel Arbeit.

Man kann Hardcore-Programmierung und Web-Seitenerstellung mit Hilfsprogrammen vielleicht so recht gut vergleichen:

- Die Arbeit mit Tools entspricht dem Zubereiten von Fertiggerichten. Wenn es mal schnell gehen soll, man sich Arbeit sparen möchte oder die Gäste mehr Arbeit nicht wert sind. Und schmecken tut es gelegentlich dennoch.
- Hardcore-Programmierung dagegen ist die hohe Schule der feinen Küche. Viel mehr Arbeit, aber sowohl gesünder als auch besser schmekkend. Wenn man dem Besucher etwas bieten möchte, sollte man ihn nicht mit Fertigkost abservieren.

2.3 Was leisten Script-Editoren und Tools für komplexere Sprachen?

Wir haben uns bisher mit unseren Ausführungen im wesentlichen auf Tools zur Erstellung von HTML-Code bezogen. HTML ist eine einfache Dokumentenbeschreibungssprache, aber was ist mit komplizierteren Programmiersprachen?

Bei Scriptsprachen wie Javascript gelten viele Ausführungen analog zu HTML. Auch hier arbeiten wir rein auf Interpreterbasis und benötigen kein extra Programm zu Übersetzung von Klartext. Es gibt nichtsdestoweniger diverse Tools, um Javascript-Code (oder andere Scripte) zu erzeugen. Diese Tools glänzen oft mit ähnlichen Schwächen wie die HTML-Tools. Sie bieten aber auch die gleichen Vorteile und haben darüber hinaus einige weitere Pluspunkte. Insbesondere tragen sie der Tatsache Rechnung, daß Scripte oft komplexere Strukturen haben[1]. Diese Strukturen – die syntaktischen Elemente einer Seite – lassen sich in vielen Tools durch weitergehende Darstellungsmöglichkeiten anzeigen.

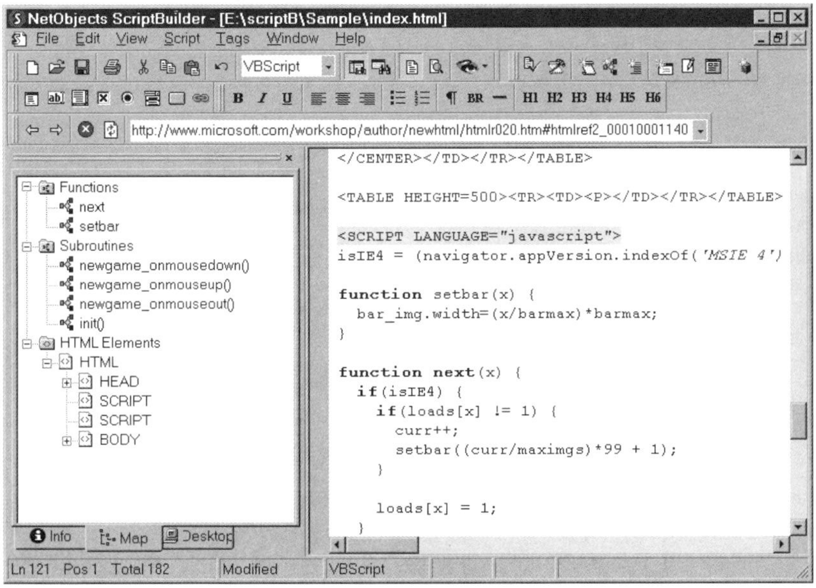

Bild 2.6: NetObjects ScriptBuilder 2.0 für Windows 95/NT – ein Scripteditor

Der komplexere Aufbau von Scriptsprachen und deren Unterstützung durch geeignete Tools lassen deren Verwendung in vielen Fällen angeraten erscheinen. Obwohl bei einigen Script-Editoren von deren Herstellern versprochen wird, daß auf die Kenntnisse der Sprache verzichtet werden kann, zeigt sich immer wieder, daß das Gegenteil der Fall ist. Kenntnisse der gewünschten Sprachen sind immer notwendig. Leider fängt bei den Tools zur Erstellung von Scripts auch das Geldausgeben an. Viele Tools sind ziemlich teuer. Wir werden deshalb – und vor allem wegen des Lerneffekts – auf die Verwendung von Scripttools verzichten.

1 Bitte trotzdem keine Angst vor Javascript.

Bei »richtigen« Programmiersprachen wie C/C++, Pascal oder Visual Basic kommen Sie ohne vollständige Tools nicht aus. Insbesondere, wenn Sie keine Programme auf Interpreterbasis erstellen wollen. In diesem Fall benötigen Sie mindestens einen Compiler, also ein Programm, welches den in einem Editor erstellten Quelltext erst in Maschinencode übersetzt. Richtige Programmiersprachen sind außerdem kompliziert. Sie benötigen viele Funktionalitäten, die nur durch eine vollständige Programmierumgebung zur Verfügung gestellt werden.

Bild 2.7: Die Java IDE Visual Café 3.0

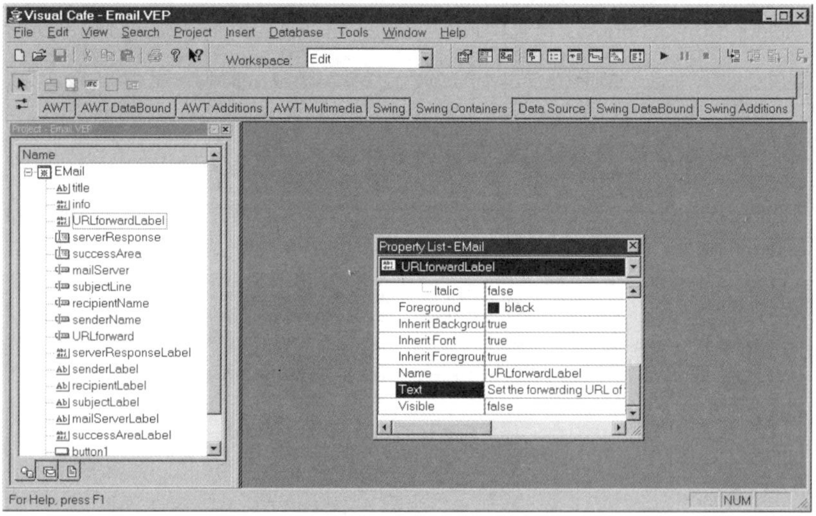

Es gibt zwar diverse frei verfügbare Entwicklungstools, aber richtig brauchbare IDEs sind ziemlich teuer. Zum Einstieg in die Programmierung mit einer gewünschten Sprache gibt es jedoch durchaus sinnvolle, frei verfügbare Tools.

So verhält es sich auch bei Java, was für Sie interessant werden dürfte, wenn Sie im Anschluß an die Web-Seitenerstellung mit HTML und Javascript in die hohe Kunst der Applet-Programmierung einsteigen wollen. Das sogenannte Java-Entwicklungstool – das Java Developer Kit oder kurz JDK – wird vom Java-Erfinder Sun derzeit für diverse Plattformen (unter anderem Windows NT und Windows 95 sowie Macintosh Systeme) frei zur Verfügung gestellt und ist Kern sämtlicher Java-Entwicklungswerkzeuge (gleichfalls von Fremdherstellern). Das jeweils aktuelle JDK (aber auch ältere Versionen) können Sie von den Web-Seiten von Sun Microsystems (`http://www.sun.com`) oder von deren Tochterfirma JavaSoft (`http://www.javasoft.com/`) laden. Das JDK besteht fast ausschließlich aus befehlszeilenorientieren Tools und erreicht damit natürlich nicht den

Komfortstandard integrierter Entwicklungsumgebungen. Sämtliche JDK-Werkzeuge werden über eine einfache Befehlszeileneingabe auf Prompt-Ebene aufgerufen. Der Java-Source selbst kann mit jedem einfachen ASCII-Text-Editor erstellt und bearbeitet werden.

Die kommerziellen IDEs bieten natürlich viel mehr. Neben komfortablen Editoren bieten viele moderne Programmierumgebungen mittlerweile eine Zwei-Wege-Programmierumgebung. Sowohl eine visuelle als auch eine auf Code basierende Programmierung stehen zur Verfügung und lassen sich dynamisch mischen. Daneben finden Sie in sogenannten integrierten Entwicklungsumgebungen (IDE) unter anderem Fehlerbehandlungsfunktionen und verschiedene Testmöglichkeiten.

2.4 Zusammenfassung

Die Verwendung von reinen Editoren hat Vor- und Nachteile, die von Hilfsprogrammen ebenso. Sie können sich sowohl für die eine als auch die andere radikale Strategie entscheiden. Sie können sie aber auch mischen, wenngleich manche Hersteller von Tools dieses zu behindern versuchen. Ich hatte bereits am Anfang des Kapitels angedeutet, daß für die meisten Web-Programmierer ein solcher Mittelweg ideal sein dürfte. Die Grundgerüste und Routinevorgänge lassen sich durchaus mit Tools realisieren, teilweise sogar vollständige Web-Seiten. Aber eine Veröffentlichung von Web-Seiten, die nicht vorher mit einem Editor kontrolliert und entsprechend überarbeitet worden sind (nachwürzen und verfeinern von Fertiggerichten ;-)), kann ich immer noch nicht empfehlen.

Der kompliziertere Aufbau von Scriptsprachen und deren vielseitige Unterstützung durch geeignete Tools lassen die Verwendung von Hilfsprogrammen in vielen Fällen angeraten erscheinen, und bei komplexeren Programmiersprachen – besonders, wenn ein Kompilierungsvorgang dabei ist – kommt man kaum um deren Verwendung herum.

Wir werden im Laufe des Buchs auf die Verwendung von Tools verzichten, denn es ist einfach effektiver, wenn man Befehle von Hand eingibt. Nur so können Sie einen richtigen Lerneffekt erzielen. Wenn Sie die Befehle durch irgendwelche Hilfen vorgegeben bekommen, wird der Lerneffekt schlicht geringer. Am besten ist es sogar, wenn Sie Fehler machen. Es ist wirklich eine abgedroschene Weisheit, aber sie stimmt – das meiste lernt man aus Fehlern.

Kapitel 3

HTML-Grundlagen

Los geht's mit der konkreten Erstellung von Web-Seiten. Dabei müssen wir zwangsläufig mit HTML beginnen, denn darauf baut alles auf. Sie lernen in diesem Kapitel etwas über

- Die Geschichte von HTML
- Die Probleme von HTML mit seinen vielen Dialekten
- Den prinzipiellen Aufbau von HTML
- Die Grundstrukturen von HTML
- Erste wichtige HTML-Elemente

Vielleicht fassen wir am Anfang nochmals die wichtigsten Eckdaten von dem zusammen, was wir bereits über HTML wissen.

3.1 Was ist HTML?

- HTML ist die Abkürzung für *Hypertext Markup Language*.
- HTML ist eine Dokumentbeschreibungssprache, mit der die logischen Strukturen eines Dokuments beschriebenen werden.
- Das WWW – *World Wide Web* besteht in seiner Grundstruktur aus HTML.
- Das HTTP-Protokoll (*Hyper Text Transport Protocol*) ist für die Übertragung von HTML-Seiten zuständig.

- HTML-Dateien bestehen immer aus reinem Text, das heißt Klartext ohne irgendwelche Formatierungen. Zeichen, welche jenseits der ersten 128 Zeichen des ASCII-Zeichensatzes vorkommen, müssen über eine Folge von Sonderzeichen maskiert werden.
- HTML-Dokumente sind plattformunabhängig.
- HTML ist eine Interpretersprache. Eine HTML-Datei muß interpretiert werden, um der Seite eine über reinen Text hinausgehende Bedeutung zu verleihen. Dazu verwendet man den Browser.
- HTML besteht aus einem festgelegten Satz von Anweisungen.
- HTML (bzw. der auswertende Browser) arbeitet nach dem Prinzip der Fehlertoleranz. Damit können auch syntaktisch fehlerhafte Dokumente weitgehend ausgewertet werden.

Die bisher gesammelten Erkenntnisse haben wir in den bisherigen Kapiteln zusammengetragen. Kommen wir nun zu etwas Neuem.

3.2 HTML-Grundlagen

Beschäftigen wir uns nun mit den wichtigsten Grundregeln für HTML. HTML verfügt im Gegensatz zu vollständigen Programmiersprachen über keine Kontrollstrukturen in Form von Bedingungen, Sprüngen oder Schleifen. Es gibt auch keine Befehle im Sinne von Befehlswörtern, die eine Aktion auslösen. Allerdings beinhaltet HTML 4 dahingehend Erweiterungen, und es hat einige neue Schlüsselwörter integriert, die Voraussetzung für das Ausführen von Funktionen sind. HTML ähnelt ein wenig der einfachen Batch-Programmierung unter DOS. Die Steueranweisungen werden in Form einer Stapeldatei in Klartext erstellt. Sprünge und Schleifen – im Source – kommen nicht vor, dafür sind Layout-Möglichkeiten sehr ausgeprägt, zum Beispiel Textformatierung, Hintergrundgestaltung, Aufzählungslisten, Tabellen, Grafikeinbindung.

3.2.1 Tags

HTML-Anweisungen bestehen aus Steueranweisungen, die aus sogenannten *Tags* aufgebaut sind. Ein Tag beginnt immer mit einer geöffneten spitzen Klammer

<

und endet mit der geschlossenen spitzen Klammer

>

Im Inneren der beiden Klammern befindet sich der konkrete Befehl. Ein Tag sieht von der Struktur her immer so aus:

```
<Anweisung>
```

Eine Anweisung kann unter HTML sowohl klein als auch groß geschrieben werden. Auch Mischen von Groß- und Kleinbuchstaben ist erlaubt. Es gibt keine unterschiedliche Auswirkung. Einige HTML-Programmierer tendieren jedoch dazu, das gesamte Befehlswort innerhalb der spitzen Klammen immer groß zu schreiben. Dies dient aber ausschließlich der Übersichtlichkeit.

Beispiele für Tags (Groß- und Kleinschreibung bewußt gemischt – auch innerhalb eines Befehlswortes):

Tag	**HTML-Anweisung für**
<I>	kursiv
<B>	fett
 	Zeilenvorschub
<Body>	Beginn des sichtbaren Teils einer HTML-Seite
<CENTER>	zentrieren

Wenn der Interpreter (sprich Browser) die Anweisung im Inneren des Klammerpaars kennt, wird er die Anweisung ausführen. Aber was wird passieren, wenn er sie nicht kennt? Falls Ihnen die Lösung nicht gleich einfällt, öffnen Sie einen beliebigen Editor, und geben Sie den nachfolgenden Text ein:

```
<wasweisich>
```

Speichern Sie den Text unter dem Dateiname `FALSCH.HTM` ab. Anschließend laden Sie die Datei in einen beliebigen Browser. Beachten Sie das Resultat. Was ist zu sehen?

Sie werden im Anzeigebereich des Browsers nichts sehen! Wenn ein Browser eine Anweisung bekommt, die er nicht versteht, wird die Anweisung ignoriert. Das ist das Prinzip der Fehlertoleranz, der Schlüssel zum Erfolg von HTML, WWW und Browser. Nur so können neue Anweisungen im WWW eingeführt werden, ohne daß in der Anfangsphase 99,9 % aller Browser beim Laden der Seite abstürzen.

Wenn Sie nicht wissen, wie Sie eine Datei in den Browser laden können: unter Windows oder einer vergleichbaren Umgebung im Arbeitsplatz einfach einen Doppelklick auf die Datei ausführen. Alternativ finden Sie im DATEI-Menü Ihres Browsers einen Standarddialog zum Öffnen von Dateien (auch vom lokalen Rechner).

Ein von Anfängern gern gemachter Fehler ist die falsche Verwendung der Brackets (der spitzen Klammern zum Kennzeichnen eines HTML-Befehls).

- Entweder wird die einleitende Klammer vergessen. In diesem Fall erkennt der Browser nicht den Beginn des Befehls und wird die Anweisung als anzuzeigenden Text interpretieren.
- Die schließende Klammer wird vergessen. In diesem Fall wird auch der Text nach der eigentlichen Anweisung zu dem Befehl hinzugenommen. Das Resultat kann unterschiedlich aussehen, aber in jedem Fall wird das eigentlich nach der Anweisung darzustellende Element nicht angezeigt – es ist Bestandteil der Anweisung, die durchgeführt werden soll. Der Fehler kann sich über mehrere Zeilen im Quelltext erstrecken.
- Vertauschen von Klammern kommt auch oft vor, also so etwas wie `> Anweisung <`.
- Die Brackets werden als Teil eines Textes (etwa einer Formel) verwendet. Dies muß **unbedingt** vermieden werden.

3.2.2 Container

Es gibt zwei Formen von Tags:

- einen einleitenden Tag
- einen beendenden Tag

Der[1] einleitende Tag eröffnet eine Anweisung, während der beendende Tag sie wieder ausschaltet. Beide Tags sehen fast identisch aus, außer einem Zeichen, mit dem der beendende Tag zusätzlich beginnt – dem Slash (Schrägstrich) /.

Lassen Sie uns ein paar Beispiele durchsprechen:

1. Zum einleitenden Tag <I> gehört der beendende Tag </I>.

---

1 **Der** Tag oder **das** Tag – da ist sich die Literatur nicht ganz einig. Wir bleiben bei **der**.

2. Zum einleitenden Tag <CENTER> gehört der beendende Tag </CENTER>.

3. Zu dem einleitenden Tag <B> gehört der beendende Tag </B>.

Die beiden Tags bilden immer einen sogenannten Container. Dies bedeutet: Die im einleitenden Tag angegebene HTML-Anweisung (etwa eine Formatierung) wird sich auf sämtliche Dinge (Objekte) aus, die sich im Inneren des Containers befinden. Dies wird in vielen Fällen ein Text sein, es kann sich aber auch um Grafik oder andere Multimediaobjekte handeln.

MERKSATZ

Tags werden meist paarweise vorkommen! Diese Aussage kann so stehen bleiben, wird aber für viel Verwirrung sorgen, wenn Sie HTML-Seiten aus dem Internet analysieren. Es gibt beispielshalber eine Anzahl von Tags, die nach dieser Regel zwar strenggenommen paarweise auftreten müßten, die aber innerhalb des dann gebildeten Containers keine Objekte enthalten.

*Schauen wir uns als Beispiel die HTML-Anweisung für einen Zeilenvorschub an – die Anweisung <BR>. Diese müßten Sie als
</BR> in die HTML-Datei schreiben, damit Sie dieser Regel genügen. Es wird nur immer ein Zeilenvorschub an der Stelle erzeugt, egal ob Sie dort <BR>. oder
</BR> stehen haben. Ein Zeilenvorschub ist ein Zeilenvorschub ist ein Zeilenvorschub. Die Anweisung <BR> löst ihn aus, und die Anweisung ist beendet. Sie muß vom logischen Aspekt her nicht extra noch beendet werden. Ein solches Element, wo der Ende-Tag eigentlich unnütz oder gar verboten ist, kann aber ohne Probleme mit einem fiktiven Ende-Tag ausgestattet werden – etwa besagtes Konstrukt der Form
</BR>. Der Ende-Tag wird keinen Fehler erzeugen. Er wird durch das Prinzip der Fehlertoleranz einfach ignoriert. Es geht sogar noch weiter – es kann Situationen geben, wo der Ende-Tag zwar zwingend ist, er aber in der Praxis ohne negative Auswirkung weggelassen werden kann, etwa, wenn ein nachfolgender Start-Tag eine widersprüchliche Anweisung auslöst – Schriftfarbe war rot und wird ohne Ende-Tag für rot auf blau gesetzt. Es hat sich deshalb eine gewisse Schludrigkeit bezüglich der Verwendung des beendenden Tags eingebürgert, wenn man in der konkreten Situation darauf verzichten kann. Wie soll man sich nun als Einsteiger verhalten, wenn man nicht bei jedem Element aus dem Stehgreif weiß, ob ein Ende-Tag gefordert wird, optional ist oder gar verboten? Wenn Sie sich unsicher sind, setzen Sie immer einen Ende-Tag. Eine durchgängige Verwendung eines Ende-Tags (auch wenn es ihn im offiziellen Sprachstandard nicht gibt) ist niemals falsch.*

Verschachtelung von Containern

Container können verschachtelt werden, das heißt zwischen einem einleitenden und einem abschließenden Tag können beliebige – sinnvolle – andere Steueranweisungen stehen. Dies ist sogar zwingend, da insbesondere die vollständige HTML-Seite einen einleitenden und einen abschließenden Tag benötigt und alle weiteren Steueranweisungen darin verschachtelt werden müssen.

Bei der Verschachtelung von Tags sollte aber die Reihenfolge der Auflösung eingehalten werden! Das bedeutet, wenn ein Container weitere Container enthält, sollten diese wieder von innen nach außen beendet werden – in umgekehrter Reihenfolge der Einleitungs-Tags. Es wird tatsächlich meist so sein, daß auch eine nicht so aufgelöste Verschachtelung keine negativen Auswirkungen hat, aber das kann nicht für jeden Fall garantiert werden. Außerdem dient eine Verschachtelung wie die folgende sicher nicht der Übersichtlichkeit:

```
<Anweisung 1> [Teil A] <Anweisung 2>.[Teil B]
</Anweisung 1> [Teil C] </Anweisung 2>
```

In `Teil A` gilt nur die `Anweisung 1`, in `Teil B Anweisung 1` und `Anweisung 2` und in `Teil C` nur noch `Anweisung 2`.

Eine solche Verschachtelung kann zu ganz massiven Fehlern führen. Beispielsweise, wenn Sie Kopfbereich und Körper einer Web-Seite so ineinander verschachteln. Sicherer fahren Sie mit der sauber aufgelösten Verschachtelung, auch wenn unter Umständen mehr Befehle eingegeben werden müssen.

3.2.3 Ein- und Ausschalten von HTML-Anweisungen

Fassen wir zusammen, was wir über das Ein- und Ausschalten von HTML-Anweisungen schon wissen. Eine geschaltete HTML-Anweisung kann auf zwei Arten wieder ausgeschaltet werden.

1. Ein beendender Tag schließt einen Container. Damit ist die entsprechende Anweisung aufgehoben.
2. Eine neue Anweisung schließt die Gültigkeit der bisherigen Anweisung aus. Etwa eine geänderte Schriftfarbe.

3.2.4 Tag-Erweiterungen

Viele Tags sind erst dann sinnvoll einzusetzen, wenn sie genauer spezifiziert werden. Nicht jeder, denn ein Zeilenumbruch ist immer durch die Anweisung <BR> vollständig beschrieben[1]. Aber nicht alle Anweisungen sind so eindeutig. So gibt es beispielsweise eine Steueranweisung, mit der Sie Bedingungen für die Schrift genauer kennzeichnen können. Aber welche Bedingungen? Die Schriftgröße, die Schriftart oder die Schriftfarbe? Die genauere Spezifikation erfolgt durch sogenannte Parameter, die bei Bedarf den einleitenden Tag – durch Leerzeichen abgetrennt – erweitern. Dabei gibt es zwei Formen von Parametern:

1. Parameter mit einer Wertzuweisung
2. Parameter, die bereits einen Wert repräsentieren

Parameter mit einer Wertzuweisung bekommen über einen Zuweisungsoperator – das Gleichheitszeichen (=) – den entsprechenden Wert zugeordnet. Dies kann ein Text oder eine Zahl sein oder auch eine beliebige andere Form haben. Ein Tag mit einem Parameter mit einer Wertzuweisung sieht schematisch so aus:

```
<Anweisung Parameter = Wert>
```

Beispiel:

```
<FONT color=red>
```

Diese Anweisung setzt die Farbe des nachfolgenden Textes auf Rot.

Parameter, die bereits einen Wert repräsentieren, brauchen bloß durch ein Leerzeichen abgetrennt in den Einleitungs-Tag geschrieben werden. Sie fungieren immer als Schalter. Wenn sie angegeben werden, wird eine Eigenschaft aktiviert. Fehlen sie, ist die jeweilige Eigenschaft deaktiviert. Ein Tag mit einem Parameter, der bereits einen Wert repräsentiert, sieht schematisch so aus:

```
<Anweisung Parameter>
```

Beispiel:

```
<TABLE border>
```

Diese Anweisung setzt einen Tabellenrahmen.

1 Sie wissen schon: »Ein Zeilenvorschub ist ein Zeilenvorschub ist ein Zeilenvorschub.« ;-)

MERKSATZ

*Es wird immer nur der einleitende Tag durch Parameter erweitert. Beim beendenden Tag wird **niemals** ein Parameter angegeben.*

Viele Befehle lassen sich über mehr als einen Parameter spezifizieren. Diese werden dann einfach durch ein Leerzeichen getrennt aufgelistet.

Beispiel:

`<BODY bgcolor=white text=red>`[1]

Dabei spielt die Reihenfolge der Parameter keine Rolle. Das nachfolgende Beispiel bewirkt das analoge Resultat:

`<BODY text=red bgcolor=white>`

3.3 Die einzelnen HTML-Versionen

Hinter der Normung der Sprache HTML stand und steht auch heute noch das World Wide Web-Consortium (W3C – ursprünglich W3O – O für Organisation – genannt) mit Sitz in Genf (`http://www.w3.org`). HTML gibt es derzeit in der Version 4. Das heißt aber noch lange nicht, daß es vier HTML-Versionen gegeben hat.

Die Version 1.0

HTML wurde im Mai 1991 in der Version 1.0 erstmals der Öffentlichkeit präsentiert. Dieser erste HTML-Standard war sehr einfach und basierte wie bereits erwähnt auf SGML. Wesentlich an HTML waren ein damit verknüpftes neues Protokoll – das schon mehrfach erwähnte HTTP – und die Möglichkeit, HyperText-Systeme im Internet aufzubauen, die neben einfachem Text und Grafiken insbesondere Hyperlinks, also Verweise auf andere Dokumente, enthalten konnten. Darüber hinaus war eine Gestaltung von einfachen Strukturelementen wie Überschriften, Aufzählungen oder Kapitel vorgesehen.

Die Version 2.0

Durch den legendären Browser Mosaic – den ersten WWW-Browser mit grafischer Oberfläche, den es sogar umsonst gab – wuchs schnell die Popularität des WWW. Da dieser Browser diverse eigene Spezialitäten imple-

1 Diese HTML-Anweisung setzt die Hintergrundfarbe einer Webseite auf Weiß und die globale Textfarbe auf Rot.

mentiert hatte, die über den einfachen HTML-1.0-Standard hinausgingen, wurde im September 1995 ein um einige dieser Elemente erweiterter, neuer HTML-Standard geschaffen, die Version 2.0. Durch die lange Zeitspanne zwischen der Version 1.0 und 2.0 hatten sich derweil verschiedenste Browser-spezifische Dialekte gebildet. Die Browser einzelner Hersteller verstanden Befehle, welche nicht zu dem vom W3C verabschiedeten Standard zählten. Da jeder Hersteller seine eigenen Befehle dem Standard hinzufügte, waren diese von Browsern der Konkurrenz meist nicht zu verstehen. Unter dem in dieser Zeit entstandenen Wildwuchs an Befehlen krankt das WWW heute noch.

Die Versionen 3.0/3.2

Die Version 3.0 versuchte, die wichtigsten dieser nicht standardisierten Anweisungen zu übernehmen und zu vereinheitlichen. Und diese Version scheiterte, denn bezüglich der Version 3.0 ist es unter allen Beteiligten nie zu einer Einigung gekommen. Erst anläßlich der fünften WWW-Konferenz vom 6. bis 8. Mai 1996 in Paris präsentierte das W3C endlich wieder eine Version, die zum aktuellen Sprachstandard von HTML wurde, die Version 3.2. Der 3.2-Sprachstandard unterstützte viele Sprachelemente, die in der Praxis seit geraumer Zeit im Gebrauch waren. Darunter fallen beispielsweise:

- Tabellen mit der strukturierten Darstellung von Elementen
- Schriftgrößen
- Schriftfarben
- das Höher- und Tieferstellen von Zeichen
- Textfluß um Grafiken herum
- verweis-sensitive Grafiken ohne Serverkommunikation
- Java-Applet- und Script-Einbindung

und noch einiges mehr.

Einige andere sehr verbreitete Elemente wie die von Netscape entwickelte Frame-Technologie – die Aufteilung des Anzeigebereichs vom Browser in unabhängige Einzelsegmente – waren jedoch offiziell nicht integriert. HTML 3.2 wurde sogar gegenüber HTML 3.0 um einige weitere Befehle reduziert, um dem 3.0-Wildwuchs an Elementen mit gleichen oder sehr ähnlichen Funktionen entgegenzuwirken.

Die Version 4

Im Juli 1997 erschien ein erster öffentlicher Entwurf für die nächste HTML-Version 4, welche heute aktuell ist. Es macht ohne weitere Vorarbeiten keinen großen Sinn, wenn wir hier sämtliche Neuheiten von HTML 4 detailliert angehen. Eine kurze Auflistungen soll Ihnen aber dennoch als kleiner Überblick dienen, auch wenn Sie zur Zeit noch nicht sämtliche Details verstehen.

HTML 4 bietet gegenüber den Vorgängerversionen bessere Möglichkeiten plattformunabhängiger Aktionen. Darunter sind beispielsweise verschiedene Auflösungen, Farbzuweisungen, flexible Eingabemöglichkeiten – etwa das Manövrieren per Tastendruck –, flexible Ausgabemöglichkeiten sowie Spracheingabe und akustische Informationen zu verstehen. Ziele sind der bessere Web-Zugriff für körperlich Behinderte sowie die bessere Integration von unterschiedlich gearteten Geräten in HTML. Die sogenannte Internationalisierung (engl. internationalization) ist eine weitere Neuerung von HTML 4. Ein neues Tabellenkonzept mit einer Reihe von neuen Elementen und Erweiterungen von Tabellen ist ebenfalls in HTML 4 enthalten. Das Konzept dient hauptsächlich der Übersichtlichkeit. Dies gilt auch für die Erweiterungen bei Formularen. Überdies soll eine weitere Anpassung an den SAA-Standard erreicht werden. Die Übereinstimmung mit dem SAA-Standard (wer sich darunter nichts vorstellen kann: das übliche Windows-Feeling und der übliche Windows-Look) war bis dahin nicht allzu weit gediehen.

Zum universellen Einbinden von allgemeinen Objekten (etwa Bilder, Videos, Tondateien, aber auch ActiveX-Controls oder Java-Applets) in Web-Seiten gibt es ab HTML 4 einen einzigen HTML-Befehl – den `OBJECT`-Tag. Und auch Frames sind endlich durch das offizielle Konzept abgesegnet.

Eine fest einkalkulierte Ergänzung von HTML 4 ist der Einsatz von sogenannte Style-Sheets. Dabei handelt es sich um eine Technik, mit der eine bessere Trennung von Struktur und Layout erreicht werden soll. Damit werden zum einen bei Bedarf umfangreiche Layoutdefinitionen aus dem eigentlichen Informationsbereich ausgelagert. Außerdem bekommt der Web-Designer eine vollständige Kontrolle über die Position der Elemente in der Web-Seite. Die pixelgenaue Positionierung von beliebigen Elementen über Koordinaten ist damit möglich. Die Ausgabe einer Web-Seite – auf Drucker, aber auch andere Ziele – ist insgesamt wesentlich flexibler geworden.

In bezug auf sogenannte dynamische Web-Seiten hat sich auch viel getan. HTML 4 ist erheblich von den Scriptsprachen wie Javascript beeinflußt und hat einige neue Schlüsselwörter integriert, die Voraussetzung für das Ausführen kleiner Funktionen sind. Einige bisher nur in Scriptsprachen vorkommende Event-Handler sind jetzt direkter Bestandteil von HTML. Dazu zählen `onLoad`, `onMouseOver`, `onClick` usw. Insgesamt ist die Script-Verwendung – unabhängig von der konkret verwendeten Sprache – unter HTML 4 erheblich erweitert worden.

In jeder neuen Version gab es neben neuen Elementen und den Erweiterungen bestehender Anweisungen einige Sprachbestandteile, die als überholt (deprecated) erklärt wurden. Die Verwendung solcher Sprachelemente ist jedoch keinesfalls verboten. Es bedeutet nur, daß es statt dessen ein anderes Sprachelement gibt, dessen Verwendung in den Rahmen des jeweiligen Sprachstandards gehört. Die veralteten Sprachelemente werden jedoch von neuen Browsern weiter verstanden, denn diese sind abwärtskompatibel.

Es ist ein Anachronismus des Interpreterprinzips, aber die Verwendung eines als veraltet erklärten Elements wird so gut wie nie ein Fehler sein[1]. Dagegen wird die Verwendung eines neuen Sprachelements in den ersten Monaten nach Verabschiedung einer Sprache bei der überwiegenden Anzahl der Anwender eine Fehlersituation auslösen. Zuerst dauert es eine gewisse Zeit, bis ein neuer Sprachstandard in die Browser integriert ist und diese dann freigegeben werden. Dann dauert es mehrere Monate, bis endlich genügend Anwender diese neuen Browser verwenden. Wenn dann die Situation vorliegt, daß die Sprachelemente einer neuen Version halbwegs zuverlässig im Internet angezeigt werden, wird die Sprachversion abgelöst, und das Spiel beginnt von vorne.

Zu all diesen Normen gab – und gibt – es deshalb immer gewisse Browser-spezifische Sprachelemente, die bei einer Verwendung auf einer Web-Seite zu Problemen bei anderen Browsern führen können. Außerdem erschweren die unterschiedlichen Dialekte gerade HTML-Neulingen den Einstieg, da verbindliche Richtlinien verschwimmen.

HTML ist mittlerweile eine umfangreiche Sprache geworden. Sie werden zahlreiche Sprachelemente vorfinden, die für Einsteiger, aber auch für den fortgeschrittenen »Normalwebdesigner« niemals von Interesse sein werden und nur verwirren. Oder haben Sie bei Ihrem Textverarbeitungssystem bereits alle Möglichkeiten ausgereizt? Verwenden Sie alle denkbaren Fähigkeiten, die Ihnen Ihr Programm bietet? Es gibt Untersuchungen, daß selbst

1 Dabei sind nicht Browser-spezifische Elemente gemeint.

Anwender, die sich gut mit einem Textverarbeitungsprogramm auskennen, nicht mehr als 25% der Programmfunktionen nutzen. Der Prozentsatz tendiert in den einstelligen Bereich, wenn es Anwender verwenden, die nur drei- oder viermal im Monat einen Brief schreiben. Es ist schon bewundernswert, wie die Marketingstrategen großer Software-Firmen Anwendern immer wieder neue Programmversionen aufschwatzen können, obwohl bereits deren bisheriges Programm niemals von ihnen ausgereizt werden könnte ;-). Wir beschränken uns deshalb in diesem Buch auf eine Beschreibung der wichtigsten Sprachelemente. Damit stehen Ihnen bereits alle Möglichkeiten zur Verfügung, die zur Gestaltung einer gängigen Web-Seite jemals gebrauchen werden. Die vollständige Sprachreferenz finden Sie nichtsdestoweniger komprimiert im Anhang.

3.4 HTML-Grundstrukturen

Wie wir bereits wissen, verhalten sich HTML und die auswertenden Programme äußerst fehlertolerant. Es ist nicht einmal notwendig, daß Sie irgendeine Struktur in einer HTML-Seite einhalten, wenn Sie reinen Text darstellen wollen. Es gibt nur eine einzige Regel, die aus einem einfachen Klartext ein HTML-Dokument macht – die Endung muß `HTM` oder `HTML` lauten. Alleine die Dateiendung macht aus einer primitiven Klartext-Datei eine elitäre Web-Seite. Und selbst diese Minimalbedingung können Sie mit Hilfe einiger Tricks umgehen, auf die wir hier aber nicht eingehen.

Ich sollte aber gleich betonen, daß wir damit Sprachpuristen bis über die Schmerzgrenze belasten, denn wir strapazieren die Fehlertoleranz des Browsers über Gebühr. Wir wollen dessenungeachtet ein paar kleine Beispiele durchspielen, die sich bewußt dieser Fehlertoleranz bedienen.

ÜBUNG

Öffnen Sie einen beliebigen Editor, und geben Sie den nachfolgenden Text ein. Dabei können Sie nach Belieben Zeilenschaltungen verwenden oder es auch lassen. Das gleiche gilt für Leerzeilen. Wenn Sie wollen, fügen Sie Leerzeilen ein, ansonsten lassen Sie es. Ich drücke es so lässig aus, weil es einfach egal ist. Sie werden bald sehen, was ich damit meine. Aber geben Sie nun den nachfolgenden Text ein:

```
Was ist eigentlich ein Computer? Grob gesagt, ist ein Computer
eine Maschine, welche vorher irgendwie eingegebene Befehle
ausführt. Mit dieser Definition ist auch eine Bombe mit einem
Zeitzünder ein Computer. Zu einem einprogrammierten Zeitpunkt -
```

```
die Uhr einfach auf eine Zeit eingestellt - wird ein bestimmter
Befehl - explodiere - ausgeführt (wenn Zeit reif, dann "Bumm").
Daran denken Sie freilich wahrscheinlich nicht, wenn Sie an
Computer denken.
```

Speichern Sie den Text unter dem Dateinamen `ERSTE.HTM` ab. Anschließend laden Sie diese Datei in den Browser Ihrer Wahl. Beachten Sie das Resultat. Was fällt Ihnen auf?

Wir hatten bei der letzten Übung bereits besprochen, daß Sie in der Regel eine Datei in den Browser laden können, indem Sie – unter Windows oder einer vergleichbaren Umgebung – im Arbeitsplatz einfach einen Doppelklick auf die Datei ausführen. Sofern das funktioniert hat, ist Ihnen dabei vielleicht etwas aufgefallen – das Symbol für die Datei. Es ist eindeutig dem Browser als HTML-Datei zugeordnet.

Bild 3.1: Die Datei wird eindeutig als HTML-Datei angezeigt

Alternativ finden Sie im DATEI-Menü Ihres Browsers einen Standarddialog zum Öffnen von Dateien (auch vom lokalen Rechner). Das Resultat sollte so oder ähnlich wie in der nachfolgenden Abbildung aussehen.

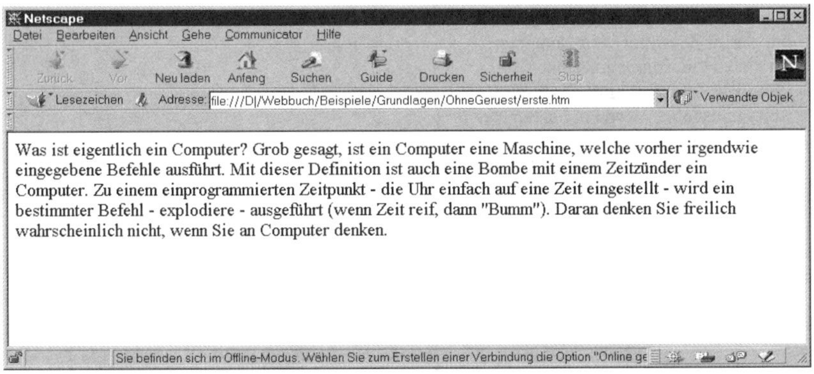

Bild 3.2: Die Beispieldatei im Navigator

Ohne irgendwelche HTML-Anweisungen wird die Datei innerhalb des Browsers dargestellt. Mit definierter Hintergrundfarbe, Textfarbe, Textgröße. Alles okay. Dies läßt sich einfach erklären – es sind Voreinstellungen des Browsers.

Aber was ist mit dem Zeilenumbruch? Ist er da, wo Sie ihn per Zeilenschaltungstaste im Text eingefügt haben? Ja?! Das wäre aber ziemlicher Zufall. Und was ist mit Leerzeilen, die Sie eingegeben haben? Sind die da? Bitte nicht schwindeln. Falls Sie nicht gemogelt haben und HTML-Steueranweisungen verwenden, dürfen da gar keine sein. Die Erklärung folgt gleich, aber vorher lösen Sie noch die nächste kleine Aufgabe.

Fügen Sie an verschiedenen Stellen im Text Leerzeilen und Zeilenschaltungen ein. Anschließend speichern Sie die Datei erneut und schauen sie sich erneut im Browser an. Ist die Darstellung des Textes verändert? Anschließend verändern Sie die Größe des Browsers. Was passiert da mit dem Text?

Sowohl die Leerzeilen als auch die Zeilenschaltungen sollten ignoriert werden, aber die Größenveränderungen des Browsers werden sich auswirken.

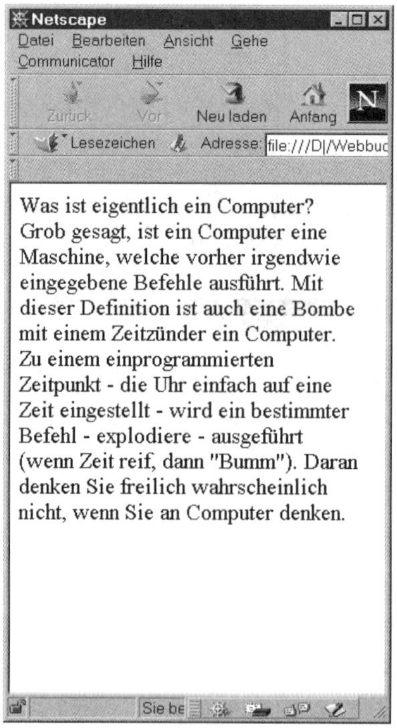

Bild 3.3: Die gleiche Datei bei einer veränderten Größe des Browsers

Ohne entsprechende Gegenmaßnahmen über eigene HTML-Befehle wird der Text immer automatisch der Größe des Browsers angepaßt. Obwohl Sie dieses Verhalten vielleicht erst einmal verwirrt, ist dies keine Schwäche von HTML. Im Gegenteil – es ist eine der großen Stärken. Behalten wir diese Eigenschaft schon einmal im Hinterkopf – wir werden noch genauer darauf zurückkommen. Unser Hauptziel der letzten beiden Aufgaben war nur, zu klären, daß grundsätzlich eine HTML-Datei auch ohne Aufbau einer klaren HTML-Struktur möglich ist. Dies ist aber keine gute Lösung. Schauen wir uns jetzt einmal das normalerweise verwendete Grundgerüst einer Web-Seite an.

3.4.1 Das Grundgerüst einer HTML-Seite

Obwohl wir gerade gesehen haben, daß eine HTML-Seite auch ohne eine äußere Form vom Browser darstellbar ist, wird normalerweise immer ein Grundgerüst benötigt. In die so aufgeteilten verschiedenen Bereiche einer Seite werden unterschiedlichste Funktionalitäten gelegt, die wir bald kennenlernen werden. Schauen wir uns einmal ein solches Gerüst an.

Eine HTML-Seite beginnt immer mit der Anweisung

```
<HTML>
```

und endet mit

```
</HTML>.
```

Dies ist der äußerste Container einer HTML-Seite.

Im Inneren gibt es zwei Bereiche:

- ✗ Einen im Anzeigebereich des Browsers unsichtbaren Bereich – der Header (Kopf) einer Web-Seite.
- ✗ Einen im Anzeigebereich des Browsers sichtbaren Bereich, das heißt die für den Anwender sichtbare Web-Seite – der Body (Körper) einer Web-Seite.

In dem der einleitenden HTML-Anweisung direkt folgenden Header werden allgemeinen Hintergrundinformationen über die Seite zusammengefaßt. Der Header wird immer als erster Teil einer Web-Seite geladen[1]. Dieser Teil einer Seite ist beispielsweise besonders wichtig, damit eine Seite überhaupt jemals besucht wird und/oder der Inhalt der Seite vor einem Besuch richtig

1 Einfach deswegen, weil er oben in einer HTML-Seite steht und die Daten von oben nach unten geladen werden.

bewertet werden kann[1]. Auch für die Einbindung von Scripten oder sogenannten Style-Sheets (Stilvereinbarungen) ist der Header von zentraler Bedeutung. Ein Header wird mit der Anweisung

```
<HEAD>
```

begonnen und mit

```
</HEAD>
```

wieder geschlossen.

Der Body enthält sämtliche Informationen, die der WWW-Browser einem Anwender auf dem Bildschirm anzeigen soll. Er beginnt mit der Anweisung

```
<BODY>
```

und endet mit

```
</BODY>.
```

Geben Sie in einem Editor das vollständige Grundgerüst einer HTML-Seite ein, und speichern Sie es unter dem Dateinamen `GRUND.HTM`.

Das vollständige Grundgerüst einer normalen HTML-Datei sieht immer so aus:

```
<html>
 <head>
 </head>
 <body>
 </body>
</html>
```

Wenn Sie sich das Grundgerüst jetzt in einem Browser ansehen, werden Sie nicht viel sehen. Aber wir wissen bereits, daß sich da bald etwas tun wird[2].

Beachten Sie bitte unbedingt, daß sich Start- und Ende-Tags von Kopfbereich und Körper der Web-Seite vollständig innerhalb des umgebenden HTML-Containers befinden. Der Kopfbereich muß unbedingt geschlossen werden, bevor der Körper der Web-Seite geöffnet wird. Sie dürfen also auf keinen Fall verschachtelt werden.

1 Stichwort Suchmaschinen.

2 Beachten Sie, daß hier die Tags klein geschrieben sind. Dies spielt absolut keine Rolle. Wir werden es häufiger mischen, damit dies deutlich wird.

3.4.2 Äußerst wichtig – die Kommentare

Kommentare sind ein sehr oft vernachlässigter Bestandteil einer Web-Seite. Und dies, obwohl sie äußerst wichtig sind. Aber was ist eigentlich ein Kommentar?

Ein Kommentar ist ein Bestandteil eines Quelltextes, der von dem ausführenden Programm (Interpreter-Fall) oder dem übersetzenden Programm (Compiler-Fall) ignoriert wird. Er kann in der Regel an jeder Stelle innerhalb eines Quelltextes stehen (natürlich auch innerhalb einer HTML-Seite). Dies bedeutet, Kommentare haben keinerlei Auswirkung auf die konkrete Abarbeitung eines Quelltextes. Ein Kommentar in einer HTML-Seite wird beispielsweise innerhalb des Darstellungsbereichs eines Browsers nicht angezeigt. Aber wozu sind sie dann da?

Es gibt verschiedenste Gründe für die ausführliche Verwendung von Kommentaren:

- ✗ Kommentare sorgen für eine bessere Lesbarkeit des Quelltextes. Gerade bei größeren Projekten geht die Wartbarkeit gegen Null, wenn der Quelltext nicht ausreichend mit qualitativ guten Kommentaren versehen ist. Dies ist in komplizierten Programmiersprachen wie C/C++ natürlich viel extremer wie in HTML, aber auch da kann die Lesbarkeit sehr schlecht werden. Viele HTML-Tools fügen von sich aus an diversen Stellen innerhalb der Web-Seite Kommentare ein. Leider sind da sehr oft Kommentare mit reiner Eigenwerbung dabei.
- ✗ Kommentare sind eine vernünftige Möglichkeit, um bei Interpreter-Sprachen Hintergrundinformationen in den Text einzufügen. Dieser soll dann zwar nicht während der Abarbeitung des Programms oder Dokuments sichtbar sein, aber Interpreter-Text (zum Beispiel eine Web-Seite) ist schließlich als Klartext zu lesen. So lassen sich Copyrightinformationen oder Werbung unterbringen, ohne das Layout eines Programms oder Dokuments (sprich Web-Seite in unserem Fall) zu stören.
- ✗ Zeitweise lassen sich über Kommentare bestimmte Teile eines Programms oder Dokuments ausblenden. Wenn Sie diese Teile wieder benötigen, entfernen Sie einfach die Zeichen für den Kommentar wieder.
- ✗ Kommentare sind ein Schlüssel zur Verwendung von Scriptsprachen in HTML-Seiten[1].

---

1 Das werden wir natürlich noch ausführlich angehen. Sie können diese für uns wichtige Aussage aber im Hinterkopf behalten.

Kommentare werden von Browsern ignoriert und nicht auf dem Bildschirm angezeigt. Deshalb dürfen sie sogar vor dem Beginn des Grundgerüsts stehen.

Wie sehen nun Kommentare unter HTML aus? Die Antwort könnten Sie vielleicht schon erraten. Im Ernst. Sie können bereits einen HTML-Kommentar erzeugen. Sie müssen dazu jedoch um die Ecke denken. Es ist nicht ganz offensichtlich, und ich möchte Sie nicht zu lange auf die Folter spannen. Deshalb keine konkrete Übung, sondern gleich die Lösung.

Wir wissen bereits, daß Browser sehr fehlertolerant sind und Anweisungen ignorieren, die sie nicht verstehen. Kommentare sind durch den Browser zu ignorierende Anweisungen. Sie brauchen also bloß eine Anweisung zu erzeugen, die Browser nicht verstehen, und Sie haben einen Kommentar.

Eine Anweisung ist immer in eckige Klammern eingeschlossen. Also könnte eine Kommentaranweisung so aussehen[1]:

```
<wasweissich>
```

Wir wissen bereits, daß alle der Anweisung folgenden Zeichen bis zur beendenden Klammer zur eigentlichen Anweisung als Erweiterung des Befehls hinzugenommen werden. Der Text wird nicht angezeigt – er ist Bestandteil der Anweisung, die ignoriert wird. Wenn der eigentliche Kommentar dieser Anweisung nachgestellt wird, würde das also funktionieren:

```
<wasweissich Und hier steht mein Kommentar>
```

Es funktioniert wirklich. Es ist eine Kommentartechnik, die auf dem Prinzip der Fehlertoleranz aufbaut. Allerdings gibt es diverse Schwachstellen.

- ✗ Da sich jedermann seine eigenen Anweisungen ausdenken kann, ist Quelltext kaum noch allgemein verständlich.
- ✗ Die ausgedachte Anweisung darf niemals Bestandteil von HTML werden – weder einer zukünftigen Version noch einer Spezialvariante irgendeines Browsers.
- ✗ Es ist nicht möglich, Kommentare von normal zu ignorierenden Anweisungen zu unterscheiden. Dies könnte zum Beispiel bei Scripten zu Problemen führen.

1 Unter der Voraussetzung, daß es niemals eine HTML-Anweisung gibt, die `wasweisich` lautet.

Es ist auf jeden Fall besser, festgelegte Strukturen für Kommentare in HTML einzuführen. Diese Strukturen folgen zwar unserem eben ausgedachten Verfahren, sind aber allgemein gültig. Für Kommentare hat sich folgende Struktur durchgesetzt:

- ✗ ein Ausrufezeichen und zwei Striche am Anfang `<!--`
- ✗ zwei Striche am Ende des Tags. `-->`

Beispiel:

```
<!-- Dies ist ein Kommentar -->
```

Sie sollten Kommentare ausschließlich in dieser Form verwenden, obwohl es – wie wir gesehen haben – auch anders geht[1]. Jeder in diesem Container stehende Text wird vom interpretierenden Browser als Kommentar betrachtet. Ein Kommentar kann über mehrere Zeilen gehen und an jeder Stelle einer HTML-Seite verwendet werden.

3.4.3 DOCTYPE - ein besonderer Kommentar

Wenn Sie aktuellere HTML-Dokumente aus dem Internet laden und sich den Quelltext ansehen, werden Sie recht oft vor Beginn des eigentlichen Grundgerüsts eine spezielle Form von Kommentar sehen. Etwa so etwas:

```
<!DOCTYPE HTML PUBLIC "-//W3C//DTD HTML 4.0 Transitional//EN">
```

Dabei handelt es sich um einen Verweis auf die jeweilige DTD-Datei des Dokumentes. DTD steht dabei für *Document Type Definition*, was übersetzt Dokumententyp-Definition bedeutet. Darin werden alle Besonderheiten, welche ein Dokument bezüglich der Struktur und des Erscheinungsbildes haben darf, beschrieben. Konkret heißt dies, die HTML-Version wird angegeben. Im Prinzip muß jedem SGML-Dokument (so auch einer HTML-Seite) eine solche `DOCTYPE`-Anweisung zugeordnet sein. Die Anweisung können Sie aber als optional betrachten, da kein Browser sie wirklich benötigt. Es ist sogar so, daß die entsprechende Angabe von den meisten Browsern ignoriert wird bzw. keine weiteren Konsequenzen für die Darstellung der HTML-Datei hat. Das einzige was passieren kann, sind Probleme, wenn Sie explizit einen HTML-Standard über eine `DOCTYPE`-Deklaration spezifizieren und Elemente auf Ihrer Web-Seite verwenden, die nicht zum Sprachstandard gehören. Da so etwas auf fast allen Web-Seiten der Fall ist[2],

1 Gelegentlich ist auch ein Beginn nur mit dem Ausrufezeichen ohne die nachfolgenden -- zu finden. Auch den Container `<COMMENT> ... </COMMENT>` findet man gelegentlich.

2 Dazu tragen insbesondere die unzähligen jeweils Browser-spezifischen Elemente bei.

ist von der Verwendung normalerweise abzuraten. Wir verfolgen die Steueranweisung nicht weiter.

3.5 Der Header

Obwohl es didaktisch ein wenig schwierig ist, werden wir uns nun mit dem Kopfbereich einer Web-Seite beschäftigen. Warum didaktisch schwierig? Nun, wir beschäftigen uns mit dem Bereich einer Web-Seite, der im Anzeigebereich des Browsers nicht angezeigt wird. Wir werden also nur wenige Übungen durchführen können, in deren Rahmen wir schnell einen Effekt auf dem Bildschirm sehen.

Dennoch – diese Befehle sind so wichtig, daß wir sie nicht in den Bereich des Buches verschieben wollen, der erfahrungsgemäß weniger zur Kenntnis genommen wird. Sie können jedoch am Anfang auf die meisten der Elemente verzichten[1] und sich näher damit beschäftigen, wenn Sie ein fortgeschrittener Web-Programmierer geworden sind.

3.5.1 Der Titel

Eine der wichtigsten Angaben im Kopfteil, die jede HTML-Datei enthalten sollte, ist der Titel. Der Titel wird in die Zeichenketten

```
<TITLE>
```

und

```
</TITLE>
```

eingeschlossen.

ACHTUNG

Bitte beachten Sie die englische Schreibweise für die Anweisung. Die Ähnlichkeit zu dem deutschen Wort *Titel* führt leicht zu Fehlern.

Der Titel erscheint beim Browser in der Titelzeile. Darüber kann also unter anderem eine im Browser angezeigte Seite identifiziert werden. Ein weiterer Effekt der Titelzeile ist, daß sie der Browser bei Lesezeichen und beim Anzeigen der bereits besuchten Dateien (Historie) verwendet. Viele Programme, welche mit Web-Seiten arbeiten, beziehen wichtige Informationen aus der Titelzeile. Der wichtigste Zweck der Titelzeile beruht freilich auf der Funktion der Suchmaschinen im Internet. Die Titelzeile ist eine der wichtig-

1 Bis auf den nachfolgend als erstes beschriebenen Titel.

sten Informationen, die Suchmaschinen zum Bewerten und Einsortieren von Web-Seiten verwenden. Nur über eine gut ausgewählte Titelzeile können Sie gewährleisten, daß später Anwender einer Suchmaschine bereits bei der Abfrage eine vernünftige Aussage über Ihre Seiten präsentiert bekommen.

Erstellen Sie bitte in einem Editor folgende HTML-Datei:

```
<html>
<head>
<title>Willkommen in meiner Webwelt</title>
</head>
<body>
</body>
</html>
```

Speichern Sie diese anschließend unter dem Namen `TITEL.HTM` und betrachten Sie diese Datei anschließend in einem Browser.

Sie werden den Text, den Sie im `TITLE`-Container eingeschlossen haben, in der Titelzeile des Browsers angezeigt bekommen.

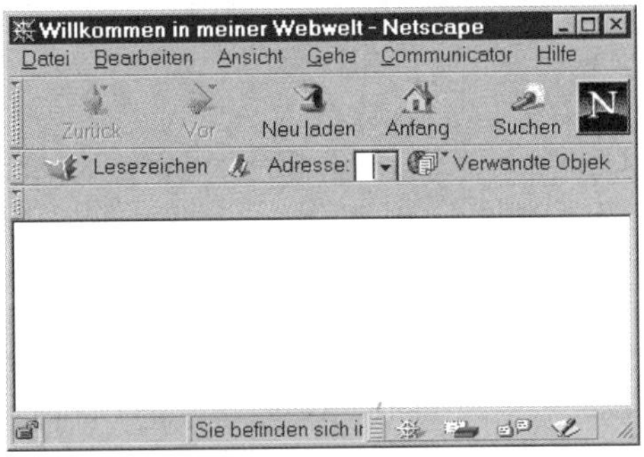

Bild 3.4: Die Titelzeile des Browsers

3.5.2 Die Metainformationen

Innerhalb des Kopfbereichs einer Web-Seite können auch weitere Informationen untergebracht werden. Zum Beispiel Hintergrundinformationen über das Dokument wie den Autor, das Erstellungsdatum oder den verwendeten Zeichensatz. Man nennt solche Informationen Metadaten. Sie werden dem Leser einer Seite nicht direkt angezeigt, stehen aber auswertenden Programmen wie Suchmaschinen oder anderen Dokumentationstools zur Verfügung. Daneben gibt es Aktionen wie eine Weiterleitung einer Seite, die über Metainformationen ausgelöst werden.

Auf das profile-Attribut des HEAD-Elements – eine mögliche Erweiterung – gehen wir nicht weiter ein, da dafür noch keine verbindlichen Richtlinien für die Anwendung existieren.

Es gibt diverse Elemente, die innerhalb des Kopfbereichs einer Web-Seite auftauchen können.

- STYLE
- SCRIPT
- META
- LINK
- BASE

Die in früheren HTML-Versionen vorkommenden HEAD-Elemente ISINDEX und NEXTID werden aktuell nicht mehr verwendet. Wir gehen nicht weiter darauf ein.

STYLE

Über das STYLE-Element werden sogenannte Style-Sheets in eine Web-Seite eingebettet. Wir werden auf diese Style-Sheets noch in einem eigenen Kapitel eingehen.

SCRIPT

Das SCRIPT-Element ist von ganz entscheidender Bedeutung für die Programmierung mit Javascript. Wir werden es dort genauer beleuchten.

META

Das META-Element ist für diesen Abschnitt nach dem TITLE-Element die wichtigste Anweisung. Sie kann auf verschiedenste Art und Weise verwendet werden. Die Informationen werden unter anderem dafür verwendet, Angaben über den Autor, den verwendeten Zeichensatz oder das Entstehungsdatum zu machen – also jegliche Art von allgemeinen Hintergrundinformationen.

Es gibt nur einen Start-Tag, ein Ende-Tag ist nicht vorgesehen. Als Attribute des META-Elements stehen folgende Angaben zur Verfügung:

Attribut	Beschreibung
`%i18n`	Mit `%i18n` werden zwei Attribute abgekürzt, die im Rahmen der Internationalisierung nach der Norm i18n verwendet werden. Im Zusammenhang mit dem Attribut `content` können die Angaben `lang` und `dir` verwendet werden. Das `lang`-Attribut (Abkürzung für Language – Sprache) kann die Sprache des Wertes von dem `content`-Attribut spezifizieren. Dies kann beispielsweise von Sprachsynthesizern für die korrekte Betonung verwendet werden. Das `dir`-Attribut spezifiziert bei Bedarf eine Textausrichtung (`ltr` für leftright – links nach rechts – oder `rtl` für rightleft – rechts nach links).
`http-equiv`	Simulation von HTTP-Headerinformationen. Diese Attribut kann als Ersatz für das `name`-Attribut verwendet werden. HTTP-Server verwenden diese Attribute.
`name`	Der Name der Metainformation. Dieses Attribut identifiziert einen Eigenschaftsnamen. Es gibt keine verbindliche Liste von erlaubten oder verbotenen Werten für dieses Attribut, sprich, es ist frei zu wählen. Es gibt allerdings einige Werte, die allgemein verwendet werden. Wir geben gleich ein paar Beispiele an.
`content`	Die mit dem Attribut `name` assoziierte Information, die dieses Attribut genauer spezifiziert. Es gibt keine verbindliche Liste von erlaubten oder verbotenen Werten für dieses Attribut, d.h., auch dieses Attribut ist frei zu wählen.
`scheme`	Selektiert die Art des Inhalts.

Die Werte für ein Attribut werden mit einem Gleichheitszeichen zugewiesen. Innerhalb eines `HEAD`-Bereichs können beliebig viele `META`-Elemente verwendet werden. Hauptsächlich finden Sie das `META`-Element in Verbindung mit den Attributen `name` und `content`. Über `name` wird eine Eigenschaft angegeben – etwa der Autor oder eine Beschreibung, über `content` der Wert dieser damit benannten Variablen. Diese beiden Informationen bilden zusammen ein Wertepaar, das auch nur in Verbindung Sinn macht.

Ich weiß, das klingt jetzt sehr abstrakt. Wir werden es an praktischen Beispielen durchsprechen. Dafür werden wir für das Attribut `name` ein paar Ausprägungen heranziehen, die allgemein gültig sind. Nehmen wir uns ein solches Wertepaar vor, das den Autor einer Web-Seite beschreiben soll. Der Wert für `name` ist dann `"Author"`, der Wert für `content` der konkrete Name (in Hochkommas eingeschlossen).

Beispiele:

```
<META name="Author" content="Hans Dampf">
```

oder

```
<META name="Author" content="Willi Wuest">
```

In Verbindung mit dem lang-Attribut kann die Nationalität des Autors deklariert werden. Beispiel für einen französischen Autor:

```
<META name="Author" lang="fr" content="Asterix">
```

Eine weitere Anwendung für so ein Wertepaar ist die Bereitstellung einer Beschreibung für eine Web-Seite. Das ist das, was ein Anwender als Beschreibung Ihrer Seite sieht, wenn er Ihre Seite als Ergebnis einer Suchabfrage in einer Suchmaschine angezeigt bekommt. Dazu wird als Wert von name der englische Begriff für Beschreibung (description) gesetzt und für content die konkrete Beschreibung, die Sie Ihrer Seite geben wollen.

Beispiel:

```
<META Name="description" Content="Freibier und gute Musik">
```

oder

```
<META Name="description" Content="Die aktuellen Lottozahlen von
morgen">
```

Die dritte wichtige Metainformation im Rahmen des Headers sind Schlüsselworte. Diese sind von Ihnen gewählte Worte, nach denen Ihre Web-Seite bei einer Suchabfrage in einer Suchmaschine gefunden werden sollen. Sie überlegen sich, welche Schlüsselworte Ihre Seite am besten beschreiben beziehungsweise auf Grund welcher Suchbegriffe Ihre Seite gefunden werden soll. Als Wert von name wird der englische Begriff für Schlüsselwort (keywords) gesetzt, content wird wieder mit den konkreten Worten gesetzt. Bei mehreren Worten (Regelfall) werden die Worte durch Komma getrennt.

Beispiele:

```
<META Name="keywords" Content="Bier, Wein, Schnaps">
```

oder

```
<META Name="keywords" Content="Umsonst, Kostenlos,
Unentgeltlich, Geschenkt, Gratis, Kostenfrei, Frei">
```

Natürlich ist es auch in Zusammenhang mit den Schlüsselworten möglich, über das lang-Attribut eine Sprache zu deklarieren.

Beispiel für US Englisch:

```
<META name="keywords" lang="en-us" content="Gum, LA">
```

Beispiel für British English:

```
<META name="keywords" lang="en" content="Queen, Tower, Tennis">
```

Über das META-Element und das name-content-Wertepaar können Sie auch Copyright-Informationen angeben.

Beispiel:

```
<META name="copyright" content="&copy; 1999 RJS">
```

Das Erstellungsdatum einer Web-Seite wird über den Wert date für das Attribut name spezifiziert.

Beispiel:

```
<META name="date" content="1999-02-06T08:49:37+00:00">
```

Eine Metainformation, die mit dem name-content-Wertepaar bestimmt wird, ist der Wert GENERATOR für das Attribut name. Damit mißbrauchen Hersteller von Tools Ihre Web-Seite zur Eigenwerbung.

META und HTTP-Header

HTTP-Headerinformationen in Zusammenhang mit dem http-equiv-Attribut können für diverse Zwecke verwendet werden. Wenn Dokumente über das Hypertext Transfer Protocol (HTTP) empfangen werden, können damit verschiedene Aktionen beeinflußt werden.

Es gibt dabei viele Aktionen, die recht kritisch sind und von denen Sie die Finger lassen sollten. Wir werden nicht näher darauf eingehen. Allerdings gibt es auch ein paar ungefährliche und recht bekannte Verwendungszwecke für dieses Attribut des META-Elements. So können Sie beispielsweise ein Ablaufdatum für ein HTML-Dokument setzen. Damit können Sie sicherstellen, daß ein Webbrowser bei Überschreitung des Datums nicht weiter die alte Version des Dokuments lädt (etwa aus dem Cache oder von einem Proxy). Dazu dient der Wert Expires für das Attribut http-equiv. Sie sollten das Datum im gültigen HTTP-DATE-Headerformat (beschrieben in dem Dokument [RFC2068], Abschnitt 3.3) beziehungsweise das ISO8601-Datumsformat eingeben. Das nachfolgende Beispiel verwendet ein solches Datumsformat:

```
<META http-equiv="Expires" content="Tue, 19 Aug 1999 12:00:00
GMT">
```

Über das Attribut http-equiv kann auch die Zeichenkodierung eines HTML-Dokuments festgelegt werden. Das nachfolgende Beispiel spezifiziert die Zeichenkodierung eines HTML-Dokuments nach der Norm ISO-8859-5, wie sie in Westeuropa üblich ist.

```
<META http-equiv="Content-Type" content="text/html;
charset=ISO-8859-5">
```

Eine andere interessante Anwendung des `http-equiv`-Attributs ist die Umleitung eines Besuchers auf eine andere Web-Seite. Wenn der Besucher eine Web-Seite eingibt, wird er nach einer gewissen Zeitspanne auf eine andere Web-Seite weitergeleitet[1]. Dazu dient das `refresh`-Attribut. Dessen Wert enthält als ersten Eintrag die Wartezeit (in Sekunden) und anschließend – per Semikolon abgetrennt – das Ziel der Umleitung in Form eines URL.

Syntax: `URL=[URL]`

Kommen wir wieder einmal zu einer Übung.

Haben Sie die letzte Übung mit der Titelzeile (die Datei `Titel.htm`) noch? Erstellen Sie nun im gleichen Verzeichnis folgende Datei (Name `UMLEIT.HTM`):

```
<html>
<head>
<META http-equiv="refresh" content="3;URL=Titel.htm">
<title>Umleitung</title>
</head>
<body>
</body>
</html>
```

Anschließend laden Sie die Datei `UMLEIT.HTM` in einen Browser. Was passiert?

Nach einer Zeitspanne von drei Sekunden wird die Datei `TITEL.HTM` in den Browser geladen. Über diese Anweisung können Sie eine beliebige Ressource automatisch bei Aufruf einer Seite nachladen lassen. Sie müssen nur deren URL (lokal oder aus dem Internet) angeben. Wenn Sie als Zeitspanne eine `0` angeben, wird die Ressource unmittelbar nachgeladen.

Sie können auf diese Weise eine Schleife von sich selbst aufrufenden Seiten aufbauen. Wenn eine Datei `EINS.HTM` automatisch nach einer gewissen Zeitspanne eine Datei `ZWEI.HTM`, diese wiederum eine Datei `DREI.HTM` und diese die Datei `EINS.HTM` lädt, erzeugen Sie eine Endlosschleife.

Das mag erst einmal ziemlich unsinnig erscheinen, kann aber in Zusammenhang mit Frames (mehrere getrennte Fenstersegmente) Sinn machen. Innerhalb eines Frame läuft die Endlosschleife mit irgendwelchen Bildern, in einem anderen Frame kann der Besucher Aktionen durchführen. Dabei

1 Das funktioniert natürlich auch mit Javascript, wie wir noch sehen werden.

dürfen Sie sich aber nicht darauf verlassen, daß eine Seite auch schon vollständig geladen wurde, bevor die nächste Seite bereits wieder nachgeladen wird.

Einige Browser unterstützen die Weiterleitung von Seiten auf diese Art und Weise nicht. Deshalb sollte auf jeden Fall auf einer Seite auch die Verzweigung per Hyperlink vorgesehen sein. Wir gehen darauf im Rahmen von Hyperlinks ein.

In den offiziellen W3C-Quellen (`http://www.w3.org/TR/REC-html40/`) befinden sich bei der Beschreibung des META-Elements einige Fehler. So finden Sie dort zum Umleiten einer Web-Seite das Beispiel

```
<META http-equiv="refresh" con-
tent="3,http://www.acme.com/intro.html">
```

Darin sind gleich zwei Fehler enthalten. Das Trennzeichen zwischen der Sekundenanzahl und der URL muß ein Semikolon sein. Außerdem fehlt vor der URL die Angabe `URL=`.

Das `scheme`-Attribut gibt Autoren die Möglichkeit, Zusatzinformationen für die korrekte Darstellung einer Seite in einem Browser zu spezifizieren. Dies kann zum Beispiel bei Datumsangaben nützlich sein. Eine Datumsangabe im Format »10-9-99« kann sowohl den 9. Oktober 1999 bedeuten, als auch den 10 September 1999 – je nach Datumsdarstellung. Der `scheme`-Attributwert `"Month-Date-Year"` macht die Datumsangabe eindeutig.

Das LINK-Element

Über dieses Element werden Beziehungen zwischen HTML-Dokumenten eingerichtet. Sie können damit beispielsweise baumartige Strukturen von größeren Web-Seiten dokumentieren. Über die folgende Anweisung kann die nachfolgende Seite der aktuellen Seite dokumentiert werden:

```
<LINK rel="Next" href="Drei.htm">
```

Die Vorgängerseite wird so dokumentiert

```
<LINK rev="Previous" href="Eins.htm">
```

Das Attribut rel definiert eine Vorwärtsbeziehung, rev eine Rückwärtsbeziehung. Das Attribut href gibt die konkrete Link-Beziehung an. Neben href, rev und rel können Sie noch title als Attribut angeben, womit eine Quickinfo erzeugt wird.

ACHTUNG

Selbst wenn wir bisher noch nicht weiter auf Hyperlinks eingegangen sind – Sie werden vermutlich wissen, was ein solcher Hyperlink ist. Das LINK-Element darf nicht als so ein Hyperlink fehlinterpretiert werden. Es ist nur zur Dokumentation im Header-Bereich zu verwenden. Es ist in vielerlei Hinsicht von untergeordneter Bedeutung, und auf die weitere Behandlung kann verzichtet werden.

Das BASE-Element

Alle HTML-Dokumente besitzen einen Basispfad. Dies bedeutet, diese Pfadangabe wird bei sämtlichen relativen Verweisen auf andere HTML-Dokumente als Grundlage benutzt. Normalerweise ist der Basispfad das Verzeichnis, in dem sich die aktuelle Datei befindet. Deshalb ist es im allgemeinen nicht erforderlich, diesen Basis-URL anzugeben. In Sonderfällen kann man über das BASE-Element den Basispfad verändern, indem man einen URL dafür angibt. Diesen URL gibt man über den Wert des Attributs href an.

Beispiel:

```
<BASE href="http://www.rjs.de/">
```

HINWEIS

Das BASE-Element hat neben href noch ein weiteres Attribut – target. Damit können Sie ein Frame angeben, in dem das angegebene Dokument erscheinen soll. Die beiden Attribute können auch kombiniert werden.

3.6 Der BODY

Der Body-Bereich einer Web-Seite umfaßt sämtliche sichtbaren Informationen einer Web-Seite. Innerhalb des von dem Start- und Ende-Tag gebildeten Containers sind sämtliche Daten einzufügen.

Um beispielsweise reinen Text im Rahmen einer Web-Seite anzuzeigen, schreiben Sie einfach den Text unmittelbar hinter die <BODY>-Anweisung.

Erstellen Sie als nächste Übung folgende Web-Seite:

```
<html>
<head>
<title>Body-Experimente</title>
</head>
<body>
Was ist eigentlich ein Computer? Grob gesagt, ist ein Computer
eine Maschine, welche vorher irgendwie eingegebene Befehle
ausführt. Mit dieser Definition ist auch eine Bombe mit einem
Zeitzünder ein Computer. Zu einem einprogrammierten Zeitpunkt -
die Uhr einfach auf eine Zeit eingestellt - wird ein bestimmter
Befehl - explodiere - ausgeführt (wenn Zeit reif, dann "Bumm").
Daran denken Sie freilich wahrscheinlich nicht, wenn Sie an
Computer denken.
</body>
</html>
```

Speichern Sie diese unter dem Namen `BODY1.HTM` ab, und schauen Sie sich die Datei in einem Browser an. Ein kleiner Tip – laden Sie die Datei `TITEL.HTM`, verändern Sie den Titel entsprechend, und kopieren Sie aus der Datei `ERSTE.HTM` (die haben Sie doch noch, oder?!) den Text einfach per Zwischenablage.

Die Datei wird im Browser das gleiche Ergebnis erzeugen wie die Datei `ERSTE.HTM`. Dabei verwendet der Browser sowohl für die Farbe des Textes, aber auch für die Farbe des Hintergrunds und weitere wichtige Formatierungen wie die Schriftgröße Defaulteinstellungen. Wir werden gleich sehen, daß wir dahingehend über Erweiterungen des `BODY`-Tags Veränderungen auslösen können.

Die Zwischenablage bedienen Sie übrigens so:

1. Text markieren
2. Markierten Text in die Zwischenablage legen (etwa mit der Tastenkombination [Strg]+[C])
3. Ziel aufsuchen
4. Einfügen (beispielsweise mit der Tastenkombination [Strg]+[V])

Der `BODY`-Tag besitzt eine ganze Reihe von Parametern, die ihn bei Bedarf erweitern und das globale Aussehen eines Dokuments bestimmen. Es gibt da zum einen diverse Farbangaben, welche die globalen Farben von verschiedenen Elementen regeln:

- ✘ Die Hintergrundfarbe
- ✘ Die Angabe der Textfarbe
- ✘ Die Angabe, welche Farbe ein Hyperlink haben soll
- ✘ Die Angabe, welche Farbe ein aktiver Hyperlink beim Anklicken haben soll
- ✘ Die Angabe, welche Farbe ein bereits besuchter Hyperlink haben soll

Daneben gibt es noch die Angabe eines möglichen Hintergrundbildes. Sämtliche Parameter können beliebig angeordnet und auch beliebig verwendet oder weggelassen werden.

Allen Farbangaben ist gemein, daß Sie erst einmal wissen müssen, wie Farbangaben unter HTML gemacht werden.

3.6.1 Farbangaben

Farbangaben können unter HTML in zwei Varianten durchgeführt werden:

- ✘ Angabe des RGB-Wertes (RGB = Rot/Grün/Blau-Wert) einer Farbe in Hexadezimalform
- ✘ Angabe eines expliziten Farbnamens

Bei der Angabe der RGB-Werte in Hexadezimalform müssen die Farben aus den drei Grundfarben Rot, Grün und Blau über ihre jeweiligen Anteile zusammengestellt werden. Dabei ist jede hexadezimale Farbdefinition sechsstellig und hat das Schema:

```
#XXXXXX
```

Hinter dem Gatter '#' folgen zwei Stellen für den Rotwert, die Stellen drei und vier für den Grünwert und die letzten beiden Stellen für den Anteil von Blau. Die Angabe der RGB-Werte in Hexadezimalform hat den Vorteil, Browser-unabhängig zu sein, und es stehen im Prinzip 16,7 Millionen Farben zur Verfügung[1]. Hier folgen ein paar Beispiele für die hexadezimale Farbangabe:

1 Eine hexadezimale Ziffer hat 16 Zustände (0 bis F). Für jeden Farbwert (Rot, Grün, Blau) stehen zwei Stellen zur Verfügung. Das macht 16 x 16 (= 256) mögliche Zustände pro Farbwert. Daraus resultiert auch die Anzahl der maximal darstellbaren Farben (256 * 256 * 256 = 16777216).

Farbe	Rotwert	Grünwert	Blauwert
Weiß	FF	FF	FF
Silber	C0	C0	C0
Grau	80	80	80
Schwarz	00	00	00
Rostbraun	80	00	00
Lila	80	00	80
Rot	FF	00	00
Pink	FF	00	FF
Gelb	FF	FF	00
Grün	00	80	00
Hellgrün	00	FF	00
Olivgrün	80	80	00
Blau	00	00	FF
Marineblau	00	00	80
Dunkeltürkis	00	80	80
Hellblau	00	FF	FF

Die Liste von Farbangaben ist nicht willkürlich, sondern entspricht den 16 Standardfarben, welche auch bei einer Bildschirmfarbpalette von nur 16 Farben korrekt angezeigt werden sollten.

Der Nachteil bei der hexadezimalen Farbangabe ist, daß Sie sich erst einmal mit dem hexadezimalen Zahlensystem auskennen müssen (Sie finden eine Auflistung im Anhang), und die Zusammenstellung der einzelnen Farben über die jeweiligen Rot-, Grün- und Blauanteile ist sicher auch nicht jedermanns Sache.

Deshalb gibt es die Möglichkeit der direkten Eingabe von standardisierten Farbnamen, die weitgehend den normalen englischen Farbbezeichnungen entsprechen. Die folgenden Farbnamen werden von den wichtigsten neueren Browsern korrekt interpretiert. Es handelt sich dabei um die gleichen Farben wie bei der hexadezimalen Farbangabe.

Farbangabe	Farbe
`black`	Schwarz
`maroon`	Rostbraun
`green`	Grün
`olive`	Olivgrün
`navy`	Marineblau
`purple`	Lila
`teal`	Dunkeltürkis
`gray`	Grau
`silver`	Silber
`red`	Rot
`lime`	Hellgrün
`yellow`	Gelb
`blue`	Blau
`fuchsia`	Lilaton
`aqua`	Hellblau
`white`	Weiß

Der Nachteil der direkten Farbangabe ist zum einen, daß es natürlich nicht für 16,7 Millionen Farbnuancen einen Namen gibt. Es gibt zwar weit mehr als diese 16 Farbnamen, aber die meisten der Farbnamen sind nicht standardisiert. Es ist oft nicht eindeutig, wie Mischfarben – also aus den drei Grundfarben zusammengemischte Farben – genau auszusehen haben. Eine Farbangabe wie `Cyan` kann auf verschiedenen Browsern ganz unterschiedlich aussehen. Die Interpretation der Farbangabe ist also in den meisten Fällen explizit Browser-abhängig. Dies kann aber auch von Vorteil sein, denn unter Umständen werden Farbangaben über Farbnamen noch annähernd richtig dargestellt, während hexadezimal exakt festgelegte Farbangaben die Plattform vollkommen überfordern. Wenn der Browser einen Farbnamen überhaupt nicht kennt, wird er diese Farben nicht darstellen und eine Defaultfarbe verwenden.

HINWEIS

Sie finden im Anhang eine Liste mit erweiterten Farbangaben.

Sie haben sowohl bei der Angabe eines direkten Farbnamens als auch bei der hexadezimalen Farbangabe ein Problem, wenn Sie einen Farbnamen beziehungsweise eine hexadezimale Farbnuance angeben, welche die Zielplattform der Anwenders nicht darstellen kann. Sie haben keine Kontrolle darüber, wie das Resultat in diesem Fall aussieht. Aus dem Grund sollten Sie auf extreme Experimente mit Farben verzichten – vor allem mit hexadezimalen Farbnuancen.

Bei allen folgenden Farbangaben ist sowohl die Darstellung mittels hexadezimalen Zahlencode als auch mit dem Farbnamen möglich.

3.6.2 Die Angabe der globalen Hintergrundfarbe

Die Farbdefinition für die Hintergrundfarbe erfolgt einfach als Ergänzung des `BODY`-Tags mit dem Attribut `bgcolor`. Dieser hätte dann folgende Struktur:

```
<BODY bgcolor=[farbe]>
```

Beispiel für die Hintergrundfarbe Grün über eine direkte Farbangabe:

```
<BODY bgcolor=green>
```

Beispiel für die Hintergrundfarbe Dunkeltürkis über eine hexadezimale RGB-Angabe:

```
<BODY bgcolor=#008080>
```

3.6.3 Die Angabe der globalen Textfarbe

Die Farbdefinition für die globale Textfarbe erfolgt analog der Angabe der Hintergrundfarbe als Ergänzung des `BODY`-Tags mit dem Attribut `text`. Dieser hätte dann folgende Struktur:

```
<BODY text=[farbe]>
```

Beispiel für die globale Textfarbe Schwarz über eine direkte Farbangabe:

```
<BODY text=black>
```

Beispiel für die globale Textfarbe Weiß über eine hexadezimale RGB-Angabe:

```
<BODY bgcolor=#FFFFFF>
```

Verändern Sie die Datei BODY1.HTM so, daß sie eine gelbe Hintergrundfarbe hat und eine blaue Textfarbe. Verwenden Sie dabei für den Hintergrund die hexadezimale Angabe und für die Textfarbe den Farbnamen. Speichern Sie die Datei unter dem Namen BODY2.HTM ab. Schauen Sie sich – wie immer[1] – das Ergebnis im Browser an. Sämtliche Parameter können beliebig angeordnet und auch beliebig verwendet oder weggelassen werden.

Die HTML-Datei sollte nun so aussehen (dabei ist es egal, ob Sie zuerst die Hintergrund- oder die Textfarbe angeben):

```
<html>
<head>
<title>Body-Experimente</title>
</head>
<body bgcolor=#FFFF00 text=blue>
Was ist eigentlich ein Computer? Grob gesagt, ist ein Computer
eine Maschine, welche vorher irgendwie eingegebene Befehle
ausführt. Mit dieser Definition ist auch eine Bombe mit einem
Zeitzünder ein Computer. Zu einem einprogrammierten Zeitpunkt -
die Uhr einfach auf eine Zeit eingestellt - wird ein bestimmter
Befehl - explodiere - ausgeführt (wenn Zeit reif, dann "Bumm").
Daran denken Sie freilich wahrscheinlich nicht, wenn Sie an
Computer denken.
</body>
</html>
```

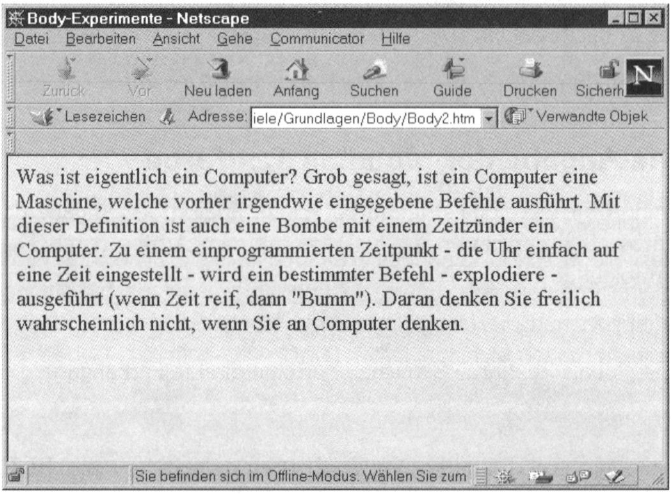

Bild 3.5: Farbveränderungen

1 Ab sofort lasse ich das weg. Das jeweilige Anschauen dürfte klar sein ;-)

3.6.4 Die Linkfarben

Wir sind noch nicht näher darauf eingegangen, wie Hyperlinks in eine Web-Seite eingefügt werden. Ich werde zur Demonstration der Farbangaben für die verschiedenen Links aber gleich ein wenig vorgreifen. Wir müssen zwischen drei Zuständen eines Querverweises unterscheiden:

1. dem Zeitpunkt, bevor er angeklickt wurde,
2. dem Zeitpunkt, während er gerade angeklickt wird, und
3. dem Zeitpunkt, wenn ein Anwender wieder zu einer Seite zurückkehrt und einen Link sieht, den er bereits besucht hat.

Die Farbdefinition für die globale Farbe der drei Link-Zustände erfolgt wieder als Ergänzung des `BODY`-Tags mit

- ✘ dem Attribut `link` für die Farbe von normalen Verweisen,
- ✘ dem Attribut `alink` für die Farbe von Verweisen beim Anklicken und
- ✘ dem Attribut `vlink` für die Farbe von Verweisen zu bereits besuchten Zielen.

Ein vollständiger `BODY`-Tag mit allen Farbangaben hätte dann folgende Struktur:

```
<BODY bgcolor=[farbe] text=[farbe] link=[farbe] vlink=[farbe]
alink=[farbe]>
```

Beispiel für die Hintergrundfarbe Weiß, Textfarbe Schwarz, Linkfarbe Rot, angeklickter Link Gelb und besuchter Link Weiß über eine direkte Farbangabe:

```
<BODY bgcolor=white text=black link=red alink=yellow
vlink=white>
```

In dieser Übung werden Sie die ersten Hyperlinks erstellen. Auf die näheren Hintergründe gehen wir noch ein. Den über `<BR>` ausgelösten Zeilenumbruch haben Sie ja schon kennengelernt, obgleich wir auch ihn später nochmals genauer erläutern. Für unsere Übung langt es, wenn Sie die Befehle exakt abtippen und die Datei unter dem Namen `BODY3.HTM` in dem Verzeichnis speichern, wo sich die Datei `BODY2.HTM` befindet. Geben Sie folgenden HTML-Code ein:

```
<html>
<head>
<title>BODY-Farben</title>
</head>
<BODY bgcolor=yellow text=black link=green alink=blue
vlink=white>
Dies ist normaler Text.
<BR>
<A HREF="BODY2.HTM">Klicken und staunen</a>
</body>
</html>
```

Wenn Sie die Datei in einen Browser geladen haben, sollte ein Hyperlink sichtbar sein. Beachten Sie die Farbe des Links. Klicken Sie ihn an, und achten Sie auf die Farbe beim Anklicken. Der Link sollte zur Seite `BODY2.HTM` verzweigen. Gehen Sie über die Zurück-Schaltfläche des Browsers zurück zur Datei `BODY3.HTM`. Welche Farbe hat der Hyperlink?

Zuerst ist der Link grün dargestellt. Beim Anklicken erscheint er so lange blau, wie der Mauszeiger nicht losgelassen wird, und beim erneuten Besuchen der Seite ist er weiß.

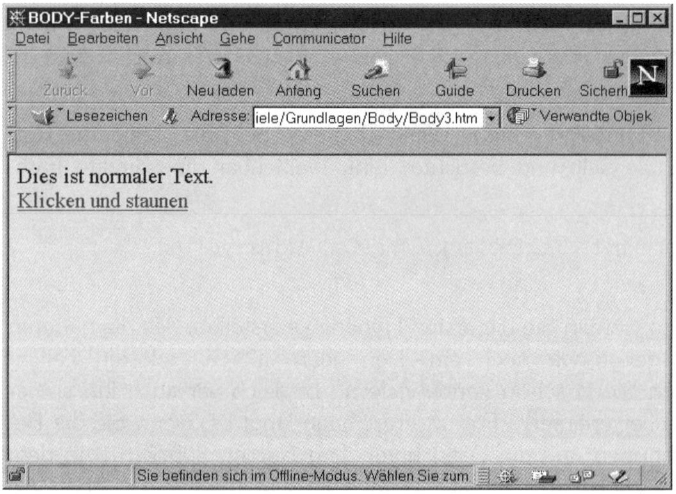

Bild 3.6: Der Link ist grün

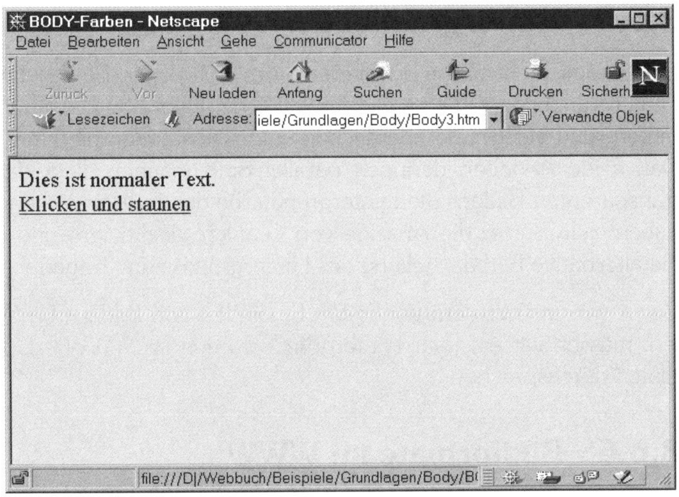

Bild 3.7: Während des Anklickens ist der Link blau

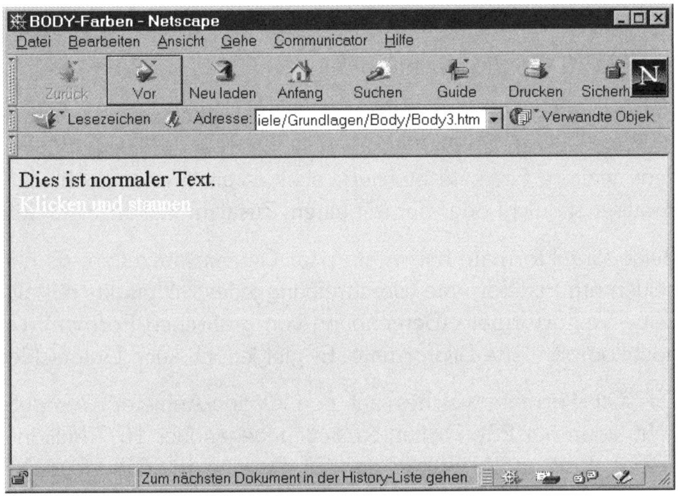

Bild 3.8: Der besuchte Link wird weiß dargestellt

HINWEIS

Ein Link wird obendrein als schon besucht dargestellt, wenn Sie den Browser schließen, in einem gewissen Zeitraum wieder starten und die betreffende Seite erneut laden. Dies liegt daran, daß in der History des Browsers (die in der letzten Zeit besuchten Web-Seiten werden auf Ihrem Rechner normalerweise dokumentiert) nachgeschaut wird, ob Sie diese Seite schon mal besucht haben.

3.6.5 Hintergrundbilder

Eine mögliche weitere Erweiterung des `BODY`-Tags ist das Einbinden von Hintergrundbildern. Diese werden gekachelt über den gesamten Bildschirmhintergrund gelegt und überdecken unter Umständen die Hintergrundfarbe. Daß beide Angaben dennoch parallel Sinn machen, liegt daran, daß bei transparenten Bildern die Hintergrundfarbe durchscheinen kann. Außerdem haben viele Surfer die Anzeige von Grafiken deaktiviert, und dann kommt die alternative Farbdarstellung des Hintergrunds zum Tragen.

Bevor wir uns mit dem konkreten Einbinden von Bildern beschäftigen wollen, müssen wir ein paar Hintergründe zu den im WWW erlaubten Bildformaten durchsprechen.

3.6.6 Bildformate im WWW

Im WWW können Sie nur zwei Bildformate voraussetzen:

- GIF
- JPEG (DOS-Erweiterung JPG)

Bei beiden Formaten handelt es sich um Bildformate, die von nahezu jedem Browser verstanden werden. Es haben sich in der letzten Zeit zwar verschiedene weitere Formate etabliert, aber es gilt immer noch, daß die meisten Browser sie nicht oder nur mit einem Zusatzmodul anzeigen können.

Beide Grafikformate haben ein paar Gemeinsamkeiten. Es handelt sich bei beiden um Pixelformate (Beschreibung jedes Bildpunkts mit allen Angaben), keine Vektorformate (Berechnung von grafischen Formen), und beide sind hochkomprimierte Bildformate. Es gibt jedoch auch Unterschiede.

Das GIF-Format, welches auf den Online-Anbieter CompuServe zurückgeht, kann nur 256 Farben darstellen (gegenüber 16,7 Millionen Farben bei JPEG). Eine große Stärke der GIF-Dateien ist, daß sie nicht zeilenweise, sondern schichtweise aufgebaut werden. Das führt dazu, daß der Besucher einer Web-Seite bereits recht schnell ein Bild sieht. Allerdings in niedriger Qualität. Mit jedem ankommenden Datenpaket wird Schicht für Schicht das Bild in der Qualität verbessert.

Zwei weitere Vorteile des GIF-Formats sind die Möglichkeiten, ein GIF-Bild transparent erscheinen zu lassen und es mit Animationen (sogenannte animierte GIFs) zu versehen.

Das JPEG-Format eignet sich besonders für Grafiken mit sehr großer Farbtiefe (etwa Fotos). Animationen lassen sich mit diesem Format nicht darstellen.

3.6.7 Die konkrete Einbindung von Hintergrundbildern

Die konkrete Einbindung von Hintergrundbildern erfolgt wie die Farbdefinition für die Hintergrundfarbe einfach als Ergänzung des `BODY`-Tags. Hierzu wird das Attribut `background` verwendet. Über dieses Attribut wird der URL einer Bilddatei referenziert. Dieser hätte dann folgende Struktur:

```
<BODY background="[URL]">
```

Wir müssen nun das erste Mal[1] auf das zurückgreifen, was wir bereits über einen URL wissen. Fassen wir die wichtigsten Eckdaten noch mal zusammen.

Die Adressierung von beliebigen Daten und Programmen im Internet funktioniert über den sogenannten URL, ein vereinheitlichtes Adressierungsschema. Die Schreibweise eines URL folgt immer dem gleichen Aufbau:

- ✘ Die ersten Angabe ist immer das verwendete Dienstprotokoll, gefolgt von einem Doppelpunkt.
- ✘ Bei den meisten Formen eines URL folgt ein Doppelslash (//).
- ✘ Es folgen die Angaben des Host und der verschiedenen Domainen.
- ✘ Durch einen weiteren Slash (/) getrennt erfolgt die Angabe eines Pfads und einer Datei, sofern dies notwendig ist.

Sie können also beliebige Bilddateien in Ihre Web-Seite integrieren. Wie das geht, werden wir mit einer kleinen Übung überprüfen.

Angenommen, Sie wissen von einer Bilddatei mit Namen `Logo.gif`, die sich auf dem WWW-Server `www.rjs.de` befindet. Wie wird diese Datei in Ihre Web-Seite als Hintergrundbild integriert?

```
<BODY background="HTTP://WWW.RJS.DE/LOGO.GIF">
```

Mit dieser Erweiterung des `BODY`-Tags laden Sie jedesmal, wenn Ihre Web-Seite in einen Browser geladen wird, das Hintergrundbild von dem angegebenen WWW-Server. Dies setzt natürlich voraus, daß Sie online sind.

---

1 Abgesehen von den Stellen, wo wir vorgegriffen haben.

Sie können selbstverständlich auch Bilder referenzieren, wenn Sie nicht online sind. Dazu müssen diese nur auf dem gleichen Rechner wie Ihre HTML-Datei sein. Dies wird sogar der Regelfall sein. Aber wie machen Sie das?

Es gibt zwei sinnvolle Varianten:

1. eine absolute Pfadangabe
2. eine relative Pfadangabe

Absolute Pfadangaben

Sie können den URL Ihres Rechners mit sämtlichen Pfadangaben zu der Datei angeben. Dies ist beispielsweise die Angabe des Rechners bei Ihrem Provider, Ihre dortige Verzeichnisstruktur und der Name der Datei. Sie können so aber auch vorgehen, wenn Sie lokal auf Ihrem Rechner arbeiten[1]. Über das Protokoll `file` und die Pfadangaben in Ihrem Dateisystem.

Beispiel:

```
file://D:/Webbuch/Beispiele/Grundlagen/Titel/LOGO.GIF
```

Dies ist der URL für eine Bilddatei, welche sich auf dem lokalen Rechner auf der Festplatte D: in der angegebenen Verzeichnisstruktur befindet.

Bitte beachten Sie wieder, daß zur Trennung von Ebenen im URL der Slash (/) verwendet wird und nicht der Backslash (\) wie bei DOS-basierenden Systemen. Dies gilt auch bei der lokalen Arbeit auf einem PC!

Eine solche absolute Pfadangabe hat aber einige Nachteile. Was ist beispielsweise, wenn Sie Ihre Web-Seite samt Grafik zu Ihrem Provider ins Internet stellen? Ihr Provider wird definitiv eine andere Verzeichnisstruktur haben. Ihre Referenz auf die Grafikdatei wird ins Leere laufen. Eine absolute Referenzierung ist immer dann sinnvoll, wenn Sie auf einen fremden Rechner zugreifen wollen. Wenn sich eine zu referenzierende Datei auf dem gleichen Rechner wie die aufrufende Seite befindet, gibt es meistens eine sinnvollere Möglichkeit. Die bessere Variante ist in diesem Fall eine relativ von Ihrer Web-Seite ausgehende Referenzierung.

1 Was beim Erstellen einer Web-Seite normalerweise der Fall ist.

Relative Pfadangaben

Der Vorteil von relativen Referenzierungen ist (neben der geringeren Schreibarbeit), daß Sie ganze Verzeichnisstrukturen verschieben oder auf einem anderen Rechner ablegen können, ohne daß dadurch die Verweisstruktur zwischen den betroffenen Dateien verloren geht. Sie brauchen sich zum Beispiel vor einem Upload eines über mehrere Verzeichnisse gehenden Projekts keine Gedanken um die absoluten Positionen der verzweigten Dateien zu machen.

Wenn Sie eine Grafikdatei referenzieren wollen, die sich im gleichen Verzeichnis wie die HTML-Datei befindet, kann der URL ausschließlich aus dem Namen der Datei bestehen. Der Browser ergänzt automatisch davor den vollständigen URL mit dem gleichen Protokoll und allen notwendigen Pfadangaben[1].

Beispiel für eine Hintergrundgrafik, wo sich die Bilddatei im gleichen Verzeichnis wie die HTML-Datei befindet:

```
<BODY background="LOGO.GIF">
```

Es gibt auch relative Referenzierungen von Grafikdateien, welche sich in einem anderen Verzeichnis auf dem gleichen Rechner befinden. Der Verweis erfolgt immer aus Sicht der Datei, in welcher die Referenz steht. Dies ist vollkommen analog einer relativen Verzeichnisadressierung unter DOS oder Unix.

Um die nachfolgenden Beispiele zu verstehen, sollten Sie sich mit den Verzeichnisstrukturen und Befehlszeilen von DOS/Unix ein wenig auskennen. Falls nicht – es ist kein Beinbruch, wenn Ihr zukünftiges Web-Projekt nicht über mehrere Verzeichnisebenen organisiert wird.

Beispiel für eine Hintergrundgrafik, wo sich die Bilddatei in einem Unterverzeichnis (des Verzeichnisses der HTML-Datei) namens BILDER befindet:

```
<BODY background="BILDER/LOGO.GIF">
```

Beispiel für eine Hintergrundgrafik, wo sich die Bilddatei – relativ gesehen – drei Verzeichnisebenen höher im Verzeichnisbaum befindet:

```
<BODY background="../../../LOGO.GIF">
```

1 Beachten Sie bitte, daß Sie bei einem über das BASE-Element veränderten Basispfad aufpassen müssen.

Suchen Sie sich eine beliebige GIF-Datei, und kopieren Sie sich diese in Ihr Übungsverzeichnis. Anschließend erstellen Sie eine HTML-Datei (Name: `BODY4.HTM`), welche diese GIF-Datei als Hintergrundgrafik verwendet.

Der HTML-Quellcode lautet wie folgt (unter der Voraussetzung, daß die GIF-Datei den Namen `LOGO.GIF` hat):

```
<html>
<head>
<title>Hintergrundbild</title>
</head>
<BODY background="LOGO.GIF">
</body>
</html>
```

Bild 3.9: Die GIF-Datei als gekacheltes Hintergrundbild

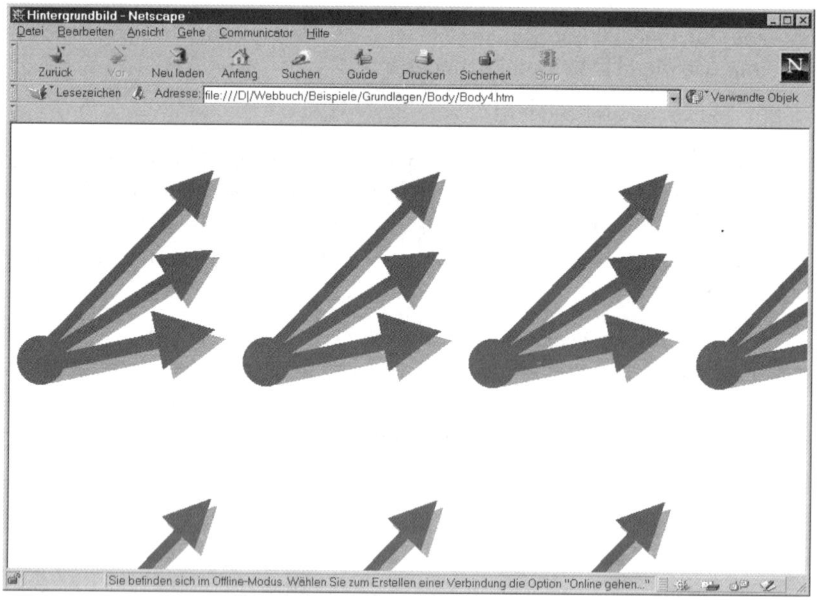

Bei dieser Übung dürfte wahrscheinlich die Erstellung des Quelltextes weniger das Problem gewesen sein. Aber viele Leser werden sich fragen, woher sie eine GIF-Datei bekommen sollen?

Sie werden sich wundern – auf Ihrem Rechner werden sich Hunderte, wenn nicht Tausende von GIF-Dateien befinden[1]. Sie müssen sie nur suchen und

1 Es sei denn, Sie halten Ihren Rechner seit Jahren in Isolation von moderner Software und dem Internet.

für Ihre Zwecke verwenden. Dies funktioniert beispielsweise unter Windows wie folgt:

1. Wählen Sie im START-Menü den Eintrag SUCHEN – DATEIEN/ORDNER...
2. Wählen Sie im Folgedialog den Namen `*.GIF`.
3. Wählen Sie Ihre Festplatte aus (achten Sie darauf, daß UNTERGEORDNETE ORDNER EINBEZIEHEN aktiviert ist).
4. Klicken Sie auf STARTEN.

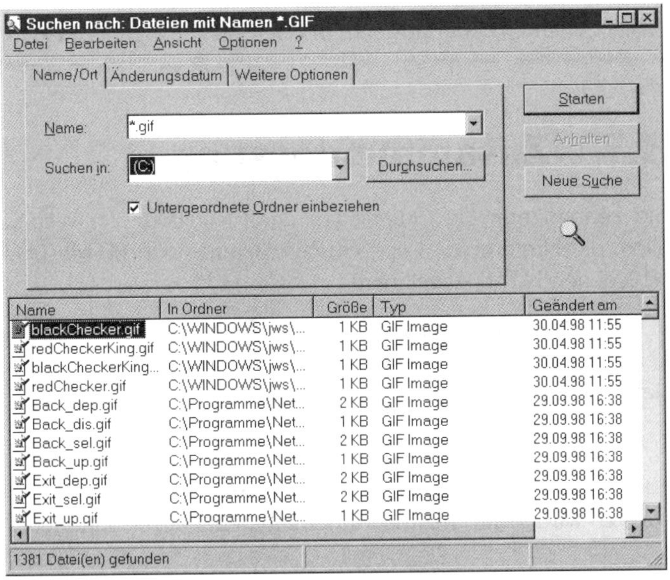

Bild 3.10: Über 1000 GIFs alleine auf einer Partition

Sie müssen anschließend nur noch eine GIF-Datei auswählen und in Ihr Übungsverzeichnis kopieren (mit der rechten Maustaste anklicken, KOPIEREN auswählen, in den Arbeitsplatz wechseln, Ihr Übungsverzeichnis öffnen, mit der rechten Maustaste auf einen freien Bereich klicken und EINFÜGEN auswählen).

Wenn Sie ein Hintergrundbild einbinden und sämtliche globale Farbangaben setzen wollen, sieht das schematisch so aus:

```
<BODY background="[URL]" bgcolor=[farbe] text=[farbe]
link=[farbe] vlink=[farbe] alink=[farbe]>
```

Selbstverständlich steht es Ihnen frei, mit einem geeigneten Grafikprogramm (Photoshop, Corel Draw etc.) eigene GIF-Dateien zu erstellen. Dabei sollten Sie aber den Umgang mit solchen Programmen einigermaßen beherrschen, denn die richtig Erstellung von Bilddateien füllt ein eigenes Buch. Experimentieren schadet jedoch nicht, und vielleicht bekommen Sie ja richtig schöne Resultate hin. Sie müssen nur darauf achten, die Bilddatei als GIF oder JPEG (welches wir bei allen Übungen ebenfalls hätten verwenden können) zu speichern.

Es steht Ihnen natürlich auch frei, die von mir verwendete Datei[1] von der beiliegenden CD oder aus dem Internet (`WWW.RJS.DE`) zu laden.

3.7 Zusammenfassung

Sie kennen nun die Grundlagen der Erstellung von Web-Seiten und vor allem die Hintergründe und Grundstrukturen von HTML (inklusive der verschiedenen HTML-Versionen).

HTML besteht aus Klartext, der eine Reihe von Steueranweisungen (Tags) kennt. Eine HTML-Datei hat immer die Endung `HTM` oder `HTML`. Ein Tag sieht von der Struktur her immer so aus:

```
<Anweisung>
```

Ein Browser interpretiert eine solche Anweisung, wenn er sie kennt. Ansonsten wird sämtlicher Text innerhalb der Brackets ignoriert.

Es gibt zwei Formen von Tags:

- einen einleitenden Tag
- einen beendenden Tag

Der einleitende Tag eröffnet eine Anweisung, während der beendende Tag sie wieder ausschaltet. Beide Tags sehen fast identisch aus, außer einem Zeichen, mit dem der beendende Tag zusätzlich beginnt – dem Slash (Schrägstrich) `/`. Die beiden Tags bilden einen Container. Container können verschachtelt werden. Tags werden fast immer paarweise vorkommen, obwohl es auch Steueranweisungen gibt, die ohne Ende-Tag auskommen. Viele Tags sind erst dann sinnvoll einzusetzen, wenn sie über erweiternde

1 Falls Sie es wirklich wollen – ich finde sie nur mäßig spannend, aber egal ;-).

Parameter genauer spezifiziert werden. Dabei gibt es zwei Formen von Parametern:

- Parameter mit einer Wertzuweisung
- Parameter, die bereits einen Wert repräsentieren

Eine richtig aufgebaute HTML-Seite wird normalerweise immer ein Grundgerüst haben. Dies sieht so aus:

```
<html>
 <head>
 </head>
 <body>
 </body>
</html>
```

Die Anweisungen `<HTML> ... </HTML>` bilden den äußersten Container einer HTML-Seite. Im Inneren gibt es zwei Bereiche:

- Einen im Anzeigebereich des Browsers unsichtbaren Bereich – der Header (Kopf) einer Web-Seite (`<HEAD> ... </HEAD>`). Dort werden diverse Hintergrundinformationen untergebracht.
- Einen im Anzeigebereich des Browsers sichtbaren Bereich, das heißt die für den Anwender sichtbare Web-Seite – der Body (Körper) einer Web-Seite (`<BODY> ... </BODY>`). Wir wissen bereits, wie der `BODY`-Tag um Farbangaben und Hintergrundbilder erweitert werden kann.

Kommentare sind Bestandteile eines Quelltextes, der von dem ausführenden Programm (Interpreter-Fall) oder dem übersetzenden Programm (Compiler-Fall) ignoriert wird. Er kann in der Regel an jeder Stelle innerhalb eines Quelltextes stehen. Kommentare sorgen für eine bessere Lesbarkeit des Quelltextes und sind eine vernünftige Möglichkeit, um bei Interpreter-Sprachen Hintergrundinformationen in den Text einzufügen. Daneben lassen sich temporär über Kommentare bestimmte Teile eines Programms oder Dokuments ausblenden. Insbesondere wird die Einbindung von Scripten über Kommentare erfolgen. Ein besonderer Kommentar ist der Verweis auf die jeweilige DTD-Datei eines Dokuments.

Kapitel 4

Professionelle Gestaltung mit HTML

In diesem Kapitel werden Sie weitergehende Gestaltungmöglichkeiten mit HTML kennenlernen. Sie werden sogar an einige Tricks der hohen HTML-Schule herangeführt. Einige der Technologien verfolgen wir detailliert, andere Dinge werden wir jedoch nur anreißen. Diverse Details sind für Einsteiger zu schwierig, dazu oft nur von geringem Nutzen. Und außerdem wollen wir bald zu Javascript kommen. Dennoch – hier bekommen Sie noch ein paar spannende Techniken präsentiert, die Sie zumindest kennen sollten. Sie lernen in diesem Kapitel etwas über

- Layoutfaktoren, die ein Ersteller einer Web-Seite nicht unmittelbar kontrollieren kann
- Zeilen und Absätze
- Überschriften
- Linien
- Textformate
- Sonderzeichen
- Hyperlinks
- Allgemeine Einbindung von Bildern
- Einbinden von beliebigen Objekten in einer Web-Seite

4.1 Grundlegende Layoutkontrolle

Beginnen wir diesen Abschnitt ohne lange Vorrede mit einer knappen Übung.

Wir hatten im Rahmen des letzten Kapitels eine Datei mit Namen `BODY1.HTM` erstellt. Laden Sie diese Datei bitte wieder in den Browser, und verändern Sie die Größe des Browsers. Beachten Sie nochmals das Verhalten des Textes.

Es sollten Ihnen folgende bereits im letzten Kapitel kurz angerissene Verhaltensweise auffallen:

- Der Text wird mit vordefinierter Hintergrundfarbe, Textfarbe und Textgröße innerhalb des Browsers dargestellt (Voreinstellungen des Browsers). Dies sind aber Darstellungsbedingungen, die der Designer einer Web-Seite nicht beeinflussen kann, sondern die von der Plattform des Betrachters abhängen. Auf diese Faktoren kann man also über HTML keinen Einfluß nehmen, sie müssen jedoch unbedingt im Gesamtkonzept berücksichtigt werden.
- Auch wenn Sie an verschiedenen Stellen im Text Leerzeilen und Zeilenschaltungen mit der Datenfreigabetaste im Editor eingefügt haben, werden sie nicht dargestellt. Die Größenveränderungen des Browsers werden sich jedoch auswirken. Der Text wird immer in der Breite automatisch der Größe des Browsers angepaßt. Damit sind Browser in der Lage, darzustellenden Text immer an die zugrundeliegende Plattform optimal anzupassen. Weder die Größe des Browserfensters, die Browserspezifischen Einstellungen noch die Auflösung des Bildschirms werden die Darstellung des Textes so beeinflussen, daß er über den seitlichen Anzeigebereich hinaus geht.
- Die Ausrichtung des Textes ist linksbündig.

4.1.1 Layoutkontrolle auf der Anwenderplattform

Wie wir bei den Grundregeln des Webdesigns bereits angesprochen haben, hat der Anwender mittels der Browser-Einstellungen eine gewisse Kontrolle über die Darstellung einer Web-Seite. Schauen wir uns diese Kontrollmöglichkeiten einmal genauer an, denn sie müssen bei der Konzeption eines Web-Seiten-Layouts unbedingt berücksichtigt werden.

Die Standarddarstellungen des Browsers können Sie jederzeit verändern. Das genaue Prozedere ist vom jeweiligen Browser abhängig. Als Beispiel sehen wir uns hier den Netscape Navigator 4.07 an.

Viele Browser bieten die Möglichkeit, dynamisch die Schriftgröße anzupassen (sogar, nachdem eine Seite schon geladen ist). Im Netscape Navigator erfolgt dies im Menü ANSICHT. Dort finden Sie die Menüeinträge, mit denen Sie die Schrift schrittweise vergrößern oder verkleinern können (innerhalb vorgegebener Grenzen). Dies wirkt sich direkt auf die gerade geladene Seite aus.

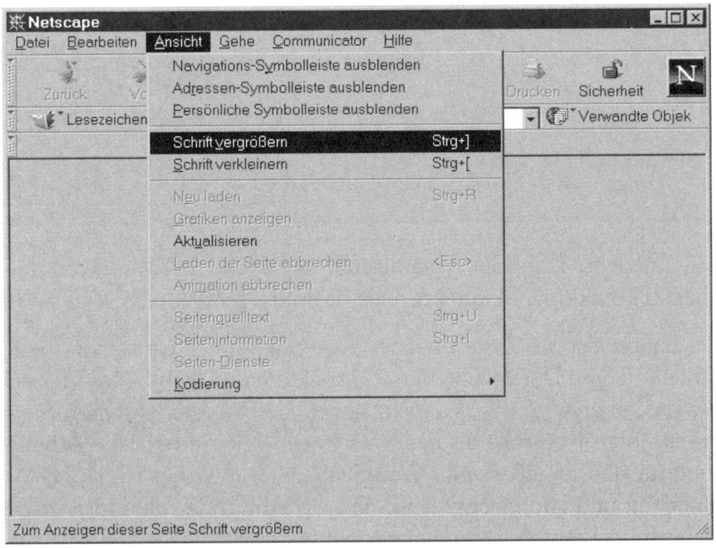

Bild 4.1: Dynamische Schriftgrößenveränderung

Sie können aber noch mehr Veränderungen vornehmen. Und die sind spannend! Im Menü BEARBEITEN – EINSTELLUNGEN... finden Sie die verschiedensten Einstellungsmöglichkeiten zur Anpassung der Standarddarstellungen (Schriftart, Schriftgröße, Schriftstil, Farben usw.).

Im Abschnitt SCHRIFTART wird die Standardschriftart zum Darstellen einer HTML-Seite mit all ihren Ausprägungen festgelegt. Beachten Sie bitte dabei die Möglichkeit, daß der Anwender auch festlegen kann, diese Schriftarten immer zu verwenden. Selbst wenn ein Webdesigner ein bestimmtes Schriftlayout aufzwingen will, wird der Browser sich dann diesem Zwang widersetzen.

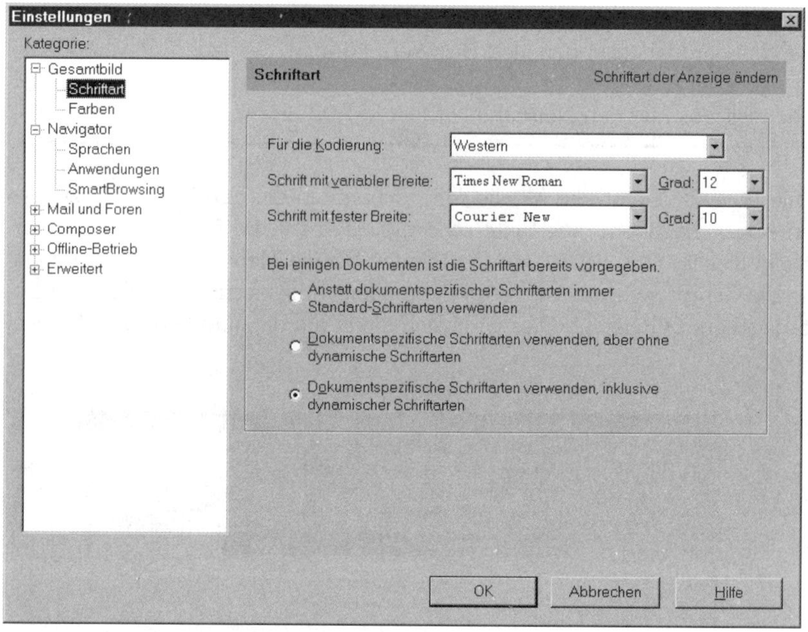

Bild 4.2: Standardschrifteinstellungen

Die farbliche Darstellung sämtlicher wichtigen HTML-Elemente läßt sich ebenso konfigurieren und auch als »IMMER VERWENDEN« festlegen.

Sie haben also als Ersteller einer Web-Seite unter Umständen nur begrenzt Einfluß auf die Darstellung dieser Aspekte einer Web-Seite. Vielleicht wurmt Sie das, aber sehen Sie es nicht negativ. Am besten nehmen Sie diese eingeschränkte Kontrolle als das, was es ist – eine erhebliche Arbeitserleichterung für den Ersteller einer Web-Seite. Man muß nur wenig HTML-Befehle eingeben und kann sicher sein, daß ein Anwender eine Information seinen Bedürfnissen entsprechend angezeigt bekommt. Über andere Aspekte einer Darstellung haben Sie jedoch relative[1] Kontrolle. Gehen wir jetzt die möglichen Anpassungen des Layouts an unsere Vorstellungen an.

1 Relativ bedeutet, daß sich HTML-Angaben fast immer auf eine Standardeinstellung beziehen – etwa die Schriftgröße.

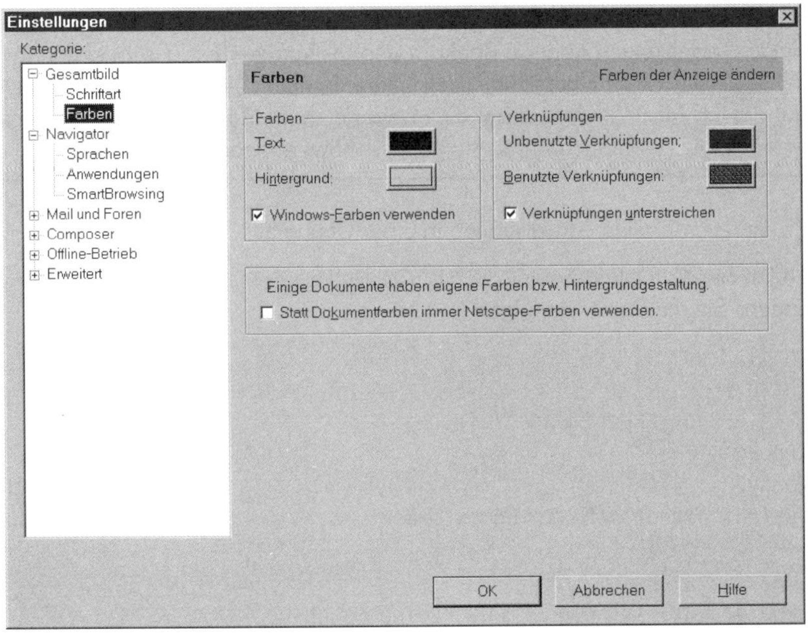

Bild 4.3: Farben

4.1.2 Zeilenschaltungen

Zeilenumbrüche dienen der optischen Gliederung eines Textes. Unter HTML muß ein solcher Zeilenumbruch explizit mit einem Tag definiert werden. Zuerst kümmern wir uns darum, daß Leerzeilen möglich sind und ein Zeilenumbruch auch vor dem rechten Rand des Browserfensters erfolgen kann. Dazu dient die Steueranweisung `<BR>`, die Sie ja bereits mehrfach gesehen haben. Es gibt nur einen Start-Tag.

Verwandt damit ist die Unterbindung eines automatischen Zeilenumbruchs. Das bedeutet, der Text soll in der Breite **nicht** automatisch der Größe des Browsers angepaßt werden. Die Anweisung

```
<NOBR> [irgendwelcher Text] </NOBR>
```

verhindert, daß der im Container enthaltene Text an die Größe des Browserfensters angepaßt wird.

HINWEIS

Beide Anweisungen können direkt in den fließenden Text geschrieben werden, aber auch der Übersichtlichkeit halber in eine neue Zeile. Auf das Layout des HTML-Dokuments hat dies keinerlei Auswirkung (darum geht es ja gerade). Dies wird auch für alle folgenden Anweisungen gelten.

Probieren wir beide Anweisungen in einer Übung aus.

ÜBUNG

Laden Sie die Datei namens `BODY1.HTM` wieder in einen Editor. Danach verändern Sie die Datei wie folgt:

```
<html>
<head>
<title>Body-Experimente</title>
</head>
<body>
Was ist eigentlich ein Computer?
<BR>
<BR>
Grob gesagt, ist ein Computer eine Maschine,
<Br>
<NOBR>welche vorher irgendwie eingegebene Befehle ausführt.
Mit dieser Definition ist auch eine Bombe mit einem Zeitzünder
ein Computer.
</NOBR>
Zu einem einprogrammierten Zeitpunkt - die Uhr einfach auf eine
Zeit eingestellt - wird ein bestimmter Befehl - explodiere -
ausgeführt (wenn Zeit reif, dann "Bumm"). Daran denken Sie
freilich wahrscheinlich nicht, wenn Sie an Computer denken.
</body>
</html>
```

Speichern Sie die Datei unter `UMBRUCH.HTM`, und laden Sie sie in den Browser Ihrer Wahl. Beachten Sie das Verhalten des Textes und insbesondere die Stellen, wo ein Zeilenumbruch erfolgen soll, sowie die Stellen, wo er unterbunden ist. Verändern Sie die Größe des Browsers.

LÖSUNG

Sie werden nach der ersten Zeile (hinter dem Fragezeichen) eine Leerzeile haben. Dann erfolgt immer ein Zeilenumbruch nach `Maschine`. Die nachfolgende Zeile von `welche` bis `Computer.` wird sich nicht der Größe des Browserfensters anpassen. Der dann noch folgende Text paßt sich ausschließlich der Fenstergröße an.

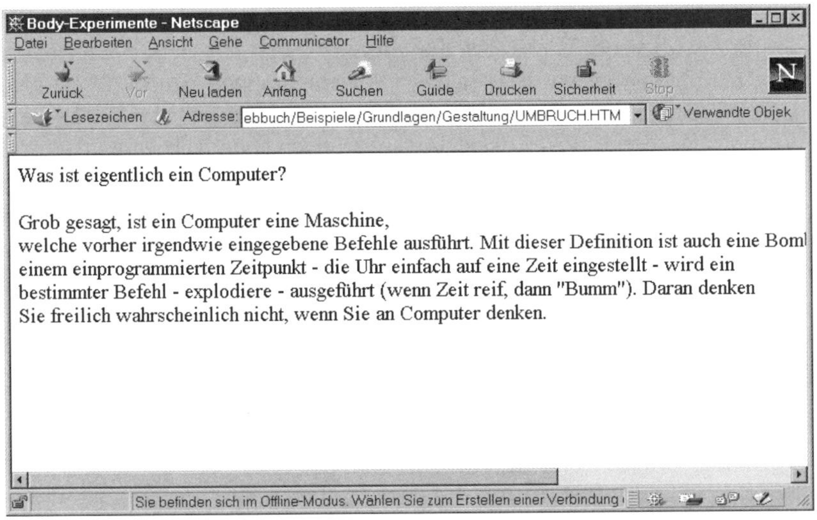

Bild 4.4: Zeilenumbrüche – Variante 1

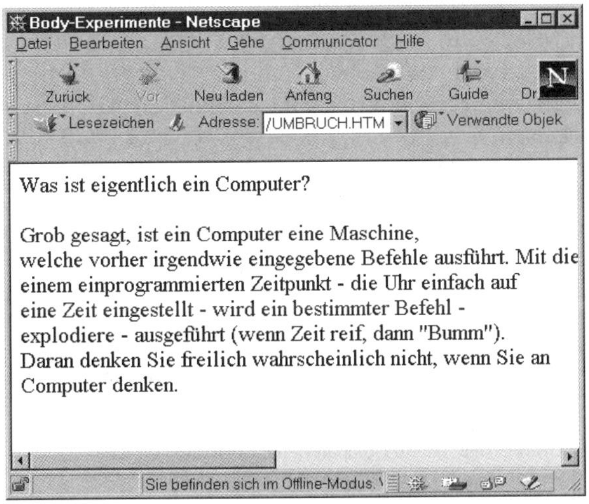

Bild 4.5: Zeilenumbrüche – Variante 2

4.1.3 Absätze

Absätze müssen unter HTML wie Zeilenumbrüche mit einem Tag explizit definiert werden. Der wesentliche Unterschied zwischen einer Absatzschaltung und einer Zeilenschaltung liegt darin, daß bei einem Absatz zusätzliche Formatierungen wie die Textausrichtung möglich sind. Außerdem ist der erzeugte Abstand etwas größer als bei einer Zeilenschaltung. Zum Einfügen einer Absatzschaltung dient die Steueranweisung <P>. Sie kommt nicht nur als Start-Tag vor, sondern kann auch optional mit der Anweisung </P> beendet werden. Der Abschluß-Tag steht jedoch auf ziemlich verlorenem Posten und wird kaum verwendet. Es entsteht durch das Setzen kein neuer Absatz. Erst das Setzen eines neuen <P> erzeugt einen neuen Absatz (und beendet damit automatisch den bisherigen Absatz). Es gibt jedoch eine Wirkung des Ende-Tags. Lokale Vereinbarungen innerhalb eines Absatzes (etwa eine spezielle Ausrichtung in diesem Absatz) werden damit begrenzt, und hinter dem Ende-Tag kommen wieder die globalen Vereinbarungen der umgebenden Struktur zum Tragen.

Beispiel (nur der BODY-Bereich – das langt):

```
<body>
Was ist eigentlich ein Computer?
<P>
Grob gesagt, ist ein Computer eine Maschine, welche vorher
irgendwie eingegebene Befehle ausführt.
<P>
Mit dieser Definition ist auch eine Bombe mit einem Zeitzünder
ein Computer. Zu einem einprogrammierten Zeitpunkt - die Uhr
einfach auf eine Zeit eingestellt - wird ein bestimmter Befehl
- explodiere - ausgeführt (wenn Zeit reif, dann "Bumm"). Daran
denken Sie freilich wahrscheinlich nicht, wenn Sie an Computer
denken.
</body>
```

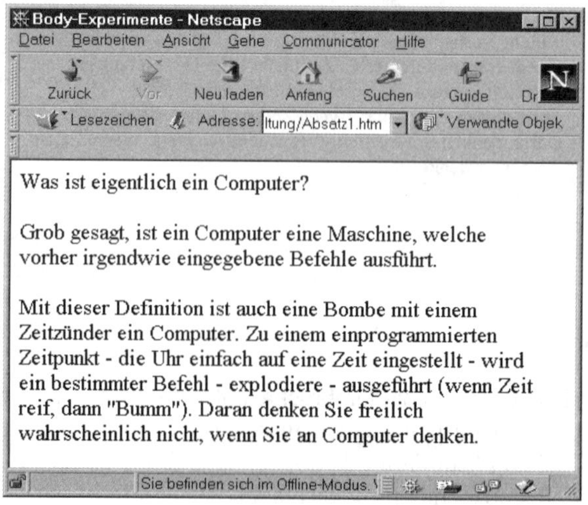

Bild 4.6: Zwei Absatzschaltungen

Eine Absatzschaltung kann im Gegensatz zur Zeilenschaltung mit Parametern erweitert werden. Damit erreichen Sie die Ausrichtung des Textes in Absätzen. Dazu wird der Parameter align=[Ausrichtung] mit einem Leerzeichen getrennt an <P angefügt. Es gilt folgende Syntax:

```
<p align=[Ausrichtung]>
```

Als Ausrichtung sind die Angaben left, right, justify und center erlaubt. Sie stehen für die üblichen Ausrichtungen linksbündig, rechtsbündig, Blocksatz und zentriert. Standardmäßig wird ein Absatz linksbündig ausgerichtet.

Laden Sie wieder die Datei mit Namen BODY1.HTM in einen Editor. Danach verändern Sie die Datei wie folgt:

```
<html>
<head>
<title>Absatz-Experimente</title>
</head>
<body>
<P align=right>
Was ist eigentlich ein Computer?
</p>
Grob gesagt, ist ein Computer eine Maschine, welche vorher
irgendwie eingegebene Befehle ausführt.
<P align=justify>
Mit dieser Definition  ist auch eine Bombe mit einem Zeitzünder
ein Computer. Zu einem einprogrammierten Zeitpunkt - die Uhr
einfach auf eine Zeit eingestellt - wird ein bestimmter Befehl
- explodiere - ausgeführt (wenn Zeit reif, dann "Bumm").
<P align=center>
Daran denken Sie freilich wahrscheinlich nicht, wenn Sie an
Computer denken.
</body>
</html>
```

Speichern Sie die Datei unter ABSATZ.HTM, und laden Sie sie in den Browser. Beachten Sie das Verhalten des Textes und insbesondere die verschiedenen Absätze. Verändern Sie die Größe des Browsers.

Der erste Absatz ist rechts ausgerichtet. Nach dessen Ende-Tag kommt die Defaultausrichtung zum Tragen. Deshalb ist der nächste Absatz linksbündig. Der dritte Absatz ist als Blocksatz und der letzte Absatz zentriert ausgerichtet.

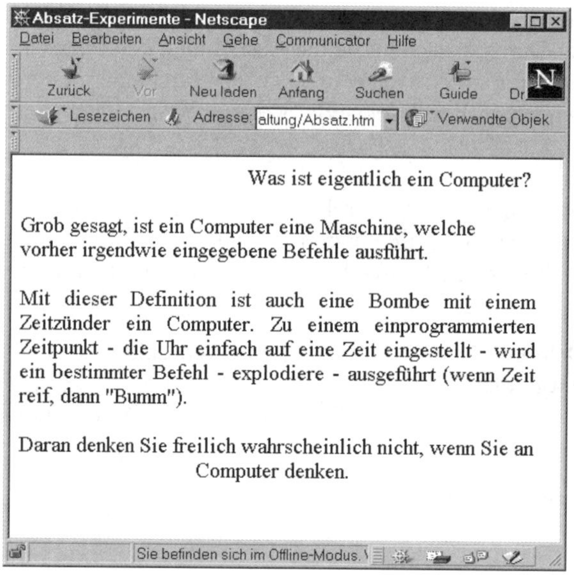

Bild 4.7: Die verschieden ausgerichteten Absätze

ACHTUNG: Die Ausrichtung `justify` wird nur von neuen Browsern berücksichtigt.

4.1.4 DIV und CENTER

Über die jetzt besprochenen Elemente läßt sich die allgemeine Ausrichtung von Objekten beeinflussen.

`DIV`

In Zusammenhang mit Absätzen ist das Strukturelement `<DIV>` zu sehen, welches mit `</DIV>` begrenzt wird. Man kann damit eine Unterstruktur innerhalb einer Web-Seite aufbauen. Es lassen sich beispielsweise Ausrichtungen von beliebigen Objekten (Text, Trennlinien, Überschriften, Grafiken, Java-Applets usw.) innerhalb einer Web-Seite zusammenfassen (nicht nur Text wie bei Absätzen). Dazu dient wieder die Parameterangabe `align`, welche die gleichen Werte annehmen kann wie bei Absätzen.

Beispiel:

```
<html>
<head>
<title>Absatz-Experimente</title>
```

```
</head>
<body>
<DIV align=center>
Was ist eigentlich ein Computer?
</DIV>
Grob gesagt, ist ein Computer eine Maschine, welche vorher
irgendwie eingegebene Befehle ausführt.
<DIV align=justify>
Mit dieser Definition ist auch eine Bombe mit einem Zeitzünder
ein Computer. Zu einem einprogrammierten Zeitpunkt - die Uhr
einfach auf eine Zeit eingestellt - wird ein bestimmter Befehl
- explodiere - ausgeführt (wenn Zeit reif, dann "Bumm").
<DIV align=right>
Daran denken Sie freilich wahrscheinlich nicht, wenn Sie an
Computer denken.
</body>
</html>
```

Das DIV-Element erzeugt zwar einen Vorschub, aber der ist kleiner als beim Absatz. Das Layout bleibt kompakter.

Bild 4.8: Verschiedene Ausrichtungen über DIV

`DIV` wird nur von neuen Browsern berücksichtigt. Deshalb sollte es nur dann eingesetzt werden, wenn kein alternatives Ausrichtungselement wie das nachfolgende `CENTER`-Element existiert. Dieser Rat steht allerdings im Widerspruch zu den offiziellen HTML-4-Empfehlungen, aber wenn Sie möglichst viele Plattformen abdecken wollen, sollten Sie lieber alte Elemente verwenden. Darauf habe ich bei den allgemeinen Regeln zur Web-Programmierung schon hingewiesen.

Der `DIV`-Tag hat aber noch eine andere Bedeutung, als nur eine reine HTML-Gestaltung zu erlauben. So können Sie beispielsweise über das optionale Attribut `Id` einem bestimmten Bereich einen Identifier zuweisen.

Beispiel:

```
<DIV Id="Block1">Hier steht beliebiger Text in einem
Block</DIV>
```

Dieser Identifier dient – wie der Namen schon sagt – zum Identifizieren dieses Bereichs. Sie können ihn damit beispielsweise mit Javascript ansprechen und dynamisch verändern. Darauf kommen wir im Abschnitt über Style-Sheets und Javascript zurück.

CENTER

Eine eingeschränkte Form des `DIV`-Elements ist das `CENTER`-Element. Es ist schon seit HTML-Urzeiten vorhanden und entspricht der Anweisung

```
<DIV align=center>
```

und zentriert beliebige Objekte, die von dem Container

```
<CENTER> ... </CENTER>
```

eingeschlossen werden. Obwohl es als deprecated bezeichnet wird und durch die `DIV`-Anweisung ersetzt werden soll, werden Sie es noch überall finden. Es wird von allen Browsern verstanden und ist schneller eingetippt als die längere `DIV`-Anweisung.

Beispiel für zentrierten Text:

```
<CENTER>Alles Zentrieren!!</CENTER>
```

4.1.5 Trennlinien

Trennlinien sind ein einfaches Hilfsmittel zur optischen Abgrenzung von Textbereichen. Sie beginnen immer in einer neuen Zeile und erzeugen neben einer sichtbaren Linie einen weiteren Zeilenvorschub (Sie benötigen also keine zusätzliche Absatz- oder Zeilenschaltung). Trennlinien werden mit dem <HR>-Tag in ein Dokument eingefügt und erstrecken sich ohne weitere Angabe über die gesamte Breite des Anzeigefensters eines Browsers.

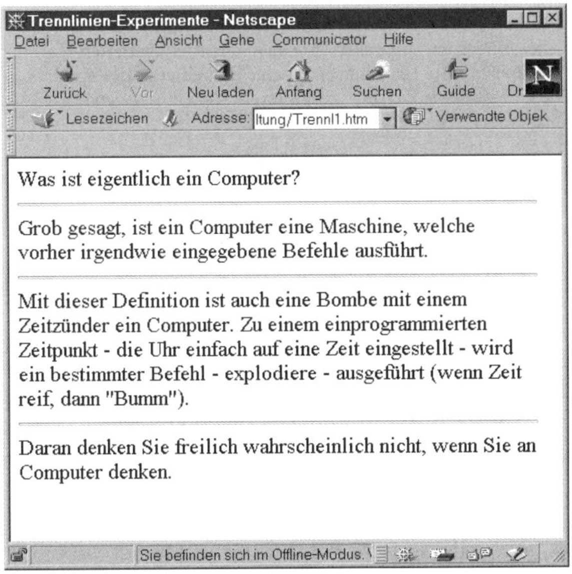

Bild 4.9: Trennlinien

Der Trennlinien-Tag läßt sich um diverse Parameter zur Spezifizierung erweitern.

Die Breite der Trennlinie bestimmen

Der Parameter `width=[Breite]` definiert die Breite der Trennlinie. Sofern der Wert in Prozent angegeben wird, beträgt die Trennlinie diesen Prozentsatz von der Breite des Anzeigefensters.

Beispiel:

```
<HR width=65%>
```

Die Angabe ohne % definiert die Breite der Trennlinie in Pixel.

Beispiel:

```
<HR width=100>
```

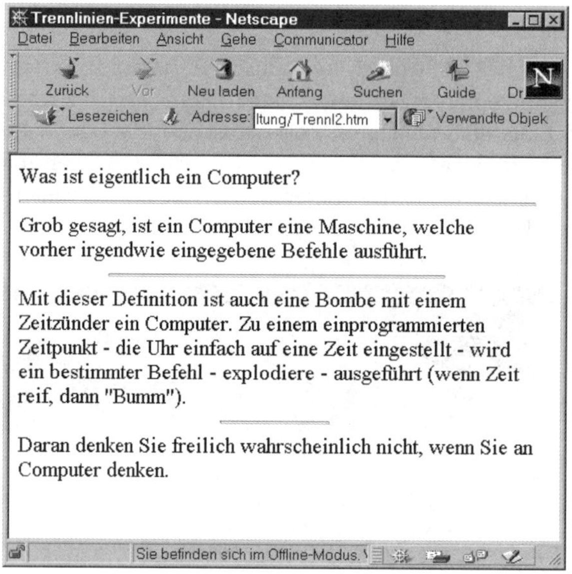

Bild 4.10: Die Breite der zweiten Linie beträgt 65% der Fensterbreite, die dritte Linie hat eine Breite von 100 Pixel

Trennlinienausrichtung

Es wird Ihnen auffallen, daß die Defaultausrichtung einer Trennlinie zentriert ist. Natürlich lassen sich Trennlinien individuell ausrichten. Dazu steht Ihnen als allgemeines Ausrichtungselement der gerade besprochene `DIV`-Tag zur Verfügung. Besser, da von mehr Browsern verstanden, ist die bereits bekannte Erweiterung `align=[Ausrichtung]` mit den üblichen Angaben `left`, `right` und `center`. Blocksatz macht hier natürlich keinen Sinn, und das Ausrichten von Trennlinien ist nur in Verbindung mit der Angabe `width` zur Einschränkung der Linienlänge sinnvoll, da die Trennlinie ansonsten stets über die gesamte Breite des Anzeigefensters geht.

Beispiel:

```
<HR width=50% align=left>
<HR width=25% align=right>
```

Die Dicke der Trennlinie bestimmen

Die Erweiterung `size=[Liniendicke]` definiert die Dicke der Trennlinie. Diese Angabe ist numerisch und immer als relativ zur Standarddicke einer Trennlinie zu sehen. Die Voreinstellung beträgt 2. Mit dem Wert 1 erzwingen Sie eine dünnere Trennlinie, mit Werten größer 2 dickere Trennlinien.

Beispiele:

```
<HR size=1>
<HR size=7>
<HR size=17>
```

Die Trennlinien können durch große Werte fast beliebig dick gemacht werden.

Trennlinien ohne Schatten

Die meisten Browser zeigen Trennlinien schattiert an. Sie können diesen Schatteneffekt unterbinden. Dazu dient der Parameter `noshade`.

Beispiel:

```
<HR width=95% align=left noshade>
```

Auch bei den Parametern der Trennlinien gilt, daß die einzelnen Erweiterungen beliebig miteinander kombiniert werden können und manchmal erst in Kombination Sinn machen. Die Reihenfolge der Parameter ist natürlich ebenso beliebig.

Wenden wir die letzten Erweiterungen der Trennlinien in einer Übung geballt an. Erzeugen Sie folgende HTML-Datei:

```
<html>
<head>
<title>Trennlinien-Experimente</title>
</head>
<body>
Was ist eigentlich ein Computer?
<HR size=7>
Grob gesagt, ist ein Computer eine Maschine, welche vorher
irgendwie eingegebene Befehle ausführt.
<hr align=left width=65% size=7 noshade>
Mit dieser Definition ist auch eine Bombe mit einem Zeitzünder
ein Computer. Zu einem einprogrammierten Zeitpunkt - die Uhr
einfach auf eine Zeit eingestellt - wird ein bestimmter Befehl
- explodiere - ausgeführt (wenn Zeit reif, dann "Bumm").
```

```
<hr width=100 align=right>
Daran denken Sie freilich wahrscheinlich nicht, wenn Sie an
Computer denken.
</body>
</html>
```

Speichern Sie die Datei unter `TRENNL3.HTM` ab.

Sie werden eine Trennlinie der Dicke 7 bekommen, danach eine auf 65% verkürzte Linie gleicher Dicke, die aber ohne Schatteneffekt dargestellt und linksbündig ausgerichtet wird. Die letzte Trennlinie ist rechtsbündig ausgerichtet.

Bild 4.11: Drei verschiedene Linien

4.1.6 Überschriften

Überschriften legen verschiedene Schriftgrößen für den eingeschlossenen Text fest (es gibt also Start- und Ende-Tag) und erzeugen einen neuen Absatz. Das bedeutet, daß vor und nach Überschriften keine zusätzlichen Absatz- beziehungsweise Zeilenschaltungen nötig sind. HTLM kennt sechs Überschriften, die sich normalerweise nur in der Schriftgröße unterscheiden:

Typ	Beschreibung
<H1>...</H1>	Überschrift 1. Ordnung (größter Text)
<H2>...</H2>	Überschrift 2. Ordnung
<H3>...</H3>	Überschrift 3. Ordnung
<H4>...</H4>	Überschrift 4. Ordnung
<H5>...</H5>	Überschrift 5. Ordnung
<H6>...</H6>	Überschrift 6. Ordnung (kleinster Text)

Beispiel:

```
<H3>Dies ist eine Überschrift 3. Ordnung</H3>
```

HINWEIS

Die Größenangaben der Überschriften sind immer als relative Angaben zu verstehen, die von der Größe der Standardschrift des Browsers abhängen.

Ausrichtung von Überschriften

Überschriften werden standardmäßig linksbündig ausgerichtet, können aber über den Parameter `align` mit den bekannten Werten `left`, `right`, `justify` und `center` verändert werden

Beispiel:

```
<H2 align=right>Rechtsbündige Überschrift 2. Ordnung</H2>
```

HINWEIS

Die Ausrichtung von Überschriften mittels des <DIV>-Tags – beziehungsweise <CENTER> im Fall einer Zentrierung – ist selbstverständlich auch möglich.

ÜBUNG

Erzeugen Sie folgende HTML-Datei:

```
<html>
<head>
<title>Überschriften</title>
</head>
<body>
<H1 align=center>Endlich ein neuer Text</H1>
Mittlerweile dürfte Ihnen der bisher verwendete Text auf die
Nerven gehen. Deshalb haben wir hier einen neuen Text.
<H4 align=right>Nach rechts geht es</h4>
```

```
<h6 align=left>Und wieder etwas kleiner nach links</h6>
<h2 align=justify>Probieren wir ruhig aus, wie es sich mit dem
Blocksatz bei Überschriften verhält</h2>
</body>
</html>
```

Speichern Sie die Datei unter `UEBERSCH.HTM` ab.

Die verschiedenen Überschriften inklusive ihrer Ausrichtungen dürften Ihnen klar sein. Wir hatten das ganze Prozedere ja schon mehrfach.

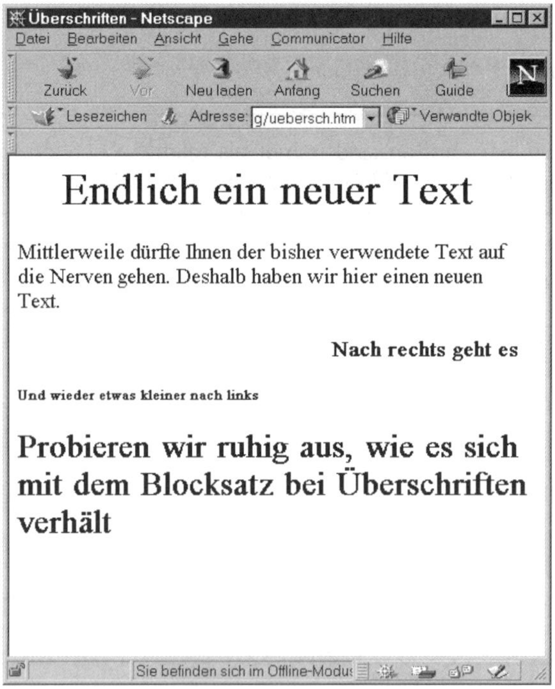

Bild 4.12: Verschiedene Überschriften

4.1.7 Sonderzeichen

Sind Ihnen schon einmal Web-Seiten untergekommen, in denen es von seltsamen Sätzen wie den folgenden nur so wimmelte?

```
Jrgen bt fter, seit die brigen Musiker gesagt haben, da er
sonst rger bekommt.
```

Alles klar? Was ist passiert? In dem Satz fehlen alle deutschen Umlaute und der Buchstabe `ß`. Aber was soll das?

Das Internet ist international und Deutschland nur ein ziemlich unbedeutender Teil davon. Die deutsche Sprache mit ihren komischen Sonderzeichen ist in einem international orientierten Zeichensatz nur so weit vertreten, wie diese Zeichen in dieser Norm als wichtig erschienen. Aber grämen Sie sich nicht – auch die Franzosen müssen erstmals auf ihre Akzente verzichten, die Dänen können ihre Kreise oberhalb der Buchstaben nicht wiederfinden und so fort.

Durch den heterogenen Standard der Rechner und Betriebssysteme im Internet wurde bereits in einer sehr frühen Phase des Internet ein international genormter Zeichensatz zum Austausch von Zeichen vereinbart. Dieser basierte natürlich auf dem amerikanischen Zeichensatz, denn in der Anfangsphase handelte es sich beim Internet um ein rein amerikanisches Netzwerk. Der bis zur Version HTML 3.2 gültige Zeichensatz wird ISO 8859-1-Norm oder alternativ ISO Latin-1 genannt. Diese Norm besteht aus 256 Zeichen, wovon die ersten 128 identisch mit dem klassischen ASCII-Zeichensatz sind. Die zweite Hälfte der Zeichen weicht dagegen davon ab und besteht aus etlichen Sonderzeichen und Buchstaben für verschiedene – insbesondere europäische – Sprachen.

In HTML 4 hat sich im Rahmen der sogenannte Internationalisierung nach dem ISO/IEC:10646 Standard bzw. I18N einiges getan. Dieser neue Standard ist kompatibel zur bisherigen Norm, nur können bedeutend mehr Zeichen darin verschlüsselt werden. Statt des bisherigen ISO 8859-1-Codes (1 Byte groß und damit maximal für 256 Zeichen ausgelegt) gilt nun der 16 Bit große Unicode, der im unteren Byte mit dem bisherigen Code identisch ist. So lassen sich beispielsweise viele im Französischen verwendete Wörter jetzt auch in HTML verwenden. Insbesondere sind griechische Zeichen darstellbar, die in wissenschaftlichen Abhandlungen erhebliche Bedeutung haben. Die Internationalisierung nach dem neuen Standard ist unabhängig davon, ob das Betriebssystem diese Zeichen unterstützt.

Doch machen Sie sich nicht zuviel Gedanken um diese Normen. Die Zeichen der ersten Hälfte (unter anderem die normalen Buchstaben des Alphabets und die Ziffern von 0 bis 9) werden wie gewohnt über die Tastatur eingegeben. Wenn Sie allerdings in HTML-Dateien Zeichen aus der zweiten Hälfte der bisherigen ISO 8859-1-Tabelle verwenden wollen (dazu gehören die deutschen Umlaute, das Zeichen ß, Zeichen, die Sie auf der Tastatur nicht finden wie das Copyrightzeichen © oder Sonderzeichen wie < >) oder vor allem die weiteren Zeichen der erweiterten ISO/IEC:10646-Norm, müssen Sie diese verschlüsselt eingeben. Dies nennt man auch Maskieren.

MERKSATZ

Lassen Sie sich nicht dadurch blenden, daß in Ihrem Browser Sonderzeichen (ü, ä, ö, usw.) korrekt angezeigt werden, auch wenn Sie diese direkt über die Tastatur eingegeben haben. Wir haben wieder die Situation, daß Ihre speziell konfigurierte Plattform eine sauber erstellte Web-Seite suggeriert, die auf vielen anderen Plattformen im Internet (ältere Browser und vor allem Browser, welche nicht in der Landessprache des Autors einer Web-Seite konfiguriert sind) zu einem schlechten Ergebnis führt.

Eine fehlende Maskierung kann sogar dazu führen, daß neben dem nicht darstellbaren Sonderzeichen nachfolgende – im Prinzip darstellbare – Zeichen unterdrückt werden.

Die Darstellung von Sonderzeichen und landesspezifischen Zeichen erfolgt beispielsweise über sogenannte Entities (eine Folge von Zahlen oder Zeichen, die einem Steuerzeichenpaar – dem &# – folgen und von einem Semikolon abgeschlossen werden).

Das beginnende &# teilt dem Browser mit, daß er den nachfolgenden Zahlencode in ein konkretes Zeichen umsetzen muß. Das Semikolon beendet die Anweisung. Der eingeschlossene Buchstabencode entspricht der Position des Zeichens in der ISO-8859-1-Tabelle. Er kann dezimal, aber auch hexadezimal angeben werden.

Beispiele:

```
&#252;   = ü
&#223;   = ß
```

Sonderzeichen und Zeichen verschiedener Sprachen lassen sich mit dieser Maskierung darstellen.

HINWEIS

Groß- und Kleinschreibung bei der Maskierung

Bitte beachten Sie, daß es für die Groß- und Kleinschreibung eines Buchstabens bei der Maskierung andere Regeln gibt als in HTML-Anweisungen. Dort spielte Groß- und Kleinschreibung keine Rolle. Wenn Sie aber einen Buchstaben maskieren wollen, gibt es für den großgeschriebenen und den kleingeschriebenen Buchstaben zwei verschiedene Buchstabencodes. Sie werden auch niemals HTML-Anweisungen finden, wo Sonderzeichen vorkommen oder wo Zeichen maskiert wurden.

Sie finden im Anhang eine Liste mit den Buchstabencodes, aber wir werden sie nicht weiter brauchen. Schon seit einiger Zeit hat sich eine etwas komfortablere Form der Maskierung durchgesetzt, die das Merken dieser numerischen Codes weitgehend überflüssig macht. Diese Form der Maskierung beginnt wie beim Zifferncode mit einem & und endet mit einem Semikolon. Dazwischen stehen Abkürzungen, die das maskierte Zeichen beschreiben. Die meisten der Abkürzungen sind recht sprechend. Für deutsche Umlaute werden Sie den Grundbuchstaben finden, gefolgt von den Zeichen *uml*. Etwa Uuml für *Ü* oder auml für *ä*. Andere Abkürzungen sind sprechend genau das, was sie kodieren sollen. Etwa sz gefolgt von lig, was für *ß* steht. Bei anderen Zeichen sind es die ersten Buchstaben der ausgeschriebenen englischen Form, etwa *lt*, was für *less then* (kleiner als) steht und das Zeichen < erzeugt. Die nachfolgende Tabelle gibt die wichtigsten Maskierungen an.

Beispiele:

Abkürzung	**steht für**	**erzeugtes Zeichen**	**resultierende Maskierung**
lt	less then (kleiner als)	<	<
gt	greater then (größer als)	>	>
amp	ampersand	&	&
quot	quotation (Anführung)	»	"
auml	Grundbuchstabe a, gefolgt von den Zeichen *uml*.	ä	ä
Auml	Grundbuchstaben A, gefolgt von den Zeichen *uml*.	Ä	Ä
ouml	Grundbuchstabe o, gefolgt von den Zeichen *uml*.	ö	ö
Ouml	Grundbuchstabe O, gefolgt von den Zeichen *uml*.	Ö	Ö
uuml	Grundbuchstabe u, gefolgt von den Zeichen *uml*.	ü	ü
Uuml	Grundbuchstabe U, gefolgt von den Zeichen *uml*.	Ü	Ü
szlig	sz, gefolgt von *lig*.	ß	ß

Wenn Sie also Text unter HTML international verständlich ausdrücken wollen, müssen Sie sämtliche vorkommenden Sonderzeichen maskieren.

Beispiel – die Zeichenfolge

```
Jürgen übt öfter, seit die übrigen Musiker gesagt haben, daß er
sonst Ärger bekommt.
```

muß wie folgt im HTML-Dokument gespeichert sein:

```
J&uuml;rgen &uuml;bt &ouml;fter, seit die &uuml;brigen Musiker
gesagt haben, da&szlig; er sonst &Auml;rger bekommt.
```

Obwohl die neuere Maskierung halbwegs plausibel ist, ist es dennoch mit erheblicher Mühe verbunden, wenn man bei jedem Sonderzeichen die vollständige Maskierung per Tastatur eingeben muß. Hier schlägt die Stunde der besseren HTML-Editoren. Die meisten dieser Programm entlasten den Anwender, indem sie die Umwandlung von über die Tastatur direkt eingegebenen Sonderzeichen in den ISO-Code automatisch vornehmen und so im HTML-Dokument speichern.

4.1.8 Textformate

Zu den wichtigsten Gestaltungsmitteln einer Web-Seite zählt die Beeinflussung der Textdarstellung. Wie wir bereits wissen, haben Sie als Ersteller einer Web-Seite nur begrenzten Einfluß auf das tatsächliche Erscheinungsbild der Seite beim Anwender. Die Gestaltungsmöglichkeiten des Textes sind deshalb immer unter folgenden Voraussetzungen zu sehen:

- ✗ Sehr oft gelten die Formatierungsbefehle als relative Anweisungen bezogen auf die Standardschriftart des Browsers.
- ✗ Sie können nie sicher sein, daß die Formatierungsanweisungen auf der darstellenden Plattform erlaubt werden.
- ✗ Die angegebenen Formatierungen sind teilweise nur auf neueren Browsern darstellbar.

Textattribute dienen meistens dazu, einen Textbereich optisch hervorzuheben. Sie gehören zu den ältesten HTML-Steueranweisungen und sind besonders wichtig, da zumindest die älteren Anweisungen von jedem Browser verstanden werden.

MERKSATZ

Textattribute sparsam einsetzen

Setzen Sie Textattribute sparsam ein. Sie heben damit bestimmte Textpassagen hervor, und das entspricht nach der Internet-Netiquette lautem Reden in einem Gespräch. Wenn Sie längere Passagen hervorheben oder ständig zu Formatierungen greifen, verstehen das versierte Besucher so, als würden Sie sie permanent anbrüllen.

Textattribute können in HTLM sowohl die Schriftgröße, die Art oder den Stil beeinflussen. Prinzipiell unterscheidet man in HTML zwischen sogenannten logischen und physischen Befehlen zur Hervorhebung von Text.

- ✗ Logische Anweisungen überlassen es weitgehend dem Browser des Betrachters, wie eine konkrete Darstellung aussehen wird. Dementsprechend können logische Anweisungen (beispielsweise fett oder kursiv) auf unterschiedlichen Plattformen sehr verschieden dargestellt werden.
- ✗ Physische Anweisungen legen genauer fest, wie ein Text aussehen soll. Ein so definierter Text wird in den meisten Browsern gleich aussehen, aber auch da können Browser-spezifische Unterschiede zum tragen kommen.

Sie werden sich wahrscheinlich fragen, wozu es zwei verschiedene Formen der Texthervorhebung gibt? Logische Anweisungen sind bei der Darstellung unter alten, nicht grafischen Plattformen (zum Beispiel unter DOS) von Vorteil. Daneben entspricht die Überlassung der konkreten Darstellung eines Dokuments an das Darstellungsmedium der eigentlichen Idee einer Dokumentbeschreibungssprache. Physikalische Anweisungen bieten jedoch viel mehr Gestaltungsmöglichkeiten und setzen sich immer mehr durch (vor allem seit HTML 4 und den damit verbundenen Techniken wie Style-Sheets oder Dynamik HTML). Eine strikte Beschränkung auf logische Anweisungen macht nur noch Sinn, wenn Sie sicher gehen wollen, daß die Angaben auch in textmodus-orientierten Umgebungen angezeigt werden, oder Sie der exakten Philosophie einer Dokumentbeschreibungssprache folgen wollen. Ansonsten können Sie beide Formen der Textauszeichnungen/Texthervorhebungen mischen und müssen sich auch keine Gedanken mehr darum machen, welchem Typ von Anweisung sie zuzuordnen sind.

Die logischen Anweisungen

Wir schauen uns zuerst die logischen Anweisungen an. Es wird Ihnen auffallen, daß verschiedene Anweisungen recht ähnliche oder gar gleiche Darstellungen bewirken. Dies kann sich aber je nach Plattform unterscheiden.

Eine Form der Darstellung ist besonders zu erklären – die nicht-proportionale Darstellung, welche einige der nachfolgenden Anweisungen bewirken. In den meisten Browsern gibt es nicht nur eine Standardschriftart, sondern zwei. Eine wird für proportionale Schrift, das heißt Schrift mit variabler Breite, verwendet (Regelfall) und eine zweite für nichtproportionale Schrift (mit fester Breite). Diese Schrift wird dann bei den entsprechenden Anweisungen verwendet.

HINWEIS

Im Netscape Navigator finden Sie die beiden Schriften im Menüpunkt BEARBEITEN – EINSTELLUNGEN... und dort unter SCHRIFTART.

Bild 4.13: Die zwei Standardschriftarten

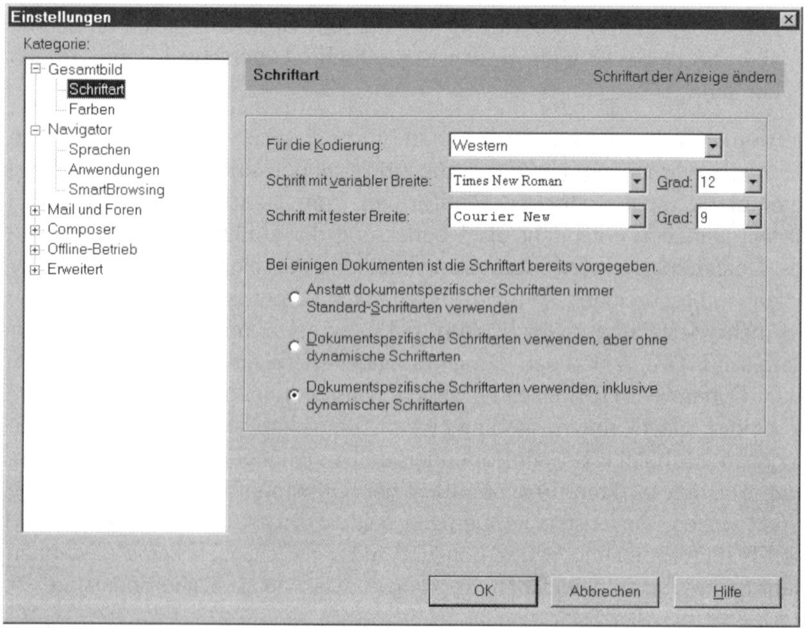

Anweisung	Beschreibung
<cite>	Zitat (meist kursive Darstellung).
<code>	Darstellung von Quellcode (meist nichtproportionale Darstellung).
<dfn>	Definitionen.
<em>	Betonung (meist kursive Darstellung).
<kbd>	Darstellung von Benutzereingaben (meist nichtproportionale Darstellung).
<samp>	Darstellung von Beispielen (meist nichtproportionale Darstellung).
<strong>	Allgemeine kräftige Hervorhebung (meist fette Darstellung).
<tt>	Darstellung von TeleType-Schrift (meist nichtproportionale Darstellung).
<var>	Darstellung von Variablennamen (meist kursive Darstellung).

Erstellen Sie zur Übung die nachfolgende HTML-Datei. Beachten Sie dabei, daß Sonderzeichen entsprechend maskiert sind.

```
<html>
<head>
<title>Textformatierungen</title>
</head>
<body>
<strong>allgemeine kr&auml;ftige Hervorhebung</strong>
<br>
<em>allgemeine Hervorhebung</em>
<br>
<cite>Zitat</cite>
<br>
<code>Darstellung von Quellcode</code>
<br>
<var>Darstellung von Variablennamen</var>
<br>
<samp>Beispiele</samp>.
<br>
<tt>dicktengleicher Schrift</tt>
<br>
<kbd>Darstellung von Benutzereingaben</kbd>
<br>
<dfn>Definitionen</dfn>
</body>
</html>
```

Speichern Sie die Datei unter TEXTFORM.HTM ab.

Sie werden die unterschiedlichen Textformatierungen so oder ähnlich wie in der nachfolgenden Abbildung – abhängig von Ihrer Browser-Einstellung – sehen.

Bild 4.14: Die verschiedenen logischen Textformatierungen

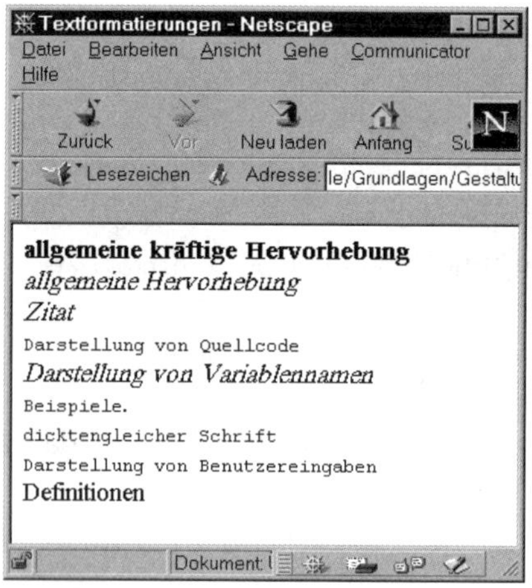

Die physischen Anweisungen

Anweisung	Beschreibung
<b>	Fette Darstellung.
<big>	Relativ im Vergleich zur Standardeinstellung größere Schriftgröße.
<blockquote>	Zitat, das über mehrere Zeilen gehen kann. Nach einem im Container erhaltenen Zeilenumbruch erfolgt eine Einrückung (Tabulator). Sofern Sie dort mit Absätzen arbeiten, werden die Ebenen der Ausrichtung des Absatzes angepaßt. Wenn Sie <blockquote>-Anweisungen ineinander schachteln, werden die Ebenen weiter eingerückt.
<i>	Kursive Darstellung.
<italic>	Italic ist eine alternative Darstellung von kursivem Text. In der Regel kein Unterschied zum <i>-Tag.
<small>	Relativ im Vergleich zur Standardeinstellung kleinere Schriftgröße.
<strike>	Darstellung von durchgestrichenem Text.
<sub>	Tiefgestellte Schrift.
<sup>	Hochgestellte Schrift.
<u>	Unterstreichen.

Erstellen Sie zur Übung auch die nachfolgende HTML-Datei mit den physischen Anweisungen. Beachten Sie dabei, daß Sonderzeichen wieder entsprechend maskiert sind.

```
<html>
<head>
<title>Textformatierungen</title>
</head>
<body>
<b>Fette Darstellung</b>
<br>
<big>gr&ouml;&szlig;er</big>
<br>
<i>Kursiv</i>
<br>
<italic>Sehen Sie bei Italic einen Unterschied zu dem normalen
kursiven Text?</italic>
<br>
<small>kleiner</small>
<br>
<strike>Durchgestrichen</strike>
<br>
Normal positionierter Text <sub>Tiefgestellt</sub> normal
<sup>Hochgestellt</sup>
<br>
<u>Unterstreichen</u>
</body>
</html>
```

Speichern Sie die Datei unter `TEXTFOR2.HTM` ab.

Sie werden die unterschiedlichen Textformatierungen wieder so oder ähnlich wie in der nachfolgenden Abbildung – abhängig von Ihrer Browser-Einstellung – sehen. Dabei ist die Zeile mit dem hoch- und tiefgestellten Text nur dann richtig zu sehen, wenn Sie keinen Zeilenumbruch dazwischen eingegeben haben.

Bild 4.15: Physische Textanweisungen

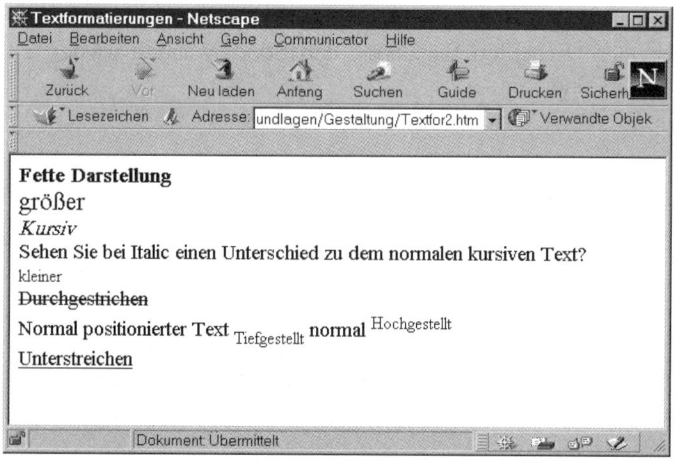

Die älteren physischen Textattribute werden von fast allen Browsern korrekt interpretiert. Neuere Befehle wie Durchstreichen oder Hoch- und Tiefstellen werden jedoch von einigen Browser nicht unterstützt. Bei der Verwendung dieser Formatierungen werden sie nach dem Prinzip der Fehlertoleranz ignoriert und die Standardschrift ohne Formatierung verwendet.

Verwenden wir die <BLOCKQUOTE>-Anweisung in einer eigner Datei. Dabei können wir auch noch ein paar andere Gestaltungsmöglichkeiten von eben üben:

```
<html>
<head>
<title>Textformatierungen</title>
</head>
<body>
<H2 align=center>Der Sinn des Lebens</H2>
Die wichtigsten Fragen des Lebens reduzieren sich auf vier
<b>W</b>s.
<P>
<BLOCKQUOTE>
<b>W</b>o?
<br>
<b>W</b>ann?
<br>
<b>W</b>as?
```

```
<br>
<b>W</b>arum?
<P align=right>
<b>W</b>o gibt es was zu essen?
<br>
<b>W</b>ann gibt es was zu essen?
<br>
<b>W</b>as gibt es zu essen?
<br>
<b>W</b>arum gibt es nicht mehr zu essen?
</BLOCKQUOTE>
</body>
</html>
```

Speichern Sie die Datei unter BLOCKQ.HTM ab. Was fällt Ihnen auf?

Wir haben einmal die Möglichkeit genutzt, einzelne Buchstaben hervorzuheben. Innerhalb des ersten Abschnitts im BLOCKQUOTE-Container werden die Zeilen auf eine linksbündige Tabulatorposition ausgerichtet. Im zweiten Absatz, der rechtsbündig ausgerichtet ist, folgt auch die Ausrichtung auf diese Tabulatorposition.

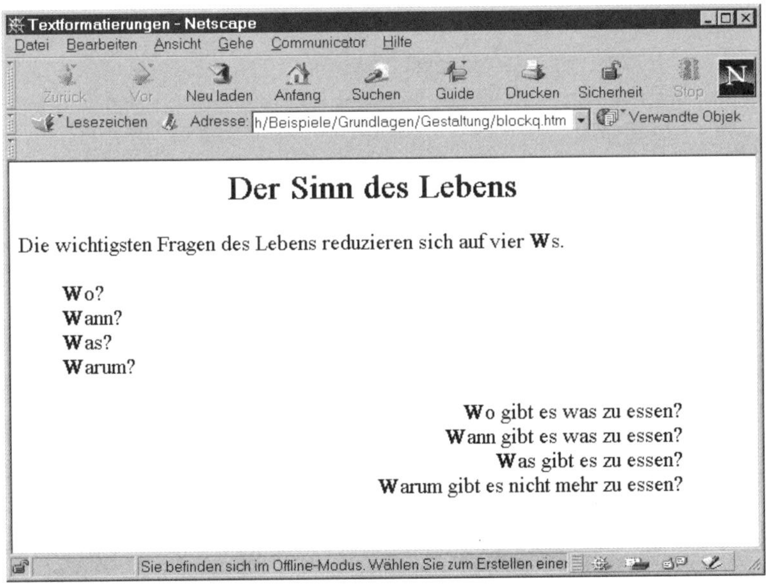

Bild 4.16: Ist das der Sinn allen Seins?

Verschachteln wir die <BLOCKQUOTE>-Anweisungen:

```
<html>
<head>
<title>Textformatierungen</title>
</head>
<body>
<H2 align=center>Der Sinn des Lebens</H2>
Die wichtigsten Fragen des Lebens reduzieren sich auf vier
<b>W</b>s.
<P>
<BLOCKQUOTE>
<b>W</b>o?
<BLOCKQUOTE>
<b>W</b>ann?
<BLOCKQUOTE>
<b>W</b>as?
<BLOCKQUOTE>
<b>W</b>arum?
</BLOCKQUOTE>
</BLOCKQUOTE>
</BLOCKQUOTE>
<P align=right>
<b>W</b>o gibt es was zu essen?
<BLOCKQUOTE>
<b>W</b>ann gibt es was zu essen?
<BLOCKQUOTE>
<b>W</b>as gibt es zu essen?
<BLOCKQUOTE>
<b>W</b>arum gibt es nicht mehr zu essen?
</BLOCKQUOTE>
</BLOCKQUOTE>
</BLOCKQUOTE>
</BLOCKQUOTE>
</body>
</html>
```

Speichern Sie die Datei unter BLOCKQ2.HTM ab. Was fällt Ihnen auf?

Über die Verschachtelung können Sie verschiedene Tabulatorebenen erzeugen. Im zweiten Absatz, der rechtsbündig ausgerichtet ist, wird die rechtsbündige Ausrichtung durch den ersten Ende-Tag wieder aufgehoben. Der nachfolgende BLOCKQUOTE-Tag beginnt aber auf der zweiten Tabulatorposition (wenngleich linksbündig).

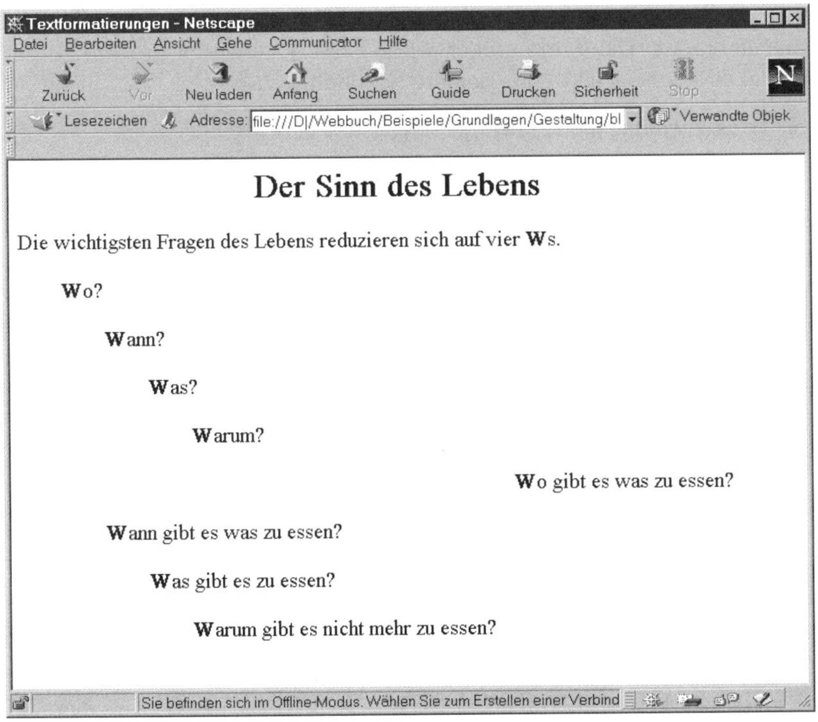

Bild 4.17: Verschiedene Tabulatorebenen

4.1.9 Die FONT-Anweisung

Wir hatten eben mit den Anweisungen `<BIG>` und `<SMALL>` bereits zwei Möglichkeiten zur relativen Veränderung der Schriftgröße. Daneben kennen wir bereits die Überschriften und die beiden unterschiedlichen Standardschriftarten (variable und feste Breite), die auch mit zwei verschiedenen Schriftgrößen gestaltet werden können. Dies ist aber noch nicht alles. Über die `<FONT>`-Anweisung kann die Gestaltung der Schrift noch weitergehend beeinflußt werden. Dies kann soweit gehen, daß Sie buchstabenweise verschiedene Schriftausprägungen definieren können.

Die Schriftgröße

Über die `<FONT>`-Anweisung und deren Parameter `size=[Größe]` kann die Schriftgröße in gewissen Grenzen eingestellt werden. Die Angabe `Größe` kann einen Wert zwischen 1 und 7 annehmen. Die Werte sind dabei keine absoluten Angaben, sondern relativ zur Schriftgröße zu verstehen, die der Anwender im Browser für seine Standardschrift eingestellt hat. Die tatsächliche Größe ist explizit davon abhängig. Die normale Größeneinstellung ist 3. Wenn in einem Browser eine bestimmte Schriftgröße (etwa Schriftgrad

12) als Standardschriftgröße eingestellt ist, entspricht der Wert 3 dieser Standardgröße. Die Werte größer als 3 (4 bis 7) stehen für größere Schriftgrade, die Werte 1 und 2 für kleinere Schriften.

Sie können einmal die relative Schriftgröße explizit setzen.

Beispiele:

```
<FONT size=7>Mehr geht nicht</FONT>
<FONT size=2>Das ist kleiner als normal</FONT>
```

Daneben ist auch eine Veränderung der Textgröße um einen gewissen Wert über +(Zahl) beziehungsweise -(Zahl) möglich.

Beispiele:

```
<FONT size=+1>Schriftgröße eine Einheit größer als
bisher</FONT>

<FONT size=-2>Schriftgröße zwei Einheiten kleiner als
bisher</FONT>
```

Probieren Sie mal das:

```
<html>
<head>
<title>Schriftexperimente</title>
</head>
<body>
<FONT size=1>A</FONT>
<FONT size=2>B</FONT>
<FONT size=3>C</FONT>
<FONT size=4>D</FONT>
<FONT size=5>E</FONT>
<FONT size=6>F</FONT>
<FONT size=7>G</FONT>
<BR>
<FONT size=7>A
<FONT size=6>B
<FONT size=5>C
<FONT size=4>D
<FONT size=3>E
<FONT size=2>F
<FONT size=1>G
</body>
</html>
```

Speichern Sie die Datei unter dem Namen SCHRGRAD.HTM. Warum ist in der zweiten Zeile niemals ein abschließender </FONT>-Tag zu finden?

Wir nutzen in der zweiten Zeile die Möglichkeit, daß in HTML der Ende-Tag einer Anweisung dann weggelassen werden kann, wenn ein nachfolgender Start-Tag eine widersprüchliche Anweisung auslöst. In unserem Fall setzt der nachfolgende Start-Tag den Schriftgrad einfach eine Einheit kleiner.

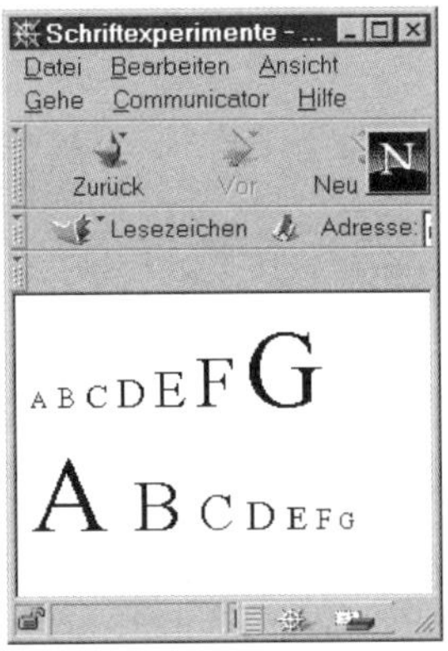

Bild 4.18: Auf und Ab

Die Standardeinstellung 3 für den Standardschriftgrad des Browsers kann auch verändert werden. Dies erlaubt beispielsweise bei Bedarf eine bessere Untergliederung der kleineren Schriftgrade (es gibt in der Standardeinstellung ja nur 1 und 2). Die Anweisung

```
<BASEFONT size=[Größe]>
```

definiert eine andere Größenangabe zwischen 1 und 7 als Normalgröße.

Schriftfarben

Die <FONT>-Anweisung hat noch einen weiteren Parameter – color=[Farbe] – für Angaben zur Schriftfarbe. Dabei kann für Farbe eine der üblichen Farbangaben gesetzt werden.

Sie sollten jetzt bereits soviel HTML können, daß Ihnen die jetzt folgende Übung sicher leicht fällt. Sie ist bewußt knapp formuliert, damit Sie Stoff rekapitulieren, den wir bereits durchgesprochen haben.

Überarbeiten Sie die eben erstellte Datei mit dem Namen SCHRGRAD.HTM so, daß neben der Schriftgröße auch die Farben variieren. Die erste Zeile genügt. Dabei können Sie beliebige Farben nehmen. Bitte verwenden Sie sowohl Farbnamen als auch die hexadezimale Darstellung. Speichern Sie die Datei unter SCHRFARB.HTM.

Da die Wahl der Farben frei war, stellt das nachfolgende Listing natürlich nur eine von zahlreichen richtigen Lösungsmöglichkeiten dar:

```
<html>
<head>
<title>Schriftexperimente</title>
</head>
<body>
<FONT size=1 color=blue>A</FONT>
<FONT size=2>B</FONT>
<FONT color=red size=3>C</FONT>
```

```
<FONT color=yellow><FONT size=4>D</FONT></FONT>
<FONT size=5 color=#1A1B1C>E</FONT>
<FONT color=#889900 size=6>F</FONT>
<FONT size=7 color=green>G</FONT>
</body>
</html>
```

Bild 4.19: Marsch durch die Farbenpalette

Beachten Sie, daß ich in meiner Lösung verschiedenste Techniken gemischt habe. Wir können anhand dieser Lösung nochmal einige Dinge wiederholen, die wir bisher schon behandelt haben – wenngleich in anderem Zusammenhängen.

- ✘ Die erste Zeile mit einer `<FONT>`-Anweisung (`<FONT size=1 color=blue>A</FONT>`) verwendet zwei Parameter: zuerst die Schriftgröße, dann die Farbe.
- ✘ Die zweite Zeile (`<FONT size=2>B</FONT>`) verwendet keinen Farbparameter. Daher erfolgt die Darstellung in der Standardfarbe.
- ✘ Die dritte Zeile (`<FONT color=red size=3>C</FONT>`) verwendet wieder zwei Parameter. Diesmal zuerst die Farbe, dann die Schriftgröße.
- ✘ Besonders interessant ist die Zeile vier (`<FONT color=yellow><FONT size=4>D</FONT></FONT>`). Dort werden zwei getrennte `<FONT>`-Anweisungen verwendet, die auch beide separat beendet werden müssen. Eine Anweisung bestimmt die Größe, die andere die Farbe der Schrift innerhalb des nachfolgenden Containers. Sie sind ineinander verschachtelt. Der erste Ende-Tag beendet den inneren Container. Man kann so ein Konstrukt verwenden, um die eine Anweisung über einen nicht ganz deckungsgleichen Bereich zur zweiten Anweisung hinausgehen zu lassen. Etwa, wenn die Größenangabe über zwei Zeilen gehen soll, darin aber ein Wort farblich hervorgehoben werden muß.

- Die fünfte Zeile (`<FONT size=5 color=#1A1B1C>E</FONT>`) verwendet wieder zwei Parameter bei einer Anweisung. Diesmal haben wir das erste Mal eine hexadezimale Farbdarstellung.
- Zeile sechs entspricht wieder Zeile fünf mit vertauschter Parameterreihenfolge, und Zeile sieben ist nochmals eine Wiederholung.

4.2 Grafiken einbinden

Wir haben die Einbindung von Grafiken schon bei den Parametern des BODY-Tags gehabt. Eine dort referenzierte Grafik wird als Hintergrundbild einer Web-Seite gekachelt. Es ist aber auch möglich, gezielt an verschiedenen Stellen in einer Seite Grafiken einzubinden.

Das Einbinden von Grafiken wird Ihnen in vielen Punkten als Wiederholung des beim BODY-Tag Gesagten erscheinen.

Wir wissen bereits, daß Sie im WWW nur zwei Bildformate voraussetzen können:

- GIF
- JPEG (DOS-Erweiterung JPG)

Andere Formate können Schwierigkeiten machen. Das GIF-Format kann 256 Farben darstellen und wird schichtweise aufgebaut. Es kann transparent sein, und es lassen sich Animationen (sogenannte animierte GIFs) erstellen. Das JPEG-Format eignet sich mit seinen 16,7 Millionen Farben besonders für Grafiken mit sehr großer Farbtiefe (etwa Fotos). Animationen lassen sich mit diesem Format nicht darstellen.

4.2.1 Die konkrete Einbindung von Bildern

Die konkrete Einbindung von Bildern erfolgt über einen neuen Tag IMG. Dieser legt über das Attribut src das referenzierte Bild fest. Die gesamte Steueranweisung hätte dann folgende Struktur:

```
<IMG src="[URL]">
```

Wir benötigen wieder unser Wissen über einen URL. Wenn Sie sich daran erinnern, können Sie also beliebige Bilddateien in Ihre Web-Seite integrieren. Wie das geht, werden wir mit ein paar kleinen Übungen überprüfen, die wir sehr ähnlich bereits bei den Hintergrundgrafiken hatten.

Angenommen, Sie wissen von einer Bilddatei mit Namen `Logo.gif`, die sich auf dem WWW-Server `www.rjs.de` befindet. Wie wird diese Datei in Ihre Web-Seite als Bild integriert?

```
<IMG src="HTTP://WWW.RJS.DE/LOGO.GIF">
```

Mit dieser Anweisung laden Sie jedesmal, wenn Ihre Web-Seite in einen Browser geladen wird, das Bild von dem angegebenen WWW-Server. Dies setzt natürlich voraus, daß Sie online sind.

Sie können selbstverständlich auch Bilder referenzieren, wenn Sie nicht online sind. Dazu müssen diese nur auf dem gleichen Rechner wie Ihre HTML-Datei sein. Dies wird sogar der Regelfall sein. Aber wie machen Sie das?

Es gibt zwei sinnvolle Varianten:

1. eine absolute Pfadangabe
2. eine relative Pfadangabe

Was wir dazu bei den Hintergrundbildern gesagt haben, können Sie unverändert übernehmen.

Die Grafikalternative

Viele Surfer (vor allem Experten) haben die automatische Anzeige von Grafiken im Browser deaktiviert. Dies hat verschiedene Gründe:

- Die Übertragungsraten im Internet sind oft katastrophal niedrig. Das Ausschalten des automatischen Ladens von Grafiken beschleunigt den Aufbau einer Seite erheblich.
- Zunehmende Werbebanner und sonstige nichtssagende Grafiken überfluten viele Web-Seiten und kosten das Geld des Besuchers, ohne ihm einen Gegenwert zu bieten.
- Ein durch zu viele Grafiken unübersichtliches Design erschwert die Orientierung auf Web-Seiten.

Statt der Grafik selbst wird dann ein Platzhalter angezeigt. Dies sollte bei der Konzeption der Web-Seiten berücksichtigt werden.

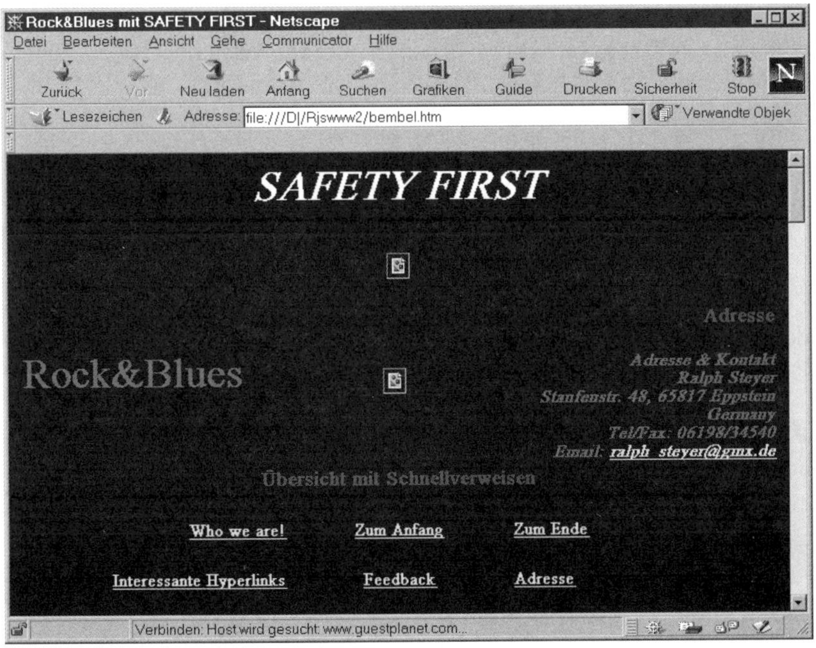

Bild 4.20: Statt Bildern werden Platzhalter angezeigt

Sie sollten das Verhalten einer Seite ohne angezeigte Grafik überprüfen, und Sie sollten vor allem eine alternative Information anstelle der Grafik anzeigen. Dazu gibt es einen weiteren Parameter des `<IMG>`-Tag – den Parameter `alt`. Damit kann in Anführungszeichen eingeschlossen ein Alternativtext angeboten werden, der immer dann erscheint, wenn die Grafik nicht angezeigt wird. Dieser Text wird nicht am Rand des Browser-Fensters umbrochen, sondern in einer Zeile dargestellt. Browser, die Grafiken anzeigen, erkennen diesen `alt`-Parameter und zeigen statt des Textes die Grafik.

Erstellen Sie folgenden HTML-Quellcode (unter der Voraussetzung, daß die GIF-Datei den Namen `LOGO.GIF` hat und sich im gleichen Verzeichnis wie die HTML-Datei befindet):

```
<html>
<head>
<title>Ein Bild</title>
</head>
<BODY>
<H1 align=center>Ein Bild</h1>
```

```
<IMG src="LOGO.GIF" alt="Wenn Sie hier diesen Text sehen, haben
Sie die Grafikoption Ihres Browsers deaktiviert.">
</body>
</html>
```

Speichern Sie die Datei unter `BILD1.HTM`, und laden Sie sie in Ihren Browser. Dabei sollten Sie das automatischen Laden von Grafiken vorher deaktivieren. Anschließend laden Sie bitte die Datei erneut. Diesmal aber mit aktiviertem automatischen Laden von Grafiken.

LÖSUNG

Sie können das automatische Laden von Grafiken im Navigator 4.0 unter dem Menüpunkt BEARBEITEN – EINSTELLUNGEN... und dort ERWEITERT deaktivieren.

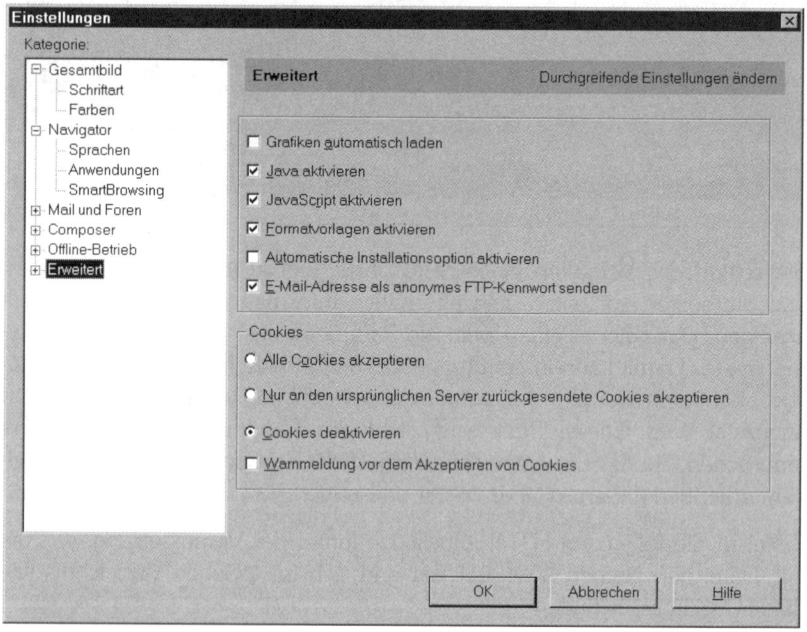

Bild 4.21: Kein automatisches Laden von Grafiken

Wenn die Datei dann geladen wird, wird nur ein Platzhalter statt des Bildes angezeigt. Dies wird auch dann der Fall sein, wenn eine Grafik referenziert wird, die nicht vorhanden ist. Durch den `alt`-Parameter erscheint zusätzlich daneben der alternative Text.

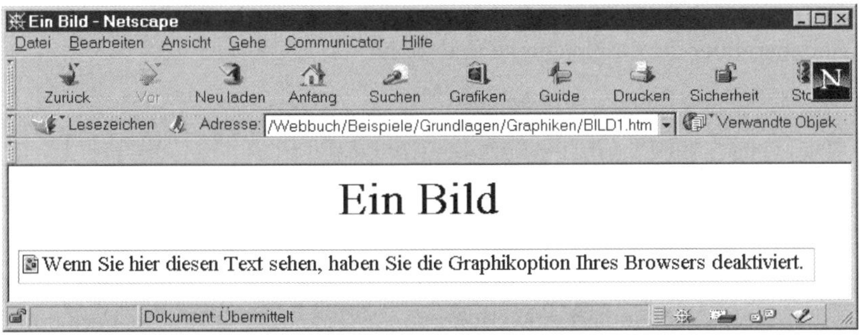

Bild 4.22: Symbol und Alternativtext

4.2.2 Größenangaben für Grafiken

Über zwei Parameter (Höhe und Breite) kann die Größe einer Grafik skaliert werden. Damit kann die Grafik in Relation zum übrigen Inhalt des Browser-Fensters verkleinert oder vergrößert angezeigt werden. Die Anzeige einer Grafik (und damit der ganzen HTML-Seite) wird zudem beschleunigt, wenn dem Browser Angaben über die Größe der Grafik zur Verfügung stehen. Das muß nicht unbedingt die tatsächliche Größe der Grafik sein, alleine die Angabe von Breite und Höhe beschleunigt den Aufbau der Grafik. Wenn Sie Grafiken ohne Angabe der Größe in ein HTML-Dokument einbinden, werden diese genauso groß dargestellt, wie sie tatsächlich sind. Dies ist natürlich immer relativ zu Bedingungen wie den Browser-Einstellungen und der Bildschirmauflösung zu sehen. Dennoch werden die in einem Grafikprogramm angezeigten Größenwerte (in Pixel) unverändert in die HTML-Datei übernommen und genau so im Browser angezeigt. Über diese Parameter kann eine Grafik auch verzehrt werden, um spezielle Effekte zu erzielen.

Die Angaben zur Größenbestimmung erfolgen über weitere Parameter des `<IMG>`-Tag. Die Angabe `height=[Wert]` legt die Höhe der Grafik in Pixel fest, `width=[Wert]` die Breite.

Diese Angaben zur Größenbestimmung können einzeln oder zusammen verwendet werden. Die Reihenfolge ist beliebig. Eine Angabe von beiden Werten ist bei Verzerrungen notwendig. Allerdings sollten Sie aufpassen – wenn Sie beide Werte angeben, kann es auch zu ungewollten Verzerrungen kommen. Falls Sie dieses Risiko nicht eingehen wollen, sollten Sie nur einen der beiden Werte angeben, der korrespondierende Wert wird vom Browser errechnet. Wenn Sie die Originalgröße einer Grafik oder Breite und Höhe im exakten Verhältnis zueinander angeben wollen, müssen Sie natürlich diese Information erst bestimmen. Hier ist ein (modernes) Grafikprogramm hilfreich. Laden Sie die Grafik in das Programm, und lassen

Sie sich die Informationen zu der Datei anzeigen. Meist finden Sie dort Angaben über die Originalbreite und -höhe.

Die allgemeine Syntax sieht so aus:

```
<IMG src="[URL]" width=[Wert] height=[Wert]>
```

4.2.3 Eine Grafik ausrichten

Jede Grafik kann beliebig ausgerichtet werden. Dafür stehen Ihnen die bisher schon begegneten Anweisungen `<CENTER>` und `<DIV>` zur Verfügung. Daneben gibt es den ebenfalls bekannten Parameter `align` zur Ausrichtung einer Grafik.

Erstellen Sie bitte folgenden HTML-Quellcode (unter der Voraussetzung, daß die GIF-Datei den Namen `LOGO.GIF` hat und sich im gleichen Verzeichnis wie die HTML-Datei befindet). Wir verwenden die Übung, um gleichzeitig Größenangaben und Verzerrungen auszuprobieren:

```
<html>
<head>
<title>Ein Bild</title>
</head>
<BODY>
<H1 align=center>Ein Bild</h1>
<CENTER>
<IMG src="LOGO.GIF" height=150>
</CENTER>
<DIV align=right>
<IMG src="LOGO.GIF" width=55>
</DIV>
<IMG src="LOGO.GIF" align=left width=255 height=75>
</body>
</html>
```

Speichern Sie die Datei unter `BILD2.HTM`, und laden Sie sie in Ihren Browser. Achten Sie bitte darauf, daß Sie das automatische Laden von Grafiken wieder aktiviert haben.

Die erste Grafik ist zentriert mit Höhenangabe, die zweite rechtsbündig mit Breitenangabe. Die dritte Grafik wird verzerrt und linksbündig dargestellt.

Bild 4.23: Bilder rechts, links, zentriert und verschieden groß

4.2.4 Einige Grafikspezialitäten

Eine Grafik kann bei einigen Browsern mit einem Rahmen versehen werden. Ein weiterer Parameter innerhalb der Grafikreferenz dient zur Festlegung eines Rahmens in Pixel – der Parameter `border`. Diese Angabe kann man ebenfalls dafür nutzen, explizit einen Rahmen zu unterdrücken (`border=0`), wenn dieser durch spezielle Situationen automatisch erscheinen würde (etwa beim Verwenden von Grafiken an Stelle von Verweistexten).

Des weiteren können Sie Abstände zwischen Grafiken und der Umgebung definieren. Dies erfolgt mittels zwei weiterer Parameter. Mit `hspace=[Wert]` definieren Sie einen Abstand zwischen der Grafik und dem seitlichen Text in Pixel, mit `vspace=[Wert]` den Abstand der Grafik zum oberen beziehungsweise unteren Text in Pixel.

4.2.5 Animierte GIFs

Unter animierten GIFs sind solche GIF-Dateien zu verstehen, welche aus einer ganzen Sequenz von Einzelbildern bestehen. Erstellt werden solche animierten GIFs mit speziellen Programmen wie dem GIF Construction Set 32, welches Sie aus dem Internet laden können. Für Sie als Anwender solcher animierten GIFs ist es vor allem wichtig, daß diese wie ein gewöhnliches GIF in eine Web-Seite eingebunden werden. Wir werden im Rahmen von Javascript aber noch ein Script kennenlernen, mit dem viel leistungsfähigere Animationen erstellt werden können, als es mit animierten GIFs möglich ist.

4.3 Hyperlinks

Wir kommen nun zu **dem** zentralen Element des WWW – Verweise oder Hyperlinks. Über einen Verweis geben Sie Besuchern Ihrer Seite die Möglichkeit, mit einem einfachen Mausklick zu einem dahinterliegenden URL zu verzweigen. Ein Verweis kann aber auch dazu genutzt werden, das Laden eines Programms auf den lokalen Rechner auszulösen oder den Aufruf eines E-Mail-Programms auszulösen, in dessen Adreßfeld dann eine Adresse vorbelegt ist.

Optisch wird ein Verweis auf einer Web-Seite meist als unterstrichener und/oder farbig hervorgehobener Text[1] dargestellt. Es gibt aber auch andere Links – etwa eine Grafik. Allen Links ist jedoch gemein, daß der Anwender einen Link an der Veränderung des Mauszeigers erkennt. Wenn der Mauszeiger auf einen Verweis bewegt wird, verändert er sich zu einer Hand mit ausgestrecktem Zeigefinger. Falls die Statusanzeige des Browsers aktiviert ist und dort keine anderen Informationen angezeigt werden (etwa über ein Javascript), werden Anwender dort das Ziel eines Links sehen.

Wir haben bereits soviel von HTML und der Struktur eines URL kennengelernt, daß Ihnen Hyperlinks sicher sehr leicht fallen.

Verweise gehören zum Oberbegriff Referenzieren. Darunter fallen auch das Einbinden von Grafiken, Java-Applets oder anderen Multimedia-Effekten. Referenzen verwenden zur Angabe eines Ziels dessen URL. Damit kennen wir uns ja schon gut aus. Ein URL kann zu beliebigen Zielen führen. Das kann ein Objekt auf dem gleichen Rechner, aber auch weltweit im Internet sein. Es geht bei Verweisen sogar noch weiter. Verweise können überdies gezielt zu besonders ausgezeichneten Stellen innerhalb einer HTML-Seite führen (mit lokalen Verweisen und sogenannten Ankern).

---

1 Das hatten wir schon! Erinnern Sie sich an die Parameter des `BODY`-Tags? Es gibt da die Parameter `link`, `vlink` und `alink`, welche die farbliche Darstellung von Links global festlegen.

Links dürfen mehrfach innerhalb derselben HTML-Datei vorkommen. Sie können damit von mehreren Stellen im Dokument zum selben Ziel verweisen.

4.3.1 Grundstruktur eines Verweises

Die Anweisung für einen Verweis lautet `<A>`. Beendet wird ein Verweiscontainer mit `</A>`. Es ist aber offensichtlich, daß ohne Parameter eine solche Anweisung ziemlich sinnlos ist. Einen Verweis zu einer Datei setzt man mit den folgenden Steueranweisungen:

```
<A "[Typ]=[Bezeichner]">[Text]</A>
```

Die in eckige Klammern gesetzte Angabe `Text` ist die Information, welche ein Besucher der Seite sehen soll. Wenn Sie einen Hyperlink setzen wollen, ist `Typ` durch die Angabe `href` und `Bezeichner` durch den gewünschten URL zu ersetzen. Ein Hyperlink sieht von der Struktur her also immer so aus:

```
<A "href=[URL]">[Text]</A>
```

Beispiel:

```
<A href="http://www.rjs.de">Hier geht es zu mir</A>
```

Wenn ein Besucher diese Links auslöst, wird er direkt zur Einstiegsseite der jeweiligen Domain geleitet. Sie können selbstverständlich auch Dateien dort direkt referenzieren. Wir haben bereits alle Informationen zusammen, damit Sie das tun können (Stichwort Hintergrundbilder einer Web-Seite). Versuchen Sie die folgende Übung.

Nehmen Sie Ihre HTML-Grundgerüstdatei, und integrieren Sie die beiden Verweise. Erzeugen Sie zusätzlich einen Querverweis, der direkt die Datei `BEMBEL.HTM` auf dem Domain `WWW.RJS.DE` adressiert (Name der neuen Datei: `LINKS1.HTM`).

Die Datei sollte so ähnlich wie folgt aussehen:

```
<html>
<head>
</head>
<body>
<a href="http://www.rjs.de">Hier geht es zu mir</a>
<br>
<a href="http://www.rjs.de/bembel.htm">Wohin geht es denn
da?</a>
<br>
<a href="http://www.microsoft.com">Haben Sie Mut?</a>
</body>
</html>
```

Wenn Sie die Datei in Ihren Browser laden und online gehen, sollten die Hyperlinks ausgelöst werden, wenn Sie darauf klicken.

Wenn Sie bei dem URL das jeweils passende Protokoll angeben, können Sie über einen Hyperlink beliebige Dienste adressieren.

- ✗ Mit `http` adressieren Sie beliebige HTML-Dateien im WWW.
- ✗ Mit dem Protokoll `file` können Sie eine beliebige Datei adressieren. Was dann konkret passiert, hängt vom Typ der adressierten Datei ab. Wenn es eine HTML-Datei ist, wird sie im Browser angezeigt. Wenn es ein anderer Dateityp ist, geschieht das, was in den Optionen des Browsers für diesen Fall eingestellt ist. Es kann etwa ein Programm gestartet werden, das diesen Dateityp verarbeitet, oder die Datei kann einfach auf den lokalen Rechner heruntergeladen werden.
- ✗ Mit dem Protokoll `ftp` wird ein FTP-Download einer Datei auf den lokalen Rechner des Besuchers gestartet.
- ✗ Sehr oft werden Sie in Web-Seiten das Protokoll `mailto` finden. Damit stellen die Eigentümer einer Web-Seite eine Möglichkeit zur Verfügung, das mit dem Browser assoziierte E-Mail-Programm per Klick zu starten und in dem Adreßfeld bereits eine bestimmte Adresse vorzubelegen.
- ✗ Die weiteren Protokolle wie `gopher`, `telnet` oder `news` starten die jeweiligen Dienste – eventuell über den Start eines zusätzlichen Programms.

Erstellen Sie eine HTML-Datei, die sämtliche eben genannten Dienste als Hyperlink integriert hat. Sie können dabei mit fiktiven URLs arbeiten, die allerdings von der Syntax richtig sein sollten[1]. Speichern Sie die Datei unter `VERSLINK.HTM` ab. Probieren Sie aus, welchen Effekt ein Klick auf die verschiedenen Typen von Links hat. Beachten Sie insbesondere die Reaktion des Browsers bei den Links, die den E-Mail-Dienst und den News-Dienst referenzieren.

Eine denkbare HTML-Datei könnte so aussehen:

```
<html>
<body>
<a href="http://www.rjs.de/">Zu mir</a>
<br>
<a href="ftp://ftp.microsoft.com/">Der Microsoft-FTP-Server</a>
<br>
<a href="file://ftp.microsoft.com/">Der Microsoft-FTP-
Server</a>
<br>
<a href="news:news.free.de">Freier News-Server</a>
<br>
<a href="mailto:Bill.Gates@sun.com">Ob es den da gibt?</a>
<br>
<a href="telnet://abc.ef.de">Den Telnetserver gibt es nicht</a>
<br>
<a href=gopher://gopher.ebone.de">Wollen Sie Gopher nutzen?</a>
</body>
</html>
```

Wenn Sie die Seite laden, sollten Sie auf Grund des Aussehens der Links nicht erkennen können, welcher Dienst damit referenziert wird. Dies ist ja eine der großen Stärken des WWW. Der Anwender muß nur klicken und sich weiter keine Gedanken machen. Gedanken machen muß sich der Ersteller einer Web-Seite.

Wenn Sie den E-Mail-Link anklicken, wird das dem Browser zugeordnete E-Mailprogramm gestartet. Sofern Ihr Browser samt E-Mail-Programm vernünftig konfiguriert ist, ist der hinter dem Link befindliche URL im Adreßfeld des E-Mail-Programms vorbelegt. Der Absender wird ebenso mit Ihrer E-Mail-ID vorbelegt.

1 Das können Sie zur Not im ersten Kapitel nachschlagen.

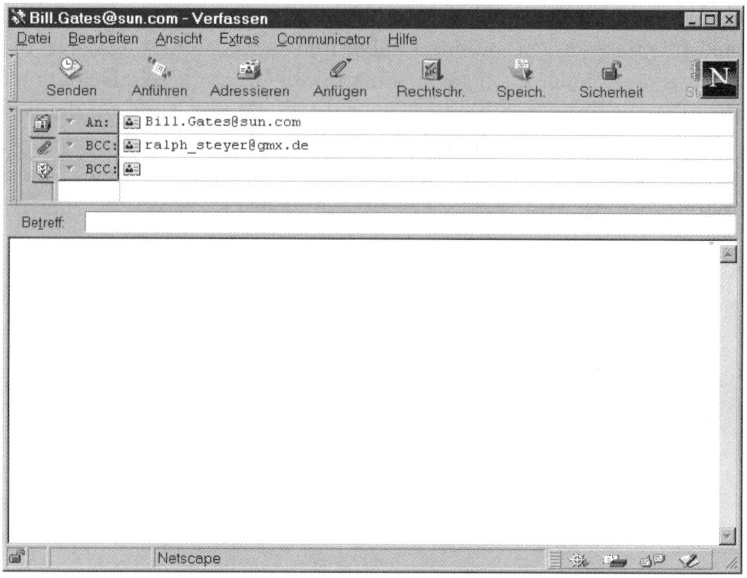

Bild 4.24: Das E-Mail-Programm wird gestartet und vorbelegt

Aber auch bei anderen Diensten werden bei Bedarf durch einen Klick auf den Link die mit dem Browser verbundenen Zusatzprogramme gestartet.

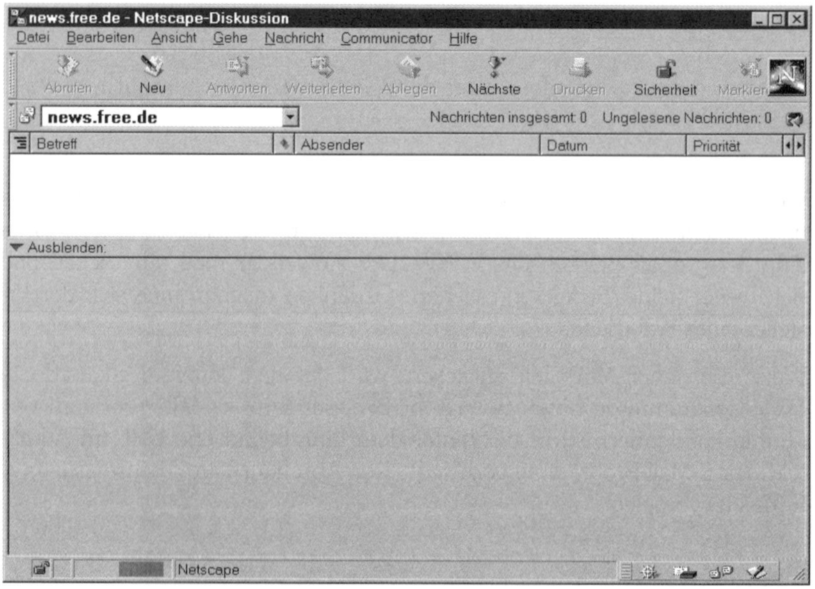

Bild 4.25: Das News-Programm des Communicators

Versuchen Sie einmal, den E-Mail-Link so in eine Web-Seite einzubauen:

```
<A href="mailto://">Mail me</A>
```

Was passiert?

Sie schicken eine Mail an den Besitzer des Browsers, also normalerweise an sich selbst. Sehr sinnig ;-).

4.3.2 Links ohne Online-Verbindung

Sie können auch Links angeben, die ohne Online-Verbindung funktionieren. Dazu müssen diese nur auf dem gleichen Rechner wie Ihre HTML-Datei sein. Dies wird sogar der Regelfall sein, wenn Sie ein Projekt haben, welches aus mehreren Web-Seiten besteht. Aber wie machen Sie das? Das wissen Sie bereits aus unseren Erfahrungen mit Hintergrundbildern.

Wie können Dateien referenziert werden, die auf dem gleichen Rechner wie Ihre HTML-Datei sind?

Erinnern Sie sich? Es gibt zwei sinnvolle Varianten:

- ✗ eine absolute Pfadangabe
- ✗ eine relative Pfadangabe

Diese Lösung können Sie fast wörtlich aus unseren Ausführungen über die Referenzierung von Hintergrundbildern einer Web-Seite ableiten. Bei einer absoluten Pfadangabe geben Sie den vollständigen URL Ihres Rechners mit sämtlichen Pfadangaben zu der Datei an. Entweder den Rechner bei Ihrem Provider, Ihre dortige Verzeichnisstruktur und den Namen der Datei oder Ihren lokalen Rechner mit analogen Zusatzangaben und das Protokoll `file`.

Beispiel:

```
file://D:/Webbuch/Beispiele/Grundlagen/Links/Links1.htm
```

Die Nachteile einer absoluten Pfadangabe kennen wir bereits, weshalb im Regelfall eine relativ von Ihrer Web-Seite ausgehende Referenzierung verwendet wird. Wenn Sie eine beliebige Datei referenzieren wollen, die sich im gleichen Verzeichnis wie die HTML-Datei befindet, kann der URL ausschließlich aus dem Namen der Datei bestehen. Der Browser ergänzt automatisch davor den vollständigen URL mit dem gleichen Protokoll und allen notwendigen Pfadangaben.

Beispiel für einen Link zu einer Datei LINK2.HTM, die sich im gleichen Verzeichnis wie die aufrufende HTML-Datei befindet:

```
<a href="LINK2.HTM">Hier geht es relativ weiter</a>
```

Wir wissen auch schon, wie die relative Referenzierung von Dateien erfolgt, welche sich in einem anderen Verzeichnis auf dem gleichen Rechner befinden. Der Verweis erfolgt immer aus Sicht der Datei, in welcher die Referenz steht.

Nehmen Sie Ihre LINKS1.HTM-Datei, und speichern Sie diese als LINKS2.HTM erneut ab. Erzeugen Sie in dem Verzeichnis, wo sich Ihre Datei LINKS2.HTM befindet, ein Unterverzeichnis mit Namen MEHR. Integrieren Sie in die Datei LINKS2.HTM die beiden nachfolgenden Verweise. Einmal einen Link, der auf eine Datei LINKS3.HTM in dem Unterverzeichnis (von dem Verzeichnis der HTML-Datei) mit Namen MEHR verweist. Der zweite neue Hyperlink soll auf eine HTML-Datei verweisen, die sich relativ gesehen drei Verzeichnisebenen höher im Verzeichnisbaum befindet (Name der neuen Datei: LINKS4.HTM).

Nehmen Sie Ihre HTML-Grundgerüstdatei. Speichern Sie diese im Unterverzeichnis MEHR unter dem Namen LINKS3.HTM, und integrieren Sie einen Link, der relativ gesehen eine Verzeichnisebene höher im Verzeichnisbaum zurück auf die Datei LINKS2.HTM verzweigt.

Das Erzeugen eines Unterverzeichnisses haben wir schon durchgesprochen. Ich gehe davon aus, daß sich die beiden Dateien in den richtigen Verzeichnissen befinden. Die Datei LINKS2.HTM sollte folgendermaßen aussehen:

```
<html>
<body>
<a href="mehr/Links3.htm">Eins tiefer</a>
<br>
<a href="../../../Links4.htm">Relativ drei Verzeichnisebenen
hoch</a>
</body>
</html>
```

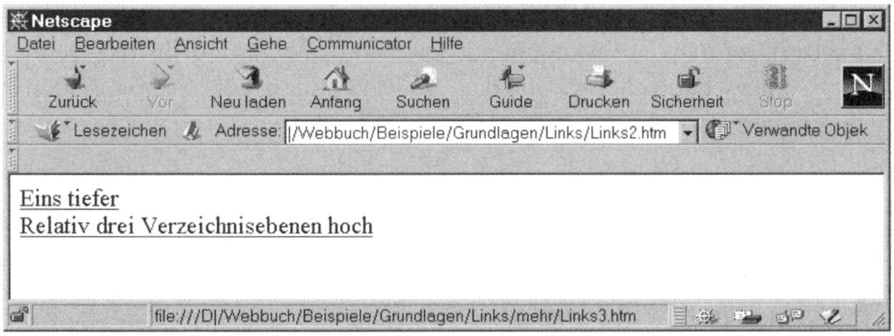

Bild 4.26: Der erste Link verzweigt in das Verzeichnis MEHR, wie Sie in der Statuszeile sehen

Die Datei `LINKS3.HTM` hat folgendes Aussehen:

```
<html>
<body>
<a href="../Links2.htm">Eins hoch</a>
</body>
</html>
```

Sie können nun zwischen den beiden Dateien per Hyperlink hin- und herschalten.

4.3.3 Verweise innerhalb einer Seite

Sie können auch Verweise innerhalb einer Seite setzen. Dieses ist bei größeren HTML-Dokumenten (eigentlich schon bei mehr als zwei Bildschirmseiten) sehr sinnvoll. Sie erlauben damit einem Besucher ein schnelles Orientieren und Aufsuchen von für ihn interessanten Themen.

Für solche Verweise innerhalb einer Seite müssen zwei Dinge zur Verfügung stehen:

- ✘ Sie müssen wie gehabt einen Link in die Seite an der Stelle integrieren, von der aus der Besucher an eine andere Stelle verzweigen kann. Dies erfolgt wie gehabt.
- ✘ Sie brauchen ein Ziel, zu dem von anderen Stellen des Dokuments gesprungen werden soll. Im Gegensatz zu bisherigen Linkformen laden Sie ja keine Seite und zeigen sie ab dem Anfang an. Das Ziel eines Verweises innerhalb einer Seite muß eine eindeutige Bezeichnung bekommen – den sogenannten Anker.

Sie brauchen also zwei HTML-Befehle. Die Anweisung, um einen Verweis zu setzen, kennen Sie weitgehend. Die Steueranweisung für die Definition eines Ankers baut ebenso auf der `<A>`-Anweisung auf. Sie benötigen nur einen neuen Parameter – `name="[Name]"`.

Um ein Verweisziel zu setzen, gehen Sie zuerst an die Stelle im Dokument, wo der Anker stehen soll. Dann tragen Sie dort eine Anweisung folgender Syntax ein:

```
<a name="[Name]"> ... </a>
```

Namen sollten nicht zu lang sein und dürfen keine Leerzeichen enthalten. Deutsche Umlaute und Sonderzeichen (bis auf den Unterstrich »_«) sind verboten. Der Name des Ankers muß in Anführungszeichen stehen.

Beispiel :

```
<a name="Inhaltsverz">Inhaltsverzeichnis</a>
```

Wenn Sie den Anker gesetzt haben, können Sie ihn in jedem Verweis als Sprungziel verwenden. Sie müssen den Ankernamen nur über ein # abgetrennt dem normalen URL nachstellen.

Beispiel für einen Verweis innerhalb einer Seite:

```
<a href="#Inhaltsverz">Hier geht es zum Inhaltsverzeichnis</a>
```

Beispiel für einen Verweis auf eine andere Datei innerhalb des gleichen Verzeichnisses mit Anker:

```
<a href="datei2.htm#Inhaltsverz">Hier geht es zum
Inhaltsverzeichnis der Datei2</a>
```

Beispiel für einen Verweis auf eine Datei mit einem Anker, die sich auf einem anderen Rechner im WWW befindet:

```
<a href="http://www.abc.de/datei3.htm#Inhaltsverz">Hier geht es
zum Inhaltsverzeichnis der Datei3 auf dem Rechner
www.abc.de</a>
```

HINWEIS

Wenn Sie einen Anker auf einem fremden Rechner referenzieren wollen, haben Sie natürlich das Problem, daß Sie die Struktur der dortigen Web-Seite kennen müssen. Dies ist selten der Fall, weswegen Sie Verweise zu Ankern fast nur innerhalb einer Seite oder zumindest eines Projekts finden.

Erstellen Sie folgende HTML-Datei (Name: ANKER.HTM):

```
<html>
<body>
<a name="Anfang">Was ist eigentlich ein Computer?</a>
<P>
<a href="#Ende">Hier geht es zum Ende der Datei</a>
<br>
<a href="#Textende">Hier geht es zum Anfang des Textes</a>
<br>
<a name="Textanfang"></a>
Grob gesagt, ist ein Computer eine Maschine, welche vorher
irgendwie eingegebene Befehle ausführt.
<p>
Mit dieser Definition ist auch eine Bombe mit einem Zeitzünder
ein Computer. Zu einem einprogrammierten Zeitpunkt - die Uhr
einfach auf eine Zeit eingestellt - wird ein bestimmter Befehl
- explodiere - ausgeführt (wenn Zeit reif, dann "Bumm").
<p>
Daran denken Sie freilich wahrscheinlich nicht, wenn Sie an
Computer denken.
<a name="Textende"></a>
<br>
<a href="#Anfang">Hier geht es zum Anfang der Datei</a>
<br>
<a href="#Ende">Hier geht es zum Ende der Datei</a>
<br>
<a href="#Textanfang">Hier geht es zum Anfang des Textes</a>
<br>
<a href="#Textende">Hier geht es zum Anfang des Textes</a>
<p>
<a href="#Anfang">Hier geht es zum Anfang der Datei</a>
<br>
<a href="#Ende">Hier geht es zum Ende der Datei</a>
<br>
<a href="#Textanfang">Hier geht es zum Anfang des Textes</a>
<p>
<a name="Ende"></a>
</body>
</html>
```

Probieren Sie die Verweise aus. Verkleinern Sie dabei das Browserfenster so, daß nicht die ganze Datei gleichzeitig angezeigt werden kann.

Ein Klick auf einen Link sorgt dafür, daß die mit dem Anker referenzierte Stelle auf jeden Fall im Browser sichtbar ist. Beachten Sie bitte die Zeilen im Quelltext, wo keine Beschriftung des Ankers erfolgt. Im Gegensatz zu einem Link selbst muß ein Anker nicht mit Text einem Besucher sichtbar gemacht werden.

4.3.4 Eine Grafik als Hyperlink

Wenn Sie zwischen <A href="[URL]"> und </A> eine Grafik referenzieren, wird aus der Grafik ein Hyperlink. Meist wird diese vom Browser mit einem Rahmen umgeben.

Erstellen Sie im Verzeichnis, in dem sich das Unterverzeichnis MEHR und darin die Datei LINKS3.HTM befindet, folgende Datei (LINKS5.HTM) mit einer beliebigen Grafik:

```
<html>
<body>
<a href="mehr/Links3.htm">
<IMG src="FOTO.JPG" height=150>
</a>
</body>
</html>
```

Wenn Sie auf die Grafik klicken, wird der Hyperlink ausgelöst. Beachten Sie, daß die Grafik mit einem Rahmen umgeben ist. Wenn Sie diesen unterdrücken wollen, müssen Sie den Parameter border=0 angeben. Wir haben übrigens diesmal ein Bild im JPEG-Format verwendet, aber dies ist willkürlich.

Bild 4.27: Eine Grafik als Link

Es gibt noch eine weitergehende Möglichkeit, Grafiken als Links zu definieren. Man zerlegt dabei eine Grafik in verschiedene Bereiche, denen wiederum ein eigener Link zugeordnet wird. Wir gehen auf dieses doch recht komplizierte Thema nicht weiter ein.

4.4 Einbindung von beliebigen Objekten in eine Web-Seite

Wir kommen jetzt zu einem Abschnitt, der für Einsteiger recht anspruchsvoll ist. Lassen Sie sich aber nicht entmutigen. Die Kenntnisse in dem Abschnitt sind als »Nice to have« einzustufen und nicht lebenswichtig, wenn Sie mit der Erstellung von Web-Seiten beginnen.

Sie können in Ihre Web-Seite eine Vielzahl von Objekten integrieren. Zumindest diejenigen, welche mittels des WWW-Protokolls HTTP übertragen und vom Browser oder einer seiner Zusatzmodule verarbeitet werden können. Da wären neben Grafiken Java-Applets zu nennen, Musik, Videos, ActiveX-Controls.

Vor der HTML-Version 4 gab es für jedes dieser multimedialen Objekte eigne Tags, mit denen sie in eine Web-Seite integriert werden mußten. Diese spezielle Tags sind zwar allesamt durch einen einzigen Tag abgelöst worden. Sie sind aber immer noch von Bedeutung, denn Sie können nicht für alle Browser voraussetzen, daß sie HTML 4 verstehen. Schauen wir uns zumindest den speziellen Tag für Java-Applets genauer an.

4.4.1 Die Einbindung von Java-Applets

Java-Applets sind kleine Programme, die nur innerhalb eines Browsers lauffähig sind. Sie erstellen normalerweise keine eigenen Java-Applets[1], sondern benutzen fertige Applets, die Sie von irgendwoher bekommen. Ein Java-Applet ist immer eine Datei mit der Erweiterung `Class`.

Ein Java-Applet wird mit der Anweisung `<APPLET>` in eine Web-Seite eingebunden. Zwischen dem einleitenden Tag und dem Ende-Tag können Sie gegebenenfalls benötigte Parameter, welche dem Applet beim Aufruf übergeben werden, oder auch beliebigen Text eingeben. Den eingeschlossenen Text nutzt man hauptsächlich dafür, in einem nicht Java-fähigen Browser

1 Es sei denn, Sie fangen an in Java zu programmieren.

oder einem Browser mit deaktiviertem Java deutlich zu machen, daß an dieser Stelle ein Java-Applet steht. Man macht sich dabei das Prinzip der Fehlertoleranz zu Nutze. Wenn Browser unbekannte Tags – in diesem Fall das Applet-Tag – finden, werden sie den Tag ignorieren und den nachstehenden Text als reinen ASCII-Text auf dem Bildschirm anzeigen. Java-fähige Browser (mit aktivierter Java-Option) sind so konzipiert, daß sie den Text zwischen ein- und abschließendem Applet-Tag nicht anzeigen, sondern das Applet selbst.

Ein Java-Applet in der einfachsten Form (das heißt ohne irgendwelche Parameter und optionale Attribute) wird mit folgender HTML-Syntax in eine HTML-Seite eingebunden:

```
<APPLET CODE="[Klasse]" WIDTH=[Wert] HEIGHT=[Wert]></APPLET>
```

Dabei bezeichnet `[Klasse]` das Applet selbst (in Hochkommata), `WIDTH=[Wert]` die Breite und `HEIGHT=[Wert]` die Höhe des Applets in Pixel.

Beispiel:

```
<APPLET code=Apfel.class width=220 height=220 >
</APPLET>
```

Bei der Schreibweise des Java-Applets muß unbedingt auf Groß- und Kleinschreibung geachtet werden.

Bei der Einbindung gibt es diverse optionale Angaben, die Sie aber normalerweise nicht brauchen. Wenn Sie eine Applet-Referenz mit Pfaden (sprich, das Applet befindet sich beispielsweise in einem anderen Verzeichnis oder gar auf einem fremden Rechner) vornehmen wollen, müssen wir etwas anders vorgehen wie bisher. Wenn sich das Applet nicht im gleichen Verzeichnis wie die HTML-Seite befindet, wird der URL dahin über das zusätzliche Attribut `CODEBASE` bestimmt. Dies ist die Suchpfadangabe für das Applet.

Beispiel:

```
<APPLET CODEBASE="Klassen" CODE="Apfel.class" WIDTH=100
HEIGHT=50></APPLET>
```

Das Verzeichnis in der `CODEBASE`-Anweisung muß ebenfalls in Hochkommata stehen.

Die genaue Position des Applets in der Web-Seite ergibt sich aus der Stelle, wo das Applet-Tag in das HTML-Dokument eingefügt ist. Dabei kann ein

Applet genau wie andere Objekte (etwa Überschriften oder Grafiken) innerhalb der Seite mit allen üblichen HTML-Spezifikationen (etwa `DIV` oder `CENTER`) ausgerichtet werden. Zusätzlich lassen sich bei einem Applet noch Angaben über den Textfluß um das Applet herum machen, worauf wir aber hier nicht weiter eingehen.

Wir werden nun einmal ein Applet konkret in eine HTML-Seite integrieren. Dazu benötigen Sie natürlich erst einmal ein passendes Applet. Sie finden das von mir verwendete Java-Applet `Apfel.class` auf der CD. Sie können sich aber aus dem Internet oder von irgendwelchen anderen Quellen beliebige andere Java-Applets besorgen, die Sie alternativ verwenden können.

```
<html>
<body bgcolor=black>
<DIV align=center>
<APPLET code=Apfel.class width=220 height=220 >
</APPLET>
</DIV>
</body>
</html>
```

Speichern Sie die Datei unter `APPL.HTM`. Bitte achten Sie darauf, daß sich in dem gleichen Verzeichnis die beiden Dateien `Apfel.class` und `helloPanel.class` befinden, wenn Sie das Applet von der CD verwenden.

Sie erhalten zentriert ein Applet, in dem zeilenweise das berühmte Apfelmännchen aufgebaut wird.

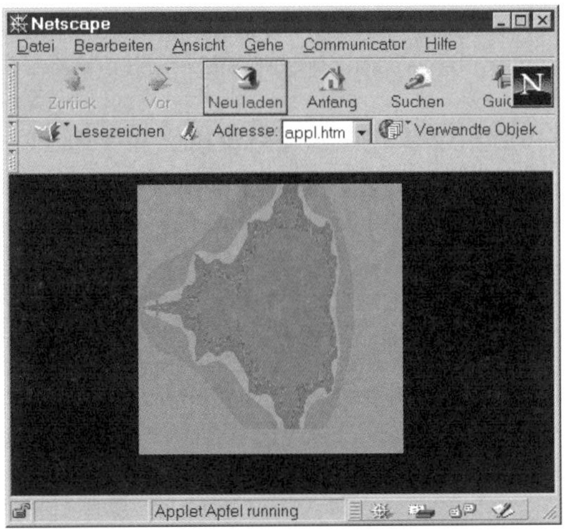

Bild 4.28: Ein Applet in einer HTML-Seite

Bei manchen Applets ist es notwendig, Parameter an das Applet weiterzugeben. Welche Parameter ein Applet konkret benötigt, ist fest in dem Java-Applet einprogrammiert und kann beim Aufruf in einer HTML-Seite nicht verändert werden. Viele Applets benötigen keine Parameter, andere wiederum mehrere. Wenn Sie ein bestehendes Applet einbinden wollen, müssen Sie diese Information aus der Dokumentation des Applets entnehmen. Wenn Sie keinen Hinweis auf Parameter finden, ist es sehr wahrscheinlich, daß das Applet auch keine braucht. Auf jeden Fall gilt dann »Try and Error«. Wenn es funktioniert, dann benötigt es wirklich keine Parameter.

Die Angabe von Parametern erfolgt einfach über eigene HTML-Tags – gegebenenfalls mehrere hintereinander. In diesem Fall spezifiziert jedes Parameter-Tag einen anderen Applet-Parameter. Ein Parameter-Tag sieht wie folgt aus: `<PARAM name=[Name] value=[Wert]>`.

Dabei gibt `name` den Namen des Parameters und `value` den Wert des angegebenen Parameters an. Das gesamte `<PARAM>`-Tag unterscheidet, außer bei dem `value`-Wert, nicht zwischen Groß- und Kleinschreibung. Ob der `value`-Wert Groß- und Kleinschreibung unterscheidet, hängt nur von dem Java-Code ab, der ihn verwendet.

4.4.2 Die allgemeine Einbindung von multimedialen Objekten

Seit HTML 4 gibt es einen einzigen Tag, der sämtliche bisher vorkommenden Tags zur Einbindung von multimedialen Objekten ablösen soll – der `OBJECT`-Tag. Damit werden nach den Vorstellungen der HTML-Überväter beim W3C die vielen – vielfach Browser-spezifischen – Tags überflüssig, die immer nur ein ganz bestimmtes multimediales Objekt einbinden konnten.

Einbindung von Hintergrundmusik

Es gibt da etwa den vom Internet Explorer verstandenen `BGSOUND`-Tag zur Einbindung von Hintergrundmusik. Über die Syntax

```
BGSOUND src="[URL]" loop=[Anzahl der Wiederholungen]
```

können Sie im Header Musikdateien verschiedenster Formate (etwa `MID`, `AU` oder `WAV`) in Ihre Web-Seiten integrieren, die dann den Besucher verzücken sollen. Sie werden beim Laden der Seite so oft abgespielt, wie Sie es im Parameter `loop` angeben (der Wert `infinite` bedeutet endlose Wiederholung). Dies ist nicht ganz unkritisch, da nicht jeder Anwender eine Soundkarte mit angeschlossenen Boxen verwendet. Das Hauptproblem ist aber die riesige Datenmenge, welche für eine Musikdatei (Ausnahme MIDI) übertragen werden muß. Welcher Anwender wartet schon 10 Minuten auf die Übertragung einer Web-Seite, um dann eine Minute Musik in Telefonqualität zu hören[1]?

Videos

Ein weiterer Spezial-Tag – er gehört nicht zum offiziellen HTML-Standard, der durch den OBJECT-Tag abgelöst werden soll, ist der EMBED-Tag zur Einbindung von Videos. Er wird von neueren Versionen der beiden Standardbrowser verstanden und kann übrigens auch zur Einbindung von Musik verwendet werden. Über die Syntax

```
<EMBED src="[URL]" width=[Breite in Pixel] height=[Höhe in
Pixel] controls=console>
```

lassen sich Videos (etwa das MOV-Format oder MPEG) in Web-Seiten integrieren, die bei einer entsprechenden Browserumgebung dann auch angezeigt werden.

Für Videos gilt noch mehr als für Musik die Einschränkung, daß kaum ein Anwender auf die Übertragung der Daten beim Laden der Web-Seite warten wird. Die Übertragungsraten im Internet lassen eine vernünftige Verwendung dieser Technologie nicht zu.

Nur noch ein Objekttyp

Diese Typ-bezogenen Tags, aber auch der IMG-Tag zur Anzeige von Bildern, sollen zukünftig nicht mehr verwendet werden. Mit dem OBJECT-Tag, der in früheren HTML-Versionen ausschließlich zur Einbindung von ActiveX-Controls gedient hat, gibt es nur noch einen HTML-Tag, der für alle Multimedia- und Fremdprogrammreferenzen genutzt werden kann.

Leider ist die Sache damit für den Ersteller einer Web-Seite nicht einfacher geworden. Im Gegenteil – Sie müssen erheblich mehr über den Typ des Multimedia-Objektes wissen. Schauen wir uns einige Beispiele an. Das nachfolgende Beispiel bindet ein Java-Applet wie üblich mittels des Applet-Tags ein:

```
<APPLET code="irgendeinApplet.class" codebase="html/"
width="200" height="200">
<PARAM NAME="irgendeinParameter" VALUE="irgendeinWert">
```

1 Das sind unter guten Verbindungseckdaten realistische Verhältnisse.

```
Keine Unterstützung für APPLETs
</APPLET>
```

Einbindung so, wie wir es gerade besprochen haben. Nicht gerade einfach, aber noch nachzuvollziehen. Schauen wir uns nun die neue Variante an, welche den gleichen Effekt hat:

```
<OBJECT classid="clsid:8AD9C840-044E-11D1-B3E9-00805F499D93"
width="200" height="200"
codebase="http://java.sun.com/products/plugin/1.2/jinstall-12-
win32.cab#Version=1,2,0,0">
<PARAM NAME="code" VALUE="irgendeinApplet.class">
<PARAM NAME="codebase" VALUE="html/">
<PARAM NAME="type" VALUE="application/x-java-
applet;version=1.2">
<PARAM NAME="irgendeinParameter" VALUE="irgendeinWert">
Keine Unterstützung für APPLETs (JDK 1.2)!
</OBJECT>
```

Das sieht offensichtlich komplizierter aus. Der Preis für einen einheitlichen Tag ist, daß erheblich mehr Informationen an den Tag übergeben werden müssen. Diese müssen Sie als Anwender leider alle wissen und eingeben.

- ✘ Der `Object`-Tag enthält eine `classid` (ein eindeutiger 128-Bit-Wert, um den sich der Ersteller eines Multimedia-Objekts kümmern muß und der für die konkrete Objektimplementierung zuständig ist). Diese werden Sie aus der Dokumentation des Multimedia-Objektes entnehmen müssen. Die `classid` ist übrigens die Identifikation, über die von einer Scriptsprache aus auf das Multimedia-Objekt zugegriffen werden kann. Die Angaben `width=[Wert]` und `height=[Wert]` sind identisch zu den bisherigen Situationen und bestimmen die Größe. Optionale Angaben können die Ausrichtung eines Objekts betreffen.
- ✘ Der `Object`-Tag enthält eine `codebase`-Angabe, die nicht identisch ist zu der `codebase`-Angabe, welche wir im Applet-Tag verwenden (diese folgt etwas weiter unten als eigener `PARAM`-Wert). Auch diese werden Sie aus der Dokumentation des Multimedia-Objekts entnehmen müssen.
- ✘ Die jeweiligen `PARAM`-Werte spezifizieren den genauen Typ des Multimedia-Objekts. Über

  ```
  <PARAM NAME="code" VALUE="irgendeinApplet.class">
  ```

  wird die Datei spezifiziert, die Angabe

  ```
  <PARAM NAME="type" VALUE="application/x-java-
  applet;version=1.2">
  ```

identifiziert es als Java-Applet. Mit

```
<PARAM NAME="codebase" VALUE="html/">
```

wird der Pfad relativ zur Web-Seite angegeben,

```
<PARAM NAME="type" VALUE="application/x-java-
applet;version=1.2">
```

spezifiziert den genauen Typ und die Version. Danach folgen irgendwelche optionalen Übergabeparameter an das Multimedia-Objekt.

Schauen wir uns als weiteres Beispiel noch die Syntax zur Einbindung von ActiveX-Controls an, obwohl deren Verwendung extrem kritisch ist:

```
<OBJECT classid = "[wert]" ID = "Name" WIDTH=[Wert]
HEIGHT=[Wert]  [optionale Angaben]>
   [ActiveX-Control-Eigenschaften]
</OBJECT>
```

Unter den ActiveX-Eigenschaften sind wieder Tags der Art `<PARAM NAME="irgendeinParameter" VALUE="irgendeinWert">` zu verstehen, wie sie schon bei den Java-Applets vorkamen.

Beispiel für die Einbindung eines ActiveX-Controls:

```
<OBJECT
  id=anbtn
  classid="clsid:0482B100-739C-11CF-A3A9-00A0C9034920"
  width=300
  height=200
  align=center
  hspace=0
  vspace=0 >
  <PARAM NAME="defaultfrstart" value="0">
  <PARAM NAME="defaultfrend" value="7">
  <PARAM NAME="URL" value="http://www.mycompany.com/my.avi">
</OBJECT>
```

Ich vermute schwer, Sie werden diesen Tag erst einmal ignorieren ;-). Das ist aber nicht so problematisch, da die bisherigen (einfacheren) Tags weiter unterstützt werden.

4.5 Zusammenfassung

Sie haben in diesem Kapitel Layoutfaktoren kennengelernt, die ein Ersteller einer Web-Seite nicht unmittelbar kontrollieren kann. Daneben gibt es aber zahlreiche Gestaltungsmöglichkeiten, die Sie anwenden können:

- ✘ Die Zeilenschaltung über <BR> und <NOBR> zur Unterdrückung.
- ✘ Die Absatzschaltung über <P> und deren Ausrichtungsmöglichkeiten.
- ✘ Die Ausrichtungen von Objekten über DIV und CENTER.
- ✘ Optische Gestaltung mit Trennlinien über den <HR>-Tag.
- ✘ Überschriften.

Wir haben zusätzlich die Probleme bei der Darstellung der deutschen Umlaute sowie aller weiterer Sonderzeichen behandelt und deren Maskierung.

Ein ganz wichtiges Layoutmittel ist die Beeinflussung der Textdarstellung. Wir haben alle wichtigen Anweisungen besprochen. Prinzipiell unterscheidet man in HTML zwischen sogenannten logischen und physischen Befehlen zur Hervorhebung von Text.

Das andere wichtige Gestaltungsmittel, welches wir kennengelernt haben, sind Grafiken. Diese lassen sich über den <IMG>-Tag einfach in eine Web-Seite einbinden. Ein ganz wichtiger Höhepunkt dieses Kapitel war aber die Erstellung von Hyperlinks.

Der letzte wichtige Abschnitt in dem Kapitel beschäftigte sich mit der Einbindung von beliebigen Multimedia-Objekten in eine Web-Seite. Etwa ein Java-Applet – eine Datei mit der Erweiterung Class. Ein Java-Applet kann mit der Anweisung <APPLET> in eine Web-Seite eingebunden werden. Es gibt aber mittlerweile den vereinheitlichten Tag <OBJECT>, welcher für die Einbindung von beliebigen Objekten verwendet werden kann.

Sie werden in diesem Kapitel unter Umständen die Behandlung von Formularen vermissen. Dies liegt unter anderem daran, daß die vollständige Abhandlung von Formularen sehr umfangreich und von Einsteigern kaum nachzuvollziehen ist[1]. Dabei ist es nicht einmal so sehr die Erstellung von Formularen und deren Integration in eine Web-Seite, welche zu kompliziert ist. Diese Vorgänge sind sogar mit einem vertretbaren Maß an Aufwand zu erklären. Das Problem liegt an der Auswertung des Formulars, die erst einmal durchgeführt werden muß, damit es irgendeinen Zweck erfüllt. Wenn Sie ausschließlich mit HTML arbeiten, kann die Auswertung nur auf der

1 Denken Sie an den Buchtitel – Jetzt lerne ich ...

Seite des Servers erfolgen. Sie müssen also nicht nur HTML beherrschen. Sie müssen sich ebenfalls in die Programmierung von serverseitigen Auswertungstechnologien einarbeiten. Dies ist in der Regel CGI – Common Gateway Interface – und eine serverseitige Scriptsprache, um überhaupt irgend etwas mit Formularen anfangen zu können, sofern Sie Formulare nicht bereits auf Clientseite kontrollieren.

Das Dilemma geht aber noch weiter. Die CGI-Technik ist nicht nur ziemlich kompliziert. Der ganze Aufwand bringt für die meisten Anwender keinen Nutzen – die meisten Provider erlauben es nicht, daß in ihren Homepage-Bereichen CGI-Scripte (und damit die konkrete Formularauswertung) ausgeführt werden. Alles in allem bedeuten CGI-Formulare einen erheblichen Lernaufwand und sind dennoch für die meisten Privatanwender von geringerem Interesse. Wir werden uns dennoch mit diesem Thema in einer anderen Sichtweise beschäftigen – bei Javascript. Dort haben wir nämlich die Möglichkeit, die serverseitigen Prozesse teilweise auf den Client zu verlagern. Dies sind dann die Javascript-Formulare. Wenden wir uns deshalb dem neuen Thema zu – der Web-Programmierung mit Javascript.

Kapitel 5

Javascript – eine Einführung

Javascript wird oft als Alternative zu Java angesehen, aus deren Namen sich Javascript ableitet. Teilweise werden die beiden Sprachen auch verwechselt. Wir wissen aber schon, daß es sich bei Javascript im Gegensatz zu Java nicht um eine von der Syntax an C/C++ angelehnte, objektorientierte Programmiersprache handelt, sondern um eine Scriptsprache. Sie ist gleichwohl eine vollständige Programmiersprache und damit erheblich leistungsfähiger, aber leider auch anspruchsvoller als HTML. Wenn Sie noch nie ein Programm erstellt haben[1], müssen wir zuerst einige Grundbegriffe klären, ohne die Sie nicht programmieren können. Aber nicht erschrecken – leichter als mit Javascript kann man nicht in die »echte« Programmierung einsteigen.

Fassen wir nochmals zusammen, was wir bereits über Javascript und Scriptsprachen im allgemeinen wissen: Javascript ist zwar keine direkte Alternative zu Java, aber in der Tat daraus abgeleitet, es stammt ebenfalls vom Softwarehersteller Sun. Der Grund für die Entwicklung von Javascript war der: Java ist zwar äußert leistungsfähig und dennoch einfacher als vergleichbare Programmiersprachen wie C/C++. Die Sprache ist aber immer noch äußerst kompliziert und für viele Zwecke überdimensioniert. Dies erkannte auch Sun. Eine vereinfachte Version für normale Web-Designer mußte deshalb her. Als beste Wahl im Web bot sich eine neue Scriptsprache an – Javascript. Javascript (in der Betaversion noch LiveScript genannt) wurde in Zusammenarbeit von Sun und Netscape entwickelt. Im Dezember 1995 wurde Javascript angekündigt und recht bald als eine offene, plattformunabhängige Scriptsprache eingeführt. Mit Javascript werden über eine Script-

1 Der Einwand HTML gilt nicht – das ist eine Beschreibung einer Seite.

sprache die Funktionen von Java auf Seiten eines Webbrowsers ergänzt. Obwohl Javascript viel einfacher als Java ist, lehnt sich die Syntax an Java an. Was wissen wir sonst noch über Javascript und Scriptsprachen im allgemeinen?

HINWEIS

Derzeit[1] liegt Javascript in der Version 1.3 vor, aber bis die vollständig in Browser integriert ist und einem ausreichenden Prozentsatz von Anwendern im WWW zur Verfügung steht, wird noch einige Zeit vergehen. Das können Sie bereits an der Umsetzung der bisherigen Javascript-Standards erkennen. Der Netscape Navigator 2.0 interpretiert den zu seiner Einführung aktuellen Javascript-Sprachstandard 1.0. Der Internet Explorer 3.0 versteht diesen Sprachstandard eingeschränkt, Vorgängerversionen gar nicht. Der Javascript-Standard 1.1 wird vom Navigator seit der Version 3.0 und dem Internet Explorer ab 4.0 verstanden. Der Javascript-Standard 1.2 wird vom Netscape-Browser seit Version 4.0 weitgehend interpretiert. Auch der Internet Explorer 4.0 versteht einige der dort neu eingeführten Befehle, allerdings noch immer nicht alle. Weiterhin muß man festhalten, daß sich der Netscape Navigator und der Internet Explorer in der Interpretation einzelner Objekteigenschaften – wie leider sehr oft – unterscheiden. Und dies, obwohl sowohl Netscape als auch Microsoft ausdrücklich betonen, daß sie sich mit ihren Sprachinterpretern an den ECMA-262-Standard[2] für Internet-Scriptsprachen halten. Teilweise beruht das sicherlich darauf, daß der Internet Explorer Javascript gar nicht direkt verarbeitet, sondern Javascript vor Durchführung des Scriptes erst in die Microsoft-eigene Sprachvariante JScript übersetzt. Diese kennt übrigens noch einige weitere spezielle Befehle, die nicht zum offiziellen Javascript-Sprachumfang gehören. Es gilt für Javascript-Anwendungen noch mehr als für reine HTML-Seiten, daß Sie die Scripte auf jeden Fall in mehreren Browsern testen sollten. Javascripte können im Gegensatz zu reinen HTML-Anwendungen Fehlermeldungen des Javascript-Interpreters am Bildschirm erzeugen und sogar Abstürze des Browsers oder gar des gesamten Systems auslösen.

Für das, was wir mit Javascript tun werden, langt die bereits recht gut in die Browser integrierte Version 1.2 vollkommen aus. Selbst diese Version werden Sie als Einsteiger kaum ausreizen. Wir beziehen uns also im folgenden nur darauf.

1 April 1999

2 Beim ECMA-Kommitee handelt es sich um ein Gremium, dem verschiedene Software-Hersteller, unter anderem Microsoft und Netscape, angehören. Es bemüht sich um einen allgemeingültigen Standard bei den Scriptsprachen.

Bei den Scriptsprachen handelt es sich wie bei HTML um Interpretersprachen, die in normale HTML-Seiten über spezielle Tags integriert werden und von einem Interpreter – in unserem Fall dem Browser – interpretiert werden. Javascript ist also eine reine Erweiterung des HTML-Codes in Form von Klartext und nur als eingebundener Bestandteil eines HTML-Gerüsts zu verwenden. Scripte sind damit in gewisser Weise normaler Bestandteil des HTML-Dokumentes. So wie Überschriften, Verweise oder andere Referenzen.

Hauptfunktion von clientseitigen Scriptsprachen[1] ist eine Verlagerung von Funktionalität vom Server auf den Client. Scripte erlauben es einem Webbrowser, auf eine intelligente Weise mit Situationen, die sonst ein Programm auf dem Webserver erforderlich machen würden, umzugehen. Wesentlicher Effekt ist damit eine Beschleunigung des Vorgangs, da der Browser keine Anfrage an den Server schicken und die Antwort nicht abwarten muß.

5.1 Die Einbindung von Javascript in eine Web-Seite

Wir wollen zuerst die Einbindung von Javascript in eine Web-Seite noch etwas genauer diskutieren. Der Abschnitt kann sogar noch allgemeiner verstanden werden, denn an Hand von Javascript kann die Einbindung von beliebigen Scriptelementen in Web-Seiten exemplarisch behandelt werden. Auch andere Scriptelemente werden sich vollkommen analog zu Javascript in eine Web-Seite einbinden lassen.

Javascript-Anweisungen werden in eine Web-Seite eingebunden, indem sie einfach in die die Web-Seite aufbauende HTML-Datei als Klartext hineingeschrieben werden. Der Beginn eines Scripts wird durch eine eigene Steueranweisung realisiert (die noch direkt zu HTML gehört), die mit ihrem zugehörigen Abschluß-Tag einen Container für die Scriptanweisungen bildet. Sie haben in unserem Beispiel gesehen, daß über den `<SCRIPT>`-Tag angegeben wird, daß all das, was in dem eingeschlossenen Container folgt, ein Script ist. Über den Parameter `LANGUAGE` wird bestimmt, um welche Scriptsprache es sich handelt. In unserem Fall legt also `<SCRIPT LANGUAGE="Javascript">` fest, daß innerhalb des Containers ein Javascript folgt.

1 Wir beschränken uns im folgenden auf clientseitige Scripts.

HINWEIS

Statt des Attributs `Javascript` kann im `SCRIPT`-Tag auch bei einigen Browser-Versionen der ursprüngliche Name von Javascript – `LiveScript` – stehen. Dies ist aber selten sinnvoll und wird nicht von allen Browsern unterstützt. Für den Internet-Explorer kann man die Angabe `JScript` für die hauseigne Javascript-Variante verwenden, aber damit grenzt man die Netscape-Anwender aus. Hingegen ist die Angabe der Javascript-Version – etwa über die Angabe `Javascript1.1`, `Javascript1.2` oder `Javascript1.3` – unter Umständen sinnvoll. Wir wollen im Rahmen des Buches dennoch darauf weitgehend verzichten und allgemein bei `Javascript` bleiben, da dies in keiner Weise von Nachteil für uns ist.

Der `<SCRIPT>`-Tag kann an einer beliebigen Stelle innerhalb eines HTML-Dokuments plaziert werden. Eine übliche Vorgehensweise ist, einen `<SCRIPT>`-Tag innerhalb des `<HEAD>`-Abschnitts eines Dokuments zu plazieren und darin die Deklarationen von wichtigen Funktionen einzubetten. Diese Funktionen sind dann für das ganze Dokument verfügbar. Sie können zusätzlich dann weitere `<SCRIPT>`-Tags im `<BODY>`-Abschnitt Ihres Dokuments plazieren, um diese Funktionen aufzurufen oder irgendwelche Informationen zur Verfügung zu stellen. Wenn ein Script im `<HEAD>`-Bereich plaziert wird, hat das den Vorteil, daß es bereits interpretiert wird, bevor der Textkörper des Dokuments vollständig über das Netz übertragen wurde (beim Laden aus dem Netz). Deshalb sollten Sie wichtige Javascript-Funktionen und Initialisierungscode in den `<HEAD>`-Abschnitt schreiben. Dieser Code wird so lange verfügbar sein, wie das Dokument existiert.

Bei einem Script-Container steht in der Regel direkt nach dem einleitenden `<SCRIPT>`-Tag ein HTML-Kommentar (`<!--`.). Dieser wird unmittelbar vor dem abschließenden Tag `</SCRIPT>` mit dem entsprechenden HTML-Kommentarendezeichen (`-->`) wieder geschlossen.

Dadurch steht der gesamte Javascript-Code innerhalb eines HTML-Kommentars. Dies ist zwar nicht zwingend, aber sicherer für den Fall, daß ein Browser die Seite lädt, der keine Scripte interpretieren kann.

Achtung – Probleme bei HTML-Kommentaren und einigen Navigatorversionen

Innerhalb eines Script-Containers werden sehr oft direkt nach dem einleitenden <Script>-Tag und unmittelbar vor dem abschließenden </Script>-Tag (so auch in den Buchbeispielen) HTML-Kommentare (<!- ... -->) gesetzt, also ein solches Gerüst erstellt:

```
<SCRIPT LANGUAGE="Javascript">
<!--
... irgendwelche Javascript-Anweisungen ...
-->
</SCRIPT>
```

Diese Konstruktion soll Browser, die kein Javascript verstehen, davon abhalten, diesen Bereich zu parsen (dies bedeutet, mittels des HTML-Interpreters zu untersuchen). Normalerweise ist der Verzicht auf die HTML-Kommentare zwar kein Problem (Stichwort Fehlertoleranz der Browser), aber um sich nicht darauf zu verlassen, versteckt man den ganzen Javascript-Code darüber einfach. Wenn nun ein Browser, der nicht Javascript-fähig ist oder dessen Javascript-Funktionalität deaktiviert ist, den Quelltext liest, werden die Scripte einfach nicht beachtet.

Ein Javascript-fähiger Browser wird innerhalb des Script-Containers wiederum die HTML-Kommentare ignorieren (durch den Script-Tag wird ja der Javascript-Interpreter aktiv und der wiederum beachtet HTML-Kommentare nicht) und einfach die im Script-Container enthaltenen Befehle ausführen. Es kann nach der Theorie eigentlich nicht sein, dass irgendein Browser diese HTML-Kommentare als Fehler interpretiert. Leider sind aber mittlerweile Fälle bekannt, die dessen ungeachtet von Problemen bei ganz bestimmten Varianten des Netscape Navigators berichten. Diese Varianten verlangen, daß dem HTML-Kommentar-Ende-Zeichen unter gewissen Umständen das Javascript-Kommentarzeichen // vorangestellt wird. Also ein solches Gerüst der Art:

```
<SCRIPT LANGUAGE="Javascript">
<!--
... irgendwelche Javascript-Anweisungen ...
//-->
</SCRIPT>
```

Damit wird das HTML-Kommentarendezeichen vor dem an der Stelle noch aktiven Javascript-Interpreter versteckt, der (entgegen der Syntaxregeln) offensichtlich damit Probleme hat.

Was wird passieren, wenn Sie bei einem Script-Container auf den HTML-Kommentar verzichten und ein Browser die Seite lädt, der keine Scripte interpretieren kann?

Wenn ein Browser keine Scripte interpretieren kann, bedeutet dies, daß er den <SCRIPT>-Tag nicht kennt. Er wird ihn nach dem Prinzip der Fehlertoleranz ignorieren. Soweit, so gut. Dies ist auch so gewünscht. Aber was besagt das Prinzip der Fehlertoleranz noch? Nachfolgender Text – in unserem Fall sind die Scriptanweisungen für einen HTML-Interpreter nicht als Text gekennzeichnet – wird ohne Formatierung auf dem Bildschirm dargestellt. Ein Anwender bekommt also unter Umständen die Scriptanweisungen einfach als Text im Browser angezeigt, und das ist nicht im Sinne des Erfinders.

Es können beliebig viele in Kommentar-Tags eingeschlossene Scriptelemente hintereinander notiert werden. Im Inneren des Javascript-Bereichs werden die Javascript-Funktionen notiert, deren genaue Syntax wir nachfolgend angehen werden.

Bzgl. der Verwendung von Script-Elementen mittels des SCRIPT-Tags sind unter dem neuen HTML 4 die Voraussetzungen für die Einbindung erheblich erweitert worden. Und zwar unabhängig von einer zu verwendenden Sprache: sowohl Javascript als auch VBScript, Tcl und Perl lassen sich verwenden. Dazu ist es erforderlich, entweder im Header-Teil einer Web-Seite (für das gesamte Dokument) oder zu Beginn des Scripts den Content-Type bekanntzugeben. Im Header erfolgt die Dokumentation über einen META-Tag, wie er uns schon einige Male begegnet ist (beispielsweise <META http-equiv="Content-Script-Type" content="text/tcl">). Zu Beginn des Scripts genügt die Angabe des Script-Typs in dem Script-Tag (beispielsweise <SCRIPT type="text/javascript">). Eine Einbeziehung externer Scripts ist über das SRC-Attribut weiterhin möglich (gleich mehr dazu).

Eine Veränderung bei der Verwendung von Scripts unter HTML 4 betrifft den Abschluß-Tag. Dort ist nun Vorsicht geboten. Genaugenommen geht es um die Verwendung beliebiger Abschluß-Tags innerhalb von Scripts. Ab sofort soll jeder Ende-Tag (nicht nur das </SCRIPT>-Tag) im Script das Ende des Scripts festlegen. Als Beispiel finden Sie auf den W3C-Seiten ein kurzes Javascript-Beispiel:

```
<SCRIPT type="text/javascript">
document.write ("/lt;EM>This will work<\/EM>")
</SCRIPT>
```

Ohne den maskierenden Backslash ('\') würde der Browser unter Umständen bereits den Ende-Tag von EM als den des gesamten Scripts interpretieren.

Javascripts in einer extra Datei ablegen

Sie können wie gerade erwähnt unter HTML 4 bzw. seit Javascript in der Version 1.1 auch eine separate Datei verwenden, die Ihren Javascript-Code enthält und beim Laden einer HTML-Datei hinzugebunden wird. Sie erreichen dies mit dem üblichen Attribut `src`, welches einen Tag erweitert, der externe Dateien nutzen möchte. In unserem Fall müssen Sie den `SCRIPT`-Tag entsprechend erweitern.

Beispiel:

```
<SCRIPT language="Javascript" src="meineFunktion.js"
type="text/javascript">
</SCRIPT>
```

In Anführungszeichen wird hinter dem Attribut `src` der Name der separaten Datei angegeben. Dabei gelten beim Referenzieren von separaten Javascript-Dateien die üblichen Regeln für URLs. Im Header sollten Sie über einen `META`-Tag die Angabe zum Mime-Type der eingebundenen Datei dokumentieren (`type="text/javascript"` für den Mime-Type von Javascript-Dateien). Die Datei mit dem Quellcode muß wie HTML-Dateien auch eine reine ASCII-Datei sein und ausschließlich Javascript-Code enthalten. Üblich ist die Dateierweiterung `.js`, aber das ist nicht zwingend.

Ihnen fällt sicher auf, daß der `SCRIPT`-Container leer ist. Dies ist aber klar, denn die sonst dort notierten Javascript-Anweisungen finden Sie in der referenzierten Datei `meineFunktion.js`. Diese Datei enthält die gewünschte Funktion in der Form

```
function meineFunktion([optionale Parameter])
{
   ... [irgendwelche Anweisungen] ...
}
```

So eine Vorgehensweise ist unter anderem dann sinnvoll, wenn Sie gleiche Javascript-Funktionalität in verschiedenen HTML-Dateien verwenden wollen. Zwar ist es kaum Mehrarbeit, den mehrfach benötigten Javascript-Code per *Paste-und-Copy* von einer HTML-Datei in die andere HTML-Datei zu kopieren. Die über das Netz zu übertragende Datenmenge reduziert sich jedoch, wenn Sie in einem Projekt bestimmte Funktionalität mehrfach benötigen. Insbesondere ist die Wartung und Verwaltung des Javascript-Codes leichter. Sie müssen immer nur an einer Stelle Veränderungen vornehmen, was immer eine erhebliche Arbeitserleichterung bedeutet.

Die Verwendung von externen Javascriptdateien ist nicht ganz unproblematisch, wenn auf dem Server Ihres Providers der Mime-Type `text/javascript` für Dateien mit der Endung `.js` in der Konfiguration des Web-Servers nicht angegeben ist. In diesem Fall müssen Sie entweder Ihren Provider dazu veranlassen, seine Konfiguration anzupassen, oder Sie müssen auf die Verwendung von externen Javascript-Dateien verzichten. Wir werden im Laufe des Buchs keine externen Dateien verwenden, sondern den Javascript-Text immer direkt in eine HTML-Datei schreiben.

Wir werden auch in diesem Kapitel möglichst viele Schritte mit praktischen Übungen begleiten. Dabei werde ich allerdings vielfach vorgreifen müssen, um die besprochenen Details in einen lauffähigen Zusammenhang setzen zu können. Auch wenn Sie dann bei den Beispielen nicht alle Details gleich verstehen, Sie werden die Auswirkungen des Scripts sehen und bekommen so bereits ein Gefühl für die Javascript-Regeln.

Javascript-Anweisungen direkt in eine HTML-Anweisung schreiben

Es gibt auch einen Spezialfall, wo Sie Javascript-Anweisungen direkt in eine HTML-Anweisung schreiben können. Dazu müssen Sie nur der entsprechenden HTML-Anweisung das Schlüsselwort `javascript`, gefolgt von einem Doppelpunkt, als Attribut angeben.

```
<a href="javascript:alert('Aber hallo')">
```

Dieses System hat aber einige erhebliche Nachteile. Der wichtigste ist wohl, daß es nur beim Netscape Navigator funktioniert. Außerdem ist es nicht gut lesbar (besonders bei mehreren Anweisungen) und auf die Elemente `<A>` und `<AREA>` eingeschränkt, das heißt, es wird Javascript-Code als Verweisziel definiert. Dem Attribut `href` werden in Anführungszeichen eine oder mehrere Javascript-Anweisungen zugewiesen.

Beachten Sie, daß Sie für den Fall, wo Sie Hochkommata innerhalb einer in Anführungszeichen eingeschlossenen Zeichenkette brauchen, nicht die normalen Hochkommata verwenden dürfen. Statt dessen können Sie das Zeichen ' verwenden. Es entsteht also eine Verschachtelung mit zwei verschiedenen Zeichen. Etwa wie in dem Beispiel eben (`"javascript:alert('Aber hallo')"`). Die Verschachtelung gilt auch umgekehrt (`'javascript:alert("Aber hallo")'`).

5.2 Die Fehlerbehandlung in Javascript

Kommen wir nun zu einem Abschnitt, den wir der konkreten Javascript-Programmierung voranstellen wollen und der leider nicht ganz unwichtig ist. Wieso leider? Javascript ist nicht so fehlertolerant wie HTML. Wenn Sie unter HTML einen Fehler machen, kann nicht viel passieren. Meist schreiben Sie eine falsche Steueranweisung, und der Browser ignoriert diese oder zumindest die Attribute, welche er nicht versteht. Im schlimmsten Fall werden Informationen unterdrückt oder Teile einer Steueranweisung als Klartext im Browser ausgegeben. Nicht schön, aber nicht schlimm. Javascript ist da schon gefährlicher. Sie können damit sowohl den Browser des Anwenders abschießen als auch den ganzen Rechner[1]. Falls Ihr Script also einen Fehler hat, müssen Sie ihn finden, bevor die Seite ausgeliefert werden kann. Und leider werden sich in jedem Programm oder Script, das über ca. zehn Zeilen hinausgeht, mit größter Wahrscheinlichkeit Fehler einschleichen. Es gibt da die berühmte Gesetze von Murphy, die im wesentlichen besagen, daß alles, was im Prinzip schiefgehen kann, auch in der Tat schiefgehen wird. Oder noch genauer – egal, wie schlimm es ist, es wird noch schlimmer!

Die Gesetze von Murphy gipfeln in einigen (unverbindlichen) Erkenntnissen:

- ✘ Es gibt kein Programm/Script ohne Fehler!
- ✘ Jede Korrektur eines Fehlers in einem Programm/Script zieht mindestens zwei neue Fehler nach sich!
- ✘ Wichtige Fehler werden immer erst nach der Veröffentlichung bemerkt!
- ✘ Ein Programmierer bzw. das gesamte verantwortliche Team wird immer die augenscheinlichen Fehler übersehen! Dazu gibt es eine Erweiterung, die wie folgt lautet: Jeder Außenstehende, der ungefragt ein Programm ansieht, bemerkt die Fehler sofort! Da aber Besserwisserei nirgends gemocht wird, wird dessen Meinung bewußt ignoriert.
- ✘ Jedes Programm/Script wird soweit optimiert, bis es unbrauchbar ist!
- ✘ Jedes bis zur Unbrauchbarkeit optimierte Programm/Script läßt sich unmöglich in den Zustand zurückversetzen, in dem es – noch nicht optimiert – lauffähig war!

---

1 Ein solcher Volltreffer kommt aber sehr selten vor. Da brauchen Sie meisten schon so Kanonen wie C/C++-Programme.

Man kann diese Aussagen (welche alle auf unumstößlichen Erfahrungen beruhen) noch beliebig erweitern, aber Sie merken schon, um was es geht. Fehler! Wir müssen uns dabei mit verschiedenen Situationen auseinandersetzen:

1. Typographische Fehler beim Schreiben des Scripts
2. Syntaktische Fehler beim Schreiben des Scripts
3. Programmfehler zur Laufzeit, welche auf logische Fehler im Programmaufbau zurückzuführen sind
4. Programmfehler zur Laufzeit, welche auf äußere Umstände (Situationen, die erst zur Laufzeit entstehen), die Umgebung des Programms oder den Anwender zurückzuführen sind

HINWEIS

Die näheren Erklärungen der einzelnen Fehlertypen folgt gleich.

Die Beseitigung der Fehlerpunkte 1 bis 3 sind hauptsächlich das, was man unter Debugging versteht. Punkt 4 zählt teilweise ebenfalls dazu, wird jedoch bei Scripten weitgehend dem Interpreter (sprich dem Browser) überlassen.

MERKSATZ

Debugging

Der Begriff Debugging *geht auf das englische Wort* Bug *zurück, was übersetzt* Wanze *heißt. Es gibt einige Anekdoten, warum die Fehlerbereinigung bei einem Programm Debugging genannt wird. Die bekannteste Anekdote hat zum Inhalt, daß in Zeiten seliger Röhrengroßrechner (vierziger Jahre) ein Programmfehler die damaligen Entwickler zur Verzweiflung getrieben haben soll. Der Fehler zur Laufzeit war absolut unlogisch, da im Quelltext kein Fehler zu finden war. Die Lösung fand sich erst, als man den Rechner selbst auseinanderschraubte und zwischen den Röhren eine tote Wanze fand, die mit ihrem Körper Schaltkreise störte.*

Um Fehler bei der Erstellung eines Scripts erst gar nicht entstehen zu lassen, hilft ein sorgfältige Vorbereitung (Programmplanung, Bereitlegen von Nachschlagewerken und genügend Infomaterial, eventuell vernünftige Entwicklungswerkzeuge mit farblicher Unterscheidung von Schlüsselworten und Quelltextstrukturen) und vor allem sorgfältige und konzentrierte Eingabe. Aber auch ein durchdachtes Konzept und genügend Programmiererfahrung werden die Anzahl der potentiellen Fehler in einem Script bereits im Vorfeld reduzieren. So werden erfahrene Programmierer beispielsweise bei Divisionen immer mißtrauisch und stellen sicher, daß der Teiler nie den Wert 0 annehmen kann.

Vernünftige Sicherungsmaßnahmen

Nehmen wir uns noch einmal die (ironischen) Aussagen vor:

- ✘ Jedes Script wird soweit optimiert, bis es unbrauchbar ist!
- ✘ Jedes bis zur Unbrauchbarkeit optimierte Script läßt sich unmöglich in den Zustand zurückversetzen, in dem es – noch nicht optimiert – lauffähig war!

Es gibt einen ernsten Hintergrund. Oft kommt man in die Situation, daß ein Script läuft, aber noch einige Dinge erweitert oder verändert werden müssen. Man macht eine Änderung oder mehrere Änderungen in einem Schritt, und das Script hat einen Fehler. Leider ist es so, daß man sich normalerweise nicht jede Änderung merkt (obwohl dies – oder noch besser eine Dokumentation – sinnvoll wäre). Oft kann deshalb diese Veränderung dann nicht mehr rückgängig gemacht werden. Hat man dann den letzten lauffähigen Stand nicht gesichert, bleibt oft nur ein aufwendiges Try-and-Error-Verfahren, um etwas wiederherzustellen, was man schon einmal hatte. Versuchen Sie also, eine lauffähige und bereits halbwegs richtige Scriptversion zu sichern und die Erweiterung in einem anderen Verzeichnis oder unter einem neuen Namen zu speichern.

Was tun bei einem Fehler?

Wenn nun ein Fehler aufgetreten ist und sich der fehlerfreie Zustand nicht durch einfaches Laden der letzten lauffähigen Version wiederherstellen lassen kann, bleibt nur die Fehlerbeseitung. Dabei stellt sich zuerst das Problem, den Fehler überhaupt zu lokalisieren. Dies ist der größte und wichtigste Teil dessen, was Debugging genannt wird – das Lokalisieren und Identifizieren eines Fehlers. Das Programm, welches bei Programmiertools eine solche Fehlerlokalisierung erlaubt, heißt Debugger. Wenn Sie – wie wir – ohne ein solches Tool arbeiten, können Sie auch ohne Hilfsmittel auf die Wanzenjagd gehen. Das funktioniert ebenso ganz gut, wenn man gewisse Techniken verwendet. Die Fehlersuche ohne Debugger hat die wesentlichen Vorteile, daß Sie außer dem Editor kein zusätzliches Programm benötigen und sich vor allem nicht in dessen Bedienung einarbeiten müssen.

Welche Fehler gibt es?

Wenn Sie sich beim Schreiben des Programms einfach vertippt oder ein Schlüsselwort, eine Variable oder sonst etwas Entscheidendes falsch geschrieben haben, können zwei Fälle auftreten.

Sofern Sie ein Wort *richtig* falsch geschrieben haben, ist die Situation oft leicht in der Griff zu bekommen. Aber was soll das heißen – *richtig* falsch? Richtig oder falsch? Was denn nun?

Es soll bedeuten, daß Sie nicht zufällig einen solchen Schreibfehler gemacht haben, so daß der falsche Begriff wieder einen sinnvollen Begriff und keinen syntaktischen Widerspruch ergibt. Nehmen wir ein Beispiel aus der Textverarbeitung. Sie wollten beispielsweise *Salz* schreiben und haben *Satz* getippt – ein ebenfalls sinnvolles Wort. In diesem Fall haben Sie ohne Hilfsmittel nur die Chance, daß Sie den Fehler im Quelltext durch aufmerksames Lesen oder Analyse des Resultats des Scripts finden (sehr, sehr schwer).

Wenn Sie jedoch einen Schreibfehler haben, der keinen vernünftigen Ausdruck ergibt, sind Sie meist in der besseren Situation. Der Ausdruck wird in der Regel einen syntaktischen Widerspruch innerhalb der Programmiersprache erzeugen, und der Interpreter wird bei seiner Arbeit den Fehler entdecken. Danach reagiert der Interpreter mit Abbruch der Verarbeitung und gibt eine Information zurück, wie Sie den Fehler finden können (dazu gleich mehr). Falls Sie direkt an dieser Adreßangabe den Fehler finden, haben Sie allerdings Glück, denn leider ist diese Adreßangabe nur die Stelle, wo sich ein Fehler auswirkt und nicht unbedingt der Entstehungsort. Dies muß nicht immer identisch sein, aber zumindest ist der Fehler schon einmal eingegrenzt.

Auch bei syntaktischen Fehlern in einem Script (Fehler bei der Verwendung der Programmiersprachensyntax) wird der Interpreter die Abarbeitung unterbrechen. Viele syntaktische Fehler beruhen auf typographischen Fehlern, aber beileibe nicht alle, denn dieser Typ von Fehler beinhaltet auch die falsche Verwendung von korrekten Ausdrücken (etwa so etwas wie `for (i==0; i < 256;i++)` – ein Vergleich statt einer Zuweisung der Zählvariable). Leider gilt auch hier, daß nicht unbedingt die Adreßangabe des Fehlers der Entstehungsort des Fehlers sein muß.

Es gibt auch Programmfehler zur Laufzeit, welche auf logische Fehler im Programmaufbau zurückzuführen sind. Hierbei haben Sie ein syntaktisch vollkommen korrektes Script geschrieben, daß aber Fehler zur Laufzeit zuläßt. Dies geschieht meist, weil eine Variable einen falschen Wert bekommt. Beispielsweise setzt irgendeine Programmsituation (etwa eine Benutzereingabe) eine Variable auf 0, und im Folgeschritt wollen Sie durch diese

Variable teilen. Sie müssen zur Beseitigung der Fehlersituation die Stelle im Quelltext suchen, an der diese Variable (Methode usw.) verwendet wird, und versuchen, den Aufbau und mögliche Fehler noch einmal durchzudenken.

Es gibt auch Programmfehler zur Laufzeit, welche auf äußere Umstände (Umgebung des Programms oder den Anwender) zurückzuführen sind. Diese Fehlerkonstellation kann durch verschiedene Dinge entstehen. Sie greifen etwa im Programm auf eine bestimmte Schriftart zu, die auf der Plattform des Anwenders nicht vorhanden ist. Oder das Programm läßt Bedienfehler durch den Anwender zu. Es handelt sich also um Fehler, die mehr auf konzeptioneller Seite zu suchen sind, und weniger um technische Fehler. Deren Behandlung obliegt bei Javascript im wesentlichen dem Interpreter, sprich Browser.

Wie lassen sich nicht offensichtliche Fehler finden?

Der klassische Weg, um nicht offensichtliche Fehler ohne einen Debugger zu finden, sind Kontrollausgaben, welche im endgültigen Source beseitigt werden. Gängige Praxis ist, vor einem vermuteten Fehler eine Bildschirmausgabe der »Wanze« (also der Variable, in der man die Fehlerursache vermutet) zu erzeugen. Dies könnte so aussehen (die Variable `Teiler` ist die vermutete Wanze):

```
document.write(Teiler);// Debuggausgabe
a=b/Teiler;// vermutete Fehlerstelle
```

Vor der Entstehung des Laufzeitfehlers sehen Sie auf dem Bildschirm den Wert der Variablen. Sie können selbstverständlich an den unterschiedlichsten Stellen im Programm solche Debug-Ausgaben einfügen, um eine Variable über mehrere Schritte hinweg zu verfolgen.

Wie äußert sich der Javascript-Interpreter bei einem Fehler?

Wenn Ihr Javascript bei der Ausführung einen Fehler aufweist, wird der Intenet Explorer automatisch ein Fehlerfenster öffnen und die Zeile mit dem Fehler sowie einen Grund für den Fehler angeben. Daneben können Sie entscheiden, ob weitere (hoffentlich fehlerfreie) Scripte in der Seite ausgeführt werden sollen.

Der Netscape Navigator hält bei einem Fehler in einem Script die Ausführung an und zeigt erst einmal keine weiteren Informationen an. Um diese zu bekommen, müssen Sie in der Adreßzeile des Browsers `javascript:` eingeben (beachten Sie, daß der Doppelpunkt unbedingt dazugehört). Daraufhin öffnet sich ein zusätzliches Communicator-Fenster, in dem Sie die Zeile mit dem Fehler plus einer Beschreibung des Fehlers finden.

Bild 5.1: Fehlermeldung im Navigator

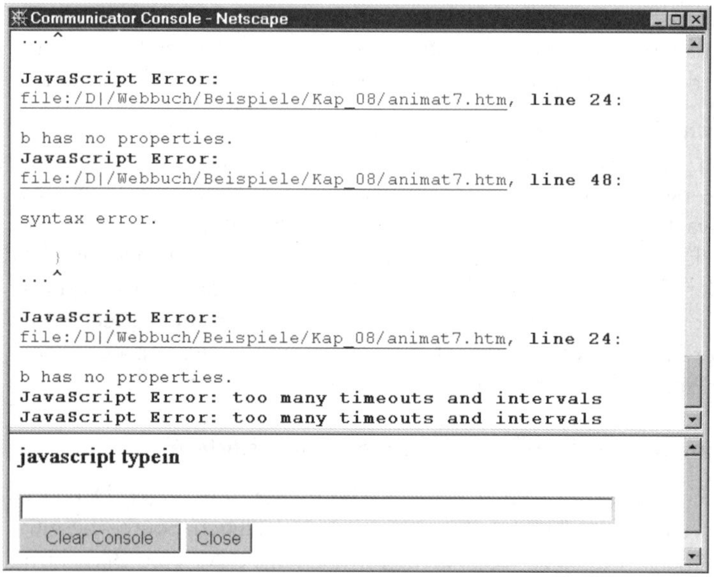

Groß- und Kleinschreibung unter Javascript

Unter Javascript lauert ein heimtückischer Fehler, wenn Sie direkt von HTML kommen. Im Gegensatz zu HTML wird in Javascript streng zwischen Groß- und Kleinschreibung unterschieden. Lassen Sie sich nicht dadurch täuschen, wenn der `SCRIPT`-Tag mit seinen Attributen zwischen Groß- und Kleinschreibung wechselt (je nach Quelle) – der gehört explizit zu HTML.

So, und jetzt ab zu einigen Hintergrundinformationen, welche für Javascript wichtig sind.

5.3 Einige Javascript-Hintergründe

Wir kommen bald zur konkreten Javascript-Programmierung. Allerdings steht davor noch einige Arbeit, um Hintergrundwissen über die Interna von Javascript zu erarbeiten. Es geht leider nicht ganz ohne diese Theorie. Wir wollen dennoch mit etwas Praktischem einsteigen.

Erstellen Sie bitte als ersten Schritt ein eigenes Verzeichnis, in das Sie alle nachfolgenden Javascript-Experimente speichern.

Wie das geht, brauchen wir wohl nicht mehr besprechen.

Einen kleinen Vorgeschmack auf die Javascript-Programmierung bekommen Sie mit einer weiteren kleinen Übung, die ein einfaches und sehr bekanntes Beispiel darstellt. Es geht um die Weiterleitung einer geladenen Seite zu einer anderen Seite. Erinnern Sie sich? Wir hatten das schon mal in Verbindung mit dem `META`-Tag. Die gleiche Funktion schauen wir uns jetzt einmal unter Javascript an. Wir greifen damit wieder vor, aber die einzelnen Sprachbestandteile werden natürlich noch im Laufe des Buchs erläutert.

Haben Sie die Übung mit der Datei (Name `UMLEIT.HTM`) noch, in der auf die Datei `Titel.htm` umgeleitet wurde? Bitte kopieren Sie die Zieldatei `Titel.htm` in Ihr Javascript-Arbeitsverzeichnis. Danach erstellen Sie folgende Datei (`J_EINS.HTM`):

```
<html>
<head>
<SCRIPT LANGUAGE="Javascript">
<!--
function fenster_neu() {
location.href='TITEL.HTM'
}
window.setTimeout('fenster_neu()',3000);
-->
</SCRIPT>
</head>
<body>
</body>
</html>
```

Nach drei Sekunden leitet die Datei zur Datei `TITEL.HTM` weiter. Was Ihnen bei dem Beispiel hauptsächlich auffallen sollte, ist der `<SCRIPT LANGUAGE="Javascript">`-Tag, der angibt, daß das, was in dem eingeschlossenen Container folgt, ein Javascript ist. Sie werden diese Script-Zeile immer wieder finden. Wie wir bereits wissen, leitet sie sämtliche Javascript-Funktionalität ein.

5.3.1 Was ist Objektorientierung?

Javascript ist eine teilweise objektorientierte Sprache. Wir haben den Begriff Objekt schon mehrfach in diesem Zusammenhang gehabt. Was ist aber ein Objekt und Objektorientierung beziehungsweise objektorientierte Programmierung (OOP)[1]?

Objekte

Unter einem Objekt stellt man sich ein Software-Modell vor, das ein Ding aus der realen Welt mit all seinen Eigenschaften und Verhaltensweisen beschreiben soll, etwa das Objekt Drucker, Bildschirm oder Tastatur. Aber auch Teile der Software selbst können ein Objekt sein, beispielsweise der Browser oder ein Teil davon – etwa ein Frame. Oder nur ein Teil eines Dokuments – eine Überschrift in einer Web-Seite, ein Absatz, eine Grafik usw. Eigentlich ist in dem objektorientierten Denkansatz alles als Objekt zu verstehen, was sich eigenständig erfassen und ansprechen läßt.

Der Hauptgrund, daß der Begriff Objektorientierte Programmierung (OOP) in der Programmiererwelt für so große Unruhe und Verwirrung sorgte, ist wohl der, daß Programmierer, seit es den Beruf gibt, anders denken – prozedual. Im Zentrum der althergebrachten, prozedualen Programmierung stand immer die Umsetzung eines Problems in ein Programm durch eine Folge von Anweisungen, welche in einer vorher festgelegten Reihenfolge auszuführen sind. Das dahinterstehende Denkmodell wird lineare Programmierung genannt, welche einem algorithmischen Denken folgt. Einzelne zusammengehörende Anweisungen werden dabei maximal in kleineren Einheiten von Befehlsschritten zusammengefaßt, die Funktionen oder Prozeduren genannt werden. Eine solche Arbeitsweise ist recht gefährlich, denn Änderungen in der Datenebene können Auswirkungen auf die unterschiedlichsten Programmsegmente haben. Außerdem entspricht ein solches Denkkonzept nicht dem Abbild der realen Natur.

Objektorientierte Programmierung läßt sich darüber definieren, daß zusammengehörende Anweisungen und Daten eine zusammengehörende, abgeschlossene und eigenständige Einheit bilden – **Objekte**!

Objekte bestehen also normalerweise aus zwei Bestandteilen, den sogenannten Objektdaten – das sind die Attribute bzw. Eigenschaften – und den Objektmethoden. Man kann sagen, daß Attribute die einzelnen Dinge sind, durch welche sich ein Objekt von einem anderen unterscheidet. Objektme-

---

1 Der Abschnitt wird jetzt recht heavy. Sie können ihn auch erst einmal hintenanstellen, aber ein Nachvollziehen lohnt sich, weil das Erlernen der Javascript-Grundvorgänge damit verständlicher wird.

thoden stellen das dar, was diese Objekte tun können. Sie realisieren die Funktionalität der Objekte.

Methoden

Methoden sind irgendwelche Anweisungen, mit denen die – im Prinzip abgeschlossenen und eigenständigen – Objekte miteinander kommunizieren und/oder ihre Eigenschaften manipulieren können.

Wesentlich an der objektorientierten Programmierung ist, daß die Methoden und die Daten (Attribute) **gemeinsam** einem Objekt zugeordnet sind. Nur über diese Methoden können die Daten der Objekte gelesen oder verändert werden. Dies bedeutet weiterhin, daß es keine Methoden ohne zugehörige Objekte gibt. Nach außen ist ein Objekt nur durch seine Schnittstellen zu den Methoden definiert, es ist gekapselt, versteckt seine innere Struktur vollständig vor anderen Objekten. Man nennt dies *Information Hiding* und *Datenkapsel*.

Der ganz entscheidende Vorteil dieses Verfahrens ist, daß ein Objekt sich im Inneren, d.h. bezüglich seiner Eigenschaften und seiner inneren Attribute, vollständig verändern kann. Solange es sich nur nach außen unverändert zeigt, wird das veränderte Objekt problemlos in ein System integriert, wo es in seiner alten Form funktioniert hatte. Ein Objekt ist also eine Art Black Box.

Diese Philosophie entspricht viel mehr der realen Natur als der prozeduale Denkansatz, welcher dirch die Struktur des Computers definiert wird. Ein Objekt ist im Sinne der OOP eine Abstraktion eines in sich geschlossenen Elements der realen Welt. Dabei spricht man von Abstraktion, weil zur Lösung eines Problems normalerweise weder sämtliche Aspekte eines realen Elements benötigt werden noch überhaupt darstellbar sind. Irgendwo muß immer abstrahiert werden – und wenn es erst auf der Ebene der Atome ist, dann wird es jedoch philosophisch.

Ein Mensch bedient sich eines Objekts, um eine Aufgabe zu erledigen. Man weiß in der Regel nicht genau, wie das Objekt im Inneren funktioniert, aber man kann es bedienen (weiß also um die *Methoden* seiner Verwendung) und weiß um die Möglichkeiten des Objekts (seine Attribute/Eigenschaften).

Im Detail sind bei der Erklärung der Objektorientierung jetzt noch einige Festlegungen notwendig.

Methoden werden meistens angesprochen, indem das Schema

```
Empfänger Methodenname Argument
```

verwendet wird. Punkt und Klammer trennen dabei meist die drei Bestandteile der Botschaft in der folgenden Form:

```
Empfänger.Methodenname(Argument)
```

Das Argument stellt in dem Ausdruck einen Übergabeparameter für die Methode dar: die sogenannte Punktnotation. Wenn Sie sich unsere Übung vom Anfang anschauen, werden Sie da genau so etwas vorfinden.

Beispiel:

```
window.setTimeout('fenster_neu()',3000);
```

Klassen und Instanzen

In der OOP werden ähnliche Objekte zu Gruppierungen zusammengefaßt, welche eine leichtere Klassifizierung der Objekte ermöglicht. Die Eigenschaften der Objekte werden in den Gruppierungen gesammelt und für eine spätere Erzeugung von realen Objekten verwendet. Diese Beschreibungen oder Baupläne für konkrete Objekte nennt man **Klassen**, die Objekte selbst sind im OO-Sprachgebrauch **Instanzen** dieser Klassen. Oft werden Klassen als Schablonen erklärt. Ein anderer Versuch, sich Klassen vorzustellen, könnten Backformen sein, mit denen Plätzchen (Instanzen) aus einem (Computer-)Teig gestochen werden. Zentrale Bedeutung hat dabei die hierarchische Struktur der Gruppierungen, von allgemein bis fein. Gemeinsame Erscheinungsbilder sollen also in der objektorientierten Philosophie möglichst in einer höheren Klasse zusammengefaßt werden. Erst wenn Unterscheidungen möglich bzw. notwendig sind, welche nicht für alle Mitglieder einer Klasse gelten, werden Untergruppierungen – untergeordnete Klassen – gebildet. Jede (gewöhnliche) Klasse kann eine Vielzahl von Unterklassen (man nennt diese Subklasse) und konkreten Instanzen (Objekten) haben. Eine übergeordnete Klasse wird Superklasse genannt. Die ineinander geschachtelten Klassen bilden einen sogenannten Klassenbaum. Dieser kann im Prinzip beliebig tief werden. Ebenso tief, wie es notwendig ist, um ein Problem detailliert zu beschreiben.

Jede Subklasse hat immer mindestens die gleichen Eigenschaften wie die Superklasse und sollte sinnvollerweise mindestens eine Eigenschaft mehr haben, welche die Superklasse nicht hat (sonst ist sie ja identisch). Jedes Objekt in einer Subklasse bekommt die Eigenschaften des zugehörigen Objektes in der Superklasse vererbt.

Vererbung

Die Beziehung eine übergeordneten Klasse zur ihrer Subklasse ist streng hierarchisch und heißt Vererbung. Abgeleitete Klassen übernehmen die

Eigenschaften und Methoden aller übergeordneten Klassen. Die abgeleitete Klasse verwendet die Methoden der Superklasse. Die Methodenauswahl in der Klassenhierarchie ist so geregelt, daß die gewünschte Methode in der nächsthöheren Superklasse gesucht wird, wenn eine Methode in einer konkreten Objektklasse nicht vorhanden ist. Ist sie dort desgleichen nicht vorhanden, erfolgt die Suche in der nächsthöheren Klasse, bis die oberste Superklasse des Klassenbaums erreicht ist. Die Ausführung der Methode erfolgt also in der ersten Klasse, in der sie gefunden wird. Subklassen werden ihre Erbschaft in der Regel nicht unverändert lassen. Subklassen können mit ihren ererbten Eigenschaften einiges anstellen:

- ✘ Attribute hinzufügen
- ✘ neue Methoden spezifizieren
- ✘ vorhandene Methoden überladen
- ✘ geerbte Methoden ergänzen

5.3.2 Eine erste Annäherung an das Objektmodell von Javascript

Javascript basiert auf dem eben abstrakt beschriebenen objektorientierten Konzept, in dem jedes einzeln ansprechbare Element als eine nach außen abgeschlossene Einheit auftritt, welche definierte Eigenschaften hat. Die Eigenschaften der Objekte können Variablen oder andere Objekte sein. Alle Eigenschaften lassen sich mit Javascript manipulieren und werden als Variablen angesehen. Ein Objekt kann auch Funktionen mit einschließen. Wie bei Java werden diese Funktionen Methoden genannt. Das Manipulieren der Eigenschaften eines Objekts erfolgt bei Javascript über die schon angesprochene Punktnotation (dot-notation).

Eines der internen Objekte, die Javascript zur Verfügung stehen, wird beispielsweise `navigator` genannt. Dieses Objekt enthält Informationen über den Browser, welchen der Anwender verwendet. Eine der unter Javascript nutzbaren Eigenschaften von `navigator` ist `appName`. Diese Zeichenkette enthält den Namen des Browsers. Um den Wert der Eigenschaft, also den Namen, zu bekommen, müssen Sie einen Punkt zwischen Objekt und Eigenschaft setzen:

```
navigator.appName
```

Erstellen wir dazu eine kleine Übung.

Erstellen Sie folgende Datei (`J_ZWEI.HTM`):

```
<html>
<body>
<SCRIPT LANGUAGE="Javascript">
<!--
document.write("Ich verwende den Browser ",navigator.appName);
-->
</SCRIPT>
</body>
</html>
```

Beim Laden in den Browser wird der Name unseres Browsers abgefragt und auf dem Bildschirm ausgegeben. Wir benutzen dabei übrigens noch ein anderes Objekt (`document`). Dieses ist der Ausgabebereich des Browsers oder genauer – das gerade dort geladene Dokument. Das Objekt `document` besitzt die Methode `write`, welche einen Schreibvorgang auf dem Objekt (Ausgabebereich des Browsers) auslöst. Dabei können Sie schon mal im Auge behalten, daß diese Methode auch mehrere Argumente gleichzeitig ausgeben kann, die durch Komma getrennt nacheinander angegeben werden.

Bild 5.2: Der Netscape ist etwas sparsam mit Auskünften

Bild 5.3: Die gleiche Datei im Internet Explorer

Jede Eigenschaft eines Objekts kann so abgefragt werden, und eine Eigenschaft kann sogar ein anderes Objekt sein.

In Javascript sind bereits diverse Objekte vorhanden. Mittels dieser Objekte hat man Zugang zu Steuerelementen für Formulare und zu Informationen über Browser, Server und Dokumente. Die Eigenschaften dieser Objekte können manipuliert und abgefragt werden. Vier sehr wichtige Objekte sind mit jedem erhaltenen Dokument verfügbar.

Objekt	Beschreibung
`document`	Dieses Objekt enthält Informationen über den Inhalt eines aktuellen Dokuments, wie Typ, Farben und Formulare.
`history`	Dieses Objekt enthält Informationen über die URLs, die ein Anwender besucht hat.
`location`	Hierin sind Informationen über das aktuell geladene Dokument enthalten.
`window`	Dieses Objekt enthält Statusinformationen über das gesamte Browser-Fenster. Jedes Fenster hat sein eigenes `window`-Objekt. Das `window`-Objekt ist das höchste Objekt in der Objekthierarchie.

Wir werden uns der Javascript-Objekte noch in einem späteren Kapitel genauer annehmen.

5.4 Variablen in Javascript

Javascript besitzt genauso Variablen wie alle anderen Programmiersprachen[1]. Variablen sind Stellen im Hauptspeicher eines Computers, denen zur Laufzeit eines Programms/Scripts temporär Werte zugeordnet werden können (über ein Gleichheitszeichen). Angesprochen werden diese Variablen über Namen, die sie vorher zugewiesen bekommen haben.

Es ist bei einer Programmierung wichtig zu wissen, von was für einem Typ eine Variable ist. Dies hängt unter anderem davon ab, was man mit einer Variablen machen möchte. Sie werden mir sicher recht geben, daß die Division von zwei Texten ziemlich sinnlos ist. Oder können Sie mir das Ergebnis sagen, wenn

- in der Variablen mit Namen `A` der Wert `Müller` gespeichert ist
- in der Variablen mit Namen `B` der Wert `Meier` gespeichert ist

1 Denken Sie daran, daß HTML nur eine Dokumentenbeschreibungssprache ist – dort haben wir keine Variablen.

und die Variable `A` durch die Variable `B` geteilt wird? Dies entspricht dem Vorgang `Müller` geteilt durch `Meier`. Kaum sinnvoll, oder?! Eine Variable mit Text darin ist von einem ganz bestimmten Variablentyp. Es gibt aber auch Variablentypen, in denen man Zahlen speichern kann. Damit würde die Sache schon eher Sinn machen. Wenn

- in der Variablen mit Namen `A` der Wert `100` gespeichert ist
- in der Variablen mit Namen `B` der Wert `20` gespeichert ist

und die Variable `A` durch die Variable `B` geteilt wird, dann ergibt das ein sinnvolles Ergebnis. Warum ein Programmierer also wissen sollte, was für ein Typ von Wert in einer Variablen drin steht, wird damit sicher deutlich.

Auf der technischen Seite gibt es ebenfalls diverse Gründe, warum eine Variable einen Datentyp benötigt[1], aber das brauchen Sie gar nicht so genau zu wissen.

Javascript verfolgt bei der Zuweisung von Werten zu Variablen das Konzept der sogenannten losen Typisierung (loose typing). Dies bedeutet, daß zwar die Namen von Variablen festgelegt[2], dabei jedoch niemals bereits die Variablentypen deklariert werden. Dadurch werden Variablen erst dann zu einem bestimmten Datentyp, wenn ihnen Werte eines bestimmten Typs zugewiesen wurden. Ein wesentlicher Vorteil ist, daß Sie den Datentyp jederzeit ohne großen Aufwand ändern können. Ein explizites Typumwandeln (Casting, wie es in der Fachsprache heißt) ist nicht notwendig. Wenn Sie beispielsweise den Wert einer Zeichenkette einer Variablen zuweisen, können Sie ihr später eine Zahl zuweisen und damit automatisch ihren Typ verändern. Welcher Wert auch immer in der Variablen enthalten ist, er definiert den Variablentyp. Dies ist bei vielen konventionellen Programmiersprachen (wie C und C++ und Java) ganz anders. Dort muß der Programmierer auf jeden Fall den Datentyp festlegen, bevor in einer Variablen ein Wert gespeichert werden kann. In der so festgelegten Variablen kann dann auch nur ein Wert des einmal festgelegten Typs gespeichert werden. Jede Wertzuweisung eines anderen Datentyps wird einen Fehler erzeugen. Man nennt so etwas dann statische Typisierung von Variablen.

---

1 Beispielsweise wird für jeden Datentyp eine individuelle Menge von Speicher zur Verfügung gestellt.

2 Klar, wie eben bemerkt wollen wir darüber ja die Stellen im Hauptspeicher ansprechen, an denen bestimmte Werte zwischengespeichert sind.

Die lose Typisierung von Javascript hat nicht nur Vorteile. Sonst würden die viel mächtigeren Programmiersprachen nicht den Aufwand mit der statischen Typisierung betreiben. Sie können beispielsweise leicht vergessen, welcher Typ einer Variablen zugeordnet ist. Sie sollten Variablen möglichst nie im Typ verändern – sofern es sich vermeiden läßt – und tunlichst sprechende Namen verwenden.

5.4.1 Variablen anlegen

Variablen werden in Javascript über das Schlüsselwort `var` angelegt.

Beispiel:

```
var Hanswurst;
```

Die im Beispiel angelegte Variable können Sie dann im Laufe Ihres Scripts verwenden. Sie hat noch keinen Typ und auch noch keinen Wert. Ihr kann jedoch später – irgendwann im Ablauf Ihres Scripts – ein Wert zugewiesen werden. Damit erhält sie gleichzeitig ihren Variablentyp, wie wir bereits wissen. Wenn Sie sie jedoch verwenden wollen, bevor sie einen Wert bekommen hat, wird der Javascript-Interpreter einen Fehler melden. Sicherer ist es auf jeden Fall, wenn Sie beim Anlegen der Variablen ihr gleich einen Wert – einen Defaultwert zur Vorbelegung – zuweisen[1]. Dies funktioniert wie im nachfolgenden Beispiel:

```
var Hanswurst = 42;
```

Die Variable `Hanswurst` ist damit als Zahl festgelegt und hat den Wert 42.

Nochmal zur Verdeutlichung – Javascript unterscheidet Groß- und Kleinschreibung. Wenn Sie beim Anlegen von Variablen eine bestimmte Groß- und Kleinschreibung wählen, müssen Sie die Variable später auch genauso ansprechen. Die Variable `HansWurst` ist nicht identisch mit `Hanswurst` oder `hansWurst`. Sie können sogar so unvernünftig sein und diese Eigenschaft von Javascript ausnutzen, indem sie so gleichlautende Namen verwenden. Sie werden daran aber keine Freude haben, denn es wird eine tückische Fehlerquelle werden.

1 Und damit auch gleichzeitig ihren Variablentyp festlegen.

Testen wir die Erstellung von Variablen wieder in einer Übung.

Erstellen Sie folgende Datei (J_DREI.HTM):

```
<html>
<body>
<SCRIPT LANGUAGE="Javascript">
<!--
var Hanswurst = 42;
var hanswurst = 666;
var hansWurst = "Ich heiße Wurst, Hans!";
document.write(Hanswurst);
document.write("<BR>");
document.write(hansWurst);
document.write("<BR>");
document.write(hanswurst);
-->
</SCRIPT>
</body>
</html>
```

Wir haben wirklich drei verschiedene Variablen angelegt, die wir nacheinander auf dem Bildschirm (das Objekt document) ausgeben. Beachten Sie die Zeile

```
document.write("<BR>");
```

Damit schreiben wir die Steueranweisung für einen HTML-Zeilenvorschub in das Dokument.

Bild 5.4: Groß- und Kleinschreibung wird wirklich unterschieden

Sie haben jetzt übrigens schon alles zusammen, was Sie zum Erzeugen von dynamischen Web-Seiten brauchen. Sie können über die Anweisung `document.write("[Tag]");` jegliche HTML-Anweisung oder beliebigen Text in ein Dokument schreiben. Wenn Sie die Seite dann noch mit Informationen aufpeppen, die Sie für jeden Besucher individuell abfragen (etwa den verwendeten Browser, aber da werden wir noch viel mehr kennenlernen), erzeugen Sie bereits richtig gute Effekte. Beachten Sie aber, daß Sie jeweils die vollständige Seite neu erzeugen müssen, denn die Schreibanweisung löscht die bisherige Seitenanzeige im Browserfenster.

5.4.2 Namensregeln für Javascript-Variablen

Bezüglich der Namen für eine Javascript-Variable müssen Sie einige Regeln einhalten:

- Das erste Zeichen muß ein Buchstabe oder der Unterstrich _ sein.
- Es darf keines der Javascript-Schlüsselworte als Name verwendet werden.

Javascript-Schlüsselworte sind Worte, die in Javascript bereits eine feste Bedeutung haben (so wie `var`, welches wir gerade verwendet haben). Wenn diese Worte als Variablenname verwendet werden, kann der Javascript-Interpreter nicht zwischen dem Variablennamen und Javascript-Schlüsselworten unterscheiden. Dies gilt auch für die Vergabe von Namen für selbstdefinierte Funktionen, worauf wir noch zu sprechen kommen.

Nicht alle der reservierten Wörter von Javascript 1.2 sind schon in Gebrauch. Einige der Worte sind für zukünftige Sprachvarianten reserviert. Aber auch diese nicht benutzten reservierten Wörter dürfen Sie nicht als Variablen- oder Funktionsnamen verwenden. Diese Vorreservierung ist von der Javascript-Muttersprache Java beeinflußt. Ein wesentlicher Grund für die Sperrung dieser Worte dürfte darin zu sehen sein, daß Mißverständnisse mit Java vermieden werden sollen. Die vorreservierten Worte sind dort in Verwendung, und es steht zu erwarten, daß der Einfluß von Java diese Worte auch irgendwann in Javascript hinüberbefördert.

Die nachfolgende Tabelle enthält die reservierten Worte von Javascript 1.2. Die Beschreibung werden Sie beim jetzigen Stand unserer Javascript-Kenntnisse noch nicht ganz nachvollziehen können, aber wenn Sie später darauf zurückkommen, kann sie von Nutzen sein.

Reservierte Wörter von Javascript 1.2

Schlüsselwort	Beschreibung
`abstract`	reserviert
`boolean`	reserviert
`break`	Abbruch in Schleifen
`byte`	reserviert
`case`	Fallunterscheidungen
`catch`	reserviert
`char`	reserviert
`class`	reserviert
`const`	reserviert
`continue`	Fortsetzung in Schleifen
`default`	Fallunterscheidungen
`delete`	Löschen eines Array-Elements oder einer selbstdefinierden Objekteigenschaft
`do`	für eine Erweiterung der `while`-Schleife (`do-while`)
`double`	reserviert
`else`	Einleitung des alternativen Blocks in einer `if`-Schleife
`export`	Objekte oder Funktionen für fremde Scripts ausführbar machen
`extends`	reserviert
`false`	der Wert falsch
`final`	reserviert
`finally`	reserviert
`float`	reserviert
`for`	Einleitung von `for`-Schleifen
`function`	Einleitung von Funktionen
`goto`	reserviert
`if`	Einleitung von `if`-Schleifen
`implements`	reserviert
`import`	Objekte oder Funktionen eines fremden Scripts importieren
`in`	Bedingte Anweisungen in `if`-Schleifen
`instanceof`	reserviert
`int`	reserviert
`long`	reserviert
`native`	reserviert
`new`	Definition von Objekten
`null`	reserviert

Reservierte Wörter von Javascript 1.2

Schlüsselwort	Beschreibung
`package`	reserviert
`private`	reserviert
`protected`	reserviert
`public`	reserviert
`return`	Übergabe eines Rückgabewerts in Funktionen
`short`	reserviert
`static`	reserviert
`super`	reserviert
`switch`	Fallunterscheidung
`synchronized`	reserviert
`this`	Bezug auf die aktuelle Instanz eines Objekts
`throw`	reserviert
`throws`	reserviert
`transient`	reserviert
`true`	der Wert wahr
`try`	reserviert
`typeof`	Typ eines Elements
`var`	Definition einer Variablen
`void`	leerer Funktionstyp
`while`	Einleitung einer `while`-Schleife
`with`	erlaubt die Durchführung mehrerer Anweisungen mit einem Objekt

5.4.3 Den Wert von Variablen ändern

Sie können sich schon denken, wie in Javascript Werte von Variablen verändert werden. Sie weisen den Variablen einfach den neuen Wert über ein Gleichheitszeichen (einen der sogenannten Zuweisungsoperatoren) zu. Wir haben genau das schon getan, als wir eine Variable angelegt und ihr gleichzeitig Wert und Variablentyp zugewiesen haben.

Beispiel:

```
Die_Antwort_auf_alle_Fragen = 42;
```

Dabei können auf der Seite, wo der Wert steht, auch sogenannte Ausdrücke stehen. Das sind Manipulationsmöglichkeiten von Daten, etwa eine Berechnung. Das Ergebnis einer Zuweisung über einen Zuweisungsoperator steht immer auf der linken Seite.

Beispiel:

```
Die_Antwort_auf_alle_Fragen = 21 + 21;
```

Darauf kommen wir gleich.

Ein Vorgang in der Programmierung ist von fundamentaler Bedeutung und fällt Einsteigern immer wieder schwer – was bewirkt die folgende Zeile?

```
Gewicht = Gewicht + 10;
```

Diese Anweisung bewirkt folgendes:

Die Variable Gewicht auf der linken Seite bekommt ihren eigenen Wert zugewiesen, zum dem dann 10 hinzugezählt werden. Wenn die Variable Gewicht vor der Anweisung beispielsweise den Wert 85 hatte, wird der Wert nach der Anweisung 95 sein.

Sie werden solche Anweisungen, in denen der Name einer Variablen auf beiden Seiten einer Zuweisung auftaucht, immer wieder finden. **Sie sind von fundamentaler Bedeutung, damit man richtige Programme oder Scripte überhaupt erstellen kann!**

Probieren Sie das doch gleich wieder in einer Übung.

Erstellen Sie folgende Datei (J_VIER.HTM):

```
html>
<body>
<SCRIPT LANGUAGE="Javascript">
<!--
var Gewicht = 83;
document.write("Das Gewicht ist ok: ",Gewicht," Kg");
document.write("<BR>");
Gewicht = Gewicht + 10;
document.write("Das ist zuviel: ",Gewicht," Kg");
-->
</SCRIPT>
</body>
</html>
```

Zuerst wird der Variablen ein Anfangswert zugewiesen. Den lassen wir uns auf dem Bildschirm anzeigen. Die Ausgabe ist dabei aus drei Teilen zusammengesetzt, welche durch Komma getrennt werden. Danach erhöhen wir den Wert der Variablen um 10[1] und lassen uns das Ergebnis nach einem Zeilenvorschub wieder ausgeben.

1 jaja, die Weihnachtsfeiertage ;-)

Bild 5.5: Der Wert der Variablen wurde erhöht

5.4.4 Zuweisungsoperatoren unter Javascript

Lassen Sie uns der Vollständigkeit halber die restlichen Zuweisungsoperatoren besprechen, welche Sie in Javascript zur Verfügung haben. Es gibt nämlich neben dem direkten Zuweisungsoperator (=) noch die sogenannten arithmetischen Zuweisungsoperatoren. Diese sind eigentlich nur als Abkürzung für arithmetische Operationen (dies bedeutet mathematische Berechnungen) zu verstehen.

Die arithmetischen Zuweisungsoperatoren

Operator	**Bedeutung**
+=	Additions- und Zuweisungsoperator
-=	Subtraktions- und Zuweisungsoperator
*=	Multiplikations- und Zuweisungsoperator
/=	Divisions- und Zuweisungsoperator
%=	Modulo- und Zuweisungsoperator
=	direkter Zuweisungsoperator

Sie werden außer dem direkten Zuweisungsoperator in der Anfangsphase wahrscheinlich keinen der arithmetischen Zuweisungsoperatoren verwenden. Sie sind nichts als Abkürzungen im Quelltext für mathematische Berechnungen. Damit werden die Quellcodezeilen zwar schneller geschrieben, die Lesbarkeit eines Javascripts wird aber erheblich verschlechtert.

HINWEIS

Verzichten Sie insbesondere in der Anfangsphase auf solche Tricks über arithmetische Zuweisungsoperatoren. Der Rest von Javascript ist schon kompliziert (?!) genug, da müssen Sie sich nicht noch solche Abkürzungseier ins Nest legen.

Hier sind zwei noch relativ einfache Beispiele für die Benutzung arithmetischer Zuweisungsoperatoren (die Variablen seien bereits erstellt).

Was bewirkt die folgende Zeile?

```
Gewicht += 10;
```

Die Anweisung bewirkt genau das gleiche wie die Anweisung in der letzten Übung.

Was bewirkt die folgende Zeile?

```
Gewicht -= 10;
```

Die Anweisung reduziert den Wert der Variablen um 10.

Testen wir es kurz in einer Übung.

Ändern Sie bitte die Datei `J_VIER.HTM` folgendermaßen ab (`J_FUENF.HTM`):

```
<html>
<body>
<SCRIPT LANGUAGE="Javascript">
<!--
var Gewicht = 83;
document.write("Das Gewicht ist ok: ",Gewicht," Kg");
document.write("<BR>");
Gewicht += 10;
document.write("Das ist zuviel: ",Gewicht," Kg");
document.write("<BR>");
Gewicht -= 12;
document.write("Ideal: ",Gewicht," Kg");
-->
</SCRIPT>
</body>
</html>
```

Lassen Sie sich von der Abbildung überzeugen – es funktioniert.

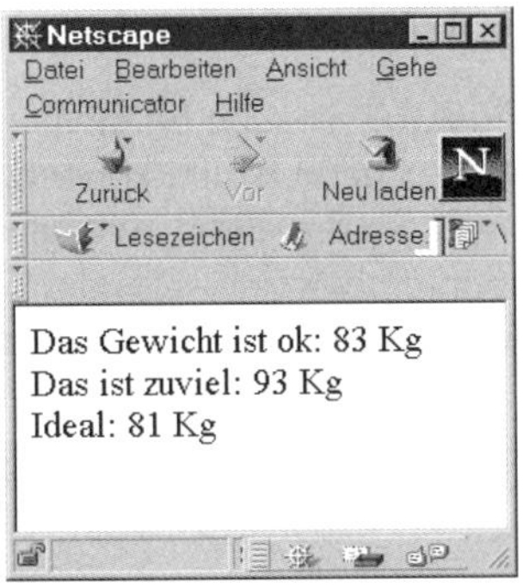

Bild 5.6: Gefährliche Kurzschreibweise, aber funktionstüchtig

5.4.5 Die Datentypen von Javascript

Javascript unterstützt vier Grundtypen von Variablen:

Typ	Beschreibung	Beispiele
`Boolean`	Dieser Variablentyp enthält nur einen der beiden Werte *wahr* oder *falsch* (`true` oder `false`).	`JavascriptIstToll = true;` `VBScriptIstToll  = false;`

`Number`	Dieser Variablentyp kann einen Dezimal- oder einen Gleitkommawert enthalten. Beachten Sie bitte, daß bei Kommazahlen anstatt eines Kommas ein Punkt notiert werden muß.
	Neben der normalen Zahlenschreibweise gibt es die wissenschaftliche Notationsmöglichkeit über die Angaben e oder E.
		`Gleiten = 123.45;`
		`DieAntwort = 42;`
		`Gleiten = 1.2345E2;`
		(identisch mit 123.45)
		`Gleiten = 5e-2;`
		(identisch mit 0.05)

`String`	Dieser Variablentyp kann eine Reihe von alphanumerischen Zeichen (sprich normalen Text, der mit Zahlen gemischt sein kann) enthalten.	`msg  = "Beliebiger Text! Hier geben Sie Ihren Text ein!";` `emailAddress = "xyz@gmx.net";`
`Object`	Dieser allgemeine Datentyp kann einen Wert eines beliebigen Typs enthalten. Er wird normalerweise für das Speichern von Instanzen von Klassen verwendet.	`heute_ist = new Date();` `MeinGebDat = new Date( 1963, 4, 17 );`

Zusätzlich unterstützt Javascript Datenfelder (Arrays) jeglicher Datentypen, das heißt eine Gruppe von verschiedenen Variablen.

5.4.6 Javascript-Arrays

Ein Array ist eine Sammlung von Variablen, die alle über einen Namen angesprochen werden können. So etwas ist immer dann von großem Vorteil, wenn Sie eine Reihe von gleichartigen Informationen speichern wollen. Das könnten beispielsweise die Tage eines Monats sein. Nehmen wir den Monat April. Sie können dazu für jeden Tag des Monats eine eigene Variable definieren, die dann die Nummer des Tags im Monat aufnehmen. Etwa so:

```
Var Dies_ist_Tag_1 = 1 ;
Var So_ein_Tag_2 = 2 ;
Var Noch_ein_Tag = 3 ;
Var Undnocheiner = 4 ;
Var Tag_5 = 5 ;
Var Unh_hier_Tag_6 = 6 ;
Var Tag_7 = 7 ;
Var Tag_8 = 8 ;
Var Tag_9 = 9 ;
Var Jetztwirdeszweistellig = 10 ;
Var Tag_11 = 11 ;
Var Tag_12 = 12 ;
Var Tag_13 = 13 ;
Var Hund = 14 ;
Var Katze = 15 ;
Var Vogel = 16 ;
Var Tag_17 = 17 ;
Var Tag_18 = 18 ;
Var Eis = 19 ;
Var Kugel = 20 ;
Var Ball = 21 ;
Var Tag_22 = 22 ;
Var Tag_23 = 23 ;
Var Tag_24 = 24 ;
Var Tag_25 = 25 ;
Var Tag_26 = 26 ;
Var MirfaelltnixmehreinTag = 27 ;
Var Tag_28 = 28 ;
Var Tag_29 = 29 ;
Var Tag_30 = 30 ;
```

Sie werden an dem Beispiel recht drastisch bemerken, wo das Problem liegt. Relativ schnell gehen sinnvolle Namen aus, und man hat viel Schreibarbeit. Was wäre, wenn man nur einen Namen bräuchte und den einfach über einen Index hochzählt, wenn man einen neuen Wert zuweist? Genau das passiert bei einem Array. Es gibt nur eine Variable, die aber aus mehreren Elementen besteht.

Ein Array wird etwas anders erzeugt als eine normale Variable. Sie müssen neben dem Namen noch die Anzahl von Elementen angeben, welche darin enthalten sein können. Außerdem wird nicht mehr das Schlüsselwort `var` zur Erzeugung verwendet, sondern das Schlüsselwort `new`.

HINWEIS

Wenn Sie die Hintergründe interessieren: Damit wird eine neue Instanz eines Objektes erzeugt. Darauf gehen wir später noch intensiv ein.

Beispiel:

```
Tag_im_April = new Array(29);
```

HINWEIS

In obigem Beispiel ist ein Array mit **30** Elementen erzeugt worden. Dies liegt daran, daß das erste Element den Index 0 bekommt.

Einem Element eines Arrays weisen Sie einfach einen Wert zu, indem Sie den Namen des Arrays, eine öffnende eckige Klammer, den Index und eine schließende Klammer angeben und dann wie gewöhnlich einen Wert zuweisen. Wir können also jetzt jedem Element des Arrays einen Tag des Monats zuordnen:

```
Var Tag_im_April[ 0 ] = 1 ;
Var Tag_im_April[ 1 ] = 2 ;
Var Tag_im_April[ 2 ] = 3 ;
Var Tag_im_April[ 3 ] = 4 ;
Var Tag_im_April[ 4 ] = 5 ;
Var Tag_im_April[ 5 ] = 6 ;
Var Tag_im_April[ 6 ] = 7 ;
Var Tag_im_April[ 7 ] = 8 ;
Var Tag_im_April[ 8 ] = 9 ;
Var Tag_im_April[ 9 ] = 10 ;
Var Tag_im_April[ 10 ] = 11 ;
Var Tag_im_April[ 11 ] = 12 ;
Var Tag_im_April[ 12 ] = 13 ;
Var Tag_im_April[ 13 ] = 14 ;
Var Tag_im_April[ 14 ] = 15 ;
Var Tag_im_April[ 15 ] = 16 ;
Var Tag_im_April[ 16 ] = 17 ;
```

```
Var Tag_im_April[ 17 ] = 18 ;
Var Tag_im_April[ 18 ] = 19 ;
Var Tag_im_April[ 19 ] = 20 ;
Var Tag_im_April[ 20 ] = 21 ;
Var Tag_im_April[ 21 ] = 22 ;
Var Tag_im_April[ 22 ] = 23 ;
Var Tag_im_April[ 23 ] = 24 ;
Var Tag_im_April[ 24 ] = 25 ;
Var Tag_im_April[ 25 ] = 26 ;
Var Tag_im_April[ 26 ] = 27 ;
Var Tag_im_April[ 27 ] = 28 ;
Var Tag_im_April[ 28 ] = 29 ;
Var Tag_im_April[ 29 ] = 30 ;
```

Sie brauchen übrigens nicht gleiche Variablentypen in allen Elementen eines Arrays zu speichern. Sie können beispielsweise in einem Array die Daten einer Person aufnehmen, die teilweise aus Zahlen bestehen, teilweise aus booleschen Werten und aus Text.

Beispiel:

```
Hugo = new Array(6);
Hugo[0] = "Milchstrasse";
Hugo[1] = 42;
Hugo[2] = 12345;
Hugo[3] = "Mond";
Hugo[4] = 00612345678;
Hugo[5] = true;
Hugo[6] = false;
```

Sie müssen in dem Fall natürlich wissen, was Sie in welchem Element speichern, sonst können Sie das Array nicht sinnvoll auswerten.

Erstellen Sie die folgende Datei (J_SECHS.HTM):

```
<html>
<body>
<SCRIPT LANGUAGE="Javascript">
<!--
Hugo = new Array(4);
Hugo[0] = "Milchstrasse";
Hugo[1] = 42;
Hugo[2] = 12345;
Hugo[3] = "Mond";
Hugo[4] = "00612345678";
```

```
document.write("Mein Name ist Hugo Weizenkeim.");
document.write("<BR>");
document.write("Ich wohne in der ",Hugo[0]," ", Hugo[1]);
document.write("<BR>");
document.write(Hugo[2]," ", Hugo[3]);
document.write("<BR>");
document.write("Meine Telefonnummer: ", Hugo[4]);
-->
</SCRIPT>
</body>
</html>
```

Wie Sie sehen, lassen sich mit Arrays verschiedene Typen von Werten speichern.

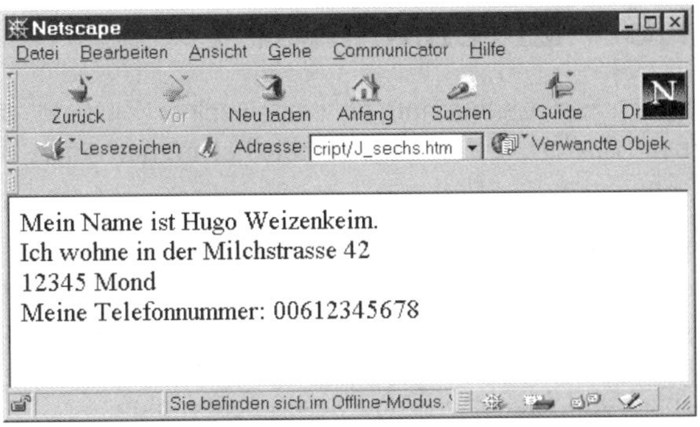

Bild 5.7: Ausgabe von unterschiedlichen Array-Werten

Ein weiterer Vorteil von Arrays ist, daß man über Schleifen mit viel weniger Aufwand auf Werte zugreifen kann, als es bei unterschiedlichen Variablennamen der Fall ist. Dies ist sogar der wichtigste Grund für Arrays. Wir werden das bald sehen, wenn wir zu Schleifen in Javascript kommen.

5.5 Anweisungen

Anweisungen sind das Herz von Javascript. Eine Anweisung ist eine Quellcodezeile, die bestimme Befehle enthält. Wir hatten bereits in unserer ersten Javascript-Übung eine solche Anweisung:

```
window.setTimeout('fenster_neu()',3000);
```

Javascript-Anweisungen können auch über mehrere Zeilen im Editor gehen, denn sie enden immer erst mit einem Semikolon. **Dieses Semikolon dür-**

fen Sie auf keinen Fall vergessen. Es teilt dem Javascript-Interpreter des Browsers mit, daß das Ende der Anweisung erreicht ist und die Befehle nun ausgeführt werden können. So wie das Betätigen der [↵]-Taste einen Befehl bestätigt.

5.5.1 Blöcke

Wenn mehrere Anweisungen zu einer Gruppe zusammengefaßt werden (etwa in Funktionen, auf die wir gleich zu sprechen kommen), faßt man sie zu Blöcken zusammen. Diese werden in geschweifte Klammern eingeschlossen ({ }). Diese markieren Anfang und Ende eines Blocks. Der Javascript-Interpreter des Browsers wird einen solchen Block als Einheit behandeln und ihn zusammen abarbeiten.

5.6 Eigenschaften

Unter einer Eigenschaft ist ein einzelner Zustand eines Objekts gemeint. Etwa die *Farbe*. Eine Eigenschaft hat immer einen Wert. Bei dem Beispiel *Farbe* etwa den Wert *rot*.

Eine Eigenschaft kann niemals alleine vorkommen, sondern gehört immer zu einem Objekt[1]. In Javascript werden Eigenschaften normalerweise als Variablen vorkommen. So etwa die Farbe, welche als die Javascript-Standardvariable `color` vorkommt. Die Eigenschaften können in Javascript beliebige Variablenarten zugewiesen bekommen.

Um auf eine Eigenschaft zuzugreifen, geben Sie den Namen des zugehörigen Objekts an, dann folgt ein Punkt und zum Schluß die Eigenschaftsvariable (der Name) – bekannte Punktnotation.

Beispiel:

```
meinObjekt.color
```

Es gibt in Javascript auch Eigenschaften von Objekten, welche sich nicht verändern lassen. Diese Eigenschaften sind Konstanten, also nicht zu verändernde Werte.

---

1 Oder können Sie mit der Aussage »Farbe = Rot« irgend etwas anfangen? Sie werden sich immer fragen, von was?

5.7 Ausdrücke

Wir hatten den Begriff *Ausdrücke* bereits. Es geht dabei um die Manipulation von Daten, welche in Variablen abgelegt sind. Ein Ausdruck in Javascript ist also eine Methode, mit der der Wert einer Variablen verändert wird. Dabei steht immer auf der linken Seite eines Ausdrucks der Name der Variablen, in welcher der neue Wert gespeichert werden soll. Klingt kompliziert, ist es aber nicht. Schauen wir uns erst einmal ein paar Beispiele an, bei denen die Variablen bereits vorher angelegt sein sollen:

```
Gewicht = 86 + 5;
Kontostand = 1000 - 15667;
```

Es gibt in Javascript zwei Typen von Ausdrücken:

- Numerische Ausdrücke. Dies sind mathematische Ausdrücke (wie in den beiden Beispielen), mit denen eine mathematische Gleichung berechnet wird.
- Logische (boolesche) Ausdrücke. Damit werden Vergleiche durchgeführt. Solche Ausdrücke gehören zu den Kerntechniken jeder Programmiersprache. Erst darüber können sogenannte Kontrollstrukturen realisiert werden.

5.7.1 Numerische Ausdrücke

Mit numerischen Ausdrücken realisieren Sie mathematische Funktionen. Etwa die Addition oder Subtraktion von zwei Werten. Um diese Arithmetik durchführen zu können, benötigen Sie sogenannte Operatoren (im Fall von numerischen Ausdrücken sogenannte numerische Operatoren, die auch gelegentlich arithmetische Operatoren genannt werden). Ein solcher Operator ist ein Symbol, das angibt, welche mathematische Operation ausgeführt werden soll. Excel-Anwender werden dies ganz sicher kennen. Die Variablen, mit denen eine solche Operation durchgeführt wird, heißen Operanden.

Arithmetische Operatoren benutzen immer zwei Zahlen als Operanden und liefern als Ergebnis einer arithmetischen Operation eine neue Zahl als Wert. Die nachfolgende Tabelle gibt die arithmetischen Javascript-Operatoren an:

Die arithmetischen Javascript-Operatoren

Operator	Bedeutung	Beschreibung	Beispiel
+	Additionsoperator	Addition von zwei Zahlen oder numerischen Variablen.	`3 + 4`
-	Subtraktionsoperator	Subtraktion von zwei Zahlen oder numerischen Variablen.	`4 - 3`
-	Negierungsoperator	Einstellige arithmetische Negierung. Der Operator wird zur Negierung eines Ausdrucks verwendet, indem er dem Ausdruck vorangestellt wird. Das heißt, wenn er vor einem Ausdruck steht, wird der Wert negativ.	`- (3 + 4)`
*	Multiplikationsoperator	Multiplikation von zwei Zahlen oder numerischen Variablen.	`2 * 3`
/	Divisionsoperator	Division von zwei Zahlen oder numerischen Variablen.	`2 / 3`
%	Modulooperator	Gibt den Rest einer Division zurück.	`15 % 9`
++	Inkrementoperator	Der Inkrement-Operator erhöht den Wert des Operanden um 1. Die Reihenfolge von Operand und Operator ist wichtig. Wenn der Operator vor dem Operanden steht, erfolgt die Erhöhung des Wertes, bevor der Wert dem Operanden zugewiesen wird. Wenn er hinter dem Operanden steht, erfolgt die Erhöhung, nachdem der Wert bereits zugewiesen wurde.	`wert++`
--	Dekrementoperator	Der Dekrementoperator arbeitet analog. Er vermindert den Wert des Operanden um 1. Die Reihenfolge von Operand und Operator ist auch hier von Bedeutung. Wenn der Operator vor dem Operanden steht, erfolgt die Verminderung des Wertes, bevor der Wert dem Operanden zugewiesen wird. Wenn er hinter dem Operanden steht, erfolgt die Erniedrigung, nachdem der Wert bereits zugewiesen wurde.	`wert--`

Den De- und den Inkrement-Operator werden Sie in der Anfangsphase sicher kaum benutzen. Sie sind ein Relikt, das aus der C/C++-Vergangenheit des Javascript-Vorfahren Java stammt. Mit diesen Operatoren kann man Quellcode zwar sehr kompakt schreiben, die Sache wird aber so unleserlich, daß Sie sich vor deren Verwendung erst einmal hüten sollten (Ausnahme Schleifen). Auch den Modulo-Operator werden Sie in der ersten Zeit kaum brauchen.

Mit diesen arithmetischen Operatoren können Sie wie aus der Mathematik gewohnt Berechnungen durchführen. Wenn die Berechnung mehrere Operatoren verwendet, gilt die Punkt-vor-Strich-Regel.

Beispiel:

```
ergebnis = 1 + 2 * 3;
```

Der Wert von `ergebnis` wird 7 sein.

Klammern sind erlaubt, und damit können Sie die Reihenfolge der Bewertung verändern.

Beispiel:

```
ergebnis = (1 + 2) * 3;
```

Der Wert von `ergebnis` wir 9 sein.

Schauen wir uns das in der Praxis an.

Erstellen Sie bitte folgende Datei (J_SIEBEN.HTM):

```
<html>
<body>
<SCRIPT LANGUAGE="Javascript">
<!--
var ergebnis;
ergebnis = 1 + 2 * 3;
document.write(ergebnis);
document.write("<BR>");
ergebnis = (1 + 2) * 3;
document.write(ergebnis);
-->
</SCRIPT>
</body>
</html>
```

Es stimmt, wie Sie sehen.

Bild 5.8: Punkt-vor-Strich

5.7.2 Logische Ausdrücke

Logische Ausdrücke werden zur Steuerung von Programmabläufen verwendet. Der Fachbegriff für logisch ist boolesch. Bei logischen Ausdrücken wird nur nachgeschaut, ob ein Vergleich richtig oder falsch ist. Das Ergebnis wird der Wert `true` sein, wenn der Vergleich richtig war, und `false`, wenn der Vergleich falsch ist. Es gibt zahlreiche Operatoren, mit denen so ein Vergleich durchgeführt werden kann. Das doppelte Gleichheitszeichen überprüft beispielsweise, ob der linke und rechte Operand identisch sind.

Welchen booleschen Wert liefert der nachfolgende Vergleich:

```
(2 + 3) * 4 == 2 + 2 +24 - 10 + 2;
```

Welchen booleschen Wert liefert der zweite Vergleich:

```
2 + 3 * 4 == 2 + 2 +24 - 10 + 2;
```

Wenn Sie den ersten Vergleich auswerten, erhalten Sie den Wert `true`. Beide Seiten der Gleichung sind identisch (*20*), und deshalb liefert der Vergleich den wahr-Wert. Beim zweiten Vergleich hingegen erhalten Sie `false`, denn das Ergebnis der Berechnungen ist auf beiden Seiten nicht identisch.

Sie können bei logischen Ausdrücken nicht nur auf Gleichheit von zwei Seiten überprüfen, sondern auf diverse andere Bedingungen. Etwa, ob der Wert auf einer Seite kleiner oder größer ist. Dazu stehen Ihnen unter Javascript die folgenden logischen Vergleichsoperatoren zur Verfügung.

Javascript-Vergleichsoperatoren

Operator	Bedeutung	Beschreibung	Beispiel
==	Gleichheitsoperator	Vergleich, ob zwei Operanden identisch sind. Darf nicht mit dem Zuweisungsoperator verwechselt werden! Dort wird einer Variable ein Wert zugewiesen, hier ein Vergleich durchgeführt.	`(4 + 4 = 8)` liefert `true`, `(4 + 4 = 7)` liefert `false`, denn die beiden Operanden sind nicht gleich.
!=	Ungleichheitsoperator	Vergleich, ob zwei Operanden identisch sind. Gibt dann `true` zurück, wenn zwei Ausdrücke **nicht** gleich sind.	`8 != 4 +4` liefert `false`, `7 != 5` liefert `true`, denn der erste Operand ist nicht identisch mit dem zweiten.
<	Kleiner-als-Operator	Vergleich, ob der erste Operand kleiner als der zweite Operand ist. Falls ja, wird `true` als Ergebnis zurückgegeben.	`5 < 6` ergibt `true`.
>	Größer-als-Operator	Vergleich, ob der erste Operand größer als der zweite Operand ist. Falls ja, wird `true` als Ergebnis zurückgegeben.	`5 > 6` ergibt `false`.
<=	Kleiner-als-oder-gleich-Operator	Vergleich, ob der erste Operand kleiner oder gleich dem zweiten Operanden ist. Falls ja, wird `true` als Ergebnis zurückgegeben.	`6 <= 6` ergibt `true`.
>=	Größer-als-oder-gleich-Operator	Vergleich, ob der erste Operand größer oder gleich dem zweiten Operanden ist. Falls ja, wird `true` als Ergebnis zurückgegeben.	`5 >= 6` ergibt `false`.

Daneben gibt es noch die folgenden logischen Operatoren, mit deren Hilfe Sie Auswertungen durchführen können. Sie sind den Vergleichsoperatoren sehr ähnlich und dienen der Verknüpfung von booleschen Werten bzw. booleschen Ausdrücken, wie sie beispielsweise über die zuvor aufgeführten Vergleichsoperatoren gebildet werden. Das Ergebnis einer solchen Verknüpfung ist erneut ein boolescher Wert.

<table>
<tr><th>Operator</th><th>Bedeutung</th><th>Beschreibung</th><th>Beispiel</th></tr>
<tr><td>&&</td><td>logischer AND-Operator</td><td>Vergleicht zwei Ausdrücke und gibt true zurück, wenn beide verglichenen Ausdrücke wahre Ergebnisse liefern, sonst false.</td><td>(4 + 4 == 8) && (2 + 3 == 5) liefert true,
(4 + 4 == 7) && (2 + 3 == 5) liefert false, denn der erste Operand ist falsch.</td></tr>
<tr><td>||</td><td>logischer OR-Operator</td><td>Vergleicht zwei Ausdrücke und gibt bereits dann true zurück, wenn einer der beiden verglichenen Ausdrücke ein wahres Ergebnis liefert (natürlich auch, wenn beide wahr sind), sonst false.</td><td>(4 + 4 == 8) || (2 + 3 == 5) liefert true,
(4 + 4 == 7) || (2 + 3 == 5) liefert true, denn der zweite Operand ist wahr.</td></tr>
<tr><td>!</td><td>logischer NOT-Operator</td><td>Dreht einen logischen Wert um.</td><td>!(4 + 4 == 8) liefert false, denn der Ausdruck in der Klammer ist wahr und ! dreht das Ergebnis um.</td></tr>
<tr><td>?:</td><td>Entweder-Oder-Bedingung</td><td>Abkürzung für eine if-else-Schleife</td><td>Diese Operation benötigt einen booleschen Ausdruck vor dem Fragezeichen. Wenn er true ist, wird der Wert vor dem Doppelpunkt zurückgegeben, ansonsten der Wert hinter dem Doppelpunkt.</td></tr>
</table>

5.7.3 Bitweise Operatoren

Die jetzt noch angegebenen Operatoren sind nur der Vollständigkeit halber erwähnt. Sie werden sie mit ziemlicher Sicherheit in absehbarer Zeit nicht anwenden. Es könnte nur sein, daß Sie ein Script sehen, und da sollten Sie zumindest davon gehört haben. Wir werden Sie im Laufe des Buchs nicht anwenden. Javascript kennt wie viele andere Programmiersprachen Operatoren, welche eine Manipulation von Werten auf Bitebene erlauben. Es gibt die bitweisen arithmetischen Operatoren und die bitweisen Verschiebungsoperatoren.

Die Bitoperatoren von Javascript

<table>
<tr><th>Operator</th><th>Beschreibung</th></tr>
<tr><td>&</td><td>Bitweiser AND-Operator</td></tr>
<tr><td>|</td><td>Bitweiser OR-Operator</td></tr>
<tr><td>^</td><td>Bitweiser XOR-Operator</td></tr>
</table>

Die bitweisen Verschiebungsoperatoren

Operator	Beschreibung
<<	Operator für bitweise Verschiebung nach links.
>>	Operator für bitweise Verschiebung nach rechts.
>>>	Operator für bitweise Verschiebung nach rechts mit binären Füllnullen von links.

5.7.4 Die Operatorenrangfolge

Die Operatoren in Javascript haben eine festgelegte Rangordnung, die immer dann angewandt wird, wenn mehrere Operatoren verwendet und keine Klammern gesetzt werden. Die Prioritäten sind von der höchsten Wertigkeit bis zur niedrigsten abwärts angegeben.

1. () [] . (Klammerung und Zugriff auf Array-Elemente)
2. ! ~ – ++ --
3. * / %
4. + –
5. << >> >>>
6. < <= > >=
7. == !=
8. &
9. ^
10. |
11. &&
12. ||
13. ?:
14. = += -= <<= >>= &= ^= |=
15. , (einfache Aneinanderreihung durch Komma getrennt)

5.8 Kontrollstrukturen in Javascript

Kontrollstrukturen sind die klassische Anwendung von logischen oder vergleichenden Operatoren. Es sind spezielle Anweisungsschritte in einer Programmiersprache, mit denen ein Programmierer Entscheidungen vorprogrammieren kann, wenn bestimmte Bedingungen eintreten. Aber auch in vielen modernen Anwenderprogrammen gibt es mittlerweile frei definierbare Kontrollstrukturen.

- In Excel gibt es die *wenn()*-Funktion, mit der je nach eingetretener Bedingung zwischen zwei Alternativen ausgewählt werden kann.
- Ebenso gibt es in Excel mit *sverweis()* eine Funktion, mit der sogar eine nicht festgelegte Anzahl von Bedingungen überprüft werden kann.
- Datenbankabfragen werden über Kontrollstrukturen spezifiziert. Ein einfacher Fall ist die Serienbrief-Funktionalität in Winword, wo auf Grund vorgegebener Bedingungen eine gewisse Anzahl von Datensätzen ausgewählt und nur aus diesen der Serienbrief erstellt wird.

Auch in Javascript haben Sie Kontrollstrukturen zur Verfügung, die es in fast allen Programmiersprachen in gleicher oder ähnlicher Form gibt. Javascript kennt die wichtigsten der auch in Java verwendeten Kontrollstrukturen.

5.8.1 Die if-Bedingung

Diese Kontrollstruktur ist das Analogon zur *wenn()*-Funktion von Excel. Wenn eine Bedingung eingetreten ist, werden die Anweisungen A ausgeführt, ansonsten die `alternativen Anweisungen`.

```
if (Bedingung)
{
...Anweisungen A
}
else
{
...alternative Anweisungen
}
```

Unter `Bedingung` versteht man eine Anweisung, die entweder wahr (`true`) oder falsch (`false`) sein kann. Zu deren Erstellung verwendet man die Vergleichsoperatoren oder die logischen Operatoren.

Es gibt die if-Bedingung mit oder ohne den nachgestellten else-Teil. Wenn er da ist, kann darin wie oben eine Folge von alternativen Anweisungen stehen, die immer dann ausgeführt werden, wenn Bedingung den Wert false liefert. Wenn bereits die if-Schleife ausgeführt wurde, wird der else-Zweig nicht ausgeführt. Wenn der else-Zweig fehlt, bewirkt die Schleife nur etwas, wenn Bedingung den Wert true liefert. Im Falle des Wertes false bewirkt die Schleife gar nichts.

Erstellen Sie die nachfolgende Datei (J_ACHT.HTM) zum Üben der if-Schleife:

```
<html>
<body>
<SCRIPT LANGUAGE="Javascript">
<!--
var ergebnis;
ergebnis = 1 + 2 * 3;
document.write(ergebnis);
document.write("<BR>");
if (ergebnis >7)
{
document.write("Das wird nicht angezeigt");
}
else
{
document.write("Hier gilt noch Punktvorstrichrechnung");
}
ergebnis = (1 + 2) * 3;
document.write("<BR>");
document.write(ergebnis);
document.write("<BR>");
if (ergebnis >7)
{
document.write("Hier ist geklammert");
}
else
{
document.write("Das wird nicht angezeigt");
}
-->
</SCRIPT>
</body>
</html>
```

Zuerst ist das Ergebnis 7. In dem Fall wird bei der ersten `if`-Schleife die Bedingung nicht erfüllt und der `else`-Zweig ausgeführt. Danach wird das Ergebnis auf 9 verändert. In dem Fall wird bei der ersten `if`-Schleife die Bedingung erfüllt und der `if`-Zweig ausgeführt. Der `else`-Zweig wird ignoriert.

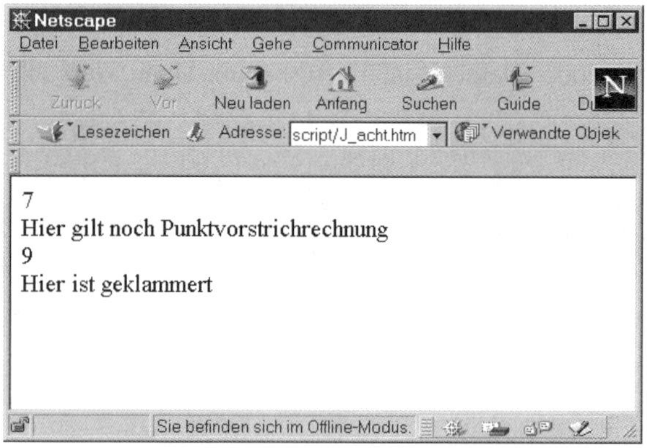

Bild 5.9: Zuerst else, dann if

Es gibt eine Kurzform für die `if-else`-Struktur, die gelegentlich bei einfachen Schleifen angewandt wird. Sie stammt aus der Programmiersprache C/C++ und hat über Java ihren Einzug in Javascript gefunden. Dazu gibt es den Operator `?:`, den wir oben kurz beschrieben haben. Vor dem Fragezeichen muß in Klammern eine Bedingung formuliert werden. Hinter dem Fragezeichen werden die Anweisungen notiert, die ausgeführt werden, wenn die Bedingung wahr ist. Hinter dem nachfolgenden Doppelpunkt folgt der `else`-Block. Eine solche Kurzform wird meist gewählt, wenn einer Variablen in Abhängigkeit von gewissen Bedingungen verschiedene Werte zugewiesen werden sollen.

Beispiel:

```
var Tagezeit = (Zustand == "dunkel") ? "Nacht" : "Tag";
```

Wegen der schlechten Lesbarkeit sollten Sie – zumindest in der Anfangsphase – von diesem Konstrukt Abstand nehmen.

5.8.2 Die switch-Fallunterscheidung

Seit der Javascript-Version 1.2 gibt es eine mögliche Fallunterscheidung über ein Konstrukt, welches in vielen anderen Programmiersprachen schon lange zum Standard gehört – die Fallunterscheidung über `switch`.

Wesentlicher Vorteil gegenüber der `if-else`-Struktur ist, daß Sie auf einfache Weise mehr als zwei Fälle unterscheiden können. Dies ist zwar auch mit einer `if-else`-Struktur möglich, indem Sie mehrere `if`-Abfragen hintereinander schreiben, aber die Fallunterscheidung mit `switch` erscheint vielen Programmierern als eleganter. Die Syntax einer `switch`-Fallunterscheidung sieht folgendermaßen aus:

```
switch([auswahl])
{
case [Fall 1]:
...
break;
case [Fall 2]:
...
break;
...
default:
...
break;
}
```

Mit dem Schlüsselwort `switch` leiten Sie die Fallunterscheidung ein. Als Argumente werden in runden Klammern eingeschlossen eine Variable oder ein Ausdruck angegeben, für dessen aktuellen Wert Sie die Fallunterscheidung durchführen. Dies kann ein beliebiger Datentyp sein, der unter Javascript erlaubt ist (etwa eine Zahl, aber auch ein Text).

Die einzelnen Fälle, zwischen denen unterschieden werden soll, werden untereinander aufgelistet und innerhalb geschweifter Klammern als Blöcke notiert. Jeden einzelnen Fall leiten Sie mit dem Schlüsselwort `case` ein, gefolgt von der konkreten Angabe des Wertes, auf den Sie prüfen wollen.

Erstellen Sie die nachfolgende Datei (`JSWITCH.HTM`) zum Üben der `switch`-Fallunterscheidung. Lassen Sie sich nicht durch die Länge ins Boxhorn jagen – Sie können den `switch`-Block immer kopieren:

```
<html>
<body>
<SCRIPT LANGUAGE="Javascript">
<!--
var ergebnis=3;
switch(ergebnis)
{
```

```
case 1:
document.write("Fall 1 wird genommen");
document.write("<P>");
break;
case 2:
document.write("Fall 2 wird genommen");
document.write("<P>");
break;
case 3:
document.write("Fall 3 wird genommen");
document.write("<P>");
break;
case 4:
document.write("Fall 4 wird genommen");
document.write("<P>");
break;
default:
document.write("Keiner der Fälle wird genommen");
document.write("<P>");
break;
}
ergebnis=1;
switch(ergebnis)
{
case 1:
document.write("Fall 1 wird genommen");
document.write("<P>");
break;
case 2:
document.write("Fall 2 wird genommen");
document.write("<P>");
break;
case 3:
document.write("Fall 3 wird genommen");
document.write("<P>");
break;
case 4:
document.write("Fall 4 wird genommen");
document.write("<P>");
break;
```

```
default:
document.write("Keiner der Fälle wird genommen");
document.write("<P>");
break;
}
ergebnis=10;
switch(ergebnis)
{
case 1:
document.write("Fall 1 wird genommen");
document.write("<P>");
break;
case 2:
document.write("Fall 2 wird genommen");
document.write("<P>");
break;
case 3:
document.write("Fall 3 wird genommen");
document.write("<P>");
break;
case 4:
document.write("Fall 4 wird genommen");
document.write("<P>");
break;
default:
document.write("Keiner der Fälle wird genommen");
document.write("<P>");
break;
}
-->
</SCRIPT>
</body>
</html>
```

In dem Beispiel wird der Wert einer Variablen zuerst auf 3 gesetzt. In dem `switch`-Block wird deshalb der `Fall 3` ausgewählt. Die Anweisung `break` unterbricht die weitere Abarbeitung dieser switch-Fallunterscheidung und springt hinter den `switch`-Block. Die nächste Variante setzt den Wert der Variablen auf 1. In dem `switch`-Block wird deshalb der `Fall 1` ausgewählt. Die Anweisung `break` unterbricht wieder die weitere Abarbeitung. Im dritten Fall trifft keine der Auswahlmöglichkeiten auf den Wert der überprüften Variablen zu. Deshalb wird der mit `default` bezeichnete Fall ausgewählt.

Bild 5.10: Je nach Wert wird ein Zweig ausgewählt

Sie können auch auf Zeichenketten überprüfen, wie die nachfolgende Übung zeigt.

Erstellen Sie die nachfolgende Datei (JSWITCH2.HTM):

```
<html>
<body>
<SCRIPT LANGUAGE="Javascript">
<!--
var ergebnis="Hugo";
switch(ergebnis)
{
case "Willi":
document.write("Fall 1 wird genommen");
document.write("<P>");
break;
case "Fred":
document.write("Fall 2 wird genommen");
document.write("<P>");
break;
case "Otto":
document.write("Fall 3 wird genommen");
document.write("<P>");
break;
case "Hugo":
document.write("Fall 4 wird genommen");
document.write("<P>");
break;
default:
document.write("Keiner der Fälle wird genommen");
```

```
document.write("<P>");
break;
}
-->
</SCRIPT>
</body>
</html>
```

In dem Beispiel wird Fall Nummer 4 genommen.

Die Anordnung der auszuwählenden Fälle muß übrigens nicht in einer bestimmten Reihenfolge erfolgen, wie die nachfolgende Übung zeigt.

Erstellen Sie die nachfolgende Datei (JSWITCH3.HTM):

```
<html>
<body>
<SCRIPT LANGUAGE="Javascript">
<!--
var ergebnis=1;
switch(ergebnis)
{
case 3:
document.write("Fall 1 wird genommen");
document.write("<P>");
break;
case 2:
document.write("Fall 2 wird genommen");
document.write("<P>");
break;
case 4:
document.write("Fall 3 wird genommen");
document.write("<P>");
break;
case 1:
document.write("Fall 4 wird genommen");
document.write("<P>");
break;
default:
document.write("Keiner der Fälle wird genommen");
document.write("<P>");
break;
}
-->
```

```
</SCRIPT>
</body>
</html>
```

Obwohl der korrekte Fall erst an Stelle 4 steht und die Anordnung der Fälle unsortiert ist, wird dieser ausgewählt.

Beachten Sie als Zusammenfassung folgende Regeln bei der Verwendung von `switch`-Fallunterscheidungen:

- Am Ende jedes Blocks sollte das Schlüsselwort `break` stehen. Damit stellen Sie sicher, daß nach einem Treffen die nachfolgenden Fälle nicht ebenso ausgeführt werden, was in der Regel nicht gewünscht ist.
- Der Fall `default` dient dazu, eine Standardreaktion für den Fall zu definieren, daß keiner der von Ihnen definierten Fälle zutrifft.
- Es kann jeder erlaubte Javascript-Datentyp für eine Überprüfung verwendet werden.
- Die Fälle müssen nicht sortiert notiert werden.

Nochmals zur Sicherheit – diese Anweisung ist erst seit Javascript 1.2 integriert. Die Folge wird sein, daß die meisten Browser darauf mit einer Fehlermeldung reagieren. Deshalb sollten Sie so lange auf diese Anweisung verzichten, bis Javascript 1.2 allgemeingültiger Standard im Web geworden ist[1]. Es ist auf jeden Fall gefährlich, wenn Sie diese Anweisung verwenden. Trotz der eleganteren Lösung über `switch` ist es sicherer, mehrere `if`-Abfragen hintereinander zu schalten.

5.8.3 Die while-Bedingung

Die `while`-Schleife führt die Prüfung einer Bedingung durch. Die Kontrollstruktur wird so lange durchlaufen, bis eine Bedingung nicht mehr richtig ist.

```
while (Bedingung)
{
...Anweisungen
}
```

1 dies könnte sein, wenn Javascript offiziell in die Variante 1.6 oder 1.7 oder so geht ;-)

Wenn eine Bedingung bei Erreichen der Schleife falsch ist, werden die Anweisungen im Block überhaupt nicht durchgeführt.

Die `while`-Schleife benötigt in ihrem Inneren immer eine Möglichkeit, mit der die Schleife abgebrochen werden kann. Andernfalls erzeugen Sie unter Umständen eine Endlosschleife, also eine nicht endende Abarbeitung der Anweisungen im Inneren. Normalerweise erfolgt dies darüber, daß die in der Bedingung geprüfte Variable im Inneren so verändert wird, daß irgendwann die Bedingung nicht mehr erfüllt ist. Sie sehen es in der nachfolgenden Übung.

Erstellen Sie die nachfolgende Datei (`J_NEUN.HTM`):

```
<html>
<body>
<SCRIPT LANGUAGE="Javascript">
<!--
var zaehler=0;
while(zaehler < 10)
{
document.write("Der Wert ist ",zaehler);
document.write("<BR>");
zaehler++;
}
-->
</SCRIPT>
</body>
</html>
```

Zuerst ist die Variable 0. Die Bedingung in der `while`-Überprüfung ist wahr, und die Anweisungen werden ausgeführt. Nach der Ausgabe des Wertes und einem Zeilenvorschub wird der Wert der Variablen um 1 erhöht. Wir haben ausnahmsweise den Inkrement-Operator verwendet, der dem Ausdruck `zaehler = zaehler + 1;` entspricht. Das Durchlaufen der Schleife wird so lange fortgesetzt, bis die Variable den Wert 10 erreicht. Dann ist die Bedingung in der `while`-Überprüfung falsch, und die Anweisungen werden nicht mehr ausgeführt.

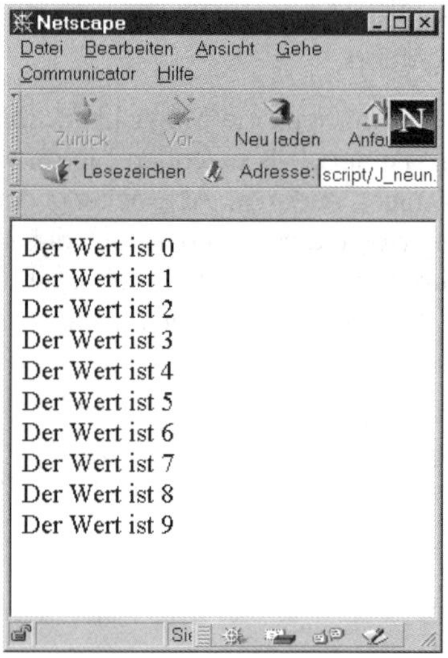

Bild 5.11: Die Schleife wurde zehnmal durchlaufen

5.8.4 Die do-while-Schleife

Die `do-while`-Schleife ist eine Abart der normalen `while`-Schleife und steht erst seit der Javaversion 1.2 zur Verfügung. Deshalb gelten für deren Verwendung die gleichen Einschränkungen wie bei der `switch`-Fallunterscheidung[1]. Wir schauen sie uns der Vollständigkeit halber dennoch an.

Der wichigste Unterschied zur normalen `while`-Schleife ist, daß dort bereits vor dem ersten Ausführen der im Inneren notierten Anweisungen die Schleifenbedingung überprüft wird, während bei der `do-while`-Schleife die im Inneren notierten Anweisungen auf jeden Fall einmal ausgeführt werden, **bevor** die Schleifenbedingung überprüft wird.

Die Syntax sieht so aus:

```
do
{
... irgendwelche Anweisungen
}
while([Bedingung]);
```

1 Besser vorerst vermeiden.

Überarbeiten Sie die Datei (J_NEUN.HTM) folgendermaßen (JSDOWHI.HTM) :

```
<html>
<body>
<SCRIPT LANGUAGE="Javascript">
<!--
var zaehler=0;
do
{
document.write("Der Wert ist ",zaehler);
document.write("<BR>");
zaehler++;
}
while(zaehler < 10)
zaehler=1000;
do
{
document.write("Der Wert ist ",zaehler, " und dennoch wird die
einmal Schleife durchlaufen.");
document.write("<BR>");
zaehler++;
}
while(zaehler < 10)
-->
</SCRIPT>
</body>
</html>
```

Die erste Schleife offenbart keinen Unterschied zur normalen while-Schleife. Die zweite Schleife jedoch wird einmal durchlaufen, obwohl die Bedingung offensichtlich nicht erfüllt ist.

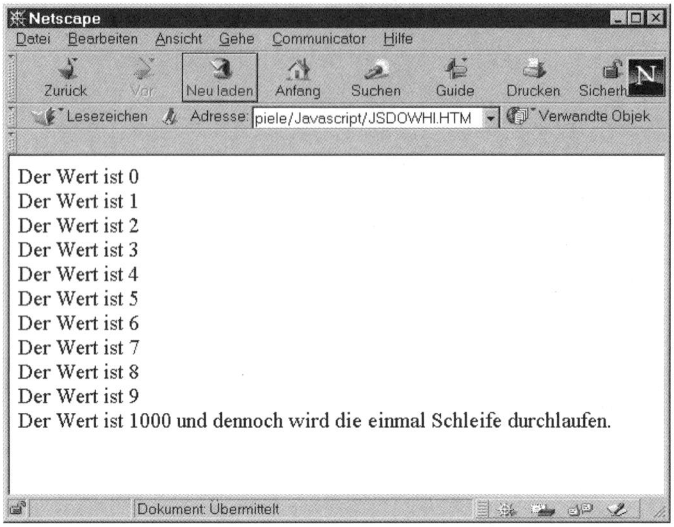

Bild 5.12: Die Schleife 2 wird einmal durchlaufen

5.8.5 Die for-Schleife

In dieser Kontrollstruktur wird eine vorgegebene Anzahl von Durchgängen festgelegt. So oft wie angegeben werden die Anweisungen im Inneren der Schleife ausgeführt. Bei jedem Durchlauf wird die Zählvariable um eine Einheit (deren Größe in der Schleife als letztes angegeben wird) hochgezählt.

```
for (Zählvar;Bedingung;Veränderung Zählvar)
{
...Anweisungen
}
```

Die Schleifenform eignet sich hervorragend zur Initialisierung von Arrays oder zur Beeinflussung von Situationen, wo gleichartige Dinge ablaufen.

Nehmen wir als Übung das Beispiel, welches wir bei der Behandlung von Arrays schon mal hatten (J_ZEHN.HMT):

```
<html>
<body>
<SCRIPT LANGUAGE="Javascript">
<!--
Monatstag = new Array(29);
var zaehler;
```

```
for (zaehler = 0; zaehler<30;zaehler++)
{
Monatstag[zaehler] = zaehler + 1;
}
for (zaehler = 0; zaehler<30;zaehler++)
{
document.write(Monatstag[zaehler]);
document.write("<BR>");
}
-->
</SCRIPT>
</body>
</html>
```

Zuerst wird ein Array erzeugt, dann eine Zählvariable. Anschließend wird in der ersten `for`-Schleife das Array gefüllt. In der zweiten `for`-Schleife wird dann das Array ausgegeben.

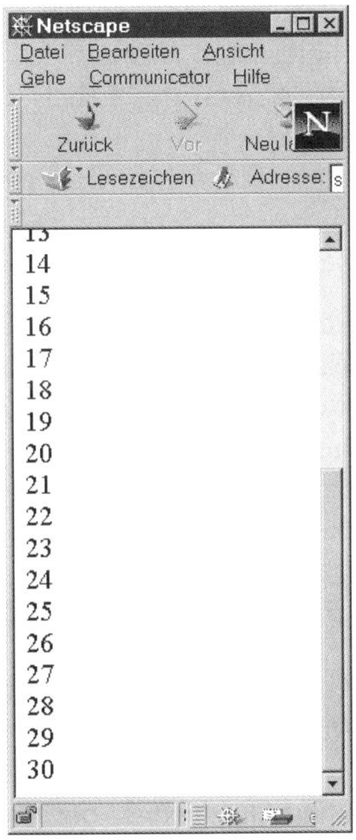

Bild 5.13: Das Ergebnis von zwei for-Schleifen

5.8.6 Gezielte Abbrüche von Schleifen

Schleifen sind recht kritische Stellen in jedem Programm oder Script. Es kann leicht zu sogenannten Endlosschleifen kommen. Dies sind Schleifen, deren Abbruchbedingungen aus irgendwelchen Gründen niemals eintreten. Viele Programmiersprachen stellen deshalb Schlüsselworte zur Verfügung, mit denen eine Kontrolle einer Schleife möglich ist. So auch Javascript. Das eine Schlüsselwort kennen Sie bereits – `break`. Wir haben es dazu benutzt, in einer `switch`-Auswahl die Schleife gezielt zu verlassen, wenn das gesuchte Resultat eingetreten ist. Die Anweisung `break` beendet eine Schleife sofort, wenn diese Stelle im Quelltext erreicht wird.

HINWEIS

In Javascript 1.2 wurde eine Erweiterung von `break` vorgenommen, die aus vielen Programmiersprachen bereits bekannt ist – die `break`-Anweisung mit Angabe eines Labels. Dies ist eine Sprungadresse, die angibt, wo nach Ausführen der `break`-Anweisung mit der Abarbeitung des Codes fortgefahren werden soll. Das Label ist ein frei definierbarer Name an einer beliebigen Stelle im Quelltext, der mit einem nachgestellten Doppelpunkt notiert wird. Hinter dem Wort `break` können Sie dann durch Leerzeichen abgetrennt den Namen des Labels angeben. Diese Technik ist jedoch sehr kritisch zu betrachten. Nicht nur, daß bisher keiner der aktuellen Browser sie unterstützt. Sie erlaubt die Erzeugung von sogenanntem Spaghetticode[1], welcher in grauen Computerurzeiten über die unselige Basic-Anweisung `goto` üblich war. Wir gehen nicht weiter darauf ein.

Neben `break` gibt es noch die Anweisung `continue`. Diese ist nicht ganz so wichtig. Sie können damit an einer bestimmten Stelle unmittelbar den nächsten Schleifendurchlauf erzwingen und die nachfolgenden Anweisungen innerhalb der Schleife ignorieren.

5.9 Kommentare in Javascript

Kommen wir gegen Ende dieses Kapitels zu Kommentaren in Javascript. Was Kommentare sind und wozu sie verwendet werden, wissen Sie schon aus unseren Abhandlungen bei HTML. Ein Kommentar ist ein Bestandteil eines Quelltextes, der von dem ausführenden Programm (der Interpreter-Fall wie bei Javascript oder HTML) oder dem übersetzenden Pro-

1 Sprung von hier nach da und weiter nach dort und zurück knapp hinter hier, um dann kurz vor dort zu springen. Natürlich ohne Dokumentation.

gramm (Compiler-Fall) ignoriert wird. Er kann in der Regel an jeder Stelle innerhalb eines Quelltextes stehen, denn Kommentare haben keinerlei Auswirkung auf die konkrete Abarbeitung eines Quelltextes. Kommentare sorgen für eine bessere Lesbarkeit des Quelltextes und ermöglichen das Einfügen von Hintergrundinformationen in einen Quelltext. Wichtig ist auch die Möglichkeit, zeitweise bestimmte Teile eines Programms oder Dokuments über Kommentare ausblenden zu lassen.

Sie dürfen HTML-Kommentare nicht mit Javascript-Kommentaren verwechseln. Wenn Sie einen Kommentar unter HTML setzen, wollen Sie damit den Inhalt vor dem HTML-Interpreter verstecken. Wenn Sie das in Verbindung mit Scripten tun, soll normalerweise der Scriptinterpreter den Inhalt aber sehen. Für diesen ist es ein sinnvoller Quelltext, den er ausführen soll, für den HTML-Interpreter wäre es verborgen und kann nicht zu Fehlern führen.

Natürlich muß es aber auch Kommentare geben, die Stellen im Quelltext vor dem Scriptinterpreter verbergen. Dies muß aber mit anderen Zeichen geschehen, damit die beiden Kommentartypen eindeutig vom Browser zu trennen sind.

Javascript unterstützt zwei verschiedene Kommentararten, welche von dem verwandten Java geerbt sind.

5.9.1 Mehrzeilige Kommentare

Ein mehrzeiliger Kommentar beginnt mit einem Slash, gefolgt von einem Stern (/*), schließt beliebigen Text ein und endet mit den gleichen Zeichen in umgekehrter Reihenfolge – einem Stern gefolgt von einem Slash (*/). Diese Form von Kommentar kann überall beginnen und aufhören. Diese Form eines Kommentars nutzt man gerne, um ganze Teile eines Scripts auszukommentieren und sie bei Bedarf wieder zur Verfügung zu haben, indem man einfach Anfang- und Endezeichen des Kommentars löscht.

Beispiel:

```
/*
Dies ist ein Kommentar, der auch über mehrere Zeilen gehen
kann. Wie lang er tatsächlich ist, spielt keine Rolle.
*/
```

5.9.2 Einzeilige Kommentare

Ein einzeiliger Kommentar beginnt mit einem Doppel-Slash (//) und endet mit dem Zeilenende. Das bedeutet, alle Zeichen in einer Zeile hinter dem Doppel-Slash werden vom Javascript-Interpreter ignoriert. Man nutzt sie gerne zum Auskommentieren, wenn nur eine Zeile eines Programms stört und man sie bei Bedarf wieder zur Verfügung haben möchte, indem man einfach die Kommentarzeichen löscht. Eine andere Verwendung ist das nachgestellte Kommentieren einer Anweisung.

Beispiel:

```
var test; // Dies ist eine Testvariable
```

5.10 Funktionen, Prozeduren und Methoden

Sie haben nun das Rüstzeug zusammen, um eigene Javascripte zu erstellen. Es fehlen zwar noch die ganzen Informationen zu den Javascript-Objekten, aber von den syntaktischen Voraussetzungen her sind Sie nun dazu in der Lage. Dabei werden Sie sehr oft in die Situation kommen, daß Sie bei größeren Programmstrukturen Code zusammenfassen und über einen Namen aufrufen werden. Dies nennt man Funktionen.

Machen wir uns nochmals klar, was es mit den Begriffen Funktionen, Prozeduren und Methoden auf sich hat. Funktionen und Prozeduren sind eine Reihe von Anweisungen im Quelltext, die zusammenfaßt werden und einen Namen bekommen. Damit müssen Sie diese Folge von Anweisungen nicht jedesmal in den Quelltext schreiben, wenn Sie diese Anweisungen benötigen. Sie werden nur einmal geschrieben und dann jedesmal über die Angabe des Namens aufgerufen, wenn diese Folge von Anweisungen benötigt wird. Es ist sicher offensichtlich, daß Sie sich damit eine Menge Arbeit sparen können, wenn Sie bestimmte Arbeitsschritte öfter benötigen. Es gibt eine Regel, die auf langjähriger Programmiererfahrung beruht, daß es in der Regel bereits dann effektiver ist, eine Folge von Anweisungen in eine Prozedur oder Funktion zu schreiben und diese dann aufzurufen, wenn diese Folge von Anweisungen mehr als einmal in einem Programm/Script verwendet werden soll.

Wir reden momentan immer von Prozedur oder Funktion. Ist das eigentlich das gleiche, oder gibt es Unterschiede? Es gibt normalerweise einen wesentlichen Unterschied. Eine Funktion erledigt eine Aufgabe und liefert immer einen Wert als Ergebnis zurück, eine Prozedur erledigt eine Aufgabe, ohne einen Wert als Ergebnis zurückzugeben. Wir können uns das anhand von zwei Beispielen aus dem gewöhnlichen Computeralltag klarmachen.

- In Excel gibt es eine Funktion *summe()*, die an sie weitergeleitete Zellen oder Zahlen summiert. Als Wert gibt sie das Ergebnis dieser Aufgabe zurück. Nicht überraschend, denn das ist der Zweck dieser Funktion.
- Eine Prozedur könnte beispielsweise die Änderung der Farbe des Desktops durchführen. Wenn die Aufgabe erfüllt ist, wird nicht noch zusätzlich die Farbe als Rückmeldung benötigt.

Javascript kennt nur Funktionen und keine Prozeduren. Allerdings muß eine Javascript-Funktion auch keinen Wert zurückgeben, der zwingend ausgewertet werden muß wie in anderen Programmiersprachen. Damit sind in Javascript die Unterschiede nahezu aufgehoben. Es hat sich jedoch auch in Javascript eingebürgert, in vielen Situtationen über die Anweisung `return` das Ergebnis eines Funktionsaufrufs zu dokumentieren.

Beispiel:

Die Anweisung

```
return true;
```

kann verwendet werden, um zu dokumentieren, daß die Funktion erfolgreich abgearbeitet wurde, während die Anweisung

```
return false;
```

dokumentiert, daß die Abarbeitung unvollständig ist. Diese Rückgabewerte können dann nach Beendigung der Funktion im weiteren Ablauf des Scriptes verwendet werden, um damit weitere Abläufe zu steuern.

Eine andere Anwendung von Rückgabewerten ist natürlich so etwas ähnliches, wie die Anwendungen von Funktionen unter Excel. Eine denkbare Funktion wäre beispielsweise eine Umrechnungsfunktion von DM in EURO. Der umgerechnete Wert würde als Rückgabewert bereitgestellt und könnte weiter verwendet werden.

Beispiel:

```
function dm_in_euro(DM_Betrag)
{
Var ergebnis;
ergebnis = DM_Betrag / 1.97[1];
return ergebnis;
}
```

Wir werden auf dieses Beispiel an anderer Stelle noch einmal zurückkommen.

Javascript besitzt eine ganze Reihe von vorgefertigten Funktionen, die Sie verwenden können, indem Sie sie einfach aufrufen (eventuell mit geforderten Parametern). Sie können aber auch eigene Funktionen in Javascript definieren, indem Sie das

- Schlüsselwort `function` schreiben, gefolgt von
- dem gewünschten Namen der Funktion,
- einer Klammer auf,
- optional einer Parameterliste, welche Variablen bezeichnet, über die Werte an die Funktion übergeben werden können und
- der abschließenden, schließenden Klammer.

Die eigentlichen Anweisungen der Funktion werden in Java in geschweifte Klammern eingeschlossen. Die Syntax sieht also immer so aus:

```
function [Name]([Parameterliste])
{
...Anweisungen
}
```

Funktionen werden üblicherweise innerhalb des Kopfbereichs einer Web-Seite deklariert. Damit kann gewährleistet werden, daß sie bereits vor dem Anzeigen einer Web-Seite vom Browser geladen und interpretiert wurden. Dies ist aber nicht zwingend. Javascript-Funktionen können wie alle Javascript-Anweisungen an jeder Stelle in einer HTML-Seite deklariert werden. Es kann dann nur vorkommen, daß ein Anwender eine Aktion auf der HTML-Seite auslöst und die dafür notwendige Funktion noch gar nicht geladen wurde.

1 Der Faktor ist nicht verbindlich, sondern nur als Beispiel zu sehen.

Aufrufen können Sie eine Funktion von jeder Stelle einer Web-Seite aus. Dazu müssen Sie nur ihren Namen in einer Anweisung angeben. **Die Klammern gehören übrigens unbedingt zu einem Aufruf hinzu**, egal, ob Sie darin Werte an die Funktion übergeben oder nicht.

Methoden

Nochmals zur Wiederholung – Methoden sind spezielle Funktionen, die einem Objekt zugeordnet sind und nur in Verbindung mit diesem vorkommen. Sie können in Javascript – wie Eigenschaften eines Objekts – nur über die vorangestellte Angabe des Objekts angesprochen werden (Dot-notation).

Schauen Sie sich nochmals die Übung in diesem Kapitel an, wo wir die Datei (`J_EINS.HTM`) erstellt haben.

Wir erstellen dort eine Funktion, die wir danach direkt aufrufen. Zum Aufruf verwenden wir eine Methode des Objekts `window`.

5.11 Steuerzeichen bei Zeichenketten

Wenn Sie unter Javascript in Zeichenkettenvariablen Steuerzeichen wie Hochkommata oder einen Zeilenumbruch verwenden wollen, können Sie diese nicht direkt eingeben, da sie ja eine Steuerfunktion unter Javascript oder im Editor haben. Sie müssen sie maskieren – etwas, was wir ja schon von HTML in ähnlicher Weise kennen.

Steuerzeichen werden bei der Maskierung durch das Zeichen \ eingeleitet, gefolgt von einem Buchstaben, der das Steuerzeichen beschreibt.

Es gibt folgende Steuerzeichen:

Steuerzeichen	Funktion
`\n`	Zeilenumbruch
`\f`	Wagenrücklauf
`\b`	Backspace
`\r`	DOS-Zeilenumbruch als Ergänzung von `\n`
`\t`	Tabulator
`\"`	Anführungszeichen

5.12 Zusammenfassung

Sie wissen, daß mit Javascript die Funktionen eines Web-Browsers ergänzt werden. Javascript ist eine reine Erweiterung des HTML-Codes in Form von Klartext und nur als eingebundener Bestandteil eines HTML-Gerüsts zu verwenden. Scripte sind damit in gewisser Weise normaler Bestandteil des HTML-Dokuments. Die Einbindung von Javascript in eine Web-Seite erfolgt über den `<SCRIPT>`-Tag mit der Anweisung `<SCRIPT LANGUAGE="Javascript">`. Der `<SCRIPT>`-Tag kann an einer beliebigen Stelle innerhalb eines HTML-Dokuments plaziert werden. Bei einem Script-Container steht in der Regel direkt nach dem einleitenden `<SCRIPT>`-Tag ein HTML-Kommentar (`<!--`.). Im Inneren des Javascript-Bereichs werden die Javascript-Funktionen notiert.

Javascripts können unter HTML 4 bzw. seit Javascript in der Version 1.1 auch in eine separate Datei abgelegt werden, die Ihren Javascript-Code enthält und beim Laden einer HTML-Datei hinzugebunden wird. In unserem Fall müssen Sie den `SCRIPT`-Tag um das `scr`-Attribut entsprechend erweitern.

Beispiel:

```
<SCRIPT language="Javascript" src="meineFunktion.js"
type="text/javascript">
</SCRIPT>
```

Es funktioniert auch, Javascript-Anweisungen direkt in eine HTML-Anweisung zu schreiben. Dazu müssen Sie nur der entsprechenden HTML-Anweisung das Schlüsselwort `javascript`, gefolgt von einem Doppelpunkt, als Attribut angeben.

```
<a href="javascript:alert('Aber hallo')">
```

Das System ist aber auf Referenzen und den Navigator beschränkt.

Die Fehlerbehandlung unter Javascript ist unter Javascript wichtiger als unter HTML, denn Javascript ist nicht so fehlertolerant wie HTML. Es gibt diverse Typen von Fehlern unter Javascript. Wichtig ist besonders, daß Javascript im Gegensatz zu HTML streng zwischen Groß- und Kleinschreibung unterscheidet, was oft zu Fehlern führt.

Bezüglich des Begriffs Objektorientierung haben wir festgehalten, daß Javascript eine teilweise objektorientierte Sprache ist. Deren zentrale Schlüsselworte sind das Objekt selbst, Methoden und Eigenschaften. Unter einem Objekt kann man sich alles vorstellen, was eigenständig angesprochen und verändert werden kann. Es äußert sich seiner Umwelt gegenüber durch seine Eigenschaften. Die Eigenschaften von Objekten können Variablen oder andere Objekte sein. Methoden sind irgendwelche Anweisungen, mit denen die – im Prinzip abgeschlossenen und eigenständigen – Objekte miteinander kommunizieren und/oder ihre Eigenschaften manipulieren können. Das Manipulieren der Eigenschaften eines Objekts erfolgt bei Javascript über die schon angesprochene Punktnotation (dot-notation). Objekte stehen in einer hierachischen Beziehung zueinander, in der jedes Objekt in einer Subklasse die Eigenschaften des zugehörigen Objekts in der Superklasse vererbt bekommt. Abgeleitete Klassen übernehmen die Eigenschaften und Methoden aller übergeordneten Klassen. In Javascript sind bereits diverse Objekte vorhanden. Die Eigenschaften dieser Objekte können manipuliert und abgefragt werden.

Javascript besitzt genauso Variablen wie alle anderen Programmiersprachen. Angesprochen werden diese Variablen über Namen, die sie vorher zugewiesen bekommen haben. Javascript verfolgt bei der Zuweisung von Werten zu Variablen das Konzept der sogenannten losen Typisierung. Variablen werden in Javascript über das Schlüsselwort `var` angelegt. Bezüglich der Namen für eine Javascript-Variable müssen Sie einige Regeln einhalten:

- ✘ Das erste Zeichen muß ein Buchstabe oder der Unterstrich _ sein.
- ✘ Es darf keines der Javascript-Schlüsselworte als Name verwendet werden.

Javascript-Schlüsselworte sind Worte, die in Javascript bereits eine feste Bedeutung haben. Den Wert von Variablen ändern Sie durch die Zuweisung des neuen Wertes über ein Gleichheitszeichen. Es gibt bei Variablen verschiedene Datentypen.

Anweisungen sind das Herz von Javascript und können auch über mehrere Zeilen im Editor gehen, denn sie enden immer erst mit einem Semikolon. Der Javascript-Interpreter des Browsers wird einen solchen Block als Einheit behandeln und ihn zusammen abarbeiten. Es gibt verschiedene Typen von Anweisungen, welche auch Ausdrücke umfassen, mit denen Werte von Variablen verändert werden können. Javascript kennt dazu zahlreiche Operatoren.

Kontrollstrukturen sind die klassische Anwendung von logischen oder vergleichenden Operatoren zur Steuerung von Programmabläufen. Javascript kennt die wichtigsten der auch in Java verwendeten Kontrollstrukturen (`if`, `switch`, `while`, `do-while`, `for`). Daneben stellt Javascript eigene Kommentare zur Verfügung.

Wichtiges Rüstzeug für komplexere Scripte sind Funktionen, mit denen eine Reihe von Anweisungen im Quelltext zusammenfaßt werden und einen Namen bekommen. Die eigentlichen Anweisungen der Funktion werden in Java in geschweifte Klammern eingeschlossen. Javascript-Funktionen können wie alle Javascript-Anweisungen an jeder Stelle in einer HTML-Seite deklariert werden. Javascript kennt nur Funktionen und keine Prozeduren. Allerdings muß eine Javascript-Funktion auch keinen Wert zurückgeben, der zwingend ausgewertet werden muß wie in anderen Programmiersprachen. Damit sind in Javascript die Unterschiede nahezu aufgehoben.

Kapitel 6

Vertiefung von Javascript

Wir wollen nun unsere Javascript-Kenntnisse vertiefen und bereits anspruchsvollere Anwendungen durchführen. Sie lernen in diesem Kapitel etwas über

- Die allgemeine Ereignisbehandlung unter HTML 4 und Javascript.
- Das `event`-Objekt in Javascript.
- Die verschiedenen Möglichkeiten zum Aufruf einer Javascript-Funktion.
- HTML-Tabellen und die Verbindung zu Javascript.

6.1 Aufruf einer Javascript-Funktion und die Event-Handler von Javascript

Wenn Sie ein Script programmiert haben, muß dieses Script vom Browser ausgeführt werden, um zum Leben zu erwachen. Aber wann? Zufällig? Oder in einer bestimmte Situation, die Sie als Programmierer festlegen? Sicherlich das Letztere. Wenn Sie Javascript-Funktionen oder irgendwelche Objektmethoden in einer HTML-Seite aufrufen wollen, muß irgendein Ereignis diesen Aufruf auslösen. Damit haben wir bereits den Schlüsselbegriff für diesen Abschnitt – *Ereignis*.

Unter einem Ereignis können Sie alles verstehen, was während der Lebenszeit einer Web-Seite in einem Browser auftreten kann. Das kann die Geburt (das Laden in den Browser) oder der Tod (das Entfernen der Seite aus dem Browser – etwa beim Laden einer neuen Seite) der Web-Seite sein.

Wir kennen aus unseren bisherigen Übungen schon eine Möglichkeit, die ein Javascript auf Grund eines Ereignisses ausführt. Was meine ich damit?

Der Start einer Web-Seite. Wenn Sie ein Script in den Header einer HTML schreiben, wird das Script bereits vor Anzeigen der eigentlichen Web-Seite einfach durch Laden der Seite ausgeführt. Das gilt aber auch für jede Script-Anweisung, die einfach so in einer Web-Seite steht. Sobald die betreffende Zeile durch den Browser geladen wird, wird die entsprechende Script-Anweisung durchgeführt.

Sie können jedoch ohne weitere Vorkehrungen ein Script nicht mehr neu starten, denn wenn es einmal ausgeführt wurde, ist es abgearbeitet und muß neu aufgerufen werden. Jedesmal die Seite neu zu laden, ist sicher keine sinnvolle Lösung. Aber wie? Auch andere Ereignisse wie Tastatureingaben durch den Anwender, Bewegungen des Mauszeigers oder Klicks mit den Maustasten sollten sinnvollerweise dafür genutzt werden können, ein Script aufzurufen. Daneben gibt es automatische Vorgänge, die von einer Zeitspanne oder einem Zeitpunkt abhängen oder aufgrund von gewissen anderen Bedingungen ausgelöst werden.

Wir brauchen also einen Mechanismus, der auf solche Ereignisse reagiert und gegebenenfalls eine Funktion oder eine Objektmethode auslöst. Dieser Mechanismus wird *Event-Handler* (Ereignisbehandler) genannt.

Mittels der unterschiedlichen Event-Handler reagiert der Javascript-Interpreter auf verschiedenartige Ereignisse, die der Event-Handler-Mechanismus über ihre festgelegten Namen identifiziert. Wesentlich ist, daß Ereignisse in HTML 4 und Javascript vorhanden und identisch sind. Das W3-Konsortium hat die Event-Handler offiziell in den HTML-Sprachstandard mit aufgenommen. Dies ist besonders deshalb wichtig, weil damit **Groß- und Kleinschreibung bei der Notation in der Web-Seite keine Rolle spielen**. Dabei wurde auch festgelegt, in welchen HTML-Tags welcher Event-Handler vorkommen darf. Diese Ereignisse stehen damit auch direkt unter HTML zur Verfügung und können relativ beliebig in einer Web-Seite eingesetzt werden. Event-Handler sind ein wichtiges Bindeglied zwischen HTML und Javascript. Ein Event-Handler-Ereignis sieht aus wie jedes gewöhnliche HTML-Attribut. Gemeinhin beginnen die Namen von Ereignissen mit der Silbe `on`, gefolgt von einer sprechenden Beschreibung des Ereignisses.

Beispiele:

```
onMouseOver          onLoad          onClick
```

Hinter dem Namen des Ereignisses wird ein Istgleichzeichen notiert, gefolgt von einer in Anführungszeichen notierten Javascript-Anweisung oder -Funktion.

Beispiel:

```
onClick="meineFunktion()"
```

MERKSATZ

Einige Ereignisse werden von allen modernen Browsern verstanden. Es gibt aber diverse Ereignisse, die Browser-spezifisch sind. Dies liegt unter anderem daran, daß es verschiedene Ereignismodelle gibt und man nie sicher ist, auf welches der Ereignismodelle sich der Browser bezieht. Bei Ereignismodellen handelt es sich um abstrakte Objektmodelle, die festlegen, wie auf welche Ereignisse zu reagieren ist, was passiert, wenn ein Ereignis nicht gleich ausgeführt werden kann, und so fort. Die Unterschiede zwischen dem Microsoft-Ereignismodell und dem von Netscape sind beispielsweise ziemlich groß. Netscape weicht in seinem Modell sehr stark von dem W3C-Entwurf ab, während Microsoft die Event-Handler weitgehend so interpretiert, wie vom W3-Konsortium vorgesehen.

Ereignisse können an verschiedenen Stellen in Dokumenten auftreten, etwa in Formularen und bei einzelnen Elementen. Die wichtigsten drei Wege, wie eine Javascript-Funktion unter HTML aufgerufen wird, sind wahrscheinlich folgende:

1. Beim Start der HTML-Datei
2. Bei einem Klick auf eine Referenz oder eine Schaltfläche
3. Beim Überstreichen mit dem Mauszeiger.

Es gibt daneben noch diverse weitere Ereignistypen, die wir natürlich auch nicht vergessen wollen. Wir werden sie gleich durchsprechen. Vorher werden wir aber noch eine Dummy-Datei mit einem Gerüst einer Javascript-Funktion erstellen, die wir dann jeweils füllen und von verschiedenen Stellen aus aufrufen.

Erstellen Sie folgende Dummydatei (JSDUMMY.HTM), welche uns als Grundgerüst für die späteren Aufrufe der darin enthaltenen Funktion dienen soll.

```
<html>
<!-- Dies ist nur eine Dummy-Datei -->
<head>
<SCRIPT LANGUAGE="Javascript">
<!--
function unsere_funktion()
{
}
-->
</SCRIPT>
</head>
<body>
</body>
</html>
```

Die Datei ist nur ein Gerüst, das noch mit Leben gefüllt werden muß.

Konkret ist ein universeller Event-Handler nur ein Block von Javascript-Anweisungen, welcher direkt in einen HTML-Tag geschrieben wird. Die Grundsyntax sieht immer gleich aus:

```
<[HTML-Tag] [ATTRIBUTE] [onEventHandler]="Javascript-
Anweisungen">
```

- ✘ [HTML-Tag] ist ein beliebiger HTML-Tag, welcher die Reaktion auf ein Ereignis unterstützt.
- ✘ [ATTRIBUTE] sind die normalen HTML-Attribute, welche den HTML-Tag bezüglich seiner üblichen HTML-Auswirkungen spezifizieren.
- ✘ [onEventHandler] ist der Name des Ereignisses, auf welches reagiert werden soll.
- ✘ "Javascript-Anweisungen" sind die konkreten Javascript-Anweisungen, welche bei Auftreten des spezifizierten Ereignisses ausgeführt werden sollen.

Beispiel:

```
<body onload="unsere_funktion()">
... [alle übrigen HTML-Anweisungen] ...
</body>
```

In eine Event-Handler-Struktur können über Semikolon abgetrennt mehrere Javascript-Anweisungen hintereinander geschrieben werden. Dies ist aber selten sinnvoll. Besser ist die Erzeugung einer eigenen Javascript-Funktion, welche dann alle Anweisungen enthält, welche bei Auftreten eines Ereignisses ausgeführt werden sollen. Wir werden uns nun mit den Ereignissen beschäftigen, die allgemein als Dokumentenereignisse bezeichnet werden. Diese werden irgendwo im Bereich des BODY-Containers einer Web-Seite notiert.

6.1.1 Aufruf beim Start/Verlassen der HTML-Datei

Der Aufruf einer Javascript-Funktion beim Start der HTML-Datei erfolgt durch eine Erweiterung des <BODY>-Tags über das Attribut onload.

Syntax:

```
<body onload="[ Funktionsname]">
```

Damit erfolgt der Aufruf der als Wert des Attributs angegebenen Javascript-Funktion beim Start der HTML-Datei. Der Funktionsname der Javascript-Funktion muß in Anführungszeichen gesetzt werden und enthält alle notwendigen Angaben zum korrekten Ablauf der Javascript-Funktion. Insbesondere müssen dort natürlich alle eventuell notwendigen Parameter enthalten sein.

Nehmen Sie unsere Dummydatei (JSDUMMY.HTM), und ergänzen Sie sie wie folgt (JSONLOAD.HTM):

```
<html>
<head>
<SCRIPT LANGUAGE="Javascript">
<!--
function unsere_funktion()
{
 alert("Herzlich Willkommen");
}
-->
</SCRIPT>
</head>
<body onload="unsere_funktion()">
</body>
</html>
```

Beachten Sie die Zeile

```
<body onload="unsere_funktion()">
```

Dort wird unsere Funktion beim Laden der Seite aufgerufen. Dabei wird ein Mitteilungsfenster angezeigt. Dies bewirkt die Funktion `alert`, welche Javascript als Standardfunktion zur Verfügung stellt und die wir innerhalb von `unsere_funktion()` aufrufen.

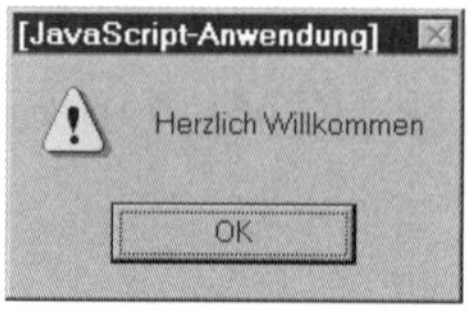

Bild 6.1: Die Funktion alert

Das Parallelereignis zum Laden einer Seite ist die Situation, wenn eine Seite wieder aus dem Speicher entfernt wird. Etwa wenn eine neue Seite geladen wird. Dafür gibt es das Ereignis `onUnload`, das identisch in den `BODY`-Tag integriert wird. Sie können auch beide Ereignisse in dem `BODY`-Tag angeben, um sowohl beim Start einer Seite als auch bei deren Verlassen eine bestimmte Aktion auszulösen.

Beispiel:

```
<html>
<head>
<SCRIPT LANGUAGE="Javascript">
<!--
function unsere_funktion()
{
 alert("Herzlich Willkommen");
}
function bey()
{
 alert("Und tschüss");
}
-->
</SCRIPT>
</head>
<body onload="unsere_funktion()" onUnload="bey()">
</body>
</html>
```

Beide Attribute waren bereits unter Javascript 1.0 dabei und sind auch beim `<FRAMESET>`-Tag erlaubt, der bei Frames in HTML verwendet wird.

6.1.2 Aufruf beim Klick auf eine Referenz

Unter einem Klick auf eine Referenz ist der Fall gemeint, wenn Sie auf ein Element wie eine Schaltfläche in einem Formular mit der Maus klicken. Sie erweitern den entsprechenden Tag mit dem Attribut `onClick`.

Syntax:

```
<a href=[URL] onClick="[Funktionsname]">...</a>
```

Bei diesem Event-Handler zeigen sich die Unterschiede zwischen dem Netscape-Ereignismodell und dem von Microsoft unterstützten HTML-4-Ereignismodell ziemlich kraß. Während Netscape das Attribut nur in den HTML-Tags <a>, <area>, <input> und <textarea> erlaubt, unterstützt der Explorer nahezu alle offiziellen HTML-4-Tags. Konkret sind das derzeit <a>, <abbr>, <acronym>, <address>, <area>, <b>, <big>, <blockquote>, <body>, <button>, <caption>, <center>, <cite>, <code>, <col>, <colgroup>, <dd>, <del>, <dfn>, <dir>, <div>, <dl>, <dt>, <em>, <fieldset>, <form>, <h1>, <h2>, <h3>, <h4>, <h5>, <h6>, <hr>, <i>, <img>, <input>, <ins>, <kbd>, <label>, <legend>, <li>, <link>, <map>, <menu>, <noframes>, <noscript>, <object>, <ol>, <optgroup>, <option>, <p>, <pre>, <q>, <s>, <samp>, <select>, <small>, <span>, <strike>, <strong>, <sub>, <sup>, <table>, <tbody>, <td>, <textarea>, <tfoot>, <th>, <thead>, <tr>, <tt>, <u>, <ul>, <var>.

Nehmen Sie unsere Dummydatei (JSDUMMY.HTM), und ergänzen Sie sie wie folgt (JSONCLIC.HTM):

```
<html>
<head>
<SCRIPT LANGUAGE="Javascript">
<!--
function unsere_funktion()
{
 alert("Herzlich Willkommen");
}
-->
</SCRIPT>
</head>
<body>
<h1 onClick="unsere_funktion()">Dies ist eine Überschrift</h1>
</body>
</html>
```

Im Internet Explorer wird beim Klick auf die Überschrift die benannte Funktion aufgerufen, beim Navigator passiert nichts. Wenn Sie allerdings statt des Überschriften-Tags eine dort erlaubte Anweisung schreiben, wird dann auch im Navigator die benannte Funktion aufgerufen.

6.1.3 Aufruf beim Überstreichen mit dem Mauszeiger

Das Überstreichen eines Elements mit dem Mauszeiger ist auch ein oft zu findendes Ereignis, bei dem eine Javascript-Funktion aufgerufen wird. Damit kann beispielsweise eine umfangreichere Information zu einem Link in einem extra Mitteilungsfenster angezeigt werden (wir werden es in der Übung sehen). Dazu muß der Tag des entsprechenden Elements mit dem Attribut `onMouseOver` erweitert werden, wenn eine Reaktion auf den Eintritt des Mauszeigers in den Bereich eines Elements eintritt. Das Attribut `onMouseOut` erlaubt die Reaktion in dem Moment, wenn der Mauszeiger den Bereich eines Elements wieder verläßt.

Es muß sich bei dem Element um eine verweis-sensitive Referenz handeln, bei der beim Überstreichen mit dem Mauszeiger die Javascript-Funktion direkt aufgerufen wird. Allerdings verstehen der Internet Explorer und der Navigator unter einer verweis-sensitiven Referenz etwas Verschiedenes. Beim Navigator ist darunter nur ein Link zu sehen. Der Explorer ist bei der Interpretation des Ereignisses viel leistungsfähiger und erlaubt das Attribut bei jedem HTML-Element.

Syntax (hier bei einem Link):

```
<a href=[URL] onMouseOver="[Funktionsname]">...</a>
```

Nehmen Sie unsere Dummydatei (`JSDUMMY.HTM`), und verändern Sie diese wie folgt (`JSMOVER.HTM`):

```
<html>
<!-- onMouseOver -->
<head>
<SCRIPT LANGUAGE="Javascript">
<!--
var ergebnis_IE=0;
var ergebnis_NCIE=0;
var textmeldung_IE;
var textmeldung_NCIE;
```

```
function unsere_funktion()
{
ergebnis_IE++;
textmeldung_IE = "Das ist nur eine Information fuer Explorer-
Anwender. Sie haben das onMouseOver-Ereignis " + ergebnis_IE +
" mal ausgeloest";
alert(textmeldung_IE);
}
function ns_willkommen()
{
 ergebnis_NCIE = ergebnis_NCIE + 1;
 textmeldung_NCIE = "Ich heisse hier auch die Anwender vom
Navigator willkommen. Sie haben das onMouseOver-Ereignis " +
ergebnis_NCIE + " mal ausgeloest";
 if(ergebnis_NCIE < 5)
 {
 alert(textmeldung_NCIE);
 }
 else
 {
  alert("Jetzt langt es aber");
 }
}
-->
</SCRIPT>
</head>
<body>
<H2>Dies ist keine &Uuml;berschrift, die auf onMouseOver
reagiert</H2>
<H3 onMouseOver="unsere_funktion()">Die &Uuml;berschrift
reagiert auf onMouseOver in Explorer</H3>
<A href="TITEL.HTM" onMouseOver="ns_willkommen()">Dies ist ein
Hyperlink</A>
</body>
</html>
```

Wenn Sie das Beispiel ausprobieren, wird Ihnen auffallen, daß der Explorer sowohl beim Überstreichen der Überschrift der Ordnung 3 mit der Maus, als auch beim Überstreichen des Hyperlinks ein Fenster mit einer Meldung öffnet. Beim Navigator funktioniert das Öffnen eines Mitteilungsfensters nur beim Überstreichen des Hyperlinks.

Bild 6.2: Das ist für beide Browser zu sehen

Dieses Beispiel hat aber noch eine Menge Javascript in sich. Wir wollen es ausführlich diskutieren. Beachten Sie zuerst den Header der HTML-Datei. Dort werden die Javascript-Funktionen deklariert. Aber nicht nur das. Schauen wir uns den Quelltext schrittweise an.

Bevor eine erste Funktion deklariert wird, finden Sie folgenden Code:

```
var ergebnis_IE=0;
var ergebnis_NCIE=0;
var textmeldung_IE;
var textmeldung_NCIE;
```

Was ist das? Das ist die Erzeugung von vier Variablen und die explizite Vorbelegung von zwei Variablen, die wir gleich noch benötigen. Können Sie sich vorstellen, warum diese Deklaration außerhalb der Funktionen erfolgt? Wir verwenden Sie ja auch außerhalb der Funktionen. Ich denke, das ist eine Antwort, die wieder zu erklären ist.

Probieren Sie einfach mal aus, was passiert, wenn Sie eine Referenz mehrfach mit dem Mauszeiger überstreichen. Es wird mitgezählt, und die Anzahl der »Besuche« im Mitteilungsfenster wird angegeben. Das Mitzählen funktioniert, indem den außerhalb der Funktionen deklarierten Variablen bei jedem Besuch jeweils ein um 1 erhöhter Wert zugewiesen wird. Die Variablen behalten die Werte auch, wenn die Funktion beendet ist (immer dann, wenn Sie ein Fenster schließen) und stellen diesen Wert dann beim erneuten Aufruf der Funktion wieder zur Verfügung. Es handelt sich um sogenannte globale Variablen, die überall im Script zur Verfügung stehen. Wenn wir sie wie oben innerhalb der jeweiligen Funktion deklarieren würden, würden sie bei jedem Aufruf wieder auf den Initialisierungswert 0 gesetzt. Ein Mitzählen wäre nicht möglich.

Schauen wir uns jetzt unsere erste Funktion an. Nach der Deklaration

```
function unsere_funktion()
```

wird als erstes der Wert der globalen Variablen `ergebnis_IE` um eins erhöht.

```
ergebnis_IE++;
```

Danach wird der Variablen `textmeldung_IE` ein Wert zugewiesen.

```
textmeldung_IE = "Das ist nur eine Information fuer Explorer-
Anwender. Sie haben das onMouseOver-Ereignis " + ergebnis_IE +
" mal ausgeloest";
```

Dies ist besonders interessant, weil über den Additionsoperator + Text und Zahlen zusammengezogen werden und dann einen gemeinsamen Text bilden, der im Mitteilungsfenster angezeigt werden kann. Wir benötigen diesen Zwischenschritt, weil die Funktion `alert` nur einen Parameter erlaubt.

```
alert(textmeldung_IE);
```

Die nachfolgende Funktion ist fast gleich, bis auf die `if`-Anweisung, mit der nach einem fünfmaligen Besuch des Links eine alternative Meldung im `else`-Zweig angezeigt wird.

```
if(ergebnis_NCIE < 5)
 {
 alert(textmeldung_NCIE);
 }
 else
 {
  alert("Jetzt langt es aber");
 }
```

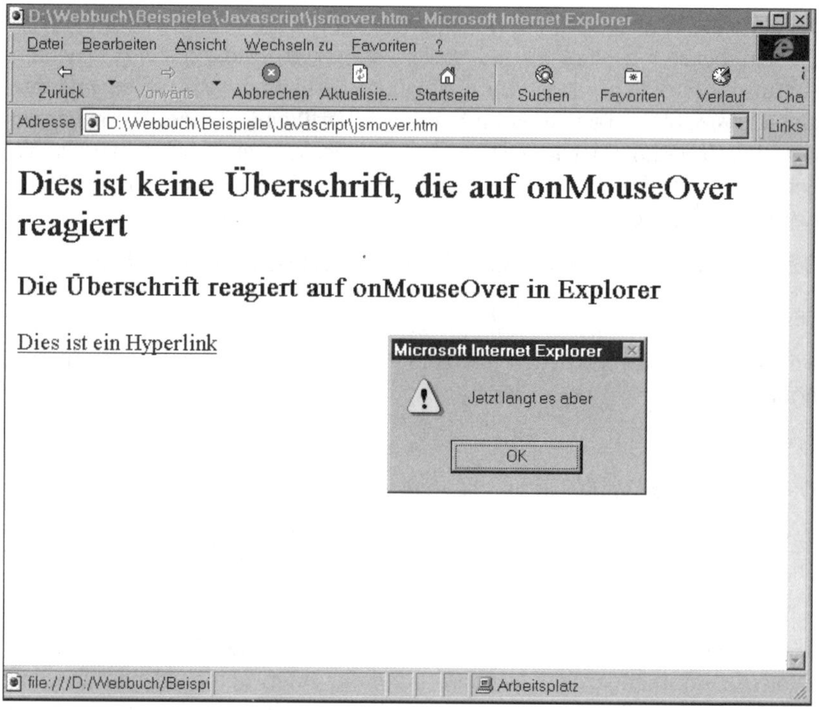

Bild 6.3: Jetzt langt es aber

Im BODY-Bereich werden dann die beiden Funktionen bei den beiden Elementen als Attribute hinzugefügt.

```
<H3 onMouseOver="unsere_funktion()">Die &Uuml;berschrift
reagiert auf onMouseOver in Explorer</H3>
<A href="TITEL.HTM" onMouseOver="ns_willkommen()">Dies ist ein
Hyperlink</A>
```

Sonderzeichen und Javascript

Verwenden Sie möglichst keine deutschen Sonderzeichen in Verbindung mit Javascript. Die Dateien JSMOVER_FEHLER1.HTM, JSMOVER_FEHLER2.HTM und JSMOVER_FEHLER3.HTM demonstrieren so einige Probleme, die dann auftreten können.

1. Wenn Sie in einer HTML-Seite Javascript verwenden und deutsche Sonderzeichen innerhalb von Javascript verwenden, kann es vorkommen, daß der Internet Explorer einen Javascript-Fehler meldet und die Scripte nicht ausführt. Der Navigator hingegen wird die Scripte unter Umstän-

den ohne Fehler ausführen. Diese Situation scheint jedoch recht zufällig aufzutreten, denn in eigenen Tests mit der Datei JSMOVER_FEHLER3.HTM trat der Fehler im Explorer manchmal auf, dann wieder nicht. Die Verwendung von deutschen Umlauten und des ß innerhalb von Javascript ist auf jeden Fall kritisch.

2. Ein weiteres potentielles Problem, das ebenso recht zufällig aufzutreten scheint, betrifft die folgende Konstellation. Sie verwenden Javascript und maskieren deutsche Sonderzeichen in HTML nicht (die Datei JSMOVER_FEHLER2.HTM). Es kann vorkommen, daß diese nicht maskierten Zeichen dann im Browser (insbesondere dem Explorer) nicht korrekt dargestellt werden. Es kann sogar zu einem Javascript-Laufzeitfehler kommen.

3. Einen Fehler, den Sie aber auf jeden Fall vermeiden müssen, ist die HTML-Maskierung von deutschen Sonderzeichen in Javascript (die Datei JSMOVER_FEHLER1.HTM). In den Mitteilungsfenstern werden bei dem Beispiel nicht die deutschen Umlaute, sondern die Maskierungszeichen dargestellt.

Es sieht so aus, als würden sich der HTML-Interpreter und der Javascript-Interpreter der Browser unter gewissen Konstellationen in die Quere kommen. Am besten halten Sie die Regel ein, daß Sie alle Sonderzeichen unter HTML unbedingt maskieren, innerhalb des Javascript-Containers jedoch nicht oder am allerbesten ganz auf diese Zeichen verzichten.

Mit dem onMouseOver-Attribut stark verwandt ist onMouseOut, das in dem Moment ausgelöst wird, wenn der Mauszeiger das Gebiet eines Elements wieder verläßt. Dies ist besonders bei ausgedehnteren Objekten wie Grafiken sinnvoll.

Auch bei diesem Event-Handler zeigen sich die Unterschiede zwischen dem Netscape-Ereignismodell und dem von Microsoft unterstützten HTML-4-Ereignismodell. Netscape unterstützt die beiden Attribute nur in den HTML-Tags <a> und <area>, während der Explorer wieder nahezu alle offiziellen HTML-4-Tags wie beim Klickereignis unterstützt.

Bild 6.4: Keine Maskierung in Javascript

6.1.4 Reaktion auf Mausbewegungen

Die Bewegung der Maus (unabhängig davon, ob die Maustaste gedrückt ist oder nicht) innerhalb des Anzeigebereichs des Browsers erzeugt ein eigenes Ereignis – `onMouseMove`.

Netscape unterstützt dieses Attribut bei HTML-Tags nicht, sondern nur im Zusammenhang mit dem `event`-Objekt, worauf wir gleich noch genauer eingehen. Der Internet Explorer wird das Attribut jedoch bei allen gängigen HTML-4-Tags verstehen.

Erstellen Sie die nachfolgende Datei (`JSMMOVE.HTM`), und betrachten Sie diese dann im Explorer.

```
<html>
<!-- onMouseMove -->
<head>
<SCRIPT LANGUAGE="Javascript">
<!--
function unsere_funktion()
{
textmeldung_IE = "Das ist nur eine Information fuer Explorer-
Anwender.";
```

```
alert(textmeldung_IE);
}
-->
</SCRIPT>
</head>
<body>
Keine Reaktion auf onMouseMove.
<p onMousemove="unsere_funktion()">Dies ist ein Absatz, der auf
onMouseMove reagiert</P>
Keine Reaktion auf onMouseMove.
</body>
</html>
```

Wenn Sie den Mauszeiger im Bereich des zweiten Absatzes bewegen, wird eine Meldung angezeigt. Die beiden anderen Absätze lösen keine Aktion aus.

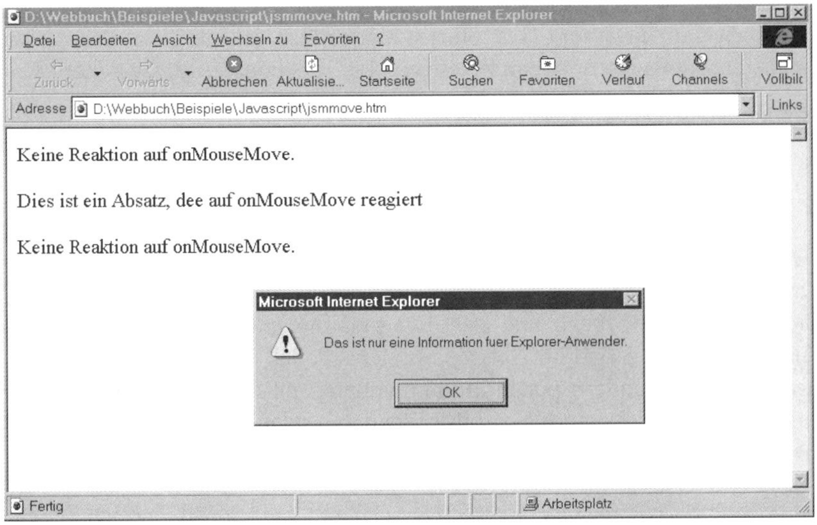

Bild 6.5: Funktionsaufruf bei Überstreichen mit dem Mauszeiger

6.1.5 Die Reaktion auf Mausklicks

Selbstverständlich sind Klicks mit der Maus Ereignisse und ideale Kandidaten, um ein Javascript aufzurufen. Dabei gilt es, zwischen drei Formen bzw. Zuständen von Klicks zu unterscheiden:

- Der vollständige Klick
- Das Drücken einer Maustaste
- Das Loslassen einer Maustaste

Den vollständigen Klick und den zugehörigen Event-Handler onClick haben wir schon behandelt, aber die jeweiligen Teilphasen des Drückens und des Loslassens einer Maustaste bilden jeweils ein eigenes Ereignis. Diese heißen onMouseDown und onMouseUp. Sie werden wie das Ereignis onClick verwendet, nur eben bei der jeweiligen Teilaktion ausgelöst. Sie sind von der Syntax her genauso wie onClick zu verwenden. Wie beim onClick-Ereignis unterstützte Netscape die Attribute lange Zeit – zumindest offiziell – nur in Zusammenhang mit dem event-Objekt, während Microsoft die Attribute bei fast allen Tags (analog den Tags von onClick) versteht. Mittlerweile versteht aber auch der Navigator die beiden Event-Handler bei diversen HTML-Elementen, etwa dem IMG-Tag.

6.1.6 Die Tastaturereignisse

Die Reaktion auf das Betätigen einer (beliebigen) Taste auf der Tastatur bildet einen weiteren Kandidaten für aufzufangende Ereignisse. Diese werden aber erst seit Javascript 1.2 offiziell unterstützt. Wie bei der Maustaste unterscheidet Javascript beim Betätigen einer Keyboard-Taste zwischen

- dem vollständigen Tastendruck,
- dem Drücken einer Taste und
- dem Loslassen einer Taste.

Sowohl der vollständige Tastendruck als auch die jeweiligen Teilphasen des Drückens und des Loslassens einer Taste bilden jeweils ein eigenes Ereignis. onKeypress, onKeydown und onKeyup sind die jeweiligen Event-Handler. Alle drei Attribute sind im Netscape-Ereignismodell bislang nicht in HTML-Tags möglich, sondern nur in Zusammenhang mit dem event-Objekt. Das offizielle HTML 4 (und Microsoft weitgehend) erlauben wieder den Einsatz bei den meisten HTML-Tags (<a>, <abbr>, <acronym>, <address>, <area>, <b>, <big>, <blockquote>, <body>, <button>, <caption>, <center>.<cite>, <code>, <col>, <colgroup>, <dd>, <del>, <dfn>, <dir>, <div>, <dl>, <dt>, <em>, <fieldset>, <form>, <h1>, <h2>, <h3>, <h4>, <h5>, <h6>, <hr>, <i>, <img>, <input>, <ins>, <kbd>, <label>, <legend>, <li>, <link>, <map>, <menu>, <noframes>, <noscript>, <object>, <ol>, <optgroup>, <option>, <p>, <pre>, <q>, <s>, <samp>, <select>, <small>, <span>, <strike>, <strong>, <sub>, <sup>, <table>, <tbody>, <td>, <textarea>, <tfoot>, <th>, <thead>, <tr>, <tt>, <u>, <ul>, <var>).

Die nachfolgende HTML-Datei (JSKEY.HTM) löst eine Javascript-Funktion auf einen beliebigen Tastendruck aus.

```
<html>
<!-- Tastenauswertung -->
<head>
<SCRIPT LANGUAGE="Javascript">
<!--
function unsere_funktion()
{
alert("Taste gedrückt und losgelassen");
}
-->
</SCRIPT>
</head>
<body onKeypress="unsere_funktion()">
Dies ist eine beliebige Seite.
</body>
</html>
```

Durch die Erweiterung des BODY-Tags wird bei jedem Tastendruck die bezeichnete Javascript-Funktion ausgelöst. Das Beispiel funktioniert aber nur im Explorer ab der Version 4.x.

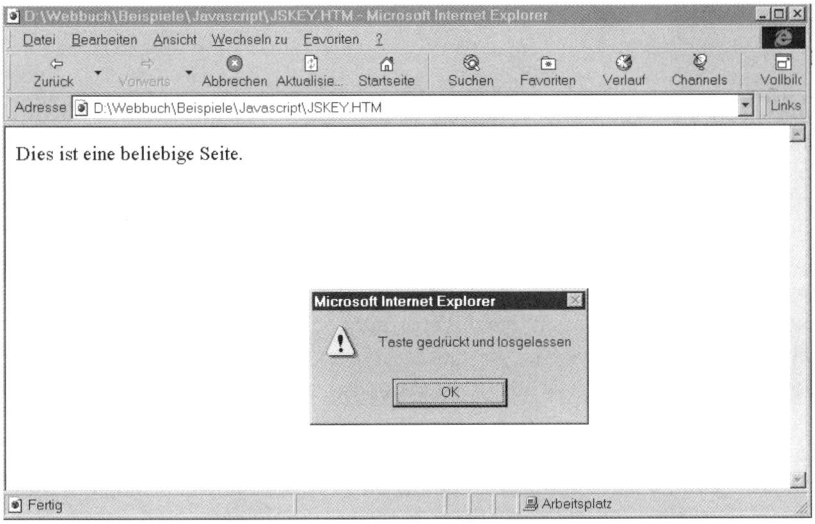

Bild 6.6: Der Explorer reagiert auf Tastendruck

6.1.7 Aktivierung und Verlassen eines Elements

Die Reaktion auf die Aktivierung eines Elements – Event-Handler `onFocus` – tritt hauptsächlich in Zusammenhang mit Formularen auf. Es gibt aber auch andere Anwendungen, und sowohl Netscape als auch Microsoft erlauben das Attribut bei einigen HTML-Tags.

Der Navigator wird auf die Verwendung mit den HTML-Tags `<body>`, `<frame>`, `<input>`, `<layer>`, `<select>` und `<textarea>` reagieren, das offizielle HTML 4 sieht das Attribut bei den HTML-Tags `<a>`, `<area>`, `<button>`, `<input>`, `<label>`, `<select>` und `<textarea>` vor.

Beispiel:

```
<INPUT NAME="Feld3" SIZE=8 MAXLENGTH=5
onFocus="globale_kontrolle()">
```

Sie können auch auf das Verlassen eines zuvor aktivierten Elements reagieren. Dazu gibt es den Event-Handler `onBlur`.

Der Navigator wird auf die Verwendung mit den HTML-Tags `<body>`, `<frameset>`, `<input>`, `<layer>`, `<select>` und `<textarea>` reagieren, das offizielle HTML 4 sieht das Attribut bei den gleichen HTML-Tags wie bei `onFocus` vor.

Beispiel:

```
<INPUT NAME="Feld3" SIZE=8 MAXLENGTH=5
onBlur="globale_kontrolle()">
```

ACHTUNG

Der Event-Handler `onBlur` ist äußerst gefährlich. Es kann durchaus vorkommen, daß Sie sich ein ziemliches Problem einhandeln, wenn Sie beim Verlassen eines Eingabefeldes abfragen, ob dieses mit dem richtigen Wert gefüllt ist. Falls Sie sich eine Situation schaffen, in der unmittelbar nach der Überprüfung das auslösende Feld wieder verlassen wird (dies ist beispielsweise bei der Funktion `alert` zum Erzeugen eines Mitteilungsfensters so), kommt Ihnen permanent die Überprüfung des Feldes und eine entsprechende Reaktion darauf in die Quere. Wenn dies beispielsweise eine Fehlermeldung mit einem Mitteilungsfenster ist, können Sie nicht einmal das entsprechende Eingabefeld korrigieren. Das kann sogar dazu führen, daß Sie nicht einmal den Browser beenden können. Aber auch sonst ist die Verwendung von `onBlur` am besten am Ende einer vollständigen Eingabe sämtlicher relevanter Daten (an zentraler Stelle) zu empfehlen.

6.1.8 Reaktion auf Doppelklicks

Mit dem Event-Handler onDblClick können Sie auf den Doppelklick eines Anwenders auf ein Element reagieren. Netscape[1] erlaubt das Attribut nur in den HTML-Tags <a>, <area>, <input> und <textarea>, während es offiziell wieder bei nahezu allen Tags von HTML 4 erlaubt ist (<a>, <abbr>, <acronym>, <address>, <area>, <b>, <big>, <blockquote>, <body>, <button>, <caption>, <center>, <cite>, <code>, <col>, <colgroup>, <dd>, <del>, <dfn>, <dir>, <div>, <dl>, <dt>, <em>, <fieldset>, <form>, <h1>, <h2>, <h3>, <h4>, <h5>, <h6>, <hr>, <i>, <img>, <input>, <ins>, <kbd>, <label>, <legend>, <li>, <link>, <map>, <menu>, <noframes>, <noscript>, <object>, <ol>, <optgroup>, <option>, <p>, <pre>, <q>, <s>, <samp>, <select>, <small>, <span>, <strike>, <strong>, <sub>, <sup>, <table>, <tbody>, <td>, <textarea>, <tfoot>, <th>, <thead>, <tr>, <tt>, <u>, <ul>, <var>).

Beispiel:

```
<INPUT NAME="Feld3" SIZE=8 MAXLENGTH=5
onDblClick="globale_kontrolle()">
```

6.1.9 Reaktion auf Änderung

Das ausschließlich bei Formularen vorkommende Ereignis Änderung (Event-Handler onChange) erlaubt die Reaktion für den Fall, daß ein Element in einem Formular einen geänderten Wert erhalten hat. Es wird sowohl bei Netscape als auch nach offiziellem HTML 4 in den HTML-Tags <input>, <select> und <textarea> unterstützt.

Beispiel:

```
<INPUT NAME="Feld3" SIZE=8 MAXLENGTH=5
onChange="globale_kontrolle()">
```

In Zusammenhang mit Formularen unter Javascript werden wir einige derjenigen Event-Handler anwenden, die hauptsächlich dort Sinn machen und von Netscape oft auch nur dort unterstützt werden. Da uns derzeit die Voraussetzungen für Formulare noch fehlen, möchte ich Sie mit Übungen bis dahin vertrösten.

1 Die Macintosh-Variante des Navigators unterstützt den Doppelklick nicht.

6.1.10 Reaktion auf Zurücksetzen oder Absenden eines Formulars

Die Reaktion auf das Zurücksetzen eines Formulars über einen Event-Handler (onReset) erlaubt die Erweiterung der Funktionalität, welche über die durch HTML generierte Abbrechen-Schaltfläche (Reset-Button) standardmäßig erfolgt. Beim Anklicken dieses Buttons werden standardmäßig alle Eingaben im Formular gelöscht. Wenn jedoch im einleitenden Formular-Tag der Event-Handler onReset notiert ist, wird statt dessen die dort notierte Javascript-Anweisung ausgeführt. Sie fangen also die normale Reaktion des Formulars auf das Drücken der Schaltfläche ab. Damit können Sie beispielsweise eine Meldung der Form »Sind Sie wirklich sicher? Ganz Sicher?« generieren, die einem Zurücksetzen eines Formulars vorangestellt wird und gegebenenfalls noch eine Abbruchmöglichkeit erlaubt.

Beispiel:

```
<FORM Name="meinFormular" onReset="return wirklich()">
```

Vollkommen analog ist der Event-Handler onSubmit zu sehen. Er erweitert nur statt der Abbrechen-Schaltfläche den Submit-Button, mit dem ein Formular weggeschickt wird. Statt es einfach abzusenden, kann eine Javascript-Funktion aufgerufen werden, die beispielsweise überprüft, ob alle Felder eines Formulars ausgefüllt sind.

Beispiel:

```
<FORM Name="meinFormular" onSubmit="return
globale_kontrolle()">
```

Das Attribut ist ausschließlich im <form>-Tag erlaubt und wird sowohl vom Navigator als auch vom Explorer verstanden.

Sie können beim Funktionsaufruf über onSubmit und onReset das Schlüsselwort return voranstellen. Wenn Sie im Rahmen der aufgerufenen Funktion die Werte true oder false zurückgeben, ist dies eine ideale Möglichkeit, die Abarbeitung der ausgelösten Aktion noch einmal abzubrechen (Rückgabe von false durch die aufgerufene Funktion). Das ist aber nicht zwingend. Wir werden die Formular-Event-Handler beim Abschnitt über Formulare üben.

6.1.11 Reaktion beim Selektieren von Text

Über den Event-Handler onSelect können Sie auf die Situation reagieren, wenn ein Anwender Text selektiert. Hier zeigt sich wieder einmal sehr deutlich der Unterschied zwischen dem Netscape-Ereignismodell (erlaubt nur bei

<input> und <textarea>) und der offiziell möglichen Anzahl von HTML-Tags (<a>, <abbr>, <acronym>, <address>, <area>, <b>, <big>, <blockquote>, <body>, <button>, <caption>, <center>, <cite>, <code>, <col>, <colgroup>, <dd>, <del>, <dfn>, <dir>, <div>, <dl>, <dt>, <em>, <fieldset>, <form>, <h1>, <h2>, <h3>, <h4>, <h5>, <h6>, <hr>, <i>, <img>, <input>, <ins>, <kbd>, <label>, <legend>, <li>, <link>, <map>, <menu>, <noframes>, <noscript>, <object>, <ol>, <optgroup>, <option>, <p>, <pre>, <q>, <s>, <samp>, <select>, <small>, <span>, <strike>, <strong>, <sub>, <sup>, <table>, <tbody>, <td>, <textarea>, <tfoot>, <th>, <thead>, <tr>, <tt>, <u>, <ul>, <var>).

Beispiel:

```
<INPUT NAME="Feld3" SIZE=8 MAXLENGTH=5
onSelect=globale_kontrolle()>
```

6.1.12 Reaktion auf Unterbrechung eines Bildladevorgangs

Ein Ladevorgang eines Bildes oder einer Grafik in einen Browser kann hauptsächlich durch zwei Situationen unterbrochen werden:

1. Abbruch durch den Anwender.
2. Fehler beim Laden.

Jeder Browser verfügt über einen Abbruch-Button. Mit dem Event-Handler onAbort soll die Situation behandelt werden, wenn ein Anwender diesen Abbruch-Button drückt und gerade eine Grafik geladen wird. Erlaubt ist der Event-Handler als zusätzliches Attribut des <img>-Tags.

Beispiel:

```
<IMG src="foto.jpg" width=400 onAbort="unsere_funktion()">
```

Wenn beim Laden eines Bildes oder einer Grafik ein Fehler auftritt, können Sie über den Event-Handler onError darauf reagieren. Damit ist im wesentlichen die Ausgabe von eigenen Fehlermeldungen gemeint. Eine vollständige Fehlerbehandlung wie in anderen Programmiersprachen kann damit nicht realisiert werden.

Beispiel:

```
<IMG src="foto.jpg" width=400 onError="unsere_funktion()">
```

Beide Event-Handler können sowohl beim Navigator als auch beim Explorer angewandt werden.

Wir werden nun Event-Handler in einer praktischen Situation anwenden. Dazu kehren wir kurz zu HTML zurück und erweitern unsere Kenntnisse um ein ganz wichtiges HTML-Gestaltungsmittel – Tabellen.

6.2 Tabellen

Tabellen sind ein äußerst flexibles Stilmittel in HTML-Seiten. Das Thema ist ziemlich umfangreich, und wir geben hier nur einen kleinen Überblick über das, was Sie als Einsteiger über Tabellen in HTML wissen sollten und direkt anwenden können.

Über den Tag `<TABLE>` und seinen Ende-Tag `</TABLE>` wird ein äußerer Tabellenbereich aufgebaut. Wir haben damit das Grundgerüst und wieder die Situation, daß wir das Grundgerüst füllen müssen, damit ein Sinn entsteht. Diesmal sogar mit zwei[1] weiteren Steueranweisungen, welche im Inneren der Grundstruktur zu notieren sind. Für beide Steueranweisungen gibt es einen Ende-Tag. Eine Tabelle ist in HTML über Zeilen und Zellen mit eigenen Tags definiert.

- ✗ Die Anweisung für eine Tabellenzeile lautet `<TR>`.
- ✗ Die Anweisung für Zellen ist zweigeteilt. Es gibt sogenannte Kopfzellen, in denen Text hervorgehoben (zum Beispiel fett) dargestellt wird. Sie sind etwa als Überschrift einer Spalte zu verwenden. Kopfzellen werden mit `<TH>` festgelegt. Die sogenannten Datenzellen werden mit `<TD>` festgelegt und in der Standardschriftausprägung der Seite dargestellt.

Erstellen Sie eine einfache Tabelle, die Sie unter `TABEL1.HTM` abspeichern[2]:

```
<html>
<body>
<table>
   <tr>
      <th>Kopfzelle 1</th>
      <th>Kopfzelle 2</th>
   </tr>
   <tr>
      <td>Datenzelle 1</td>
      <td>Datenzelle 2</td>
   </tr>
```

1 Genaugenommen drei, denn eine der Anweisungen kommt in zwei Ausführungen vor.

2 Das Einrücken soll die Verschachtelung deutlich machen.

```
</table>
</body>
</html>
```

Sie erhalten eine 2x2-Tabelle. Die Tabellenstruktur ist aber kaum zu erkennen. Wenn die Tabelle sichtbare Rahmen und Gitternetzlinien enthalten soll, müssen Sie den TABLE-Tag über den Parameter border erweitern. Wenn Sie das tun (<TABLE border>), wird die Tabelle wie folgt aussehen.

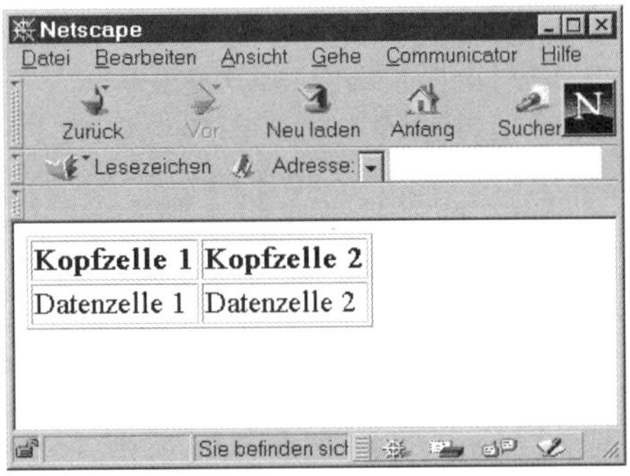

Bild 6.7: Eine Tabelle mit Gitterlinien

Diese Angaben gehören zu den tabellenweit gültigen Angaben.

6.2.1 Tabellenweite Angaben

Sie können verschiedene tabellenweit gültige Angaben gleich im <TABLE>-Tag festlegen. Dazu zählt besagter border-Parameter.

Ränder

Zusätzlich läßt sich die Dicke des äußeren Rahmens bestimmen, indem man den border-Parameter über eine Zuweisung von Pixeln folgendermaßen verwendet:

```
<table border=[Zahl]>
```

Dicke der Gitternetzlinien

Die Dicke der Gitternetzlinien läßt sich ebenfalls beeinflussen und global für die Tabelle festlegen. Dazu dient der Parameter cellspacing, über den man eine Zuweisung von Pixeln vornehmen kann. Es gilt folgende Syntax:

```
<TABLE cellspacing=[Zahl]>
```

Verändern Sie die Datei TABEL1.HTM, und speichern Sie diese unter TABEL3.HTM:

```
<html>
<body>
<table border=25 cellspacing=10>
   <tr>
      <th>Kopfzelle 1</th>
      <th>Kopfzelle 2</th>
   </tr>
   <tr>
      <td>Datenzelle 1</td>
      <td>Datenzelle 2</td>
   </tr>
</table>
</body>
</html>
```

Sie erhalten eine 2x2-Tabelle mit einem Rahmen von 25 Pixel und Gitternetzlinien in der Dicke von 10 Pixel.

Bild 6.8: Dicke Dinger

Größenangaben der Tabelle

Die Höhe und die Breite von Tabellen ergibt sich normalerweise automatisch auf Grund des Inhalts und/oder der Breite des Anzeigefensters. Sie können jedoch auch die Höhe und Breite von Tabellen explizit angeben.

Dazu gibt es wieder die üblichen Parameter width und height, welche den <TABLE>-Tag erweitern. Sie können analog der Situation bei Frames sowohl eine prozentuale Angabe als auch eine Angabe in Pixel vornehmen. Mit einer prozentualen Angabe wird definiert, wieviel Prozent des Anzeigefensters eine Tabelle maximal einnehmen darf. Syntax:

```
<TABLE width=[Zahl]% height=[Zahl]%>
```

Damit werden die Gesamtbreite und die Gesamthöhe der Tabelle prozentual zum Anzeigefenster angegeben. Die Angaben zur Höhe und Breite können sowohl einzeln als auch zusammen in beliebiger Reihenfolge verwendet werden.

Mit einer absoluten Angabe wird die Höhe beziehungsweise Breite in Pixel definiert. Die Syntax ist weitgehend identisch zur prozentualen Angabe. Es wird nur das Prozentzeichen weggelassen. Syntax:

```
<TABLE width=[Zahl] height=[Zahl]>
```

Ausrichtung von Tabellen

Sie können sowohl den TABLE-Tag als auch den Zeilen-Tag um den Parameter align mit den üblichen Angaben zur Ausrichtung (left, center, justify – nur beim Zeilen-Tag sinnvoll – und right) erweitern. Beim TABLE-Tag wird dann die gesamte Tabelle innerhalb des Browserfensters ausgerichtet, beim Zeilen-Tag TR der Inhalt der dort enthaltenen Zellen.

Tabellenweite Farben

Es gibt zwei tabellenweite Farbangaben, welche im <TABLE>-Tag die globalen Farben in der Tabelle festlegen. Für die Farbangaben sind die üblichen RGB-Werte oder die gängigen Farbnamen erlaubt.

- ✗ Mit <TABLE bgcolor="farbe"> erfolgt die Angabe einer tabellenweiten Hintergrundfarbe.
- ✗ Mit <TABLE bordercolor="farbe"> können Sie eine tabellenweite Rahmen- und Gitternetzfarbe festlegen.

Es sind wieder die üblichen Farbangaben erlaubt.

6.2.2 Beliebige Objekte in einer Tabelle referenzieren

Sie können eine Grafik oder auch ein beliebiges anderes Objekt in einer Tabelle referenzieren. Sie müssen nur die Referenz darauf in der Zelle notieren, wo das Objekt erscheinen soll. Dabei sind in der Grafikreferenz sämtliche sonst auch erlaubten Zusatzangaben (etwa für die Größe) gestattet.

Erstellen Sie die nachfolgende Tabelle, die Sie unter TABEL4.HTM abspeichern. Referenzieren Sie eine Grafik, die auch im angegebenen Pfad vorhanden ist.

```
<html>
<body>
```

```
<table border>
   <tr>
      <th>Kopfzelle 1</th>
      <th>Kopfzelle 2</th>
   </tr>
   <tr>
      <td><img src= "logo.gif" height=100></td>
      <td><img src= "logo.gif" width=20></td>
   </tr>
</table>
</body>
</html>
```

In der zweiten Zeile wird in jeder Zelle eine Grafik auftauchen. Beachten Sie, daß die Größenangabe für die Grafiken die Größen der Zellen mit beeinflußt.

Bild 6.9: Bilder innerhalb einer Tabelle

6.2.3 Tabellenzellengestaltung

Sie können zusätzlich zu den tabellenweiten Angaben zur Gestaltung der Tabelle auch jede Zelle individuell behandeln. Diese Angaben gelten dann entweder nur für die betreffende Zelle oder haben maximal Auswirkungen auf eine vollständige Zeile oder Spalte. Etwa wenn eine Höhenangabe für eine einzelne Zelle gemacht wird, damit aber die ganze Zeile der Höhe festgelegt ist.

Zellenausrichtung

Im Einleitungs-Tag einer Zelle kann man mit dem üblichen Parameter `align=[Ausrichtung]` Angaben zur Ausrichtung des Inhalts der jeweiligen

Zelle machen. Für Ausrichtung können Sie wie üblich `left`, `center`, `justify` und `right` verwenden. Diese Angaben betreffen dann nur diese eine Zelle. Sie haben wie alle inneren Angaben eine höhere Priorität als die Angaben der äußeren Struktur (etwa der Zeile).

Festlegung von Zellenhöhe und -breite

Es können neben der globalen, das heißt tabellenweiten Angabe von Höhe und Breite der Tabellen auch zellenbezogen Angaben zu Höhe und Breite gemacht werden, die aber mit Vorsicht zu verwenden sind, damit keine Konflikte durch widersprüchliche Angaben entstehen.

Eine Höhenangabe einer Zelle über den Parameter `height` definiert die Höhe der ganzen Zeile, die Breitenangabe einer Zelle mit `width` die Breite der ganzen Spalte. Es ist deshalb sogar nur in einer Zelle der jeweiligen Zeile/Spalte nötig (und sinnvoll!), eine solche Angabe zu machen. Sie können für die Höhe und Breite von Zellen wieder sowohl prozentuale als auch Angaben in Pixel machen. Auch Mischen ist erlaubt. Dies ist identisch zu den tabellenweiten Angaben. Sie müssen nur die gleichen Angaben innerhalb der Zellen machen (sowohl in Kopfzellen als auch in Datenzellen möglich).

Vertikale Ausrichtung von Zellen

Der Inhalt von Zellen läßt sich auch vertikal ausrichten. Dazu werden die Zellen-Tags durch die Angabe `valign=[Ausrichtung]` erweitert. Für `Ausrichtung` gibt es drei Ausprägungen:

- ✘ `top` richtet Zellen nach oben aus.
- ✘ `middle` richtet Zellen mittig aus (Standardausrichtung).
- ✘ `bottom` richtet Zellen nach unten aus.

Zellenbezogene Farbangaben

Sie können in jeder Zelle die tabellenweiten Hintergrundfarben verändern. Dazu muß nur der Zellen-Tag um die Angabe `bgcolor="farbe"` erweitert werden. Dabei darf die Angabe für `farbe` wieder jeder darstellbare Farbwert sein.

6.2.4 Zellen verbinden

Es ist im HTML-Standard vorgesehen, Zellen zu verbinden. Dies funktioniert sowohl innerhalb einer Zeile über mehrere Spalten hinweg als auch innerhalb einer Spalte über mehrere Zeilen hinweg. Dazu muß jeweils in der ersten Zelle, für die eine Zellenverbindung mit Nachbarzellen erzwungen werden soll, die Anzahl der Zellen stehen, über die sich die verbundenen Zellen erstrecken sollen.

Spalten verbinden

Um Spalten zu verbinden, wird der Parameter `colspan=[Zahl]` für den Zellen-Tag verwendet. Die Angabe `<th colspan=[Zahl]>` verbindet die mit `Zahl` angegebene Anzahl von Spalten in der Zeile (Syntax für eine Kopfzelle als erste Zelle).

Die Zählweise geht immer mit der ersten Zelle in einer Zeile los. Wenn Sie mehrere Gruppen bilden wollen, geben Sie zuerst die Anzahl der Spalten an, die zur ersten Gruppe gehören sollen, dann die Anzahl der Spalten, die zur zweiten Gruppe gehören sollen, usw.

Zeilen verbinden

Die Vorgehensweise, um Zeilen zu verbinden, ist analog zur Technik bei den Spalten, nur werden hier über mehrere Zeilen hinweg Zellen innerhalb einer Spalte verbunden.

Dazu wird die Erweiterung statt `colspan` `rowspan` für den ersten Zellen-Tag verwendet. Die erste der zu verbindenden Zellen muß in der gleichen Zeile wie die Zelle mit der `rowspan`-Anweisung stehen. Ansonsten gelten sämtliche Regeln wie für Spalten.

6.2.5 Tabellen verschachteln

In ähnlichem Zusammenhang wie das Verbinden von Zellen ist das Verschachteln von Tabellen zu sehen. Sie erzeugen damit eine Art Untertabelle innerhalb einer Tabellenzelle. Die Technik ist ganz einfach, wenngleich nicht ganz ungefährlich, wenn Sie mit den Verschachtelungsebenen durcheinander geraten. Sie müssen nur in eine Zelle wieder eine neue Tabellenanweisung samt sämtlicher Zeilen und Zellen schreiben. Schauen wir uns das anhand einer Übung an.

Erstellen Sie folgenden HTML-Quelltext:

```
<html>
<body>
<table border>
   <tr>
      <th>Kopfzelle 1</th>
      <th>Kopfzelle 2</th>
   </tr>
```

```
    <tr>
       <td>
          <table border=10>
             <tr>
                <th>Kopfzelle 1 innen</th>
                <th>Kopfzelle 2 innen</th>
                <th>Kopfzelle 2 innen</th>
             </tr>
             <tr>
             <td>Text 1</td>
             <td>Text 2</td>
             <td>Text 3</td>
             </tr>
          </table>
       </td>
       <td><img src= "logo.gif" width=50></td>
    </tr>
</table>
</body>
</html>
```

Speichern Sie die Datei unter `TABTAB.HTM` ab.

Sie erhalten innerhalb der zweiten Zeile in der ersten Zelle eine Untertabelle, die aus zwei Zeilen und drei Spalten besteht. Sie ist zur deutlichen Kennzeichnung mit einem dickeren Rahmen versehen.

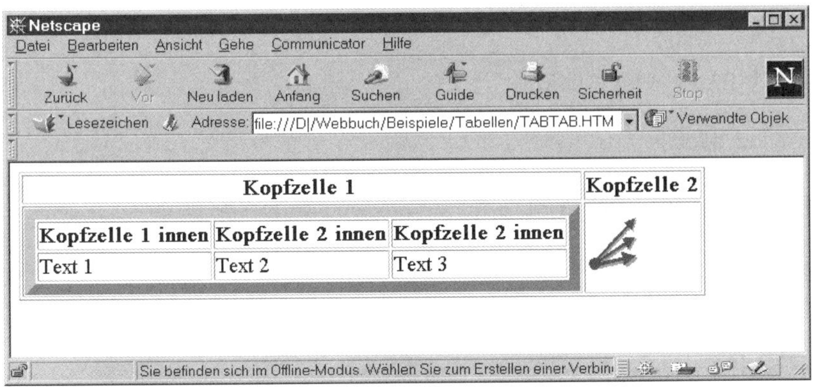

Bild 6.10: Eine Tabelle in einer Tabellenzelle

6.3 Javascript auf Tabellen anwenden

Wir werden nun einen Teil unserer bisher erarbeiteten Kenntnisse in Javascript auf Tabellen anwenden und diesen damit eine gewisse Dynamik ermöglichen. Was wir tun wollen, ist mit Event-Handler auf Tabelleneinträge einen Einfluß zu nehmen.

Wir erstellen dazu eine Tabelle, die in der Statuszeile des Browsers eine nähere Erklärung des Zelleninhalts anzeigt. In der zweiten Zeile der Tabelle können Sie auf die Zelle klicken, um eine zusätzliche Erläuterung in Form eines Mitteilungsfensters zu erhalten.

HINWEIS

Wir verwenden in der nachfolgenden Übung zwei Event-Handler, die bei den referenzierten Elementen nur vom MS Internet Explorer unterstützt werden. Für den Navigator müßten Sie die Elemente Grafik und Text durch dort unterstützte Elemente (etwa einen Hyperlink) ersetzen. Sie können die mangelhafte Unterstützung durch das Netscape-Eventmodell übrigens durch einen kleinen Trick überlisten, den wir in der nachfolgenden Übung kurz beschreiben.

ÜBUNG

Erstellen Sie die Datei (JSTABEL.HTM):

```
<html>
<head>
<SCRIPT LANGUAGE="Javascript">
<!--
function erklaer(text)
{
window.status=text;
}
function genau_erklaer(text)
{
alert(text);
}
-->
</SCRIPT>
</head>
<body bgcolor=yellow>
<center>
<table width=50% height=40%>
 <tr>
```

```
<th onMouseOver="erklaer('Wo gibt es was zu Essen?')">Wo</th>
<th onMouseOver="erklaer('Was gibt es zu Essen?')">Was</th>
<th onMouseOver="erklaer('Wann gibt es zu Essen?')">Wann</th>
<th onMouseOver="erklaer('Warum gibt es nicht mehr zu
Essen???')">Warum</th>
</tr>
<tr>
<td align=center><img src= "redbul.gif" width=20
onMouseOver="erklaer('Brot - Klicken Sie für Erklärung')"
onClick="genau_erklaer('Klingeln Sie einmal für Brot')"></td>
<td align=center><img src= "redbul.gif" width=20
onMouseOver="erklaer('Worscht - Klicken Sie für Erklärung')"
onClick="genau_erklaer('Pfeifen Sie um die Worscht')"></td>
<td align=center><img src= "redbul.gif" width=20
onMouseOver="erklaer('Butter - Klicken Sie für Erklärung')"
onClick="genau_erklaer('Winken Sie heftig für Butter')"></td>
<td align=center><img src= "redbul.gif" width=20
onMouseOver="erklaer('Füssignahrung - Klicken Sie für
Erklärung')" onClick="genau_erklaer('Hauen Sie auf den Tisch
für Äppler')"></td>
</tr>
</table>
</center>
</body>
</html>
```

Wir haben hier eine zentriert im Browserfenster angezeigte Tabelle mit vier Spalten und zwei Zeilen. Die zweite Zeile enthält in jeder Zelle eine Grafik, die innerhalb der Zelle zentriert wird. In der ersten Zeile verwenden wir den Event-Handler onMouseOver als Attribut des Zellen-Tags (<th onMouseOver="erklaer('Wo gibt es was zu Essen?')">), in der zweiten Zeile als Attribut der Bildreferenz (<img src= "redbul.gif" width=20 onMouseOver="erklaer('Füssignahrung - Klicken Sie für Erklärung')" onClick="genau_erklaer('Hauen Sie auf den Tisch für Äppler')">). Dies hat aber beides die gleiche Auswirkung. Es wird eine Funktion (erklaer()) aufgerufen, sobald der Mauszeiger den bezeichneten Bereich überstreicht. Dort wird über die Eigenschaft status des Objekts window in der Statuszeile des Browsers eine Meldung angezeigt (status ist die Statuszeile des Browsers, der ein Wert zugewiesen wird). Diese Meldung ist als Übergabeparameter der Funktion übergeben worden. Nehmen Sie diese Technik einfach einmal zur Kenntnis, wir werden sie später genauer erklären. Überstreichen Sie die Tabelleneinträge zum Ausprobieren.

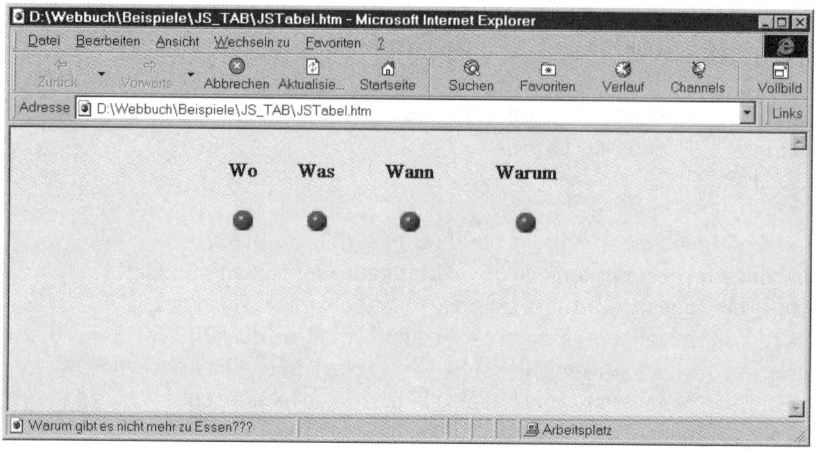

Bild 6.11: Zusatzinformationen in der Statuszeile

Wenn Sie auf die Einträge der zweiten Zeile klicken, wird über den Event-Handler `onClick` eine andere Funktion aufgerufen (`genau_erklaer()`). Diese zeigt den als Parameter übergebenen Wert in einem Mitteilungsfenster an (die `alert`-Funktion kennen wir ja schon).

Bild 6.12: Beim Klick auf die zweite Zeile erscheint ein Mitteilungsfenster

Aber jetzt möchte ich noch den Trick verraten, mit dem Sie die mangelhafte Unterstützung der Event-Handler durch das Netscape-Ereignismodell – zugegeben mehr schlecht als recht – überlisten können. Erstellen Sie einmal die nachfolgende Übung (eine Überarbeitung der letzten Übung).

ÜBUNG

Erstellen Sie die Datei (`JSTABEL2.HTM`):

```
<html>
<head>
<SCRIPT LANGUAGE="Javascript">
<!--
function erklaer(text)
{
window.status=text;
}
```

```
function genau_erklaer(text)
{
alert(text);
}
-->
</SCRIPT>
</head>
<body bgcolor=yellow>
<center>
<table width=50% height=40%>
 <tr>
 <th><a href="JSTABEL2.HTM" onMouseOver="erklaer('Wo gibt es
was zu Essen?')">Wo</a></th>
 <th><a href="JSTABEL2.HTM" onMouseOver="erklaer('Was gibt es
zu Essen?')">Was</a></th>
  </tr>
 <tr>
 <td align=center><a href="JSTABEL2.HTM"
onMouseOver="erklaer('Brot - Klicken Sie für Erklärung')"
onClick="genau_erklaer('Klingeln Sie einmal für Brot')"><img
src= "redbul.gif" width=20 border=0></a></td>
 <td align=center><a href="JSTABEL2.HTM"
onMouseOver="erklaer('Worscht - Klicken Sie für Erklärung')"
onClick="genau_erklaer('Pfeifen Sie um die Worscht')"><img src=
"redbul.gif" width=20 border=0></a></td>
 </tr>
</table>
</center>
</body>
</html>
```

Der Trick beruht darauf, die unter Netscape inaktiven Elemente einfach in einem umgebenden Hyperlink-Container einzuschließen, der wieder auf die gleiche Datei zeigt (damit der ausgelöste Hyperlink nicht die Datei verläßt). Zwar werden die Statusinformationen nur dann angezeigt, wenn man geringfügig neben den eigentlichen Link zeigt, aber immerhin. Falls Sie die Darstellung des Textes als Hyperlink stört, können Sie ja über die Attribute des `BODY`-Tags entsprechende Änderungen vornehmen. Für die Unterbindung der Hyperlink-Kennzeichnung der Bilder durch einen Rahmen gibt es die Angabe `border=0`. Der Klick auf einen Hyperlink mit anschließender Darstellung eines Mitteilungsfensters funktioniert ziemlich gut.

6.4 Das event-Objekt in Javascript

Kommen wir noch einmal auf die Ereignisbehandlung unter Javascript zurück. Die letzten Abhandlungen haben sich allesamt mit der Reaktion auf Ereignisse über Event-Handler beschäftigt. Wir haben uns an anderer Stelle schon mehrfach mit Objekten auseinandergesetzt. Bringen wir hier nun diese beiden Welten zusammen. Wir werden also die Ereignisüberwachung direkt mit Javascript programmieren, statt wie bisher die Ereignisüberwachung über Event-Handler zu realisieren, welche direkt in HTML verwendet werden. Eine konkrete Anwendung von Objekten unter Javascript ist ein spezielles Objekt, welches beim Auftreten eines Ereignisses entsteht und auf das der Javascript-Interpreter reagieren kann – das `event`-Objekt. Das `event`-Objekt beinhaltet Informationen über ein aufgetretenes Ereignis in einer Web-Seite samt der Randbedingungen, welche dabei eine Rolle gespielt haben.

6.4.1 Das Entstehen eines event-Objekts

Wenn ein bestimmtes Ereignis auftritt, erzeugt dieses unter Javascript ein solches `event`-Objekt, welches dann an den Mechanismus zum Behandeln von `event`-Objekten[1] in Form einer Message (Botschaft[2]) weitergereicht wird. Eine Situation, welche ein solches `event`-Objekt erzeugt, ist beispielsweise der Klick mit der Maus. Ein Mausklick erzeugt ein `event`-Objekt, welches folgende Informationen enthält:

- die verwendete Taste,
- eventuell gedrückte Zusatztasten (Strg, Alt, AltGr, ⇧) und
- die Koordinaten, wo der Klick erfolgte.

`event`-Objekte, die bei anderen Ereignissen erzeugt werden, beinhalten natürlich andere Informationen, welche dem Ereignis angepaßt sind. So steht etwa bei einem Tastendruck die gedrückte Taste als abzufragende Information bereit.

Auf welche Art und Weise auf ein erzeugtes Ereignisobjekt reagiert werden soll, wird durch ein abstraktes Modell geregelt – das Ereignismodell. Darin sind die Verhaltensweisen auf Ereignisse und die konkrete Syntax zur Umsetzung festgelegt, aber auch erst recht diejenigen Ereignisse, welche

1 Leider wird dieser Mechanismus wie die bisherigen Ereignisse oft Event-Handler genannt, was zu einer erheblichen Verwirrung beiträgt – es ist definitiv nicht dasselbe.

2 Erinnern Sie sich an die Theorie der objektorientierten Programmierung? Da hatten wir den Begriff *Botschaft*.

überhaupt zu Kenntnis genommen werden. Prinzipiell unterscheidet man zum Beispiel im Ereignismodell von Netscape[1] zwischen fünf verschiedenen Kategorien von Ereignistypen, die im Laufe des Lebens einer Web-Seite auftreten können:

- Dokumentenereignisse. Darunter versteht man die Ereignisse, welche beim Laden (`onLoad`) und Entfernen (`onUnload`) einer Seite aus dem Browser entstehen.
- Formular-basierende Ereignisse. Diese Ereignisse werden erzeugt, wenn ein Anwender mit der Seite über ein Formular interagiert, d.h. den Fokus in einer Formularmaske verschiebt (`onFocus` zum Fokussieren und `onBlur` zum Fokus an ein anderes Element weiterreichen), eine Auswahl ändert (`onSelect`) oder ein Formular abschickt (`onSubmit`).
- Referenz-basierende Ereignisse. Sie werden im Netscape-Modell ausgelöst, wenn der Anwender auf einen Hyperlink[2] in einer Web-Seite klickt (`onClick`) oder den Mauszeiger darüber bewegt (`onMouseOver`).
- Elementbezogene Ereignisse. Sie geben den Status eines Elements (Grafik) in einer Web-Seite an.
- Fensterbezogene Ereignisse. Diese treten auf, wenn mehr als eine Fensterinstanz des Navigators angezeigt wird. Für jede Instanz stehen dann verschiedene Ereignisse zur Verfügung.

Es ist aber wie in vielen Fällen nicht notwendig, daß Sie sich Gedanken darum machen, zu welcher Kategorie ein Ereignis gehört. Sie müssen es nur korrekt anwenden.

6.4.2 Das Auswerten eines event-Objekts und die Reaktion darauf

Ein `event`-Objekt steht überall im Code zur Verfügung. Es gibt verschiedene Konzepte, auf welche Weise so ein `event`-Objekt angesprochen werden kann. Sie können es einfach über seinen Namen (`event`) ansprechen. Dabei müssen Sie noch angeben, von welchem Objekt aus das `event`-Objekt erzeugt wurde. Die Syntax dazu ist die in der objektorientierten Programmierung übliche Punktnotation:

```
[Objekt].event
```

---

1 Auf das sich natürlich der Navigator bezieht.

2 Das Microsoft-Modell erlaubt hier auch das Klicken auf beliebige HTML-Elemente und ist damit natürlich viel leistungsfähiger.

Beispiel (Web-Seite):

```
document.event
```

Sie wollen bei einer Auswertung in der Regel dann natürlich eine ganz bestimmte Information eines Ereignisses verwenden. Dies sind – wir haben ja hier den Fall einer objektorientierten Betrachtungsweise – die Eigenschaften des Objekts. Eigenschaften eines Objekts werden bekanntlich über die Punktnotation angesprochen. So können Sie etwa einen Mausklick wie folgt ansprechen:

```
document.event.CLICK
```

Dummerweise kennen sowohl der Netscape Navigator 4.x als auch der Internet Explorer 4.x zwar das `event`-Objekt, sie setzen dessen Implementierung jedoch völlig unterschiedlich um. Auch in der Syntax zur Überwachung von Ereignissen (sowohl mit Event-Handler in HTML als auch für die direkte Ereignisüberwachung in Javascript) unterscheiden sich beide Browser.

MERKSATZ

Die Auswertung eines `event`-Objekts wird auffangen *(der Message, welche beim Erzeugen des `event`-Objekts generiert wird) genannt.*

6.4.3 Ereignisse an zentraler Stelle verwalten

Sowohl das Netscape-Objektmodell als auch das Microsoft-Objektmodell erlauben eine recht interessante Variante, um `event`-Objekte einfach abzufangen und an zentraler Stelle zu behandeln. Dies ist im Prinzip sehr sinnvoll, wenn Sie eine strukturelle Trennung Ihrer Seite erreichen wollen. Sämtliche Ereignisse werden dann an einer zentralen Stelle behandelt. Leider sind diese Techniken der beiden großen Internet-Protagonisten nicht kompatibel. Der Internet Explorer wird beim Laden des Javascript-Codes des nachfolgenden Beispiels, das dem Netscape-Objektmodell entsprechend programmiert wurde, eine Fehlermeldung bringen. Der Navigator bringt bei der Microsoft-Variante zwar keine Fehlermeldung, straft die Idee des Programmierers jedoch mit vornehmer Ignoranz. Deshalb vorab die Warnung – die ausschließliche Verwendung eines der beiden Modelle sollte weitgehend vermieden werden, wenn Sie nicht jeweils 50% der Besucher verärgern wollen. Zumal die zentrale Verwaltung von Ereignissen zwar recht interessant, aber in keiner Weise zwingend ist. Wir schauen dennoch die beide Ereignisbehandlungen einmal an.

6.4.4 Die Netscape-Variante

Unter dem Netscape-Modell können Sie über eine dort definierte Javascript-Funktion bewirken, daß alle Ereignisse eines spezifizierten Typs innerhalb eines bestimmten Objekts (in der Regel einer ganzen Web-Seite) zentral behandelt werden. Sie erreichen dies über die Funktion `captureEvents()`. Sie wird folgendermaßen angewandt:

```
[Objekt].captureEvents([Ereignistyp])
```

Wenn Sie so eine Zeile in Ihrem Javascript-Code stehen haben, werden alle spezifizierten Ereignisse in der Seite oder dem sonst angegebenen Objekt abgefangen und an eine zentrale Stelle weitergeleitet – der zentralen Ereignisbehandlungsroutine. Dies ist in diesem Fall einfach eine Funktion, welche als Argument das erzeugte `event`-Objekt mit der gewünschten Eigenschaft verwendet. Sie können die im vorherigen Abschnitt erklärten Event-Handler verwenden, die von Netscape in Zusammenhang mit dem `event`-Objekt verstanden werden[1].

Beispiel:

```
document.captureEvents(Event.MOUSEOVER);
```

Die Zeile in dem Beispiel bewirkt, daß alle Mausbewegungen über dafür sensible Elemente (im Netscape-Ereignismodell sind das Links) nicht direkt ausgeführt, sondern abgefangen werden. Diese müssen dann zentral behandelt werden. Das wird über eine Funktion gewährleistet, welche als Argument das Ereignis übergeben bekommt. Sie kann beispielsweise so aussehen:

```
function BehandleEreignis(e)
{}
```

Übergabeparameter dieser beliebig zu benennenden Funktion ist das Ereignisobjekt. Diese Funktion muß jetzt noch für das Objekt und dessen gewünschtes Ereignis aufgerufen werden. Etwa in unserem Fall für eine Mausbewegung über sämtliche Links einer Web-Seite:

```
document.onMouseOver = BehandleEreignis[2];
```

---

1 Dies ist dort bei jedem Event-Handler angegeben.

2 Die fehlenden Klammern sind keine Fehler!

Das Ereignismodell von Netscape ist in Zusammenhang mit einem allgemeineren Konzept zu sehen, mit dem Netscape dynamische Web-Seiten realisiert – dem Layer-Konzept (Schichten), das Netscape mit der Version 4.0 seines Browsers einführte und als Sprachelement von HTML versteht. Mit Hilfe des <LAYER>-Containers ist es möglich, beliebige Bereiche einer HTML-Datei exakt zu kontrollieren und Elemente zu positionieren. Neben der auf HTML beschränkten Funktion von Layern verwendet Netscape diese als Zielobjekt für Manipulationen unter Javascript. Wir werden im Rahmen der Behandlung von Style-Sheets und des Zugriffs über Javascript nochmals kurz darauf zurückkommen. Prinzipiell ist die Layer-Technik jedoch mit Vorsicht zu genießen, da sie ausschließlich auf Netscape-Browser ab dem Navigator 4.0 beschränkt ist und wahrscheinlich von Netscape nicht weiter verfolgt wird. Das W3-Konsortium hatte sich bereits vor deren Einführung entschlossen, die Möglichkeit des absoluten Positionierens nicht über HTML (zu dem Layer ja gehören), sondern über CSS Style-Sheets zu realisieren. Auch die auf Layer basierende Ereignisbehandlung wird offiziell nicht unterstützt.

Erstellen wir einfach einmal einen vollständigen Code, der eine solche zentrale Ereignisbehandlung unter dem Netscape-Objektmodell bewirkt (Name der Datei: HANDELEVENTNC.HTM).

```
<html>
<head>
<SCRIPT language="javascript">
<!--
document.captureEvents(Event.MOUSEOVER);
function BehandleEreignis(e) {
meldung = "An der Position " + e.layerX + ", " + e.layerY + "
trat das Ereignis " + e.type + " auf.";
alert(meldung);
return true;
}
document.onMouseOver = BehandleEreignis;
-->
</SCRIPT>
</head>
<body>
<A href="TITEL.HTM">Dies ist ein Hyperlink</A>
</body>
</html>
```

Wenn Sie die Datei in den Navigator laden und den Mauszeiger über den Link bewegen, wird sich ein Mitteilungsfenster öffnen (dies bewirkt die Funktion `alert(meldung);`).

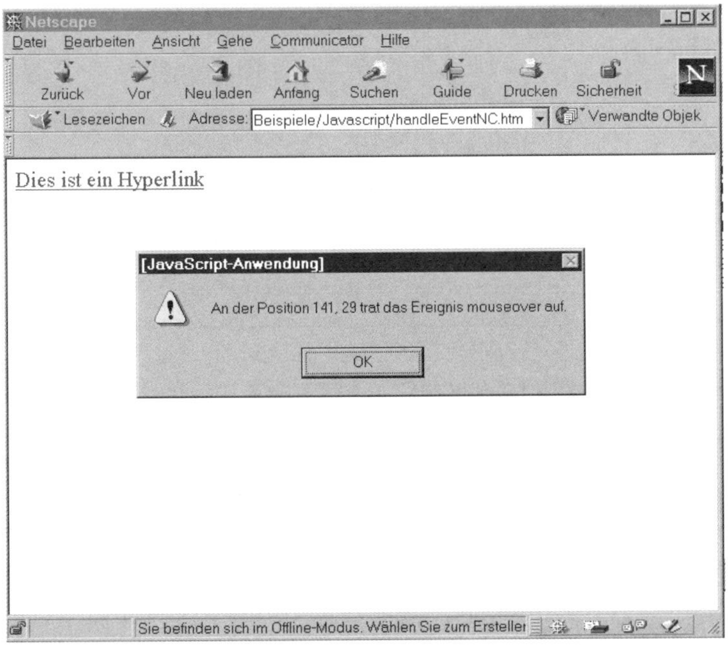

Bild 6.13: Ein Mitteilungsfenster mit Position und Ereignistyp

In der Zeile

```
meldung = "An der Position " + e.layerX + ", " + e.layerY + "
trat das Ereignis " + e.type + " auf.";
```

werden diverse Eigenschaften des `event`-Objekts (X- und Y-Koordinaten, sowie der Typ des Ereignisses) abgefragt und zu einer Meldung zusammengesetzt. Beachten Sie die veränderten Positionsangaben, wenn der Mauszeiger an einer anderen Stelle das Ereignis auslöst. Wenn Sie sich diese Datei im Internet Explorer anschauen, werden Sie eine Fehlermeldung bekommen.

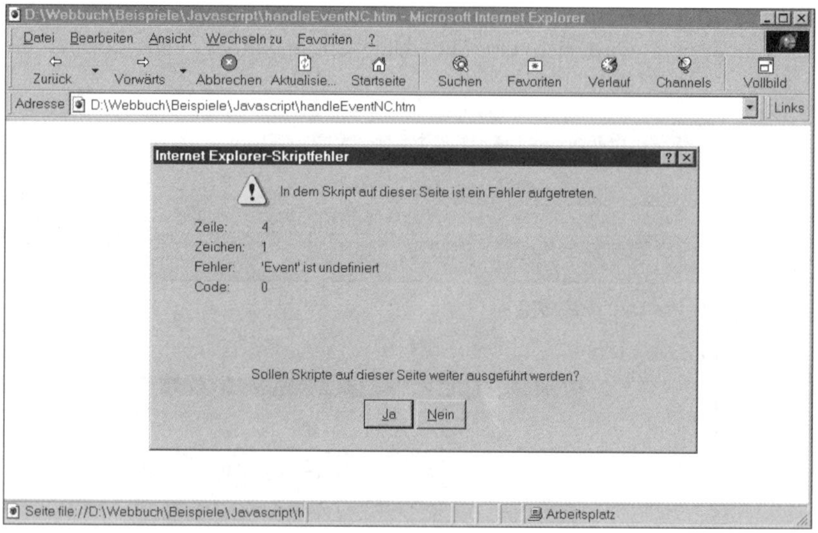

Bild 6.14: Der Explorer hat Probleme

Die Netscape-Syntax für Ereignisse des event-Objekts

Betrachten wir hier der Vollständigkeit halber[1] kurz die spezifischen Befehle des Netscape-Ereignismodells in Zusammenhang mit dem `event`-Objekt.

Koordinaten eines Ereignisses

Die Variablen `layerX` und `layerY` speichern die aktuelle Breite (`layerX`) und Höhe (`layerY`) eines Objekts, wenn das Ereignis `onresize` überwacht wird, oder die horizontalen Pixel (`layerX`) und die vertikalen Pixel (`layerY`) der Cursorposition relativ zur oberen linken Ecke eines Layer-Bereichs, wenn z.B. Mausereignisse überwacht werden.

Abfrage der Zusatztasten

Über die Variable `modifiers` wird gespeichert, ob Zusatztasten wie Alt, AltGr, Strg oder ⇧ gemeinsam mit einer anderen Taste oder einem Mausklick gedrückt wurden. Dabei können folgende Variablen des `event`-Objekts verstanden werden:

`Event.ALT_MASK`	wird bei der Alt-Taste ausgelöst
`Event.CONTROL_MASK`	wird bei der Strg-Taste ausgelöst
`Event.SHIFT_MASK`	wird bei der ⇧-Taste ausgelöst
`Event.META_MASK`	wird bei der AltGr-Taste ausgelöst

1 Für genauere Informationen sei auf weiterführende und vor allem browserspezifische Abhandlungen zu Javascript verwiesen.

Cursorposition

Zur Auswertung der Cursorkoordinaten stellt Netscape zwei Varianten zur Verfügung:

1. eine relative Auswertungsmöglichkeit
2. eine absolute Auswertungsmöglichkeit

Über die Variablen `pageX` und `pageY` kann auf die horizontalen Pixel (`pageY`) und die vertikalen Pixel (`pageY`) der Cursorposition relativ zur oberen linken Ecke der Seite[1] zugegriffen werden.

Die Variablen `screenX` und `screenY` enthalten die horizontalen Pixel (`screenX`) und die vertikalen Pixel (`screenY`) der Cursorposition absolut gesehen zum Bildschirm.

Tastaturcode

In der Variablen `which` steckt nach Tastaturereignissen der dezimale Code (ASCII/ANSI-Wert) der gedrückten Taste und bei Mausereignissen die Angabe, welche Maustaste gedrückt wurde.

Ereignistyp

In der Variable `type` wird dokumentiert, welches Ereignis eingetreten ist. Der gespeicherte Wert ist der Name des Ereignisses ohne das vorangestellte `on`.

6.4.5 Die Microsoft-Variante

Das Microsoft-Objektmodell erlaubt die zentrale Behandlung von Ereignissen mittels der folgenden Syntax:

```
<SCRIPT FOR=[Objekt] EVENT=[Ereignis] language="javascript">
   ...[Konkrete Anweisungen]...
</SCRIPT>
```

Als `[Ereignis]` geben Sie einfach die im vorherigen Abschnitt erklärten Event-Handler an. Mehr ist nicht notwendig, um alle Ereignisse des spezifizierten Typs von dem angegebenen Objekt zentral zu verarbeiten. Innerhalb des Scripts können Sie dann auf alle Eigenschaften des `event`-Objekts zugreifen, die der Internet Explorer kennt. Statt der Angabe `javascript` können Sie übrigens ebenso die Microsoft-eigene Sprache `JScript` angeben.

---

1 nicht wie bei Microsoft mit `offsetX` und `offsetY` des Elements, das ein Ereignis ausgelöst hat

Wir werden ein Beispiel erstellen, das die zentrale Behandlung von Mausklicks auf sämtliche Elemente einer Web-Seite bewerkstelligt (HANDLEEVENTIE.HTM):

```
<html>
<head>
<SCRIPT FOR=document EVENT=onclick language="javascript">
<!--
alert("Aber hallo");
-->
</SCRIPT>
</head>
<body>
<H2>Dies ist eine &Uuml;berschrift, die auf ein KLick
reagiert</H2>
<H3>Die &Uuml;berschrift reagiert ebenso</H3>
</body>
</html>
```

Die Angabe FOR=document legt fest, daß die zentrale Behandlung für die gesamte Web-Seite gilt, EVENT=onclick spezifiziert das Ereignis Mausklick. Beachten Sie bei der Spezifizierung des Ereignisses unbedingt die Groß- und Kleinschreibung.

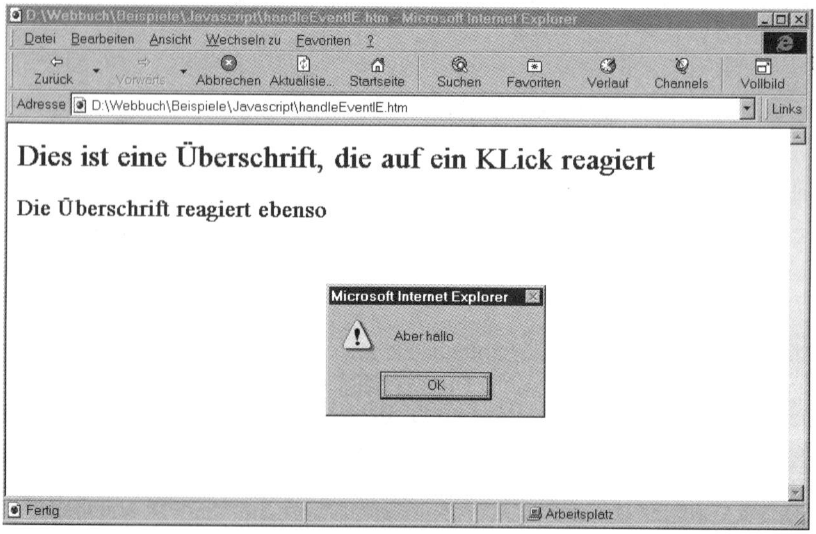

Bild 6.15: Zentrale Ereignisbehandlung im Microsoft-Ereignismodell

Die Microsoft-Syntax für Ereignisse des event-Objekts

Betrachten wir hier wie beim Netscape-Modell als knappe Zusammenfassung die spezifischen Befehle des Microsoft-Ereignismodells in Zusammenhang mit dem `event`-Objekt.

Abfrage der Zusatztasten

Über die Modifier `altKey`, `ctrlKey` und `shiftKey` können Sie abfragen, ob die Zusatztasten [Alt], [Strg] oder [⇧] gemeinsam mit einer anderen Taste oder einem Mausklick gedrückt wurden.

Koordinaten eines Ereignisses

Die Variablen `clientX` und `clientY` beinhalten die Information über die horizontalen Pixel (`clientX`) und die vertikalen Pixel (`clientY`) der Cursorposition relativ zur oberen linken Ecke des Anzeigefensters, wenn ein koordinatenabhängiges Ereignis (etwa eine Mausaktion) ausgelöst wurde.

Tastaturcode

Die Variable `keyCode` speichert bei Tastaturereignissen den dezimalen Code (ASCII/ANSI-Wert) der gedrückten Taste.

Cursorposition

Über die Variablen `offsetX` und `offsetY` kann auf die horizontalen Pixel (`offsetX`) und die vertikalen Pixel (`offsetY`) der Cursorposition relativ zur oberen linken Ecke des Elements, das ein Ereignis ausgelöst hat, zugegriffen werden.

Es gibt im Microsoft-Modell noch ein weiteres Koordinatenpaar, welches die Cursorposition speichert. Die Variablen `x` und `y` speichern die horizontalen Pixel (`x`) und die vertikalen Pixel (`y`) der Cursorposition relativ zur oberen linken Ecke des Eltern-Elements des Elements, das ein Ereignis ausgelöst hat. Wenn ein absolut positionierter Bereich das Eltern-Element ist, ist dessen obere linke Ecke der Bezugspunkt. Wenn das auslösende Element sonst kein Eltern-Element hat, gilt die linke obere Ecke des Dokuments als Koordinatenursprung.

6.4.6 Getrennte event-Objekt-Behandlung

Da beide Syntax-Varianten zur Behandlung von event-Objekten in Browsern des jeweils anderen Konzepts zu schwerwiegenden Problemen führen können, sollten Sie – falls Sie überhaupt zu einer Ereignisbehandlung über das event-Objekt neigen – über eine Fallunterscheidung die beiden wichtigsten Browser vom jeweils gefährlichen Code fernhalten. So ganz trivial ist dies nicht, da bei der Microsoft-Variante bereits im Script-Tag Attribute gesetzt werden müssen. Die Trennung von den Ereignisbehandlungsmodellen kann durch einen kleinen Trick erfolgen. Dazu dient folgende Syntax, welche im Header der HTML-Datei notiert werden sollte:

```
<html>
<head>
<SCRIPT language="javascript">
<!--
if(navigator.appName == "Netscape")
{
 ... Netscape-Anweisungen ...
}
-->
</SCRIPT>
<SCRIPT  FOR=document EVENT=onclick language="javascript">
<!--
if(navigator.appName == "Microsoft Internet Explorer")
{
 ... Microsoft-Anweisungen ...
}
-->
</SCRIPT>
```

Der Trick beruht darauf, daß wir zwei getrennte SCRIPT-Strukturen benutzen. Die erste SCRIPT-Struktur wird von jedem Browser geladen und ausgeführt. Wenn Sie an dieser Stelle bereits ältere Browser-Versionen abhalten wollen, können Sie auf language="javascript1.2" abfragen (sinnvoll). In der ersten SCRIPT-Struktur wird dann über eine if-Schleife abgefragt, ob explizit ein Netscape-Browser verwendet wird. Andere Browser werden den in der Schleife enthaltenen Code ignorieren und deshalb keine Probleme bereiten.

Die zweite SCRIPT-Struktur verwendet bereits die Microsoft-Terminologie für das Javascript-Eventhandling, aber dies ist auch für Netscape-Browser kein Problem. Die unbekannten Attribute werden einfach ignoriert, und es kommt normalerweise zu keinem Fehler. Die das zweite Script vollkommen ausfüllende `if`-Schleife hält den Netscape-Browser von den Anweisungen des Explorers ab, und so werden Netscape-Browser damit keine Probleme bekommen[1].

Erstellen Sie die nachfolgende Datei (`HANDLEEVENT.HTM`), und überprüfen Sie das Resultat im Navigator 4.x und im Explorer ab der Version 4.x.

```
<html>
<head>
<SCRIPT language="javascript1.2">
<!--
if(navigator.appName == "Netscape")
{
document.captureEvents(Event.MOUSEOVER);
function BehandleEreignis(e) {
 meldung = "An der Position " + e.layerX + ", " + e.layerY + "
trat das Ereignis " + e.type + " auf.";
 alert(meldung);
 return true;
}
document.onMouseOver = BehandleEreignis;
}
-->
</SCRIPT>
<SCRIPT FOR=document EVENT=onclick language="jscript">
<!--
if(navigator.appName == "Microsoft Internet Explorer")
{
alert("Aber hallo");
}
-->
</SCRIPT>
</head>
```

---

1 Im Prinzip würde auch eine Struktur wie nachfolgend ausreichen:

```
<SCRIPT  FOR=document EVENT=onclick language=»javascript«>
if(navigator.appName == »Netscape«)
{
 ... Netscape-Anweisungen ...
}
if(navigator.appName == »Microsoft Internet Explorer«)
{
 ... Microsoft-Anweisungen ...
}
</SCRIPT>
```

Sicherer und komfortabler ist aber auf jeden Fall die Trennung in zwei Scripte.

```
<body>
<A href="TITEL.HTM">Dies ist ein Hyperlink</A>
</body>
</html>
```

Beim Überstreichen des Hyperlinks wird beim Navigator ein Fenster mit einer Mitteilung geöffnet, beim Explorer beim Klick auf die Seite. Die Aktionen bewirken im jeweils anderen Browser nichts.

6.5 Zusammenfassung

Mittels der unterschiedlichen Event-Handler reagiert der Javascript-Interpreter auf verschiedenartige Ereignisse, die der Event-Handler-Mechanismus über ihre festgelegten Namen identifiziert. Wesentlich ist, daß Ereignisse in dem neuen HTML 4 und Javascript vorhanden und identisch sind. Das W3-Konsortium hat die Event-Handler mittlerweile offiziell in den HTML-Sprachstandard aufgenommen. Event-Handler sind ein wichtiges Bindeglied zwischen HTML und Javascript. Ein Event-Handler-Ereignis sieht aus wie jedes gewöhnliche HTML-Attribut. Es beginnt mit der Silbe `on`, gefolgt von der Beschreibung des Ereignisses. Hinter dem Namen des Ereignisses wird ein Istgleichzeichen notiert, gefolgt von einer in Anführungszeichen gefaßten Javascript-Anweisung oder -Funktion.

Einige Ereignisse werden von allen modernen Browsern verstanden. Es gibt aber auch Ereignisse, die browserspezifisch sind.

Die wichtigsten drei Wege, wie eine Javascript-Funktion unter HTML aufgerufen wird, sind wahrscheinlich folgende:

- Beim Start der HTML-Datei
- Bei einem Klick auf eine Referenz oder eine Schaltfläche
- Beim Überstreichen mit dem Mauszeiger

Konkret ist ein universeller Event-Handler nur ein Block von Javascript-Anweisungen, welcher direkt in einen HTML-Tag geschrieben wird.

Die Grundsyntax sieht immer gleich aus:

```
<[HTML-Tag] [ATTRIBUTE] [onEventHandler]="Javascript-
Anweisungen">
```

- ✗ [HTML-Tag] ist ein beliebiger HTML-Tag, welcher die Reaktion auf ein Ereignis unterstützt.
- ✗ [ATTRIBUTE] sind die normalen HTML-Attribute, welche den HTML-Tag bezüglich seiner üblichen HTML-Auswirkungen spezifizieren.

  "Javascript-Anweisungen" sind die konkreten Javascript-Anweisungen, welche bei Auftreten des spezifizierten Ereignisses ausgeführt werden sollen.

Beispiel:

```
<body onload="unsere_funktion()">
... [alle übrigen HTML-Anweisungen] ...
</body>
```

In eine Event-Handler-Struktur können über Semikolon abgetrennt mehrere Javascript-Anweisungen hintereinander geschrieben werden. Besser ist die Erzeugung einer eigenen Javascript-Funktion, welche dann alle Anweisungen enthält, welche bei Auftreten eines Ereignisses ausgeführt werden sollen.

Die zentrale Ereignisbehandlung unter Javascript ist über das event-Objekt möglich. Das event-Objekt beinhaltet Informationen über ein aufgetretenes Ereignis in einer Web-Seite samt der Randbedingungen, welche dabei eine Rolle gespielt haben. Allerdings ist das event-Objekt jeweils auf das zugrundeliegende Ereignismodell beschränkt.

Ein Schwerpunkt des Kapitels waren Tabellen – ein äußerst flexibles Stilmittel in HTML-Seiten. Das äußere Gerüst wird über den <TABLE>-Tag definiert. Das Innere einer Tabelle ist in HTML über Zeilen und Zellen mit eignen Tags definiert. Sie können sowohl den TABLE-Tag als auch den Zeilen-Tag um den Parameter align durch die üblichen Angaben zur Ausrichtung (left, center, justify – nur beim Zeilen-Tag sinnvoll – und right) erweitern. Daneben gibt es diverse Möglichkeiten zur Beeinflussung des Aussehens einer Tabelle. Sie können sowohl verschiedene tabellenweit gültige Angaben gleich im <TABLE>-Tag festlegen als auch individuell auf jede Zelle und dort jeden Inhalt Einfluß nehmen.

Kapitel 7

Konkrete Anwendungen mit Javascript und HTML

Wir werden in diesem Kapitel einige konkrete Anwendungen von Javascript durchführen und auch unser HTML-Spektrum erweitern. Sie lernen in diesem Kapitel etwas über:

- ✘ Listen und Aufzählungen unter HTML
- ✘ Aktive Listen und Aufzählungen mit HTML
- ✘ Listen und Aufzählungen unter Javascript
- ✘ Formulare, speziell Javascript-Formulare

Wir beginnen das Kapitel wieder mit einem kleinen Ausflug zurück zu HTML und schauen uns an, wie dort eine Aufzählung bzw. eine Liste realisiert wird.

7.1 Listen und Aufzählungen unter HTML

Eine Aufzählung besteht aus einer Liste, in der eine Reihe von alternativen Möglichkeiten dargestellt wird. Wir haben auch bei Aufzählungen wieder die Situation, erst über zwei HTML-Anweisungen zusammen eine sinnvolle Seitenstruktur erzeugen zu können. Erinnern Sie sich noch, was das heißen soll?

Sie benötigen eine Anweisung, um den Beginn einer Aufzählung zu bestimmen, und eine Anweisung, um den Bereich der Auszählung zu begrenzen. Im Inneren benötigen Sie dann für jeden Punkt der Aufzählung einen neuen Container. Eine Aufzählung ohne Aufzählungspunkte ist unsinnig, weshalb beide Anweisungen nur in Kombination Sinn machen.

7.1.1 Der äußere Aufzählungscontainer

Es gibt verschiedene Typen von Listen, welche mit unterschiedlichen Tags definiert werden. Eine nicht-numerische Liste (Bullet-Liste), welche als Aufzählungszeichen einen Punkt, ein Quadrat oder ein ähnliches Zeichen verwendet, beginnt mit `<UL>`. Unter HTML stehen nur wenige Aufzählungszeichen zur Verfügung, deren Auswahl und Darstellung zudem browserabhängig ist.

Eine numerierte Liste mit automatischer Numerierung beginnt mit `<OL>`. Sie läßt einige Gestaltungsmöglichkeiten zu. Es gibt neben der Numerierung mit normalen Ziffern insgesamt vier weitere Typen von numerierten Listen – zwei alphabetisch und zwei römisch numerierte Listen. Die Auswahl erfolgt über den Parameter. Beachten Sie, daß dabei – ungewöhnlich für HTML – Groß- und Kleinschreibung der Parameter von Bedeutung ist:

- `<OL type=i>` erzeugt eine numerierte Liste des Typs i, ii, iii,... (römische Numerierung)
- `<OL type=I>` erzeugt eine numerierte Liste des Typs I, II, III,... (römische Numerierung)
- `<OL type=a>` erzeugt eine alphabetisch numerierte Liste (Kleinbuchstaben)
- `<OL type=A>` erzeugt eine alphabetisch numerierte Liste (Großbuchstaben)

7.1.2 Der Listenpunkt

Ein Listeneintrag kann über mehrere Zeilen gehen. Dabei ist es egal, ob der Zeilenumbruch durch die Fenstergröße oder einen erzwungenen Zeilenumbruch erzeugt wurde. Ein Listenpunkt beginnt mit `<LI>`. Ein Ende-Tag ist sinnvoll, kann aber unterbleiben, denn ein nachfolgender `<LI>`-Tag erzeugt einen neuen Listenpunkt, der Ende-Tag des Listenbereichs beendet einen Listenpunkt ebenso.

Erzeugen Sie die nachfolgende HTML-Datei, wo wir Aufzählungen in allen drei Varianten üben:

```
<html>
<body>
<ul>
<li>Moppedfahren</li>
<li>Mittagsschlaf</li>
<li>Sonnen</li>
</ul>
<ol>
<li>Fr&uuml;hst&uuml;ck</li>
<li>Mittagessen</li>
<li>Kaffee</li>
<li>Abendessen</li>
</ol>
<ol type=i>
<li>C&auml;sar</li>
<li>Asterix</li>
</ol>
<ol type=I>
<li>Obelix</li>
<li>Miraculix</li>
</ol>
<ol type=a>
<li>2 CV</li>
<li>DS</li>
</ol>
<ol type=A>
<li>Wie denn?</li>
<li>Wo denn?</li>
<li>Was denn?</li>
</ol>
</body>
</html>
```

Speichern Sie sie unter AUFZAEHL.HTM.

Sie erhalten die diversen Formen einer Aufzählung. Beachten Sie bitte, daß die einzelnen Listenpunkte jeweils vollständig im Bereichscontainer einer jeweiligen Liste enthalten sind.

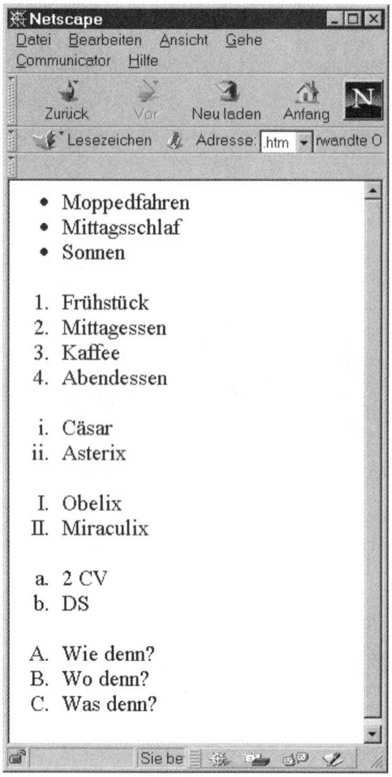

Bild 7.1: Diverse Aufzählungen

Wenn Sie sich nochmals den Quelltext ansehen, werden Sie erkennen, daß es keine Zeilenschaltung und keine Absätze gibt. Eine Aufzählung beginnt immer in einer neuen Zeile und erzeugt am Ende einen weiteren Zeilenvorschub (Sie benötigen also keine zusätzliche Absatz- oder Zeilenschaltung).

7.1.3 Einen Startwert in einer numerierten Liste setzen

Man kann in einer numerierten Liste einen Startwert setzen. Dazu dient der Parameter `start=[Wert]`, der den `<OL>`-Tag erweitert.

Beispiel:

```
<OL start=4>
```

7.1.4 Aktive Aufzählungen und Listen unter HTML

Wenn Sie aktive Aufzählungen bzw. Listen – d.h., der Anwender kann irgend etwas auswählen und mit der Liste interagieren – unter HTML realisieren wollen, haben Sie eigentlich nur eine sinnvolle Möglichkeit – Sie müssen in einem Listenpunkt einen Link integrieren. Das ist ganz einfach – Sie schreiben ihn mit seiner vollständigen Syntax einfach vollständig in den Container des Aufzählungspunkts.

Beispiel:

```
<ol>
<li><A href="TITEL.HTM">Mittagessen</a></li>
<li>Kaffee</li>
<li>Abendessen</li>
</ol>
```

Wenn Sie mehr mit Ihren Aufzählungen und Listen machen wollen, sind Formulare die naheliegendste Erweiterung. Dort gibt es Auswahllisten als Standardelemente, mit denen Sie viel mehr Interaktion realisieren können.

7.2 Formulare – mit und ohne Javascript

HTML stellt für den Kontakt zwischen dem Besucher einer Web-Seite und dem Besitzer derselben die Möglichkeit zur Verfügung, in eine Web-Seite einen Hyperlink aufzunehmen, der damit eine E-Mail an den Besitzer der Web-Seite auslöst. Dies ist aber nicht alles, was in HTML an Interaktion zwischen dem Besucher einer Web-Seite und dem Besitzer denkbar ist. Es gibt unter HTML auch den Weg über Formulare. Ein Formular in HTML kann aus den auch auf lokalen Rechnern üblichen Eingabefeldern, mehrzeiligen Textfeldern, Listen und Aufzählungen, Schaltflächen und beschreibendem Text bestehen.

Ein Formular hat gegenüber einer konventionellen E-Mail einige Vorteile. So werden von einem Formular gleichartige, datensatzorientierte Informationen erfaßt, die sich über Datenbankprogramme gut auswerten und speichern lassen[1]. Der Anwender hat den Vorteil, daß er bei Formularen oft nur ein paar Klicks durchführen muß.

1 Dies ist aber bei privat genutzten Seiten meist von äußerst geringem Interesse.

Das große Problem von Formularen unter reinem HTML ist, daß damit keinerlei Auswertung möglich ist. Dies ist aber nicht die einzige Möglichkeit, um Formulare einzusetzen. Wie wir bereits in Kapitel 1 bei der Erklärung der Hauptfunktion von clientseitigen Scriptsprachen besprochen haben, kann mit Javascript eine Verlagerung von Funktionalität vom Server auf den Client erfolgen. Es entfällt für eine Vielzahl von Aktionen ein Serverkontakt. Sie ersparen sich dabei das Erlernen von CGI-Mechanismen, haben ein besseres Laufzeitverhalten, entlasten Kommunikationswege und nutzen brachliegende Client-Ressourcen. Gerade zum Abfangen von fehlerhaften Daten wird so viel Zeit und Kapazität gespart. Dies geschieht, indem das Formular eine gewisse Funktionalität besitzt, die durch ein Script realisiert wird.

Wir werden zwar auf die Behandlung sämtlicher Formularaspekte verzichten, denn das ist zu umfangreich. Insbesondere verzichten wir auf die meisten HTML-4-Neuheiten bei Formularen. Für die Behandlung von einfachen Formularen ist hier aber ein guter Zeitpunkt.

7.2.1 Definition eines Formulars

Ein Formular wird in reinem HTML erstellt. Es besteht aus dem `<FORM>`-Container. Innerhalb des Einleitungs-Tags werden in der Regeln noch zwei weitere, durch ein Leerzeichen getrennte Angaben gemacht:

- Eine Adresse, wo das Formular ausgewertet werden soll, wenn es fertig ausgefüllt ist. Wenn die Auswertung nicht lokal erfolgt, ist dies der URL eines Servers. Dazu dient die Erweiterung `ACTION=[URL]`.
- Eine Methode, wie das Formular zur Auswertungsstelle gelangt. Die Erweiterung `METHOD=[Methode]` legt die Art der Übertragung fest.

Bei der Angabe `METHOD` können gewöhnlicherweise zwei Werte verwendet werden:

- `GET`
- `POST`

Ein kurzer CGI-Exkurs

Leider ist bei der Behandlung von Formularen ein kurzer CGI-Exkurs nicht ganz zu vermeiden. Ein typischer CGI-Vorgang läßt sich in vier Stufen einteilen:

1. Übertragung einer Anforderung an den Web-Server
2. Start des CGI-Programms

3. Lauf des CGI-Programms
4. Senden der Antwort an den Browser

Wir ziehen als Beispiel ein Formular heran (unter Vorgriff auf die notwendigen HTML-Tags ohne Erklärung).

Erstellen Sie die nachfolgende Datei (FORM1.HTM):

```
<HTML>
<BODY>
<FORM ACTION="http://www.rjs.de/cgi-bin/mein-cgi-prog"
METHOD=GET>
Vorname: <INPUT NAME="v_name" TYPE="text" TABINDEX="2">
<BR>
Nachname: <INPUT NAME="n_name" TYPE="text" TABINDEX="1">
<BR>
Adresse: <INPUT NAME="adr" TYPE="text" TABINDEX="3">
<BR>
<INPUT Type=submit value="Senden">  <INPUT Type=reset
value="Abbruch">
</FORM>
</BODY>
</HTML>
```

Es handelt sich dabei um ein ganz einfaches Formular, das in reinem HTML erstellt ist. In drei Eingabefeldern werden der Vor- und Nachname sowie die Adresse abgefragt. Darunter finden Sie eine Schaltfläche zum Absenden des Formulars sowie eine Schaltfläche zum Zurücksetzen.

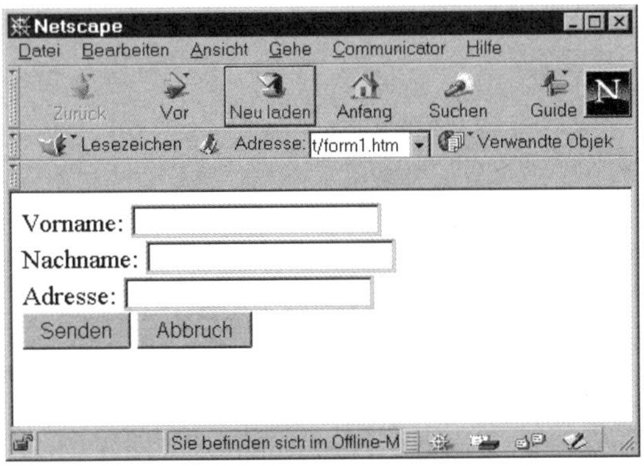

Bild 7.2: Ein ganz einfaches Formular

Wenn Sie nun das Formular absenden, indem Sie eine entsprechende Schaltfläche betätigen, findet die Übertragung an den Webserver statt. Bevor die Daten an den Server gesendet werden, werden sie zunächst vom Browser in einer einzigen Zeichenkette verpackt. Die Art und Weise der Datenübertragung wird durch den Parameter `METHOD` gesteuert. Dabei wird grundsätzlich zwischen den beiden Methoden `GET` und `POST` unterschieden. Der Unterschied zwischen den beiden Methoden besteht hauptsächlich darin, wie der WWW-Server das zurückgeschickte Formular speichert und verarbeitet. Bei der GET-Methode wird das zurückgeschickte Formular in einer Standard-Umgebungsvariablen gespeichert, welche das CGI-Programm auswertet. Anschließend verarbeitet das CGI-Programm den Inhalt weiter. POST hingegen veranlaßt das CGI-Programm, das Formular wie eine auf der Kommandozeilenebene erfolgte Benutzereingabe zu behandeln. Es gibt daher kein EndOfFile-Signal (EOF), und die Länge der übermittelten Daten muß vom CGI-Programm aus einer weiteren Standard-Umgebungsvariable ausgelesen werden. Dies soll uns aber nicht weiter interessieren.

Wenn die Anfrage den Server erreicht, erkennt er, daß nicht ein vorhandenes Dokument zurückgesendet, sondern ein CGI-Programm zur Auswertung eines Formulars gestartet werden soll. Sobald dies geschehen ist, erfolgt das Senden der Antwort an den Browser.

MERKSATZ

Eine E-Mail als Rückantwort

Eine Alternative für die Rückantwort ist, die vom Anwender eingegebenen Daten per Mail zu verschicken. Diese Alternative ist für Anwender, die bei ihrem Provider keine CGI-Programme ablegen dürfen, die einzige sinnvolle Möglichkeit, wenn sie auf die Verwendung von clientseitigen Scripten oder ähnlicher Clienttechniken verzichten wollen. Dazu muß im `Form`-Tag nur das Protokoll auf `mailto` geändert werden (z.B. `<FORM ACTION="mailto:hansdampf@gmx.de" method=POST>`). Das `method`-Attribut sollte auf `POST` gesetzt werden. Die Nachricht ist in der Grundform für den Empfänger leider nicht sehr gut lesbar.

7.2.2 Javascript-Formulare

Die Verwendung von Formularen in einer Web-Seite ist nicht auf Formulare mit Serverkontakt und CGI oder E-Mail beschränkt. So können auch die Eingabedaten eines Formulars (oder jegliche andere Daten) an eine beliebige neue HTML-Seite weitergegeben werden, in der dann ein Javascript oder ein anderes Script die übergebenen Daten verarbeitet. Dazu muß im `Form`-Tag nur die Seite als URL angegeben werden.

Beispiel:

```
<FORM ACTION="jsformauswert.html" method=GET>)
```

Wenn Sie ein Formular unter Javascript verwenden wollen, ist das optionale Attribut `name` sinnvoll, mit dem Sie einen Namen für das Formular definieren, über den Sie das Formular aus Javascript heraus ansprechen können. Der Name darf keine Leerzeichen und keine Sonderzeichen beinhalten und muß in Leerzeichen eingeschlossen werden.

Beispiel:

```
<FORM NAME="meinFormular1" ACTION="jsformauswert.html"
method=POST>)
```

Bevor wir uns jedoch Javascript-Formulare näher anschauen, wollen wir die HTML-Befehle besprechen, mit denen auf einer Web-Seite ein Formular entsteht. Wir kehren also in einem kleinen Ausflug zu HTML zurück[1].

7.2.3 Formular – Grundlagen

Ein Formular in einer Web-Seite kann aus Eingabefeldern, mehrzeiligen Textfeldern, Listen, Schaltflächen und beschreibendem Text bestehen. Ein Anwender lädt ein leeres Formular im Rahmen einer Web-Seite auf seinen Rechner und füllt das Formular innerhalb seines Browsers aus. Anschließend muß das Formular ausgewertet werden. Dies geschieht bei serverorientierten Formularen, indem es zum Server zurückgeschickt und dort verarbeitet wird. Anschießend bekommt der »Eigentümer« des Formulars das Resultat der Auswertung durch den Server zur Verfügung gestellt, er kann dieses dann auswerten. Die andere Variante erlaubt bereits die weitgehende Kontrolle, Auswertung und Verarbeitung beim Client, und dieses Resultat wird dann dem »Eigentümer« des Formulars zur Auswertung übermittelt – etwa per E-Mail. Ein Formular kann aber auch direkt beim Client eine Aktion auslösen, die keinerlei Kontakt mit dem Eigentümer der Web-Seite benötigt.

Dateneingabe über Eingabefelder

Für die Dateneingabe sind Eingabefelder ein idealer Kandidat. Zu unterscheiden ist hauptsächlich zwischen einzeiligen und mehrzeiligen Eingabefeldern, welche die üblichen Funktionen haben:

- ✗ Einzeilige Eingabefelder dienen zur Eingabe von Zahlen und/oder wenigen Wörtern.

1 Daran erkennen Sie erneut, daß Javascript nicht von HTML zu trennen ist.

- Mehrzeilige Eingabefelder dienen zur Eingabe von längeren Texten.

Einzeilige Eingabefelder werden über den `<INPUT>`-Tag realisiert. Dieser muß um folgende Attribute erweitert werden:

- Einen formularweit eindeutigen Namen über `name="[Feldname]"`. Der Feldname darf wie üblich keine Leerzeichen und keine deutschen Umlaute enthalten und muß unbedingt in Anführungszeichen gesetzt werden.
- Die Angabe der maximal anzeigbaren Zeichen über das Attribut `size=[Wert]`.
- Die Angabe der maximal einzugebenden Zeichen über das Attribut `maxlength=[Wert]`. Wenn diese Angabe die maximal anzeigbaren Zeichen überschreitet, wird bei Bedarf automatisch seitwärts gescrollt.

Die Syntax für eine vollständige Anweisung eines einzeiligen Eingabefelds sieht also so aus:

```
<INPUT NAME="[Feldname]" SIZE=[Wert] MAXLENGTH=[Wert]>
```

Beispiel:

```
<INPUT NAME="Richtung" SIZE=5 MAXLENGTH=10>
```

Es gibt verschiedene Typen von Eingabefeldern. Ohne genauere Typspezifizierung kann ein Anwender in ein Eingabefeld alles eintragen. Meist ist es jedoch sinnvoll, den Typ der Eingabe genauer zu spezifizieren. Dazu gibt es das optionale Attribut `TYPE`, welches den genauen Typ von Eingabefeld festlegt. Das Attribut kann folgende Ausprägungen annehmen:

Wert	**Beschreibung**
`int`	Nur die Eingabe von Ganzzahlen ist erlaubt.
`float`	Nur die Eingabe von Dezimalkommazahlen ist erlaubt.
`date`	Nur die Eingabe eines Kalenderdatums ist erlaubt.
`url`	Nur die Eingabe eines URLs.
`password`	Die Feldeingaben erfolgen verdeckt. Bei der Dateneingabe erscheinen dann nur Sternchen im Eingabefeld.

Verlassen Sie sich nicht zu sehr auf die Typangaben. Selbst wenn Browser das Attribut verstehen, sind sie oft sehr »großzügig«, wenn es um Einhaltung von Typbeschränkungen geht. Besser ist die explizite Überprüfung über ein Javascript, worauf wir natürlich noch kommen. Genau hier ist Javascript eine ideale Ergänzung von HTML.

In die gleiche Richtung zielt die nur sehr beschränkte Einhaltung der beiden weiteren optionalen Attribute `MIN` und `MAX`, mit denen man eine untere (`MIN=[Wert]`) und/oder obere Grenze (`MAX=[Wert]`) für erlaubte Werte bei numerischen Eingaben festlegen kann. Auch hier wird Javascript diese Probleme beseitigen.

Die mehrzeiligen Eingabefelder werden mit einem anderen HTML-Tag realisiert – dem `<TEXTAREA>`-Tag>, der als Container zu verwenden ist. Innerhalb des Containers kann ein Text als Vorbelegung definiert werden. Dieser muß um folgende Attribute erweitert werden:

- ✘ Einen formularweit eindeutigen Namen über `name="[Feldname]"`. Der Feldname darf wie üblich keine Leerzeichen und keine deutschen Umlaute enthalten und muß unbedingt in Anführungszeichen gesetzt werden.
- ✘ Eine Größenangabe in Form von Zeilen (`rows=[Wert]`) und Spalten (`cols=[Wert]`).

Wenden wir nun Eingabefelder in einer HTML-Datei (`FORMEING.HTM`) an:

```
<HTML>
<BODY>
<FORM ACTION="mailto:hansdampf@gmx.de" method=POST>
Ihr Name:
<INPUT NAME="Feld1" SIZE=8 MAXLENGTH=5>
<BR>
Ihr Password:
<INPUT NAME="Feld2" SIZE=9 MAXLENGTH=9 TYPE=password>
<P>
Ein nicht vorbelegtes Eingabefeld:
<BR>
<TEXTAREA NAME="Feld3" COLS=60 ROWS=3></TEXTAREA><P>
Ein vorbelegtes Eingabefeld:
<BR>
<TEXTAREA NAME="Feld4" COLS=40 ROWS=5>Vorbelegt</TEXTAREA><P>
</FORM>
</BODY>
</HTML>
```

Sie haben in dem Formular vier verschiedene Eingabemöglichkeiten. Die erste ist ein einzeiliges Eingabefeld, in dem Sie unbeschränkte Eingaben vornehmen können. Die zweite Eingabemöglichkeit ist ebenso ein einzeiliges Eingabefeld. Es ist aber auf maximal neun Zeichen beschränkt, und die Typangabe sorgt dafür, daß nur Sternchen auf dem Bildschirm angezeigt werden. Die eingegebenen Zeichen sind natürlich dennoch vorhanden. Sie werden lediglich vor allzu neugierigen Blicken anderer geschützt. Danach finden Sie zwei mehrzeilige Eingabefelder unterschiedlicher Größe. Das zweite ist mit Text vorbelegt.

Bild 7.3: Eingabefelder in einem Formular

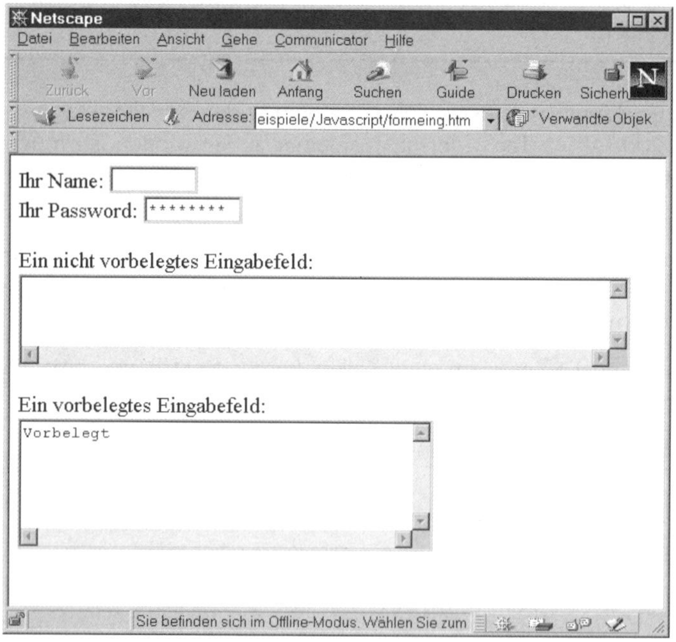

Dateneingabe über Auswahllisten

Auswahllisten in Formularen stellen die bekannten Selektionsmöglichkeiten für Anwender zur Verfügung[1]. Eine Auswahliste hat große Ähnlichkeit mit gewöhnlichen Listen ohne Auswahlmöglichkeit. Es gibt einen äußeren Container für die Listenstruktur und jeweils einen inneren Container für jeden Listeneintrag.

Der äußere Container wird mit dem `<SELECT>`-Tag gebildet. Dieser muß nur um das Attribut `Name` erweitert werden, über das die Liste wie üblich einen

1 Wir besprechen nur ein paar Möglichkeiten.

formularweit eindeutigen Namen nach den üblichen Regeln bekommt (name="[Listenname]"). Die Syntax sieht also so aus:

```
<SELECT name="[Listenname]">...</SELECT>
```

Der Container kann um das optionale Attribut size=[Wert] erweitert werden. Damit wird die Anzahl der anzuzeigenden Einträge der Liste festgelegt. Falls die Liste mehr Einträge enthält, als angezeigt werden sollen/können, stellen die meisten Browser die Liste scrollbar dar. Wenn die Angabe fehlt, erhalten Sie ein einzeiliges Listenfeld. Die Breite des Listenfelds ergibt sich automatisch aus der Länge der jeweiligen Listenpunkte.

Ein Listeneintrag wird über einen <OPTION>-Tag definiert. Es kann sowohl als Container als auch als einzelner Tag formuliert werden. Syntax:

```
<OPTION>[Listeneintrag]</OPTION>
```

Erstellen Sie die nachfolgende Datei (FORMAUSW.HTM) zum Üben von Auswahllisten:

```
<HTML>
<BODY>
<FORM ACTION="mailto:hansdampf@gmx.de" method=POST>
Geschlecht:
<SELECT NAME="Geschlecht">
<OPTION>Herr</OPTION>
<OPTION>Frau</OPTION>
</SELECT>
<P>
Familienstand:
<SELECT NAME="Famstand" SIZE=3>
<OPTION>Ledig</OPTION>
<OPTION>Verheiratet</OPTION>
<OPTION>Geschieden</OPTION>
<OPTION>Verwitwet</OPTION>
</SELECT>
Zustand:
<SELECT NAME="Zustand" SIZE=5>
<OPTION>Traurig</OPTION>
<OPTION>Müde</OPTION>
<OPTION>Hungrig</OPTION>
</SELECT>
</FORM>
</BODY>
</HTML>
```

Sie haben in dem Formular drei Auswahllistenfelder zur Verfügung. Als erstes eine Auswahlliste mit einem einzeiligen Listenfeld, dann folgt ein mehrzeiliges Listenfeld, wo die Liste mehr Einträge enthält, als angezeigt werden können. Das Listenfeld wird deshalb scrollbar dargestellt. Das dritte Listenfeld enthält weniger Einträge, als angezeigt werden könnten.

Bild 7.4: Listenfelder

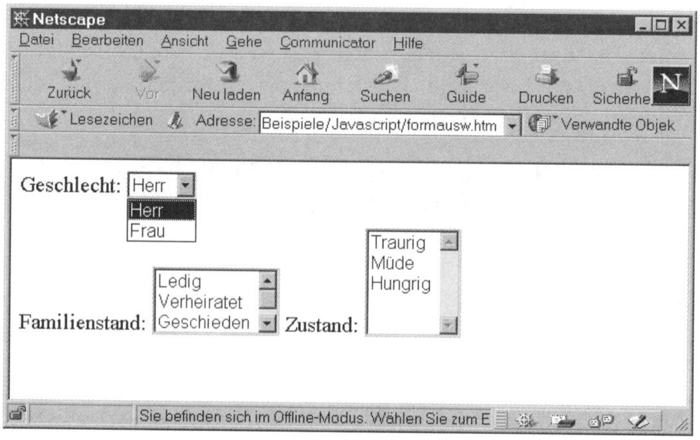

Mehrfachauswahl in einer Liste ist nicht selbstverständlich. Es hängt von den Einstellungen des Browsers ab, ob es standardmäßig erlaubt oder verboten ist. Eine explizite Erlaubnis von Mehrfachauswahl erfolgt mit dem Attribut `multiple` im `<SELECT>`-Tag. Eine Vorselektion eines Listeneintrags ist mit dem Attribut `selected` des `<OPTION>`-Tags möglich.

Schaltflächen

Schaltflächen sind in HTML Spezialfälle des einzeiligen Eingabefeldes, die genau wie diese mit dem `<INPUT>`-Tag definiert werden. Im Unterschied zu normalen einzeiligen Eingabefeldern bilden die Auswahlbuttons meist eine Gruppe und machen oft nur in einer Gruppe von zusammengehörenden Begriffen Sinn. Man versteht unter Schaltflächen in HTML folgende Typen:

- Radiobutton, d.h. Optionsfelder, von denen immer genau eines selektiert ist.
- Checkbutton, d.h. Kontrollfelder, die unabhängig voneinander selektiert werden können.
- Befehlsschaltflächen.

Optionsfelder werden mit dem Attribut `TYPE=radio` im `<INPUT>`-Tag spezifiziert. Hier gibt es nun ein kleines Problem. Wie alle Eingabefelder muß auch ein Optionsfeld einen formularweit eindeutigen Namen bekommen. Dies erfolgt wie üblich über das Attribut `NAME="[Feldname]"`. Da Optionsfelder ausschließlich in Gruppenform Sinn machen, müssen Sie irgendwie als zu einer Gruppe gehörig markiert werden. Dies wird darüber gelöst, daß alle Optionsfelder, die zu einer Gruppe gehören, den gleichen Namen bekommen[1]. Dies ist auch die einzige Maßnahme, um Optionsfelder zu einer Gruppe von sich gegenseitig beeinflussenden Feldern zuzuordnen. Um die einzelnen Gruppenmitglieder innerhalb der Gruppe wieder unterscheiden zu können, wird über das weitere Attribut `VALUE="[interner Name]"` ein interner Bezeichner definiert, der nach den gleichen Regeln wie der Feldname vergeben werden muß. Abschließend muß ein Optionsfeld noch beschriftet werden (hier sind auch deutsche Umlaute erlaubt), damit der Anwender sieht, was er auswählt. Die Beschriftungen einer Schaltfläche sind in keiner Weise an die internen Namen oder die Feldnamen gekoppelt. Damit sieht die Syntax so aus:

```
<INPUT TYPE=radio NAME="[Feldname]" VALUE="[interner
Name]">[Beschriftung]
```

Kontrollkästchen bestehen aus einem einzelnen Feld oder meist einer Gruppe von beschrifteten Schaltflächen, von denen ein Anwender eine oder mehrere selektieren kann. Der einzige Syntaxunterschied zu Optionsfeldern ist, daß beim `TYPE`-Attribut der Wert `checkbox` angegeben wird. Damit sieht die Syntax so aus:

```
<INPUT TYPE=checkbox NAME="[Feldname]" VALUE="[interner
Name]">[Beschriftung]
```

In der Regel wird beim Laden einer Web-Seite mit einem Formular keines der Options- oder Kontrollfelder selektiert sein. Über das optionale Attribut `checked` für den `<INPUT>`-Tag kann (und sollte bei Optionsfeldern) ein Feld vorselektiert werden.

Über den Wert `button` des `TYPE`-Attributs können Sie eine beliebige Schaltfläche erzeugen, die Sie dann insbesondere in Verbindung mit Event-Handlern hervorragend einsetzen können.

1 Strenggenommen erhält also die Gruppe von Feldern den formularweit eindeutigen Namen.

Beispiel:

```
<INPUT TYPE=button VALUE="Hilfe" onClick="alert("Hilf Dir
selbst")">
```

Der letzte – und wichtigste – Schaltflächentyp sind die Befehlsschaltflächen, denn irgendwann muß ein Formular einmal abgesendet werden. HTML stellt (unter anderem) zwei weitere Schaltflächen als Spezialfälle des einzeiligen Eingabefeldes zur Verfügung, um ein Formular abzusenden (`TYPE=submit`) oder das Formular wieder zu leeren (`TYPE=reset`). Die genaue Syntax für eine Befehlsschaltfläche sieht wie folgt aus:

```
<INPUT TYPE=submit VALUE="[Beschriftung]">
<INPUT TYPE=reset VALUE="[Beschriftung]">
```

Die Beschriftung der Schaltfläche muß in Anführungszeichen gesetzt werden.

Erstellen Sie die nachfolgende Datei `FORMSCHA.HTM`, mit der die verschiedenen Typen von Schaltflächen ausprobiert werden.

```
<HTML>
<BODY>
<FORM ACTION="mailto:hansdampf@gmx.de" METHOD=POST>
Geschlecht:
<INPUT TYPE=radio NAME="geschlecht" VALUE="Mann" checked>Herr
<INPUT TYPE=radio NAME="geschlecht" VALUE="Frau">Frau
<p>
<INPUT TYPE=checkbox NAME="Zustand" VALUE="Traurig">Traurig
<INPUT TYPE=checkbox NAME="Zustand" VALUE="Muede">Müde
<INPUT TYPE=checkbox NAME="Zustand" VALUE="Hunger">Hungrig
<P>
<INPUT TYPE=submit VALUE="Formular abschicken">
<INPUT TYPE=reset VALUE="Abbruch">
</FORM>
</BODY>
</HTML>
```

Die Übung beginnt mit einer Gruppe von zwei zusammengehörigen Optionsfeldern. Beachten Sie, daß das eine Optionsfeld (Mann) vorselektiert ist. Wenn Sie abwechselnd die beiden Optionsfelder anklicken, wird immer das zugehörige andere Optionsfeld deselektiert.

Die nachfolgende Gruppe von Kontrollfeldern besteht aus drei Einträgen, von denen kein einziger vorselektiert ist. Beachten Sie, daß sich bei diesem Beispiel die internen Namen von den Bezeichnern unterscheiden und diese wiederum deutsche Umlaute enthalten. Den Abschluß des Formulars bilden die beiden Befehlsschaltflächen.

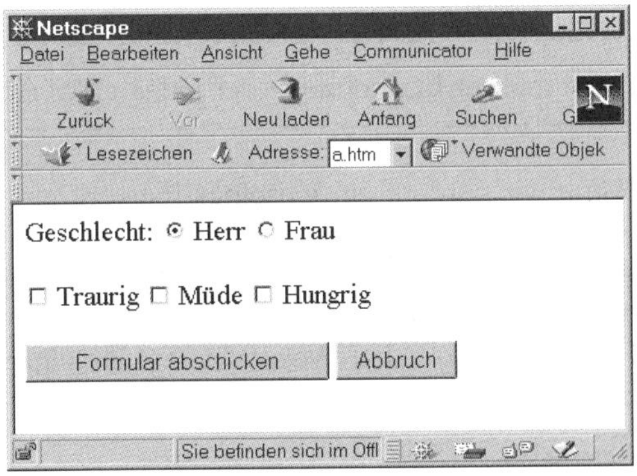

Bild 7.5: Das gerade geladene Formular

7.2.4 Zugriff auf das Formular unter Javascript

Wenn wir nun unter Javascript auf ein Formular in einer Web-Seite zugreifen wollen, müssen wir dieses irgendwie aus Javascript heraus ansprechen. Ein Formular stellt in der Welt von Javascript ein Objekt dar, das Ihnen Zugriff auf alle HTML-Formular-Tags und -Eigenschaften bietet. Obwohl wir die Javascript-Objekte im nächsten Kapitel noch viel umfangreicher und allgemeiner behandeln, werden wir das Formularobjekt vorziehen. Immerhin wollen wir mit dem Formularobjekt von Javascript hier schon einige Dinge anstellen.

HINWEIS: Wenn Sie eine Formularstruktur ausschließlich dafür verwenden wollen, Javascript-Funktionen über die Elemente des Formulars aufzurufen (also keine Versendung des Formularinhalts), können Sie auch auf das `ACTION`-Attribut im `FORM`-Tag verzichten.

Aus Javascript haben Sie über ein eigenes Formularobjekt (`Form`) Zugriff auf das Formular. Die einzelnen Formulare einer Web-Seite werden sequentiell (d.h. hintereinander) als Elemente in einem Array gespeichert, das `forms[]` heißt und eine Eigenschaft des Objekts `document` (der Objektrepräsentation der Web-Seite im Javascript-Objektmodell) ist[1]. Der Zugriff auf ein jeweiliges Formular erfolgt hier über den Index. Etwa für das erste Formular einer

1 Ein sogenanntes Objektfeld. Dazu kommen wir später noch.

Web-Seite über `document.forms[0]`[1], für das zweite Formular über `document.forms[1]` und so fort. Die Zählreihenfolge folgt der Reihenfolge, in der die HTML-Tags `<FORM>` in der Web-Seite notiert sind.

ACHTUNG

Noch mal zur Erinnerung – der Index eines Arrays beginnt bei 0.

Wenn wir nun auf ein einzelnes Element innerhalb eines Formulars zugreifen wollen, können wir eine Eigenschaft des Formularobjekts verwenden – `elements[]`[2]. Diese wird mit der Punktnotation angefügt und bewirkt innerhalb des einzelnen Formulars einen Zugriff auf die einzelnen Elemente des Formulars in gleicher Weise, wie auf die einzelnen Formulare in einer Web-Seite über den Index zugegriffen wird.

Beispiele:

```
document.forms[1].elements[0]
```

ist der Zugriff auf das erste Element des zweiten Formulars in der Web-Seite.

```
document.forms[0].elements[4]
```

ist der Zugriff auf das fünfte Element des ersten Formulars in der Web-Seite.

Vollkommen analog greifen Sie auf beliebige Eigenschaften eines Formulars zu:

```
document.forms[index].[Eigenschaft]
```

Beispiel:

```
Var url = document.forms[2].action;
```

Dies gilt auch für Methoden:

```
document.forms[index].[Methode()]
```

Beispiel:

```
document.forms[3].submit();
```

Es gibt noch zwei andere Varianten, mit denen Sie auf das Formular und seine Bestandteile zugreifen können. Diese basieren auf dem Namen, welchen Sie bei der Erstellung des Formulars im `SCRIPT`-Tag über das Attribut

---

1 Dies ist die Punktnotation, wie nahezu immer in der objektorientierten Welt auf Eigenschaften eines Objektes zugegriffen wird.

2 Ebenfalls ein Objektfeld.

NAME vergeben können. Sie können diesen Namen statt des Index angeben oder sogar ganz auf die Angabe von forms verzichten und direkt den Formularnamen schreiben.

Beispiel:

Wenn Sie in einer Formulardeklaration das optionale Attribut NAME="meineform" verwendet haben, können Sie den dort angegebenen Namen verwenden.

```
<FORM NAME="meineform" ACTION="jsformauswert.html"
method=POST>)
```

Unter Javascript funktioniert dann der Zugriff auf Variablen so:

```
Var url = document.forms[meineform].action;
```

Dies funktioniert auch für Methoden:

```
document.forms[meineform].submit();
```

Die direkte Alternative sieht folgendermaßen aus.

Variablen:

```
Var url = document.meineform.action;
```

Methoden:

```
document.meineform.submit();
```

Um wieder auf einzelne Eingabefelder und Schaltflächen zuzugreifen, steht das elements-Objekt (oder genauer Objektfeld, aber wir wollen weitgehend bei der Terminologie Objekt bleiben) zur Verfügung. Lassen Sie uns die Details von forms und seiner Eigenschaften und Methoden etwas genauer anschauen und zusammenfassen, was wir schon über Formulare wissen.

Eine Instanz des Objekts Form erzeugen

Wir müssen hier ein bißchen vorgreifen, da Sie noch nicht genau wissen, was eine Objektinstanz ist[1]. Nur soweit vorab – das ist das, was Sie konkret zur Programmierung benutzen.

Eine Objektinstanz von Form wird automatisch erzeugt, wenn der WWW-Browser einen <FORM>-Tag in der HTML-Datei vorfindet. Wenn die HTML-Datei mehr als ein Formular enthält, wird für jedes Formular automatisch

1 Obwohl wir es bei der allgemeinen Abhandlung von Objektorientierung angesprochen haben.

eine Instanz von `Form` erzeugt[1]. Sie benötigen hier keinen `new`-Operator. Die einzelnen Instanzen werden im `forms`-Array abgelegt.

Die Eigenschaften

Eigenschaft	**Beschreibung**
`action`	Die Angabe des Wertes, der bei der Definition des Formulars in der Zusatzangabe `action` steht.
`encoding`	Der Kodierungstyp des Formulars. Für mehr Informationen finden Sie im WWW die Spezifikation RFC 1867.
`length`	Die Angabe der Anzahl von Elementen des Formulars.
`method`	Die Angabe des Wertes, der bei der Definition des Formulars in der Zusatzangabe `method` steht.
`name`	Der Name des Formulars.
`target`	Die Angabe des Wertes, der bei der Definition des Formulars in der Zusatzangabe `target` steht (bei CGI-Formularen).

Die Methoden

Bei dem Objekt `Form` gibt es nicht viele Methoden. Wesentliche Ausgabe eines Formulars ist die Datenübermittlung.

Methoden	**Beschreibung**
`handleEvent()`	Übergibt ein Ereignis an ein Element, das auf das Ereignis reagieren kann.
`reset()`	Löscht alle Eingaben in einem Formular und hat die gleiche Wirkung wie ein Button, der in HTML mit `type=reset` definiert wurde.
`submit()`	Die Methode sendet das Formular und hat damit den gleichen Effekt wie ein Mausklick auf einen Button vom Typ `submit`.

1 Das mag Ihnen zur Zeit etwas unverständlich vorkommen, aber wir klären das bei der allgemeinen Behandlung von Objekten unter Javascript im nächsten Kapitel.

7.2.5 Das Objektfeld elements

Eine der wichtigsten Eigenschaften von `Form` ist sicher dessen Objektfeld `elements`. Über `elements` haben Sie Zugriff auf alle einzelnen Elemente innerhalb von Formularen, welche in einer HTML-Datei definiert sind. Darunter fallen beispielsweise Eingabefelder, Auswahllisten, Radio- und Checkbuttons, Ausführungsbuttons und allgemeine Buttons.

Eine Instanz des Objekts elements erzeugen

Das Objektfeld `elements` wird automatisch erzeugt, wenn der WWW-Browser mindestens ein Formular in der HTML-Datei mit Elementen vorfindet. Dabei wird für jedes Element in jedem Formular automatisch eine Instanz eines dem Element entsprechenden Objekts erzeugt.

Da das Objektfeld `elements` eine Eigenschaft des Objekts `form` ist, haben Sie verschiedene Möglichkeiten, um einzelne Formularelemente anzusprechen. Dies haben wir eben bereits gehabt. Sie können entweder über die Form selbst und einen Index oder den Formularnamen darauf zugreifen. Schematisch sehen die Zugriffe so aus:

```
document.forms[index].elements[index].[Eigenschaft/Methode()]
document.forms[index].[Elementname].[Eigenschaft/Methode()]
document.[Formularname].elements[index].[Eigenschaft/Methode()]
document.[Formularname].[Elementname].[Eigenschaft/Methode()]
```

Wenn Sie ein Formular ansprechen und von da auf ein Element zugreifen wollen, können Sie ein Element eines Formulars entweder durch den Index oder durch den Elementnamen ansprechen. Bei Verwendung des Index-Schemas geben Sie das Wort `elements` an und dahinter in eckigen Klammern die Nummer des Elements im Formular. Beachten Sie, daß der Elementzähler bei 0 beginnt. Das erste Element hat also den Index 0 (`elements[0]`).

Bei Verwendung des Elementnamens geben Sie den Namen an, der bei der HTML-Definition des Formularelements in der Zusatzangabe `name` definiert ist.

Die Eigenschaften

Einige der Eigenschaften des Objektfeldes sind bereits verfügbar, wenn der Browser wenigstens ein Formular mit wenigstens einem Element in der HTML-Datei vorfindet. Andere Eigenschaften sind jedoch nur für bestimmte Formularelemente verfügbar (d.h. wenn ein Element des zugeordneten Typs überhaupt vorhanden ist).

Eigenschaft	Beschreibung
`checked`	Diese Eigenschaft steht zur Verfügung, wenn das Element ein Radio- oder Checkbutton ist. Sie fragt ab oder bestimmt, ob ein Radio- oder Checkbutton aktiviert ist oder nicht. Mögliche Werte sind `true` bzw. `1` oder `false` bzw. `0`.
`defaultChecked`	Diese Eigenschaft steht zur Verfügung, wenn das Element ein Radio- oder Checkbutton ist. Sie fragt ab oder bestimmt, ob ein Radio- oder Checkbutton per Voreinstellung aktiviert ist oder nicht. Mögliche Werte sind `true` bzw. `1` oder `false` bzw. `0`.
`defaultValue`	Diese Eigenschaft steht zur Verfügung, wenn das Element ein Eingabefeld ist. Sie fragt ab oder bestimmt den voreingestellten Text eines Eingabefeldes.
`form`	In der **Eigenschaft** `form` wird das zugehörige Formular als Objekt referenziert, so daß Sie auch darüber alle Eigenschaften und Methoden des `Form`-**Objekts** verwenden können[1]. Das Wort `form` lehnt sich dabei direkt an `Form` bzw. `forms` an. Man benutzt die **Eigenschaft** `form` hauptsächlich, wenn man über ein Element eines Formulars Zugriff auf das Formular haben möchte.
`name`	Der Name des Formularelements, wie er in HTML bei der Definition des Elements mit der Zusatzangabe `name` zugewiesen wurde.
`type`	Die Variable hat die Information über den Elementtyp eines Formularelements gespeichert. Sie kann in Zusammenhang mit allen Formularfeldern angewendet werden.
`value`	Dies ist der Wert, den der Anwender in einem Formularelement eingegeben bzw. diesem zugewiesen hat.

Die Methoden

Methoden	Beschreibung
`blur()`	Die Methode bewirkt, daß der Focus ein Element verläßt. Es wird damit deselektiert.
`click()`	Die Methode bewirkt das gleiche, wie wenn der Anwender auf ein Element klickt.
`focus()`	Die Methode bewirkt, daß der Focus auf ein Element positioniert wird.

1 Zwar teilweise recht komfortabel, aber verwirrend, da dem Einsteiger oft nicht klar ist, ob `form` oder `forms` zu schreiben ist und ob das fehlende *s* ein Fehler ist oder nicht.

Methoden	Beschreibung
`handleEvent()`	Die Methode übergibt ein Ereignis an ein Element, das auf das Ereignis reagieren kann.
`select()`	Die Methode selektiert den gesamten in einem Feld enthaltenen Text.

7.2.6 Das Objektfeld options

Mit dem Objektfeld `options` (seinerseits in der Objekthierachie unter `element` angeordnet) haben Sie Zugriff auf Auswahllisten innerhalb eines Formulars. Sie können dabei auf jede einzelne Auswahlmöglichkeit der Auswahlliste zugreifen. Auswahllisten können Sie wie jedes andere Formularelement mit einer Indexnummer oder ihrem Namen ansprechen. Sie geben wie gewohnt die Web-Seite, das Formular und dann das Element an. Um nun gezielt auf einzelne Einträge zugreifen zu können, müssen Sie über die Punktnotation noch die Angabe `options` hinzufügen. Je nach Objekteigenschaften von options müssen Sie in eckigen Klammern eine Indexnummer angeben, die den genauen Eintrag spezifiziert. Die erste Auswahlmöglichkeit der Liste hat die Indexnummer 0, die zweite die Indexnummer 1 usw. Es gibt aber auch Objekteigenschaften von `options`, die keine Angabe eines Index benötigen. Besonders verwirrend ist, daß einige Objekteigenschaften ganz auf die Angabe von `options` verzichten. Dies ist dann der Fall, wenn etwas über die Anzahl von Einträgen in einer Liste ausgesagt werden soll. Wir geben deshalb in der nachfolgenden Tabelle `options` samt eventuellem Index immer mit an, wenn die Angabe notwendig ist.

Eigenschaft	Beschreibung
`length`	Diese Eigenschaft steht nur zur Verfügung, wenn das Element eine Auswahlliste ist. Ermittelt wird die Anzahl der Auswahlmöglichkeiten.
`options[n].defaultSelected`	Diese Eigenschaft steht nur zur Verfügung, wenn das Element eine Auswahlliste ist. Die Eigenschaft wird zum Abfragen oder Bestimmen einer Defaulteinstellung in einer Auswahlliste genutzt, d.h. ob sie per Voreinstellung aktiviert ist oder nicht. Mögliche Werte sind `true` bzw. `1` oder `false` bzw. `0`.
`selectedIndex`	Diese Eigenschaft steht nur zur Verfügung, wenn das Element eine Auswahlliste ist. Ermittelt oder bestimmt, welche Auswahlmöglichkeit in einer Auswahlliste aktiviert ist. Mögliche Werte sind `true` bzw. `1` oder `false` bzw. `0`.

Eigenschaft	Beschreibung
`options[n].selected`	Diese Eigenschaft steht nur zur Verfügung, wenn das Element eine Auswahlliste ist. Die Eigenschaft kann dazu verwendet werden, zu ermitteln oder zu bestimmen, welche Auswahlmöglichkeit in einer Auswahlliste aktiviert ist. Mögliche Werte sind `true` bzw. 1 oder `false` bzw. `0`.
`options[n].value`	Diese Eigenschaft steht nur zur Verfügung, wenn das Element eine Auswahlliste ist. Beinhaltet den internen Wert des über den Index angegebenen Eintrags in einer Auswahlliste.
`options[n].text`	Diese Eigenschaft steht nur zur Verfügung, wenn das Element eine Auswahlliste ist. Der Text einer Auswahlmöglichkeit in einer Auswahlliste wird abgefragt oder bestimmt.

Wir haben nun alle Voraussetzungen zur Arbeit mit Formularen zur Verfügung und können ein Formular in einer Web-Seite erzeugen, um mittels Javascript dieses effektiv zu nutzen.

7.2.7 Formularauswertung unter Javascript

Die wichtigste Anwendung von Javascript in Zusammenhang mit Formularen wird die Auswertung des Formulars sein, bevor es vom Besucher einer Web-Seite weggeschickt wird. Also bevor nach Laden der Web-Seite wieder Serverkontakt ausgelöst wird, alle wichtigen Voruntersuchungen erfolgen im Browser des Anwenders, d.h. beim Client. Javascript kann für eine Vielzahl von Aktionen einen Serverkontakt überflüssig machen. Dies kann das Abfangen von fehlerhaften Daten sein oder das Unterbinden der Absendung eines unvollständig ausgefüllten Formulars. Tun wir das am besten mit ein paar Übungen. Dabei wird die nachfolgende Übung sehr umfangreich sein, aber damit entsteht ein effektiv einzusetzendes Formular.

Erstellen Sie die nachfolgende – zugegeben ziemlich umfangreiche – Datei (JSFORMOF.HTM). Wir gehen bei Formularen einen umgekehrten Weg wie bisher, wo wir nur kleinere Bausteine konstruiert haben. Die nachfolgende Datei ist ein voll funktionstüchtiges Formular, welches Sie mit geringem Aufwand abändern und an Ihre Bedürfnisse anpassen können. Aber keine Angst – wir werden bei der Lösung der Übung die einzelnen Bausteine des Formulars auseinandernehmen und Schritt für Schritt besprechen.

```
<HTML>
<head>
<SCRIPT LANGUAGE="JavaScript">
```

```
<!--
function feldleer_kontrolle(wert)
{
/* Diese Funktion überprüft, ob der übergebene Wert leer ist */
if (wert=="")
  {
   return false;
  }
else
  {
   return true;
  }
}
function EURO_in_DM()
{
/* Diese Funktion rechnet eine EURO-Angabe in DM um (Faktor
1.97) */
var wert = document.Formular1.Feld6.value;
var DM_WERT;
 if (wert!=0)
  {
  DM_WERT= wert * 1.97;
  document.Formular1.Feld6.value = DM_WERT;
  }
}
function DM_in_EURO()
{
/* Diese Funktion rechnet eine DM-Angabe in EURO um (Faktor
1.97) */
var wert = document.Formular1.Feld6.value;
var DM_WERT;
 if (wert!=0)
  {
  DM_WERT= wert / 1.97;
  document.Formular1.Feld6.value = DM_WERT;
  }
}
function belege_vor()
{
/* Diese Funktion belegt ein Feld mit einem Wert vor */
document.Formular1.Feld6.value = 1000;
}
```

```
function auswahl_meldung()
{
var meldung = "Wie hat es Ihnen gefallen? Wählen Sie einen der
" + document.Formular1.Wie.length + " Eintraege aus";
window.status=meldung;
}
function Check_Ausw()
 {
 if(document.Formular1.Wie.options[2].selected == true)
  {
    alert("Das ist aber schade!");
  }
 if(document.Formular1.Wie.selectedIndex == 0)
  {
   alert("Das wollte ich auch hoffen");
  }
 if(document.Formular1.Wie.selectedIndex == 1)
  {
   alert("Sie haben nur " +
document.Formular1.Wie.options[1].text + " ausgewählt. Warum
nicht super?");
  }
  return true;
}
function globale_kontrolle()
{
/* Die globale Kontroll-Funktion. Sie überprüft, ob alle
Pflichtfelder des Formulars ausgefüllt sind. Falls ja, erfolgt
der Rückgabewert true, ansonsten eine Fehlermeldung und der
Rückgabewert false. Zur Kontrolle, ob ein Feld gefüllt ist,
wird die Funktion feldleer_kontrolle aufgerufen, der das
entsprechende Formularfeld als Parameter übergeben wird. */
var fehlerzahl = 0; // Anzahl der nicht gefüllten Felder
var fehlermeldung = "Ihr Formular ist nicht vollständig
ausgefüllt!\nFolgende Angaben sind noch notwendig:\n";
if (!feldleer_kontrolle(document.Formular1.Feld1.value))
{
  fehlerzahl = fehlerzahl + 1;
  fehlermeldung = fehlermeldung + fehlerzahl + ". Bitte Geben
Sie Ihren Nachnamen an\n";
}
```

```
if (!feldleer_kontrolle(document.Formular1.Feld2.value))
{
  fehlerzahl = fehlerzahl + 1;
  fehlermeldung = fehlermeldung + fehlerzahl + ". Bitte Geben
Sie Ihren Vornamen an\n";
}
if (!feldleer_kontrolle(document.Formular1.Feld3.value))
{
  fehlerzahl = fehlerzahl + 1;
  fehlermeldung = fehlermeldung + fehlerzahl + ". Bitte Geben
Sie Ihre Strasse an\n";
}
if (!feldleer_kontrolle(document.Formular1.Feld4.value))
{
  fehlerzahl = fehlerzahl + 1;
  fehlermeldung = fehlermeldung + fehlerzahl + ". Bitte Geben
Sie Ihre Postleitzahl an\n";
}
if (!feldleer_kontrolle(document.Formular1.Feld5.value))
{
  fehlerzahl = fehlerzahl + 1;
  fehlermeldung = fehlermeldung + fehlerzahl + ". Bitte Geben
Sie Ihr Ort an\n";
}
/* Die Rückgabe, ob das Formular noch fehlerhaft ist oder nicht
*/
if (fehlerzahl == 0)
{
  return true;  // Keine Fehler gefunden
}
else   // Fehler vorhanden
{
  fehlermeldung = fehlermeldung + "Das Formular kann erst
abgeschickt werden,\nwenn die entsprechenden Felder ausgefüllt
sind!!";
  alert(fehlermeldung);
  return false;
}
}
function sicher()
{   // Rückfrage, ob tatsächlich Formular leeren
  return window.confirm("Wollen Sie dieses Formular wirklich
```

```
leeren?");
}
-->
</SCRIPT>
</head>
<BODY bgcolor=green onLoad="belege_vor()">
<h1 align=center>Diese Formular wird nur überprüft
abgeschickt</h1>
Geben Sie bitte Ihre persönlichen Daten ein (verpflichtende
Angaben):
<p>
<FORM ACTION="mailto:hansdampf@gmx.de" method=POST
name="Formular1" onSubmit="return globale_kontrolle()"
onReset="return sicher()">
Nachname: <INPUT NAME="Feld1" SIZE=20 MAXLENGTH=30
onFocus="window.status='Geben Sie hier Ihren Nachnamen ein"'>
Vorname:  <INPUT NAME="Feld2" SIZE=20 MAXLENGTH=30
onFocus="window.status='Geben Sie hier Ihren Vornamen ein"'>
<BR>
Strasse:  <INPUT NAME="Feld3" SIZE=20 MAXLENGTH=30
onFocus="window.status='Geben Sie hier Ihre Strasse ein"'>
<BR>
PLZ:      <INPUT NAME="Feld4" SIZE=10 MAXLENGTH=10
onFocus="window.status='Geben Sie hier Ihre Postleitzahl ein"'>
Ort:  <INPUT NAME="Feld5" SIZE=20 MAXLENGTH=30
onFocus="window.status='Geben Sie hier Ihren Wohnort ein"'>
<BR>
Geschlecht:
<INPUT TYPE=radio NAME="geschlecht" VALUE="Mann" checked
onFocus="window.status='Angabe des Geschlechts"'>Herr
<INPUT TYPE=radio NAME="geschlecht" VALUE="Frau"
onFocus="window.status='Angabe des Geschlechts"'>Frau
Familienstand:
<SELECT NAME=Famstand SIZE=2  onFocus="window.status='Angabe
des Familienstandes"'>
<OPTION  selected>Ledig</OPTION>
<OPTION>Verheiratet</OPTION>
<OPTION>Geschieden</OPTION>
<OPTION>Verwitwet</OPTION>
</SELECT>
<BR>
Wieviel müssen Sie zahlen?
```

```
<BR>
Geldbetrag: <INPUT NAME="Feld6" SIZE=12 MAXLENGTH=10
onFocus="window.status='Angabe des zu zahlenden Betrags"'>
Währung:
<INPUT TYPE=radio NAME="geldw" VALUE="DM" checked
onChange="EURO_in_DM()"  onFocus="window.status='Angabe der
Währung"'>DM
<INPUT TYPE=radio NAME="geldw" VALUE="EURO"
onChange="DM_in_EURO()" onFocus="window.status='Angabe der
Währung"'>EURO
<H3 align=center>
Optionale Angaben
</H3>
<Div align=center>
Anmerkungen: <TEXTAREA NAME="Anmerk" COLS=40 ROWS=3
onFocus="window.status='Hier können Sie einen Kommentar
eingeben"'></TEXTAREA>
<BR>
Wie finden Sie unsere Seite?
<SELECT NAME="Wie" SIZE=2  onFocus="auswahl_meldung()"
onChange="Check_Ausw()">
<OPTION  selected>Super</OPTION>
<OPTION>Gut</OPTION>
<OPTION>Nicht so gut</OPTION>
<OPTION>k.A.</OPTION>
</SELECT>
</DIV>
<BR>
<DIV align=right>
<INPUT TYPE=submit VALUE="Formular abschicken">
<INPUT TYPE=reset VALUE="Abbruch">
</DIV>
</FORM>
</BODY>
</HTML>
```

Beachten Sie, daß wir an diversen Stellen im Quelltext Javascript-Kommentare verwenden, damit dieses doch recht große Dokument halbwegs lesbar bleibt.

Das Ding ist ein ziemlicher Hammer, was?! Aber gehen wir es Schritt für Schritt an. Laden Sie es zuerst einmal in den Browser, und spielen Sie ein wenig damit herum.

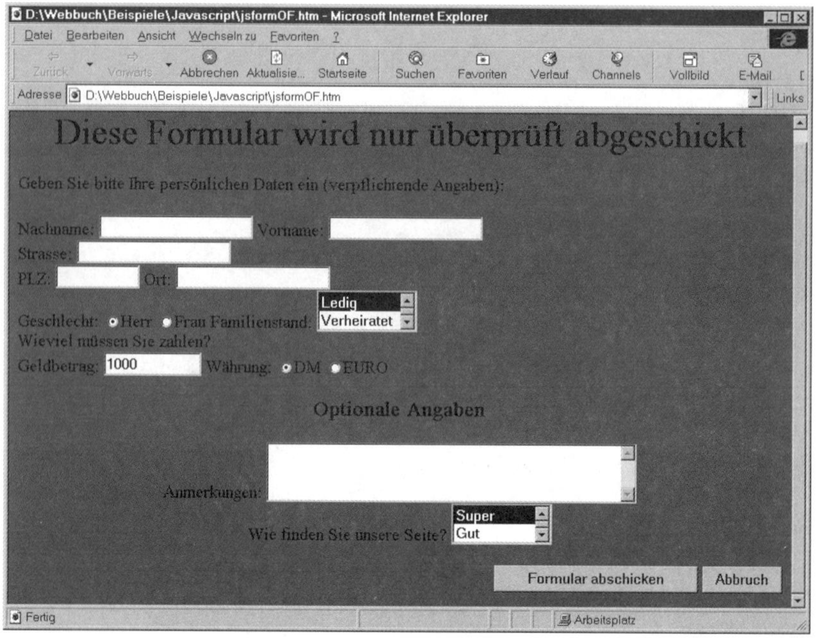

Bild 7.6: Das vollständige Javascript-Formular

Der Script-Bereich besteht aus einer gewissen Anzahl von Funktionen. Teilweise werden sie von Event-Handlern im `Body`-Teil der Seite direkt aufgerufen, teilweise aber auch von einer Javascript-Funktion. Schauen wir uns zuerst einmal die übergeordnete Struktur und die Zusammenhänge zwischen den Funktionen und den aufrufenden Event-Handlern an. Es gibt folgende Funktionen:

Funktion	**Beschreibung**
`feldleer_kontrolle(wert)`	Diese Funktion überprüft, ob der übergebene Wert leer ist. Wir nutzen die Funktion, um zu prüfen, ob ein Pflichtfeld im Formular gefüllt ist oder nicht.
`EURO_in_DM()`	Diese Funktion rechnet eine EURO-Angabe in DM um (Divisionsfaktor 1.97).
`DM_in_EURO()`	Diese Funktion rechnet eine DM-Angabe in EURO um (Multiplikationsfaktor 1.97).
`belege_vor()`	Diese Funktion belegt ein Feld in dem Formular mit einem Wert vor.

Funktion	Beschreibung
auswahl_meldung()	Die Funktion erzeugt eine Informationsmeldung in der Statuszeile des Browsers.
Check_Ausw()	Hier wird die Auswahl in einer Auswahlliste überprüft und bewertet.
globale_kontrolle()	Die globale Kontrollfunktion. Sie überprüft, ob alle Pflichtfelder des Formulars ausgefüllt sind. Falls ja, erfolgt der Rückgabewert true, ansonsten eine Fehlermeldung und der Rückgabewert false. Zur Kontrolle, ob ein Feld gefüllt ist, wird die Funktion feldleer_kontrolle aufgerufen, der das entsprechende Formularfeld als Parameter übergeben wird.
sicher()	Rückfrage, ob das Formular tatsächlich geleert werden soll.

Betrachten wir nun die Zusammenhänge, von wo die Funktionen aufgerufen werden und welche Funktionen sie selbst wiederum aufrufen.

Funktion	Aufruf
feldleer_kontrolle(wert)	function globale_kontrolle() (mehrfach)
EURO_in_DM()	<INPUT TYPE=radio NAME="geldw" VALUE="DM" checked onChange="EURO_in_DM()" onFocus="window.status='Angabe der Währung"‘>DM
DM_in_EURO()	<INPUT TYPE=radio NAME="geldw" VALUE="EURO" onChange="DM_in_EURO()" onFocus="window.status='Angabe der Währung"‘>EURO
belege_vor()	<BODY onLoad="belege_vor()">
auswahl_meldung()	<SELECT NAME="Wie" SIZE=2 onFocus="auswahl_meldung()" onChange="Check_Ausw()">
Check_Ausw()	<SELECT NAME="Wie" SIZE=2 onFocus="auswahl_meldung()" onChange="Check_Ausw()">
globale_kontrolle()	<FORM ACTION="mailto:hansdampf@gmx.de" method=POST name="Formular1" onSubmit="return globale_kontrolle()" onReset="return sicher()">

Funktion	Aufruf
sicher()	<FORM ACTION="mailto:hansdampf@gmx.de" method=POST name="Formular1" onSubmit="return globale_kontrolle()" onReset="return sicher()">

So, gehen wir jetzt in die Details. Schauen wir uns die erste Funktion[1] an:

```
function feldleer_kontrolle(wert)
{
if (wert=="")
  {
   return false;
  }
else
  {
   return true;
  }
}
```

Diese Funktion bekommt einen Wert übergeben und überprüft, ob der übergebene Wert leer ist. Dazu dient die `if-else`-Struktur. Wir vergleichen den Inhalt der Variablen `wert` mit einer leeren Zeichenkette. Die Bedingung kann nur dann erfüllt sein, wenn auch der Übergabewert leer war. Die Funktion macht nichts weiter, als je nach Situation den Rückgabewert `true` (`return true;`) oder `false` (`return false;`) zurückzugeben, damit es bei der aufrufenden Funktion weiter verwendet werden kann. Wir nutzen die Funktion innerhalb der Funktion, um zu prüfen, ob ein Pflichtfeld im Formular gefüllt ist oder nicht.

Als nächstes nehmen wir uns die Umrechnungsfunktionen von DM in EURO und zurück vor:

```
function EURO_in_DM()
{
var wert = document.Formular1.Feld6.value;
var DM_WERT;
 if (wert!=0)
  {
  DM_WERT= wert * 1.97;
  document.Formular1.Feld6.value = DM_WERT;
```

1 Wir verzichten hier auf die Kommentare.

```
  }
}
function DM_in_EURO()
{
var wert = document.Formular1.Feld6.value;
var DM_WERT;
 if (wert!=0)
  {
  DM_WERT= wert / 1.97;
  document.Formular1.Feld6.value = DM_WERT;
  }
}
```

Diese beiden Funktionen verwenden mathematische Operatoren, um aus dem Wert in dem Feld mit dem Namen `Feld6` in dem Formular (`Geldbetrag:`) den Wert in der jeweils anderen Währungseinheit zu berechnen. Beachten Sie insbesondere den Ausdruck `document.Formular1.Feld6.value`, über den wir den gerade aktuellen Wert in dem Feld sowohl abfragen (`var wert = document.Formular1.Feld6.value;`), als auch neu zuweisen (z.B. `document.Formular1.Feld6.value = DM_WERT;`). Jeweils eine der beiden Funktionen wird je nach Auswahl in dem Optionsfeld mit Namen `geldw` bei Verlassen der Optionsfelder-Gruppe aufgerufen.

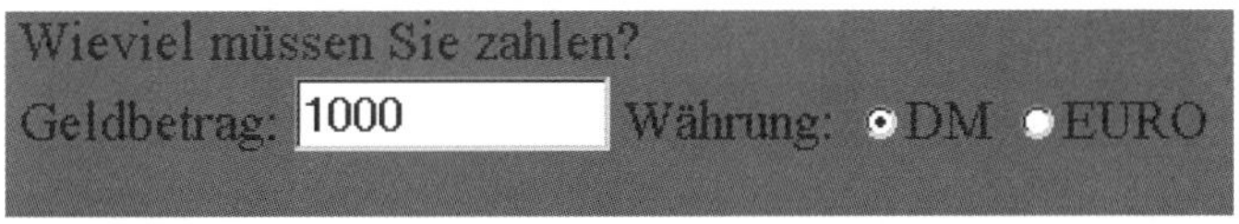

Bild 7.7: Der DM-Betrag

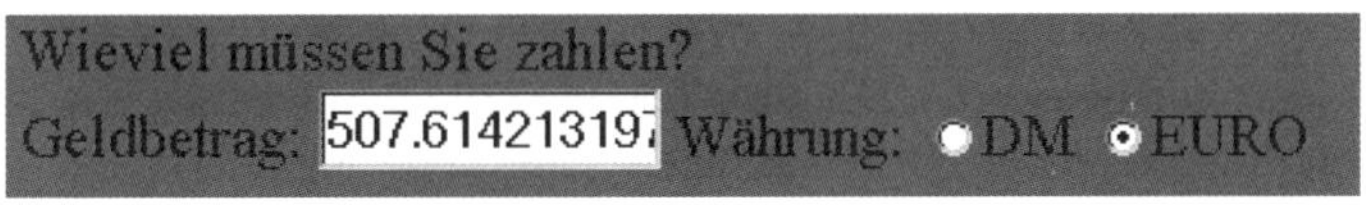

Bild 7.8: Die Umrechnung in EURO

Die nächste Funktion ist ziemlich einfach:

```
function belege_vor()
{
document.Formular1.Feld6.value = 1000;
}
```

Hier passiert nicht viel (es wird nur der Wert des Feldes `document.Formular1.Feld6` mit 1000 vorbelegt), aber die Art der Verwendung ist interessant. Die Funktion fungiert als Initialisierungsfunktion, d.h., sie wird beim Laden des `BODY`-Teils der Seite als erste Funktion ausgeführt. Die nächste Funktion beinhaltet einige Neuheiten für uns.

```
function auswahl_meldung()
{
var meldung = "Wie hat es Ihnen gefallen? Wählen Sie einen der
" + document.Formular1.Wie.length + " Eintraege aus";
window.status=meldung;
}
```

Da gibt es einmal den Ausdruck document.Formular1.Wie.length. Was hat es damit auf sich? Über document.Formular1 greifen Sie auf das Formular der Web-Seite zu. Der Ausdruck Wie ist der Name der Auswahlliste, wie er in der Web-Seite beim Notieren der Auswahlliste angegeben wurde. Von da aus wird auch die Funktion aufgerufen, wenn die Auswahlliste den Focus erhält (<SELECT NAME="Wie" SIZE=2 onFocus="auswahl_meldung()" onChange="Check_Ausw()">). Die Angabe length ist eine Eigenschaft einer Auswahlliste, welche die Anzahl der Auswahlmöglichkeiten ermittelt.

Die Zeile window.status=meldung; beinhaltet das Objekt window. Wir haben dieses bisher noch nicht verwendet. Es ist aber aufgrund des Namens fast klar – es ist das Fenster des Browsers. Die Eigenschaft status ist die Statuszeile des Browsers, und dahin wird der in meldung stehende Text ausgegeben.

Die Funktion zählt also die Einträge in der Auswahlliste und fügt die ermittelte Anzahl mit verschiedenen Textbausteinen zusammen. Anschließend erfolgt die Ausgabe in der Statuszeile des Browsers.

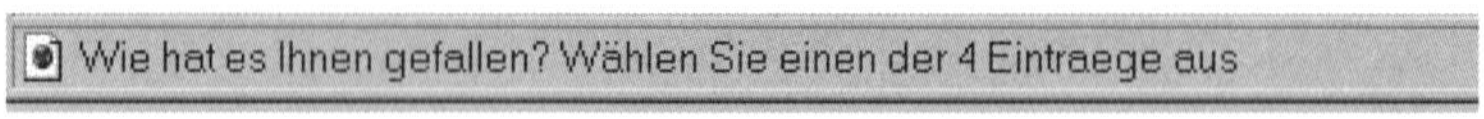

Bild 7.9: Die Angabe in der Statuszeile des Browsers

In der nachfolgenden Funktion üben wir die Verwendung von verschiedenen Eigenschaften des Formularobjekts samt seiner Unterobjekte:

```
function Check_Ausw()
{
 if(document.Formular1.Wie.options[2].selected == true)
   {
    alert("Das ist aber schade!");

   }
 if(document.Formular1.Wie.selectedIndex == 0)
   {
    alert("Das wollte ich auch hoffen");
   }
```

```
 if(document.Formular1.Wie.selectedIndex == 1)
   {
    alert("Sie haben nur " +
document.Formular1.Wie.options[1].text + " ausgewählt. Warum
nicht super?");
   }
return true;
  }
```

Wir greifen in der Funktion über `document.Formular1.Wie` auf das Feld in dem Formular zu, das mit dem Namen `Wie` bezeichnet wurde – eine Auswahlliste. Die Funktion wird auch von da gestartet, wenn sich der selektierte Eintrag verändert (`<SELECT NAME="Wie" SIZE=2 onFocus="auswahl_meldung()" onChange="Check_Ausw()">`).

Über drei getrennte `if`-Anweisungen überprüfen wir die vom Anwender getroffene Auswahl. Dabei verwenden wir zwei verschiedene Techniken. In der ersten Anweisung (`document.Formular1.Wie.options[2].selected == true`) verwenden wir die `selected`-Eigenschaft des `options`-Objekts (ein Unterobjekt von `elements`). Dies ist eine logische Überprüfung, ob genau das dritte Element ausgewählt wurde (Index 2).

In der Anweisung 2 und 3 verwenden wir die Formulareigenschaft `selectedIndex`, mit der wir direkt auf den Index des Eintrags prüfen. Je nach ausgewähltem Eintrag wird ein entsprechender Kommentar als Dialogfenster angezeigt.

Die beiden letzten Funktionen (`globale_kontrolle()` und `sicher()`) werden erst ausgelöst, wenn das Formular abgeschickt (`onSubmit`) oder wieder geleert (`onReset`) werden soll. Diese Aufrufe müssen im Einleitungs-Tag des Formulars angegeben werden:

```
<FORM ACTION="mailto:hansdampf@gmx.de" method=POST
name="Formular1" onSubmit="return globale_kontrolle()"
onReset="return sicher()">
```

Nehmen wir uns die Funktion `globale_kontrolle()` vor, um die einzelnen Bestandteile zu analysieren.

Zuerst werden zwei Variablen definiert. Mit `var fehlerzahl = 0;` überwachen wir die Anzahl der nicht gefüllten Felder. Wenn diese Anzahl am Ende der Funktion noch 0 ist, sind alle Pflichtfelder gefüllt. Über `var fehlermeldung = "Ihr Formular ist nicht vollständig ausgefüllt!\n Folgende Angaben sind noch notwendig:\n";` erzeugen wir eine Variable, die einen ersten Textbaustein enthält. Diese Variable wird für jedes nicht gefüllte Pflichtfeld um eine passende Meldung erweitert. Beachten Sie den maskierten Zeilenumbruch am Ende. Die nachfolgenden `if`-Anweisungen überwachen jeweils eines der Pflichtfelder.

```
if (!feldleer_kontrolle(document.Formular1.Feld1.value))
{
  fehlerzahl = fehlerzahl + 1;
  fehlermeldung = fehlermeldung + fehlerzahl + ". Bitte Geben
Sie Ihren Nachnamen an\n";
}
```

Falls ein Feld leer ist (Überprüfung mit der Funktion `feldleer_kontrolle`), wird die Variable `fehlerzahl` um 1 erhöht (`fehlerzahl = fehlerzahl + 1;`) und die Variable `fehlermeldung` um eine weitere Zeile ergänzt (`fehlermeldung = fehlermeldung + fehlerzahl + ". Bitte Geben Sie Ihren Nachnamen an\n";`). Beachten Sie unbedingt in der `if`-Schleife das Ausrufezeichen. Dies ist der logische Negierungsoperator und dreht den Rückgabewert der Funktion `feldleer_kontrolle` um.

Am Ende der Funktion wird mit einer if-Schleife überprüft, ob ein Pflichtfeld leer war. Falls nicht (`if (fehlerzahl == 0)`), wird der Rückgabewert `true` generiert, ansonsten werden die generierten Fehlermeldungen ausgegeben und der Rückgabewert `false` generiert.

```
if (fehlerzahl == 0)
{
  return true;
}
else
{
  fehlermeldung = fehlermeldung + "Das Formular kann erst
abgeschickt werden,\nwenn die entsprechenden Felder ausgefüllt
sind!!";
  alert(fehlermeldung);
  return false;
}
```

Der Rückgabewert wird dann zurück an das aufrufende Formular übermittelt.

Die letzte Funktion `sicher()` erlaubt noch einen Abbruch des Löschbefehls für das Formular. Wir verwenden dabei eine Methode des `window`-Objekts (`confirm()`), welche ein Dialogfenster mit zwei Schaltflächen generiert.

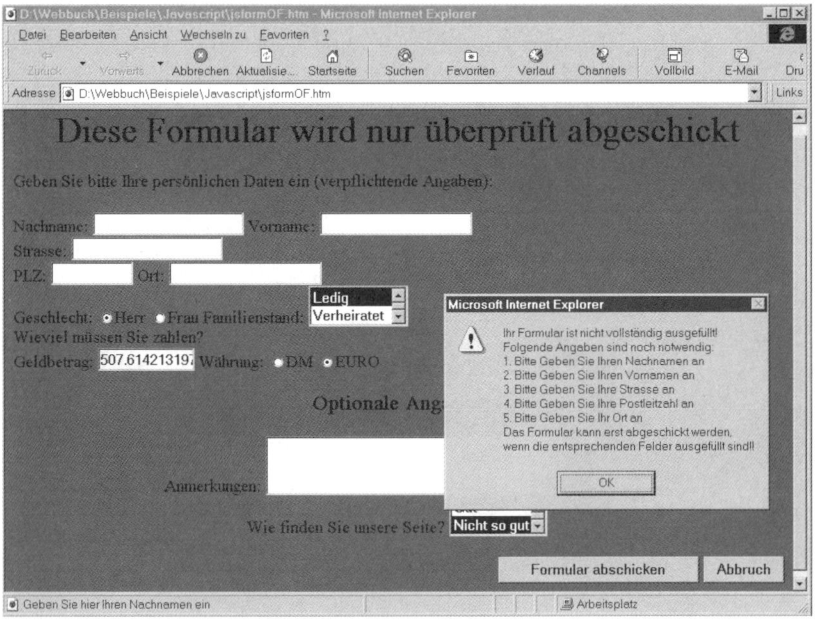

Bild 7.10: Keines der Pflichtfelder ist gefüllt

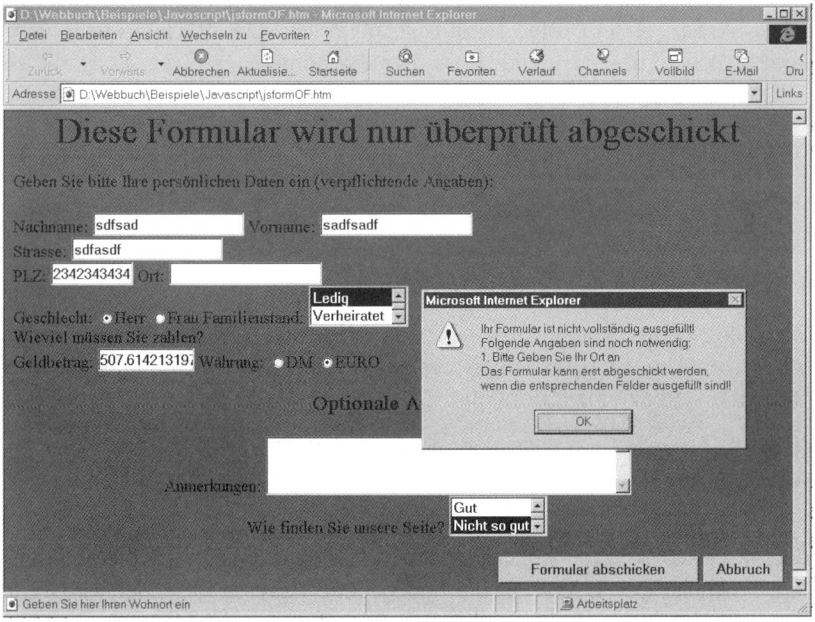

Bild 7.11: Nur noch ein Pflichtfeld ist leer

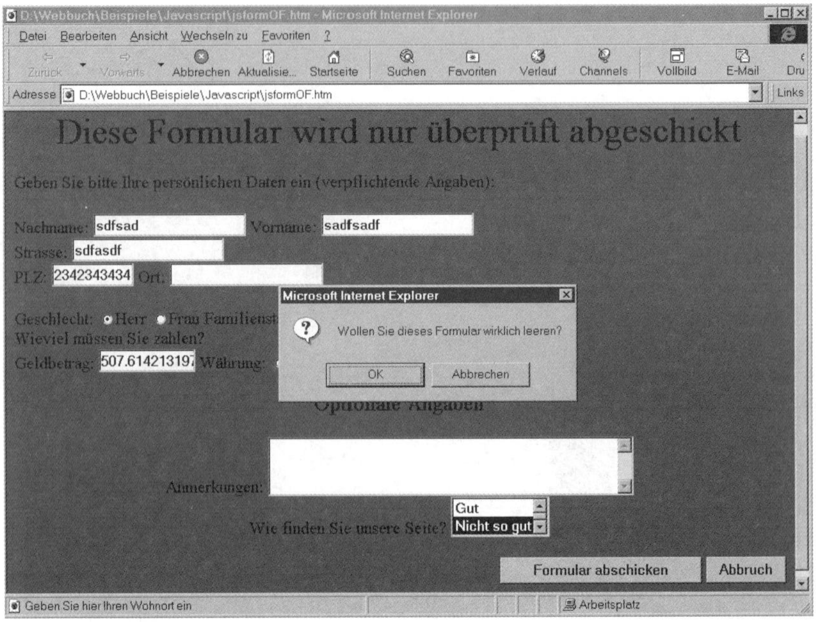

Bild 7.12: Sie können das Leeren des Formulars noch abbrechen

Bei Betätigung der ABBRECHEN-Schaltfläche erzeugt die Funktion den Rückgabewert `false`, ansonsten wird `true` generiert. Der Rückgabewert wird dann zurück an das aufrufende Formular übermittelt.

```
function sicher()
{
  return window.confirm("Wollen Sie dieses Formular wirklich
leeren?");
}
```

Schauen wir uns nun noch das Formular selbst an.

Die Zeile `<BODY bgcolor=green onLoad="belege_vor()">` lädt die Funktion `belege_vor()` beim Laden des `BODY`-Teils. Die Deklarationszeile des Formulars enthält einige Bonbons:

```
<FORM ACTION="mailto:hansdampf@gmx.de" method=POST
name="Formular1" onSubmit="return globale_kontrolle()"
onReset="return sicher()">
```

Über `ACTION="mailto:hansdampf@gmx.de"` wird festgelegt, daß das abgesendete Formular per E-Mail an die angegebene Adresse gesendet wird. Wir umgehen damit das Problem, daß auf vielen Servern CGI-Scripte oder andere serverseitige Scripte nicht erlaubt sind. Außerdem ersparen wir uns damit die Kenntnis und Arbeit, dort noch Scripte programmieren zu müssen.

Die Angabe name="Formular1" bestimmt den Namen des Formulars.

Die wichtigsten Attribute des FORM-Tags sind aber onSubmit="return globale_kontrolle()" und onReset="return sicher()". Damit stellen wir sicher, daß nicht die normale Funktionalität der Submit- und Reset-Buttons ausgeführt wird, sondern vorher die angegebenen Funktionen aufgerufen werden. Ganz wichtig ist dabei das vorangestellte Schlüsselwort return, über das der Abbruch der Aktionen möglich ist, die sonst von den Buttons ausgelöst werden. Der Abbruch wird immer dann aufgeführt, falls die aufgerufene Funktion false zurückgibt.

Die einzelnen Einträge in dem Formular enthalten allesamt den Event-Handler onFocus als Attribut. Beispielsweise wie in der nachfolgenden Zeile:

```
Nachname: <INPUT NAME="Feld1" SIZE=20 MAXLENGTH=30
onFocus="window.status='Geben Sie hier Ihren Nachnamen ein"'>
```

Damit wird immer bei Fokussierung eines Elements in der Statuszeile des Browsers eine Information angezeigt, welche das Element beschreibt. Diese Form der Hilfe ist in einem Formular eine äußerst sinnvolle und komfortable Einrichtung. Beachten Sie die einfachen Hochkommata bei Zuweisung der Meldung.

Bei den einzelnen Elementen in dem Formular ist erwähnenswert, daß bei Optionsfeldern und Auswahllisten jeweils ein Eintrag vorselektiert ist:

```
<INPUT TYPE=radio NAME="geschlecht" VALUE="Mann" checked
onFocus="window.status='Angabe des Geschlechts"'>Herr
```

und beispielsweise

```
<OPTION  selected>Ledig</OPTION>
```

In der mit geldw benannten Optionsfelder-Gruppe werden die Funktionen EURO_in_DM() bzw. DM_in_EURO() aufgerufen. Dabei wird der Event-Handler onChange verwendet. Dieser ruft die Funktionen erst dann auf, wenn eine Veränderung aufgetreten ist **und** die Optionsfelder-Gruppe wieder verlassen wird, d.h. ein anderes Element außerhalb der Optionsfelder-Gruppe selektiert wird. Wundern Sie sich nicht, wenn Sie die beiden Optionsfelder abwechselnd anklicken und sich noch nichts tut. Selektieren Sie ein anderes Element, und die jeweiligen Funktionen werden aufgerufen[1].

```
<INPUT TYPE=radio NAME="geldw" VALUE="DM" checked
onChange="EURO_in_DM()"  onFocus="window.status='Angabe der
Währung"'>DM
```

1 Der Aufruf der Funktionen funktioniert beim Netscape Navigator u.U. nicht.

```
<INPUT TYPE=radio NAME="geldw" VALUE="EURO"
onChange="DM_in_EURO()" onFocus="window.status='Angabe der
Währung"'>EURO
```

Beachten Sie, daß die Statusmeldung in jedem der beiden `<INPUT>`-Tags steht. Das ist leider notwendig. Die letzte interessante Zeile ist

```
<SELECT NAME="Wie" SIZE=2  onFocus="auswahl_meldung()"
onChange="Check_Ausw()">.
```

Darin erzeugen wir die Meldung in der Statuszeile des Browsers über eine eigene Funktion (`auswahl_meldung()`, und sofern wir die Auswahl in dem Listenfeld ändern, wird die Funktion `Check_Ausw()` aufgerufen.

7.3 Zusammenfassung

Eine Aufzählung unter HTML besteht aus einer Liste, in der eine Reihe von alternativen Möglichkeiten dargestellt werden. Sie benötigen eine Anweisung, um den Beginn einer Aufzählung zu bestimmen, und eine Anweisung, um den Bereich der Auszählung zu begrenzen. Im Inneren benötigen Sie dann für jeden Punkt der Aufzählung einen neuen Container. Wenn Sie mehr mit Ihren Aufzählungen und Listen machen wollen, sind Formulare die naheliegendste Erweiterung. Ein Formular wird in reinem HTML erstellt und läßt sich sowohl mit als auch ohne Serverkontakt verwenden. Ein Formular in einer Web-Seite kann aus Eingabefeldern, mehrzeiligen Textfeldern, Listen, Schaltflächen und beschreibendem Text bestehen. Ein Anwender lädt ein leeres Formular im Rahmen einer Web-Seite auf seinen Rechner und füllt das Formular innerhalb seines Browsers aus.

Ein Formular stellt in der Welt von Javascript ein Objekt (`form`) dar. Über dessen Instanzen und das Objektfeld `forms[]` erfolgt der konkrete Zugriff (auf ein jeweiliges Formular über den Index). Etwa für das erste Formular einer Web-Seite über `document.forms[0]`, für das zweite Formular über `document.forms[1]` und so fort. Wenn die HTML-Datei mehr als ein Formular enthält, wird für jedes Formular automatisch eine Instanz von `form` erzeugt. Über `element` haben Sie Zugriff auf alle einzelnen Elemente innerhalb von Formularen, welche in einer HTML-Datei definiert sind.

Kapitel 8

Javascript-Objekte, Eigenschaften, Methoden

Wir wollen noch ein wenig genauer auf die Objektorientierung von Javascript eingehen. Wir werden im Rahmen dieses Buches weder sämtliche Objekte von Javascript noch deren sämtliche Eigenschaften und Methoden haargenau durchsprechen können. Immerhin wollen Sie erst in die Sprache einsteigen. Außerdem ist dazu die Sprache mittlerweile zu umfangreich geworden. Sie sollten jedoch den Grundaufbau der Javascript-Objektstruktur kennenlernen und natürlich noch einige weitere wichtige Objekte. Sie lernen in diesem Kapitel etwas über

- die Standardobjekte von Javascript (ein Überblick)
- deren Objekthierachie
- Details grundlegender Standardobjekte und deren wichtigsten Eigenschaften und Methoden
- Objektunabhängige Funktionen
- Frames unter HTML und Javascript

8.1 Die Standardobjekte von Javascript

Objekte sind die zentralen Elemente in der Javascript-Programmierung. Einige besonders wichtige Standardobjekte haben wir ja bereits kennengelernt. Javascript verfügt in der Version 1.2 unter anderem über die folgenden vordefinierten Objekte, welche Sie direkt nutzen können[1]:

Die vordefinierten Objekte von Javascript 1.2

Objekt	Beschreibung
`all`	Der Zugriff auf alle Elemente einer HTML-Datei. Das Objekt gehört nicht zum offiziellen Javascript-Standard, sondern ist eine Implementation für die Internet Explorer 4.0. Es gehört nicht direkt zu Javascript, sondern zu JScript.
`anchor`	Objektrepräsentation der Verweisanker in einer HTML-Datei.
`applet`	Objektrepräsentation der Java-Applets in einer HTML-Datei.
`Array`	Ketten von Variablen.
`Boolean`	Ja/nein-Werte.
`Date`	Das Objekt enthält Informationen zu Datum und Uhrzeit.
`document`	Dieses Objekt enthält Informationen über den Inhalt eines aktuellen Dokuments, wie Typ, Farben und Formulare.
`event`	Ein Objekt, das bei Anwenderereignissen erzeugt wird und für die (zentrale) Ereignisbehandlung genutzt werden kann.
`form`	Objekt, das die Formulare einer HTML-Seite repräsentiert.
`frame`	Objekt, das die Framesets und Frames einer HTML-Seite repräsentiert.
`Function`	Javascript-Funktionen.
`history`	Dieses Objekt enthält Informationen über die URLs, die ein Anwender besucht hat.
`image`	Objekt, das die Grafiken in einer HTML-Datei repräsentiert.
`layer`	Layer in einer HTML-Datei.
`link`	Objekt, das die Verweise in der aktuellen HTML-Datei repräsentiert.

1 Beachten Sie, daß in der Tabelle Objekte und sogenannte Objektfelder nicht getrennt werden. Darauf gehen wir noch ein.

Die vordefinierten Objekte von Javascript 1.2

Objekt	Beschreibung
`location`	Informationen über die im aktuell geladenen Dokument enthaltenen URL-Adressen und Verweisziele.
`Math`	Mathematische Berechnungen.
`mimeType`	Objekt der MimeType-Informationen.
`navigator`	Objektrepräsentation mit Informationen über den verwendeten WWW-Browser.
`Number`	Numerische Werte.
`plugin`	Objekt, das die vorhandenen Plug-ins in einem Browser repräsentiert.
`RegExp`	Objekt mit regulären Ausdrücken.
`Screen`	Objekt mit Bildschirminformationen.
`String`	Objekt für die Manipulation von Zeichen und Zeichenketten.
`Style`	Objektrepräsentation der CSS-Attribute eines Elements.
`window`	Dieses Objekt enthält Statusinformationen über das gesamte Browser-Fenster. Jedes Fenster hat sein eigenes `window`-Objekt. Das `window`-Objekt ist das höchste Objekt in der Objekthierarchie.

8.2 Objektfelder

Wir sollten jetzt aber eine Schreibweise bzw. Terminologie klären, die Ihnen vielleicht schon aufgefallen ist. Einige Objekte werden oft mit eckigen Klammern angegeben, etwa `images[]`. Was hat es damit auf sich?

Es gibt Javascript-Objekte, welche innerhalb einer HTML-Seite erzeugt und benannt werden. Diese werden in gewissen Fällen in besonderen Datenfeldern gespeichert – den sogenannten Objektfeldern. Charakteristisch dafür ist, daß diese über einen Feldnamen (der meist dem erzeugenden Objekt sehr ähnlich ist) sowie eine Indexnummer identifiziert werden. Die Indexnummern entstehen automatisch, wenn der Browser das Objekt bei Abarbeitung der HTML-Seite erzeugt. Das erste im Dokument auftretende Objekt jedes vorkommenden Typs erhält den Index 0, das zweite den Index 1 und so fort. Beispiele für solche Objektfelder sind `forms[]` oder `elements[]`. Es entsteht also ein Array, in dem die Objekte gespeichert sind. Die nachfolgende Tabelle gibt die wichtigsten Objektfelder an, deren potentiellen Inhalt sowie eine kleine Beschreibung.

Objektfeld	Typ der enthaltenen Objekte	Beschreibung
`anchors`	`anchor`	Die enthaltenen Objekte repräsentieren eine Liste aller Hyertext-Anker in einer Web-Seite.
`applets`	`applet`	Die enthaltenen Objekte repräsentieren eine Liste aller Applets in einer Web-Seite.
`elements`	[Eingabelemente eines HTML-Formulars]	Die enthaltenen Objekte repräsentieren eine Liste aller Eingabeelemente, welche sich in einem als übergeordnetes Objekt angegebenen Formular befinden. Diese werden in Javascript durch die folgenden Objekte repräsentiert: `Button`, `Checkbox`, `FileUpload`, `Hidden`, `Password`, `Radio`, `Reset`, `Select`, `Submit`, `Text` und `Textarea`.
`forms`	`form`	Die enthaltenen Objekte repräsentieren eine Liste aller Formulare in einer Web-Seite.
`frames`	`frame`	Die enthaltenen Objekte repräsentieren eine Liste aller Frames in einer Web-Seite.
`images`	`image`	Die enthaltenen Objekte repräsentieren eine Liste aller Bilder in einer Web-Seite.
`links`	`link`	Die enthaltenen Objekte repräsentieren eine Liste aller Hyperlinks in einer Web-Seite.
`mimeTypes`	`mimeType`	Die enthaltenen Objekte repräsentieren eine Liste aller Mimetypen in einer Web-Seite.
`options`	[Liste der Optionen eines Eingabefeldes vom Typ `select`]	Die enthaltenen Objekte repräsentieren eine Liste aller erlaubten Optionen, die bei dem als übergeordnetes Objekt angegebenen Objekt vom Typ `select` vorkommen.
`plugins`	`plugin`	Die enthaltenen Objekte repräsentieren eine Liste aller in dem Browser installierten Plug-in-Module.

Was Sie sich letztendlich merken müssen, ist nur, daß Sie manche Objekte über einen Objektfeldnamen und einen Index ansprechen, andere direkt über den Objektnamen. Ansonsten ist die Anwendung von Eigenschaften und Methoden vollkommen identisch, und wir werden im folgenden meist von Objekten sprechen.

8.3 Die Objekthierarchie in Javascript

Viele der Javascript-Objekte stehen in einer Objekthierarchie zueinander. Dies bedeutet, daß ein Objekt die Ableitung eines anderen Objekts ist. Es erbt damit dessen Eigenschaften und Methoden und erweitert diese sinnvollerweise um irgendwelche zusätzlichen Funktionalitäten. Dieses Unterobjekt besitzt umgekehrt ein übergeordnetes Objekt. Wenn Sie ein solches in der Objekthierarchie tiefer angesiedeltes Objekt ansprechen wollen, müssen Sie einfach dessen Elternobjekt über die Punktnotation mit angeben.

Beispiel:

```
window.document
```

Das Objekt `window` ist das Elternobjekt von `document`.

Allerdings sind nicht sämtliche Objekte in einer einzigen Hierarchiebeziehung miteinander verbunden. Die beiden nachfolgenden Grafiken zeigen wesentliche Ausschnitte der Javascript-1.2-Objekthierarchie.

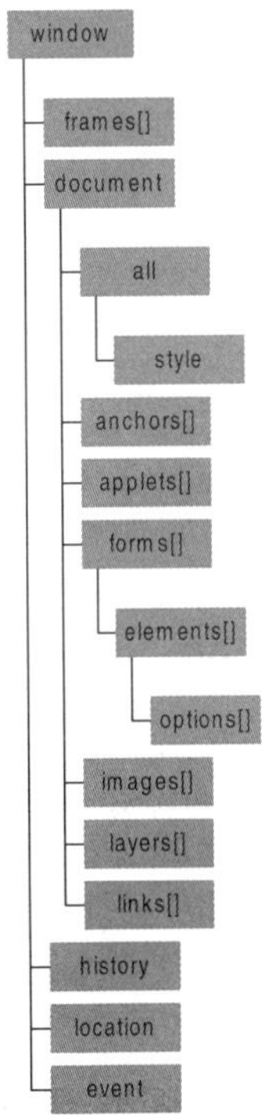

Die Objekthierarchie des window-Objekts

Neben den hierarchisch hier geordneten Javascript-Objekten gibt es auch solche, die nicht direkt in diese Hierarchieebenen einzuordnen sind. Dies sind alle diejenigen, welche Sie nicht in den beiden Grafiken finden.

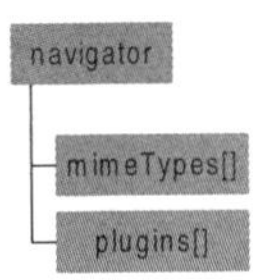

Die Objekthierarchie des navigator-Objekts

8.4 Objekteigenschaften und -methoden

Jedes Objekt besitzt seine spezifischen Eigenschaften und objektgebundenen Methoden. Auf diese Eigenschaften von Objekten können Sie innerhalb Ihres Javascript-Codes jederzeit zugreifen – über das Lesen der Eigenschaften, aber in vielen Fällen ist auch eine Veränderung der Eigenschaftswerte möglich. Wie wir bereits aus vielen Übungen wissen, sprechen Sie Objekteigenschaften über die Punktnotation an. Zuerst müssen Sie den Namen des Objekts notieren, dahinter einen Punkt und dahinter den Namen der Eigenschaft.

Eigenschaften können Sie z.B. ermitteln, indem Sie eine Variable definieren und dieser Variable die gewünschte Eigenschaft zuweisen:

```
var Variable = Objekt.Eigenschaft.
```

Um Eigenschaften zu ändern, weisen Sie der Objekteigenschaft einen erlaubten Wert zu:

```
Objekt.Eigenschaft = Wert.
```

Ein Unterobjekt kann als Eigenschaft des Elternobjekts betrachtet werden. Wir werden dies im folgenden häufiger tun.

Wie wir bereits wissen, zeichnet sich ein Objekt durch seine zugeordneten Objektmethoden aus. Zwar muß nicht jedes Objekt Methoden besitzen, aber die allermeisten Objekte besitzen neben ihrer reinen Existenz eine Funktionalität, und die wird über die Objektmethoden realisiert. Objektmethoden sprechen Sie analog den Eigenschaften über die Punktnotation an. Dabei geben Sie wieder zuerst den Namen des Objekts an und dahinter durch einen Punkt getrennt den Namen der Methode. Zusätzlich – und das ist wichtig – gehören eine öffnende und eine schließende Klammer zu einem Methodenaufruf. Dabei sind keine Leerzeichen zwischen den einzelnen Bestandteilen erlaubt!

Beispiel:

```
window.close()
```

Innerhalb des Klammernpaars können Parameter stehen, wenn die Methode solche beim Aufruf erwartet. Viele Methoden liefern einen Wert zurück. Diesen Rückgabewert können Sie z.B. in einer Variablen speichern:

```
var Variable = Objekt.Methode().
```

Wenn Sie mehrere Anweisungen in Folge mit ein und demselben Objekt ausführen wollen, können Sie sich über die Anweisung `with()` ein wenig Schreibarbeit sparen. Über die Syntax

```
with([Objektname])
{ ... [mehrere Objektmethoden] ...}
```

sparen Sie sich die mehrfache Notation des Objekts.

Beispiel:

```
with(document)
{
 open();
 write("Hallo");
 close();
}
```

Neben diesen Standardobjekten mit ihren Methoden und Eigenschaften gibt es eine ganze Reihe von objektunabhängigen Funktionen. Hier ist ein ziemlicher Unterschied zu streng objektorientierten Sprachen wie Java zu sehen.

8.5 Objekt und Objektinstanz

Wir haben bisher von vordefinierten Objekten und deren Eigenschaften und Methoden gesprochen. Damit sind wir mit unserer Terminologie im Sinne der objektorientierten Programmierung nicht ganz exakt. Es handelt sich dabei eigentlich nur um Objektdeklarationen und noch nicht um konkrete Objekte (sogenannte Objektinstanzen). Das klingt jetzt sicher ziemlich unverständlich, es erklärt aber einige nachfolgende Aktionen. Versuchen wir es zu klären. Stellen Sie sich dazu einmal die Frage, wie Objekte entstehen? Sie benötigen zwei Dinge:

1. Einen Bauplan für das Objekt und seine Eigenschaften. Das nennt man die Objektdeklaration. Diese steht Ihnen bereits über die bisher beschriebenen vordefinierten Objekte zur Verfügung.
2. Mit Hilfe dieses Bauplans wird ein konkretes Objekt erstellt. Dies bezeichnet man als Objektinstanz, und die muß erst noch entstehen.

Alle Javascript-Methoden eines spezifischen Objektes sind erst dann anwendbar, wenn Sie zuvor eine Objektinstanz des zugehörigen Objekts erzeugt haben oder – was der Regelfall ist[1] – automatisch eine Instanz erzeugt wurde, wenn Sie eines dieser vordefinierten Objekte mit ganz gewöhnlichen HTML-Tags innerhalb der Datei definieren. In wenigen Fällen – wenige Standardobjekte und selbstdefinierte Objekte – müssen Sie eine Objektinstanz mit Hilfe von Javascript erzeugen.

1 und die Sache erheblich vereinfacht

8.5.1 Eine Objektinstanz eines Standardobjekts erstellen

Um aus einer bestehenden Objektdeklaration (in unserer bisherigen Terminologie ein vordefiniertes Objekt) eine neue Objektinstanz und seine Eigenschaften anzulegen, müssen Sie innerhalb Ihres Javascripts Instanzen dieses Objekts definieren. Das kann auf zwei Arten geschehen:

- Automatisch. Dann müssen Sie sich eigentlich um nichts mehr kümmern.
- Manuell durch Sie.

Die manuelle Erstellung durch den Programmierer geschieht mit Hilfe einer Variablen, aus der über Zuweisung der Objektdeklaration mit dem reservierten JavascriptSchlüsselwort `new` eine Objektinstanz wird. Dies sieht von der Syntax her so aus:

```
Var [ObjektInstanz] = new [Objektdeklaration]();
```

Beispiel:

```
Var meinDatum = new date();
Var meinBild = new Image();
```

Wir werden bei den nachfolgend durchgesprochenen Objekten[1] angeben, ob eine Objektinstanz manuell erzeugt werden muß oder wann es zuzsätzlich sinnvoll ist, obwohl automatisch bereits eine Objektinstanz erzeugt wurde.

8.6 Eigene Objekte definieren

Neben den vordefinierten Standardobjekten von Javascript steht es Ihnen offen, eigene Objekte zu definieren. Dies wird in der Anfangsphase wahrscheinlich nicht sehr oft vorkommen, ist aber von grundsätzlicher Bedeutung, wenn Sie voranschreiten und streng objektorientiert in Javascript programmieren wollen.

Um ein eigenes Objekt anzulegen, sind effektiv zwei Schritte nötig.

1. Ein Bauplan für das Objekt und seine Eigenschaften muß erstellt werden (deklarieren), denn es gibt noch keine vordefinierte Schablone.

1 und haben es auch bei den bisher schon besprochenen Objekten jeweils getan

2. Mit Hilfe dieses Bauplans wird dann wie bei vordefinierten Objektdeklarationen eine konkrete Objektinstanz erstellt.

Um ein eigenes Objekt und seine Eigenschaften anzulegen, müssen Sie innerhalb von Javascript einfach eine eigene Funktion definieren. Diese wird die Deklaration des Objekts. Nachdem das Objekt angelegt ist, können Sie an anderen Stellen innerhalb Ihres Javascripts Instanzen dieses Objekts definieren. Dies geschieht wieder mit Hilfe einer Variablen, aus der über Zuweisung des Objekts mit dem reservierten Javascript-Schlüsselwort `new` eine Objektinstanz wird. Dies sieht also von der Syntax her so aus:

```
function [Funktionsname]()
{
 ... [Beschreibungen von Eigenschaften] ...
}
Var [ObjektInstanz] = new [Funktionsname]();
```

Beispiel:

```
function Unsere_Funktion()
{
 ... [Beschreibungen von Eigenschaften] ...
}
Var meineObjektInstanz = new Unsere_Funktion();
```

Zusammenfassend kann man sagen, daß jedes Objekt in Javascript im wesentlichen auf Grund folgender Fakten beschrieben wird:

- ✘ Wie wird eine konkrete Instanz dieses Objekts erzeugt
- ✘ Die Standardeigenschaften eines Objekts
- ✘ Methoden und Standardfunktionen der betreffenden Objekte

8.7 Das this-Schlüsselwort

Das Schlüsselwort `this` ist ein wesentliches Element jeder objektorientierten Programmiersprache. Sie finden es beispielsweise auch unter Java. Wie der Name schon ausdrückt, erlaubt es den direkten Zugriff auf das Objekt, welches eine Funktion aufruft. Es ist nur eine verkürzte Schreibweise, die man dann anwenden kann, wenn es eindeutig ist, auf welches Objekt sich ein Befehl bezieht. Die nachfolgende Übung verwendet das Schlüsselwort.

Erstellen Sie die nachfolgende Datei (THIS.HTM).

```
<html>
<head>
<SCRIPT LANGUAGE="Javascript">
<!--
function melde(wert)
{
alert(wert);
}
-->
</SCRIPT>
</head>
<body>
<form name="meinFormular">
Geben Sie was im ersten Feld ein:
 <input type=text name="ohneThis1">
 <input type=button value="OK"
onClick="melde(document.meinFormular.ohneThis1.value)">
<BR>
Geben Sie was im zweiten Feld ein:
 <input type=text name="ohneThis2">
 <input type=button value="OK"
onClick="melde(document.forms[0].elements[2].value)">
<BR>
Geben Sie was im dritten Feld ein:
 <input type=text name="ohneThis3">
 <input type=button value="OK"
onClick="alert(document.meinFormular.ohneThis3.value)">
<BR>
Geben Sie was im vierten Feld ein:
 <input type=text name="ohneThis4">
 <input type=button value="OK"
onClick="alert(document.forms[0].elements[0].form.ohneThis4.value)">
<BR>
Geben Sie was im fünften Feld ein:
 <input type=text name="mitThis1">
 <input type=button value="OK"
onClick="alert(this.form.mitThis1.value)">
</form>
</body>
</html>
```

Die Übung erzeugt wieder ein Formular (ohne Angabe des `action`-Attributs – wir wollen hier keine Daten verschicken). Es werden fünf Buttons erzeugt, die entweder direkt ein Mitteilungsfenster aufblenden oder über eine Javascript-Funktion das Fenster aktivieren. Die Buttons eins bis vier zeigen vier Arten, wie Sie auf den Wert des dem jeweiligen Button zugeordneten Eingabefeldes zugreifen können[1]. Insbesondere der vierte Button ist sehr interessant. Dort verwenden wir die Eigenschaft `form` des Formularobjekts hinter `elements[0]`. Diese ist deshalb so wichtig, weil wir in Fall fünf das `this`-Schlüsselwort verwenden wollen. Das Schlüsselwort steht für die Objektnotation `document.forms[0].elements[0]`. Die Eigenschaft `form` des Formularobjekts hinter `elements[0]` folgt, das genaue Feld und dessen Eigenschaft `value`, die dann ausgegeben wird.

Wir werden uns jetzt mit einigen der vordefinierten Javascript-Objekte näher beschäftigen. Dabei werden wir uns die bemerkenswerten Eigenschaften und Methoden zu Gemüte führen.

Die nachfolgend zu den jeweiligen Objekten angegebenen Eigenschaften und Methoden sind **nicht vollständig**. Dies würde bei weitem den Rahmen dieses Buchs sprengen. Insbesondere wird weitgehend auf Eigenschaften und Methoden verzichtet, die nur von einer der Browser-Philosophien verstanden werden oder für Einsteiger nur von untergeordnetem Interesse sein dürften.

8.8 Das Objekt window

Das Objekt `window` ist auf der obersten Objektebene in der Objekthierarchie von Javascript angesiedelt und im Prinzip das wichtigste Javascript-Objekt. Sie haben darüber Zugriff auf alles, was in einem Anzeigefenster Ihres Browsers angezeigt werden kann. Insbesondere steht Ihnen das immer vorhandene Hauptanzeigefenster Ihres Browsers zur Verfügung. Sie können es über die reservierten Fensternamen `window` oder `self` ansprechen. Darauf lassen sich alle Eigenschaften und Methoden des `window`-Objekts anwenden.

1 Das kennen Sie ja bereits aus dem Abschnitt über Formulare.

HINWEIS

Die Angaben `window` oder `self` können in der Regel unterbleiben, weil das Hauptanzeigefenster des Browsers immer zur Verfügung steht und sich die Methoden und Eigenschaften dann auf dieses beziehen. Der Übersichtlichkeit halber ist das aber nicht sinnvoll. Daneben gibt es übrigens weitere reservierte Schlüsselwörter für Fensterreferenzen, über die Sie bereits vorhandene Fenster ansprechen können. Über `parent` können Sie innerhalb eines Frame-Projekts den Namen des obersten Fensters, in dem das Frameset definiert wurde, ansprechen. Einen ähnlichen Zweck hat die Angabe `top`. Sie bezeichnet im Falle von Frames in den meisten Fällen das gleiche Fenster wie `parent`. Nur bei Verschachtelungseffekten können Sie mit `top` das oberste Fenster direkt ansprechen. Wir kommen bei der Behandlung von Frames nochmals darauf zurück.

8.8.1 Eine Instanz des Objekts window erzeugen

Wie jetzt schon mehrfach erwähnt, steht Ihnen das Hauptfenster des Browsers immer zur Verfügung, aber Sie können Instanzen des Objekts `window` erzeugen, wenn Sie eine der Methoden des Objekts `window` aufrufen – die Methode `open()`. Dabei wird das neue Fenster als Client des aufrufenden Fensters direkt geöffnet. Es gilt folgende Syntax:

```
var [Fenstervariable] = window.open("[URL]", "[Fenstername]",
"[Optionen]")
```

- ✘ `URL` ist eine beliebige Datei, die in dem Fenster angezeigt werden soll. Es kann eine HTML- oder Grafikdatei sein, aber auch jede andere Datei, welche der Browser darstellen kann. Dabei gelten die üblichen Regeln für Verweise. Die Adresse muß in Anführungszeichen stehen. Ein leeres Fenster wird erzeugt, wenn statt einer URL-Adresse einfach `""` angegeben wird.
- ✘ `Fenstername` ist ein frei wählbarer Name. Bei der Namensvergabe gelten die gleichen Regeln wie bei Variablennamen. Der Name des Fensters muß in Anführungszeichen stehen.
- ✘ Die Angabe `Optionen` ist optional. Der gesamte »Optionen-Ausdruck« muß in Anführungszeichen stehen. Angaben zu einzelnen Optionen werden durch Kommata getrennt.

Beispiel:

```
open("irgendeinedatei.htm","Fenster1");
```

Sinnvoll ist es, bei der Erstellung einer Fensterobjektinstanz diese in einer Variablen zu speichern. Sie können dann an späterer Stelle noch darauf zugreifen (etwa zum Schließen des Fensters).

Beispiel:

```
var meinFenster = open("irgendeinedatei.htm","Fenster1");
```

Da die Erstellung einer Objektinstanz über eine eigene Methode zum Öffnen eines Fensters erfolgt, ist es sicher an dieser Stelle sinnvoll, gleich die Methoden zum Schließen von Fenstern anzugeben. Dies erfolgt über die Methode `close()`, welche das vorangestellte Fensterobjekt schließt. Das Fensterobjekt wird einfach mit dem Namen der Variablen angesprochen, in der die Fenterinstanz bei der Erstellung über die `open()`-Methode gespeichert wurde. Sie können sowohl von einem anderen Fenster aus ein fremdes Fenster schließen als auch das gerade angezeigte Fenster. Dies funktioniert aber nur innerhalb vorgegebener Randbedingungen. Sie müssen eine Variable (sprich Namen) zur Verfügung haben, die eine Objektreferenz des zu schließenden Fensters beinhaltet. Insbesondere ist dies für das Hauptfenster des Browsers erst mal ein Problem. Die Namen `self` oder `window` stehen immer für das gerade aktive Fenster. Damit haben Sie aber auch schon eine Lösung, wie Sie den Browser selbst schließen können. Jedes aktive Fenster (auch das Hauptfenster) läßt sich über die Anweisungen `window.close()` oder `self.close()` schließen, wenn sie innerhalb des Fensters ausgelöst werden. Probieren Sie einfach die nachfolgende Übung aus.

Zum Schließen eines aufrufenden Fensters durch dessen Client gibt es den reservierten Fensternamen `opener`. Damit wird dasjenige Fenster angesprochen, von dem aus das aktuelle Fenster geöffnet wurde. Sie können alle erlaubten Fenstermethoden und -eigenschaften darauf anwenden. Auch damit können Sie das Hauptfenster schließen. Die Anwendung ist jedoch nicht ganz unkritisch. Sie werden sehen, daß bei deren Verwendung die Meldung »Java wird gestartet« im Browser erscheint und außerdem eine Rückfrage erfolgt, ob das Fenster tatsächlich geschlossen werden soll. Dies ist aus Sicherheitsgründen auch sehr sinnvoll.

Diese Übung besteht aus der Erstellung von drei Dateien. Erstellen Sie die nachfolgende Datei (FENSTER1.HTM):

```
<html>
<head>
<SCRIPT LANGUAGE="JavaScript">
<!--
var meinFenster;
function fenster_neu()
{
 meinFenster = open("","DiesisteinleeresFenster");
}
function fenster_zu()
{
 fensterobjekt.close();
}
function leeresfenster_zu()
{
if(meinFenster.closed != true) meinFenster.close();
}
function init_leer()
{
 meinFenster = open("","DiesisteinleeresFenster");
 meinFenster.close();
}
-->
</SCRIPT>
</head>
<body onLoad=init_leer()>
<form name="meinFormular">
Anzeige einer Textdatei:
  <input type=button value="OK"
onClick='window.open("text.txt","Einfenster")'>
<br>
Anzeige einer Grafik:
  <input type=button value="OK"
onClick='self.open("logo.gif","Nocheinfenster")'>
<br>
Anzeige einer neuen HTML-Datei:
  <input type=button value="OK"
onClick='self.open("Clientfe.htm","Clientfenster")'>
<br>
```

```
Anzeige einer der gleichen Datei in neuem Fenster:
  <input type=button value="OK"
onClick='self.open("Fenster1.htm","Nochmaldasfenster")'>
<br>
Öffnen eines leeren Fensters:
  <input type=button value="OK" onClick="fenster_neu()">
<br>
<p>
<input type=button value="Schließe leeres Fenster"
onClick="leeresfenster_zu()">
<input type=button value="Schließe Hauptfenster"
onClick="window.close()">
</form>
</body>
</html>
```

Erstellen Sie dann die zweite Datei (CLIENTFE.HTM), welche im gleichen Verzeichnis abgespeichert werden muß:

```
<html>
<head>
<SCRIPT LANGUAGE="Javascript">
<!--
function fenster_zu()
{
 fensterobjekt.close();
}
-->
</SCRIPT>
</head>
<body">
<form name="meinFormular">
<input type=button value="Schließe dieses Fenster"
onClick="self.close()">
<input type=button value="Schließe Hauptfenster?"
onClick="window.close()">
<input type=button value="Schließe aufrufendes Fenster"
onClick="opener.close()">
</form>
</body>
</html>
```

Die letzte Datei ist eine beliebige Textdatei mit Namen TEXT.TXT, die im gleichen Verzeichnis abgespeichert werden muß.

Wie Sie anhand der Übung – ein Formular – sehen, können Sie beliebige Dateitypen referenzieren und in Folgefenstern anzeigen. Wir haben dabei sowohl die Verwendung der Namen window (<input type=button value="OK" onClick='window.open("text.txt","Einfenster")'>) und self (<input type=button value="OK" onClick='self.open("logo.gif", "Nocheinfenster")'>) ausprobiert, als auch die open()-Methode ohne diese beiden Namen (meinFenster = open("","Diesisteinleeres-Fenster");).

Sie können sowohl eine eigene Javascript-Funktion verwenden als auch die Öffnen-Anweisung direkt als Attribut an den Event-Handler weitergeben, was wir beides testen. Das Schließen eines Fensters funktioniert aber nur, wenn Sie beim Öffnen eine Variable erstellen, die Sie dann beim Schließen ansprechen können (<input type=button value="Schließe leeres Fenster" onClick="leeresfenster_zu()">). (Ausnahme – über window.close() bzw. self.close() können Sie immer das aktive Fenster schließen.) In der aufgerufenen Funktion schließen wir ein leeres Fenster, sofern es nicht bereits zu ist (if(meinFenster.closed != true) meinFenster.close();). Letzteres überprüfen wir mit der Eigenschaft closed, auf die wir hier vorgreifen.

Die im BODY-Tag aufgerufene Funktion (function init_leer()) dient dazu, ein Fensterobjekt für das leere Fenster zu erzeugen, damit wir in den per Button aufgerufenen Funktionen auf das Objekt zugreifen können. Dazu öffnen wir kurz das Fenster und schließen es direkt im Anschluß wieder (meinFenster = open("","DiesisteinleeresFenster"); meinFenster.close();).

In der Datei CLIENTFE.HTM testen wir zwei Varianten, indem wir einmal self verwenden, das andere mal aber window.close(). Beide Anweisungen schließen das aktive Fenster (ein Folgefenster des Startfensters). Die dritte Schaltfläche verwendet opener und schließt nach entsprechender Rückfrage das aufrufende Browserfenster.

Ihnen wird sicher auffallen, daß Folgefenster beim Öffnen in der gleichen Größe wie das aufrufende Fenster dargestellt werden und die Position (wenn kein Vollbild vorliegt) relativ zu dessen Position gesetzt wird. Dies läßt sich natürlich individuell anpassen, wozu im wesentlichen die Eigenschaften des window-Objektes genutzt werden können.

Sie können sowohl Parameter beim Aufruf einer Fensterinstanz verwenden, als auch bei bereits erzeugtem Fenster den Fenstereigenschaften neue Werte zuweisen.

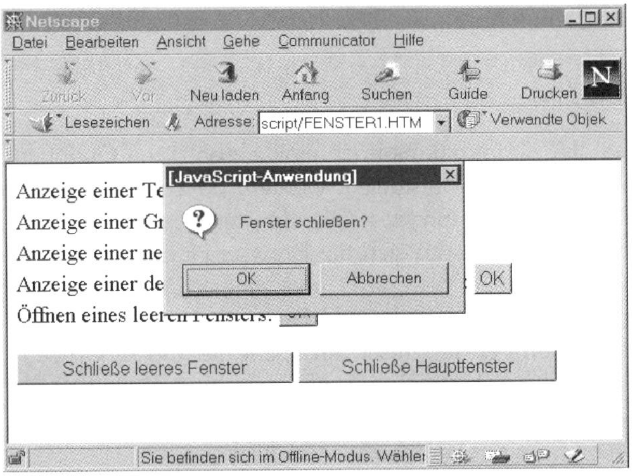

Bild 8.1: Browser beenden?

Beispiel:

```
meinFenster = self.open(datei,fenster,"width=400,height=100");
```

8.8.2 Die erlaubten Optionen beim Öffnen

Option	Beschreibung
`width=(Pixel)`	Die Option erzwingt eine in Pixel angegebene Fensterbreite.
`height=(Pixel)`	Die Option erzwingt eine in Pixel angegebene Fensterhöhe.
`resizable=yes/no`	Die Option legt fest, ob die Größe fest oder veränderbar ist (Voreinstellung `yes`).

`scrollbars=yes/no`
`toolbar=yes/no`
`status=yes/no`
`menubar=yes/no`
`location=yes/no`
	Die Optionen legen jeweils fest, ob das Fenster eine fenstereigene Bildlaufleiste, Buttonleiste, Statuszeile, Menüleiste und URL-Adreßzeile hat. Voreinstellung ist immer `no`.

`directories=yes/no`	Die Option legt fest, ob das Fenster über fenstereigene Directory-Buttons (Netscape) verfügt.

Beispiel:

```
meinFenster = self.open(datei,fenster,"width=600,height=200,
resizable=yes, directories=yes, menubar=yes,location=yes");
```

Seit Javascript gibt es noch einige zusätzliche Optionen. So kann über `dependent=yes/no` festgelegt werden, ob auch das Elternfenster geschlossen werden soll, wenn das Clientfenster geschlossen wird (`yes`). Über `hotkeys=yes/no` lassen sich die Browser-Hotkeys deaktivieren (`no`). Die Angaben `innerHeight=(Pixel)` und `innerWidth=(Pixel)` ergänzen die bisherigen Angaben zur Höhe und Breite, indem Sie explizit den Anzeigebereich des neuen Fensters festlegen (nicht die äußere Größe, welche den inneren Anzeigebereich auf Grund optionaler Statuszeile und Menüzeile nicht genau festlegt). Über `screenX=(Pixel)` und `screenY=(Pixel)` läßt sich die linke obere Ecke des Browserfensters festlegen.

8.8.3 Die Eigenschaften

Die Eigenschaften des Objekts `window` stehen immer dann zur Verfügung, wenn zuvor eine Objektinstanz von `window` erzeugt wurde, oder wenn ein bereits vorhandenes Fenster über eine der gültigen Fensterreferenzen angesprochen wird. Hier eine Auswahl der wichtigsten Eigenschaften.

Eigenschaft	Beschreibung
`closed`	Wenn ein Fenster geöffnet wurde, wird darin gespeichert, ob das Fenster mittlerweile wieder geschlossen wurde. Falls ja, steht darin der Wert `true`.
`defaultStatus`	Hiermit können Sie die Standardanzeige in der Statuszeile des Browsers ermitteln oder festlegen. Diese ist unter Umständen nicht permanent sichtbar, denn sie kann vielfältig beeinflußt werden, etwa über Setzen der Eigenschaft `status`.
`innerHeight`, `innerWidth`	Höhe und Breite des Anzeigebereichs eines Browsers. Die Angaben sind verschieden von den Werten der äußeren Höhe und Breite, da dort die Größe optionaler Elemente wie Statuszeile, Bildlaufleiste oder Menüzeile abgezogen werden müssen.
`frames`	Anzahl der Frames, die innerhalb der HTML-Datei definiert wurden. Mit `[Fensterreferenz].frames[n]` sprechen Sie das n-te Frame-Fenster an[1].

1 Mehr dazu beim Abschnitt über Frames.

Eigenschaft	Beschreibung
length	Anzahl von offenen Fenstern der aktuellen Instanz des WWW-Browsers.
name	Über diese Eigenschaft kann der Name eines Fensters bestimmt werden.
outerHeight, outerWidth	Höhe und Breite des gesamten Fensters.
pageXOffset, pageYOffset	Startposition des Fensters (Angabe links oben)
locationbar, menubar, personalbar, scrollbars, statusbar und toolbar	Angabe, ob die Fensterinstanz eine eigene URL-Adreßzeile, eine eigene Menüleiste, eine Zeile für die Favoriten (Internet Explorer) bzw. persönliche Symbolleiste, Bildlaufleisten, Statuszeile oder Werkzeugleiste anzeigt. Es handelt sich jeweils um ein Unterobjekt von window, das über die Eigenschaft visible (jeweils Wert true, falls das Objekt sichtbar gesetzt ist) zu manipulieren ist.
status	Diese Eigenschaft ermittelt oder setzt die aktuelle Anzeige der Statuszeile eines Fensters.

8.8.4 Die Methoden

Nachfolgend finden Sie die wichtigsten Methoden des window-Objekts.

Methode	Eigenschaft
alert()	Mit dieser Methode können Sie ein Anzeigefenster öffnen und dort die in den Klammern spezifizierte Nachricht ausgeben. Die auszugebende Meldung muß als Parameter in Hochkommas gesetzt werden.
back()	Entspricht weitgehend einem Klick auf die »Zurück«-Schaltfläche im Browser.
blur()	Entzieht einem Fenster den Focus (ähnlich dem Event-Handler onBlur).
clearTimeout(TimeoutVar)	Diese Methode macht den Aufruf von setTimeout() wieder rückgängig, sofern dieser in der Form [TimeoutVar] = setTimeout() erfolgte. Dieser Variable muß clearTimeout() als Parameter übergeben werden.

Methode	Eigenschaft
`close()`	Diese Methode schließt ein Fenster.
`confirm()`	Erzeugt ein Dialogfenster zum Bestätigen oder Abbrechen einer Aktion. Es gibt zwei Schaltflächen (OK und Abbruch), welche die Rückgabewerte `true` und `false` liefern. Diese können Sie dann in der aufrufenden Funktion auswerten. Die auszugebende Meldung muß als Parameter in Hochkommas gesetzt werden.
`focus()`	Aktiviert ein Fenster (ähnlich dem Event-Handler `onFocus`).
`forward()`	Entspricht weitgehend einem Klick auf die »Vorwärts«-Schaltfläche im Browser.
`home()`	Ruft die Startseite des Browsers auf.
`open( Fenstername, URL, [Optionen])`	Die Methode öffnet ein neues Fenster.
`print()`	Druckt den Inhalt einer Seite aus (analog dem Menübefehl zum Drucken).
`prompt([Aufforderungstext], [Feldvorbelegung])`	Die Methode fordert den Anwender in einem Dialogfenster mit einer OK- und einer Abbrechen-Schaltfläche zu einer Eingabe in einem Feld auf und gibt diesen Wert an die aufrufende Funktion zurück, wenn Sie die OK-Schaltfläche betätigen (bei Abbrechen den Wert `null`). Als Parameter geben Sie das Label des Eingabefeldes und optional einen Vorbelegungswert an (`""` für keine Vorbelegung).
`setTimeout([Anweisung], [Millisek])`	Die Funktion führt eine beliebige Anweisung aus. Dabei wartet die Funktion **vor** der Ausführung die in Millisekunden angegebene Zeit ab, bevor die Anweisung ausgeführt wird.
`stop()`	Bricht den Ladevorgang einer Seite ab. Entspricht weitgehend einem Klick auf die STOP-Schaltfläche im Browser.

Erstellen Sie noch zum Abschluß des window-Objekts die Übung FENSTER3.HTM:

```
<html>
<head>
<SCRIPT LANGUAGE="Javascript">
<!--
var meinFenster;
function meldungen()
{
if (confirm("Haste mal ne Mark")==true)
{
alert("Vielen, vielen Dank.");
}
else
{
alert("Geizhals.");
}
}
function eingabe()
{
window.status=prompt("Was willsten?","Nix");
}
-->
</SCRIPT>
</head>
<body>
<form name="meinFormular">
Meldungen:
 <input type=button value="OK" onClick='meldungen()'>
Eingabe:
 <input type=button value="OK" onClick='eingabe()'>
<p>
Ende:
 <input type=button value="Und tschüss"
onClick='setTimeout("self.close()", 2000)'>
</form>
</body>
</html>
```

Wir haben wieder ein Formular mit drei Schaltflächen. Fangen wir mit der Erklärung mal hinten an. Die dritte Schaltfläche schließt das Browserfenster.

Die Aktion wird aber um ca. zwei Sekunden verzögert (`setTimeout("self.close()", 2000)`).

Die Funktion `eingabe()`, welche beim Klicken auf den zweiten Button ausgelöst wird, erzeugt ein Eingabefenster mit einer Vorbelegung (`prompt("Was willsten?","Nix")`). Der Rückgabewert wird in der Statuszeile des Browsers angezeigt, wenn Sie die Eingabe mit OK bestätigen.

Bild 8.2: Eingabefeld. Der Wert wird in die Statuszeile übertragen

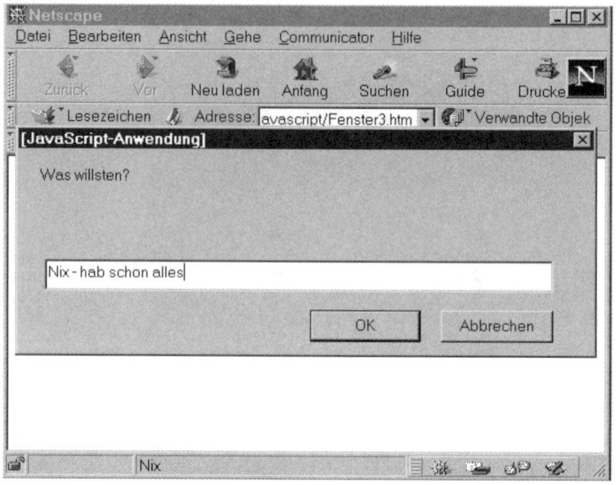

Der erste Button löst die Funktion `meldungen()` aus. In einer `if-else`-Struktur wird das Dialogfenster `confirm("Haste mal ne Mark")` ausgewertet.

Bild 8.3: Confirm

Bei Betätigen der OK-Schaltfläche (Rückgabe `true`) wird die erste Meldung, bei `false` die zweite Meldung angezeigt.

Bild 8.4: Jeder muß sparen

8.9 Das Objekt document

Über das `document`-Objekt kann man auf verschiedene Daten der aktuellen HTML-Datei in einem Browser-Fenster zugreifen. Überdies können Sie mit Hilfe von `document` HTML-formatierten Text in das angezeigte Dokument schreiben, beispielsweise dynamisch generierten Text. In der Objekthierarchie von Javascript liegt das Objekt unterhalb des `window`-Objekts.

8.9.1 Eine Instanz des Objekts document erzeugen

Eine Objektinstanz von `document` wird automatisch erzeugt, wenn der WWW-Browser ein einleitendes `<BODY>`-Tag in der HTML-Datei vorfindet.

8.9.2 Die Eigenschaften

Das Objekt `document` besitzt diverse Eigenschaften, die sowohl abzufragen als auch teilweise zu ändern sind. In der nachfolgenden Tabelle finden Sie die wichtigsten Eigenschaften. Wir unterscheiden dabei nicht zwischen Unterobjekt und Eigenschaft.

Der Rückgabewert bzw. der Zuweisungswert bei Farbangaben ist jedesmal eine Zeichenkette, welche die Farbe in der HTML-üblichen Hexadezimalschreibweise enthält.

Eigenschaft	Beschreibung
`alinkColor`	Die Farbe für Verweise zu bereits besuchten Verweiszielen, wie sie bei der Zusatzangabe `alink` im `<BODY>`-Tag oder vom Anwender in seinen Browser-Einstellungen festgelegt wurde.
`anchors`	Ein Verweisanker-Objektfeld. Mit `document.anchors[0]` greifen Sie auf den Namen des ersten Verweisankers in der Datei zu, mit `document.anchors[1]` auf den Namen des zweiten Verweisankers usw. Mit `document.anchors.length` ermitteln Sie die Anzahl der in der Datei definierten Verweisanker.
`applets`	Mit dem Objektfeld `applets` ist der Zugriff auf Java-Applets in einer HTML-Datei möglich. Über `applets` kann u.a. die Anzahl der Java-Applets in einer Datei bestimmt werden.
`bgColor`	Angabe der Hintergrundfarbe der HTML-Datei, wie sie bei der Zusatzangabe `bgcolor` im `<BODY>`-Tag oder vom Anwender in seinen Browser-Einstellungen festgelegt wurde.
`cookie`	Hinter dieser Eigenschaft verbirgt sich die Verwaltung von Cookies des Anwenders.
`fgColor`	Die Textvordergrundfarbe der HTML-Datei, wie sie bei der Zusatzangabe `text` im `<BODY>`-Tag oder vom Anwender in seinen Browser-Einstellungen festgelegt wurde.
`forms`	Hiermit haben Sie Zugriff auf die Formulare, welche innerhalb der HTML-Datei definiert wurden. Mit `document.forms[0]` erhalten Sie den Namen des ersten Formulars in der Datei, mit `document.forms[1]` den Namen des zweiten Formulars usw. Mit `document.forms.length` erhalten Sie die Anzahl der in der Datei definierten Formulare.
`lastModified`	Datum und Uhrzeit der letzten Änderung der Datei im internationalen Format nach GMT (Greenwich-Zeit).
`linkColor`	Angabe der Farbe für Verweise zu noch nicht besuchten Verweiszeilen, wie sie bei der Zusatzangabe `link` im `<BODY>`-Tag oder vom Anwender in seinen Browser-Einstellungen festgelegt wurde.
`links`	Zugriff auf Verweise, die innerhalb der HTML-Datei definiert wurden. Mit `document.links.length` erhalten Sie die Anzahl der in der Datei notierten Verweise.

Eigenschaft	Beschreibung
location	Der vollständige URL der HTML-Datei.
referrer	Der URL der HTML-Datei, von der aus die aktuelle HTML-Datei aufgerufen wurde.
title	Der Titel der HTML-Datei, wie er bei <TITLE> angegeben ist.
url	Der vollständige URL der HTML-Datei (identisch mit location).
vlinkColor	Die Farbe für Verweise zu bereits besuchten Verweiszeilen, wie sie bei der Zusatzangabe vlink im <BODY>-Tag oder vom Anwender in seinen Browser-Einstellungen festgelegt wurde.

HINWEIS

Der Vollständigkeit halber sei erwähnt, daß document die Unterobjekte all, anchors, applets, areas, embeds, forms, images, layers, links und plugins enthält. Diese sind teilweise browserabhängig.

8.9.3 Die Methoden

Die wichtigsten Methoden des Objekts document dürften die Methoden zum Schreiben in die Seite sein. Das Objekt document besitzt u.a. die folgenden Methoden.

Methoden	Beschreibung
captureEvents()	Überwacht Anwenderereignisse innerhalb des Dokumentfensters. Ereignisse außerhalb (beispielsweise Titelleiste, Menüleisten) werden nicht überwacht (wird nur von Netscape verstanden).
close()	Hiermit wird ein Dokument geschlossen. Man verwendet diese Methode normalerweise in Verbindung mit document.open() und document.write() bzw. document.writeln().
getSelection()	Ermittelt, welchen Text ein Anwender im Dokument selektiert hat.
handleEvent()	Übergabe eines Ereignisses an ein Element, das auf das Ereignis reagieren kann (wird nur von Netscape verstanden).
open()	Die open()-Methode öffnet ein Dokument zum Schreiben. Man verwendet diese Methode normalerweise in Verbindung mit document.write() bzw. document.writeln(). Optional können Sie den Dateityp [Mime-Typ] als Parameter übergeben. Erlaubt sind die Angaben "text/html", "text/plain", "image/gif", "image/jpeg", "image/x-bitmap" oder diverse Plug-in-Typen.

Methoden	Beschreibung
`write()`, `writeln()`	Mit diesen Methoden können Sie ebenfalls HTML-formatierten Text und von Javascript verwaltete Variableninhalte in das Dokumentfenster schreiben. Im Unterschied zu `write()` wird bei `writeln()` noch ein Zeilenumbruchzeichen am Ende eingefügt. Bitte beachten Sie, daß dies in einem HTML-Dokument keinen Zeilenumbruch bewirkt.

Erstellen Sie die nachfolgende Datei `JSDOC1.HTM`:

```
<html>
<head>
<title>Hier testen wir das document-Objekt</title>
<SCRIPT LANGUAGE="Javascript">
<!--
function frage_doc()
{
 var meldung;
 var alinkFarbe = document.alinkColor;
 var bgFarbe = document.bgColor;
 var fgFarbe = document.fgColor;
 var linkFarbe = document.linkColor;
 var vlinkFarbe = document.vlinkColor;
 var titel = document.title;
 var last = document.lastModified;
 meldung = "Schönen guten Tag. Was glauben Sie, was ich alles über
die Web-Seite weiß?\n";
 meldung = meldung + "Sie haben folgende Farbangaben gesetzt:\n";
 meldung = meldung + "Farbe der aktivierten Links: " + alinkFarbe;
 meldung = meldung + "\nFarbe der besuchten Links: " + vlinkFarbe;
 meldung = meldung + "\nFarbe der normalen Links: " + linkFarbe;
 meldung = meldung + "\nDie Vordergrundfarbe ist " + fgFarbe;
 meldung = meldung + " und Hintergrundfarbe " + bgFarbe;
 meldung = meldung + ".\nIhr Dokumententitel ist \t" + titel;
 meldung = meldung + "\nund Sie haben das Dokument am " + last + "
das letzte Mal aktualisiert.";
 meldung = meldung + "\nDas gefällt mir alles nicht. Ich werde
einiges ändern!";
 alert(meldung);
 document.write("So ist es besser!");
 document.write("<BR>");
 document.write("<A href=\"abx.HTM\">Ein Link, ein Link, der nicht
funktioniert</A>");
 document.write("<BR>");
 document.write("Ein Text, ein Text!");
```

```
 document.write("<BR>");
 document.bgColor = "#123456";
}
-->
</SCRIPT>
</head>
<body onload="frage_doc()">
Dies hier ist ganz normaler Text.
<BR>
<A href="TITEL.HTM">Ein ganz normaler Link</A>
</body>
</html>
```

In dem Übungsbeispiel werden zuerst verschiedene Angaben des geladenen Dokuments abgefragt und in einigen Variablen gespeichert. Aus diesen Variablen und einigen Textbausteinen wird eine Meldung generiert, die beim Start der Web-Seite angezeigt wird. Beachten Sie dabei, daß wir maskierte Steuerzeichen für Hochkomma (\"), Tabulator (\t) und Zeilenumbruch in einer Zeichenvariablen (\n) verwenden.

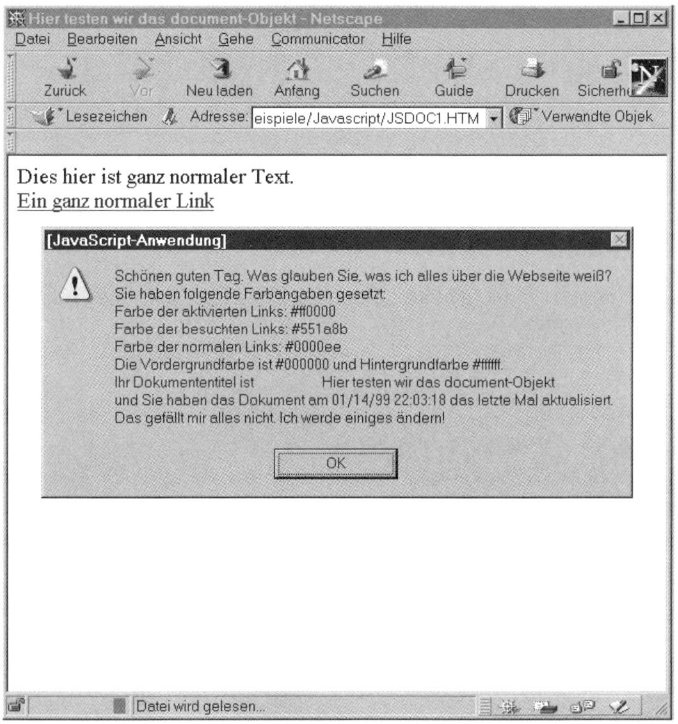

Bild 8.5: So sieht es vorher aus

Die Meldung hält die weitere Abarbeitung des Scripts an. Erst wenn die Meldung bestätigt wurde, wird das Script fortgesetzt. Dabei wird der Bildschirminhalt geleert und mit neuem Inhalt gefüllt. Gleichzeitig wird die Hintergrundfarbe verändert.

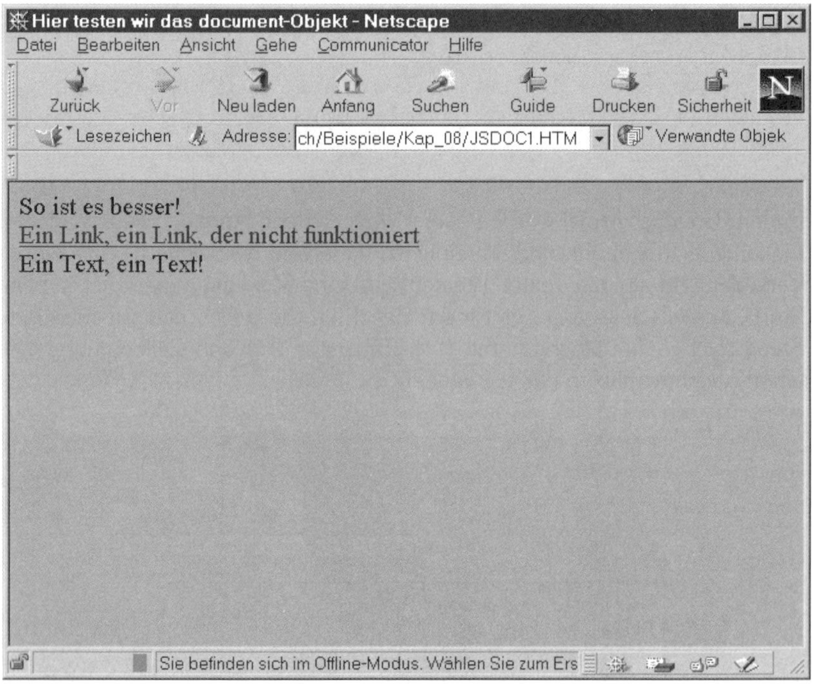

Bild 8.6: Inhalt und Hintergrund wurden verändert

Und noch eine zweite Übung. Erstellen Sie die nachfolgende Datei `JSDOC2.HTM`:

```
<html>
<body>
<script language="Javascript">
<!--
document.write("Diese Datei: " + document.URL);
document.write("<BR>");
document.write("Und nochmal: " + document.location);
-->
</script>
</body>
</html>
```

Was ist der Zweck dieser Datei?

Die Datei bestätigt, daß die Eigenschaften `URL` und `location` das gleiche Resultat liefern.

8.10 Das Objekt navigator

Über das Objekt `navigator` haben Sie in Javascript Zugriff auf Informationen über den verwendeten Browser des Anwenders. Dies ist besonders dann wichtig, wenn Sie sich auf das Abenteuer einlassen und browserspezifische Anweisungen verwenden (damit sind sowohl Javascript als auch HTML oder Style Sheets gemeint).

8.10.1 Eine Instanz des Objekts navigator erzeugen

Eine Instanz von `navigator` brauchen Sie nicht eigens zu erzeugen, da es sich auch hierbei um ein sogenanntes »built in«-Objekt handelt. Zugriff auf Eigenschaften der Instanzen haben Sie wieder mittels der gebräuchlichen Punktnotation (`navigator.[Eigenschaft]`). Hier folgen wieder die wichtigsten Eigenschaften.

8.10.2 Die Eigenschaften

Eigenschaft	**Beschreibung**
`appCodeName`	Der Codename eines Browsers.
`appName`	Der offizielle Anwendungsname eines Browsers. Der Unterschied zu `appCodeName` ist beispielsweise bei Netscape, daß dort *Mozilla* und hier der Name *Netscape* zurückgegeben wird.
`appVersion`	Die Eigenschaft beinhaltet die Version und die Betriebssystemplattform des Browsers.
`language`	Die vom Anwender eingestellte Sprache des Browsers in international üblichen Abkürzungen (etwa »*de*« für deutsch).
`platform`	Betriebssystem des Anwenders.
`userAgent`	Die Daten des verwendeten Browsers genau so, wie sie im HTTP-Protokoll an den aufgerufenen WWW-Server übermittelt werden.

Testen Sie Ihren Browser einfach einmal (NAVIGAT.HTM):

```
<html>
<head>
<SCRIPT LANGUAGE="Javascript">
<!--
function browser_who()
{
document.write(navigator.appCodeName);
document.write("<BR>");
document.write(navigator.appName);
document.write("<BR>");
document.write(navigator.appVersion);
document.write("<BR>");
document.write(navigator.language);
document.write("<BR>");
document.write(navigator.platform);
document.write("<BR>");
document.write(navigator.userAgent);
}
-->
</SCRIPT>
</head>
<body onLoad='browser_who()'>
</body>
</html>
```

Die Eigenschaften Ihres Browsers werden im Anzeigefenster des Browsers angezeigt.

8.10.3 Die Methoden

Das Objekt navigator hat fast keine Methoden. Zumindest keine für den »Normalprogrammierer« wichtigen. Für Sie sollte nur die Methode javaEnabled() von Bedeutung sein, mit der Sie testen können, ob der Browser eines Anwenders javafähig ist (true) oder nicht (false).

8.11 Das Objekt Date

Das Objekt Date ist in Javascript für alle Berechnungen mit Datum und Zeit zuständig. Der 1. Januar 1970, 0.00 Uhr ist der interne Zeitnullpunkt, der als Speicherungs- und Berechnungsbasis für alle Operationen dient. Die Einheit, in der in Javascript intern Zeit berechnet wird, ist eine Millisekunde.

8.11.1 Eine Instanz des Objekts Date erzeugen

Das Objekt `Date` zählt zu den wenigen vordefinierten Objekten, von denen Sie vor einer Verwendung eine konkrete Objektinstanz erzeugen müssen. Eine Objektinstanz von `Date` erzeugen Sie mit Hilfe des `new`-Schlüsselworts. Dabei stehen mehrere Möglichkeiten zur Verfügung. Wir wollen uns nur drei genauer anschauen:

1. `Var [Objektname] = new Date()`
2. `Var [Objektname]= new Date(Jahr,Monat,Tag)`
3. `Var [Objektname]= new Date(Jahr,Monat,Tag,Stunden,Minuten,Sekunden)`

Variante (1) erzeugt eine Objektinstanz, in der das zum Zeitpunkt der Programmausführung aktuelle Datum und die aktuelle Uhrzeit (Sytemzeit der Rechners) gespeichert werden. Die Varianten (2) und (3) initialisieren das neue `Date`-Objekt mit bestimmten Werten (also einem bestimmten Datum und einer bestimmten Uhrzeit). Alle Initialisierungswerte bei Variante 2 und 3 (Monat, Stunden oder Minuten) müssen in Zahlenform angegeben werden.

8.11.2 Eigenschaften

Das Objekt `Date` besitzt keine für »Normalprogrammierer« wichtigen Eigenschaften, welche abzufragen oder zu verändern sind, dafür aber eine ganze Reihe von Methoden, von denen eine Auswahl folgt.

8.11.3 Methoden

Methoden	**Beschreibung**
`getDate()`	Der Monatstag des Objekts als Zahl, beispielsweise `3`, wenn der 3.12.1991, 23:59:00, gespeichert ist.
`getDay()`	Der Wochentag des Objekts als Zahl, etwa `3`, wenn implizit ein Mittwoch gespeichert ist. Die möglichen Rückgabewerte sind `0` (Sonntag) bis `6` (Samstag).
`getHours()`	Die Stunden der im Objekt gespeicherten Uhrzeit.
`getMinutes()`	Die Minuten der im Objekt gespeicherten Uhrzeit.
`getMonth()`	Der Monat des im Objekt gespeicherten Datums.
`getSeconds()`	Die Sekunden der im Objekt gespeicherten Uhrzeit.
`getTime()`	Die Methode gibt die Anzahl Millisekunden als Zahl zurück, die seit dem 1. Januar 1970, 0:00:00, bis zu dem im Objekt gespeicherten Zeitpunkt vergangen sind.

Methoden	Beschreibung
`getTimeZoneoffset()`	Die Methode gibt den Unterschied zwischen lokaler Zeit und Greenwich Meridian Time (GMT) in Anzahl Minuten zurück.
`getYear()`	Das Jahr des im Objekt gespeicherten Datums.
`parse(Zeitpunkt)`	Diese Methode ermittelt aus einer zu übergebenden Zeichenkette `Zeitpunkt` die Anzahl Millisekunden, die zwischen dem 1.1.1970 0:00:00 und dem übergebenen Zeitpunkt verstrichen sind. Die Zeichenkette `Zeitpunkt` muß dem IETF-Standard folgen. Beispiele: »`Wed, 2Oct 1991 23:59:00 GMT`« oder »`Mon, 25Dec 1995 13:30:00 GMT+0430`« .
`setDate(Tag)`	Hiermit ändert man den in dem Objekt gespeicherten Monatstag auf den als Zahl zu übergebenden Monatstag.
`setHours(Stunden)`	Veränderung der in dem Objekt gespeicherten Stunden der Uhrzeit auf die als Zahl zu übergebenden Stunden. Die übergebenen Werte können zwischen 0 und 23 liegen.
`setMinutes(Minuten)`	Ändert die in dem Objekt gespeicherten Minuten der Uhrzeit auf die als Zahl zu übergebende Minutenzahl. Werte zwischen 0 und 59 sind erlaubt.
`setMonth(Monat)`	Ändert den in dem Objekt gespeicherten Monat auf den als Zahl zu übergebenden Monat. Es sind Werte zwischen 1 und 12 als Übergabeparameter erlaubt.
`setSeconds(Sek)`	Verändert die in dem Objekt gespeicherten Sekunden der Uhrzeit auf die als Zahl zu übergebenden Sekunden. Es gibt Übergabewerte zwischen 0 und 59.
`setTime(Millisek)`	Diese Methode ändert den kompletten Inhalt des Objekts auf einmal durch Übergeben einer Zahl. Diese Zahl stellt die Anzahl der Millisekunden seit dem 10.01.1970 – 0:00:00 Uhr dar.
`setYear(Jahr)`	Hier wird das in dem Objekt gespeicherte Jahr auf das als Zahl zu übergebende Jahr geändert.
`toGMTString()`	Diese Methode wandelt die in dem Objekt gespeicherten Daten in eine Zeichenkette nach dem IETF-Standard um.
`toLocaleString()`	Diese Methode wandelt die in dem Objekt gespeicherten Daten in eine Zeichenkette um. Der Unterschied zu der Methode `toGMTString()` ist der, daß die zurückgegebene Zeichenkette die lokale Uhrzeit berücksichtigt.

Methoden	Beschreibung
UTC(Jahr, Monat, Tag [, Stunden] [, Minuten] [,Sekunden])	Die Methode gibt die Anzahl Millisekunden zurück, die zwischen dem 1.1.1970 – 0:00:00 Uhr und dem übergebenen Zeitpunkt verstrichen sind. Alle Parameter sind als Zahlenwerte zu übergeben. Die Angabe der Datumswerte ist zwingend, die der Uhrzeitwerte optional.

Wir werden jetzt eine größere Übung durchführen, in der diverse der oben beschriebenen Methoden ausprobiert werden können. Erstellen Sie bitte die nachfolgende Datei (JSDATE.HTM):

```
<html>
<head>
<SCRIPT LANGUAGE="Javascript">
<!--
function jetzt()
 {
 var meld;
 aktuelleZeit = new Date();
 var Jahr = aktuelleZeit.getYear();
 var Datum = aktuelleZeit.getDate();
 var Tag = aktuelleZeit.getDay();
 var Stunden = aktuelleZeit.getHours();
 var Minuten = aktuelleZeit.getMinutes();
 var Monat = aktuelleZeit.getMonth();
 var Sekunden = aktuelleZeit.getSeconds();
 var Millisekunden = aktuelleZeit.getTime();
 meld = "Heute ist der " + Datum + " Tag im Monat. ";
 meld = meld + "Der Tag ist der " + Tag + ". Tag der Woche. ";
 meld = meld + "In der aktuellen Stunde sind " + Minuten + "
Minuten vergangen. ";
 meld = meld + "Und " + Stunden + " Stunden diesen Tag. ";
 meld = meld + "Der Monat ist der " + Monat + ". Monat des
Jahres, wenn Januar den Wert 0 hat. ";
 meld = meld + "Das Jahr ist 19" + Jahr + ". ";
 meld = meld + "In dem Moment sind genau " + Sekunden + "
Sekunden verstrichen. ";
 meld = meld + "Und ganz genau " + Millisekunden + "
Millisekunden seit meiner Zeitrechung.";
 alert(meld);
 }
```

```
function irgendwann()
 {
 var meld;
 aktuelleZeit = new Date();
 aktuelleZeit.setYear(98);
 aktuelleZeit.setDate(10);
 aktuelleZeit.setMinutes(30);
 aktuelleZeit.setMonth(11);
 meld = "Irgendwann war das Datum " + aktuelleZeit;
 alert(meld);
 }
-->
</SCRIPT>
</head>
<body onload="jetzt()">
<A href="TITEL.HTM" onMouseOver="irgendwann()">Setzen Sie die
Zeit</A>
</body>
</html>
```

Die Übung besteht aus zwei Funktionen. Die Funktion `jetzt()` rufen wir beim Laden der Seite auf, die Funktion `irgendwann()` wird beim Überstreichen des Hyperlinks in der Seite mit dem Mauszeiger ausgelöst.

Die erste Funktion `jetzt()` erzeugt ein neues Datumsobjekt (`aktuelleZeit = new Date();`) und fragt anschließend diverse Datums- und Zeitinformationen ab, die in verschiedenen Variablen gespeichert werden. Aus diesen Variablen und einigen Textbausteinen wird eine Meldung generiert, die beim Start der Web-Seite angezeigt wird.

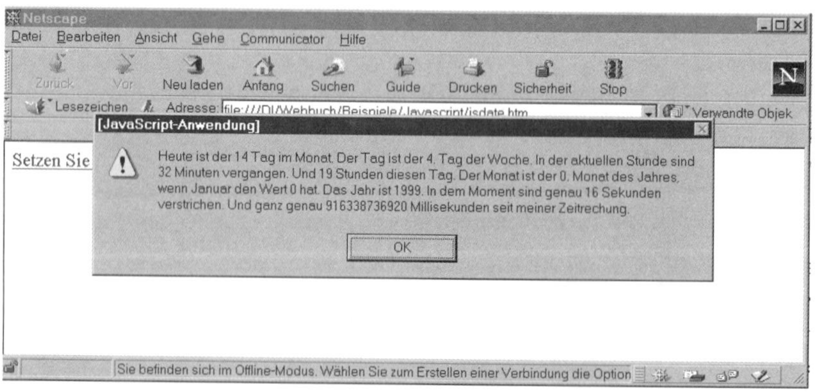

Bild 8.7: Die Startmeldung mit diversen Datumsinformationen

Die zweite Funktion `irgendwann()` verwendet verschiedene Methoden zum Setzen einer Zeit. Dem anfänglich erzeugten Datumsobjekt werden diese Werte übermittelt, bevor das neu initialisierte Datumsobjekt ausgegeben wird.

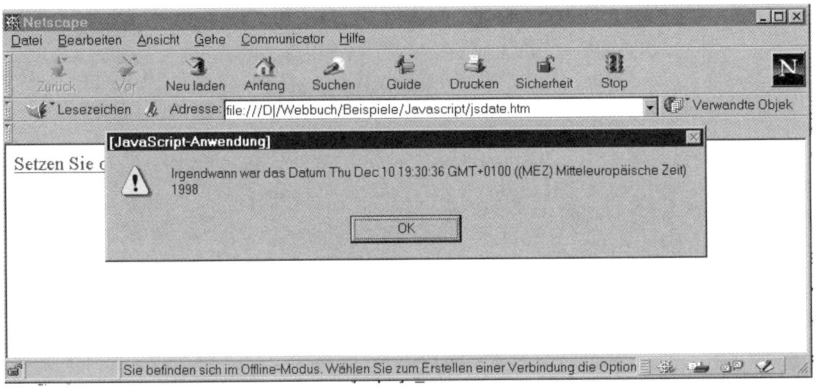

Bild 8.8: Das geänderte Date-Objekt

8.12 Frames

Wir kommen mal wieder in einem Exkurs zu HTML zurück und beschäftigen uns mit dem Begriff Frames. Frames zu verwenden, bedeutet die Aufteilung des Anzeigebereichs eines Browsers in einzelne Segmente, die unabhängig mit Inhalt gefüllt werden können. Ursprünglich von der Firma Netscape entwickelt, hat sich die Frame-Technologie zum festen Bestandteil von HTML 4 gemausert. Frames sollten von allen neueren Browsern verstanden werden, wenngleich sie bei Designern sehr umstritten sind.

Eine oft anzutreffende Aufteilung von Frame-Strukturen besteht aus einem kleineren Frame, welches eine Indexdatei oder eine Inhaltsangabe mit lokalen Verweisen enthält, und einem größeren Frame-Bereich, welcher die eigentlichen Informationen anzeigt.

Die Frame-Technologie besteht aus zwei Ebenen. Wir haben wieder die gleiche Situation wie bei Aufzählungen und Tabellen, wo erst über zwei oder mehr HTML-Anweisungen zusammen eine sinnvolle Seitenstruktur zu erzeugen ist. Mehrere Frames zergliedern den Anzeigebereich des Browsers. Sie bilden dennoch eigenständige Fenster mit allen HTML-Darstellungsmöglichkeiten, die dann jeweils die zweite Ebene – HTML-Dateien mit dem anzuzeigenden Inhalt – enthalten. Die Aufteilung des Browseranzeigefensters erfolgt über eine spezielle HTML-Datei, eine Indexdatei, welche die erste Ebene eines Projekts mit Frames bildet und die in den Browser geladen werden muß. Diese Indexdatei enthält nur Informationen über Name, Größe und Position der einzelnen im Anzeigefenster enthaltenen Frames. Insbesondere ist der eigentliche Inhalt der Frames nicht in der Indexdatei notiert.

Bild 8.9: Eine typische Frame-Struktur – links Index, rechts Inhalt

Eine HTML-Datei, welche als Indexdatei für eine Frame-Struktur verwendet werden soll, hat einen anderen Aufbau als eine gewöhnliche HTML-Datei. **Es gibt vor allen Dingen keinen BODY-Tag mehr.** Statt dessen steht dort die Anweisung `FRAMESET`. Bei der Definition der Indexdatei müssen genaue Angaben darüber gemacht werden, wie das Anzeigefenster aufgeteilt werden soll. Es müssen je nach Konzept entweder Reihen oder Spalten (Anzahl und Größe) oder auch beides definiert werden. Die Definition der Reihen und Spalten erfolgt als Erweiterung des `FRAMESET`-Tag. Über den Parameter `rows= "[Angabe in Prozent]"` legen Sie die Anzahl von Reihen und deren anfänglichen, prozentualen Anteil an der Fenstergröße fest. Die Höhenangaben der einzelnen Zeilen trennen Sie durch Kommata. Die Anzahl der Angaben bestimmt die Zahl der Frames. Analog werden die Spalten im einleitenden `FRAMESET`-Tag festgelegt, falls man eine Aufteilung nach Spalten wünscht. Dazu dient der Parameter `cols= "[Angabe in Prozent]"`. Die Prozentangaben hinter dem Gleichheitszeichen müssen in Anführungszeichen stehen und definieren Verhältnisse der einzelnen Frames zueinander – nicht einen Faktor von der Größe des Gesamtanzeigefensters des Browsers. Insbesondere müssen die Summen der Prozentangaben **nicht** 100% ergeben. Die Angabe `cols="50%,50%"` definiert bei identischer Gesamtgröße des Browseranzeigefensters die gleiche Fenstergröße der Frames wie `cols="5%,5%"` oder `cols="42%,42%"`.

Wenn Sie den Mauszeiger auf den Rand zwischen zwei Frames bewegen, wird er – sofern keine extra Parameter diese verhindern – seine Form verändern. Sie können dann die Größe eines Frames durch Ziehen mit der Maus verändern.

Wir können also über den <FRAMESET>-Tag und seine Parameter ein äußeres Gerüst für eine Frame-Struktur aufbauen. Wie bei den Aufzählungen benötigen Sie aber innerhalb dieses äußeren Containers eine Anweisung, die jedes einzelne Frame bestimmt. Ohne diese Container für jedes Frame ist ein Frameset unsinnig, weshalb beide Anweisungen nur in Kombination Sinn machen.

Der Inhalt der Frames wird mit dem Tag <FRAME> und den Parametern `src="[URL]"` und `name="[Name]"` spezifiziert. Über die `scr`-Angabe wird ein Link zum Inhalt des jeweiligen Frames gesetzt, `name` definiert einen internen Namen des Frames, über den es in Verweisen angesprochen werden kann. Beide Angaben, sowohl der URL als auch der Name, müssen in Anführungszeichen stehen.

Der Name eines Frames ist relativ frei. Es gelten nur die üblichen Regeln für HTML-Anweisungen (keine Leerzeichen, so gut wie keine Sonderzeichen – außer dem Unterstrich _), und die Namen sollten recht sprechend sein. Gewisse Namen für Frames sind verboten, da diese reservierten Fensternamen bei Verweisen eine spezielle Bedeutung haben. Diese folgen etwas weiter unten.

Da Frames zu den Technologien im WWW zählen, die nicht alle Browser unterstützen, sollten Sie unbedingt eine Alternative dazu bieten. Dafür gibt es die Anweisung <NOFRAMES>. Schauen wir uns einmal ein typisches Grundgerüst einer Frame-Struktur an:

```
<html>
<head>
</head>
<FRAMESET>
</FRAMESET>
<NOFRAMES>
</NOFRAMES>
</html>
```

Beachten Sie bitte, daß in der <FRAMESET>-Anweisung noch keine Parameter vorkommen. Diese müssen für eine endgültige Indexdatei noch ergänzt werden. Wenn ein Browser keine Frames darstellen kann, wird er nach dem Prinzip der Fehlertoleranz den vollständigen <FRAMESET>-Bereich ignorieren. Er wird in der Regel auch die Anweisung <NOFRAMES> nicht kennen und diese ignorieren, was aber so gewollt ist. Diese Anweisung ist nur für Frame-**fähige** Browser gedacht. Ein Frame-fähiger Browser kennt die <NOFRAMES>-Anweisung und wird den vollständigen Container ignorieren[1]. Nicht auf Grund des Prinzips der Fehlertoleranz, sondern weil er programmiert ist, diesen Container nicht anzuzeigen[2].

Ein nicht-Frame-fähiger Browser fängt hinter <NOFRAMES> mit dem Anzeigen der nachfolgenden Anweisungen und dem dort stehenden Klartext an. In dem <NOFRAMES>-Bereich können Sie eine vollständige HTML-Datei aufbauen. Auch mit BODY-Tag, wenn Sie wollen (etwa zum Festlegen von globalen Farben und Hintergrund).

Ein Frame muß nicht von vornherein mit Inhalt versorgt werden, das heißt, es kann leer bleiben, bis es benötigt wird. Verzichtet man auf die Angabe eines Inhalts über den <FRAME>-Tag, wird der Raum vom Browser neutral ausgefüllt. Sofern dies für alle Frames geschieht, erkennen Sie überhaupt keine Frame-Struktur im Browserfenster.

Wenn Sie Frame-Inhalte angeben, spielt die *Reihenfolge* der Dateiangaben mit dem src-Parameter eine wichtige Rolle. Die erste Angabe wird im ersten Frame, die zweite Datei im zweiten Frame und so fort angezeigt.

Erstellen Sie ein Verzeichnis, in das Sie zwei HTML-Dateien kopieren (mit gegebenenfalls notwendigen Bildern). Sie können beliebige Dateien nehmen, die wir in den bisherigen Übungen verwendet haben. Erstellen Sie die nachfolgende HTML-Datei:

```
<html>
<FRAMESET cols="25%,75%">
<FRAME src= "Bild2.htm" name="links" >
<FRAME src= "Links5.htm" name="rechts" >
</FRAMESET>
<NOFRAMES>
Alternativer Text
</NOFRAMES>
</html>
```

1 Nicht nur die einzelne Anweisung wie ein nicht-Frame-fähiger Browser.

2 Er lädt ja statt dessen den <FRAMESET>-Container.

Speichern Sie sie unter `FRAME1.HTM`.

Sie sollten eine Aufteilung des Anzeigebereichs Ihres Browsers im Verhältnis 1 zu 3 erhalten. Im linken Frame wird die zuerst angegebene Datei `Bild2.htm` angezeigt, im rechten Frame die Datei `Links5.htm`[1].

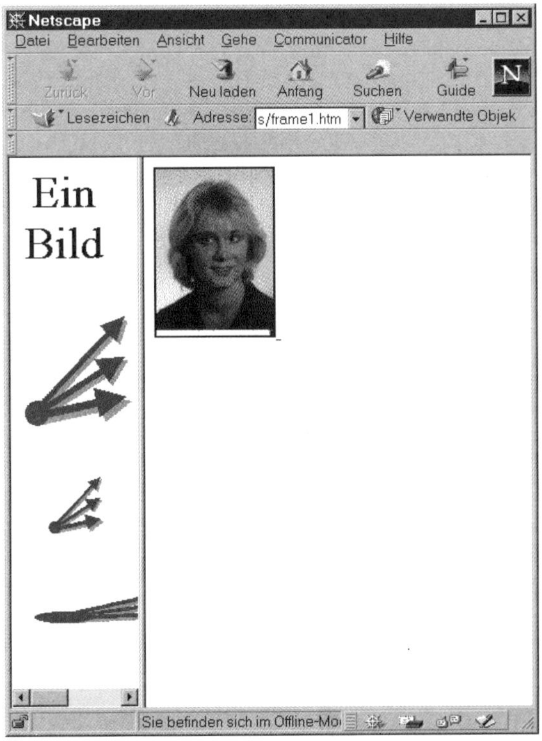

Bild 8.10: Aufteilung in Spalten

Wenn Sie zuerst die Datei `Links5.htm` referenzieren und dann die Datei `Bild2.htm` , wird die Datei `Links5.htm` im linken Fenster angezeigt, die Datei `Bild2.htm` im rechten Frame.

Sie können auch andere Ressourcen wie HTML-Dateien referenzieren, etwa Bilder. Probieren Sie einmal folgendes aus (`FRAME2.HTM`), sofern Sie zwei Grafiken zur Verfügung haben:

```
<html>
<FRAMESET rows="3%,4%">
<FRAME src= "foto.jpg" name="oben" >
```

1 Beachten Sie, daß die Links in dieser Datei in diesem Beispiel nicht funktionieren. Es handelt sich nur um eine Beispieldatei zum Füllen eines Frames.

```
<FRAME src= "logo.gif" name="unten" >
</FRAMESET>
<NOFRAMES>
Alternativer Text
</NOFRAMES>
</html>
```

Sie erhalten durch die Angabe rows="3%,4%" eine zeilenweise Aufteilung des Anzeigebereichs vom Browser. Beachten Sie, daß die Prozentangaben nur ein Verhältnis der Frames zueinander definieren und keinen Anteil an der Größe des Anzeigebereichs des Browsers. Im oberen Frame (Name oben) erscheint die Grafik mit Namen foto.jpg , im unteren Frame (Name unten) die Grafik mit Namen logo.gif. Denken Sie daran, daß die Namen der Frames zwar sprechend sind, sonst aber keine weitere Bedeutung haben.

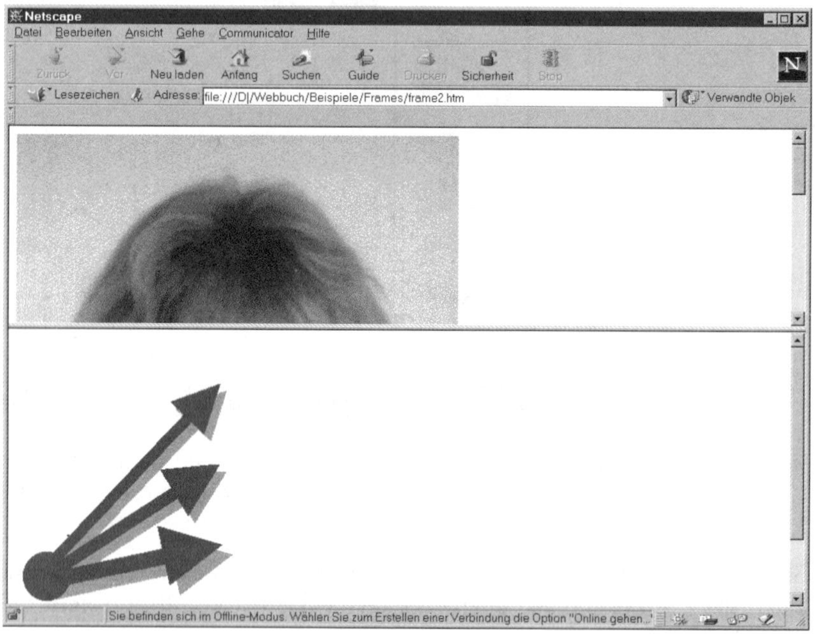

Bild 8.11: Bilder direkt in Zeilen angezeigt

Sie können natürlich auch mehr als zwei Spalten oder Zeilen angeben. Beispiel für vier Reihen:

```
<FRAMESET rows="2%,2%,3%,5%">
```

Statt Prozentangaben für die Größe von Frames können Sie Zahlenwerte benutzen, mit denen Sie die tatsächliche Größe der Frames in Pixel definieren (über die Angabe rows="[Angabe in Pixel]" bzw. cols=

"[Angabe in Pixel]"). Diese Größenangaben werden allerdings durch die Größe des Browser-Anzeigefensters wieder relativiert, das heißt, die Frames werden wieder im angegebenen Verhältnis an das Anzeigefenster des Browsers angepaßt. Ansonsten müßte man im Browser-Anzeigefenster auch mit »Löchern« rechnen. Warum dann aber überhaupt absolute Angaben, wenn sie doch scheinbar relativ sind? Die Lösung für diesen scheinbaren Widerspruch sind sogenannte Jokerzeichen, variable Angaben. In Verbindung mit Jokerzeichen (der Stern, wie er auch sonst als Jokerzeichen üblich ist) machen absolute Größenangaben der Frames Sinn. So bewirkt zum Beispiel `cols="200,*,100"`

- ✗ eine Spalte, die 200 Pixel breit ist (die erste),
- ✗ eine Spalte, die 100 Pixel breit ist (die dritte) und
- ✗ eine Spalte, die variabel ist und den jeweiligen Rest des Anzeigefensters des Browsers einnimmt (die mittlere Spalte).

Erstellen Sie folgende Frame-Struktur (FRAMEPIX.HTM):

```
<html>
<FRAMESET cols="200,*,100">
<FRAME src= "Links1.htm" name="links" >
<FRAME src= "Links2.htm" name="mitte" >
<FRAME src= "Links3.htm" name="rechts" >
</FRAMESET>
<NOFRAMES>
Alternativer Text
</NOFRAMES>
</html>
```

Verändern Sie die Größe des Browsers.

Die Größe der linken und rechten Spalte wird fest bleiben, die mittlere Spalte füllt den restlichen Raum aus. Erst wenn die Gesamtgröße des Anzeigefensters zu klein wird, werden sich die beiden über Pixelwerte angegebenen Fenster auch verkleinern.

Im Zusammenhang mit prozentualen Angaben kann man das Jokerzeichen gleichfalls verwenden. Dabei ist aber Vorsicht geboten, da sich dann die Relativbeziehungen von Prozentangaben durch das Jokerzeichen verändern.

8.12.1 Die Verschachtelung von Frames

Jedes Frame kann in weitere Frames unterteilt werden. Die Anzahl der Verschachtelungsebenen ist theoretisch nur durch Plattformbeschränkungen begrenzt, macht aber jenseits von drei Ebenen selten Sinn. Zur Erstellung einer Verschachtelung muß innerhalb eines Framesets-Containers ein darin verschachtelter Frameset-Container definiert werden. Die Verschachtelung erfolgt hierarchisch. Dabei ist offensichtlich, daß nur eine wechselweise Verschachtelung von Reihen und Spalten Sinn macht. Am deutlichsten wird die ganze Sache wieder mit einer Übung.

Erstellen Sie in dem Verzeichnis, in das Sie zwei HTML-Dateien kopiert haben (mit gegebenenfalls notwendigen Bildern) die nachfolgende HTML-Datei `FRAME3.HTM`:

```
<html>
<FRAMESET cols="50%,50%,50%">
<FRAME src= "Bild2.htm" name="links">
   <FRAMESET rows="50%,50%">
      <FRAME src= "logo.gif" name="oben_mit">
      <FRAME src= "Bild2.htm" name="unten_mit">
   </FRAMESET>
<FRAME src= "Bild2.htm" name="rechts" >
</FRAMESET>
<NOFRAMES>
Alternativer Text
</NOFRAMES>
</html>
```

Was fällt Ihnen auf? Verändern Sie auch einmal die Größe der Frames, indem Sie den Mauszeiger zwischen die Frames bewegen und dann ziehen.

Die Einrückung des Quelltextes ist nicht willkürlich[1], sondern soll die Struktur der Verschachtelung deutlich machen. Auf die Darstellung hat die Einrückung keinen Einfluß, der Quelltext ist nur besser lesbar. Was ist Ihnen sonst noch aufgefallen? Da sind einige Details, die eine nähere Betrachtung verdienen.

- Zum einen wird eine Datei gleich dreimal verwendet. Dies ist selbstverständlich möglich.
- Das mittlere Frame ist durch ein neues Frameset in zwei Zeilen unterteilt. Hier haben wir die Verschachtelung von Frameset-Containern.
- In der verschachtelten Ebene wird eine Grafik direkt referenziert.

1 Man findet solche Einrückungen bei Quelltext sehr oft vor.

Bild 8.12: Verschachtelte Frames

8.12.2 Eigenschaften von Frames

Jedes Frame hat bestimmte Eigenschaften, die teilweise unabhängig von den anderen Frames des Framesets verändert werden können. Ein paar Eigenschaften wollen wir hier noch behandeln[1]. Vielleicht ist Ihnen schon aufgefallen, daß standardmäßig jedes Frame unabhängig von den anderen Frames Bildlaufleisten anzeigt, wenn ein Inhalt nicht vollständig in ihm angezeigt werden kann. Diese Automatik läßt sich abschalten. Über den Parameter `scrolling` im `FRAME`-Tag legen Sie ausdrücklich fest, ob ein Frame automatisch mit Bildlaufleisten versehen werden soll oder nicht. Die Angabe `scrolling=no` unterdrückt Bildlaufleisten, auch wenn ein Inhalt nicht vollständig in das[2] Frame paßt. Die Angabe `scrolling=yes` erzwingt in jedem Fall Bildlaufleisten, sogar wenn es von der Größe des anzuzeigenden Inhalts her nicht notwendig wäre. Die Angabe `scrolling=auto` entspricht der Standardeinstellung (Bildlaufleisten wenn nötig, sonst nicht).

---

1 Einige Eigenschaften wie das Festlegen von Mindestabständen zwischen Fensterrand und Fensterinhalt werden wir nicht behandeln – das führt zu weit.

2 Wir stürmen hier mitten in einen Glaubenskrieg – **der** oder **das** Frame. Sie finden beide Varianten in der Literatur. Selbst im Verlag artet es in hitzige Debatten aus, ob die eine oder andere Version richtig ist. Aber was soll's – ich nehme an, Sie haben wichtigere Sorgen ;-).

Falls Sie die Größenveränderung eines Frames durch den Anwender unterbinden wollen, steht Ihnen ein weiterer Parameter des FRAMES-Tags zur Verfügung – noresize. Der Parameter bedarf keiner weiteren Wertzuweisung und beeinflußt weitere Frames in derselben Reihe, beziehungsweise Spalte, die dann an der Schnittstelle zu diesem Frame genauso wenig bewegt werden können. An der Verbindung von zwei Frames ohne den Parameter sind aber immer noch Verschiebungen der Frame-Größe möglich.

Frames werden standardmäßig mit einer Gitterstruktur angezeigt, wie Ihnen sicher schon aufgefallen ist (die sichtbaren Ränder zwischen den einzelnen Frames). Dies stört oft das Layout, und Sie können diese Gitterlinien unterdrücken. Der Parameter frameborder im FRAMESET-Tag erlaubt die Unterdrückung. Mit der Angabe frameborder=0 können Sie die Gitterlinien ausblenden.

Nehmen Sie sich die eben erstellte Datei FRAME3.HTM vor, und speichern Sie sie unter dem Namen FRAME4.HTM erneut ab. Anschließend verändern wir die Datei wie folgt:

```
<html>
<FRAMESET cols="50%,50%,50%">
<FRAME src= "Bild2.htm" name="links" noresize>
   <FRAMESET rows="50%,50%" frameborder=0>
      <FRAME src= "logo.gif" name="oben_mit">
      <FRAME src= "Bild2.htm" name="unten_mit">
   </FRAMESET>
<FRAME src= "Bild2.htm" name="rechts" scrolling=no>
</FRAMESET>
<NOFRAMES>
Alternativer Text
</NOFRAMES>
</html>
```

Was fällt Ihnen auf? Versuchen Sie, die Größe der Frames zu verändern.

Das erste senkrechte Frame läßt sich nicht in der Breite verändern, die beiden linken senkrechten Frames jedoch innerhalb des verbleibenden Platzes schon. Dies bewirkt die Angabe <FRAME src= "Bild2.htm" name="links" noresize>, welche die erste Spalte festhält.

Zwischen den beiden zeilenweisen Frames, die in der Mitte stehen, werden Sie keine Gitterlinie finden. Dies bewirkt die Angabe frameborder=0. Damit können Sie auch die Höhe der beiden Zeilen nicht mehr verändern, denn es steht kein Bereich zur Verfügung, wo der Mauszeiger zum Ziehen plaziert werden kann.

Das ganz linke senkrechte Frame zeigt bei zu kleinem Browser-Fenster den Inhalt der dorthin geladenen Datei nicht ganz an. Dennoch erscheinen keine Bildlaufleisten (scrolling=no).

8.12.3 Verweise zu anderen Frames

Wir haben bisher noch kein einziges Mal den Parameter name verwendet, obwohl wir ihn in allen Übungen angeben. Was hat der eigentlich für einen Zweck? Nun, er hilft bei Verweisen zu anderen Frame-Inhalten. Normalerweise werden innerhalb einer Frame-Struktur Folgeseiten von Links in dem gleichen Frame angezeigt, von dem aus sie vom Benutzer aufgerufen werden.

Erstellen Sie die folgenden vier HTML-Dateien im gleichen Verzeichnis:

1. Datei FRAMEVER.HTM:

```
<html>
<FRAMESET cols="5%,2%,10%">
<FRAME src= "links.htm" name="links" >
<FRAME src= "leer.htm" name="mitte" >
<FRAME src= "rechts.htm" name="rechts" >
</FRAMESET>
<NOFRAMES>
Alternativer Text
</NOFRAMES>
</html>
```

2. Datei LINKS.HTM:

```
<html>
<BODY bgcolor=red>
<A href="rechts.htm">Nach rechts</a>
</BODY>
</html>
```

3. Datei RECHTS.HTM:

```
<html>
<BODY bgcolor=yellow>
<A href="links.htm">Nach links</a>
</BODY>
</html>
```

4. Datei LEER.HTM:

```
<html>
</html>
```

Laden Sie die Datei FRAMEVER.HTM, und probieren Sie die Links aus. Was passiert?

Das linke und das rechte Frame werden jeweils mit der Datei LINKS.HTM und RECHTS.HTM vorbelegt. Wenn Sie einen Hyperlink anklicken, wird in das aktuelle Frame die jeweils andere Datei geladen.

Sie können aber auch direkt bestimmte Frames adressieren, wo dieser neue Inhalt angezeigt werden soll – über den mit dem Parameter name definierten Name.

Wenn Sie in einem normalen Verweis ein Frame adressieren wollen, müssen Sie dort mit einem zusätzlichen Parameter den Frame-Namen angeben. Dazu gibt es den Parameter target. Über eine Zuweisung wird in Anführungszeichen der Name angegeben.

Es können sowohl im Projekt selbst vergebene Namen als auch reservierte Fensternamen adressiert werden. Sofern der Frame-Name in einem fremden Projekt bekannt ist, kann natürlich ebenso dieser notiert werden.

Verändern Sie die Datei LINKS.HTM und RECHTS.HTM wie folgt (die anderen beiden Dateien bleiben unberührt):

1. Datei LINKS.HTM:

```
<html>
<BODY bgcolor=red>
<A href="rechts.htm" target="mitte">Nach rechts</a>
</BODY>
</html>
```

2. Datei RECHTS.HTM:

```
<html>
<BODY bgcolor=yellow>
<A href="links.htm" target="mitte">Nach links</a>
</BODY>
</html>
```

Laden Sie die Datei FRAMEVER.HTM, und probieren Sie die Links aus. Was passiert?

Die jeweils referenzierte Datei wird im mittleren Frame angezeigt, welches wir über seinen internen Namen (target="mitte") als Ziel adressieren.

8.12.4 Reservierte Framenamen

Es gibt einige reservierte Fensternamen, welche bereits eine feste Bedeutung haben und nicht noch einmal verwendet werden dürfen.

Reserviert	Bedeutung
_self	Der URL wird im gleichen Frame dargestellt wie der Verweis (Standardsituation).
_parent	Der URL wird im übergeordneten Frame angezeigt. Falls es kein übergeordnetes Fenster gibt, wird das Verweisziel in einem neuen Fenster angezeigt (ohne Framestruktur).
_blank	Der URL wird in einem neuen Browserfenster angezeigt. Dieses neue Browserfenster hat defaultmäßig keine Framestruktur.
_top	Der URL wird im vollen Fenster des Browsers angezeigt. Die Framestruktur verschwindet.

Die Target-Angabe _top sollte immer dann zu einem Verweis gehören, wenn ein Link zu Seiten erfolgt, die nicht zu Ihrem Projekt gehören. Ansonsten erscheinen bei einem Besucher Ihrer Seiten unter Umständen auch die Folgeseiten von anderen Projekten in der von Ihnen definierten Frame-Struktur.

8.13 Frames und Javascript

Natürlich können Sie auch mit Javascript auf Frames zugreifen und diese beeinflussen. Dazu steht Ihnen das Objekt frame zur Verfügung. Über das Objekt frame – ein Unterobjekt von window – haben Sie vollen Zugriff auf Frames (unterteilte Fensterstrukturen), also auf ein Frameset und seine Frame-Fenster, die in einer HTML-Datei definiert sind.

8.13.1 Eine Instanz des Objekts frame erzeugen

Eine Objektinstanz von `frame` wird automatisch erzeugt, wenn der WWW-Browser ein Frameset in einer HTML-Datei vorfindet. Das Frame-Objekt steht dann in der Datei zur Verfügung, in der das Frameset definiert wird, sowie in allen Dateien, die in einem Frame-Fenster des Framesets angezeigt werden. Die Logik beim Anwenden des `frame`-Objekts ist sehr analog zum `form`-Objekt bei Formularen – über Objektfelder.

Eine Instanz eines `frame`-Objekts können Sie entweder durch den Index des zugeordneten Objektfeldes oder durch den Namen des Frame-Fensters ansprechen. Bei Verwendung des Indexschemas geben Sie das Wort `frames` an und dahinter wieder in eckigen Klammern die Nummer des Frame-Fensters im Frameset. Beachten Sie, daß der Zähler wie immer in Javascript bei 0 beginnt. Das erste Frame-Fenster muß mit `frames[0]` adressiert werden.

Da `frames` `window` untergeordnet ist, kann ein Frame samt seiner Eigenschaften und Methoden über die Punktnotation angesprochen werden:

```
[Fensterreferenz].frames[n].[Eigenschaft/Methode()]
[Fensterreferenz].[FrameName].[Eigenschaft/Methode()]
```

Wenn Sie den Frame-Namen verwenden wollen, geben Sie den Namen an, welcher bei der HTML-Definition des Frame-Fensters bei `<FRAME>` in der Zusatzangabe `name` definiert worden ist.

HINWEIS

Wie beim Objekt `window` schon erwähnt, gibt es für Frames reservierte Schlüsselwörter für Fensterreferenzen, über die Sie vorhandene Frames ansprechen können. Über `parent` können Sie innerhalb eines Frame-Projekts den Namen des obersten Fensters, in dem das Frameset definiert wurde, ansprechen. Einen ähnlichen Zweck hat die Angabe `top`. Sie bezeichnet im Falle von Frames in den meisten Fällen dasselbe Frame wie `parent`. Nur bei Verschachtelungseffekten können Sie mit `top` das oberste Frame direkt ansprechen.

8.13.2 Die Eigenschaften

Eigenschaft	Beschreibung
`length`	Die Angabe der Anzahl der Frames in einem Frameset.
`name`	Der Name eines Frame-Fensters.

8.13.3 Die Methoden

Das Objekt `frame` erbt als Unterobjekt von `window` dessen Methoden und stellt keine weiteren zur Verfügung.

8.14 Das Objekt history

Über das Objekt `history` haben Sie Zugriff auf die zuvor besuchten WWW-Seiten des Anwenders. Maßgeblich ist dabei die Liste, wie sie in der History-Liste des WWW-Browsers gespeichert ist.

8.14.1 Eine Instanz des Objekts history erzeugen

Eine Instanz des Objekts `history` brauchen Sie nicht eigens zu erzeugen, da es sich um ein sogenanntes »built in«-Objekt handelt. Sie können sämtliche Eigenschaften und Methoden von `history` direkt verwenden, indem Sie über die Syntax

```
history.[Eigenschaft/Methode]
```

darauf zugreifen.

8.14.2 Die Eigenschaften

Das Objekt besitzt nur eine Eigenschaft.

Eigenschaft	Beschreibung
`length`	Die Anzahl der Einträge, die in der aktuellen History-Liste gespeichert sind.

HINWEIS

Die offizielle Javascript-Dokumentation von Netscape weist die Eigenschaften `current`, `next` und `previous` aus (aktuelle Seite in der Historie, nächste und vorherige). Diese Eigenschaften funktionieren jedoch nicht einwandfrei (zumindest nicht in unseren Referenzbrowsern). Sie können das mit der auf der CD vorhandenen Datei `HISTORY.HTM` testen.

8.14.3 Die Methoden

Methode	Beschreibung
`back()`	Die Methode lädt die zuletzt besuchte WWW-Seite.
`forward()`	Die Methode `forward()` macht die `back()`-Methode rückgängig, lädt also die gerade mit der `back()`-Methode verlassene Seite wieder.
`go(Anzahl)`	Die Methode lädt eine beliebige WWW-Seite der History-Liste. Bezugspunkt ist dabei die aktuelle WWW-Seite. Sie können die Anzahl mit Vorzeichen verwenden und damit also sowohl zurückgehen als auch vorwärts, wenn Sie vorher zurückgegangen sind. Beispielsweise wird mit `history.go(-2)` die vorletzte besuchte WWW-Seite geladen. `history.go(2)` hat den gleichen Effekt wie zweimal `history.forward()`.

8.15 Das Objekt Math

Mit dem Objekt `Math` stehen Ihnen diverse Funktionen, Methoden und Eigenschaften für Berechnungen zur Verfügung.

8.15.1 Eine Instanz des Objekts Math erzeugen

Eine Instanz von `Math` brauchen Sie nicht eigens zu erzeugen, da es sich um ein sogenanntes »built in«-Objekt handelt. Sie haben Zugriff auf Eigenschaften und Methoden von Math über die folgende Syntax:

```
Math.[Eigenschaft/Methode]
```

8.15.2 Die Eigenschaften

Das Objekt `Math` besitzt eine ganze Menge von Konstanten und Eigenschaften, welche wir in diesem Rahmen nicht alle diskutieren wollen. Hier nur eine kleine Auswahl.

Eigenschaft	Beschreibung
`E`	Die Eulersche Konstante.
`LN10`	Der natürliche Logarithmus von 10 – eine Konstante.
`LOG2E`	Der Logarithmus von 2 – eine Konstante.
`PI`	Die berühmte Konstante Pi.
`SQRT2`	Eine Konstante für Quadratwurzel aus 2.

8.15.3 Die Methoden

Das Objekt `Math` besitzt eine ganze Reihe von Methoden, welche wir ebenfalls in diesem Rahmen nicht alle diskutieren wollen. Hier ebenfalls nur eine kleine Auswahl.

Methode	Beschreibung
`abs(Zahl)`	Der absolute Wert des übergebenen Parameters. Dies ist immer ein positiver Wert, selbst wenn er vorher negativ war.
`cos(Zahl)`	Die Methode berechnet den Cosinus des übergebenen Parameters, einer beliebigen Zahl.
`exp(Zahl)`	Die Methode berechnet die Eulersche Zahl hoch dem übergebenen Parameter, einer beliebigen Zahl.
`log(Zahl)`	Die Methode berechnet den Logarithmus zur Basis 10 des übergebenen Parameters, einer beliebigen Zahl.
`max(Zahl1, Zahl2)`	Die Methode berechnet das Maximum von zwei beliebigen, als Parameter übergebenen Zahlen.
`min(Zahl1, Zahl2)`	Die Methode berechnet das Minimum von zwei beliebigen, als Parameter übergebenen Zahlen.
`pow(Zahl, Exponent)`	Die Methode berechnet den Wert von Zahl hoch Exponent, wobei Zahl und Exponent als Parameter übergeben werden.
`random()`	Erzeugt eine Zufallszahl.
`round(Zahl)`	Die Methode berechnet die nächste Ganzzahl des übergebenen Parameters, einer beliebigen Zahl. Dabei wird die kaufmännische Rundung angewendet. Falls die Zahl selbst ganzzahlig ist, wird sie nicht verändert.
`sin(Zahl)`	Die Methode berechnet den Sinus des übergebenen Parameters, einer beliebigen Zahl.
`sqrt(Zahl)`	Die Methode berechnet die Quadratwurzel des übergebenen Parameters, einer beliebigen Zahl.
`tan(Zahl)`	Der Tangens einer als Parameter übergebenen Zahl.

8.16 Das Objekt String

Mit dem Objekt `String` können Sie Zeichenketten manipulieren. Dazu stehen Ihnen verschiedene Methoden und Funktionen sowie eine Eigenschaft zur Verfügung.

8.16.1 Eine Instanz des Objekts String erzeugen

Eine Instanz von `String` brauchen Sie nicht eigens zu erzeugen, da es sich (wie schon so oft in Javascript) um ein sogenanntes »built in«-Objekt handelt. Eine Zuweisung der Form

```
var text="irgend ein Text";
```

erzeugt automatisch ein `String`-Objekt. Eine Verwendung des `new`-Schlüsselworts in der Form

```
var text = new String("irgend ein Text");
```

funktioniert aber auch.

Zugriff haben Sie wie üblich (`string.[Eigenschaft/Methode]`).

Wenn Sie Variablen mit Zeichenketten definieren, können Sie statt `string` in der Punktnotation auch den Namen der Variablen angeben:

```
var Variablenname = "[Zeichenkette]"
Variablenname.[Eigenschaft/Methode]
```

8.16.2 Die Eigenschaften

Es gibt nur eine wichtige Eigenschaft des Objekts `String`.

Eigenschaft	Beschreibung
`length`	Die Anzahl Zeichen einer Zeichenkette.

8.16.3 Die Methoden

Dafür gibt es eine ganze Menge an Methoden und Standardfunktionen.

Methode	Beschreibung
`anchor(Ankname)`	Hiermit wird ein Verweisziel innerhalb einer HTML-Datei mit dem übergebenen Namen für den Anker erzeugt.
`big()`	Diese Methode setzt eine über `string` definierte Zeichenkette in den HTML-Container `<big>` und bewirkt eine größere Schrift.
`blink()`	Diese Methode setzt eine über `string` definierte Zeichenkette in den HTML-Container `<blink>` und bewirkt eine blinkende Schrift.

Methode	Beschreibung
`bold()`	Diese Methode setzt eine über `string` definierte Zeichenkette in den HTML-Container `<b>` und bewirkt eine fette Schrift.
`charAt(Nummer)`	Die Methode liefert das Zeichen zurück, das in der Zeichenkette an der Stelle steht, die im Parameter `Nummer` übergeben wird.
`fixed()`	Diese Methode setzt eine über `string` definierte Zeichenkette in den HTML-Container `<tt>` und bewirkt eine dicktengleiche Schrift.
`fontcolor(Farbe)`	Diese Methode setzt eine über `string` definierte Zeichenkette in den HTML-Container `<font color=> ... </font>` und bewirkt eine andersfarbige Schrift. Die gewünschte Farbe wird der Funktion als Parameter übergeben, und zwar entweder in hexadezimaler Schreibweise oder als Farbname.
`fontsize(Zahl)`	Diese Methode setzt eine über `string` definierte Zeichenkette in den HTML-Container `<font size=> ... </font>` und bewirkt eine größere oder kleinere Schrift. Die gewünschte Größe wird der Funktion als Parameter übergeben. Es muß eine Zahl von 1 bis 7 sein. 1 ist sehr kleine Schrift, 3 ist Normalschrift, 7 ist sehr große Schrift.
`indexOf(Zeichen, [Nummer])`	Hier wird das erste Vorkommen eines Zeichens oder einer Zeichenkette innerhalb der mit `string` spezifizierten Zeichenkette ermittelt. Die Rückgabe ist die Stelle, an der das Zeichen in der Zeichenkette steht. Die Zählung beginnt bei 0. Optional ist es möglich, die Funktion in einem zweiten Parameter `[Nummer]` anzuweisen, ab der wievielten Stelle in der Zeichenkette sie mit der Suche beginnen soll.
`italics()`	Diese Methode setzt eine über `string` definierte Zeichenkette den HTML-Container `<i>` und bewirkt eine kursive Schrift.
`lastIndexOf( Zeichen, [Nummer])`	Hier wird das letzte Vorkommen eines Zeichens oder einer Zeichenkette innerhalb der mit `string` spezifizierten Zeichenkette ermittelt. Die Rückgabe ist die Stelle, an der das Zeichen in der Zeichenkette steht. Die Zählung beginnt bei 0. Optional ist es möglich, die Funktion in einem zweiten Parameter `[Nummer]` anzuweisen, ab der wievielten Stelle in der Zeichenkette sie mit der Suche beginnen soll.
`link(Verweis)`	Die Methode erzeugt einen Verweis. Das Verweisziel, z.B. ein Dateiname oder eine URL-Adresse, wird als Parameter übergeben. Den Verweistext müssen Sie als Variable definieren.

Methode	Beschreibung
`replace(was, womit)`	Die Methode ersetzt den zuerst angegebenen Ausdruck durch den zweiten Ausdruck.
`search(was)`	Die Methode durchsucht den String nach der als Parameter angegebenen Zeichenkette. Falls die Zeichenkette nicht gefunden wird, wird der Wert `-1` zurückgeliefert, sonst ein davon verschiedener Wert.
`small()`	Diese Methode setzt eine über `string` definierte Zeichenkette in den HTML-Container `<small>` und bewirkt dadurch eine kleinere Schrift.
`strike()`	Diese Methode setzt eine über `string` definierte Zeichenkette in den HTML-Container `<s>` und bewirkt dadurch einen durchgestrichenen Text.
`sub()`	Diese Methode setzt eine über `string` definierte Zeichenkette in den HTML-Container `<sub>` und bewirkt eine tiefgestellte Schrift.
`substring(Von, Bis)`	Liefert eine Zeichenkette zurück, die einen Teil innerhalb einer über `string` definierten Zeichenkette darstellt. Als Parameter werden der Funktion der Beginn (`Von`) und das Ende (`Bis`) der zurückzugebenden Zeichenkette übergeben. Das erste Zeichen hat den Wert 0.
`sup()`	Diese Methode setzt eine über `string` definierte Zeichenkette in den HTML-Container `<sup>` und bewirkt dadurch eine kleinere Schrift.
`toLowerCase()`	Die Methode wandelt alle in der über `string` spezifizierten Zeichenkette enthaltenen Großbuchstaben in Kleinbuchstaben um.
`toUpperCase()`	Die Methode wandelt alle in der über `string` spezifizierten Zeichenkette enthaltenen Kleinbuchstaben in Großbuchstaben um.

8.17 Das Objekt Array

Was ein Array ist, wissen wir bereits aus den Abhandlungen der Javascript-Grundlagen. Dort hatten wir festgehalten, daß ein Array eine Sammlung von Variablen ist, die alle über einen Namen angesprochen werden können. Einzelne Einträge werden über den Namen und einen Index angesprochen. In Javascript gibt es ein eigenes Objekt, über das Sie eine Array-Instanz erzeugen können.

8.17.1 Eine Instanz des Objekts Array erzeugen

Das Objekt `Array` gehört zu den Objekten, deren Eigenschaften und Methoden wir hier nicht ansprechen. Die Erzeugung von Arrays und deren Verwendung als Aufbewahrungsplatz für Variablenwerte (etwa in Form von Objektfeldern oder zur Speicherung von Grafikobjekten) macht es jedoch notwendig, daß Sie wissen, wie man eine `Array`-Objektinstanz erzeugt. Ein Array wird nicht automatisch erzeugt und läßt sich auch nicht wie eine normale Variable einfach über das Schlüsselwort `var` generieren. Das Schlüsselwort `new` wird statt dessen zum Einsatz kommen.

Beispiel:

```
Tag_in_Woche = new Array(7);
```

In obigem Beispiel ist ein Array mit sieben Elementen erzeugt worden. Sie geben also die Anzahl der Elemente in dem Array bereits vor.

Sie können aber das Array auch erzeugen, indem Sie die Anzahl der enthaltenen Elemente noch offen lassen. In dem Fall unterbleibt einfach der Wert in den Klammern.

Beispiel:

```
Tag_in_Woche = new Array();
```

Was auch geht, ist die Zuweisung von Werten bereits bei der Erzeugung der Array-Objektinstanz.

Beispiel:

```
Tag_in_Woche = new Array("Mo", "Di", "Mi", "Sa", "So");
```

Die Anzahl der Vorgabewerte legt damit auch die Größe des Arrays fest.

Nachdem Sie eine Instanz des Array-Objekts erzeugt haben, können Sie es verwenden. Einem Element eines Arrays weisen Sie einfach einen Wert zu, indem Sie den Namen des Arrays, eine eckige Klammer auf, den Index und eine eckige Klammer zu angeben und dann wie gewöhnlich einen Wert zuweisen.

Wenn Sie als Element eines Arrays wieder ein Array setzen, erzeugen Sie ein mehrdimensionales Array. Dies erfolgt meist in zwei Schritten. Zuerst erzeugen Sie ein Array (etwa `meinArray = new Array(2)`), um dann durch erneute Verwendung von `new` jeder der dort definierten Variablen (Ansprache über Index, etwa `meinArray[1] = new Array (3)`) ein neues Array zuzuweisen. Auf Einträge des multidimensionalen Arrays greifen Sie über den Namen und zwei hintereinandergeschriebene eckige Klammerpaare zu (Beispiel `meinArray[1][2]` – greift auf das dritte Element im zweiten Array zu).

8.18 Das image-Objekt

Über das in der Javascript-Objekthierarchie unterhalb des `document`-Objekts liegende `image`-Objekt haben Sie Zugriff auf alle Grafiken in einer HTML-Seite. Dabei können Sie auch vorhandene Grafiken dynamisch durch andere Grafiken ersetzen.

8.18.1 Eine Instanz des Objekts image erzeugen

Sie können ein neues Grafikobjekt mittels des `new`-Schlüsselworts erzeugen, aber dies ist oft nicht notwendig, denn ein neues Grafikobjekt wird automatisch erzeugt, wenn der WWW-Browser eine Grafik in der HTML-Datei vorfindet. Jedes in einer Web-Seite vorhandene Grafikobjekt, das unter HTML mit dem `<IMG>`-Tag notiert wurde, wird in dem Objektfeld `images[]` gespeichert, über das Sie es mit einer Indexnummer – wie auch bei `elements[]` oder `forms[]` – oder mit dem Namen der Grafik ansprechen können.

Beispiel:

```
document.images[0]
document.[BildName]
```

Wenn Sie die Grafik über einen Namen ansprechen wollen, wird der im `<IMG>`-Tag über das Attribut `name` angegebene Name verwendet.

Die Verwendung des Schlüsselworts `new` zur Erzeugung von Grafikobjekten ist immer dann notwendig, wenn Sie nachträglich mit Javascript Grafiken in einer Web-Seite anzeigen möchten. Dazu benötigen Sie ein eigenes Grafikobjekt, das beim Laden der Seite durch den Browser natürlich noch nicht vorhanden sein kann.

Beispiel:

```
var meinBild = new Image();
```

Mit der so neu erzeugten Instanz können Sie dann wie sonst auch arbeiten.

8.18.2 Die Eigenschaften

Eigenschaft	Beschreibung
`border`	Angaben zum Rahmen um eine Grafik. Entspricht dem HTML-Attribut `border` im `<IMG>`-Tag. Achtung – Netscape Navigator und Internet Explorer reagieren verschieden auf die Verwendung.
`complete`	Ein Boolean-Wert der angibt, ob eine Grafik vollständig geladen ist (`true`) oder nicht (`false`).
`height` `width`	Die Höhe und Breite einer Grafik. Entspricht dem HTML-Attribut `height` bzw. `width` im `<IMG>`-Tag.
`hspace`	Der horizontale Abstand zwischen einer Grafik und ihren umgebenden Elementen. Entspricht dem HTML-Attribut `hspace` im `<IMG>`-Tag.
`lowsrc`	Der URL einer Grafik niedriger Qualität und damit geringem Datenumfangs, welche vor dem Anzeigen der tatsächlich gewünschten Grafik geladen und bereits angezeigt wird, während die endgültige Grafik noch übertragen wird. Das Attribut gibt es auch unter HTML als Erweiterung des `<IMG>`-Tags.
`name`	Der Name einer Grafik, wie er über das Attribut `name` im `<IMG>`-Tag angegeben wird. Über den Namen kann eine Grafik unter Javascript angesprochen werden.
`src`	Der URL der anzuzeigenden Grafikdatei. Entspricht dem HTML-Attribut `src` im `<IMG>`-Tag. Durch Neuzuweisung dieser Eigenschaft können Grafiken dynamisch neu angezeigt werden. Dabei wird aber ohne entsprechende zusätzliche Angabe der Höhe und Breite die neue Grafik mit der Breite und Höhe der ursprünglichen Grafik angezeigt.
`vspace`	Der vertikale Abstand zwischen einer Grafik und ihren umgebenden Elementen. Entspricht dem HTML-Attribut `vspace` im `<IMG>`-Tag.

8.18.3 Die Methoden

Methoden	Beschreibung
`handleEvent()`	Übergabe eines Ereignisses an ein Element, das in der Lage ist, auf das Ereignis zu reagieren (wird nur von Netscape verstanden).

Erstellen Sie die nachfolgende Datei IMAGE.HTM, in der wir auf Grund verschiedener Mausaktionen die Anzeige von Grafiken verändern.

```
<html>
<head>
<SCRIPT LANGUAGE="Javascript">
<!--
meinBild2 = new Image();
meinBild3 = new Image();
meinBild2.src = "Greenbul.gif";
meinBild3.src = "redbul.gif";
meinBild2.height=15;
meinBild3.height=15;
function bildgruen()
{
 document.Bild2.src=meinBild2.src;
}
function bildrot()
{
 document.Bild2.src=meinBild3.src;
}
function bildwechsel()
{
 if (document.Bild1.src==meinBild2.src)
 {
  document.Bild1.src=meinBild3.src;
 }
 else
 {
  document.Bild1.src=meinBild2.src;
 }
}
function bildgross()
{
 document.Bild3.height=20;
}
function bildklein()
{
 document.Bild3.height=15;
}
function bildborder()
{
 document.Bildns.border=5;
}
```

```
function bildnoborder()
{
 document.Bildns.border=0;
}
-->
</SCRIPT>
</head>
<BODY>
Bewegen Sie einfach den Mauszeiger auf den Knopf:
<a href="" onMouseOver="bildborder()"
onMouseOut="bildnoborder()">
<IMG src="redbul.gif" name="Bildns" border=0>
</a>
<BR>
Klicken Sie mehrmals auf den Knopf:
<IMG src="redbul.gif" name="Bild1" height=15
onClick="bildwechsel()">
<p>
Das funktioniert auch beim Netscape Navigator.
<BR>
Drücken Sie mal auf den Knopf und halten die Maustaste eine
Weile gedrückt:
<IMG src="redbul.gif" name="Bild2" height=15
onMouseDown="bildgruen()" onMouseUp="bildrot()">
<p>
Bewegen Sie einfach den Mauszeiger auf den Knopf:
<IMG src="redbul.gif" name="Bild3" height=15
onMouseOver="bildgross()" onMouseOut="bildklein()">
</body>
</html>
```

Zuerst haben wir zwei neue Bildinstanzen erzeugt (`meinBild2 = new Image();` und `meinBild3 = new Image();`), ihnen dann als Wert Bilder zugewiesen (`meinBild2.src = "Greenbul.gif";` und `meinBild3.src = "redbul.gif";`) und dann deren Höhe festgelegt (`meinBild2.height=15;` und `meinBild3.height=15;`). Beachten Sie, daß damit die Bilder noch nicht angezeigt werden.

Die nachfolgenden Funktionen weisen den Grafikobjekten jeweils spezifische Eigenschaften zu. Dabei verwenden wir Javascript-Techniken, die Ihnen mittlerweile geläufig sein müßten. Die Funktionen werden innerhalb des `BODY`-Teils über verschiedene Event-Handler aufgerufen.

Wenn Sie den Mauszeiger auf den ersten Knopf bewegen, wird dieser mit einem Rahmen angezeigt. Dabei werden die zugehörigen Funktionen (`bildborder()` für die Anzeige eines Rahmens und `bildnoborder()` für dessen Verschwinden) über die Event-Handler `onMouseOver` und `onMouseOut` innerhalb des Hyperlinks verwendet.

Die nachfolgenden Knöpfe verwenden verschiedene Event-Handler innerhalb des `IMG`-Tags. Bis auf einen Fall (gekennzeichnet) werden sie nur vom Internet Explorer verstanden.

Diese Techniken können Sie hervorragend dafür nutzen, eine Benutzerführung über sich verändernde Grafiken zu generieren.

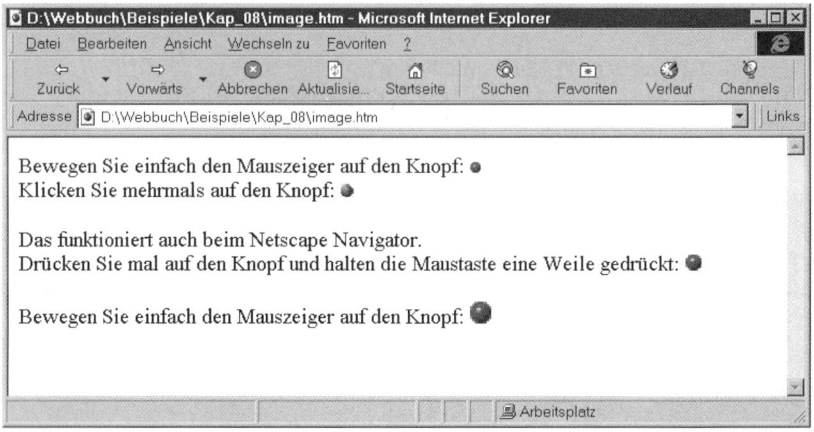

Bild 8.13: Veränderte Grafiken auf Grund von Anwenderaktionen

Wir werden noch eine kleine Übung mit Grafiken durchführen. Eine kleine Animation.

Erstellen Sie die Datei `ANIMAT.HTM`. Die verwendeten Grafiken finden Sie auf der beiliegenden CD in den Beispielen zu diesem Kapitel im Unterverzeichnis `IMAGES`. Sie sollten die Grafiken auch auf Ihrem Rechner in ein solches Unterverzeichnis des Verzeichnisses stellen, wo die HTML-Datei gespeichert ist.

```
<html>
<head>
<script language="Javascript">
<!--
 var bilder = new Array();
 var meldung = "Es wurden die folgenden Bilder geladen:\n";
 var i = 0;
```

```
function init()
{
 for (i = 1; i<19;i++)
 {
  var bilderURL = "images/img00" + i + ".gif";
  status = "Lade Bild " + bilderURL;
  bilder[i - 1] = new Image();
  bilder[i - 1].src=bilderURL;
  meldung = meldung + bilderURL + "\n";
 }
 status="Alle Bilder geladen";
 setTimeout('status=""',1000);
 alert(meldung);
}
function zeigeBilder()
 {
  if(i > 17) i = 0;
  document.images[1].src = bilder[i].src;
  i = i + 1;
  window.setTimeout("zeigeBilder()",50);
 }
-->
</script>
</head>
<BODY onLoad="init()">
Drücken Sie  auf den Startknopf:
<IMG src="redbul.gif" name="Startknopf" height=20
onMouseDown="zeigeBilder()">
<p  align="center">
<img src="images/img001.gif" width=80>
</body>
</html>
```

Wenn Sie nach dem Laden der Seite auf den roten Knopf drücken, zeigt dieses Beispiel eine sich drehende Erdkugel an. Die Übung ist aber als Grundlage für alle Animationen unter Javascript zu verwenden. Es werden eine Reihe von aufeinander abgestimmten Bildern geladen und nacheinander angezeigt, so daß der Eindruck einer Bewegung entsteht.

Bild 8.14: Die laufende Animation dreht eine Erdkugel

Sie können so etwas für eine Diashow auf Ihrer Seite verwenden, um in vorgegebenen Zeitintervallen verschiedene Werbebanner anzuzeigen oder einfach einen kleinen Trickfilm über die Aneinanderreihung von Bildern zu erzeugen. Dies ist ähnlich der Technik der animierten GIF-Bilder, wo die verschiedenen Sequenzen jedoch zu einem einzigen GIF-File zusammengefaßt werden, welches dann einfach über den `<IMG>`-Tag wie ein normales GIF-Bild angezeigt wird. Javascript erlaubt aber viel mehr Kontrolle über die anzuzeigenden Bilder und ist vor allem nicht auf das GIF-Format beschränkt. Die Bilder sollten nur aufeinander abgestimmt (Größe und gegebenenfalls Bewegungsfolgen) sein oder über entsprechende Objekteigenschaften bzw. HTML-Attribute des `IMG`-Tags angepaßt werden.

Analysieren wir jetzt die Datei. Im Script-Abschnitt wird als erstes ein Array definiert, welches die anzuzeigenden Bilder aufnehmen soll. Beachten Sie, daß wir dabei die Größe (d.h. die Anzahl der Elemente im Array) noch nicht festlegen (`var bilder = new Array();`). Danach erstellen und initialisieren wir zwei Variablen, welche wir im Laufe der Scripte verwenden wollen.

Die Funktion `init()` lädt die vorgesehenen Bilder in das Array. Sie wird als Initialisierungsfunktion im `BODY`-Tag der Web-Seite beim Laden der Seite ausgeführt. Dabei verwenden wir eine `for`-Schleife, die achtzehn Durchläufe hat und damit das Array auf achtzehn Elemente festlegt (Index 0 bis 17).

Beachten Sie die Zeile

```
var bilderURL = "images/img00" + i + ".gif";
```

Die Namen der Bilder sind alle ähnlich aufgebaut. Sie beginnen allesamt mit `img00` und haben die Erweiterung `gif`. Der restliche Name besteht nur aus aufeinanderfolgenden Zahlen (img0001, img0002 bis img0018). Das erlaubt eine Behandlung in Schleifen, indem wir den Namen aus den identischen Bausteinen und der Zählvariable zusammensetzen. Diese Technik ist grundsätzlich bei Animationen sehr effektiv.

Während des Ladens werden laufend Statusmeldungen über den Ladezustand in der Statuszeile angezeigt (status = "Lade Bild " + bilderURL;). Dies sieht man beim lokalen Laden von so kleinen Dateien kaum, aber bei größeren Dateien oder dem Laden aus dem Internet ist das schon von Bedeutung.

Die Anweisung (bilder[i - 1] = new Image();) erzeugt die konkreten Instanzen des image-Objekts. Beachten Sie, daß wir den Zählindex bei 1 beginnen lassen (wegen der Namen) und die Indexzuweisung des Arrays bei 0 beginnt (deshalb das i - 1). Anschließend wird der Grafikinstanz ein Bild zugewiesen (bilder[i - 1].src=bilderURL;) und die am Ende der Funktion auszugebende Meldung erweitert (meldung = meldung + bilderURL + "\n";).

Wenn die for-Schleife abgearbeitet ist, wird eine Meldung in der Statuszeile angezeigt. Diese wird über die Anweisung setTimeout('status=""',1000) nach ca. einer Sekunde wieder gelöscht[1]. Zum Abschluß zeigt ein Mitteilungsfenster die geladenen Bilder an.

Die Funktion zeigeBilder() wird über den Event-Handler onMouseDown beim Klick auf den roten Knopf ausgeführt. In der Funktion wird eine Zählvariable um eins erhöht, sobald ein im Bildarray gespeichertes Bild angezeigt wurde. Damit wird beim nächsten Aufruf der Funktion das nächste Bild angezeigt. Die am Anfang der Funktion notierte if-Anweisung sorgt dafür, daß die Zählvariable nicht größer als 17 wird und den Indexbereich des Arrays überschreitet. Die Wirkung ist, daß wieder das erste Bild angezeigt wird, wenn das letzte Bild des Arrays erreicht ist.

Beachten Sie die Zeile

```
window.setTimeout("zeigeBilder()",50);
```

welche einen andauernden Selbstaufruf der Funktion und damit eine Endlosschleife bewirkt. Auf dieser Zeile beruht der gesamte Ablauf der Animation. Die umgebende setTimeout-Funktion bremst den Ablauf der Bildfolge. Nur so lassen sich die Bilder in einer nicht zu schnellen Folge angeben. Wenn Sie den Bildaufruf ohne eine solche Verzögerung ablaufen lassen,

1 So ein Konstrukt ist von allgemeinem Interesse, denn eine einmal in der Statuszeile des Browsers angezeigte Meldung verschwindet so lange nicht, bis die Statuszeile wieder neu geschrieben wird.

werden sie viel zu schnell aufeinanderfolgend angezeigt. Ohne diese Verzögerungsfunktion blockieren Sie außerdem den Browser. Er wird unter Umständen nicht mehr auf Befehle reagieren, sondern vollständig mit der Anzeige der Bildsequenzen beschäftigt sein. Der Selbstaufruf der Funktion (also der Aufruf aus sich selbst heraus, eine sogenannte Rekursion, welche Sie oft in der Programmierung finden) ist kaum zu umgehen, weil nur damit die Verzögerung durch die `setTimeout`-Funktion zum Tragen kommt. Wenn Sie an Schleifen über `while` oder so denken – etwa der Form

```
function zeigeBilder()
 {
  i = 0;
  while(i < 18)
   {
    document.images[1].src = bilder[i].src;
    zeigeEinBild(i);
    i = i + 1;
    if(i > 17) i = 0;
   }
function zeigeEinBild(i)
 {
  window.setTimeout("document.images[1].src =
bilder[i].src",1000);
  return true;
}
```

werden die den Bildaufruf nicht richtig verzögern. Obwohl ein Aufruf noch nicht vollständig abgearbeitet ist, wird bereits der nächste Aufruf gestartet. Irgendwann wird der Browser wegen zu vieler noch offener Timeout-Prozesse streiken. Falls Sie es einmal ausprobieren wollen, laden Sie die Datei `ANIMAT2.HTM`. Diese wird im Navigator zuerst ganz vernünftig laufen und irgendwann eine Fehlermeldung bringen, im Explorer sogar gleich nach dem Start der Animation zu erheblichen Problemen führen.

8.19 Objektunabhängige Funktionen

Neben den objektgebundenen Methoden stehen Ihnen in Javascript eine ganze Reihe von objektunabhängigen Funktionen zur Verfügung. Wir wollen ein paar wichtige Funktionen durchsprechen.

Funktion	Beschreibung
eval(Zeichenkette)	Die Funktion betrachtet die übergebene Zeichenkette als Zahlen mit zugehörigen Operatoren und berechnet das Ergebnis.
parseFloat(Zeichenkette)	Die Funktion wandelt eine übergebene Zeichenkette in eine Kommazahl um und gibt diese als Ergebnis zurück.
parseInt(Zeichenkette)	Die Funktion wandelt eine übergebene Zeichenkette in eine Ganzzahl um und gibt diese als Ergebnis zurück.
isNaN()	Prüft den übergebenen Wert, ob er ein erlaubter numerischer Wert ist (Rückgabe true) oder nicht (false).
Number()	Konvertiert den Inhalt eines als Parameter übergebenen Objekts in eine Zahl und gibt die Zahl zurück. Wenn sich das übergebene Objekt nicht umwandeln läßt, wird NaN (Not a Number) zurückgegeben.
String()	Konvertiert den Inhalt eines als Parameter übergebenen Objekts in eine Zeichenkette und gibt diese zurück.
escape(Zeichenkette)	Wandelt alle Zeichen der übergebenen Zeichenkette in ihre ASCII-Zahlenwerte um, setzt vor jeden Wert das Trennzeichen »%« und gibt die so erzeugte Zeichenkette zurück. Es handelt sich um den Hexadezimalwert des Zeichens in der ASCII-Zeichentabelle.
unescape(Zeichenkette)	Die Funktion wandelt alle Zeichen der übergebenen Zeichenkette in normale ASCII-Zeichen um und gibt die so erzeugte Zeichenkette zurück. Die Zeichenkette muß für jedes umzuwandelnde Zeichen ein Prozentzeichen (%) und den Hexadezimalwert des Zeichens in der ASCII-Zeichentabelle enthalten.

8.20 Zusammenfassung

Wir haben uns in diesem Kapitel mit den Objekten von Javascript beschäftig. Dabei haben wir gesehen, daß Javascript eine ganze Reihe von objektunabhängigen Funktionen besitzt. Die meisten Vorgänge werden in Javascript jedoch über Objekte realisiert. Einige Objekte stehen Ihnen unter Javascript direkt zur Verfügung, und Sie können diese einfach über ihren Namen nutzen. Zugehörige Eigenschaften und Objektmethoden werden über die Punktnotation angesprochen.

Konkret nutzbare Instanzen von Javascript-Objekten entstehen meist automatisch durch ihre Referenzierung über HTML-Tags in einer Web-Seite. Sie lassen sich jedoch auch oft nach Laden der Web-Seite durch Sie über das Schlüsselwort `new` erzeugen. Dies ist bei selbstdefinierten Objekten auch zwingend. Viele Objekte werden in einem Array gespeichert (dem Objektfeld), über dessen Namen sie dann ansprechbar sind.

Viele der Javascript-Objekte stehen in einer Objekthierarchie zueinander. Dies bedeutet, ein Objekt ist die Ableitung eines anderen Objektes. Es erbt damit dessen Eigenschaften und Methoden und erweitert diese sinnvollerweise um irgendwelche zusätzlichen Funktionalitäten. Dieses Unterobjekt besitzt umgekehrt ein übergeordnetes Objekt. Wenn Sie ein solches in der Objekthierachie tiefer angesiedeltes Objekt ansprechen wollen, müssen Sie einfach dessen Elternobjekt über die Punktnotation mit angeben.

In diesem Kapitel wurden Sie auch wieder an einen weiteren Trick der hohen HTML-Schule herangeführt – Frames, also die Aufteilung des Anzeigebereichs eines Browsers in einzelne Segmente, die unabhängig mit Inhalt (irgendwelche anderen HTML-Dateien) gefüllt werden können. Die Frame-Technologie ist mittlerweile ein fester Bestandteil von HTML 4 und kann auch unter Javascript mittels des `frame`-Objekts genutzt werden. Mehrere Frames zergliedern den Anzeigebereich des Browsers. Sie bilden dennoch eigenständige Fenster mit allen HTML-Darstellungsmöglichkeiten, die dann jeweils die zweite Ebene – HTML-Dateien mit dem anzuzeigenden Inhalt – enthalten.

Eine HTML-Datei, welche als Indexdatei für eine Framestruktur verwendet werden soll, hat einen anderen Aufbau als eine gewöhnliche HTML-Datei. Der Tag `<FRAMESET>` ersetzt den `<BODY>`-Tag. Der Inhalt der Frames wird mit dem Tag `<FRAME>` und den Parametern `src= "[URL]"` und `name="[Name]"` spezifiziert. Über die `scr`-Angabe wird ein Link zum Inhalt des jeweiligen Frames gesetzt, `name` definiert einen internen Namen des Frames, über den es in Verweisen angesprochen werden kann. Jedes Frame kann in weitere Frames unterteilt werden.

Kapitel 9

Style-Sheets, Dynamic HTML und Javascript

Wir wollen in diesem abschließenden Kapitel zu sehr effektvollen Gestaltungsmitteln für das Web kommen. Dabei bewegen wir uns scheinbar wieder zu HTML zurück. Das ist aber nicht ganz korrekt. Die nachfolgenden Techniken tragen zwar teilweise HTML im Namen oder werden gerne zu HTML gezählt. Es handelt sich jedoch um eigenständige Techniken, die sich nur in HTML verankern. Wir haben die Situation, daß mit speziellen Tags in HTML die Verbindungen zu diesen Techniken geschaffen werden. Sie lernen in diesem Kapitel etwas über

- Style-Sheets
- Dynamic HTML
- Die Verbindungen zu Javascript

9.1 Web-Programmierung mit CSS

Das WWW entwickelt sich permanent weiter. So brachte HTML 4 eine Fülle von Fortschritten. Einige Details haben wir schon gesehen, viele der Erweiterungen werden jedoch für Einsteiger kaum interessant sein, sind zu kompliziert, nur für kommerzielle Anwendungen wichtig oder zu speziell. Für andere Neuerungen ist es höchstens wichtig, daß Sie sie zumindest kennen und wissen, was für Befehle zu vermeiden sind, wenn Sie abwärtskompatibel arbeiten wollen. Eine wichtige Erweiterung des HTML-Konzepts ist jedoch auch für Einsteiger sehr interessant – das Konzept der Style-Sheets, welche jedoch nicht direkt zu HTML gehören.

9.1.1 Was sind Style-Sheets?

Style-Sheets sind der Versuch, der unterschiedlichen Interpretation von Web-Seiten auf verschiedenen Plattformen einen Riegel vorzuschieben. Wie Sie sich sicher erinnern, werden HTML-Anweisungen sehr oft unterschiedlich dargestellt[1]. Über Style-Sheets kann nun das Layout von Web-Seiten haargenau festgelegt werden. Genaue Schriftgröße, pixelgenaue Position von Elementen, auf die Nuance genau eingestellte Farben usw.

Wenn Sie meinen bisherigen Ausführungen gefolgt sind, werden Sie jetzt sicher mißtrauisch. Sie haben damit recht. Style-Sheets bewegen sich auf sehr dünnem Eis, denn sie setzen bei der Zielplattform eine erhebliche Kompatibilität zu einem vorgegebenen Standard voraus. Es müssen diverse Schriften installiert sein (die auch über Standardnamen angesprochen werden können), die Grafikkarte muß relativ leistungsfähig sein, es müssen eine Mindestanzahl von Farben dargestellt werden können, die Auflösung darf nicht zu gering sein. Wenn ein Anwender eine Seite mit Style-Sheets auf seinen Rechner lädt, gibt es nur das Prinzip »Vogel friß oder stirb«. Die Verwendung von Style-Sheets reduziert also bewußt die Zahl der Besucher, die etwas Sinnvolles sehen können.

Auf der anderen Seite stehen aber zahlreiche Vorteile von Style-Sheets. Neben den erheblich erweiterten Gestaltungsmöglichkeiten heben Style-Sheets das Vermischen von Gestaltungsbefehlen und Informationsträgern auf. Es kann eine klare Trennung von Struktur und Layout erreicht werden. Das Beispiel Formatvorlagen aus Textverarbeitungssystemen ist sehr verwandt. Einige bisherige Gestaltungelemente, welche unter normalem HTML in der Web-Seite an der Stelle verwendet werden, wo eine Layoutveränderung veranlaßt werden soll (etwa der HTML-Tag `FONT`), werden bei konsequenter Anwendung von Style-Sheets überflüssig. Die Browser unterstützen die bisherigen Layout-Tags gleichwohl nach wie vor, und das wird auch über einige Jahre so bleiben[2].

Es gibt diverse Ansätze für die Definition von Style-Sheets, also verschiedene Sprachen. Die genauen Regeln für die Style-Sheets werden je nach verwendeter Style-Sheet-Sprache etwas differieren. Wir werden uns nur mit den sogenannten CSS beschäftigen.

---

1 Microsoft versucht Netscape eins auszuwischen und umgekehrt und so fort.

2 Ich lehne mich einfach einmal so weit aus dem Fenster :-).

9.1.2 Was sind CSS?

Im Januar 1997 hat das W3C zu Style-Sheets klare Aussagen getroffen und eine verbindliche Empfehlung für deren konkrete Anwendung erstellt – die sogenannten Cascading Style-Sheets (abgekürzt CSS oder in manchen Quellen auch mit CCS – da ist die Literatur leider nicht ganz eindeutig[1]), welche derzeit in der Version CSS1 vorliegen.

Sie finden die vollständige Dokumentation im Internet unter der Adresse `http://www.w3.org/TR/REC-css1/`.

Style-Sheets in der CSS-Version sind damit kein direkter Bestandteil von HTML, sondern wie alle Style-Sheets eine eigene Sprachentwicklung, die offiziell in HTML verwendet werden soll, wenn dort mit Style-Sheets gearbeitet wird.

Leider haben die neuen Browser von Microsoft und Netscape diese CSS1-Empfehlung zwar beide implementiert und halten sich auch in den Kernbereichen an alle Vorschläge zur Umsetzung. Es gibt jedoch auch in der CSS1-Empfehlung viele Implementierungsdetails, die interpretationsfähig sind. Selbstverständlich interpretieren die beiden konkurrierenden Browser diese Details unterschiedlich, wodurch ein wesentlicher Vorteil von Style-Sheets – die exakte Layoutkontrolle – wieder ad absurdum geführt wird.

Daneben muß leider vorausgeschickt werden, daß weder der Navigator 4.07 noch der Internet Explorer 4.0 den CSS1-Standard vollständig unterstützen. Es gibt immer noch zahlreiche Anweisungen und Attribute, die der eine oder der andere oder gar beide Browser nicht verstehen. Insgesamt kann der Internet Explorer aber besser mit dem CSS1-Standard umgehen als der Navigator.

Netscape hat übrigens auch eine eigene Style-Sheets-Sprache entwickelt, welche JSSS genannt wird und vom Navigator zusätzlich verstanden wird. Diese ist vom Leistungsumfang her vergleichbar mit dem CSS1-Standard und unterscheidet sich weitgehend nur in der konkreten Schreibweise der Anweisungen.

1 Wir werden CSS verwenden.

ACHTUNG

Schon seit längerer Zeit gibt es ein Diskussionspapier (Working Draft – WD) für einen neuen Style-Sheets-Standard – die Version CSS2. Sie finden diesen Vorschlag unter der Internetadresse `http://www.w3.org/TR/WD-css2/`. Seit März 1998 gibt es diese Version 2.0 zwar offiziell (`http://www.w3.org/TR/PR-CSS2/`), aber wie bei allen Verabschiedungen des W3C üblich dauert die konkrete Umsetzung in den Browsern eine ziemlich lange Zeit, weshalb die CSS1-Version noch eine Zeit ihre Daseinsberechtigung haben sollte. Und wie wir eben gerade festgehalten haben, sind selbst die dort getroffenen Vereinbarungen nicht vollständig in den aktuellen Browsern von Microsoft und Netscape integriert, und außerdem reichen die dortigen Möglichkeiten für die meisten Anwender aus. Da die CSS2-Version abwärtskompatibel ist, werden Sie sowieso keine Unterschiede feststellen, wenn Sie Anweisungen verwenden, die bereits im CSS1-Standard integriert waren.

Um eine Style-Sheet-Sprache wie CSS zu verwenden, müssen Sie diese einer HTML-Seite hinzufügen. Dies kann dadurch geschehen, daß Sie Style-Sheets in eine Seite einbetten (linken) oder aus einer externen Datei laden (importieren). Eine externe Lösung ist im Sinne von SGML eleganter und besitzt den Vorteil, daß die Formatdaten in einer eigenen Datei stehen und den Quelltext einer HTML-Seite nicht vergrößern. Dies ist zum einen übersichtlicher, zum anderen muß eine externe Style-Sheets-Datei nur einmal über das Internet übertragen werden und steht dann verschiedenen Web-Seiten eines Projekts zur Verfügung, wenn diese allesamt auf diese externe Style-Sheets-Datei zugreifen. Eine interne Lösung über eingebettete Style-Sheets hält alle Informationen über eine Web-Seite zusammen und erlaubt schneller Änderungen.

Die Verwendung von Style-Sheets wird gelegentlich in dem Header einer HTML-Datei als Metainformation dokumentiert. Dazu wird der `META`-Tag mit dem `http-equiv`-Parameter verwendet. Um beispielsweise die Verwendung von Cascading Style-Sheets zu dokumentieren, fügen Sie die folgende Deklaration in den HEAD-Teil Ihres Dokuments ein:

```
<META http-equiv="Content-Style-Type" content="text/css">
```

Zur tatsächlichen Definition von Style-Sheets stehen Ihnen vier Techniken zur Verfügung:

- Die wohl meistgebrauchte Technik zur Einbindung eines Style-Sheets in eine Web-Seite erfolgt über den `STYLE`-Container, einen reinen HTML-Container. In dessen Innerem – meist in Kommentare eingeschlossen, damit für ältere Browser die Anweisungen verborgen werden – werden alle Elemente definiert, denen ein besonderes Layout zugewiesen werden soll. Das Style-Sheet wird konkret in den Header der HTML-Datei mit dem Tag STYLE so eingebunden:

```
<STYLE TYPE="text/css">
<!--... irgendwelche Anweisungen ... -->
</STYLE>
```

Die im Inneren möglichen Anweisungen werden wir natürlich gleich intensiver angehen. Hier nur ein kleines Beispiel, mit dem die Hintergrundfarbe und die Schriftfarbe auf einer Web-Seite verändert wird: `BODY { background-color: red; color: yellow}`

- Über den Tag STYLE ist neben der Einbettung von Style-Sheets auch die Benutzung einer externen Style-Sheets-Datei (eine Datei mit der Erweiterung CSS) möglich. In dieser Datei stehen dann alle Elemente, denen ein besonderes Layout zugewiesen werden soll und die dann in der HTML-Datei verwendet werden können. Der CSS1-Entwurf definiert dafür die Anweisung @import. Die Syntax würden so aussehen:

```
<STYLE TYPE="text/css">
 @import url([URL einer Datei mit CSS-Informationen]);
<!--... irgendwelche Anweisungen ... -->
</STYLE>
```

- Die über den URL angegebene Datei kann relativ adressiert werden, wenn sich die CSS-Datei in dem gleichen Verzeichnis wie die HTML-Datei befindet. Auch sonst gelten sämtliche Regeln, welche bei der Verwendung eines URL bei anderen Techniken (Links, Grafiken, ...) gültig sind.

  Bei dieser Form des externen Einbindens von Style-Sheets müssen Sie beachten, daß verschiedene Browser sie nicht unterstützen. Der Netscape-Navigator 4.07 versteht die Anweisung nicht, der Internet Explorer 4.0 hingegen schon.

- Es gibt auch die Möglichkeit, einen Verweis auf ein externes Style-Sheet mit Hilfe der folgenden Syntax vorzunehmen:

```
<LINK TYPE="text/css" REL=stylesheet HREF="[URL einer Datei
mit CSS-Informationen]" TITLE="[Name des Style-Sheets]">
```

  Diese Zeile wird in den Header der HTML-Seite geschrieben.

- Eine Style-Sheet-Anweisungen kann auch als Inline-Definition eines HTML-Elements verwendet werden. Dies bedeutet, über einen zusätzlichen STYLE-Parameter innerhalb des HTML-Tags wird ein Attributwert gesetzt und die Stilinformation gilt ausschließlich innerhalb des definierten Containers.

Beispiel, in dem die Schriftfarbe in dem Absatz auf Grün gesetzt wird:

```
<P STYLE="color : green">
```

Optional kann über den `TYPE`-Parameter noch der Typ der Style-Sheets definiert werden.

Beispiel:

```
<P type="text/css" style="font-size: 12pt; color: red">
```

Browser, welche Style-Sheets verstehen, haben eine Default-Style-Sheet-Sprache (dies ist in der Regel CSS1). Falls die Angabe des `TYPE`-Parameters unterbleibt, wird der Default-Style-Sheet des Browsers verwendet. Eine explizite Deklaration ist jedoch in jedem Fall zu empfehlen.

Wenn Sie Style-Sheets in eine Seite linken oder importieren, wird die jeweils letztgenannte Stileinstellung für ein bestimmtes Element verwendet. Es gibt zwar die Möglichkeit, die Priorität einer Stilinformation über einen Modifier (`important`) zu erhöhen, aber dies ist so speziell, daß wir nicht weiter darauf eingehen. Auch die Spezialitäten des `LINK`-Elements bei der Verwendung von mehreren Stilinformationen lassen wir außer acht.

Sie können also mit den verschiedenen Techniken Stileinstellungen für ganze Projekte, einzelne Web-Seiten, bestimmte Abschnitte einer Seite oder nur einzelne Elemente vornehmen.

Wenden wir uns ein paar kleinen Übungen zu, damit Sie Style-Sheets einmal in der Praxis ausprobieren können. Wir greifen ein bißchen vor, weil Sie noch keine konkreten Anweisungen für Stilangaben kennen, aber das klären wir später. Es wird aber auch weitgehend selbsterklärend sein, denn die CSS-Sprachelemente sind sehr stark den üblichen HTML-Anweisungen angelehnt.

Erstellen Sie am besten ein eigenes Verzeichnis, in dem Sie alle Style-Sheets-Übungen speichern. Danach speichern Sie dort unter dem Namen `STIL1.HTM` unsere erste Datei mit Style-Sheets:

```
<html>
<body>
Hier ist ein Absatz ohne Style-Sheets Ganz normaler Text.
<P type="text/css" style="font-size: 18pt; color: red">Hier im
Absatz gelten die Style-Sheet-Stilinformationen.</p>
Danach ist wieder alles in der Standardschrift.
```

```
</body>
</html>
```

Dies ist die Variante mit den inline-Stilinformationen. Das Attribut `style` spezifiziert die Stilinformation des aktuellen Elements – einen Absatz. Es wird die Schriftgröße 18pt und die Schriftfarbe Rot gesetzt. Nur für den Absatz, wo sie als Erweiterung des Tags definiert worden sind, haben die Stilinformationen Gültigkeit.

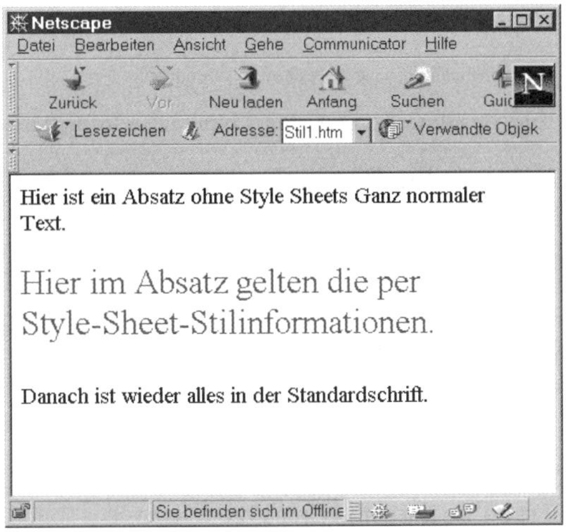

Bild 9.1: Der zweite Absatz hat eigene Stilinformationen

Erstellen Sie die folgende HTML-Datei, und speichern Sie sie unter dem Namen `STIL2.HTM`:

```
<html>
<head>
<STYLE TYPE="text/css">
<!--
H2 {color : green}
-->
</STYLE>
</head>
<body>
<H2>Dies ist eine Headline mit Stilinformationen</H2>
Hier ist ein Absatz ohne Style-Sheets. Ganz normaler Text.
<H3>Eine Headline der Ordnung 3 ohne Stilinformationen</H3>
<H2>Wieder eine Headline der Ordnung 2 mit
Stilinformationen</H2>
</body>
</html>
```

Dieses Mal haben wir die Variante mit den Stilinformationen über den STYLE-Tag im Header. Die Farbe sämtlicher Überschriften der Ordnung 2 (kommt im Beispiel zweimal vor) wird auf Grün gesetzt.

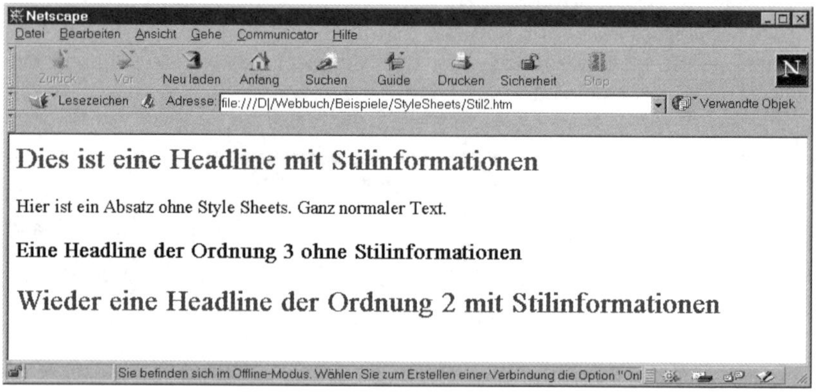

Bild 9.2: Global veränderte Überschriftfarbe bei Ordnung 2

Erstellen Sie die folgende HTML-Datei, und speichern Sie sie unter dem Namen STIL3.HTM:

```
<html>
<head>
<LINK  TYPE="text/css" REL=stylesheet HREF="meinestyles.css"
TITLE="Meine Stilinfos">
</head>
<body>
<H2>Dies ist eine Headline mit Stilinformationen</H2>
Hier ist ein Absatz ohne Style-Sheets. Ganz normaler Text.
<H3>Eine Headline der Ordnung 3 ohne Stilinformationen</H3>
<H2>Wieder eine Headline der Ordnung 2 mit
Stilinformationen</H2>
</body>
</html>
```

War das alles? Oder fehlt da noch was? Natürlich – wir importieren Stilinformationen aus einer Datei. Diese muß noch erstellt werden. Woher sollte denn sonst die Stilinformation für die Überschrift der Ordnung 2 kommen. Erstellen und speichern Sie die folgende Datei in Klartext. Der Name der Datei sollte Ihnen klar sein. Sie finden ihn in dem LINK-Tag:

```
H2 { background-color: blue; color: white }
```

Dieses Mal haben wir die Variante mit den Stilinformationen über den LINK-Tag im Header. Darüber wird die Datei mit Namen MEINESTYLES.CSS eingebunden. Darin finden Sie die Stilinformation, welche die Schriftfarbe sämtlicher Überschriften der Ordnung 2 (kommt im Beispiel zweimal vor) auf Weiß setzt, die Hintergrundfarbe dieser Überschriften der Ordnung 2 auf Blau.

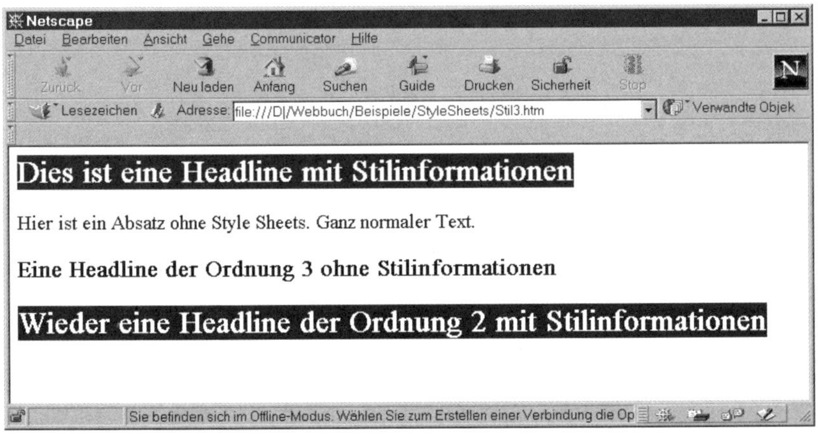

Bild 9.3: Externe Stilinformationen

Nehmen Sie die folgende HTML-Datei `STIL3.HTM`, und speichern Sie sie unter dem Namen `STIL4.HTM` erneut ab. Anschließend verändern Sie sie wie folgt:

```
<html>
<head>
<STYLE TYPE="text/css">
<!--
@import url(meinestyles.css);
-->
</STYLE>
</head>
<body>
<H2>Dies ist eine Headline mit Stilinformationen</H2>
Hier ist ein Absatz ohne Style-Sheets. Ganz normaler Text.
<H3>Eine Headline der Ordnung 3 ohne Stilinformationen</H3>
<H2>Wieder eine Headline der Ordnung 2 mit
Stilinformationen</H2>
</body>
</html>
```

Die Datei `MEINESTYLES.CSS` mit dem Inhalt

```
H2 { background-color: blue; color: white }
```

muß natürlich noch vorhanden sein.

Dieses Mal haben wir die Variante mit den Stilinformationen über den `STYLE`-Tag im Header. Darüber wird wie in der Übung zuvor die Datei mit Namen `meinestyles.css` eingebunden. Sie werden jedoch sehen, daß der Netscape Navigator 4.07 die Stilinformationen nicht anwendet.

Bild 9.4: Der Navigator versteht diese Anweisungen nicht

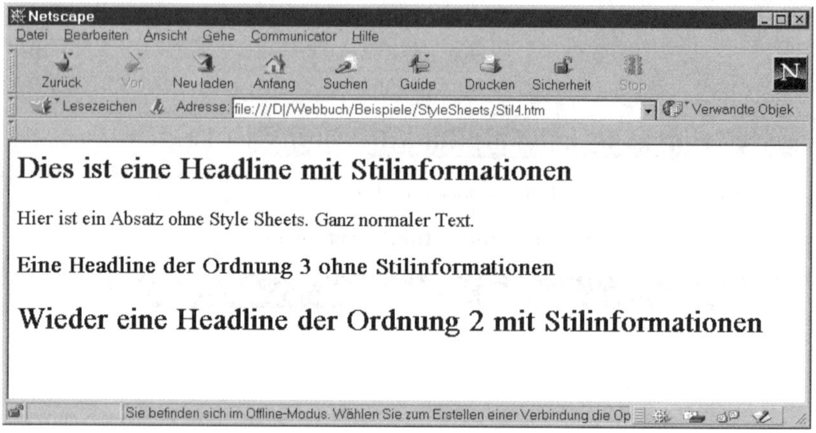

Der Internet Explorer 4.0 übernimmt die Stilinformationen für die Überschriften der Ordnung 2.

Bild 9.5: Der Internet Explorer kann es besser

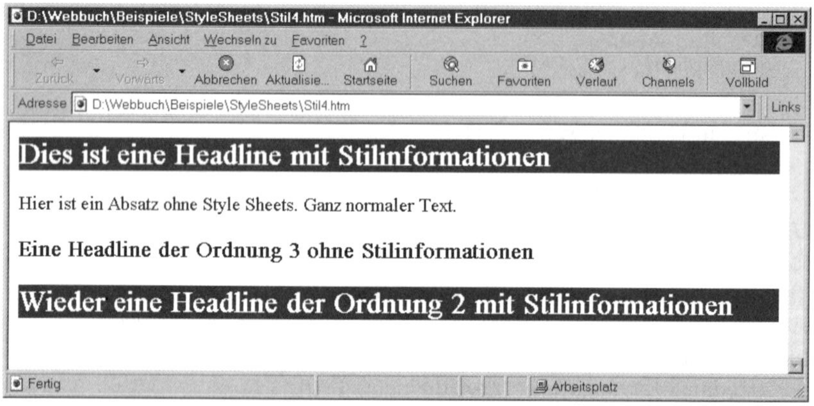

9.1.3 Die Anwendung von Stilformatierungen

Wenn Sie einmal global Stile deklariert haben, können Sie diese überall in einer Web-Seite anwenden. Sie müssen bloß das Element wie in normalem HTML auch in die Web-Seite schreiben, und die neuen Stilformatierungen werden angewandt.

Schauen Sie sich noch mal die HTML-Datei `STIL3.HTM` an.

Die Stilformatierung für die Überschriften der Ordnung 2 kommt an zwei Stellen vor. Sie wird einfach angewandt, indem der Tag an die Stelle geschrieben wird, wo er benötigt wird.

Wenn Sie eine Stilinformation inline deklarieren, wird sie damit bereits auf das betroffene Element angewandt, und sie steht auch nur dort zur Verfügung.

Schauen Sie sich noch mal die HTML-Datei `STIL1.HTM` an.

Hier haben wir eine solche Inline-Stilinformation. Nur für den Absatz, wo sie als Erweiterung des Tags definiert worden sind, haben die Stilinformationen Gültigkeit. Sie werden dort auch unmittelbar angewandt.

9.1.4 Die konkrete Syntax von CSS-Deklarationen

Ihnen wird an den wenigen Beispielen aufgefallen sein, daß die Syntax einer CSS-Deklaration immer gleich aussieht. Es gibt immer den übereinstimmenden Aufbau:

```
name : wert
```

Dabei gibt `name` das zu formatierende Element (der sogenannte *Selector*) an und `wert` die konkrete Stilinformation. Mehrere Deklarationen werden durch Semikolon getrennt. In vielen Situationen werden die Werte auch in geschweifte Klammern gesetzt.

Beispiel:

```
H1 {border-width: 1; border: solid; text-align: center}
```

Für die Überschrift der Ordnung 1 werden Ränder definiert und der Text zentriert ausgerichtet.

Der Selector ist bis auf wenige Ausnahmen[1] einer der existierenden HTML-Tags. Er kann durch einem Punkt abgetrennt um die optionale Angabe `class` erweitert werden. Dies ist die Festlegung der Eigenschaften für eine Instanz eines Elements[2]. Dabei legt man eine Klasse fest und verwendet diese bei der Stilzuweisung. Für `class` kann jeder beliebige Name genommen werden. Damit ist es möglich, verschiedene Stile für ein Element zu erstellen. Der ursprüngliche Selector, welcher vor dem Punkt steht, ist das Elternelement zu dieser Instanz.

---

1 die uns nicht weiter interessieren sollen

2 Die Terminologie stammt aus der objektorientierten Programmierung. Damit werden Sie bei Javascript noch häufig in Berührung kommen.

Die Angabe `class` kann auch alleine in der Stildeklaration auftauchen. In diesem Fall muß nur ein Punkt vorangestellt werden und bei der konkreten Verwendung ein HTML-Element um den so benannten, neuen Parameter erweitert werden. Dies hört sich sehr abstrakt und wahrscheinlich unverständlich an. Mit einem Beispiel wird es aber leicht klar. Probieren wir das einmal in einer Übung aus.

Erstellen Sie die folgende HTML-Datei (`STIL5.HTM`):

```
<HTML>
<HEAD>
 <TITLE>Style-Sheets</TITLE>
 <STYLE TYPE="text/css">
 <!--
 H1 { color : white }
 H1.neuefarbe { color : blue}
 H1.nocheinefarbe { color : green}
 BODY { background : gray }
 .nurclass {background : red; color : yellow}
 -->
 </STYLE>
</HEAD>
 <BODY>
 <H1>Die Überschrift H1 mit normalen Style-Sheets</H1>
 <H1 CLASS=neuefarbe>Eine H1-Überschrift mit der Class-
Information neuefarbe</H1>
 <P>Normaler Text und <i CLASS=nurclass>darin veränderte
</i>Farbe.
 <H1 CLASS=nocheinefarbe>Eine H1-Überschrift mit der Class-
Information nocheinefarbe</H1>
 </BODY>
 </HTML>
```

Die Übung verwendet schon sehr viel CSS. Was passiert hier alles?

Im `STYLE`-Container wird zuerst eine Stilinformation (Schriftfarbe Weiß) für alle Überschriften der Ordnung 1 vereinbart (`H1 { color : white }`). Danach wird über eine mit Punkt abgetrennte `class`-Erweiterung ein Unterstil (Schriftfarbe Blau) für die Überschriften der Ordnung 1 vereinbart (`H1.neuefarbe { color : blue}`). Die Angabe (`H1.nocheinefarbe { color : green}`) deklariert noch einen zweiten Unterstil (Schriftfarbe Grün) für die Überschriften der Ordnung 1. Die vorletzte Stildeklaration im `STYLE`-Container legt die Hintergrundfarbe der Web-Seite fest (`BODY { background : gray }`). Interessant ist die letzte Stildeklaration im `STYLE`-Container. Die

Angabe .nurclass {background : red; color : yellow} deklariert eine Stilinformation (rote Hintergrundfarbe und gelbe Textfarbe), die bei Bedarf an jedes HTML-Element als neu definierter Parameter angehängt werden kann.

Innerhalb des BODY-Bereichs werden die vereinbarten Stilinformationen nun angewandt. Der normale Tag <H1> wird wie immer verwendet, hat nur die in den Stilinformationen abgeänderten Auswirkungen. Die beiden Unterstile werden über einen neuen Parameter in dem <H1>-Tag angewandt:

```
<H1 CLASS=neuefarbe>
```

wendet die blaue Schriftfarbe an und

```
<H1 CLASS=nocheinefarbe>
```

die grüne. Die Zeile

```
Normaler Text und <i CLASS=nurclass>darin veränderte </i>Farbe.
```

ist besonders interessant. Im normalen Textfluß wird der Tag zur Erzeugung von kursiver Schrift angewandt. Er ist nur um den im STYLE-Container erzeugten Parameter erweitert, der in den <I>-Container eingeschlossene Text wird mit roter Hintergrundfarbe und gelber Textfarbe darstellt.

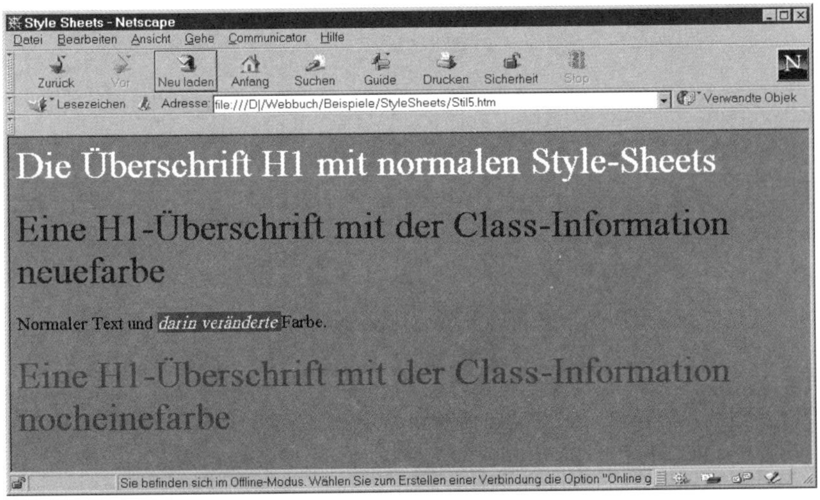

Bild 9.6: Verschiedene Stile

Die Festlegung von Klassen bei Stilvereinbarungen ist besonders deshalb interessant, weil Sie unter Javascript über die Angabe className auf diese Stilvereinbarungen zugreifen können.

Sie können Style-Sheets auch über eine sogenannte ID auswählen. Dies wird zwar vom W3C nicht empfohlen, aber von sämtlichen Browsern unterstützt. Sie ordnen damit eine Formatierung einem bestimmten Element (keiner Elementklasse wie eben) zu. Das funktioniert, indem bei der Deklaration eine Raute (#) statt eines Punkts vorangestellt wird (etwa P#meineID {color : red}). Anwenden kann man diese ID, indem man statt class id dem jeweiligen Element als Parameter nachstellt (im Beispiel wäre das so: <P id=meineID>).

Wenn Sie verschiedene Selectoren zusammen in einer Stilinformation deklarieren, bilden sie eine Gruppe. Die einzelnen Selectoren werden durch Kommata voneinander getrennt und bekommen alle die jeweilig angegebenen Stile zugeordnet. Nicht explizit angegebene Attribute werden davon nicht beeinflußt.

Erstellen Sie die Datei STIL6.HTM:

```
<html>
<head>
<STYLE TYPE="text/css">
<!--
H1, H3, H5, H6 { color: red }
-->
</STYLE>
</head>
<body>
<H1>Überschrift 1</H1>
<H2>Überschrift 2</H2>
<H3>Überschrift 3</H3>
<H4>Überschrift 4</H4>
<H5>Überschrift 5</H5>
<H6>Überschrift 6</H6>
</body>
</html>
```

Sie werden feststellen, daß die Überschriften der Ordnung 1, 3, 5 und 6 mit veränderten Farben dargestellt werden, während die anderen beiden unverändert in der Standardschriftfarbe verbleiben. Die übrigen Details der Überschriften (Größe) sind unverändert.

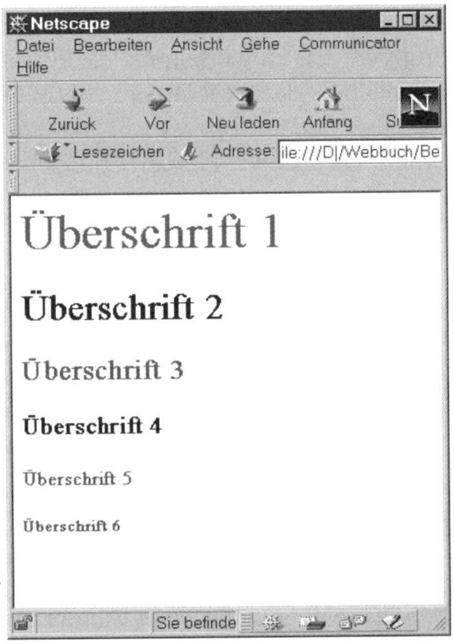

Bild 9.7: Viermal verändert

Beachten Sie auch bei der Verwendung von Stilinformationen, daß nicht jeder Browser mit allen Informationen zurechtkommt.

Wenn immer Sie ein über Style-Sheets global definiertes Element verwenden (etwa die Überschrift `H1` im Beispiel), werden die CSS-Deklarationen greifen. Wenn Sie das nicht wünschen, können Sie die CSS-Deklarationen mit einer Inline-Deklaration wieder überschreiben. Diese Inline-Deklaration ist auch dann sinnvoll, wenn ein Element nur ein oder zweimal verändert werden soll.

9.1.5 Stil-Formatierungen mit CSS-Style-Sheets

Wir wissen jetzt, wie Sie Stilinformationen erstellen können. Innerhalb der Definition für jeden Selector können die unterschiedlichsten Attribute (genaugenommen sind es Attributklassen) verwendet werden. Wir wissen ebenso, wie Sie diese so erstellten Stilformatierungen innerhalb einer Web-Seite anwenden können. Untersuchen wir nun einmal die Angaben, welche Sie zum Formatieren unter dem CSS-Modell anwenden können.

Das Formatierungsmodell in CSS-Style-Sheets teilt HTML-Elemente in zwei Gruppen ein. Es gibt einmal die Elemente, die einen abgesetzten Textblock darstellen – dazu zählen im wesentlichen Überschriften, Listen, Absätze usw. Der andere Typ von Elementen sind diejenigen, welche im Fließtext stehen, dazu zählen Hervorhebungen (`EM`, `I`, `STRONG`) und auch Links (`A`).

Bei den Stilattributen gibt es feste Regeln, die angewendet werden, wenn es zu Konflikten zwischen Stilen auf einer Seite kommt oder wenn Sie Attribute auf Elemente anwenden, die dieses Attribut nicht umsetzen können:

1. Die vereinbarten Stildeklarationen werden angewendet, wenn der Selector vernünftige Attributwerte hat. Kann die Deklaration nicht angewandt werden, wird die Deklaration des Elternelements verwendet. Gibt es kein solches Elternelement, kommen die Standardeinstellungen des Browsers zum Tragen.
2. Gibt es mehrere Deklarationen zu einem Element, hat der Stil Vorrang, der über den Modifier `important` markiert ist.
3. Stilvereinbarungen eines Autors einer Web-Seite haben höhere Priorität als Stilvereinbarungen des Besuchers einer Web-Seite. Diese wiederum überschreiben Standardeinstellungen des Browsers.
4. Globale Stilinformationen werden von lokalen überschrieben.
5. Gibt es mehrere Deklarationen mit gleicher Priorität zu einem Element, hat der Stil Vorrang, der als letztes vereinbart wurde.

Die folgenden Tabellen sind eine Auswahl von wichtigen Eigenschaften der CSS sowie eine Auflistung der erlaubten Werte. Der Wertebereich umfaßt sowohl Konstanten wie `large`, `medium` oder `small` samt ihren Abarten für Schriftgrößen als auch Längenangaben als absolute Werte (Pixel, Zentimeter, Millimeter, Zoll, Punkt, Pica) oder relativ (prozentuale Angaben) zu einer Referenzgröße (meist die Größe des Standardzeichensatzes). Des weiteren können Farben in der RGB-Notation oder durch Angabe eines Farbnamens festgelegt werden und URLs über grafische Angaben (Beispiel: url(/images/ente1.jpg) für Hintergrundgrafiken).

HINWEIS

Die nachfolgenden Attribute mit ihren erlaubten Werten werden nicht alle von jedem Browser verstanden. Auch kann die Darstellung teilweise erhebliche Unterschiede in verschiedenen Browsern aufweisen.

Schriftformatierungen

Eigenschaft	Beschreibung	Wertebereich	Beschreibung
`font-size`	Schriftgrößen	`xx-small`	Relativ in bezug zu den anderen Größen der Familie kleinste Schriftgröße
		`x-small`	Relativ in bezug zu den anderen Größen der Familie sehr kleine Schriftgröße
		`small`	Relativ in bezug zu den anderen Größen der Familie kleine Schriftgröße
		`medium`	Relativ in bezug zu den anderen Größen der Familie mittlere Schriftgröße
		`large`	Relativ in bezug zu den anderen Größen der Familie große Schriftgröße
		`x-large`	Relativ in bezug zu den anderen Größen der Familie sehr große Schriftgröße
		`xx-large`	Relativ in bezug zu den anderen Größen der Familie größte Schriftgröße
		`larger`	Relativ zum Elternstil größer
		`smaller`	Relativ zum Elternstil kleiner
		Länge	Faktor, der mit der ursprünglichen Schriftgröße multipliziert wird. Einheit ist ein *Em*, was der Platz ist, der von dem Buchstaben *M* eingenommen wird.
		Prozentwert	Multiplikationsfaktor mit der Größe der Elternschrift (in Prozent).
		Absolutangabe	Absoluter Zahlenwert in einer Einheit für die Textgröße (Pixel, Zentimeter, Millimeter, Zoll, Punkt, Pica).

Eigenschaft	Beschreibung	Wertebereich	Beschreibung
font-family	Angabe einer ganzen Gruppe von Schrifttypen (Schriftfamilie). Mehrere Schriftfamilien werden durch Komma getrennt.	serif	Schriften mit Häkchen an den Linien (z.B. Times).
		sans-serif	Schriften ohne Häkchen an den Linien (z.B. Helvetia).
		cursive	Geneigte Schriften.
		fantasy	Dekorative Schriften.
		monospace	Nichtproportionale Schriften
		Angabe einer konkreten Schrift	(Times, Helvetica, ...).
font-weight	Festlegung, wie fett eine Schrift dargestellt wird.	normal	Mittlere Gewichtung.
		bold	Fette Darstellung.
		bolder	Verstärkung um eine Ebene.
		lighter	Verringerung um eine Ebene.
		Zahlenwert mit Abstufungen von 100 bis 900	Fett entspricht dem Wert 700.
font-style	Schriftstile	normal	Normaler Schriftstil. Entspricht gelegentlich roman.
		italic	Kursiver Schriftstil.
		oblique	Kursiver Schriftstil. Die Neigung wird aber durch das System aus der normalen Schrift errechnet.
font-variant	Kapitälchen (Großbuchstaben mit unterschiedlicher Höhe)	normal	Normal
		small-caps	Klein

Eigenschaft	Beschreibung	Wertebereich	Beschreibung
line-height	Höhe einer Zeile	Direkte Angabe der Länge oder in Prozent	
font	Abkürzung für alle oben genannten Eigenschaften	font-style, font-variant, font-weight, font-size, line-height, font-family	Die Angabe sämtlicher Attribute erfolgt in der angegebenen Reihenfolge ohne Komma, es sei denn, es werden Schriftfamilien angegeben.

Wenden wir einige der hier vorgestellten Attribute in einer etwas umfangreicheren Übung an.

Erstellen Sie bitte die nachfolgende Datei STIL7.HTM:

```
<html>
<head>
<STYLE TYPE="text/css">
<!--
H1
{ font-size: large;font-family : sans-serif; font-weight:
bolder }
H2
{ font-size: xx-large;font-family : fantasy; font-variant :
small-caps ;font-weight: bold ; line-height : 90% }
H3
{ font-size: xx-small;font-family : serif; font-weight: normal
; line-height : 110% }
H4
{ font-size: medium;font-family : cursive; font-variant :
small-caps ;font-weight: lighter }
H5
{ font-size: 24pt;font-family : monospace; font-variant :
normal ;font-weight: 888 ; line-height : 30% }
H6
{ font-size: small;font-family : serif; font-variant : small-
caps ;font-weight: 111 ; line-height : 140% }
-->
</STYLE>
</head>
<body>
```

```
<H1>Überschrift 1</H1>
<H2>Überschrift 2</H2>
<H3>Überschrift 3</H3>
<H4>Überschrift 4</H4>
<H5>Überschrift 5</H5>
<H6>Überschrift 6</H6>
</body>
</html>
```

Sie sehen an den nachfolgenden Abbildungen die Auswirkungen der Stilvereinbarungen für jeden Überschriftentyp im Navigator 4.07. Beachten Sie insbesondere, daß die Orginalgrößen der Überschriften hinfällig sind. Interessant ist auch der Abstand zwischen den Überschriften 4 und 5. Durch die auf 30% reduzierte Zeilenhöhe der Überschrift 5 überschneiden sich die beiden Überschriften fast.

Bild 9.8: Der Navigator kann nicht alles

Was ist aber mit den Kapitälchen, die über die Anweisung `font-variant` angeblich gesetzt sind? Der Navigator versteht die Anweisung nicht. Wenn wir uns die Darstellung im Internet Explorer anschauen, werden noch mehr Probleme von CSS-Umsetzungen in den aktuellen Browsern deutlich.

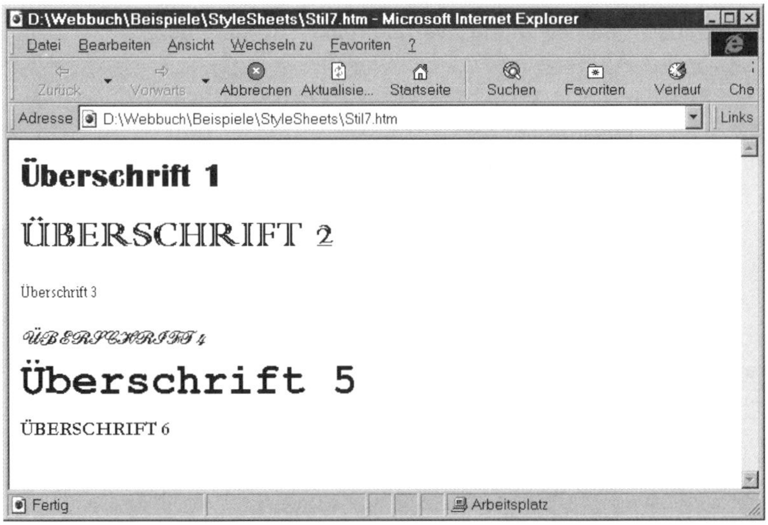

Bild 9.9: Die Darstellung im Internet Explorer

Der Internet Explorer stuft den Fettwert besser ab und kann die Kapitälchen darstellen. Ein anderes Problem des Navigators wird deutlich, wenn Sie sich die Abbildung der Darstellung im Explorer anschauen. Dort sind verschiedene Schrifttypen (`cursive` und `fantasy`) richtig interpretiert, während der Navigator sie nicht kennt. Dafür ist der Abstand zwischen Überschrift 4 und 5 zu groß. Offensichtlich macht dem Explorer die Anweisung `line-height` Schwierigkeiten.

Farbe und Hintergrund

Eigenschaft	Beschreibung	Wertebereich	Beschreibung
`color`	Textfarbe	Angabe der Farbe im RGB-Modell oder über Farbnamen.	
`background-color`	Hintergrundfarbe	Angabe der Farbe im RGB-Modell oder über Farbnamen.	
`background-image`	Hintergrundbild	`url([URL des Bildes])`	

Eigenschaft	Beschreibung	Wertebereich	Beschreibung
background-repead	In Verbindung mit einem Hintergrundbild Art der Wiederholung	repeat	Kachelartige Wiederholung über den gesamten Bereich.
		repeat-x	Wiederholung über die horizontale Zeile.
		repeat-y	Wiederholung über die vertikale Spalte.
background-position	Startposition eines Hintergrundbildes. In Kombination einer horizontalen und einer vertikalen Angabe kann diese festgelegt werden.	left	Horizontale Plazierung.
		center	Horizontale Plazierung.
		right	Horizontale Plazierung.
		top	Vertikale Plazierung.
		center	Vertikale Plazierung.
		bottom	Vertikale Plazierung.
		Koordinaten-Tupel in %. 0% 0% steht für oben links, 100% 100% für unten rechts	Plazierung über Koordinatenangaben.
background-attachment	Verankerung eines Hintergrundbildes	scroll	Hintergrundbild mit Text verbunden.
		fixed	Hintergrundbild mit dem Hintergrund verbunden.

Eigenschaft	Beschreibung	Wertebereich	Beschreibung
background	Abkürzung für alle oben genannten Eigenschaften zu Hintergrundfarben und Hintergrundgrafik	background-color, background-image, background-repead, background-attachment, background-position,	Die Angabe sämtlicher Attribute erfolgt in der angegebenen Reihenfolge ohne Komma.

Farb- und Hintergrundangaben über CSS sind recht einfach, denn es gibt viele Übereinstimmungen zur Vorgehensweise in gewöhnlichem HTML. Die Möglichkeiten sind jedoch erheblich erweitert, wie man an der Tabelle sehen kann. Leider zeigt sich auch bei den Farb- und Hintergrundangaben über CSS, daß verschiedene Browser mit den Angaben nicht vollständig zurechtkommen. Sie werden es an der nachfolgenden Übung sehen.

Erstellen Sie bitte die nachfolgende Datei STIL8.HTM:

```
<html>
<head>
<STYLE TYPE="text/css">
<!--
H1
{ color: red; background-color : yellow }
H2
{ color: black; background-color : white; background-
image:url(greenbul.gif) }
H4
{ color: green; background-color : blue}
p.bild
{background-image:url(rjslogo.gif); color: Blue}
body
{background-image:url(redbul.gif);background-repead:repeat-y;
background-position: center center}
-->
</STYLE>
</head>
<body>
<H1>Überschrift 1</H1>
<H2>Überschrift 2</H2>
<H3>Überschrift 3</H3>
```

```
<H4>Überschrift 4</H4>
<p class=bild>
Das hier ist der Text, der über dem Absatz liegt, wo ein
individuelles Hintergrundbild definiert ist.
</p>
Jetzt ist der Absatz zu Ende.
</body>
</html>
```

Die Überschriften der Ordnung 1 und 4 sind mit definierter Hintergrundfarbe und Textfarbe versehen. Die Überschrift 2 hat für ihren Bereich ein eigenes Hintergrundbild definiert. Die Instanz des Absatz-Tags hat ebenfalls ein eigenes Hintergrundbild, welches nur im Bereich zu sehen ist, wo diese Absatz-Instanz einen Container bildet. Im Body ist eine weitere Hintergrundgrafik eingebunden. Diese hat die niedrigste Priorität (äußerste Struktur) und wird von allen anderen Hintergrundstilangaben überschrieben. In den Parametern zur Festlegung der Startposition des Hintergrundbildes und der Art der Kachelung werden die unterschiedlichen Darstellungen in den Browsern deutlich. Der Navigator ignoriert sie vollständig, der Explorer erkennt zumindest die Startposition an.

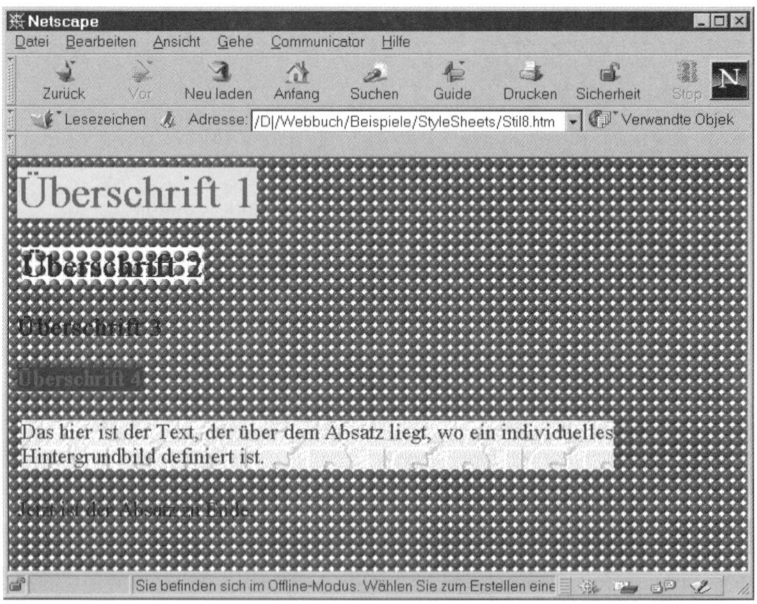

Bild 9.10: Der Navigator ignoriert zahlreiche Angaben

Bild 9.11: Der Explorer hält sich weitgehend an die Vorgaben

Textformatierung

Eigenschaft	Beschreibung	Wertebereich	Beschreibung
`vertical-align`	Dient zur vertikalen Ausrichtung von Text, z.B. für tief- oder hochgestellten Text. Die als Basis dienende Grundlinie ist die Grundlinie des Elternelements, welches neu formatiert wird.	`baseline`	Ausrichtung an der Grundlinie
		`sub`	Tiefstellung
		`super`	Hochstellung

Eigenschaft	Beschreibung	Wertebereich	Beschreibung
		`top`	Ausrichtung des oberen Rands eines Elements an dem größten Zeichen der aktuellen Zeile
		`text-top`	Ausrichtung am oberen Rand
		`middle`	Zentrierte Ausrichtung in der Mitte einer Zeile
		`bottom`	Ausrichtung des unteren Rands eines Elements an dem tiefststehenden Zeichen der aktuellen Zeile
		`text-bottom`	Ausrichtung am unteren Rand
		Angabe von Prozentwerten	Verschieben eines Elements um einen positiven oder negativen Wert über oder unter die Grundlinie.
`text-transform`	Tranformiert Zeichen, etwa in Kleinbuchstaben oder Großbuchstaben.	`capitalize`	Erster Buchstabe eines Wortes groß
		`uppercase`	Alle Buchstaben groß
		`lowercase`	Alle Buchstaben klein
		`none`	Keine Transformation
`text-align`	Die üblichen Angaben der horizontalen Ausrichtung.	`left`	linksbündig
		`right`	rechtsbündig
		`center`	zentriert
		`justify`	Blocksatz
`text-indent`	Dient zur Einrückung der ersten Zeile eines Textblocks.	Angabe der direkten Länge oder einer Prozentangabe	Einheit in Ems oder Zoll
`line-height`	Abstand zwischen zwei benachbarten Grundlinien.	Angabe als Faktor	ohne Einheit

Eigenschaft	Beschreibung	Wertebereich	Beschreibung
`word-spacing`	Abstand zwischen einzelnen Worten	Einheit	Angabe in Ems
`letter-spacing`	Abstand zwischen einzelnen Buchstaben	Einheit	Angabe in Ems
`text-decoration`	Weitergehende Textdekoration	`none`	keine
		`underline`	unterstrichen
		`overline`	Strich oben
		`line-through`	durchgestrichen
		`blink`	blinken

Wir wollen natürlich auch diese Style-Sheet-Formatierungen üben. Sie werden dabei wieder sehen, daß die theoretischen Möglichkeiten zur Textgestaltung noch nicht vollständig in verschiedenen Browsern umgesetzt sind. Deshalb dürfen Sie sich auch nie darauf verlassen.

Erstellen Sie die nachfolgende Datei, und speichern Sie sie als `STIL9.HTM`:

```
<html>
<head>
<STYLE TYPE="text/css">
<!--
.hoch
{vertical-align:super}
.tief
{vertical-align:sub}
.oben
{vertical-align:text-top}
-->
</STYLE>
</head>
<body>
<p type="text/css" style="text-transform:capitalize; text-
align:center">
Das hier ist der erste Text, <I CLASS=hoch>der</I> will <B
CLASS=tief>formatiert</B> werden.
</p>
<p type="text/css" style="text-transform:lowercase;word-
spacing:5Em;text-align:right">
```

```
Das hier ist der zweite Text, <I CLASS=oben>DER</I> will
formatiert werden.
</p>
<p type="text/css" style="text-decoration:line-through;text-
transform:uppercase">
Das hier ist der dritte Text, <I CLASS=hoch>der will
formatiert</I> werden.
</p>
<p type="text/css" style="letter-spacing:1Em;text-
transform:capitalize;text-indent:10Em">
Das hier ist der vierte Text, <I CLASS=hoch>der</I> will <B
CLASS=tief>formatiert</B> werden. Damit man sieht, wie sich die
Texteinrückung auswirkt, stehen hier mehrere Zeilen Text.
</p>
Jetzt ist ein Absatz ohne CSS.
</body>
</html>
```

LÖSUNG

Wir haben in diese Übung ganz schön was reingesteckt. Zuerst einmal deklarieren wir im Header drei Stilinstanzen (zum Hochstellen, Tiefstellen und Ausrichten zentriert an der Mittellinie), die wir dann innerhalb des Body-Bereichs an verschiedene Elemente im Fließtext als Parameter übergeben.

Ansonsten verwenden wir Inline-Formate, die sich auf das jeweils betroffene Element auswirken (in der Übung immer Absätze).

Im ersten Absatz sollen alle Anfangsbuchstaben in Großbuchstaben gewandelt und der Absatz zentriert werden. Der Explorer wandelt die Buchstaben brav, während der Navigator dann Mätzchen macht, wenn eine zusätzliche Formatierung vorliegt. Die Ausrichtung funktioniert bei beiden. Die CSS-Formatierungen zum Tief- und Hochstellen werden nur vom Explorer umgesetzt.

Im zweiten Absatz sollen alle Buchstaben in Kleinbuchstaben gewandelt und der Absatz rechtsbündig ausgerichtet werden. Der Explorer wandelt die Buchstaben, während der Navigator erneut aussteigt, wenn eine zusätzliche Formatierung vorliegt. Die CSS-Formatierungen zum oben Plazieren und für den Wortzwischenraum werden von keinem Browser umgesetzt.

Der dritte Absatz enthält Formatierungen zum Durchstreichen von Text sowie Umwandeln in Großbuchstaben. Ein Teil des Textes soll hochgestellt werden. Der vierte Absatz enthält eine Angabe, die den Abstand zwischen den Buchstaben vergrößert, und rückt die erste Zeile des Absatzes um 10 Em ein. Zudem sollen alle Anfangsbuchstaben in Großbuchstaben gewandelt werden. Dem Leser sei es überlassen, herauszufinden, welche weiteren Formatvereinbarungen die jeweiligen Browser nicht umsetzen.

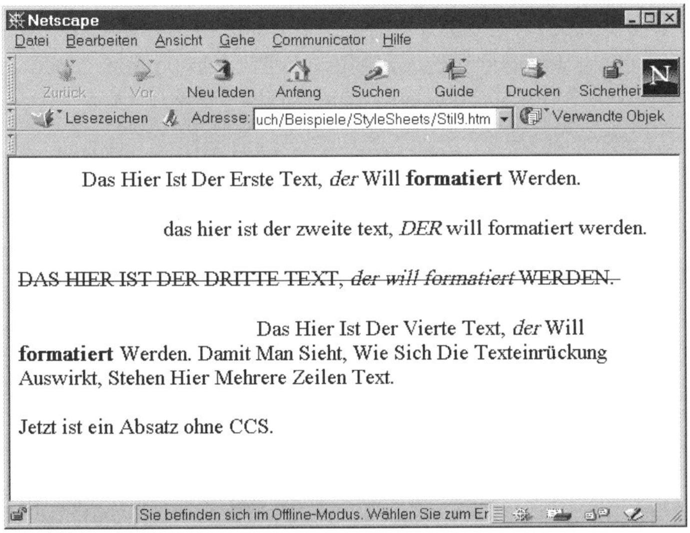

Bild 9.12: Der Navigator setzt wieder nur einen kleinen Teil der Anweisungen um

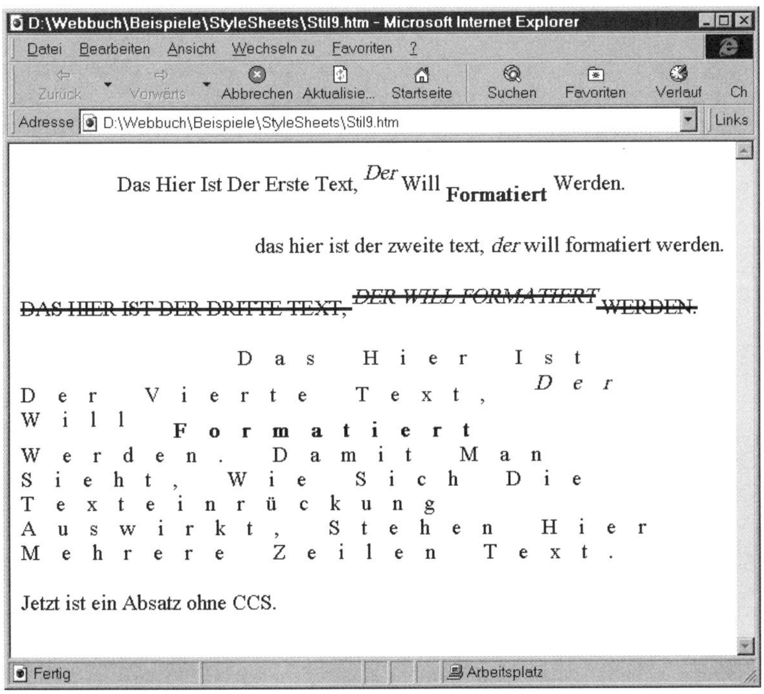

Bild 9.13: Der Explorer kann auch nicht alles, aber mehr als der Navigator

Textblock-Eigenschaften

Die nachfolgenden Eigenschaften behandeln immer einen vollständigen Textblock. Wir geben hier nur eine Auswahl an.

Eigenschaft	Wertebereich	Beschreibung

`padding-left`
`padding-right`
`padding-top`
`padding-bottom`
`padding`
	Angabe in Pixel oder Prozent	Padding kann man mit Polsterung übersetzen. Damit kann ein Element ähnlich einem Rahmen oder einer Linie umschlossen werden. Der Hintergrund scheint durch. Wenn Sie die Eigenschaft ohne nachgestellte Richtung angeben, werden alle Seiten gepolstert. Sie können die Eigenschaft ohne nachgestellte Richtung auch mit Werten – ohne Komma dazwischen – angeben. Dann werden die Werte in der Richtung oben, unten, rechts, links interpretiert. Fehlende Werte werden von gegenüberliegenden Seiten ergänzt.

`margin-left`
`margin-right`
`margin-top`
`margin-bottom`
`margin`
	Angabe in Pixel oder Prozent	Setzen von Rändern. Die Zusatzangaben `-left`, `-right`, `-top`, `-bottom` legen – falls benötigt – Platz zum benachbarten Element in der jeweiligen Richtung fest. Dabei können Sie auch negative Werte nehmen, um Abstände zu verkürzen.

`border-color`	Farbangabe	Rahmenfarbe
`border-style`	`none`, `dotted`, `dashed`, `solid`, `double`, `groove`, `ridge`, `inset`, `outset`	Erscheinungsbild eines Rahmens
`border`	Abkürzung für einen Rahmen	Ein Rahmen mit den gewünschten Ausprägungen. Die Breite, der Stil und die Farbe können nacheinander – ohne Komma – angegeben werden.

Eigenschaft	Wertebereich	Beschreibung
`width`	`auto`, Länge, Prozent	Breitenangabe. Kann an Elemente mit Bindestrich angehängt werden (z.B. `border-width= 5%` oder `border-top-width=10%`)
`height`	`auto`, Länge	Höhenangabe (wie Breite)
`float`	`left`, `right`, `none`	Ausrichtung eines Blockelements in bezug auf umgebenden Text. Beispiel: `float:left` plaziert ein Element, Text fließt rechts um das Element herum.
`clear`	`left`, `right`, `both`, `none`	Legt fest, ob floating-Elemente auf der linken, rechten oder auf beiden Seiten erlaubt sind.

Lassen Sie uns auch die Formatierungen für Blöcke in einer kleinen Übungsdatei (`STIL10.HTM`) anwenden:

```
<html>
<body background="rjslogo.gif">
<p type="text/css" style="padding: 5% 15%">
Das hier ist der erste Text, der will formatiert werden.
</p>
<p type="text/css" style="border : 3pt double red">
Das hier ist der zweite Text.
</p>
<p type="text/css" style="border : 15pt dashed gray; padding-
right: 25%">
Text 3
</p>
</body>
</html>
```

Beachten Sie die verschiedenen Rahmen und vor allem im dritten Absatz die Verbindung mit der Abstandsangabe.

Bild 9.14: Diesesmal ist der Navigator genauer

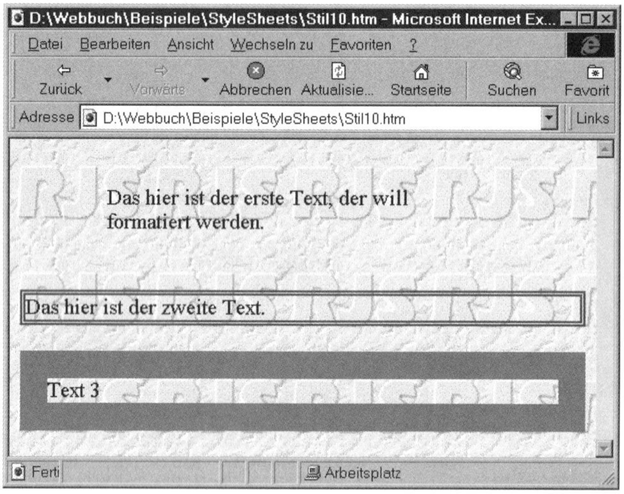

Bild 9.15: Der dritte Absatz – kein Abstand eingehalten

Mit den Textblock-Style-Sheets können Sie Elemente pixelgenau positionieren. Lassen Sie uns dazu noch ein paar Experimente machen.

Erstellen Sie zum Abschluß die Datei STIL11.HTM:

```
<html>
<HEAD>
<STYLE TYPE="text/css">
<!--
#p1 {
  margin-top: 90px;
  text-align: right;
}
#p2 {
  margin-top: -80px;
  text-align: center;
}
#p3 {
  margin-top: -10px;
 margin-left: 30px;
}
#p4 {
  margin-top: -10px;
  text-align: center;
}
-->
</STYLE>
<TITLE>Experimente zur Positionierung mit Style-Sheets</TITLE>
</HEAD>
<BODY>
<P ID=p1>Wo stehts Du denn?
</P>
<P ID=p2>Das ist der zweite Absatz.
</P>
<P ID=p3>Das ist der dritte Absatz.
</P>
<P ID=p4>Das ist der vierte Absatz.
</P>
</body>
</html>
```

Wir haben hier das erste Mal mit der ID gearbeitet. Die genaue Analyse der Ergebnisse der Positionierungen soll dem Leser überlassen sein[1].

Bild 9.16: Verschiedene Positionierungen

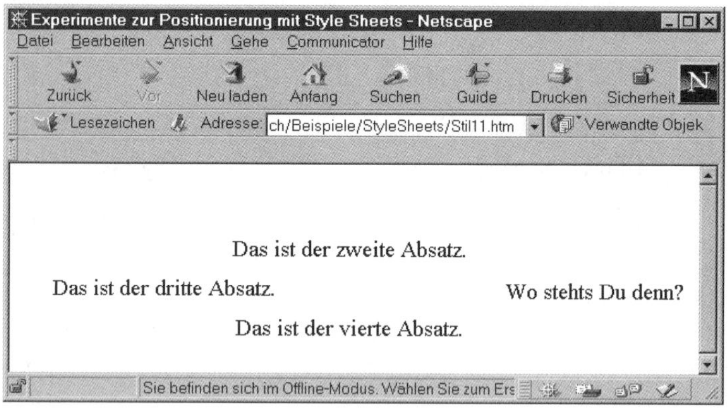

9.1.6 CSS und verschiedene Ausgabemedien

Über Style-Sheets können Sie die Grenzen des Browsers sprengen und auf andere Ausgabemedien ausweichen. Dafür gibt es die `media`-Attribute, die als Parameter in die `STYLE`-Anweisung im Header geschrieben werden können.

Beispiel:

```
<STYLE type="text/css" media="screen">
```

Natürlich kann auch mit externen Style-Sheets gearbeitet werden.

Diese Technik kann man zum Beispiel nutzen, um eine unterschiedliche Darstellung eines Elements je nach Ausgabegerät festzulegen. So kann ein Element beispielsweise auf einem Computerbildschirm anders als auf dem Drucker dargestellt werden. Für eine potentielle Sprachausgabe auf einem Sprachsynthesizer wird ein weiterer Stil definiert, der in diesem Fall aktiviert werden soll. Es können auch Gruppen von Ausgabegeräten festgelegt werden, wenn das Verhalten dort bezüglich der im Container deklarierten Stilinformationen gleich ist. Die einzelnen Medientypen werden durch Komma getrennt.

Beispiel:

```
<STYLE type="text/css" media="screen, print">
```

1 Das können Sie jetzt – echt :-).

Das `media`-Attribut kennt die folgenden Werte:

media-Attribut	Beschreibung
`print`	Ausgabe auf den Drucker
`projection`	Ausgabe auf einen Projektor
`braille`	Ausgabe an Geräte, welche Blindenschrift unterstützen
`screen`	Ausgabe auf den Bildschirm
`speech`	Ausgabe an Sprachsynthesizer
`all`	Ausgabe an alle Geräte

9.1.7 Absolute Positionierung von beliebigen Elementen über CSS

Bisher haben wir uns bei den letzten Experimenten zur Anordnung von Absätzen auf relative Positionsangaben beschränkt. Das ist jedoch nicht notwendig. Die absoluten Positionsangaben von Elementen (von der linken oberen Ecke eines Fensters aus gesehen) sind total einfach. Sie benötigen die Angaben

- ✘ `position:absolute`
- ✘ `Left=[Position]`
- ✘ `Top=[Position]`

Damit können Sie beliebige Elemente pixelgenau positionieren, und sowohl der Navigator als auch der Explorer verstehen es. Wir werden es gleich verwenden.

Die Positionierung und das Verhalten von Elementen sind nicht auf Texte beschränkt, sondern lassen sich ganz leicht auf beliebige Elemente ausdehnen. Diese müssen dann nur mittels der üblichen Stilangaben positioniert werden bzw. es müssen Angaben darüber gemacht werden, wie sie sich bzgl. anderer Elemente verhalten sollen. Dabei ist jedoch Sorgfalt geboten, denn es kann je nach Plattform und Bedingungen zu recht interessanten (aber selten gewünschten) Nebeneffekten kommen. Das Ganze ist noch viel verzwickter als bei reinen Formatierungsangaben über CSS. Wenn Sie mit so einer komplizierten Technik arbeiten wollen, sollten Sie ausführlich experimentieren, bevor Sie die Seiten freigeben.

Die beiden konkurrierenden Browser Navigator und Explorer kennen übrigens jeweils zwei Extrawürste zur Positionierung von Elementen. Netscape stellt die Layer-Technik zusätzlich zur Verfügung. Diese versteht der Explorer nicht. Beispiel zur Positionierung von Text mit der Layer-Technik:

```
<HTML>
<BODY>
<LAYER NAME="pos" LEFT=60 TOP=40>Positionsangaben </LAYER>
</BODY>
</HTML>
```

Der Explorer hingegen kennt eine Abart der nachfolgend beschriebenen Technik zur Positionierung, die der Navigator nicht beherrscht. Dabei wird der Parameter STYLE direkt in einen Tag geschrieben. Solche Extrawürste sollten Sie sicherheitshalber vermeiden.

Erstellen Sie die folgende Datei (STIL12.HTM):

```
<HTML>
 <HEAD>
<STYLE TYPE="text/css">
 <!--
 .pos1 {position:absolute; left:60px; top:40px}
 .pos2 {position:absolute; left:160px; top:140px}
 .pos3 {position:absolute; left:60px; top:45px}
 .pos4 {position:absolute; left:160px; top:135px}
 -->
 </STYLE>
   <TITLE>Absolute Positionierung</TITLE>
</HEAD>
<BODY>
<P class=pos4>Der Absatz steht an Position 4</P>
<P class=pos1>Der Absatz steht an Position 1</P>
<P class=pos4><IMG src="redbul.gif"></P>
<DIV class=pos3><IMG src="greenbul.gif"></DIV>
</BODY>
</HTML>
```

Sie geben damit die absoluten Positionen von vier Elementen an. Diese können sich sogar überlagern. Dabei spielt die Reihenfolge der Elemente im Quelltext – im Gegensatz zu allen anderen Situationen, die wir bisher hatten – keine Rolle.

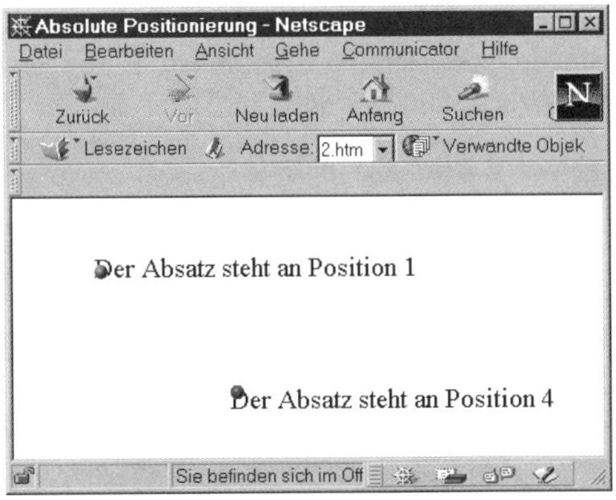

Bild 9.17: Grafik und Text überlagern sich jeweils

Erstellen wir zum Abschluß noch eine kleine Übung mit sich überlagernden Fotos, die immer geringfügig versetzt sind (STIL13.HTM):

```
<HTML>
 <HEAD>
 <STYLE TYPE="text/css">
 <!--
 .pos1 {position:absolute; left:60px; top:40px}
 .pos2 {position:absolute; left:100px; top:60px}
 .pos3 {position:absolute; left:140px; top:80px}
 .pos4 {position:absolute; left:180px; top:100px}
 .pos11 {position:absolute; left:260px; top:100px}
 .pos12 {position:absolute; left:280px; top:80px}
 .pos13 {position:absolute; left:300px; top:70px}
 .pos14 {position:absolute; left:320px; top:65px}
 -->
 </STYLE>
 <TITLE>Absolute Positionierung</TITLE>
</HEAD>
<BODY>
<DIV class=pos1><IMG src="foto.jpg" height=50></DIV>
<DIV class=pos2><IMG src="foto.jpg"  height=60></DIV>
<DIV class=pos3><IMG src="foto.jpg" height=70></DIV>
<DIV class=pos4><IMG src="foto.jpg"  height=80></DIV>
<DIV class=pos11><IMG src="foto.jpg" height=40></DIV>
<DIV class=pos12><IMG src="foto.jpg"  height=45></DIV>
<DIV class=pos13><IMG src="foto.jpg" height=55></DIV>
<DIV class=pos14><IMG src="foto.jpg"  height=70></DIV>
</BODY>
</HTML>
```

Das Foto wird an verschiedenen Stellen positioniert. Durch Größenveränderungen und sich bei der linken Reihe verändernde Abstände entstehen perspektivische Effekte.

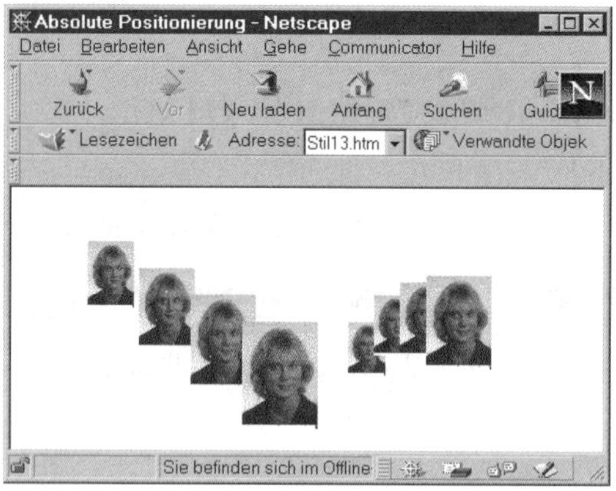

Bild 9.18: Positionierung und Überlagerung

9.2 Dynamik-HTML

Wenn Sie sich mit HTML oder Javascript beschäftigen, wird Ihnen über kurz oder lang der Begriff Dynamik-HTML (*DHTML*) über den Weg laufen. Was ist denn das wieder? HTML, Style-Sheets oder Javascript? Nichts von alledem und doch wieder alles zusammen. Und mehr. Das kommt darauf an, wer von DHTML redet. Der Begriff ist weder eindeutig, standardisiert noch sonst irgendwie geschützt. Es ist keine offizielle Terminologie im WWW. Das W3C hat den Begriff noch nicht abgesegnet. Zwar behaupten einige Firmen, sie hätten das Monopol für diesen Begriff, und nur das, was sie darunter verstehen, ist Dynamik-HTML oder wie sie es genau nennen. Es gibt einige Abarten des Begriffs, die aber das gleiche beschreiben sollen. Microsoft nennt seine Variante *Dynamic HTML* (mit großem *D*), Netscape dagegen *dynamic HTML* (mit kleinem *d*). Sie können aber nicht verhindern, daß einige Leute bereits bei der Verwendung von animierten GIFs in einer Web-Seite von dynamischem HTML reden.

Diese letzte Interpretation ist jedoch ziemlich extrem und wird weitgehend belächelt. Obwohl die üblichen Protagonisten im Internet unter dynamischem HTML alle eine andere Technik verstehen, ist diesen Techniken gemeinsam, daß sie Veränderungen einer Web-Seite erlauben, **nachdem** die Seite bereits in den Browser geladen worden ist. Diese Definition ist relativ abstrakt, aber dennoch brauchbar, denn es handelt sich ja um Veränderungen, die sich nicht mehr auf dem Server, sondern beim Client abspielen.

Netscape stellt für seine Interpretation von dynamischem HTML übrigens die bereits angesprochene Layer-Technik zur Verfügung. Microsoft benutzt den <DIV>-Tag, den Netscape ebenso versteht.

9.2.1 Das Objektmodell von Dynamik-HTML

Eine normale HTML-Seite wird vom Browser geladen und dargestellt. Fertig! Unter dynamischem HTML soll nun aber noch eine Veränderung möglich sein. Der Browser muß nach dem Aufbau einer Seite deren Bestandteile als eigenständige Elemente erkennen und beeinflussen können. Diese eigenständigen Elemente werden Objekte genannt, und das theoretische Modell, mit dem die Objekte klassifiziert werden, heißt Document Object Model (*DOM*).

Unter DOM wird jedes Element einer Web-Seite vom Browser bei deren Laden registriert, identifiziert, seine Position ermittelt, und diese Informationen werden dann in einem dynamischen Datenstapel (Stack) für die Seite gespeichert. Der Browser erstellt mittels eines sogenannten *Parser* eine Art dynamische Datenbank für jede Web-Seite, in der jeder Tag der Seite samt seiner Eigenschaften als eigener Datensatz abgelegt ist. Elemente mit gemeinsamen Eigenschaften lassen sich danach ordnen. Auf diese Weise kann der Browser jedes Element einer Seite eindeutig wiederfinden.

Als Elemente faßt man in diesem Zusammenhang auch die unter CSS erstellten Stilvorlagen auf. Daraus können Sie schon jetzt schließen, daß darüber hervorragend Veränderungen von Web-Seiten vollzogen werden können. Style-Sheets sind auf jeden Fall ein ganz wesentlicher Bestandteil von dynamischem HTML.

9.2.2 Die nachträgliche Veränderung unter DHTML

Wenn nun unter dem DOM-Konzept temporär alle notwendigen Daten gespeichert sind, um jedes Element einer im Browser geladenen Web-Seite wiederzufinden, können diese Elemente auch angesprochen und verändert werden. Es sind mindestens zwei sinnvolle Situationen denkbar, wann so eine Veränderung stattfinden kann.

- Direkte Veränderungen durch den Anwender: Der Anwender kann über die Tastatur oder noch besser die Maus ein Element auswählen und dann verändern, etwa ein Element verschieben.
- Veränderungen der Seite auf Grund von Eingaben bei anderen Elementen: Ein Element kann sich verändern, wenn in einem anderen Element eine Veränderung – etwa die Eingabe eines Wertes – erfolgt. Der Anwender wählt also das dynamisch zu verändernde Element nicht direkt aus, sondern es ist eine automatische Folgereaktion auf ein anderes Ereignis.

Beide Möglichkeiten setzen eine Programmierung von Vorgängen voraus, und die wird auf Web-Seiten am besten mit Scriptsprachen durchgeführt[1].

DHTML kann man auch so definieren:

DHTML ist die dynamische Veränderung von Web-Seiten über Scripte.

Sie können es sich denken – wir werden dazu Javascript nehmen. Diese Scriptsprache wird von allen wichtigen Browsern verstanden, wogegen VBScript, was Sie auch verwenden können, nur beim Explorer sinnvoll anzuwenden ist. Theoretisch können Sie aber auch jede andere Scriptsprache zur Manipulation von Web-Seiten verwenden.

HINWEIS

Wir haben jetzt eigentlich die Antwort auf unsere einleitende Frage hergeleitet, was DHTML ist. Es gibt, wie wir gesehen haben, mehrere Interpretationen und Lösungen, aber HTML, Style-Sheets und Javascript zusammen bilden ein denkbares Gespann, welches alle Bedingungen für dynamisches HTML erfüllt.

9.3 Style-Sheets und Javascript

Wir wollen zum Abschluß des Buchs noch eine sehr effektvolle Anwendung von Javascript ansprechen – die Verbindung zu Style-Sheets. Durch so eine Verbindung sind mit relativ wenig Aufwand schöne dynamische Effekte möglich.

Das große Problem wird hier nur sein, daß sich die Probleme der unterschiedlichen Ereignisbehandlungsmodelle mit den verschiedenen Style-

1 Es gibt natürlich die Alternative, mächtigere Technologien als Java zu verwenden, aber dies ist oft so, wie mit Kanonen auf Spatzen geschossen.

Sheet-Konzepten potenzieren. Wenn Sie Javascript unter dem Netscape-Browser in Verbindung mit dem Style-Sheet-Konzept einsetzen wollen, ist das Layer-Konzept in Verbindung mit dem Netscape-eigenen JSSS-Standard für Style-Sheets natürlich ideal. Genaugenommen ist dies auch die einzig sinnvolle Möglichkeit, denn Netscape-Browser unterstützen die nachträgliche Veränderung von CCS1-Style-Sheets nur sehr mangelhaft[1]. Dahingegen werden Microsoft-Browser bei JSSS und dem Layer-Konzept bzw. dem Ereignismodell von Netscape aussteigen. Es ist also unbedingt nötig, zwei getrennte Projekte aufzubauen, wenn Sie mit Javascript Style-Sheets manipulieren wollen. Wie Sie das automatisch regeln können, haben wir ja gerade in einer Übung demonstriert.

Wir werden uns hier auf eines der beiden Konzepte beschränken – das Microsoftkonzept. Dies ist keine wesentliche Einschränkung, da die Grundvorgänge auch unter dem Netscape-Modell fast identisch realisiert werden können. Es wird nur gewisse Einschränkungen im Umfang und leichte Abweichungen in der genauen Syntax geben. Die nachfolgenden Beispiele laufen also unter dem Internet Explorer ab Version 4.0 und können im Navigator zu Fehlern führen. Falls Sie bisher den Internet Explorer nicht verwenden, können Sie ihn kostenlos von allen möglichen Quellen bekommen.

Im Mittelpunkt der dynamischen Veränderung von Web-Seiten über Javascript steht das Attribut `ID`, mit dem Sie HTML-Tags erweitern können und über das ein Script ein Element in einer Web-Seite identifizieren kann. `ID` wird als Stilobjekt verstanden und besitzt eine Eigenschaft `className`, die Sie dynamisch setzen können.

Steigen wir gleich mit einer Übung ein.

Erstellen Sie die Datei `JSCCS1.HTM`:

```
<HTML>
<HEAD>
<STYLE TYPE="text/css">
<!--
 .farbe1 {color:red}
 .farbe2 {color:black}
-->
</STYLE>
</HEAD>
<SCRIPT LANGUAGE="JavaScript">
```

1 Abgesehen davon, daß sie nur recht wenige CCS1-Stile überhaupt darstellen.

```
function farbwechsel()
{
P1.className="farbe2";
P2.className="farbe1";
}
</SCRIPT>
<BODY>
<P class=farbe1 id=P1>Regen</P>
<P class=farbe2 id=P2>Sonne</P>
<form name="meinFormular">
  <input type=button value="Farbwechsel"
onClick="farbwechsel()">
<BR>
</form>
</BODY>
</HTML>
```

Laden Sie die Datei nun in den Internet Explorer.

Wir haben zuerst zwei Stilklassen (`farbe1` und `farbe2`) erstellt, wie wir gerade im letzten Abschnitt besprochen haben.

```
<STYLE TYPE="text/css">
 .farbe1 {color:red}
 .farbe2 {color:black}
</STYLE>
```

Den beiden Abschnitten in der Web-Seite wird jeweils eine der Stilinformationen zugewiesen. Der erste Abschnitt wird rot und der zweite Abschnitt schwarz dargestellt. Das zweite Attribut ist die ID, über die wir die Elemente (also hier die Absätze) mittels Javascript ansprechen wollen:

```
<P class=farbe1 id=P1>Regen</P>
<P class=farbe2 id=P2>Sonne</P>
```

In dem nachfolgenden Formular wird über die Schaltfläche eine Funktion (`farbwechsel()`) aufgerufen, welche die Eigenschaft `className` der beiden ID-Objekte setzt (Punktnotation). Dabei werden einfach die beiden Stilinformationen vertauscht und damit der erste Abschnitt schwarz und der zweite Abschnitt rot dargestellt.

```
function farbwechsel()
{
P1.className="farbe2";
P2.className="farbe1";
}
```

Nochmals die Warnung – der Navigator reagiert bei Auslösung der Schaltfläche mit einer Fehlermeldung.

Sie können bei der Manipulation über Javascript sämtliche Style-Sheets-Vereinbarungen verwenden, die wir gerade besprochen haben. Am besten schauen wir uns einige Beispiele im Rahmen einer größeren Übung an.

Verändern Sie die Datei `JSCCS1.HTM` wie folgt (neuer Name `JSCCS2.HTM`):

```
<HTML>
<HEAD>
<STYLE TYPE="text/css">
<!--
 .farbe1 {color:red; font-style:italic; font-size=18 }
 .farbe2 {color:black; font-style:normal; font-size=22}
-->
</STYLE>
</HEAD>
<SCRIPT LANGUAGE="JavaScript">
<!--
function farbwechsel()
{
if (P1.className=="farbe1")
{
P1.className="farbe2";
P2.className="farbe1";
}
else
{
P1.className="farbe1";
P2.className="farbe2";
}
}
-->
</SCRIPT>
<BODY>
<P class=farbe1 id=P1>Regen</P>
<P class=farbe2 id=P2>Sonne</P>
<form name="meinFormular">
  <input type=button value="Bäumchen wechsel dich"
onClick="farbwechsel()">
<BR>
```

```
</form>
</BODY>
</HTML>
```

Das Beispiel ist insofern erweitert, daß die Stilvereinbarungen nicht nur jeweils eine Farbangabe umfassen, sondern ebenso einen Textstil und eine Textgröße. Die `if-else`-Struktur innerhalb der aufgerufenen Funktion fragt die jeweils für den ersten Absatz gesetzte Stilinformation ab und vertauscht dann die beiden Stilinformationen. Es entsteht eine Art Schalterfunktionalität.

Bild 9.19: Das Originalaussehen

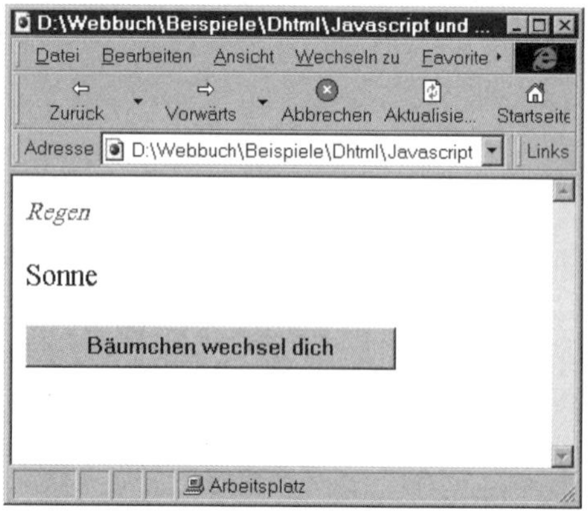

Bild 9.20: Einmal Button gedrückt. Noch mal Drücken stellt wieder zurück

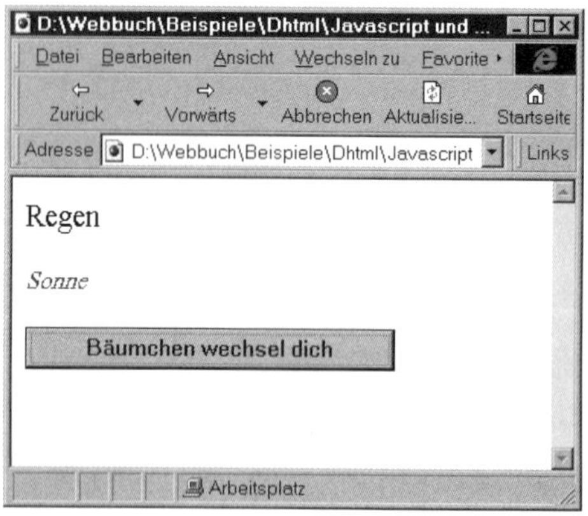

Als Auslöser für Veränderungen in der Web-Seite können Sie sämtliche Event-Handler verwenden, die der Browser versteht (`onMouseover`, `onMouseclick` usw.). Auch dazu erstellen wir wieder eine Übung.

Erstellen Sie bitte die Datei JSCCS3.HTM:

```
<HTML>
<HEAD>
<STYLE TYPE="text/css">
<!--
 .farbe1 {color:red; font-style:italic; font-size=18;
background-color = white}
 .farbe2 {color:white; font-style:normal; font-size=22;
background-color = blue}
-->
</STYLE>
<SCRIPT LANGUAGE="JavaScript">
<!--
function farbwechsel()
{
if (P1.className=="farbe1")
{
P1.className="farbe2";
P2.className="farbe1";
}
else
{
P1.className="farbe1";
P2.className="farbe2";
}
}
-->
</SCRIPT>
</HEAD>
<BODY>
<h1 class=farbe1 id=P1 onmouseover="farbwechsel()"
onmouseout="farbwechsel()">Regen</h1>
<h1 class=farbe2 id=P2>Sonne</h1>
</BODY>
</HTML>
```

Diese Datei verwendet eine neue Stilvereinbarung für den Hintergrund eines Elements (background-color) und wendet die Stilvereinbarungen auf Überschriften an. Dort werden bei der ersten Überschrift die beiden Event-Handler onMouseOver und onMouseOut zum Aufruf der Funktion verwendet. Beachten Sie bitte, daß nur die erste Überschrift die Funktion auslöst. Dies ist durch die Konstruktion der Funktion als eine Art Schalter und den Aufruf beim Bewegen auf die erste Überschrift, sowie von ihr wieder weg, vollkommen ausreichend.

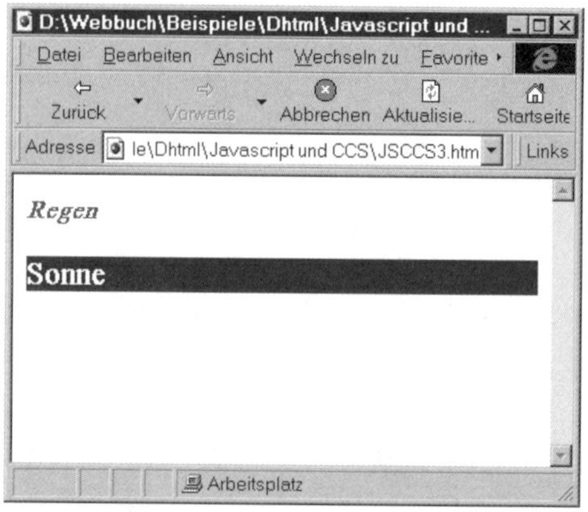

Bild 9.21: Mauszeiger nicht auf Überschrift 1

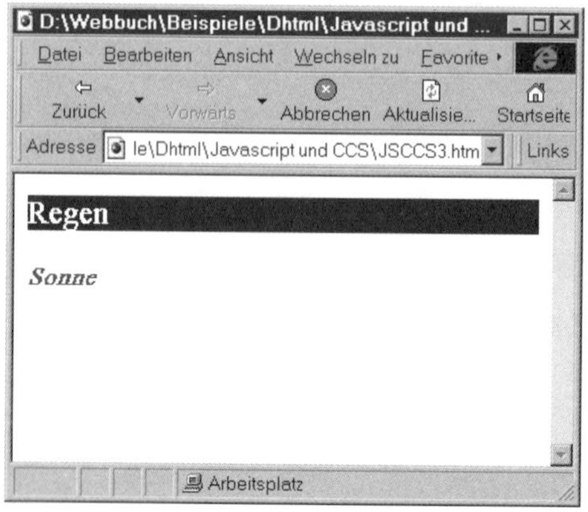

Bild 9.22: Mauszeiger auf Überschrift 1

Sie können selbstverständlich auch die Position von Elementen beeinflussen.

Erstellen Sie die Datei JSCCS4.HTM:

```
<HTML>
<HEAD>
<STYLE TYPE="text/css">
<!--
 .pos1 {position:absolute; left:100px; top:60px}
 .pos2 {position:absolute; left:280px; top:100px}
-->
</STYLE>
<SCRIPT LANGUAGE="JavaScript">
<!--
```

```
function poswechsel()
{
if (P1.className=="pos1")
{
P1.className="pos2";
}
else
{
P1.className="pos1";
}
}
-->
</SCRIPT>
</HEAD>
<BODY>
<h1 align=center>Wo ist das Bild?</h1>
<DIV class=pos1 id=P1 onmouseover="poswechsel()">
<IMG src="foto.jpg" height=50>
</DIV>
</BODY>
</HTML>
```

Wir verwenden in dieser Übung den `DIV`-Tag, den wir mit der ID versehen. Sobald Sie den Mauszeiger auf das Bild bewegen, wird die Funktion `poswechsel()` ausgelöst. Diese verschiebt das Bild auf die Alternativposition (erneut die Schalterfunktionalität von eben). Aber auch dort erwischen Sie das Bild nicht. Es wird bei Bewegen des Mauszeigers zu dieser Position zurückgeschoben.

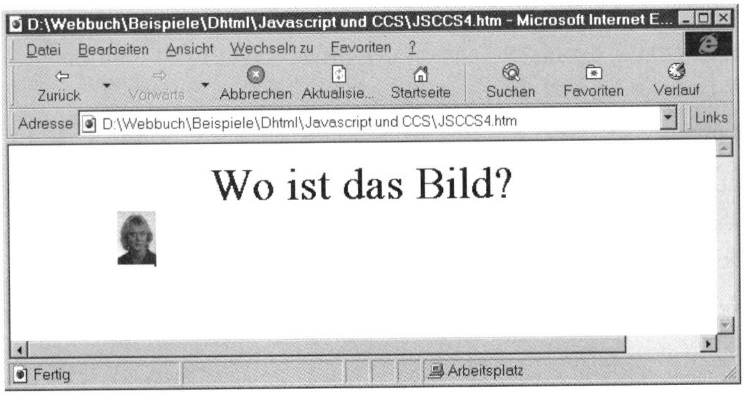

Bild 9.23: Mal hier

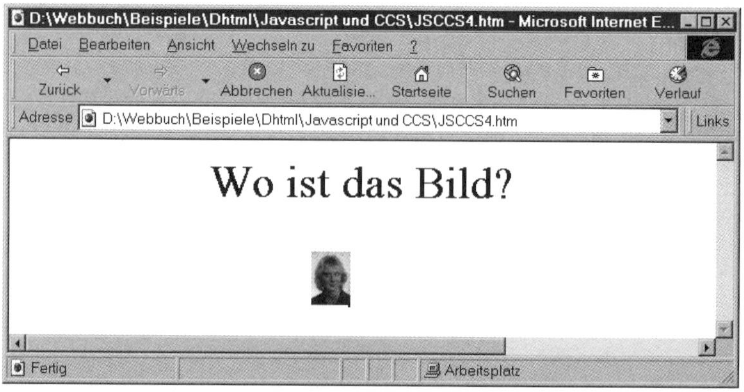

Bild 9.24: Mal da

9.3.1 Das Objekt all

Wenn Sie sich an den Abschnitt über die Javascript-Objekte zurück entsinnen, ist Ihnen vielleicht das Objekt `all` noch in Erinnerung. Es ist ein Unterobjekt von `document`. Wir werden es jetzt ein wenig genauer betrachten.

Mit Hilfe dieses (leider Microsoft-spezifischen) Objekts haben Sie über Javascript (oder genauer JScript) Zugriff auf alle einzelnen Elemente und Inhalte einer HTML-Datei. Sie können die Eigenschaften auswerten und ändern. Das `all`-Objekt verfügt über Methoden, mit denen Sie sowohl HTML-Tags in eine Web-Seite dynamisch einfügen als auch entfernen können. Wir wollen dies gar nicht weiter verfolgen, sondern uns gleich einem Unterobjekt von all zu wenden – `style`.

Dabei können Sie beispielsweise sämtliche Elemente eines Typs innerhalb einer Web-Seite zusammen abfragen oder verändern. Dies erfolgt über die Syntax

```
document.all.tags["(Tagname)"].[index].style.[Eigenschaft/Metho
de]
```

Beispiel:

```
document.all.tags("H2")[0].style.color
```

In dem Beispiel sprechen Sie die erste Überschrift der Ordnung 2 in dem Dokument an.

Neben dem Namen können Sie auch wieder über die ID arbeiten. Über die Syntax

```
document.all.[id].style.[Eigenschaft/Methode]
```

können Sie jegliches HTML-Element innerhalb einer Web-Seite beeinflussen.

Die Eigenschaften des all-Objekts unterscheiden sich in der Schreibweise ein wenig von der Schreibweise bei den CSS1-Attributen. Dies führt oft zu Fehlern. Im allgemeinen gilt, daß der Bindestrich bei CSS1-Attributen bei den Eigenschaften des all-Objekts entfällt und der nachfolgende Buchstabe groß zu schreiben ist (Groß- und Kleinschreibung ist zu beachten).

Beispiele:

aus `font-size` wird `fontSize`,
aus `background-color` wird `backgroundColor`
aus `text-align` wird `textAlign`.

Wenn Sie diese Regel einhalten, werden Sie in den meisten Fällen die Eigenschaften des all-Objektes direkt aus den CSS1-Attributen herleiten können.

Erstellen Sie die nachfolgende Datei `ALL1.HTM`:

```
<HTML>
<HEAD>
<SCRIPT LANGUAGE="JavaScript">
<!--
function wechsel1()
{
document.all.tags("h1")[0].style.color="red";
document.all.tags("h1")[1].style.color="blue";
document.all.tags("h3")[0].style.color="yellow";
document.all.tags("BODY")[0].style.backgroundColor="cyan";
document.all.tags("P")[1].style.fontStyle="italic";
document.all.tags("A")[0].style.fontSize="44";
}
function wechsel2()
{
document.all.P2.style.color="yellow";
document.all.P2.style.backgroundColor="red";
}
-->
</SCRIPT>
</HEAD>
```

```
<BODY>
<h1>Dies ist eine Überschrift der Ordnung 1</h1>
<P>Regen</P>
<h3>Dies ist eine Überschrift der Ordnung 3</h3>
<DIV id=P2>
<h1>Dies ist eine weitere Überschrift der Ordnung 1</h1>
<P>Sonne</P>
<h4>Dies ist eine Überschrift der Ordnung 4</h4>
<A href="">Ein A-Element</A>
</DIV>
<form name="meinFormular">
  <input type=button value="Ändere jedes Element individuell"
onClick="wechsel1()">
  <input type=button value="Ändere alle Element innerhalb DIV
gleich" onClick="wechsel2()">
</form>
</BODY>
</HTML>
```

Beim Laden der Datei werden sämtliche Elemente in der Standarddarstellung angezeigt.

Bild 9.25: Alles Standard

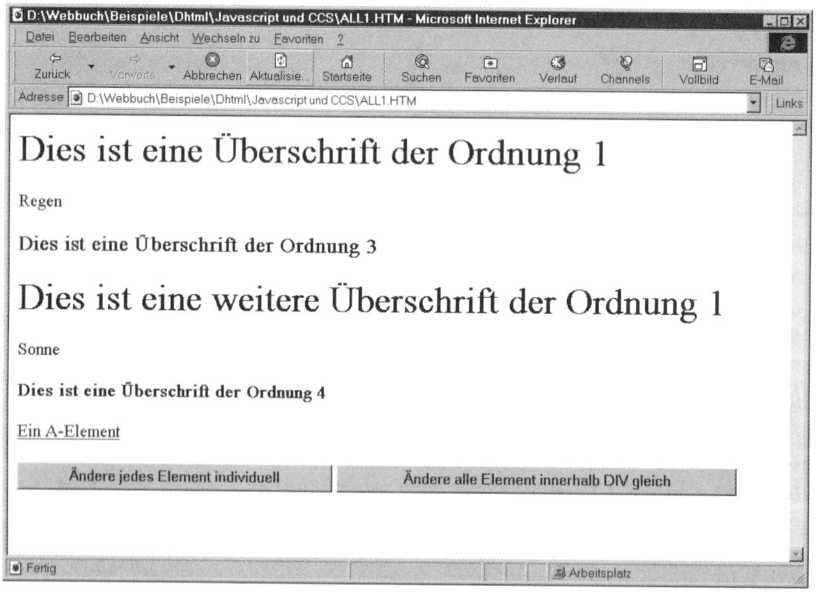

Wenn Sie auf die zweite Schaltfläche klicken, wird der Bereich, welcher von dem `DIV`-Container eingeschlossen ist, geändert. Die Funktion spricht den Bereich über die ID an.

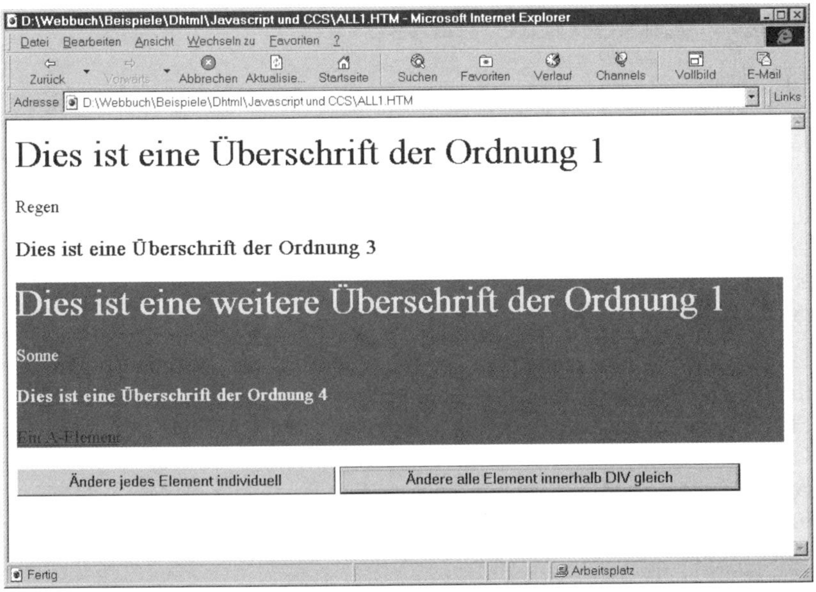

Bild 9.26: Der `DIV`-Bereich ist geändert

Wenn Sie die erste Schaltfläche anklicken, wird jedes Element individuell verändert. Dies ist unabhängig davon, ob sie zu einem Elementtyp gehören.

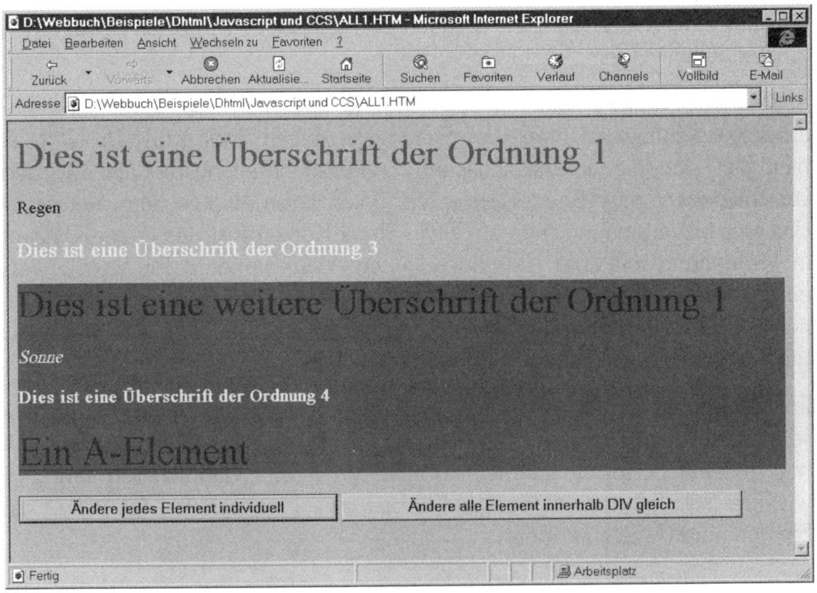

Bild 9.27: Die einzelnen Elemente sind individuell gestaltet

9.4 Zusammenfassung

Wir sind in diesem abschließenden Kapitel zu sehr effektvollen Gestaltungsmitteln für das Web gekommen. Die Techniken tragen zwar teilweise HTML im Namen oder werden gerne zu HTML gezählt, sind aber eigenständige Technologien. Eine wichtige Erweiterung des HTML-Konzepts ist das Konzept der Style-Sheets, der Versuch, der unterschiedlichen Interpretation von Web-Seiten auf verschiedenen Plattformen einen Riegel vorzuschieben. Über Style-Sheets kann nun das Layout von Web-Seiten haargenau festgelegt werden.

Es gibt verschiedene Versionen von Style-Sheets, und die genauen Regeln für die Verwendung von Style-Sheets werden je nach verwendeter Style-Sheet-Sprache etwas differieren. Vom W3C werden Style-Sheets in der CSS-Version zur Verwendung mit HTML empfohlen. Um eine Style-Sheet-Sprache wie CSS zu verwenden, müssen Sie diese einer HTML-Seite hinzufügen. Die Verwendung von Style-Sheets wird gelegentlich in dem Header einer HTML-Datei als Metainformation dokumentiert.

Die Implementation von CSS-Style-Sheets kann über verschiedene Techniken erfolgen. Die wohl meistgebrauchte Technik zur Einbindung eines Style-Sheets in eine Web-Seite erfolgt über den `STYLE`-Container, einen reinen HTML-Container, im Header der HTML-Datei. Darüber ist auch die Benutzung einer externen Style-Sheets-Datei (eine Datei mit der Erweiterung `.CSS`) möglich.

Style-Sheets können Sie mit Javascript ansprechen, um damit sehr eindrucksvolle Effekte in Ihrer Web-Seite zu erzeugen. Das große Problem ist hier, daß sich die unterschiedlichen Ereignisbehandlungsmodelle mit den verschiedenen Style-Sheet-Konzepten potenzieren. Unter dem Netscape-Browser in Verbindung mit dem Style-Sheet-Konzept ist das Layer-Konzept in Verbindung mit dem Netscape-eigenen JSSS-Standard für Style-Sheets einzusetzen, während bei Microsoft-Browser das CSS-Konzept zu verwenden ist. Es ist deshalb nötig, zwei getrennte Projekte aufzubauen, wenn Sie mit Javascript Style-Sheets manipulieren wollen.

Im Mittelpunkt der dynamischen Veränderung von Web-Seiten über Javascript steht das Attribut `ID`, mit dem Sie HTML-Tags erweitern können und über das ein Script ein Element in einer Web-Seite identifizieren kann. `ID` wird als Stilobjekt verstanden und besitzt eine Eigenschaft `className`, die Sie dynamisch setzen können.

Anhang A

Wichtige Tabellen

Die HTML-4-Elemente

Die nachfolgende Tabelle umfaßt alphabethisch aufgelistet sämtliche Elemente, die zum offiziellen HTML-4-Sprachstandard gehören. Die Tabelle beruht auf der offiziellen Veröffentlichung des W3C (`http://www.w3.org/TR/REC-html40/index/elements.html`).

Wenn im Start- und Ende-Tag keine Angaben stehen, werden die Tags jeweils gefordert. Dabei gilt, daß es Situationen geben kann, wo der Ende-Tag zwar gefordert wird, er aber in der Praxis ohne negative Auswirkung weggelassen werden kann Etwa, wenn ein nachfolgender Start-Tag eine widersprüchliche Anweisung auslöst – Schriftfarbe war Rot und wird ohne Ende-Tag für Rot auf Blau gesetzt. Umgekehrt gilt: Sofern ein Ende-Tag verboten ist, gibt es keinen Container, der dem Start-Tag nachfolgenden Inhalt enthalten kann. Das W3C dokumentiert dies, indem das Element als leer gekennzeichnet wird[1]. Dies macht für solche Elemente einfach keinen Sinn, etwa beim Zeilenumbruch. Die Anweisung <BR> ist eindeutig und muß keinen Abschluß-Tag der Form </BR> enthalten. Ein solches Element, wo der Ende-Tag verboten ist, kann aber ohne Probleme mit einem fiktiven Ende-Tag ausgestattet werden[2] – etwa ein Konstrukt der Form
</BR>.

---

1 Die Leer-Eigenschaft ist immer an das Verbot des Ende-Tags gekoppelt.

2 Warum sollte man das machen? Vielleicht aus Gründen der Einheitlichkeit und vor allem, weil man sich nicht bei jedem Element überlegen möchte, ob nun ein Ende-Tag gefordert oder verboten ist. Dann bleibt man mit einer durchgängigen Verwendung auf der sicheren Seite.

Der Ende-Tag wird keinen Fehler erzeugen. Er wird durch das Prinzip der Fehlertoleranz einfach ignoriert.

Als *Deprecated* gekennzeichnete Elemente gelten als veraltet. Dafür gibt es im Rahmen des neuen Sprachstandards andere Elemente, die statt dessen verwendet werden sollen, wenn Sie nach dem neuen Standard eine Seite erstellen wollen.

Viele der Elemente können durch Attribute erweitert werden. Diese sind in der nachfolgenden Tabelle dargestellt.

Name	**Start-Tag**	**Ende-Tag**	**Deprecated**	**Beschreibung**
A				Anker.
ABBR				Abkürzung (z.B., WWW, HTTP, USA, RJS etc.)
ACRONYM				Acronym.
ADDRESS				Information über den Autor.
APPLET			Ja	Java-Applet.
AREA		Verboten		Clientseitiger Imagemap-Bereich.
B				Textstil fett.
BASE		Verboten		Basis-URI des Dokuments.
BASEFONT		Verboten	Ja	Basisschriftgröße.
BDO				Deaktivierung der Standardausrichtung des Textes.
BIG				Textstil groß.
BLOCKQUOTE				Zitat (lang).
BODY	Optional	Optional		Dokumentenkörper.
BR		Verboten		Zeilenumbruch.
BUTTON				Pushbutton.
CAPTION				Tabellenbeschriftung.
CENTER			Ja	Zentrieren.
CITE				Zitat.
CODE				Textstil für Computercode.
COL		Verboten		Tabellenspalte.
COLGROUP		Optional		Tabellenspaltengruppe.
DD		Optional		Definitionsbeschreibung.
DEL				Gelöschter Text.
DFN				Instanzdefinition.
DIR			Ja	Verzeichnisliste.
DIV				Allgemeiner Sprach- und Stilcontainer.
DL				Definitionsliste.
DT		Optional		Definitionsterm.
EM				Textstil für eine Betonung.
FIELDSET				Formularkontrollgruppe. Gruppiert gleichartige Steuerelemente.
FONT			Ja	Lokale Schriftveränderung.

Name	Start-Tag	Ende-Tag	Deprecated	Beschreibung
FORM				Interaktives Formular.
FRAME		Verboten		Ein Frame (Unterfenster).
FRAMESET				Fensterunterteilung.
H1				Überschrift der Ordung 1.
H2				Überschrift der Ordung 2.
H3				Überschrift der Ordung 3.
H4				Überschrift der Ordung 4.
H5				Überschrift der Ordung 5.
H6				Überschrift der Ordung 6.
HEAD	Optional	Optional		Dokumentenheader (Kopfbereich).
HR		Verboten		Horizontale Trennlinie.
HTML	Optional	Optional		Beginn eines Dokuments.
I				Textstil italic (kursiv).
IFRAME				Innenliegendes Unterfenster.
IMG		Verboten		Eingebettetes Bild.
INPUT		Verboten		Formulareingabe.
INS				Eingefügter Text.
ISINDEX		Verboten	Ja	Einzeiliges Prompt (Eingabeaufforderung).
KBD				Stil für Text, der vom Anwender eingegeben wird.
LABEL				Beschriftungstext für ein Formularfeld.
LEGEND				Fieldset-Legende.
LI		Optional		Definition eines Listenelements.
LINK		Verboten		Ein medienunabhängiger Link.
MAP				Clientseitige Imagemap.
MENU			Ja	Menüliste.
META		Verboten		Allgemeine Metainformationen.
NOFRAMES				Alternativ angezeigter Inhalt, wenn keine Frames angezeigt werden.
NOSCRIPT				Alternativ angezeigter Inhalt, wenn keine Scripts ausgeführt und angezeigt werden.
OBJECT				Allgemeines Einbettungsobjekt.
OL				Sortierte Liste.
OPTGROUP				Optionsgruppe.
OPTION		Optional		Selektierbare Auswahl.
P		Optional		Absatz.
PARAM		Verboten		Initialisierungswert für ein Objekt.
PRE				Preformatierter Text.
Q				Kurzes Zitat in einer Zeile.
S			Ja	Textstil durchgestrichen.
SAMP				Beispielausgabe.
SCRIPT				Die auszuführenden Scriptanweisungen.
SELECT				Auswahlmöglichkeiten.
SMALL				Textstil klein.

Name	Start-Tag	Ende-Tag	Deprecated	Beschreibung
SPAN				Allgemeiner Sprach- und Stilcontainer.
STRIKE			Ja	Textstil durchgestrichen.
STRONG				Starke Hervorhebung.
STYLE				Stilinformation.
SUB				Textstil tiefstellen.
SUP				Textstil hochstellen.
TABLE				Tabelle.
TBODY	Optional	Optional		Tabellenkörper.
TD		Optional		Tabellendatenzelle.
TEXTAREA				Textfeld – mehrzeilig.
TFOOT		Optional		Tabellenfußbereich.
TH		Optional		Tabellenkopfzellen.
THEAD		Optional		Tabellenheader (Kopfbereich).
TITLE				Dokumententitel.
TR		Optional		Tabellenreihen
TT				Textstil nichtproportional.
U			Ja	Textstil unterstrichen.
UL				Unsortierte Liste.
VAR				Instanz einer Variablen oder eines Programmargumentes.

Die HTML-4-Attribute

Viele der oben angegebenen Elemente des HTML-4-Sprachstandards können durch Attribute erweitert werden. Die nachfolgende Tabelle listet alphabetisch sämtliche Attribute auf, welche zum HTML-4-Sprachstandard gehören.

Dabei wird in der zweiten Spalte angegeben, bei welchen Elementen sie vorkommen können. Sofern Attribute sich bei verschiedenen Elementen gleich auswirken, werden die Elemente dort zusammengefaßt. Ansonsten werden gleiche Attribute mit unterschiedlichen Auswirkungen nach Elementen getrennt in mehreren Varianten angegeben. In der dritten Spalte steht der Typ des Attributs, in der vierten Spalte, ob das Attribut optional eingesetzt werden kann oder ob es bei den zugeordneten Elementen gefordert wird. Die fünfte Spalte enthält den Eintrag Ja, wenn das Attribut im HTML-Standard 4.0 als veraltet (deprecated) erklärt ist. Die letzte Spalte enthält bei Bedarf eine Beschreibung des Attributs oder einen Kommentar. Die Tabelle enthält die vollständige Liste der Attribute und basiert auf der offiziell vom W3C (http://www.w3.org/TR/REC-html40/index/attributes.html) ausgegebenen Liste.

Name	Zugeordnete Elemente	Typ	Default-einstellung	Depre-cated	Kommentar
abbr	TD, TH	%Text;	#OPTIONAL		Abkürzung für die Kopfzelle einer Tabelle.
accept-charset	FORM	%Charsets;	#OPTIONAL		Liste der unterstützten Zeichensätze bei einem Formular.
accept	INPUT	%Content-Types;	#OPTIONAL		Liste der unterstützten MIME-Typen für den Datei-Upload.
accesskey	A, AREA, BUTTON, INPUT, LABEL, LEGEND, TEXTAREA	%Character;	#OPTIONAL		Zeichen für den Zugriff auf ein Element (Hotkey).
action	FORM	%URI;	#GEFORDERT		Serverseitige Formularbehandlung
align	CAPTION	%CAlign;	#OPTIONAL	JA	Ausrichtung einer Beschriftung relativ zu einer Tabelle.
align	APPLET, IFRAME, IMG, INPUT, OBJECT	%IAlign;	#OPTIONAL	JA	Vertikale oder horizontale Ausrichtung der Position eines Objekts in einer Web-Seite.
align	LEGEND	%LAlign;	#OPTIONAL	JA	Relative Angabe zu einem Fieldset.
align	TABLE	%TAlign;	#OPTIONAL	JA	Position einer Tabelle relativ zum Anzeige-fenster im Browser.
align	HR	(left | center | right)	#OPTIONAL	JA	Ausrichtung der Überschrift.
align	DIV, H1 - H6, P	(left | center | right | justify)	#OPTIONAL	JA	Ausrichtung von Elementen.
align	COL, COLGROUP, TBODY, TD, TFOOT, TH, THEAD, TR	(left | center | right | justify | char)	#OPTIONAL		Ausrichtungsangaben bei einer Tabelle.
alink	BODY	%Color;	#OPTIONAL	JA	Farbe eines besuchten Links.
alt	APPLET	%Text;	#OPTIONAL	JA	Alternative Kurzbeschreibung.
alt	AREA, IMG	%Text;	#GEFORDERT		Alternative Kurzbeschreibung.
alt	INPUT	CDATA	#OPTIONAL		Alternative Kurzbeschreibung.
archive	OBJECT	%URI;	#OPTIONAL		Durch Leerzeichen getrennte Archivliste.
archive	APPLET	CDATA	#OPTIONAL	JA	Durch Komma getrennte Archivliste.
axis	TD, TH	CDATA	#OPTIONAL		Namengruppen von verbundenen Kopfzeilen.

Name	Zugeordnete Elemente	Typ	Default-einstellung	Depre-cated	Kommentar
background	BODY	%URI;	#OPTIONAL	JA	Hintergrund einer Web-Seite.
bgcolor	TABLE	%Color;	#OPTIONAL	JA	Hintergrundfarbe für alle Zellen einer Tabelle.
bgcolor	TR	%Color;	#OPTIONAL	JA	Hintergrundfarbe für eine Zeile einer Tabelle.
bgcolor	TD, TH	%Color;	#OPTIONAL	JA	Hintergrundfarbe für genau diese Zelle einer Tabelle.
bgcolor	BODY	%Color;	#OPTIONAL	JA	Hintergrundfarbe des Dokuments.
border	IMG, OBJECT	%Length;	#OPTIONAL	JA	Wenn ein Bild oder ein anderes Objekt ein Link ist, Angabe, daß es umrandet dargestellt wird.
border	TABLE	%Pixels;	#OPTIONAL		Angabe, wie dick der Rahmen um eine Tabelle ist.
cell-padding	TABLE	%Length;	#OPTIONAL		Platzangaben innerhalb von Zellen bei einer Tabelle.
cell-spacing	TABLE	%Length;	#OPTIONAL		Raum zwischen Zellen bei einer Tabelle.
char	COL, COLGROUP, TBODY, TD, TFOOT, TH, THEAD, TR	%Character;	#OPTIONAL		Anordnungszeichen, z.B. char=':'.
charoff	COL, COLGROUP, TBODY, TD, TFOOT, TH, THEAD, TR	%Length;	#OPTIONAL		Offset für das Anordnungszeichen.
charset	A, LINK, SCRIPT	%Charset;	#OPTIONAL		Zeichenverschlüsselung der verbundenen Ressource.
checked	INPUT	(checked)	#OPTIONAL		Angabe, ob ausgewählt oder nicht bei Radiobutton und Checkboxen innerhalb eines Formulars.
cite	BLOCKQUOTE, Q	%URI;	#OPTIONAL		URI für ein Dokument mit Quelltext oder eine Mitteilung.
cite	DEL, INS	%URI;	#OPTIONAL		Eine allgemeine Information über den Grund für den Wechsel der letzten Dokumentenversion.

Name	Zugeordnete Elemente	Typ	Default-einstellung	Depre-cated	Kommentar
class	Alle Elemente bis auf folgende: BASE, BASEFONT, HEAD, HTML, META, PARAM, SCRIPT, STYLE, TITLE	CDATA	#OPTIONAL		Durch Leerraum getrennte Liste von Klassen.
classid	OBJECT	%URI;	#OPTIONAL		Identifiziert eine Implementation.
clear	BR	(left | all | right | none)	none	JA	Kontrolle des Textflusses.
code	APPLET	CDATA	#OPTIONAL	JA	Die Klassendatei eines Applets.
codebase	OBJECT	%URI;	#OPTIONAL		Angabe, wo sich ein Objekt befindet.
codebase	APPLET	%URI;	#OPTIONAL	JA	Angabe, wo sich ein Applet befindet.
codetype	OBJECT	%ContentType;	#OPTIONAL		Typ des Codes.
color	BASEFONT, FONT	%Color;	#OPTIONAL	JA	Textfarbe.
cols	FRAMESET	%MultiLengths;	#OPTIONAL		Eine Liste von Längenangaben bei einem Frameset.
cols	TEXTAREA	NUMBER	#GEFORDERT		Anzahl von Spalten.
colspan	TD, TH	NUMBER	1		Anzahl von Spalten, welche zu einem Colspan zusammengefaßt werden.
compact	DIR, MENU	(compact)	#OPTIONAL	JA	Reduziert den Platz zwischen Zeichen.
compact	DL, OL, UL	(compact)	#OPTIONAL	JA	Reduziert den Platz zwischen Zeichen.
content	META	CDATA	#GEFORDERT		Mit dem Meta-Tag assoziierte Information.
coords	AREA	%Coords;	#OPTIONAL		Durch Komma getrennte Liste von Koordinatenangaben.
coords	A	%Coords;	#OPTIONAL		Durch Komma getrennte Liste von Koordinatenangaben, welche bei clientseitigen Imagemaps verwendet werden.
data	OBJECT	%URI;	#OPTIONAL		Referenzen auf die Objektdaten.
datetime	DEL, INS	%Datetime;	#OPTIONAL		Datum und Uhrzeit einer Veränderung.
declare	OBJECT	(declare)	#OPTIONAL		Möglichkeit, ein Objekt zu deklarieren, aber noch nicht zu instanzieren.

Name	Zugeordnete Elemente	Typ	Default-einstellung	Depre-cated	Kommentar
defer	SCRIPT	(defer)	#OPTIONAL		Hinausschieben der Ausführung eines Scripts.
dir	Alle Elemente bis auf folgende: APPLET, BASE, BASEFONT, BDO, BR, FRAME, FRAMESET, HR, IFRAME, PARAM, SCRIPT	(ltr I rtl)	#OPTIONAL		Fließrichtung für gewöhnlichen Text.
dir	BDO	(ltr I rtl)	#GEFORDERT		Richtungsangabe.
disabled	BUTTON, INPUT, OPTGROUP, OPTION, SELECT, TEXTAREA	(disabled)	#OPTIONAL		Angabe, daß das Element in diesem Kontext nicht aktivierbar ist.
enctype	FORM	%ContentType;	»application /x-www- form-urlencoded«		
face	BASEFONT, FONT	CDATA	#OPTIONAL	JA	Durch Komma getrennte Liste von Schriftnamen.
for	LABEL	IDREF	#OPTIONAL		Der ID-Wert eines auszuwählenden Feldes.
frame	TABLE	%TFrame;	#OPTIONAL		Angabe, welcher Teil eines Frames ausgegeben werden soll.
frame-border	FRAME, IFRAME	(1 I 0)	1		Fragt ab, ob ein Frame einen Rahmen hat oder nicht.
headers	TD, TH	IDREFS	#OPTIONAL		Liste von IDs von Kopfzellen.
height	IFRAME	%Length;	#OPTIONAL		Framehöhe.
height	IMG, OBJECT	%Length;	#OPTIONAL		Explizite Höhenangabe für ein Bild oder Objekt. Überschreibt die natürliche Höhe.
height	APPLET	%Length;	#GEFORDERT	JA	Initialisierungshöhe eines Applets.
height	TD, TH	%Pixels;	#OPTIONAL	JA	Höhe einer Zelle.
href	A, AREA, LINK	%URI;	#OPTIONAL		URI zur gelinkten Ressource.
href	BASE	%URI;	#OPTIONAL		URI, die als Basis-URI fungiert.
hreflang	A, LINK	%LanguageCode;	#OPTIONAL		Sprachecode.
hspace	APPLET, IMG, OBJECT	%Pixels;	#OPTIONAL	JA	Horizontale Abstandangabe.
http-equiv	META	NAME	#OPTIONAL		HTTP-Antwort für den Headernamen.

Name	Zugeordnete Elemente	Typ	Default-einstellung	Depre-cated	Kommentar
id	Alle Elemente bis auf folgende: BASE, HEAD, HTML, META, SCRIPT, STYLE, TITLE	ID	#OPTIONAL		Dokumentenweit eindeutige ID.
ismap	IMG	(ismap)	#OPTIONAL		Verwendung des Bildes als server-seitige Imagemap.
label	OPTION	%Text;	#OPTIONAL		Für die Verwendung in hierarchischen Menüs.
label	OPTGROUP	%Text;	#GEFORDERT		Für die Verwendung in hierarchischen Menüs.
lang	Alle Elemente bis auf folgende: APPLET, BASE, BASEFONT, BR, FRAME, FRAMESET, HR, IFRAME, PARAM, SCRIPT	%LanguageCode;	#OPTIONAL		Sprachcode.
language	SCRIPT	CDATA	#OPTIONAL	JA	Name der Scriptsprache.
link	BODY	%Color;	#OPTIONAL	JA	Farbe der Links.
longdesc	IMG	%URI;	#OPTIONAL		Link zu einer langen Beschreibung.
longdesc	FRAME, IFRAME	%URI;	#OPTIONAL		Link zu einer langen Beschreibung.
marginheight	FRAME, IFRAME	%Pixels;	#OPTIONAL		Randhöhe in Pixel.
marginwidth	FRAME, IFRAME	%Pixels;	#OPTIONAL		Randbreite in Pixel.
maxlength	INPUT	NUMBER	#OPTIONAL		Maximale Anzahl von Zeichen in einem Textfeld.
media	STYLE	%MediaDesc;	#OPTIONAL		Für die Verwendung mit dem angegebenen Mediaelement.
media	LINK	%MediaDesc;	#OPTIONAL		Für Rendering auf diesem Mediaelement.
method	FORM	(GET | POST)	GET		HTTP-Methode zur Verwendung bei der Übertragung eines Formulars.
multiple	SELECT	(multiple)	#OPTIONAL		Angabe, ob eine Mehrfachauswahl erlaubt ist. Defaulteinstellung ist immer Einfachauswahl.

Name	Zugeordnete Elemente	Typ	Default-einstellung	Depre-cated	Kommentar
name	BUTTON, TEXTAREA	CDATA	#OPTIONAL		Name eines Elements. Es kann über den Namen angesprochen werden.
name	APPLET	CDATA	#OPTIONAL	JA	Name eines Applets. Applets können sich über den Namen finden.
name	SELECT	CDATA	#OPTIONAL		Feldname.
name	FRAME, IFRAME	CDATA	#OPTIONAL		Name eines Frames.
name	A	CDATA	#OPTIONAL		Benennung eines Link-Endes.
name	INPUT, OBJECT	CDATA	#OPTIONAL		Name im Rahmen eines Formulars.
name	MAP	CDATA	#GEFORDERT		Name zur Referenzierung durch eine Usemap.
name	PARAM	CDATA	#GEFORDERT		Eigenschaftenname.
name	META	NAME	#OPTIONAL		Name einer Metainformation.
nohref	AREA	(nohref)	#OPTIONAL		Angabe, daß innerhalb dieser Region keine Aktion stattfindet.
noresize	FRAME	(noresize)	#OPTIONAL		Angabe, ob ein Anwender ein Frame in der Größe verändern darf oder nicht. Wenn das Attribut gesetzt ist, ist es nicht erlaubt.
noshade	HR	(noshade)	#OPTIONAL	JA	Angabe, ob eine Linie mit einem Schaden dargestellt wird oder nicht (Flag verwendet).
nowrap	TD, TH	(nowrap)	#OPTIONAL	JA	Unterdrückung von Wortummantelung.
object	APPLET	CDATA	#OPTIONAL	JA	Serialisiert ein Appletfile.
onblur	A, AREA, BUTTON, INPUT, LABEL, SELECT, TEXTAREA	%Script;	#OPTIONAL		Zuordnung einer Aktion, die stattfindet, wenn das Element den Fokus verloren hat.
onchange	INPUT, SELECT, TEXTAREA	%Script;	#OPTIONAL		Zuordnung einer Aktion, die stattfindet, wenn der Wert des Elements sich ändert.

Name	Zugeordnete Elemente	Typ	Default-einstellung	Depre-cated	Kommentar
onclick	Alle Elemente bis auf: APPLET, BASE, BASEFONT, BDO, BR, FONT, FRAME, FRAMESET, HEAD, HTML, IFRAME, ISINDEX,META, PARAM, SCRIPT, STYLE, TITLE	%Script;	#OPTIONAL		Ein Pointerbutton wurde geklickt.
ondblclick	Alle Elemente bis auf: APPLET, BASE, BASEFONT, BDO, BR, FONT, FRAME, FRAMESET, HEAD, HTML, IFRAME, ISINDEX, META, PARAM, SCRIPT, STYLE, TITLE	%Script;	#OPTIONAL		Ein Pointerbutton wurde doppelt geklickt.
onfocus	A, AREA, BUTTON, INPUT, LABEL, SELECT, TEXTAREA	%Script;	#OPTIONAL		Ein Element bekommt den Fokus.
onkeydown	Alle Elemente bis auf: APPLET, BASE, BASEFONT, BDO, BR, FONT, FRAME, FRAMESET, HEAD, HTML, IFRAME, ISINDEX, META, PARAM, SCRIPT, STYLE, TITLE	%Script;	#OPTIONAL		Eine Taste wurde gedrückt.
onkeypress	Alle Elemente bis auf: APPLET, BASE, BASEFONT, BDO, BR, FONT, FRAME, FRAMESET, HEAD, HTML, IFRAME, ISINDEX, META, PARAM, SCRIPT, STYLE, TITLE	%Script;	#OPTIONAL		Eine Taste wurde gedrückt und wieder losgelassen.
onkeyup	Alle Elemente bis auf: APPLET, BASE, BASEFONT, BDO, BR, FONT, FRAME, FRAMESET, HEAD, HTML, IFRAME, ISINDEX, META, PARAM, SCRIPT, STYLE, TITLE	%Script;	#OPTIONAL		Eine Taste wurde losgelassen.
onload	FRAMESET	%Script;	#OPTIONAL		Alle Frames sind geladen worden.

Name	Zugeordnete Elemente	Typ	Default-einstellung	Depre-cated	Kommentar
onload	BODY	%Script;	#OPTIONAL		Das Dokument ist geladen worden.
onmouse-down	Alle Elemente bis auf: APPLET, BASE, BASEFONT, BDO, BR, FONT, FRAME, FRAMESET, HEAD, HTML, IFRAME, ISINDEX, META, PARAM, SCRIPT, STYLE, TITLE	%Script;	#OPTIONAL		Ein Pointerbutton wurde niedergedrückt.
onmouse-move	Alle Elemente bis auf: APPLET, BASE, BASEFONT, BDO, BR, FONT, FRAME, FRAMESET, HEAD, HTML, IFRAME, ISINDEX, META, PARAM, SCRIPT, STYLE, TITLE	%Script;	#OPTIONAL		Ein Pointer wurde über einem Element bewegt.
onmouseout	Alle Elemente bis auf: APPLET, BASE, BASEFONT, BDO, BR, FONT, FRAME, FRAMESET, HEAD, HTML, IFRAME, ISINDEX, META, PARAM, SCRIPT, STYLE, TITLE	%Script;	#OPTIONAL		Ein Pointer hat den Bereich eines Elements verlassen.
onmouse-over	Alle Elemente bis auf: APPLET, BASE, BASEFONT, BDO, BR, FONT, FRAME, FRAMESET, HEAD, HTML, IFRAME, ISINDEX, META, PARAM, SCRIPT, STYLE, TITLE	%Script;	#OPTIONAL		Ein Pointer wurde in den Bereich eines Elements hineinbewegt.
onmouseup	Alle Elemente bis auf: APPLET, BASE, BASEFONT, BDO, BR, FONT, FRAME, FRAMESET, HEAD, HTML, IFRAME, ISINDEX, META, PARAM, SCRIPT, STYLE, TITLE	%Script;	#OPTIONAL		Ein Pointerbutton wurde losgelassen.
onreset	FORM	%Script;	#OPTIONAL		Das Formular wurde über den Reset-Vorgang gelöscht.
onselect	INPUT, TEXTAREA	%Script;	#OPTIONAL		Text wurde selektiert.

Name	Zugeordnete Elemente	Typ	Default-einstellung	Depre-cated	Kommentar
onsubmit	FORM	%Script;	#OPTIONAL		Das Formular wurde gesendet.
onunload	FRAMESET	%Script;	#OPTIONAL		Alle Frames wurden wieder entfernt.
onunload	BODY	%Script;	#OPTIONAL		Das Dokument wurde wieder entfernt.
profile	HEAD	%URI;	#OPTIONAL		Benennung des Verzeichnisses für eine Metainformation.
prompt	ISINDEX	%Text;	#OPTIONAL	JA	Die Prompt-Anzeige.
readonly	TEXTAREA	(readonly)	#OPTIONAL		Nur Leseerlaubnis.
readonly	INPUT	(readonly)	#OPTIONAL		Nur Leseerlaubnis.
rel	A, LINK	%LinkTypes;	#OPTIONAL		Vorwärtslinktypen.
rev	A, LINK	%LinkTypes;	#OPTIONAL		Rückwärtslinktypen.
rows	FRAMESET	%MultiLengths;	#OPTIONAL		Liste von Längenangaben (Anzahl Reihen).
rows	TEXTAREA	NUMBER	#GEFORDERT		Anzahl der Reihen.
rowspan	TD, TH	NUMBER	1		Anzahl der Reihen, die von einer Zelle überspannt werden sollen.
rules	TABLE	%TRules;	#OPTIONAL		Verhaltensregeln zwischen Zeilen und Spalten in einer Tabelle.
scheme	META	CDATA	#OPTIONAL		Selektiert einen Inhalt.
scope	TD, TH	%Scope;	#OPTIONAL		Wiederholungsbereich der Kopfzellen.
scrolling	FRAME, IFRAME	(yes | no | auto)	auto		Scrollbalken oder nicht.
selected	OPTION	(selected)	#OPTIONAL		Selektiert.
shape	AREA	%Shape;	rect		Koordinatenangaben.
shape	A	%Shape;	rect		Koordinatenangaben in einer clientseitigen Imagemap.
size	HR	%Pixels;	#OPTIONAL	JA	Größenangabe einer Trennlinie.
size	FONT	CDATA	#OPTIONAL	JA	Größenangabe für eine Schrift. Immer relative Angabe zur Basisschrift. Entweder relativ mit Plus oder Minus von der Basisschriftgröße [+ | -]nn, z.B. size=»+1«, oder genaue Relativangabe zwischen 1 und 7, z.B. size=»4«.

Name	Zugeordnete Elemente	Typ	Default-einstellung	Depre-cated	Kommentar
size	INPUT	CDATA	#OPTIONAL		Spezifiziet jeden Typ eines Feldes.
size	BASEFONT	CDATA	#GEFORDERT	JA	Basisschriftgröße für jedes FONT-Element.
size	SELECT	NUMBER	#OPTIONAL		Sichtbare Reihen.
span	COL	NUMBER	1		COL-Attribute sollen sich auf die angegebene Anzahl von Spalten auswirken.
span	COLGROUP	NUMBER	1		Defaultanzahl von Spalten in einer Colgroup.
src	SCRIPT	%URI;	#OPTIONAL		URI für ein externes Script.
src	INPUT	%URI;	#OPTIONAL		URI für Felder mit Bildern.
src	FRAME, IFRAME	%URI;	#OPTIONAL		Source des Inhalts eines Frames.
src	IMG	%URI;	#GEFORDERT		URI des Bildes, das eingebettet werden soll.
standby	OBJECT	%Text;	#OPTIONAL		Die Nachricht, die während des Ladevorgangs eines Objekts angezeigt werden soll.
start	OL	NUMBER	#OPTIONAL	JA	Startnummer einer Aufzählung.
style	Alle Elemente bis auf: BASE, BASEFONT, HEAD, HTML, META, PARAM, SCRIPT, STYLE, TITLE	%StyleSheet;	#OPTIONAL		Assoziierte Stilinformation.
summary	TABLE	%Text;	#OPTIONAL		Strukturangaben für die Sprachausgabe.
tabindex	A, AREA, BUTTON, INPUT, OBJECT, SELECT, TEXTAREA	NUMBER	#OPTIONAL		Der Tabulatorindex.
target	A, AREA, BASE, FORM, LINK	%FrameTarget;	#OPTIONAL		Angabe, wo in dem Frame eine Anzeige erfolgen soll.
text	BODY	%Color;	#OPTIONAL	JA	Globale Textfarbe im Dokument.
title	STYLE	%Text;	#OPTIONAL		Erklärender Titel.

Name	Zugeordnete Elemente	Typ	Default-einstellung	Depre-cated	Kommentar
title	Alle Elemente bis auf: BASE, BASEFONT, HEAD, HTML, META, PARAM, SCRIPT, STYLE, TITLE	%Text;	#OPTIONAL		Erklärender Titel für das Element, auf das das Attribut angewandt wird (Quickinfo). Es sollte nicht mit dem TITLE-Element verwechselt werden, welches Bestandteil des HEADER-Teils einer Web-Seite ist.
type	A, LINK	%ContentType ;	#OPTIONAL		Erklärender Inhaltstyp.
type	OBJECT	%ContentType ;	#OPTIONAL		Inhaltstyp der Daten.
type	PARAM	%ContentType ;	#OPTIONAL		Inhaltstyp für Werte, wenn gilt valuetype=ref.
type	SCRIPT	%ContentType ;	#GEFORDERT		Typ des Inhalts der Script-Sprache.
type	STYLE	%ContentType ;	#GEFORDERT		Typ des Inhalts der Style-Sprache.
type	INPUT	%InputType;	TEXT		Welche Art von Eingabe wird gefordert.
type	LI	%LIStyle;	#OPTIONAL	JA	Stil der Aufzählungsliste.
type	OL	%OLStyle;	#OPTIONAL	JA	Stil der Numerierung.
type	UL	%ULStyle;	#OPTIONAL	JA	Bulletstil.
type	BUTTON	(button | submit | reset)	submit		Für die Verwendung als Formularbutton.
usemap	IMG, INPUT, OBJECT	%URI;	#OPTIONAL		Verwendung als clientseitige Image-map.
valign	COL, COLGROUP, TBODY, TD, TFOOT, TH, THEAD, TR	(top | middle | bottom | baseline)	#OPTIONAL		Vertikale Ausrichtung in Zellen.
value	OPTION	CDATA	#OPTIONAL		Defaultwert eines Elementinhalts.
value	PARAM	CDATA	#OPTIONAL		Eigenschaftenwert.
value	INPUT	CDATA	#OPTIONAL		Wert bei Radioboxen und Checkboxen.
value	BUTTON	CDATA	#OPTIONAL		Wird bei der Übermittlung zum Server gesendet.
value	LI	NUMBER	#OPTIONAL	JA	Setzt eine Aufzählungsnummer.

Name	Zugeordnete Elemente	Typ	Default-einstellung	Depre-cated	Kommentar
valuetype	PARAM	(DATA | REF | OBJECT)	DATA		Beschreibung, wie ein Wert zu interpretieren ist.
version	HTML	CDATA	%HTML.Version;	JA	Konstante.
vlink	BODY	%Color;	#OPTIONAL	JA	Farbe von bereits besuchten Links.
vspace	APPLET, IMG, OBJECT	%Pixels;	#OPTIONAL	JA	Vertikale Abstandsangabe.
width	HR	%Length;	#OPTIONAL	JA	Breite der Trennlinie.
width	IFRAME	%Length;	#OPTIONAL		Breite des Frames.
width	IMG, OBJECT	%Length;	#OPTIONAL		Breitenangabe.
width	TABLE	%Length;	#OPTIONAL		Breite der Tabelle.
width	APPLET	%Length;	#GEFORDERT	JA	Initialisierungsbreite eines Applets.
width	COL	%MultiLength;	#OPTIONAL		Spaltenbreite.
width	COLGROUP	%MultiLength;	#OPTIONAL		Defaultbreite für eingeschlossene Spalten.
width	TD, TH	%Pixels;	#OPTIONAL	JA	Breite für Zellen.
width	PRE	NUMBER	#OPTIONAL	JA	Breitenangaben.

Das hexadezimale Zahlensystem

Zur Eingabe von Farben in der hexadezimalen Form benötigen Sie das hexadezimale Zahlensystem.

Hexadezimale Zahl	Dezimale Entsprechung	Hexadezimale Zahl	Dezimale Entsprechung
0	0	8	8
1	1	9	9
2	2	A	10
3	3	B	11
4	4	C	12
5	5	D	13
6	6	E	14
7	7	F	15

Erweiterte Farbangaben

Neben den von fast allen Browsern interpretierten Standardfarben und deren Farbnamen gibt es noch eine ganze Reihe von weiteren Farben beziehungsweise Farbnamen, die unter Umständen nicht von allen Browsern interpretiert werden. Neuere Browser sollten sie allerdings verstehen. Hier eine alphabetisch sortierte Auswahl (ohne die 16 Standardfarben, die bereits in Kapitel 3 beschrieben wurden):

Farbangabe	Beschreibung
`aliceblue`	Grüngelber Farbton
`antiquewhite`	Dunkles Weiß
`aqua`	Aqua – ein blaugrüner Farbton
`aquamarine`	Aquamarinblau
`azure`	Azurblau, d.h. Himmelblau
`beige`	Beige
`blanchedalmond`	Mandelweiß
`blueviolet`	Blauviolet
`brown`	Braun
`burlywood`	Heller Graubraunton
`cadetblue`	Graublau
`chartreuse`	Helles Grün
`chocolate`	Schokolade, helles Braun
`coral`	Koralle – Orangeton
`cornflowerblue`	Kornblumenblau
`cornsilk`	Maisfarben – helles Gelb
`crimson`	Rotton
`cyan`	Zyanblau
`darkblue`	Dunkelblau
`darkzyan`	Dunkelzyan
`darkgoldenrod`	Dunkler Goldton
`darkgray`	Dunkelgrau
`darkgreen`	Dunkelgrün
`darkkhaki`	Dunkelgrau
`darkmagenta`	Dunkelmagenta
`darkolivegreen`	Dunkelolivegrün
`darkorange`	Dunkelorange
`darkorchid`	Dunkler Lilaton
`darkred`	Dunkelrot
`darksalmon`	Dunkles Grau
`darkseagreen`	Dunkles Grün
`darkslateblue`	Dunkles Lila
`darkslategray`	Dunkles Graublau
`darkturquoise`	Dunkles Türkis

Farbangabe	Beschreibung
darkviolet	Dunkelviolet
deeppink	Tiefpink
deepskyblue	Himmelblau – hell
dimgray	Kräftiges Grau
dodgerblue	Helles Blau
firebrick	Dunkles Rot
floralwhite	Weißton
forestgreen	Waldgrün
fuchsia	Lilaton
gold	Gold
gray	Grau
green	Grün
greenyellow	Grüngelb
indigo	Indigo
ivory	Elfenbein
lavender	Lavendelfarben
linen	Leinenfarben
magenta	Magentarot
maroon	Kastanienbraun
navy	Marine
oldlace	Ganz heller Rosaton
olive	Olivgrün
orange	Orangefarben
orchid	Orchidee
pink	Rosa
plum	Pflaumefarben
purple	Purpurrot
red	Rot
salmon	Lachsfarben
silver	Silber
snow	Schneefarben
tomato	Tomatenrot
turquoise	Türkis
violet	Violett
wheat	Weizenfarben
white	Weiß
yellow	Gelb
yellowgreen	Gelbgrün

Der ISO-Latin-1-Zeichensatz

Der ISO-Latin-1-Zeichensatz (auch ISO Latin 1 oder ISO-5589-1-Norm genannt) ist ein internationaler Standardzeichensatz zur 8-Bit-Verschlüsselung (daher 256 Zeichen – 2 hoch 8), der auch bisher in HTML für die meisten westeuropäischen und amerikanischen Schriften verwendet wurde und immer noch Gültigkeit hat, weil die ISO-Latin-1-Norm im ersten Byte identisch mit der neueren ISO/IEC:10646-Norm ist, die aus zwei Byte besteht und 65536 denkbare Zeichen darstellen kann, von denen die meisten noch nicht verwendet werden. Falls Sie dieser vollständige Zeichensatz interessiert, finden Sie mehr Informationen dazu im Internet in der HTML-Spezifikation auf den üblichen W3C-Seiten.

Die nachfolgende Tabelle gibt die Codes der ISO-5589-1-Norm an. Die Tabelle beginnt erst mit dem Zeichen 32; die fehlenden Zeichen sind reine Steuerzeichen. Die ersten Zeichen bis 127 sind identisch mit dem klassischen ASCII-Code. In der ersten Spalte steht die Codenummer. Aus dieser ergibt sich die numerische Zeichenreferenz (numerical character reference) durch Voranstellen der beiden Zeichen #& und Abschluß mit einem Semikolon (z.B. " für »). Die zweite Spalte ist die hexadezimale Darstellung. Es folgt das dargestellte Zeichen und – falls eine benannte Zeichenreferenz (character entity reference) definiert ist – in der vierten Spalte die entsprechende Kodierung (z.B. " für »).

Nummerncode	**Hexadezimal**	**Zeichen**	**Characterentity**
32	20	SP	
33	21	!	
34	22	»	"
35	23	#	
36	24	$	
37	25	%	
38	26	&	&
39	27	'	
40	28	(	
41	29	)	
42	2a	*	
43	2b	+	
44	2c	,	
45	2d	-	
46	2e	.	
47	2f	/	
48	30	0	
49	31	1	
50	32	2	

Nummerncode	Hexadezimal	Zeichen	Characterentity
51	33	3	
52	34	4	
53	35	5	
54	36	6	
55	37	7	
56	38	8	
57	39	9	
58	3a	:	
59	3b	;	
60	3c	<	>
61	3d	=	
62	3e	>	<
63	3f	?	
64	40	@	
65	41	A	
66	42	B	
67	43	C	
68	44	D	
69	45	E	
70	46	F	
71	47	G	
72	48	H	
73	49	I	
74	4a	J	
75	4b	K	
76	4c	L	
77	4d	M	
78	4e	N	
79	4f	O	
80	50	P	
81	51	Q	
82	52	R	
83	53	S	
84	54	T	
85	55	U	
86	56	V	
87	57	W	
88	58	X	
89	59	Y	
90	5a	Z	
91	5b	[	
92	5c	\	
93	5d	]	
94	5e	^	
95	5f	_	

Nummerncode	Hexadezimal	Zeichen	Characterentity
96	60	`	
97	61	a	
98	62	b	
99	63	c	
100	64	d	
101	65	e	
102	66	f	
103	67	g	
104	68	h	
105	69	i	
106	6a	j	
107	6b	k	
108	6c	l	
109	6d	m	
110	6e	n	
111	6f	o	
112	70	p	
113	71	q	
114	72	r	
115	73	s	
116	74	t	
117	75	u	
118	76	v	
119	77	w	
120	78	x	
121	79	y	
122	7a	z	
123	7b	{	
124	7c	|	
125	7d	}	
126	7e	~	
127	7f	DEL	
128	80		
129	81		
130	82	,	
131	83	ƒ	
132	84	»	
133	85	…	
134	86	†	
135	87	‡	
136	88	ˆ	
137	89	‰	
138	8a	Š	
139	8b	‹	
140	8c	Œ	

Nummerncode	Hexadezimal	Zeichen	Characterentity
141	8d		
142	8e		
143	8f		
144	90		
145	91	'	
146	92	'	
147	93	»	
148	94	»	
149	95	o	
150	96	-	
151	97	-	
152	98	˜	
153	99	™	
154	9a	š	
155	9b	›	
156	9c	œ	
157	9d		
158	9e		
159	9f	Ÿ	
160	a0	(erzwungenes Leerzeichen)	
161	a1	¡	¡
162	a2	¢	¢
163	a3	£	£
164	a4	¤	¤
165	a5	¥	¥
166	a6	¦	¦
167	a7	§	§
168	a8	¨	¨
169	a9	©	©
170	aa	ª	ª
171	ab	«	&laqno;
172	ac	¬	¬
173	ad	-	
174	ae	®	®
175	af	¯	¯
176	b0	°	°
177	b1	±	±
178	b2	²	²
179	b3	³	³
180	b4	´	´
181	b5	µ	µ
182	b6	¶	¶
183	b7	·	·
184	b8	¸	¸

Nummerncode	Hexadezimal	Zeichen	Characterentity
185	b9	¹	¹
186	ba	º	º
187	bb	»	»
188	bc	¼	¼
189	bd	½	½
190	be	¾	¾
191	bf	¿	¿
192	c0	À	À
193	c1	Á	Á
194	c2	Â	Â
195	c3	Ã	Ã
196	c4	Ä	Ä
197	c5	Å	Å
198	c6	Æ	Æ
199	c7	Ç	Ç
200	c8	È	È
201	c9	É	É
202	ca	Ê	Ê
203	cb	Ë	Ë
204	cc	Ì	Ì
205	cd	Í	Í
206	ce	Î	Î
207	cf	Ï	Ï
208	d0	Ð	Ð
209	d1	Ñ	Ñ
210	d2	Ò	Ò
211	d3	Ó	Ó
212	d4	Ô	Ô
213	d5	Õ	Õ
214	d6	Ö	Ö
215	d7	×	×
216	d8	Ø	Ø
217	d9	Ù	Ù
218	da	Ú	Ú
219	db	Û	Û
220	dc	Ü	Ü
221	dd	Ý	Ý
222	de	Þ	Þ
223	df	ß	ß
224	e0	à	à
225	e1	á	á
226	e2	â	â
227	e3	ã	ã
228	e4	ä	ä
229	e5	å	å

Nummerncode	Hexadezimal	Zeichen	Characterentity
230	e6	æ	æ
231	e7	ç	ç
232	e8	è	è
233	e9	é	é
234	ea	ê	ê
235	eb	ë	ë
236	ec	ì	ì
237	ed	í	í
238	ee	î	î
239	ef	ï	ï
240	f0	ð	ð
241	f1	ñ	ñ
242	f2	ò	ò
243	f3	ó	ó
244	f4	ô	ô
245	f5	õ	õ
246	f6	ö	ö
247	f7	÷	÷
248	f8	ø	ø
249	f9	ù	ù
250	fa	ú	ú
251	fb	û	û
252	fc	ü	ü
253	fd	ý	ý
254	fe	þ	þ
255	ff	ÿ	ÿ

Anhang B

Das ist neu in JavaScript 1.3

Wir beziehen uns in unseren Abhandlungen zu Javascript ausschließlich auf die Version 1.2. Dies reicht für unsere Zwecke voll aus. Vor allem gilt, daß erst diese Version in einer ausreichenden Zahl von Browsern wenigstens halbwegs unterstützt wird. Es gibt aber mittlerweile eine Version 1.3, die einige neue Features und Veränderungen gebracht hat, und die sollten Sie zumindest in Ansätzen kennen.

Unterstützt wird die neue JavaScript-Version 1.3 in Ansätzen vom Netscape Communicator/Navigator 4.06 und 4.5ff. Die Veränderungen zwischen JavaScript 1.2 und JavaScript 1.3 sind minimal, so daß existierender Code mit nur wenigen Modifikationen auf 1.3-Stand gebracht werden kann, sofern dafür überhaupt ein Grund denkbar ist.

Die signifikanteste Veränderung der neuen Version von JavaScript ist die Übereinstimmung mit der European Computer Manufacturers Association – Spezifikation (ECMA-262) – und der International Organization for Standards – Spezifikation (ISO-16262). JavaScript 1.2 war nicht voll kompatibel zur ECMA-262-Norm.

Die wichtigsten neuen Features sind folgende:

- JavaScript 1.3 verwendet nun Unicode, damit mehr Zeichen plattformneutral kodiert werden können.
- Neue Top-Level Properties: `NaN`, `Infinity` und `undefined`.
- Globale Funktion `isFinite`.
- `toSource`-Methode.

- ✘ Neue und veränderte Features des `Date`-Objekts. Es ist nun plattformneutral.
- ✘ Neue Methoden des `Function`-Objekts: `call` und `apply`.
- ✘ Einführung von Operatoren für strikte Gleichheit

Minimale Veränderungen haben sich bei folgenden Details ergeben:

- ✘ Bei der Spezifzierung der Version von JavaScript.
- ✘ Bei den Vergleichsoperatoren.
- ✘ Beim `Array`-Objekt.
- ✘ Bei der `replace`-Methode des `String`-Objekts.
- ✘ Beim `Boolean`-Objekt.
- ✘ Bei der Methode `toString`.
- ✘ Bei den reservierten Schlüsselworten.

Wenngleich die Erweiterungen von JavaScript 1.3 mit der ECMA-262-Norm übereinstimmen, bietet JavaScript 1.3 darüber hinausgehende neue Features:

- ✘ Schlüsselworte und Operatoren
  - Operatoren für die strikte Gleichheit.
  - Vertikaler Tabulator als Escape-Sequenz (`\v or \u000B`).
- ✘ Anweisungen
  - `label`
  - `switch`
  - `do...while`
  - `export`
  - `import`
- ✘ Built-in-Objekte
  - `RegExp`
- ✘ Methoden der Built-in-Objekte
  - Alle Kernobjekte
  - Die Methode `toSource`
  - `Object`-Objekt
  - Die Methode `watch`

- Die Methode unwatch
- Function-Objekt
- Die Eigenschaft arity
- Die Methode apply.
- Die Methode call.
- Array-Objekt
- Die Eigenschaft index
- Die Eigenschaft input
- Die Methode concat
- Die Methode pop
- Die Methode push
- Die Methode shift
- Die Methode unshift
- Die Methode slice
- Die Methode splice
- String-Objekt
- Die Methode concat
- Die Methode match
- Die Methode search
- Die Methode slice
- Die Methode substr

Wenn Sie explizit mit der neuen JavaScript-Version arbeiten wollen, können Sie dieses mit dem LANGUAGE-Attribut in dem <SCRIPT>-Tag spezifizieren. Dies funktioniert wie folgt:

```
<SCRIPT LANGUAGE="JavaScript1.3">
```

Anhang C

Die konkrete Veröffentlichung eines Web-Projekts

Wenn Sie nun Ihr Web-Projekt erstellt und durchgetestet haben, stellen Sie sich vielleicht noch die Frage, wie eigentlich Ihr Web-Projekt ins Internet kommt und dort bekannt wird?

Die Veröffentlichung

Der einfachste Weg, Ihre Seiten im World Wide Web zu plazieren, führt über einen bestehenden Web-Server eines Providers. Um Ihr Web-Projekt dorthin zu bringen, erfolgt in der Regel ein Upload der Dateien über einen File-Transfer mit dem FTP-Protokoll. Über die vom Provider Ihnen zugewiesene UserID und Ihr Paßwort erhalten Sie Zugriff auf Ihren Bereich und können Ihr Projekt auf dem Server plazieren. Genauere Instruktionen, eventuell notwendige Software zum Upload, das Paßwort und die notwendige FTP-Adresse erhalten Sie von Ihrem Provider, bei dem Sie den Speicherplatz mieten.

Die einfachste Möglichkeit, Ihr WWW-Projekt bei einem Provider ins Internet zu stellen, ist der Upload per Wizard (engl. Zauberer). Darunter versteht man ein Programm, das einen Anwender Schritt für Schritt zur Lösung eines speziellen Problems führt. Damit wird der Upload der Web-Seiten zum Kinderspiel. Vorher müssen Sie sich diesen Wizard allerdings aus dem Angebot des Providers besorgen. Bei den großen Online-Diensten AOL und CompuServe ist so ein Publishing Wizard Bestandteil der Standardsoftware. Etwa der Web-Publishing-Assistent von Microsoft, den Sie sich von der Internet-Seite (http://www.microsoft.com) laden können.

Die Bekanntmachung

Damit Ihr Web-Projekt zwischen den zig Millionen von Web-Seiten überhaupt gefunden werden kann, sollten Sie das Projekt in den gängigen Suchmaschinen (englisch Search-Engines) eintragen. Bei Suchmaschinen handelt es sich um Programme, die das Internet nach gewissen Kriterien durchsuchen und katalogisieren.

Es gibt mittlerweile Hunderte von Suchmaschinen im Internet. Jede hat ihre Spezialität, ihre Stärken und Schwächen. Insbesondere verfolgen die verschiedenen Suchmaschinen ganz unterschiedliche Konzepte, um Daten im Internet zu ermitteln und zu katalogisieren. Teilweise kann es passieren, daß sich Suchmaschinen weitgehend selbständig darum kümmern, auf dem Laufenden über die neuen Web-Seiten im WWW zu bleiben (mit Hilfe sogenannter Robots – kleiner Suchprogramme, welche autonom das WWW durchkrabbeln[1]). Besser ist es jedoch immer, wenn Sie Ihre Seiten selbst in die wichtigsten Suchmaschinen eintragen. Meistens finden Sie auf den Seiten der Suchmaschinen irgendwo den Eintrag Add URL. Folgen Sie dann einfach den nachfolgenden Anweisungen. Die nachfolgende Tabelle gibt eine Auswahl der wichtigsten Suchmaschinen an:

Internationale Suchmaschinen

`http://www.excite.com`	Excite – der Sieger in dem letzten Test einer großen Computerzeitschrift
`http://www.hotbot.com`	Hotbot – die wahrscheinlich größte Datenbank und eine der besten Suchmaschinen
`http://altavista.digital.com`	Alta Vista – vor Hotbot die größte Datenbank und immer noch gut
`http://lycospro.lycos.com`	Lycos Pro
`http://guide.infoseek.com`	Infoseek – auch eine ziemlich gute und große Suchmaschine
`http://www.opentext.com:8080`	Open Text
`http://www.webcrawler.com`	WebCrawler
`http://www.northernlight.com`	Northern Light
`http://www.yahoo.com`	Yahoo – der Klassiker schlechthin und immer noch top, besonders hohe Bedienerfreundlichkeit
`http://inktomi.berkeley.edu/query.html`	Inktomi
`http://www.dejanews.com`	Dejanews speziell für Newsgroups

1 Für diese sollten Sie ja die `META`-Tags und den `TITLE`-Tag in Ihren Web-Seiten sorgfältig pflegen.

Meta-Suchmaschinen – International

http://www.Albany.et/allinone	All in one: Meta-Engine
http://www.metasearch.com	Metasearch: die Klassiker Yahoo, Webcrawler und Lycos im Dreierpack
http://www.nln.com	Metasucher
http://www.inference.com	Inference
http://www.mckinley.com	Magellan: ein thematisch sortiertes Netzverzeichnis, gruppiert in etwa 20 Kategorien. Die Internet-Seiten sind nicht nur sortiert, sondern auch bereits sehr qualifiziert bewertet und kommentiert.

Deutsche Suchmaschinen & Directories

http://www.fireball.de/	Fireball (ehemals Flipper) – Suchmaschine für deutsche Web-Seiten – Standard für deutschsprachige Suche
http://www.info.de/ww/	Dino
http://www.dino-online.de	Dino-Online
http://www.lotse.de	Der Lotse – ein Dino-Ableger
http://www.excite.de	Excite – deutsche Ausgabe
http://www.lycos.de	Deutsche Ausgabe von Lycos
http://www.yahoo.de	Yahoo – der deutsche Ableger
http://www.sharelook.de	Sharelook
http://www.web.de	Web.de
http://www.allesklar.de	Alles klar
http://www.th-darmstadt.de/archie/archieplex.html	Deutscher Archie-Server

Für die einfachere Veröffentlichung von Web-Seiten in mehreren Suchmaschinen gleichzeitig gibt es Submit-it (http://www.submit-it.com) oder Web Promotion Spider (http://www.beherenow.com/spider/). Dies ist recht bequem, aber Sie müssen auch da Angaben für jede einzelne Suchmaschine vornehmen, wo Ihr Web-Projekt eingetragen werden soll.

Anhang D

Die Buch-CD

Auf der beiliegenden Buch-CD finden Sie sämtliche Beispiele und Übungsaufgaben, welche in dem Buch besprochen werden. Die Beispiele befinden sich jeweils in dem zu dem Kapitel passenden Unterverzeichnis innerhalb des Beispielverzeichnisses.

Als Software sind unter anderem die aktuellen Browser von Netscape und Microsoft vorhanden, so daß Sie die Übungsaufgaben im Buch direkt nachvollziehen können. Eine ganze Reihe von nützlichen Shareware-Tools stellen Ihnen weitergehende Funktionalität zur Verfügung.

Visual Page

Besonderes Bonbon auf der CD ist eine 30-Tage-Trailversion von Symantec Visual Page 2.0. Bei Visual Page 2.0, welches auch Bestandteil der Professional Edition von Visual Café 3.0 (der Java-Entwicklungsumgebung von Symantec) ist, handelt es sich um einen professionellen WYSIWYG-HTML-Editor.

Die WYSIWYG-Funktionalität von Visual Page

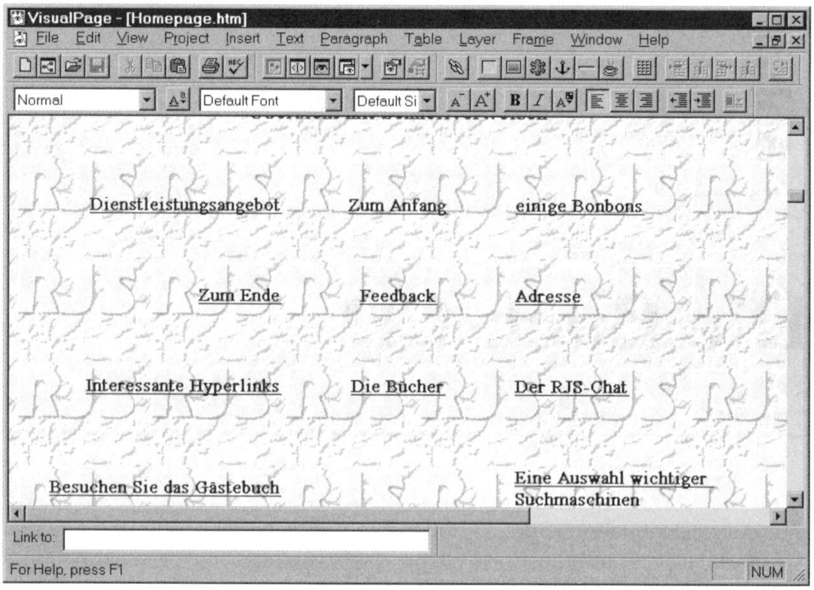

Visual Page erlaubt entgegen einiger anderer Tools sowohl eine Arbeit im WYSIWYG-Vorschaumodus als auch in dem für fortgeschrittene Anwender interessanteren Sourcemodus. Dabei wird der Programmierer durch Colorsyntaxing (farbliche Hervorhebung von Schlüsselbegriffen und Strukturen) unterstützt.

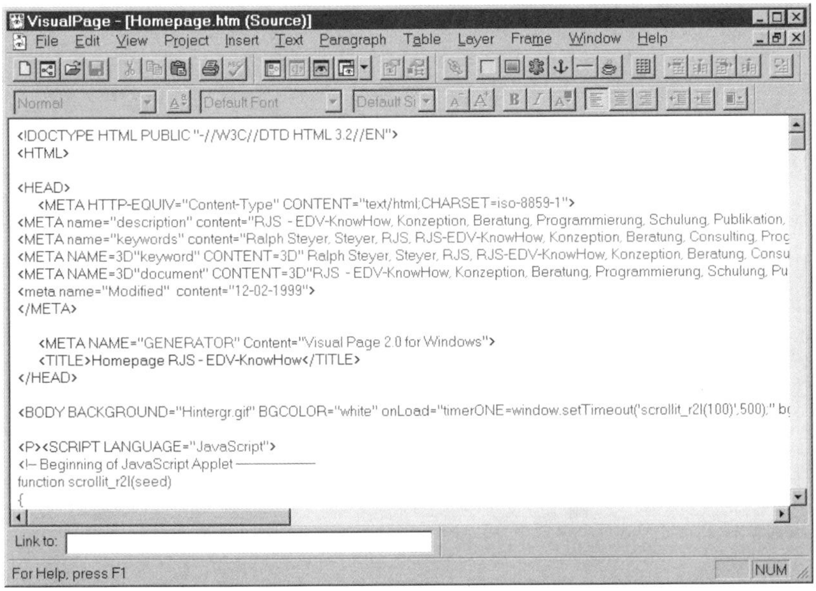

Visual Page im Sourcemodus

Fast alle wichtige Technologien der aktuellen Internet-Welt sind in dem Programm integriert. So gibt es beispielsweise einen äußerst komfortablen Stylesheet-Editor. Auch die Netscape-Layer werden unterstützt, ebenso zahlreiche sehr weitgehende HTML-Features. Besonders wichtig ist, daß sowohl die Integration von externen Javascripten als auch das Einbinden von Java-Applets über Menüs möglich ist.

Styles in Visual Page

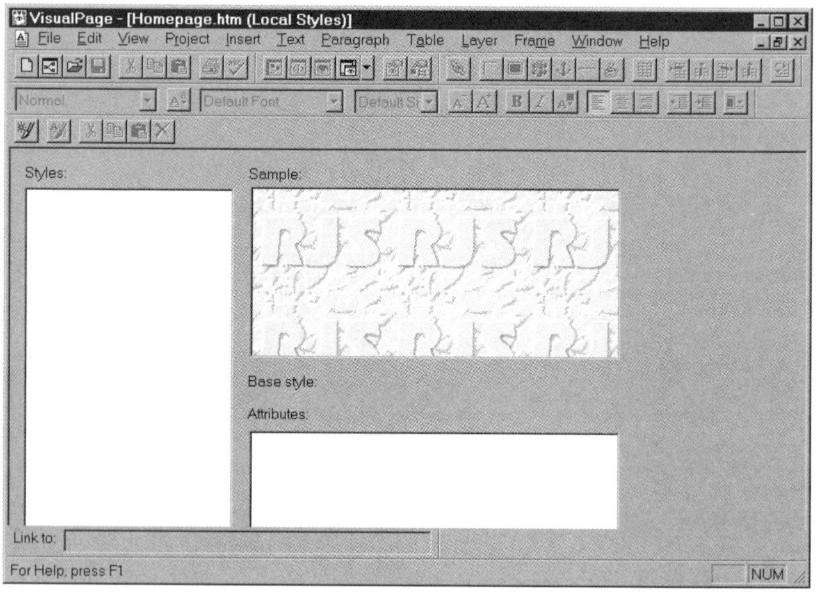

Das Programm bietet Ihnen eine Vielzahl von Einstellungsmöglichkeiten, Optionen und ein Managementsystem für ein vollständiges Web-Projekt.

Stichwortverzeichnis

new technology

O. Pott/G. Wielage
XML
NEW TECHNOLOGY

Dieses Buch liefert in kompakter Form Praxiswissen, das Sie für den Einsatz von XML benötigen. Es vergleicht die Sprachen SGML, HTML, Dynamic HTML und XML, führt systematisch in XML ein und schildert fundiert die Syntax der Sprache. Inklusive vollständiger Sprachspezifikation für den Einsatz als Referenz.

296 Seiten, 1 CD-ROM
ISBN 3-8272-**5485**-X, DM 69,95

M. Masterson/H. Knief/S. Vinick/ E. Roul
DNS unter Windows NT
NEW TECHNOLOGY

Mit Hilfe dieses Buches lernen Sie, zuverlässige DNS-Systeme zu entwickeln und zu verwalten. Sie lernen auch, WINS, ein weiteres Namenssystem des Internet, mit DNS zu verbinden. Am Schluß des Buches wird gezeigt, wie Sie Ihr eigenes DNS entwickeln können, indem Sie mit anderen Sysops und Internet-Providern kooperieren.

408 Seiten
ISBN 3-8272-**5522**-8, DM 79,95

Gene Henriksen
Windows NT und Unix integrieren
NEW TECHNOLOGY

Mit dem Nebeneinander zweier Betriebssystemwelten befaßt sich dieser Titel. Von der Einführung in Windows NT und Unix, Netzwerkplanung, Filesharing, Drucken bis hin zu komplexen Problemen dieser beiden Welten bleibt kaum eine Frage offen.

376 Seiten, 1 CD-ROM
ISBN 3-8272-**9570**-X, DM 89,95

E. Schmid/ C. Cartus/R. Blume
PHP
NEW TECHNOLOGY

PHP als webserverseitige, in HTML eingebettete Skriptsprache ermöglicht es auf einfache Weise, Multimedia-, E-Commerce- und andere Webanwendungen zu erstellen. Insbesondere in Verbindung mit dem marktführenden Apache-Webserver wird PHP in der aktuellen Version 3 auf einer großen und stetig wachsenden Anzahl von Servern eingesetzt. Das erste deutsche Buch zu diesem zukunftsträchtigen Thema stellt PHP im praktischen Einsatz vor und ist als Handbuch und Nachschlagewerk ein Muß für alle, die sich professionell mit dem WWW beschäftigen.

368 Seiten, 1 CD-ROM
ISBN 3-8272-**5524**-X, DM 89,95

Markt&Technik-Produkte erhalten Sie im Buchhandel, Fachhandel und Warenhaus.
Pearson Education Deutschland GmbH · Martin-Kollar-Straße 10–12 · 81829 München · Telefon (0 89) 4 60 03-0 · Fax (0 89) 4 60 03-100
Aktuelle Infos rund um die Uhr im Internet: **www.mut.de**

Pearson Education

GEOGUIDE

Basse-Normandie

Laurent Boscq,
Karim Bourtel, Anne Lagarde,
Patrick Lenormand, Hélène Le Tac,
Laurent Vaultier

Ont également collaboré à cet ouvrage
Anne-Marie Bergeret-Gourbin,
Anne-Cécile Chavois, Jean-Jacques Lerosier,
Guillaume Pellerin, Christine Raout

BASSE-NORMANDIE

GEOPANORAMA

GEOPRATIQUE

GEOREGION

Chevaux au pré dans le bocage normand.

BASSE-NORMANDIE

Voyagez à la carte

GEOGuide a sélectionné pour vous des lieux de séjour, des sites à découvrir, des adresses-plaisir et des activités multiples. Choisissez ce qui vous ressemble et goûtez pleinement votre voyage...

Marée basse à Deauville (p.170).

... au gré de vos envies

À deux

De la promenade Marcel-Proust de Cabourg, au petit matin, au Mont-Saint-Michel au coucher de soleil... La Normandie offre un décor de rêve pour lunes de miel et week-ends en amoureux. Offrez-vous un séjour dans un manoir romantique, enlacez-vous dans la nacelle d'une montgolfière, dégustez un plateau de fruits de mer aux chandelles...

En famille

Petit train touristique, goûter à la ferme, parcours sportifs dans les arbres, nuit bohème dans une cabane perchée... Côté campagne ou côté mer, la Normandie a de quoi combler les petits !

Un grand bol d'air

Besoin d'air pur ? En toute saison, la nature normande est un formidable terrain de jeu pour les amateurs de loisirs en plein air : randonnée en forêt, balade au trot sur les chemins de halage, sortie en mer sur un vieux gréement... Mille et une façons de découvrir la variété des paysages.

Esprits curieux

Des forteresses élevées au Moyen Âge aux plages du Débarquement en passant par les manoirs, les sites historiques et les lieux de mémoire constituent avec le cadre naturel la seconde richesse de la Normandie.

100% terroir

Pâturages, vergers et mer s'invitent sur les tables normandes : de la distillerie à la fromagerie en passant par les marchés, vous trouverez partout de bonnes adresses qui mettent à l'honneur cette généreuse gastronomie.

... au fil de nos itinéraires

GEOPLUS En deux jours

GEOPLUS En trois jours

GEOPLUS Escapade

BASSE-NORMANDIE

Abbaye-aux-Hommes (p.73), Caen.

GEOPANORAMA

COMPRENDRE LA NORMANDIE

Géographie physique et paysages

LA NORMANDIE ARMORICAINE À l'ouest, sur les contreforts du Massif armoricain, apparaît un relief plat de pénéplaines marqué par une très forte densité hydrographique, dont une vingtaine de rivières principales. Cette première sous-région englobe tout le Nord-Cotentin puis s'étend à l'ouest d'une ligne reliant Valognes à Alençon en passant par Littry, May-sur-Orne, Falaise et Sées. Elle se compose de montagnes sédimentaires volcaniques parfois très anciennes (-550 à -250 millions d'années) et inclut des restes de la chaîne icartienne, le plus vieux massif de France (comme à La Hague dans la petite anse du Cul-Rond, vieille de deux milliards d'années). Arasé par le temps, ce relief ne présente plus aujourd'hui que de modestes collines.

LA NORMANDIE SÉDIMENTAIRE À l'est, à cheval sur la Basse et la Haute-Normandie, cette sous-région est le prolongement occidental du Bassin parisien où les couches d'alluvions s'accumulent depuis 230 millions d'années. Elle appartenait à un bassin sédimentaire plus vaste incluant le sud de l'Angleterre, la Picardie, la Belgique, la Lorraine, la Bourgogne, le Massif central et une partie du Poitou. Cet ensemble a subi des altérations et des érosions pendant 500 millions d'années, un phénomène qui a entraîné graviers, sables et argiles vers les rivages normands. Dans cette Normandie de plateaux limoneux aux sols riches, le réseau hydrographique est moins développé : hormis l'exception notable de la Seine, la sous-région ne compte qu'une dizaine de rivières principales et, sur le plateau cauchois, l'eau, parfois, se fait rare.

LE LITTORAL Il court sur 580km, soit 9,5% du littoral français. Si sa partie supérieure est assez homogène (des hautes falaises crayeuses du Tréport jusqu'au cap de La Hève), la bande côtière qui s'étire de Honfleur au cap de La Hague alterne falaises, rivages de sable et rochers. Au sud du Nez de Jobourg, on retrouve une portion homogène de côtes basses et sableuses incluant parfois des marais. Un patrimoine affecté par le recul des falaises. En Haute-Normandie, celles-ci sont sapées à la base par le flux marin et fissurées par la dissolution de la craie sous l'effet des précipitations. Chaque année, 20cm en moyenne (jusqu'à 1m au cap d'Ailly) sont grignotés par l'érosion, qui se manifeste parfois brutalement par l'effondrement de pans entiers de roches. En Basse-Normandie, plus basses, les falaises subissent un phénomène de ravinement : la désagrégation s'opère par glissements successifs à la faveur des précipitations, laissant un littoral étrangement échancré comme aux Vaches Noires à Villers-sur-Mer (Calvados).

Milieux naturels, faune et flore

PAYSAGES NORMANDS À la variété des climats normands répond une grande richesse de milieux naturels : les écosystèmes les plus connus sont ceux du littoral, des forêts et des cours d'eau, mares et étangs. D'autres paysages sont à découvrir : zones humides (estuaire de la Seine), tourbières et landes tourbeuses (marais Vernier, cours supérieur de la Béthune), coteaux calcaires, pelouses et landes sur alluvions sèches (vallée de la Seine), prairies maigres acidiphiles (Risle, Béthune). Un dernier milieu, modelé par l'homme, sert d'emblème à la région : le bocage. Il doit son nom à la région du Bocage, au sud de la Manche et du Calvados. Cette construction paysagère ancienne est apparemment née à l'époque gallo-romaine, période d'intense défrichement des forêts ; elle avait pour objectif de recréer un environnement agraire offrant les mêmes ressources que les massifs boisés (bois d'œuvre et de chauffage, protection des vents). Le bocage se caractérise par des parcelles de formes irrégulières, souvent petites (moins d'un hectare) et délimitées par des haies de toutes sortes ou des talus plantés d'arbres (paradoxalement appelés des fossés dans le pays de Caux), véritables refuges pour de nombreuses espèces d'animaux (rapaces, reptiles, insectes…). Ces parcelles, parfois plantées de pommiers, sont des zones d'herbage pour l'élevage. Il n'existe pas un, mais plusieurs bocages : parcelles plus vastes dans le Plain, le Bessin ou le pays d'Auge, arbres élevés dans le Cotentin, haies basses et pommiers autour des maisons dans le pays d'Auge.

LA FAUNE Depuis les premières observations de Pierre Belon en 1551 ont été recensés jusqu'à dix-huit types de mammifères marins dans les eaux normandes, et il n'est pas rare de voir l'un de ces animaux (grand dauphin ou dauphin commun, marsouin commun, globicéphale) s'échouer sur une plage pour y mourir de maladie ou de vieillesse. Les mammifères, plus généralement, sont bien représentés dans toute la région : chauves-souris (plus de la moitié des espèces françaises ont été découvertes en Normandie), blaireaux, belettes, hermines, mulots à collier ou campagnols. Des animaux rares ont même trouvé refuge en Normandie, comme la chèvre férale des falaises de Jobourg, variété domestique redevenue sauvage, étonnante par son pelage long et ses cornes de bouquetin. La géologie et la diversité des milieux naturels ou artificiels ont également attiré nombre d'oiseaux. Certaines espèces ne s'observent pratiquement qu'en Normandie : bernache cravant à ventre pâle, crossope de Miller, macreuse brune, harle huppé, cigogne blanche, butor étoilé… Plus courants sont les grands cormorans et surtout les goélands, dont certains (le goéland argenté, principalement) colonisent un nombre croissant de villes normandes (Le Tréport, Dieppe, Fécamp, Étretat ou même Rouen). Ces oiseaux opportunistes, protégés depuis 1976, se nourrissent de tout ce qui passe à portée de bec : rebuts des décharges, des poubelles, quignons de pain… La population des insectes est tout aussi diversifiée : elle compte certaines espèces courantes (carabes à reflets dorés, patineurs des ruisseaux) et d'autres plus inattendues (criquets, grillons ou sauterelles). Les rivières et zones humides, enfin, abritent de nombreux poissons, crustacés, reptiles et

Carte d'identité

Régions, départements Haute-Normandie : Seine-Maritime (76), Eure (27) ; Basse-Normandie : Calvados (14), Manche (50), Orne (61)
Superficie Seine-Maritime : 6 278km² ; Eure : 6 040km² ; Calvados : 5 548km² ; Manche : 5 938km² ; Orne : 6 103km²
Préfectures Seine-Maritime : Rouen ; Eure : Évreux ; Calvados : Caen ; Manche : Saint-Lô ; Orne : Alençon
Population Haute-Normandie : 1 829 000 hab. ; Basse-Normandie : 1 467 520 hab.

amphibiens : truites, saumons, anguilles et lamproies, crevettes d'eau douce et écrevisses, couleuvres à collier et d'Esculape, tritons, grenouilles persillées ou crapauds accoucheurs.

LA FLORE Soumis en permanence aux effets du vent, des marées et… de l'affluence touristique, le littoral accueille sur ses dunes l'euphorbe et le thym serpolet, l'ail des vignes et le rosier pimprenelle. Sur les falaises friables croissent les fleurs jaunes du chou des falaises ou des espèces rares comme la romulée à petites fleurs ou le trèfle *Pratense villosum*. Dans les baies et les estuaires se développe une végétation rare (surtout des salicornes), ou plus abondante dans les prés salés (aster, lavande de mer, grande guimauve…). Les forêts constituent un autre milieu naturel important : hêtraies calcicoles dans les vallées, frênaies-chênaies sur leurs versants, forêts de ravins (littoral cauchois, vallons de la Risle, certains méandres de la Seine)… Des espèces comme le charme, le pin ou le sapin sont présentes mais plus rares, et l'on découvre dans les sous-bois de très jolies fleurs (l'anémone des bois, le céphalantère rose) et jusqu'à cinq mille sortes de champignons. Les pelouses des coteaux calcaires affichent une remarquable biodiversité avec, parfois, jusqu'à deux cents plantes sur un même espace ! Les variétés d'orchidées y sont très nombreuses, et certains végétaux de la vallée de la Seine (la violette de Rouen, la biscutelle de Neustrie) n'existent nulle part ailleurs. Autour des cours d'eau poussent renoncules flottantes, nénuphars, rubaniers et sagittaires, et dans les zones humides fleurissent des essences comme la stellaire des marais ou le pigamon jaune. Citons enfin les landes tourbeuses et les tourbières dont la flore inclut… des plantes carnivores, les rossolis, et des variétés plus pacifiques (marisques, cirses anglais, etc.).

Climat et marées

Il n'y a pas un, mais des climats normands : dans cette aire géographique d'un peu moins de 30 000km² se croisent influences océaniques, continentales, submontagnardes (sud de l'Eure) et subméditerranéennes (vallées de la Seine et de l'Eure). La pluviométrie est, elle aussi, particulièrement hétérogène, et s'échelonne de 1 300mm/an aux alentours de Mortain (Manche) à… 510mm/an dans l'extrême sud-est de l'Eure. Le littoral se caractérise par les plus fortes marées d'Europe : le record appartient au Mont-Saint-Michel (15m d'amplitude, une des plus importantes au monde). Quoique plus modestes, elles ne sont pas négligeables sur le reste de la côte : 5,30m à Carteret, 4m à Arromanches et à Ouistreham, 4,40m au cap d'Antifer et 4,51m au Tréport.

Environnement

Sur les littoraux bordés de falaises calcaires ou dans les zones humides foisonnant d'espèces rares, la Haute et la Basse-Normandie recèlent de nombreux écosystèmes. Dans le dernier quart du XXe siècle, afin de réagir à l'afflux de visiteurs, à l'élimination anarchique des déchets et à l'industrialisation des grandes villes (Rouen, Caen, Le Havre), quatre parcs naturels régionaux (Normandie-Maine, boucles de la Seine normande, Marais du Cotentin et du Bessin, du Perche) ont été créés pour mieux préserver des milieux naturels et culturels remarquables : collines, bocages, forêts, landes, vergers, tourbières et marais, ponctués de châteaux, de chaumières et d'abbayes historiques. L'occasion de pratiquer un tourisme vert, en arpentant des sentiers pédagogiques, en pratiquant le ravitaillement à la ferme et l'hébergement en gîtes ruraux…

Histoire

LA PRÉHISTOIRE Les découvertes d'outils préhistoriques – racloirs et bifaces – en Seine-Maritime ont permis d'attester la présence de chasseurs-pêcheurs en Normandie 100 000 ans avant notre ère. La région, en bordure des glaciers d'Europe du Nord, se composait essentiellement de marécages inhospitaliers, et il fallut attendre le réchauffement climatique intervenu il y a 12 000 ans pour que le peuplement se fasse plus dense, surtout sur la frange côtière. Les agriculteurs sédentaires n'apparurent que 5 000 ans plus tard ; on leur doit des monuments mégalithiques funéraires comme ceux de Fontenay-le-Marmion (Calvados) ou les dolmens de la pointe du Cotentin. L'ouverture maritime sur la Manche, voie de communication primordiale, attire artisans et commerçants autour de métaux comme le cuivre et l'étain, importés d'Angleterre, ou le fer apporté d'Europe centrale par les guerriers celtes 1 000 ans avant notre ère.

PANORAMA

DES GAULOIS AUX MÉROVINGIENS À partir du IIIe siècle av. J.-C., une vague d'invasions installe les peuples gaulois en Normandie. Avant la conquête romaine, ces Gaulois peuvent se targuer d'une maîtrise de l'agriculture, de l'élevage (l'exploitation des bovins pour le lait et le fromage date de cette époque) et de la fabrication d'armes. Jules César conquiert la région au Ier siècle avant notre ère. La Normandie est ensuite intégrée à la grande province de la Lyonnaise, et certaines cités se voient attribuer un rôle administratif : Augustodorum (Bayeux), Juliobona (Lillebonne), Rotomagus (Rouen), Noviomagus (Lisieux)… Les Romains dotent également la région d'un réseau de routes stratégiques, bien entretenues et jalonnées de bornes milliaires, et de routes secondaires. Sous le règne de l'empereur Dioclétien (284-305), une réorganisation administrative dessine une nouvelle province, la Lyonnaise Seconde (dont les limites seront reprises pour le duché et la province à venir), et établit Rouen comme chef-lieu. C'est aussi l'époque des premières invasions : les Saxons font des incursions dans le Bessin avant de se fixer dans le Cotentin deux siècles plus tard, et les Francs, implantés au nord de la Seine, descendent jusqu'à l'Orne. À la fin du Ve siècle, Clovis, roi franc, étend son emprise sur toute la région. Il la divise en douze comtés – ces *pagi* se transformeront bien plus tard en pays de Caux, de Bray, du Roumois… – unifiés sur le plan religieux par l'évêché installé à Rouen. Le christianisme se développe en effet fortement dans les villes, beaucoup moins dans les campagnes, encore très païennes. Les rois mérovingiens suivants consacreront le monachisme, ou règne des moines (saint Philibert,

ASTÉRIX ET LES NORMANDS

Jules César, en pleine conquête de la Gaule, rencontre une farouche opposition : dans le Cotentin, la résistance des Unelles menés par leur chef Viridorix resta dans l'Histoire et inspira une célèbre bande dessinée… malgré la défaite gauloise en 56 av. J.-C. à Montcastre, près de Carentan.

saint Wandrille, saint Pair, saint Vigor…) ; par leur influence culturelle, intellectuelle et économique sur la région, les abbayes de Jumièges et de Saint-Wandrille en constituent les symboles les plus représentatifs. Les Carolingiens qui succèdent aux Mérovingiens en 751 instaurent un contrôle à distance de la prospère région alors appelée la Neustrie, dont la richesse aiguisera l'appétit de voisins venus du Nord.

LES VIKINGS Les invasions vikings débutent en 820 en baie de Seine puis s'intensifient à partir de 836-841 : les assaillants – surtout des Danois, épaulés par des Norvégiens et des Anglo-Saxons – déferlent sur les côtes, remontent les fleuves et les cours d'eau à bord de bateaux effilés et rapides, les drakkars. Leur progression est d'autant plus inéluctable qu'ils rencontrent peu de résistance (quelques rares châteaux et ponts fortifiés) dans un royaume carolingien miné par les guerres de succession. Forts, courageux, pragmatiques, les Vikings n'hésitent pas à transporter si nécessaire leurs navires d'un fleuve à l'autre, colonisent les camps inoccupés et repèrent des cibles intéressantes : les prieurés et abbayes, abandonnés par des moines préoccupés par la mise en lieu sûr de leurs reliques et trésors. Les autorités débordées n'ont souvent d'autre choix que de payer à ces envahisseurs de lourds tributs, les *danegeld*. Après des années de pillages, d'incendies et de meurtres, une armée menée par Rolf le Marcheur, dit Rollon, remonte la Seine et s'installe à Rouen. Rollon contrôle bientôt le pays de Caux et la vallée de la Seine, lançant des expéditions dans tout le royaume franc depuis cette base arrière. Échouant devant Chartres, il décide de composer avec le roi Charles le Simple : c'est l'accord de Saint-Clair-sur-Epte conclu en 911. En échange de la paix, le souverain carolingien abandonne Rouen et les comtés et domaines situés entre l'Epte, la Bresle, l'Avre et la Risle. La Neustrie devient alors la Normandie, terre des *Norse men* ou Normands. Les Scandinaves continuant de débarquer, Rollon les rallie ou les combat, étendant son domaine vers le sud (Bayeux, Sées) jusqu'à sa mort en 931. Son fils, Guillaume Longue Épée, poursuit l'expansion en ravissant le Cotentin et l'Avranchin aux Bretons. En 933, la Normandie a acquis les frontières qu'elle a conservées jusqu'à nos jours.

LE ROYAUME ANGLO-NORMAND Assassiné en 942 par le roi de France Louis IV d'Outre-Mer, Guillaume cède la place au jeune Richard… un temps emprisonné par Louis IV, qui lui ravit dans le même temps la Normandie. Le Normand s'évade, appelle à la rescousse les Vikings, qui battent les Français puis repoussent les envahisseurs bretons jusqu'au Couesnon. Il peut enfin devenir Richard Ier, le premier duc normand, resté dans l'Histoire pour son courage et sa foi militante – il fit construire de nombreuses églises, comme l'abbatiale de Fécamp où il est enterré. Son fils Richard II lui succède en 996, renforçant l'emprise de l'Église et l'autorité ducale, avec la mise en place d'une administration uniforme et efficace. Fils de Richard II, Robert le Magnifique poursuit cette entreprise mais meurt précocement en Terre sainte, une occasion que saisiront au vol les barons normands soucieux d'indépendance. L'héritier de la couronne ducale, Guillaume le Bâtard devenu par la suite le Conquérant, remet bon ordre dans le duché et rétablit l'autorité en 1047. Il renforce la Normandie pendant une quinzaine d'années, puis part à la tête d'une armée en Angleterre réclamer une couronne promise par le roi

Édouard le Confesseur. C'est la bataille d'Hastings, où le duc normand écrase les troupes d'un autre prétendant, Harold, le 14 décembre 1066, avant d'être sacré roi d'Angleterre dix jours plus tard. Cette conquête va permettre à la Normandie de bénéficier des richesses anglaises et de construire sa prospérité. Les souverains anglo-normands qui se succèdent feront tout pour renforcer militairement et économiquement cet État, à l'instar d'Henri Ier Beauclerc et d'Henri II Plantagenêt. Pendant cette époque faste, l'"Anglo-Normandie" s'étend de l'Écosse aux Pyrénées. Les deux derniers souverains, Richard Cœur de Lion (1189-1199) et Jean sans Terre (1199-1216), ne peuvent poursuivre ce grand œuvre : l'offensive française de 1203-1204 lancée par le roi Philippe Auguste leur coûte leur province normande, dès lors annexée au royaume de France.

ENTRE FRANCE ET ANGLETERRE Après l'annexion de la région au royaume capétien, Philippe Auguste somme les barons normands de choisir entre leurs possessions continentales et leurs fiefs anglais, ce qui provoque l'exode de la noblesse vers l'Angleterre. Le souverain français maintient les institutions locales… mais place des Français à tous les postes clés, tel celui du bailli. Il incite également les seigneurs pauvres de l'Île-de-France à récupérer les terres laissées par la noblesse exilée et transfère les privilèges liés à l'eau (armements, péages et trafic sur la Seine) à des marchands parisiens, poussant les autochtones à se reconvertir dans l'artisanat de la laine. Mais l'ère de prospérité qui s'est ouverte bénéficie à tous : l'agriculture et la pêche se développent considérablement, le textile prend son essor, les villes s'agrandissent. Une Charte aux Normands édictée en 1315 accorde à ceux-ci certains privilèges en matière de justice et d'impôts. Suivent cinq siècles de désastres : en 1340, la tentative d'invasion de l'Angleterre par la flotte de Philippe VI se solde par un échec cuisant ; en représailles, les troupes anglaises d'Édouard III s'emparent rapidement de la Normandie. La peste noire s'abat ensuite sur tout le pays en 1346-1348 et ruine la région. À partir de 1364, celle-ci est le théâtre d'offensives lancées par chaque camp pour récupérer le territoire. L'emprise anglaise culminera au milieu du XVe siècle avec l'épisode de la condamnation de Jeanne d'Arc en 1431 à Rouen, totalement sous contrôle anglais. Il faudra attendre la victoire du roi de France Charles VII à Formigny en 1450 pour que cessent les hostilités. Son successeur, Louis XI, brise le sceau ducal en 1469 et intègre fermement la province à son royaume.

DE FRANÇOIS IER À LOUIS XVI La province se reconstruit peu à peu et exprime son identité maritime en participant activement aux découvertes de nouvelles terres : des Dieppois et des Honfleurais s'aventurent au Brésil ou dans l'embouchure du Saint-Laurent. En 1517, François Ier crée le port du Havre afin de développer les échanges avec l'extérieur. À partir de 1550, les principales villes normandes deviennent huguenotes et la guerre civile s'installe, ravageant la région jusqu'à la signature de l'édit de Nantes en 1598. Le XVIIe siècle est une ère de disettes, de maladies (la peste réapparaît brièvement), de révoltes contre les exactions militaires et de répressions. La révocation de l'édit de Nantes en 1685 contraint les négociants, industriels et artisans protestants à émigrer, ce qui affaiblit plus encore l'économie. Celle-ci se remet sur pied après la mort de Louis XIV en 1715 : la production agricole part sur les nouvelles routes royales vers Paris, et les textiles normands, principalement ceux en coton, filent vers les ports. Une deuxième vague d'expéditions maritimes permet aux marins de découvrir de nouvelles terres (Ohio, Mississippi, golfe du Mexique) et d'établir des comptoirs coloniaux dont Le Havre, Granville et Rouen drainent les richesses. À la veille de la Révolution française, un double coup devait être porté à cette économie convalescente : le traité de Paris de 1763 fait perdre à la France ses possessions en Inde et à la Normandie une bonne partie de sa flotte ; le traité de commerce, signé en 1786 avec les Anglais, qui favorise l'importation du textile d'outre-Manche, déclenche une grave crise économique.

DE LA RÉVOLUTION À L'EMPIRE La Révolution française est l'occasion de réclamer, sans succès, le respect de la Charte aux Normands et le retour des États provinciaux. Des émeutes populaires de juillet 1789 naissent des municipalités bourgeoises. À l'instar de la Bastille, la forteresse de Rouen est détruite le 17 juillet. La nuit du 4 août abolit tous les privilèges et fait perdre ses prérogatives à la région ; celle-ci est morcelée quatre mois plus tard en cinq départements qui respectent ses anciennes frontières. Passé les premiers changements, la Normandie se distingue par un certain immobilisme : elle ne soutient pas les premiers Girondins venus se réfugier sur ses terres et suit mollement le mouvement chouan, plus par rejet des réformes que par royalisme. La Terreur fera peu de victimes en Normandie, et le geste de la Caennaise Charlotte Corday, qui assassine Marat en 1793, est avant tout un acte isolé. Après des années de désordre, la région se rallie à l'Empire napoléonien pour retrouver un peu de paix. Les habitants se tiennent ensuite à l'écart des changements politiques : retour de la monarchie, puis départ de Charles X et de Louis-Philippe. Son caractère conservateur s'affirme par la suite avec son adhésion au Second Empire puis à la IIIe République. Pendant tout le XIXe siècle, les Normands préfèrent se consacrer au redressement de leur économie et à sa diversification : l'industrialisation prend forme avec l'installation des secteurs métallurgique et chimique dans la basse Seine.

LES BAINS DE MER

Au XIXe siècle, une nouveauté fait son apparition, l'exotisme : les Anglais puis les Parisiens, à l'image de la duchesse de Berry ou de Louis-Philippe, s'entichent des plages, drainant dans leur sillage peintres et écrivains romantiques. Ces artistes s'engouent de villages de pêcheurs devenus stations balnéaires, où le Tout-Paris s'affiche…

DE 1914 À NOS JOURS La Normandie, qui, avec sa population paysanne dense, constitue un abondant vivier de troupes fraîches, est durement marquée par la Première Guerre mondiale. Elle sert aussi de terre d'exil pour de nombreux réfugiés, dont le roi de Belgique, qui s'établit avec son gouvernement à Sainte-Adresse, près du Havre, le temps des hostilités. Elle s'enrichit, par ailleurs, des désordres économiques engendrés par le conflit : la hausse des prix alimentaires bénéficie aux régions rurales (le pays de Bray, le Bessin ou le pays d'Auge), et l'occupation du nord de la France par les troupes allemandes favorise les fabriques textiles rouennaises et l'industrie métallurgique caennaise. Pendant la Seconde Guerre mondiale, sa richesse industrielle, son réseau de

GEOPLUS

Le Débarquement, D Day : le 6 juin 1944

Par **Jean-Jacques Lerosier**, journaliste et grand reporter au quotidien *Ouest-France*

Le 6 juin 1944, 160 000 hommes dans la force de l'âge, 20 000 véhicules, 11 000 avions, une gigantesque armada de 7 000 navires, la plus grande qu'une mer ait jamais portée, participent au D Day, le Decision Day, jour de l'assaut. Leur mission est de libérer l'Europe.

L'ensemble des combattants qui participèrent au D Day met en œuvre l'opération Overlord, nom de code du Débarquement, sous les ordres du général américain Eisenhower, commandant suprême des forces alliées. Retardée d'une journée – la météo du 5 juin était épouvantable –, la bataille de l'été 1944 dura près de 80 jours, du 6 juin au 21 août 1944.

La Bataille de Normandie Incertaine les premiers jours après le quasi-échec d'Omaha, la bataille de l'été 1944 est finalement gagnée par l'extraordinaire capacité des Alliés à rassembler des forces et du matériel, leur suprématie aérienne et la mobilisation de l'armée allemande sur le front de l'Est. Le bilan humain de la Bataille de Normandie est lourd. Le dernier épisode en est le symbole. Du 16 au 21 août 1944, c'est l'enfer absolu dans la poche de Falaise-Chambois-Montormel. Sur les 100 000 soldats allemands encerclés, 50 000 réussissent à s'échapper, 40 000 sont faits prisonniers, 10 000 sont morts. Au total, 100 000 Allemands, peut-être le double (le chiffre exact n'est pas connu), et 40 000 alliés auront été tués. Le nombre des victimes civiles est estimé à 20 000. Quatre cents villes et villages de la Manche et du Calvados ont été détruits. Le 6 juin 2004, au Mémorial de Caen, l'émotion est palpable pour ces milliers de jeunes venus commémorer le 60e anniversaire du Débarquement. Jacques Chirac, président de la République française, s'adresse à Gerhard Schröder, chancelier de la république d'Allemagne : "Aux hommes qui s'affrontent dans la nuit interminable de la haine et du ressentiment, notre réconciliation offre une véritable espérance."

"Aux hommes qui s'affrontent dans la nuit interminable de la haine et du ressentiment, notre réconciliation offre une véritable espérance."
Jacques Chirac

Cinq codes pour cinq plages Cinq noms de code sont utilisés pour les cinq plages concernées : Utah et Omaha pour les forces américaines, Juno pour les forces canadiennes, Gold et Sword pour les forces anglaises. Sur chacun des deux flancs du Cotentin, des parachutistes américains et anglais sautent aux abords de l'Orne et dans les champs. Les Américains libèrent immédiatement Sainte-Mère-Église. Rendu célèbre par le film de Darryl Zanuck, *Le Jour le plus long*, sorti en 1963, le bourg normand s'est baptisé "premier village libéré de France"– un slogan que lui conteste toujours sa voisine et amie Sainte-Marie-du-Mont. De leur côté et à quelques heures de différence, les Britanniques et une poignée de Français libèrent Bénouville et Ranville à proximité de l'estuaire de l'Orne.

MÉMORIAUX

- **Mémorial de Caen** *www.memorial-caen.fr*
- **Site Hillmann de Colleville-Montgomery** *www.amis-du-suffolk-rgt.com*
- **Centre Juno Beach à Courseulles** *www.junobeach.org*
- **Mémorial d'Omaha Beach à Saint-Laurent-sur-Mer** *www.musee-memorial-omaha.com*
- **Cimetière américain de Colleville-sur-Mer** *Tél. 02 31 51 62 00*
- **Musée Août 1944 à Falaise** *www.normandie-museeaout44.com*
- **Musée du Débarquement à Utah Beach** *www.utah-beach.com*

Utah Beach Des cinq plages normandes du D Day, Utah Beach est la plus à l'ouest, sur cette longue bande côtière qui s'étend de Sainte-Marie-du-Mont, dans la Manche, à Ouistreham, dans le Calvados. Sur ce bout de rivage perdu, à deux pas de la baie des Veys, la sérénité du lieutenant allemand Arthur Jahnke est totale en ce début de nuit du 5 au 6 juin 1944. Un lundi soir ordinaire, en quelque sorte, dans son blockhaus face à la plage de la Madeleine, à Sainte-Marie-du-Mont. Pas d'attaque en vue, se dit-il, l'aube se lèvera sur une marée basse. Les assaillants, si assaillants il doit y avoir un jour, attaqueront à marée haute. Le jeune lieutenant de 23 ans tient le renseignement d'un homme généralement bien informé, le maréchal Erwin Rommel, venu en mai inspecter le fameux mur de l'Atlantique. Composée de milliers de bunkers dont celui de la Madeleine, la grande muraille de Normandie doit protéger l'armée allemande de l'envahisseur. Hitler voulait un "mur d'acier et de béton des Pyrénées au cap Nord". À partir de 1942, l'organisation Todt, du nom de l'ingénieur Fritz Todt, eut l'impossible tâche de construire cet invraisemblable ensemble de béton brut. Le maréchal allemand a l'âme en paix. Dans la matinée du lundi, il prend la route à bord de sa Horch en direction de Herrlingen pour retrouver son épouse Lucia-Maria. C'est son anniversaire… le 6 juin. À 6h du matin, le soleil se lève timidement sur la côte est du Cotentin. La mer est basse depuis une demi-heure. Les vagues sont blanches de colère, poussées par

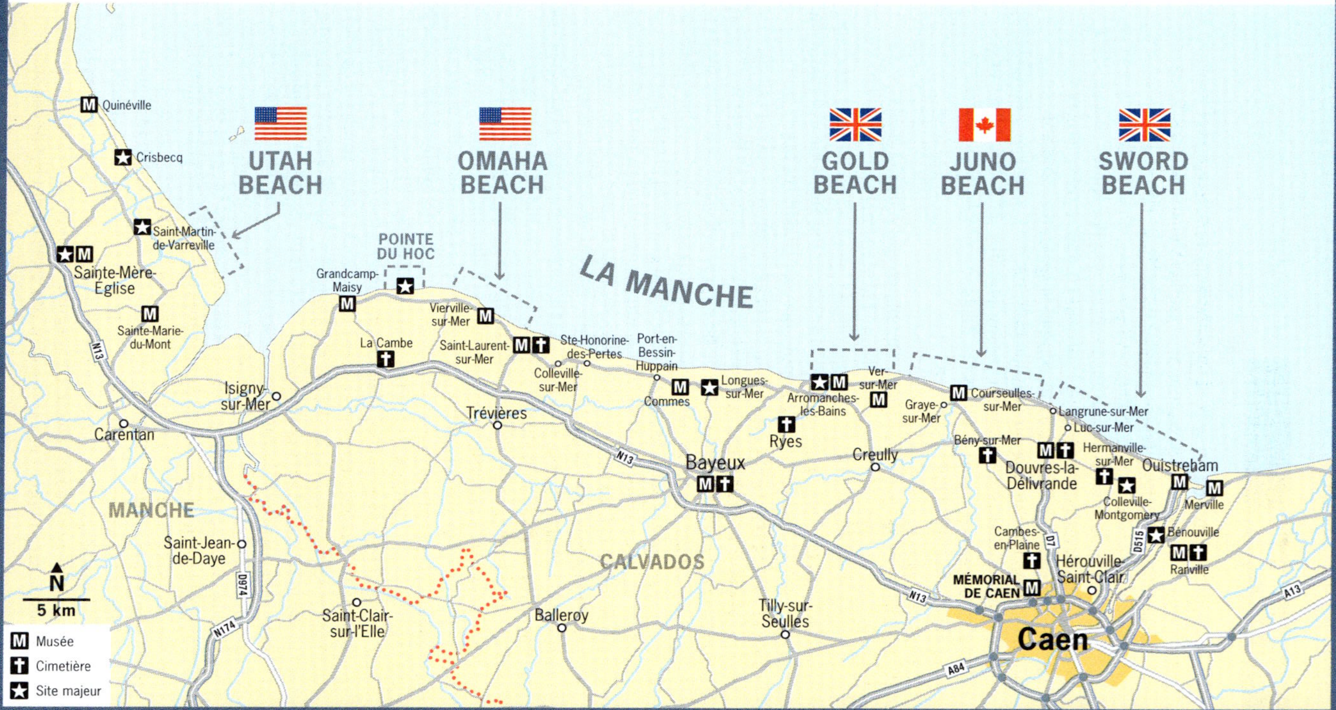
UTAH BEACH
OMAHA BEACH
GOLD BEACH
JUNO BEACH
SWORD BEACH
LA MANCHE
POINTE DU HOC
Quinéville
Crisbecq
Saint-Martin-de-Varreville
Sainte-Mère-Eglise
Sainte-Marie-du-Mont
Grandcamp-Maisy
Vierville-sur-Mer
La Cambe
Saint-Laurent-sur-Mer
Ste-Honorine-des-Pertes
Colleville-sur-Mer
Port-en-Bessin-Huppain
Commes
Longues-sur-Mer
Arromanches-les-Bains
Ver-sur-Mer
Graye-sur-Mer
Courseulles-sur-Mer
Langrune-sur-Mer
Luc-sur-Mer
Hermanville-sur-Mer
Ouistreham
Merville
Colleville-Montgomery
Bénouville
Ranville
Bény-sur-Mer
Douvres-la-Délivrande
Cambes-en-Plaine
Hérouville-Saint-Clair
MÉMORIAL DE CAEN
Caen
Ryes
Creully
Bayeux
Tilly-sur-Seulles
Balleroy
CALVADOS
Trévières
Isigny-sur-Mer
Carentan
MANCHE
Saint-Jean-de-Daye
Saint-Clair-sur-l'Elle
N13
D974
N174
D7
D515
A13
A84
N
5 km
M Musée
Cimetière
Site majeur

des vents violents de force 6-8. Stupéfaction. Tant redoutée, l'invasion se met en marche, là, sous les yeux de Jahnke. Le Débarquement. Spectacle démentiel. En première ligne, le général de brigade Theodore Roosevelt, 57 ans, cousin éloigné de Franklin D. Roosevelt, président des États-Unis en 1944, et fils de Theodore Roosevelt, président des États-Unis en 1901. Avec les milliers d'hommes de la 4e division d'infanterie américaine, ce militaire populaire file à pleins gaz vers le Cotentin. Sous son commandement, l'attaque américaine réduit le lieutenant allemand Jahnke et ses camarades de combat à de simples figurants. D'autant plus que la marée basse a permis de nettoyer la plage des obstacles qu'aurait recouverts la marée haute…

Omaha Beach Utah va bien. Omaha va mal. Omaha Beach, vaste plage répartie sur trois communes, Saint-Laurent-sur-Mer, Colleville-sur-Mer et Sainte-Honorine-des-Pertes dans le Calvados, est l'affaire de deux divisions américaines, la 29e et la 1re, appelée la Big Red One. Au matin du 6 juin 1944, rien ne se déroule comme prévu. "Étaient-ils morts ou vivants ? se demande John MacVane, correspondant de guerre pour la chaîne américaine NBC. Je n'aurais su le dire. Les choses s'étaient certainement très mal passées, car ils ne bougeaient pas, à part quelques-uns qui se contorsionnaient sur le ventre pour atteindre les roches plates." La 352e division d'infanterie allemande tire le meilleur parti de la géographie. Seule échancrure possible où prendre position pour les Alliés, entre les rochers d'Arromanches et ceux de Grandcamp, Omaha forme une plage en arc de cercle, encaissée entre d'abruptes falaises d'une trentaine de mètres de hauteur. Le plateau surplombe le rivage et constitue un excellent poste d'observation et de tir pour les soldats du IIIe Reich. L'horreur. Le feu allemand fauche les hommes sur le rivage comme des bûcherons déboisent une forêt. Omaha Beach devient Bloody Omaha, Omaha la sanglante, avec quinze à vingt fois plus de tués et de disparus, un bon millier d'hommes le premier jour, qu'à une trentaine de kilomètres de là, à Utah Beach. Omaha la dure, l'image inversée d'Utah. Le scénario avait pourtant démarré à l'identique. Par une surprise totale. "Le 5, j'étais de faction en début de soirée, raconte Franz Gockel dans son récit *La Porte de l'Enfer*. À l'intérieur du bunker, des camarades étaient absorbés par une partie de cartes. Un vieux gramophone mécanique jouait en grésillant quelques mélodies de l'époque que nous connaissions tous par cœur. Ces quelques 78 tours étaient les seuls disques que nous possédions. Assis sur son lit, un camarade confectionnait méticuleusement un petit paquet qu'il voulait expédier à sa famille le lendemain." Le paquet ne partira jamais.

L'exploit de la pointe du Hoc Débarqué dès 6h30, Robert Capa, reporter pour le magazine *Life*, ne peut recharger son appareil Contax, ses mains tremblent trop. "Une peur nouvelle et différente me secoue des doigts de pied aux cheveux, me tord la figure." Assourdi par le bruit, aveuglé par le sable, le photographe s'accroche à une péniche qui le ramène sur le *Samuel Chase*, navire américain. Manque de chance, des 106 photos envoyées à Londres, seules dix feront le tour du monde. Un accident de laboratoire a grillé le reste de la pellicule. Ernest Hemingway, futur prix Nobel de littérature (1954), participe, lui aussi, aux premiers assauts. "Le vent souffle fort en provenance du nord-ouest, écrit-il. Alors que nous avançons vers la terre, dans la pâleur grise de l'aube, l'embarcation de fer ressemble à un cercueil de douze mètres, prenant des paquets d'eau verte qui retombent sur les têtes casquées des hommes serrés épaule contre épaule, dans l'inconfortable, l'insupportable, la dure solitude des soldats allant au combat." Un des plus beaux exploits militaires du 6 juin 1944 se déroule à l'ouest du secteur d'Omaha, à la pointe du Hoc, cette pointe au sol crevassé, dévasté, lugubre. Le service de renseignements allié croyait savoir que la défense allemande avait installé là une batterie de six puissants canons. Les 225 rangers du 2e bataillon du colonel Rudder réussissent l'exploit de parvenir au sommet de la falaise, avec leurs cordes munies de grappins qu'ils accrochent à la roche. Stupeur. Les premiers rangers arrivés sur le plateau découvrent des casemates vides. Où sont les canons ? Quelques semaines auparavant, le commandant allemand de la batterie avait décidé de les replier à l'intérieur des terres. Le soir même, ils sont retrouvés abandonnés en plein champ. Londres avait bien été informé de cette manœuvre, mais trop tard. Privés de renforts après le mardi noir d'Omaha Beach, les rangers ont réussi l'impossible opération. Au prix fort. Sur les 225 hommes du bataillon, 77 sont tués, des dizaines d'autres blessés. Victoire à Utah, carnage à Omaha. La suite des événements dépend des succès remportés sur l'autre secteur, dit britannique, avec les plages de Gold, Juno et Sword.

Gold Beach À Gold et à Juno, le triple objectif de l'armée anglo-canadienne est de prendre Bayeux, de barrer l'axe principal Bayeux-Caen à tout char allemand et d'opérer la jonction avec les Américains à Port-en-Bessin. Le soir du 6, les Britanniques ont à peu près rempli leurs objectifs avec une tête de pont de 9km de large sur autant de profondeur. Bayeux n'est pas encore prise mais déjà désertée par l'occupant allemand. Le 7 juin en fin de matinée, ce sera la première sous-préfecture française libérée et intacte. Une semaine plus tard, le général de Gaulle, débarqué quelques heures plus tôt sur la côte normande à bord de *La Combattante*, torpilleur des Forces navales françaises libres, y fait une entrée triomphale. L'homme du 18 juin scelle alors son pouvoir face aux Américains. Ces derniers avaient imaginé une administration provisoire des territoires libérés avec l'Amgot (Allied military government of occupied territories). "Nous allons à pied, de rue en rue, écrit Charles de Gaulle dans ses *Mémoires de guerre*. Une espèce de stupeur saisit les habitants, qui éclatent en vivats ou bien fondent en larmes… Nous allons ainsi, tous ensemble, bouleversés et fraternels, sentant la joie, la fierté, l'espérance nationale remonter du fond des abîmes. Pour la première fois depuis quatre affreuses années, cette foule française entend un chef français dire, devant elle, que l'ennemi est l'ennemi, que le devoir est de le combattre, que la France, elle aussi, remportera la victoire." Le 8 juin, Port-en-Bessin est transformé en port pétrolier. Arromanches commence un jeu de construction titanesque. Curieusement libérée par les terres et non par la mer, la cité balnéaire normande doit sa réputation internationale à son port artificiel Mulberry, baptisé aussi port Winston, en l'honneur de Winston Churchill, un des pères de l'idée. L'été 1944, l'éphémère port d'Arromanches voit passer 500 000t de matériel jusqu'à la remise en état des quais de Cherbourg. Arromanches, Port-en-Bessin, Bayeux, le triangle de l'espoir.

Juno Beach Plouf ! Photographe officiel de la Marine royale canadienne, Guy A. Goulet est malchanceux. Son appareil ne marche pas longtemps, il tombe à l'eau dès les premières heures du Débarquement. Avant de mourir en 2003, le vétéran canadien fera don de son appareil photo au centre Juno Beach, lieu de mémoire canadien installé à Courseulles-sur-Mer, sur la côte du Calvados. La Bataille de Normandie a coûté plus de cinq mille morts au Canada. La mémoire collective les oublie parfois. De Graye-sur-Mer à Langrune-sur-Mer, les lointains cousins de la 3e division d'infanterie canadienne redeviennent des frères de Normandie le temps de la bataille. “Voici les Tommies”, s'écrie, en anglais, Jean Houel, un habitant de Courseulles-sur-Mer. “Je suis Canadien”, lui répond, en français, un jeune soldat québécois. “Les Canadiens vont revoir la Normandie”, titre *La Presse*, le quotidien de Montréal. “Un soldat portait sur le bras une inscription en français : ‘régiment de la Chaudière’, raconte Jacques Martin, de Bernières. C'était un Canadien français, le sergent Gagnon. Il s'est occupé de nous. L'après-midi, j'ai couru après les poules et les lapins avec lui. Le soir, on est retournés à la tranchée. Il est parti le lendemain. On ne l'a jamais revu. Il est mort le jour suivant.” Juno Beach est la plage la plus meurtrière du secteur britannique. Les chars engloutis par les flots montants n'entament pas, pour autant, le moral des troupes canadiennes, comme en témoigne Léo Gariepy, pilote de l'un des chars amphibies Shermann. Sur les 19 engins à l'assaut de la plage de Courseulles, 15 coulent avec leur équipage. “Fil de fer barbelé, asperges de Rommel, chevaux de frise, tout le barda que l'ennemi a échelonné sur la plage ralentit notre approche. Mais tant de choses dépendent de nous que nous n'avons pas le temps de songer à notre sécurité individuelle. Nous, les quatre chars, nous savons que nous sommes plus nécessaires que jamais à cause de notre nombre réduit.” La conquête de Caen n'est plus pour demain.

> *“Alors que nous avançons vers la terre, dans la pâleur grise de l'aube, l'embarcation de fer ressemble à un cercueil de douze mètres, prenant des paquets d'eau verte qui retombent sur les têtes casquées des hommes serrés épaule contre épaule, dans l'inconfortable, l'insupportable, la dure solitude des soldats allant au combat.”*
> *Ernest Hemingway*

Sword Beach Secteur le plus à l'est, à proximité de l'estuaire de l'Orne, Sword Beach s'étend de Luc-sur-Mer à Ouistreham, dans le Calvados. Ouistreham est la seule plage où des combattants français participent au D Day. À 7h31, les 177 Français du commando franco-britannique n°4 débarquent sous les ordres du commandant Philippe Kieffer, blessé deux fois dans la matinée du 6. “La terre et la mer semblaient soulevées dans un grondement de tonnerre : bombes de mortier, sifflements d'obus, jappements agaçants des mitrailleuses, tout semblait concentré sur nous.” Les “bérets verts” – pour la plupart des Bretons et des Normands ayant rejoint le général de Gaulle dès 1940 – partent à l'assaut du casino de Ouistreham transformé en fortin. “Nous venions de passer le mur de l'Atlantique, témoigne Maurice Chauvet, un des membres du commando Kieffer. J'ai vu mon premier mort allemand, c'était assez horrible. Au casino, des Allemands tiraient toujours. Un char a fait le nécessaire. Les Allemands se sont rendus. Beaucoup avaient l'air contents. Pour eux, la guerre était finie. Pour nous, elle continuait. Il y avait des cadavres partout, des gars du pays de Galles, extrêmement jeunes.” À quelques rues du casino, un poste de secours fonctionne comme il peut. Blanche Boulet, volontaire ouistrehamaise, accueille des blessés. “Notre cher docteur Poulain leur parlait en anglais. ‘Mais, nous sommes Français', ont-ils répondu. Quelle surprise ! ” En fin de matinée, les commandos franco-britanniques se dirigent vers le canal de Caen à la mer pour opérer la jonction avec les troupes. Jim Wallwork, pilote de l'un des premiers planeurs Horsa, pose son engin. Le pont de Bénouville devient alors Pegasus Bridge. Un peu plus loin, mission accomplie aussi sur la rive droite de l'Orne. Les hommes du 9e bataillon du lieutenant-colonel Otway neutralisent rapidement la batterie de Merville, malgré de nombreux noyés dans les marais proches. Erreur de renseignement, Merville réserve aux combattants la même surprise désagréable que la pointe du Hoc : les canons de 150 ne sont que de modestes pièces de 75. Sword assure. En revanche, la jonction ne se fait pas avec les Canadiens de Juno. Entre les deux plages subsiste un couloir où tentent de s'engouffrer des éléments allemands de la 21e division de Panzers. Les jours suivants, les troupes anglo-canadiennes sous les ordres de Montgomery piétinent. Caen est plus difficile à atteindre que prévu. Devenue symbole de la résistance allemande, la ville bombardée à plusieurs reprises par les Alliés ne sera libérée, en partie, que le 9 juillet. Plus d'un mois après le Débarquement

communications et sa façade maritime lui donnent une place toute particulière. Elle est le théâtre en 1942 d'un premier débarquement à Dieppe, l'opération Jubilee, et s'attire les foudres des bombardiers alliés qui visent les nœuds de communication, les zones industrielles, voire les sites d'implantation des V1. Des maquis se développent dans les zones bocagères et préparent le Débarquement (cf. p.17). La reconstruction va prendre une bonne quinzaine d'années, accompagnée par une poussée démographique importante, une modernisation et une industrialisation de l'agriculture, la décentralisation d'entreprises parisiennes (automobile). Le réseau des transports, en revanche, ne suit pas le même rythme, et certains secteurs d'activités traditionnelles comme le textile ont du mal à se reconvertir. Sur le plan politique, la Normandie a longtemps été une terre conservatrice, dirigée par des barons du gaullisme et par des centristes (Jean Lecanuet à Rouen, Michel d'Ornano à Deauville) ; à quelques exceptions notables, tel Le Havre, géré pendant des décennies (de 1965 à 1995) par une municipalité communiste. Ces dernières années, la gauche y opère une forte percée, présidant depuis 2004 ses deux conseils régionaux, bien que quatre départements sur cinq (Calvados, Manche, Orne, Eure) demeurent à droite.

Économie

L'AGRICULTURE Terre d'élection pour l'agriculture, la région compte environ 73% de surfaces agricoles utiles (en moyenne 54% dans les régions françaises), dont 39,5% de surfaces toujours en herbe (pâturages). L'espace agricole y est diversifié, partagé entre bocages (Cotentin, Bessin, pays d'Auge, Lieuvin et pays de Bray), grandes cultures en forte expansion (plaines de Caen, pays d'Ouche, plaine de Saint-André et Vexin), zones de culture et d'élevage (quasiment toute la Seine-Maritime et le Roumois), aires de maraîchage et de vergers (vallée de la Seine en partie, portions du littoral manchois). Les céréales occupent le quart des surfaces agricoles utiles, puis viennent les cultures industrielles (betterave sucrière, lin…) et les oléo-protéagineux (colza, tournesol, pois). Les productions végétales et animales tendent à s'équilibrer, et l'élevage des bovins s'est profondément modifié avec la diminution du troupeau laitier et la montée des vaches-nourrices pour l'élevage des veaux. Aujourd'hui, les exploitations sont moins nombreuses et plus concentrées, les actifs agricoles ont diminué de 54% (entre 1988 et 2011) et les bouleversements causés par la PAC poussent les paysans normands à explorer de nouvelles voies : agriculture biologique, culture hors-sol, biocarburants, politique de label et d'appellation contrôlée, tourisme vert…

LE LITTORAL ET SES RESSOURCES Là encore, le potentiel normand est de premier ordre avec 580km de côtes et quatre départements sur cinq dotés d'une façade maritime. Si le littoral était, jusqu'au milieu des années 1980, une succession de ports dynamiques, la pêche est aujourd'hui touchée par la raréfaction des ressources, le vieillissement de sa flotte et le changement de comportement des consommateurs. Les ports de Haute-Normandie (Fécamp, Dieppe) ont été supplantés par ceux du Nord (Boulogne) ou de Basse-Normandie (Cherbourg, Port-en-Bessin), et cette dernière connaît un développement de la culture des huîtres, des moules (Courseulles, Blainville-sur-Mer…) et des fermes aquacoles (rade de Cherbourg).

L'INDUSTRIE Les secteurs du textile et de la construction navale ont longtemps contribué à la renommée de l'industrie normande. La concurrence des pays en développement a peu à peu éliminé le premier, entraînant dans sa chute le secteur de l'habillement, et le second ne subsiste à Cherbourg qu'avec le soutien des commandes de l'armée (les chantiers navals du Havre ont fermé en 1999). La situation est tout autre avec la pétrochimie : installée au Havre, à Notre-Dame-de-Gravenchon, à Petit-Couronne (malgré la fermeture de la raffinerie Petroplus en 2013) et à Elbeuf, elle constitue le premier pôle de France et attire les entreprises pharmaceutiques ainsi que la parachimie. Il en va de même pour les industries agroalimentaires (production laitière, plats cuisinés...), l'automobile, les équipements électriques et électroniques et les industries mécaniques, qui tiennent aussi leur rang au niveau national. La production d'électricité est quant à elle une industrie ancrée dans la région : les trois centrales nucléaires de Paluel, Penly et Flamanville produisent environ 15% de l'électricité nationale. Plus localement, la verrerie (vallée de la Bresle) et la filière du papier (Haute-Normandie, Calvados) affichent également leur dynamisme. Mais l'industrie normande souffre de maux chroniques : une trop forte dépendance de l'extérieur (les usines s'y implantent, mais les centres de décision restent à Paris ou à l'étranger), une trop grande spécialisation des activités (la région ne dispose pas d'un véritable système productif) et une polarisation des bassins d'emploi : en dehors de Caen, de Lisieux et de la basse Seine, c'est un peu le désert...

LE TERTIAIRE Deux actifs normands sur trois travaillent aujourd'hui dans le tertiaire. Le secteur se porte bien, même s'il fonctionne à deux vitesses (la Basse-Normandie est plus dynamique que la Haute-Normandie). La recherche et le développement sont particulièrement actifs, avec plus de 140 laboratoires de recherche. Le secteur portuaire compte quatre grands ports : Le Havre (2e port national, 1er port hub pour les conteneurs), Rouen (1er port français et européen pour les céréales), Cherbourg et Caen. Destination privilégiée pour les courts séjours, la Normandie accueille de nombreux visiteurs (4% de la population active travaille dans le secteur touristique). La Haute-Normandie, en difficulté par rapport à sa voisine, réussit le pari du renouveau touristique grâce à l'organisation d'événements nationaux, tels l'Armada de Rouen ou le festival Normandie impressionniste (conjoitement avec la Basse-Normandie).

SITES LES PLUS VISITÉS

Le cimetière américain de Colleville, la basilique et le carmel de Lisieux, l'abbaye du Mont-Saint-Michel, la salle présentant la tapisserie de Bayeux et le Mémorial de Caen en Basse-Normandie ; la cathédrale et le musée des Beaux-Arts de Rouen, le Vieux-Bassin de Honfleur, le jardin de Claude Monet à Giverny et le Palais Bénédictine à Fécamp pour la Haute-Normandie.

LE TOURISME Cette tradition, initiée avec les bains de mer du XIXe siècle, est florissante et a su développer de nouvelles activités : le thermalisme, les sports nautiques, les activités équestres, la découverte du patrimoine historique, culturel mais aussi industriel, technique avec l'aménagement de multiples routes à thème.

Population

Sur le plan démographique, Haute et Basse-Normandie suivent une évolution distincte même si elles partagent une même tendance au vieillissement de leur population : les jeunes partent là où s'offrent de plus riches opportunités professionnelles, tandis que les plus de soixante ans viennent s'installer dans une contrée favorisée par la nature.

LA HAUTE-NORMANDIE C'est la région la plus peuplée avec plus de 1,8 million d'habitants (quatorzième région française par sa population). Elle présente en outre une forte densité de population – 148,5 hab./km² –, supérieure à la moyenne nationale (108 hab./km²). Les Hauts-Normands vivent en grande majorité (69%) dans des villes. Les deux pôles urbains de Rouen (environ 465 000 hab.) et du Havre (environ 300 000 hab.) "avalent" peu à peu les communes environnantes : sur les dix centres les plus habités, huit sont regroupés le long de la Seine entre les deux métropoles. Les autres agglomérations importantes sont Évreux (env. 81 200 hab.) et Dieppe (env. 55 000 hab.). Autre caractéristique : le taux de chômage (11,8% au deuxième trimestre 2013) est particulièrement élevé en Haute-Normandie.

LA BASSE-NORMANDIE Elle ne recense qu'un peu plus de 1,4 million d'habitants et la densité de sa population est de 84 hab./km². Un peu plus d'un Bas-Normand sur deux habite dans des villes plutôt clairsemées qui n'occupent que 37% du territoire. L'expression "Caen et le désert bas-normand" illustre à la fois le rôle de pôle urbain régional joué par la préfecture du Calvados (env. 225 000 hab.) et la rareté des grandes villes. Hormis Cherbourg (88 000 hab.), les principales agglomérations – Alençon (environ 50 000 hab.), Lisieux (38 300 hab.) et Saint-Lô (32 000 hab.) – restent de taille modeste. Si le taux de chômage est en moyenne de 9,8% (au deuxième trimestre 2013), des disparités sont observées entre la Manche (8,9%) et le Calvados (9,8%).

Architecture et habitat

À la fois rurale et industrielle, enracinée dans un riche passé et ravagée par les conflits du XXe siècle, la Normandie a traduit ces influences antagonistes dans une architecture et un habitat d'une grande variété. Le visiteur passe des vastes clos-masures des campagnes aux enfilades de maisons urbaines étroites, des logis à pans de bois aux immeubles modernes en béton apparent… Les nombreux édifices religieux offrent la même diversité, avec une palette de styles architecturaux allant de l'art roman (abbaye de Jumièges, église Saint-Étienne de Caen) au style contemporain (église Saint-Pierre d'Yvetot, église Saint-Joseph du Havre).

L'architecture monumentale et religieuse

Ravagée par les invasions vikings du IXe siècle, la Normandie possède très peu de monuments antérieurs au Xe-XIe siècle : la façade de l'église Saint-Pierre, sur le site de Jumièges, est le seul vestige de l'art carolingien de la fin du premier millénaire. Les deux siècles suivants, période de richesse, de calme et d'ordre, furent une époque de grande ferveur et d'édification de nombreux bâtiments religieux. Du XIe au XIIIe siècle, les Normands partent à la conquête de nouvelles terres et laissent leur empreinte en Europe (Angleterre, Italie du Sud, Sicile) et au Moyen-Orient (Jérusalem, Tripoli, Beyrouth, Malte, Rhodes). À des milliers de kilomètres, on retrouve leur prédilection pour le bois et les maisons à colombages, pour la technique de la voûte ou pour l'ornementation et les motifs spécifiques (dragons, éléphants, faucons), mêlés au style local.

LE ROMAN NORMAND En Normandie, l'objectif des bâtisseurs est de construire des édifices harmonieux, clairs (grâce à de multiples ouvertures et à une tour-lanterne à la croisée du transept) et élancés, tout en verticalité. On renonce ainsi aux voûtes de pierre, remplacées par une charpente apparente, on diminue la présence des déambulatoires et des chapelles rayonnantes et on supprime le narthex. La région regorge d'exemples significatifs : églises de Jumièges et de Bernay, Abbaye-aux-Hommes et Abbaye-aux-Dames de Caen, abbaye Saint-Georges de Saint-Martin-de-Boscherville, abbaye de Lessay…

L'ART GOTHIQUE Ce nouveau style prend le relais fin XIIe-début XIIIe siècle, accordant une grande place à la technique de la croisée d'ogives, découverte par les architectes normands. Lisieux est, à la fin du XIIe siècle, la première cathédrale de type ogival, suivie par la Merveille du Mont-Saint-Michel, l'église Saint-Gervais-et-Saint-Protais de Gisors, l'abbaye du Bec-Hellouin…

LA RENAISSANCE La période a apporté son lot de réalisations majestueuses, surtout dans les édifices civils. Le cardinal d'Amboise, ministre de Louis XII et archevêque de Rouen, introduisit ce style architectural avec le château de Gaillon. L'engouement pour cet art à la décoration volontiers exubérante (arabesques, médaillons, coquilles et vases ornent souvent les façades) s'étend aux bâtiments administratifs (palais de justice et hôtel des Finances de Rouen, hôtel de ville de Caen) et aux demeures de notables (châteaux de Martainville, de Tilly, de Fontaine-Henry et de Saint-Germain-de-Livet, manoirs de Senneville et d'Ango à Varengeville-sur-Mer, hôtels particuliers de Bourgtheroulde à Rouen et d'Escoville à Caen).

LE CLASSICISME Ce style des XVIIe et XVIIIe siècles impose des constructions en silex et brique (pays de Caux), en pierre de taille (plaine de Caen) ou en granit et schiste (Cotentin) aux façades régulières et simples, parfois froides et austères : châteaux de Fleury-la-Forêt, de Galleville, de Cany ou d'Heudicourt, hôtels Hocquart de Montfermeil à Mortagne-au-Perche ou de Beaumont à Valognes.

AUX XIXE ET XXE SIÈCLES Le style néonormand s'exporte : les stations balnéaires (Étretat, Trouville, Deauville…) se parent de maisons et villas à pans de bois, un phénomène qui gagne bientôt tout le littoral français jusqu'à la côte basque, puis l'Italie et l'Amérique du Sud.

Habitat rural

Une bâtisse à colombages et toit de chaume, entourée d'herbe d'un vert luxuriant et de pommiers… Si cette maison typique existe bel et bien, elle n'est pas la seule. L'habitat rural peut être à pans de bois (pays de Caux, pays d'Auge) dont la largeur change selon les "pays", mais aussi de brique (pays de Bray, Beauvaisis) ou de pierre (Avranchin, Vexin). La disposition des fermes obéit à deux principes distincts. Dans les pays de Caux, d'Ouche ou d'Auge, les bâtiments de l'exploitation – très souvent à colombages avec un soubassement en silex – sont implantés sans ordre préétabli dans un verger. Dans la plaine de Caen, le Bessin ou le Vexin, la ferme regroupe plutôt tous ses édifices, généralement en pierre, autour d'une cour non plantée. Les matériaux employés varient énormément d'un "pays" à l'autre : si les Vikings ont importé de Scandinavie l'habitude d'utiliser le bois – disponible en grande quantité et facile à utiliser – dans leurs constructions, le granit est plus fréquent dans l'Avranchin et dans les îles, le schiste dans le Cotentin, la terre crue dans les zones de marais (baie des Veys, marais Vernier).

DANS LES CHAUMIÈRES
Fréquemment utilisé pour les toitures au XIXe siècle, le chaume était indissociable des maisons à pans de bois. Trop inflammable, il fut remplacé par l'ardoise, la tuile ou, ponctuellement, par des plaques de schiste (pierre de Tourlaville près de Cherbourg).

Habitat urbain

Il peut reproduire le style rural, avec des constructions étroites de deux ou trois étages à pans de bois (en totalité, comme à Rouen et à Lisieux, ou seulement en façade comme à Caen ou à Bayeux). Il peut également, dans les ports (Dieppe, Le Tréport) ou les cités et banlieues ouvrières (Elbeuf, Sotteville-lès-Rouen), prendre la forme d'une petite maison de brique rouge sombre parce que trop cuite (et donc moins chère) sagement alignée avec des dizaines de consœurs à la manière des corons du Nord. L'atypique "villa balnéaire", bâtie aux XIXe et XXe siècles, constitue une excentricité cantonnée au littoral. Enfin, dans les localités ravagées par les bombardements de la Seconde Guerre mondiale (Le Havre, Louviers, Caen…), on trouve de nombreux immeubles de béton de quelques étages, sans grand charme mais qui révèlent parfois quelques audaces architecturales.

PROJETS EN COURS Les grandes villes normandes se lancent dans des projets d'éco-quartiers ambitieux, conçus autour de bâtiments respecteux de l'environnement insérés dans de vastes espaces verts. Ainsi, à Caen, un hôtel de forme cubique revêtu d'une enveloppe métallique est prévu sur la rive droite de l'Orne, tandis que sur la presqu'île portuaire une "bibliothèque-médiathèque à vocation régionale", en forme de croix de saint André permettant une ventilation naturelle, verra le jour d'ici 2016. Au Havre, on réaménage le quartier du Bois-de-Bléville, le dotant de logements modernes et lumineux, pourvus d'un système de récupération des eaux de pluie. À Rouen, les deux rives de la Seine se métamorphosent peu à peu en promenade paysagère, le chantier s'accompagnant de la rénovation d'anciens hangars.

Du percheron au pur-sang

Le cheval fait partie intégrante de la culture normande depuis plus d'un millénaire : il a joué un rôle majeur dans l'agriculture (son usage permettait de valoriser les terres pauvres) et son impact économique reste important encore aujourd'hui à travers l'activité hippique, principalement développée en Basse-Normandie. Pur-sang, trotteurs, chevaux de sport et de loisirs, toutes les filières sont représentées ; une exploitation agricole sur cinq (20% en Basse-Normandie, 16% en Haute-Normandie) possède au moins un cheval, et on enregistre dans la région environ le tiers des immatriculations françaises de chevaux de sang et près de 50% des trotteurs ! On compte en outre deux haras nationaux, le Haras du Pin dans l'Orne et celui de Saint-Lô dans la Manche. Enfin, les ventes de yearlings à Deauville placent la Normandie aux premiers rangs du marché mondial des pur-sang et trotteurs.

À CHAQUE DÉPARTEMENT SA SPÉCIFICITÉ La Manche possède le plus important effectif équin de France : plus de 22 000 chevaux recensés en 2013, pour environ 2 500 élevages. Elle est aussi renommée pour être le berceau d'une race de trait, le cob normand. L'Orne est spécialisé dans les trotteurs, même si on le connaît surtout pour une autre race de cheval lourd, le percheron. Le Calvados, lui, est renommé pour ses chevaux de course et de selle ainsi que pour sa recherche en pathologie équine. L'Eure et la Seine-Maritime ne sont pas des terres d'élevage, mais on y pratique la promenade équestre et la chasse à courre, notamment dans les forêts domaniales (forêts de Lyons, de Brotonne).

UN DÉFILÉ DE DISCIPLINES Traverser au pas herbages et pâtures, remonter au trot les chemins creux ou de halage, galoper le long des plages bas-normandes… tous les types de balades sont possibles en Normandie. S'y ajoutent toutes les disciplines pratiquées en centre équestre (la région en compte environ 90) : attelage, concours de saut d'obstacle ou complet, dressage, endurance, paddock polo, *pony games*, *horse ball*, voltige, western… Le tourisme hippomobile, en calèche ou en roulotte, est également proposé de manière plus ponctuelle. Enfin, de nombreuses festivités annuelles célèbrent le cheval : courses hippiques à Lisieux et à Argentan, Jumping national à Saint-Hilaire-du-Harcouët, Normandy Horse Show à Saint-Lô, Equi'Days (semaine du cheval) dans tout le Calvados… La Haute-Normandie n'est pas en reste avec de nombreuses fêtes du cheval (Forges-les-Eaux, Auffay, Quiberville-sur-Mer) et rencontres d'attelage (Blangy-sur-Bresle, Cany-Barville).

Arts et traditions populaires

Basse et Haute-Normandie ont chacune leur vitrine : le musée de Normandie au château de Caen et le musée des Traditions et Arts normands au château de Martainville-Épreville livrent un aperçu synthétique et précis de ce patrimoine. Les petites villes et les villages fourmillent également d'espaces récents nés de l'initiative de municipalités ou de particuliers enclins à faire revivre des traditions spécifiques : musées du Cidre et des Métiers traditionnels à Rosay,

GEOPLUS

Les peintres en Normandie, le berceau de l'impressionnisme

Par **Anne-Marie Bergeret-Gourbin**, conservateur du musée Eugène-Boudin de Honfleur

La Normandie offre au regard des artistes et des voyageurs des paysages variés : les falaises de craie et de silex, les plages de sable fin, les côtes de granit, la campagne et, enfin, la Seine, fleuve royal et voie de communication.

Souvent considérée comme le lieu de naissance de l'impressionnisme, la Normandie est avant tout la terre des tableaux en plein air. Au XIXe siècle, alors que la mode des bains de mer déferle sur la Côte Fleurie, les peintres sortent des ateliers pour coucher la lumière sur la toile et capter l'émotion. Le groupe des "Révoltés" (dont Monet, Sisley, Renoir et Pissaro font partie) s'établira dans l'estuaire de la Seine et connaîtra ses plus belles heures entre 1862 et 1870. Au début du XXe siècle, c'est au tour des fauvistes de s'installer en pleine lumière pour retranscrire avec violence, couleur et parfois abstraction la beauté du paysage normand.

Les peintres voyageurs Depuis la fin des hostilités entre la France et leur pays, au début du XIXe siècle, la Normandie est une destination de prédilection pour les artistes anglais, tels John Sell Cotman ou les frères Fielding, Bonington… qui réalisent l'illustration d'ouvrages de voyage alors à la mode. Ainsi, en 1821, Sauvan et Gendall publient le *Picturesque Tour of the Seine from Paris to the Sea* et Cotman (1782-1842) dessine les églises de la Manche pour les *Antiquités monumentales de la Normandie*. On connaît, en outre, le travail de William Turner qui, sur nature, produisit de nombreux dessins et gouaches pour exécuter ses quarante vues gravées de la Seine. Les artistes français illustrent également de nombreux recueils de voyage, destinés dans un premier temps à recenser le patrimoine français malmené pendant la période révolutionnaire. Les *Voyages pittoresques et romantiques dans l'ancienne France* du baron Taylor et de Charles Nodier couvrent le XIXe siècle, de 1820 à 1878. Le premier et le dernier tomes sont consacrés à la Haute et à la Basse-Normandie. Dans les années 1830, des peintres se spécialisent dans la représentation de l'activité des

> *"Influencés par le romantisme, ils représentent les naufrages, les bateaux dans la tempête et les ports de la côte normande du Tréport au Mont-Saint-Michel."*

ports du pays. Louis Garneray (1783-1857), après une vie de marin mouvementée, conçoit entre 1820 et 1830 une série des *Vues des côtes de France dans l'Océan et dans la Méditerranée*. De nombreux peintres de marine lui emboîtent le pas : Eugène Isabey (1803-1886), Eugène Le Poittevin (1806-1870), Jules Noël (1815-1881), Théodore Gudin (1802-1880)… Influencés par le romantisme, ils représentent les naufrages, les bateaux dans la tempête et les ports de la côte normande du Tréport au Mont-Saint-Michel. Charles Mozin (1806-1862), à Trouville, observe avec un naturalisme teinté de romantisme les mouvements de la mer et les bateaux, la lumière sur le rivage et l'activité des pêcheurs.

À VOIR

- **Musée des Beaux-Arts de Caen** *http://mba.caen.fr*
- **Musée Thomas-Henry de Cherbourg** *www.ville-cherbourg.fr*
- **Musée des Beaux-Arts de Saint-Lô** *www.saint-lo.fr/Culture*
- **Musée Eugène-Boudin de Honfleur** *www.musees-honfleur.fr*
- **MuMa du Havre** *www.muma-lehavre.fr*
- **Musée des Beaux-Arts de Rouen** *www.rouen-musees.com*

Corot et l'école de Barbizon C'est à partir des années 1830 que certains artistes, davantage touchés par le paysage que par la marine, parcourent la Normandie à la recherche de la lumière et des effets atmosphériques. Paul Huet (1803-1869), ami de Bonington et de Delacroix, séjourne dans la région dès 1820 et va observer à Honfleur la mer en furie et les grandes marées d'équinoxe. Il peint aussi à Rouen ou à Granville et au Mont-Saint-Michel. Camille Corot (1796-1875) est l'un des pères du paysage. Il travaille en Normandie dès 1822-1825 puis y retourne souvent : Honfleur, Trouville, Saint-Lô, Le Tréport, Étretat… (de ce peintre, on peut admirer au musée du Louvre *Saint-Lô, vue générale de la ville* et au musée des Beaux-Arts de Rouen *L'Avant-port de Rouen*). À sa suite, ses amis de Barbizon ou de l'Oise s'aventurent en Normandie : parmi eux, Louis Français, Constant Troyon et Charles Daubigny. Troyon et Daubigny se sont même installés assez longuement à Honfleur et dans la vallée de la Touques pour le premier, à Villerville pour le second, amorçant ainsi des recherches variées sur le paysage, et formant les peintres plus jeunes comme Eugène Boudin et Claude Monet. On ne peut évoquer la Normandie (la Manche) sans parler de l'immense présence de Jean-François Millet (1814-1875). Formé à Cherbourg, où il peint de nombreux portraits, visibles notamment au musée Thomas-Henry de la ville (p.247), il poursuit ses études à Paris, vit au Havre en 1845 et ne connaît le succès que tardivement, à partir de 1860. Il travaille principalement à Barbizon mais revient aussi dans son village natal de Gruchy (Manche).

Eugène Boudin, Johan B. Jongkind et Gustave Courbet Eugène Boudin (1824-1898), peintre des gris, des beiges, des ciels nuageux et des vertes prairies, se promène, pendant un demi-siècle, sur toutes les côtes de Normandie. Né à Honfleur, il aime les plages, de Trouville à Caen. Élevé au Havre, il apprécie les falaises de Fécamp et d'Étretat.

GEOPLUS

Il peint, en souvenir des peintres de marine, les entrées et les bassins de tous les ports normands (le musée Eugène-Boudin de Honfleur et le musée Malraux du Havre possèdent de nombreuses œuvres normandes de Boudin). L'arrière-pays, peuplé de troupeaux et traversé de rivières, forme l'autre versant de son inspiration normande. Avec son ami Johan Barthold Jongkind (1819-1891), il prend en main l'éducation de Claude Monet. Attiré en France par Eugène Isabey, Jongkind travaille en Normandie entre 1863 et 1865, notamment à Sainte-Adresse, à Étretat et à Honfleur. Dans sa production normande, on remarquera *Honfleur, la place Sainte-Catherine* et *L'Entrée du port de Honfleur* au musée Eugène-Boudin de Honfleur, ainsi que *La Jetée de Honfleur* au musée d'Orsay. Gustave Courbet (1819-1877) travaille à Honfleur en 1859, à Deauville et à Trouville en 1865 et 1866 puis à Étretat en 1869. Il peint des paysages de mer, des vagues et des trombes où ciel et eau se partagent la toile, encadrés souvent par des falaises abruptes. Ne manquez pas *La Vague* au musée Malraux du Havre ; *Rivage près de Honfleur*, 1866, au musée Eugène-Boudin de Honfleur et *La Mer*, 1872, au musée des Beaux-Arts de Caen.

PETITE HISTOIRE DE L'ART
En 1874, Monet expose une toile représentant une vue du Havre : Impression, Soleil levant. Le critique d'art Louis Leroy intitule son article "Le groupe des impressionnistes" dans le but de railler le tableau de Monet... Un nom fort bien choisi et conservé depuis !

De Claude Monet à l'école de Rouen À l'école de ces artistes, une nouvelle génération éclôt à partir de 1865. Claude Monet (1840-1926) est la figure emblématique de cette période et de cette région. Élevé au Havre, habitué de Honfleur et de Trouville, il vagabonde le long de la Seine avant de s'établir à Giverny, à la limite du territoire normand. Influencé par Boudin et Jongkind, il peint les rues de Honfleur, les entrées du port, les plages de Trouville, le rivage de Sainte-Adresse. Près des falaises de Fécamp, de Varengeville et d'Étretat, il compose une œuvre nouvelle faite de couleurs claires et vives et de points de vue acrobatiques. Les méandres de la Seine lui inspirent de nombreuses toiles en série. En Normandie, vous pourrez voir *Étretat* au musée de Honfleur, *Cathédrale de Rouen* au musée des Beaux-Arts de Rouen et plusieurs autres de ses œuvres au musée Malraux du Havre. À sa suite, ses amis choisissent en Normandie leur port d'attache ou leur lieu de passage : Caillebotte à Trouville, Pissarro à Honfleur et au Havre (musée Malraux), Degas à Dieppe avec Jacques-Émile Blanche, Paul Helleu à Deauville avec Boldini, Seurat à Honfleur, Grandcamp ou Port-en-Bessin, Henri Guérard et son épouse Eva Gonzalès à Honfleur. Tous prennent leurs motifs au bord de la mer : vues des ports, des quais, des voiliers, des cargos, des plages et des falaises… La vallée de la Seine a également très tôt séduit les artistes. Entre impressionnisme et cubisme, ils furent nombreux à visiter les bords du fleuve et à fixer des vues inhabituelles de Rouen. Ces peintres sont classés sous le vocable d'école de Rouen.

Des fauves à Nicolas de Staël Après 1900, la peinture en Normandie trouve un nouveau souffle avec de jeunes artistes, créateurs d'un langage pictural violent par ses couleurs et parfois déstructuré dans ses lignes : les fauves travaillent au Havre, à Honfleur et à Deauville. Dufy, Braque à ses débuts, Friesz, Van Dongen, Marquet reprennent à leur compte les thèmes des aînés : ports, jetées, baignades. Les élégantes de Van Dongen remplacent celles de Boudin sur les plages. Les paddocks de Dufy sont un écho aux champs de courses de Degas. Félix Vallotton (1865-1925) bâtit pendant de nombreux étés, dans sa maison de Honfleur, une œuvre forte et colorée : paysages de l'estuaire, de la côte ou de la campagne augeronne. Jacques Villon (1875-1963) crée des paysages aux couleurs pastel proches de l'abstraction tandis que, plus près de nous, Nicolas de Staël (1914-1955) réinterprète les ciels au pastel de Boudin dans ses études des cieux de l'estuaire. Aux côtés de ces grands artistes, d'autres aussi ont apporté leur pierre à la construction de cette histoire de la peinture en Normandie. Ces peintres que le visiteur découvre dans les musées normands ont pour nom : Charles Léandre, Paul-Élie Gernez, Henri de Saint-Delis, Georges Lacombe, Jean Driès, Roland Oudot, Fernand Herbo, André Hambourg… Ils furent des centaines au XIXe et au XXe siècle à chanter les paysages normands, façonnant, pour la région, une brillante image

“Nicolas de Staël réinterprète les ciels au pastel de Boudin dans ses études des cieux de l'estuaire.

du Lait, du Beurre et du Fromage à Bézu-la-Forêt ou du Sabot à La-Haye-de-Routot, écomusée de la Meunerie à Saint-Ouen-de-Pontcheuil, conservatoire de la Dentelle à Bayeux, ferme-musée du Cotentin à Sainte-Mère-Église, Vitrine des métiers d'art à Villedieu-les-Poêles….

LE BOIS Longtemps abondant en Normandie, le bois était prisé des Vikings, qui déployèrent leur maîtrise de ce matériau dans l'architecture à colombages et la construction navale. La fabrication de mobilier est l'héritière de ce savoir-faire : réalisée dans du chêne rouvre ou blanc, la célèbre armoire normande, avec ses motifs complexes témoignant de la richesse et de l'origine sociale des familles, y occupait une place de choix, aux côtés des coffres à habits, vaisseliers, tables, lits-alcôves et horloges.

LA TERRE La présence de poches de grès ou de filons d'argile dans certains villages a fait naître une poterie renommée. Les "capitales potières" avaient pour nom Noron, Le Pré-d'Auge, Martincamp, Mélamare ou La Haye-Malherbe. Une production plus élitiste de céramique et de faïence (assiettes et plats "culs-blancs", vases, pichets…) s'installa à Forges-les-Eaux et surtout à Rouen, dont la production connut un succès international. Mais la terre, c'est aussi l'agriculture, dont les produits (cidre, camembert, lait…) constituent les collections de nombreux musées.

LE TEXTILE Tous les textiles ou presque ont été travaillés en Normandie : la laine à Elbeuf et à Louviers, la toile de lin ou de chanvre dans le pays de Caux, le Perche, le Domfrontais ou le Passais (le lin étant produit sur place), le coton, importé par la mer et la Seine à Rouen (réputée pour ses indiennes, ses calicots et ses "rouenneries"), à Condé-sur-Noireau, à Flers et à La Ferté-Macé. La région se fit aussi connaître pour ses dentelles finement tissées à Alençon et à Argentan (confectionnées manuellement, à l'aiguille), à Caen et à Bayeux (exécutées mécaniquement sur un métier, au fuseau) ainsi que dans la plupart des ports de Haute-Normandie.

LE MÉTAL La dinanderie (travail du cuivre) se développa dès le Moyen Âge à Villedieu-les-Poêles à partir de métal de récupération, la mitraille. Poêles (de grandes bassines d'airain), chaudrons, cruches étaient produits en série pour un usage quotidien. Aujourd'hui, seule demeure la production de cuivre d'art. Associé à d'autres métaux, le cuivre servait également à fabriquer boucles, chandeliers, robinets ou clochettes, une tradition perpétuée par les actuels fondeurs de cloches. Le travail du fer dans le pays d'Ouche et le Bocage contribua à l'épanouissement d'un artisanat spécialisé (ferronnerie, clouterie et épinglerie) qui subsista jusqu'au début du XXe siècle.

LE VERRE Les vastes forêts – bois de chauffe et fougères en cendre (potasse) permettaient la fusion du sable – firent naître dès le XIIIe siècle un artisanat verrier. Cet art se développa par la suite surtout dans la vallée de la Bresle et produisait du "verre plat" pour les fenêtres et de la "verroterie" pour les objets d'usage courant (carafes, gobelets, verres). La verrerie normande, toujours vivante, s'est spécialisée depuis le XIXe siècle dans le flaconnage pour la parfumerie et la cosmétique.

Cinéma

Carné, Renoir, Zanuck, Spielberg, Demi, Truffaut, Lelouch, Chabrol, Chatiliez, Aki Kaurismäki… nombreux sont les réalisateurs à avoir planté leur caméra en Normandie. Depuis le début du XXe siècle, près de quatre cents films de tous formats (longs et courts métrages, documentaires, téléfilms) ont été tournés dans la région en partie ou en totalité : drames (*Quai des Brumes*, *La Bête humaine*), comédies (*Un singe en hiver*, *Les Parapluies de Cherbourg*), films d'amour (*Un homme et une femme*, *Mourir d'aimer*), d'aventures (*Arsène Lupin*, *Les Mystères de Paris*), policiers (*Adieu poulet*, *La Horse*), historiques (*Le Jour le plus long*, *Le Mur de l'Atlantique*, *Le Passager de l'été*, *Jeanne la Pucelle*), fable moderne et poétique (*Le Havre* du Finlandais Aki Kaurismäki)… L'essentiel de la production cinématographique se décidant à Paris, la Normandie, située à moins de 100km de la capitale, constitue, il est vrai, pour les réalisateurs un décor naturel facile d'accès et économique.

FESTIVALS ET CRÉATIONS LOCALES Le Festival de Deauville, vitrine du cinéma américain en France depuis 1975, est la plus importante rencontre cinématographique française après Cannes. Cette manifestation a ouvert la voie à bien d'autres festivals : du film romantique à Cabourg (1983), des cinémas britannique et irlandais à Cherbourg (1985), du film nordique à Rouen (1987), du film russe à Honfleur (1995), Off-courts à Trouville (2000), Voyages et aventures à Saint-Valery-en-Caux (2002)… La création locale n'est pas en reste, avec des réalisateurs féconds (Philippe Van de Walle, Bruno Romy, Christian Zarifian, Claude Duty), un Centre des écritures cinématographiques à Andé dans l'Eure, une Maison de l'image Basse-Normandie à Caen et de multiples filières de formation aux métiers du cinéma. Sur le plan institutionnel enfin, des structures pérennes et actives comme le Pôle Image Haute-Normandie consolident cette passion du septième art.

Littérature

Les nombreuses maisons d'écrivains – pavillon Flaubert, maisons de Pierre Corneille, de Victor Hugo… –, comme les salons du livre – Étretat, Saint-Valery-en-Caux, Rouen (jeunesse), Gisors et Darnétal (BD), Le Havre (Un polar à la plage) –, permettent au visiteur de découvrir toute la vitalité de ce secteur.

DU MOYEN ÂGE AU XVIE SIÈCLE Les premiers textes relatifs à la Normandie rendaient compte des faits de guerre et du règne de ses princes : *Le Caractère et les exploits des premiers ducs de Normandie* de Dudon de Saint-Quentin, à la fin du Xe siècle, célébrait la vie de Guillaume Ier et de Guillaume II ; le *Draco Normannicus* (le "Dragon normand"), d'Étienne de Rouen, rendait hommage vers 1168 à Henri II Plantagenêt sous la forme d'un poème épique ; le *Roman de Rou*, enfin, rédigé vers 1170 par Maître Wace, contait l'histoire des Normands depuis Rou, c'est-à-dire Rollon. Les thèmes abordés vont peu à peu se diversifier : fresques romanesques (*Roman de Troie* de Benoît de Sainte-Maure, *Roman de Brut* de Maître Wace…), pièces en vers (*Vaux-de-Vire* d'Olivier Basselin, une œuvre qui donna naissance au vaudeville). À

GEOPLUS

Jardins de Normandie

Par **Guillaume Pellerin**, architecte paysagiste (créateur du jardin botanique de Vauville, dans la Manche)

Les cinq départements qui composent la Normandie recèlent des jardins aussi divers que les paysages dans lesquels ils s'inscrivent : bocage au maillage serré, vastes étendues des landes côtières, vallons profonds, falaises abruptes. Du plus prestigieux au plus inventif, toutes sortes de jardins y enserrent les maisons, y magnifient les châteaux, se lovent autour des manoirs, s'étendent nonchalamment dans les fonds de vallée, ou accompagnent la plus modeste des chaumières.

Jardin aux multiples visages Le climat normand, bénéficiant d'une température tempérée, d'une hygrométrie régulière et d'une terre propice à la culture, aide les jardiniers locaux, devenant complice d'une créativité qui a fait ses preuves depuis longtemps. En Normandie, les jardins, qu'ils soient nourriciers, de plaisance, d'artistes, d'abbaye, d'agrément, de ville (Coutances, Rouen, Caen), reflet d'une fantaisie individuelle, ou parcs de châteaux comme Martinvast, jouent tous avec l'eau, omniprésente, la lumière changeante, la course des nuages et la diversité d'un foisonnement végétal – des atouts qui avaient déjà séduit les peintres impressionnistes au XIXe siècle. Ces lieux profitent d'une large palette botanique dont la richesse provient des nombreux échanges avec l'extérieur, favorisés par les multiples ports et l'importance des rivières navigables. Il faut apprendre à repérer ces jardins souvent inattendus, parfois cachés, presque secrets, semés au gré d'un parcellaire serré derrière des haies protectrices justifiées par le climat et des murs cache-vues correspondant au caractère marqué et indépendant des Normands. Bien des amateurs ont cru voir dans ces caractéristiques l'influence de l'Angleterre si proche ; il ne s'agit que d'un trompe-l'œil : même si la proximité a facilité les échanges culturels, les admirables parcs des châteaux de Brécy et de Canon (Calvados) ne connaissent pas d'égal, et les hydrangeas du jardin de Shamrock (Seine-Maritime) restent uniques. Sans oublier les espiègleries (jeux d'eau en musique, labyrinthes…) du château de Vendeuvre (Calvados), qui marquent les esprits, ou les plantes exotiques du jardin botanique du château de Vauville, qui permettent aux visiteurs d'effectuer un tour du monde végétal aussi savant qu'unique.

Jardin normand, jardin de caractère La Normandie est l'héritière, tout à la fois, d'un peuple nordique conquérant, marin et voyageur et d'une civilisation romaine, douée de vertus organisatrices, aux habitudes davantage prudentes et sédentaires. Cette double empreinte a doté les Normands d'un esprit curieux qui les a sans doute incités à rapporter des croisades le radis et la renoncule et des expéditions vers l'outre-mer tant de plantes exotiques. Les jardins normands, étonnants, inventifs, reflètent ces individualités bien trempées – parfois même dans les deux sens du terme… –, issues de la nécessité de composer avec des éléments climatiques très présents où peuvent se mêler dans la même journée pluie, soleil et vent. Si l'on dit le Normand réservé, un peu secret, c'est qu'il reste jalousement attaché à ses rivages comme à sa terre généreuse, mais il révèle sa soif de connaissance par une multiplicité de sociétés d'horticulture regroupant amateurs et professionnels.

Jardins généreux et voyageurs Les 500km de côtes qui bordent la Normandie lui assurent un climat tempéré propice aux plantations et une multitude de ports qui furent autant de points d'entrée pour les graines et les végétaux. De cette complémentarité terre-mer sont nés des jardins riches d'une fantaisie botanique favorisée par l'opulente richesse de sols généreux qui encourage les plantations. Si l'on s'éloigne à l'intérieur des terres, marqué par les vallonnements des clos du bocage et les collines boisées, le climat plus rigoureux fait perdre quelques degrés, mais offre en revanche une nouvelle profusion végétale qui complète en l'élargissant le choix des essences rencontrées sur le littoral. Ajoutons que la relative proximité de Paris, la présence d'importants centres industriels comme ceux de l'agglomération rouennaise ou de grands bassins de population comme ceux de la région caennaise ont toujours encouragé l'esprit d'initiative.

Jardins de toujours et de demain Loin de se contenter des jardins déjà existants, des sociétés d'horticulture et des comités de parcs et jardins soutiennent de nouvelles initiatives jardinières. Des réalisations récentes, audacieuses et éclectiques, comme le jardin Plume (Seine-Maritime), le jardin François (Orne) ou celui de Champ-de-Bataille (Eure), témoignent de ce dynamisme vert. Ces créations ressemblent à celui qui en dirige la destinée : collections précieuses du jardin de Vastérival (Seine-Maritime), potager du château de Miromesnil (Seine-Maritime), jardin d'Elle (Cotentin) aux accents champêtres, mais aussi lieux plus modestes qui attestent la créativité normande.

Jardins inspirés Les jardins de Normandie, s'inspirant librement de la sagesse bouddhiste, du monde magique de Lewis Caroll, de l'esprit conquérant de Guillaume ou de la palette colorée du maître de Giverny, nous invitent au rêve d'un voyage végétal où se mélangent des situations, des formes, des espèces et des couleurs d'une rare richesse et d'une variété pleine d'enseignements. Les écrivains Gustave Flaubert, Guy Maupassant, Barbey d'Aurevilly, Jean de La Varende, Lucie Delarue-Mardrus, Jacques Prévert, Erik Orsenna et Didier Decoin, comme les peintres Monet, Jongkind, Boudin, Seurat, Millet et Courbet, normands de souche ou d'adoption, ont tous célébré cette nature si prompte à transformer la Normandie en une infinité de jardins que le voyageur curieux pourra parcourir avec délices

partir du XVIe siècle, la poésie est la forme littéraire privilégiée – on rencontre alors un peu partout des "confréries poétiques", les "puys" – et rend hommage à la terre normande. Cet amour du pays natal culmine avec l'*Éloge de la Normandie* de Pierre de Marbeuf, peignant la Seine qui, "en plusieurs replis/va passementant les plis/de l'onde en argent brodée".

DU XVIIE AU XIXE SIÈCLE Le XVIIe siècle met un peu plus la Normandie sur le devant de la scène littéraire, grâce à des auteurs de talent comme le Caennais François de Malherbe et le Rouennais Pierre Corneille, même si ce dernier ne mit jamais en scène sa région dans ses œuvres. Caen – "la source de tous nos beaux esprits", selon Madame de Sévigné – attire l'attention avec des écrivains comme Jean Regnault de Segrais ou des philosophes comme Pierre-Daniel Huet. Le siècle des Lumières voit fleurir de beaux esprits : Saint-Évremond, Jean-Baptiste de Neauvais et surtout Fontenelle sont tournés, comme beaucoup de penseurs de l'époque, vers l'universel. La terre normande redevient source d'inspiration au début de la période romantique (fin du XVIIIe siècle) et atteindra la démesure au XIXe siècle avec Barbey d'Aurevilly, qui dépeint une Normandie mythique, pleine d'étangs maléfiques, de landes brumeuses et de "dames blanches".

DE LA MÉLANCOLIE À LA CRITIQUE SOCIALE Parallèlement à ces esprits enflammés, une autre génération d'écrivains laisse filtrer mélancolie et pessimisme dans la création littéraire : Charles Frémine, poète normand "exilé" à Paris et pleurant son pays, Gustave Flaubert qui admet "porter en lui la mélancolie des races barbares, avec ses instincts de migration et ses dégoûts innés de la vie", Maupassant enfin. Ce dernier décrit une Normandie peu ragoûtante : ses paysans, avares, filous, hypocrites et grivois, rongés par l'appât du gain et de la terre, renvoient une image sombre des hommes et des mœurs de cette province. D'autres sont allés bien plus loin dans la critique de leur terre d'origine : Jean Lorrain assassine dans ses écrits la bourgeoisie de Fécamp, quand Octave Mirbeau stigmatise l'infanticide ou l'abandon des vieillards, pratiques courantes dans le Perche de son enfance. Dans cette catégorie d'auteurs réalistes peuvent se ranger des plumes acérées comme celle d'Hector Malot ou celle, plus légère, d'Alphonse Allais ("Les familles, l'été venu, se dirigent vers la mer en y emmenant leurs enfants. Dans l'espoir, souvent déçu, de noyer les plus laids"). D'autres écrivains prirent le relais au XXe siècle : l'Elbeuvien André Maurois, dans *Bernard Quesnay*, dresse le portrait peu amène des industriels de sa ville, le Havrais Guy Mazeline croque, dans *Les Loups* (prix Goncourt 1932), le monde impitoyable des patrons, le Rouennais Armand Salacrou, installé au Havre, témoigne, dans *Boulevard Durand*, du conflit âpre opposant le monde portuaire et syndical du Havre et le puissant milieu politico-industriel qui règne sur la ville.

AUTEURS "HORSAINS" ET ÉCRIVAINS DU CRU La Normandie n'a pas inspiré que les auteurs locaux, loin s'en faut. Tour à tour, des grands de la littérature y puiseront des décors, des ambiances, des faits. Sillonnant la région pour y trouver l'inspiration, Victor Hugo accumula les descriptions dithyrambiques de villes, monuments et paysages… et les critiques au vitriol des auberges et restaurants. Marcel Proust, lui, observa Cabourg et Deauville pour imaginer

AUX SOURCES DE L'INSPIRATION
Les poètes romantiques font preuve d'exaltation en évoquant l'attachement à la terre normande et expriment un sentiment religieux de la nature. Chênedollé (1769-1833) par exemple : "Par toi tout s'embellit ô terre maternelle !/ Tes fleurs ont plus d'éclat, ta verdure est plus belle,/ Ton soleil est plus pur, ton ciel plus enchanté,/ Aussi rien à mes yeux n'égale ta beauté."

l'univers cosmopolite de Balbec ; le port du Havre, avec ses travailleurs des quatre coins du monde, offrit à Raymond Queneau la matière de son *Rude Hiver*, quand Pierre Mac Orlan récoltait dans les rues de Rouen ou du Havre des scènes pittoresques pour ses chansons et que Maurice Leblanc, dans *L'Aiguille creuse*, emmenait son Arsène Lupin du côté d'Étretat. Dans la création actuelle des auteurs normands, deux genres littéraires semblent se détacher : le polar et la bande dessinée. Ainsi, au côté des romans, essais ou fictions de Philippe Delerm (*Sundborn ou les jours de lumière*, *La Première Gorgée de bière et autres plaisirs minuscules*) ou d'Olivier Frébourg (*Port d'attache*, *Esquisses normandes*), fleurissent nombre d'histoires policières : Yvonne Besson, avec *Meurtres à l'antique* ou *Doubles Dames contre la mort*, tisse ses intrigues à Dieppe, Max Obione (*Calmar au sang*), près des méandres de la Seine, Fred Vargas (*Dans les bois éternels*) près de Lisieux, et Jean Calbrix… un peu partout (*Mon cadavre s'enroue à Rouen*, *Mon cadavre s'éclate à Granville*…). Les auteurs de bandes dessinées, eux, dépeignent la Normandie contemporaine sous un jour moins sombre : *Mystère sous la falaise* d'Erwan Le Bot, Florent Heitz et Jérôme Félix ou *La Vie mordante de Polète et Kiki*, de Nicolas Stérin, se déroulent sur le littoral dieppois et en Seine-Maritime ; Thomas Benet et Christian de Metter, avec *Swinging London*, choisissent le voyage dans les années 1960 quand Christophe Quet et Fred Duval, avec leur routier de l'espace Travis, transportent le lecteur en 2050 dans un monde cyberpunk… loin, très loin du terroir normand.

Gastronomie

La vache normande aux qualités bouchères et laitières, les fruits du verger aux multiples déclinaisons (fruits, confitures, cidre, calvados, pommeau, poiré…) occupent les places d'honneur dans la cuisine normande. La richesse halieutique des quatre départements (Seine-Maritime, Eure, Calvados, Manche) ouverts sur la mer, la production maraîchère du Cotentin, la production ovine (Manche, Mont-Saint-Michel) et porcine (un peu partout) complètent la très large palette avec laquelle le chef normand peut exercer son art.

Les produits du terroir

CÔTÉ MER Bénéficiant des plus fortes marées d'Europe, le littoral se prête à la culture d'huîtres de pleine mer et de moules, le département de la Manche assurant l'essentiel de la production (Saint-Vaast-la-Hougue, côte ouest du Cotentin de Granville à Portbail). À proximité des côtes abondent toutes sortes de coquillages – coques, ormeaux, praires, palourdes, amandes, bulots, buccins, clams, clovisses, pétoncles, coquilles Saint-Jacques… – et de crustacés – crevettes grises et roses, tourteaux, crabes, étrilles, araignées et homards. La variété des poissons pêchés est tout aussi impressionnante : hareng (le "steak du pauvre"), sole, saint-pierre, bar, cabillaud, lotte… Les rivières, elles, sont connues pour abriter truites, saumons, carpes et anguilles.

CÔTÉ TERRE Le lait fournit, avec le beurre et la crème simple ou double, deux ingrédients de base d'une cuisine qui les associe souvent au pommeau, au cidre et au calvados dans les sauces, une caractéristique forte de la gastronomie normande. À noter que les chefs tendent à diminuer la part de la crème, très pratique pour concocter rapidement une sauce, pour des compositions plus légères et plus imaginatives (sauce aux huîtres, par exemple). Les produits carnés figurent également en bonne place dans le terroir. Les bovins (bœuf, veau de lait) produisent une viande de qualité, tendre et juteuse ; la région est aussi fameuse pour ses agneaux de pré-salé (Mont-Saint-Michel), ses porcs (Bayeux) et ses nombreuses volailles (canards de Rouen et de Duclair, poules de Gournay, de Crèvecœur). Dernière richesse du terroir normand, ses fruits et leurs dérivés. Au premier rang figurent les sept principales variétés de pommes à couteau (bénédictin, calville rouge, grasse lande, pomme d'éclat, reinette de Bailleul, reinette de Caux et pomme de Revers) et les centaines de pommes à cidre qui permettent la production de cidre, de calvados (du cidre distillé une ou deux fois), de pommeau (moût de pommes à cidre et de calvados). Les autres fruits normands sont les poires (qui donnent le poiré), les prunes de Jumièges et les cerises de la vallée de la Seine.

Les spécialités normandes

Les produits de la mer sont souvent proposés en entrée : Saint-Jacques à la crème, au pommeau ou au cidre ; huîtres chaudes au pommeau ; moules à la crème ; maquereaux marinés ; "demoiselles de Cherbourg" (les petits homards du Cotentin) à la nage… Les volailles occupent traditionnellement une place de choix : le poulet, la dinde, la pintade, le pintadeau ou le canard s'invitent régulièrement sur les cartes, cuisinés façon "vallée d'Auge" ou "à la normande" (avec crème souvent double, calvados et/ou cidre). Les recettes de poisson, moins nombreuses, sont en revanche très emblématiques : marmite à la dieppoise, barbue cauchoise, harengs fumés à la fécampoise, matelote d'an-

Le fromage sur un plateau

Produit emblématique de la région, le lait donne naissance aux fromages : le camembert, à pâte molle et à croûte fleurie, mis au point par une fermière de l'Orne, Marie Harel ; le neufchâtel, venu du pays de Bray, se présentant sous forme de briquette, de bonde ou de cœur ; le pont-l'évêque, à la forme carrée et à la croûte ocre, fabriqué dans le Calvados ; le livarot enfin, aujourd'hui fabriqué dans l'Eure, rond et de couleur orangée, baptisé la "viande de l'ouvrier" en raison de sa valeur nutritive. À découvrir également, le pavé d'Auge, le petit-suisse de Gournay, le La Bouille ou… la Providence de la trappe de Bricquebec.

UN DESSERT ?
La pomme est bien sûr l'ingrédient favori des fins de repas : tarte normande, bourdelot aux pommes, pommes au four, au miel et au cidre... La poire parvient à se faire une place (douillon aux poires, poires au cidre), et certaines préparations comme la teurgoule ou terrinée (un entremets) ou les soufflés (au calvados, au pommeau, au chocolat) méritent que votre cuillère fasse le détour

guilles de Caudebec, lotte à la trouvillaise… La façon d'accommoder la viande combine les plats un peu lourds (tripes à la mode de Caen, pied-de-mouton à la rouennaise), ceux à dominante sucrée (rôti de porc aux pommes et au cidre, paupiettes de veau au pommeau) et enfin les recettes très fines (canard à la rouennaise – les volatiles viennent souvent de Duclair, ville renommée pour la qualité de ses volailles –, lapin farci à la havraise). Les villes où l'on déguste cette gastronomie sont, pour l'essentiel, situées en Basse-Normandie (par importance décroissante l'Orne, le Calvados puis la Manche). En Haute-Normandie, le savoir-faire culinaire se concentre à Rouen (grande capitale de la gastronomie, à l'instar de Lyon) et au Havre, avec plusieurs chefs "étoilés", et ponctuellement dans des villes comme Fécamp, Étretat, Forges et Gisors. La Basse-Normandie regorge de "capitales du terroir" : Vimoutiers (pommes, cidres, calvados, pommeau), Vire (andouille), Alençon (andouillette), Grandcamp (Saint-Jacques), Barfleur (moules), Isigny (produits laitiers), Lisieux (cuisine à la crème et au calvados). En matière de défense de la bonne chère, enfin, on retrouve la même prédominance de la Basse-Normandie, qui accumule les confréries : confréries des Goustiers-Cidres ou des Goûte-Boudin, Chevaliers du Camembert… ou du Trou normand.

Percheron, haras du Pin (p.499).

Pommier en fleur.

GEOPRATIQUE

INFORMATIONS UTILES DE A À Z

ALLER EN BASSE-NORMANDIE

en avion

L'aéroport de Caen est desservi par des vols directs au départ de Paris, Nice et Lyon. De Belgique, de Suisse ou du Canada, il est plus simple d'atterrir à Paris, puis de continuer en train vers la Normandie.

EN FRANCE

Hop ! La filiale du groupe Air France propose des liaisons entre Caen et Paris (4 vols/sem., à partir de 58€ AS), Lyon (3 vols/j.) et Nice (1 vol/sem. le sam.). *Tél. 0825 30 22 22 (0,15€/min) ou 09 72 72 22 22 (assistance en ligne) www.hop.fr*

DE BELGIQUE

SN Brussels Airlines La compagnie ne propose aucune liaison entre Bruxelles et la Normandie. Se renseigner pour un vol Bruxelles-Paris (durée : 1h), avec correspondance vers Caen ou une poursuite du trajet en en train (voir ci-après). *Tél. 0902 51 600 www.brusselsairlines.com*

DE SUISSE

Swiss International Air Lines Pas de vol direct vers la Normandie. Se renseigner pour une liaison vers Paris ou Lyon avec correspondance vers Caen ou un fin de parcours en train au départ de Paris (voir ci-après). Au départ de Genève comptez 1h10 de vol. *Tél. 0848 700 700 www.swiss.com*

DU CANADA

Air Canada La compagnie n'effectue pas de vol direct vers la Normandie. En revanche, une liaison directe est programmée quotidiennement entre Montréal et Paris (prévoir 7h de voyage). *www.aircanada.com*

MESURES DE SÉCURITÉ POUR LE BAGAGE DE CABINE Rappelons que, lorsqu'ils passent aux points de contrôle de sécurité des aéroports européens et canadiens, les voyageurs peuvent avoir en leur possession des produits liquides (gels, substances pâteuses, lotions, contenu des récipients à pression, dentifrice, gel capillaire, boissons, potages, sirops, parfums, mousse à raser, aérosols...) à condition que les contenants ne dépassent pas, chacun, 100ml ou 100g et qu'ils soient regroupés dans un sac en plastique transparent à fermeture par pression et glissière, bien scellé, d'une capacité maximale de 1l (environ 20cm x 20cm). Les articles ne doivent pas remplir le sac à pleine capacité ni en étirer les parois. Un seul sac est permis par personne. Les aliments pour bébé et le lait, quand les passagers voyagent avec des enfants de deux ans ou moins, de même que les médicaments vendus sur ordonnance et les médicaments essentiels en vente libre ne sont pas soumis à ces restrictions. Nous vous conseillons donc de placer dans vos bagages de soute, avant l'enregistrement, tous les produits liquides dont vous n'aurez pas besoin en cabine.

en train

EN FRANCE

En TER ou Intercités, les liaisons quotidiennes entre Paris-Montparnasse ou Paris-Saint-Lazare avec les villes normandes sont nombreuses, cf. durées de voyage en train (p.45). Billet AS plein tarif "normal" Paris-Caen 35€, Paris-Granville 45€, Paris-Deauville 33€, Prem's 15€. *Tél. 36 35 www.voyages-sncf.com*

DE BELGIQUE

La Normandie n'est pas accessible directement depuis la Belgique. En revanche, vingt-cinq Thalys Bruxelles-Paris (1h25) sont proposés tous les jours. Puis renseignez-vous pour une correspondance vers la Normandie. *Tél. 02 528 28 28 www.thalys.be*

DE SUISSE
Les compagnies suisses ne proposent pas de trajet direct vers la Normandie. En revanche, plusieurs TGV quotidiens partent de Genève (cinq départs) et de Lausanne (deux départs) vers Paris-Gare de Lyon. Prévoir entre 3h et 4h30 de voyage. *Tél. 0900 300 300 www.cff.ch*

RÉDUCTIONS SNCF
Des cartes de réduction et des avantages sont proposés aux professionnels, aux grands voyageurs, aux familles nombreuses, aux groupes, etc. Prix très attractifs en réservant son billet longtemps à l'avance (tarif Prem's). *Tél. 36 35 www.voyages-sncf.com*

INTERRAIL
Les compagnies de chemin de fer de trente pays se sont unies pour proposer deux pass, Global Pass et One Country Pass, permettant de voyager en 1re ou en 2e classe sans limite de trajets en dehors de son propre pays. *www.interrailnet.com*

en voiture

EN FRANCE Caen se situe à environ 800km de Marseille, à 484km de Bordeaux et 596km de Strasbourg. Au départ de Paris (199km), prenez l'"autoroute de Normandie" (A13) en direction de Rouen, ou l'A12/N12 afin de rejoindre Alençon. Comptez 2h20 de route pour atteindre Caen et env. 22€ de péage. À Caen, deux choix sont possibles : se rendre au Mont-Saint-Michel via l'A84 ou se diriger vers Cherbourg en empruntant la N13.

DE BELGIQUE De Bruxelles, prenez la direction de Paris par l'E19, puis l'A2. À proximité de Cambrai prenez l'"autoroute du Nord" (A1), puis l'A29 vers Amiens. De là, suivez la direction Rouen, puis celle de Caen. Prévoir env. 30€ de péage et 4h30 de trajet pour relier Bruxelles à Caen.

DE SUISSE Le plus simple est de passer par Paris. À Genève, suivez la direction Paris sur l'A40 puis l'"autoroute du soleil" (A6). Pour atteindre Caen, 7h de route sont nécessaires ainsi qu'env. 64€ de péage (+ 27€ de vignette).

FORMALITÉS Pour circuler dans l'Union européenne, munissez-vous des papiers du véhicule, de votre assurance de responsabilité civile, de votre permis de conduire et d'une carte d'identité nationale ou d'un passeport.

ASSURANCES

Si vous avez réglé votre séjour avec une carte de crédit (Visa, Gold, Eurocard Mastercard), l'assurance assistance médicale et rapatriement qui lui est associée est tout à fait suffisante. **Europ Assistance** *Tél. 01 41 85 94 85 www.europ-assistance.fr*

PRATIQUE

durées de voyage en train

	Argentan	Flers	Granville	Pontorson/Mt-St-Michel	Vire
Paris-Montparnasse	1h45	2h	3h	3h *(via Rennes)*	2h25

	Bayeux	Caen	Cherbourg	Trouville/Deauville
Paris Saint-Lazare	2h20 *(via Caen)*	1h45	3h	2h

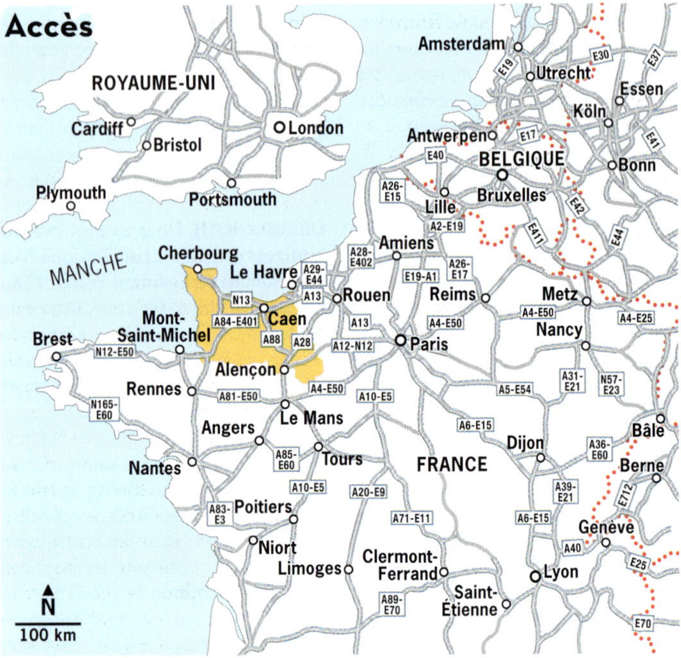

Mondial Assistance *Tél. 01 42 99 82 81 www.mondial-assistance.fr*

accidents

Si vous pratiquez des sports à risques (sports aériens, d'eau vive, escalade, VTT, équitation...), vérifiez que les accidents liés à ces activités sont bien inclus dans votre contrat. Si ce n'est pas le cas, souscrivez une prise en charge particulière ou optez pour une structure (club ou école) dont l'assurance couvre les clients.

perte et vol

CARTE BANCAIRE Quelle que soit la société émettrice de la carte, appelez le 0892 705 705 (24h/24).

CHÉQUIER Contactez le 0892 68 32 08 ou votre banque pour faire opposition à un chéquier perdu ou volé.

TÉLÉPHONE Pour faire bloquer un téléphone portable perdu ou volé, il vous faut son code IMEI. Pour l'obtenir, composez *#06# sur votre clavier et notez le numéro dans un endroit sûr.

Bouygues *Tél. 0800 29 10 00 www.bouyguestelecom.fr*

Orange *Tél. 0800 100 740 www.orange.fr*

SFR *Tél. 06 10 00 19 00 www.sfr.fr*

Free *Tél. 3244 www.free.fr*

BUDGET ET SAISONS TOURISTIQUES

Bien entendu, le budget pour des vacances en Normandie varie selon les lieux, la saison et la catégorie des établissements fréquentés. Que l'on séjourne sur le littoral ou dans l'arrière-pays, que l'on s'y rende en novembre ou en août, le portefeuille ne sera pas sollicité de la même manière. Sur la côte, les hôtels dotés d'un peu de cachet sont souvent chers et les tarifs ne sont pas toujours en rapport avec le standing proposé. L'option économique reste le camping – certains offrent un cadre et des prestations de grande qualité – ou les chambres d'hôtes, souvent plus conviviales et plaisantes que les hôtels. Se restaurer peut aussi, si l'on fréquente trop assidûment les tables normandes, grever le budget. Cela vaut surtout pour les établissements en bord de mer. Les budgets modestes ont donc tout intérêt à réserver leur hébergement (et même leurs tables) à l'avance s'ils veulent être sûrs de trouver une place dans les établissements bon marché, généralement convoités. Concernant les lieux de visite, on ne peut que déplorer la rareté des tarifs familiaux, même si quelques efforts sont faits, ici et là, pour accorder une réduction aux enfants, aux étudiants et aux plus de 60 ans. En dépit de ces mises en garde, l'éventail des prix constatés en Normandie est assez large pour que toutes les bourses y trouvent leur compte...

gamme de prix

Les établissements recensés dans nos carnets d'adresses sont classés par ordre croissant, du moins cher au plus cher. Les prix relatifs à l'hébergement valent, sauf mention contraire, pour une chambre double, sans le petit déjeuner. Ceux relatifs à la restauration valent pour un repas (deux plats) sans la boisson.

CARTES ET PLANS

Les meilleures cartes sont certainement celles de l'Institut géographique national (IGN). Pour une approche globale de la Normandie, optez pour la **carte régionale** (REG02) au 1/250 000. Elle mentionne les principales curiosités touristiques et comporte un index pratique des localités (au verso). Il existe aussi 5 **cartes départementales** au 1/125 000 : dont Calvados (D14), Manche (D50) et Orne (D61). Les **cartes de promenade** au 1/100 000, dites Top 100, couvrent un territoire compris entre deux grandes villes. Bien conçues, elles font figurer les courbes de niveau, les sentiers de grande randonnée (GR®) et des pictogrammes d'informations touristiques (châteaux, musées, églises, etc.) : Caen-Cherbourg (n°06), Laval-Argentan (n°17) et Caen-Alençon (n°18). De son côté, Michelin édite une **carte routière** de Normandie au 1/275 000 (n°513 ou n°613 sous forme d'atlas) et 1 **carte locale**, plus détaillées, recoupant le Calvados et la Manche (n°303). Cette dernière dispose d'un index des localités et de plans des préfectures.

FÊTES ET MANIFESTATIONS

Entre les fêtes traditionnelles et les festivals de musique ou de cinéma,

GAMME DE PRIX	RESTAURATION	HÉBERGEMENT
Très petits prix	moins de 10€	moins de 40€
Petits prix	de 10 à 15€	de 40 à 60€
Prix moyens	de 15 à 25€	de 60 à 85€
Prix élevés	de 25 à 40€	de 85 à 120€
Prix très élevés	plus de 40€	plus de 120€

calendrier des fêtes et des manifestations

février	**Bayeux** Graine de mots
	Granville Carnaval
mars	**Caen** Aspect des musiques d'aujourd'hui
	Deauville Festival du film asiatique
	Mortagne-au-Perche Foire au boudin
mars-avril	**Cherbourg** Travelling : festival des cinémas britannique et irlandais
avril	**Argentan** Foire de la Quasimodo
	Deauville Festival de Pâques : musique de chambre, concerts de solistes, trios, quatuors et orchestres européens
	Houlgate Festival Plein Vent : compétitions de cerfs-volants et de parapente
Ascension	**L'Aigle** Les Quatre jours : foire-expo foraine et médiévale
	Coutances Jazz sous les Pommiers
mai	**Cambremer** Rencontres de Cambremer : festival de produits AOC
	Mont-Saint-Michel Marathon de la Baie
Pentecôte	**Honfleur** Fête des marins
	Saint-Céneri-le-Gerei Rencontre des peintres
juin	**Cabourg** Festival du film romantique
	Caen À Caen, la paix
	Cherbourg Festival du livre et de la bande dessinée jeunesse
	Saint-Lô Fête de la Vire
	Villedieu-les-Poêles Grand Sacre des chevaliers de Malte (tous les 4 ans : 2012, 2016...)
juin-juillet	**Mortagne-au-Perche** Les Musicales de Mortagne
	Vire Festival les "Virevoltés"
	Pont-Audemer Festival des Mascarets
juillet	**Alençon** Festival folklore du monde
	Barneville-Carteret Course à l'aviron de mer de Jersey à Carteret
	Bayeux Fêtes médiévales
	Cherbourg Cin'Étoiles
	Coutances Chauffer dans la noirceur
	Dives-sur-Mer Festival de la Marionnette
	Granville Les Sorties de bain
	Mont-Saint-Michel Pèlerinage d'été
	Trouville Fête de la mer
été	**Alençon** Festival autour d'un piano
	Bagnoles-de-l'Orne Les Vendredis de l'été
	Caen Caen soirs d'été
	Coutances Les Estivales
	Deauville Manifestations hippiques
	Lisieux Mercredis de l'été
	Sées LesMusilumières : son et lumières sur la cathédrale
mi-juil./mi-août	**Alençon** Les Échappées belles
	Pays d'Auge Promenades musicales
fin juil.	**Briouze** Artsonic : festival de musiques actuelles en plein air
	Granville Grand Pardon de la Mer

PRATIQUE

août	**Barneville-Carteret** Festival du cerf-volant
	Bayeux Calvadose de rock
	Carrouges Grande fête de la chasse et de la pêche
	Domfront Les Médiévales (tous les 2 ans, les années impaires)
	Lisieux Jazzitudes
	Mont-Saint-Michel, baie du Festival jazz en baie
	Port-en-Bessin Bénédiction de la mer le 15 août (tous les 4 ans, prochaine édition en 2012)
	Saint-Lô Normandy Horse Show
	St-Vaast-la-Hougue Traversées de Tatihou : festival de musique
	Villers-sur-Mer Festival des Nouveaux Talents : concerts classiques
septembre	**Caen** Fête du Port et foire internationale
	Deauville Festival du film américain
	Domfront Automne gourmand : festival gastronomique
	Lessay Foire Sainte-Croix
	Lisieux Fêtes thérésiennes
	Mont-Saint-Michel Saint-Michel d'automne : concerts dans l'abbaye
	Orne Septembre musical de l'Orne
	Suisse normande Week-end de la randonnée et des sports
	Trouville Festival Off-courts
octobre	**Bayeux** Prix Bayeux-Calvados des correspondants de guerre
	Cherbourg Foire de Cherbourg
	Deauville Rallye Paris-Deauville
	Mortagne-au-Perche Journée Alain : rencontres littéraires
	Trouville Hommage à Marguerite Duras
novembre	**Caen** Nördik Impakt : rencontre des cultures électroniques
	Caen Les Boréales : festival des arts et cultures nordiques
	Honfleur Festival du film russe
	Port-en-Bessin Goût du large : fête de la coquille Saint-Jacques
	Saint-Lô Polyfollia : festival international de chant choral
décembre	**Falaise** Les Hivernales

entre les processions religieuses et les marathons, les villes normandes proposent un large éventail de manifestations artistiques, culturelles et sportives. Les dates et les programmes étant soumis à variations, vous trouverez toutes les informations utiles auprès des offices de tourisme locaux ou sur le site du comité régional de tourisme de Normandie : www.normandie-tourisme.fr

HANDICAPÉS

Les délégations départementales de l'Association des paralysés de France peuvent vous orienter sur les sites de visite, d'hébergement et de loisirs aménagés pour les personnes handicapées. L'association organise aussi des séjours à thème (escapade, farniente, etc.) pour adultes et enfants, en France et à l'étranger.

Siège national de l'APF *17, bd Auguste-Blanqui 75013* ***Paris*** *Tél. 01 40 78 69 00 www.apf.asso.fr*

Calvados *52, rue Louis-Robillard 14000* ***Caen*** *Tél. 02 31 35 19 40 dd14@apf.asso.fr*

Manche *59, rue du Val-de-Saire 50100* ***Cherbourg-Octeville*** *Tél. 02 33 87 23 30 dd50@apf.asso.fr*

Orne *17, rue Pierre-Jouanny BP 219 61007* ***Alençon*** *Tél. 02 33 80 37 55 dd.61@apf.asso.fr*

HÉBERGEMENT

La Normandie fait aujourd'hui face à un afflux touristique intense, auquel nos voisins anglais, allemands, belges et néerlandais ne sont pas étrangers. Si bien qu'il n'est pas toujours facile de se loger en été. Pour ne pas errer des heures durant à la recherche d'un hébergement, il est prudent de penser à réserver dès le printemps. Évidemment, les options sont plus nombreuses hors saison. Souvenez-vous que certains hôtels ferment au cœur de l'hiver, en décembre, janvier et/ou février.

campings

C'est la solution la plus économique, d'autant que la Normandie compte une multitude de campings sur la côte et en campagne. Il y en a pour toutes les bourses et de toutes les catégories : de l'aire naturelle au 4-étoiles avec piscine chauffée, tennis, lave-linge et restaurant. Certains louent aussi des mobile homes au week-end (hors saison), à la semaine ou au mois. La plupart des campings sont ouverts d'avril à fin septembre.
Fédération française de camping et de caravaning Chaque année, la FFCC met à jour son guide officiel : 11 000 campings, aires naturelles ou terrains à la ferme recensés et classés par département. *78, rue de Rivoli 75004* ***Paris*** *Tél. 01 42 72 84 08 www.ffcc.fr www.campingfrance.com*

auberges de jeunesse

La Basse-Normandie dispose de 6 auberges de jeunesse. Elles se trouvent à Bayeux et Caen (Calvados), Cherbourg, Granville, Genêts et Pontorson (Manche). Dans une auberge de jeunesse, le standing varie selon le nombre de sapins attribués (de 1 à 4). Les plus élémentaires proposent des lits en dortoir, de 4 à 6 personnes (voire plus). Les mieux dotées possèdent des chambres doubles, voire des simples. La nuit coûte d'environ 12€ à 20€ par personne. Pour séjourner dans une auberge de jeunesse, la carte FUAJ est obligatoire : 7€ pour les moins de 26 ans et 11€ pour les plus de 26 ans.
Fédération unie des auberges de jeunesse *27, rue Pajol 75018* ***Paris*** *Tél. 01 44 89 87 27 www.fuaj.org*

chambres d'hôtes et gîtes

CHAMBRES D'HÔTES À tarif égal, les chambres d'hôtes offrent souvent un confort et un charme supérieurs à ceux des hôtels. Aménagées dans un appartement du centre-ville ou dans une villa du bord de mer, dans une ferme retirée au milieu du bocage ou dans un manoir médiéval, elles se révèlent aussi intéressantes que variées. Les tarifs sont établis en fonction du standing proposé et du cachet des lieux. Chaque label a ses pictogrammes de qualité : les épis pour les Gîtes de France (de 1 à 4) et les clés pour Clé vacances (de 1 à 4). En principe, il est assez aisé de trouver à se loger pour 50€-60€ à deux, petit déjeuner inclus, pourvu que l'on s'y prenne un peu à l'avance. Certaines adresses font également table d'hôtes, ce qui constitue une occasion de découvrir la gastronomie locale de façon conviviale. Séjourner en chambre d'hôtes n'impose qu'une chose : être un minimum sociable et respecter la tranquillité comme les espaces privés de vos hôtes.
Gîtes de France *Tél. 0891 16 22 22 www.gites-de-france.com*

Clé vacances *Tél. 05 61 13 55 66 www.clevacances.com*

GÎTES C'est l'autre option pour se loger en Normandie le temps d'un week-end, d'une semaine ou d'un mois, en famille ou entre amis. Les Gîtes de France proposent principalement trois types d'hébergement : le gîte rural, le chalet-loisirs et le gîte d'étape et de séjour. Les **gîtes ruraux** se situent en campagne ou en bord de mer. Il s'agit de logements indépendants comprenant une ou plusieurs chambres, un salon/salle à manger, une kitchenette ou une cuisine ainsi qu'une salle de bains et des sanitaires. Certains n'ont pas le charme pour principal atout, d'autres sont absolument enchanteurs. Cela dépend en partie du nombre d'épis attribués (de 1 à 5). Comptez au moins 250€ la semaine pour 4 personnes hors saison et 400€ en saison. Les **chalets-loisirs** ont la particularité d'être construits en bois et d'être situés en pleine nature. Les prix vont d'env. 350€ à 600€ en moyenne pour une semaine. Enfin, les **gîtes d'étape ou de séjour** permettent de faire une halte sur un itinéraire de randonnée. Ils se prêtent assez idéalement aux groupes d'amis ou aux familles pour un week-end ou un séjour de quelques jours. Une nuit coûte autour de 13€ par personne.

Association des maisons d'amis en France (label Fleurs de Soleil) *52, av. Thermale 03200* ***Vichy*** *Tél. 0826 62 03 22 www.fleursdesoleil.fr*

Fédération nationale des locations de France (label Clé vacances) *54, bd de l'Embouchure Cedex 2 31022* ***Toulouse*** *Tél. 05 61 13 55 66 www.clevacances.com*

Maison des Gîtes de France et du tourisme vert *56, rue Saint-Lazare Cedex 09 75439* ***Paris*** *Tél. 01 49 70 75 75 www.gites-de-france.com*

Gîtes de France Normandie *9, rue de la Petite-Cité 882 27008* ***Évreux*** *Tél. 0800 600 810 www.gites-de-france-normandie.com*

locations saisonnières

Hormis les grands organismes tels que les Gîtes de France ou Clé vacances, certains particuliers proposent des appartements ou des villas à louer, sur le littoral ou à la campagne, une semaine ou plus. Quelques sites Internet regroupent de nombreuses offres : www.clevacances.com ou www.saisoloc.com

hôtels

Les hôtels sont classés depuis 2009 de 1 à 5 étoiles, en fonction du confort et des prestations offertes (veilleur de nuit, TV câblée, service de blanchisserie, minibar, etc.). Néanmoins, le nombre d'étoiles n'est pas une garantie absolue de qualité. Il peut arriver qu'un hôtel qui en est dépourvu soit aussi bien doté qu'un hôtel de la catégorie supérieure. Il ne faut donc pas hésiter à demander à voir la chambre avant d'y passer une nuit. Ne serait-ce que pour vérifier la literie qui peut parfois laisser à désirer. En moyenne, il faut compter environ 60€ pour une chambre double, petit déjeuner en sus (entre 7 et 10€). Dans toutes les villes, les offices de tourisme tiennent une liste des hôtels adhérents.

INFORMATIONS TOURISTIQUES

offices de tourisme régionaux

Comité régional du tourisme de Normandie *14, rue Charles-Corbeau 27000* ***Évreux*** *Tél. 02 32 33 79 00 www.normandie-tourisme.fr*

Fédération régionale des pays d'accueil touristiques de Normandie *Unicité Bât. B 8, rue Alfred-Kastler 14000* ***Caen*** *Tél. 02 31 27 93 55 www.normandie-pays.com*

offices de tourisme départementaux

Comité départemental de tourisme du Calvados *8, rue Renoir Cedex 04 14054* ***Caen*** *Tél. 02 31 27 90 30 www.calvados-tourisme.com*

Comité départemental de tourisme de la Manche *Maison du département 50000* ***Saint-Lô*** *Tél. 02 33 05 98 70 www.manchetourisme.com*

Comité départemental de tourisme de l'Orne *86, rue Saint-Blaise 50 61002* ***Alençon*** *Tél. 02 33 28 88 71 www.ornetourisme.com*

INTERNET

www.normandie-tourisme.fr Le portail officiel du comité régional de tourisme est une mine d'informations sur la Normandie (histoire, littérature, gastronomie, hébergement, fêtes et manifestations, sports et loisirs) et ses lieux de visite. Il contient aussi quelques adresses utiles et une importante sélection de sites web.

www.normandie-pays.com Le site de la Fédération régionale des pays d'accueil touristiques permet de se faire envoyer ou de télécharger de la documentation sur les "pays" normands : Argentan, Auge ornais, baie du Mont-Saint-Michel, Bessin, Bocage ornais, Bocage virois, Bray, Falaise, Hautes-Falaises, Pré-Bocage, vallée de la Vire, etc. La Fédération tient également l'agenda des manifestations culturelles et artistiques en Normandie, ainsi que des suggestions de destination pour un week-end.

www.cr-basse-normandie.fr Le portail du conseil régional de Basse-Normandie. Très riche, il offre une multitude de renseignements sur le tourisme, les loisirs et la culture dans la région.

www.normandiememoire.com Le site officiel de la commémoration du Débarquement, et notamment du soixante-dixième anniversaire de 2014, propose des clés pour comprendre les événements de l'été 1944 : cartes interactives, chronologie détaillée, histoire des grandes batailles...

www.index-normandie.net Un index très complet et thématique des sites Internet consacrés à la Normandie : économie, institutions, société, villes et communes, culture et loisirs, sites régionaux, etc.

MÉDIAS

presse

La Manche libre Toute l'actualité quotidienne de la Manche et du Calvados. *www.lamanchelibre.fr*

Normandie magazine Un magazine bimestriel d'informations "anglo-normand" (français/anglais). *www.normandie-magazine.fr*

Ouest-France Le plus important tirage quotidien de l'Hexagone. L'actualité nationale, internationale et celle des régions de l'Ouest : Bretagne, Pays de la Loire et Normandie. *www.ouest-france.fr*

Pays de Normandie Un magazine trimestriel sur le patrimoine, l'histoire et l'art de vivre en Normandie. *www.info-presse.fr (Abonnement)*

MÉTÉO

Prévisions départementales de Météo France *Pour la météo des villes à 10 jours http://fr.weather.com (en français) Tél. 0892 68 02 (+ n° du département) ou 32 50 (0,34€/min) www.meteofrance.com*

PLAGES

La Basse-Normandie offre quelque 417km de côtes et une grande diversité de paysages littoraux. La Côte fleurie, entre la Seine et l'Orne, rendue célèbre par les plages de Honfleur, Trouville, Deauville ou Cabourg, bordées d'élégantes villas. Puis, la côte de Nacre et du Bessin, de Ouistreham à Sainte-Marie-du-Mont (Utah Beach), caractérisée par de longues plages de sable fin comme celles d'Omaha Beach (7km). Enfin, la côte du Cotentin, la plus sauvage, faite de caps rocheux, de falaises et de grèves désolées, notamment dans les régions du Val de Saire et de la presqu'île de La Hague. En redescendant vers le sud, après Vauville, les longues plages de Barneville-Carteret ou de Granville se déroulent à l'abri des vents d'est et du nord. Réputées pour être les plages les plus ensoleillées de Normandie, elles bénéficient aussi des courants chauds du Gulf Stream.

marées

Tous les horaires des marées sur les côtes de l'Atlantique et de la Manche (prévisions à sept jours) : *www.meteo consult.fr (tél. 32 01) ou http://maree.frbateaux.net*

naturisme

La Fédération française de naturisme recense deux plages concédées aux adeptes des vacances dans le plus simple appareil : la plage de Saint-Germain-sur-Ay (Manche) et la plage de Merville-Franceville (Calvados). Les clubs, centres de vacances et piscines naturistes sont plus nombreux. Pour plus d'informations, contacter la FFN.
Fédération normande de naturisme *Villa JH 203, rue du Clos-de-la-Mer 14990* **Bernières-sur-Mer** *Tél. 06 23 24 06 06 www.normandie-naturisme.org*

qualité des eaux

PAVILLON BLEU Chaque année, depuis 1985, le label "Pavillon bleu d'Europe" récompense les communes œuvrant à la protection et à l'amélioration de la qualité des eaux de baignade. En 2013, 14 communes de Basse-Normandie ont obtenu ce label pour l'ensemble de leurs plages : Agon-Coutainville, Barneville-Carteret, Bréhal, Gouville-sur-Mer, Julouville, Les Pieux, Port-Bail, Querqueville, Siouville-Hague dans la Manche et Colleville-Montgomery, Courseulles-sur-Mer, Honfleur, Pont-l'Évêque (lac) et Ouistreham dans le Calvados. *www.pavillonbleu.org*

QUAND PARTIR ?

Les côtes normandes sont très prisées des vacanciers durant la période estivale, qui s'achève avec le Festival du film américain de Deauville. En juin et septembre, les grandes marées d'équinoxe, qui laissent à découvert de vastes étendues de sable, sont spectaculaires, notamment dans la baie du Mont-Saint-Michel. Au printemps et en automne, la douceur relative du climat permet des week-ends qui seront, selon vos envies, gourmands dans le pays d'Auge, culturels autour des plages du Débarquement,

pavillons de signalisation de baignade

Drapeau vert	Baignade surveillée sans danger particulier
Drapeau jaune	Baignade surveillée mais dangereuse (fréquent dans la région)
Drapeau rouge	Baignade interdite

climat et saisons

Saison touristique	juillet-août	
Ensoleillement	**février** 50h/mois	**août** 250h/mois
Température de la mer	10°C	18°C
Prévisions Météo France	Tél. 08 92 68 02 (+ n° du département) ou 3250 (0,34€min) www.meteofrance.com	

sportifs à travers une campagne propice aux randonnées et aux sports en eaux vives ou encore romantique dans le Perche.

RESTAURATION

Assurément, ce n'est pas sur leur savoir-cuisiner que les Normands pèchent. Entre le restaurant cosy du bord de mer (ce n'est pas nécessairement le meilleur) et l'estaminet de campagne, où l'on trouve une cuisine simple du terroir, vous n'aurez que l'embarras du choix. Outre les adresses recensées dans ce guide, l'un des gages de qualité d'un restaurant est certainement sa fréquentation. Comme vous, les locaux et les visiteurs apprécient la bonne chère. Ce qui conduit à une déduction simple : si un établissement est régulièrement plein, c'est sûrement que sa cuisine se défend bien. Pour ceux qui ont choisi de loger en chambre d'hôtes, nombreux sont les maîtres de maison qui proposent de se restaurer sur place (table d'hôtes). Certains assurent même une demi-pension ou une pension complète. C'est souvent l'occasion de déguster une vraie cuisine normande AOC dans une atmosphère conviviale. La table d'hôtes n'étant pas un restaurant, il convient de prévenir au moment où l'on réserve sa chambre. La Fédération des pays d'accueil touristiques de Normandie édite un guide (disponible dans la plupart des offices de tourisme) des restaurateurs et des producteurs signataires de la charte de qualité "Assiette de pays". Ces établissements, environ une quarantaine, se sont engagés à cuisiner un plat salé ou sucré, à base de produits régionaux, et souvent bon marché. Exemples : magret de canard au camembert affiné au cidre, cuisse de lapereau farcie à l'andouille de Vire, crêpe fourrée aux pommes et flambée au calvados... Un label qui mérite d'être repéré. Un dernier conseil relatif aux horaires pour dîner : soyez prudent, en dehors des grandes villes et des principales stations balnéaires, il est illusoire d'espérer trouver un restaurant qui servirait après 22h. Hors saison et de manière générale, il est même prudent de se présenter avant 21h. En conséquence, on ne saurait trop vous conseiller de réserver, particulièrement les vendredi et samedi soir.

Fédération des pays d'accueil touristiques de Normandie *Unicité Bât. B 8, rue Alfred-Kastler 14000* **Caen** *Tél. 02 31 27 93 55 www.normandie-pays.com*

SHOPPING

artisanat

À l'école dentellière d'Alençon, à l'abbaye d'Argentan et au conservatoire de la dentelle à Bayeux, on peut encore trouver quelques pièces de dentelle (mouchoirs, napperons ou signets). Les prix sont certes élevés, mais la qualité des ouvrages les justifie pleinement. Songez qu'il faut près de 90h de travail pour confectionner un mouchoir ! C'est à l'hôtel des ventes de Bayeux, l'un des plus réputés de Basse-Normandie, que les collectionneurs ont une petite chance de dénicher de la véritable porcelaine de Bayeux. À Noron-la-Poterie (Calvados, *tél. 02 31 92 57 03, www.poterie-turgis.com*), l'un des derniers centres de poterie traditionnelle en activité en France, la poterie se décline sous toutes les formes : du vase à la statue, en passant par le nain de jardin.

prêt-à-porter

En matière de prêt-à-porter, les tricots Saint-James et la tricoterie du Val de Saire dans la Manche réalisent des vêtements en pure laine vierge d'une qualité remarquable, notamment le célèbre pull marin. Si vous leur épargnez la machine à laver et optez plutôt pour un lavage à la main, ils peuvent durer toute une vie. Catalogue sur demande (ou en téléchargement) et vente par correspondance.
Tricots Saint-James *ZI Route d'Antrain 1 50240* ***Saint-James*** *Tél. 02 33 89 15 60 www.saintjames.fr*
Tricoterie du Val de Saire *36, rue Doncanville 50760* ***Valcanville*** *Tél. 02 33 54 02 06 www.tricoterie-duvaldesaire.fr*

produits du terroir

Assurément, les marchés sont le meilleur endroit pour acheter de bons produits du terroir. Et pour cause, les petits producteurs y ont toujours leur étalage. Quelques mets et breuvages normands passent pour des incontournables, présents sur tous les marchés et dans toutes les bonnes épiceries de la région : les tripes à la mode de Caen, l'andouille de Vire, le boudin de Mortagne, le cidre (celui du pays d'Auge est le plus réputé), le pommeau, le poiré et le calvados, sans oublier les fromages AOC : le camembert, le pont-l'évêque, le livarot, le neufchâtel et, pour les amateurs de doux, le petit-suisse. Si l'on circule en voiture, mieux vaut acheter ces produits au dernier moment et les emballer soigneusement.

SPORTS ET LOISIRS

canoë-kayak

D'origine inuit, le kayak se pratique avec une pagaie double dans des milieux aquatiques variés : l'eau vive, l'eau calme et la mer. Avec 471km de côtes praticables, la Basse-Normandie est une région rêvée pour le kayak de mer. Côté sécurité, si vous passez par une structure agréée par la Fédération française de canoë-kayak, une assurance doit vous être remise.
Fédération française de canoë-kayak *87, quai de la Marne 58 94344* ***Joinville-le-Pont*** *Tél. 01 45 11 08 50 www.ffck.org www.ffcanoe.asso.fr*
Comité régional de canoë-kayak de Normandie *26, rue de Grévarin 27200* ***Vernon*** *Tél. 02 32 54 94 43 www.crck.org/normandie*

cyclotourisme

Le relief relativement plat de la Normandie se prête assez bien à la pratique du cyclotourisme. De plus, la région compte de nombreux itinéraires aménagés (voir ci-dessous) et autres routes de campagne qui, si elles sont empruntées avec prudence, livrent au cycliste un autre visage de la Normandie. Avant d'enfourcher votre engin, pensez à vous munir d'un vêtement imperméable, d'une pompe à vélo, d'un kit anticrevaison et du nécessaire pour vous rafraîchir.
Fédération française de cyclotourisme *12, rue Louis-Bertrand 94207* ***Ivry-sur-Seine*** *Tél. 01 56 20 88 88 www.ffct.org*

Ligue régionale de cyclotourisme de Basse-Normandie *Tél. 02 33 47 93 51*

VÉLOROUTES ET VOIES VERTES

Le concept de "Véloroutes-Voies Vertes" de bicyclette, VTT et VTC en pleine nature. Son but est de compléter les itinéraires cyclistes classiques (les véloroutes) par d'autres aménagements destinés à tous les randonneurs non motorisés : les **voies vertes**. Celles-ci s'adressent non seulement aux cyclistes, mais aussi aux piétons, aux rollers, aux cavaliers et, autant que possible, aux personnes à mobilité réduite. Aménagées sur d'anciennes voies ferrées, des chemins de halage, des berges de rivières, des routes forestières ou littorales, les voies vertes offrent l'avantage de tenir leurs usagers loin de la pollution urbaine, puisqu'aucun véhicule motorisé n'y est autorisé. En règle générale, elles proposent des dénivelés relativement modérés. À ce jour, l'Association française de développement des véloroutes et des voies vertes (AF3V) recense vingt-deux voies vertes en Normandie, mais leur nombre évolue rapidement. Outre ces voies un rien bucoliques, les cyclistes peuvent aussi trouver leur bonheur sur les **véloroutes** de Normandie. La Manche offre une trentaine de circuits (boucle d'une vingtaine de kilomètres) traversant le parc naturel des marais du Cotentin et du Bessin, les vallées et le bocage du pays de Coutances, la vallée de la Vire ou la baie du Mont-Saint-Michel. Dans le Calvados, une piste cyclable relie Bénouville à Merville-Franceville-Plage (10km). Bref, à ce rythme, la Normandie prend des allures de paradis pour cyclistes. Les comités départementaux de tourisme et les offices de tourisme éditent et fournissent toutes les informations (cartes et documentation) sur les véloroutes, les voies vertes et les loueurs de leur département. Au besoin, ils peuvent aussi vous orienter sur des guides expérimentés susceptibles de vous accompagner sur les routes.

Association française de développement des véloroutes et des voies vertes *C/o Association Droit au Vélo (ADAV) Maison régionale de l'Environnement et des Solidarités 23, rue Gosselet 59000* **Lille** *Tél. 03 20 95 87 45 info@af3v.org www.af3v.org Correspondant Basse-Normandie Tél. 02 31 34 63 26 ou 06 13 11 55 85*

équitation

Terre par excellence d'élevage, de dressage et d'entraînement du cheval français, la Normandie abrite une multitude de clubs et de centres équestres proposant tous les plaisirs liés à l'équitation : des randonnées d'une heure ou de quelques jours à travers la campagne ou sur les plages, des stages d'initiation ou de perfectionnement, des compétitions sportives... Il y en a pour tous les âges et tous les niveaux. Les aficionados peuvent même choisir de résider dans l'une des nombreuses fermes équestres de la région, histoire d'être au plus près de leur compagnon de cavalcade. Tout au long de l'année, les haras de Normandie accueillent des manifestations de renommée internationale, parmi lesquelles le Normandie Horse Show au Haras national de Saint-Lô (en août).

Fédération française d'équitation (FFE) *81, av. Édouard-Vaillant 92517* **Boulogne-Billancourt** *Tél. 01 58 17 58 17 www.ffe.com*

Comité national de tourisme équestre *www.tourisme-equestre.fr*

Comité régional d'équitation de Normandie *6, av. Maréchal-Montgomery 14000* **Caen** *Tél. 02 31 84 61 87 www.chevalnormandie.com*

PRATIQUE

Comité régional de tourisme équestre de Normandie *Tél. 02 31 67 65 70*
Comités départementaux d'équitation *Calvados Tél. 02 31 08 23 95 Manche Tél. 06 88 15 52 00* **Orne** *Tél. 06 17 72 72 49 www.equitorne.org*
Comités départementaux de tourisme équestre *Calvados Tél. 02 31 69 40 94* **Manche** *Tél. 02 33 56 76 84* **Orne** *Tél. 02 33 29 19 92*

escalade

La Basse-Normandie n'est pas réputée pour ses reliefs montagneux, mais la région dispose tout de même d'une vingtaine de clubs d'escalade, répartis sur les trois départements. Les grimpeurs locaux ont leurs territoires de prédilection, parmi lesquels les Rochers du Parc à Clécy (Suisse normande), la Brèche au Diable près de Falaise, la Fosse Arthour et le site de l'aiguille près de Mortain.
Fédération française de montagne et d'escalade *Tél. 01 40 18 75 50 www.ffme.fr*
Comité régional de Basse-Normandie *Tél. 02 31 84 70 82*
Comités départementaux *Calvados Tél. 02 31 23 16 41* **Manche** *Tél. 06 87 05 73 13* **Orne** *Tél. 02 33 37 99 71*

golf

La Fédération française de golf répertorie une vingtaine golfs de 9 trous et 18 trous en Basse-Normandie (12 dans le Calvados, 7 dans la Manche et 3 dans l'Orne). Certains font face à la mer, d'autres aux collines verdoyantes du bocage.
Fédération française de golf *68, rue Anatole-France 92300* ***Levallois-Perret*** *Tél. 01 41 49 77 00 www.ffg.org*
Ligue de golf de Basse-Normandie *2, av. du Grand-Hôtel Le Home 14390* ***Varaville*** *Tél. 02 31 28 31 00 www.lgolfbn.fr*

pêche

Drainée par un important réseau de rivières, de marais et de canaux, la Normandie jouit d'une extraordinaire richesse halieutique. À l'opulence de ces cours d'eau s'ajoute celle de la mer. Les antennes locales de la Fédération nationale de la pêche et de la protection du milieu aquatique éditent des brochures très complètes, intitulées "Pêche et tourisme", sur chacun des départements normands. On y trouve un classement des différents bassins, l'inventaire des poissons qui les peuplent et plusieurs adresses utiles.
Fédération nationale de la pêche et de la protection du milieu aquatique *17, rue Bergère 75009* ***Paris*** *Tél. 01 48 24 96 00 www.unpf.fr*
Fédération du Calvados *18, rue de la Girafe 14000* ***Caen*** *Tél. 02 31 44 63 00 www.federation-peche14.fr*
Fédération de la Manche *16, rue du Pont-l'Abbé 89 50190* ***Périers*** *Tél. 02 33 46 96 50 www.peche-manche.com*
Fédération de l'Orne *59, rue Jullien 91 61003* ***Alençon*** *Tél. 02 33 26 10 66 www.peche-orne.fr*

plaisance et sports nautiques

PLAISANCE ET VOILE LÉGÈRE
La Basse-Normandie compte près d'une vingtaine de ports de **plaisance** et plus de 8 000 places. Autrefois réservé aux personnes aisées, le tourisme de plaisance tend à se démocratiser. La Fédération française de voile (FFV) et les 3 centres labellisés "France station voile-nautisme" en Basse-Normandie (baie de Granville-Chausey, Cherbourg-Hague, Ouistreham-Riva Bella) peuvent vous renseigner sur les différentes formules à votre disposition : location de voilier habitable, sportif, ou d'un gréement traditionnel, sortie en mer d'une demi-

PRATIQUE

journée, séance de découverte en famille, croisière en équipage durant un week-end ou une semaine… De son côté, l'école française de voile propose trois stages de formation à la haute mer : équipier (niveau 1), navigateur (niveau 2) et skipper (niveau 3). Dotée de plusieurs centaines de kilomètres de côtes et de très nombreux lacs et plans d'eau, la Normandie se prête également à merveille à la pratique de tous les sports de **voile légère** : planche à voile, catamaran, dériveur, etc. Parmi les très nombreux clubs recensés par la Fédération française de voile, la région compte aussi neuf centres labellisés "France station voile-nautisme".

Fédération française des ports de plaisance *17, rue Henri-Bocquillon 75015* ***Paris*** *Tél. 01 43 35 26 26 www.ffports-plaisance.com*

Fédération française de voile *17, rue Henri-Bocquillon 75015* ***Paris*** *Tél. 01 40 60 37 00 www.ffvoile.net*

France Station Nautique *17, rue Henri-Bocquillon 75015* ***Paris*** *Tél. 01 44 05 96 55 www.station-nautique.com*

Écoles françaises de voile *Rens. sur le site de Fédération française de voile*

Météo marine *Tél. 0892 68 02 + n° du département (0,34€/min) www.meteofrance.com*

SURF Les spots de surf normands les plus prisés se trouvent autour de Siouville-Hague (Manche).

Fédération française de surf *Plage nord 40150* ***Soorts-Hossegor*** *Tél. 05 58 43 55 88 www.surfingfrance.com*

Cotentin Surf Club *Tél. 02 33 41 39 58 www.cotentinsurfclub.com*

Mauna Kéa Surf Club (Manche) *Tél. 06 16 53 31 94 www.festivaldelaglisse.fr*

Ligue de surf de Normandie *14bis, bd Deveau 50340* ***Siouville-Hague*** *Tél. 06 81 33 57 07 http://surfingnormandie.blogspot.fr*

North Shore Surf School *Les planches Promenade Savignac 14360* ***Trouville-sur-Mer*** *Tél. 02 31 87 28 98 http://northshore-casualshop.blogspot.fr*

plongée sous-marine

Les nombreux clubs normands organisent des plongées "classiques" à la découverte des faune et flore sous-marines, mais aussi des plongées d'exploration des épaves du Débarquement (certaines sont accessibles dès le niveau 1). L'important avant de s'embarquer pour les fonds sous-marins est de s'assurer que le club choisi est affilié à la Fédération française d'études et de sports sous-marins (FFESSM) ou à des fédérations américaines (Padi, Naui ou SSI). Ces dernières ont la réputation d'être orientées vers les débutants (formation courte) et de disposer de moniteurs compétents en matière d'environnement. Les formations données par la FFESSM tendent à s'adresser davantage à des plongeurs autonomes. Quel que soit votre état de santé, tous les clubs sont tenus de vous demander un certificat médical prouvant qu'aucune contre-indication ne s'oppose à ce que vous pratiquiez la plongée sous-marine.

Fédération française d'études et de sports sous-marins *24, quai de Rive-Neuve Cedex 07 13284* ***Marseille*** *Tél. 04 91 33 99 31 ou 0820 000 457 www.ffessm.fr*

Ligue des pays normands *14, rue Albert-Sorel 14000* ***Caen*** *www.ffessm-pays-normands.org*

randonnée pédestre

Rien de tel qu'une randonnée à l'intérieur des terres ou sur le littoral pour découvrir la richesse des paysages normands. Entre les GR® (sentiers de grande randonnée), comme le célèbre

PRATIQUE

chemin des Douaniers qui longe les côtes normandes, les GRP® (grande randonnée de pays), comme le Tour du Val de Saire, destinés aux plus sportifs, et les PR® (promenade et randonnée), davantage orientés vers le grand public en raison de leur courte durée (2h à 6h), la Normandie a de quoi répondre à toutes les envies de marche et d'oxygène. Vous trouverez les cartes et les topo-guides utiles auprès de la Fédération française de la randonnée pédestre ou auprès de ses comités départementaux, dans n'importe quelle bonne librairie ou dans les offices de tourisme locaux.

Fédération française de la randonnée pédestre *64, rue du Dessous-des-Berges 75013* ***Paris*** *Tél. 01 44 89 93 93 ou 01 44 89 93 90 www.ffrandonnee.fr*

Comité régional de Basse-Normandie *1, rue du 8-Mai-1945 50570* ***Marigny*** *Tél. 02 33 55 34 30 http://basse-normandie.ffrandonnee.fr*

Comité départemental de randonnée pédestre du Calvados *5, rue Charles-de-Coulomb 14120* ***Mondeville*** *Tél. 02 31 82 28 83 www.ffrandonnee14.com*

Comité départemental de randonnée pédestre de la Manche *1, rue du 8-Mai-1945 50570* ***Marigny*** *Tél. 02 33 55 34 30 www.rando50.fr*

Comité départemental de randonnée pédestre de l'Orne *La Grange Rouge 61130* ***Saint-Germain-de-la-Coudre*** *Tél. 02 33 83 22 90 www.cdrp61.org*

CARTES ET TOPO-GUIDES L'IGN propose de nombreuses **cartes de randonnée**. Entre les cartes au 1/25 000, au 1/50 000, au 1/100 000 et les séries "Plein Air" (entre 1/15 000 et 1/200 000), il n'y a que l'embarras du choix. De son côté, la Fédération française de randonnée pédestre édite plusieurs **topo-guides** détaillant les différentes régions et leurs itinéraires en Normandie. Dans la collection "À pied" : "Le Calvados" (réf. D014), "Le Pays d'Auge" (P142), "Caen-Exmes" (P143), "La Manche" (D050), "L'Orne" (D061), "Le Pays d'Auge ornais" (P611), "Le Bessin" (P141), "La Suisse normande et le pays de Falaise" (P144), "Le Parc naturel régional du Perche" (PN16), "La Normandie" (RE05). Une autre collection, intitulée "À pied en famille", propose des promenades à faire avec les plus petits : "Sur la Côte Fleurie" (réf. F008), "Sur les plages du Débarquement" (F014). Enfin, les topo-guides plus classiques : "Tour du Cotentin et Val de Saire" (réf. 200).

IGN *107, rue La Boétie 75008* ***Paris*** *Tél. 0820 20 73 74 www.ign.fr*

thermalisme et thalassothérapie

Il existe autant de cures (antistress ou antitabac, minceur ou remise en forme, pré ou postnatale) que de soins pratiqués (bains bouillonnants ou hydromassants, bains d'algues ou algothérapie, soins à la boue marine ou aquagym). Tout dépend de vos besoins en termes de santé et de votre envie. Pour y répondre, vous trouverez quatre centres de thalassothérapie et de remise en forme en Basse-Normandie – Deauville, Ouistreham, Luc-sur-Mer, Granville – et un centre thermal à Bagnoles-de-l'Orne. Notez qu'il est moins onéreux de loger en dehors du centre de thalassothérapie où les prix sont souvent élevés.

France Thalasso La Basse-Normandie possède deux établissements agréés par le Le syndicat officiel de la thalassothérapie : Prévithal à Granville et Thalazur à Ouistreham. *Tél. 05 59 51 35 03 www.france-thalasso.com* **Prévithal** *Tél. 02 33 90 31 10 www.previthal.com* **Thalazur** *Tél. 02 31 96 40 40 www.thalazur.fr*

Allô thalasso Tour Opérateur spécialiste de la thalasso et des séjours de

PRATIQUE

remise en forme. *4, rue du Faubourg-Saint-Honoré 75008* **Paris** *Tél. 3620 ou 01 53 21 86 11 www.allo-thalasso.com*

TRANSPORTS

réseau routier

La Normandie est quadrillée par un important réseau d'autoroutes, de routes nationales et départementales, si bien que l'automobiliste n'aura aucune difficulté à gagner les principales villes de la région. De Paris, l'autoroute A13 permet de rejoindre Caen. En Basse-Normandie, l'A84 relie Caen à Avranches et Rennes, et l'A28 Rouen à Alençon et au Mans. En dehors de ces grands axes, la Normandie compte de nombreuses routes départementales qui permettent de profiter du charme des campagnes en s'évitant le stress des grands axes routiers. Bien entretenues, elles n'ont pour défaut que leur étroitesse, qui impose de rester vigilant. Enfin, les sites touristiques n'étant pas toujours bien indiqués, une bonne carte évite de perdre du temps et de tourner en rond, cf. Cartes et plans (p.47).

Infos trafic *www.bison-fute.equipement.gouv.fr*

location de voitures

En général, les sociétés de location se trouvent autour des gares SNCF. Pour obtenir le véhicule souhaité, il est prudent de réserver plusieurs jours à l'avance, surtout en été.

Ada *Tél. 0825 169 169 www.ada.fr*
Avis *Tél. 0820 05 05 05 www.avis.fr*
Europcar *Tél. 0825 358 358 www.europcar.fr*
Hertz *Tél. 0810 347 347 www.hertz.fr*
Rent A Car *Tél. 0891 700 200 www.rentacar.fr*
Sixt *Tél. 0820 00 74 98 www.sixt.fr*

GEOREGION

CÔTE DE NACRE ET SUISSE NORMANDE

V

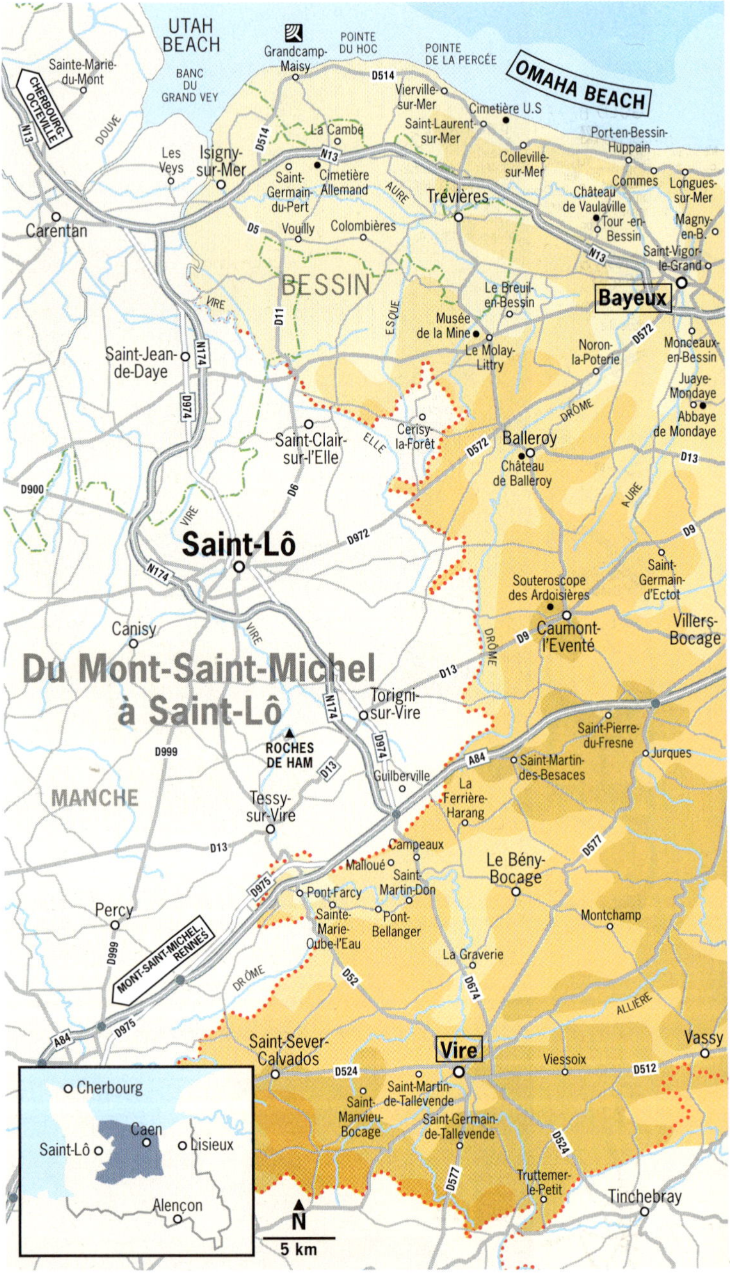

UTAH BEACH
OMAHA BEACH
POINTE DU HOC
POINTE DE LA PERCÉE
BANC DU GRAND VEY
CHERBOURG-OCTEVILLE
Sainte-Marie-du-Mont
Grandcamp-Maisy
Vierville-sur-Mer
Cimetière U.S
Saint-Laurent-sur-Mer
Colleville-sur-Mer
Port-en-Bessin-Huppain
Commes
Longues-sur-Mer
Château de Vaulaville
Tour-en-Bessin
Magny-en-B.
Saint-Vigor-le-Grand
Bayeux
La Cambe
Les Veys
Isigny-sur-Mer
Saint-Germain-du-Pert
Cimetière Allemand
Trévières
Carentan
Vouilly
Colombières
BESSIN
Le Breuil-en-Bessin
Musée de la Mine
Le Molay-Littry
Noron-la-Poterie
Monceaux-en-Bessin
Juaye-Mondaye
Abbaye de Mondaye
Saint-Jean-de-Daye
Saint-Clair-sur-l'Elle
Cerisy-la-Forêt
Balleroy
Château de Balleroy
Saint-Lô
Saint-Germain-d'Ectot
Souteroscope des Ardoisières
Caumont-l'Eventé
Villers-Bocage
Canisy
Du Mont-Saint-Michel à Saint-Lô
Torigni-sur-Vire
ROCHES DE HAM
Saint-Pierre-du-Fresne
Jurques
Saint-Martin-des-Besaces
Guilberville
MANCHE
La Ferrière-Harang
Tessy-sur-Vire
Campeaux
Malloué
Saint-Martin-Don
Le Bény-Bocage
Pont-Farcy
Sainte-Marie-Oube-l'Eau
Pont-Bellanger
Percy
Montchamp
MONT-SAINT-MICHEL, RENNES
La Graverie
Saint-Sever-Calvados
Vire
Vassy
Viessoix
Saint-Martin-de-Tallevende
Saint-Manvieu-Bocage
Saint-Germain-de-Tallevende
Truttemer-le-Petit
Tinchebray
Cherbourg
Caen
Saint-Lô
Lisieux
Alençon
N
5 km
N13
D514
D5
D11
N174
D974
D900
D6
D972
D572
D13
D9
D999
A84
D975
D577
D52
D674
D524
D512
DOUVE
AURE
ESQUE
VIRE
ELLE
DRÔME
ALLIÈRE

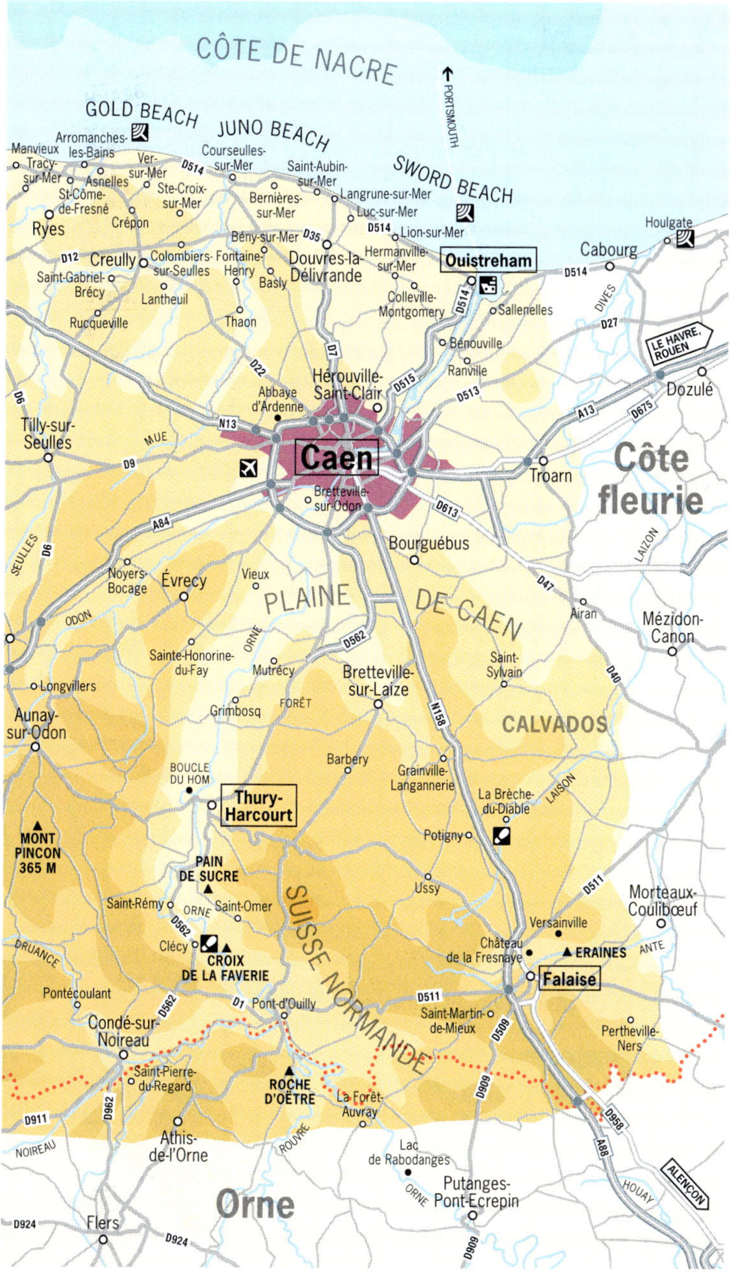
CÔTE DE NACRE
PORTSMOUTH
GOLD BEACH
JUNO BEACH
SWORD BEACH
Arromanches-les-Bains
Manvieux
Tracy-sur-Mer
Ver-sur-Mer
Asnelles
St-Côme-de-Fresné
Courseulles-sur-Mer
Ste-Croix-sur-Mer
Saint-Aubin-sur-Mer
Bernières-sur-Mer
Langrune-sur-Mer
Luc-sur-Mer
Lion-sur-Mer
Ryes
Crépon
Béný-sur-Mer
Creully
Colombiers-sur-Seulles
Fontaine-Henry
Basly
Douvres-la-Délivrande
Hermanville-sur-Mer
Ouistreham
Houlgate
Cabourg
Saint-Gabriel-Brécy
Lantheuil
Colleville-Montgomery
Sallenelles
Rucqueville
Thaon
Bénouville
Ranville
DIVES
LE HAVRE, ROUEN
Dozulé
Hérouville-Saint-Clair
Abbaye d'Ardenne
Tilly-sur-Seulles
MUE
Caen
Troarn
Côte fleurie
Bretteville-sur-Odon
Bourguébus
SEULLES
LAIZON
Noyers-Bocage
Évrecy
Vieux
PLAINE DE CAEN
ODON
Airan
Mézidon-Canon
Sainte-Honorine-du-Fay
ORNE
Mutrécy
Bretteville-sur-Laize
Saint-Sylvain
Longvillers
Grimbosq
FORÊT
CALVADOS
Aunay-sur-Odon
Barbery
Grainville-Langannerie
BOUCLE DU HOM
Thury-Harcourt
La Brèche-du-Diable
LAISON
MONT PINCON 365 M
Potigny
PAIN DE SUCRE
Ussy
Saint-Rémy
Saint-Omer
SUISSE NORMANDE
Morteaux-Coulibœuf
Versainville
Clécy
CROIX DE LA FAVERIE
Château de la Fresnaye
ERAINES
ANTE
DRUANCE
Falaise
Pontécoulant
Pont-d'Ouilly
Saint-Martin-de-Mieux
Condé-sur-Noireau
Pertheville-Ners
Saint-Pierre-du-Regard
ROCHE D'OËTRE
La Forêt-Auvray
Athis-de-l'Orne
NOIREAU
ROUVRE
Lac de Rabodanges
HOUAY
ALENCON
Putanges-Pont-Ecrepin
Orne
Flers
D514
D12
D35
D7
D22
D515
D513
D6
N13
D9
A13
D675
D613
A84
D47
D562
D40
N158
D511
D1
D509
D909
D911
D962
D958
A88
D924

★ CAEN

14000

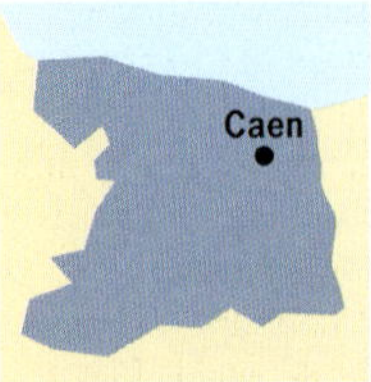

À quinze kilomètres des plages, au confluent de l'Orne et de l'Odon, la capitale bas-normande abrite environ 113 000 âmes intra-muros, 225 000 avec l'agglomération. Un quart de sa population a moins de vingt ans. Malgré les destructions de l'été 1944, Caen a conservé quelques merveilles architecturales – son château, ses rues médiévales et plusieurs églises – parfaitement intégrées à son nouveau visage. Réputée pour sa gastronomie et la qualité de son cadre de vie, la ville de Caen est régulièrement classée parmi les dix premières de France où il fait bon vivre. Cette notoriété n'est pas exagérée : avec plus de 500ha d'espaces verts et un port de plaisance, la cité offre à ses habitants de quoi s'oxygéner et flâner. Elle est en outre une base idéale pour explorer la région.

CAEN À TRAVERS LES SIÈCLES Déjà peuplé au néolithique, le site de Caen est occupé à l'époque gallo-romaine par des villages d'artisans. C'est d'ailleurs à ces lointains ancêtres que la ville doit son nom : Caen viendrait du gaulois *catumagos* signifiant "champ de bataille". Une étymologie à laquelle l'histoire locale a trop souvent donné raison. Avec Guillaume le Conquérant, la cité prend de l'ampleur (XIe s.). Soucieux de recentrer son pouvoir au cœur des terres normandes, le duc établit sa résidence de prédilection à Caen et s'y fait construire un château. En dépit de l'interdit papal, Guillaume épouse une lointaine cousine, Mathilde. Pour expier ce péché, les conjoints édifient l'Abbaye-aux-Hommes et l'Abbaye-aux-Dames. En 1204, l'annexion de la Normandie ramène Caen dans le giron du royaume capétien. Au XIIIe-XIVe siècle, grâce à l'expansion de l'agriculture et de l'artisanat textile, la cité prospère. Mais cet essor est interrompu par la peste et la guerre de Cent Ans (1337-1453). Après un pillage en 1346, les Anglais s'emparent de Caen en 1417. Trente-trois ans plus tard, la Normandie redevient française. À la Renaissance, la ville connaît une période faste tant sur le plan architectural, d'inspiration italienne, qu'intellectuel. À ces temps de paix succèdent les troubles du XVIe-XVIIe siècle. Le calme revient au XVIIIe siècle jusqu'à… la Révolution. En 1793, Caen prend fait et cause pour les Girondins, opposés à la Convention. Charlotte Corday, qui assassina Marat, était caennaise.

Tableau kilométrique

	Caen	Bayeux	Deauville	Falaise	Omaha Beach
Bayeux	30				
Deauville	52	90			
Falaise	36	67	134		
Omaha Beach	50	18	100	87	
Rouen	128	157	228	156	177

L'APOCALYPTIQUE ÉTÉ 1944 La bataille de Caen a duré quarante-quatre jours. Pourtant, d'après les plans alliés, ce carrefour stratégique devait tomber dès le premier jour. C'était compter sans la résistance allemande. Pour ne pas laisser la ville à l'ennemi, le général Montgomery ordonne la destruction de ses points névralgiques. Le 7 juin, les bombes pleuvent tel un déluge de feu : Caen brûle pendant onze jours. Les habitants se réfugient dans le quartier Saint-Étienne, épargné. Mais le pire est à venir. Dans la nuit du 7 juillet, 7 000t de projectiles finissent de transformer Caen en un amas de ruines. Le 9, les troupes anglo-canadiennes parviennent à prendre le contrôle de la cité jusqu'à la rive gauche de l'Orne. Les Allemands, retranchés sur la rive droite, s'accrochent. Dix jours après, la ville de Caen est libérée. Près de trois mille Caennais ont perdu la vie, les trois quarts de la ville ont été détruits. Caen mettra vingt ans à se remodeler.

MODE D'EMPLOI

accès

EN VOITURE

De Paris (ouest), prenez l'A13, de Deauville la D27 et l'A13, de Falaise la N158.

EN TRAIN

SNCF Très nombreux AR quotidiens Caen-Paris (env. 2h). Trains réguliers de Cherbourg (env. 1h10), Coutances (env. 1h10), Argentan (env. 45min), Alençon (env. 1h15), Saint-Lô (env. 50min) et Rouen (env. 1h30). *Tél. 3635 www.sncf.com*

Gare (plan 1, C4) *Place de la Gare*

EN AVION

Deux vols quotidiens au départ de Paris (1h) et Lyon (1h15).

Aéroport de Caen-Carpiquet À Carpiquet (8km à l'ouest de Caen par la D9) *Route Caumont Tél. 02 31 71 20 10 www.caen.aeroport.fr*

EN CAR

Liaisons toute l'année avec Ouistreham (ligne n°1), Courseulles-sur-Mer (n°3), Deauville et Le Havre (n°20), Bayeux (n°30), Vire (n°32), Flers (n°34), Falaise (n°35) et Pont-l'Évêque (n°36).

Bus verts du Calvados (plan 1, C4) *Gare routière place Courtonne (place de la gare) Tél. 08 10 21 42 14 www.busverts.fr*

orientation

La vieille ville est occupée par un secteur piéton très commerçant dont l'activité se concentre dans un carré délimité par la rue Saint-Pierre, la rue de Strasbourg, la rue Bellivet (prolongée par la rue Neuve) et l'avenue du 6-Juin. La rue Froide, l'une des plus anciennes de la ville, échappe à cette agitation marchande : étroite et sinueuse, elle a des allures de village retranché. Le quartier du Vaugueux, au charme médiéval, a été pris d'assaut par les restaurants. La rue Écuyère et la rue Arcisse-de-Caumont accueillent de nombreux bars, tout comme le bassin Saint-Pierre (appelé "le port"), très à la mode. Le château (Bourg-le-Duc), juché sur sa butte au nord, l'Abbaye-aux-Hommes à l'ouest et l'Abbaye-aux-Dames à l'est se tiennent à l'écart du centre et de son animation.

informations touristiques

Office de tourisme (plan 1, B2) Installé dans le somptueux hôtel d'Escoville (1535), cet office est une mine d'informations sur la ville et sa région. Vous pourrez vous y procurer le Pass tourisme : des coupons donnant droit à des tarifs préférentiels sur certaines visites et loisirs, les transports, quelques lieux de restauration, pour une famille de 2 à 5 personnes. *12, place Saint-Pierre Tél. 02 31 27 14 14 www.tourisme.caen.fr www.caen.fr/tourisme Ouvert juil.-août : lun.-sam. 9h-19h, dim. 10h-13h et 14h-17h ; mars-juin et sept. : lun.-sam. 9h30-18h30, dim. 10h-13h ; oct.-fév. : lun.-sam. 9h30-13h et 14h-18h*

Comité départemental de tourisme du Calvados (plan 1, A1) L'autre point d'information sur les sites, les loisirs, l'hébergement et la restauration dans le département. *8, rue Renoir Tél. 02 31 27 90 30 www.calvados-tourisme.com Ouvert lun.-ven. 8h30-12h30 et 13h30-17h*

visites guidées

Parcours libres dans la ville Circuit historique Guillaume-le-Conquérant au fil de trente panneaux (carte gratuite avec tracé du parcours disponible à l'OT). Également trois circuits thématiques à suivre à vélo et deux parcours enfants (brochures disponibles à l'OT pour 1€).

Visites guidées d'été En juillet-août, découvrez le château (mar.-sam. à 14h) et le centre historique (mar.-sam. à 15h30) en compagnie d'un guide-conférencier. *Rens. à l'OT Tarif 6€, réduit 4,50€ (moins de 6 ans gratuit)*

Visite théâtralisée De mi-juillet à fin août, le circuit "Guillaume le Conquérant" permet de visiter le quartier de l'Abbaye-aux-Hommes (jeu. et sam. à 21h). *Tarif 14€, réduit 10,50€, moins de 10 ans gratuit*

Découvrir ma ville D'octobre à juin sont organisées des visites thématiques (architecture, histoire, vivre à Caen) animées par des conférenciers attachés au ministère de la Culture. *Sur réservation auprès de l'OT Tarif 5,50€, réduit 4,50€, moins de 10 ans gratuit*

stationnement

Le stationnement sur voirie est payant en semaine, gratuit le dimanche et les jours fériés. Quelques emplacements gratuits dans certaines rues comme les Fossés Saint-Julien, et sur les hauteurs du château, près de la faculté. Les principaux parkings payants du centre (de surface ou souterrains) sont ceux du château, de la préfecture, du port de plaisance, de la Résistance, Saint-Sauveur, de la République, du centre Paul-Doumer et de l'hôtel de ville.

location de voitures

Ada (plan 1, C4) *34, rue d'Auge Tél. 02 31 34 88 89 www.ada.fr*

Rent A Car (plan 1, C4) *40, rue d'Auge Tél. 02 31 84 10 10 www.rentacar.fr*

Avis *44, pl. de la Gare et aéroport de Carpiquet Tél. 08 20 05 05 05 www.avis.fr*

Europcar *36, pl. de la Gare et aéroport de Carpiquet Tél. 08 25 89 54 70 www.europcar.fr*

Hertz *34, pl. de la Gare et aéroport Tél. 02 31 84 64 50 www.hertz.fr*

circuler en ville

BUS ET TRAMWAYS

Deux lignes de tramway traversent la ville du nord au sud (5h30-0h30) et 27 bus la sillonnent jusqu'aux 19 communes avoisinantes. Tickets : 1,35€ à l'unité (valable 1h) ; 3,75€ pour 24h ; 5,75€ familial (2-5 pers.) pour 24h et 11,60€ pour 10 voyages. En vente aux stations de tramway et dans les boutiques Twisto.

Twisto (plan 1, B2 et B3) *15, rue de Geôle Tél. 02 31 15 55 55 www.twisto.fr Ouvert lun.-ven. 8h-18h30, sam. 10h30-12h30 et 13h30-17h*

VÉLO

V'éol Le dispositif V'éol met à la disposition des usagers plus de 350 vélos entreposés dans quarante stations. Avec sa carte bancaire, l'utilisateur s'abonne pour une semaine à la borne d'accueil de la station : l'abonnement revient à 1€, auquel s'ajoute le coût des locations effectuées (1re demi-heure gratuite puis 1€/h). *Tél. 0800 200 306 www.veol.caen.fr 24h/24*

TAXIS

Taxis Abbeilles (plan 1, C4) *Place de la Gare Tél. 02 31 52 17 89*

Radio-taxis (plan 1, C4 et B1) *Place de la Gare et rue de la Délivrande Tél. 02 31 94 15 15*

marchés

Tous les jours **place Courtonne** (plan 1, C2), à l'angle de la rue Basse), le vendredi **place Saint-Sauveur** (plan 1, A2), le marché le plus apprécié de la ville, le plus ancien aussi. Le samedi **place du Dr-Henri-Buot** (hors plan 1 par C4) et **marché Saint-Pierre** (place Courtonne, quai Vendeuvre, (plan 1, C2) le dimanche.

fêtes et manifestations

À Caen, la vie culturelle et artistique est intense. Les magazines *Le Mois à Caen* et *Sortir à Caen* en recensent les principales manifestations. Le mensuel *Aux arts-L'Outil* (www.auxarts.fr) fait de même au niveau régional. *Disponibles à l'OT*

Aspect des musiques d'aujourd'hui *En mars*

À Caen, la paix Rassemblement festif pour célébrer la Libération. *En juin*

Caen soirs d'été Concerts, spectacles et animations gratuites dans des lieux patrimoniaux ou naturels de la ville. *En juil.-août*

Fête du port Manifestation autour du port (sports nautiques, rassemblement de vieux gréements...). *En sept.*

Foire internationale L'une des plus importantes de France. *Tél. 02 31 29 99 99 www.foireinternationaledecaen.com www.caen-expo-congres.com Mi-sept.*

Nördik Impakt Rencontres de cultures électroniques. *Tél. 02 31 86 79 31 www.nordik.org En nov.*

Les Boréales Festival des arts et cultures nordiques. *Tél. 02 31 15 36 40 www.crl.basse-normandie.com Fin nov.*

DÉCOUVRIR

Caen

☆ **Les essentiels** Le musée des Beaux-Arts, l'Abbaye-aux-Hommes, le mémorial de Caen **Découvrir autrement** Promenez-vous sur les remparts du château, plongez dans le passé de la région au musée de Normandie, admirez les magnifiques voûtes du cloître de l'Abbaye-aux-Dames

La vieille ville

Rue du Vaugueux (plan 1, B1) À la fois rue et quartier, le Vaugueux a gardé son cachet médiéval, ses ruelles pavées et quelques maisons à colombages (devenues pour l'essentiel des restaurants) aux n°11, 17 et 20. Entièrement piéton, animé et commerçant, le quartier est un haut lieu du tourisme diurne et de la vie nocturne.

Maison des Quatrans (plan 1, B2) Au n°25 de la rue de Geôle se tient une ancienne demeure à pans de bois du XVe siècle. Elle doit son nom à son premier occupant, Jean Quatrans, un notaire de la ville. En faisant le tour de l'édifice, on peut voir la façade en pierre (XVIe s.) donnant sur le jardin, flanquée d'une très belle tourelle. Sérieusement endommagée par les bombardements, cette maison a été restaurée après 1994. *Ne se visite pas*

Église Saint-Pierre (plan 1, B2) La tradition veut que ce soit à saint Regnobert, évêque de Bayeux, que l'on doive la construction de Saint-Pierre au VIIe siècle. Évidemment, il ne reste rien de cette église primitive, si ce n'est quelques pierres. L'édification de l'église actuelle s'est échelonnée du XIIIe au XVIe siècle, ce qui lui confère une diversité architecturale allant du gothique flamboyant au style Renaissance dont l'abside est une remarquable illustration. Saint-Pierre doit aussi beaucoup au précieux travail de reconstruction effectué après la Seconde Guerre mondiale. Avant d'entrer, jetez un coup d'œil au clocher gothique, considéré comme l'un des plus beaux de la région. Dans la nef, les cinq premières travées sont couvertes de simples croisées d'ogives, tandis que les cinq suivantes, Renaissance, sont agrémentées de clefs de voûte pendantes finement ouvragées. La plus étonnante (3m de haut) se trouve au-dessus du maître-autel. Le chœur du XIIIe siècle a été profondément transformé aux XVe et XVIe siècles à l'époque du gothique tardif (remarquez la frise en pierre finement ciselée, qui coiffe les arcades). Le déambulatoire et les chapelles rayonnantes constituent un autre exemple de cette alternance de styles. *Place Saint-Pierre Ouvert tlj. 7h30-18h Fermé dim. ap.-m. et j. fér.*

Rue Saint-Pierre (plan 1, B2-B3) Ne vous fiez pas à la façade de l'hôtel d'Escoville (place Saint-Pierre), elle est trompeuse. Dans la cour intérieure, vous découvrirez l'une des plus belles demeures de la ville (XVIe s.), clairement inspirée de la Renaissance italienne avec ses loggias et ses grandes lucarnes. Deux statues, de thèmes profanes, l'une de David tenant la tête de Goliath et l'autre de Judith tenant celle d'Holopherne, paraissent surveiller les lieux. En suivant la rue Saint-Pierre, vous y rencontrerez, au n°52 et au n°54, deux jolies maisons à colombages en encorbellement (XVIe s.) : les façades sont ornées de poutres finement sculptées ou de ravissantes statuettes sacrées.

Église Saint-Sauveur, ex-Notre-Dame-de-Froide-Rue (plan 1, B2) Reconstruite du XIVe au XVIe siècle, cette église présente un certain éclectisme et l'originalité d'un plan à deux nefs parallèles coiffées d'une charpente en bois lambrissé du plus bel effet. L'une possède une abside aux décors sculptés de style gothique flamboyant, l'autre une abside d'époque Renaissance. Du côté de la rue Froide, on remarque un curieux escalier à vis logé dans le mur et, juste après, un beau portail en bois sculpté du XVe siècle. Ne manquez pas le clocher (XIVe s.), typique du gothique normand. *Place Pierre-Bouchard Ouvert tlj. 9h-17h Fermé dim. ap.-m.*

Rue Froide (plan 1, B2) Cette rue pavée est un peu la mémoire de Caen : c'est l'une des plus anciennes, rescapée des bombardements de l'été 1944. Rue d'artisans, elle devient celle des imprimeurs au XVe siècle. Derrière ses façades étroites se cachent de belles demeures du XVe-XVIe siècle et autant de cours et de jardins (toutes les portes ne sont pas fermées) : une maison à colombages au n°10, une tourelle d'escalier en pierre au n°41. La diversité des styles architecturaux dégage une harmonie peu commune. Illustration au n°35 : outre la parfaite symétrie de la façade, observez les deux lucarnes, l'une gothique, l'autre Renaissance.

Place Saint-Sauveur (plan 1, A2) Ce serait la plus vieille place de la ville. De forme trapézoïdale, elle est cernée d'hôtels aristocratiques, construits en remplacement des vieilles bâtisses à pans de bois détruites par une ordonnance de 1735 : l'hôtel Canteil de Condé (n°19), caractéristique des constructions caennaises du milieu du XVIIIe siècle, l'hôtel Fouet (n°20) et sa belle façade de style Louis XV, et l'hôtel Marescot de Prémare (n°10), plus sobre que les précédents. Une statue de Louis XIV trône au milieu… à l'emplacement de l'ancien échafaud. Au coin de la place et de la rue Saint-Sauveur, on aperçoit la tour romane (XIIe s.) de l'église du Vieux-Saint-Sauveur reconstruite à la fin de la guerre de Cent Ans (ouverte au public lors de certaines visites guidées organisées par la ville ou l'office de tourisme en été). Mentionné pour la première fois en 1027, un marché se tient toujours là, chaque vendredi matin. Les terrasses de cafés et de restaurants fleurissent sur la place Saint-Sauveur, réaménagée en espace piéton en 2012.

Rue Écuyère (plan 1, A3) Avant d'avancer vers la rue Écuyère, on avisera sur la place Malherbe une plaque de marbre mentionnant l'emplacement de la maison natale du poète François de Malherbe (1555-1628). Plus loin, au n°48 de la rue Écuyère, on peut voir les vestiges d'un hôtel du XVe siècle en pierre de Caen, remarquable par ses cordons de pierre qui laissent deviner l'ancien emplacement des fenêtres.

● Où dénicher de vieux livres... en buvant le thé ? Traditionnellement liée aux imprimeurs, la rue des Croisiers (plan 1, B2) accueille aujourd'hui de nombreux bouquinistes et libraires.

Librairie Frérot (plan 1, B2 n°43) Bibliophiles ou amateurs de livres anciens, il faut aller fouiller dans cette librairie, délicieux bric-à-brac où l'on peut dénicher quelques merveilles : ouvrages de collection, éditions épuisées, ou tout simplement un joli éventail de livres d'occasion. *24-26 rue des Croisiers Tél. 02 31 86 36 38 Ouvert lun. 13h30-19h, mar.-sam. 9h30-12h30 et 13h30-19h*

Mémoranda (plan 1, B2 n°42) L'endroit idéal pour dégoter un livre de poche à un prix imbattable. Les piles de livres forment un labyrinthe et montent jusqu'au plafond... Sélectionner la perle rare se révèle parfois dangereux ! À l'étage, on peut s'installer tranquillement dans le salon de thé pour déjeuner (plats du jour ou tartes salées à 10€) ou siroter une tasse fumante de lapsang souchong (thés 3€). *19, rue des Croisiers Tél. 02 31 86 51 28 Ouvert mar.-ven. 10h30-13h et 14h30-19h, sam. 14h30-19h (salon de thé mar.-sam. 12h-18h)*

● Où acheter des produits du terroir ?

Chocolaterie Hotot (plan 1, B2 n°44) Derrière les vitrines, le drakkar règne en maître incontesté parmi les flots de confiseries et de douceurs chocolatées. Cette spécialité à base de noisettes (7€/100g) met le palais en émoi le temps

Plan 1 Caen

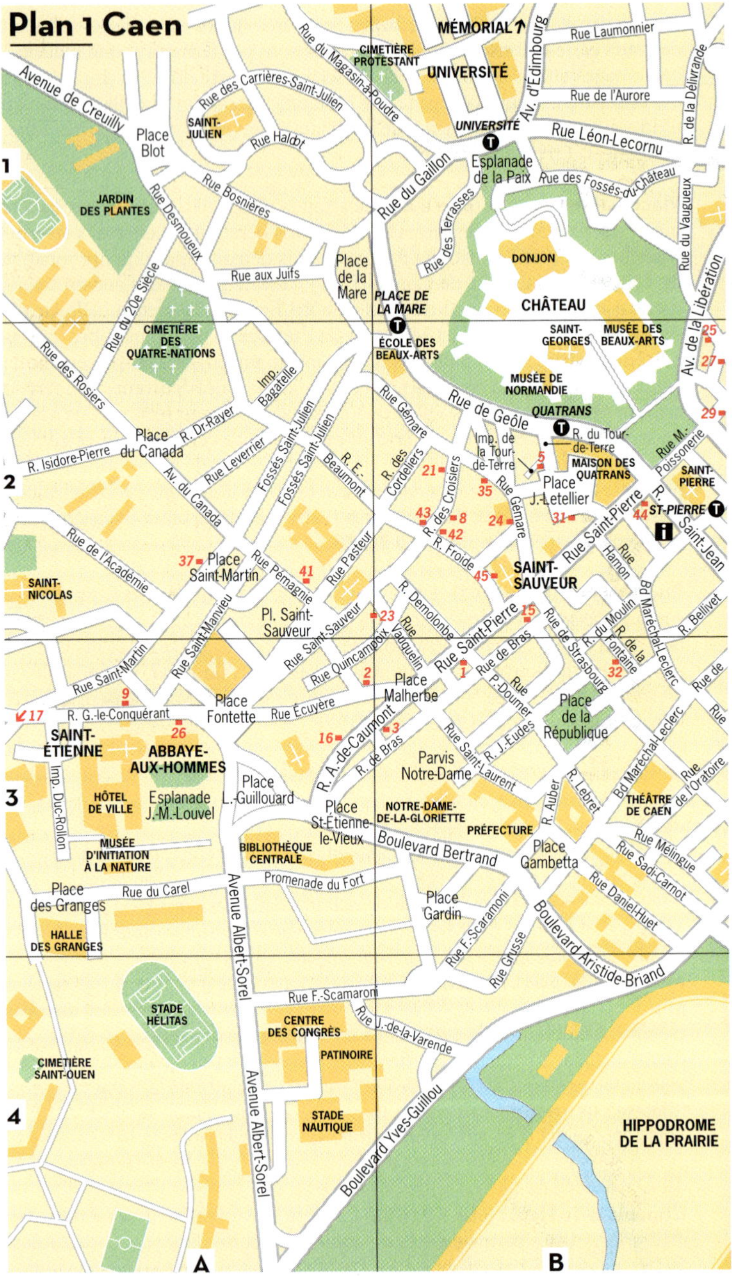

MÉMORIAL ↑
CIMETIÈRE PROTESTANT
UNIVERSITÉ
Rue Laumonnier
Av. d'Édimbourg
R. de la Délivrande
Rue de l'Aurore
UNIVERSITÉ
Rue Léon-Lecornu
Avenue de Creully
Place Blot
Rue des Carrières-Saint-Julien
Rue du Magasin-à-Poudre
SAINT-JULIEN
Rue Haldot
Rue du Gaillon
Esplanade de la Paix
Rue des Fossés-du-Château
Rue du Vaugueux
JARDIN DES PLANTES
Rue Desmoueux
Rue Bosnières
Rue des Terrasses
DONJON
Place de la Mare
Rue aux Juifs
Rue du 20e Siècle
CHÂTEAU
Av. de la Libération
PLACE DE LA MARE
CIMETIÈRE DES QUATRE-NATIONS
ÉCOLE DES BEAUX-ARTS
SAINT-GEORGES
MUSÉE DES BEAUX-ARTS
25
27
Rue des Rosiers
Imp. Bagatelle
MUSÉE DE NORMANDIE
Rue Gémare
Rue de Geôle
QUATRANS
29
Place du Canada
R. Dr-Rayer
Fossés Saint-Julien
Imp. de la Tour-de-Terre
R. du Tour-de-Terre
Rue M.-Poissonerie
R. Isidore-Pierre
Rue Leverrier
R. E.-Beaumont
R. des Cordeliers
21
5
MAISON DES QUATRANS
SAINT-PIERRE
Av. du Canada
R. des Croisiers
35
Rue Gémare
Place J.-Letellier
R. Saint-Jean
ST-PIERRE
43
8
24
31
44
42
Rue Saint-Pierre
Rue de l'Académie
Rue Pasteur
R. Froide
Rue Hamon
SAINT-NICOLAS
37
Place Saint-Martin
Rue Pémagnie
41
45
SAINT-SAUVEUR
Bd Maréchal-Leclerc
R. Bellivet
Pl. Saint-Sauveur
R. Demolombe
Rue Vauquelin
15
Rue Saint-Manvieu
Rue Saint-Sauveur
23
Rue Quincampoix
Rue de Bras
R. du Moulin
R. de la Fontaine
Rue de Strasbourg
Rue Saint-Martin
2
Place Malherbe
1
32
Rue de
9
Place Fontette
Rue Écuyère
P.-Doumer
Place de la République
17
R. G.-le-Conquérant
26
SAINT-ÉTIENNE
ABBAYE-AUX-HOMMES
16
R. A.-de-Caumont
3
R. de Bras
Rue Saint-Laurent
R. J.-Eudes
Parvis Notre-Dame
R. Lebret
Bd Maréchal-Leclerc
Rue de l'Oratoire
Imp. Duc-Rollon
HÔTEL DE VILLE
Esplanade J.-M.-Louvel
Place L.-Guillouard
Place St-Étienne-le-Vieux
NOTRE-DAME-DE-LA-GLORIETTE
R. Auber
THÉÂTRE DE CAEN
MUSÉE D'INITIATION À LA NATURE
BIBLIOTHÈQUE CENTRALE
Boulevard Bertrand
PRÉFECTURE
Place Gambetta
Rue Mélingue
Rue Sadi-Carnot
Place des Granges
Rue du Carel
Avenue Albert-Sorel
Promenade du Fort
Place Gardin
Rue Daniel-Huet
Rue F.-Scaramoni
Boulevard Aristide-Briand
HALLE DES GRANGES
Rue Grusse
Rue F.-Scamaroni
STADE HÉLITAS
CENTRE DES CONGRÈS
Rue J.-de-la-Varende
PATINOIRE
CIMETIÈRE SAINT-OUEN
Boulevard Yves-Guillou
STADE NAUTIQUE
HIPPODROME DE LA PRAIRIE
Avenue Albert-Sorel
1
2
3
4
A
B

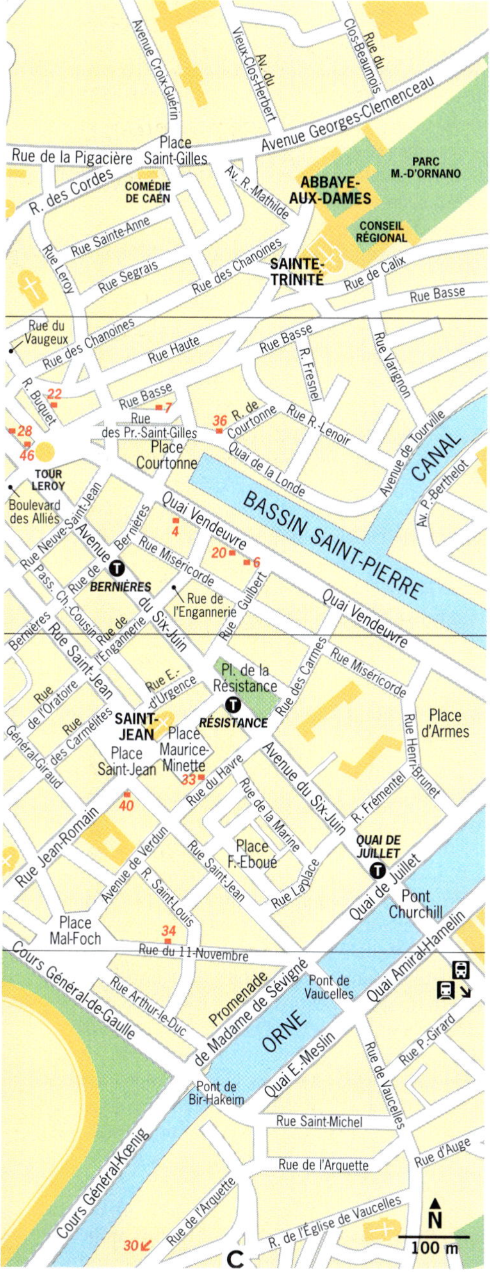

Cafés, salons de thé, bars et lieux de sortie (n°1 à 9)

Café Latin ____ **1** B3
El Che Guevara ____ **5** B2
L'Écume des nuits ____ **8** B2
La Garsouille ____ **3** B3
La Tour Solidor ____ **2** A3
Le Carré New Club ____ **6** C2
Le Chic ____ **7** C2
O'Donnell's ____ **4** C2
Pâtisserie Roussel* ____ **9** A3

Restauration (n°15 à 29)

À contre sens ____ **21** B2
Bois et Charbon ____ **20** C2
Comme un dimanche* **26** A3
Dolly's, Tea and Coffee House* ____ **28** C2
Greedy Guts ____ **15** B2
L'Archi Dona ____ **24** B2
La Courtine ____ **17** A3
La Medicis ____ **23** A2-B2
La Poterne ____ **27** B2
Le Bouchon du Vaugueux ____ **29** B2
Le P'tit B ____ **25** B2
Les Dunes ____ **16** A3
Maître Corbeau ____ **22** C2

Hébergement (n°30 à 37)

Auberge de jeunesse ____ **30** C4
Hôtel Bristol ____ **34** C3
Hôtel Central ____ **31** B2
Hôtel de la Fontaine ____ **32** B3
Hôtel du Havre ____ **33** C3
Hôtel Mercure ____ **36** C2
Hôtel-restaurant Le Dauphin ____ **35** B2
Le Clos Saint-Martin ____ **37** A2

Shopping (n°40 à 46)

Boucherie Sabot* ____ **46** C2
Boucherie Saint-Sauveur* ____ **41** A2
Chocolaterie Charlotte Corday* ____ **40** C3
Chocolaterie Hotot* ____ **44** B2
La Boîte à calva* ____ **45** B2
Librairie Frérot* ____ **43** B2
Mémoranda* ____ **42** B2

*À RETROUVER DANS LA PARTIE DÉCOUVRIR

d'une tempête de praliné. Un souffle de douceur à déguster avec un café. *13, rue Saint-Pierre Tél. 02 31 86 31 90 Ouvert lun. 14h-19h, mar.-sam. 9h30-19h*

Boucherie Saint-Sauveur (plan 1, A2 n°41) Les adresses où trouver de bonnes tripes ne font pas défaut à Caen. Néanmoins, on ne peut que saluer la production de la maison de Stéphane Le Magnen, juste au-dessus de la place Saint-Sauveur, plusieurs fois récompensée par la confrérie de la gastronomie normande de la "triperie d'or". De la qualité, donc, qui, en plus, vous sera servie avec le sourire d'un boucher qui aime vraiment son travail. *4, rue Pémagnie Tél. 02 31 85 43 24 Ouvert mar.-ven. 8h-13h et 15h-20h, sam. 8h-20h*

☺ **La Boîte à calva (plan 1, B2 n°45)** Pourquoi parcourir la région à la recherche de la perle rare, alors que Michèle Halavent a déjà fait le travail pour vous ? Cette femme pétillante livre ses trouvailles avec enthousiasme et propose à la dégustation des crus de producteurs-récoltants, "petits, mais costauds" dit-elle. Comptez de 25 à 60€ pour un calvados AOC domfrontais ou pays d'Auge. Étonnante sélection de cidres normands : vieillis en fût de chêne, issus de la méthode champenoise, de glace, etc. *8, rue Froide Tél. 02 31 96 88 24 www.laboiteacalva.fr Ouvert juin-sept. : lun. 14h30-19h30, mar.-sam. 11h-19h30 ; oct.-mai : mar.-jeu. 10h30-13h et 14h30-19h, ven.-sam. 10h30-19h*

Boucherie Sabot (plan 1, C2 n°46) Dans cette enseigne multichampionne de la fabrication de tripes à la mode de Caen, située près de la tour Leroy, la fameuse recette s'achète au poids ou en bocaux. De véritables andouilles de Vire Asselot sous vide pourront compléter votre panier gourmand. Également des plats traiteurs chaque jour différents, dont de succulentes bouchées à la reine. *25, bd des Alliés Tél. 02 31 93 62 49 Ouvert mar.-jeu. 7h30-13h et 15h-19h30, ven.-sam. 7h-19h30*

Le Bourg-le-Duc

☺ **Château (plan 1, B1-B2)** Édifié en 1060 par Guillaume le Conquérant, le château de Caen a connu moult travaux de fortification au fil des siècles. Après avoir échappé aux destructions de la guerre de Cent Ans, son donjon fut rasé pendant la Révolution. Successivement transformée en prison, puis en caserne, la forteresse paya un lourd tribut aux bombardements de l'été 1944. Du château médiéval, il ne reste malheureusement que l'Échiquier des ducs de Normandie (au nord), une ancienne salle d'apparat de construction romane (XIIe s.). L'enceinte du château accueille aujourd'hui le **musée de Normandie**, installé dans le logis du gouverneur (XVIIe-XVIIIe s.), ainsi que le **musée des Beaux-Arts** (p.73). Le site a fait l'objet d'une première campagne de restauration (2001-2011), comprenant notamment la rénovation du rempart nord, l'aménagement de salles d'exposition et la réhabilitation de la terrasse (aussi appelée Esplanade de la paix). À l'horizon 2016, la salle de l'Échiquier sera aménagée pour accueillir une exposition permanente sur les fouilles archéologiques au sein du château ducal, et l'église Saint-Georges devrait abriter un centre d'interprétation et un pôle d'accueil touristique. Ne manquez pas la promenade sur les remparts : superbe panorama sur la ville. *Tél. 02 31 27 14 14 www.chateau-caen.fr Ouvert toute l'année Entrée libre Visites guidées organisées par l'OT*

Musée de Normandie (plan 1, B2) Grâce à ses riches collections archéologiques et ethnographiques, ce musée retrace avec brio l'histoire des hommes, l'évolution de leur culture et de leur savoir-faire sur le territoire normand, des origines à nos jours. Les salles 1 à 4 vont de la préhistoire au Moyen Âge : bracelets et parures funéraires du premier âge du fer (750-500 av. J.-C.), monnaies gallo-romaines, squelette d'un forgeron enterré avec ses armes et ses outils au VIe siècle. Les salles 5 à 7 montrent la métamorphose des campagnes consécutive au développement de l'élevage et des techniques agricoles. Les salles 8 à 12 dévoilent la richesse du patrimoine artisanal, industriel et textile normand : poteries, tireuses à cidre (XIXe s.), armoires finement sculptées, robes de mariée, dentelles en soie… Les **salles du rempart**, ouvertes en 2008 sous la terrasse d'artillerie, constituent un espace d'expositions temporaires. *Château Tél. 02 31 30 47 60 www.musee-de-normandie.caen.fr Ouvert juin-oct. : tlj. 9h30-18h ; nov.-mai : mer.-lun. 9h30-18h Fermé certains j. fér. Tarif 3,10€, réduit 2,10€, moins de 26 ans et 1er dim. du mois gratuit Billets combinés avec Musée des Beaux-Arts selon expos*

☆ ☺ **Musée des Beaux-Arts (plan 1, B2)** L'essentiel des collections de peinture est dominé par les XVIe et XVIIe siècles italiens, français, flamands et hollandais. Selon sa sensibilité, le visiteur s'attardera sur les toiles du Tintoret (1518-1594) ou de Véronèse (1528-1588), dont une théâtrale *Judith et Holopherne* ; sur la *Vénus pleurant la mort d'Adonis* de Nicolas Poussin (1594-1665), illustration de l'influence de la mythologie romaine sur le classicisme français ; ou sur la somptueuse rencontre d'*Abraham et Melchisédech* de Rubens (1577-1640). L'espace consacré à la peinture flamande (XVe-XVIIe s.) recèle une *Vierge à l'Enfant* de Rogier Van der Weyden (1400-1464) remarquable de précision et de rigueur. Le XVIIIe siècle est représenté par les portraits de Hyacinthe Rigaud et de Robert Tournières, les natures mortes de François Boucher et le style rococo de l'*Ecce Homo* de Giandomenico Tiepolo (1727-1804). Le XIXe siècle expose, entre autres, une sensuelle *Dame aux bijoux* de Gustave Courbet (1819-1877) et *La Manneporte à Étretat* de Monet (1840-1926). Enfin, la période contemporaine, moins notable, réunit des œuvres de Zoran Music (1909-2005), Joan Mitchell (1925-1992) ou Pierre Soulages (né en 1919). Le musée gère également le **parc des sculptures** : plusieurs œuvres à demeure ou en rotation dans les jardins du château. *Château Tél. 02 31 30 47 70 www.mba.caen.fr Ouvert mer.-lun. 9h30-18h Fermé certains j. fér. Tarif 3,10€, réduit 2,10€, moins de 26 ans et 1er dim. du mois gratuit Billets combinés avec Musée de Normandie selon expos*

● Où bruncher le dimanche ?

☺ **Dolly's, Tea and Coffee House (plan 1, C2 n°28)** L'adresse idéale pour faire une pause après avoir visité le château ducal ou pour s'offrir un brunch dominical. Cadre cosy, décoration délicieusement désuète, service aux petits soins : cette adresse offre sur un plateau (de thé) les charmes de nos voisins outre-Manche, du *fish & chips* aux scones. À partir de 10€. *16-18, av. de la Libération Tél. 02 31 94 03 29 Ouvert lun. 11h-19h, mar.-mer. 10h-23h, jeu.-dim. 10h-1h*

Le Bourg-l'Abbé

☆ **Abbaye-aux-Hommes (plan 1, A3)** Sur ordre de Guillaume le Conquérant, une abbaye fut fondée au XIe siècle dans un style roman. Ruinés par les guerres, les bâtiments conventuels de l'Abbaye-aux-Hommes ont été restaurés au XVIIIe siècle par les moines de la congrégation de Saint-Maur. Successivement lycée impérial (1804), collège royal (1814-1815), puis à nouveau lycée (1892-1961), l'édifice, épargné par les bombardements de l'été 1944, a servi de refuge à de nombreux Caennais avant d'abriter, depuis 1965, la mairie. La visite guidée permet de découvrir les salles des moines (chapitre, sacristie, réfectoire…), ornées de magnifiques boiseries en chêne sculpté et de tableaux des XVIIe, XVIIIe et XIXe siècles, le cloître avec vue sur les tours de l'abbatiale – remarquable mélange des styles roman et gothique – ainsi que l'escalier d'honneur, qui paraît suspendu dans le vide (il ne tient que par la pression que les pierres exercent les unes sur les autres). Certaines visites incluent la salle des gardes du XIVe siècle. La pierre de Caen confère aux lieux une rigueur et une luminosité de toute beauté. L'abbaye possède en outre une importante collection de tableaux des XVIIe, XVIIIe et XIXe siècles. *Hôtel de ville (esplanade J.-M.-Louvel) Tél. 02 31 30 42 81 Visites guidées (50min-1h30) : 3 circuits selon saison à 9h30, 11h, 14h30 et 16h ; visites supplémentaires l'été à 10h15, 15h15 et 17h15 Fermé 25 déc., 1er mai et 1er jan. Tarif 4,50€, réduit 3,50€, moins de 18 ans et dim. gratuit*

Musée d'Initiation à la nature (plan 1, A3) Cet espace, qui remplace le museum d'histoire naturelle détruit en 1944, est situé dans l'enceinte de l'Abbaye-aux-Hommes, près de l'hôtel de ville. Il propose aux enfants un parcours découverte de la faune, de la flore et de la géologie en Normandie. Animaux des campagnes, bêtes des marais et hôtes des villes sont naturalisés dans l'ancienne boulangerie (XVIIe s.) entourée de petits jardins fleuris, sauvages ou normands (végétation des haies du bocage, de la campagne et du littoral). *Hôtel de Ville Tél. 02 31 30 43 27 min@cpievdo.fr Ouvert Pâques-Toussaint : lun.-ven. 14h-18h Entrée libre*

Église Saint-Étienne (plan 1, A3) Endommagé par les incursions anglaises et les guerres de Religion, l'abbatiale a été reconstruite à trois reprises : au XIIIe siècle, au XVIIe siècle et au début du XVIIIe siècle. Mais ici, l'architecture gothique et les ajouts successifs ont parfaitement respecté l'œuvre romane. La juxtaposition harmonieuse de la nef et du chœur en est peut-être la meilleure illustration. La puissante et austère façade de l'église (XIe s.), flanquée de deux tours à trois étages de la même époque, semble avoir pour but d'impressionner le visiteur. En entrant, on est frappé par l'élévation et l'ampleur de la

Délit de consanguinité

Mariés vers 1050-1051, Mathilde de Flandre et Guillaume le Conquérant étaient cousins au cinquième degré. Or l'Église interdisait le mariage entre cousins jusqu'au septième degré. Pour racheter l'irrégularité de cette union et expier leur faute, chacun des époux fit édifier une abbaye : celle aux Dames pour Mathilde, celle aux Hommes pour Guillaume. Celle qui fut reine d'Angleterre repose au cœur de l'Abbaye-aux-Dames, tandis que Guillaume est inhumé dans l'Abbaye-aux-Hommes.

nef à trois niveaux, recouverte de voûtes sexpartites. L'équilibre des lignes est du meilleur effet, mais le décor est aussi dépouillé qu'il se peut. À la croisée du transept, la tour-lanterne (XVIIe s.) baigne d'une lumière presque mystique le centre de l'édifice. Construit au XIIIe siècle, le chœur gothique, très vaste, est l'un des plus anciens de Normandie. Son ornementation est aussi sobre que celle de la nef. Devant le maître-autel en marbre polychromé se tient le tombeau de Guillaume le Conquérant, plusieurs fois saccagé lors des guerres de Religion et à la Révolution. *Place Monseigneur-des-Hameaux Ouvert tlj. 9h-12h30 et 13h30-19h30 (sans interruption en juil.-août)*

Église Saint-Nicolas (plan 1, A2) Construite au XIe siècle, cette église romane n'a reçu aucun ajout majeur avant le XVe siècle, et c'est là son principal intérêt. Si, malheureusement, elle ne se visite pas, on peut néanmoins profiter de la douce atmosphère de son cimetière à demi abandonné pour en faire le tour et observer la nudité toute monastique de ses façades. Quelques concerts y sont donnés de temps à autre (consulter le magazine *Le Mois à Caen*). *23, rue Saint-Nicolas*

Artothèque (plan 1, A3) Le **palais ducal**, monument du patrimoine caennais du XIVe siècle entièrement restauré en 2013, héberge un lieu d'art contemporain assez singulier. À la fois galerie d'exposition et lieu de création, il permet aux Caennais d'emprunter photographies, lithographies ou encore œuvres vidéo, et aux visiteurs de passage d'admirer une collection de 2 500 œuvres, habituellement cachée, qui reste donc ici visible sur des racks, dans une succession de sas menant aux salles d'exposition. *Palais ducal Impasse Duc-de-Rollon Tél. 02 31 85 69 73 Ouvert mar.-sam. 14h-18h30 Entrée libre*

● Où faire une pause gourmande ?

Pâtisserie Roussel (plan 1, A3 n°9) Les fidèles sont nombreux à sortir sourire aux lèvres et paquet à la main de la pâtisserie Roussel, située face à l'église Saint-Étienne. Dans la vitrine, les religieuses s'acoquinent avec les saint-honoré, sous le regard indifférent de guillaume (spécialité à base de pommes, poires et calvados). Au diable régime et péchés capitaux, la gourmandise a du bon, surtout au rayon des macarons (noix, spéculos, grand marnier, etc.). Également, un tout petit salon de thé. *26, rue Guillaume-le-Conquérant Tél. 02 31 85 45 15 Ouvert mar.-sam. 8h-19h30, dim. 8h-13h30 et 15h30-19h*

☺ **Comme un dimanche (plan 1, A3 n°26)** À la fois salon de thé, brocante, librairie et galerie d'art : voilà une adresse atypique qui bouscule les habitudes et réjouit les sens. Florence et Marie-Odile mettent en avant leur coups de cœur, dans la bibliothèque, aux murs, et jusque dans les assiettes : tous les deux mois, un thème renouvelle la décoration et l'exposition. On se régale d'une pâtisserie maison ou de la formule du jour (plat et dessert à 10€), et l'on se sent bien comme par un dimanche pluvieux : se prélassant avec délice dans l'oisiveté. *5, rue Guillaume-le-Conquérant Tél. 02 31 74 36 64 www.commeundimanche.fr Ouvert lun.-ven. 11h30-18h Fermé en août*

Le Bourg-l'Abbesse

Abbaye-aux-Dames (plan 1, C1) L'abbaye de la reine Mathilde a connu les mêmes vicissitudes que l'Abbaye-aux-Hommes, les mêmes pillages et les mêmes saccages. Transformée en caserne à la Révolution, en hôpital (1823), puis en hospice (1909), elle abrite depuis 1986 le conseil régional de Basse-Normandie. La visite des bâtiments conventuels (XVIIIe s.) conduit le visiteur à travers un édifice plus sobre que l'Abbaye-aux-Hommes, mais néanmoins fort intéressant. Le *lavatorium*, de forme ovale, contient quatre belles vasques de marbre noir. La salle Alexis de Tocqueville – les anciennes cuisines – conserve une collection de tapisseries du XVIIe siècle destinées à atténuer la sonorité étourdissante de la pièce. Le grand vestibule, cœur névralgique de l'abbaye, abrite un splendide escalier monumental à double révolution. Quant aux voûtes d'arête du cloître – qui se déploie sur près de 200m –, ce sont de véritables chefs-d'œuvre, témoignages précieux de l'art de tailler et d'agencer la pierre (stéréotomie) : l'élément le plus époustouflant de la visite. Une salle présente une exposition permanente de peintres impressionnistes normands du XIXe siècle et du début du XXe siècle : "Peindre en Normandie". *Place de la Reine-Mathilde Accès bus n°4 Tél. 02 31 06 98 45 Fermé 1er jan., 1er mai et 25 déc.* ***Visite guidée*** *gratuite tlj. à 14h30 et 16h* ***Exposition*** *Ouvert tlj. 14h-18h Durée 1h15 env.*

Église de la Sainte-Trinité (plan 1, C1) Achevée en 1130, elle est presque entièrement romane (à l'exception des parties hautes des trois tours). Son élévation est plus basse que celle de Saint-Étienne. Sa nef à neuf travées, bordée de grandes arcades en plein cintre et surmontée d'une galerie de circulation, présente un voûtement faussement sexpartite. La décoration y est essentiellement géométrique. Le transept prend une ampleur toute différente et le décor est un peu plus abondant que dans la nef. Le chœur, long et étroit, où repose Mathilde, se termine par une abside en cul-de-four, ornée de quatre colonnes formant un faux déambulatoire et dont les chapiteaux ont été décorés d'animaux fantastiques. Par un étroit escalier coudé, on accède à la crypte, admirablement conservée, qui est certainement l'une des plus belles et des plus authentiques parties de la Sainte-Trinité. Ses seize colonnes trapues donnent un peu l'impression d'avoir atterri dans une forêt de pierre. Les chapiteaux présentent une décoration primitive intéressante : des figurines humaines, dont une ailée qu'on peut supposer être l'archange Gabriel. *Place de la Reine-Mathilde Ouvert en journée*

Les quartiers nord

Jardin des plantes (plan 1, A1) Créé en 1763, ce jardin urbain réunit sur 3ha une magnifique flore normande et médicinale, des serres exotiques et une large palette de plantes horticoles. Un lieu rêvé pour les âmes bucoliques. *5, place Blot Accès bus n°10 et n°18 Tél. 02 31 30 48 30 Ouvert lun.-sam. à partir de 8h, dim. et j. fér. à partir de 10h Fermeture à 17h30 nov.-jan. Visite des serres tlj. 13h-17h Entrée libre*

☆ **Mémorial de Caen (hors plan 1 par B2)** Entièrement dédié à l'histoire du XXe siècle, le mémorial de Caen, "musée pour la paix" inauguré le 6 juin 1988, entend brosser le portrait d'un siècle tourmenté et s'interroger sur l'avenir de l'humanité. Une pente en spirale schématise la descente aux enfers pendant l'entre-deux-guerres et mène au premier parcours muséographique, consacré

POÉSIE EN TÊTE
Sur le fronton de l'édifice, ce vers de Paul Dorey (poète caennais), parlant ici au nom de la Normandie, reflète l'esprit du Mémorial : "La douleur m'a brisée, la fraternité m'a relevée, de ma blessure a jailli un fleuve de liberté."

à la Seconde Guerre mondiale. Documents d'archives et films (dont le court métrage *Éspérance* de Jacques Perrin, 1994) plongent le visiteur dans les années 1939-1945 : la France sous l'Occupation, le glissement d'une guerre européenne vers une guerre mondiale, les villes détruites… Dans l'espace dédié à la bataille de Normandie, le Débarquement est vu sous tous les angles : vidéos et photographies aident à la compréhension du déroulement du "D-Day" (Jour J) et des combats qui suivirent dans la région. Une salle est ensuite consacrée à la guerre froide : l'opposition des deux blocs, américain et soviétique, est mis en scène dans un parcours très clair, exposant le choc des idéologies, la course aux armements, l'équilibre de la terreur… jusqu'à la chute du mur de Berlin. Le monde bipolaire s'écroule, une question se pose : peut-on désormais vivre en paix ? La liberté d'expression participe à l'évolution des sociétés et à la résolution des conflits, raison pour laquelle le troisième espace du Mémorial présente le rôle culturel et politique du dessin de presse. Cinq thèmes et des centaines de dessins, caustiques ou impertinents, rappellent que l'histoire n'appartient pas au passé et qu'il faut bousculer les opinions pour faire évoluer l'actualité. Didactique, pédagogique et résolument moderne, ce musée a de quoi intéresser tous les âges. *Esplanade Eisenhower Accès périphérique nord (sortie n°7), bus n°2 Tél. 02 31 06 06 44 www.memorial-caen.fr Ouvert fév.-Toussaint : tlj. 9h-19h ; reste de l'année : mar.-dim. 9h30-18h Dernière admission 1h15 avant la fermeture du site Fermé 25 déc., 1er jan. et 3 dernières sem. de jan. Tarif 18,50€ (mars-sept. 19€), 10-18 ans, étudiant, plus de 60 ans 16€ (mars-sept. 16,50€)*

Les quartiers sud

Place de la République (plan 1, B3) Cette place, qui fut jadis Royale, a subi les dommages de l'été 1944. De ses hôtels des XVIIe et XVIIIe siècles, il ne subsiste de remarquable que l'hôtel Daumesnil (n°23-25). Le centre de la place est aujourd'hui occupé par un parc public où les habitants marquent une halte au cours de leurs déambulations urbaines.

Église Saint-Jean (plan 1, C3) Inclinée comme la tour de Pise, l'église Saint-Jean a quelque chose d'émouvant. Ses piliers reposent, comme à Venise, sur des pilotis en chêne (en partie remplacés par du béton) plantés à travers le sol marécageux pour s'ancrer dans le sol ferme. Bien que très dépouillée (elle fut sérieusement endommagée par les bombardements de 1944), cette église du XVe siècle est une belle illustration du gothique flamboyant. Ne pas manquer le superbe décor Renaissance qui couvre l'intérieur de la tour centrale. On remarquera aussi la déformation des arcs du transept et de la balustrade du chœur, et, en sortant, les tours inachevées. *Ouvert lun.-sam. 9h30-19h15, dim. 9h30-12h et 15h-19h15*

Bassin Saint-Pierre (plan 1, C2) Le bassin Saint-Pierre, terminus du canal qui relie Caen à la mer, n'accueille plus de navires de commerce comme autrefois, mais des bateaux de plaisance. L'endroit est aujourd'hui un lieu très à la mode, fréquenté aussi bien par les Caennais en goguette que les touristes de passage. Les quais aménagés invitent à la flânerie à pied ou à vélo. Au printemps, les terrasses s'animent d'un joyeux brouhaha, et les appartements de standing fleurissent face au port de plaisance. Ne manquez pas le sympathique marché du dimanche matin, qui envahit la place Courtonne et le quai de Vendeuvre.

Prairie (plan 1, B4) Située en bordure de l'Orne, la Prairie est le plus important espace vert de Caen (70ha), et, pour ainsi dire, le poumon de la ville. Mentionnée pour la première fois en 1027, la "chose du Duc" est aujourd'hui un hippodrome – cf. Assister aux courses (p.78) –, un lieu de récréation, de jogging et de flânerie très apprécié des Caennais.

Où se régaler de chocolat ?

Chocolaterie Charlotte Corday (plan 1, C3 n°40) Comme son nom l'annonce, cette boutique rose bonbon occupe l'endroit même où vivait Charlotte Corday avant qu'elle n'assassine Marat en 1793 (la maison a depuis été détruite par un bombardement). La spécialité porte cependant le patronyme d'un autre personnage historique caennais : les délices de Mathilde (épouse de Guillaume le Conquérant) sont constitués de chocolat entre deux couches de pâte d'amandes, avec écorce d'orange confite, noisettes torréfiées et épices douces. Autres douceurs à base de pommeau, cidre, caramel, calvados. *114, rue Saint-Jean Tél. 02 31 86 33 25 Ouvert lun. 14h-19h, mar.-sam. 9h30-12h30 et 14h-19h*

Assister aux courses

Hippodrome de la Prairie (plan 1, B4) Le champ de courses de Caen déroule son long ruban de terre ocre. La première compétition de trotteurs y a été organisée en 1834. Depuis, la ville est considérée comme la capitale du trot et de l'élevage des trotteurs. Et pour cause, l'hippodrome bénéficie d'une ligne droite d'une exceptionnelle longueur : 1954m. De mars à novembre, près d'une trentaine de réunions, dont le célèbre Prix des Ducs de Normandie. *Tél. 02 31 27 50 80*

À l'eau la ville ?

Depuis ses origines, Caen a toujours utilisé l'Orne. Mais ce petit fleuve, sinueux et peu profond, ne se prêtait pas aux aspirations maritimes de la ville. En 1857, le baron Cachin décide de creuser un canal de 14km (et un jeu d'écluses) pour relier Caen à la mer. Même si elle n'en a pas vraiment l'allure, Caen devient donc une cité portuaire d'envergure nationale. Aujourd'hui, le bassin Saint-Pierre accueille les plaisanciers, et le port de Caen-Ouistreham les ferries pour l'Angleterre : plus d'un million de passagers y embarquent pour Portsmouth chaque année.

Se promener sur le canal

Vedettes de Normandie (plan 1, C2) Des balades fluviales commentées (2h30) de Caen jusqu'à la mer à bord du *Boëdic* : passer les écluses devient un jeu d'enfants ! *Billets en vente à l'embarquement ou à l'OT Tél. 02 31 06 10 02 www.lesvedettesdenormandie.fr Départ quai Vendeuvre avr.-sept. : mar.-ven. et dim. à 15h15*

Les environs de Caen

Abbaye d'Ardenne Fondée au XIIe siècle, l'abbaye a connu des périodes successives de fastes et de ruines, mais des travaux de restauration lui redonnent peu à peu tout son éclat. Depuis 1998, devenue un centre culturel, elle abrite l'Institut mémoires de l'édition contemporaine (IMEC), qui conserve les archives liées aux principaux acteurs du monde de l'écrit : maisons d'édition, revues françaises, libraires, journalistes, etc. L'église abbatiale, superbement rénovée, abrite la bibliothèque de l'institut. Ne manquez pas la grange aux dîmes et les voûtes de la porte de Bayeux. ***Saint-Germain-la-Blanche-Herbe*** *(accès périphérique nord sortie n°7, ou bus n°10 et 21) Tél. 02 31 29 37 37 (14h-18h) Visites commentées de l'abbatiale (durée 1h env.) sam. et dim. 14h-18h Fermé lun. Entrée libre*

Musée et sites archéologiques de Vieux-la-Romaine Il y a près de deux mille ans, la ville romaine d'*Aregenua* était une cité prospère. Alors que Caen n'était qu'une bourgade, elle comptait déjà plusieurs milliers d'habitants. Grâce aux fouilles menées depuis 1703, ce musée a réuni de nombreux objets permettant de comprendre l'organisation de la cité et le quotidien de ses habitants. Belles colonnades remontées, peintures et mosaïques reconstituées, nécessaires de cuisine ou de maquillage… Le visiteur peut même toucher certaines pièces et s'essayer à l'ouverture d'une serrure romaine. À 200m du musée se trouvent les vestiges d'un palais de l'Antiquité. Nombreuses animations en été : visite commentée du site et des chantiers… *13, chemin Haussé* ***Vieux*** *(10km au sud de Caen par la D8) Tél. 02 31 71 10 20 www.cg14.fr/culture/patrimoine/archeologie/musee Ouvert sept.-juin : lun.-mar. et jeu.-ven. 9h-17h, sam.-dim. 10h-18h ; juil.-août : tlj. 10h-18h Tarif 5€, réduit 3€, moins de 18 ans gratuit*

Mémorial Pegasus Dans la nuit du 5 au 6 juin 1944, la 6e division aéroportée britannique s'emparait du pont qui enjambe l'Orne à Bénouville, baptisé dès lors Pegasus Bridge (cf. encadré Pont levé p.78). Ce fut la première victoire alliée. Le mémorial raconte l'histoire de ces soldats : photos des préparatifs, poupées de parachutistes larguées pour tromper l'ennemi, détails de l'offensive vers Caen… Le jour J, ce sont près de 10 000 hommes qui furent parachutés pour bloquer toute contre-offensive allemande et détruire la batterie de Merville, susceptible de compromettre le Débarquement sur les plages de Sword. L'authentique Pegasus Bridge est exposé dans le parc du musée (visite libre ou guidée). *Av. du Major-Howard* ***Ranville*** *Tél. 02 31 78 19 44 www.normandy1944.com Ouvert avr.-sept. : tlj. 9h30-18h30 ; oct.-mi-déc., fév.-mars : tlj. 10h-13h et 14h-17h Fermé déc.-jan. Tarif 6,50€, enfant 4,50€*

PONT LEVÉ
Pour que les troupes débarquées sur la plage puissent remonter vers Caen, le stratégique pont de Bénouville doit être pris aux Allemands. Le 6 juin au matin, la famille Gondrée voit la 6e division aéroportée britannique et les renforts de Lord Lovat marcher sur le **Pegasus Bridge**. La première maison libérée de France, aujourd'hui le café Gondrée (p.81) restera célèbre.

Cimetière britannique de Ranville Ici reposent des soldats tués pendant l'été 1944 : 2 152 Britanniques, 76 Canadiens, 3 Néo-Zélandais, 5 Français, 1 Australien, 1 Belge, 1 Polonais, 2 corps non identifiés et 322 Allemands. Une partie d'entre eux appartenait à la 6e division aéroportée britannique larguée dans la nuit du 5 au 6 juin pour s'emparer des ponts de Ranville et de Bénouville. ***Ranville*** *(à 1km du mémorial Pegasus par la D37)*

Site Hillmann de Colleville-Montgomery Construit en 1942, ce site fortifié, dénommé Hillmann, faisait partie de la seconde ligne de défense allemande établie à l'arrière des plages du Débarquement. Ce poste de commandement comptait une douzaine de blockhaus enterrés, reliés entre eux par un réseau de tranchées, et équipés de mitrailleuses et de canons antichars. Le 6 juin 1944, le 1er bataillon du Suffolk Regiment britannique reçut la mission de s'emparer de cette fortification. Il n'y parvint que le lendemain matin. Muni d'une lampe de poche (fortement conseillée), on peut visiter seul, ou accompagné d'un guide (le mar. en été), les dédales souterrains qui conduisent aux bunkers mis en valeur par l'Association des amis du Suffolk Regiment. **Colleville-Montgomery** *(11km au nord de Caen par la D515, dir. Ouistreham, puis 4km vers l'ouest par la D35, dir. Douvres-la-Délivrande) Tél. 02 31 96 12 83 ou 02 31 97 39 11 www.amis-du-suffolk-rgt.com Ouvert juil.-mi-sept. : lun.-sam. 15h-19h Visite guidée mar. à 15h*

Basilique de Douvres-la-Délivrande L'actuelle basilique néogothique (XIXe s.) n'a guère d'autre attrait que son maître-autel en marbre polychromé et sa très vénérée statue de la Vierge noire datant de 1560 (l'original a été détruit pendant les guerres de Religion). Depuis le Moyen Âge, la procession de la fête du Couronnement, le samedi suivant le 15 août, réunit de très nombreux pèlerins. C'est même le plus important pèlerinage marial de Normandie. À quelques enjambées, la façade Art nouveau de la pharmacie Lesage (78, rue du Général-de-Gaulle) mérite un coup d'œil. ***Douvres-la-Délivrande*** *(11km au nord de Caen par la D7) Ouvert tlj. 8h-12h et 14h-19h*

Musée du Radar Ce musée dédié à l'histoire du radar occupe l'ancienne station de surveillance allemande de Douvres-la-Délivrande. On peut y voir un radar Würzburg Riese (10m de haut), récupéré en Allemagne et placé là en 1994. Le grand bunker retrace la chronologie des radars : de la définition de leurs principes électromagnétiques au XIXe siècle aux satellites contemporains d'observation de la terre, en passant par leur utilisation pendant la Seconde Guerre mondiale. *Route de Basly* ***Douvres-la-Délivrande*** *(3km au sud-ouest de Douvres-la-Délivrande par les D7 et D404) Tél. 02 31 37 74 43 ou 02 31 36 24 24 (mairie) Ouvert mi-juin-mi-sept. : mar.-dim. 10h-18h ; w.-e. et j. fér. 10h-18h aux beaux jours Tarif 5,50€, réduit 3,50€, moins de 11 ans gratuit*

Où prendre un verre dans un lieu historique ?

Café Gondrée Au premier abord, l'endroit a l'allure d'un vieil estaminet de campagne avec ses murs décrépis, son comptoir en bois et ses rideaux à carreaux rouges et blancs. Mais, très vite, l'amoncellement de photos, de documents et d'affichettes relatifs à la prise du pont de Bénouville, qui jouxte le café, donne l'impression de s'être accoudé à la table d'un petit musée. L'accueil est un peu froid, mais cela vaut le coup de boire un verre dans cette maison historique. *12, av. du Commandant-Kieffer* ***Bénouville*** *(10km au nord-est de Caen, sortie n°3 par la D515, dir. Ouistreham) Tél. 02 31 44 62 25 Ouvert mars-nov. : tlj. 7h30-19h30*

Randonner en forêt

Forêt et parc animalier de Grimbosq Couverte sur 475ha de chênes, de hêtres et de pins sylvestres, cette forêt est un peu le second poumon vert de Caen. Outre les nombreux parcours de randonnée à découvrir à pied ou à vélo, on y trouve deux arboretums et un parc animalier peuplé de cerfs, de sangliers, de biches et de daims. À mi-chemin entre Mutrécy et Grimbosq, un parking permet de laisser sa voiture pour s'y rendre. ***Grimbosq*** *(15km au sud de Caen, prendre la sortie n°10 du périphérique de Caen et suivre la D562 sur 10km, dir. Thury-Harcourt, puis la D257 sur 5km)* **Parc animalier** *Ouvert mi-avr.-mi-oct. : lun.-ven. 8h30-18h30, sam.-dim. et j. fér. 10h-18h30 ; mi-oct.-mi-avr. : lun.-ven. 9h-17h, sam.-dim. et j. fér. 10h-17h*

Se distraire en famille

Festyland Ce parc a l'originalité de faire découvrir l'histoire mouvementée de la Normandie par le biais d'attractions. Les plus grands dévaleront les montagnes russes à bord d'un drakkar, les plus petits traverseront les sous-bois de Guillaume sur un cheval mécanique. Le château de Mathilde devient tapis de rebond, un pont de corde traverse Préhistyland, l'univers des dinosaures... Spectacles en été. Sur place : un self, une crêperie, quatre points de vente à emporter et une aire de pique-nique. ***Bretteville-sur-Odon*** *(à l'ouest de Caen, suivre la direction de l'aéroport Carpiquet, sorties n°8 et 9, ou bus n°1, dir. Carpiquet, arrêt Triage) Tél. 02 31 75 04 04 www.festyland.com Ouvert juil.-août : tlj. 10h30-19h ; avr.-mi-juin, sept. : mer., w.-e. et j. fér. 11h-18h Tarif 17€, moins de 12 ans, senior et famille nombreuse 15€, enfant de moins de 95cm gratuit*

CARNET D'ADRESSES

Lieux de sortie

Pensez aussi à vous renseigner sur le programme du Cargo, la salle de concert des bords de l'Orne (tél. 02 31 86 79 31), du Big Band Café à Hérouville-Saint-Clair pour un *live* de musiques actuelles (tél. 02 31 47 96 13, accessible avec le tram B), et du théâtre de Caen (tél. 02 31 30 48 00).

Bars

☺ **La Garsouille (plan 1, B3 n°3)** À partir de la place Malherbe, au bout de la rue Saint-Pierre, les bars caennais se livrent une concurrence impitoyable. On n'a que l'embarras du choix. Ce que l'on apprécie à la Garsouille, c'est l'attention portée à la décoration, l'ambiance chaleureuse, les murs en pierre, les expositions temporaires de peinture... La musique au volume décent permet de s'entendre. Bières pression à 2,50€ les 25cl. Fréquenté par une clientèle de 25 à 35 ans. *11-13, rue Arcisse-de-Caumont* **Caen** *Tél. 02 31 86 80 27 Ouvert lun.-sam. 15h-1h*

Café Latin (plan 1, B3 n°1) L'endroit est surtout fréquenté par des jeunes et par quelques quadragénaires qui vont y prendre un dernier verre. Pour les petits creux, vous avez le choix entre les jambons qui pendent au-dessus du comptoir, les plats du jour à midi et les assiettes de tapas (3-4€, après 18h) : *fajitas, crostini, burritos, empanadas...* Petite terrasse. *135, rue Saint-Pierre* **Caen** *Tél. 02 31 85 26 36 Ouvert lun.-sam. 8h-1h*

La Tour Solidor (plan 1, A3 n°2) Un bar-brasserie plutôt classique, n'était sa clientèle hétéroclite allant du jeune rastaman au groupe de quinquagénaires. Bruyante, La Tour Solidor ne manque pas de convivialité. Terrasse sur la rue. *24, rue Écuyère* **Caen** *Tél. 02 31 86 10 35 Ouvert lun.-sam. 8h45-1h*

O'Donnell's (plan 1, C2 n°4) Le pub incontournable de Caen ! Il y règne un tohu-bohu étourdissant, mais plutôt rigolo. Ambiance boisée (mais peu épicée), sur fond de musique d'AC/DC ou de Jimi Hendrix. Large choix de bières à des prix raisonnables. *20, quai Vendeuvre* **Caen** *Tél. 02 31 85 51 50 Ouvert lun.-mer. 17h-1h30, jeu.-sam. 16h-5h, dim. 16h-23h, ,*

L'Écume des nuits (plan 1, B2 n°8) Ce bar de nuit, parfois déserté en période d'examens, est pris d'assaut le week-end par une clientèle jeune et sympathique. La musique éclectique – avec une préférence pour l'électro – enflamme le *dancefloor*, que les timides observent du fumoir baigné d'une lumière rouge. Dans le coin bibliothèque, où trône un canapé décadent, on échange quelques titres de littérature sulfureuse en commandant un diabolik, shooter flambé qui fait tourner les têtes (2,50€). *11, rue des Croisiers* **Caen** *Tél. 02 31 85 22 33 Ouvert mar.-sam. 22h-3h*

Et aussi...

Bar, salons de thé, pause déjeuner

Mémoranda ____ 69
Dolly's, Tea and Coffee House ____ 73
Comme un dimanche ____ 75
Café Gondrée ____ 81

Shopping gourmand

Chocolaterie Hotot ____ 69
Boucherie Saint-Sauveur ____ 72
La Boîte à calva ____ 72
Boucherie Sabot ____ 72
Pâtisserie Roussel ____ 75
Chocolaterie Charlotte Corday ____ 78

Clubs

☺ **El Che Guevara (plan 1, B2 n°5)** L'adresse *ciento por ciento* salsa de Caen. La gent masculine de moins de vingt-cinq ans aura droit à un "Je crois que ça va pas être possible !" de la part du costaud de l'entrée (bien que très sympa)... Ambiance caribéenne assurée, chaleureuse et bon enfant. Cocktail de 5 à 12€. Cours de salsa gratuit le mercredi à 20h. *53, rue de Geôle/6, impasse Tour-de-Terre* **Caen** *Tél. 06 26 13 55 06 Ouvert mar.-sam. 18h-2h*

Le Carré New Club (plan 1, C2 n°6) Le Carré est officiellement réservé aux plus de vingt-sept ans. Mieux vaut d'ailleurs, pour ces messieurs, se présenter avec un col plutôt qu'un tee-shirt le week-end, cela leur évitera des regrets (en semaine, les *doormen* sont moins regardants sur la tenue). Musique passe-partout : du disco aux derniers tubes de l'été. Pour les amateurs, karaoké le mardi et le mercredi de 21h à 4h, ambiance années 1970-1980 le jeudi, le vendredi et le samedi (22h-5h) et soirées à thème le dimanche (salsa, années 1970, house...). Tarif 8€, avec consommation 15€ *32, quai Vendeuvre* **Caen** *Tél. 02 31 38 90 90 Ouvert jeu.-sam. 23h-6h*

Le Chic (plan 1, C2 n°7) Musique variée (funk, ragga, R&B) et soirées à thème proposées en semaine. Ambiance guindée en début de soirée et poliment survoltée au milieu de la nuit ! Étudiants bienvenus. *Tarif 10€ (inclut une consommation alcoolisée ou 2 non alcoolisées) Gratuit pour les filles le week-end avant minuit 19, rue Prairies-Saint-Gilles* **Caen** *(pl. Courtonne) Tél. 02 31 94 48 72 Ouvert mar.-dim. 23h-6h*

Restauration

petits prix

Greedy Guts (plan 1, B2 n°15) Dans cette "cafète farfelue" (c'est son sous-titre), postée au fond d'une petite impasse du centre ancien, les ingrédients sont bio, majoritairement locaux, et les plats tous végétariens voire végétaliens. Avant de commander, il faut chercher du regard les noms des spécialités du jour sur les petites ardoises suspendues, ou jeter directement un coup d'œil dans la cuisine ouverte. Les assiettes sont à la fois originales et généreuses, servies sur un plateau à emporter soi-même à table. L'après-midi, il est possible de faire une pause sucrée avec notamment un thé du jour, à volonté pour 2€. Et par beau temps, une cour intérieure permet de profiter du soleil, au calme. Plats 7-9€. *15, rue de Bras* **Caen** *Tél. 02 31 93 38 52 Ouvert mar.-sam. 10h30-18h30*

Les Dunes (plan 1, A3 n°16) Boutons de rose séchés, fauteuils en osier... Dans ce restaurant-salon de thé, l'ambiance, tout comme la clientèle, est très féminine, mais tout le monde est bien sûr le bienvenu, tous prêts à déguster au déjeuner de copieuses assiettes. Outre un choix à la carte de galettes et de salades, la cuisine est plutôt familiale, avec une petite touche d'originalité. Dès qu'un rayon de soleil se pointe, une agréable cour intérieure au calme en plein centre-ville permet d'en profiter. Comptez 10-20€. *30, rue Arcisse-de-Caumont* **Caen** *Tél. 02 31 79 60 43 Ouvert lun.-sam. midi Salon de thé mer.-sam. a.-m.*

prix moyens

Bois et Charbon (plan 1, C2 n°20) Âmes sensibles, intolérants au bruit, passez votre chemin. Cette adresse est un peu la cantine du port de plaisance. Ici, la norme est à la musique

GAMME DE PRIX	RESTAURATION	HÉBERGEMENT
Très petits prix	moins de 10€	moins de 40€
Petits prix	de 10 à 15€	de 40 à 60€
Prix moyens	de 15 à 25€	de 60 à 85€
Prix élevés	de 25 à 40€	de 85 à 120€
Prix très élevés	plus de 40€	plus de 120€

poussée à plein volume, de Michel Sardou à Michael Jackson. À mesure que l'heure avance, le brouhaha et les éclats de rire se font plus intenses. Dans ce délicieux désordre, les serveurs, béret vissé sur la tête, parviennent, non sans mal, à se frayer un chemin. La cuisine s'inscrit dans le même esprit, celui de la bonne franquette : de la tripe au rumsteack, de la soupe de poisson au bar à la fleur de sel... Formule déjeuner 10,50€, formule dîner 20,50€, menu 28€. *30, quai Vendeuvre* **Caen** *Tél. 02 31 86 36 82 Ouvert tlj. midi et soir*

☺ **Maître Corbeau (plan 1, C2 n°22)** Ceux qui ne supportent ni le fromage ni tout ce qui a trait à la vache ont tout intérêt à éviter ce restaurant, car l'emblème de la Normandie et ses produits dérivés y sont rois. Des vaches, il y en a partout, de toutes les tailles et de toutes les formes : rieuses, meuglantes, dubitatives, en thermomètre, en horloge... Les plats, aussi bons que copieux, ne dérogent pas à la règle : roulé de jambon au fromage frais, escalopine à la sauce roquefort, dos de cabillaud gratiné au cantal, fondues, tartiflettes... Formule à 10,10€ à midi, menus de 16 à 25€. Terrasse au 1er étage. Réservation conseillée *8, rue Buquet* **Caen** *Tél. 02 31 93 93 00 Ouvert lun. soir, mar.-ven. midi et soir Congés annuels 3 sem. en août et 1 sem. à Noël*

La Medicis (plan 1, A2-B2 n°23) Une des meilleures pizzerias de la ville. Les pizzas y sont excellentes : fines, légères et parfaitement cuites. Également les grands classiques des antipasti : assiette de charcuteries italiennes, tomates-mozzarella, etc. Petite carte de vins de la péninsule. Service rapide et efficace. Comptez 13€ pour un plat. *23, rue Vauquelin* **Caen** *Tél. 02 31 86 08 09 Ouvert lun.-sam. 12h-14h30 et 19h-23h*

Le Bouchon du Vaugueux (plan 1, C2 n°29) Joue de bœuf pressée, duo de rognons et rillons, filet de bar et généreuse sauce au beurre blanc accompagné de purée maison : pas question ici d'accompagner les douceurs de grand-mère d'un "écrasé de pommes de terre" ! Un bistrot-bouchon aux murs tapissés d'ardoise, où sont affichés les plats de saison. Menus à 20 et 30€, et carte des vins réjouissante. Une joyeuse rumeur emplit la salle riquiqui, rapidement bondée et surchauffée (réservation conseillée en fin de semaine). *12, rue Graindorge* **Caen** *Tél. 02 31 44 26 26 Ouvert mar.-sam. 12h-14h et 19h-22h30*

La Courtine (plan 1, A3 n°17) Derrière cette façade bleue agrémentée de cactées se cachent quelques tables devant une cheminée et une cuisine ouverte. En effet, ici rien de ce qui se passe en cuisine n'a de secret pour le gourmet, à qui l'élaboration de chaque plat à l'ardoise est expliquée jusque dans les moindres détails. Les promesses sont tenues dans l'assiette. Sobre, chic et simple. À noter des plats végétariens. Menus à 19 et 22€. Réservation conseillée. *16, rue Caponière* **Caen** *Tél. 02 31 79 19 16 Ouvert mar.-sam. midi et soir*

prix élevés

Le P'tit B (plan 1, B2 n°25) Dans l'une des belles bâtisses à pans de bois de la rue du Vaugueux, Le P'tit B présente un intérieur fort élégant mariant assez justement le cachet ancien des lieux à un mobilier plutôt design. La cuisine n'est pas en reste, inventive, savoureuse et soignée, préparée en fonction du marché du jour, à l'exemple de la cocotte de souris d'agneau et du barbecue de rouget et gambas. Formule midi à 13 et 18€, le soir menus à 18 et 28€. Petite carte de vins. Terrasse à la belle saison. *15, rue du Vaugueux* **Caen** *Tél. 02 31 93 50 76 Ouvert mer.-lun. 12h-14h30 et 19h-22h*

La Poterne (plan 1, B2 n°27) L'intérieur de cette maison à pans de bois semble avoir été décoré par le réalisateur du film *Out of Africa* : trophées de chasse et photos de safaris transportent loin de la Normandie les gourmands et les gourmets couche-tard (service jusqu'à 1h). La carte, renouvelée deux fois par an, propose, bien sûr, du gibier en hiver et du poisson en été : ne manquez pas la côte de bœuf pays d'Auge et le filet de perche aux pignons et à l'estragon. Menus de 18 à 40€, formules à midi à 11,50 et 14,50€. *9, rue du Vaugueux* **Caen** *Tél. 02 31 93 57 46 Ouvert tlj. 12h-15h et 19h-1h*

☺ **L'Archi Dona (plan 1, B2 n°24)** Dans un décor chic et intimiste, orné de discrètes affiches de tauromachie, L'Archi Dona mise sur la qualité de son cadre et de sa cuisine gastronomique aux saveurs méditerranéennes. Entre les poissons, les crustacés, les viandes et les plats à base de foie gras, les menus (qui changent selon l'inspiration du chef) offrent un choix intéressant pour les fines bouches. Les plats sont bien présentés et la musique de fond n'est pas désagréable. Menus à 16€ à midi, de 28 à 49€ le soir. Bonne carte de vins. Le plus : la sollicitude du chef, attentionné et épris de ce qu'il fait. *17, rue Gemare* **Caen** *Tél. 02 31 85 30 30 Ouvert mar.-sam. 12h-14h et 19h30-22h*

À contre sens (plan 1, B2 n°21) Après avoir affiné sa technique dans l'ombre des grands à l'Élysée, Cannes et Deauville, Anthony Caillot officie aujourd'hui en solo derrière les fourneaux. Les plats de ce savant fou, subtils mariages de saveurs, méritent les feux des projecteurs : bœuf-crabe, pomme de terre-bulot, carotte-ananas, etc. Les papilles tombent sous le charme, se sentent bousculées et respectées ! Premier menu à midi à 24€, menus le soir de 48 à 60€ (7 plats). Service souriant. *8, rue des Croisiers* **Caen** *Tél. 02 31 97 44 48 www.acontresenscaen.fr Ouvert mar. soir, mer.-sam. midi et soir*

Dans les environs

prix élevés

Auberge de la Mue Les années glissent tranquillement sur la façade couverte de grimpants entretenus par Nadine Saussans, jardinière du dimanche et chef passionnée. La carte, renouvelée deux fois par an, met à l'honneur les produits locaux, tendance bio : onglet au livarot, foie gras maison et légumes croquants. À savourer, en compagnie d'une clientèle d'habitués, près de la cheminée ou adossé à l'une des poutres de cette chaumière normande. En été, on profite du préau en pierre pour un repas à la fraîche. Menus de 21 à 39€. *1, Grand-Rue* **Thaon** *(13km au nord-ouest de Caen) Tél. 02 31 80 01 47 www.aubergedelamue.com Ouvert lun. et mer. soir, mar. et jeu.-sam. midi et soir, dim. midi*

Hébergement

très petits prix

Auberge de jeunesse (plan 1, C4 n°30) Un peu excentrée au sud de la ville, elle exhibe une devanture qui n'a rien d'attrayant. L'intérieur passe mieux : 1 chambre pour 6 pers. avec salle de bains et toilettes, et 11 chambres de 4 lits avec douche, toilettes et kitchenette. Comptez 13,20€/nuit (carte FUAJ obligatoire), draps 2,50€ et petit déjeuner-buffet

3€. *68, rue Eustache-Restout* **Caen** *Accès bus n°14, n°5 et tram B (dir. Grâce-de-Dieu, arrêt Lycée-Fresnel) Tél. 02 31 52 19 96 Ouvert juin-sept. (accueil 17h-21h)*

petits prix

Hôtel Central (plan 1, B2 n°31) L'adresse tient sa promesse : juste derrière la rue Saint-Pierre, il est difficile de trouver mieux situé. À ce premier avantage s'en ajoute un autre d'importance : les petits prix. Double à 42€ avec douche, de 52 à 54€ avec douche et toilettes, et à 56€ avec baignoire et toilettes. Lit supplémentaire 10€ et petit déj. 7€. Les 25 chambres n'ont guère de charme (pas désagréables non plus) mais possèdent une literie correcte, une TV et un téléphone. *23, place Jean-Letellier* **Caen** *Tél. 02 31 86 18 52 http://pros.orange.fr/central-hotel*

prix moyens

Hôtel de la Fontaine (plan 1, B3 n°32) Entre la place de la République et le boulevard du Maréchal-Leclerc, cet établissement propose 15 chambres qui font l'objet d'améliorations régulières. Literie correcte, TV et wifi. Personnel jeune. Double à 54€. Petit déj. 5,50€. *26, rue de la Fontaine* **Caen** *Tél. 02 31 85 31 70 http://hotelfontaine-caen.com*

Hôtel du Havre (plan 1, C3 n°33) Vu du dehors, l'immeuble ne paie pas de mine. Et pourtant ! Les 19 chambres sont certes élémentaires, mais impeccablement tenues, lumineuses et, en conséquence, plutôt engageantes. De plus, chacune dispose d'une bonne literie, d'un salle de bains spacieuse et, pour certaines, d'un balcon ou d'une vue sur les tours de l'église Saint-Jean. À deux, comptez 67€. Petit déj. 7€. Parking privé. Un bon rapport qualité-prix. *11, rue du Havre* **Caen** *Tél. 02 31 86 19 80 www.hotelduhavre.com*

prix élevés

Hôtel Bristol (plan 1, C3 n°34) Non loin de la Prairie et des berges de l'Orne, le Bristol offre un environnement plus calme que ses confrères du centre-ville et, dans bien des cas, des chambres plus spacieuses. Peintes dans des tons clairs, elles se prêtent assez bien au repos. Double de 85 à 97€ environ selon que vous optez pour la douche ou la baignoire. Le petit déjeuner-buffet (9€) a de quoi contenter les appétits matinaux : chaussons aux pommes, yaourts, jus de fruits, charcuterie, fromages… Également un bar, ouvert de 12h à 23h. *31, rue du 11-Novembre* **Caen** *Tél. 02 31 84 59 76 www.hotel-bristol-caen.com*

prix très élevés

Le Clos Saint-Martin (plan 1, A2 n°37) Luxe, calme et tasse de thé dans le centre-ville de Caen ? Sylvie et Jean-Noël relèvent le défi et accueillent, à l'abri du bruit dans cet hôtel particulier des XVIe et XVIIIe siècles, les hôtes en quête d'escapade romantique. Les 4 chambres équipées (bouilloire, minibar, peignoir, etc.) portent la marque d'un goût très sûr : pierres et poutres apparentes, meubles marquetés, tapis soignés et literie diabolique ! On se love avec délice dans ces alcôves de charme (la chambre Albane avec ses tons framboise est notre préférée) avant de descendre prendre un petit déjeuner normand servi aux chandelles. Un régal absolu ! Comptez entre 115 et 135€ la double, petit déj. compris. *18bis, pl. Saint-Martin* **Caen** *Tél. 02 31 50 08 71 www.leclossaintmartin.com*

Hôtel Mercure (plan 1, C2 n°36) Face au port de plaisance, les 126 chambres de cet hôtel sont de très bon standing, claires et spacieuses, avec climatisation, coin salon, certaines avec minibar et écran TV extra-large. Bref, tout ce que vous pouvez attendre de cette chaîne hôtelière et à ces prix : de 120 à 150€ la double. Petit déj. 15€. Parking couvert payant 5€ la journée, 10€ la nuit. *1, rue de Courtonne* ***Caen*** *Tél. 02 31 47 24 24 www.mercure.com*

Hôtel-restaurant Le Dauphin (plan 1, B2 n°35) Installé dans un ancien prieuré, à deux pas du château, le Dauphin ne manque pas de charme : accueil bienveillant, intérieur cosy, coin bar avec une cheminée... Ses 37 chambres (dont 5 suites) sont plaisantes et bien équipées. Les moins chères n'ont pas beaucoup de caractère, tout le contraire des plus coûteuses : de 140 à 190€ la double. Petit déj. 14€. Les plus : la salle de fitness (accès libre) et le spa (15€). La table du restaurant est assez réputée, notamment pour ses tripes à la mode de Caen. Menus de 24 à 52€. Parking privé. *29, rue Gémare* ***Caen*** *Tél. 02 31 86 22 26 www.le-dauphin-normandie.com*

Dans les environs

camping

Camping Les Hautes Coutures Vraiment bien situé : à quelques minutes de Caen par la voie express qui mène à Ouistreham et à environ 2km de la mer. Il met à la disposition des estivants : parc aquatique (piscine couverte, toboggan...), terrain multisport, salle de jeux, bar, alimentation, restauration rapide, minigolf... De 20 à 30€ pour deux adultes en tente (5,50€ la nuit pour les enfants de moins de 7 ans). Location de mobile homes à la nuit et à la semaine. *Route de Ouistreham* ***Bénouville*** *(10km au nord-est de Caen par la D515, dir. Ouistreham) Tél. 02 31 44 73 08 www.campinghautescoutures.com Ouvert avr.-oct.*

prix élevés

La Gran'Caye Suzy et Bernard Lemanissier cultivent, sur les rives de la Mue, le sens de l'accueil et du partage dans cette bâtisse du XVIIIe siècle, rénovée avec talent. Les 2 chambres sous les combles, confortables et charmantes, poussent à la paresse, celles de l'annexe, fonctionnelles et spacieuses, séduisent les familles. Le soir, tous se retrouvent attablés pour un dîner concocté par Bernard : produits normands au menu, servis avec humour et convivialité. Ne vous privez pas d'une balade digestive dans le ravissant jardin sous le ciel étoilé. Double de 52 à 76€ (tarifs dégressifs dès la 2e nuit) et table d'hôtes à 28€, boisson comprise. *11, ch. du Clos-Joli* ***Rosel*** *(5km au nord de Caen par le périphérique, sortie Mémorial et Saint-Germain-la-Blanche-Herbe) Tél. 02 31 80 32 99 www.chambresrosel.com*

GAMME DE PRIX	RESTAURATION	HÉBERGEMENT
Très petits prix	moins de 10€	moins de 40€
Petits prix	de 10 à 15€	de 40 à 60€
Prix moyens	de 15 à 25€	de 60 à 85€
Prix élevés	de 25 à 40€	de 85 à 120€
Prix très élevés	plus de 40€	plus de 120€

OUISTREHAM

14150

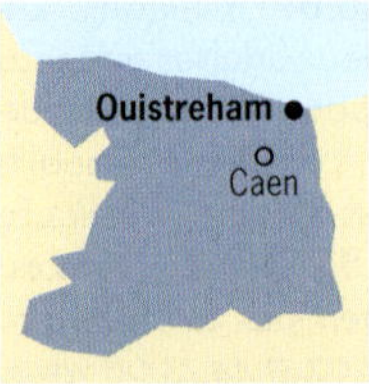

Ouistreham présente plusieurs visages : celui de la station balnéaire peut-être la plus appréciée de la Côte de Nacre, avec ses bandes de sable qui s'étirent à perte de vue et ses villas édifiées quand vint la mode des bains de mer, à la fin du XIXe siècle ; celui d'un vieux bourg construit autour de l'église Saint-Samson ; celui d'un port d'embarquement pour l'Angleterre, fréquenté en toute saison. Aujourd'hui, la ville, avec ses plages et son casino, est le lieu de villégiature favori des Caennais en fin de semaine.

CÔTE DE NACRE Tout le long des 23km qui séparent Ouistreham de Ver-sur-Mer, la Côte de Nacre déroule ses longues plages de sable fin, aux couleurs si douces que le littoral leur doit son nom. Appréciée depuis le milieu du XIXe siècle, la région est l'un des hauts lieux de villégiature en France. De cette période faste, les bords de mer ont hérité de somptueuses villas qui semblent sans cesse hésiter entre le style balnéaire et campagnard, entre l'aspect rococo et celui d'un chalet. Ici, aucun village ne ressemble à l'autre. Du bourg de Ouistreham aux plages de Riva-Bella, de Bernières-sur-Mer – la plus ancienne cité de la côte – à Luc-sur-Mer, connu pour son centre de thalassothérapie, de Saint-Aubin-sur-Mer – la "reine de l'iode" – à Courseulles-sur-Mer, petit port devenu une station familiale très fréquentée en été, il y en a pour tous les goûts. Les amateurs d'espaces naturels et de randonnées ne seront pas en reste. La réserve ornithologique de l'estuaire de l'Orne s'étend sur 900ha. Traversée par plusieurs sentiers pédestres et cyclistes, elle abrite une grande variété d'oiseaux marins. Comme l'ensemble de la Normandie, la Côte de Nacre est aussi intimement liée à l'histoire du Débarquement, dont elle conserve de nombreux témoignages. Sur cette côte, la libération est le fait des commandos britanniques et canadiens, et d'un commando français mené par le commandant Kieffer.

MODE D'EMPLOI

accès

EN VOITURE
Ouistreham se situe à 15km au nord de Caen par les D515 et D514, à 38km à l'ouest de Deauville par les D513 et D514, à 40km à l'est de Bayeux par les D516 et D514 (ou les N13 et D514). Une route côtière, la D514, permet de rejoindre Lion-sur-Mer (6km), Luc-sur-Mer (10km) et Courseulles-sur-Mer (18km).

EN CAR
La ligne n°1 relie Caen à Ouistreham. Arrêts à Bénouville, Lion-sur-Mer, Luc-sur-Mer... La ligne n°3 assure la navette entre les villages du littoral (de Ver-sur-Mer à Luc-sur-Mer) et la capitale bas-normande. En été, la ligne n°75 dessert toute la Côte de Nacre, de Bayeux à Ouistreham.
Bus verts du Calvados *Tél. 0810 214 214 www.busverts.fr*

EN FERRY
Brittany Ferries Deux à quatre rotations par jour avec Portsmouth (navette rapide 3h45, 5h45 de jour, 7h de nuit) avec Brittany Ferries. *Tél. 0825 828 828 www.brittany-ferries.fr*
Gare maritime *Sur le boulevard Maritime Tél. 02 31 36 36 66*

orientation

Trois quartiers forment Ouistreham : au sud, le bourg, dont le centre se serre autour de l'église Saint-Samson ; à l'est, la zone des ports et de la gare maritime ; au nord, la station balnéaire, Riva-Bella.

taxis

Taxis de Ouistreham *114, rue Gambetta Tél. 02 31 97 39 41*
Courseulles Taxi *Tél. 02 31 37 90 37*
Luc-sur-Mer Taxi *Tél. 02 31 44 07 20*

location de vélos

Riva Loisirs Location de vélos et de VTT. *77, av. du Maréchal-Foch* ***Ouistreham*** *Tél. 02 31 97 19 04 Ouvert Pâques-Toussaint : mar.-sam. 10h-22h*
Chipie Plage Location de bicyclettes et de rosalies (à l'heure). *Rue Léo-Gariepy* ***Courseulles-sur-Mer*** *Tél. 06 87 92 36 51 Ouvert avr.-sept. : tlj. 10h-22h*

informations touristiques

Office de tourisme de Ouistreham L'office édite un guide très pratique de la ville réunissant toutes les informations utiles au visiteur. *Esplanade Lofi Tél. 02 31 97 18 63 www.ouistreham.fr Ouvert avr.-juin, sept. : tlj. 10h-13h et 14h-18h30 ; juil.-août : tlj. 10h-19h ; oct.-mars : lun.-sam. 10h01-13h et 14h30-17h30, dim. 14h30-17h30*
Office de tourisme de Luc-sur-Mer *Rue du Dr-Charcot Tél. 02 31 97 33 25 www.luc-sur-mer.fr Ouvert juil.-août : tlj. 9h30-12h30 et 14h-19h ; hors saison : 10h-12h et 15h-17h, fermé lun. ap.-m., mer. ap.-m., jeu.*
Office de tourisme de Courseulles *5, rue du 11-Novembre Tél. 02 31 37 46 80 www.courseulles-sur-mer.com Ouvert avr.-juin, sept. : tlj. 10h-12h30 et 14h30-18h ; juil.-août : tlj. 10h-19h ; oct.-mars : mar.-sam. 10h-12h30 et 14h30-18h*

marchés

Les mardi et samedi dans le **bourg de Ouistreham**, où un marché aux poissons se tient également tous les jours sur le **port**. À **Riva-Bella**, le vendredi et le dimanche en mai-juin et septembre, du mercredi au dimanche en été et le vendredi hors saison. À **Luc-sur-Mer**, les mercredi (été) et samedi. À **Courseulles**, le dimanche matin (été), le mardi et le vendredi (toute l'année).

DÉCOUVRIR

☆ **Les essentiels** Les villas de Lion-sur-Mer, le centre Juno Beach à Courseulles **Découvrir autrement** Essayez-vous à la voile à la station nautique de Ouistreham, offrez-vous un moment de détente au hammam de Luc-sur-Mer, aller écouter un *live* à La Fabrique de Lion-sur-Mer

Ouistreham

Musée du Mur de l'Atlantique Installé dans un poste de commandement de tirs du mur de l'Atlantique, ce musée est une reconstitution fidèle du bâtiment tel que les soldats britanniques l'ont trouvé le 9 juin 1944. D'étage en étage, de la chambre des soldats à l'armurerie, de la salle des radios jusqu'au poste de télémétrie, le visiteur découvre les méandres de ce grand bunker. Au quatrième, la plate-forme offre une belle vue sur la ville et l'embouchure de l'Orne et sur la baie de Seine. Une barge de débarquement restaurée pour le film *Il faut sauver le soldat Ryan*, don de vétérans qui la conservaient jusqu'alors au Royaume-Uni, est exposée à l'extérieur du musée. *Av. du 6-Juin Tél. 02 31 97 28 69 www.musee-grand-bunker.com Ouvert avr.-sept. : tlj. 9h-19h ; fév.-mars et oct.-déc. : tlj. 10h-18h Fermé jan. Tarif 7€, 6-12 ans 5€*

LES PLAGES DE LA CÔTE DE NACRE

De Ouistreham à Courseulles, les baigneurs n'ont que l'embarras du choix entre les plages de Riva-Bella, très en vogue ; Colleville-Montgomery, la "dunaire" ; Hermanville-sur-Mer, la "sportive" ; Luc-sur-Mer, la "thermale" ; Langrune-sur-Mer, la "plage des enfants" ; Saint-Aubin-sur-Mer, la "reine de l'iode" et Courseulles, la "familiale"...

Musée du N°4 Commando Ce modeste musée détaille l'épopée du 4e commando franco-britannique qui, mené par Lord Lovat et le commandant Philippe Kieffer, libéra Ouistreham au cours de la matinée du 6 juin 1944. Une vidéo relate le fil des opérations dans la ville. Des vitrines, garnies d'armes, d'uniformes, de photos, de souvenirs et de cartes, illustrent et expliquent cet événement. *Place Alfred-Thomas Tél. 02 31 96 63 10 www.musee-4commando.org Ouvert mi-mars-oct. : tlj. 10h30-13h et 13h30-18h30 Tarif 5€, enfant 3€, moins de 10 ans gratuit*

Église Saint-Samson Bâti au XIIe siècle, l'édifice, essentiellement roman, vaut le coup d'œil. Sa façade est ornée d'un décor foisonnant composé de motifs géométriques variés et d'arcatures aveugles. Le porche est encadré de quatre archivoltes finement sculptées. Plus tardive, la tour quadrangulaire, typique du gothique normand, date du XIIIe siècle. La nef présente une belle alternance de piliers, tantôt massifs, tantôt élancés, surmontés de fenêtres hautes à la base desquelles court une galerie de circulation. Le chevet à trois étages, d'architecture gothique, conserve un décor roman à ses niveaux inférieurs. *Place Albert-Lemarignier*

Grange aux Dîmes À côté de l'église subsiste un ensemble de bâtiments du XVe-XVIe siècle. Jusqu'à la Révolution, Ouistreham était une baronnie appartenant à la mère supérieure de l'abbaye de la Sainte-Trinité à Caen. La population locale lui était redevable d'une dîme (un impôt représentant environ un dixième des récoltes et du bétail), qui était conservée dans ces bâtiments. *À côté de l'église Saint-Samson Ne se visite pas, ouvert lors des expositions temporaires*

Port de plaisance Creusé en 1960 sur la rive droite du canal, le bassin compte 650 places. À l'ombre des arbres qui bordent les quais, les plaisanciers, venus des quatre coins du globe, stationnent en toute tranquillité. Une buvette, installée face au quai, permet au promeneur de s'y arrêter aussi, pour siroter un verre ou grignoter quelque chose. *www.ouistreham-plaisance.com*

Où dégoter flacons et dives bouteilles ?

Rivavin Cet ancien sommelier distille ses informations au compte-gouttes, à moins que vous n'ayez besoin d'un conseil sur l'accord mets et vins : intarissable et inventif, il vous proposera alors des mariages singuliers. Belles références de Bourgogne et quelques vins naturels (rouge et blanc). La gamme des produits cidricoles n'est pas en reste (calvados, poiré, cidre, pommeau, etc.), non moins que les whiskies et les liqueurs, que les amateurs peuvent déguster. *17, av. de la Mer Tél. 02 31 96 54 16 www.rivavin.com Ouvert juil.-août : tlj. 9h-13h et 14h30-19h30 ; sept.-juin : mar.-sam. 9h30-12h30 et 15h-19h30, dim. 9h30-12h30*

Où faire une pause givrée ?

Glacier Simard Le représentant de la troisième génération Simard s'active dans son laboratoire pour faire fondre les gourmands. Au choix, une quarantaine de sorbets et crèmes glacées : du classique (mangue, *After Eight*, caramel au beurre salé, etc.) au régressif (Kinder et fraise Tagada) ; la palme revient sans nul doute au rafraîchissant mandarine-fromage blanc. À savourer dans un cornet fait maison. *Simple 1,80€, double 2,80€. 35, av. de la Mer Tél. 02 31 96 71 19 Ouvert été : tlj. 10h30-23h ; hiver : ven.-dim. 14h-19h*

Pratiquer des sports nautiques

Station nautique de Ouistreham Grâce aux tickets multi-activités (4€ l'unité), vous pourrez pratiquer toutes sortes de sports et de loisirs : planche à voile, catamaran, char à voile, bodyboard, karting... L'école de voile organise de nombreux stages à la semaine (dès 4 ans). *3 points d'accueil et de vente esplanade Lofi (à l'entrée de la plage) Tél. 02 31 96 52 31 point plage (bd Aristide-Briand, sur le front de mer) Tél. 02 31 96 75 74 école de voile (près du phare) Tél. 02 31 97 00 25 www.calvados-nautisme.com*

Partir en randonnée

Pointe du Siège Cette pointe dunaire face à l'estuaire est, pour l'essentiel, une réserve ornithologique peuplée de très nombreux oiseaux marins. Au départ du port de plaisance, le circuit pédestre conduit jusqu'à la pointe, où une tour d'observation offre un beau panorama sur l'embouchure de l'Orne et la côte

L'art de flamber

Casino de Ouistreham Les casinos s'égrènent sur la côte normande. Celui de Ouistreham accueille une population bigarrée : les joueurs invétérés y croisent les curieux ou les vacanciers en cure thermale. Toute la panoplie des jeux de hasard (130 machines à sous et autres jeux de table) pour perdre ou décupler sa paie. Ceux qui n'y trouvent pas plaisir peuvent se réfugier au bar, idéal pour observer la frénésie des lieux. Le casino a aussi deux restaurants (dont l'un dansant), un bar et une discothèque. *Place Alfred-Thomas Tél. 02 31 36 30 00 www.lucienbarriere.com Ouvert tlj. 10h-jusqu'à l'aube*

(n'oubliez pas d'apporter vos jumelles). Retour par le phare. Le parcours est de 4km, la durée de 2h. Carte de randonnée en vente à l'OT.

Voie verte-Chemin de halage Les plus courageux peuvent rallier Ouistreham à Caen en empruntant le sentier pédestre et cycliste de 15km qui longe le canal au départ du port. Une belle balade au fil de l'Orne.

● Monter à cheval

L'Étrier de la plage Promenades à cheval sur les plages (24€/h) ou dans la campagne environnante (24€/h) pour débutants et cavaliers confirmés. Également, des tours de poney sur la plage (5€/10min) et des cours d'équitation pour les enfants (24€/h). *Bd Maritime Tél. 02 31 96 69 51 Ouvert toute l'année Prestations équivalentes au centre équestre de Ouistreham, tenu par le même propriétaire 12, route de Caen Tél. 02 31 96 41 41 www.aissa-ceo.com*

● Faire du karting

Karting de Ouistreham Il y en a pour les petits (plus de 7 ans) et pour les grands. Adulte et enfant (à partir de 7 ans), 12€ les 10min et 20€ les 20min. *Bd Maritime Tél. 02 31 96 65 62 Ouvert juil.-août : tlj. 10h-19h ; basse saison : sam.-dim. 9h30-19h vac. scol. tlj.*

Les environs de Ouistreham

Lion-sur-Mer et ses environs

☆ **Villas** Au milieu du XIXe siècle, la mode des bains de mer transforma le petit village de Lion-sur-Mer en station de villégiature. Rien à voir avec Deauville ou Cabourg, mais Lion abrite tout de même quelques perles : l'hôtel néo-classique de la Plage (place Clemenceau) et, à quelques pas, l'ancien casino, appelé Villa Louis (4, rue Joseph-Pasquet). Puis, sur le bord de mer, boulevard du Calvados, le Chalet Henri (n°22), la Tamise (n°28) et la Horde (n°32). En revenant par la rue de Ouistreham, la Salamandre (n°38) et la villa Nancy (n°5). Enfin, la villa Pierre-Lescot (30, rue du Maréchal-Gallieni), qui abrite aujourd'hui la mairie. Si vous poursuivez jusqu'à Hermanville-sur-Mer par la rue du Pré-de-l'Isle, ne manquez pas la villa Les Tamaris (n°526/552) et La Bluette construite par Hector Guimard (n°272). ***Lion-sur-Mer** (6km au nord-ouest de Ouistreham)*

Église Saint-Pierre Elle retient l'attention par la pureté de sa tour romane (première moitié du XIIe s.). Percée à ses trois étages d'arcades cintrées, l'église se termine par une plate-forme de guet bâtie pendant la guerre de Cent Ans. À voir dans le transept, un bas-relief représentant le Christ entouré de pêcheurs. *Place des Victimes-du-2-Juillet-1944 **Lion-sur-Mer** (6km au nord-ouest de Ouistreham)*

Maison du Fossile Une incroyable collection de fossiles, vieux de 200 à 65 millions d'années : des os de dinosaures, une mandibule de crocodile marin et des coraux de l'ère oxfordienne (-160 millions à -151 millions d'années) témoignent d'une époque où il faisait tous les jours 30°C en Normandie…

19M, C'EST ASSEZ Découvrez dans les jardins de la mairie de Luc-sur-Mer l'impressionnant squelette (19m de long) d'une **baleine**, échouée sur la plage en janvier 1885. Autour s'étire un joli parc floral où les enfants peuvent jouer avec des chèvres naines et des animaux de basse-cour.

Un joli voyage à travers l'histoire géologique et paléontologique de la région. *2, pl. des Victimes-du-2-Juillet-1944 (face à l'église)* ***Lion-sur-Mer*** *(6km au nord-ouest de Ouistreham) Tél. 02 31 96 88 00 www.maisondufossile.fr Ouvert juin-sept. : mer.-lun. 10h-12h et 14h-18h ; mai, oct. : lun. et mer.-sam. 14h-18h ; reste de l'année : sam.-dim. 14h-18h Tarif 5€, étudiant et 13-18 ans 4€, 6-12 ans 3€*

Maison de la Baleine On y apprend moult choses sur l'horrible chasse menée depuis le IXe siècle, sur les caractéristiques morphologiques et sur les points d'observation de la baleine en Normandie… *Rue de la Mer* ***Luc-sur-Mer*** *(4km au nord-ouest de Lion-sur-Mer par la D514) Tél. 02 31 97 55 93 www.maisondelabaleine.com Ouvert avr.-juin, sept. : w.-e. et j. fér. 15h-18h ; juil.-août : lun.-sam. 10h-12h30 et 14h30-18h30, dim. 14h30-18h30 Tarif 3€, 4-12 ans 2€*

Où boire un verre en musique ?

☺ **La Fabrique** Une terrasse "les pieds presque dans l'eau" et une vue plongeante sur la mer : jusque-là rien d'extraordinaire. Mais, poussez la porte de La Fabrique et vous serez emportés par un tourbillon de musique. Blues enivrant, session électro ou improvisation de jazz manouche, la programmation donne des frissons, tout comme le mojito (7€) servi par une équipe jeune et dynamique. Ambiance mi-*lounge* mi-*grunge*. Bondé les soirs de *live* (vendredi et samedi). *2, bd du Calvados* ***Lion-sur-Mer*** *Tél. 02 31 36 03 87 http://lafabrique-lion.com Ouvert tlj. 11h-1h*

Faire une cure de thalasso

Institut de cure marine L'endroit pour prendre son temps et soin de soi. Pour ce faire, cet institut propose plusieurs formules de cure, mille et un soins de thalasso ou d'esthétique, des massages et un bel hammam à l'orientale (réservé aux femmes ou mixte selon les horaires). *2, rue Guynemer* ***Luc-sur-Mer*** *(4km au nord-ouest de Lion-sur-Mer par la D514) Tél. 02 31 97 32 22 www.thalasso-normandie.com Hammam tlj. Cure et thalasso lun.-mar., jeu.-ven. 9h-12h30 et 14h-18h30, mer., sam. 9h-12h30*

Courseulles-sur-Mer et ses environs

Croix de Lorraine Non loin d'un ancien blockhaus, cette croix de Lorraine, symbole de la Résistance, commémore le retour du général de Gaulle en France, le 14 juin 1944. *Voie des Français-Libres* ***Courseulles-sur-Mer*** *(17,5km au nord-ouest de Ouistreham) (front de mer, ouest de la ville)*

☆ **Centre Juno Beach et parc Juno** Érigé face aux plages où quelque 14 000 soldats canadiens et 9 000 britanniques débarquèrent le 6 juin 1944, ce musée relate la contribution canadienne à l'effort de guerre et à la libération de l'Europe : la situation politique et militaire d'avant-guerre au Canada (à peine 8 000 soldats tous corps confondus), les liens historiques de ce pays avec l'Angleterre, les combats meurtriers sur les plages de Juno (de Saint-Aubin-sur-Mer à Courseulles)… Une approche pédagogique, didactique et interactive, à la portée de tous les publics. La visite guidée du parc Juno (plage, vestiges du mur de l'Atlantique) restitue avec précision les événements du Jour J. *Voie des Français-Libres* ***Courseulles-sur-Mer*** *(17,5km au nord-ouest de Ouistreham) Tél. 02 31 37 32 17 www.junobeach.org Ouvert mars, oct. : tlj. 10h-18h ; avr.-sept. : tlj. 9h30-19h ; nov.-déc., fév. : tlj. 10h-17h Fermé jan. Visite guidée du parc Juno avr.-oct. : tlj. durée env. 45min Tarif 7€/11€ avec le parc Juno, enfant 5,50€/9€ avec le Parc Juno Musée gratuit pour les moins de 8 ans*

Musée de Courseulles Ce modeste musée s'articule en trois espaces muséographiques. Le premier est dédié au torpilleur *La Combattante*, victime d'une mine en février 1945. Le deuxième, plus intéressant, se consacre aux arts et traditions populaires normands : vous y verrez notamment des fichus et des coiffes de la région, quelques belles pièces en dentelle de Bayeux et un magnifique châle en dentelle de Chantilly. Enfin, un troisième s'attache aux constructions navales de la maison Labrèque à Courseulles avec quelques maquettes de bateaux. Chaque année : une exposition thématique. *17, rue de l'Amiral-Robert* ***Courseulles-sur-Mer*** *(à côté de l'église) (17,5km au nord-ouest de Ouistreham) Tél. 02 31 37 70 00 Ouvert fin juin-mi-sept. : lun., mer.-dim. 15h-19h Entrée libre*

Église de Bernières-sur-Mer Son clocher gothique (XIIIe s.), à deux étages carrés, est l'un des plus élevés du Calvados. Culminant à 67m, il a longtemps servi d'amer aux marins. À l'intérieur, la nef de l'église illustre assez bien l'évolution architecturale du roman (arcades en plein cintre et chapiteaux à godrons) au gothique (fenêtres en arc brisé et chapiteaux à feuillages). Dans le chœur, un retable remarquablement haut (7m), en pierre calcaire rehaussée de dorures et flanqué de colonnes torsades. Également une Crucifixion (fin du XVIe s.). ***Bernières-sur-Mer*** *(2,5km à l'est de Courseulles par la D514)*

Cimetière militaire canadien de Bény-sur-Mer Planté au milieu des champs, à l'ombre de tilleuls et de peupliers, ce cimetière porte la mémoire des 2 044 soldats canadiens tombés lors du débarquement sur les plages de Juno, le 6 juin 1944, et lors des opérations ultérieures. ***Bény-sur-Mer*** *(4km au sud de Courseulles par la D79 en direction de Caen, puis 1km sur la D35 vers Réviers)*

Le D-Day à Saint-Aubin-sur-Mer

Le 6 juin à 7h30 du matin, les soldats canadiens du "North Shore" débarquent sur la plage de **Saint-Aubin**, baptisée "Nan Red". Ils devront lutter jusqu'à 18h avant de neutraliser le système de défense allemand, composé de deux canons, un de 75mm dirrigé vers la mer (qui n'existe plus) et un de 50mm sous casemate qui se trouve encore sur le front de mer, à côté d'une plaque en l'honneur des troupes anglo-canadiennes. *5km à l'est de Courseulles-sur-Mer par la D514*

Musée America-Gold Beach Ce petit musée se partage en deux espaces muséographiques. Le premier retrace l'histoire fascinante de la première liaison aéropostale entre les États-Unis et la France, le 27 juillet 1927, qui s'est terminée par un atterrissage forcé à Ver-sur-Mer. Le second propose, au moyen de cartes, photos et maquettes, une rétrospective du Débarquement et de la tête de pont britannique sur le secteur de Gold Beach. *2, pl. Amiral-Byrd* ***Ver-sur-Mer*** *(6,5km à l'ouest de Courseulles par les D514 et D112) Tél. 02 31 22 58 58 http://goldbeach.org.uk/museum Ouvert juil.-août : tlj. 10h30-17h30 ; avr.-juin et sept.-oct. : lun., mer.-dim. 10h30-17h30 Tarif 4€, étudiant et 5-18 ans 2,40€*

● Prendre le large

Bateau *Ville de Courseulles IV* Pour une sortie en mer (1h30) ou une partie de pêche (3h), l'école de voile de Courseulles dispose d'un bateau à moteur pouvant transporter sept passagers. *Place du Dr-Lerosey* **Courseulles-sur-Mer** *Tél. 02 31 37 92 59 www.edvcourseulles.fr*

École de voile Toutes les activités nautiques pour petits et grands : planche et char à voile, Optimist, dériveur, catamaran, canoë-kayak de mer, etc. À pratiquer en stage ou seul (location à l'heure). *Place du Dr-Lerosey* **Courseulles-sur-Mer** *Tél. 02 31 37 92 59 ecoledevoile.courseulles@wanadoo.fr Ouvert toute l'année*

L'estuaire de l'Orne

Maison de la nature et de l'estuaire La Maison de la nature est une étape préalable à l'exploration de l'estuaire de l'Orne, qui s'étend sur près de 1 000ha et cinq communes. Une exposition permanente vous initiera à cet écosystème et aux espèces animales et végétales qui le peuplent. Vous y trouverez aussi toute la documentation nécessaire (ouvrages naturalistes, topoguides, itinéraires cyclistes). N'hésitez pas à poser quelques questions à l'accueil, vous obtiendrez de précieux conseils. De juin à septembre, l'association organise des balades thématiques à la découverte de l'estuaire (5€/3,50€). Possibilité de louer une paire de jumelles. ***Sallenelles*** *(10km au sud-est de Ouistreham par la D514) Tél. 02 31 78 71 06 www.cpievdo.fr Ouvert mai-juin, sept. : mar.-dim. 10h-12h30 et 14h-18h ; juil.-août : mar.-dim. 14h-18h ; oct.-mi-déc., fév.-avr. : mar.-dim. 14h-17h30 Tarif 2€, enfant et étudiant 1€, moins de 6 ans gratuit*

CARNET D'ADRESSES

Restauration

prix moyens

Les Tisons Une table sympathique et sans prétention de la très animée avenue de la Mer à Riva-Bella. On y mange bien et pour pas trop cher si l'on opte pour un plat du jour (7,50€), l'une des 15 salades (en saison) ou l'une des 18 sortes de moules-frites. Les menus sont plus onéreux : 22 et 27€. Patronne prévenante et souriante. Quelques tables en terrasse, dans la rue piétonne, en été. *74, av. de la Mer* **Ouistreham** *Tél. 02 31 96 20 17 Ouvert mer.-dim. midi et soir*

Les Cabines Cette crêperie a troqué les traditionnels nœuds marins pour une décoration chic et sobre, où flotte un air de Croisette : le regard glisse de la flamme d'une bougie qui danse au piano silencieux, avant de balayer les titres de romans policiers alignés sur une étagère. On ne serait pas étonné de voir une starlette pousser la porte et commander en toute discrétion une galette inspirée (7-10€) ou une assiette garnie (12-19€). N'ayez pas les yeux plus gros que le ventre, on ne badine pas aux Cabines : Véronique et Thierry servent des produits frais avec une sincère générosité ! Accueil souriant. *19, route de Lion* **Ouistreham** *Tél. 02 31 97 17 93 Ouvert juil.-août : lun.-sam. 12h-14h et 19h-21h30 ; sept.-juin : mar. 12h-14h, mer.-sam. 12h-14h et 19h-21h30 Fermé 3 sem. en fév.*

prix élevés

Table d'hôtes Repris en 2012 par Sylvie et Yoann, cette table d'hôtes n'a rien perdu de sa qualité et de sa réputation. Dans l'assiette, les produits sont frais et respectueux des saisons, les saveurs légères et raffinées, et la présentation particulièrement soignée. La carte évolue ainsi régulièrement, mais laissez-vous tenter par les poissons, comme ce bar rôti avec avocat et pomelos, ou ce lieu sauce crevettes. Les desserts sont tout aussi recommandables. Menu à midi à 19€, menu saveur (entrée, plat, fromage, dessert) à 31€, menu convivial (6 plats) à 44€. Accueil charmant. Réservation conseillée. *10, av. du Général-Leclerc* **Ouistreham** *Tél. 02 31 97 18 44 Ouvert jeu.-lun. midi et soir, mar. et dim. midi*

Dans les environs

petits prix

Le Crabe vert L'adresse pour un déjeuner tardif (jusqu'à 15h30) et pas cher sur la Côte de Nacre. Posté sur le bord de mer à Saint-Aubin, le Crabe vert a de quoi contenter tout le monde. À la fois bar-brasserie, crêperie et pizzeria, il propose des plats simples et corrects : salades à 10-11€, plats à 14-15€. *12, rue Pasteur* **Saint-Aubin-sur-Mer** *(12km au nord-ouest de Ouistreham par la D514) Tél. 02 31 96 61 17 Ouvert tlj. midi et soir Fermé déc.-jan.*

prix moyens

L'Écume des mers Les restaurants bon marché face à la mer ne sont pas nombreux à Ouistreham. L'Écume des mers tombe donc à pic. À 10min à pied du casino en longeant les plages (de quoi se mettre en appétit puis digérer), cet établissement permet de dîner en regardant le soleil couchant. La cuisine, à base de poissons et de fruits de mer (plateau à 28€), est un peu plus quelconque. Menus de 17 à 30€. À la carte, comptez 20-30€. *17, bd Maritime* **Colleville-Montgomery** *(100m après la sortie de Ouistreham par le bord de mer) Tél. 02 31 97 19 82 Ouvert tlj. midi et soir*

prix élevés

Ferme Saint-Hubert L'adresse idéale pour un dîner en tête-à-tête "au soir à la chandelle" : le cadre désuet et romantique donne envie de réveiller le courtisan qui sommeille en soi et de réciter du Ronsard près de la cheminée. La famille Famin s'active en cuisine, et le service en salle répond aux attentes d'une clientèle fidèle à une carte traditionnelle (saumon fumé maison, ris de veau, filet de turbot). Menus à 29, 35 et 40€, qui font la part belle aux produits du terroir et aux viandes en particulier. Réservation conseillée. *3, rue de la Mer* **Colleville-Montgomery** *(4km à l'ouest de Ouistreham) Tél. 02 31 96 35 41 www.ferme-sainthubert.com Ouvert mar.-sam. midi et soir, dim. midi Fermé 3 sem. en jan.*

Hôtel-restaurant des Thermes Ici, deux options s'offrent aux fines bouches : manger face à la mer ou côté jardin, près des pommiers et de la piscine. Les mets sont de qualité, un peu chers cependant : menus de 28 à 49€ env. et 40€ à la carte. Spécialités de poisson : marmite du pêcheur au safran, filet de turbot grillé vinaigrette de coques aux fèves et légumes de saison. Service très soigné, mais un brin guindé. Les Thermes proposent aussi 48 chambres de 109 à 124€. Accès wifi et parking privé gratuits. *3, rue Guynemer* ***Luc-sur-Mer*** *(10km au nord-ouest de Ouistreham par la D514) Tél. 02 31 97 32 37 www.hotel resto-lesthermes.com Fermé nov.-mars*

Hébergement

prix élevés

Hôtel-restaurant Le Saint-Georges Derrière le casino, ce qui lui gâche un peu la vue sur le large, Le Saint-Georges compte 21 chambres, simples et confortables, bonne literie, TV, téléphone et salle de bains-toilettes privées. Certaines ont vue sur la mer, mais les plus tranquilles sont celles donnant sur le jardin arrière. Double de 75 à 85€, petit déj. 9,50€. Également un restaurant : menus de 15 à 43€. *51, av. Andry* ***Ouistreham*** *Tél. 02 31 97 18 79 www.hotel-le-saint-georges.com Fermé jan.*

Hôtel de la Plage À quelques foulées des plages et des rues commerçantes, cette villa possède 16 chambres aussi douillettes que lumineuses, avec vue sur le jardin ou la cour. Sobres et bien équipées (TV, téléphone), elles ont tout ce qu'il faut pour que vous vous y sentiez bien. Double à 82€, petit déj. 9,50€. Sauna (35€/h pour 4 pers., peignoirs fournis) Parking fermé gratuit. *39, av. Pasteur* ***Ouistreham*** *Tél. 02 31 96 85 16 www.hotel-ouistreham.com Fermeture annuelle, se rens.*

prix très élevés

La Mare ô Poissons À peine excentré du centre-ville, cet hôtel moderne présente les défauts de ses qualités (et inversement) : les 30 chambres, à la décoration sobre, sont d'un grand confort, mais manquent de charme. À défaut de la vue sur la mer, découvrez le port de plaisance à deux pas, puis détendez-vous dans une salle de bains balnéo. Et si vous manquez de courage pour sortir en ville, profitez du restaurant (menus à 25 et 41€). Double à 100€ en basse-saison et à 135€ en été, petit déj. à 13€. *68, rue Émile-Herbline* ***Ouistreham*** *Tél. 02 31 37 53 05 www.lamareopoissons.fr Restaurant Fermé dim. soir et lun.-midi de sept. à juin*

Hôtel Riva-Bella Face à la plage et à côté du casino, l'institut de thalassothérapie a son propre hôtel. Ce 3-étoiles dispose de 89 chambres de bon standing, dont certaines avec vue sur mer. Tant pis pour la décoration et le mobilier sans âme, l'avantage des chambres, c'est leur accès direct au centre de thalasso et à son espace détente, gratuit. Double de 155 à 205€ (pour avoir une chambre avec vue sur mer, vous paierez un supplément de 16€). Petit déj. 15,50€. Connexion wifi. *Av. du Commandant-Kieffer* ***Ouistreham*** *Tél. 02 31 96 40 40 www.thalazur.fr Fermé quelques jours en déc.*

Dans les environs

camping

Camping de la Côte de Nacre À 600m de la plage, ce 4-étoiles offre tout le nécessaire pour camper à l'aise : un bar, une épicerie, un restaurant et un parc aquatique avec toboggans. De 18 à 47€ pour deux adultes en tente, selon la saison (gratuit pour les enfants de moins de sept ans, sauf en juillet-août : 6€). Location de mobile homes (4 pers.) : de 273 à 959€/semaine. *Rue du Général-Moulton* ***Saint-Aubin-sur-Mer*** *(12km au nord-ouest de Ouistreham par la D514) Tél. 02 31 97 14 45 www.camping-cote-de-nacre.com Ouvert avr.-sept.*

prix moyens

B&B Dans sa ravissante villa, tout en bois et baies vitrées, Annick Schmid a aménagé 2 chambres d'hôtes, calmes et confortables (salle de bains et toilettes séparées), entourées d'un petit jardin où il fait bon s'attarder. Comptez 55€ à deux, petit déj. inclus. Également un gîte avec son entrée et son jardin indépendants : 120€ le week-end pour deux personnes, petit déj. compris, de 380 à 480€ la semaine (selon la saison). À 100m de la mer. Parking privé. *36, bd Paul-Doumer* ***Lion-sur-Mer*** *(6km au nord-ouest de Ouistreham par la D514) Tél. 02 31 96 27 42 ou 06 78 87 30 91 www.bandb-lionsurmer.com*

prix élevés

☺ **Le Clos Saint-Bernard** Cette adresse de charme prouve que le bout du monde se trouve parfois au bout de son nez ! La souriante propriétaire se met en quatre pour accueillir ses hôtes dans trois chambres parfaitement rénovées et à la décoration discrète. Dans le jardin en terrasses, on resterait des heures à paresser après avoir pris un petit déjeuner sérieusement normand (camembert, teurgoule, pain maison, etc.). Un lieu paisible, idéal pour se ressourcer et partir à l'assaut du Bessin. Double de 65 à 75€. *36, rue de l'Église* ***Reviers*** *(15km à l'ouest de Ouistreham par la D35) Tél. 02 31 37 87 82 www.leclosbernard.com Ouvert Pâques-Toussaint*

Manoir de la Marefontaine Dans un ancien domaine agricole (XIIe-XIVe s.), Huguette Andreak propose deux jolies chambres d'hôtes, très spacieuses, au cachet rustique (65€ la double avec petit déj.). Le manoir compte aussi deux gîtes fraîchement refaits : 350€ le week-end d'avril à juin, de 400 à 580€ la semaine. Tout cela au beau milieu d'un superbe parc arboré où s'ébattent les canards. ***Ver-sur-Mer*** *(25km au nord-ouest de Ouistreham par la D514) Tél. 02 31 51 76 58 ou 06 67 83 26 51 http://marefontaine.pagesperso-orange.fr Ouvert toute l'année*

prix très élevés

La Pêcherie Il faut entrer dans l'une des 7 chambres pour comprendre le nom de cet hôtel. En fait, il s'agit plutôt d'élégantes cabines de bateau. Entièrement couvertes de lambris, elles offrent un espace original et très plaisant. Même la salle de bains, en carrelage bleu, a été soignée. Toutes donnent sur la plage de Courseulles, avec les dunes et la mer en toile de fond. Double à 110€, petit déj. à 12€, demi-pension 90€/pers., pension complète 125€/pers. *Place du 6-Juin* ***Courseulles-sur-Mer*** *(18km au nord-ouest de Ouistreham par la D514) Tél. 02 31 37 45 84 www.la-pecherie.fr Ouvert toute l'année*

★ BAYEUX

14400

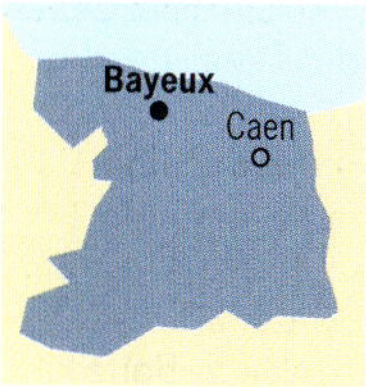

Sur les rives de l'Aure, la capitale du Bessin est, avec Honfleur, la seule ville du Calvados à avoir été épargnée par les bombardements de 1944. Célèbre pour sa tapisserie et son imposante cathédrale, Bayeux conserve un patrimoine architectural remarquable. Une promenade dans les rues de cette cité à taille humaine, qui compte à peine 15 000 habitants, permet d'en saisir le charme.

D'UN DÉBARQUEMENT À L'AUTRE Sous l'occupation romaine (Ier siècle av. J.-C.), le territoire gaulois des Bajocasses devient l'importante cité d'Augustodurum ("forteresse d'Auguste"). À la fin du IIIe siècle, une enceinte quadrangulaire fortifiée est érigée autour de la ville : ses proportions resteront inchangées jusqu'au XVIIIe siècle. Aux Romains succèdent les Vikings, jusqu'à la conquête de l'Angleterre par Guillaume le Bâtard, en 1066, qui inaugure une période faste pour le duché de Normandie et la région de Bayeux. La cathédrale, achevée par Odon de Conteville, demi-frère de Guillaume et évêque de Bayeux, est consacrée en 1077. Occupée par les Anglais pendant la guerre de Cent Ans, la cité redevient française en 1450. Au XVIIe-XVIIIe siècle, la puissante Église locale multiplie les chapelles, couvents, monastères et autres bâtiments conventuels, tandis que la noblesse se fait construire de somptueux hôtels particuliers. Bayeux est alors une cité prospère… jusqu'à la guerre. Le 7 juin 1944, les Anglais débarquent à nouveau : cette fois, ce n'est pas pour envahir Bayeux, mais pour la libérer. Une semaine plus tard, le gouvernement provisoire de Charles de Gaulle s'installe à la sous-préfecture.

MODE D'EMPLOI

accès

EN VOITURE

Bayeux se situe à 260km à l'ouest de Paris par l'A13 ; à 30km au nord-ouest de Caen et 45km à l'est de Carentan par la N13 ; à 35km au nord-est de Saint-Lô par les D972 et D572.

EN TRAIN

SNCF Trains réguliers de Cherbourg (env. 1h), Caen (env. 20min) et Paris (env. 2h), ainsi que de Saint-Lô (env. 30min), Coutances (env. 1h) et Rennes (env. 2h45). *Tél. 3635 www.sncf.com www.ter-sncf.com*

Gare (plan 2, B3) *Bd Sadi-Carnot (au sud-est de la ville)*

EN CAR

Bus verts du Calvados Bus fréquents de Caen (ligne n°30), Grandcamp-Maisy (n°70), Courseulles-sur-Mer (n°74) et Ouistreham (n°75 en été). Ces trois derniers desservent la plupart des villages du littoral. Arrêt à la gare routière (près de la gare SNCF) et un arrêt sur la place Saint-Patrice. *Tél. 0810 214 214 www.busverts.fr*

orientation et stationnement

Bien que de taille modeste, Bayeux a son périphérique, le "By-pass", tracé par les Britanniques en 1944 pour contourner la cité. Le vieux Bayeux se concentre autour de la cathédrale et d'un périmètre délimité par la rue des Bouchers au nord et la rue Tardif au sud, la rue Royale à l'ouest et la rue Larcher à l'est. L'axe principal (rues Saint-Malo, Saint-Martin et Saint-Jean) est le plus commerçant. Les rues Saint-Jean et des Cuisiniers regroupent de nombreux bars et restaurants. Le trafic dans le centre-ville de Bayeux est rapidement saturé et les places de stationnement prises d'assaut par les habitants. Privilégier les parkings payants Michel-d'Ornano, du palais de justice et de l'auditorium (rue de Bretagne), ou les emplacements de longue durée gratuits sur les places Gauquelin-Despallières et Charles-de-Gaulle.

informations touristiques

Office de tourisme de Bayeux Intercom (plan 2, B2) *Pont Saint-Jean Tél. 02 31 51 28 28 http://bayeux-bessin-tourisme.com Ouvert jan.-mars, nov.-déc. : lun.-sam. 9h30-12h30 et 14h-17h30, dim. 10h-13h et 14h-17h30 ; avr.-juin, sept.-oct. : lun.-sam. 9h30-12h30 et 14h-18h, dim. 10h-13h et 14h-18h ; juil.-août : lun.-sam. 9h-19h, dim. et j. fér. 9h-13h et 14h-18h*

Office de tourisme intercommunal d'Isigny-sur-Mer *16, rue Émile-Demagny Tél. 02 31 21 46 00 www.cc-isigny-grandcamp-intercom.fr Ouvert mi-juin-mi-sept. : lun.-sam. 9h30-13h et 14h30-18h30, dim. 9h30-13h ; mi-sept.-fin mars : mar.-sam. 9h30-12h30 et 14h-17h ; mi-avr.-mi-juin : mer.-sam. 9h30-13h et 14h30-18h, mar. et dim. 9h30-13h*

taxis

Taxis du Bessin 24h/24, 7j/7. Proposent aussi des circuits touristiques vers les sites du Débarquement. *Tél. 02 31 92 92 40 www.bayeux-taxis.com*

location de vélos

Vélos Location (plan 2, B2) Matériel en bon état. Compter 10€/demi-journée et 15€/j. Tandem à 20€/j. *5, rue de l'Archer Tél. 02 31 92 89 16 Ouvert avr.-mi-nov. : tlj. 8h-20h30 ; mi-nov.-mars : mar.-dim. 8h-20h*

marchés

Marchés de Bayeux (plan 2, B2) *Rue Saint-Jean Mer.* **(plan 2, A1)** *Place Saint-Patrice Sam.*

Marchés des environs *Creully Mer.* ***Isigny-sur-Mer*** *Mer. et sam* ***Le Molay-Littry*** *Mar., jeu. et dim.*

visites guidées

☺ **Visites guidées de la cathédrale** Des visites captivantes qui vous mèneront en des lieux d'ordinaire fermés au public (salles du trésor et du chapitre. Durée 1h. Rés. (obligatoire) à l'OT. *Tél. 02 31 51 28 28 Départ juil.-août : tlj. à 15h*

Balades en calèche Promenades dans le vieux Bayeux. Départs de l'OT et de la mairie. Tarif 7€, 3-12 ans 3,50€. *Avr.-sept. : mar.-dim.*

Au bord de l'Aure Un soir par semaine en été, promenade commentée au fil de l'eau. Durée env. 1h30. *Tél. 02 31 51 28 28 Rens./rés. (obligatoire) auprès de l'OT*

Circuit touristique du vieux Bayeux Un circuit (1h30) jalonné de 23 bornes explicatives, balisé au sol par des clous de bronze, invite à découvrir la vieille ville. *Plan à l'OT*

fêtes et manifestations

Graine de mots Festival autour des mots : théâtre, chanson, conte... *En fév., les années paires*
Festival international du cirque de Bayeux *Fin mars les années impaires*
Grand Prix de France de char à voile à Asnelles *Tél. 02 31 22 71 33 En avr. ou mai Rens. au centre de loisirs nautiques*
D-Day festival *5-7 juin*
Fêtes médiévales Durant 2 jours, la ville revit au Moyen Âge : défilés en costumes, tournois de chevalerie, bals, jeux, marchés et salon du livre médiévaux... ainsi que de nombreux spectacles de rue. *1er w.-e. de juil.*
Rendez-vous à la cathédrale Mise en lumière de la cathédrale, puis spectacle gratuit sur le parvis autour de l'Arbre de la Liberté. *3 soirs/semaine de mi-juil. à fin août*
Prix Bayeux-Calvados des correspondants de guerre Débats, expositions et rencontres avec des grands reporters. *Début oct.*

DÉCOUVRIR

☆**Les essentiels** La tapisserie de Bayeux, la cathédrale Notre-Dame, le mémorial de la Bataille de Normandie **Découvrir autrement** Admirez le travail des dentellières au Conservatoire de la dentelle, visitez la coopérative laitière d'Isigny-sur-Mer

Bayeux

Vieille ville (plan 2, A2-B2) Entourée de remparts du IIIe siècle au XVIIIe siècle, la cité s'est développée dans un espace restreint. Cette étroitesse explique la densité urbaine de Bayeux, caractérisée par des ruptures architecturales constantes. Rue des Cuisiniers, au n°19, on remarque une belle porte gothique en bois (XIIIe s.), puis deux maisons médiévales, l'une en pierre avec des fenêtres à meneaux (n°18) et l'autre à pans de bois avec encorbellement (n°20). À l'angle de la rue Saint-Martin se tient l'un des plus anciens logis à colombages de Normandie (XIVe s.). En redescendant cette même rue, au n°6, l'hôtel du Cadran (fin XVIIIe s.) vaut le coup d'œil. Rue Saint-Jean, au n°51, l'hôtel du Croissant a gardé sa tour d'escalier (fin XVe s.). Rue Saint-Malo, au n°4, la façade du grand hôtel d'Argouges (XVe s.) et ses sculptures sacrées sont immanquables. Enfin, la rue du Général-de-Diais et la rue Franche comptent de nombreux hôtels particuliers : l'hôtel de Colombiers (Renaissance), l'hôtel de Castilly (XVIIIe s.), respectivement aux n°9 et 10, rue du Général-de-Diais, et l'hôtel Rubercy (XVe-XVIe s.) au n°5, rue Franche. Bayeux recèle ainsi quelque deux cents demeures aristocratiques.

☆**Tapisserie de Bayeux (plan 2, B2)** À la demande du demi-frère de Guillaume le Conquérant, Odon, évêque de Bayeux et comte de Kent, fut réalisée au XIe siècle sur une simple toile de lin dans les ateliers monastiques de Cantorbéry l'une des tapisseries les plus fameuses au monde, consignant la conquête de l'Angleterre par les Normands. Considéré comme un manuscrit brodé, l'ouvrage prit place dans la bibliothèque de

TAPISSERIE POUR LES PETITS

Inscrite au registre "Mémoire du monde" par l'Unesco en 2007, la célèbre broderie peut être découverte avec un audioguide (20min). Le plus ? Une version enfant distille des anecdotes à propos de Guillaume, Harold et Édouard… *Grand séminaire 13bis, rue de Nesmond Tél. 02 31 51 25 50*

Bayeux. De nos jours, dans le musée qui lui est consacré, la visite audioguidée commence par la découverte du chef-d'œuvre. L'histoire débute en 1064. Le roi Édouard, le Confesseur, désigne son cousin, Guillaume le Bâtard, duc de Normandie, comme son successeur à la couronne d'Angleterre. Il confie à son beau-frère, Harold de Wessex, la mission de se rendre sur place pour en informer le duc. Échoué sur les côtes picardes, Harold est fait prisonnier. Guillaume obtient sa libération. Mais ce dernier est en campagne contre les Bretons et Harold part guerroyer à ses côtés. Estimé pour sa bravoure au combat, Harold prête serment sur des reliques de reconnaître Guillaume comme successeur d'Édouard. À son retour en Angleterre, Édouard le Confesseur meurt. Harold s'empresse de se faire couronner à la place de Guillaume. Une comète traverse le ciel, mauvais présage pour les Anglais. Guillaume apprend le parjure de Harold, ordonne la construction d'une flotte et traverse la Manche pour s'emparer du trône. Le 14 octobre 1066, c'est la bataille de Hastings, pendant laquelle Harold reçoit une flèche dans l'œil et meurt. Les soldats anglais sont en déroute… Après cet indispensable

La plus ancienne bande dessinée du monde

Improprement appelée tapisserie, ce document d'histoire est une broderie de laine sur toile de lin, commandée par l'évêque de Bayeux, Odon de Conteville. Comble du cynisme, cette pièce monumentale (70m x 50cm), qui raconte avec moult détails la conquête de l'Angleterre par le célèbre duc normand en 1066, a été réalisée par des moines d'outre-Manche, quelques années après la défaite d'Harold, couronné roi d'Angleterre à l'insu de Guillaume. Avec 58 scènes représentant 626 personnages, 202 chevaux, 41 navires et 37 maisons ou châteaux, *La Telle du Conquest* est considérée comme la plus ancienne bande dessinée au monde. Outre son aspect narratif, la tapisserie avait aussi une fonction religieuse. Comme elle était accrochée dans la nef de la cathédrale, les fidèles, analphabètes pour la plupart, y apprenaient le châtiment infligé à un coupable de parjure, en l'occurrence Harold. Avant de rejoindre le grand séminaire, où elle est aujourd'hui exposée, la tapisserie de Bayeux a connu bien des turpitudes. À la Révolution, des patriotes ont failli s'en servir comme bâche et la découper en morceaux. Au XIXe siècle, un historien eut même l'audace de la compléter (il pensait que 4-5m montrant Guillaume sur le trône d'Angleterre pouvaient manquer). Enfin, sous l'Occupation, Hitler s'intéressa à l'œuvre. Il la fit transférer à Paris en juin 1944… quand survint le Débarquement.

Plan 2 Bayeux

Restauration (n°2 à 7)

- L'Insolite — **5** B2
- La Rapière — **4** B2
- Le P'tit Resto — **6** B2
- Le Petit Bordelais — **7** B2
- Le Pommier — **2** B2

Hébergement (n°10 à 18)

- Camping municipal — **10** B1
- Château de Bellefontaine — **17** B3
- Churchill — **16** B2
- Hôtel d'Argouges — **15** A1
- Hôtel de Sainte-Croix — **18** A1
- Le Bayeux — **13** A2
- Le Petit Matin — **14** A2
- Mogador — **12** A1

Shopping (n°20 à 22)

- Atelier du Bessin* — **22** B2
- Bayeux Broderie* — **21** A2
- Hôtel des ventes* — **20** B2

Cafés, salons de thé, glaciers (n°30 à 33)

- Café'Inn* — **30** B2
- La Gitane* — **32** B2
- La Reine Mathilde* — **31** B2
- Show glacé* — **33** B2

*À RETROUVER DANS LA PARTIE DÉCOUVRIR

exposé, un espace muséographique moderne évoque le contexte historique et présente maquettes et mannequins des différents lieux et personnages du récit. Un film de 16min récapitule le tout. *Grand séminaire 13bis, rue de Nesmond Tél. 02 31 51 25 50 www.tapisserie-bayeux.fr Ouvert mi-mars-mi-nov. : tlj. 9h-18h30 ; mi-nov.-mi-mars : tlj. 9h30-12h30 et 14h-18h Dernière admission 45min avant la fermeture Fermé 25 et 31 déc., 1er jan. et 2 sem. en jan. Tarif 9€, réduit 4-7,50€ (audioguide inclus), moins de 10 ans gratuit Billets combinés avec le Mémorial de la Bataille de Normandie et le MAHB*

☆ ☺ **Cathédrale Notre-Dame (plan 2, B2)** Des six cathédrales que compte la Normandie, celle de Bayeux est certainement l'une des plus belles, subtil mélange des styles roman et gothique. De sa structure du XIe siècle, l'église a conservé les deux tours de façade, renforcées aux étages inférieurs et coiffées de flèches à l'époque gothique, ainsi que la crypte située sous le chœur. Huit puissants piliers à chapiteaux supportent ses voûtes d'arête, dont les retombées ont été peintes d'anges musiciens au XVe siècle. Autres éléments romans de l'église, plus tardifs (XIIe s.) : les parties basses et les arcades de la nef (à l'exception de la dernière travée), surmontées d'un remarquable décor géométrique et de motifs en bas-relief (évêques, homme barbu, dompteur et singe…) sculptés dans les écoinçons. Au début du XIIIe siècle, la cathédrale est partiellement reconstruite dans un style gothique : la façade, les parties hautes de la nef, le chœur, le transept et la salle capitulaire (dont la visite guidée permet de découvrir le labyrinthe et les magnifiques pavés vernissés). Élevé sur trois niveaux, le chœur, flanqué de cinq chapelles, est un bel exemple de cette architecture gothique anglo-normande. En sortant, il faut jeter un coup d'œil aux tours de la cathédrale : elles semblent vouloir toucher les nuages. Le premier étage octogonal de la tour centrale a été ajouté à la fin du XVe siècle. Après cinq siècles d'aménagements un peu fous, cette tour reçut un deuxième étage et son dôme en cuivre au XIXe siècle. *Rue du Bienvenu Ouvert mars-juin : tlj. 9h-18h ; juil.-oct. : tlj. 9h-19h ; nov.-fév. : tlj. 9h-17h*

POINT PAR POINT
Chantal James pense que la broderie n'est pas une vieillerie et organise des initiations dans son atelier-boutique pour le prouver. Mission réussie : une fois compris les rudiments, on part ravis avec une scène de la tapisserie ! *Sur réservation Tarif 9€/h* **Bayeux Broderie (plan 2, A2 n°21)** *8, rue Saint-Loup Tél. 02 31 51 05 81 ou 06 89 84 32 36 www.bayeux-broderie.com*

MAHB (plan 2, B2) La collection de plus de 45 000 œuvres du Musée d'Art et d'Histoire Baron-Gérard, longtemps endormie dans les sous-sols de l'hôtel du Doyen, est depuis 2013 exposée au sein du palais épiscopal de Bayeux (XIIe-XVIIIe s.) restauré pour l'occasion (notamment sa remarquable chapelle Renaissance). Le fonds de ce musée d'art et d'histoire résume, à lui seul, l'histoire de la cité, de ses origines à nos jours. De la collection de peintures du XIXe siècle, il faut mentionner les *Portraits à la campagne* de Gustave Caillebotte (1848-1894), la *Rue de Fervaques* d'Eugène Boudin (1824-1898) et un superbe *Nil* d'Eugène Fromentin (1820-1876). Beau témoignage de l'art appliqué à l'industrie, on peut y admirer de remarquables porcelaines sorties des ateliers Langlois, Gosse et Morlent ainsi que le travail de la maison Lefébure pour les dentelles. *Rue Lambert-Leforestier Tél. 02 31 92 14 21 Ouvert mai-sept. : tlj. 9h30-18h30 ; oct.-avr. : tlj. 10h-12h30 et 14h-18h Fermeture des guichets 45min avant Tarif 7€, réduit 4-5,50€, moins de 10 ans gratuit Billets combinés avec la tapisserie et le Mémorial de la bataille de Normandie*

Conservatoire de la dentelle (plan 2, B2) Apparue dans la seconde moitié du XVIIIe siècle, la dentelle aux fuseaux de Bayeux connaît son apogée en 1830 (manufacture Lefébure). La ville et ses faubourgs comptent alors 5 000 dentellières, la Basse-Normandie dix fois plus. Mais, à la fin du XIXe siècle, l'activité décline. En 1976, l'école de la maison Lefébure ferme ses portes. Le renouveau de cette tradition, Bayeux le doit à l'atelier associatif ouvert par Mylène Salvador, et aujourd'hui tenu par deux dentellières diplômées (aux fuseaux et à l'aiguille). C'est un lieu de revitalisation de la mémoire où des gens se forment et travaillent. Les plus intéressés pourront s'initier à cet art, acquérir du matériel ou acheter quelques pièces. En outre, le conservatoire est installé dans une maison à pans de bois (XVe s.), dite d'"Adam et Ève", en raison de son décor sculpté sur les têtes de poteaux de la façade. *6, rue du Bienvenu Tél. 02 31 92 73 80 http://dentelledebayeux.free.fr Ouvert lun., jeu. 9h30-12h30 et 14h30-17h, mar.-mer., ven.-sam. 10h-12h30 et 14h30-18h Entrée libre*

☆ **Mémorial de la Bataille de Normandie (plan 2, A3)** Ce musée retrace le déroulement de la bataille de Normandie, soit près de trois mois de combats : du 7 juin (Bayeux est alors la première ville à être libérée) au 29 août 1944. La présentation de pièces d'artillerie, blindés et autres engins de l'aviation, évoque d'une part l'ampleur des moyens mis en œuvre par les Alliés pour libérer l'Europe du joug nazi, et révèle d'autre part l'intensité des combats ayant eu lieu aussi bien sur terre que dans les airs. Un film de 25min, composé d'images d'archives, clôture la visite du mémorial. *Bd Fabian-Ware Tél. 02 31 51 46 90 Ouvert mai-sept. : tlj. 9h30-18h30 ; oct.-avr. : tlj. 10h-12h30 et 14h-18h Visite libre, compter 2h Fermé 2e quinz. de jan. Tarif 6€, réduit 4-4,50€, moins de 10 ans gratuit Billets combinés avec la Tapisserie et le MAHB*

Cimetière britannique (hors plan 2 par A3) À quelques pas du mémorial, le cimetière britannique aligne ses 4 648 croix blanches sous lesquelles gisent les soldats du Commonwealth tombés lors de la Seconde Guerre mondiale (dont 3 935 Britanniques, 181 Canadiens, 17 Australiens), auxquels s'ajoutent 466 Allemands. Au fronton du mémorial, une inscription en latin ("*Nos a gulielmo victi victoris patriam liberavimus*") rappelle qu'en 1944 les Anglais ont libéré leurs conquérants de 1066. *Bd Fabian-Ware (en face du mémorial) Tél. 02 31 21 77 00 Visite libre*

Jardin botanique (hors plan 2 par A1) Créé au XIXe siècle, ce parc paysager couvre aujourd'hui une surface de 3ha. Plus de 400 spécimens s'y épanouissent, dont un hêtre pleureur (40m de diamètre), labellisé "arbre remarquable de France", qui trône au milieu du jardin. Impressionnant ! *Route de Port-en-Bessin Tél. 02 31 10 10 14 Ouvert avr.-sept. : tlj. 9h-20h ; oct.-mars : tlj. 9h-17h Entrée libre*

● Où dénicher de la porcelaine de Bayeux ?

Hôtel des ventes (plan 2, B2 n°20) C'est dans cet hôtel des ventes, un des plus réputés de Basse-Normandie, que l'on a une chance de dénicher de la vraie porcelaine de Bayeux. Plusieurs ventes aux enchères par semaine. Et trois ventes importantes chaque année : à Pâques, le 14 juillet et le 11 novembre. *14, bd Eindhoven Tél. 02 31 92 04 47 bayeuxencheres@orange.fr*

Atelier du Bessin (plan 2, B2 n°22) La rue des Cuisiniers regroupe la plupart des artisans d'art de Bayeux, il était donc naturel que la souriante Aline s'installe ici en 2011. Cette ancienne élève des Beaux-Arts s'inspire des motifs de la manufacture de Bayeux – production du XIXe siècle – pour ornementer des pièces décoratives et utilitaires. Notre préféré est sans conteste le décor bleu, où apparaissent entrelacs et délicates fleurs de pommiers. *7, rue des Cuisiniers Tél. 02 31 21 98 00 www.porcelainebayeux.com Ouvert mar.-sam. 10h-12h30 et 14h-19h*

● Où faire une pause sucrée ?

☺ **Show glacé (plan 2, B2 n°33)** Un miracle ! Les sorbets sont préparés tant que faire se peut avec des fruits de saison ; quant au lait des crèmes glacées, il provient des fermes du Bessin. Pour le croire, il faut entendre ce maître-glacier parler de son sorbet à la menthe, élaboré avec une infusion de feuilles de menthe fraîche. Une quarantaine de parfums sans colorant à dévorer sans modération (2€ la boule, 3€ les deux). Glaces à l'italienne maison et bûches glacées en hiver. *3, rue Larcher Tél. 02 31 22 78 54 Ouvert juil.-août : tlj. 9h-22h30 ; mars-juin et sept.-déc. : lun.-mer. et ven.-dim. 10h30-19h Fermé jan.-fév.*

La Reine Mathilde (plan 2, B2 n°31) Pavé bayeusien à base de noix et de cacao, nougatines ou pralines : le chef pâtissier maîtrise le chocolat dans tous ses états. La décoration du lieu dans un style Régence (miroirs, moulures au plafond et dorures) donne envie de commander un thé et de faire des mots croisés dans cette atmosphère ouatée. Comptez 6€ pour un goûter. *47, rue Saint-Martin Tél. 02 31 92 00 59 Ouvert mar.-dim. 8h30-19h30 Fermé en juin*

Café'Inn (plan 2, B2 n°30) La minuscule salle de cette boutique est envahie de tasses, plateaux et gadgets, dont raffolent les amateurs de *tea time* (plus de 80 thés et 20 cafés différents). Touristes de passage et clients fidèles s'y précipitent pour goûter à l'exquise tarte tatin servie avec son pot géant de crème fraîche. À éviter à l'heure du déjeuner, on s'y bouscule et le micro-onde ne flatte pas les saveurs des tartes salées maison. *67, rue Saint-Martin Tél. 02 31 21 11 37 www.cafeinn-bayeux.com Ouvert lun.-sam. 9h-19h*

● Où boire un verre ?

La Gitane (plan 2, B2 n°32) Les mélopées rythmées de John Lee Hooker, des Blues Brothers ou de Bruce Springsteen s'échappent de ce pub qui fait face à la Halle aux grains. Terrasse inondée de soleil dans la journée, salle envahie par un joyeux brouhaha le soir. Bières et whiskies à la carte. *63, rue Saint-Jean Tél. 02 31 92 02 33 Ouvert tlj. 7h-23h (2h en été)*

Les environs de Bayeux

☺ **Château de Vaulaville** Construit au XVIIIe siècle par une famille d'épée originaire du Maine, ce petit bijou architectural vaut le détour. En compagnie de la propriétaire, Mme Corblet de Fallerans, on découvre le vestibule et son sol en marbre rose, le grand salon couvert de boiseries, son mobilier d'époque et une impressionnante collection de porcelaines de Bayeux. Dans une salle consacrée aux jouets, la châtelaine, captivante, a réuni une charmante collection de jouets du milieu du XIXe siècle. ***Tour-en-Bessin*** *(8km au nord-ouest de Bayeux par la N13 jusqu'à Tour-en-Bessin, puis la D100 pendant 1,5km) Tél. 02 31 92 52 62 Visite sur rdv : lun., mer.-dim. Tarif 5€, moins de 12 ans gratuit*

● Où faire provision de cidre fermier ?

Le Clos des Pommiers Cet ancien producteur de lait cultive sur 2ha le goût des bonnes choses avec un zèle communicatif. Farouchement opposé à l'uniformisation des saveurs, il produit un seul cidre par an : brut ou acidulé selon les années mais dont le goût ténu titille chaque fois le palais (bouteille à 3€). Sourire garanti. Également des chambres d'hôtes à 68€, avec repas à 22€. *27, route de Bayeux La Rosière* ***Tracy-sur-Mer*** *(4km au nord de Bayeux par la D516) Tél. 02 31 22 33 88 ou 06 22 47 81 99 www.closdespommiers.fr Ouvert toute l'année*

Au sud de Bayeux

Abbaye Saint-Martin de Mondaye Huit siècles d'histoire unissent ce lieu aux frères prémontrés. Fondée en 1202, l'abbaye a été entièrement reconstruite au XVIIIe siècle. L'ensemble des bâtiments est d'une grande sobriété. Dans l'église, on peut voir un très bel orgue Parisot et de remarquables boiseries dans le chœur. Par l'escalier des mâtines, en pierre de Caen, on accède à la bibliothèque, riche de 15 000 volumes dont certains rarissimes. La visite, guidée par un chanoine, est passionnante. En outre, l'abbaye dispose d'une hôtellerie pour les retraites. ***Juaye-Mondaye*** *(8km au sud de Bayeux par la D6, dir. Tilly-sur-Seulles, puis à droite : D33 sur 2km) Tél. 02 31 92 58 11 www.mondaye.com Visite guidée Juil.-août : tlj. à 16h ; sept.-juin : dim. à 15h30 Tarif 5€, plus de 12 ans 3€, moins de 12 ans gratuit*

Noron-la-Poterie Ce village, en bordure de la D572, est l'un des derniers centres de poterie traditionnelle en activité en France. Il est situé sur une bande d'argile à grès, qui prend une couleur rouge-brun à la cuisson. Noron

Faire une randonnée équestre au cœur de la nuit

Ferme équestre de la Noë Cette ferme propose des activités à la carte : en été, traditionnelles promenades sur la plage pour les non-débutants, le reste de l'année, promenades pour tous dans la forêt. Le plus de la Noë ? Sans conteste l'organisation pour les cavaliers confirmés de randonnées de plusieurs jours... ou de nuit. Chevaucher à la lumière des étoiles et boire un verre au coin du feu : une aventure surréaliste à ne pas manquer les soirs de pleine lune ! Par personne, comptez 16€/h pour une promenade (30€ sur la plage) et 80€/nuit. ***Castillon*** *(13km au sud de Bayeux) Tél. 06 86 72 90 59 Ouvert toute l'année*

et sa poterie, attestée au milieu du XVIIIe siècle, connaissent un essor important au XIXe siècle. Au début du XXe siècle, lorsque leur art est tombé en désuétude, les potiers de Noron ont dû diversifier leur production : vases, statues, nains de jardin **Noron-la-Poterie** *(8km au sud-ouest de Bayeux par la D572 dir. Saint-Lô) Visite atelier et boutique Tél. 02 31 92 57 03 www.poterie-turgis.com*

☺ **Jardins de Castillon** Colette et Hubert Sainte-Beuve, architectes du paysage, ont conçu deux jardins, simplement séparés d'une allée ombragée. Le premier est constitué de trois petites terrasses, plantées d'ifs et de vivaces (la plupart des plantes sont identifiées). Dans le second jardin, on découvre une succession d'alcôves : la chambre thématique orientale mène au jardin des senteurs, qui jouxte lui-même celui de l'eau. Il émane une grande douceur de cette nature apprivoisée, notamment près du bassin aux nymphéas ou sous la pergola. *Plantbessin* **Castillon** *(13km au sud de Bayeux) Tél. 02 31 92 56 03 Ouvert mai, août-mi-oct. : mar.-sam. 14h-17h matin sur rdv ; juin-juil. : mar.-dim. 14h30-17h30 Tarif 7€, réduit 4€*

Château de Balleroy-musée des Ballons Construit à partir de 1631 par François Mansart, ce château a été acquis par l'homme d'affaires américain Malcolm Forbes en 1970. La visite guidée (45min) traverse le salon d'honneur, le fumoir, la salle à manger pourvue d'un parquet en chêne et de boiseries du XVIIIe-XIXe siècle. L'escalier suspendu en pierre de Caen mène aux chambres, aménagées sur le thème du XIXe siècle. Les jardins à la française ont été réalisés d'après les plans de Le Nôtre. En tout, le domaine s'étend sur 125ha. Au premier étage des anciennes écuries, un petit musée (visite libre) nous raconte l'histoire des montgolfières, des origines à l'aérostation sportive. **Balleroy** *(15km au sud-ouest de Bayeux par la D572 et la D73) Tél. 02 31 21 60 61 (accueil) ou 02 31 21 06 76 (musée) www.chateau-balleroy.com Ouvert avr.-juin, sept. : tlj. 10h30-12h30 et 14h-18h30 ; juil.-août : tlj. 10h30-18h30 ; vac. Toussaint : tlj. 10h30-12h30 et 14h-17h30* **Musée** *Ouvert avr.-sept. : tlj. 10h30-18h30 ; vac. Toussaint : tlj. 10h30-17h30 Tarif 7€ (château), 9€ (château, musée et parc), enfant et étudiant 5,50€ (château), 6,50€ (château, musée et parc)*

En direction du Bessin

Musée de la Mine du Molay-Littry Exploitées de 1744 à 1950, les mines du Molay-Littry ont métamorphosé le tissu économique et social de la région. Le musée retrace à grand renfort d'outils anciens ces deux cents ans d'histoire, s'intéressant tant à la vie quotidienne des mineurs qu'à l'évolution des techniques d'extraction au fil des siècles. Une galerie reconstituée permet de visualiser cet univers difficile. **Le Molay-Littry** *(14km au sud-ouest de Bayeux par la D5) Tél. 02 31 22 89 10 www.ville-molay-littry.fr Ouvert avr.-sept. : mar.-dim. et les lun. fériés 10h-12h et 14h-18h Tarif 5€ (7€ avec le moulin de Marcy), enfant 1,50€ (2€ avec le moulin de Marcy)*

Moulin de Marcy-Musée de la Meunerie Perdu au milieu des bois, le hameau de la Meunerie présente de façon ludique les activités et les bâtiments (cuisine, laiterie, cidrerie, cellier et four à pain) d'une ferme-moulin à eau du XIXe siècle. Traversé par la Siette, l'endroit a des accents bucoliques

VIE DE CHÂTEAU Une option pour visiter le château de Colombières est... d'y dormir. Les propriétaires vous accueillent (d'avril à octobre) dans trois suites somptueuses : boiseries d'époque, fenêtres à meneaux, etc... **Château de Colombières** *Tél. 02 31 22 51 65*

touchants qui séduiront petits et grands. Vous verrez peut-être l'âne de la ferme, d'un âge fort respectable (plus de trente ans). *À 3km du* ***Molay-Littry*** *(1,5km sur la D15 puis 1,5km sur la D160) Tél. 02 31 21 42 13 Ouvert avr.-sept. : mar.-dim. 10h-12h et 14h-18h Tarif 5€ (7€ avec le musée de la Mine), réduit 1,50€ (2€ avec le musée de la Mine), moins de 6 ans gratuit*

Château de Colombières Cette ravissante forteresse du XIVe siècle, classée monument historique, a gardé ses tours imposantes et ses douves alimentées par la rivière voisine. Ici, le plus intéressant est certainement la juxtaposition harmonieuse d'éléments médiévaux et classiques (XVIIIe s.). Trop fragile pour supporter un escalier en pierre, la tourelle Renaissance abrite un bel escalier en bois massif. Dans l'une des salles, des tracts et des journaux réalisés au château pendant la Seconde Guerre mondiale, divers documents d'époque et des commentaires du maître des lieux rappellent que le château fut un quartier général de la guerre psychologique en 1944. **Colombières** *(24km à l'ouest de Bayeux et 11km à l'est d'Isigny-sur-Mer par la D5) Tél. 02 31 22 51 65 www.chateaudecolombieres.com Visite guidée Juil.-août : lun.-jeu. 14h-19h ; sept. : sam.-dim. 14h-19h Durée 45min Tarif 6€, moins de 12 ans gratuit*

Où faire provision de douceurs normandes ?

Aux Vergers de Romilly Producteurs récoltants depuis 1977, M. et Mme Renaud ont commencé avec une vingtaine d'arbres. Ils en ont plus de 5 000 aujourd'hui. Entre cidre, pommeau, calvados AOC, cidraigre et confit de cidre, vous n'aurez que l'embarras du choix. Visite gratuite des vergers et des caves le mercredi à 14h30, avec dégustation bien sûr. ***Saint-Germain-du-Pert*** *(28km à l'ouest de Bayeux et 6km au nord-est d'Isigny-sur-Mer par les N13 et D124, près du cimetière militaire de la Cambe) Tél. 02 31 22 71 77 lun.-sam. 9h-19h*

Caramels d'Isigny Cette entreprise normande cultive une image à l'ancienne : le lait et le beurre proviennent de la coopérative d'Isigny (p.109), les cuiseurs en cuivre mijotent en continu et la production est restée artisanale. La visite de l'usine, qui se termine par une dégustation, donne des airs d'enfants aux visiteurs gourmands. Tendre, dur ou mou, chacun cherche son caramel dans la boutique attenante. *Entrée libre ZA Isypôle* ***Isigny-sur-Mer*** *(32km à l'ouest de Bayeux) Tél. 02 31 51 66 50 www.caramels-isigny.com Visite Avr.-sept. : lun.-ven. à 10h* **Boutique** *Ouvert jan. : lun.-ven. 8h30-17h ; fév.-mars et oct.-déc. : lun.-ven. 8h30-18h, sam. 9h30-12h30 et 14h-18h30 ; avr.-sept. : lun.-ven. 8h30-19h, sam. 9h30-12h30 et 14h-18h30*

En savoir plus sur les fabrications laitières

Coopérative laitière Isigny-Sainte-Mère Au terme de la visite des ateliers de cette coopérative, créée en 1932, vous saurez tout sur la transformation du lait en beurre, crème, camembert ou pont-l'évêque AOC. Pour des raisons d'hygiène (50% du temps est ici consacré au nettoyage), on n'entre pas dans l'entreprise. Des baies vitrées ont été percées pour que l'on puisse voir ce qui s'y passe. Le tout se termine évidemment par une dégustation. *2, rue du Dr-Boutrois* ***Isigny-sur-Mer*** *(sortie nord de la ville) (32km à l'ouest de Bayeux par la N13) Tél. 02 31 51 33 88 www.isigny-ste-mere.com Visite guidée Juil.-août : lun.-ven. à 10h, 11h, 14h, 15h et 16h Durée 1h Tarif 3€, réduit 2€, moins de 6 ans gratuit*

À l'est de Bayeux

Prieuré Saint-Gabriel Fondé en 1058, il a conservé une haute porterie du XIIIe siècle, une salle basse du XIVe et le chœur de l'église originelle de pur style roman (XIIe s.). Son élévation latérale compte trois niveaux : de grandes arcades à double rouleau, de fausses tribunes donnant sur les combles des bas-côtés et de hautes fenêtres. Expositions temporaires dans la chapelle en été. En sortant, jetez un coup d'œil aux modillons sculptés très originaux des corniches. L'ensemble dégage un charme puissant. Le prieuré est aujourd'hui une école du paysage et de l'horticulture, aussi ne manquez pas de déambuler le long des massifs de roses, dans le jardin aromatique ou le verger. Une invitation à la contemplation. ***Saint-Gabriel-Brécy*** *(10km à l'est de Bayeux par la D12) www.prieuresaintgabriel.fr Visite guidée Organisée par l'Association culturelle du prieuré tél. 06 89 45 71 63 Juil.-août à 17h30 Durée 1h Expositions Ouvert juil.-août : lun., mer.-dim. 14h30-18h30* **Jardins** *Ouvert sam.-dim. et vac. scol. de zone A 9h-18h30*

Jardins du château de Brécy Ces jardins à la française s'étagent sur quatre niveaux au pied du château, dont la construction remonte au XVIIe siècle (ne se visite pas). Le regard glisse sur les parterres de buis et ricoche sur les houx taillés en boule, avant d'épouser la perspective de l'ensemble. Au bout du jardin trônent les statues en pierre, gardiennes du portail à la grille richement ornée, qui semble s'élever vers le ciel. Une petite chapelle romane accueille régulièrement des concerts de musique classique. ***Saint-Gabriel-Brécy*** *(10km à l'est de Bayeux) Tél. 02 31 80 11 48 dwirth@wanadoo.fr Ouvert Pâques-Toussaint : mar., jeu., dim. et j. fér. 14h30-18h30 ; le reste de l'année : sur rdv Adulte 7€, moins de 12 ans gratuit*

Château de Creully De la forteresse médiévale (XIe-XIVe s.), il ne reste qu'une partie du donjon. Et pour cause : ce château a subi maintes destructions pendant la guerre de Cent Ans. La visite guidée (45min) mène de la salle basse (XVIIe s.), nantie d'une immense cheminée, à la très belle salle romane voûtée (XIIe s.), jusqu'à la tour carrée du XIVe siècle. Là, une exposition de matériel radio rappelle qu'en 1944 le château a abrité les studios de la BBC. ***Creully*** *(14km à l'est de Bayeux par la D12) Tél. 02 31 80 18 65 www.creully.fr Ouvert juil.-août : mar.-ven. 10h30-12h30 et 14h30-18h15 et lors des Journées du patrimoine Tarif 4€, enfant 2€, moins de 7 ans gratuit*

☺ **Église de Thaon** Recluse à l'écart du bourg, au fond de la vallée de la Mue, cette splendide église romane ne peut laisser indifférent. Son clocher à trois étages en est certainement la partie la plus ancienne (XIe s.). La nef rectangulaire à cinq travées non voûtées et le chœur de deux travées à chevet plat datent du XIIe siècle. Les façades extérieures, couvertes d'arcatures aveugles, et la corniche, ornée de modillons (figures animales, humaines

VISITE AU FLAMBEAU

Pour découvrir le château de Fontaine-Henry autrement, les visites nocturnes sont idéales : des acteurs, habillés en costume d'époque, vous guident au flambeau dans le château. L'ambiance est théâtrale, mais le charme opère ! **Château de Fontaine-Henry** *Tél. 02 31 26 93 67 Visite nocturne juil.-août : mer. et ven. 20-23h Tarif 16,50€, réduit 12,50€*

et monstrueuses), sont de toute beauté. On ne saurait résister au charme et à la sérénité des lieux. ***Thaon*** *(13km à l'est de Bayeux par la D12, dir. Villiers-le-Sec, puis 8km sur la D22, dir. Le Fresne-Camilly/Cairon, et 1,5km sur la D83, dir. Thaon) L'église se situe à 300m de l'église paroissiale (dir. Fontaine-Henry) Emprunter le petit chemin (5min) Association des amis de la vieille église de Thaon Tél. 02 31 80 04 76 http://vieilleeglisedethaon.free.fr Visite guidée Juil.-août : le dim. 15h-18h30 et pendant les Journées du patrimoine 14h-18h30 Entrée libre*

Château de Fontaine-Henry Surplombant la vallée de la Mue, le manoir appartient depuis un millénaire à la même famille. Les toits en ardoise atteignent 15m de hauteur. Avant d'y pénétrer, on remarquera le contraste entre la partie sud du corps de logis et le décor gothique flamboyant du corps central (fin XVe s.). La visite guidée (durée 1h30) permet d'admirer une belle collection de mobilier Renaissance. Nombreuses manifestations en été (expositions, théâtres, concerts, etc.). ***Fontaine-Henry*** *(13km à l'est de Bayeux par la D12, dir. Villiers-le-Sec, puis 4km sur la D22, dir. Le Fresne-Camilly, et 4km sur la D141, dir. Fontaine-Henry) Tél. 02 31 26 93 67 www.chateau-de-fontaine-henry.com*

CARNET D'ADRESSES

Restauration

petits prix

Le Petit Bordelais (plan 2, B2 n°7) Thierry, Breton d'origine et gourmand de profession, sert chaque midi dans le bistrot voisin de sa cave à vins un plat du jour (8,50€) et un dessert pour l'accompagner. Vin au verre et crème à la louche, on se régale et on déguste : pommes de terre de Noirmoutier à la fleur de sel, poissons de la criée, mousse au chocolat, crumble, etc. Pour les petites faims, assiette de charcuterie, où trône la terrine maison, fondante et relevée. Si vous êtes pressé, passez votre chemin : l'amour des choses bien faites nécessite parfois une sympathique lenteur. Réservation conseillée *15, rue Maréchal-Foch* ***Bayeux*** *Tél. 02 31 92 06 44 Ouvert mar.-sam. 12h-15h Fermé 2 sem. en fév.*

L'Insolite (plan 2, B2 n°5) Une salle moderne, tout en longueur, où rien – sauf peut-être l'odeur du beurre fondu – ne rappelle l'Armorique ! C'est pourtant une excellente adresse pour déguster une galette et un verre de cidre en douce compagnie. Si vous passez une soirée romantique, évitez tout de même la "laicrue" : le camembert fondu y prend ses aises entre des feuilles de salade croquantes et des tranches de tomates fraîches. Environ 7€ pour une galette et 4€ pour une crêpe sucrée. Service souriant et cour intérieure couverte. *16, rue des Cuisiniers* ***Bayeux*** *Tél. 02 31 51 71 16 Ouvert juil.-août : tlj. ; sept.-juin : mar.-*

sam. 11h45-14h30 et 19h-22h30 Fermé 3 sem. en jan.

prix moyens

Le Pommier (plan 2, B2 n°2) Quand on a pignon sur la rue des Cuisiniers, il serait malvenu de faillir du côté des fourneaux. Le Pommier s'en sort très bien. Les plats font honneur à la gastronomie locale, et bien que limités en nombre, ils sont de qualité : andouille de Vire, tripes à la mode de Caen, magret de canard au pommeau et quelques poissons servis avec des légumes issus, pour certains, de l'agriculture biologique. En dessert, laissez-vous tenter par la pomme surprise chaud-froid ! Menus de 15 à 37€ env. À la carte, comptez de 20 à 35€. Terrasse à la belle saison. *38-40, rue des Cuisiniers* ***Bayeux*** *Tél. 02 31 21 52 10 Fermé mi-déc.-mi-jan. et le dim. en nov.-mars*

prix élevés

☺ **Le P'tit Resto (plan 2, B2 n°6)** Une salle lilliputienne, où l'on se précipite pour une soirée en plusieurs étapes. Un sourire géant envahit d'abord le visage des gourmets à la lecture du menu, aussi farfelu que poétique. Puis, l'émerveillement devant les assiettes, où les plats prennent leurs quartiers avec originalité : le cubisme de foie gras, par exemple, n'a pas fini de contester les lois de la gravité. Et, enfin, le plaisir du palais en goûtant les délicates trouvailles du chef, qui emploie son talent à rendre leurs lettres de noblesse aux produits simples. Ingéniosité et douceur pour un festin de fantaisie ! Menus de 25 à 33€ (entrée, plat et dessert). Réservation nécessaire. *2, rue du Bienvenu* ***Bayeux*** *Tél. 02 31 51 85 40 www.restaurantbayeux.com Ouvert lun. soir, mar.-sam. midi et soir*

La Rapière (plan 2, B2 n°4) Située dans un étroit passage de la rue Saint-Jean, La Rapière est une halte de choix, chic mais pas guindée. Les deux salles en pierre aux lumières tamisées siéent parfaitement à un dîner en tête à tête. D'autant que les spécialités maison (foie gras, poisson) et normandes régalent le palais. Formule midi à 18€. Menus à 28,50 et 38,50€. Comptez 30-50€ à la carte. Service attentif et soigné. La patronne, la plus décontractée de tous, n'est pas avare de sourires. Attention, il est conseillé d'arriver tôt, car le service s'arrête à 13h30 pour le déjeuner et à 21h le soir. *53, rue Saint-Jean* ***Bayeux*** *Tél. 02 31 21 05 45 www.larapiere.net Ouvert mar.-sam. Fermé fin déc.-fin jan.*

Dans les environs

petits prix

Bar de la forêt L'adresse pour un bon plat (7,50€) ou un menu du jour (12€ boisson comprise). Buffet d'entrées (charcuterie, poisson mariné..., 3€). Le choix du plat se fait, en général, entre viande et poisson. C'est la cantine du village, populaire, conviviale et bruyante. *1, route de Balleroy* ***Le Molay-Littry*** *(14km au sud-ouest de Bayeux par la D5) Tél. 02 31 22 95 15 Ouvert lun.-sam. midi*

prix moyens

La Flambée Voilà une bonne alternative aux plats de poissons et autres fruits de mer. La maison fait dans les spécialités normandes et les grillades au feu de bois cuites dans la cheminée de la salle à manger. Succulentes ! Le cachet des lieux, un brin rustiques, dégage une chaleur certaine, encore accrue par la présence de la cheminée. Au final, on s'y sent bien. Menus à 13 et 14€ à midi, 19,50 et 25€. Comptez de 20 à 30€ à la carte. *2, rue Émile-Demagny* ***Isigny-sur-Mer*** *(32km à l'ouest de Bayeux par la N13) Tél. 02 31 51 70 96 Ouvert juil.-août : jeu.-mar. ; sept.-juin : jeu.-lun. midi et soir, mar. midi*

prix élevés

☺ **La Ferme de la Rançonnière** Si l'endroit prend des airs guindés, ce n'est pas tant le personnel qui est en cause, sinon plus vraisemblablement, la clientèle. Le charme de cette superbe demeure fortifiée du XIIIe siècle influence peut-être en ce sens. Toujours est-il que l'on y mange de délicieuses terrines de pavé d'Isigny et de copieuses palettes de viande (bœuf, magret de canard, agneau et foie). Un régal de carnivore. Les amoureux des produits de la mer n'ont pas été oubliés : poissons et crustacés sont aussi de la partie. Menus à 24€ à midi (en semaine) et de 29,50 à 41€. Comptez de 35 à 45€ à la carte. Ceux qui succombent au charme du lieu peuvent choisir d'y dormir : de 65 à 260€ selon la catégorie de la chambre. Petit déj. 12€. *Route de Creully* ***Crépon*** *(13km au nord-est de Bayeux par les D12 et D112) Tél. 02 31 22 21 73 www.ranconniere.fr Restaurant Ouvert tlj. midi et soir Fermé en jan.*

prix très élevés

Manoir de la Drôme Après avoir fait ses preuves aux côtés des grands, Denis Leclerc a ouvert un restaurant les pieds dans l'eau : retour aux sources pour cet enfant du pays, qui fait rimer Normandie et gastronomie. Terre et mer, crème et beurre : les spécialités de la région respectent la tradition et les saisons (homard, Saint-Jacques, gibier, tatin aux fruits du jardin, etc.). Le service, souriant et fluide, donne envie de prolonger le plaisir : pourquoi ne pas siroter alors un calvados hors d'âge en regardant la Drôme rafraîchir le jardin ? Formule déjeuner à 26€. Menus de 49 à 70€. ***Balleroy*** *(15km au sud-ouest de Bayeux) Tél. 02 31 21 60 94 www.manoir-de-la-drome.com Ouvert mar. soir, jeu.-sam. midi et soir, dim. midi Fermé en jan.*

Hébergement

camping

Camping municipal (plan 2, B1 n°10) Ce n'est peut-être pas le meilleur de Basse-Normandie, mais ce camping (3 étoiles) présente l'avantage d'être proche du centre-ville et de la pis-

☺ Dormir dans un lieu insolite

Cosyourte Certains rentrent de voyage avec des coups de soleil et des souvenirs plein la tête. D'autres, après un coup de cœur pour la Mongolie, rapportent dans leur sac à dos des yourtes, du mobilier artisanal, des photos, des éléments de décoration traditionnelle... En couple ou en famille, partez en voyage dans l'une de ces 4 yourtes multicolores : dépaysement, charme, nature et confort (lampe-tempête, salle de bains privative dans la maison d'accueil, petit déjeuner). Transats et tables de pique-nique à disposition. Nuit à 70€ pour un couple, 110€ pour une famille de 4 pers. *Hameau Montirly* ***Le Tronquay*** *(12km de Bayeux par la D572) Tél. 02 31 22 66 66 www.cosyourte.fr*

cine municipale, et de pratiquer de petits prix. Tarifs : 14,15€ env. pour deux adultes en tente et 19,25€ env. avec deux enfants (moins de 7 ans). *Bd d'Eindhoven* ***Bayeux*** *(nord de Bayeux) Tél. 02 31 92 08 43 Ouvert mi-avr.-fin oct.*

prix moyens

Mogador (plan 2, A1 n°12) Cet hôtel, tout en hauteur, propose 14 chambres simples mais confortables, disposées autour d'un patio. Certaines donnent sur la place Saint-Patrice, où se tient un marché le samedi. Double de 57€ (douche-toilettes) à 64€ (baignoire-toilettes) en haute saison. Accueil souriant. *20, rue Chartier* ***Bayeux*** *Tél. 02 31 92 24 58 www.hotel-mogador-bayeux.fr*

prix élevés

Le Bayeux (plan 2, A2 n°13) À deux pas de la cathédrale, le contraste entre la façade en pierre et l'intérieur moderne de cet hôtel surprend un peu. En tout cas, on y est bien reçu. Le contraire serait étonnant, c'est la devise affichée des patrons : "Notre différence : notre convivialité." Les 30 chambres (dont deux aménagées pour les handicapés) offrent un cadre coloré et clair, de nombreux équipements (TV écran plat, téléphone et bureau) et une literie de bonne qualité. De 60 à 120€ la double. Le petit déjeuner (10€) se prend en self-service. Parking privé (10€). *9, rue Tardif* ***Bayeux*** *Tél. 02 31 92 70 08 www.lebayeux.net*

☺ **Le Petit Matin (plan 2, A2 n°14)** En plein centre-ville, tout près de l'église Notre-Dame dont on aperçoit les tours, Antoine et Pascal ont aménagé trois ravissantes chambres d'hôtes dans leur demeure du XVe siècle, originales et de bon goût, spacieuses et ensoleillées. On y accède par un bel escalier à colimaçon. Comptez de 80 à 110€ la double (petit déj. généreux). Le jardin fleuri, agrémenté de transats, invite à la détente. Papier pique-nique 10€. Une adresse fort agréable. *2bis, rue Quicangrogne* ***Bayeux*** *Tél. 02 31 10 09 27 ou 06 08 28 65 59 www.antpas.com*

Hôtel de Sainte-Croix (plan 2, A1 n°18) Florence accueille les hôtes en quête de calme et de confort dans les 3 chambres lumineuses de cet hôtel particulier du XVIIIe siècle : meubles anciens, parquets qui grincent, décoration discrète, etc. Un air de pension de famille flotte à la table du petit déjeuner (copieux et gourmand) et entre les massifs du jardin, oasis de fraîcheur au cœur de Bayeux ! Une adresse de charme, où le temps s'étire délicieusement. Double à 89€. *12, rue du Marché* ***Bayeux*** *Tél. 06 08 09 62 49 www.hotel-de-sainte-croix.com*

prix très élevés

Hôtel d'Argouges (plan 2, A1 n°15) Niché dans une cour privée, ce bel hôtel particulier du XVIIIe siècle a fière allure. Son double escalier d'entrée, abondamment fleuri, en donne un avant-goût. Les chambres jouissent de tout le confort (TV, téléphone, minibar, accès Internet) qui sied à ces prix : de 85 à 136€. On regrette que leur décoration manque un peu de charme au regard de la bâtisse, mais on se consolera en profitant du jardin de l'hôtel, agréable à la belle saison, pour prendre le petit déjeuner (12€). Accueil soigné. Parking privé. *21, rue Saint-Patrice* ***Bayeux*** *Tél. 02 31 92 88 86 www.hotel-dargouges.com*

Château de Bellefontaine (plan 2, B3 n°17) Ce superbe château du XVIIIe siècle, entouré d'un parc de 2ha parsemé de transats, est l'endroit idéal pour un séjour de rêve. Les 20 chambres, "classiques" (90-135€) et "privilège" (120-170€), se montrent élégantes bien qu'un peu conventionnelles (salle de bains, toilettes, TV, minibar, sèche-cheveux). En fonction des dates, on peut avoir une suite duplex (130-180€) pour le prix d'une "privilège". Installées dans une dépendance du château, celles-ci sont d'un tout autre genre : modernes, ensoleillées et épurées de tout ornement inutile, elles disposent d'un salon au rez-de-chaussée et d'une mezzanine (chambre et salle de bains). Pour les amateurs, l'hôtel a ses propres courts de tennis. Accès wifi. *49, rue Bellefontaine* ***Bayeux*** *(au sud-est de Bayeux) Tél. 02 31 22 00 10 www.hotel-bellefontaine.com Fermé en jan.*

Churchill (plan 2, B2 n°16) Situé en plein cœur de Bayeux, dans la rue piétonne Saint-Jean, cet élégant hôtel en pierre de taille compte 32 chambres dotées d'un mobilier de style Louis XVI et équipées de salles de bains modernes. De 106 à 182€ la double en haute saison. Le petit déjeuner (13€) est servi dans une très belle véranda. Parking attenant. *14-16, rue Saint-Jean* ***Bayeux*** *Tél. 02 31 21 31 80 www.hotel-churchill.fr Ouvert mi-fév.-fin nov.*

Dans les environs

camping

Château de Martragny Le parc du château de la famille de Chassey, bordé d'arbres centenaires, est devenu un camping 4 étoiles avec piscine. Les dépendances accueillent bar, salle de jeux, boutique et laverie. De 27 à 31,60€ pour deux adultes en tente selon la saison, 3,50€ la nuit pour les enfants de moins de 7 ans. Terrain de tennis et minigolf sur place. ***Martragny*** *(8km au sud-est de Bayeux par la N13, puis D82, dir. Creully) Tél. 02 31 80 21 40 www.chateau-martragny.com Ouvert mai-mi-sept.*

prix moyens

Hôtel-restaurant de France Cet ancien relais de poste a pour atout majeur d'être le seul hôtel d'Isigny-sur-Mer. Pas désagréable, en outre. Ses 18 chambres sont sommaires mais convenables, avec TV. La double est à 60€. On y mange aussi correctement : menus de 15 à 30€. À la carte, comptez de 20 à 30€. *13, rue Émile-Demagny* ***Isigny-sur-Mer*** *(32km à l'ouest de Bayeux) Tél. 02 31 22 00 33 Fermé 20 déc.-début jan.*

prix élevés

Manoir de Crépon Entouré d'un parc arboré, ce manoir du XVIIIe siècle compte 4 chambres d'hôtes dotées d'un beau mobilier. Chacune dispose d'un vaste espace à vivre au charme suranné : 90€ la double (jusqu'à 130€ la quadruple). Petit déjeuner gargantuesque (fruits, confitures maison, fromages...) inclus. Une profusion d'objets dénichés chez les antiquaires de la région apporte une touche originale

GAMME DE PRIX	RESTAURATION	HÉBERGEMENT
Très petits prix	moins de 10€	moins de 40€
Petits prix	de 10 à 15€	de 40 à 60€
Prix moyens	de 15 à 25€	de 60 à 85€
Prix élevés	de 25 à 40€	de 85 à 120€
Prix très élevés	plus de 40€	plus de 120€

ici et là. L'accueil réservé par Anne-Marie Poisson est aussi charmant que décontracté. ***Crépon*** *(13km à l'est de Bayeux par les D12 et D112) Tél. 02 31 22 21 27 www.manoirdecrepon.com*

prix très élevés

☺ **Château de Vouilly** Un peu à l'écart du village, une allée bordée de châtaigniers mène à cette superbe demeure du XVIIIe siècle qui a conservé ses douves féodales. James et Marie-José Hamel y ont aménagé 5 chambres d'hôtes, spacieuses et élégantes, dont quatre avec vue sur le jardin. Leur décoration et l'ameublement ont été savamment pensés : cheminée en marbre, armoires normandes, tentures... L'endroit était déjà connu en juin 1944 : la presse américaine y avait établi ses quartiers. L'arrière du bâtiment cache un magnifique jardin couvert de rosiers. Comptez 110€ pour une double, petit déj. inclus. ***Vouilly*** *(6km au sud-est d'Isigny-sur-Mer par la D5) Tél. 02 31 22 08 59 www.chateau-vouilly.com*

Moulin de Hard La roue du moulin a cessé de fonctionner depuis bien longtemps, mais le mécanisme trône encore dans l'entrée de cette bâtisse du XVIIIe siècle, restaurée avec soin. Les 4 chambres, claires et confortables, jouissent de la vue sur le jardin : les branches des saules pleureurs y caressent la rivière, qu'enjambe un pont de pierre. Une étape de charme à ne pas manquer dans les environs de Bayeux. Double 100 et 120€, petit déjeuner compris. ***Subles*** *(7km de Bayeux) Tél. 02 31 21 37 17 www.moulin-de-hard.com Fermé en hiver*

★ OMAHA BEACH

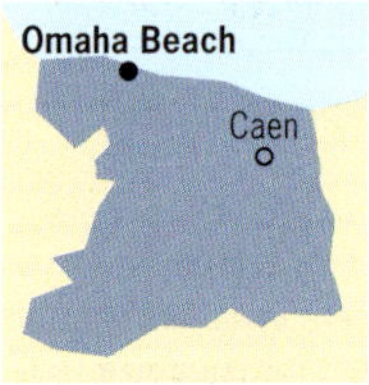

Si les plages d'Omaha Beach symbolisent le Débarquement de juin 1944 dans les esprits, cette association ne doit pas cacher le vrai visage du littoral qui s'étire, de Grandcamp-Maisy à Tracy-sur-Mer, sur près de 35km. Grandcamp-Maisy est avant tout une charmante station balnéaire très fréquentée en été. Port-en-Bessin est certainement le plus authentique port de pêche de Basse-Normandie, l'un des plus importants aussi. Et Longues-sur-Mer conserve, outre les vestiges d'une batterie allemande, un remarquable témoignage de l'architecture romane dans le Bessin. Quant aux plages de sable fin d'Omaha, elles passent pour être l'un des spots les plus prisés de char à voile... En somme, cette côte a bien d'autres attraits que sa sanglante histoire, il serait dommage de l'ignorer.

LE 6 JUIN 1944 Sinistrement connues sous le nom d'"Omaha la sanglante", les plages de Colleville-sur-Mer, Saint-Laurent-sur-Mer et Vierville-sur-Mer sont entrées dans l'Histoire le matin du 6 juin 1944, cf. Le Débarquement, D Day : le 6 juin 1944 (p.17). À 6h30, les hommes de la 1re division (dite The Big Red One) et de la 29e division d'infanterie américaine arrivent, par vagues successives, à l'assaut d'Omaha Beach. Leur mission : passer les plages et gagner l'intérieur des terres pour établir une ligne de front sur l'axe Isigny-sur-Mer/Tour-en-Bessin, vers la N13. Les soldats doivent aussi faire la jonction avec le 2e bataillon de Rangers débarqués à la pointe du Hoc, à l'ouest, et le 47e Royal Marine Commando britannique, à l'est. Mais rien ne se passe comme prévu : les conditions météorologiques jouent contre eux (mauvaise visibilité, courants violents). Les hommes sont déportés par les flots démontés et les blindés, censés apporter un appui d'artillerie aux fantassins, sombrent au large. Seuls deux chars atteindront le rivage. Parvenus sur la plage, les Américains se heurtent aux barbelés et aux champs de mines dressés par l'armée allemande qui, juchée sur les falaises, oppose une résistance acharnée. Un déluge de feu s'abat sur l'infanterie américaine. Les plages n'offrent aucun abri et se rétrécissent à mesure que la marée monte. À 8h, les pertes humaines et matérielles sont déjà dramatiques. Grâce au courage de quelques soldats et à l'appui de l'artillerie de marine, la situation tourne finalement en faveur des assaillants, qui parviennent à gagner lentement du terrain. En fin de journée, une tête de pont est établie, 2km à l'intérieur des terres. Une maigre avancée… Le Débarquement à Omaha Beach a bien failli échouer. Sur les 38 000 soldats débarqués, 3 000 ont trouvé la mort – bilan le plus sanglant de toutes les opérations du Débarquement. Dès le lendemain, les Américains commencent la construction d'un port artificiel, baptisé Mulberry A, devant la plage de Vierville-sur-Mer, pour assurer l'acheminement et l'approvisionnement des hommes et du matériel. Des navires et de gigantesques blocs de béton sont coulés au large pour former une digue. Ainsi protégés de la houle, les hommes du génie de la marine américaine mettent en place les quais et les passerelles flottantes, préfabriqués et remorqués d'Angleterre, reliant le port au littoral. Pour ce faire, dix jours suffirent aux Américains et aux Britanniques, qui firent de même à Arromanches avec le Mulberry B. Mais les éléments étaient décidément contre les Américains. Le 19 juin, une violente tempête détruisit le Mulberry A.

MODE D'EMPLOI

accès

EN VOITURE

Les plages d'Omaha Beach se situent à 20km au nord-ouest de Bayeux par les D6 et D514 ; à 31km au nord-est de Carentan par la N13 et la D517 ; à 13km à l'est de Grandcamp-Maisy par la D514 ; à 11km à l'ouest de Port-en-Bessin et à 22km à l'ouest d'Arromanches par la D514.

EN CAR

Bus verts du Calvados La ligne n°70 relie Grandcamp-Maisy à Bayeux et dessert plusieurs villages du littoral : Vierville-sur-Mer, Saint-Laurent-sur-Mer, Port-en-Bessin, etc. *Tél. 0810 214 214 www.busverts.fr*

orientation

Sur 35km de côtes, de la pointe du Hoc à Longues-sur-Mer, les sites liés au Débarquement succèdent aux stations balnéaires et aux ports de pêche, de Grandcamp-Maisy à Port-en-Bessin. La D514, en bordure de littoral, permet de rallier ces lieux touristiques.

informations touristiques

Office de tourisme intercommunal de Grandcamp-Maisy Accès Internet 1€/15min, 3€/h. *118, rue Aristide-Briand Tél. 02 31 22 62 44 www.cc-isigny-grandcamp-intercom.fr Ouvert mi-juin-mi-sept. : lun.-sam. 9h-13h et 14h30-18h30, dim. 9h30-13h ; mi-sept.-mars : mer.-sam. 9h30-12h30 et 14h-17h ; avr.-mi-juin : mar. et dim. 9h-12h30, mer.-sam. 9h30-12h30 et 14h-18h*
Office de tourisme de Port-en-Bessin *Quai Baron-Gérard Tél. 02 31 22 45 80 Ouvert avr.-oct. : tlj. 10h-13h et 14h-18h ; nov.-mars : ven.-dim. 10h-13h et 14h-18h*
Office de tourisme de Longues-sur-Mer *Site de la Batterie Tél. 02 31 21 46 87 Ouvert avr.-oct. : tlj. 10h-13h et 14h-18h*
Point information d'Arromanches *2, rue du Maréchal-Joffre Tél. 02 31 22 36 45 www.ot-arromanches.fr Ouvert juin-mi-juil. et mi-août-sept. : tlj. 10h-18h ; mi-juil.-mi-août : tlj. 9h-20h ; oct.-mai : se rens.*

visites guidées

Centre culturel de Port-en-Bessin Le centre culturel Léopold Sédar Senghor organise sept visites guidées autour des thèmes de la pèche, de la faune et de la flore, du chantier naval, de la peinture ou encore du Débarquement. Sur réservation, tarif 6€, 6-12 ans 3€. *2, rue du Croiseur-Montcalm (près de l'église Saint-André) Tél. 02 31 21 92 33 visites.portenbessin@wanadoo.fr Ouvert mar.-sam. 10h-12h et 14h-18h, dim. 14h30-19h*

marchés

Le mardi toute l'année, les mardi et samedi en hiver, les mardi et dimanche en juillet-août à **Grandcamp-Maisy**, le dimanche à **Port-en-Bessin** et le lundi à **Vierville-sur-Mer**.

fêtes et manifestations

Bénédiction de la mer à Port-en-Bessin Procession religieuse à la mémoire des marins disparus en mer. Ce jour-là, les rues, les maisons et les bateaux se couvrent d'une profusion de fleurs. Instaurée au début du XXe siècle, cette fête est célébrée de façon irrégulière (tous les quatre ou cinq ans). *Prochaine édition en août 2018*
Goût du large à Port-en-Bessin Fête de la coquille Saint-Jacques et festival de chants marins. *Le 2e w-e. de nov.*

DÉCOUVRIR

Le secteur d'Omaha Beach

☆ **Les essentiels** Le champ de bataille de la pointe du Hoc, le mémorial et les plages d'Omaha Beach, le cimetière américain de Colleville-sur-Mer **Découvrir autrement** Embarquez à bord de La *Grandcopaise*, découvrez l'abbaye Sainte-Marie à Longues-sur-Mer

Les sites du Débarquement

Musée des Rangers Sur la pointe du Hoc, une falaise rocheuse de 30m, l'armée allemande avait établi une position fortifiée : une batterie de six obusiers capables d'atteindre Utah Beach, Omaha Beach et les navires alliés qui approcheraient la côte. Pour les Alliés, sa prise était indispensable au Débarquement. C'est la mission dont furent chargés les soldats du 2e bataillon de Rangers du colonel Rudder. Ses hommes, arrosés à la mitrailleuse et au mortier de canon dès leur arrivée sur le rivage, parvinrent malgré tout à s'emparer des lieux après deux jours d'âpres combats… pour constater que les Allemands, pilonnés depuis le mois d'avril, avaient déplacé leur artillerie. Ce petit musée est dédié à ces Rangers héroïques. Textes, cartes, effets personnels et photos illustrent l'histoire de cette unité d'élite américaine depuis sa création, le 19 juin 1942 en Irlande du Nord, jusqu'à la fin de la bataille sur la pointe du Hoc, le 8 juin 1944. Une vidéo (18min) clôt le récit de ce haut fait d'armes. *Quai Crampon* ***Grandcamp-Maisy*** *Tél. 02 31 92 33 51 Ouvert mi-fév.-avr. : mar.-dim. 13h-18h ; mai-oct. : mar. 14h30-18h30, mer.-dim. 10h-13h et 14h30-18h30 Tarif 4,40€, étudiant 3,30€, enfant 2,20€*

Batterie de Maisy Un particulier a entrepris la tâche titanesque de mettre au jour cette batterie, ensevelie depuis plus de soixante ans entre les secteurs d'Omaha et d'Utah. Des tranchées mènent à une dizaine de bâtiments (en l'état), dont 6 plateformes d'artillerie, qui repoussèrent l'avancée du 5e bataillon de Rangers le 9 juin 1944. Le site manque de documentation. *Route des Perruques* ***Grandcamp-Maisy*** *(à la sortie de la ville, en dir. d'Isigny-sur-Mer sur la D 514) Tél. 06 78 04 56 25 www.maisybattery.com Mai-août : 10h-18h ; fév.-avr. et sept.-nov. : tlj. 10h-16h Tarif 5,50€, enfant 3,50€*

☆ **Pointe du Hoc** Pas d'humour noir, il ne s'agit pas d'un terrain de golf particulièrement accidenté, mais bien d'un champ de bataille resté presque intact. Les cratères qui jalonnent le site sont les stigmates du déluge de bombes larguées pour affaiblir cette position allemande dès le mois d'avril 1944 : 698t dans la seule nuit du 5 au 6 juin 1944 ! Les barbelés et les blockhaus défoncés rajoutent à l'atmosphère de chaos. En s'approchant des falaises, on imagine les difficultés rencontrées par les 225 Rangers qui eurent pour mission de gravir cet éperon rocheux à l'aide de cordes et d'échelles (sous un déluge de feu allemand) et de s'en emparer pour détruire une artillerie ennemie à longue portée (23km) qui avait, en fait, été déplacée en raison des bombardements incessants. Après deux jours de combats acharnés, seuls 90 Rangers étaient encore valides. Un endroit à privilégier au petit matin, avant le manège des cars et l'invasion touristique. *À 4km à l'est de Grandcamp-Maisy par la D514 Tél. 02 31 51 90 70 Ouvert avr.-sept. : tlj. 10h-13h et 14h-18h ; nov.-mars : ven.-dim. 9h-13h et 14h-17h*

Cimetière militaire allemand de La Cambe Un des plus grands cimetières militaires allemands : plus de 21 200 soldats y reposent. En son centre, un tumulus sert de tombe à 207 victimes de guerre inconnues. Son sommet est couronné d'une immense croix en basalte flanquée de deux statues. De là, la vue sur l'ensemble est vraiment émouvante. Autour du cimetière, le jardin de la Paix, planté de 1 200 érables, symbolise la paix retrouvée et le repos des âmes. ***La Cambe*** *(9km au sud de Grandcamp-Maisy par la D113)*

Vestiges du port artificiel de Vierville-sur-Mer Lors des grandes marées basses, on peut apercevoir les vestiges du port artificiel américain, baptisé

Mulberry A (le même qu'à Arromanches), détruit à peine construit, le 19 juin, par une forte tempête. Cinq autres éléments de passerelles ont été déposés sur la chaussée qui descend vers la plage. ***Vierville-sur-Mer*** *(11km à l'est de Grandcamp-Maisy par la D514)*

☆**Mémorial d'Omaha Beach** À 200m des plages d'Omaha, secteur du Débarquement américain, ce musée expose une importante collection d'uniformes, d'armes (obusiers, lance-roquettes, mitrailleuses) et d'objets (kits de survie, effets personnels…), ainsi que de nombreux panneaux retraçant – à l'aide de photos, affiches et coupures de presse – le déroulement du Débarquement à Omaha Beach et à la pointe du Hoc. Histoire de se mettre dans ce bain guerrier, un char Sherman et un canon Long Tom de 155mm ont été installés sur le parking, tandis qu'une péniche du Débarquement trône dans le hall d'entrée. ***Saint-Laurent-sur-Mer*** *(14km à l'est de Grandcamp-Maisy par la D514) Tél. 02 31 21 97 44 www.musee-memorial-omaha.com Ouvert mi-fév.-mi-mars : tlj. 10h-12h30 et 14h30-18h ; mi-mars-mi-mai, mi-sept.-mi-nov. : tlj. 9h30-18h30 ; mi-mai-mi-sept. : tlj. 9h30-19h Dernière entrée 1h avant fermeture Tarif 6€, 16-25 ans 4,70€, 7-15 ans 3,50€*

☆**Plages d'Omaha Beach** Au pied d'abruptes falaises, les plages d'Omaha s'étirent en arc de cercle sur 6km. C'est ici que 3 000 soldats américains de la 1re division d'infanterie (dite The Big Red One) et de la 29e division trouvèrent la mort. De ce carnage, il ne reste que les plages de sable doré, quelques monuments commémoratifs et un surnom : "Omaha la sanglante".

☆**Cimetière américain de Colleville-sur-Mer** Sur 70ha, ce cimetière abrite 9 387 tombes de soldats américains tués pendant la Seconde Guerre mondiale. Une concession à perpétuité du gouvernement français à son homologue américain. L'alignement des croix latines d'un blanc immaculé sur la pelouse verdoyante éblouit autant qu'il émeut. Du mémorial en demi-cercle, flanqué d'une statue en bronze, avec, à l'arrière-plan, le jardin du Souvenir et le mur des Disparus (1 557 au total), la perspective sur le grand bassin et les allées du cimetière est de toute beauté. Seul le flot touristique nuit un peu à la sérénité des lieux. Un Visitor Center rend hommage aux valeurs et au sacrifice des combattants. ***Colleville-sur-Mer*** *(7km à l'ouest de Port-en-Bessin) Tél. 02 31 51 62 00 www.abmc.gov Ouvert mi-avr.-mi-sept. : tlj. 9h-18h ; mi-sept.-mi-avr. : tlj. 9h-17h*

FACE À LA MER
Un modeste bar-brasserie avec terrasse face à la plage permet de se restaurer simplement : assiettes de charcuterie, salades, omelettes, croques, etc. Le tout pour moins de 10€. **La Plage d'Or** *14, bd de Cauvigny* ***Vierville-sur-Mer*** *Tél. 02 31 22 40 30 Ouvert juil.-août : tlj. 10h-23h ; avr.-juin et sept.-oct. : lun.-mer. et ven.-dim. 10h-22h*

Overlord Museum Inauguré en juin 2013, ce musée, installé au cœur d'Omaha Beach, a été créé pour accueillir la collection de la famille Leloup, soit un ensemble unique de 10 000 pièces allant d'objets personnels de soldats aux chars et avions de combats, tant allemands qu'alliés. Le tout est mis en scène grâce à des mannequins grandeur réelle qui font revivre les différents épisodes de la Bataille de Normandie. Une belle expérience pédagogique. *Lotissement Omaha Center* **Colleville-sur-Mer** *(rond-point d'accès du Cimetière Américain) Tél. 02 31 22 00 55 www.overlordmuseum.com Ouvert fév., nov.-déc. : tlj. 10h-17h ; mars-mai, sept.-oct. : tlj. 10h-18h ; juin-août : tlj. 9h30-19h Tarif 7,10€, réduit 5,10€, moins de 10 ans gratuit*

☺ **Musée des Épaves sous-marines du Débarquement** Vingt-cinq années de plongée dans les eaux troubles d'Omaha Beach, jusqu'à 60m de profondeur, ont permis de retrouver les épaves du Débarquement. De ces expéditions ont été remontés quelques trésors : des bouteilles de liqueur encore pleines, des moteurs d'avion, des canons, des torpilles, des mines… Une tourelle de tank, un canon de la Première Guerre mondiale et des tanks amphibies trônent à l'entrée du musée. La rouille et les coquillages accrochés à la tôle en feraient presque les œuvres d'un artiste fou. Un film vidéo retrace l'histoire de cette entreprise et les techniques utilisées pour repérer et remonter les épaves en surface. Vraiment passionnant et original. *Route de Bayeux* **Commes** *(1km au sud de Port-en-Bessin par la D6) Tél. 02 31 21 17 06 Ouvert mai : j. fér. 10h-13h et 14h-19h ; juin-sept. : tlj. 10h-13h et 14h-19h Tarif 6€, 7-16 ans 3€*

Batterie de Longues-sur-Mer Cette batterie est l'une des rares à avoir conservé ses canons : des pièces de 20t, de 8m de long, de 152mm de diamètre et d'une portée de tir de 20km. Leur état de conservation est d'autant plus surprenant que, du 28 mai au 3 juin 1944, les batteries ennemies reçurent 1 500t de bombes. Mais rien de tout cela ne délogea les soldats allemands. Le 7 juin 1944 au matin, ceux-ci décidèrent tout simplement de se rendre sans combattre. **Longues-sur-Mer** *(5km à l'est de Port-en-Bessin) Tél. 02 31 21 46 87 Visite guidée juil.-août : tlj. à 10h15, 11h45, 14h15 et 15h45 ; avr.-juin et sept.-Toussaint : sam.-dim. à 10h15, 11h45, 14h15 et 15h45 Tarif 4€, 10-17ans 3€, moins de 10 ans gratuit*

● Où craquer pour une boîte à musique ?

La Flambardière Patrick Broggi a fait des pieds et des mains pour vivre de sa passion, le bois. Il transforme d'une main de maître les essences locales en

Circuits vers les sites du Débarquement

BattleBus Journée complète à Utah, Omaha Beach et sur les sites du Commonwealth. Également des tours approfondis (2-5 jours). Tarif 90€/j. *Tél. 02 31 22 28 82 www.ddayhistorian.com*

D-Day Tours Seul ou en groupe, au choix, les secteurs britannique, américain ou canadien. Possibilité de circuits personnalisés. À la demi-journée ou à la journée. Pour un circuit d'une demi-journée, comptez de 45 à 90€ pour un adulte, enfant de 25 à 50€ et de 35 à 70€ pour les étudiants. *Tél. 02 31 51 70 52 www.normandywebguide.com*

Overlordtour Tours d'une demi-journée ou d'une journée dans les secteurs d'Omaha ou de Utah Beach. Possibilité de circuits personnalisés. De 60 à 90€. *www.overlordtour.com*

ravissantes boîtes à musique : de ces écrins jaillissent une rengaine de Piaf ou une sonate de Beethoven, à vous de choisir. De 20 à 100€ selon la taille du mécanisme. ***Sainte-Honorine-des-Pertes*** *(2km à l'ouest de Port-en-Bessin) Tél. 02 31 22 87 81 www.flambardiere.fr*

● Où déguster un cidre bio ?

Ferme du Lavoir Guillaume Capelle est particulièrement fier de son verger, converti en bio depuis quelques années. Jus de pomme filtré ou non, cidre demi-sec ou brut : il faut dire que ces produits paradent sur les podiums des concours régionaux. La dégustation a du bon, surtout si Guillaume se lance dans une explication rapide des bases du bio (version longue pendant la visite guidée du domaine). *Tarif 2,50€ Route de Saint-Laurent-sur-Mer* ***Formigny*** *(2km au sud de Saint-Laurent-sur-Mer) Tél. 02 31 22 56 89 www.fermedulavoir.fr Dégustation Avr.-sept. : tlj. 9h-19h ; oct.-mars : lun.-sam. 9h-19h Fermé en jan. Visite guidée Juil.-août : mar. et ven. à 11h ; sept.-juin : sur réservation*

● Faire du char à voile ou du kayak de mer

Eolia Normandie Les plages d'Omaha se prêtent à merveille à la pratique du char à voile. Après une brève initiation, vous serez prêt à glisser le long de la côte. Bien sûr, vous devrez attendre pour cela la marée basse, l'idéal étant que le vent ait soufflé auparavant pour que le sable soit tassé, et qu'il en reste assez pour avancer (40€ la séance de 2h, 50€ les 3h). Également des séances découverte de catamaran (40€/2h + assurance obligatoire 10€/pers.) et des locations de kayak (20€/2h). **Colleville-sur-Mer** *(7km à l'ouest de Port-en-Bessin Tél. 02 31 22 26 21 www.eolia-normandie.com Fermé en jan.*

Grandcamp-Maisy

Au-delà de la guerre, le littoral mérite d'être visité autrement qu'au fil des sites liés au Débarquement. Méritent notamment une halte, d'ouest en est, la station balnéaire de Grandcamp-Maisy, Port-en-Bessin – l'un des plus authentiques villages de pêcheurs de Normandie –, ou encore l'abbaye de Longues-sur-Mer.

Rochers de Grandcamp Les rochers de Grandcamp forment une zone rocailleuse de 8km de long, face au port et à la plage. Recouvert à marée basse, ce vaste plateau calcaire ne se dévoile que lors des grandes marées. Par un coefficient supérieur à 100 (idéalement 110), les amateurs de pêche aux crustacés trouveront là un terrain de choix : crabes, tourteaux, crevettes grises, moules et autres coquillages de mer abondent entre ces rochers. Mieux vaut arriver bien avant la basse mer, l'endroit est connu et prisé.

● Où boire un verre en musique ?

☺ **La Frégate** Ambiance Bob Dylan et The Doors à La Frégate, un bar rock'n'roll au cœur tendre ! Le volume n'est jamais poussé à fond, et le tarif des consommations non plus (bière pression à 3€). De plus, le patron cultive la bonne humeur : foule et fous rires garantis les soirs de concert. *14, rue Aristide-Briand* ***Grandcamp-Maisy*** *Tél. 02 31 22 62 67 Ouvert juil.-août : tlj. 17h-2h ; sept.-juin : ven.-dim. 17h-2h*

Embarquer pour une sortie en mer

☺ ***La Grandcopaise*** Abandonné dans le port de Grandcamp à la fin des années 1980, *La Grandcopaise*, navire mis à l'eau en 1949, a été restauré de 1990 à 1993 par une association de passionnés ("Torbouai du Bessin") sur le modèle des barques chalutières qui sillonnaient les côtes bas-normandes à la fin du XIXe siècle. Le résultat est de toute beauté, à tel point que *La Grandcopaise* a été inscrite à l'inventaire des monuments historiques. Depuis, ce

Le Débarquement

Utah, Omaha, Gold : l'opération Overlord, déclenchée le 6 juin 1944 par le général Eisenhower, a laissé des traces visibles sur les plages normandes et dans les lieux de mémoire.

vieux gréement reprend du service pour des minicroisières "à la marée" ou des sorties de plusieurs jours. Trois conditions *sine qua non* pour embarquer : devenir membre de l'association (35€), aimer le large et être passionné. **Grandcamp-Maisy** *Chalet d'accueil sur le quai Henri-Chéron Tél. 02 31 22 18 47 www.lagrandcopaise.fr Ouvert avr.-fin sept*

● Pratiquer des activités nautiques

École de voile Cap 21 de Grandcamp-Maisy Petits et grands peuvent s'initier ou se perfectionner aux sports nautiques : dériveur (dès cinq ans), catamaran, planche à voile... À pratiquer en stage ou seul (location le week-end). *82, quai Crampon* **Grandcamp-Maisy** *Tél. 02 31 22 14 35 www.isigny-grandcamp-intercom.fr*

Port-en-Bessin et ses environs

Criée Avec 9 000t commercialisées à la criée chaque année, Port-en-Bessin est le troisième port de pêche de Basse-Normandie. Son poisson est présenté sous la halle de la criée pour être vendu aux enchères par les mareyeurs. Bien sûr, ce n'est plus un crieur qui, comme autrefois, fait monter les prix. Depuis 1989, le système a été informatisé. Pour découvrir tout cela, le centre culturel Senghor propose une visite guidée, la "débarque" : on suit le poisson du bateau à sa commercialisation. **Centre culturel** *2, rue du Croiseur-Montcalm* ***Port-en-Bessin-Huppain*** *Tél. 02 31 21 92 33 Les mar. soir en juil.-août (sous réserve)*

Tour Vauban Édifiée en 1694 sur la falaise est d'accès au port par un assistant de Vauban, cette tour s'inscrivait dans le plan de fortification des côtes françaises mis en place après la défaite de La Hougue (1692). Elle a d'abord servi à contrer les pirates anglo-hollandais et les incursions anglaises, avant de devenir une poudrière ravitaillant deux batteries situées sur les falaises de Huppain et du Castel au XVIIIe siècle. En avril 1948, la tour a été classée à l'inventaire des monuments historiques. ***Port-en-Bessin-Huppain***

Église Saint-Pierre d'Huppain Les proportions modestes de cette église font tout son charme et les éléments du XIIe-XIIIe siècle qu'elle a conservés font son intérêt. En entrant, on remarque les hautes arcatures aveugles qui encadrent le portail ouest. La nef romane date de la fin du XIIe siècle et les lambris de couvrement, semblables à une coque de navire, du XVIIIe siècle. La tour carrée, également romane, loge dans l'angle entre la nef et le chœur. Elle compte trois niveaux. Au deuxième, on notera le décor d'arcatures entrecroisées. La quiétude qui caractérise l'église Saint-Pierre est des plus délectables. *Rue du Bourg Huppain* ***Port-en-Bessin-Huppain*** *(à la sortie ouest de Port-en-Bessin par la D514)*

☺ **Abbaye Sainte-Marie de Longues-sur-Mer** Cette abbaye, peu connue, ne manque pourtant pas d'atouts. Fondée en 1168, elle conserve quelques vestiges remarquables du XIIe siècle : le chœur et le bras gauche du transept de l'église, en ruine mais superbes, ainsi que le cellier du rez-de-chaussée, dans les bâtiments conventuels, avec son pilier central voûté. Pour rejoindre le palais abbatial (XIVe s.), on traverse un jardin de plantes vivaces, puis le potager bordé par le vivier des moines et enfin le jardin des simples entouré d'hortensias. Ce bâtiment renferme deux fresques : à gauche, *Saint Michel* *terrassant le dragon*, et, à droite, l'*Annonciation*. Une double frise, en partie effacée, court sous la charpente, et une autre à mi-mur. Autour de la cheminée est exposée une collection de pavés de terre vernissée qui recouvraient autrefois le sol de l'église. En sortant, on jettera un coup d'œil à la porterie charretière à arc surbaissé et à sa voisine piétonne, surmontée d'une arcature aveugle (XIIIe s.). **Longues-sur-Mer** *(5km à l'est de Port-en-Bessin : à Longues-sur-Mer, prendre la D104 dir. Bayeux) Tél. 02 31 21 78 41 Ouvert Pâques-Toussaint : jeu. 14h-18h ; 1er-20 juil. et 10-30 sept. : lun.-sam. 14h-18h ; le reste de l'année : sur demande Tarif 4€, enfant et étudiant gratuit*

● S'envoler pour un baptême de l'air en parapente

Élementair Cette équipe sympathique et sérieuse organise des baptêmes de qualité, sous le sceau de la sécurité. Décollage du haut des falaises et sensations fortes assurées lors du survol des plages du Débarquement. Comptez 70€ pour un saut d'une dizaine de minutes, et 140€ pour une journée découverte avec un cours de théorie et un vol. *40, rue Baron-Gérard* **Port-en-Bessin-Huppain** *Tél. 02 31 21 03 31 www.elementair-basse-normandie.fr Ouvert avr.-fin sept. (sur réservation en fonction des conditions météo)*

Le secteur de Gold Beach

Découvrir autrement Visitez le port artificiel d'Arromanches, dégustez des huîtres à Asnelles

Arromanches et ses environs

Port artificiel Face aux difficultés à s'emparer d'une ville portuaire, les Alliés décidèrent de créer leur propre port. Ce pari audacieux, baptisé Mulberry B, et souvent appelé port "Winston", réussit pourtant. Préfabriquées en huit mois en Grande-Bretagne, les pièces furent remorquées à travers la Manche jusqu'au large d'Arromanches. Dès le 7 juin 1944, à 1,5km des côtes, 115 caissons en béton de 3 000 à 6 000t, appelés Phoenix, ainsi que 17 navires furent coulés pour servir de brise-lames sur 8km de long. Ainsi protégées de la houle, plusieurs plates-formes d'acier sur pilotis (jusqu'à 1 000m^2) furent mises en place. Reposant sur des flotteurs, 4 pontons les reliaient à la plage. En 12 jours, le port artificiel d'Arromanches était opérationnel. Il permit de débarquer 400 000 véhicules et plus de 3 millions de tonnes de matériel. Aujourd'hui, une dizaine de flotteurs demeurent sur la plage, ainsi qu'une vingtaine de caissons Phoenix au large d'Arromanches. Surréaliste à la nuit tombée.

Musée du Débarquement Ce musée raconte la construction et le fonctionnement du port artificiel installé à Arromanches au lendemain du Débarquement. Pour ce faire, plusieurs maquettes illustrent assez efficacement les différentes étapes de remorquage, d'assemblage et de fonctionnement du port "Winston". En outre, le musée dispose d'une riche collection d'uniformes, d'armes et de photographies relatives au D-Day. Un film d'archives (15min) et un diorama (8min) complètent la visite. *Place du 6-Juin* **Arromanches-les-**

Bains *Tél. 02 31 22 34 31 www.normandy1944.com Ouvert fév.-mars, oct.-déc. : tlj. 10h-12h30 et 13h30-17h ; avr. : tlj. 9h-12h30 et 13h30-18h ; mai-août : tlj. 9h-19h ; sept. : tlj. 9h-18h Fermé en jan., 24, 25, 26 et 31 déc. Tarif 7,50€, 6-16 ans 5,50€*

Cinéma Arromanches 360° Dans une salle circulaire, vous assisterez à la projection sur neuf écrans géants d'un film intitulé *Les Cent Jours de Normandie* (20min). Alternant images documentaires du Débarquement et images de la Normandie d'aujourd'hui, ce film oscille entre le grave et l'espoir, le poignant et le bucolique. *Chemin du Calvaire* ***Arromanches-les-Bains*** *(à moins de 500m du centre, dir. Asnelles) Tél. 02 31 22 30 30 www.arromanches360.com Ouvert fév. et déc. : 10h10-16h40 ; mars et nov. : 10h10-17h10 ; avr. et oct., 1re quinz. de mai et 2e quinz. de sept. : 10h10-17h40 ; 2e quinz. de mai et 1re quinz. de sept. : 10h10-18h10 ; juin-août : 9h40-18h40 Une séance toutes les 10 et 40 min de chaque heure Tarif 4,90€, plus de 60 ans, étudiant et 10-18 ans 4,40€, moins de 10 ans gratuit*

Musée des Libérateurs Normandie 1944 C'est un jeune Belgo-Néerlandais qui est à l'origine de cette collection : Floris Kok, né en 1990, a en effet rassemblé depuis l'âge de 11 ans des souvenirs de vétérans dans le but de leur rendre hommage, en particulier à son grand-père et son arrière-grand-père, tous deux anciens combattants. Un ensemble particulièrement émouvant, que vous découvrirez grâce à Floris, qui assure lui-même les visites (dans 4 langues !). *9, rue du Colonel-René-Michel* ***Arromanches-les-Bains*** *Tél. 06 49 73 90 90 Ouvert mi-avr.-mi-oct. : tlj. 10h-18h*

● Où faire provision de biscuits ?

Les Sablés d'Asnelles Depuis 1904, cette biscuiterie d'Asnelles confectionne de succulents sablés de trois sortes : au beurre doux, salé ou au cacao. Bien sûr, la recette est toute bête : du beurre, de la farine, du sucre et des œufs, mais Antoine Cormier a assurément un secret. *17, rue de Southampton* ***Asnelles*** *(3km à l'est d'Arromanches par la D514) Tél. 02 31 22 32 09 Ouvert sept.-juin : lun.-ven. 9h-12h30 et 14h-17h ; juil.-août : tlj. 9h-12h30 et 14h-19h (16h-19h le dim.) Fermé vac. scol. Visite sur rdv*

● Visiter un parc à huîtres

La Calvadosienne Les gourmets vous le diront sans détour, les huîtres d'Asnelles sont un délice. La visite guidée, immersion iodée dans le monde de l'ostréiculture de pleine mer, mène du hangar de conditionnement aux parcs d'élevage. Dégustation en fin de parcours, avec ou sans verre de vin blanc et possibilité d'acheter une bourriche au magasin. *Zone conchylicole* ***Asnelles*** *(3km à l'est d'Arromanches par la D514) Tél. 02 31 21 06 24 www.calvadosienne.fr Ouvert lun.-ven. 10h-12h30 et 14h30-18h30, sam. 9h30-12h30 et 14h30-19h Visite guidée et dégustations sur rdv*

● Faire une promenade à cheval

Cherokee Équitation Loisirs Un jeune couple sympathique propose des randonnées sur les plages et dans la campagne. Pour débutants et confirmés. Les mordus peuvent même loger sur place. *Ferme équestre de la Noé* ***Tracy-sur-Mer*** *(2km au sud d'Arromanches par la D516) Tél. 06 12 06 03 96 http://cherokee.equitation.free.fr*

CARNET D'ADRESSES

Restauration

prix moyens

La Marée Établie face au port de Grandcamp, que de larges baies vitrées permettent de contempler à loisir, La Marée propose une cuisine fine, concoctée en fonction de la pêche du jour. Fraîcheur et saveur garanties. L'espace intérieur se montre aussi agréable qu'élégant. Le service, soigné, gagnerait seulement à plus de décontraction. Menus de 16 à 27€. Suggestion du jour 27€, assiette de fruits de mer de 18 à 25€. *5, quai Henri-Chéron* ***Grandcamp-Maisy*** *Tél. 02 31 21 41 00 Ouvert tlj. 12h-14h et 18h-22h Fermé en jan.*

Hôtel-restaurant d'Arromanches-Le Pappagall Face au musée du Débarquement, cette adresse présente une carte assez variée de viandes et de poissons : magret de canard au pommeau, moules à la crème, choucroute de la mer... Quant à la flambée de pommes caramélisées au calvados et sa glace à la cannelle, elle clôt impeccablement le repas. Menus de 16,90 à 34,90€. Service rapide et avenant. En plus, un bon rock & blues flotte dans l'air. Double à 87€, avec petit déj. *2, rue du Colonel-René-Michel* ***Arromanches-les-Bains*** *Tél. 02 31 22 36 26 www.hoteldarromanches.fr Fermé mar. et mer. hors saison (sauf vac. scol.) et mi-nov.-mi-fév.*

prix élevés

La Trinquette Il ne reste presque rien de la baraque à frites tenue par le grand-père de l'actuel chef : la vue sur la mer est bouchée depuis longtemps, mais le coup de cœur demeure. Plateau de fruits de mer ou généreuse marmite grandcopaise (plat traditionnel des pêcheurs du village), la famille Germain chouchoute ses clients avec des plats d'une fraîcheur incomparable. Générosité dans l'assiette et dans le service, pour preuve les nombreux inconditionnels du menu à 30,50€ (3 plats et un fromage). Autres menus de 22,50 à 38€. Service chaleureux et efficace. *Route du Joncal* ***Grandcamp-Maisy*** *Tél. 02 31 22 64 90 Ouvert juin-sept. : tlj. ; oct.-mai : mer.-dim. Service continu de 12h à 22h Réservation conseillée le week-end*

☺ **Le Vauban** Ici, vous apprécierez les bons plats de poisson à des prix raisonnables. Il faudra peut-être attendre un peu, comme le prévient la carte : les mets à base de produits frais sont cuisinés à la demande. Assurément, un gage de qualité. Accueil souriant et bienveillant de la patronne et des serveuses. Ne manquez pas l'excellente soupe de poisson et le sorbet à la pomme et au calvados. Menus de 17 à 36€ env. Comptez de 28 à 35€ à la carte. Le week-end, réservez. *6, rue du Nord* ***Port-en-Bessin-Huppain*** *Tél. 02 31 21 74 83 Ouvert jeu.-lun. midi et soir, mar. midi*

Château La Chenevière Cette superbe maison postée un peu à l'écart des sites historiques du Débarquement propose un hébergement de très haut standing à des prix tout aussi luxueux : double de 215 à 310€ selon la saison, suite de 330 à 480€, petit déj. 25€. Mais il est également possible d'y faire une escapade gastronomique de luxe le temps d'un repas grâce à une formule composée de trois plats pour 35 € (du lundi au jeudi), et profiter ainsi du cadre, du parc et du calme des lieux. Autre menu à 55€. *Escures-Commes* ***Port-en-Bessin-Huppain*** *(1,5km au sud du centre) Tél. 02 31 51 25 25 Restaurant Ouvert mars-nov. : tlj. le soir*

Hébergement

campings

Camping du Joncal Situé face aux plages et tout près du port de Grand-camp-Maisy, ce terrain de camping 2 étoiles a des allures de village avec ses espaces arborés et ses petites haies qui donnent un peu d'intimité à chaque emplacement. Comptez 16,50€ la nuit pour deux adultes en tente ou 22,50€ avec deux enfants (moins de sept ans). *Le Petit Nice* ***Grandcamp-Maisy*** *Tél. 02 31 22 61 44 ou 06 08 06 66 98 www.campingdujoncal.com Ouvert avr.-sept.*

Camping Port'Land Cette hôtellerie de plein air a de quoi faire rougir plus d'un hôtel. Sur un terrain de près de 9ha, la pelouse verdoyante de Port'Land accueille tentes, caravanes et mobile homes (location au week-end et à la semaine). Un camping de très bon standing qui met à la disposition de ses hôtes une piscine chauffée, un terrain multisport, des aires de jeux pour les enfants, des bassins de pêche, une petite plage aménagée, une épicerie et un bar-restaurant. De 16 à 42€ la nuit (selon la saison et l'emplacement) pour deux adultes en tente. De 19 à 46€ avec deux enfants (moins de dix ans). *Chemin du Castel* ***Port-en-Bessin-Huppain*** *(près du golf) Tél. 02 31 51 07 06 www.camping-portland.com Ouvert avr.-fin oct.*

prix élevés

Chambre d'hôtes Le Château Les premières pierres auraient été posées fin XVIe siècle, tout comme les poutres, qui stabilisent la charpente de ce bâtiment situé à une centaine de mètres de la pointe du Hoc. On se réjouit que la demeure de M. et Mme Beck ait résisté aux bombardements, car elle abrite aujourd'hui 5 chambres confortables, au charme un peu suranné. La chambre n°3 est sans conteste notre préférée, en raison de la salle de bains rétro située dans la tour du château. Double 70-80€, petit déj. compris. ***Saint-Pierre-du-Mont*** *(4km à l'est de Grandcamp-Maisy) Tél. 02 31 22 63 79 chateaustpierre@orange.fr Ouvert toute l'année*

Chambre d'hôtes Manoir de la Rivière Les pieds dans le bocage et la tête dans les nuages, ce manoir fortifié dont les origines remontent au XIIIe siècle cache 3 grandes chambres d'hôtes. Lits douillets, tapis et toiles de Jouy : tout est réuni pour un séjour réussi, au calme de la campagne. Les hôtes prodiguent avec générosité des informations touristiques pendant le petit déjeuner, que l'on prend dans une salle voûtée devant une impressionnante cheminée. Double à 70€, table d'hôtes à 27€. ***Géfosse-Fontenay*** *(5km de*

GAMME DE PRIX	RESTAURATION	HÉBERGEMENT
Très petits prix	moins de 10€	moins de 40€
Petits prix	de 10 à 15€	de 40 à 60€
Prix moyens	de 15 à 25€	de 60 à 85€
Prix élevés	de 25 à 40€	de 85 à 120€
Prix très élevés	plus de 40€	plus de 120€

Grandcamp-Maisy) Tél. 02 31 22 64 45 www.lemanoirdelariviere.net Ouvert toute l'année

Les Filles du bord de mer Astrid et Laurence (ce sont elles, ces "filles du bord de mer") ont aménagé avec beaucoup de goût cinq appartements (2-4 pers.) et maisons (2-5 pers.) face à la mer ou dans le port, réhabilitant maisons de pêcheurs ou belles demeures anciennes. Location à la semaine pour les maisons de 590 à 1750€/sem. selon la saison, ou à partir de 2 nuits pour les appartements, à partir de 95€/appartement. Accueil adorable, avec une foule de bons conseils. ***Port-en-Bessin-Huppain*** *Tél. 07 77 22 24 70 www.lesfillesdu borddemer.com*

Chambres d'hôtes Arroplace L'offre hôtelière d'Arromanches n'est pas très séduisante et se révèle plutôt chère. À Arroplace, vous trouverez 5 chambres d'hôtes assez confortables à des prix certes élevés (80€ la double), mais la plupart offrent une vue sur la mer et l'endroit, situé face au musée, est on ne peut plus central. En prime, vous bénéficierez de la gentillesse du patron. Tarif dégressif dès la deuxième nuit. Parking privé. Accès wifi. *6, pl. du 6-Juin* ***Arromanches-les-Bains*** *Tél. 02 31 21 97 91 www.arroplace.com Ouvert mai-mi-sept.*

prix très élevés

☺ **Hôtel-restaurant La Sapinière** Bien à l'abri derrière les sapins, à 20m des plages, il a fière allure. Dans un style très épuré, les 15 chambres, pleines de charme, sont pareilles à de petits bungalows en bois. Lumineuses, elles donnent sur une terrasse privative à l'étage ou sur le jardin au rez-de-chaussée. Toutes sont orientées plein sud. Ni la literie bien ferme, ni l'équipement ne déçoivent. Double de 80 à 113€. Petit déjeuner-buffet 10€. En été, parasols et transats se déploient sur la pelouse du restaurant pour l'apéritif ou le repas (plat entre 16 et 25€). *Lieu-dit "Le Ruquet" 10, rue de la 2e-Division-d'Infanterie* ***Saint-Laurent-sur-Mer*** *Tél. 02 31 92 71 72 www.la-sapiniere.fr Ouvert mars-oct.*

VIRE

14500

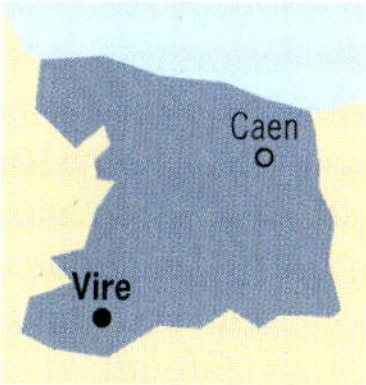

Capitale du bocage virois, Vire est une sous-préfecture tranquille du Calvados (14 000 habitants env.). Cette cité, qui fut une importante place de guerre des ducs normands, doit son château et ses fortifications, dont il reste quelques traces, à Henri Ier d'Angleterre (XIIe s.). Hélas, le patrimoine architectural de la ville a terriblement souffert des bombardements alliés des 6 et 7 juin 1944. Détruite à 90%, Vire a perdu l'essentiel de ses hôtels particuliers. Elle garde toutefois quelques monuments d'intérêt comme la Porte-Horloge, l'église Notre-Dame ou les restes du donjon féodal. Mais Vire est surtout connue pour son andouille, dont les artisans locaux défendent farouchement la tradition. Pour preuve, il existe une confrérie et un syndicat de défense de l'andouille de Vire ! Autour, les pays du Bocage et du Pré-Bocage sont des territoires

verdoyants, couverts de forêts, de vergers et de bosquets. Plus de 200 rivières et ruisseaux les sillonnent, dont la Vire et la Souleuvre. Au sud-ouest, le lac de la Dathée est dévolu aux sports nautiques. Plus au nord, le circuit des gorges de la Vire (30km) a de quoi ravir les randonneurs. Enfin, les amateurs de sensations fortes trouveront au viaduc de la Souleuvre un site unique en Europe, où faire du saut à l'élastique… à 61m au-dessus du vide.

MODE D'EMPLOI

accès

EN VOITURE

Vire se situe à 61km au sud-ouest de Caen par l'A84 et la D577, à 55km à l'est de Granville par les D924 et D524, à 38km au sud-est de Saint-Lô par la N174, à 31km au nord-ouest de Flers par la D524.

EN TRAIN

SNCF La ligne Paris-Granville (de 5 à 7 trains/j.) dessert Vire. Correspondances pour Caen à partir d'Argentan. *Tél. 3635 www.sncf.com www.ter-sncf.com*

Gare *Av. de la Gare (au nord de la ville)*

EN CAR

Bus verts du Calvados Toute l'année, la ligne n°32 relie Caen à Vire, en passant par Noyers-Bocage, Villers-Bocage et Aunay-sur-Odon. En période scolaire, la ligne n°10 va d'Aunay-sur-Odon à Caen, la n°33 de Vire à Saint-Martin-des-Besaces et Aunay-sur-Odon, la n°72 de Villers-Bocage à Bayeux. *Tél. 0810 214 214 www.busverts.fr*

Gare routière *À l'angle des rues d'Aignaux et André-Halbout (en face de l'OT)*

orientation et stationnement

Délimité par la rue d'Aignaux (au nord) et la rue du Valhérel (au sud), la rue Notre-Dame (à l'ouest) et les rues Armand-Gasté et Deslongrais (à l'est), le centre-ville de Vire se découvre facilement à pied. On laissera sa voiture au parking du château (près de l'église Notre-Dame), à celui de la mairie (près de la place du 6-Juin) ou à celui du Champ-de-Foire, face à l'office de tourisme. En contrebas de la place du Château, la Vire fait face aux ruines du donjon médiéval.

informations touristiques

Office de tourisme Centre principal d'information sur Vire et la région du bocage virois. *Square de la Résistance Tél. 02 31 66 28 50 www.vire.com Ouvert lun.-ven. 9h30-12h30 et 13h30-18h, sam. 9h30-12h30 et 13h30-17h (Toussaint-Pâques : fermé le sam.)*

Office de tourisme du Pré-Bocage ***Antenne de Villers-Bocage*** *Place du Général-de-Gaulle Tél. 02 31 77 16 14 www.bocage-normand.com Ouvert sept.-juin : lun., ven. 13h30-17h30, mar.-jeu. 9h30-12h30 et 13h-17h30, sam. 9h30-12h30 ; juil.-août : lun.-sam. 9h30-18h30* **Antenne d'Aunay-sur-Odon** *Place de l'Hôtel-de-Ville Tél. 02 31 77 60 32 www.bocage-normand.com Ouvert juil.-août : mar.-sam. 9h30-12h30 ; sept.-juin : ven.-sam. 9h30-12h30* **Antenne saisonnière de Jurques** *Sur le parking du parc zoologique Ouvert juil.-août : tlj. 14h-18h*

marchés, fêtes et manifestations

Marchés de Vire *Mar. (petit marché) et ven. (grand marché)*
Marché d'Aunay-sur-Odon *Sam.*
Marché de Bény-Bocage *Jeu.*
Marché de Caumont-l'Éventé *Jeu.*
Marché de Noyers-Bocage *Dim.*
Marché de Saint-Martin-des-Besaces *Sam.*
Marché de Saint-Martin de Tallevende *Dim.*
Marché de Villers-Bocage *Mer.*
Festival "Les Virevoltés" Spectacles de rue, concerts et animations gratuits en ville. *1re quinz. de juil.*
Foire à l'andouille *W.-e. de la Toussaint*

DÉCOUVRIR

☆**Les essentiels** Les gorges de la Vire **Découvrir autrement** Goûtez l'andouillette locale à la Maison Lesouef, humez le parfum des roses du jardin de Jumaju à Montchamp, explorez le Souterroscope des Ardoisières, faites du saut à l'élastique au viaduc de la Souleuvre

Vire

Porte-Horloge Autrefois, cette porte ogivale, flanquée de deux tours, constituait l'entrée principale de la cité fortifiée du XIIIe siècle. En 1480, le beffroi carré avec clocheton a été ajouté. Culminant à 33m, il offre une jolie vue sur la ville (l'escalier d'accès est souvent ouvert l'été). D'autres vestiges des anciens remparts subsistent dans Vire : la tour aux Raines et la tour Saint-Sauveur (rue des Remparts), la tour de Coulonces et la tour de la Geôle (place du Château). *Place du 6-Juin*

ANDOUILLE EXTRA
La célèbre andouille de Vire est fabriquée depuis des temps immémoriaux, ce ne sont donc pas les vendeurs qui font défaut dans la ville. S'il faut retenir une adresse, on ne peut que saluer la production de la maison Lesouef, plusieurs fois récompensée pour la qualité de son andouille fumée au feu de bois ?
Maison Lesouef *9, rue René-Chatel Tél. 02 31 67 70 32 Ouvert lun. 14h-18h, mar.-jeu. 9h-12h et 14h-18h, ven. 10h-12h Fermé jan.*

Église Notre-Dame Reconstruit au XIIIe siècle dans un style gothique primitif, l'édifice présente une certaine sobriété architecturale. À l'intérieur, la nef compte cinq travées, reposant sur de minces colonnes, un *triforium* et des fenêtres hautes. Au XVIe siècle, l'église a reçu plusieurs ajouts, l'élévation du chœur, le déambulatoire et l'abside, d'un style gothique flamboyant finement sculpté. Le maître d'œuvre serait celui de la Merveille du Mont-Saint-Michel. Ce qui saisit peut-être le plus, ce sont les tons ocre de Notre-Dame et le contraste entre la luminosité du chœur et la pénombre de la nef. *Place Nationale Ouvert tlj., pas de visite pendant les offices*

Donjon Du château féodal à double enceinte et du donjon, bâtis par Henri Ier d'Angleterre au XIIe siècle, il ne reste que deux pans de mur juchés sur un promontoire escarpé face à la Vire, au sud-ouest de la ville (rue des Usines). Épargné pendant l'invasion anglaise en 1346, le château a été rasé, en 1630, sur ordre de Richelieu. Ces ruines méritent tout de même un détour, car elles sont un bon exemple du donjon carré normand. *Place du Château*

Musée de Vire Installé depuis 1972 dans l'ancien hôtel-Dieu, ce lieu sympathique se divise en deux espaces distincts. Le premier, à vocation ethnographique, regroupe des collections de meubles, de coiffes, de costumes et de bijoux normands du XVIIIe-XIXe siècle, ainsi que des ateliers très bien reconstitués des petits métiers d'antan (tanneur, maréchal-ferrant, tonnelier, etc.). Le second, plus artistique, expose les œuvres du peintre caricaturiste bas-normand Charles Léandre (1862-1934), très populaire au début du XXe siècle. Également une galerie de peintures, bien moins intéressante, sur le thème de la nature, des paysages et des animaux de la région, et aussi des expositions temporaires chaque année. *2, pl. Sainte-Anne Tél. 02 31 66 66 50 Ouvert mi-mai-mi-nov. : mer.-dim. 10h-12h30 et 14h-18h Tarif 3€, moins de 26 ans et étudiant gratuit*

Les villages du Pré-Bocage

Jardin de Jumaju À côté du corps de ferme du XVIIIe siècle fleurissent, dans les jardins à la française, rosiers, iris et pivoines ; tandis que la partie anglaise est constituée d'une succession de chambres, où arbustes, vivaces et rosiers "anciens" cohabitent en harmonie. Plus de 1400 variétés de roses embaument l'hectare du jardin : un ravissement au printemps. *Les Fiefs* ***Montchamp*** *(15km de Vire) Tél. 02 31 67 34 09 www.lejardindejumaju.com Ouvert fin mai-fin août : lun.-jeu., sam.-dim. : 10h-18h Tarif 6€, moins de 12 ans gratuit*

Musée de la percée du Bocage À travers huit espaces muséographiques et un "son et lumière" sur diorama, la visite guidée nous apprend tout sur l'histoire de l'opération Bluecoat et des combats qui firent rage à la fin juillet 1944 dans le bocage virois. Photos, documents, maquettes et effets personnels illustrent efficacement ce récit historique. *5, rue du 19-mars-1962* ***Saint-Martin-***

☆ Se promener dans les gorges de la Vire

Un petit paradis pour randonneurs ! Sur 30km, un circuit fléché conduit le promeneur à la découverte de charmants villages nichés entre les vallons et le bocage : Campeaux, Mont-Bertrand, Saint-Martin-Don (point de vue du sommet de la Croix-Julien), Pont-Bellanger (château datant du XVIIe-XVIIIe s.), Sainte-Marie-Outre-l'Eau (lieu de culte de la grotte de Bion) et Malloué (ancien lieu de pèlerinage à Saint-Ortaire), dont l'église perchée sur un promontoire rocheux offre un point de vue remarquable sur la vallée de la Vire. Il n'y a qu'à choisir son point de départ dans l'un de ces villages (circuit en boucle). *À 13km au nord-ouest de Vire par la N174 (dir. Torigny-sur-Vire)*

des-Besaces *(24km au nord de Vire par les D577 et D53) Tél. 02 31 67 52 78 www.laperceedubocage.com Ouvert mai : w.-e. et j. fér. 10h-12h et 14h-18h ; juin-mi-sept. : mer.-lun. 10h-12h et 14h-18h Tarif 5€, réduit 2€, moins de 6 ans gratuit*

Souterroscope des Ardoisières Cet ancien site d'exploitation de l'ardoise, abandonné à la fin du XIXe siècle, propose une plongée dans le monde souterrain et minéral du bocage normand. Guidé à travers 400m de galeries par la lumière et le son (veillez à ne pas en perdre le fil ou vous vous retrouverez dans le noir), le visiteur découvre des lieux insoupçonnés ainsi qu'une belle exposition de minéraux des quatre coins du monde : émeraude de Colombie, marbre d'Afghanistan, grenat rose du Mexique, agate du Brésil… Attention, la température est de 12°C. Prévoir un vêtement chaud et des chaussures fermées. *Route de Saint-Lô* ***Caumont-l'Eventé*** *(27km au nord de Vire par la D577, puis 9km par la D54) Tél. 02 31 71 15 15 www.souterroscope-ardoisieres.fr Ouvert mi-fév.-Pâques : mar.-dim. 11h-17h ; Pâques-juin, sept.-nov. : tlj. 11h-18h ; juil.-août : tlj. 10h-18h Fermé déc.-mi-fév. Dernière admission 1h avant la fermeture Tarif 9,75€, 4-12 ans 4,60€*

Pratiquer des sports nautiques

Centre nautique Au sud-ouest de Vire, le lac de la Dathée s'étend sur 43ha (baignade interdite). Le centre nautique, géré par le MJC Vire, organise des stages de planche à voile, de catamaran et de dériveur. Possibilité de louer le matériel à l'heure ou à la demi-journée. Également des pédalos (2 et 4 places)

La Basse-Normandie avec des enfants

Aquariums et parcs animaliers

Sports et loisirs

Visites, activités

en location. *Point d'accueil : lac de la Dathée* ***Saint-Manvieu-Bocage*** *(8km au sud-ouest de Vire par la D524) Tél. 02 31 66 01 58 ou 02 31 66 35 10 Ouvert fin avr.-sept. : w.-e. et j. fér. ; juil.-août : tlj.*

● Faire du saut à l'élastique

☺ **Viaduc de la Souleuvre** Construit en 1889, selon les procédés techniques de Gustave Eiffel, pour faire passer l'ancienne voie ferrée reliant Vire à Caen, le vertigineux viaduc de la Souleuvre a été réinvesti par des mordus de saut à l'élastique en 1990. Depuis, plus de 140 000 personnes se sont élancées, les pieds attachés, à 61m au-dessus du vide. Deux conditions pour tenter l'expérience : avoir plus de treize ans et peser au moins 40kg (119€/pers.). Les tempéraments un peu moins tête brûlée optent pour le scalbe, une tyrolienne géante de 400m de long sur laquelle la descente frise les 100km/h (39€ en solo et 29€/pers. en tandem). Réservation obligatoire. ***La Ferrière-Harang*** *(20km au nord-ouest de Vire par la D577, dir. Bény-Bocage, puis 7,5km à l'ouest sur la D56) Tél. 02 31 66 31 66 www.ajhackett.fr Ouvert 2e quinz. d'avr. et oct.-mi-nov. : sam.-dim. et j. fér. 10h-18h ; mai-juin et sept. : lun., jeu.-dim. 13h45-18h ; juil.-août : tlj. 13h45-18h*

● Se distraire en famille

Parc animalier de Jurques Plus de 500 animaux des cinq continents réunis en semi-liberté sur 15ha de parc : des dromadaires, des tigres de Sibérie, des lémuriens, de superbes lions blancs... Nombreuses animations quotidiennes en saison : repas des manchots, contact avec les reptiles, en-cas des loups. Un "Ranch des enfants", un stade zoologique. De quoi divertir les petits. Le parc a deux points de restauration et plusieurs aires de jeux pour les enfants. ***Jurques*** *(23km au nord-est de Vire par la D577, puis 800m sur la D165A, dir. Brémoy) Tél. 02 31 77 80 58 www.zoodejurques.fr Ouvert juil.-août : tlj. 10h-19h ; avr.-juin et sept. : tlj. 10h-18h ; le reste de l'année : sam.-dim. et j. fér. 10h-18h Fermé début nov.-début des vac. scol. de fév. Tarif 15€, 3-11 ans 9,50€, moins de 3 ans gratuit*

CARNET D'ADRESSES

Restauration, hébergement

prix élevés

Hôtel de France-La Table viroise Installé au centre-ville, l'hôtel de France compte 20 chambres confortables (TV et téléphone direct), à décoration très variable. Elles coûtent de 60€ (côté rue) à 70€ (côté cour). Petit déj. 9€. Cet établissement possède aussi un restaurant déroulant tout l'éventail des spécialités régionales : andouille de Vire, tripes à la mode de Caen, foie poêlé aux oignons confits... Également à la carte, des plats plus classiques de viande et de poisson. Les menus vont de 17 à 30€ (menu enfant à 9€). *4, rue d'Aignaux* ***Vire*** *Tél. 02 31 68 00 35 www.hoteldefrancevire.com Fermé dim. soir-lun. midi et mi-déc.-mi-jan.*

☺ **Restaurant Manoir de Pommeraie** Vire n'était pas sur votre chemin ? Voilà une succulente raison de faire un détour ! On note à peine que le manoir date du XVIIIe siècle, tant le menu de Julien Guérard donne envie de mettre les pieds sous la table. Carpaccio de langoustines à la mangue ou travers de porc rôtis au miel : l'excellence flirte avec l'évidence le temps d'un repas tout en finesse, qui s'achève sur une touche sucrée préparée par Masako Guérard (mousse caramel et vanille, pommes caramélisées par exemple). La formule déjeuner à 19€ donne un bel aperçu des délices proposés dans les menus de 29 à 51€. *Route de Flers* ***Vire*** *Tél. 02 31 68 07 71 www.manoirdelapommeraie.com Ouvert mar.-sam. 12h-14h30 et 19h-21h30, dim. 12h-14h Fermé 3 sem. en jan. et en août*

Dans les environs

prix moyens

Le Puits *Do you like to speak English ? Yes ?* Alors Le Puits vous plaira. Tenue par des Irlandais, cette ancienne ferme abrite un camping et 4 chambres d'hôtes, au centre d'un splendide jardin. Les chambres ont un peu l'allure de cabines de bateau, un brin exiguës mais charmantes, avec vue sur le jardin : 54€ pour 2 personnes, petit déj. inclus. Le camping coûte 19€ la nuit pour 2 adultes en tente et 24€ avec 2 enfants (moins de dix ans). La famille Lee propose aussi de nombreux services : épicerie, bar et petite restauration. *La Groudière* ***Saint-Martin-des-Besaces*** *(24km au nord de Vire par les D577 et D53) Tél. 02 31 67 80 02 www.lepuits.com Ouvert mars-oct.*

Hôtel de la Place Il dispose de 19 chambres simples et lumineuses, sans autre accessoire que le nécessaire : une table de chevet, une penderie, une table et une télévision. Elles offrent un confort correct à des prix honnêtes : de 55€ (avec douche) à 57€ (avec salle de bains) pour une chambre double. Petit déj. 8,50€. Parking et wifi gratuits. *10, rue du 12-Juin-1944* ***Aunay-sur-Odon*** *(30km au nord-est de Vire par les D577 et D54) Tél. 02 31 77 60 73 http://hotel-traiteur-laplace.com*

Ferme de la Cordière Cette ferme équestre dispose de 5 chambres d'hôtes ravissantes et lumineuses, entourées d'un très beau jardin. Vous pourrez même vous prélasser dans le coin détente près de la cheminée (TV) ou vous restaurer sur le pouce à la crêperie. En été, la piscine exposée plein sud est un plus très appréciable. Un prix unique : env. 65€ la chambre. La Ferme de la Cordière gère aussi 3 gîtes (2-6 pers.) : de 200 à 220€ le week-end et de 270 à 480€ la semaine, selon la saison. ***Noyers-Bocage*** *(43km au nord-est de Vire par la D577 et l'A84, prenez la D83 sur 100m dir. Cheux) Tél. 02 31 77 18 64 www.fermedelacordiere.com*

prix élevés

☺ **Le Chapeau rouge** Une très bonne adresse, un peu perdue au milieu de nulle part, qui ne fait pas regretter le chemin parcouru. Dans un environnement charmant, intime et chaleureux, le chef concocte une cuisine de qualité : un excellent foie gras maison, des noix de Saint-Jacques aux endives miellées qui fondent dans la bouche, un délicieux ris de veau aux langoustines ainsi qu'un

GAMME DE PRIX	RESTAURATION	HÉBERGEMENT
Très petits prix	moins de 10€	moins de 40€
Petits prix	de 10 à 15€	de 40 à 60€
Prix moyens	de 15 à 25€	de 60 à 85€
Prix élevés	de 25 à 40€	de 85 à 120€
Prix très élevés	plus de 40€	plus de 120€

incroyable assortiment de desserts : mousse aux chocolats blanc et noir, île flottante, mousseline de caramel et fromage frais au milieu desquels trône un sorbet au cassis (carte saisonnière). Bonne carte de vins et de whiskies. Menus de 20 à 46€. À la carte, comptez de 25 à 35€. Service souriant et soigné. ***Guilberville*** *(18km au nord de Vire par la N174, au croisement avec la N175 – "carrefour du Poteau" – puis 200m sur la N175, dir. Pont-Farcy) Tél. 02 33 56 77 82 Ouvert mar.-mer. et ven.-dim. midi et soir*

Hôtel-restaurant Les 3 Rois Cet établissement compte 13 chambres assez spacieuses et dotées d'une bonne literie. Double de 70 à 90€. Côté table, le service n'est pas des plus décontractés, mais l'adresse reste l'une des étapes gastronomiques des environs. L'on y sert une bonne cuisine à base de produits régionaux et la carte des vins est bien fournie. Menus de 29 à 61€. Environ 50€ à la carte. *2, pl. Jeanne-d'Arc* ***Villers-Bocage*** *(35km au nord-est de Vire par la D577 et la N175) Tél. 02 31 77 00 32 www.trois-rois.com* ***Hôtel*** *Fermé 1 à 3 sem. en jan.* ***Restaurant*** *Ouvert juil.-août : tlj. midi et soir ; sept.-juin : lun. soir, mar.-sam. midi et soir, dim. midi*

prix très élevés

Chambres d'hôtes Château de Percy Construit par un architecte florentin en 1720, cet élégant château abrite 3 chambres, dont une familiale. Peut-être est-ce la hauteur de plafond, le piano à queue dans le salon, les parquets et les meubles marquetés qui donnent au lieu des airs d'aristocratie endormie. Confort, décoration discrète et grand calme dans les chambres, avec vue sur le parc à la française.Double de 80 à 90€ petit déj. compris. Accueil souriant. ***Saint-Charles-de-Percy*** *(14km de Vire) Tél. 02 31 66 91 03 www.chateau-percy.fr Ouvert avr.-Toussaint*

THURY-HARCOURT

14220

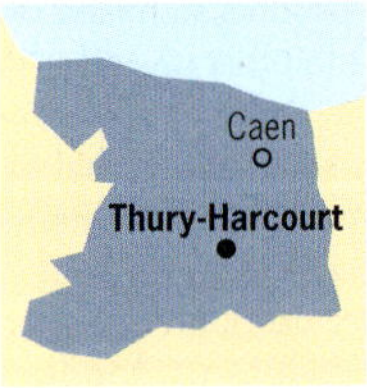

Porte d'entrée sur la Suisse normande lorsqu'on vient du nord, Thury-Harcourt est une petite ville paisible installée sur les rives de l'Orne. Au gré de ses envies, le visiteur choisira de flâner dans les jardins du château en ruine, de randonner à la découverte de la boucle du Hom, de descendre la rivière en canoë-kayak ou de découvrir un agréable panorama du haut de la roche d'Oëtre.

MODE D'EMPLOI

accès

EN VOITURE

Thury-Harcourt se situe à 27km au sud de Caen par la D562, à 27km à l'ouest de Falaise par la D6, à 20km au nord de Condé-sur-Noireau et à 45km au nord-est de Vire.

EN CAR

Bus verts du Calvados La ligne n°34 relie régulièrement Caen à Condé-sur-Noireau, en passant par Thury-Harcourt et Clécy. Arrêt dans la rue principale. *Tél. 0810 214 214 www.busverts.fr*

orientation

La ville est une bourgade traversée du nord au sud par la D562 (axe Caen/Condé-sur-Noireau). À l'entrée de Thury-Harcourt (en venant de Caen), la rue du Général-Lyne (la D6) permet de rejoindre les rives de l'Orne.

informations touristiques

Office de tourisme de la Suisse normande On y vend des topo-guides sur les sentiers pédestres et VTT de la Suisse normande. *2, pl. Saint-Sauveur* ***Thury-Harcourt*** *Tél. 02 31 79 70 45 www.ot-suisse-normande.com Ouvert mai-sept. : lun.-sam. 10h-12h30 et 14h30-18h30, dim. 10h-12h30 ; oct.-avr. : mar.-ven. 10h-12h30 et 14h30-17h, sam. 10h-12h30*
Antenne de Clécy *Place du Tripot Tél. 02 31 69 79 95 Ouvert mai-juin et sept. : mar.-sam. 10h30-12h30, 14h30-18h, dim. 10h-12h30 ; juil.-août : lun.-sam. 10h-12h30, 14h30-18h30, dim. 10h-12h30*
Point information tourisme de Pont-d'Ouilly *Rue de la Ve-République Tél. 02 31 69 29 86 Ouvert mai-sept. : se rens. pour les horaires*
Office de tourisme du pays de Condé et de la Druance *29, rue du 6-Juin* ***Condé-sur-Noireau*** *Tél. 02 31 69 27 64 otsi-conde-sur-noireau@wanadoo.fr Ouvert mai-sept. : lun.-sam. 10h-12h15 et 14h-18h ; oct.-avr. : mar.-mer. et ven. 14h-17h30, jeu. et sam. 10h-12h30*

location de deux-roues

Kayak Club de Thury-Harcourt Location de VTT avec conseils pour proposer des parcours adaptés au niveau de chacun, notamment aux familles. Tarif 11€/2h. *Impasse des Lavandières Tél. 02 31 79 40 59*
Garage Bernier Location de VTT : 5€/h, 8€/demi-journée et 16€/j. *Place Charles-de-Gaulle* ***Pont-d'Ouilly*** *Tél. 02 31 69 80 35 Ouvert lun.-mar. et jeu.-sam. 8h-19h, dim. 9h-12h30*

taxis

Taxis de la Suisse normande *34, rue Condé* ***Thury-Harcourt*** *Tél. 02 31 79 43 24*
Taxis Transport Condé *Plaisance* ***Condé-sur-Noireau*** *Tél. 02 31 69 35 15 ou 06 24 69 05 02*

marchés, fêtes et manifestations

Marché de Thury-Harcourt *Mar.*
Marché de Condé-sur-Noireau *Jeu.*
Semi-marathon de la Suisse normande Course autour de Flers (21km). *Tél. 02 33 65 06 75 En mai*
Week-end de la randonnée et des sports en Suisse normande Une fin de semaine dédiée à la randonnée pédestre, équestre, cycliste et même nocturne (randonnée aux flambeaux le samedi soir). Démonstrations sportives et animations gratuites pour les enfants. Informations dans les OT de Thury-Harcourt et de Clécy (cf. Informations touristiques). *En mai*

DÉCOUVRIR
Thury-Harcourt et ses environs

☆**Les essentiels** Les randonnées dans la Suisse normande **Découvrir autrement** Retombez en enfance devant le spectacle des trains animés du Chemin de fer miniature à Clécy, traversez la Suisse normande en vélorail, faites du ski nautique sur le lac de Rabodanges

Château de Pontécoulant Ancienne propriété d'une petite noblesse locale, cette demeure du XVIe siècle, agrandie au XVIIIe siècle, appartient au conseil général depuis 1896. La visite guidée permet de s'immiscer dans le mode de vie des anciens occupants et d'admirer un mobilier, pour l'essentiel, du XIXe siècle. La salle de la Grande Porte, dotée d'une belle table syrienne et de faïences du Moyen-Orient, ainsi que la Chambre indochinoise (il y eut plusieurs voyageurs dans la famille) méritent d'être mentionnées. Le château possède également un domaine de 132ha où il fait bon flâner. ***Pontécoulant*** *(17km au sud-ouest de Thury-Harcourt par les D562 et D184) Tél. 02 31 69 62 54 Ouvert mi-mars-mi-nov. : mar.-dim. 10h-12h et 14h30-18h Tarif 3€, réduit 2,45€*

La Suisse normande

Il ne faut pas se méprendre, la Suisse normande n'a rien d'alpin : les points les plus hauts culminent à peine à 300m. Son nom, cette région à cheval sur les départements de l'Orne et du Calvados le doit à son relief tourmenté, boisé et couvert de prairies, modelé par l'érosion et les rivières. L'Orne, qui la sillonne du sud vers le nord, a creusé des gorges et des parois abruptes. La région, parsemée ici et là de petits villages pittoresques, finit par avoir un air hélvetique !

Rives de l'Orne Bordées par une promenade qui conduit jusqu'au viaduc de Clécy, les rives de l'Orne sont un des endroits les plus fréquentés de la Suisse normande. Surtout en été. En conséquence, restaurants, glaciers, snacks et autres loueurs de pédalos ou de canoës-kayaks ont envahi les lieux.

☺ **Chemin de fer miniature** Commencé en 1969, ce gigantesque modèle réduit est une pure merveille conçue avec 450m de rails, 260 locomotives, 650 maquettes de maisons et 11km de câblage. Dès que le contact est enclenché, les trains se mettent à sillonner la salle, les patineurs à tourner sur la glace, les cheminées industrielles à fumer, la cabine téléphonique à sonner... Époustouflant ! Le spectacle atteint son apogée à la nuit tombée, quand les habitations et les réverbères s'illuminent. ***Clécy*** *(10km au sud de Thury-Harcourt)*

GUINCHEZ JEUNESSE !

Les rives de l'Orne sont ponctuées de guinguettes aux accents d'antan : lampions, accordéons et buvettes font le bonheur des amateurs de danses de salon... et des observateurs. Ambiance bon enfant. Les bals des ginguettes ont lieu, en principe, de mai à septembre, le dimanche après-midi.

Au lieu-dit les Fours à chaux Tél. 02 31 69 07 13 www.chemin-fer-miniature-clecy.com Ouvert mars, oct. : dim. 14h-17h ; Pâques-juin : tlj. 10h-12h et 14h-18h (fermé le lun. en mai-juin) ; juil.-sept. : tlj. 10h-18h (fermé le lun. 1re quinz. de sept.) ; Toussaint : tlj. 14h-17h Fermé nov.-mars Tarif 7,50€, enfant 5,50€

Musée André-Hardy Dédié au peintre normand André Hardy (1887-1988), ce petit musée regroupe une centaine d'œuvres réalisées par cet impressionniste qu'inspirèrent les paysages de Suisse normande et, plus tard, de Bretagne : travaux agricoles, chaumières, moulins… L'endroit est sympathique mais sans plus. *Place du Tripot (à l'OT)* ***Clécy*** *Tél. 02 31 69 79 95 Ouvert mai-juin et sept. : mar.-sam. 10h30-12h30 et 14h30-18h, dim. 10h-12h30 ; juil.-août : lun.-sam. 10h-12h30 et 14h30-18h30, dim. 10h-12h30 Tarif 2,30€, 6-12 ans 1,20€*

● Où acheter d'authentiques bottes en caoutchouc ?

Le Chameau Depuis 1927, les maîtres bottiers de Pont-d'Ouilly fabriquent à la main des bottes en caoutchouc reconnues pour leur qualité et leur confort. Il y en a pour tous les goûts et tous les usages : la chasse, l'équitation, le jardin, la pêche, la mer ou l'agriculture. L'usine fait aussi dans la confection de vêtements : vestes, pantalons, polaires, pulls et accessoires. *"Les Fourneaux" Route de Cahan* ***Pont-d'Ouilly*** *(1,5 km au sud-ouest de la ville par la D511) Tél. 02 31 69 88 16 www.lechameau.fr Ouvert mar.-ven. 14h-18h, sam. 10h-12h et 14h-19h (téléphoner avant de s'y rendre)*

● Où chiner dans un bistrot rétro ?

☺ **La Dame Blanche** Boîtes en fer, moulins à poivre, réclames publicitaires des années 1950... se serrent pour ne pas déborder de la ravissante chaumière, restaurée par les propriétaires, amoureux de bric-à-brac. Après avoir fait quelques emplettes à prix doux, prenez place devant un jeu d'échecs et un verre d'absinthe dans la salle du café attenant, exquise machine à remonter le temps ! Consommations de 3 à 5€. ***Le Bô*** *(5km de Clécy) Tél. 02 31 69 67 99 herve.frydman@orange.fr Ouvert juil.-mi-sept. : tlj. 10h-20h ; oct.-juin : sam.-dim. 10h-19h (et vac. scolaires)*

● Où faire provision de douceurs normandes ?

Les Ruchers de la Suisse normande Pour des raisons de sécurité, il est impossible de se promener sur le domaine et d'approcher l'une des 350 ruches en activité. Aussi M. et Mme Letellier ont-ils créé un petit écomusée pour plonger dans le monde du miel et des abeilles. La boutique regorge de trésors : miel de châtaignier, d'acacia, de forêt, etc. (4-5€/500g) ; mais aussi bonbons, savon et hydromel (un vin de miel qui titre à 13°C). *La Maison de Miette* ***Clécy*** *(10km au sud de Thury-Harcourt par la D562) Tél. 02 31 69 46 27 Ouvert mar.-dim. 10h-18h*

Ferme de la Cour Mombret On se promène librement dans cet élevage d'une quarantaine de chèvres et, si l'emploi du temps de Christine le permet, elle fournit aux curieux des explications sur l'allaitement, le sevrage et la fabrication du fromage. On repart satisfait après avoir rempli son panier pique-nique de crottin, bûche, pyramide, chèvre pané et briquette (de 2,60 à 5,60€) : frais et parfumés. *La Cour Monbret Le Vey* ***Clécy*** *(10km au sud de Thury-Harcourt par la D562) Tél. 02 31 69 73 89 Ouvert ven.-mer. 14h-18h30 Fermé en jan.*

Cave de la Loterie Un verger de 16ha, planté d'une dizaine de variétés de pommiers ni trop jeunes ni trop vieux : tel est le secret de Régis Aubry, qui produit du cidre de très bonne qualité. Les amateurs d'amertume fondent pour le cidre extra brut, tandis que les âmes d'enfant préfèrent la version doucement acidulée, qui tire vers le goût sucré d'un bonbon (2,90€ la bouteille). Jus de pomme, calvados et poiré également en vente. *Lieu-dit La Loterie* ***Clécy*** *(10km au sud de Thury-Harcourt par la D562) Tél. 02 31 69 74 38 www.cavedelaloterie.fr Ouvert tlj. 9h-19h*

● Où faire une pause gourmande ?

La Guinguette à Tartine La Guinguette, comme l'appellent les habitués du coin, propose crêpes, beignets et autres douceurs à déguster sur la terrasse les pieds dans l'Orne ou à l'abri dans une salle lumineuse. Assiettes de fromage ou de charcuterie (6€) pour un apéro gourmand après avoir descendu l'Orne en kayak. Location de matériel à l'heure (de 8 à 12€/h) ou à la journée. ***Clécy*** *(10km au sud de Thury-Harcourt par la D562) Tél. 02 31 69 89 38 www.la-guinguette-a-tartine.com Ouvert juil.-août : tlj. 10h-22h ; avr.-juin et sept. : lun., mer.-dim. 10h-21h*

● S'initier au parapente

Plaine Altitude Encadrés par un moniteur breveté d'État, les plus téméraires peuvent s'élancer pour un baptême de l'air en parapente au-dessus des crêtes de la Suisse normande (60€/pers., 10min). Également des stages de 35h réparties sur 5 ou 7 jours d'avril à octobre : env. 400€. *Route des Crêtes* ***Saint-Omer*** *(12km au sud-est de Thury-Harcourt par les D562 et D133) Tél. 02 31 69 39 31 ou 06 22 60 03 06 www.plaine-altitude.com*

● Chevaucher dans la Suisse normande

☺ **Centre d'équitation de pleine nature** Ce centre équestre propose des formules à la carte accessibles aux cavaliers déjà à l'aise (promenades à 45€/demi-journée, 95€/j.). L'équipe jeune et dynamique entraîne également les cavaliers confirmés sur les sentiers de la région : randonnées de deux jours dans les environs de Thury-Harcourt et, pour les mordus, une semaine vers le Mont Saint-Michel ou les plages du Débarquement. Vous n'aurez qu'à bouchonner et bichonner votre monture ! Prix variable en fonction du nombre de

À l'assaut de la Suisse !

La Suisse normande compte plus de trente **circuits de VTT** (de 7km à 132km), soit au total quelque 800km de sentiers balisés. Il y en a pour tous les niveaux (la signalisation est la même qu'au ski) : très facile (vert), facile (bleu), difficile (rouge), très difficile (noir). La communauté des communes de la Suisse normande édite un topoguide des sentiers VTT-FFC (7€). Elle publie également un topoguide très pratique sur quinze **randonnées pédestres** à faire dans la région (8€), ainsi que des “fiches randonnées” (1,50€). En vente dans les OT de Thury-Harcourt et de Clécy (p.137).

personnes et de la randonnée (de 240 à 350€/pers. tout compris). *Ferme du Mesnil* ***La Pommeraye*** *(14km au sud de Thury-Harcourt par les D562 et D133) Tél. 02 31 69 40 94 Ouvert toute l'année*

● ☆ **Randonner dans la Suisse normande** Ce territoire verdoyant est superbe en été : les sentiers de VTT ou les chemins de randonnée pédestre séduiront alors les sportifs et les familles.

Boucle du Hom En sortant de Thury-Harcourt, l'Orne décrit une boucle en forme d'oméga. Un circuit pédestre fait le tour de cette belle barrière rocheuse. De la gare, rejoindre la D6. De l'autre côté de la route, un chemin (à droite) conduit jusqu'au hameau du Moulin Fouloir et, plus loin, à celui de la Métairie. À l'entrée de ce dernier, le sentier redescend sur la droite vers Thury-Harcourt. *Durée 2h30 env. (6km) Départ Gare de Thury-Harcourt*

Circuit de Saint-Clair De Saint-Omer, les perspectives sur la route des Crêtes sont de toute beauté : la vue embrasse la Suisse normande, le Pain de Sucre et les rochers des Parcs. Le chemin de randonnée passe par les hameaux du Mesnil, de la Courrière, du Mesnil-Grain, de Saint-Clair et de la Pommeraye pour revenir sur Saint-Omer. *Durée 4h30 env. (16km) Départ Église de Saint-Omer (5km au sud de Thury-Harcourt par la D562, puis 5km par la D133)*

Circuit de l'Éminence Au nord de Clécy, ce sentier longe l'Orne avant de s'enfoncer, à travers haies, dans la campagne. Au départ de Clécy, il traverse les hameaux de Placy, Cantepie, la Chaise, la Madeleine, les Hauts Vents et Grand-Camp. *Durée 3h env. (8,5km) Départ Parking de la Mare de Clécy*

Circuit du Pain de Sucre Très beau point de vue sur Clécy et la boucle de l'Orne. Le chemin part de Clécy et grimpe entre les bois jusqu'au Pain de Sucre à 171m. Le retour se fait par les crêtes, en passant par les hameaux de Sourdeval et les rochers des Parcs. *Durée 2h30 (7,5km) Départ Église du Vey à Clécy*

Croix de la Faverie Cette balade déroule un beau panorama sur les alentours de Clécy. En partant de la place de la Mare, descendez le sens interdit et traversez la D133A pour rejoindre le sentier (à droite) qui mène à la rivière. Longez la D168 sur 200m et prenez le sentier (à droite) qui monte à travers bois jusqu'à la croix de la Faverie. De là, une petite route goudronnée rejoint le village de Clécy. *Durée 1h30 (5km) Départ Parking de la Mare de Clécy*

● **Rouler à vélo sur une ligne de chemin de fer**

Vélorail de la Suisse normande Dans la gare de Pont-Érambourg sommeillent des locomotives indifférentes aux cris de joie des enfants, qui découvrent les vélorails : deux bicyclettes installées sur un drôle de plateau qui glisse sur des rails et avance au premier coup de pédale ! Le parcours de 6,5km (2h en moyenne, 4 pers. maximum par véhicule) traverse ponts et viaducs, longe le Noireau et ménage des vues superbes sur la Suisse normande. En raison des départs réguliers sur le chemin de fer à rail unique, les passagers se retrouvent immanquablement nez-à-nez avec d'autres : l'utilisation du "tourne-vélo" invite alors à la courtoisie (les plus nombreux aident les autres) et à la convivialité ! Tarif 20€ par vélorail (4 pers. maximum). *Gare de Pont-Érambourg* ***Saint-Pierre-du-Regard*** *(20km au sud de Thury-Harcourt) Tél. 02 31 69 39 30 www.rails-suissenormande.fr Ouvert avr.-juin, sept.-oct. : mer. 14h30-17h30, w.-e. et j. fér. 10h30-17h30 ; juil.-août : tlj. 10h30-17h30 Réservation conseillée*

La vallée de l'Orne

Maison des ressources géologiques de Normandie Sur le site de l'ancienne mine de fer de Saint-Rémy, ce musée retrace les grandes étapes de l'histoire géologique de la Normandie et expose les différentes roches présentes dans la région, leurs particularités ainsi que leur utilisation dans la construction. Un espace évoque également le travail et la vie des mineurs d'autrefois. Expositions artistiques et jeu de piste pour les enfants. ***Saint-Rémy*** *(7km au sud de Thury-Harcourt par la D562) Tél. 02 31 69 67 77 www.musee-fosses-denfer.com Ouvert mi-mai-juin et 1re quinz. de sept. : lun., mer.-dim. 14h-18h ; juil.-août : tlj. 10h-12h30 et 14h30-18h Tarif 3,50€, étudiant 2,50€, 6-16 ans 1,50€*

Roche d'Oëtre Juché à 118m, ce promontoire rocheux livre un superbe panorama sur la vallée et les méandres de la Rouvre, démentant la croyance selon laquelle la Normandie serait plate. Quatre chemins de randonnée invitent à explorer les environs : le sentier des corniches (600m/15min), le sentier des gorges (2,5km/45min), le sentier des méandres (6km/2h) et le sentier du granit (9km/3h). Itinéraires détaillés disponibles au point d'information installé près de la roche d'Oëtre (également des expositions temporaires sur la faune et la flore de la vallée de l'Orne). *À 6km au sud de Pont-d'Ouilly par les D25 et D301* **Office de tourisme des Collines de Normandie** ***Saint-Philbert-sur-Orne*** *Tél. 02 31 59 13 13 www.roche-doetre.fr Ouvert mars : mar.-ven. 14h-17h ; avr.-juin, sept. : tlj. 10h-18h ; juil.-août : tlj. 10h-19h ; oct. : mar.-dim. 10h-17h Fermé nov.-jan.*

Lac de Rabodanges Créée en 1960 par EDF, cette retenue sur l'Orne a noyé la vallée sur 7km de long. Aujourd'hui, le lac s'étale sur quelque 95ha au milieu d'un décor accidenté et sauvage. Selon les goûts et les envies, il se prête à de nombreuses activités, parmi lesquelles la randonnée, la pêche, le ski nautique (cf. ci-après) ou, tout simplement, un pique-nique au bord de l'eau. *À 19km au sud-est de Pont-d'Ouilly par les D25, D310, D21, D239 et D121*

● Descendre l'Orne en canoë-kayak

Kayak Club de Thury-Harcourt L'endroit où louer un canoë (12€/h et 45€ pour 14km de descente sur l'Orne) ou un kayak (de 8 à 28€). Et aussi des stages d'initiation ou de perfectionnement au canoë-kayak et des séances de tir à l'arc (5-12 pers.) *Impasse des Lavandières* ***Thury-Harcourt*** *Tél. 02 31 79 40 59 www.kcth.fr*

Centre de pleine nature Lionel-Terray et Capa'Venture Sur le même site, ces deux structures (un centre d'activités et une association) partagent les activités en fonction de la période de l'année. Location de canoës-kayaks (de 28€/6km à 45€/j.) et séances d'escalade, de tir à l'arc, de descente en rappel, de randonnée, etc. (se renseigner sur place pour les horaires). ***Clécy*** *(au viaduc, à 10km au sud de Thury-Harcourt par la D562) Tél. 02 31 69 72 82 ou 02 31 69 11 68 www.centredepleinenature.com*

Base de plein air de Pont-d'Ouilly Pour une descente encadrée ou en solitaire de l'Orne en canoë ou en kayak (location d'avril à octobre) : 8-12€/h et 12-20€/2h. À moins de préférer faire une balade à VTT : 14€/2h, 18€/demi-journée ou 24€/j. ***Pont-d'Ouilly*** *(22km au sud-est de Thury-Harcourt par la D562 et la D511) Tél. 02 31 69 86 02 www.pontdouilly-loisirs.com*

Faire du ski nautique

Motonautique Club de Basse-Normandie Le ski nautique : voilà une autre manière originale de découvrir le lac de Rabodanges. Le premier lancer coûte 25€ (10min). Après, si vous êtes convaincu et désirez poursuivre l'expérience, plusieurs formules s'offrent à vous, dont des stages pendant l'été. Également du baby-ski pour les 3-10 ans : 10€ le tour. *Lac de* ***Rabodanges*** *(19km au sud-est de Pont-d'Ouilly par les D25, D310, D21, D239 et D121) Tél. 02 33 39 16 53 www.mcbn.fr Ouvert juil.-août : 10h30-12h30 et 14h-18h30 ; mai-sept. : sam.-dim. et j. fér. sur réservation*

CARNET D'ADRESSES

Restauration

prix moyens

Restaurant de la place Une adresse correcte et sans prétention pour manger à Thury-Harcourt : soupe de poisson, tripes à la mode de Caen maison, truite aux amandes, civet de porcelet... Menus de 12 à 29,50€ env. *8, pl. du Général-de-Gaulle* ***Thury-Harcourt*** *Tél. 02 31 79 70 01 Fermé dim. soir et lun. (sauf j. fér.)*

prix élevés

Hôtel-restaurant Relais de la Poste Planté à l'entrée de Thury-Harcourt, face aux berges de l'Orne, cet ancien relais de poste abrite un élégant hôtel doté de 10 chambres joliment décorées. La double coûte de 65 à 80€ (douche-toilettes) ou de 80 à 120€ (bain-toilettes). Côté restaurant, menus de 26 à 45€. Comptez de 30 à 45€ à la carte. *7, route de Caen* ***Thury-Harcourt*** *Tél. 02 31 79 72 12 www.hotel-relaisdelaposte.com Ouvert haute saison : tlj. ; basse saison : dim.-jeu. midi et soir, ven.-sam. soir*

Dans les environs

prix moyens

La Potinière L'environnement verdoyant de ce restaurant-crêperie que contemple la terrasse posée au bord de l'eau, à l'ombre d'une pergola de fleurs, est propice à un déjeuner tranquille. Menu du terroir avec sauce au cidre à 17,60€, menu découverte à 23,80€. On peut aussi opter pour des plats simples comme les galettes (7-10€). Accessible aux handicapés. Concerts ven. soir en été. ***Clécy*** *(bords de l'Orne, 10km au sud de Thury-Harcourt par la D562) Tél. 02 31 69 76 75 Ouvert fin mars-fin sept. : lun.-mar. 12h-14h30, mer.-dim. 12h-14h30 et 19h-21h30*

GAMME DE PRIX	RESTAURATION	HÉBERGEMENT
Très petits prix	moins de 10€	moins de 40€
Petits prix	de 10 à 15€	de 40 à 60€
Prix moyens	de 15 à 25€	de 60 à 85€
Prix élevés	de 25 à 40€	de 85 à 120€
Prix très élevés	plus de 40€	plus de 120€

prix élevés

Au site normand Le principal atout de cette auberge traditionnelle est de rester ouverte toute l'année. Aussi, si vous passez par Clécy un soir d'hiver, ne manquez pas de vous installer près de la cheminée pour boire un verre avant de dîner. Entrecôte au camembert, feuilleté d'andouille et de pommes caramélisées, crème caramel : un concentré de cuisine normande, servie avec la générosité qu'elle mérite. Menus de 19,50 à 32,50€. *2, rue des Châtelets* ***Clécy*** *(10km au sud de Thury-Harcourt) Tél. 02 31 69 71 05 www.hotel-clecy.com Ouvert mar.-sam. 12h-13h30 et 19h-21h, dim. 12h-13h30 Fermé jan.*

Hébergement

Dans les environs

prix moyens

Chambres d'hôtes Manoir de Miette Une jolie ferme-manoir en pierre, entourée d'un jardin fleuri où M. et Mme Leboucher proposent 2 chambres très agréables avec salle de bains et toilettes privées : 50€ (2 pers.) et 55€ (3 pers.). Si vous ne trouvez pas de place, allez voir leur fille, Mme Brisset, à la ferme du Vey. C'est à côté, aussi confortable et un peu moins cher (tél. 02 31 69 71 02). ***Clécy*** *Au hameau du Vey (sur la D133A) (10km au sud de Thury-Harcourt par la D562) Tél. 02 31 69 45 80 ou 06 85 84 03 41 Fermé jan.*

Chambres d'hôtes Le Pont du Vey La maison, située à deux pas de la guirlande de guinguettes de Clécy, abrite 3 chambres simples, confortables et baignées de soleil le matin. Les amoureux en quête d'indépendance et de romantisme roucoulent quant à eux dans l'ancienne pêcherie, une minuscule maison aménagée avec beaucoup de simplicité : au programme, lecture dans le jardin, chant des oiseaux et murmure de l'eau. Petit déjeuner sur la terrasse en été, dans la salle de l'ancien restaurant en hiver. Double à 52€. *Pont du Vey* ***Clécy*** *(10km au sud de Thury-Harcourt) Tél. 02 31 69 72 90 Ouvert Pâques-fin oct.*

Chambre d'hôtes et gîte l'Écurie Les sentiers se trouvent à quelques pas à peine du portail, aussi cette demeure du XVIIIe siècle est-elle souvent réservée par des amateurs de randonnées. Deux chambres, "Hirondelles" et "Théâtre", à la décoration charmante et moderne, petit déjeuner maison, coin cuisine avec pierres et poutres apparentes, jardin fleuri : ensemble charmant d'un bon rapport qualité-prix (double à 55€). Un gîte accueille également les joyeuses tribus (capacité de 14 pers., de 490 à 700€/sem., w.-e. 450€). *Le Mesnil* ***La Pommeraye*** *(14km au sud de Thury-Harcourt par les D562 et D133) Tél. 02 31 67 99 58 www.gitelecurie.com Ouvert toute l'année*

GAMME DE PRIX	RESTAURATION	HÉBERGEMENT
Très petits prix	moins de 10€	moins de 40€
Petits prix	de 10 à 15€	de 40 à 60€
Prix moyens	de 15 à 25€	de 60 à 85€
Prix élevés	de 25 à 40€	de 85 à 120€
Prix très élevés	plus de 40€	plus de 120€

FALAISE

14700

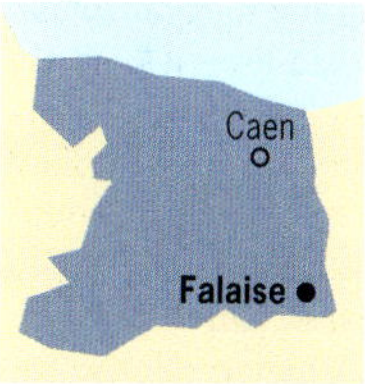

Ville natale du Normand le plus célèbre, Guillaume le Conquérant, Falaise a conservé son château médiéval, perché sur un éperon rocheux, à l'entrée de la ville. Immanquable ! Né, en 1027, des amours de Robert le Magnifique, duc de Normandie, et de la fille d'un simple tanneur, Arlette, Guillaume, conséquemment affublé du qualificatif de "Bâtard", devait porter des années durant l'empreinte de cette naissance hors mariage... Jusqu'à ce qu'il s'empare du trône et devienne le Conquérant que l'on sait. Falaise est aujourd'hui une petite ville tranquille qui compte à peine 9 000 habitants, cernée par une nature généreuse.

AOÛT 1944 Ville martyre, Falaise a été détruite à plus de 85% par les bombardements alliés de l'été 1944, avant d'être libérée dans la soirée du 16 août. Mais les proches environs de la ville devaient encore être le théâtre d'une des plus importantes batailles de Normandie : celle de la poche de Falaise. Encerclées par les alliés, les troupes allemandes tentent de se replier vers la Seine, en s'engageant dans un couloir resté ouvert entre Falaise et Argentan. Mais, le 19 août, l'étau se resserre. Les Anglais, venus de l'ouest, les Polonais et les Canadiens, venus du nord, ainsi que les Américains et les Français, venus du sud, leur coupent toute possibilité de retraite. Le 21, la poche est fermée. Bilan : 50 000 prisonniers et 6 000 morts. Une déroute cinglante pour l'armée de Rommel, qui marqua la fin de la bataille de Normandie.

MODE D'EMPLOI

accès

EN VOITURE

Falaise se situe à 57km à l'est de Vire par les D512 et D511, à 36km au sud de Caen par la N158, à 28km au nord d'Argentan par la N158, à 27km au sud-est de Thury-Harcourt par la D6.

EN CAR

Bus verts du Calvados La ligne n°35 relie Caen à Falaise, en passant par Saint-Germain-le-Vasson et Bretteville-sur-Laize. Le car dessert plusieurs arrêts : rond-point l'Attache, avenue d'Hastings, rue Aristide-Briand, place de la Reine-Mathilde, boulevard Fontaine-Couverte, avenue de la Crosse et boulevard de la Libération. *Tél. 0810 214 214 www.busverts.fr*

orientation et stationnement

Pour découvrir Falaise, mieux vaut user un peu ses semelles et laisser sa voiture au parking de l'OT (av. de la Libération). De là, la rue du 9e-Arrondissement-de-Paris conduit en quelques enjambées à la place Belle-Croix, le cœur de la ville. En redescendant la rue de La Trinité, on arrive sur la place Guillaume-le-Conquérant, face à l'église de la Sainte-Trinité et au château.

informations touristiques

Office de tourisme En vente, des topoguides sur les randonnées. *Bd de la Libération Tél. 02 31 90 17 26 www.falaise-tourisme.com Ouvert mai-sept. : lun.-sam. 9h30-12h30 et 13h30-18h30, dim. et j. fér. 10h-12h30 et 14h-16h ; oct.-avr. : lun.-sam. 9h30-12h30 et 13h30-17h30*

taxis et location de vélos

Bouquerel *26, pl. Belle-Croix Tél. 02 31 90 00 00*
Falaise Taxi *Le Mesnil Floux* ***Saint-Martin-de-Mieux*** *Tél. 02 31 20 39 77 ou 06 71 17 03 27*

Flash Bike 5€/h, 8€/demi-journée, 12€/j., 23€/week-end, 45€/sem. *15, rue Trinité Tél. 02 31 90 16 22 Ouvert lun.-mar. et jeu.-ven. 9h-12h et 14h30-19h, sam. 9h-12h30 et 14h-18h*

marchés, fêtes et manifestations

Marché de Falaise *Sam.*
Les Hivernales Un mois de manifestations artistiques et festives : théâtre de rue, expositions, concerts... Marché de Noël et feu d'artifice. *En déc.*

DÉCOUVRIR

☆**Les essentiels** Le château de Guillaume le Conquérant **Découvrir autrement** Laissez-vous enchanter par les vitrines d'Automates Avenue à Falaise, baladez-vous en famille dans les gorges du Laizon en suivant le circuit de la Brèche au Diable à Potigny

Falaise

☆☺ **Château de Guillaume le Conquérant** Du haut de son éperon rocheux, le château domine la ville depuis mille ans. De la citadelle que connut Guillaume, il ne reste que quelques vestiges dans les parties basses. En 1123, son fils, Henri Ier de Beauclerc, fait construire le grand donjon carré. Sous le règne d'Henri Plantagenêt, comte d'Anjou et duc de Normandie, s'ajoute le petit donjon (fin XIIe s.), puis la tour ronde sous Philippe Auguste (début XIIIe s.). Trois bâtiments protégés par une enceinte castrale, flanquée de quinze tours de défense, qui donnent sa physionomie actuelle au château. Le travail de restauration, mené de 1986 à 1997 par Bruno Decaris, architecte des Monuments historiques, est, bien que très contesté, assez remarquable. La rencontre des matières contemporaines et de la pierre médiévale, baignées par une lumière naturelle, semble redonner vie au château. Muni d'un audioguide, le visiteur en découvre les pièces principales : la *aula*, le petit donjon, la tour ronde, la *camera*, la chapelle et les parties basses. *Tél. 02 31 41 61 44 www.chateau-guillaume-leconquerant.fr Ouvert fév.-juin, sept.-déc. : tlj. 10h-18h ; juil.-août : tlj. 10h-19h Visite guidée tlj. en été à 10h30, 15h30, 17h, durée env. 1h Tarif 7,50€, étudiant 6€, 6-16 ans 3,50€, pass famille (2 adultes + 1 enfant) 18€*

Fontaine Arlette Derrière le château se trouve le lieu supposé de la rencontre entre Arlette, fille d'un tanneur, et de Robert le Magnifique, duc de

Normandie, au printemps 1027. Subjugué par la beauté d'Arlette, le duc s'éprit de la belle et la fit conduire en son château. De leur rencontre naquit Guillaume le Bâtard, qui devint par la suite Guillaume le Conquérant. *Rue de la Roche*

Église de La Trinité Construite du XIIIe au XVIe siècle, elle affiche un style assez composite d'architectures gothique flamboyant (la nef, les bas-côtés, le porche ouest) et Renaissance (le décor du chœur, le triforium, le porche nord remarquablement ouvragé). Les chapiteaux historiés de la nef méritent le coup d'œil. Ils représentent des scènes religieuses et profanes, essentiellement la vie des métiers et des confréries de Falaise. *Place Guillaume-le-Conquérant Ouvert tlj. 9h-18h*

Église Saint-Gervais Consacrée en 1134, cette église se distingue par l'éclat de son chœur (XVe-XVIe s.). En grande partie détruit par les bombardements d'août 1944, il fut remarquablement restauré par les Monuments historiques, en même temps que la superbe voûte en bois de châtaignier. Le côté méridional de la nef, de style roman (XIIe s.), conserve de grandes arcades en plein cintre, retombant sur des chapiteaux grossièrement décorés. Il offre un contraste intéressant avec les bas-côtés septentrionaux de style gothique. Ne manquez pas d'admirer la superbe fenêtre flamboyante (XVe s.) dans le transept nord, ainsi que le très bel orgue Parisot datant de 1737 au fond de la nef. Saint-Gervais a gardé sa tour-lanterne romane (fin XIe s.), admirablement décorée d'arcatures en plein cintre. *Place du Dr-German Ouvert tlj. 9h-19h*

Automates Avenue La maison Decamps fabrique des automates depuis plus de cent ans. Une brève vidéo (10min) retrace d'abord l'histoire de ces délicats mécanismes, commencée au début du XIXe siècle. Puis le visiteur pénètre dans un dédale de rues parisiennes des années 1920. C'est la période des fêtes, les grands magasins ont décoré leurs vitrines. Parmi les innombrables devantures reconstituées, ornées de plus de 300 automates, on ne peut rater l'amusante fanfare du couronnement de la Rosière et la satire des marathons de danse derrière la vitrine des Galeries Lafayette (Noël 1947). *Bd de la Libération (en face de l'OT) Tél. 02 31 90 02 43 www.automates-avenue.fr Ouvert avr.-juin, sept. et vac. scol. : tlj. 10h-12h30 et 13h30-18h ; juil.-août : tlj. 10h-18h ; oct.-mars : sam.-dim. et j. fér. 10h-12h30 et 13h30-18h Tarif 7€, 4-13 ans 5€*

LES PETITS AUTOMATES
La plongée dans l'univers fantasque de l'Automates Avenue enchantera les enfants, notamment la vitrine de l'Atelier du père Noël.

Musée Lemaître Dans le même bâtiment qu'Automates Avenue, ce modeste musée expose quelque soixante-dix œuvres du peintre André Lemaître (1909-1995), originaire de Falaise. Ses tableaux sont présentés en quatre périodes, reflétant les différentes étapes de la vie de l'artiste : la jeunesse, la période dite cézanienne, la période fauve et celle du réalisme abstrait. Connu pour ses natures mortes et ses paysages (de Falaise à Honfleur), André Lemaître a également réalisé quelques nus. *Bd de la Libération Tél. 02 31 90 02 43 Mêmes horaires qu'Automates Avenue Tarif 5€, moins de 12 ans gratuit*

● Où faire une pause gourmande ?

Salon de thé Serais Les tables de ce salon de thé, bien campé au pied des murailles, sont prises d'assaut à l'heure du déjeuner par les actifs et à l'heure du goûter par les retraités, mais les serveuses trouvent toujours une place pour les touristes au ventre vide. Large choix de sandwichs et de tartines (7€), qui viendront à bout des appétits les plus coriaces. Vous préférez le sucré au salé ? Laissez-vous tenter par les pâtisseries maison ou les sablés, fondants et croustillants (1,50€). *25, porte du Château Tél. 02 31 20 29 88 Ouvert sept.-juin : mer.-sam. 8h30-19h, dim. 10h30-19h ; juil.-août : mar.-sam. 8h30-19h, dim. 10h30-19h*

● Où boire une pinte ?

Plait' l'M L'unique pub de Falaise, à la devanture rouge et à la terrasse animée, est un excellent spot pour boire une bière pression (2,80€) et participer à un tournoi improvisé de fléchettes. Ambiance sonore aussi éclectique que sa population : Falaisiens et horsains s'y croisent et échangent leurs bons plans touristes devant un match retransmis sur écran géant. *27, rue Trinité Tél. 02 31 20 14 92 Ouvert mar.-sam. 17h-1h*

Les environs de Falaise

Chapelle de Saint-Vigor-de-Mieux D'allure rurale, cette chapelle aurait été érigée au XVe siècle. Tombée en ruine, elle doit son renouveau à l'artiste japonais Kyoji Takubo, qui entreprit sa restauration avec les habitants du village en 1992. Le résultat est remarquable. La charpente en bois de châtaignier est de toute beauté et la toiture, sertie de tuiles en verre coloré, illumine de reflets nuancés les murs peints et gravés de branches de pommier. Tout à fait surprenant. ***Saint-Martin-de-Mieux*** *(à 5km au sud-ouest de Falaise par la D511, dir. Condé-sur-Noireau) Tél. 02 31 90 17 26 Ouvert mi-juin-mi-sept. : mar.-dim. 14h30-18h Tarif 1,50€*

LA POCHE DE FALAISE

Le **mémorial de Montormel Coudehard**, (p.500), situé env. 30km à l'est de Falaise, permet de comprendre étape par étape cet épisode tragique qui a marqué la fin de la bataille de Normandie en août 1944.

☺ **Abbaye de Villers-Canivet** Au XIIe siècle, un mur d'enceinte de plus de 2km fut construit autour de l'abbaye cistercienne, qui abritait alors une cinquantaine de moniales. Il subsiste quelques éléments remarquables, dont la porterie (monument défensif du XIIIe s.), les vestiges du cloître et la grange aux Dîmes (XVe s.). Pendant la visite guidée, le propriétaire, passionné et passionnant, aborde l'évolution de l'abbaye à travers les siècles, ainsi que les étapes de restauration du site (en cours). Élégant parc paysager, planté de tilleuls séculaires. ***Villers-Canivet*** *(6km au nord-ouest de Falaise) Tél. 02 31 90 81 80 www.villers-canivet.fr.st Ouvert mai-sept. : mer.-dim. et j. fér. 14h-18h ; oct.-avr. sur rdv uniquement Visite guidée uniquement Tarif 4€, enfant 2,50€*

● Où acheter des produits du terroir ?

Le Canard du Hameau Les gourmands de Falaise évoquent l'exploitation de M. Leneveu avec un brin d'émotion dans la voix et, bonne nouvelle, la visite des lieux ne déçoit pas les curieux. L'accueil manque peu ou prou de chaleur, mais le bonheur est dans le pré, quand on voit les canards s'y dandiner en toute liberté. Les produits, auréolés de médailles, sont à consommer avec considération : foie gras (32€/280gr), canard au cidre, cassoulet aux manchons confits, etc. ***Villy-lez-Falaise** (5km à l'est de Falaise, indiqué dans le village) Tél. 02 31 90 76 54 Ouvert lun.-sam. 14h-17h*

● **Randonner dans le pays de Falaise** Le pays de Falaise compte 450km de sentiers balisés, dont un GR® de 99km et dix-sept circuits de 6km à 23km. *Informations et topoguides à l'OT de Falaise*

Circuit du tour des Monts d'Eraines Une belle randonnée entre bois et réserve naturelle. En partant du château de la Fresnaye, au nord de Falaise, le sentier emprunte le parcours de santé, puis bifurque (à droite) vers le hameau de Vaston. Il atteint, peu après, le château de Versainville. De là, une route goudronnée (à gauche) permet de rattraper le chemin des Orchidées. Ce chemin redescend dans un vallon, traverse un petit bois et conduit à la chapelle Sainte-Anne, au pied des Monts d'Eraines. Empruntez la côte face au portail de la chapelle, puis traversez un secteur boisé pour arriver à l'extrémité du terrain d'aviation. Le sentier continue à travers la réserve naturelle du Mesnil-Soleil et rejoint le château (contournez-le par la gauche). Après le garage, une descente abrupte mène au moulin. Prenez à droite jusqu'à la D248A, puis encore à droite. Vous atteindrez rapidement une route goudronnée qui redescend jusqu'au hameau de la Vallée et, plus loin, au château de la Fresnaye. *Distance 23km Durée 6h env.*

Circuit de la Brèche au Diable à Potigny Une balade facile à faire en famille dans un très beau site naturel. L'itinéraire part de l'église de Potigny. Remontez la rue du Tiais jusqu'à la D91A, puis prendre à droite. On passe la N158 avant de rencontrer le chemin des Roches (à droite), qui conduit jusqu'à la Brèche au Diable et aux gorges du Laizon. De là, un petit sentier (à gauche) mène au mont Joly, qui offre un superbe panorama sur les gorges. Un peu plus loin, on peut voir le tombeau de Marie-Élisabeth Joly, actrice de la Comédie-Française, morte en 1798. Retour par le manoir de Poussendre. *À 11km au nord de Falaise par la N158 Distance 6km Durée 2h30 env.*

CARNET D'ADRESSES

Restauration, hébergement

campings

Camping du château Situé derrière le château, en bordure d'une rivière, l'Ante, ce camping municipal 3 étoiles bénéficie d'un cadre superbe, arboré, et de bonnes prestations : courts de tennis, salle TV avec billard, terrain de boule, jeux pour enfants... Comptez 14,30€ pour 2 adultes en tente et 21,80€ avec 2 enfants (moins de 12 ans). *Rue du Val-d'Ante **Falaise** Tél. 02 31 90 16 55 camping@falaise.fr Ouvert mai-sept.*

☺ **La Fine Fourchette** Freddy Costil, "le fils du père" comme on dit à Falaise, opère en cuisine aux côtés de celui qui lui a appris la vie et la gastronomie. Un restaurant familial en quête d'étoile : côté mer, on ne compte plus les récompenses pour le homard, et côté terre, on savoure avec délice un foie gras aux pralines roses. La carte renouvelée tous les mois ne fâche pas les papilles, quant au vin il flatte le palais et sublime les mets. Offert à la fin du repas en échange d'un sourire : la liqueur des vieux-garçons, un doux calvados aux fruits rouge. Menus de 17,80 à 54,50€. Réservation conseillée. *52, rue Georges-Clemenceau* ***Falaise*** *Tél. 02 31 90 08 59 www.fine-fourchette.fr Ouvert tlj.*

prix très élevés

☺ **L'Attache** Certainement la meilleure table de Falaise, tant pour l'intimité de la salle à manger que pour la qualité des plats et la courtoisie du service. Ici, même les petits prix régalent le palais : foie gras de canard aux figues caramélisées et aux épices, palette de porc au foie gras, chapelures d'olives, compotée niçoise et petites feuilles... La quantité peut laisser les gros appétits sur leur faim, ce que compense l'excellence des mets. Menus à 19,50€ (terroir), 36, 42, 49,50 et 62€ (évasion). Comptez de 40 à 55€ à la carte. Intéressante carte des vins avec des crus français, mais si vous souhaitez varier les plaisirs, jetez un coup d'œil aux suggestions espagnoles, chiliennes, néo-zélandaises ou... tahitiennes. *Route de Caen* ***Falaise*** *(au nord-ouest de la ville, après le rond-point l'Attache) Tél. 02 31 90 05 38 Ouvert jeu.-lun. midi et soir Fermé sept.*

Dans les environs

prix moyens

Chambre d'hôtes du Hamel De la bâtisse du XIXe siècle, il ne subsiste que la charpente et quelques poutres isolées. Virginie, propriétaire souriante, propose à ses hôtes 3 chambres lumineuses au confort moderne. On apprécie surtout les douches à l'italienne et le salon lecture, pour une fin de soirée cosy. Double à 53€. *Le Hamel 26, route du Marais* ***Ussy*** *(9km au nord de Falaise par la D6) Tél. 02 31 90 32 79 guivir@wanadoo.fr Ouvert toute l'année*

prix très élevés

Domaine de la Tour Quatre chambres et deux gîtes occupent aujourd'hui cette propriété fondée sur les ordres de Louis XV en 1774 pour la marquise de Séran, “la plus jolie femme de la région” selon le monarque. Les chambres sont spacieuses, la décoration très discrète, le jardin immense : l'adresse idéale pour un séjour en famille au calme. Salle de fitness. Double de 70 à 110€, petit déj. inclus. ***Saint-Pierre-Canivet*** *(5km au nord-ouest de Falaise) Tél. 02 31 20 53 07 www.domainedelatour.fr Ouvert toute l'année*

GAMME DE PRIX	RESTAURATION	HÉBERGEMENT
Très petits prix	moins de 10€	moins de 40€
Petits prix	de 10 à 15€	de 40 à 60€
Prix moyens	de 15 à 25€	de 60 à 85€
Prix élevés	de 25 à 40€	de 85 à 120€
Prix très élevés	plus de 40€	plus de 120€

GEOREGION

V

CÔTE FLEURIE ET PAYS D'AUGE

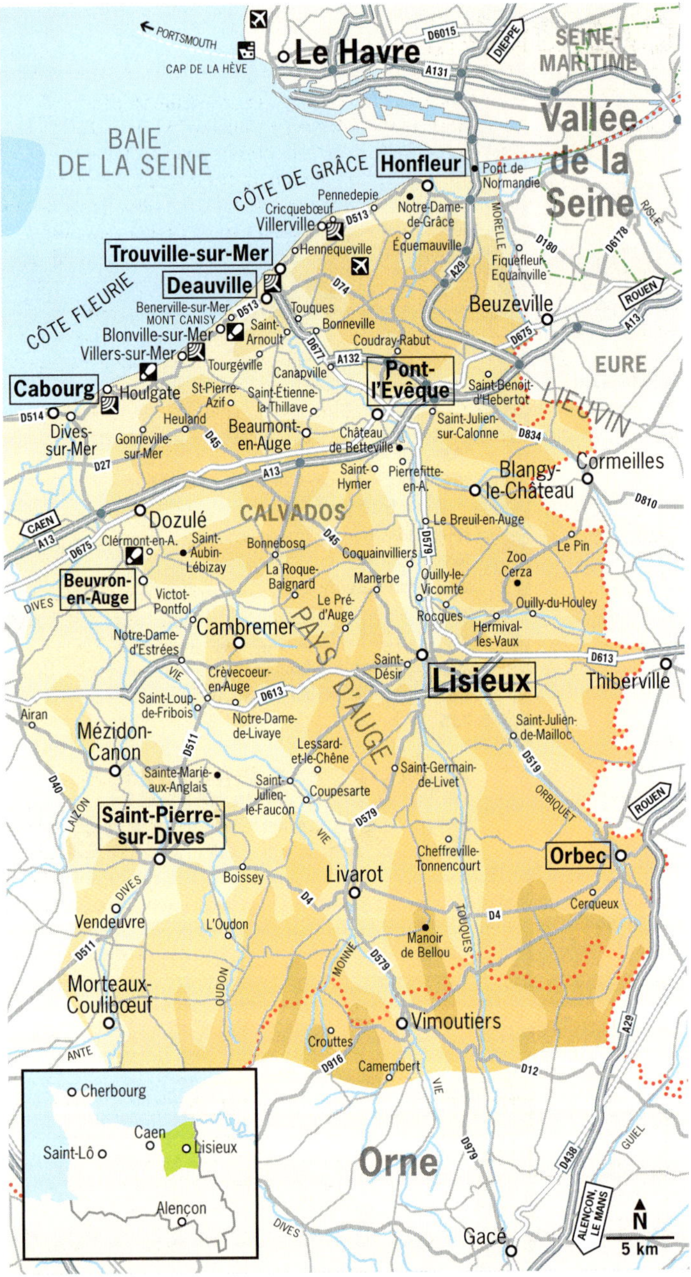
PORTSMOUTH
Le Havre
CAP DE LA HÈVE
D6015
A131
DIEPPE
SEINE-MARITIME
Vallée de la Seine
BAIE DE LA SEINE
CÔTE DE GRÂCE
Honfleur
Pont de Normandie
Pennedepie
Cricquebœuf
Villerville
D513
Notre-Dame-de-Grâce
Équemauville
MORELLE
RISLE
D180
D6178
Fiquefleur-Equainville
Hennequeville
Trouville-sur-Mer
Deauville
CÔTE FLEURIE
A29
D74
ROUEN
Beuzeville
A13
Benerville-sur-Mer
MONT CANISY
D513
Touques
Bonneville
Blonville-sur-Mer
Saint-Arnoult
D677
Coudray-Rabut
D675
Villers-sur-Mer
Tourgéville
A132
Canapville
Pont-l'Evêque
EURE
Cabourg
Houlgate
St-Pierre-Azif
Saint-Étienne-la-Thillaye
Saint-Benoit-d'Hebertot
LIEUVIN
D514
Dives-sur-Mer
Heuland
Gonneville-sur-Mer
D45
Beaumont-en-Auge
Château de Betteville
Saint-Julien-sur-Calonne
D834
D27
A13
Saint-Hymer
Pierrefitte-en-A.
Blangy-le-Château
Cormeilles
D810
CAEN
A13
Dozulé
CALVADOS
Le Breuil-en-Auge
D675
Clérmont-en-A.
Saint-Aubin-Lébizay
Bonnebosq
D45
Coquainvilliers
D579
Le Pin
Zoo Cerza
Beuvron-en-Auge
La Roque-Baignard
Manerbe
Ouilly-le-Vicomte
Victot-Pontfol
DIVES
Le Pré-d'Auge
Oully-du-Houley
Cambremer
PAYS D'AUGE
Rocques
Hermival-les-Vaux
Notre-Dame-d'Estrées
Saint-Désir
D613
VIE
Crèvecoeur-en-Auge
Lisieux
Thiberville
Saint-Loup-de-Fribois
D613
Airan
Notre-Dame-de-Livaye
Saint-Julien-de-Mailloc
Mézidon-Canon
D511
Lessard-et-le-Chêne
D519
Saint-Germain-de-Livet
Sainte-Marie-aux-Anglais
ORBIQUET
D40
Saint-Julien-le-Faucon
Coupesarte
LAIZON
D579
ROUEN
Saint-Pierre-sur-Dives
VIE
Cheffreville-Tonnencourt
Orbec
Boissey
Livarot
DIVES
D4
Cerqueux
Vendeuvre
L'Oudon
TOUQUES
D4
Manoir de Bellou
D511
MONNE
D579
OUDON
Morteaux-Coulibœuf
Vimoutiers
A29
Crouttes
ANTE
D916
Camembert
D12
VIE
Cherbourg
Caen
Lisieux
Saint-Lô
Alençon
GUIEL
D979
Orne
D438
DIVES
ALENÇON, LE MANS
Gacé
N
5 km

CABOURG

14390

Avec son plan de rues en éventail, la cité balnéaire dessinée en 1861 par l'architecte caennais A. Robinet semble arrêtée dans le temps. Face au casino, la commerçante avenue de la Mer et, sur le front de mer, les abords du Grand Hôtel concentrent à eux seuls l'essentiel des boutiques, cafés et restaurants. Mais il suffit de s'en écarter légèrement pour goûter au charme résidentiel des villas Belle Époque aux noms romantiques, dont certaines évoquent des châteaux miniatures. Dans cet ancien village de pêcheurs, transformé au XIXe siècle en haut lieu de villégiature, ont résidé bien des personnalités. Une seule pourtant, celle de Marcel Proust, ferait presque oublier les autres prestigieux vacanciers du monde littéraire et artistique, parmi lesquels figure, entre autres, Théophile Gautier.

MODE D'EMPLOI

accès

EN VOITURE

De Paris (2h30), Rouen (1h30) et Caen (30min), on y accède le plus rapidement par l'autoroute A13, sortie directe route D400. Cabourg se situe à 20km au sud-ouest de Deauville par la route côtière D513.

EN TRAIN

SNCF Liaisons Paris-Cabourg (2h30) régulières de mi-juin à septembre et pendant les grands week-ends de mai, avec un changement à Deauville. Le reste de l'année, prendre le train Paris-Cherbourg, arrêt à Caen (2h), puis un bus Caen-Cabourg (45min). *Tél. 3635 www.sncf.com www.ter-sncf.com*

Gare Place Marius-Trefouel à Dives-sur-Mer, après le pont

EN BUS

Bus verts du Calvados Des navettes quotidiennes entre Cabourg et Caen (45min), Deauville (25min), Honfleur (1h), Le Havre (1h25). Plusieurs arrêts dans la ville, le plus central étant "Pasteur", devant la mairie *Tél. 0810 214 214 www.busverts.fr*

Maison de la presse Tickets, horaires. *11, av. de la Mer Tél. 02 31 24 08 58*

Tableau kilométrique

	Cabourg	Bayeux	Caen	Deauville	Le Havre	Lisieux
Bayeux	61					
Caen	24	30				
Deauville	18	90	60			
Le Havre	80	125	95	44		
Lisieux	48	79	64	30	64	
Rouen	112	157	128	93	90	98

EN BATEAU
Vingt places visiteurs dans le port de Cabourg/Dives, et 25 à Port-Guillaume (Dives-sur-Mer).
Bureau du port Cabourg/Dives *Tél. 02 31 91 43 14*
Capitainerie de Port-Guillaume *Sur le port, à gauche du parking Tél. 02 31 24 48 00*

orientation et stationnement

Le centre-ville compte pour principal point de repère son casino, vers lequel convergent une série de rues dont l'avenue de la Mer forme l'artère principale. Le Grand Hôtel trône derrière lui, sur le front de mer, et donne directement sur la promenade Marcel-Proust. Les automobilistes pourront se garer à la sortie du noyau central, où ils trouveront des parkings gratuits. À l'est et au sud, la Dives dessine une frontière naturelle entre Cabourg et Dives-sur-Mer, qui sont reliées par un pont.

informations touristiques

Office de tourisme de Cabourg Son équipe dynamique organise une fois par semaine des parcours théâtralisés dans Cabourg et des visites à vélo (6€/pers., sur réservation). Jardins de l'Hôtel-de-Ville *Tél. 02 31 06 20 00 www.cabourg.net Ouvert juil.-août : tlj. 9h30-19h ; vac. scol. : lun.-sam. 9h30-12h30 et 14h-18h, dim. et j. fér. 10h-12h et 14h-18h ; hors vac. scol. : lun.-sam. 10h-12h30 et 14h-17h30, dim. et j. fér. 10h-12h et 14h-16h, fermé mar. matin*
Syndicat d'initiative de Dives-sur-Mer *Village d'art Guillaume-le-Conquérant Rue du Général-de-Gaulle Tél. 02 31 91 24 66 Ouvert mai-juin, sept. : mer.-lun. 10h-13h et 15h-18h ; juil.-août : tlj. 10h-13h et 15h-18h ; oct.-avr. : lun.-sam. 10h-12h30 et 15h-17h30*
Office de tourisme de Houlgate Derrière la mairie, au nord de la ville. Équipe très efficace. *10, bd des Belges Tél. 02 31 24 34 79 www.ville-houlgate.fr Ouvert Pâques-juin, sept.-Toussaint : lun.-sam. 10h-13h et 14h-18h, dim. et j. fér. 10h30-13h et 14h-16h ; juil.-août : tlj. 10h-13h et 14h-18h30 ; Toussaint-mars : lun.-sam. 10h-12h30 et 14h-18h*
Office de tourisme de Villers-sur-Mer Personnel compétent et sympathique. Vous pourrez vous y procurer le Villers Pass tourisme : 12€ pour des activités à tarif préférentiel (location de kayaks de mer, balades nature, stages pour enfants...), ainsi que des topoguides sur les circuits de promenades dans la région. L'office organise également toute l'année les "Balades nature : Villers, terre de géologie". Ces visites guidées (par un guide nature) se font à pied (au départ de l'office de tourisme) et vous emmèneront sur le site des falaises des Vaches Noires. Chaque parcours se termine par une initiation à la collecte de fossiles (tarif 5€, 5-14 ans 3,50€, moins de 5 ans gratuit). *Place Mermoz Tél. 02 31 87 01 18 www.villers-sur-mer.fr Ouvert mars-juin, sept.-oct. : 9h30-12h30 et 14h-18h ; juil.-août : 9h-19h ; nov.-fév. : 9h30-12h30 et 14h-17h Fermé 1er jan. et 25 déc.*

marchés

Marché de Cabourg Stands de produits frais en plein air et à l'abri, sur la place du Marché. *Attention : le parking gratuit de la place est alors monopolisé tôt le matin Juil.-août : tlj. le matin ; avr.-juin et sept. : mer., sam. et dim. matin ; oct.-mars : mer. et dim. matin*
Marché de Dives *Sam. matin (et mar. matin en juil.-août)*

fêtes et manifestations

Festival du théâtre universitaire Trois jours de spectacles joués par des comédiens amateurs, étudiants des universités et des grandes écoles. *Tél. 02 31 06 20 00 (Réservation) www.leverderideau.free.fr Fin avr.-début mai*

Festival du film romantique Lors de quatre "Journées romantiques", les trois salles de cinéma de la ville diffusent des courts ou longs métrages inédits dont les réalisateurs gagnants sont récompensés par un jury. Un grand écran, dressé sur la plage, projette des films de 22h30 jusqu'à 3h du matin. *www.festival-cabourg.com En juin*

Salon du livre Organisé par l'association "Les Amis de Cabourg" : ouvrages dédicacés par plus d'une centaine d'auteurs, conférences et remise de prix. *Deux jours fin juil. ou début août*

Festival de la marionnette Contes, histoires sans paroles et théâtre d'ombres avec marionnettes. En matinée, l'après-midi ou en soirée, pour tous âges. ***Dives-sur-Mer** Sous les vieilles halles Mi.-juil.*

Festival plein vent Compétitions de cerfs-volants à marée basse, parapente, baptême de kitesurf. ***Houlgate** Sur la plage Début juin*

Festijazz Concerts gratuits de jazz dans les rues et dans le marché couvert, et en soirée sur la plage, devant le casino. ***Houlgate** En août*

Festival des nouveaux talents Huit concerts classiques donnés par des lauréats des conservatoires nationaux de Paris et de Lyon. *Dans la salle panoramique du casino **Villers-sur-Mer** En août*

DÉCOUVRIR

☆ **Les essentiels** La promenade Marcel-Proust de Cabourg, le patrimoine balnéaire de Houlgate **Découvrir autrement** Dégustez une "madeleine de Proust" chez Dupont avec un thé, allez boire un verre dans le salon du Grand Hôtel de Cabourg

Cabourg

☆ ☺ **Promenade Marcel-Proust** Esplanade rectiligne battue par les vents, l'ancienne promenade des Anglais a pris le nom d'un écrivain qui détestait la foule ! Sur quatre kilomètres, elle longe la plage, que l'on gagne par des escaliers, et est jalonnée par les plus anciens et vénérables édifices de la station. Ce sont d'abord le Grand Hôtel de style Renaissance italienne et le casino, tous deux construits et reconstruits en 1861 et 1907. Puis des villas avec jardins, datant de la même époque, égayées de tourelles, balconnets, façades en damier ou rayées de colombages vrais ou faux… Elles déploient une telle variété architecturale que nul ne croirait que beaucoup furent en fait conçues sur le même plan cubique par l'architecte Mauclerc, qui adapta la station au goût des Parisiens au début du XXe siècle. Autour des avenues du Commandant-Touchard et Jean-Mermoz, il subsiste des villas de l'architecte Robinet datant du milieu du XIXe siècle.

● Où trouver des spécialités régionales ?

Le Fils du Pôvre Grâce au talent de Nicolas Cherrier, toute la Normandie tient dans une boîte à chaussures. Pas un centimètre de mur de sa minuscule boutique qui ne soit occupé par une confiture de l'une des fermes environnantes, un saucisson artisanal au camembert, à la noix ou au poivre, un jus de pommes du verger, ou les incontournables caramels d'Isigny. Pour le liquide, dirigez-vous vers une extension voisine, la cave du Fils du Pôvre, qui propose des spécialités de Normandie (calvados hors d'âge, cidre et pommeau) ou d'ailleurs (classiques bourguignons et bordelais, en rouge ou blanc). Accueil cordial. *31, av. de la Mer Tél. 02 31 91 75 51 Ouvert 8h30-20h Fermé mar. hors vac. scol. et mi-nov.-jan.*

● Où boire un thé ?

☺ **Dupont avec un thé** Qui résisterait à une "madeleine de Proust" pur beurre avec un thé de Chine, à un macaron, à un millefeuille, ou à un succulent chocolat chaud amer ? Les douceurs de Jean-Pierre Étienvre, meilleur ouvrier de France, font la renommée du salon Dupont ouvert en 1912. Boîtes à biscuits en fer décorées, recettes, étalages de gâteaux tapissent ce poétique palais de la gourmandise qui rend hommage à la Belle Époque. Gâteaux et pots de gelées cuites en bassine de cuivre à emporter via la boutique. *6, av. de la Mer Tél. 02 31 24 60 32 Ouvert juil.-août : tlj. 8h-20h ; sept. : lun.-mar., jeu.-dim. 8h-20h ; reste de l'année : lun., jeu.-ven. 8h-13h et 14h30-19h, sam.-dim. 8h-20h*

Bar-salon du Grand Hôtel Pour vous réchauffer après la baignade, allez siroter un thé (5-6€) dans ce lieu mythique, installé dans l'un des fauteuils crapauds du salon. Le samedi soir et le dimanche après-midi, laissez-vous bercer par le doux rythme des morceaux de jazz joués par le pianiste. *Promenade Marcel-Proust Tél. 02 31 91 01 79 Ouvert tlj. 11h-23h50*

● Où prendre un verre ?

Bistrot des Arts Ambiance africaine dans ce bar sympathique : peau de crocodile au plafond, tapis tigré au sol et tissus bariolés aux murs. Les propriétaires, qui ont exploré tout le continent noir, s'installent parfois au comptoir pour conter des histoires : on voyage avec eux, solidement arrimé à son verre de *pernojito* (cocktail maison à 8,50€). *The place to be* pendant le Festival du film romantique. *4, av. du Commandant-Bertaux-Levillain Tél. 02 31 91 56 53 Ouvert tlj. 7h30-2h (fermé le jeu. en hiver)*

Le Pub Que nul ne s'étonne si cette salle aérée ne désemplit pas : une quarantaine de bières, une vingtaine de whiskies, un choix de cafés chauds alcoolisés et un excellent cidre biologique bien frappé arrosent les programmes sportifs retransmis en direct ou les concerts réguliers qui s'y tiennent le soir. *9, av. de la Mer Tél. 02 31 28 11 69 Ouvert mai-juin et sept. : tlj. 15h-2h ; juil.-août : tlj. 11h-2h ; oct.-avr. : tlj. 15h-1h*

Chez Guillou LE bar de Cabourg, qui se fait remarquer depuis 1957 par des cocktails à la crème fraîche et au champagne inventés par Jean Guillou. Ces savants mélanges à la liqueur de pomme, de poire ou de framboise, au calvados ou au praliné se dégustent lumière baissée dans un décor fait de planches de tonneaux. *4, av. de la Mer Tél. 02 31 91 31 31 www.chez-guillou.com Ouvert ven.-dim. à partir de 18h30 et tlj. pendant les vac. scol. parisiennes*

● Jouer au tennis

Garden Tennis L'un des plus beaux tennis de France, qui accueillit en 1926 les quarts de finale de la coupe Davis. Seize courts en plein air, quatre couverts et un club-house avec restaurant. Cours particulier 44€/h. Réservez 48h d'avance. *1, av. Charles-de-Gaulle Tél. 02 31 91 91 91 www.garden-tennis.org*

Faire de la voile

École de char à voile Initiation et perfectionnement pour grands et petits. *Cap-Cabourg, poste de secours n°5 (à l'extrémité est de la digue) Tél. 02 31 78 32 37 www.charavoile-cabourg.com*

École de voile française Cours tous niveaux. Planche à voile, catamaran, canoë... *Côté ouest sur la plage Rens. à l'OT*

Aller à la plage

La grande plage de sable fin de Cabourg coïncide avec la promenade Marcel-Proust. Des postes de secours veillent à la sécurité des baigneurs, et des établissements de bains y louent cabines, parasols et transatlantiques (se renseigner au bureau des bains, près de la piscine). Il est possible de rallier à pied la plage de Houlgate en passant par Port-Guillaume (Dives-sur-Mer). Assurez-vous impérativement dans ce cas de l'horaire des marées à l'office de tourisme !

Se baigner face à la Manche

Piscine municipale Les jours où les éléments se déchaînent, le bassin de la piscine de Cabourg réunit les amateurs de barbotage et les nageurs déterminés. C'est un bonheur de faire des longueurs en regardant la mer. *Promenade Marcel-Proust (face au casino) Tél. 02 31 91 38 38 Ouvert vac. scol. : tlj. 9h-12h et 15h-19h (lun. 20h, dim. 18h) ; hors vac. : lun.-mar. et jeu.-ven. 16h30-19h, mer. 14h-19h, sam. 11h-13h et 14h-19h, dim. 9h-13h*

Monter à cheval

Cours tous niveaux, stages de la demi-journée à la semaine, promenades au bord de la mer ou à la campagne.

Écuries de la Sablonnière Cours 26€/1h, promenade 39€/1h30. *105, av. Guillaume-le-Conquérant (route de Caen) Tél. 02 31 91 61 70 www.ecuriesdelasablonniere.fr*

Poney-club Comptez 27€/h pour une promenade à poney. *1, bd des Diablotins Tél. 02 31 91 80 94 http://poney-club-cabourg.com*

Écuries de Cabourg et domaine équestre de Grangues Les deux clubs appartiennent au même propriétaire. L'annexe de Cabourg propose des balades sur la plage : comptez 62€/1h30. *Route de Cricqueville* ***Grangues*** *Tél. 02 31 28 04 28 www.cabourg-equitation.com*

Le Balbec de Proust

En décrivant Cabourg sous le nom de Balbec dans son roman *À l'ombre des jeunes filles en fleurs*, l'écrivain jetait un sort à la cité balnéaire. Son fantôme hante les chambres de l'imposant Grand Hôtel du XIXe siècle, la digue et le front de mer (la promenade Marcel-Proust). On déguste ses madeleines au salon de thé comme un hommage. Enfant, Proust fréquentait la station avec sa mère, et il y revint plus tard sept étés de suite. Ne sortant presque jamais, il puisait une manne précieuse à ses écrits dans l'observation du va-et-vient de la société mondaine et de ses dessous cachés.

Jouer au golf

Golf de Cabourg Le Home Parcours de 18 trous. *38, av. du Président-René-Coty Le Home* **Varaville** *Tél. 02 31 91 25 56 www.golfclubdecabourglehome.com Ouvert avr.-juin : tlj. 9h-18h ; juil.-août : tlj. 8h-19h ; sept.-mars : tlj. 9h-17h*

Golf public Parcours de 9 trous avec practice. *Av. de l'Hippodrome Tél. 02 31 91 70 53 www.golfcabourg.com Ouvert tlj.*

Golf miniature Un amusant minigolf devant la mer : trous dans un jeu d'échecs géant, monuments pastiches... Parcours 6€/pers. *13, av. du Commandant-Touchard Tél. 02 31 24 14 44 Ouvert avr.-juin et sept.-oct. : tlj. 10h-19h ; juil.-août : tlj. 10h-22h*

Flamber au casino

Grand casino de Cabourg Tous les grands événements cabourgeais se passent ici : cinéma, théâtre rococo servant à l'occasion de salle d'exposition, lounge bar, espace jeux (roulette anglaise, black-jack, punto blanco...). Très difficile de s'y ennuyer ! *Promenade Marcel-Proust Tél. 02 31 28 19 19 www.partouche.com Ouvert tlj. à partir de 10h*

Les environs de Cabourg

Dives-sur-Mer

Ancrée dans son estuaire naturel, Dives était au Moyen Âge l'un des principaux ports du duché de Normandie. En 1066, le duc Guillaume le Conquérant y réunit sa flotte et son armée avant de partir pour l'Angleterre, où il gagna la bataille d'Hastings et devint roi. Reconnaissant envers sa cité portuaire, il la couvrit de largesses qui favorisèrent sa prospérité. L'**église Notre-Dame** fut bâtie à cette époque, à l'emplacement d'une petite chapelle fréquentée par les pèlerins pour son Christ Saint-Sauveur. L'histoire veut qu'en l'an 1000 des pêcheurs aient recueilli en leurs filets un Christ sans sa croix sculpté dans une branche de bois. Trois ans plus tard, ils retrouvèrent en mer une croix qui s'adaptait miraculeusement à la statue et placèrent les deux dans la chapelle. On en voit une copie fidèle du XVIIe siècle, l'original ayant été brûlé par les calvinistes qui avaient mis le feu à l'église en 1562. Quant à l'édifice même, il lui reste du style roman une arcade du XIe siècle et les piliers de sa tour carrée qui, elle, date du XIVe siècle, avec le chœur, la travée de la nef, le transept et certains vitraux. Au centre-ville, les **halles** du XIVe siècle, aux charpentes impressionnantes et à la toiture descendant presque au sol, témoignent d'un passé mercantile. Elles continuent de servir au marché (samedi matin), où des grands-mères viennent vendre leurs fromages et les produits

LA POMME DANS TOUS SES ÉTATS

Si les caves de la lieutenance ne contiennent pas que des crus normands, vous y trouverez les meilleurs calvados, pommeaux, cidres fermiers, et purs jus de pomme du pays d'Auge. Conseils et dégustations avant d'emporter. ☺ **Les Caves de l'Abbaye** *2, pl. de la République* **Dives-sur-Mer** *Tél. 02 31 28 04 37 Ouvert avr.-déc. : mar.-sam. 10h-12h30 et 15h-19h, dim. 10h-12h30 ; jan.-mars : mer.-sam. 10h-12h30 et 15h-19h*

de leurs jardins. Enfin, ne manquez pas de franchir le porche du **Village de Guillaume le Conquérant**, et de pénétrer dans sa cour carrée : vous y découvrirez des bâtiments bas à patios et à colombages occupés par des ateliers d'artistes. Depuis le XVIIe siècle, l'ancien relais de poste transformé en hostellerie ne compte plus les monarques, présidents et célébrités qui le fréquentèrent, dont au XIXe siècle : Alexandre Dumas, Alphonse Karr, Raymond Poincaré et… Marcel Proust. *À 1km à l'est de Cabourg par la D513*
Église *Rue Hélène-Boucher* **Halles** *Place de la République* **Village Guillaume-le-Conquérant** *Rue d'Hastings*

Où acheter des gourmandises ?

Pâtisserie Dupont En hommage au duc Guillaume, Jean-Pierre Étienvre, qui a repris les pâtisseries Dupont en 1990, a baptisé "le Conquérant" son invincible bonbon inventé à Dives : un pavé tendre au praliné enrobé de sucre glace qui, détail important, résiste aux grosses chaleurs. Vendu en sachets ou à l'unité. *42, rue Gaston-Manneville* ***Dives-sur-Mer*** *Tél. 02 31 91 04 30 Ouvert juil.-août : tlj. 8h-13h et 14h30-20h ; sept.-juin : jeu.-lun. 9h-13h et 14h30-19h*

S'initier à la voile

Centre nautique de l'Estuaire de la Dives Été comme hiver, stages de bateau, catamaran et planche à voile (de 75 à 200€) dans le bassin abrité que forme l'estuaire de la Dives entre le casino de Cabourg et les falaises des Vaches Noires. *Port-Guillaume* ***Dives-sur-Mer*** *Tél. 02 31 91 43 14 www.cc-estuairedeladives.fr Fermé 15 jours à Noël*

☆☺ Houlgate

Vers 1858, il fallait combler les baigneurs, séduits par les plages du petit hameau de Beuzeval. L'architecte Henri Jouvet traça un plan d'urbanisme et Jacques-Claude Baumier dessina des villas sur la rive droite de la rivière du Drochon ; Houlgate naquit sur deux grands axes, la rue des Bains et l'avenue du Sporting, en parallèle à une autre station de villégiature à Beuzeval. Alors que la première rassemblait une société catholique et mondaine, la seconde concentrait des familles bourgeoises protestantes, les deux étant séparées par les eaux du Drochon. De 1860 à 1914, chacun s'autorisa mille fantaisies architecturales selon sa culture, sans lésiner sur les carreaux décoratifs et les épis de faîtage farfelus ! Ainsi, les quelque 300 villas conservées représentent aujourd'hui le plus beau patrimoine balnéaire de la Côte fleurie. Au bout de la rue des Bains, l'ancien Grand Hôtel (1870) se fait remarquer par sa rotonde à l'extravagant dôme ornementé. La rue Léonard-Pillu s'inspire tour à tour de l'Orient, de l'Espagne, de la Suisse et du régionalisme normand. Au n°13, un chalet suédois en bois y côtoie une folie au baroque mêlé de gothique et de Renaissance, tandis qu'au n°18 la villa "Les Clochettes" affiche deux portraits en céramique sur une façade. Rue Henri-Dobert, de grandes ouvertures en bow-windows rappellent les résidences de La Nouvelle-Orléans. Et sur la route de Gonne-

LES VILLAS Un plan pucé, disponible à l'office de tourisme, recense une quarantaine de villas : possibilité de suivre un circuit balisé (comptez 2h).

GEOPLUS

De Cabourg à Honfleur en trois jours

Escapade romantique ou virée en famille, découvrez le temps d'un week-end prolongé les charmes du littoral normand. Sur la Côte fleurie, de Cabourg à Deauville, les villas Belle Époque veillent sur des étendues de sable blond, tandis que le Vieux-Bassin d'Honfleur reflète à lui seul le charme de la bien nommée Côte de Grâce. Tour à tour familiale, prestigieuse ou intemporelle, chaque station balnéaire dévoile ses charmes à qui prend le temps d'y faire escale.

Vendredi

Une journée de Cabourg à Villers-sur-Mer en passant par Houlgate, l'occasion de découvrir des stations balnéaires attachantes à l'architecture de villégiature typique du XIXe siècle.

MATINÉE

9h30 **Promenade Marcel-Proust à Cabourg** (p.155) L'auteur *Du côté de chez Swann* vantait les mérites des balades matinales sur la digue de Cabourg, longue de 4km. À main gauche se trouve Varaville, à main droite Dives-sur-Mer et Houlgate. Par temps clair, on aperçoit Le Havre.

10h30 **Avenue de la Mer** Admirez le style très XIXe siècle du casino et du Grand Hôtel (p.156), puis continuez vers l'avenue de la Mer, artère commerçante de la ville, où vous pourrez vous installer chez **Dupont avec un thé** (p.156) pour déguster une madeleine et une tasse de… chocolat chaud.

12h **Dives-sur-Mer** (p.158) Un pont sépare Cabourg de Dives, d'où Guillaume le Conquérant embarqua vers l'Angleterre en 1066. Ne manquez pas de faire un détour par les halles du XIVe siècle, puis rejoignez Houlgate, distante de 3km.

Déjeuner **Houlgate** (p.159) Si vous ne craignez ni le froid, ni la pluie, allez vous ravitailler à l'épicerie **La Cambuse** (p.163), puis savourez horizon et saucisson les pieds dans le sable de la longue (1 800m) plage d'Houlgate.

APRÈS-MIDI

14h **Circuit des villas** (p.159) Balade digestive et instructive dans Houlgate pour contempler chalets, maisons à pans de bois et villas mauresques.

15h **Villers-sur-Mer** (p.164) Quittez Houlgate vers l'est, et rejoignez Villers-sur-Mer, station balnéaire prisée par les touristes en quête de calme. Ne manquez pas la balade sur la plage au pied des **falaises des Vaches Noires** (p.164), suivie, pour les mordus de géologie, par la visite du **Paléospace** (p.164), qui présente cet écosystème normand.

17h30 **Balade en kayak** (p.165) Le cercle nautique de Villers-sur-Mer invite les amoureux et les solitaires à glisser sur la mer. La vue sur les falaises est superbe dès que l'on s'éloigne de la côte.

SOIRÉE
Dîner **Le Mermoz** (p.166) Régal de poissons face à la Manche dans une ambiance intime...
22h30 ... puis **balade au clair de lune** sur le front de mer de Villers pour finir en douceur cette journée iodée.

Samedi

Surnommée le 21e arrondissement de Paris, Deauville privilégie le faste et l'élégance. Sa sœur jumelle, Trouville, séduit, elle, par son authenticité.

MATINÉE
10h **Musée de Trouville** (p.178) Vent de douceur et de naïveté dans les affiches de Savignac, trouvillais d'adoption.
11h **Location de rosalie** (p.173) En quelques coups de pédales, passez devant le casino, longez la Touques, faites le tour de l'hôtel de ville, et arpentez les Planches de Trouville en admirant ses élégantes villas.
12h **Marché aux poissons** (p.173) Le bâtiment de style, rénové en 2011 après un incendie, est un lieu idéal pour une dégustation d'huîtres.
12h30 **Trajet en bac** (p.171) Traversée express pour rejoindre Deauville.
Déjeuner **Pizza Santa Lucia** (p.182) Une décoration axée sur les courses équestres, pour préparer votre visite à l'hippodrome. Vous y savourerez une raisonnable *margherita* ou, vous prenant pour une star, opterez pour une pizza au caviar.

APRÈS-MIDI
14h30 **Hippodrome de la Touques** (p.177) En saison, les compétitions de polo sont incontournables, tant pour la prestation sportive que pour le spectacle dans les gradins : tenue haute couture exigée !
17h **Les Planches** (p.173) Foulez le bois d'azobé du Sunset Boulevard deauvillais : *the place to be* pendant le Festival du film américain.
17h30 **Mont-Canisy** (p.180) À 5km de Deauville, ce site emblématique de la bataille de Normandie permet de prendre un peu de hauteur (110m) : vue superbe sur la mer et la campagne environnante.
18h30 **Ferme de la Croix Solier** (p.182) Arrêt indispensable chez ce producteur de calvados fermier pour visiter l'exploitation familiale et déguster un nectar aux reflets dorés.

SOIRÉE
Apéritif **Brok Café** (p.177) De retour à Deauville, la pause *mojito* s'impose dans ce bar à l'ambiance *caliente*.
Dîner **Krischarter** (p.186). Prenez vos quartiers sur un voilier amarré : savourez un plateau de fruits de mer à bord avant de dormir dans l'une des trois cabines, intimes et *cosy*.

Dimanche

Si romantisme et douceur devaient avoir une source, elle jaillirait sans doute à Honfleur : au programme, port charmant, ruelles cachées et adresses gourmandes.

MATINÉE
9h **Départ vers Honfleur** À Trouville, empruntez la route du littoral (la D 513), qui ménage de superbes panoramas jusqu'à Cricqueboeuf.
9h30 **Église Sainte-Catherine** (p.181) Des colombages, deux nefs et un clocher bâti à quelques mètres de là : il faut découvrir les particularités de cet édifice en bois le matin, avant l'arrivée des (très) nombreux curieux.
10h **La Petite Chine** (p.196) Une bonne adresse pour siroter une

tasse de thé avant de poursuivre la balade à pied dans Honfleur.

11h Musée Eugène-Boudin (p.194) Ses collections regorgent d'œuvres d'Eugène Boudin et de Louis-Alexandre Dubourg, peintres honfleurais, mais aussi de créations de Claude Monet et de Gustave Courbet, qui fondèrent l'école de Honfleur.

Déjeuner Le Bistro des Artistes (p.200) Après avoir arpenté les salles d'un musée pour admirer aquarelles et esquisses, vous aurez sans nul doute envie de vous asseoir pour déguster un plat du jour généreux. Le plus ? La vue en contre-plongée sur le Vieux-Bassin.

APRÈS-MIDI

14h30 Maisons Satie (p.194) Sur fond de Gymnopédies, les musiciens fantaisistes et les néophytes drolatiques plongeront dans l'univers farfelu du compositeur honfleurais.

15h30 Pharmacie du Passocéan (p.193) Les amoureux de l'absurde et d'Alphonse Allais prolongeront cette visite par celle du plus petit musée de France, au deuxième étage de cette officine.

16h Balade en bateau (p.197) Tous sur le pont ! Départ du port d'Honfleur pour découvrir à bord d'une navette l'estuaire de la Seine et voir les dessous du pont de Normandie.

17h30 Plateau de Grâce (p.198) De retour sur la terre ferme, rejoignez le haut de cette colline qui borde Honfleur, et profitez de la vue sur l'estuaire. Avant de partir, jetez un coup d'œil aux nombreux ex-voto qui ornent la chapelle Notre-Dame-de-Grâce.

18h30 Vieux-Bassin (p.193) Comme des milliers de touristes le font chaque année, faites le tour à pied du premier port de Honfleur en admirant les reflets des façades sur l'eau.

Apéritif L'Atelier (p.196) Puis poursuivez votre parcours d'une centaine de pas et installez-vous dans la salle de l'Atelier, à l'ombre des tableaux du patron, pour déguster un verre de vin. Un apéro bohème comme on les aime !

SOIRÉE

Dîner Pour un repas expérimental, classique ou gastronomique, Honfleur décline une large gamme de restaurants : reportez-vous à notre sélection (p.199) et évitez ceux situés autour du Vieux-Bassin...

22h30 L'Albatros (p.196) Allez boire un dernier verre dans ce bar atypique établi en face de la Lieutenance. Il n'est pas impossible qu'un client commence à déclamer les vers du poème de Baudelaire qui donne son nom à cette adresse littéraire.

Escapade

Vous avez fait le plein d'iode ? Partez sur les routes charmantes du **pays d'Auge** (p.219), pour faire provision de cidre, de fromages et de calvados. Impossible de résister au charme de cet arrière-pays !

CONSEIL Vous pouvez bien sûr emprunter cet itinéraire dans l'autre sens, mais vous passerez alors à côté de quelques superbes panoramas.

ville-sur-Mer se dresse un château de conte de fées néogothique anglais : l'ancien manoir de Beuzeval, avec son échauguette circulaire en angle dotée d'un toit-cloche. *À 4km au nord-est de Cabourg par la D513*

Où trouver des spécialités régionales ?

La Cambuse Rien ne manque du pays d'Auge artisanal dans cette épicerie fine. On y retrouve les fromages du terroir, le cidre fermier biologique doux, sec et demi-sec, des confitures de lait, mais aussi le poiré de l'Orne, des tripes à la mode de Caen en verrine et autres plats cuisinés. *20, bd des Belges* **Houlgate** *Tél. 02 31 24 09 46 Ouvert juil.-août : tlj. 9h30-13h et 15h30-20h ; sept.-juin : lun.-mar. et jeu.-sam. 9h30-13h et 15h30-19h30, dim. 9h30-13h et 17h-19h30*

Où déguster une teurgoule ?

Stand de Mme Lebrun au marché couvert de Houlgate Outre les œufs frais, le lait caillé et les légumes, l'experte Mme Lebrun apporte sa teurgoule fraîche, cuite pendant la nuit – il s'agit d'un excellent gâteau de riz au lait entier et à la cannelle. *Rue du Général-Leclerc* **Houlgate** *Ouvert juil.-août : tlj. 8h30-13h ; sept.-juin : jeu., sam. 9h-13h*

EARL Le Bois-Aulnay La production de Mme Lebrun (cf. ci-avant) se vend aussi à la ferme de Gonneville-sur-Mer, de préférence le soir à partir de 18h, selon l'heure de la traite. Appelez avant de vous y rendre. **Gonneville-sur-Mer** *(5km de Houlgate) Tél. 02 31 79 25 67*

Où faire une pause sucrée ?

Pâtisserie Chaudemanche Un artisan maître glacier fabrique ses crèmes glacées à de nombreux parfums, notamment aux fruits rouges. N'hésitez pas à faire des folies : croquez sans retenue un "houlgatais" (fine meringue et crème à la noisette) et laissez la "dame d'Houlgate" caresser votre palais (pâte de truffes parfumée au calvados). *59, rue des Bains* **Houlgate** *Tél. 02 31 28 70 09 Ouvert juil.-août : tlj. 7h30-23h30 ; sept.-juin : tlj. 8h30-19h30*

Où prendre un verre face à la mer ?

Bar Le Privé Un endroit toujours animé, même en hiver ! Durant les soirées fraîches, on se réchauffe à coups de cocktails au bar à la décoration design. La terrasse aménagée face à la mer et découverte quand il fait beau accueille festivals et concerts. *Casino de Houlgate 41, rue Henri-Dobert* **Houlgate** *Tél. 02 31 28 75 75 Ouvert juil.-août : dim.-ven. 18h-3h, sam. 18h-4h ; sept.-juin : ven. 18h-3h, sam. 18h-4h*

Aller à la plage La plage de Houlgate s'étend sur 1 800m et celle de Villers sur 4km en partant de la falaise des Vaches Noires jusqu'au pied du mont Canisy. Comme celle de Cabourg, elles sont jalonnées de postes de secours et d'établissements de bains qui louent cabines, parasols et chaises longues. De Houlgate, vous pouvez rejoindre la plage de Villers-sur-Mer à pied. N'oubliez surtout pas de vous munir de l'horaire des marées à l'office de tourisme !

S'initier au kitesurf

Kite Paradise Cours de kitesurf sur l'eau des bassins formés à marée basse sur la plage de Houlgate. Cours particuliers : 95-110€/h. Également des stages de 1 à 3 jours. *48, rue des Bains* **Houlgate** *Tél. 06 72 17 35 74 www.kiteparadise.fr*

Chasser le birdie

Golf d'Houlgate Superbe terrain de 18 trous dans un parc vallonné avec pièce d'eau. Comptez 53€ en haute saison et 38€ en basse saison. ***Gonneville-sur-Mer*** *(1km au sud d'Houlgate) Tél. 02 31 24 80 49 www.bluegreen.com Ouvert mars-oct. : tlj. 8h-19h30 ; nov.-fév. : tlj. 9h-17h*

Villers-sur-Mer

En contrebas d'abords luxuriants, une ville discrète descend en douceur vers une plage de sable blanc. Dès le Second Empire, l'architecte Félix Pigéory et le rédacteur en chef du *Figaro* Pierre Pitre-Chevalier lancèrent la mode de Villers. À la Belle Époque, elle était une station en vogue prisée des aristocrates et des artistes qui allaient y quérir le calme. C'est en vous promenant sur la digue et sur les hauteurs que vous trouverez les meilleurs spécimens de ces deux grandes vagues : des maisons de villégiature classiques, Renaissance ou gothiques du XIXe siècle et du début du XXe siècle, agrémentées de loggias et d'auvents, et décorées de frises et de baldaquins. Elles offrent une perspective gigantesque sur le front de mer, ou se dissimulent dans les arbres, rue de la Comtesse-de-Béarn, des Étangs, des Tamaris… *À 11km au nord-est de Cabourg par la D513*

☺ **Falaises des Vaches Noires** Haut de 100m, ce site protégé couvert d'algues sèches abrite une mine de fossiles, témoins d'un lointain passé tropical. Il est interdit de les collecter sur la roche, mais l'érosion maritime en libère quelques-uns sur la plage. Difficilement visibles en voiture, les falaises se découvrent à pied à marée basse. Départ de l'école de voile de Villers-sur-Mer sur la digue-promenade, puis marche dans le sable jusqu'à Houlgate. Visites guidées organisées par l'OT de Villers-sur-Mer (p.154). *Horaire des marées disponible à l'OT Prévoir le retour en voiture ou en bus*

Paléospace l'Odyssée Conscient de la fragilité des écosystèmes, ce musée préserve les falaises des Vaches Noires (dont les sédiments remontent à plus de 165 millions d'années) en sensibilisant les visiteurs au phénomène de l'érosion. Les plus jeunes s'initient à la géologie en touchant des fossiles et en observant un crocodile conservé dans la roche calcaire. Les plus grands, après avoir appris que le méridien de Greenwich rencontre le continent à Villers-sur-Mer, révisent leurs notions de latitude et de longitude en plaçant sur un globe terrestre Pékin ou New-York. *Av. Jean-Moulin* ***Villers-sur-Mer*** *Tél. 02 31 81 77 60 Ouvert fév.-avr., sept.-oct. : mer.-dim. 10h-18h ; mai-juin : tlj. 10h-18h ; juil.-août : tlj. 10h-19h ; nov.-déc. : sam.-dim. 10h-18h Tarif 7,50€, réduit 4,50€*

Où boire un thé ?

Salon de thé de l'hôtel Outre-Mer Dans cet établissement meublé et décoré avec beaucoup d'imagination, tout respire la gaieté : les couleurs franches des murs framboise ou vert pomme, et un salon de thé mêlant savamment lampes, affiches et toiles exotiques. Vous êtes en mal d'aventure ? Prenez place dans la salle côté mer devant un thé "Marie-Galante" ou "île de Madagascar" et embarquez pour un goûter gourmand. *1, rue du Maréchal-Leclerc* ***Villers-sur-Mer*** *Tél. 02 31 87 04 64 www.hoteloutremer.com Ouvert juil.-août : tlj. 14h-18h ; sept.-juin Horaires variables, se rens.*

Se promener à pied, à cheval ou à vélo La station est environnée de sentiers tracés il y a longtemps, parfaits pour monter à cheval, faire du vélo ou flâner à pied. Un topoguide décrivant une vingtaine de circuits (à effectuer à pied et à VTT) est disponible à l'office de tourisme (10€).
Écuries de la Villedieu Cours et promenades. *Route du Château* ***Villers-sur-Mer*** *Tél. 06 80 11 00 05*
Établissement des bains Location de vélos. ***Villers-sur-Mer*** *Sur la digue centrale Tél. 06 76 85 52 49*

Louer un kayak des mers
Cercle nautique de Villers Kayak simple (10€/h) ou double (15€/h). *Rue Feine* ***Villers-sur-Mer*** *Tél. 02 31 87 00 30 www.voilevillers.com*

CARNET D'ADRESSES

Restauration

prix moyens

L'Embarcadère L'originalité de cette brasserie ? Elle confectionne ses propres pâtes, délicieuses avec des fruits de mer. Outre les classiques poissons et moules à la crème et au cidre, la cuisine, qui fait honneur à la pêche, tente une note d'exotisme avec des bananes ou des épices. La salle, animée, évoque une cabine de bateau avec ses peintures de hublots en trompe l'œil et ses souvenirs marins aux murs. Menus de 14,50 à 27€. *33, av. de la Mer* ***Cabourg*** *Tél. 02 31 24 08 33 Ouvert 12h-23h (fermé mer.-jeu. en oct.-déc.)*

☺ **Le Baligan** Le trio masculin aux commandes du Baligan transforme avec brio le conceptuel en naturel : ainsi, le serveur vous présente dans un panier les poissons du jour pêchés sur les côtes normandes. Adieu veau, vache, cochon, bienvenus bar, lotte et turbot, que le chef vous préparera au four, en croûte de sel, à la plancha... (prix selon le cours de la criée). Cuisson parfaite et fraîcheur garantie. Menus de 16,90 à 38€. Assiette de fruits de mer 31,50€. Réservation conseillée. *8, av. A.-Piat* ***Cabourg*** *Tél. 02 31 24 10 92 www.lebaligan.fr Ouvert lun.-mar., jeu.-dim. 12h-14h et 19h30-22h Fermé mi-déc.-mi-jan.*

La Champagne-Ardenne Le restaurant de l'hôtel du même nom (p.167) est apprécié pour sa cuisine de grand-mère à prix doux. C'est sur-

Et aussi...

tout le dimanche qu'il faut y déjeuner, lorsque l'animation bat son plein après le marché. Beaucoup de poissons à l'ardoise, comme la sole meunière ou le filet de bar, et des desserts faits maison. Les menus vont de 18 à 35€. *11, pl. du Marché* ***Cabourg*** *Tél. 02 31 91 02 29 Fermé dim. soir et lun. (hors vac. scol.) Fermé 2 sem. en déc.*

prix élevés

Le Bouche-à-oreille Un peu à l'écart de l'agitation de l'avenue de la Mer, face à la halle du marché, cet établissement gastronomique porte plutôt bien son nom, tant il est naturel de partager cette belle adresse avec d'autres. La cuisine y est délicate et délicieuse, et le service impeccable et chaleureux. Formule 3 plats à partir de 28€ à midi en semaine. Une valeur sûre ! *10, av. des Dunettes* ***Cabourg*** *Tél. 02 31 91 26 80 Ouvert mar. soir, mer.-sam. midi et soir, dim. midi*

Dans les environs

prix moyens

☺ **Chez le Bougnat** Déjeuners d'allégresse sous les plafonds surélevés d'une ancienne quincaillerie dont la salle est encombrée d'objets extravagants : des bibelots dansants, des animaux empaillés, une pendule arrêtée à midi, un cochon en plastique bondissant... Les meilleures viandes et charcuteries du terroir y ont mijoté dans les pot-au-feu et autres délices du chef François Tessonnière. Ne vous laissez pas effrayer par les proportions gargantuesques : ris de veau, rillettes, boudin aux pommes s'avalent tout seuls et c'est un régal. Comptez env. 25€ à la carte. Menus de 17 à 27,50€. *25, rue Gaston-Manneville* ***Dives-sur-Mer*** *(1km à l'est de Cabourg) Tél. 02 31 91 06 13 Ouvert juil.-août et vac. scol. : tlj. midi et soir ; reste de l'année : jeu.-sam. soir Fermé mi-déc.-mi-jan.*

Le Mermoz Parmi les bons restaurants de poisson de Villers, celui-ci l'emporte par sa situation stratégique face à la mer. Avec de la chance, vous prendrez place derrière l'une des verrières pour assister au coucher du soleil devant un maquereau en papillote ou une fantaisie de saumon aux trois saveurs. Attendez-vous à une ambiance tranquille : même le parquet ne fait pas de bruit. Comptez environ 22€ à la carte, menus à 14,30 et 25,50€. *Place Jean-Mermoz* ***Villers-sur-Mer*** *(11km au nord-est de Cabourg par la D513) Tél. 02 31 87 01 68 www.restaurant-le-mermoz.fr Ouvert lun.-ven. 12h-15h et 19h-22h, sam. 12h-22h30, dim. 12h-22h Fermé mar. en oct.-mars*

prix élevés

Hostellerie Guillaume le Conquérant Si l'on ne séjourne plus comme Madame de Sévigné dans cette hostellerie sans âge, on continue d'y faire bonne chère sur une table dressée avec des chandeliers, assis sur une chaise cloutée devant une authentique cheminée du XVIIe siècle. La cuisine, remarquée depuis plus d'un

GAMME DE PRIX	RESTAURATION	HÉBERGEMENT
Très petits prix	moins de 10€	moins de 40€
Petits prix	de 10 à 15€	de 40 à 60€
Prix moyens	de 15 à 25€	de 60 à 85€
Prix élevés	de 25 à 40€	de 85 à 120€
Prix très élevés	plus de 40€	plus de 120€

siècle par les fins gastronomes, fait toujours le bonheur des personnalités. Jugez-en avec une cassolette de Saint-Jacques au sabayon, un filet de sole en écailles de pomme de terre, ou un millefeuille d'andouille au vinaigre de cidre. Le "désir du roi", alias les profiteroles, semble inévitable, la maison préparant elle-même son chocolat et ses choux. Comptez 30-35€ à la carte, menus à 17,50, 28,50, 32 et 50€. *Village de Guillaume-le-Conquérant rue d'Hastings* ***Dives-sur-Mer*** *(1km à l'est de Cabourg) Tél. 02 31 91 07 26 Ouvert tlj. 12h-14h30 et 19h-21h30*

☺ **L'Éden** Un véritable paradis ! De la musique classique enchanteresse dans une salle intime ou sous une véranda garnie de plantes vertes, et une cuisine fine qui rend heureux : filet de bar, homard, foie gras au porto, gâteaux tièdes (le moelleux au chocolat avec un sorbet abricot est un rêve). Bons conseils pour le choix du vin. Les parts étant succinctes, le menu du marché à 23€ en semaine est plus avantageux que la carte (env. 30€). Service attentionné. Autres menus à 28,90, 37,90 et 49€. *7, rue Henri-Fouchard* ***Houlgate*** *(4km au nord-est de Cabourg par la D513) Tél. 02 31 24 84 37 www.eden-houlgate.com Ouvert haute saison : tlj. 12h-14h et 19h-21h30 ; basse saison : mer.-dim. 12h-14h et 19h-21h30 Fermé jan. et 1re sem. d'oct.*

Hébergement

prix moyens

La Champagne-Ardenne Bâti en 1885, ce bar-hôtel-restaurant se porte comme un charme, à l'image de ses deux façades repeintes et de son bistrot fort apprécié (p.165). Papiers peints certes un peu surannés, mais les confortables moquettes et les douches toutes neuves agrémentent les seize chambres rénovées (de 49 à 60€). *11, pl. du Marché* ***Cabourg*** *Tél. 02 31 91 02 29 www.lachampagne-ardenne-cabourg.com Fermé déc.*

Hôtel de Paris Au cœur de la rue commerçante, une charmante villa à tourelles et pignons. Dans la cage d'escalier, des baigneurs et des élégantes chapeautées vous font des clins d'œil du haut de leurs affiches. Les vingt-quatre chambres sont parées de tissus gais, fleuris ou à carreaux. Double de 70 à 80€ avec douche ou baignoire, chambre familiale (5 pers.) entre 120 et 125€, petit déj. 7€. Wifi. *36, av. de la Mer* ***Cabourg*** *Tél. 02 31 91 31 34 www.hotel-de-paris-cabourg.fr Fermé en jan.*

prix élevés

Le Castel fleuri La restauration de cette vieille demeure aux allées ratissées a été énergiquement prise en main. Le blanc et le bleu triomphent dans ses intérieurs, essaimés de maquettes de voiliers. Petites et d'autant plus craquantes avec leur décor à la Beatrix Potter, les vingt-deux chambres captent à merveille la lumière du jardin. Par la fenêtre, des chaises longues vous invitent au farniente. Double de 75 à 85€, selon la saison, avec petit déj. Accès wifi payant. *4, av. Alfred-Piat* ***Cabourg*** *Tél. 02 31 91 27 57 www.castel-fleuri.com Fermé jan.*

Le Cottage Un air de pension de famille flotte dans les pièces lumineuses de cet hôtel situé en face de l'église de Cabourg. Chacune des 14 chambres possède son atmosphère particulière, aussi pensez à réserver à l'avance si vous voulez séjourner dans les plus prisées, notamment les quatre dites "de charme" : l'Aventurine, la Perle, la Citrine et la Fabulite.

Laurence et Mike peaufinent l'accueil, servent un petit déjeuner buffet roboratif (10€) et ouvrent le sauna sur demande. Double de 59 à 109€. *24, av. du Général-Leclerc* ***Cabourg*** *Tél. 02 31 91 65 61 www.hotel-cottage-cabourg.com Fermé jan.*

prix très élevés

Chambres d'hôtes La Raspelière Si la maison ne paie pas de mine, les 5 chambres d'hôtes aménagées par Colette Deletraz ont beaucoup de charme : meubles en bois, chaises en osier, décoration aux tons chocolat et gris taupe, alcôves pour faire une pause... Le linge de maison en lin et la literie exceptionnelle donnent même envie de prolonger le séjour de quelques nuits. Dans le salon inondé de lumière, parcourez les dépliants touristiques ou laissez courir vos doigts sur les touches du piano noir. Petit déjeuner dans le jardin en été. Double de 90 à 120€. *12, rue du Commerce* ***Cabourg*** *Tél. 02 31 91 40 59 www.chambre-hote-cabourg.fr Fermé jan.-mi-fév.*

☺ **Le Cabourg** Repos assuré dans une irrésistible résidence Napoléon III qui croule sous les fleurs. Tout le confort possible vous attend dans les sept chambres, dont une nichée dans un angle : peignoir, sèche-cheveux, télévision, wifi. Au petit déjeuner, l'hôtesse sert charcuterie, fromage et croissants (10€). Et pourquoi ne pas le prendre dans le jardinet, si le temps le permet ? Spa sur réservation (35€/2 pers.). Double 120€. *5, av. de la République* ***Cabourg*** *Tél. 02 31 24 42 55 www.hotel-cabourg.fr*

Grand Hôtel de Cabourg Indissociable de Marcel Proust ! Dès son ouverture en 1907 et jusqu'en 1914, l'écrivain vint chaque été soigner son asthme dans "le plus confortable hôtel de la côte" et l'immortalisa dans le style de la Belle Époque (si vous souhaitez vous offrir sa chambre reconstituée, la n°414, réservez à l'avance et comptez 435€ en haute saison). Lors du Festival du film, les célébrités ne manqueraient pour rien au monde de laisser leurs autographes dans le couloir. Tapisseries aux motifs chargés, fauteuils sombres, ascenseurs en boiserie. Avec ou sans terrasse, les chambres et les suites ont vue sur la mer ou les jardins du casino, et l'on vous y monte le matin d'opulents plateaux (24€). De 160€ la chambre standard avec vue sur le jardin à 870€ la suite Art déco en haute saison. Accès Internet payant. *Jardins du casino* ***Cabourg*** *Tél. 02 31 91 01 79 www.mgallery.com Ouvert toute l'année*

Dans les environs

camping

Camping du golf S'enfoncer dans cette forêt pour planter sa tente vaut vraiment la peine ! Des chemins entre les arbres desservent des carrés de gazon et des petits chalets où logent golf miniature, baby-foot, laverie, nurserie, douches et lavabos. La présence d'un bar animé vous rappellera que vous n'êtes pas coupé du monde. Un sentier de randonnée part de l'entrée, puis décrit une splendide boucle jusqu'à Houlgate en passant par le village en ruine de Trousseauville. Tente avec véhicule : 19€/j. pour 2 personnes en haute saison. Pour un tipi à la décoration Far West ou une cabane normande, comptez 329 et 399€ la semaine en haute saison. *Route de Lisieux* ***Dives-sur-Mer*** *(5km à l'est de Cabourg) Tél. 02 31 24 73 09 www.campingdugolf.com Ouvert avr.-fin sept.*

prix moyens

Chambres d'hôtes Entre mer et campagne Quatre chambres douillettes se blottissent dans l'annexe de la propriété de Bénédicte Heuze. Le charme de la campagne envoûte les citadins en mal de calme : pelotonné sous les couvertures, regardez les arbres tendre vers le ciel et savourez le silence. Salles de bains modernes et cuisine à disposition. Bon rapport qualité-prix : comptez de 40 à 55€ la double. *34, route de Béneauville* ***Bréville-les-Monts*** *(10km au sud de Cabourg par la D513, dir. Bas-Bréville) Tél. 02 31 78 73 07 heuze.olivier.benedicte@orange.fr*

☺ **Auberge de la ferme des Aulnettes** Le lieu stratégique pour savourer les joies de la campagne et ses prairies d'herbes hautes. D'abord ouverte seulement pour les goûters, cette ferme s'est transformée peu à peu en auberge. Les 15 chambres aux couleurs gaies et les deux pavillons annexes sont de véritables havres de paix. Celles qui sont aménagées sous les toits nous ont particulièrement plu. Comptez 68€ pour 2, petit déj. 10€. Cuisine délicate et un joli service (formule à 15€ à midi en semaine et menus jusqu'à 34€). *Route de la Corniche* ***Houlgate*** *(4km au nord-est de Cabourg par la D513) Tél. 02 31 28 00 28 www.aubergedesaulnettes.fr Ouvert toute l'année*

Chambres d'hôtes La Rivaudière La maison au toit de chaume semble vivre au rythme des saisons : côté lavoir où batifolent les canards au printemps, côté potager où poussent les légumes pour préparer le dîner. Les propriétaires cultivent un sens de l'accueil chaleureux et les trois chambres, confortables, donnent envie d'hiberner. Confitures maison au petit déjeuner, que l'on prend dans le jardin en été. Table d'hôtes pour les appétits d'ogre sur réservation (28€). Double 60€. *1, rue du Lavoir* ***Bavent*** *(17km au nord-est de Caen par la D513) Tél. 02 31 78 16 06 http://www.larivaudiere.fr*

☺ **Chambres d'hôtes Les Glycines** L'ancien corps de ferme envahi d'hortensias et de rosiers dévoile plus particulièrement ses charmes lorsque l'herbe est humide de rosée et le verger voisin noyé dans la brume. Les 3 chambres indépendantes, dont une familiale en duplex, poussent au farniente et à la contemplation. Changement d'ambiance au petit déjeuner, servi par des hôtes conviviaux : les victuailles s'amoncellent sur la table tandis que les tasses se vident et se remplissent au rythme des conversations animées. Un festin fait maison, où il n'est pas question de modération ! Double 58€. Réservation conseillée. ***Gonneville-sur-Mer*** *(9km à l'est de Cabourg) Tél. 02 31 28 01 15*

prix élevés

Ferme des Champs-Rabats Ambiance campagnarde : tout pour sombrer dans les bras de Morphée et se réveiller avec le chant des oiseaux, dans une ferme d'élevage environnée d'un beau jardin. Des motifs à fleurs couvrent les murs et les très confortables literies des 4 vastes chambres au mobilier ancien. C'est autour d'une table de banquet avec vue sur la mer que les hôtes se réunissent le matin, et goûtent les confitures de Stéphanie, la maîtresse de maison. Double 60€, 70€ pour 3 et 80€ pour 4 personnes. *Route de Beaumont* ***Villers-sur-Mer*** *(11km au nord-est de Cabourg par la D513) Tél. 02 31 87 10 47 www.fermeleschampsrabats.com*

☺ **Hôtel de la plage** À deux pas de la plage de Houlgate, 9 chambres d'une simplicité charmante dans une jolie maison normande offrent des aperçus ou une pleine vue sur la mer. On accède à une partie d'entre elles par une passerelle intérieure qui rappelle les patios espagnols. Le matin, l'odeur du pain frais envahit la maison, entièrement rénovée en 2011. Comptez de 65 à 85€, petit déj. 8€, accès wifi gratuit. *99, rue des Bains* ***Houlgate*** *(4km au nord-est de Cabourg par la D513) Tél. 02 31 28 70 60 www.hotel-de-la-plage-houlgate.com*

☺ **Hôtel 1900** Retour en enfance dans cet hôtel original, décoré sur le thème de l'an 1900 du sol au plafond. Une odeur de biscuit flotte dans les couloirs orangés où sont accrochés des médaillons sculptés d'angelots. Des savons parfumés sont mis à disposition dans les salles de bains, croquignolettes. L'exiguïté de certaines chambres aux meubles de poupée peut réclamer quelques efforts d'acrobatie, mais cela fait partie du jeu. La salle à manger baroque du rez-de-chaussée, où l'on sert une cuisine gastronomique, mérite aussi l'attention. Double de 68 à 858€, petit déj. 10€. *17, rue des Bains* ***Houlgate*** *(4km au nord-est de Cabourg par la D513) Tél. 02 31 28 77 77 www.hotel-1900.fr Fermé fin nov.-début déc. et 2 sem. en jan.*

★ DEAUVILLE ET TROUVILLE

14800-14360

Deux voisines balnéaires, deux mondes qui s'ignorent. Sur la rive gauche de la Touques, Deauville la mondaine se pavane avec ses hippodromes, ses restaurants huppés, ses palaces, ses cabines de bains aux noms de stars d'Hollywood et ses 650 parasols bien alignés. Qui veut se faire connaître ou reconnaître défile sur ses Planches, parade dans une voiture de collection, et vit au train des compétitions équestres pour rester dans le vent. Changement de décor sur la rive droite, de l'autre côté du pont, avec le trépidant port de Trouville derrière lequel se blottit un vieux centre-ville ombragé. À l'aube, des bateaux de pêche y débarquent chargés de poisson frais. Le front de mer, au nord, leur tourne le dos, ne se préoccupant que de parties de ballon en famille. Au mois d'août, spectacle comique, des ânes qui n'avancent pas y font la course. Et, le soir, on se retrouve dans les bars à vins pour trinquer, en écoutant un concert. Un point commun, pourtant, rapproche ces villes si contrastées : chacune fait don à sa manière de son patrimoine de villas aux influences diverses. Celles de Deauville, très inspirées par les styles des différents pays d'Europe, s'exhibent fièrement. À Trouville, plus anciennes, elles évoquent plutôt le lointain Orient et se font discrètes.

DEAUVILLE, LA CITÉ DU CHEVAL Les deux hippodromes, où chaque année 2 000 chevaux viennent courir, doivent leur existence et leur renommée au duc de Morny. En 1864, aux premières heures de la station, il fit construire celui de la Touques. Ce fut d'emblée un franc succès. Pour le Parisien en vacances, il était de bon ton d'arriver la veille des courses et de repartir dès la fin. Vers 1912, les tribunes furent restaurées avec éclat et l'on construisit en 1928 l'hippodrome de Clairefontaine. Moins solennel et très fleuri, ce dernier bénéficie depuis peu d'une piste en sable fibré qui permet d'organiser des courses en hiver. Au mois d'août, lors des "ventes aux yearlings", les plus gros propriétaires de chevaux, américains, japonais et européens, enchérissent sur les pur-sang dans la salle Élie de Brignac.

MODE D'EMPLOI

accès

EN VOITURE

À un peu plus de 2h de Paris, 1h de Rouen et 45min de Caen par l'A13. Sortir à Pont-l'Évêque, puis prendre la N177. Deauville se situe à 20km au nord-est de Cabourg et à 16km au sud-ouest de Honfleur sur la D513.

EN TRAIN

Ligne Paris Saint-Lazare-Deauville (2h de trajet) : plusieurs liaisons quotidiennes.
Gare SNCF (plan 3, C2) *Place Louis-Armand à* ***Deauville*** *(à droite avant le pont des Belges) Tél. 36 35 www.ter-sncf.com*

EN CAR

Bus verts du Calvados Entre Caen et Le Havre, la ligne n°20 des Bus verts du Calvados s'arrête à la gare SNCF de Deauville, près du casino et de l'hippodrome. Comptez environ 1h20 pour venir de Caen, 30min de Honfleur, et 1h du Havre. Les horaires et tickets se prennent à la gare routière (attenante à la gare SNCF) ou dans le bus. *Tél. 0810 214 214 www.busverts.fr*

EN BATEAU

Au Port-Morny, 65 places pour les visiteurs, et 45 au Port-Deauville.
Bureau du Port-Morny (plan 3, C2) *Quai de la Marine Tél. 02 31 98 50 40*

Capitainerie du Port-Deauville (plan 3, B1) *Quai des Marchands Tél. 02 31 98 30 01*

TRAJETS EN BAC

Pour passer d'une ville à l'autre, dans les deux sens, tout en se baladant sur l'eau. Départs et arrivées : quai des yachts à Deauville et quai Albert-Ier à Trouville. Départs pour les traversées toutes les 5min. Ticket 1,20€.
Bac de Deauville-Trouville (plan 3, C2-C1) *Tél. 06 83 78 95 94 www.le-bac-de-trouville.com En activité : tlj. 9h-19h*

orientation

En allant se jeter dans la Manche, la Touques sépare les deux stations, que le pont des Belges relie. À **Deauville**, le centre-ville se trouve isolé des hippodromes par l'avenue de la République, et des Planches par une grosse artère, des pelouses et des courts de tennis. À **Trouville**, partant du pont, l'avenue Fernand-Moureaux longe le port jusqu'au casino, qui précède la plage et les Planches. Au passage, il dessert des rues étroites peu propices à la circulation automobile ainsi que la rue des Bains, piétonne.

informations touristiques

Office de tourisme de Deauville (plan 3, B2) *Place de la Mairie Tél. 02 31*

14 40 00 www.deauville.fr Ouvert juil.-Festival du film américain (en sept.) : lun.-sam. 9h-19h, dim. et j. fér. 10h-18h ; le reste de l'année : lun.-sam. 10h-18h, dim. et j. fér. 10h-13h et 14h-17h

Office de tourisme de Trouville (plan 3, D2) *32, quai Fernand-Moureaux Tél. 02 31 14 60 70 www.trouvillesurmer.org Ouvert avr.-juin et sept.-oct. : lun.-sam. 10h-18h30, dim. et j. fér. 10h-13h ; nov.-mars : lun.-sam. 9h30-18h, dim. et j. fér. 10h-13h ; juil.-août : lun.-sam. 10h-19h, dim. et j. fér. 10h-17h*

urgences

L'été, des postes de secours sur les Planches de Deauville-Trouville vous renseignent sur l'état de la mer et les horaires des marées.

circuler en ville

Difficile de stationner en été ! Le mieux est de s'éloigner des plages. À **Deauville**, le parking de l'église Saint-Augustin, avenue de la République (plan 3, B2-C2), est gratuit et peu

Fêtes et manifestations

DEAUVILLE

Mars	**Festival du film asiatique** *www.deauvilleasia.com*
Avril	**Festival de Pâques** Les meilleurs solistes européens, trios, quatuors et orchestres se produisent dans la salle de vente aux enchères des chevaux, dont l'acoustique est excellente. *Trois w.-e. de concerts en avr. et retour de musiciens parrainés au festival de Pâques au mois d'août*
Juillet-août	**Manifestations hippiques** Concours de saut d'obstacles, courses de chevaux dans les deux hippodromes, compétitions de polo et prestigieuses ventes aux enchères ouvertes au public. Des courses reprennent aux mois d'octobre, et à l'hippodrome de la Touques en décembre et janvier.
Septembre	**Festival du film américain** *www.festival-deauville.com*
Octobre	**Rallye Paris-Deauville** Parade des voitures de collection. Arrivée le vendredi soir, concours d'élégance le dimanche après-midi sur l'hippodrome. *www.clubdelauto.org*
Oct.-nov.	**Planche(s) Contact** Festival de photographie contemporaine. *www.deauville-photo.fr*

TROUVILLE

Juillet	**Fête de la mer** Les marins sortent en mer sur leur bateau de pêche et jettent des gerbes de fleurs pour les disparus. Chants et dégustation de maquereaux. *Deux jours en juil.*
Août	**Courses d'ânes** Des jockeys professionnels et des vedettes chevauchent des ânes à cru pour soutenir l'association ELA (Association européenne contre les leucodystrophies). *www.perce-neige.org*
Septembre	**Festival off-courts** Série de courts métrages. La salle des congrès est alors transformée en salle de cinéma et de concert. *www.off-courts.com*
	La Trouvillaise Course à pied (5,5km) réservée aux femmes. Parcours en ville et le long du bord de mer. *Tél. 02 31 53 94 17 www.latrouvillaise.com 4e w.-e. de sept.*
Octobre	**Hommage à Marguerite Duras** Des comédiens jouent des extraits de ses œuvres. Projection des films inspirés de ses romans au casino. *1er w.-e. d'oct.*

excentré. À **Trouville**, garez-vous sur les quais en face du boulevard Fernand-Moureaux (plan 3, C2). Parkings payants à Deauville : les tarifs varient selon l'heure et la zone. Grand parking souterrain derrière la place du Marché (plan 3, C2).

location de deux-roues

Cycles Jamme (plan 3, B2-C2) Location de VTT et VTC (14€/j.), scooters (38€ la journée). *11bis, av. de la République Tél. 02 31 88 40 22*
Cycles Lucas (plan 3, B2-C2) Location de VTT, VTC (14€ la journée), vélos à assistance électrique (35€ la journée) et tandems (25€/j.). *92, av. de la République Tél. 02 31 88 53 55*
Les Trouvillaises (plan 3, C2) Location de tandems (8€/h.) et de rosalies (entre 16 et 25€/h.). *Place Foch Tél. 02 31 98 54 11 www.lestrouvillaises.fr Ouvert mars-mi-nov.*

marchés

Marché de Deauville (plan 3, C2) Fruits, légumes, et stands de poissonnerie tenus par les marins-pêcheurs. *Place du Marché Mar., ven. et sam. matin, et tlj. pendant les vac. scol.*
Marché de Trouville (plan 3, C1) Un étalage sur le port, du pont des Belges à la Halle aux poissons : fleuristes, marchands de quatre-saisons, brocanteurs... *Mer. et dim.*
Marché aux poissons de Trouville (plan 3, C2) Sa halle aux poissons classée, de style anglo-normand (1936), a été entièrement rénovée en 2011. Une dizaine de poissonniers y vendent la pêche de la nuit, dont, en saison, coquilles Saint-Jacques, maquereaux et soles. *Port de Trouville, en face de la rue des Bains Toute la journée*

DÉCOUVRIR

Deauville

☆**Les essentiels** Les Planches, les villas **Découvrir autrement** Assistez à une course à l'hippodrome de la Touques

C'est sur le site d'un ancien marais que la station chic de la Côte fleurie trouva ses sources. En 1859, le banquier Donon et le médecin de l'ambassade d'Angleterre Olliffe, patronnés par le duc de Morny, rachetèrent des terrains à l'ouest de Trouville. Ils décidèrent de créer une ville qui ne serait rien de moins qu'un nouveau New York. Projet ambitieux, face à la station balnéaire de Trouville déjà développée. Deauville, toutefois, n'explosa que dans les années 1910. D'un commun accord, le maire de Deauville, Désiré Le Hoc, et Eugène Cornuché, gérant du casino de Trouville, lui ajoutèrent un casino (George Wybo, 1912) dont le style néoclassique rappelle le Grand Trianon, l'hôtel Normandy (Théo Petit, 1912) et son immeuble assorti de boutiques de luxe, et le Royal Hôtel sur le front de mer (George Wybo, Théo Petit, 1913). La station était née pour de bon, avec, selon l'écrivain Gabriel Désert, "la trilogie indispensable à une station balnéaire" : les golfs, le casino et l'hippodrome.

☆ **Les Planches (plan 3, A2-B2)** Construites en 1923 en bois d'azobé, elles se déroulent comme un tapis de cérémonie à ciel ouvert entre Port-Deauville et le

Plan 3 Deauville-Trouville

centre nautique. Bien des membres de familles royales et des célébrités les ont parcourues. Depuis la naissance du Festival du film américain en 1974, c'est un des lieux de parade officiels des grandes étoiles du cinéma. Hors festival, elle redevient une promenade panoramique. Au passage, on croise les Bains pompéiens (Charles Adda, 1924), un établissement de bains dont les cabines à la romaine, les *atrium*, et les mosaïques apportent une note d'exotisme.

APÉRO SUR LES PLANCHES

Prenez-vous pour une star sur l'une des deux terrasses des Planches : lunettes de soleil indispensables ! Certes, à l'heure sacrée des repas, nappes et couverts réquisitionnent les tables. Mais on vous laissera tout de même une place au bar pour siroter un verre au soleil.

Bar du soleil (plan 3, A2 n°11) *Tél. 02 31 88 04 74 Ouvert juil.-août : tlj. 9h-19h ; Pâques-juin et sept.-oct. : sam.-dim. et j. fér. 9h-19h*

Bar de la mer (plan 3, A2 n°15) *Tél. 02 31 88 27 51 Mêmes horaires que le Bar du soleil*

Les ports (plan 3, B1-C2) La ville compte deux ports enclavés à l'est : le bassin Morny, inauguré en 1866, et Port-Deauville, qui date des années 1975. Tous deux, surtout le second, offrent un plaisant spectacle de voiliers amarrés. De Port-Deauville, un chemin piéton – autorisé aux vélos – contourne les marinas et s'avance dans la mer. C'est un plaisir que d'y humer l'air du large.

☆ **Les villas** Sur le front de mer et dans le centre-ville se contemplent bon nombre de résidences antérieures à 1915, avec une forte concentration du côté de la rue Jean-Mermoz (plan 3, B2) et de la rue Olliffe (plan 3, B2), où le peintre Eugène Boudin vécut au n°8. La plupart de ces folies s'inspirent de *cottages* anglais ou de chalets nordiques, comme la villa "Camelia" du boulevard Eugène-Cornuché (plan 3, B2), aux boiseries blanches et bleu ardoise. Au n°46 de la rue du Général-Leclerc (plan 3, B2), la ravissante "Charmeuse" ose un minitoit arrondi en forme de chapeau. La plus spectaculaire de toutes se dresse sur une motte gazonnée dans le délicieux quartier de l'hippodrome de la Touques : la villa "Strassburger" (avenue Strassburger), un énorme chalet suisse de style néonormand à tourelles d'angle, dont la toiture aux multiples cheminées rappelle celle d'une pagode. Elle fut bâtie par le baron Henri de Rothschild en 1907, puis offerte à la municipalité en 1980.

● Où acheter des spécialités régionales ?

Au jardin des délices (plan 3, C2 n°70) Dérivés régionaux de la pomme et de la poire et terrines campagnardes en bocaux. En cas d'hésitation, on vous fera goûter avec le sourire. *21, rue Mirabeau Tél. 02 31 88 80 40 Ouvert tlj. 9h-20h (sauf mer. en hiver)*

Confitures de la côte normande (plan 3, C2 n°72) M. Geoffroy, qui a fait ses premières armes chez Paul Bocuse, "colore" aujourd'hui le marché de Deauville (p.173) de ses confitures exquises. Vous trouverez forcément votre bonheur parmi ses 70 variétés : oranges amères à l'anglaise, tomates vertes à l'ancienne, chutney aux figues et confitures d'oignons... Comptez entre 6,90 et 7,90€ le pot. *Place du marché Ouvert mar., ven. et sam. matin*

● Où boire un thé, un café ?

Le Kraal (plan 3, C2 n°13) Si vous êtes en quête d'une place au soleil d'où observer l'agitation du marché, cette adresse est faite pour vous ! Les jours de grand vent, le thé fume dans les tasses, et les serveurs rangent la terrasse d'un air un peu triste. Ambiance détendue dans la salle au carrelage d'autrefois, on l'on peut également déjeuner (15-20€ le plat). *Place du Marché Tél. 02 31 88 30 58 Ouvert juil.-août : tlj. 9h-22h ; sept.-déc. et fév.-juin : tlj. 9h-14h et 19h-22h Fermé en jan.*

Star Café (plan 3, B2 n°14) Après un tourbillon nocturne de luxe, la jeunesse dorée deauvillaise aime à faire étape dans ce salon de thé pour prendre un petit déjeuner face à l'hôtel Normandy. Les prix sont élevés, mais on se prend pour une star en regardant les visages connus qui tapissent les murs : le propriétaire, Hervé Corak, est le photographe attitré de la jet-set. Thés Mariages Frères 6€, gâteaux maison 6-9€. *5, rue Hoche Tél. 02 31 98 40 47 Ouvert tlj. 8h30-20h*

Maman, les p'tits bateaux...

Deauville possède une magnifique plage de sable qui s'étire sur 2km.

Établissements de bains (plan 3, A2) Location de parasols, transats et cabines dans les établissements de bains. *Tél. 02 31 14 02 16 Ouvert avr.-oct.*

Piscine olympique (plan 3, A2) Vous pourrez aussi faire des longueurs dans cette piscine où l'eau de mer est chauffée à 28°C. *Bd de la Mer Tél. 02 31 14 02 17 Ouvert été : 9h30-19h30 ; reste de l'année : se rens. Fermé 3 sem. en jan.*

Yacht-club (plan 3, C2) Vous préférez être sur l'eau que dedans ? Le yacht-club organise des initiations à la voile avec sorties en mer. *Bassin de Morny Tél. 02 31 88 38 19 www.dyc14.fr Ouvert toute l'année en fonction de la météo*

● Où déguster une glace ?

☺ **Martine Lambert (plan 3, B2 n°1)** Enfant du pays (mais qui est aussi présente à Paris), Martine Lambert a inventé ses propres glaces à la crème et au lait, ainsi que de succulents sorbets pur fruit. Pour se sentir comblé, il faudrait repasser plusieurs fois à ses stands tant la gamme est alléchante : pêche, fruits rouges, banane des Antilles, ou compositions au caramel et au beurre salé, orange confite-vanille-paillettes de chocolat, "*after eight*" menthe-chocolat... *76bis, rue Eugène-Colas Tél. 02 31 88 94 04 Ouvert juil.-août : tlj. 9h-0h ; sept.-juin : tlj. 10h-13h et 14h30-19h*

● Où aller danser ?

☺ **Brok Café (plan 3, B2 n°10)** Ce bar cubain, un as du *mojito* frais, jouit d'une cote extraordinaire ! En début de soirée, cela commence par l'apéritif sur les sièges en rotin, dehors si possible. Passé 22h, portes closes, mais sonnez : un aimable "videur" vous introduit dans un club feutré apaisant où la musique salsa peut virer aux rythmes celtiques. *14, av. du Général-de-Gaulle Tél. 02 31 81 30 81 Ouvert tlj. 18h30-2h*

Les Planches À minuit, les grappes d'adolescents branchés envahissent la salle sous les combles. Des minisalons éclairés de lampes marocaines attendent les bandes d'amis qui ont réservé leur table. Si vous n'y avez pas pensé, vous prendrez place au bar, à moins que vous ne lui préfériez la piscine couverte dont le décor imite les Planches. Musique à la mode, vieux tubes, soirées folles sur le thème "T-shirts mouillés", "*ladies*", etc. Entrée 18€ avec consommation, 25-35€ lors des soirées animées par des DJ "stars". *Domaine du Bois-Lauret* ***Blonville-sur-Mer*** *(dans la campagne, 4km au sud-ouest de Deauville par la D513, 1re à gauche après le rond-point, fléché avec pancartes) Tél. 02 31 87 58 09 www.lesplanches.com Ouvert vac. scol. : tlj. 23h-aube ; hors vac. scol. : ven.-sam. 23h-aube*

● Jouer au tennis

Tennis municipal de Deauville (plan 3, B2) Location à l'heure de courts en terre battue ou en synthétique, leçons et stages. *Boulevard de la Mer Tél. 02 31 14 02 18 Ouvert juil.-août : tlj. 8h30-1h ; sept.-juin : sam.-dim.*

● Assister aux courses, flamber au casino

Hippodrome de la Touques (hors plan 3, par B2) Inauguré en 1864 à l'initiative du duc ce Morny, l'hippodrome de Deauville-la Touques accueille trois meetings de courses par an : en automne (3 jours seulement), en hiver (grâce à la construction d'une piste en sable en 2003), et en été, sur juillet et août, avec plusieurs courses prestigieuses, dont le prix Jacques Le Marois le 3e dimanche d'août. Entrée 3€, moins de 18 ans gratuit. Possibilité de se restaurer sur place (restaurant panoramique, brasserie, snacks...). *45, av. Hocquart-de-Turtot Tél. 02 31 14 20 00 www.hippodromesdedeauville.com*

Casino de Deauville (plan 3, B2) Centenaire (il a été érigé en 1912), il constitue une offre de loisirs multiple, avec sa salle de spectacle et sa salle de cinéma, le CID, qui accueille notamment le Festival du film américain. Côté jeux, il compte 365 machines à sous et de nombreux jeux de table (roulettes française et anglaise, black jack, crap's, poker room....). Également 3 restaurants, ... *Rue Edmond-Blanc Tél. 02 31 14 31 14 www.lucienbarriere.com Ouvert tlj. à partir de 10h*

Trouville

☆ **Les essentiels** La villa Montebello-Musée de Trouville **Découvrir autrement** Partez sur les traces de Duras au cours d'une promenade littéraire, prenez un bol d'air au mont Canisy, visitez les bunkers allemands et admirez la vue sur l'estuaire de l'Orne

À l'époque du Second Empire, l'aristocratie faisait bâtir ses villas – normandes, persanes, anglo-américaines… – un peu à l'écart du centre, à l'est du port.

☆ **Villa Montebello-Musée de Trouville (plan 3, D1)** Perchée sur une colline face à la mer et ponctuée d'une tourelle en plein milieu, elle s'impose au regard. Cette résidence de la marquise de Montebello est l'une des rares de la Côte à remonter à 1865. Œuvre de l'architecte Celinsky, son style historique se veut à l'image des architectures de plaisance du XVIe-XVIIe siècle : un mélange de briques roses et de pierres de taille pour la façade, ornée de motifs sculptés et de pilastres cannelés. Depuis 1972, elle prête ses murs au musée de Trouville pour des expositions temporaires toujours en lien avec la mer, les stations balnéaires et le tourisme… *64, rue du Général-Leclerc Tél. 02 31 88 16 26 musee@mairie-trouville-sur-mer.fr Ouvert avr.-juin, sept. : lun. et mer.-ven. 14h-17h30, sam.-dim. 11h-13h et 14h-18h ; juil.-août : mer.-lun. 11h-13h et 14h-18h Tarif 2€, enfant 1,50€ Gratuit le mer.*

À PAS LITTÉRAIRES Promenade accompagnée d'un guide et de comédiens : partez sur les traces des grandes figures littéraires qui ont fait la notoriété de Trouville (Proust, Flaubert, Duras) ! *Rens. à l'office de tourisme Juil.-août*

Où acheter des spécialités régionales ?

Poissonnerie Saiter (plan 3, C1 n°74) Poissonniers de père en fils, les Saiter n'ont pas leurs pareils depuis trois générations pour leurs soupes – à base de congre, rouget grondin, rascasse du Nord, crevette grise du pays… – assaisonnées de vraies épices et d'herbes fraîches, une règle rigoureuse instaurée par le grand-père de l'actuel patron. Soupes de poissons à écailles avec croûtons, rouille et gruyère râpé sur place (5€/l.). *Halle aux poissons Tél. 02 31 88 37 24 Ouvert juin-sept. : tlj. 8h-19h30 ; oct.-mai : 8h-12h et 15h-19h30*

Les Caves trouvillaises (plan 3, C1 n°71) Dans une petite boutique qui croule sous les bouteilles (plus de 1500 références) se tient un spécialiste en vins fins et en cidres, poirés, pommeaux et calvados fermiers. Également des grands crus de bordeaux et de bourgogne. Dégustations limitées aux alcools, mais, pour le cidre, on peut se fier aux conseils d'un connaisseur les yeux fermés. *34-36, rue des Bains Tél. 02 31 88 87 49 Ouvert tlj. 9h30-13h et 15h30-20h (fermé le mer. hors saison)*

Le Fromager (plan 3, C1 n°73) Empruntant la rue des Bains, vous ne pourrez manquer cette boutique et les effluves de la trilogie normande qui s'en dégagent : livarot, camembert et pont-l'évêque. Également une grande variété de chèvres issus des producteurs des environs et pas moins de six camemberts différents ; celui affiné au calvados séduira les palais bien accrochés. Quelques bouteilles et terrines pour concocter un pique-nique royal. *50, rue des Bains Tél. 02 31 98 28 14 Ouvert mar.-dim. 10h-13h et 15h30-19h*

Où faire une pause gourmande ?

☺ **Martine Lambert (plan 3, C1 n°2)** Une annexe du glacier de Deauville attend les Trouvillais au bout du port, juste avant la plage. Elle propose les mêmes parfums originaux, en crèmes glacées ou en sorbets. *172, bd Fernand-Moureaux Tél. 02 31 98 21 35 Ouvert juil.-août, vac. scol. et grands w.-e. : tlj. 10h-12h30 et 13h30-1h ; avr.-juin et sept. : tlj. 10h-12h30 et 13h30-20h ; oct.-mai : tlj. 10h30-13h et 15h-20h*

Pâtisserie Charlotte Corday (plan 3, C1 n°3) Plus de soixante-dix ans que la famille Gibourdel tient cette pâtisserie, courue des célébrités. Le décor de bonbonnière, truffé de corniches, n'a pas bougé depuis son ouverture en 1929. Marguerite Duras aimait y manger une douceur, et, aujourd'hui, les personnalités habituées laissent leur nom à un gâteau : l'"Antoine de Caunes", une tarte abricot-pistache, l'"Emma de Caunes", un biscuit noisette avec des éclats de marrons glacés ou le "chou de Francis Huster", à base de vanille et de coulis de fruits rouges. Péché mignon de la maison : le chocolat chaud, parfumé au rhum, à la cannelle, au café, à l'orange... ou la tasse de cacao pur. *172, bd Fernand-Moureaux Tél. 02 31 88 11 76 Ouvert ven.-mer. 8h-19h*

CÔTE FLEURIE ET PAYS D'AUGE

Où déjeuner sur le pouce ?

Une mouette dans la cuisine (plan 3, C1 n°44) On s'installe à la grande table de bois pour déjeuner ou savourer un thé bio accompagné d'une part de gâteau. Soupes savoureuses et salades généreuses (6-8€) vous réconforteront après une balade sur les planches, et si cela ne suffit pas à vous réchauffer, optez pour le chocolat chaud à l'ancienne (4,50€). *73, rue des Bains Tél. 02 31 14 07 73 Ouvert juil.-sept. : tlj. 9h-21h ; oct.-juin : jeu.-lun. 9h-21h Fermé 1 sem. en juin*

Où boire un verre en terrasse ?

Le Galatée (plan 3, C1 n°12) Après la baignade, vous n'avez que quelques pas à faire pour aller vous sécher sur sa terrasse à ciel ouvert. Le soir, c'est l'occasion d'y regarder les étoiles. Un restaurant à l'intérieur sert des plats de poissons plutôt banals et onéreux : il vaut mieux vous limiter au bar et profiter de l'horizon. À noter que la terrasse est chauffée en hiver. *Sur la plage Tél. 02 31 88 15 04 Ouvert tlj. 10h-21h Fermé en jan.*

Trouville : source d'inspiration

Depuis que le jeune peintre Charles Mozin l'a découverte en 1825, Trouville a toujours attiré artistes et écrivains : Monet, Boudin, Flaubert... Sur les hauteurs de la ville, les aquarellistes ont même élu domicile dans l'escalier du Serpent. De 1963 à sa mort en 1996, l'écrivain **Marguerite Duras** résida à l'hôtel des Roches-Noires, un ancien palace néoclassique (Crépinet, 1868) au bout de la promenade des Planches. Sans doute la résidence d'aspect colonial lui rappelait-elle son Indochine natale. Tournés sur place, la plupart de ses films – *La Femme du Gange*, *Agatha* – utilisent la plage en toile de fond, et c'est à Trouville que l'écrivain rédigea une partie de son œuvre, romans et pièces de théâtre.

● Aller à la plage, faire de la voile

Établissements de bains La plage, longue de 1,5km, est en partie occupée côté port par un parc à jeux pour enfants (trampoline, toboggans...). Location de parasols, transats et cabines. *Tél. 02 31 88 38 71 Ouvert avr.-sept.*

Club nautique de Trouville-Hennequeville On peut y suivre, au choix : des cours de voile (mi-mars-mi-déc.), de char à voile (toute l'année) et de speed sail (planche à voile sur roulettes). Organisation de régates l'été. *Digue des Roches Noires au bout de la promenade Savignac Tél. 02 31 88 13 59 www.cnth.org Ouvert avr.-mi-déc.*

● Piquer une tête à la piscine, jouer au tennis

Complexe nautique (plan 3, C1) Deux bassins, un couvert et un découvert. *"Les Planches" Promenade Savignac Tél. 02 31 14 48 10 Ouvert juil.-août et vac. scol. : tlj. 10h-19h ; le reste de l'année : se rens.*

Tennis municipal de Trouville (plan 3, C1) Mêmes prestations qu'à Deauville. *"Les Planches" Promenade Savignac Tél. 02 31 88 91 62*

● Faire du poney

Minigolf/poney-club de Trouville (plan 3, C1) Pour les enfants, baptême de poney sur le sable. *"Les Planches" Promenade Savignac S'adresser au minigolf Tél. 06 07 34 71 73 Ouvert vac. scol. : tlj. ; hors vac. scol. : mer., sam.-dim. et j. fér. à partir de 11h*

● Flamber au casino

Casino de Trouville (plan 3, C3) Jeux de table et machines à sous. *Place du Maréchal-Foch Tél. 02 31 87 75 00 www.lucienbarriere.com Ouvert 10h-2h en semaine (3h veille de fête et 4h sam. et j. fér.) pour les machines à sous et 20h-2h pour les jeux de table (3h veille de fête et 4h sam. et j. fér.)*

Les environs de Deauville et de Trouville

Touques De nos jours au milieu des terres, Touques était au Moyen Âge le premier port du pays d'Auge. Sa rue principale offre de beaux échantillons de façades à briquettes obliques et colombages en croisillons, et dessert deux églises remarquables. Celle de **Saint-Pierre** remonte au XIe siècle et on la considère comme l'un des meilleurs exemples d'art roman bas-normand. Des ronds tracés sur son parvis rappellent que sa nef mesurait autrefois 28,5m au lieu des 11m actuels. Désaffectée peu après la Révolution, elle servit de dépôt de pétrole et de salle de sport avant qu'une restauration en 1990 ne lui rende son authenticité dépouillée. Devenue galerie d'art, elle ouvre lors d'expositions. Plus loin, à la sortie nord du village, **Saint-Thomas** – en l'honneur de Thomas Becket, l'archevêque de Canterbury –, toujours en activité, a gardé sa nef d'origine (XIIe siècle). *20, pl. Lemercier À 3,5km au sud-est de Deauville par la D513 et la N177 Rens. auprès de l'office de tourisme de Touques Tél. 02 31 88 70 93*

☺ **Mont Canisy** À 110m au-dessus de la mer, le point culminant de la Côte fleurie est un parc naturel protégé pour son sol calcaire, où pousse une riche flore sauvage. Pendant la Seconde Guerre mondiale, l'armée allemande en fit un poste d'artillerie côtière qui joua un rôle important lors de la mémorable bataille de Normandie. Ses batteries, vestiges militaires laissés en friche, en font un site historique de casemates à canons de 155m, bunkers et blockhaus. Une forteresse souterraine bétonnée abritait les stocks de munitions et les logements des soldats. Longue de 260m, elle s'enfonce à 12m de profondeur et, pour des raisons de sécurité, ne se visite qu'accompagné. En revanche, il est possible de découvrir librement les batteries extérieures. *À 5km au sud-ouest de Deauville par la D513 dir. Bénerville-sur-Mer, bifurcation à gauche avant l'église, puis encore à gauche à la mairie ; suivre les pancartes mont Canisy-batteries du mont Canisy jusqu'au point de départ de la montée pédestre et se garer au bas de la côte : accès à 5min de marche Tél. 02 31 14 40 00 www.mont-canisy.org Visites guidées gratuites (2h) de la forteresse organisées par l'Association des amis du mont Canisy principalement en juil. et août, se renseigner à l'office de tourisme de Deauville*

UN VÉLO DANS LA TÊTE
De Villers-sur-Mer à Deauville, les adeptes du VTT peuvent emprunter les chemins du mont Canisy. Ses multiples sentiers se prêtent à des sauts de puce entre les abris d'observation et les belvédères donnant sur l'embouchure de la Seine et l'arrière-pays augeron.

Parc Calouste-Gulbenkian Magnat du pétrole, diplomate et passionné d'art, Calouste Gulbenkian (1869-1955), Arménien de nationalité britannique installé au Portugal, a remodelé ce terrain de 24ha pour en faire un espace harmonieux, avec une vue superbe sur la vallée. Il est planté d'essences rares (séquoia, tilleul de Hollande et noyer noir) et les allées, bosquets et clairières invitent à la promenade. *Domaine des Enclos (fléché au départ de la mairie)* ***Bénerville-sur-Mer*** *(3km au sud-ouest de Deauville) Ouvert juil.-août : tlj. 14h-18h Tarif 3€, moins de 18 ans gratuit*

Église de Saint-Pierre-sur-Azif En pleine nature, cette église du XIe-XVe siècle est aujourd'hui classée monument historique. Elle abrite des peintures de l'école flamande (Rubens, Jordaens, Van Dyck, Van Cleef…) que lui légua le paroissien Lechanteur vers l'an 1800. S'y rendre constitue une jolie promenade en partant du minuscule hameau de Saint-Pierre : une pente douce descend vers cet îlot qui se tient à part avec son cimetière, gardé par des tourterelles. ***Saint-Pierre-Azif*** *(10km au sud de Deauville, après Tourgéville, rouler vers le sud-ouest, puis tourner à gauche sur la D118, et prendre la première route à droite) Ouvert juil.-août : ven. 15h-18h*

● Où trouver une bouteille de champagne en chocolat ?

Les Marianik's Marianik Mignon façonne les fèves de cacao avec amour et humour, et surfe sur la vague chic et choc en vogue à Touques. Sa toute première invention, le touc-touc, fond dans la bouche (ganache pomme-calvados), tandis que le camembert d'Honfleur pétille contre le palais (pâte d'amandes aux grains d'anis). La bouteille de champagne en chocolat noir fait des ravages dans les soirées branchées : effet garanti ! Démonstrations et dégustations le jeudi en été (5€ sur réservation). *8, quai Monrival* ***Touques*** *Tél. 02 31 88 29 18 marianik@libertysurf.fr Ouvert lun.-sam. 10h-12h30 et 14h-19h*

Où faire provision de calvados ?

☺ **Ferme de la Croix Solier** La visite guidée de la superbe propriété des Lebey mène du vieux pressoir aux tonneaux en chêne de la cave à cidre, et se termine avec une dégustation de calvados fermier (gratuite, sur réservation). Vous pensiez ne pas aimer le calvados ? Attendez d'avoir goûté à cet assemblage unique de 27 et 40 ans d'âge, une perle rare vendue à un prix dérisoire, fixée par Mr Lebey, qui était amoureux de ses pommiers (44€ la bouteille). *Téléphoner avant de s'y rendre* ***Tourgéville*** *(5km au sud de Deauville, dir. mont Canisy) Tél. 02 31 88 14 10 www.fermedelacroixsolier.fr*

Assister aux courses

Hippodrome de Clairefontaine Courses pendant les saisons en juillet, août et octobre. ***Tourgéville*** *(6km au sud de Deauville) Tél. 02 31 14 69 00 www.hippodrome-deauville-clairefontaine.com*

Jouer au golf

Golf Barrière de Deauville Idéalement situé sur le mont Canisy, ce golf de 9 et 18 trous (5 951m) offre une vue splendide sur la mer et la campagne environnante. Parcours 18 trous : de 49 à 99€ selon la période. *Mont Canisy* ***Blonville-sur-Mer*** *(5km au sud-ouest de Deauville) Tél. 02 31 14 24 24 www.lucienbarriere.com Ouvert juil.-août : tlj. 8h-20h ; sept.-juin : tlj. 9h-18h*

Se distraire en famille

Circuit de Deauville Pistes de karting, randonnées en quad, parcours d'accrobranche, location de Zodiac, jet-ski, paint-ball (adulte et enfant), balades en buggy. *Route de Caen D27* ***Saint-Arnoult*** *(3km au sud de Deauville) Tél. 02 31 81 31 31 Ouvert sam.-dim., vac. scol. et j. fér. 9h30-18h*

Parc de l'aventure Paint-ball pour enfants dans un labyrinthe végétal et un parcours avec onze exercices au-dessus du sol. ***Saint-Arnoult*** *(1km du Circuit de Deauville) Tél. 02 31 81 25 25 Ouvert w.-e. et j. fér. 10h-18h*

CARNET D'ADRESSES

Restauration

Malgré le grand nombre d'établissements, les restaurants bon marché se font très rares dans le centre-ville de Deauville. Quelques bonnes adresses à Trouville pour les budgets plus modestes.

À Deauville

prix moyens

Pizza Santa Lucia (plan 3, C2 n°30) Le fils de Vincenzo, une personnalité dans le monde du cheval, a repris l'affaire de son père. Ici, on est à l'affût des derniers événements équestres : tendez l'oreille dans la file d'attente... Portraits de pur-sang et coupures de journaux tapissent les murs du restaurant. Quant aux pizzas, cuites au feu de bois, elles remportent la palme, de la simple Margherita tomate-fromage à 9,50€ aux extravagantes pizzas au caviar (95€), aux truffes blanches (70€) ou au foie gras (23€). Pâtes également fameuses, dont les *linguine* aux truffes qui s'invitent parfois sur la carte du jour. *15, av. de la République*

Deauville *Tél. 02 31 88 89 84 Ouvert tlj. 12h-15h et 19h-23h*

La Péniche (plan 3, B2 n°35) Déjeuner, dîner ou simplement prendre un thé sur l'eau au milieu des bateaux : voilà le concept de ce restaurant flottant. Posté au bout des Planches de Deauville, il fait la part belle aux produits locaux, notamment les fruits de la mer, dont certains auront d'ailleurs à peine touché terre... Menus à 23 et 34 €, formules à midi à 17,50€ et 22€. *Port Marina Promenade Michel d'Ornano* **Deauville** *Tél. 02 31 98 52 75 Ouvert été : tlj. ; reste de l'année : jeu.-mar.*

prix élevés

Chez Hervé (plan 3, C2 n°31) Une savoureuse cuisine familiale, pour retrouver les produits du marché d'en face. La terrasse sous la bâche jouxte les étals, à moins que vous ne préfériez l'agréable salle parquetée à l'ancienne. On vous recommandera les spécialités avec gentillesse : la poule au pot, un empereur au beurre blanc, ou encore un bar au thym. Comptez autour de 45€ à la carte, menu à 27€. *44, rue Mirabeau* **Deauville** *Tél. 02 31 87 82 36 Ouvert juil.-août : tlj. soir Ouverture variable à midi et le reste de l'année*

Chez Miocque (plan 3, B2 n°32) Incontournable ! Le patron, qui servit sur le paquebot *France*, est une figure locale. Il vous tutoie d'emblée et les photos commémorant la visite de ses amis les stars envahissent sa brasserie, autant que les bouteilles. Quant à la cuisine, de bons plats traditionnels vous sont proposés, où les produits frais priment sur l'artifice : des poissons grillés, des rognons de veau à la moutarde, des charlottes aux fruits, et une carte du jour selon la pêche. Comptez environ 40€ pour un repas. *81, rue Eugène-Colas* **Deauville** *Tél. 02 31 88 09 52 Ouvert juil.-août et vac. scol. : tlj. 12h-16h et 19h-0h ; reste de l'année : jeu.-lun. 12h-16h et 19h-0h*

Le Drakkar (plan 3, B2 n°33) Un autre rendez-vous à ne pas manquer, contigu au premier. Il s'en distingue pourtant par ses allures de pub chic, avec canapés en cuir et moquettes écossaises. Et si les serveurs paraissent plus froids, l'atmosphère décontractée se charge de démentir cette impression. Même type de carte, avec un choix de

Et aussi...

Bars, salons de thé

Les Planches ____ 173
Bar du soleil ____ 175
Bar de la mer ____ 175
Le Kraal ____ 176
Star Café ____ 176
Brok Café ____ 177
Le Galatée ____ 179

Sur le pouce

Une mouette dans la cuisine ____ 179

Glacier, pâtisserie

Martine Lambert (Deauville) ____ 177
Martine Lambert (Trouville-sur-Mer) ____ 179
Pâtisserie Charlotte Corday ____ 179

Shopping

Au jardin des délices ____ 176
Confitures de la côte normande ____ 176
Poissonnerie Saiter ____ 178
Les Caves trouvillaises ____ 178
Le Fromager ____ 178
Les Marianik's ____ 181
Ferme de la Croix Solier ____ 182

purées de légumes en accompagnement pour varier les plaisirs. Carte de grands crus de bordeaux. Comptez 40€ à la carte, menu à 29,80€. *77, rue Eugène-Colas* **Deauville** *Tél. 02 31 88 71 24 www.restaurant-le-drakkar.com Ouvert tlj. 12h-16h et 19h-0h*

Le Comptoir & la Table (plan 3, C2 n°37) Dans ce restaurant avec vue sur le port, ainsi que sur le casino et les hauteurs de Trouville, les ingrédients sont déclinés à l'ardoise selon les arrivages du jour, ce qui garantit une grande fraîcheur des produits. Mais la carte assure aussi quelques classiques, comme le risotto ou le tiramisu... le chef est d'origine italienne ! Une bonne table à l'ambiance conviviale, pour profiter des quais de Deauville. Menus à partir de 20€ à midi, 30€ le soi. *1, quai de la Marine* **Deauville** *Tél. 02 31 88 92 51 www.lecomptoiretlatable.fr Ouvert jeu.-mar.*

prix très élevés

Les 3 Mages (plan 3, A2 n°34) Ne soyez pas trop exigeant sur l'accueil et attendez-vous à des prix exorbitants : ce lounge bar, niché dans une maison en bord de mer, est un must deauvillais. Masques bouddhiques, parasol chinois, tabourets léopard ou zébrés : les salles surdécorées évoquent un train fantôme ou la demeure d'un prince oriental. Au menu : plateau de fruits de mer et saveurs du monde. Menus de 32 à 47€. *1, av. de la Terrasse Les Planches* **Deauville** *(suivre le boulevard de la Mer) Tél. 02 31 88 55 00 www.les3mages.com Ouvert juil.-août : tlj. 12h30-14h30 et 19h-21h30 (et vac. scol.) ; sept.-juin : mer.-dim. 12h30-14h30 et 19h-22h30*

À Trouville

prix moyens

Il Parasole (plan 3, D2 n°36) Cette pizzeria bondée connaît un tel succès que les Trouvillais en font leur cantine. Il faut dire que les pizzas (à partir de 8,90€) y sont généreuses et que le choix est infini. Idem pour les pâtes (à partir de 7,20€) et les salades démesurées. L'ambiance bonne franquette et la décoration kitsch dissipent les soucis. Des petits frères existent aussi à Trouville (6, rue Hoche) et à Honfleur (2, rue Haute). Menus à 16,90 et 19,90€. Également des formules "Pêcheur" et "Gambas". *2, place Fernand-Moureaux* **Trouville-sur-Mer** *Tél. 02 31 87 33 87 www.ilparasole.com Ouvert haute saison : tlj. 12h-15h et 19h-0h ; basse saison : jeu.-lun. 12h-15h et 19h-0h Fermé en nov.*

Le Central (plan 3, C1 n°39) Une institution trouvillaise ! Dans les années 1930, des artistes se réunissaient déjà dans cette brasserie rétro. Aujourd'hui, les *people* de la Côte fleurie poursuivent la tradition. Les pêcheurs y prennent leur café, et s'il vous vient une envie d'huîtres à 8h du matin, on peut vous les servir ! Les menus du restaurant font la part belle aux produits de la mer. Parmi les plats du terroir, tentez les tripes à la mode de Caen

GAMME DE PRIX	RESTAURATION	HÉBERGEMENT
Très petits prix	moins de 10€	moins de 40€
Petits prix	de 10 à 15€	de 40 à 60€
Prix moyens	de 15 à 25€	de 60 à 85€
Prix élevés	de 25 à 40€	de 85 à 120€
Prix très élevés	plus de 40€	plus de 120€

de Michel Ruault, qui en est le champion du monde. Menus de 19 à 28,50€, menu enfant à 7,40€. Également des chambres (p.188). *158, bd Fernand-Moureaux* ***Trouville-sur-Mer*** *Tél. 02 31 88 13 68 Ouvert tlj. 7h30-1h*

prix élevés

L'Inattendu (plan 3, C1 n°38) Une adresse sympathique au cadre chaleureux et à l'accueil souriant. Le menu à 27€ ne brille pas par son originalité, mais les plats normands sont maîtrisés, la cuisson des poissons à point et les viandes issues des environs. Excellente côte de veau à la crème, au cidre et au camembert, à savourer à l'ombre d'un joyeux fatras, réuni par un propriétaire brocanteur amateur de porcelaine et de meubles chinés. *87, rue des Bains* ***Trouville-sur-Mer*** *Tél. 02 31 88 74 04 Ouvert juil.-août et vac. scol : tlj. midi et soir ; reste de l'année : lun., jeu.-dim. midi et soir*

Tivoli Bistro (plan 3, C1 n°43) Des produits du terroir, de saison et du marché : tel est le tiercé gagnant de Gérard Verger, un chef normand qui a le goût des choses simples. Au menu, il est question de terrine de foies de volaille maison, de pot-au-feu, de sole fraîchement pêchée par un copain et de clafoutis aux fruits du jardin. Vous apprécierez la carte des vins, à l'image du restaurant, réjouissante et gourmande. Menu à 27,50€. *27, rue Charles-Mazin* ***Trouville-sur-Mer*** *Tél. 02 31 98 43 44 Ouvert lun.-mar., ven.-dim. midi et soir Fermé 2 sem. en juin*

Les Vapeurs et les Voiles (plan 3, C1 n°40) Les doyennes des brasseries, restées intactes avec leurs airs de vieux Paris. Celle des Vapeurs fut fondée en 1927 sur ce quai où arrivent les bateaux de pêche. Celle des Voiles suivit. En apparence jumelles, ces grands-mères accolées sont en réalité siamoises, puisqu'un couloir les relie à l'étage. Salles ouvertes à tous vents et terrasse où le soleil aime s'attarder : vous écoutez les mouettes rieuses en dégustant vos moules-frites et crevettes chaudes. À la carte, comptez de 35 à 40€. *160, quai Fernand-Moureaux* ***Trouville-sur-Mer*** *Tél. 02 31 88 15 24 www.lesvapeurs.fr Ouvert tlj. 9h-0h*

prix très élevés

Les Quatre Chats (plan 3, C1 n°42) Fondé par un ancien de la Closerie des Lilas : un cadre bohème de style années 1950, un peu fou et adulé de tous. Les matous expressifs envahissent jusqu'à l'obsession les sets de table et les affiches des murs, collées les unes sur les autres en vrac. De faux nuages flottent au-dessus d'un bar circulaire. La cuisine raffinée achèvera de vous séduire : croustillant de crabe, tajine de lotte, tarte aux légumes confits. À la carte, comptez 45-55€. *8, rue d'Orléans* ***Trouville-sur-Mer*** *Tél. 02 31 88 94 94 Horaires variables, appeler avant de s'y rendre*

La Petite Auberge (plan 3, C1 n°41) Accueil doux, cliquetis de fourchettes, murmures... On sert dans cette petite salle à manger bourgeoise au décor rustique une cuisine normande inventive : pêche du jour sur feuilleté, matelotes au cidre, huîtres d'Isigny et d'excellents desserts. Menu à 37€, formule déjeuner à 27€. *7, rue Carnot* ***Trouville-sur-Mer*** *Tél. 02 31 88 11 07 Ouvert jeu.-lun. 12h-14h et 19h30-21h30*

Dans les environs

petits prix

Le Grand Manège Pas besoin d'être un cavalier émérite pour profiter de l'ambiance équestre deauvillaise. Le déjeuner se déroule face aux chevaux à l'entraînement. Dans l'assiette, steaks, croques ou salades peuvent s'accompagner d'une bière blonde locale, la Paillette. Menus et formules de 13,50 à 18€. *Pôle international du cheval de Deauville 14, av. Ox-and-Bucks* ***Saint-Arnoult*** *(3km au sud du centre de Deauville) Tél. 02 31 14 06 40 Ouvert 8h30-19h30*

prix élevés

Aux Landiers Gérard Lecouvé, respectueux des saveurs et inconditionnel du terroir normand, s'active derrière ses fourneaux pour renouveler - sans brusquer - les recettes traditionnelles. Dans cette auberge, on ne badine pas avec la bonne chère : fleurs de courgettes farcies aux langoustines, ravioles de chou et de foie gras, dorade poêlée au citron confit (carte selon la saison). En été, la salle côté rue sera propice à un déjeuner lumineux ; en hiver, préférez celle bénéficiant d'une cheminée. Menus de 22 à 50€. *90, rue Louvel-et-Brière* ***Touques*** *(3,5km au sud-est de Deauville) Tél. 02 31 87 41 08 www.restaurant-deauville.com Ouvert juil.-août et vac. scol. : tlj. 12h30-13h30 et 19h-21h : reste de l'année : lun., jeu.-sam. 12h30-13h30 et 19h15-21h, dim. 12h30-14h*

Hébergement

À Deauville

prix élevés

Helios (plan 3, B2 n°52) Un immeuble qui ne se pique pas de décors particuliers mais au confort irréprochable. Un ascenseur vous permettra de monter vos bagages sans effort dans l'une de ses quarante-cinq chambres modernes et spacieuses. Et, dès la réception, les eaux bleues d'une mini piscine chauffée en plein air risquent fort de vous combler ! Double de 66 à 81€, petit déj. 9€. *10, rue Fossorier* ***Deauville*** *Tél. 02 31 14 46 46 www.hotelheliosdeauville.com*

Hôtel du polo (plan 3, C2 n°50) Un petit hôtel à prix vraiment modérés au centre d'une station chic. La plupart des 15 chambres de son unique étage donnent sur une courette fleurie. On se console de l'éloignement de la mer par un joli quartier résidentiel, et surtout par le voisinage tout proche de l'hippodrome. Double de 69 à 79€.

☺ Dormir sur un bateau amarré au port de Deauville

Krischarter (plan 3, B1 n°62) Les marins d'eau douce tangueront le temps d'une nuit sur l'*Idéfix*, un voilier de 13m qui mouille dans le port de Deauville. Les 3 cabines sont étroites, mais ce bateau tout en teck de Birmanie possède un charme fou : musique d'ambiance, salon confortable et possibilité de dîner à bord d'un plateau de fruits de mer (60€/pers., vin compris). Pour une fois, la croisière s'amuse à quai, et, si l'appel du large se fait sentir, possibilité d'organiser une sortie en mer avec skipper (350€ les 3h). Comptez pour 6 personnes 375€ la location du bateau pour deux nuits. En revanche, si vous voulez réserver pour un couple dans la semaine, il vous faudra privatiser le bateau (100€ la nuit). *215, rue des Bassins (dans le port)* ***Deauville*** *Tél. 02 31 88 67 32 www.krischarter.fr*

Petit déjeuner 8€. *33, bd Mauger* ***Deauville*** *Tél. 02 31 98 16 02 www.deauville-hotel-du-polo.com*

Le Patio (plan 3, B2 n°51) Cette maison de douze chambres, agréables et très claires, ressemble à une pension de famille. Un patio attend les amateurs de sieste au soleil, et les petits déjeuners (9,50€) se prennent dans une coquette salle à manger. Double de 65 à 82€. *180, av. de la République* ***Deauville*** *Tél. 02 31 88 25 07 www.hotel-lepatio.fr*

prix très élevés

Hôtel de la Côte fleurie (plan 3, B2 n°60) Bien que la maison soit située à côté de l'hippodrome, la décoration des 15 chambres est paradoxalement tournée vers la mer : aquarelles, papiers peints bleu et blanc et nœuds marins. La "campanule", mansarde du dernier étage, séduit les familles en quête de confort, tandis qu'"iris d'eau", côté jardin, plaît aux Roméo en goguette, qui jouent la scène du balcon et content fleurette à leur Juliette. Confort moderne et accueil soigné. Double de 77 à 115€, petit déj. 8€. *55, av. de la République* ***Deauville*** *Tél. 02 31 98 47 47 www.hoteldelacotefleurie.com Fermé 2 sem. fin nov. et en jan.*

☺ **Hôtel Normandy (plan 3, B2 n°53)** Stars et VIP descendent ici. Ce superbe édifice de 1912, au style anglo-normand, occupe un pâté de maisons et offre de belles vues sur le vieux Deauville, la mer ou le jardin. Une fois passé le hall d'entrée, les couloirs respirent la sérénité : toiles de Jouy, fleurs vives, tissus imitant les pans de bois tapissent les murs, et le décor d'une piscine de luxe copie les colombages de la façade. Si vous n'êtes pas client, asseyez-vous dans le café du rez-de-chaussée (attention, onéreux) rien que pour son cadre doré, ses rideaux de théâtre et ses fauteuils moelleux. Piscine, vélos, golf, hammam et sauna compris avec la chambre. De 330 à 650€ la double, petit déj. 30€. *38, rue Jean-Mermoz* ***Deauville*** *Tél. 02 31 98 66 22*

À Trouville

prix moyens

Hôtel Les Sablettes (plan 3, C1 n°61) Les adresses pour les petits budgets ne courant pas les ruelles de Trouville, cet hôtel apparaît comme une véritable aubaine (réservation conseillée). Une vingtaine de chambres, plus ou moins grandes, à la propreté irréprochable et au confort honnête. Ouvrez les fenêtres : on entend les mouettes et, en vous penchant un peu, vous apercevrez la grande bleue ! Double entre 50 et 68€. *15, rue Paul-Besson* ***Trouville-sur-Mer*** *Tél. 02 31 88 10 66 www.trouville-hotel.com*

☺ **La Maison normande (plan 3, C1 n°55)** Ces deux demeures mitoyennes du XVIIIe siècle ont magnifiquement su résister au temps. Dans les années 1920, la boulangerie et la pharmacie qu'elles abritaient furent transformées en hôtel. Les 18 chambres, rénovées en 2011, présentent l'avantage d'un aspect varié, certaines arborent des papiers peints à fleurs vives et des tissus imprimés de nœuds marins, d'autres privilégient la toile de Jouy. Une adresse qui ne manque pas de cachet. De 55 à 75€ la double, petit déj. 7,50€. *4, pl. du Maréchal-de-Lattre-de-Tassigny* ***Trouville-sur-Mer*** *Tél. 02 31 88 12 25*

prix élevés

Hôtel de la paix (plan 3, D2 n°56) Bien qu'il ne se situe pas au bord de la mer, on ne saurait être mieux placé. En quelques pas, vous franchissez le pont d'en face pour vous rendre à Deauville, ou vous profitez sur place de la foule trépidante du port de Trouville du matin au soir. Des vingt-quatre chambres standard, de couleurs différentes, celles côté cour, plutôt sombres, vous garantissent le calme. Les plus chères, côté port, reçoivent le soleil de plein fouet. De 57 à 90€ la double, petit déj. 7,50€. *4, pl. Fernand-Moureaux* ***Trouville-sur-Mer*** *Tél. 02 31 88 35 15 www.hoteldelapaix14.com*

Le Trouville (plan 3, C1 n°54) Dans une rue tranquille près de la plage. Les patrons ont le cœur sur la main et ne négligent rien : quinze chambres, un parking privé et, le matin, des viennoiseries ou un petit déjeuner anglais (8 ou 14€). Et qu'importe qu'il n'y ait pas d'ascenseur ! Les chambres du troisième étage sont particulièrement lumineuses. Double de 65 à 90€ selon la saison. *1-5, rue Thiers* ***Trouville-sur-Mer*** *Tél. 02 31 98 45 48 www.hotelletrouville.com*

Le Reynita (plan 3, C1 n°57) Cet hôtel propose vingt-deux chambres personnalisées : l'hôtesse a peint à la main des motifs élégants sur le mobilier. En se penchant par la fenêtre de certaines chambres, on aperçoit la plage au bout de la rue. Double de 57 à 135€. Wifi. *29, rue Carnot* ***Trouville-sur-Mer*** *Tél. 02 31 88 15 13 www.hotelreynita.com*

prix très élevés

Le Central (plan 3, C1 n°58) L'immeuble de la célèbre brasserie ne se vide jamais (p.184). Sur 4 étages, les 23 chambres clinquantes donnent sur les toits, sur la rue des Bains (93€) ou sur le port (de 101 à 141€). Quel que soit son poste, on ne perd pas une miette de ce qui se passe. Petit déj. 9,30€. *5-7, rue des Bains* ***Trouville-sur-Mer*** *Tél. 02 31 88 80 84 www.le-central-trouville.com*

☺ **Le Flaubert (plan 3, C1 n°59)** Le plus beau de tous, directement sur le front de mer. L'énorme chalet à pignons, bâti en 1936, a conservé de l'époque son ascenseur grillagé. Le décor apaisant, qui décline toute la gamme des blancs, réjouit l'œil et repose l'esprit. Une délicieuse façon de se ressourcer entre deux baignades. La plupart des 32 chambres possèdent une terrasse. Double de 95 à 160€, suite env. 255€, petit déj. 12€. *Rue Gustave-Flaubert* ***Trouville-sur-Mer*** *Tél. 02 31 88 37 23 www.flaubert.fr*

Dans les environs

prix moyens

Le Village Sur la place centrale du "village fleuri" de Touques, huit chambres dans une petite auberge aux rideaux festonnés. Demi-pension obligatoire en été au restaurant, où flotte un air de gastronomie. Double à 70 et 130€ en demi-pension (2 pers.), petit déj. 8€. Accueil souriant. *64, rue Louvel-et-Brières* ***Touques*** *(3,5km au sud-est de Deauville) Tél. 02 31 88 01 77 www.restaurant-traditionnel-le-village.com*

Chambres d'hôtes Catherine de Préaumont L'occasion de dormir face à la plage dans une authentique villa construite en 1908, qui dispose de 5 chambres vastes et pimpantes avec lits doubles ou superposés et, pour certaines, vue sur la mer. Pour marcher dans le sable, il vous suffira de contourner la maison. Double 62€, quadruple 140€, petit déj. inclus. Accès wifi. *50, av. d'Ornano* ***Blonville-sur-Mer*** *(4km au sud de Deauville par la D513) Tél. 02 31 98 18 32 www.cathome.fr*

★ ☺ HONFLEUR

14600

Une cité choyée par l'Histoire se blottit au milieu des collines, au carrefour de la Manche et de l'embouchure de la Seine. Elle donna des marins illustres et des artistes. Son cœur bat à l'unisson avec celui du port. Déjà importante au XIe siècle sous le duché de Normandie, fortifiée au XIVe siècle, elle défendit le fleuve face aux Anglais pendant la guerre de Cent Ans et succomba aux assauts de l'envahisseur. Mais la Renaissance lui offrit des maisons à pans de bois, et Louis XIV y engagea des restaurations : l'ancien havre d'échouage devint un port florissant. Aujourd'hui, Honfleur la dynamique a su préserver son riche patrimoine. Il est charmant d'y glaner les souvenirs de son passé dans des bâtiments du XVIIe siècle, ou un vestige de rempart dans la cour de l'ancienne prison… Pour autant, la ville ne saurait s'endormir ! Sur les quais du Vieux-Bassin, cafés et restaurants bruissent d'activité du matin au soir dans les hautes maisons dont les reflets ondulent sur l'eau. L'animation contamine les rues pavées loin derrière et sur la place de l'église Sainte-Catherine. Même les greniers à sel du temps de Colbert se mettent de la partie, attirant comiques et musiciens sous leurs combles.

L'ÂGE D'OR DE LA MARINE Les richesses du terroir augeron pour approvisionner les bateaux, des marins confirmés, des charpentiers qualifiés, et nombre de chantiers navals favorisèrent de grandes expéditions vers les pays lointains. En 1503, Binot Paulmier de Gonneville parvint au Brésil, en 1506 Jean Denis s'aventura à Terre-Neuve, et en 1608 Samuel de Champlain partit fonder le Québec. Au XVIIe siècle, le commerce maritime tendit ses antennes vers le Canada, les Antilles, l'Afrique et les Açores. Nombreux furent alors à Honfleur les pilotes, négociants, armateurs et corsaires, avant que la perte du Canada au XVIIIe siècle ne marque la fin de cette prospérité.

MODE D'EMPLOI

accès

EN VOITURE
L'autoroute A13 rejoint la ville par le sud (venant de Paris, compter 2h de route, et de Caen 1h), tandis que l'A29 l'aborde par le nord (à 30min du Havre). Honfleur se situe à 16km au nord-est de Deauville par la D513. De Lisieux, suivre la D579 sur 16km, prendre l'A132 pendant 2km puis la D579 (15km).

EN TRAIN
Pas de train jusqu'à Honfleur, mais les lignes n°20 et n°50 des Bus verts du Calvados assurent la correspondance au départ de Caen, de Deauville, de Lisieux ou de Pont-l'Évêque.

EN CAR
Une ligne express des Bus verts du Calvados, empruntant le pont de Normandie, relie Honfleur au Havre en 30min. La ligne n°20 Honfleur-

Caen passe par Deauville (30min). La ligne n°50 Lisieux-Honfleur permet de relier les deux villes en 1h via Pont-l'Évêque (20min).

Gare routière (plan 4, B2) *Rue des Vases Tél. 02 31 89 28 41*

Bus verts du Calvados *Tél. 0810 214 214 www.busverts.fr*

EN BATEAU

Le port de plaisance propose une trentaine de places visiteurs.

Cercle nautique (plan 4, B2) *8, rue Saint-Antoine Tél. 02 31 98 87 13 www.cnh-honfleur.net*

orientation et stationnement

Honfleur est une cité à la fois fluviale et maritime, bâtie sur la rive gauche de l'estuaire de la Seine. Elle compte trois bassins et, à l'entrée de la ville, un avant-port où s'amarre une flottille de pêche. La vie du centre, très dense, se focalise autour du Vieux-Bassin. N'espérez pas vous garer gratuitement. Tous les parkings centraux sont payants et... chers. Le plus pratique : celui du bassin du Centre, quai de la Tour (forfaits de 24h intéressants). Pour trouver des places, engagez-vous vers le cours Manuel, qui suit la rue de la République. Le parking du Môle, de l'autre côté de la jetée, est également pratique et bon marché (3€ la journée).

informations touristiques

Office de tourisme (plan 4, B2) Installé dans un bâtiment contigu à la médiathèque. *Quai Lepaulmier Tél. 02 31 89 23 30 www.ot-honfleur.fr Ouvert Pâques-juin, sept. : lun.-sam. 9h-12h30 et 14h-18h30, dim. et j. fér. 10h-12h30 et 14h-17h ; juil.-août : lun.-sam. 10h-19h, dim. et j. fér. 10h-17h ; oct.-Pâques : lun.-sam. 9h30-12h30 et 14h-18h, dim. et j. fér. 10h-13h*

Office de tourisme de Villerville *40, rue du Général-Leclerc Tél. 02 31 87 21 49 www.villerville.fr Ouvert mai-juin, sept. : mar.-mer., ven.-sam. 10h-12h et 15h-18h ; juil.-août : tlj. 10h-12h et 15h-18h ; oct.-avr. : mar.-mer., ven.-sam. 10h-12h et 14h-17h*

location de deux-roues

Station Total (hors plan 4 par A2) Location de VTC : 12€/4h, 17€/j., 70€/sem. (avec caution). *18, cours Albert-Manuel Tél. 02 31 89 16 67*

marchés

Marché traditionnel (plan 4, B2-A1) Poissons, crevettes, et bons produits du terroir sur le cours des Fossés, devant le Vieux-Bassin, et surtout place Sainte-Catherine. Beaucoup plus de stands en été. *Sam. matin*

Marché bio (plan 4, A1) Ce tout petit marché a la particularité d'être le seul entièrement bio du Calvados. Une douzaine de producteurs du département se retrouvent chaque semaine pour remplir les paniers de légumes, fruits, cidres, fromages... Il est aussi possible de manger sur le pouce une crêpe ou une galette saucisse, celle-ci bretonne, mais toujours bio ! *Place Sainte-Catherine. Mer. matin*

fêtes et manifestations

Fête des marins Procession de bateaux décorés et pèlerinage à Notre-Dame-de-Grâce, où une messe est célébrée sous les arbres. *Week-end de Pentecôte*

Festival de jazz *Greniers à sel Mi-août*

Estuaire d'en rire Festival d'humour. *www.estuairedenrire.com En sept.*

Fête de la crevette Un week-end dédié à la crevette grise. Les vieux gréements prennent l'air sur le bassin et ouvrent leurs portes à la visite.

Concours d'écaillage, chants marins, dégustations. *Fin sept.-début oct.*
Semi-marathon de Normandie Honfleur-Le Havre *Rens. Service des sports de la mairie de Honfleur Tél. 02 31 81 88 00 En nov.*
Festival du cinéma russe *www.festival-honfleur.fr Fin nov.*

DÉCOUVRIR

Honfleur

☆Les essentiels Le Vieux-Bassin, le musée Eugène-Boudin **Découvrir autrement** Apprenez l'histoire maritime de Honfleur au musée du Vieux-Honfleur, découvrez l'univers sonore d'Erik Satie, savourez en famille la magie des papillons au Naturospace

Église Saint-Léonard (plan 4, B2) L'édifice dédié à Léonard, le saint patron des prisonniers, mort en 559, s'élèverait sur ce site depuis 1186, d'après une charte de l'abbaye de Grestain. Le sanctuaire primitif fut détruit pendant la guerre de Cent Ans, reconstruit en style gothique à la fin du XVe siècle, puis à nouveau incendié en 1562 pendant les guerres de Religion. Il lui resta la première travée de la nef et une façade dont le portail ciselé est cité comme un exemple du gothique flamboyant. On rebâtit le reste au XVIIe siècle, ainsi que l'atteste la date de 1625 sur le mur du chevet. Puis on le dota au XVIIIe siècle d'un clocher octogonal orné d'instruments de musique en bas-reliefs et d'un cadran d'horloge également sculpté. Si vous avez la chance de visiter l'intérieur, vous y verrez deux bénitiers dans de vraies coquilles, cadeaux de marins, un lutrin représentant un aigle terrassant le dragon et de belles statues en bois verni, dont celle de saint Léonard. À proximité, une fontaine et un lavoir du XVIIe siècle restauré. *Place Saint-Léonard Ouvert avr.-oct. : tlj. 8h30-18h45 ; nov.-mars : tlj. 8h30-17h*

Greniers à sel (plan 4, B2) Aux XVIe et XVIIe siècles, les lointaines pêches à la morue entraînant le développement du commerce du sel, le besoin d'entrepôts se fit ressentir. On construisit donc en 1670 trois bâtiments capables de contenir au moins 10 000t de sel. Les deux qui ont subsisté dévoilent au public leurs charpentes en chêne rappelant la coque d'un bateau lors d'expositions, de concerts ou de manifestations (Festival de jazz, d'humour "Estuaire d'en rire"...). *Rue de la Ville*

☺ **Musée du Vieux-Honfleur (plan 4, B2)** Il comprend deux parties distinctes, logées l'une en face de l'autre dans deux bâtiments historiques. Les collections du **musée de la Marine** réunies sous les voûtes de l'église Saint-Étienne, la plus ancienne de la ville (1329), reflètent le riche passé maritime du port. On y trouve des maquettes – frégates militaires du XVIIIe siècle, goélettes et trois-mâts de commerce, crevettiers de pêche –, les bustes et les portraits d'illustres navigateurs – le corsaire Jean-François Doublet (1656-1728), le capitaine de vaisseau Paul-Pierre Motard (1655-1728) – et de l'artisanat marin en bouteille confectionné pendant les mois passés en mer. À leur retour de Terre-Neuve, les capitaines morutiers portaient le pain bénit à l'église

Plan 4 Honfleur

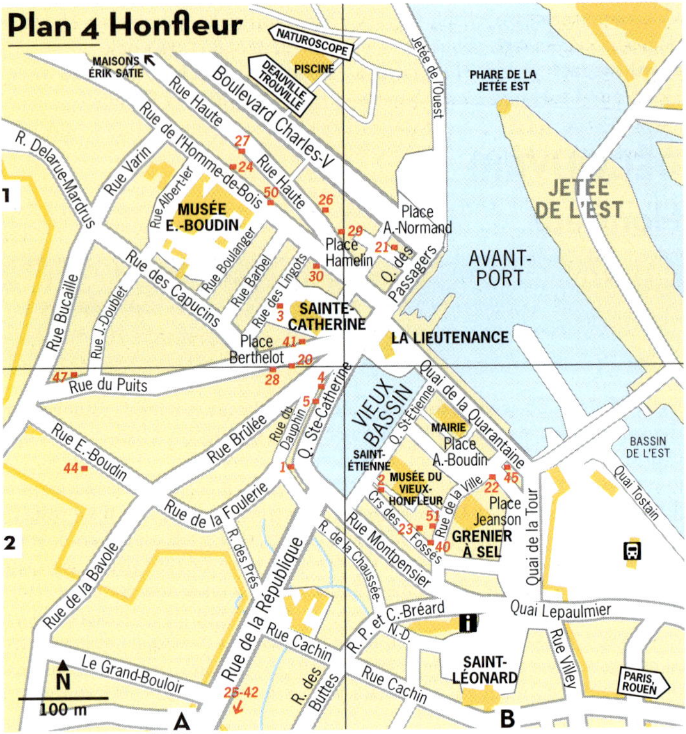

Cafés, bars et lieux de sortie (n°1 à 5)

L'Albatros* — **4** A2
La Petite Chine* — **1** A2
Le Perroquet vert* — **5** A2
Le Week-End* — **2** B2
Les Maisons de Léa* — **3** A1

Restauration (n°20 à 30)

Au bouillon normand — **22** B2
Au Galetas* — **21** B1
Au p'tit mareyeur — **26** A1
Bistro des Artistes — **20** A1
Entre terre et mer — **29** A1-B1
Ex-Voto — **25** A2
L'Atelier* — **23** B2
L'Homme de bois — **24** A1
La Fleur de sel — **27** A1
Le Bréard — **28** A2
Sa.Qua.Na — **30** A1

Hébergement (n°40 à 47)

Castel Albertine — **42** A2
Chambre d'hôtes La Cour Sainte-Catherine — **47** A2
Hôtel du Dauphin — **41** A1
L'Absinthe — **45** B2
L'Écrin — **44** A2
Les Cascades — **40** B2

Shopping (n°50 et 51)

Gribouille* — **50** A1
La Normandie de Marianne* — **51** B2

*À RETROUVER DANS LA PARTIE DÉCOUVRIR

dans la civière du XVIIIe siècle exposée dans la nef. À quelques mètres de là, l'ancienne prison des seigneurs de Rocheville, une authentique propriété du XVIe siècle, abrite le **musée d'Ethnographie et d'Art populaire**. Après avoir frissonné dans les anciens cachots, vous verrez dans les étages des intérieurs reconstitués avec mobilier normand et costumes du XVIIIe-XIXe siècle : lit clos, vêtements de travail, peigne, baignoire en cuivre… un véritable voyage social, allant de la vie quotidienne d'un marin dans sa demeure à celle d'un bourgeois aisé. *Ouvert mi-fév.-mars, oct.-nov. : mar.-ven. 14h30-17h30, sam.-dim. 10h-12h et 14h30-17h30 ; avr.-sept. : mar.-dim. 10h-12h et 14h-18h30 Fermé déc.-mi-fév., 1er mai et 14 juil. Tarif 3,80€ (1 musée)/5€ (2 musées), étudiant et plus de 10 ans 2,60€/3,50€ Pass'Musées (avec musée Eugène-Boudin et Maisons Satie) Tarif 10€, enfant 7€* **Musée de la Marine** *Quai Saint-Étienne* **Musée d'Ethnographie et d'Art populaire** *Rue de la Prison*

☆☺ **Vieux-Bassin (plan 4, B2)** Le premier port de Honfleur fut et reste le centre de gravité de la ville. Là convergent les plaisanciers, les yachts et les voiliers. Au sud, le quai Saint-Étienne précède le quartier de l'Enclos, qui inclut la rue de la Ville et correspond à la cité d'origine. C'est autour de cet îlot de rues et du bassin que le roi Charles V fit ériger des remparts au XIVe siècle, pour protéger son port des Anglais. Fin XVIIe siècle, sous l'impulsion de Colbert, les remparts furent détruits et le Vieux-Bassin fut agrandi jusqu'au quai de Sainte-Catherine. La plupart des maisons étroites que l'on admire le long des quais datent de cette époque. D'autres furent bâties au XVIIIe siècle sur des lots de terrains vendus à 8,25m de largeur et compensent leur exiguïté par la hauteur.

Lieutenance (plan 4, B1) Ce corps de bastion en pierre et en brique (XVIe siècle), flanqué d'échauguettes, est le seul survivant des deux portes de la ville (celles de Caen et de Rouen). Au Moyen Âge, il commandait l'accès à un faubourg ouest. Dès 1684 et jusqu'à la Révolution, le lieutenant du roi résida dans le bâtiment surmontant le passage voûté, qui était alors bien plus important qu'aujourd'hui et doté d'un pont-levis à chaînes. Un quai remplace désormais la partie nord, et une plaque murale rappelle que l'armateur Samuel de Champlain partit de là pour la Nouvelle France vers 1607. Il y fonda Québec en 1608.

Pharmacie du Passocéan (plan 4, A1) Danger ! Le rire ne se guérit pas, il se transmet. Née au XVIIIe siècle, cette pharmacie dorlote la mémoire de deux ancêtres bouffons. Le premier, l'humoriste Alphonse Allais (1854-1905), mit au point une série de remèdes farces et attrapes, dont les boulettes pour constiper les mouches, ou l'amidon tricolore pour drapeaux les jours sans vent. Comme si cela n'avait pas suffi, le sérieux mais involontairement comique Paul Démarais (1872-1951) lui succéda. Politicien convaincu, il se porta candidat à la présidence de la République en 1939. Durant sa campagne, il distribua à la foule bonbons et billets de banque, et sa notoriété lui valut nombre de décorations pastiches. On lui doit le "Passocéan", médicament contre le mal de mer, qui donna son nom à l'établissement. À l'étage du magasin, le plus petit **musée** de France ($8m^2$!), aménagé en laboratoire à l'ancienne, expose des inventions d'Alphonse Allais, dont son trésor particulier composé d'une tasse chinoise pour empereur gaucher, d'un crâne de Voltaire à dix-sept ans et d'un vrai morceau de la fausse Croix de Jésus-Christ. À la fois conservateur, guide et préparateur, Jean-Yves Loriot organise fréquemment des manifestations "allaisiennes" en présence de célébrités du monde des arts et du spectacle. *4, pl. Hamelin Tél. 02 31 89 03 53 http://pharmaciepassocean.blogspot.fr Ouvert sur rdv*

☺ **Église et clocher Sainte-Catherine (plan 4, A1)** Classée monument historique en 1879, cette immense église en bois aux toits et aux murs en essence de châtaignier se distingue de ses consœurs : elle comprend deux nefs et vit séparée de son clocher, situé en face ! Au XVe siècle, après le départ des Anglais, on remplaça à la hâte l'édifice en pierre, qui avait été détruit, avec les moyens du bord : du bois, fourni par la proche forêt de Touques, et le savoir-faire des nombreux charpentiers de marine. Une première nef fut prête en 1460. Mais, avec l'essor démographique, il fallut en ajouter une seconde en 1496. Dénaturée au XIXe siècle par des enduits de plâtre et un portail néoclassique, l'église bénéficia de restaurations qui lui rendirent ses colombages et son portail d'origine. À la même époque, le clocher fut bâti à part, afin que ses bases en bois fussent assez solides pour supporter six cloches : une tour carrée sur des piliers forts, au-dessus de l'ancienne maison du sonneur, soutenue par des étais. Une annexe du musée Boudin y présente une collection d'objets religieux et des figures de poupe de vaisseaux du XVIIe siècle. *Place Sainte-Catherine* **Église** *Ouvert la journée* **Clocher** *Ouvert des Rameaux au 15 nov. aux mêmes horaires que le musée Eugène-Boudin Tarif 2€, gratuit sur présentation du billet du musée Eugène-Boudin*

☆☺ **Musée Eugène-Boudin (plan 4, A1)** Les peintres Louis-Alexandre Dubourg (1821-1891) et Eugène Boudin (1824-1898) voulaient sensibiliser les Honfleurais aux beaux-arts. Le musée qu'ils créèrent, en 1868, immortalise les études de paysages de leurs amis, leurs propres œuvres et celles de leurs prédécesseurs. Les deuxième et troisième étages sont consacrés aux expositions de tableaux, du XIXe siècle au XXe siècle : les romantiques, tel Paul Huet (1803-1869) et ses huiles tourmentées, la vague impressionniste autour d'Eugène Boudin – Claude Monet (1840-1926), Johan Barthold Jongkind (1819-1891) –, puis des artistes fauves comme Raoul Dufy (1877-1953). Le premier étage, lui, présente les collections ethnographiques de Désiré Louveau (1843-1913), un bienfaiteur de la peinture qui aida les artistes en achetant leurs toiles. Ce marchand avisé rassembla de précieux témoins de la Normandie au XIXe siècle : une multitude de coiffes – voir celle d'Avranches, en tulle brodé au bonnet boursouflé, dont les deux ailes s'ouvrent en papillon –, des poupées costumées, des blouses paysannes, des récipients de ferme – cuit-œuf, porte-repas, passoire à fromage… *Place Erik-Satie Tél. 02 31 89 54 00 Ouvert mi-mars-sept. : mer.-lun. 10h-12h et 14h-18h ; oct.-mi-mars : lun. et mer.-ven. 14h30-17h30, sam.-dim. 10h-12h et 14h30-17h30 Fermé jan.-mi-fév. et j. fér. Tarif selon saison 5,50-7€, réduit 4-5,50€, moins de 10 ans gratuit Pass'Musées (avec musée du Vieux-Honfleur et Maisons Satie) Tarif 10€, enfant 7€*

C'EST BEAU UNE VILLE LA NUIT

L'office de tourisme organise des visites historiques de 1h30 en nocturne, équipées d'une lampe-tempête, avec détour par les légendes honfleuraises.
Rens. à l'office de tourisme (p.190) Mai-mi-oct. : sam., rdv à l'OT

☺ **Maisons Satie (plan 4, A1)** Le compositeur Erik Satie (1866-1925) naquit dans l'une de ces maisons accolées, inaugurées en musée en 1998, lors de la Fête de la musique. Attachant et farfelu, il innova en introduisant, entre autres, la musique de film à l'époque du muet. Il influença le style expérimental et conceptuel, auquel il sert toujours de référence. Un parcours insolite, fait de mises en scène à son image, lui rend un hommage vibrant : muni d'un Portadap (écouteur infrarouge : le son se déplace avec le visiteur), vous écoutez "Satie" se vanter d'avoir été un cancre à l'école, un tic-tac de métronome, les rythmes d'une machine de bastringue, vous croisez un piano blanc jouant tout seul, et pénétrez dans une pièce sombre "plantée" de partitions. En fin de visite (1h env.), un film de 12min présente des extraits de ses spectacles, aussi décousus que le reste. *67, bd Charles-V et 88, rue Haute Tél. 02 31 89 11 11 Ouvert mai-sept. : mer.-lun. 10h-19h ; oct.-avr. : mer.-lun. 11h-18h Fermé jan.-mi-fév. Tarif 6€, enfant 4,50€, moins de 10 ans gratuit Pass'Musées (avec musée du Vieux-Honfleur et musée Eugène-Boudin) Tarif 10€, enfant 7€*

À TIRE D'AILE
Le Naturospace ? La serre est idéale pour les petits, qui découvriront les chrysalides, les chenilles et les centaines de papillons qui virevoltent dans l'air.

Naturospace (plan 4, A1) Pour sortir des frimas marins : une forêt tropicale humide dans l'une des plus grandes serres à papillons d'Europe, où poussent des fruits rares. Les quelque quatre-vingts espèces du monde entier y évoluent en liberté à une température de 28°C. Un bel hommage aux explorateurs honfleurais, qui dès le XVIe siècle rapportaient des curiosités de leurs voyages. *Prendre le boulevard Charles-V (dir. Deauville), arrivé au phare, tourner à droite Tél. 02 31 81 77 00 Ouvert fév.-mars, oct.-nov. : tlj. 10h-13h et 14h-17h30 ; avr.-juin, sept. : tlj. 10h30-13h et 14h-18h30 ; juil.-août : tlj. 9h30-18h30 Fermé déc.-jan. Tarif 8,30€, 3-14 ans 6,30€, famille (2 adultes et 3 enfants) 31,50€*

Où trouver des gourmandises normandes ?

☺ **La Normandie de Marianne (plan 4, B2 n°51)** Marianne propose 94 sortes de confitures faites à la ferme, en pot standard ou mini. Celles aux fruits (60% et aucun colorant) explorent la gamme des fruits rouges, le coing, la rhubarbe, la poire... Celles au lait nature sont succulentes et les gelées de pommes toutes originales. Goûtez par exemple celle à l'estragon. *22, rue de la Ville Tél. 02 31 89 96 30 Ouvert juil.-sept. : tlj. 9h-23h ; oct.-déc. et fév.-juin : tlj. 10h-20h Fermé en jan.*

☺ **Gribouille (plan 4, A1 n°50)** Pendant plus de vingt ans, un gourmet surnommé Gribouille a amoureusement déniché les délices de la Normandie entière. On trouve dans sa boutique, aujourd'hui tenue par sa fille, des sablés fabriqués dans une biscuiterie d'Asnelles, un pain d'épice de Saint-Sauveur, des caramels au beurre dans des boîtes de poche, des tripes en bocaux, une fameuse crème de pomme verte, et tous les cidres et calvados fermiers. Les novices en feront leur baptême de dégustation. *16, rue de l'Homme-de-Bois Tél. 02 31 89 29 54 Ouvert tlj. 9h30-13h et 14h-19h Fermé 3 sem. en jan.*

Où faire une pause gourmande ?

☺ **Au Galetas (plan 4, B1 n°21)** Un amour de petit resto niché près de la Lieutenance au coin d'une cour discrète. La joviale propriétaire concocte des douceurs à base de produits du marché : tartes aux légumes bio, assiette de saumon fumé et plat du jour (10-15€). Savourez le calme et le charme de l'endroit, en dégustant la farandole des desserts dans la salle cosy du 1er étage ou sur la terrasse. *8, place Hamelin (sous le porche au fond de la cour) Tél. 02 31 98 31 06 Ouvert avr.-juin et oct. : lun.-mer., ven.-dim. 10h30-19h30 ; juil.-sept. : tlj. 10h30-19h30 ; nov.-mars : lun., ven.-dim. 10h30-19h ; hors saison : repas sur réservation*

L'Atelier (plan 4, B2 n°23) Un peintre au regard doux a troqué ses pinceaux pour des cuillères en bois, et délaissé son chevalet pour les fourneaux de ce salon de thé-bistrot. Une adresse sympathique pour prendre l'apéro en compagnie de tableaux, au son de Nina Simone ou de Brassens. Vous goûterez la charcuterie italienne et les fromages normands (planches à 7 et 12€) blotti au fond d'un fauteuil moelleux ou installé autour d'une table, un verre de vin à la main et un sourire aux lèvres. Les gâteaux qui accompagnent le *tea time* sont faits maison. *15, cours des Fossés Tél. 02 31 89 33 66 Ouvert avr.-mi-oct. : mar.-mer. 12h-19h, jeu.-dim. 12h-22h ; nov.-mars : sam.-dim. 12h-22h*

● Où prendre un thé ?

La Petite Chine (plan 4, A2 n°1) Les thés, multiples, vous feront voyager dans toute l'Asie : Inde, Ceylan, Chine, Japon. Quelques savants mélanges, comme ceux au clou de girofle-noix de muscade, chocolat-menthe, ou encore le "Paul et Virginie" vanille-fraise-cerise. Plus grand qu'il n'y paraît, le salon abrite à l'étage une pièce tapissée de toile de Jouy idéale pour venir goûter nombreux. *14-16, rue du Dauphin Tél. 02 31 89 36 52 Ouvert lun., mer.-dim. 9h30-19h*

Les Maisons de Léa (plan 4, A1 n°3) Postée en face de l'église Sainte-Catherine, cette grande bâtisse couverte de lierre cache un hôtel 3 étoiles où les non-résidents peuvent se réfugier au calme et se lover dans un large fauteuil le temps d'un thé bio accompagné d'une assiette de mignardises (financiers, madeleines, cakes...), ou d'un scone agrémenté de crème et de confiture, voire d'un plateau de gourmandises à partager. *Pl. Sainte-Catherine Tél. 02 31 14 49 49 Ouvert tlj.*

● Où boire un verre ?

☺ **L'Albatros (plan 4, A2 n°4)** Tout incite à venir s'asseoir dans ce bar-glacier au bord du Vieux-Bassin. Vous n'y croiserez que des habitués, et parfois même un personnage de roman muni d'un chapeau et d'une pipe. Quand le temps se met au beau, la terrasse déploie ses parasols rouges devant les voiliers. Ne manquez pas alors le moment de l'apéritif, où le vin est à l'honneur ! Toujours sympathique, quelle que soit l'heure. *32, quai Sainte-Catherine Tél. 02 31 89 25 30 Ouvert tlj. 8h-2h*

Peintres à Honfleur : d'hier à aujourd'hui

Baignés par la lumière de l'estuaire, la ville et ses alentours ne pouvaient qu'inspirer la peinture de plein air. Dans les années 1820, une vague de "découvreurs de paysages" – Bonington, Paul Huet, Eugène Isabey – s'attela à l'étude des effets atmosphériques. Leurs élèves – Troyon, Daubigny – transmirent leur savoir à la génération suivante. Précurseur de l'impressionnisme, le jeune **Eugène Boudin**, qui en faisait partie, prodigua ses conseils à Claude Monet. Les ateliers se situaient à la ferme Saint-Simon, une propriété des environs devenue un hôtel de luxe. En dehors du musée des Beaux-Arts, des expositions temporaires et des galeries d'art, promenez-vous le long des quais du Vieux-Bassin (plan 4, B2) : des aquarellistes y plantent toujours leur chevalet.

Le Perroquet vert (plan 4, A2 n°5) En route pour l'Irlande ! Un pub convivial, et pourtant assez vaste pour prendre ses aises. La carte des boissons vous met le cœur en joie : rhum blanc ou brun, liqueurs et des bières de toutes les couleurs, certaines aux noms intrigants : "la Chouffe", "la Pécheresse" et "la bière du Démon". *52, quai Sainte-Catherine Tél. 02 31 89 14 19 Ouvert avr.-sept. : tlj. 8h-2h ; oct.-mars : tlj. 8h-1h*

Le Week-End (plan 4, B2 n°2) Le bar où les jeunes Honfleurais se donnent rendez-vous. La terrasse s'étale à un point stratégique pour recevoir un maximum de soleil. Plats bon marché, glaces, et cidres servis à la pression. *3, cours des Fossés Tél. 02 31 87 63 26 Ouvert tlj. 8h30-22h*

● Voguer sur le Vieux-Bassin

La Calypso Visite du port, de ses bassins et de la criée sur la *Calypso*. Ce canot de sauvetage peut contenir jusqu'à 60 personnes. Le commandant, Élise Roney, une Honfleuraise pure souche, agrémente la promenade de commentaires historiques. Départs quai de la Planchette tlj. d'avr. à sept. à 11h30, 11h45, 15h et 16h, durée 45min. *Tél. 06 71 64 50 46*

● Arpenter l'estuaire de la Seine en bateau

Des vedettes s'aventurent sur l'estuaire de la Seine jusqu'au pont de Normandie, qu'elles explorent de long en large.

Vedette *La Lieutenance* et *Évasion* Ces deux vedettes proposent des balades de 20km d'une durée de 1h30. Départ quai des Passagers (toutes les heures environ, de fév. à nov.) de 10h30 à 17h30 selon les marées *Tél. 02 31 89 21 10 ou 06 14 96 37 95 www.promenades-en-mer.com*

Vedette *Jolie France* Vous embarquerez sur la *Jolie France* pour une découverte de 1h30. Départ près du parking du Môle à 11h30, 14h30 et 16h30. *Tél. 06 71 64 50 46 www.promenade-en-bateau-honfleur.fr*

La Côte de Grâce

Chapelle Notre-Dame-de-Grâce Un duc de Normandie en péril, Robert le Magnifique, fit vœu, s'il échappait au naufrage, de bâtir un sanctuaire à la Vierge. Le premier édifice (1023) disparut dans un éboulement de la côte en 1538. Nous devons la chapelle actuelle et son élégant portail aux dons et à la volonté réunis des bourgeois de Honfleur, qui la firent reconstruire entre 1600 et 1615. De longue date, les marins y font pèlerinage et y déposent des navires ex-voto en signe de reconnaissance. En contrebas, on assiste au défilé de leurs bateaux lors du week-end de la Pentecôte. ***Équemauville*** *À 1,5km de Honfleur : suivre la rue des Capucins et la rue Delarue-Mardrus, puis prendre à gauche rue Charrière-de-Grâce et rue Notre-Dame-de-Grâce Ouvert la journée*

Mont-Joli Un éblouissant point de vue : au-dessus des toits de Honfleur et de son plan de rues irrégulières, vous apercevez la côte Vassale, la commune de La Rivière-Saint-Sauveur, et le pont de Normandie qui unit la Haute et la Basse-Normandie. Enfouie sous la végétation, la rampe du Mont-Joli – sentier de 2km en épingle à cheveux – permet de regagner le centre-ville à pied. *À 500m de la chapelle Notre-Dame-de-Grâce par la petite route qui part à gauche*

PROMENADE BUCOLIQUE

Une colline haute de 90m au-dessus de Honfleur offre de magnifiques panoramas sur l'estuaire de la Seine et une route borde le front de mer en direction de la commune de Villerville-sur-Mer. Charmante balade vers le Mont-Joli à partir de la chapelle Notre-Dame-de-Grâce. ☺ **Plateau de Grâce** *À 2km de Honfleur*

Cricquebœuf Ce hameau aux maisons disséminées recèle un étonnant patrimoine. L'église Saint-Martin, dite "chapelle aux Lierres", date du XIIe siècle et domine un étang. Mutilée de deux travées, elle a conservé trois corbeaux sculptés sur son portail. À gauche de l'édifice, en montant sur le chemin du Petit-Paris, un autre sentier étroit mène à l'ancien lavoir communal (1902), fleuri au printemps. *À 8km au sud-ouest de Honfleur par la D513*

Villerville-sur-Mer Cette station balnéaire fréquentée depuis 1850 a conservé sa taille modeste et une ambiance familiale. Des rues en pente descendent jusqu'aux falaises, dominant les plages. Malgré leur air tranquille, elles se prêtent volontiers à des fêtes l'été et à une brocante (broc'ville, le 2e samedi du mois de mai à août). De nombreux artistes y ont résidé, dont le compositeur Gabriel Fauré (1845-1924), qui dédia à la ville une messe aux pêcheurs. Les villas, classiques, se contentent de rester élégantes, avec leurs colombages dépouillés. Hélas ! des chutes de terrain ont eu raison de certaines, trop à pic, comme celle de la danseuse Mistinguett. L'église du XIIe siècle au clocher de pierre abrite une célèbre *Vierge à l'Enfant* du XIVe siècle en bois polychrome : remarquez ses mains disproportionnées sur un buste menu. *À 9,5km au sud-ouest de Honfleur par la D513*

Où acheter du cidre ?

Manoir d'Apreval Un magnifique domaine planté de dix-sept variétés de pommiers. Fabriqués sur place : cidre, poiré, vinaigre de cidre, prune, jus de pomme, pommeau et calvados AOC. La cidrerie se visite en saison. Tarif 4,20€, enfant gratuit. Durée 1h (avec dégustation). ***Pennedepie** (5km au sud-ouest de Honfleur) Tél. 02 31 14 88 24 www.apreval.com Ouvert fév.-nov. : tlj. 10h-12h30 et 14h-18h Visites guidées mi-juil.-août : lun.-mar., ven.-dim. 10h30 et 15h30*

Où s'attabler dans un bar mythique ?

☺ **Le Cabaret normand** À première vue, cet établissement s'affiche comme un discret bar de village. C'est pourtant sa devanture qui servit de décor au célèbre film *Un singe en hiver*, sorti en 1962 avec un duo de choc : Jean Gabin et Jean-Paul Belmondo. L'actuel propriétaire, un ancien architecte, a conservé le café tel qu'il était dans les années 1960 avec ses banquettes rouges et ses rideaux opalescents. Plats sans fioritures, en-cas, tourtes et crumbles, tout est simple, bon, et pensé dans les moindres détails, y compris la musique langoureuse. Comptez 15-20€ pour un repas. À quelques mètres de là, la maison propose deux confortables chambres d'hôtes (double 65 et 85€, petit déj. inclus). *Rue Daubigny **Villerville** (9,5km au sud-est de Honfleur par la D513) Tél. 02 31 87 20 57 Ouvert juil.-août et vac. scol. : lun. midi et soir, mar. midi, jeu.-dim. midi et soir ; hors saison : sam. et dim. midi*

Aller à la plage Deux plages à **Villerville**, un peu vaseuses mais non sans charme : une à hauteur du parc des Graves, une autre près du village, sous des falaises, où l'on trouvera des rochers à moules. *À 9,5km au sud-ouest de Honfleur par la D513*

Pratiquer l'équitation
Centre équestre du Ramier Cours, promenades dans la campagne et concours. Comptez 16-18€ pour un cours de 1h et 25€ pour une promenade. *Ferme du Ramier* ***Équemauville*** *(3,5km au sud de Honfleur) Tél. 02 31 89 49 97 ou 06 60 15 42 28*

CARNET D'ADRESSES

Restauration

petits prix

Ex-Voto (plan 4, A2 n°25) Un bistrot comme on les aime, avec quelques tables jetées près du comptoir, les habitués qui papotent, les petits pois qu'on écosse et les plats du jour pour les nostalgiques des repas chez mamie. Produits simples et frais servis par Patricia, patronne au grand cœur, qui loue également quelques chambres. Plat du jour à 7,50€. *8, pl. Albert-Sorel* ***Honfleur*** *Tél. 02 31 89 19 69 Ouvert juin-sept. : tlj. 8h-20h ; oct.-mai : jeu.-mar. 8h-19h30*

prix moyens

Au bouillon normand (plan 4, B2 n°22) Un bistrot vraiment bon enfant. Le brouhaha y retentit sous une galerie de photos, tandis que le terroir s'exprime : craquant au camembert, marmite de poissons, parmentier de canard, fruit rôti au beurre de caramel. Ce serait un péché que de ne pas ouvrir une bouteille ! Menus seulement, de 19,50 à 28€. *7, rue de la Ville* ***Honfleur*** *Tél. 02 31 89 02 41 Ouvert juin-sept. : tlj. 12h-14h et 19h-21h30 ; oct.-mai : ven.-mar. 12h-14h et 19h-21h oct.-mai : lun.-mar., jeu.-dim. 12h-14h et 19h-21h*

☺ **L'Homme de bois (plan 4, A1 n°24)** Caché sous le lierre d'une vieille rue, il excelle dans les poissons cuisinés et propose un joli choix d'huîtres de Saint-Vaast. Bien qu'il y ait foule en continu, on vous trouvera toujours une place dans l'une des salles superposées au bois apparent. Trônant sur leurs plateaux, dorade ou bar grillé, canard au poivre, et de splendides desserts défilent au-dessus des têtes au son d'une musique entraînante. Menus à 21, 24 et 32€. *30, rue de*

Et aussi...

Bars, salons de thé
La Petite Chine ____ 196
Les Maisons de Léa ____ 196
L'Albatros ____ 196
Le Perroquet vert ____ 197
Le Week-End ____ 197
Le Cabaret normand ____ 198

Sur le pouce
Au Galetas ____ 195
L'Atelier ____ 196

Shopping
La Normandie de Marianne ____ 195
Gribouille ____ 195
Manoir d'Apreval ____ 198

l'Homme-de-Bois **Honfleur** *Tél. 02 31 89 75 27 Ouvert tlj. 12h-14h et 19h-22h*

prix élevés

Bistro des Artistes (plan 4, A1 n°20) On peut manger, boire et s'attabler à toute heure dans ce bistrot de poche, qui bénéficie d'une vue imprenable sur le Vieux-Bassin. Aussi bien le pain que le saumon mariné, tout est fait maison et s'accompagne d'une salade fraîche. L'après-midi, l'endroit fait salon de thé, avec des pâtisseries également préparées sur place. Comptez 26-28€ pour un plat et un verre de vin. Service rapide. *30, pl. Berthelot* **Honfleur** *Tél. 02 31 89 95 90 Ouvert juil.-sept. : tlj. 12h-15h30 et 19h-22h ; oct.-juin : ven.-mar. 12h-15h30 et 19h-22h*

Au p'tit mareyeur (plan 4, A1 n°26) Petit et très convoité, à juste titre : les prix ne sont pas à la hauteur de la cuisine réjouissante de Julien Domin ni du service, digne d'un haut de gamme. Essentiellement du poisson à la carte, préparé au beurre ou à la vapeur de sel, mais aussi un feuilleté d'escargots et une tarte aux pommes caramélisées. Goûtez la bouillabaisse honfleuraise, la spécialité de la maison. Le tout débute par des mises en bouche, et s'achève sur une mignardise. Pensez à réserver. Menu de 28€ (midi) à 35€. *4, rue Haute* **Honfleur** *Tél. 02 31 98 84 23 www.auptitmareyeur.fr Ouvert mer.-dim. 12h-13h30 et 19h-22h Fermé en jan.*

La Fleur de sel (plan 4, A1 n°27) C'est avec respect que l'on pénètre dans la salle, chic et décorée de natures mortes. Gastronomie raffinée, avec autant de viandes que de poissons : foie gras et son chutney pomme-abricot, filet de bœuf aux copeaux de pommes de terre, et, en dessert, un croquant façon tarte citron. Menus de 29 à 59€. *17, rue Haute* **Honfleur** *Tél. 02 31 89 01 92 Ouvert lun., jeu.-dim. 12h15-13h30 et 19h15-21h30 Fermé en jan.*

prix très élevés

☺ **Le Bréard (plan 4, A2 n°28)** Des mélis-mélos froid-chaud et croquant-fondant, où se glissent quelques épices pour un feu d'artifice lancé sans stress par Fabrice Sébire, magicien en coulisse. La carte, fine et fraîche, est renouvelée régulièrement, mais, avec un peu de chance, vous croiserez les huîtres pochées et la déclinaison autour du chocolat. En dessert, une armée de serveurs jongle avec les assiettes, où les boules de glace de moutarde à l'ancienne jouent les équilibristes avec les tuiles de sésame et les émulsions de pomme-calvados. Le premier menu à 31€ est un régal, tout comme celui à 45€. *7, rue du Puits* **Honfleur** *Tél. 02 31 89 53 40 www.restaurant-lebreard.com Ouvert mi-sept-mi-juil. : mer. soir, jeu.-dim. midi et soir ; mi-juil.-mi-sept. : mar. soir, mer.-dim. midi et soir Fermé 2 sem. en jan.*

Entre terre et mer (plan 4, A1-B1 n°29) "Peut-être Terre... ou Mer ?" suggère un menu à la réputation incontestée. La cuisine, créative, s'essaie sans cesse à des œuvres innovantes. Même à ses quelques recettes traditionnelles – ris de veau, foie gras poêlé... –, elle n'épargne pas les nouvelles sauces. Le dessert fétiche, à base de pommes tatin, varie selon l'inspiration du chef (sésame, mascarpone, caramel aux épices...). Autre invention : un pressé de pont-l'évêque travaillé avec du beurre, des pignons, des baies roses et des fines herbes. Comptez 55€ à la carte. Menus de 28 à 55€. *12-14, pl. Hamelin* **Honfleur** *Tél. 02 31 89 70 60* *www.entreterreetmer-honfleur.com Ouvert tlj. 12h-14h et 19h-22h Fermé début jan.-mi-fév.*

☺ **Sa.Qua.Na (plan 4, A1 n°30)** Pour un dîner gastronomique, faites escale dans ce restaurant salué par de nombreux critiques. À la carte, vous trouverez peut-être une lotte pochée au citron vert, livèche et coriandre accompagnée d'un bouillon clair à la noix de coco et huile de combava, suivie en dessert d'une coque de matcha et cacao, servie avec un sorbet yuzu, mandarine, mousse caramel et éclats de meringue... Menus de 68 à 108€. *22, pl. Hamelin* ***Honfleur*** *Tél. 02 31 89 40 80 www.alexandre-bourdas.com Ouvert jeu.-dim. midi et soir*

Dans les environs

prix moyens

Moulin Saint-Georges Les auberges de village ont depuis belle lurette presque toutes disparues, aussi faut-il se précipiter dans cette chaumière du XIXe siècle pour faire bombance. On y goûte une cuisine normande, où le gingembre s'invite parfois: foie gras maison, pièces de bœuf du boucher, légumes en délicate purée. N'oubliez pas de faire un détour au comptoir pour prendre un dernier verre avec le patron et commenter ses menus à 19 et 32€. Accueil chaleureux. ***Pennedepie*** *(6km à l'ouest de Honfleur par la D513) Tél. 02 31 81 48 48 Ouvert mar. soir, mer.-sam. midi et soir, dim. midi Fermé en jan.*

Hébergement

Pour loger dans le centre-ville même, prévoyez un budget assez conséquent. Les prix descendent rarement au-dessous de 60-70€ la nuit, attrait touristique oblige.

prix élevés

Les Cascades (plan 4, B2 n°40) Ici, vous aurez le Vieux Honfleur historique à portée de main. Certes, quelques pièces sont sombres, sans télévision, et les escaliers, de vrais labyrinthes pour les nouveaux arrivants. Mais la plupart des 17 chambres offrent lumière et couleurs vives. Double de 65 à 80€, petit déj. 8€. *17, pl. Thiers* ***Honfleur*** *Tél. 02 31 89 05 83 www.lescascades.com Fermé nov.-fév.*

☺ **Hôtel du Dauphin (plan 4, A1 n°41)** Un charmant 2-étoiles dans une demeure du XVIIe siècle ancrée entre deux rues étroites. Les 34 chambres aux tons marins, fleuries aux fenêtres, ont vue sur les toits et le clocher de Sainte-Catherine. Baignoire ou douche selon les chambres. Double de 73 à 102€, petit déj. 12,90€. Accès wifi gratuit. Équipe souriante. *10, pl. Pierre-Berthelot* ***Honfleur*** *Tél. 02 31 89 15 53 www.hoteldudauphin.com*

Chambre d'hôtes La Cerisaie (hors plan 4 par B1) Le vent caresse les fleurs du jardin et apporte les embruns du large jusqu'aux fenêtres de la maison située face à la mer. Des 4 chambres

GAMME DE PRIX	RESTAURATION	HÉBERGEMENT
Très petits prix	moins de 10€	moins de 40€
Petits prix	de 10 à 15€	de 40 à 60€
Prix moyens	de 15 à 25€	de 60 à 85€
Prix élevés	de 25 à 40€	de 85 à 120€
Prix très élevés	plus de 40€	plus de 120€

lumineuses, la vue est superbe, notamment du balcon du "Phare", une mansarde d'où l'on embrasse l'horizon. Décoration discrète, tout comme la charmante hôtesse, qui prépare un petit déjeuner revigorant. Double de 70 à 95€, suite familiale à 120€. *Route de Trouville* ***Honfleur*** *(sortie de la ville, dir. Deauville) Tél. 06 64 88 86 76 www.honfleur-sejours.com*

prix très élevés

Castel Albertine (plan 4, A2 n°42) L'historien et académicien Albert Sorel (1842-1905) a résidé dans cette maison de maître. En sa mémoire, l'hôtel qui s'y trouve aujourd'hui cultive un style nostalgique du XIXe siècle : les vastes chambres couleur vieux rose ont leur cachet, la salle à manger donne sur un parc sans fin (avec une aire de jeux pour les enfants), où l'on perd la notion du temps confortablement assis sur des chaises longues. Double de 85 à 99€, petit déj. 10€. *19, cours Albert-Manuel* ***Honfleur*** *Tél. 02 31 98 85 56 www.honfleurhotels.com*

Chambre d'hôtes La Cour Sainte-Catherine (plan 4, A2 n°47) Les chaleureux propriétaires ont transformé un ancien couvent en un espace contemporain, de style loft : poutres apparentes, lits *king size*, salles de bains modernes, aquarelles et lumières tamisées. Une avalanche de charme dans les chambres... et dans l'ancien pressoir, où l'on prend le petit déjeuner. Le jardin fleuri, ode à la sérénité, invite à se détendre après une journée découverte de Honfleur ou des environs (bons conseils touristiques sur la région). Double de 90 à 110€. *74, rue du Puits* ***Honfleur*** *Tél. 02 31 89 42 40 www.coursaintecatherine.com Ouvert toute l'année*

L'Écrin (plan 4, A2 n°44) La vie d'un châtelain sans sortir de la ville ! Un portail clôt cette maison bourgeoise. Les salles, y compris la réception, abondent de dorures et de sculptures (presque trop). Au-delà d'un escalier au tapis épais, une trentaine de chambres donnent sur un jardin luxuriant ou sur la piscine extérieure chauffée. Au rez-de-chaussée, la véranda des petits déjeuners (11€) croule sous la verdure. De 120 à 250€ la double. *19, rue Eugène-Boudin* ***Honfleur*** *Tél. 02 31 14 43 45 www.honfleur.com*

☺ **L'Absinthe (plan 4, B2 n°45)** Un ancien presbytère du XVIe siècle admirablement rénové. Les pans de bois jaillissent sous les plafonds bas dans un cadre épuré, de petites lucarnes dégagent des lumières douces, on

Passer la nuit dans une roulotte

Domaine des 4 saisons (hors plan 4 par B2) La roulotte Mam'zelle Bonaventure, postée sur les hauteurs de Honfleur, est un paradis pour les amoureux de la nature, et un miracle pour les sédentaires qui veulent se mettre au vert. Fraîche et confortable, elle dispose d'un coin cuisine, d'une terrasse et d'un jardin privé. Avis aux amoureux... Nuit à 99€, petit déjeuner en kit compris. Également un kota finlandais, chalet manquant d'authenticité, au fond du jardin (nuit à 89€). *Chemin du Petit-Saint-Pierre* ***Honfleur*** *Tél. 02 31 87 23 53 www.domaine-des-quatre-saisons.fr*

marche sur des tomettes en terre cuite. Baignoires à bulles dans des salles de bains décorées de carreaux-miroirs. Télévisions à écran plat. De fait, il est indispensable de réserver au moins trois semaines à l'avance. Double de 130 à 255€, petit déj. 13€. *1, rue de la Ville* ***Honfleur*** *Tél. 02 31 89 23 23 www.absinthe.fr*

Dans les environs

camping

☺ **Domaine La Catinière** Un camping 3 étoiles dans une vallée profonde au bord de la rivière. Pas de tapage touristique, ni de grand-route indésirable : les tentes voisinent avec des champs et une vieille ferme à flanc de coteau. Une petite chaumière à colombages avec une chambre et une kitchenette se loue à la semaine. Attention, elle est prise d'assaut. Bon équipement et piscine chauffée. Tente de 16 à 26€/j., chaumière ou mobile home de 320 à 660€/sem. *Hameau Route de Honfleur Riquebec* ***Fiquefleur-Equainville*** *(6km au sud-est de Honfleur par la D580) Tél. 02 32 57 63 51 www.camping-catiniere.com Ouvert avr.-sept.*

prix moyens

☺ **Villa des rosiers** Plages à proximité, calme garanti et gentillesse de l'accueil dans ce petit cottage anglais. Le matin, la maîtresse de maison dépose d'appétissantes douceurs sur la table du petit déjeuner, que l'on prend à proximité d'un bow-window pour profiter du jardin sauvage. Cinq chambres dans des tons pâles, et de bons conseils pour visiter la région. Double de 60 à 65€. ***Cricqueboeuf*** *(8km au sud-ouest de Honfleur) Sur la D513 à côté de la mairie Tél. 02 31 98 25 22 villa.rosiers@orange.fr*

prix élevés

Ferme de la grande cour Une ferme-auberge aux barrières de haras et 15 chambres tapissées de papier à fleurs avec rideaux assortis. Celles du bâtiment principal ont été rénovées. Double de 65 à 85€, de 130 à 170€ en demi-pension (obligatoire le week-end). Le restaurant champêtre sert une cuisine du terroir mijotée et de nombreux produits maison. Plat autour de 15€. Menus de 20 à 49€. *Côte de Grâce* ***Honfleur*** *À côté de Notre-Dame-de-Grâce (1,5km à l'ouest de Honfleur par la D513) Tél. 02 31 89 04 69 www.fermedelagrandecour.com*

prix très élevés

Chambre d'hôtes La Cour de Bas Les cocottes humoristiques créées par Huguette, propriétaire de lieux, font des clins d'œil aux hôtes de ce pressoir du XVIIe siècle. Les 3 chambres, confortables et spacieuses, invitent au voyage en Orient (duplex mansardé), en Asie (pierres apparentes et baignoire balnéo) et en Afrique (avec une atypique salle de bains). Le charme opère également dans le jardin, où murmure une fontaine et où chantent les oiseaux le matin. Accueil souriant. Double de 75 à 105€. *Chemin de la Moulière* ***Barneville-la-Bertran*** *(5km au sud-ouest de Honfleur par la D62 puis la D279, tourner à droite après l'église) Tél. 02 31 89 03 64 www.cour2bas.com*

Le Bellevue Superbement située, cette résidence largement centenaire dominant mer et plage trône parmi les villas patriciennes de Villerville. Des vingt-six chambres (99-125€) et trois suites (169-189€) avec baignoire ancienne ou moderne, les plus chères jouissent d'un balcon-terrasse et d'un beau panorama. Le restaurant chic du rez-de-chaussée attire les foules (env. 40€). *7, allée du Jardin-Madame Route de Honfleur* **Villerville** *(9,5km au sud-est de Honfleur par la D513) Tél. 02 31 87 20 22 www.bellevue-hotel.fr Fermé en jan.*

PONT-L'ÉVÊQUE

14130

Située entre la vallée de la Touques et le pays d'Auge, Pont-l'Évêque est environnée de douces plaines et de domaines gourmands, où les amoureux de produits du terroir croisent les amateurs de châteaux et manoirs. Fief du célèbre fromage, classé AOC depuis 1973, elle tirerait son nom d'un pont bâti sur la Touques par un évêque. Flaubert enfant déambulait dans la "ville-rue", un axe unique bordé de précieuses maisons à colombages d'époque Renaissance. Peut-être croiserez-vous son fantôme à l'ombre de l'église Saint-Michel, bijou du gothique flamboyant et fierté des Épiscopiens.

MODE D'EMPLOI

accès

EN VOITURE
Pont-l'Évêque, desservie par l'A13, se situe à 13km au sud de Deauville par la D677 et à 19km au nord de Lisieux par la D579.

EN CAR
Plusieurs liaisons quotidiennes avec Lisieux (lignes 50 et 51), Deauville (ligne 51), Honfleur (ligne 50) et Caen (ligne 36).
Bus verts du Calvados *Tél. 0810 214 214 www.busverts.fr*

informations touristiques

Office de tourisme de Pont-l'Évêque Une foule de documentation locale et les programmes des festivités. *16bis, pl. Jean-Bureau Tél. 02 31 64 12 77 www.blangy-pontleveque.com Ouvert lun.-sam. 10h-12h30 et 14h-18h (9h-18h30 en juil.-août), dim. (mai-sept.) 10h-13h*

Office de tourisme de Blangy-le-Château Annexe de l'office de Pont-l'Évêque. *(9,5km au sud-est de Pont-l'Évêque par la D286) Tél. 02 31 65 48 36 www.blangy-pontleveque.com Ouvert avr.-sept. : mer.-sam. 10h-12h30 et 14h-18h, dim. 10h-13h*

marchés et foires

Marché traditionnel Les producteurs de la région se rassemblent à Pont-l'Évêque autour de la place Foch. *Lun. matin*
Foire aux fromages de Pont-l'Évêque Deux jours de réjouissances sur la place du Marché. Les producteurs élisent le meilleur pont-l'évêque. *2e w.-e. de mai*
Marché campagnard à l'ancienne de Pont-l'Évêque Une remontée dans le temps ! Une vingtaine de stands artisanaux couvrent la place des Dominicaines, et chacun déguste : cidre, pommeau, calvados, charcuterie, camembert, confiture de lait…

Musique et danses paysannes avec groupe folklorique en costume. *Dim. de Pâques, Pentecôte et juil.-août 10h-13h*

fêtes et manifestations

Peintres au village Exposition à ciel ouvert de peintres amateurs et professionnels à Blangy-le-Château. *3e dim. de juillet*

Fête de la pomme Les producteurs des environs de Blangy-le-Château y exposent leurs produits cidricoles et leurs pommes fraîchement récoltées. *Fin oct.*

DÉCOUVRIR

Découvrir autrement Faites provision de fromage à l'Atelier fromager de Pont-l'Évêque, arpentez le pays d'Auge au volant d'une 2 CV, offrez-vous un kaléidoscope à Beaumont-en-Auge et dégustez le cidre du Gars normand à Blangy-le-Château

Pont-l'Évêque

Église Saint-Michel Le maître maçon Guillemot de Samaison, également auteur de l'église Saint-Jacques-de-Lisieux, a bâti cet édifice flamboyant entre 1483 et 1519. Observez les bas-côtés, aux pendentifs finement ciselés du XVIe siècle, et la tour carrée, flanquée de contreforts en saillie. Comme à Saint-Jacques, les bombardements de 1944 eurent raison des vitraux du XVIe siècle, remplacés en 1964 par ceux du maître verrier Chapuis. *Ouvert tlj., horaires variables*

Espace culturel des Dominicaines La place du Tribunal occupe l'emplacement d'un couvent partiellement rasé à la Révolution. La partie du bâtiment (XVIe s.) qui a survécu, dotée d'un étage en bois et d'un balcon en encorbellement, abrite un centre culturel. Une exposition permanente y présente les cou-

S'amuser au bord de l'eau

Lac de Pont-l'Évêque Ce lac qui s'étend en face de l'élégant château de Betteville offre de multiples activités nautiques à sensations fortes (scooter des mers, jet-ski) ou plus calmes (pédalo, canoë, baignade), et l'on peut s'adonner à proximité à des sports plus classiques comme le volley, le minigolf et la pétanque. De l'entrée, vous effectuez une agréable marche d'un bon kilomètre avant d'atteindre la plage. Au bord de l'eau, un restaurant-bar-brasserie : La Cidria. *À 1km au sud de Pont-l'Évêque, dir. Lisieux (D48)*

Base nautique *Tél. 02 31 64 31 31 www.lacdepontleveque.com Ouvert Pâques-Toussaint : sam.-dim. et j. fér. ; juil.-août : tlj.*

La Cidria Un bar-restaurant proposant en saison des animations en soirée. *Tél. 02 31 64 94 15 Ouvert mer.-dim. 10h-20h*

tumes et traditions de Pont-l'Évêque, tandis que la visite guidée de l'ancienne prison réserve quelques frissons (sur réservation uniquement). Un peu plus loin dans la rue de Vaucelles, l'élégant hôtel Montpensier (1624) mêle avec coquetterie la briquette de Saint-Jean, de couleur rose, à la pierre calcaire. Une légende veut que la duchesse de Montpensier y ait résidé, d'où son nom. *Place du Tribunal Tél. 02 31 64 89 33 lesdominicaines@pontleveque.fr Ouvert avr.-juin, sept. : mer.-dim. 10h30-12h30 et 14h30-18h ; juil.-août : tlj. 10h30-12h30 et 14h30-18h ; oct.-mi-déc., mi-fév.-mars : mer.-dim. 14h30-18h Tarif 3,20€, moins de 15 ans gratuit*

● Où remplir son panier pique-nique de fromage ?

L'Atelier fromager À Pont-l'Évêque, les fromages de ce nom pourraient remporter le prix d'excellence dans tous les magasins d'alimentation y compris le supermarché. La boutique de l'Atelier fromager, à l'entrée de la ville, garde son intégrité en proposant exclusivement la gamme normande : camembert, livarot, pont-l'évêque, pavé d'Auge et neufchâtel. *Parc d'activités de Launay (fléché dans Pont-l'Évêque) Tél. 02 31 64 61 96 Ouvert lun. et mer.-ven. 9h30-12h15 et 14h-18h, sam. 9h30-12h30*

● Visiter les chais et déguster cidre et calvados

Distillerie du Père Magloire Cette entreprise existe depuis 1821 et se spécialise dans les calvados de 4 à 20 ans d'âge. Le domaine manque de charme, mais la visite guidée a le mérite d'être très claire et de se clore sur la dégustation de doux calvados. *Route de Trouville Tél. 02 31 64 30 31 www.pere-magloire.com Visite Durée 45min Mai-sept. : à 10h30, 11h30, 14h30, 15h30, 16h30 et 17h30 ; avr., oct. : à 11h, 14h30, 15h30 et 16h30* **Boutique** *Ouvert avr.-oct. : tlj. 10h-12h30 et 14h-18h30 ; nov.-mars : lun.-ven. 10h-12h et 14h-17h30*

☺ **Domaine Cœur de Lion-Calvados Christian Drouin** Il fallait au moins cet ancien haras du XVIIe siècle pour abriter la distillerie artisanale de Christian Drouin et ses nombreuses productions : une trentaine de calvados millésimés, un pommeau, un poiré et plusieurs cidres. Les visites des chais de vieillissement, pressoirs et vieux alambics se terminent naturellement par un passage au comptoir par curiosité… ou par plaisir. *Route de Trouville* **Coudray-Rabut** *(RD677, 1km au nord de Pont-l'Évêque) Tél. 02 31 64 30 05 www.calvados-drouin.com Ouvert lun.-sam. 9h-12h et 14h-18h*

● Découvrir le pays d'Auge en 2 CV

Les Deudeuches à Eugène La formule clé-en-main est aussi simple que charmante : s'installer au volant d'une 2 CV (4 personnes maximum par véhicule) et faire une boucle d'une journée dans les environs de Pont-l'Évêque. Au programme : dégustation de cidre (dans des dés à coudre pour reprendre le volant ensuite), visite de manoirs, détours campagnards… Comptez 200€ la journée, assurances, essence et droits d'entrée compris. *Tél. 02 31 65 20 79 www.rallye2cv.com Ouvert toute l'année, sur réservation uniquement*

Les environs de Pont-l'Évêque

Manoir des Évêques Un domaine privé, classé monument historique. Deux manoirs du XVIe siècle à pans de bois et silex en damier se dressent sur le site d'une seigneurie épiscopale. Les évêques qui l'occupèrent du Xe au XVe siècle ne lui laissèrent guère que sa tour octogonale. La propriété fut par la suite reconstituée par un particulier. Intéressantes visites guidées d'une heure, incluant celle du pressoir, et de la salle où se prenaient les repas au Moyen Âge. ***Canapville*** *(5km au nord-ouest de Pont-l'Évêque par la N177) Tél. 02 31 65 24 75 www.manoirdeseveques.fr Ouvert juil.-août : lun., mer.-dim. 14h-19h Visite guidée Durée env. 45min Tarif 6€, moins de 12 ans gratuit*

Saint-Julien-sur-Calonne Un hameau de bout du monde auquel on accède par un chemin très ombragé. L'église, dont la tour carrée à ressauts domine les arbres, règne sur un ensemble à pans de bois formant une ferme-manoir. Elle est là depuis le XIe siècle ; autrefois puissante, elle rayonnait sur plusieurs paroisses. Le bâtiment reconstruit au XVIe siècle comporte entre autres un portail Renaissance et un chœur richement décoré. Sur le sommet d'une chapelle pointe un épi de faîtage en terre d'argile, caractéristique de l'artisanat du Pré d'Auge. ***Saint-Julien-sur-Calonne*** *(4km à l'est de Pont-l'Évêque)* **Église** *Pour visiter l'intérieur, s'adresser au presbytère Tél. 02 31 64 28 38*

☺ **Beaumont-en-Auge** Perchées sur un éperon à 90m, des maisons anciennes s'éparpillent autour de l'ancien prieuré bénédictin qui fit la renommée de ce bourg agricole. Fondé par le seigneur Robert Bertran en 1060, il connut un renouveau monastique après la réforme de saint Maur en 1660. Un collège de garçons l'occupa de 1733 à 1794, tenu par les pères jésuites, professeurs réputés. Le plus célèbre de leurs élèves, le mathématicien Pierre Simon de Laplace (1749-1827), se dresse en statue sur la place centrale devant sa maison natale. L'église, d'une nudité austère, comprend une tour romane presque invisible sous le clocher d'ardoise, un chœur et un transept du XIIIe siècle remodelés au XVIIe siècle. *À 7km à l'ouest de Pont-l'Évêque*

VEDETTE LOCALE
L'une des enfants de Saint-Hymer, la "**mère Denis**", connut une véritable notoriété dans les années 1980 avec une publicité pour lave-linge. Elle scandait, penchée sur un lavoir, avec son accent du terroir "Ch'est ben vrai, cha" ! Elle repose dans le cimetière du village.

Saint-Hymer Dans le creux d'une riante vallée qu'arrose l'Yvie, un minuscule village et son lavoir. Près du cimetière se tient le prieuré fondé par Henri de Montfort vers 1066. Après une période de déclin, l'abbé Henri de Roquette (1699-1789) y installa un foyer janséniste et fit reconstruire une partie des bâtiments. Le prieuré abrite aujourd'hui un établissement de soins et ne se visite pas. À ses côtés, l'église recèle dans la chapelle sud du transept des chapiteaux du XIIe siècle et un chœur gothique rayonnant du XIIIe siècle. Son clocher, bâti en 1665, copie trait pour trait celui de l'abbaye de Port-Royal-des-Champs, dissoute en 1709 par Louis XIV. *À 5,5km au sud-ouest de Pont-l'Évêque* **Église** *Tél. 02 31 64 00 84 Clé à la mairie*

Pierrefitte-en-Auge Ce village, qui domine la vallée de la Touques et ses toits de chaume, culmine à l'église Saint-Denis, qui date du XIIIe siècle. Outre sa nef et son chœur d'origine, l'édifice se distingue pour ses voûtes peintes en bois de châtaignier : ciels étoilés, guirlandes baroques, médaillons ornés

BOUTIQUE DU CHÂTEAU

Après vous être régalé les yeux devant le château, une dégustation (4,50€) s'impose dans la boutique du domaine. Une bonne entrée en matière avant de faire provision, si le cœur vous en dit. Cidre, calvados jusqu'à 15 ans d'âge, vieille prune, liqueur de calvados. **Château du Breuil-en-Auge** *Le Breuil-en-Auge Ouvert oct.-mai : tlj. 9h-12h et 14h-18h ; juin-sept. : tlj. 9h-18h30*

d'anges, de saints et de personnages bibliques. Des moines italiens, exilés dans le pays au XVIIe siècle, en seraient les auteurs. *À 5km au sud-est de Pont-l'Évêque* **Église** *Tél. 02 31 64 09 31 Clé à l'auberge des Deux Tonneaux*

☺ **Château du Breuil-en-Auge** Classé monument historique, il se cache au fond d'un parc d'arbres centenaires où se niche une distillerie du XVIIIe siècle abritant un alambic moderne, une orangerie du XVIIe siècle, contenant des chais, et un lac artificiel. Le château n'est pas ouvert à la visite, mais vous pourrez flânez dans le parc, entre les vestiges d'un pont-levis et de deux tours en poutres de chêne et tuileaux montés en arête de poisson. ***Le Breuil-en-Auge*** *(8,5km au sud de Pont-l'Évêque) Tél. 02 31 65 60 00 www.chateau-breuil.fr Ouvert oct.-mai : tlj. 9h-12h et 14h-18h ; juin-sept. : tlj. 9h-18h30 Entrée libre*

● Où voir la vie en couleurs ?

☺ **Après la pluie** On franchit la porte de ce cabinet de curiosités comme Alice traverse le miroir pour une plongée irrésistible dans le monde de l'enfance. Ce magasin d'antiquités, tenu par Dominic Stora, regorge d'objets loufoques et de livres anciens, mais c'est pour ses kaléidoscopes faits main que l'on vient de loin. Ce passionné passe de longues heures à positionner les miroirs dans les tubes, et on lui rend hommage en faisant tourner ces appareils poétiques, qui colorent le monde et célèbrent l'éphémère. Comptez entre 20 et 39€ pour un petit modèle, de 100 à 150€ pour un kaléidoscope en métal peint à la main. *3, rue de la Libération* ***Beaumont-en-Auge*** *(7km à l'ouest de Pont-l'Évêque) Tél. 02 31 65 13 20 apreslapluie@orange.fr Ouvert oct.-juin : sam.-dim. et vac. scol. 10h-13h et 15h-19h ; juil.-sept. : tlj. 10h-13h et 15h-19h*

● Où faire provision de fromages ?

Fromagerie de Maître Pennec Le plus inventif des fromagers hante les marchés de la Côte fleurie. Ici trône sa gamme complète aux noms burlesques – "la Pucelle", "le Puant Normand", "l'Extase", "le Baiser de Feu"… – par ordre croissant, des plus doux aux plus relevés, vendus à la coupe ou à la pièce. ***Saint-Benoît-d'Hébertot*** *(7,5km au nord-est de Pont-l'Évêque) Tél. 02 31 64 39 49 Ouvert juil.-août : tlj. 9h-17h30 ; sept.-juin : lun.-ven. 9h-17h30, sam. 14h-17h30*

● Où dénicher une douceur chocolatée ?

☺ **Chocolaterie Bradfer** Dans une maison d'angle du XVIIe siècle, Patrick Bradfer donne furieusement envie de tomber sur la fève : ses plaques de chocolat noir, où l'amertume fait d'aériennes apparitions, sont un délice de finesse. Cet artiste, qui manie l'art du cacao aussi bien que les mots, sert oranges confites, pralines et confitures avec une charmante bonhomie. 1, rue de la Libération ***Beaumont-en-Auge*** *(7km à l'ouest de Pont-l'Évêque) Tél. 02 31 64 67 66 Horaires variables, se renseigner*

Où faire une pause gourmande ?

Café des Arts Vivement qu'il pleuve que l'on profite de la chaleur de ce salon de thé : meubles chinés, terrasse chauffée et plaids à disposition. On déguste selon l'heure et l'envie du foie gras, une tarte aux fruits ou un plat du jour copieux (env. 25€ à la carte). Sur les tables sont disposés des bouquets de fleurs aussi fraîches que les produits proposés. *Place de Verdun* ***Beaumont-en-Auge*** *(7km à l'ouest de Pont-l'Évêque) Tél. 02 31 64 81 70 Ouvert lun. et mer. midi, jeu.-dim. midi et soir*

Auberge du prieuré de Saint-Hymer Un délicieux moyen de s'attarder devant un cours d'eau : l'auberge sert entre 14 et 18h des assiettes de cochonnailles ou de fromages, omelettes, foie gras, crèmes brûlées, tartes aux pommes, crêpes et boissons sans alcool. En-cas de 5 à 12€. Déjeuner et dîner avec des menus traditionnels (entre 19,90 et 27,50€). ***Saint-Hymer*** *(6,5km au sud de Pont-l'Évêque) Tél. 02 31 64 07 82 Ouvert mar.-dim. 12h-14h et 19h30-22h*

Faire un golf

Golf Barrière de Saint-Julien En pleine campagne, un golf de 9 et 18 trous. Parcours 18 trous : 55€ en semaine et 60€ le week-end. ***Saint-Julien-sur-Calonne*** *(à 1,4km du village, dir. La Briqueterie) Tél. 02 31 64 30 30 www.lucienbarriere.com Ouvert juil.-sept. : tlj. 8h-20h ; oct.-nov. : tlj. 8h30-17h30 ; déc.-mars : tlj. 9h-17h ; avr.-juin : tlj. 8h30-19h30*

CARNET D'ADRESSES

Restauration

prix moyens

Le Vaucelles La gentillesse du patron n'est pas étrangère au fait que l'auberge soit autant chérie par les habitants de la ville. Chacun aime venir discuter dans cette salle de café rétro, et goûter l'un des plats suggérés : feuilleté de foies de volaille sauce au miel, matelote de poissons, bavette à la moutarde... l'ardoise change sans cesse. Assiettes copieuses, cuisine bon marché et quelque peu recherchée. Comptez 15€ à la carte, menus avec plats du jour de 14 à 20€. *39, rue de Vaucelles* ***Pont-l'Evêque*** *Tél. 02 31 65 29 22 Ouvert juil.-août : tlj. ; sept.-juin : lun. midi, mer.-dim. midi et soir*

prix élevés

Auberge de la Touques Près de la Touques, un site ravissant où goûter une cuisine du terroir, dans une salle aux poutres apparentes. Les plats, normands, mettent en valeur les produits des environs et privilégient les recettes de grand-mère (tripes, coq au vin et boudin aux pommes). Une

GAMME DE PRIX	RESTAURATION	HÉBERGEMENT
Très petits prix	moins de 10€	moins de 40€
Petits prix	de 10 à 15€	de 40 à 60€
Prix moyens	de 15 à 25€	de 60 à 85€
Prix élevés	de 25 à 40€	de 85 à 120€
Prix très élevés	plus de 40€	plus de 120€

cuisine riche mais délicate, à accompagner de l'un des nombreux cidres à la carte. Menus à 19,90 25,90 et 32,90€, formule déjeuner à 15€. *2, pl. de l'Église* ***Pont-l'Evêque*** *Tél. 02 31 64 01 69 Ouvert juil.-août : tlj. 12h-14h30 et 19h-21h ; sept.-juin : mer.-dim. 12h-14h et 19h-21h*

☺ **Auberge des Deux Tonneaux** Cette bâtisse du XVIIe siècle cultive une atmosphère de pub irlandais avec ses tables en bois et ses fioles de whisky alignées au-dessus du comptoir. Le feu de cheminée qui crépite et le potage au camembert qui mijote donnent la touche normande... À la carte, un festival de cochonnailles : superbes jarretons au cidre, boudin artisanal, tripes... Si le temps le permet, on dîne sous les pommiers, dans le jardin qui domine la vallée. Comptez de 30 à 40€. ***Pierrefitte-en-Auge*** *(5km au sud-est de Pont-l'Évêque) Tél. 02 31 64 09 31 www.aubergedesdeuxtonneaux.com Ouvert juil.-août : mar.-dim. ; sept.-juin : mer.-dim.*

prix très élevés

☺ **Le Dauphin** La table de Régis Lecomte, l'une des meilleures de Basse-Normandie, ravit tous les palais. Les traditionnels peuvent opter pour ses plats du terroir façon raffinée, comme le barbecue d'huîtres d'Isigny ou les rognons au camembert. Et ceux qui sont en quête de nouveauté tenteront les yeux fermés une poêlée de saint-pierre à la vanille, un pigeonneau désossé en cage... Comptez 80€ à la carte, menus à 40 et 50€. ***Le Breuil-en-Auge*** *(8,5km au sud de Pont-l'Évêque) Tél. 02 31 65 08 11 www.ledauphin-restaurant.com Ouvert mar.-sam. 12h15-14h et 19h15-21h, dim. 12h15-14h*

Auberge de l'Abbaye Vous goûterez ici d'authentiques viandes du pays d'Auge, cuisinées à toutes les sauces, même à la rhubarbe, un filet de bœuf "de race normande" ou un canard, accompagné par exemple d'une écrasée de pommes de terre. Et du homard toute l'année. Cadre accueillant aux tons chauds. Comptez 60€ à la carte, menus de 36 à 64€. *2, rue de la Libération* ***Beaumont-en-Auge*** *(7km à l'ouest de Pont-l'Évêque) Tél. 02 31 64 82 31 www.aubergelabbaye.com Ouvert juil.-août : lun.-mar., jeu.-dim. 12h-14h et 19h30-22h ; sept.-mars : lun. 12h-14h, jeu.-dim. 12h-14h et 19h30-21h30*

Hébergement

prix moyens

Auberge de l'Aubergade Pour se ressourcer le corps et l'esprit : d'abord, 13 chambres confortables et traditionnelles en demi-pension (62€/pers.) dans une maison de pays à colombages, entièrement restaurée, avec un immense jardin, où l'on passerait des heures à arpenter la pelouse. Ensuite, au menu, quelques plats savoureux : magret de canard aux poires, lottes, noix de Saint-Jacques, marmite de poissons, moelleux au chocolat, tarte aux pommes *Longdouet* ***Canapville*** *(6km au nord de Pont-l'Évêque, dir. Deauville et à gauche de la grand-route en venant de Pont-l'Évêque) Tél. 02 31 65 22 59 Ouvert avr.-nov.*

LISIEUX

14100

Au creux de la vallée de la Touques, la capitale du pays d'Auge panse tranquillement ses blessures de guerre. Jadis cité industrielle et commerçante, elle se consacre de nos jours au culte de sainte Thérèse, qui la porte à bout de bras : la vie s'allume autour de la basilique avec son lot de marchands de souvenirs et le flux des visiteurs. À l'occasion, une foire ancestrale, un marché ou un concert viennent réjouir ses places, et c'est la fête. Ses plus beaux monuments rappellent qu'elle fut le siège d'un évêché, du VIe siècle à la Révolution. Le sous-sol fournit des vestiges de Lisieux la romaine, l'ancienne Noviomagus, capitale des Lexovii. Et qui imaginerait le lacis de ruelles tortueuses du Lisieux d'avant-guerre ? Les maisons anciennes à pans de bois s'alignaient alors, avec leurs façades ornementées – ce qui valut à la ville le nom de "capitale du bois sculpté". Aujourd'hui, les survivantes se dissimulent parmi les immeubles, offrant à qui sait les voir leurs attraits discrets : en arpentant les rues Paul-Banaston, Henri-Chéron, du Docteur-Degrenne ou Aristide-Briand, on découvre des merveilles à encorbellement – logis urbains, tours, manoirs.

MALHEURS ET RECONSTRUCTION La ville vécut l'enfer le 6 juin 1944, lorsque les tirs alliés la mutilèrent. Ils récidivèrent le lendemain, achevant de la ruiner complètement. Sa cathédrale, son patrimoine thérésien comprenant le carmel, quelques bâtiments historiques et 300 habitations sur près de 3 000 avaient résisté. Pour les sinistrés, la reconstruction s'imposait d'urgence et l'architecte Robert Camelot se chargea d'en tracer le plan en 1946. Il souhaitait rompre avec le passé en dégageant de grandes artères aérées, capables d'accueillir les nombreux pèlerins. Vœu à demi réalisé : il fallut rebâtir vite, avec des matériaux bon marché, en élargissant à peine les rues. Pour compenser, Camelot tenta de personnaliser l'architecture de chaque immeuble.

SAINTE THÉRÈSE Thérèse Martin naquit le 2 janvier 1873 à Alençon, et passa son enfance à Lisieux dans la "maison des Buissonnets". À l'âge exceptionnellement jeune de quinze ans, elle entra au carmel et y vécut neuf ans, avant de mourir de tuberculose en 1897. Canonisée en 1925, déclarée patronne universelle des missions en 1927 et faite docteur de l'Église en 1997, elle doit sa célébrité à son *Histoire d'une âme*, récit qu'elle rédigea à la demande de la mère supérieure. Elle y consigne ses souvenirs d'enfance, mêlés à son cheminement personnel, en se référant à la Bible et aux écrits de saint Jean de la Croix. Par la "petite voie", les actes simples de la vie de tous les jours deviennent des actes d'amour. Thérèse récuse l'idée du Dieu justicier, message véhiculé alors dans les discours catholiques. Pour les croyants, ce témoignage révéla un renouveau spirituel et un tournant dans l'histoire religieuse.

MODE D'EMPLOI

accès

EN VOITURE

Par la route N13 Paris-Lisieux, ou l'autoroute A13 sortie Pont-l'Évêque. À 180km de Paris (2h), 50km de Caen (1h). Lisieux se situe à 19km au sud de Pont-l'Évêque, à 33km au sud de Honfleur par la D579 et à 70km à l'ouest d'Évreux par la D613.

EN TRAIN

SNCF Les lignes Paris-Deauville, Paris-Cherbourg (départs de la gare Saint-Lazare) et Caen-Rouen marquent l'arrêt à Lisieux. Durée des trajets : env. 1h30 de Paris, 20min de Deauville, 30min de Caen, 2h de Cherbourg et 1h10 de Rouen. *Tél. 3635 www.sncf.com www.ter-sncf.com*
Gare (plan 5, A3) *Place Pierre-Sémard*

EN CAR

Bus verts du Calvados Les Bus verts du Calvados assurent des liaisons régulières avec Honfleur (1h), Le Havre (1h30) et Orbec (45min). *Tél. 0810 214 214 www.busverts.fr*
Gare routière *Attenante à la gare SNCF Tél. 02 31 62 49 95*

orientation et stationnement

Lisieux se déploie dans la vallée de la Touques, au confluent de la Touques, de l'Orbiquet et du Cirieux. À l'est, sa basilique à dôme domine la ville, faisant écho à la cathédrale Saint-Pierre à l'ouest. Les deux monuments bornent le centre, coupé par la rue Henri-Chéron qui relie la route de Caen au nœud routier de la Porte de Paris. Parking gratuit en face de l'office de tourisme, rue d'Alençon, et sur une partie de la place de la République ; payant place François-Mitterrand.

accès Internet

Le Moka (plan 5, A1) Coin ordinateur dans cette brasserie, avec réservation possible : 2€/h (pas d'accès wifi). *6, pl. de la République Tél. 02 31 62 07 62 Ouvert lun.-ven. 7h30-20h, sam. 7h-20h*

informations touristiques

Office de tourisme de Lisieux-Pays d'Auge (plan 5, A2) Un bureau central ouvert à l'année, plus un point d'information pendant l'été. **Bureau central** *11, rue d'Alençon Tél. 02 31 48 18 10 www.lisieux-tourisme.com Ouvert juin-sept. : lun.-sam. 8h30-18h30, dim. et j. fér. 10h-12h30 et 14h-17h ; oct.-mai : lun.-sam. 8h30-12h et 13h30-18h*
Annexe (plan 5, A3) *Place François-Mitterrand Ouvert mi-juin-août : lun.-sam. 9h-12h et 13h-17h15*
Sanctuaire Sainte-Thérèse Un numéro et un site Internet pour obtenir toutes les informations concernant l'itinéraire Sainte-Thérèse : visites, événements, messes... *Tél. 02 31 48 55 08 www.therese-de-lisieux.com*

VISITES THÉMATIQUES

Un circuit (2h) avec panneaux lumineux pour partir à la découverte de la ville : "Lisieux historique" (la cité médiévale, départ de l'office de tourisme). Visite audioguidée du centre-ville historique (2h) jalonnée de trente stations commentées (location audioguide 5€). Se renseigner à l'office de tourisme.

circuler en ville

Cars Lexobus Ils desservent tous les quartiers de la ville du lundi au samedi de 6h à 20h environ (ne circulent pas le dimanche ni les jours fériés). *Tél. 02 31 62 49 95*

Taxi Station Permanence à la gare pour concorder avec l'arrivée des trains. *Tél. 02 31 62 00 69*

Abeille Taxis *Tél. 02 31 31 23 23*

AAIP Taxi *Tél. 02 31 31 02 02*

marchés et foires

Marché traditionnel (plan 5, A1) Toute l'année, la place de la République est envahie de marchands le samedi matin. Également le mercredi à partir de 15h place François-Mitterrand (plan 5, B1) pendant les Mercredis de l'été.

Foire aux arbres (plan 5, B2) Connue aussi sous le nom de Foire aux pépins et fêtée depuis plus de cinq cents ans ! Les arboriculteurs prennent possession trois jours durant des rues du centre-ville : vente de graines, de plantes, d'arbustes, cours de taille, et expositions sur des compositions à thème à l'espace Victor-Hugo, place Boudin-Desvergées. *1er w.-e. de mars, du sam. au lun.*

Foire aux picots (plan 5, B1) La coutume veut que la dinde de Noël – le picot – soit achetée vivante et à l'avance, afin de pouvoir l'engraisser. Volaillers place François-Mitterrand et sur la partie piétonne de la rue Pont-Mortain. *1er dim. d'août*

fêtes et manifestations

Festival de musique ancienne L'Académie de musique ancienne de Lisieux se produit dans les églises des alentours et à l'hôtel du Haut-Doyenné. *Une sem. au mois de juil.*

Mercredis de l'été Série de concerts gratuits se déroulant en plein air avec une tête d'affiche : chants marins, soul, rythm and blues, musique folk, variétés... Programme à l'office de tourisme Concert le mer. *À 20h45 place François-Mitterrand En juil.-août*

Jazzitudes Les semi-professionnels peuvent suivre des ateliers, qu'ils clôturent de représentations dans les restaurants, bars et monuments historiques. *Tél. 02 31 48 31 88 (association Sibémol) www.jazzitudes.com Une sem. au mois d'août*

Fêtes thérésiennes Procession des reliques de sainte Thérèse : départ du carmel, pèlerinage à la basilique puis à la cathédrale Saint-Pierre, et retour au carmel. Importantes messes. *Tél. 02 31 48 55 08 Dernier w.-e. de sept.*

DÉCOUVRIR

Lisieux

☆ **Les essentiels** La basilique Sainte-Thérèse **Découvrir autrement** Visitez le couvent des carmélites et faites un détour par le magasin du carmel, admirez un chocolatier modeler sous vos yeux un piano à queue

☆ ☺ **Basilique Sainte-Thérèse (plan 5, B3)** L'âme, imposante, de la ville ! Une masse discontinue de pèlerins effectue la montée pour fouler ses marches, depuis que le sanctuaire reçut la bénédiction qui l'ouvrait au culte, le 11 juillet 1937. Lorsque Thérèse fut canonisée à Rome le 17 mai 1925, le projet de lui

COLOSSE AUX PIEDS D'ARGILE

Avant d'entamer la construction de la **basilique**, on usa des mêmes techniques que pour le Sacré-Cœur de Montmartre : on creusa notamment 130 puits cylindriques, pour consolider un sol argileux. Grâce à l'équilibre des proportions, la basilique peut camper sur ses positions !

élever une basilique n'allait pas sans obstacles. Mais les avis contraires importaient peu à l'évêque de l'époque, Mgr Lemonnier : ayant en tête l'idée d'une réplique de sanctuaire de Lourdes, il commanda à l'architecte Jules Barbier des plans qui furent jugés trop exigus par les fidèles. La basilique devait être grande. Finalement, l'architecte Louis-Marie Cordonnier (1854-1940) fut choisi pour sa réputation mondiale, et conçut cet édifice de style néobyzantin en forme de croix grecque. En 1937, l'énorme basilique en pierre était née : on eut le temps de lui ajouter deux cloîtres, avant que n'éclate la Seconde Guerre mondiale. En juin 1944, elle reçut deux bombes, mais les Alliés l'épargnèrent de justesse. Après les réparations, elle fut décorée et dotée en 1974 de son campanile inachevé – il aurait dû mesurer 95m, et dépasser le dôme. Elle comprend une nef gigantesque et une crypte en sous-sol, les deux recouverts des mosaïques de Pierre Gaudin (1908-1973), qui conçut aussi la série des vitraux. L'artiste, formé dans les ateliers d'art sacré, s'inspira des verriers du Moyen Âge pour créer une lumière céleste, capable d'illuminer le sanctuaire avec peu de soleil. Il joua sur les couleurs des vitraux représentant les saints préférés de Thérèse. Une multiplicité de cierges brûlent devant des photos très vivantes de la sainte. *Avenue Sainte-Thérèse Ouvert déc.-fév. : tlj. 9h-17h30 ; mars, nov. : tlj. 9h-18h ; avr., oct. : tlj. 9h-18h30 ; mai-juin et sept. : tlj. 9h-19h ; juil.-août : tlj. 9h-19h30*

Musée de cire À gauche de la crypte, ce musée représente onze scènes de la vie de la sainte. *Ouvert mars-oct. : lun.-sam. 11h-13h et 14h-18h, dim. 14h-18h Audioguide 3€, réduit 1€*

Église Saint-Jacques (plan 5, B2) Le maître maçon Guillemot de Samaison la commença en 1498, mais l'édifice ne fut achevé qu'en 1540, sur un plan sobre et dégagé. Son originalité : pas de transept, et une parfaite unité architecturale. Un vaisseau central, baigné par la lumière, se divise en douze travées égales et s'allonge sur un sol légèrement pentu. L'église a perdu en 1944 ses verrières du XVIe siècle et un précieux mobilier. Les parties hautes et le clocher-porche ont été reconstruits après la guerre. Fermée au culte, elle ouvre ses portes pour des expositions temporaires. *Rens. sur les expositions auprès de l'office de tourisme Rue au Char*

LES MARCHANDS DU TEMPLE

Une discrète boutique de souvenirs présente le travail des sœurs du carmel : vous pourrez choisir entre icônes et marque-pages. **Magasin du carmel (plan 5, A2 n°40)** *37, rue du Carmel Tél. 02 31 62 90 46 Ouvert Pâques-début oct. : tlj. 9h30-12h15 et 13h30-18h ; début oct.-Pâques : tlj. 9h45-12h et 14h-17h30*

Couvent des Carmélites (plan 5, B2) Un gisant de sainte Thérèse en cire repose au-dessus de son tombeau dans la petite chapelle. À droite, vous pourrez voir aussi un intéressant et bref "**exporama**" sur sa vie au carmel. Un espace de visite honore le souvenir de la sainte

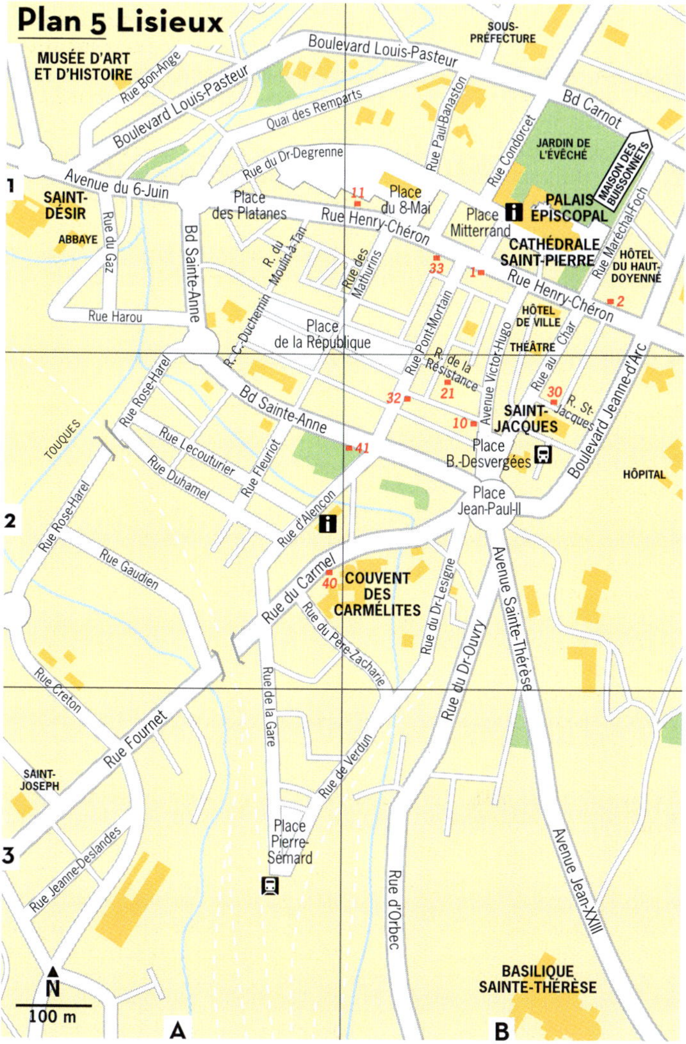

Pâtisserie, salon de thé (n°1 et 2)

Chocolaterie Mérimée* _____ **2** B1
Pâtisserie Billoudet* _____ **1** B1

Cafés, bars et lieux de sortie (n°10 et 11)

Le Rétro* _____ **11** B1
Victoria Pub* _____ **10** B2

Restauration (n°21)

Les Acacias _____ **21** B2

Hébergement (n°30 à 33)

Hôtel de la coupe d'or _____ **32** B2
Hôtel de la place _____ **33** B1
Hôtel Saint-Louis _____ **30** B2

Shopping (n°40 et 41)

Atelier Benoît Cazelles* _____ **41** B2
Magasin du carmel* _____ **40** A2

*À RETROUVER DANS LA PARTIE DÉCOUVRIR

à travers des objets lui ayant appartenu, une salle d'ex-voto et plusieurs films, dont un présentant la vie des carmélites de nos jours. *37, rue du Carmel Ouvert tlj. 7h15-19h (18h30 nov.-mars) Entrée libre* **Exporama** *Ouvert mars-oct. : tlj. 9h30-12h15 et 13h30-18h ; nov.-fév. : tlj. 9h45-11h45 et 14h-17h45*

☺ **Maison des Buissonnets (plan 5, B1)** Thérèse arriva en 1877, et grandit dans cette demeure bourgeoise où sa vocation lui fut révélée pour la première fois en 1886, le soir de Noël. Visite semi-guidée gratuite : on découvre les pièces, le mobilier et la vie quotidienne de la famille Martin. Derrière la maison s'étend un joli jardin, où les statues de Thérèse et de son père semblent bavarder sur un banc. *Chemin des Buissonnets Ouvert Pâques-sept. : tlj. 9h-12h et 14h-18h ; oct., fév.-mars : tlj. 10h-12h et 14h-17h ; mi-déc.-jan. : tlj. 10h-12h et 14h-16h Fermé nov.-mi-déc.*

☺ **Cathédrale Saint-Pierre (plan 5, B1)** Fruit de quatre siècles de travail, siège d'un évêché puis église paroissiale, elle survécut quasi indemne aux bombardements de juin 1944 ! Pour remplacer une cathédrale romane qui avait brûlé – dont il reste deux piliers, un de chaque côté de l'entrée –, l'évêque Arnoul lança vers 1170 la construction d'un édifice de style gothique dans le calcaire tendre de la vallée de la Touques. Le chantier introduisait en Normandie une technique nouvelle, venue d'Île-de-France : celle des arcs-boutants soutenant les voûtes d'ogives. Gothique confirmé par les plans du chœur, rajouté avec le déambulatoire et la tour-lanterne entre 1202 et 1250. Aux XIVe et XVe siècles, on agrandit la cathédrale en lui adjoignant les chapelles collatérales nord et sud. L'évêque Pierre Cauchon (1371-1442), tristement célèbre pour avoir fait condamner Jeanne d'Arc au bûcher, repose dans celle de la Vierge, qu'il fit lui-même bâtir. En juillet 1887, alors qu'elle assistait à la messe, la paroissienne Thérèse Martin eut la vision du Christ en croix : ce fut pour elle "la révélation de sauver les âmes par la prière et le sacrifice". *Place François-Mitterrand Ouvert tlj. 9h30-18h30*

Palais épiscopal (plan 5, B1) Passé le porche, vous pénétrez dans la cour Matignon, enceinte de l'actuel palais de justice et ancien palais épiscopal. En brique et en pierres sculptées, il date du XVIIe siècle et fut commandé par l'évêque Cospéan, aumônier de Louis XIII. Sa Salle dorée (XVIIe siècle) comprend un plafond à caissons bordé d'une frise ornée des armes de l'évêque Léonor II de Matignon et décoré de grisailles en bas-relief dont les figures s'inspirent de l'Antiquité. Elle servait jadis de salon de réception et est aujourd'hui malheureusement fermée au public. Un escalier mène à des jardins attenants, aménagés à l'époque et ouverts en 1837 par François Leroy-Beaulieu : là, le bâtiment dévoile sa façade au-dessus des parterres à la française, façon Le Nôtre, des statues, et des jets d'eau permanents. *Place François-Mitterrand (entre la cathédrale et la poste) Ne se visite pas*

Hôtel du Haut-Doyenné (plan 5, B1) Il se cache derrière la cathédrale, entre cour et jardin, cerné par des maisons à pans de bois. À partir de 1769, l'hôtel bâti par Le Bas de Fresne logea le haut-doyen – le deuxième dignitaire ecclésiastique après l'évêque. De construction classique, il réserve de belles surprises : le corps central, qui s'avance sur deux ailes déployées, présente un fronton curviligne et des clés de fenêtre ciselés de motifs rocaille et agricoles – une mode de la fin du XVIIIe siècle. Tombé dans l'oubli depuis la Seconde Guerre mondiale, il fut acheté et restauré par la Ville, puis devint l'École nationale de musique et de danse. *3, pl. Georges-Clemenceau Ne se visite pas*

☺ **Musée d'Art et d'Histoire (plan 5, A1)** À la suite des bombardements de juin 1944, le musée du Vieux-Lisieux qui logeait dans le manoir de la Salamandre, rue aux Fèves, disparut avec ses collections. Un érudit lexovien, François Cottin, les restitua avec patience. Les trésors archéologiques que l'on découvrit en déblayant la ville détruite y contribuèrent largement. Un nouveau musée naquit en 1969 dans l'ancienne auberge de "la Grâce de Dieu". Au premier étage de cette belle maison à colombages, les fresques du XVIe siècle côtoient les collections du Ier siècle au IVe siècle ap. J.-C. : verreries gallo-romaines, biberons en terre cuite, tessons de statuettes, épingles à cheveux, peintures murales issues des thermes exhumés au pied du centre hospitalier (on y reconstitue des visages du IIIe siècle !). Dans d'autres pièces, des vases médiévaux pour tous usages – vase de nuit, vase funéraire… –, une bouillotte du XIIIe siècle et, au dernier étage, une série de hautes statues religieuses (XVe-XVIIe s.), d'authentiques carrelages du Pré d'Auge, cf. Manerbe (p.220), et une collection de porcelaines fines du XIXe siècle, avec des menus de repas. Une visite charmante, hétéroclite et non fléchée : comme chez vous, vous fermez la porte avant de monter à l'étage suivant. Également des expositions temporaires. *38, bd Pasteur Tél. 02 31 62 07 70 Ouvert lun.-ven. 14h-18h, sam.-dim. 11h-13h et 14h-18h Tarif 4€, réduit 2,50€, en période d'expo 5€/3€*

Église Saint-Désir (plan 5, A1) Une église en béton armé, aux formes strictes, s'élève à la place d'un sanctuaire du XVIIIe siècle. Terminée en 1959, elle n'est pas sans rappeler les bâtiments soviétiques. Après 1944, l'architecte Robert Camelot, qui reprit en main la reconstruction de la ville, choisit la voie de la modernité. Résultat surprenant : la nef à sept travées s'abrite dans un "bloc" carré, strié de minces colonnes, et surmonté d'un clocher quasi rectangulaire. Deux vitraux gigantesques, signés du maître verrier Max Ingrand, occupent deux pans de mur et éclairent l'intérieur par le chœur. *Bd du 6-Juin Ouvert seulement pour la messe sam. 18h*

● Où rencontrer un enlumineur contemporain ?

Atelier Benoît Cazelles (plan 5, B2 n°41) Benoît Cazelles donne un grand coup de pied aux idées reçues et fait de l'enluminure un art d'aujourd'hui. Dans la boutique de cet artiste-artisan résolument moderne, il n'y a ni manuscrit poussiéreux, ni incunables en cours de restauration, seulement des créations personnelles, abstraites ou figuratives, de petit et de grand format (de 75 à 3 500€). Au programme, par exemple, *Saint Michel terrassant le dragon*, déclinaison aux tons or et rouge, et le *Vieux-Bassin d'Honfleur* – un lieu où Benoît Cazelles est régulièrement exposé. *7, bd Sainte-Anne Tél. 02 31 31 59 59 www.benoit-cazelles.com Ouvert mar.-sam. 10h-12h30 et 14h-18h30*

● Où déguster des douceurs ?

Pâtisserie Billoudet (plan 5, B1 n°1) La pâtisserie Billoudet régale les Lexoviens, surtout le dimanche à midi lorsque s'allonge la file d'attente. L'un des comptoirs est réservé aux gâteaux, petits et aguichants, comme le "Normandy" avec son bel habit noir, le "Thérésien" rayé, ou le "Créole" couleur citron vert. Des chocolats et des caramels "régionaux" occupent l'autre comptoir. Les variétés sont infinies ! "Couci-couça" à la crème venant de Camembert, "Tonneau" ganache-calvados, "Caluador" calvados-crème, "Calichon" au beurre salé... Possibilité de composer un sachet au détail. Avec quelques tables au fond du magasin, l'établissement fait aussi salon de thé. *44, rue Henri-Chéron Tél. 02 31 62 17 91 Ouvert mar.-dim. 7h30-19h30*

Chocolaterie Mérimée (plan 5, B1 n°2) Projection d'une vidéo sur les fèves de cacao, puis moulage et trempage en direct pour créer à l'envi un piano à queue, une voiture de course ou une girafe : ce show chocolaté plonge les participants au cœur du savoir-faire d'Emmanuelle et d'Emmanuel Mérimée. S'il n'est pas l'heure de la démonstration, le salon de thé de cette maison lexovienne à pans de bois réserve de douces surprises, comme ces macarons framboise et pain d'épice (0,90€). Ballotin de chocolats à emporter. *5-7, rue Aristide-Briand Tél. 02 31 31 69 18 Ouvert mar.-sam. 9h-19h, dim. 10h-13h Visite sur rdv Tarif (avec dégustationo) 4€, réduit 3€*

● Où boire un verre ?

Victoria Pub (plan 5, B2 n°10) Rien ne semble se passer dans cette rue trop calme... Erreur ! Un pub tout bleu au nom rouge fluo vous fait signe, et vous voilà happé dans une atmosphère d'outre-Manche sous les décibels rock. Si vous n'aimez pas regarder la télévision, l'endroit est assez grand pour se réfugier entre amis sur les banquettes de velours vert. L'arrière-cour ne suffit pas à sa terrasse qui, à la belle saison, s'étend jusqu'au trottoir. Une fois assis, vous ne décollez plus, tandis que la foule envahit les lieux. Bon choix de whiskies et de cocktails au café. *76, av. Victor-Hugo Tél. 02 31 62 11 13 Ouvert lun.-jeu. 17h-1h, ven.-sam. 17h-3h*

Le Rétro (plan 5, B1 n°11) Une note de couleur dans un quartier gris. Ce pub animé arrive à point nommé pour trinquer et se sentir bien. Une fois poussée la porte, une bouffée de chaleur et la musique endiablée vous aspirent. Il ne vous reste plus qu'à opter pour l'une des bières à la pression ou – rare pour ce type de lieu – un bon chocolat chaud à la tasse. *100, rue Henri-Chéron Tél. 02 31 31 28 27 Ouvert lun. 11h-20, mar.-sam. 11h-1h*

● Jouer au bowling

Bowling La récréation des Lexoviens, dans un bar confortable : 8 pistes de bowling, 8 billards *pool*, et un coin réservé aux jeux vidéo interactifs. Hors parties, on y boit un verre avec plaisir en contemplant sur les murs les inoubliables clichés noir et blanc des photographes Doisneau, Abeyta, Moss, Erwitt... *69, rue de Paris (tout droit par la rue Henri-Chéron, à 1km du centre) Tél. 02 31 62 19 30 Ouvert vac. scol. : lun.-jeu., dim. 15h-2h, ven.-sam. 15h-3h ; hors vac. scol. : lun.-mar. 20h-2h, mer. 15h-2h, jeu. 20h-2h, ven.-sam. 15h-3h, dim. 15h-1h*

Les environs de Lisieux

Découvrir autrement Arpentez les parterres du château de Boutemont, faites une balade à cheval dans la campagne lexovienne et parcourez en train le parc animalier de Cerza

GEOPLUS

Le pays d'Auge gourmand

Aux portes de la mer s'étend le délicieux pays d'Auge, tout en chaumières et en rivières. Symbole de la gastronomie normande, cet arrière-pays cultive au rythme des années la tradition gourmande. Le pays d'Auge compte d'ailleurs quatre AOC pour les boissons à base de pomme (cidre pays d'Auge, pommeau de Normandie, calvados et calvados pays d'Auge), et trois pour les fromages (pont-l'évêque, livarot et camembert). Attention aux excès de gourmandise !

De la pomme à la bouteille La région produit des "pommes à boire", riches en tanins, que l'on classe en quatre variétés : les douces, les amères, les douces-amères et les acidulées. La récolte a lieu d'octobre à décembre. Le **cidre** ne titre que 4° ou 5° d'alcool et se boit doux, sec, ou demi-sec. Il s'obtient par la fermentation du jus des pommes pressées, le "moût". Le **pommeau**, le "moût" le plus fruité, mélangé au calvados et fermenté pendant quatorze mois, donne un apéritif ambré de 17° qui se consomme frais. L'origine du **calvados** remonterait à 1553, lorsque Gilles de Gouberville distilla le cidre pour la première fois ! L'alcool ainsi récolté vieillit en fût de chêne, puis le maître de chais compose avec plusieurs calvados d'âges différents jusqu'à baisse du taux à 40°.

SUR LA ROUTE
Des itinéraires gourmands vous font découvrir les producteurs, cf. les offices de tourisme de Lisieux (p.212), de Beuvron (p.223) ou d'Orbec (p.233).

La trilogie fromagère Un titre de noblesse correspondant aux trois grandes pâtes molles : trois références ! Le **pont-l'évêque** est le doyen de cette trilogie (les moines de Pont-l'Évêque le fabriquaient déjà au XIIe siècle). Tout en étant corsé, le goût est raffiné. Mentionné dès 1690, le **livarot** connut un engouement dans la seconde moitié du XIXe siècle. Les cinq lanières de roseaux qui ceignent sa croûte orange rappellent les barrettes d'un colonel – d'où son surnom – et il se fait remarquer par son caractère fort. L'histoire du **camembert** commença en 1791, lorsque Marie Harel le créa au manoir de Beaumoncel : la légende veut qu'elle y ait caché un prêtre réfractaire à la Révolution, qui lui aurait transmis une recette. Depuis 1987, l'appellation camembert normand protège son authenticité régionale des nombreuses imitations. Fabriqué au lait cru, il est traditionnellement moulé à la louche

Au nord de la ville

Rocques Le lieu-dit dédié à saint Roch (qui s'exila dans la forêt) passerait presque inaperçu tant les fourrés l'enserrent. Un monument historique, l'église Saint-Ouen, y étend ses ailes en forme de croix latine à un carrefour. Un clocher, des ouvertures, et un porche ornementé du XVIe siècle complètent la tour, le chœur et un mur du XIIIe siècle. À l'intérieur, des torchères du XVIIe siècle servent encore lors des processions. *À 3,5km au nord de Lisieux par la D263*

Manerbe Très ancien, le village fit longtemps parler de lui pour ses céramiques du Pré d'Auge. Cet art pratiqué depuis le XIIIe siècle prit fin au XIXe siècle lorsque les gisements d'argile s'épuisèrent. Sur les trois paroisses qui existaient au Moyen Âge, il ne reste que celle de Saint-Jean-Baptiste – rebâtie au XVIe siècle –, dont la flèche du clocher s'étire comme une aiguille. S'y cachent un beau mobilier du XVIIe siècle et des vitraux Renaissance. En face, les communs de l'ancien château aux pilastres en pierres taillées ont résisté aux bombes de 1944 et appartiennent à un particulier. *À 7km au nord-ouest de Lisieux* **Église** *Tél. 02 31 32 37 83 Ouvert mar.-sam. 8h-19h, dim. 8h-12h30 Clé à l'épicerie*

Ouilly-le-Vicomte Jadis isolée, cette commune d'apparence banale reçoit de plein fouet la route départementale qui dessert des lotissements modernes… et l'**église** Notre-Dame, l'une des plus vieilles de Normandie. Elle remonterait au Xe siècle ou au XIe siècle, comme l'attestent ses appareils de pierre et de brique à la romaine. Elle renferme une pièce maîtresse : un lutrin en bois rare (XVIe siècle) d'un superbe travail. Un peu à l'extérieur, en suivant un chemin d'herbes folles, on débouche sur le **manoir des Mathurins**, laissé en friche : un authentique joyau à colombages, doté d'une galerie à l'étage. *À 5km au nord de Lisieux par la D48* **Église** *En direction de Manerbe Tél. 02 31 61 12 64 (mairie) Visite sur rdv uniquement* **Manoir** *En direction de Lisieux sur la rocade puis 2e chemin à droite Ne se visite pas*

Château de Boutemont Au fil du temps, les jardins du château (XV-XVIIe s.) ont perdu de leur superbe, aussi le parc de 4ha subit-il actuellement une campagne de restauration. Il est d'ores et déjà possible de découvrir le bassin et sa fontaine, la serre, le jardin des simples et la "chambre de verdure". Seront bientôt accessibles à la visite : la roseraie, le jardin des papillons et le temple de Salomon. Une promenade dans les jardins à la française ménage de superbes vues sur la poterne du XVIe siècle, le pont-levis et les trois tours d'angle du château (non ouvert à la visite). ***Ouilly-le-Vicomte*** *(5km au nord de Lisieux par la D48) Tél. 02 31 61 12 16 www.chateau-de-boutemont.com Ouvert juil.-août : tlj. 10h-12h30 et 14h-18h30 ; sept.-juin : mer. et w.-e. 10h-12h30 et 14h-18h30 Tarif 9€, réduit 3€ Visite guidée le sam. à 15h*

● Où acheter des produits à base de pomme ?

Distillerie La Ribaude Cette propriété familiale refuse les AOC. Brut, demi-doux ou doux, les cidres produits ici n'en sont pas moins excellents. On les retrouve dans la petite boutique avec les poirés, pommeaux et calvados.

Les indécis peuvent emporter des mignonnettes. ***Ouilly-du-Houley*** *(10km au nord-est de Lisieux) Tél. 02 31 63 63 46 www.laribaude.com Ouvert lun.-ven. 9h30-12h30 et 14h-18h, sam. 10h-12h30 et 14h-18h Entrée libre*

● Se balader à cheval dans le pays d'Auge

La Chevauchée Inutile d'être un cavalier averti : un accompagnateur vous explique le b.a.-ba pour tenir votre monture (tous niveaux et personnes souffrant d'un handicap) et vous voilà prêt à le suivre dans le pays d'Auge. Promenades de 1h à 3h. Comptez 18€/h., 50€/demi-journée. *Sur réservation* ***Rocques*** *(3,5km au nord de Lisieux) Tél. 02 31 32 29 92*

● Voir des animaux sauvages

Le Cerza Un parc vallonné de 60ha où s'ébattent, dans leur environnement naturel reconstitué, des animaux exotiques. Deux circuits pédestres et un train pour observer des rhinocéros, tigres, girafes, ouistitis... Comptez 4h pour tout voir. ***Hermival-les-Vaux*** *(9km au nord-est de Lisieux par la D510, dir. Cormeilles) Tél. 02 31 62 17 22 www.cerza.com Ouvert fév.-mars, oct.-nov. : tlj. 10h-17h30 ; avr.-juin et sept. : 9h30-18h30 ; juil.-août : tlj. 9h30-19h Fermé déc.-jan. Tarif 18€, 3-11 ans 10€*

Au sud de Lisieux

Château de Saint-Germain-de-Livet Dominant ses anciennes douves, il comprend un manoir typiquement augeron accolé à un pavillon Renaissance. Au XVe siècle, la famille Tournebu fit bâtir un premier édifice sur le site d'une forteresse. Au XVIe siècle, un descendant le flanqua d'un châtelet original dont le gros œuvre forme un damier rose et vert. Sur le toit, des tuiles vernissées du Pré d'Auge apportent des touches de couleur. Berthe Morisot, Gustave Doré, Georges Bizet et d'autres célébrités du XIXe siècle y séjournèrent. *À 6km au sud de Lisieux par la D579 (dir. Livarot) Tél. 02 31 31 00 03 Ouvert juil.-août : tlj. 10h-19h Visites guidées Jan.-mars et mi-nov.-mars : sam.-dim. à 14h, 15h 16h et 17h (parc ouvert 14h-18h) ; avr.-juin et sept-mi-nov. : mar.-dim. à 11h, 12h, 14h, 15h, 16h et 17h (parc ouvert 11h-18h) Tarif parc + musée 7,10€, réduit 5€, parc 2€, moins de 26 ans gratuit, 1er dim. du mois gratuit*

● Apprivoiser poules, veaux, cochons

Parc animalier de la Dame blanche Une association a créé un parcours pédagogique rassemblant des animaux de ferme du monde entier et de vieilles races de poules normandes désormais rares. Sentiers dans la nature, ponctués d'enclos où l'on reconnaît le pays d'origine de chaque espèce par sa maisonnette : une pyramide, un moulin, une chaumière... En bout de promenade, vous croiserez une maternité pour volailles. Les enfants adorent ! ***Saint-Julien-de-Mailloc*** *(12km au sud-est de Lisieux) Tél. 02 31 63 91 70 www.dame-blanche.org Ouvert vac. scol. et Pâques-août : tlj. 10h-19h ; mars et sept.-oct. : mar.-ven., dim. 14h-18h Tarif 7€, enfant 4€*

CARNET D'ADRESSES

Restauration

Vous trouverez peu de restaurants séduisants dans le centre-ville de Lisieux, qui donne surtout dans les bars-grills et des établissements sans attraits autour de la basilique. Heureusement, le pays d'Auge et sa cuisine du terroir ne sont pas loin (p.226).

prix élevés

☺ **Les Acacias (plan 5, B2 n°21)** Ni manières guindées, ni fioritures, ni espace confiné pour cette adresse d'un certain standing : l'une des meilleures tables de la ville. Le personnel, vif et souriant, vous met aussitôt à l'aise et vous apprécierez l'atmosphère printanière qui se dégage de la spacieuse salle à manger décorée dans des tons vert tendre, avec des notes de tissus à fleurs et des meubles peints de couleur claire. On ne sera pas surpris de se voir apporter des gourmandises salées à l'apéritif, et des douceurs avec le café. Les compositions, inventives, marient toujours harmonieusement aussi bien les viandes que les poissons. Menus de 18 à 48€, comptez 42€ à la carte. *13, rue de la Résistance* ***Lisieux*** *Tél. 02 31 62 10 95 Ouvert mar.-sam. 12h-14h et 19h-21h30, dim. 12h-14h*

Dans les environs

prix élevés

Restaurant de la Paquine L'une des plus vieilles adresses augeronnes, installée au bord de la rivière Paquine. L'été, elle dresse ses tables sur une rive et le voisinage de la route ne la gêne en rien : les voitures sont rares dans ce lieu-dit. À l'intérieur, la petitesse de la salle (en général pleine) exige que l'on réserve. La cuisine, très fermière, n'oublie pas les poissons. Rognons de veau, pintade à la crème, bar aux légumes confits... selon les saisons. Autour de 50€ à la carte. Menu 32€. ***Ouilly-du-Houley*** *(10km au nord-est de Lisieux) Tél. 02 31 63 63 80 Ouvert lun. et jeu.-sam. midi et soir, dim. midi*

Hébergement

prix moyens

Hôtel Saint-Louis (plan 5, B2 n°30) La propriétaire de cette charmante maison de ville a doté les 14 chambres de salles de bains modernes ; elles sont en outre toutes orientées pour recevoir la lumière. Ici, vous êtes au calme, en compagnie de l'église Saint-Jacques. Double de 48 à 80€, petit déj. bio 9€. *4, rue Saint-Jacques* ***Lisieux*** *Tél. 02 31 62 06 50 www.hotelsaintlouis-lisieux.com Ouvert toute l'année*

prix élevés

Hôtel de la coupe d'or (plan 5, B2 n°32) Un petit air de chalet de montagne : des lambris de bois ornent la salle du restaurant et ajoutent encore à l'attrait des 16 chambres, éclatantes. Avec leurs courtepointes rembourrées, les lits ne donnent qu'une envie : se laisser choir. Double 64€, petit déj. 8,50€. Accueil sympathique. *49, rue Pont-Mortain* ***Lisieux*** *Tél. 02 31 31 16 84 www.la-coupe-dor.com* **Restaurant** *Fermé dim. soir*

Hôtel de la place (plan 5, B1 n°33) Dans cet immeuble sans cachet particulier, vous croiserez beaucoup d'hommes d'affaires en voyage. Mais les 30 chambres, plutôt généreuses en espace, offrent un excellent rapport qualité-prix et tout le confort (accès wifi gratuit). Personnel très aimable et serviable. Double de 81 à 95€, petit déjeuner-buffet 10€. *67, rue Henri-Chéron* ***Lisieux*** *Tél. 02 31 48 27 27 www.lisieux-hotel-delaplace.com Fermé en déc.*

Dans les environs

prix moyens

Chambre d'hôtes Le Lieu chéri La bâtisse, striée de colombages et fleurie en été, contemple la vallée depuis le XVIe siècle. Une odeur de pomme flotte dans les 2 chambres (dont une familiale) qui ouvrent sur le verger. La propriétaire fait visiter la distillerie et les chais, ce qui donne illico envie d'être à la table du petit déjeuner pour goûter au confit de cidre et au jus de pomme maison. Nuit calme à 54€. ***Ouilly-le-Vicomte*** *(5km au nord de Lisieux par la D48) Tél. 02 31 61 11 71 www.lelieucheri.fr Ouvert toute l'année*

☺ BEUVRON-EN-AUGE

14430

Joyaux du pays d'Auge, il fait partie des cent plus beaux villages de France. Une rue unique, mais quelle rue ! Elle n'aligne que des maisons classées des XVIIe et XVIIIe siècles probablement construites avec des matériaux de demeures disparues. On s'arrête pour admirer chaque maisonnette en brique, à pans droits ou obliques, collée à sa voisine. Ne manquez pas de faire un détour dans les environs pour admirer chaumières et manoirs à pans de bois, qui dévoilent leurs charmes à qui prend le temps de les dénicher.

MODE D'EMPLOI

accès

EN VOITURE

Beuvron-en-Auge est situé à 7km au sud de Dozulé (sortie A13), à 27km au nord-ouest de Lisieux par la D613 et à 22km au nord de Saint-Pierre-sur-Dives.

informations touristiques

Office de tourisme de Beuvron-en-Auge En été, il organise des visites guidées hebdomadaires dans le village et des parcours thématiques dans les environs (manoirs, patrimoine gourmand...). *Av. de la Gare (à côté du parking central) Tél. 02 31 39 59 14 Ouvert juin-août : tlj. 10h-13h et 14h-19h ; mars-mai, sept.-oct. : tlj. (horaires variables) ; nov.-fév. : mar.-dim. (horaires variables)*

Office de tourisme de Cambremer L'office de tourisme de la route du cidre rassemble la liste des "producteurs de cidre du cru de Cambremer". *16, rue Pasteur Tél. 02 31 63 08 87 www.office-tourisme-cambremer.fr Ouvert avr.-juin, sept. : mer.-sam. 10h30-12h30 et 14h30-18h ; juil.-août : lun.-sam. 9h30-13h et 14h-18h, dim. 10h-13h ; oct.-mars : ven. 10h30-12h30 et 14h30-18h, sam. 10h30-12h30*

fêtes et manifestations

Beuvr'Antique Brocante mensuelle en plein air à Beuvron-en-Auge. *2e dim. du mois*

Rencontres de Cambremer Festival de produits AOC. Expositions, vente et ateliers cuisine. *1er w.-e. de mai*

Promenades musicales dans le pays d'Auge Concerts de musique classique et rencontres amicales dans des lieux insolites (haras, jardins, châteaux, chapelles...). *Association Culture et patrimoine 9, rue Aristide-Briand Tél. 02 31 31 06 00 www.pays-auge-culture.org Mi-juil.-fin août*

Fête du cidre à Beuvron-en-Auge *À la récolte des pommes Fin oct.*

DÉCOUVRIR

Découvrir autrement Admirez la vue sur la vallée du promontoire de la chapelle de Clermont-en-Auge, faites provision de camembert au domaine de Saint-Loup, visitez les Jardins du pays d'Auge

Beuvron-en-Auge

En été, les maisons fleuries, éclatantes de couleurs, vivent sous le feu des flashs, mais, dès l'automne, vous pourrez vous promener en toute quiétude dans la rue du village pour admirer les colombages. La Renaissance augeronne et le style classique triomphent autour des anciennes halles du XVe siècle.

● Où acheter des douceurs normandes ?

Sweet Auge Une épicerie inhabituelle, gérée par deux Parisiennes anglophiles. Entre quelques denrées plus banales se calent des pains d'épice au miel, des confitures artisanales, des jus de pomme bio, les meilleurs cidres à la ronde, et autres gourmandises. *Le Bourg Tél. 02 31 79 23 28 Ouvert tlj. 10h-13h et 14h30-19h*

● Où boire un verre ?

Le Café du coiffeur Un café comme au bon vieux temps, sans aucune restauration ! Chacun apporte son casse-croûte et bavarde gaiement avec son voisin. Le cafetier fondateur du lieu, ancien coiffeur, a exposé en 1929 quelques outils et ustensiles... qui n'ont pas bougé depuis ! *Le Bourg Tél. 02 31 79 25 62 Ouvert mar.-dim. 8h30-19h30*

Les environs de Beuvron-en-Auge

Chapelle de Clermont-en-Auge Un sentier sous une hêtraie débouche sur le panorama grandiose des vallées de la Dives et de la Vie. Une humble chapelle abrite des statues en pierre polychrome, dont celles des saints guérisseurs Marcouf et Thibault. De son XIIe siècle d'origine, il lui reste quelques éléments de charpente. *À 3km au nord-est de Beuvron-en-Auge*

Manoir du Champ-Versant Mi-ferme, mi-château, cet habitat typique de la noblesse terrienne du XVIe siècle, planté en plein champ, cumule tourelles et pignons sur une surface relativement modeste. L'ancienne exploitation comprend une charretterie, une boulangerie, une bouillerie, et un lavoir devenu mare à canards. ***Bonnebosq** (13km au nord-est de Beuvron-en-Auge) Tél. 02 31 65 11 07 Visite guidée sur rdv (1h) Tarif 3€*

La Rocque-Baignard L'écrivain André Gide y vécut et fit maintes fois allusion dans ses romans à sa commune dispersée au milieu des arbres. Sa famille en possédait l'ancien château seigneurial (XIVe-XIXe siècle), en brique rose et moellon blanc. Les routes serpentent vers l'église Saint-Martin (XVe siècle), dont le gros œuvre rustique aurait inspiré des églises du Québec. *À 14km à l'est de Beuvron-en-Auge* **Château** *Sur la D59 (dir. le Val-Richer)*

Château de Crèvecœur-en-Auge Cette seigneurie médiévale a conservé exactement son plan d'origine. La basse-cour comprend la ferme, le colombier et la grange ; la haute cour (motte), "îlot" entouré d'eau, abrite le logis du seigneur. En longeant des fossés circulaires, on visite ces bâtiments rustiques du XVe siècle, ainsi que la chapelle romane du XIIe siècle. Des expositions et animations sont organisées toute l'année : fête des œufs à Pâques, les Médiévales, les traditions en s'amusant… *À 10km au sud de Beuvron-en-Auge Tél. 02 31 63 02 45 www.chateau-de-crevecoeur.com Ouvert fin mars-juin, sept. : tlj. 11h-18h ; juil.-août : tlj. 11h-19h ; oct. : dim. 14h-18h ; Toussaint : tlj. 14h-18h Tarif 7€, réduit 5€, moins de 7 ans gratuit*

● Où acheter du camembert moulé à la louche ?

☺ **Domaine de Saint-Loup** L'une des adresses incontournables du pays d'Auge, fondée à la fin du XIXe siècle par un descendant de Marie Harel, considérée comme l'inventrice du camembert. Thierry Graindorge, qui la dirige aujourd'hui, défend la fabrication du camembert comme autrefois : au lait cru et moulé manuellement à la louche par des femmes. Label AOC et vente de boîtes au détail (différents degrés d'affinage). *Chapelle Fribois **Saint-Loup-de-Fribois** (11km au sud de Beuvron-en-Auge) Tél. 02 31 63 42 21 Ouvert jeu. 15h-17h*

● Où acheter des spécialités à base de pomme ?

Gérard Desvoye Une petite boutique cohabite avec la presse à pomme, qui entre en activité de la Toussaint jusqu'en décembre. Pommeau, vinaigre de

Carnet de route du pays d'Auge

Le pays d'Auge s'étend de Camembert jusqu'au sud de Pont-l'Évêque. De Vimoutiers, la route D579 parcourt un plateau jusqu'à Lisieux, puis suit la trajectoire de la rivière de la Touques parmi les collines entre Lisieux et Pont-l'Évêque. Les communes les plus isolées s'en écartent à l'ouest, autour de Saint-Pierre-sur-Dives et de Beuvron-en-Auge. Pour découvrir l'intérieur des terres, l'idéal est de suivre une des "routes" : du fromage, du cidre ou des châteaux (se renseigner dans les offices de tourisme).

cidre, calvados de 5 et 8 ans d'âge, un poiré fermier, un cidre fermier brut et deux cidres AOC. ***Beaufour-Druval*** *(2km au nord-est de Beuvron-en-Auge) Tél. 02 31 65 11 94 Ouvert Pâques-mi-oct. : tlj. 9h-12h et 14h-19h*

Domaine Dupont Trois cidres plus fins que le traditionnel cidre fermier bouché : un "dégorgé" sans levure, un "réservé" influencé par le goût du calvados et un "givré" fait avec des pommes d'hiver. Également une crème de calvados. Vente à la propriété. ***Victot-Pontfol*** *(4km au sud de Beuvron-en-Auge) Tél. 02 31 63 24 24 www.calvados-dupont.com Ouvert lun.-jeu. 8h-18h30, ven. 8h-17h30, sam. 10h-18h30*

● Où faire une pause sucrée ?

La Crêperie des jardins Parmi les crêpes, les gaufres et la teurgoule cuite sept heures d'affilée, c'est la pomme qui prime dans de nombreux desserts. Bolées de cidre AOC et thés variés pour une pause sucrée après la visite de l'écomusée, cf. Découvrir les métiers traditionnels normands ci-dessous. *Av. des Tilleuls* ***Cambremer*** *(11km au sud-est de Beuvron-en-Auge) Tél. 02 31 63 01 81 Ouvert mai-oct. : tlj. 12h-21h30*

● Percer les secrets de la distillation

Pierre Huet Un domaine discret et une production issue de cinq générations : huit gammes de calvados – de 3 à 50 ans d'âge ! –, un poiré, un jus de pomme, un pommeau, et trois cidres – dont un acidulé en AOC. Si vous visitez les caves en début ou en fin de saison, vous verrez fonctionner les alambics au printemps ou assisterez au ramassage des pommes en automne. *5, av. des Tilleuls* ***Cambremer*** *(11km au sud-est de Beuvron-en-Auge) Tél. 02 31 63 01 09 www.calvados-huet.com Ouvert avr.-sept. : tlj. 9h-12h30 et 14h-18h ; oct.-mars : lun.-sam. 9h-12h30 et 14h-18h Tarif 3€*

● Découvrir les métiers traditionnels normands

La Crêperie des jardins Partant d'une prairie de 3ha, Jacques et Armelle Noppe ont créé un paradis de plantes augeronnes, ponctué de bâtiments de ferme "importés" et de petites pièces d'eau. Vous arpentez des jardins à thème et pénétrez à l'intérieur de maisons à pans de bois rénovées, illustration des métiers d'autrefois : boulangerie, forge, bouillerie, cordonnier... Cet écomusée devrait à l'horizon 2015 accueillir un bourrelier, un sabotier, un coiffeur et ainsi reconstituer un village d'artisans. *Av. des Tilleuls* ***Cambremer*** *(11km au sud-est de Beuvron-en-Auge) Tél. 02 31 63 01 81 www.lesjardinsdupaysdauge.com Ouvert mai-oct. : tlj. 10h-18h30 Tarif 7,70€, enfant 5€*

CARNET D'ADRESSES

Restauration

prix moyens

Au P'tit Normand Une adresse pour les gourmands qui "font" la route du cidre ! La chef travaille exclusivement avec des producteurs locaux, et les clients ne s'y trompent pas : la dizaine de tables est prise d'assaut à chaque service, aussi est-il prudent de réserver. Salades garnies, andouillettes et entrecôtes tentent de rivaliser avec la spécialité de la maison : l'omelette soufflée. Formule déjeuner à 16€, plats de 15 à 22€. *Place de l'Église* **Cambremer** *(11km au sud-est de Beuvron-en-Auge) Tél. 02 31 32 03 20 Ouvert juil.-août : mar.-dim. 12h-14h et 19h-22h ; sept.-juin : mar.-sam. 12h-14h et 19h-21h, dim. 12h-14h*

prix très élevés

Le Pavé d'Auge Du haut de gamme dans les murs des anciennes halles. Le restaurant collectionne les prix, son chef Jérôme Bansard compte un macaron Michelin et les gourmets l'idolâtrent : charlotte d'andouille à l'embeurrée de choux, brandade de morue tiède, dos de merlu aux girolles, assiette de 5 chocolats. Menus de 38 à 68€. **Beuvron-en-Auge** *Tél. 02 31 79 26 71 www.pavedauge.com Ouvert juil.-août : mar.-dim. 12h-13h30 et 19h30-21h30 ; sept.-juin : mer.-dim. 12h-13h30 et 19h30-21h*

Hébergement

prix moyens

Chambre d'hôtes La Vignerie Si les vignes n'existent plus sur ce plateau dominant le village de Cambremer, le corps de ferme du XVIIe siècle et le pressoir ont été amoureusement conservé et restauré par Marie-France Huet. Dans le salon trône l'ancien pressoir, que l'on contourne pour accéder aux 3 chambres, simples et agréables. Les effluves du plateau de fromages servi au petit déjeuner réveillent bien vite les hôtes qui ont du mal à émerger après une nuit bienfaisante. Double 48€. **Saint-Laurent-du-Mont** *(11km de Beuvron-en-Auge par la D16) Tél. 02 31 63 08 65 http://lavignerie.free.fr Ouvert toute l'année*

prix très élevés

☺ **Les Marronniers** Charme et poésie : un accueil exquis et cinq chambres délicatement décorées dans une ferme cosy du XVIIe siècle entourée d'un jardin très bien entretenu. De la grande baie vitrée du salon, superbe vue sur la vallée. Doubles et suites de 62 à 115€. Également un gîte de 300 à 620€ la semaine. *4235, route d'Englesqueville* **Cambremer** *(17km au nord de Saint-Pierre-sur-Dives par la D16) Tél. 02 31 63 08 28 www.les-marronniers.com Ouvert toute l'année*

Au repos des chineurs Pourquoi des chineurs ? Parce que la propriétaire, Mme Steffen, glane depuis de longues années une foule d'antiquités principalement anglaises. Tout est à vendre au rez-de-chaussée, ainsi que dans son salon de thé, où l'on trouve de merveilleuses porcelaines fines et des cloches à gâteaux. Cinq chambres, la plupart ornées de tissus Laura Ashley. Jacuzzi et baignoire thalasso pour les plus chères. Double 95€, petit déjeuner bio compris. *Chemin de l'Église* **Notre-Dame-d'Estrées** *(6km au sud de Beuvron-en-Auge) Tél. 02 31 63 72 51 www.au-repos-des-chineurs.com* **Salon de thé** *Ouvert ven.-lun.*

GAMME DE PRIX	RESTAURATION	HÉBERGEMENT
Très petits prix	moins de 10€	moins de 40€
Petits prix	de 10 à 15€	de 40 à 60€
Prix moyens	de 15 à 25€	de 60 à 85€
Prix élevés	de 25 à 40€	de 85 à 120€
Prix très élevés	plus de 40€	plus de 120€

SAINT-PIERRE-SUR-DIVES 14170

Un village marchand entre le pays d'Auge et la plaine de Caen. Autrefois, les commerçants des deux territoires y troquaient leurs produits. Perpétuant la tradition, de nombreux commerces foisonnent dans les rues bordant les superbes halles du XIIIe siècle. Pas de maisons à colombages dans Saint-Pierre-sur-Dives, mais le village et ses alentours ne manquent pas d'attraits !

MODE D'EMPLOI

accès

À 30km de Lisieux par la D613 et à 20km de Falaise par la D511.

informations touristiques

Office de tourisme de Saint-Pierre-sur-Dives *Rue Saint-Benoist Tél. 02 31 20 97 90 www.mairie-saint-pierre-sur-dives.fr Ouvert mi-avr.-mi-oct. : lun.-ven. 9h30-12h30 et 13h30-18h, sam. 10h-12h30 et 14h30-17h ; mi-oct.-mi-avr. : lun.-ven. 9h30-12h30 et 13h30-17h30*

marchés

Marché traditionnel Les halles de Saint-Pierre-sur-Dives sont envahies de curieux, à la recherche de produits locaux. *Rue Saint-Benoist Lun. matin*
Marché d'antiquités-brocante *Rue Saint-Benoist 1er dim. du mois*

DÉCOUVRIR

☆ **Les essentiels** Le château de Vendeuvre **Découvrir autrement** Faites provision de fromages de chèvre à la Ferme de la Biquetière, dégustez l'unique vin normand aux Arpents du soleil

Saint-Pierre-sur-Dives

Halles médiévales Au cœur de cette charmante cité trônent les halles du XIIIe siècle, détruites en 1944 et reconstruites à l'identique. Immenses (70m de long) et fraîches, elles accueillent marchés et concerts sous une immense charpente de bois. *Rue Saint-Benoist*

Ancienne abbaye Le cœur de Saint-Pierre ! Lesceline, épouse de Guillaume le Conquérant, fonda l'abbaye au XIe siècle dans sa propre demeure. Rebâtie au XIIIe siècle, elle bénéficia d'une importante restauration au XVIIe siècle. Elle accueille, de nos jours, l'office de tourisme et une exposition permanente des œuvres d'André Lemaître (1909-1995), peintre né à Falaise. Profitez de l'occasion pour admirer l'ancien réfectoire et les bâtiments conventuels sur cour. L'**église abbatiale** attenante date dans son ensemble du XVIe siècle. Sa tour du XIIe siècle servit de pigeonnier, puis de donjon. Une autre tour-lanterne du XVIIIe siècle éclaire sa nef de huit travées, terminée par cinq chapelles rayonnantes. On y découvre des stalles Renaissance du XVIe-XVIIe siècle, sculptées d'instruments de musique. À quelques pas de l'entrée principale, une ligne oblique est tracée sur le sol : il s'agit de la méridienne. **Église** *Rue de l'Église Ouvert tlj. 9h30-12h et 14h30-18h*

Jardin conservatoire Situé juste en face de l'abbaye, il ressuscite d'intrigantes plantes du Moyen Âge aux vertus magiques, médicinales ou autres. Vous trouverez en tout plus de 450 espèces de fleurs et de plantes. *Rue Saint-Benoist Renseignements à l'office de tourisme*

● Où remplir son panier pique-nique ?

Délices Pétruviens Indifférente au nom de l'actuelle échoppe, une enseigne au design rétro indique "Boulangerie centrale". De la rue, on admire les gestes réguliers du boulanger, qui travaille derrière une baie vitrée et place dans le four à bois de 1932 deux spécialités normandes : la teurgoule (riz au lait régional 5,80€/l.) et le bourdelot (pâte feuilletée et pommes). *20, rue de Falaise Tél. 02 31 90 53 68 Ouvert lun., jeu.-dim. 7h30-13h et 14h30-19h30 Fermé 3 sem. en août*

Charcuterie Patalier Les tripes de Patalier paradent avec leurs médailles, tandis que le pâté breton, finement relevé au poivre, fait jaser les Normands, qui se rabattent sur le saucisson à l'ail et les rillons. Farandole de salades et de plats cuisinés, pratiques si vous improvisez un pique-nique. *27, rue de Falaise Tél. 02 31 20 81 10 Ouvert lun.-mar., jeu.-sam. 8h30-13h Fermé 3 sem. en sept.*

● Où faire une pause gourmande ?

Fièvre de Cacao La préparation du chocolat chaud à l'ancienne, chef-d'œuvre de la maison, nécessite de l'énergie : à mesure que le fouet claque dans la casserole, l'envie de goûter le nectar de fève assaille petits et grands. Et pourquoi ne pas ajouter au mélange mousseux une pointe de cannelle ou de gingembre ? Dans les bonbonnes de ce salon de "thé" dorment quelques délices chocolatés à emporter. Comptez 2,50€ pour un bol de chocolat chaud. *5, rue du Paon Tél. 02 31 90 88 02 www.fievredecacaco.fr Ouvert lun.-mar., jeu.-sam. 9h30-13h et 14h30-19h*

Les environs de Saint-Pierre-sur-Dives

☺ **Château de Mézidon-Canon** L'intérieur ne se visite pas, mais que de surprises dans ce parc ! Élie de Beaumont, ami des philosophes au siècle des Lumières, le conçut peu après 1768 selon le style alors en vogue : le jardin symbolise les idées, le savoir, l'ordre "à la française" et le désordre "à l'anglaise". Passé un verger à pommes, les flèches vous conduisent vers un bosquet touffu ; après un bref passage dans la forêt, vous déboucherez au milieu des déesses antiques, puis des étangs, tout en croisant de petits monuments (temple grec, kiosque chinois, chartreuse). À vous de sortir du labyrinthe. Dégustation gratuite et vente de produits biologiques du château (pommeau, poiré, confitures…) à la cave à cidre. *À 9km au nord de Saint-Pierre-sur-Dives Tél. 02 50 93 65 17 www.chateaudecanon.com Ouvert avr. : w.-e. et j. fér. 14h-18h ; mai-juin, sept. : mer.-lun. 14h-19h ; juil.-août : 11h-13h et 14h-19h Tarif 6€, moins de 12 ans gratuit*

Manoir de Coupesarte De loin, on dirait une ferme avec ses vaches. En s'approchant, on découvre un charmant petit manoir du XVe siècle à tourelles et pignons à capucins. Sur la façade, un enchevêtrement de briquettes et de bois obliques et verticaux. En contournant le bâtiment sur la gauche, surprise : il est entouré d'eau sur trois côtés ! *À 13km au nord-est de Saint-Pierre-Sur-Dives par la D511 Propriété privée : visites extérieures autorisées jusqu'à 21h*

LE BONHEUR EST DANS LE PARC
Haies taillées, jeux d'eau en musique, labyrinthe, grottes décorées, animaux qui déambulent librement dans le parc du château de Vendeuvre constituent un musée en plein air… et une véritable aire de jeux pour les petits !

☆☺ **Château de Vendeuvre** Vers 1750, Alexandre Le Forestier de Vendeuvre se fit bâtir une élégante maison des champs. Il en confia la conception à l'architecte Jacques-François Blondel, qui privilégia l'intérieur, laissant la façade sobre "afin de ne pas jeter de la poudre aux yeux". Après la dernière guerre, non seulement le château a été restauré, mais le parc a été entièrement recréé dans le goût du XVIIIe siècle. À l'emplacement de ce qui était un jardin de soleil au XVIIIe siècle, s'épanouit aujourd'hui un **jardin exotique** fort de plus de cent cinquante espèces de plantes tropicales. L'orangerie abrite une collection inouïe de miniatures fabriquées à l'époque par les compagnons du Devoir ; et, au sous-sol, les cuisines reconstituées du XVIe siècle et de curieuses niches à chiens et à chats en bois canne, en soie, ornées de chinoiseries… Quant au château, vous découvrirez à votre rythme ses délicats décors pastel peints de paysages, pièce par pièce. Un paradis ! *(5km au sud de Saint-Pierre-sur-Dives par la D511) Tél. 02 31 40 93 83 www.vendeuvre.com Ouvert avr. : tlj. 14h-18h ; mai-sept. : tlj. 11h-18h ; oct. : dim. et j. fér. 14h-18h ; Toussaint : tlj. 14h-18h Tarif de 7,90 à 9,90€, enfant de 6,30 à 7,90€* **Jardin exotique** *Ouvert mai-oct.*

Où acheter du fromage ?

Fromagerie de Boissey La société fondée par Michel Fromage en 1810 donne ses lettres de noblesse au pont-l'évêque et au livarot (ici AOC). Comment ? Grâce à la ténacité de son responsable, Serge Lechevalier : un lent processus

Déguster du vin en Normandie

Les Arpents du soleil Gérard Samson a ressuscité en 1995 ce vignoble de 5ha qui s'était endormi au XVIIIe siècle, et produit aujourd'hui six crus normands aux cépages différents (pinot noir, chardonnay, melon de Bourgogne, etc.). L'auxerrois est de loin notre préféré : un vin blanc minéral de garde à siroter avec un livarot ou un pont-l'évêque. Environ 10€ la bouteille de 50cl. Visite du domaine et dégustation possibles. *Grisy (5km au nord-ouest de Saint-Pierre-sur-Dives) Tél. 02 31 40 71 82 www.arpents-du-soleil.com Ouvert avr.-déc. : lun., ven. 14h-18h30 Visite guidée le jeu. à 14h30 (5€, sur réservation à l'OT de Saint-Pierre-sur-Dives)*

de fabrication artisanal et du lait collecté chaque jour chez une vingtaine de producteurs. Vente à l'unité. ***Boissey*** *(6km à l'est de Saint-Pierre-sur-Dives) Tél. 02 31 20 64 00 Ouvert lun.-ven. 8h45-12h et 14h-17h*

● Où faire une pause gourmande ?

Le Relais du Billot Une salle sans prétention pour goûter aux omelettes et aux assiettes de pays, où le fromage fondu s'étale sans façon (de 10 à 15€ avec un verre de cidre). Les randonneurs profitent en été de la terrasse pour reprendre leur souffle et savourent des gaufres parfumées à l'ombre des parasols. Service chaleureux. *Lieu-dit L'Oudon* ***L'Oudon*** *(5km au sud-est de Saint-Pierre-sur-Dives) Tél. 02 31 20 92 31 Ouvert juil.-août : mar.-dim. ; sept.-juin : mar.-sam. en continu, dim. matin*

● Écouter des histoires sur l'Histoire

☺ **Jardin de Manou** À l'origine, Manou voulait montrer son jardin paysager et vendre ses confitures maison. Puis elle a redonné vie à la ferme de son enfance et raconte aujourd'hui l'histoire locale avec simplicité, humour et passion. Beaucoup de chaleur dans ce récit, qui balaie le quotidien sous l'Occupation, les outils d'autrefois et le savoir-faire normand... L'art de prouver aux petits et aux grands que l'Histoire s'enseigne sur les bancs de l'école, se perpétue oralement et se transmet avec le sourire. Tarif 4€, enfant 3€. *8, Grande-Rue* ***Percy-en-Auge*** *(5km au nord de Saint-Pierre-sur-Dives) Tél. 06 08 09 57 90 www.chezmanou.fr Ouvert avr.-oct. : jeu. 14h30*

● Faire une promenade à cheval

Rando Loisirs Accueil sympathique dans ce club équestre situé au pied des monts d'Éraine : quel que soit votre niveau, vous pourrez battre la campagne à cheval (de 1 à 3h maximum). Les parents guideront leur enfant le temps d'une "promenade en main" dans les champs voisins. Comptez 17€/h. ***Perrières*** *(8km de Saint-Pierre-sur-Dives par la D511) Tél. 02 31 90 60 10 Ouvert sam.-jeu.*

● Assister à la traite des chèvres dans une ferme bio

Ferme de la Biquetière L'idéal est d'arriver vers 17h pour pouvoir assister à la traite des chèvres. Mylène et Dominique produisent dans cette exploitation bio plus de 400 fromages par jour : bûches, cendrés ou crottins. Quelques savons maison à vendre, dont certains au lait de chèvre ! *La Varinière* ***Tortisambert*** *(15km au sud-est de Saint-Pierre-sur-Dives) Tél. 02 31 62 74 35 www.ferme-la-biquetiere.co*

☺ Dormir dans une cabane perchée

Coup de Canon Quatre cabanes spacieuses, dont la plus haute d'Europe, accueillent les Robinson pour une nuit perchée dans les arbres, cf. Ferme du château de Mézidon-Canon (p.232). Le matin, il suffit de tirer sur la corde pour faire monter le petit déjeuner ! Nuit de 130 à 190€, dîner à 25€/pers. (cidre compris). ***Mézidon-Canon*** *Tél. 02 31 90 94 49 www.coupdecanon.fr*

● Taquiner le cochon et caresser les ânes

Ferme du château de Mézidon-Canon Les enfants découvrent avec plaisir cette ferme pédagogique constituée d'enclos, d'espaces ouverts, d'un bois et d'un étang. La plupart des animaux sont en semi-liberté (chèvres, poules, lamas, cochons, lapins, ânes, poneys...) et l'on prend une piqûre de nature en suivant le parcours fléché qui mène sur une île au pied de cabanes accrochées dans les arbres, cf. Dormir dans une cabane perchée (p.231). ***Mézidon-Canon*** *(9km au nord de Saint-Pierre-sur-Dives) Tél. 02 31 90 94 49 www.ferme-pedagogique.fr Ouvert mi-fév.-mi-nov. : tlj. 9h-19h ; mi-nov.-mi-fév. sur rdv*

CARNET D'ADRESSES

Restauration

prix élevés

Auberge de la Dives Ne vous fiez pas à la façade, sans charme, et plongez-vous dans la lecture de la carte pour choisir l'un des menus alléchants (de 20 à 35€). Les plats piochent dans le répertoire normand, option poisson en saison et gibier en hiver, toujours sur fond de sauce mais sans excès. Foie gras, filet de saint-pierre et rognons de veau à ne pas manquer. Belle carte de cidres. *27, bd Collas* ***Saint-Pierre-sur-Dives*** *Tél. 02 31 20 50 50 Ouvert lun. 12h-14h, mer.-dim. 12h-14h et 19h30-21h30 Fermé 3 sem. fin nov.*

Hébergement

prix moyens

☺ **Chambres d'hôtes Jardin de Sauvagère** La demeure aux volets bleus n'a rien d'un mas, pourtant une légère brise caresse la treille et rappelle la Provence. Ce nid douillet, caché dans les environs de Saint-Pierre-sur-Dives, donne envie de poser bagage et de prendre son temps. On (re)découvre le plaisir de bouquiner sous la couette, de chahuter dans le jardin fleuri, de regarder le paon faire la roue... avant de sombrer dans un sommeil réparateur dans l'une des 2 chambres décorées avec goût par Delphine. Double de 38 à 52€ et table d'hôtes sur réservation 21€. *La Cour des Vignes* ***Vaudeloges*** *(9km au sud de Saint-Pierre-sur-Dives) Tél. 02 31 90 40 94 http://jardindesauvagere.com*

prix très élevés

Chambres d'hôtes L'Oudon Cinq chambres indépendantes, réparties autour du corps de ferme principal, et aménagées par les propriétaires, amoureux du rétro version luxe et du design tendance campagne ! La chambre dite du "Lavoir" fait face aux nénuphars et semble flotter hors du temps, tandis que les hôtes de celle dénommée "Piscine" font

GAMME DE PRIX	RESTAURATION	HÉBERGEMENT
Très petits prix	moins de 10€	moins de 40€
Petits prix	de 10 à 15€	de 40 à 60€
Prix moyens	de 15 à 25€	de 60 à 85€
Prix élevés	de 25 à 40€	de 85 à 120€
Prix très élevés	plus de 40€	plus de 120€

des longueurs (bassin chauffé toute l'année). Calme et confort au prix de 130 à 255€ la nuit. *12, route d'Écots*

L'Oudon *(3km de Saint-Pierre-sur-Dives) Tél. 02 31 20 77 96 www.fermedeloudon.com Ouvert toute l'année*

ORBEC

14290

Implanté dans la vallée fertile de l'Orbiquet, le berceau du Lanquetot tire son nom d'un mot viking signifiant "ruisseau". Seigneurie donnée par les ducs de Normandie à Gilbert de Brionne en l'an 1000, elle devint bailliage au XVIe siècle, ce qui y attira la noblesse de robe. L'époque industrielle apporta au bourg laiteries et fromageries, qui participent de nos jours à la renommée de la Normandie. Entre Livarot et Camembert, laissez-vous aller à une flânerie gourmande, gommant ainsi la frontière qui sépare l'Orne du Calvados.

MODE D'EMPLOI

accès

EN VOITURE
À 20km au sud de Lisieux par la D519 et à 17km au sud-ouest de Bernay.

EN CAR
Bus verts du Calvados La ligne n°56 relie plusieurs fois par jour Lisieux à Orbec (30min), tandis que la ligne n°53 assure la liaison entre Livarot, Vimoutiers et Lisieux. *Tél. 0810 214 214 www.busverts.fr*

informations touristiques

Office de tourisme du pays de l'Orbiquet *6, rue Grande* **Orbec** *Tél. 02 31 32 56 68 www.tourisme-normandie.fr Ouvert mai-juin, sept. : lun.-ven. 9h30-12h30 et 14h-18h, sam. 10h-12h et 14h30-18h ; juil.-août : lun.-sam. 9h30-12h30 et 14h-18h30, dim. 10h-12h30 ; oct.-avr. : lun.-ven. 9h30-12h30 et 14h-17h30, sam. 10h-12h30 et 14h30-17h30*

Office de tourisme de Livarot Met en vente un excellent topoguide *Randonnées en pays de Livarot* (6€). *1, pl. Georges-Bisson* **Livarot** *Tél. 02 31 63 47 39 Ouvert avr.-oct. : lun.-sam. 9h30-12h30 et 14h-18h, dim. et j. fér. 10h-13h ; nov.-mars : fermé dim. et lun. mat.*

Office de tourisme du pays du Camembert *21, pl. de Mackau* **Vimoutiers** *Tél. 02 33 67 49 42 www.cdc-camembert.com Ouvert oct.-mai : lun. 14h-17h30, mar.-sam. 10h-12h30 et 14h-17h30 ; juin-oct. : lun. 14h-18h, mar.-sam. 9h30-12h30 et 14h-18h, dim. 10h-12h30 et 14h-16* **Annexe** *1, pl. du Marché* **Le Sap** *Tél. 02 33 36 93 31 Ouvert juin-août : mar.-sam. 10h-12h30 et 15h30-18h, dim. 10h-12h30*

Visites guidées du Sap *Tél. 02 33 39 00 25 (M. Mayzaud) Mai-oct. : mar.-ven. le matin sur rdv*

location de deux-roues

Cycles Fauvel Comptez 12€ par jour pour un VTC en bon état, loué avec antivol et kit de dépannage. *Zone industrielle Nord 14140* **Livarot** *Tél. 02 31 63 51 26 Ouvert mar.-sam. 9h-12h et 14h-19h*

fêtes et manifestations

Foire aux fromages de Livarot Le village accueille un cirque, une fanfare, et une multitude d'exposants. Le clou de la fête : un concours du "plus gros mangeur de livarot" ! *1er w.-e. d'août*

marchés

Marché d'Orbec Les producteurs locaux prennent d'assaut la rue Grande d'Orbec. *Mer. matin*
Marché de Vimoutiers *Lun. ap.-m. et ven. matin*

DÉCOUVRIR

Découvrir autrement Faites un stage de poterie avec Françoise Dupuis, passez la nuit au calme dans le prieuré de Crouttes, achetez du fromage à la Maison du camembert

Orbec

Pour observer de remarquables maisons à pans de bois du XVe au XVIIIe siècle, il suffit d'arpenter la rue principale, jalonnée de commerces, et de s'écarter dans les rues perpendiculaires. Au centre de la rue Grande, vous croiserez la tour de l'hôtel-Dieu Saint-Rémy fondé en 1290, qui servit d'hôpital au XVe siècle. En haut de la rue de Geôle se trouvent les ruines en grès et en silex du Vieux Château, disparu au XIVe siècle. Et, en descendant la rue des Religieuses, vous admirerez un bâtiment historique à la façade crème : le couvent des Augustines, prieuré installé en 1632 dans l'ancien jeu de Paume, aujourd'hui centre culturel.

Église Notre-Dame L'édifice actuel fut construit à la fin du XVe siècle et au XVIe siècle, après la guerre de Cent Ans, avec les pierres du château démantelé en 1378. L'intérieur recèle au moins vingt-six curiosités ! Une superbe série de vitraux Renaissance aux dessins délicats, une Vierge à l'Enfant resplendissante de santé (XVIIe siècle), un autel néogothique primé à l'Exposition universelle de 1889 et un buffet d'orgue du XVIe siècle issu de l'abbaye du Bec-Hellouin, qui patronna l'église primitive au XIe siècle. *Au bout de la rue Grande*

Vieux Manoir Une spectaculaire maison de style Renaissance, bâtie en 1568 pour un tanneur : les murs, sculptés de cariatides et de frises, mêlent hourdis de tuileaux roses, silex noirs et triangles de pierres blanches. Son aménagement en musée municipal dévoile sa façade intérieure, entièrement à colombages sur deux étages. Expositions permanentes et temporaires. *107, rue Grande Tél. 02 31 32 58 89 Ouvert avr. : sam.-dim. 10h-12h30 et 15h-18h ; mai-sept. : mer.-dim. 10h-12h30 et 15h-18h Tarif 1,50€*

● Où acheter fromages et autres spécialités du terroir ?

Crémerie et primeur Pour trouver du camembert Lanquetot, inutile de vous rendre à Orbec : l'usine, qui siège à la périphérie du bourg, les diffuse dans la France entière. Mais si vous souhaitez emporter un souvenir du village, cette crémerie en propose (avec d'autres fromages) à la coupe. *À l'angle de la rue Grande et de la rue de Geôle Tél. 02 31 32 80 47 Ouvert mar.-sam. 8h30-13h et 15h-19h, dim. 8h30-13h*

Faire un stage de poterie

Atelier Poterie Françoise Dupuis Françoise Dupuis, au sourire contagieux, se fait un plaisir de transmettre les techniques du travail du grès et de l'émaillage. Les mains dans la terre glaise en provenance du Berry, on apprend à faire naître sous ses doigts une boîte, un cendrier ou un pichet (34€/2h30 de cours particulier). Si vous ne faites qu'un passage express à Orbec, contentez-vous de faire un détour par la boutique. *11, rue des Augustines Tél. 02 31 32 74 21 http://poterie.dupuis.free.fr Ouvert mar.-sam. 10h30-12h et 15h-18h30*

Les environs d'Orbec

Faire une pause pique-nique

La Folletière Abenon Un vieux pressoir restauré, les vestiges d'un moulin du XIIIe siècle et le clapotis de l'Orbiquet (source vauclusienne) : voilà le cadre parfait pour une pause pique-nique à l'ombre des pommiers. *À 4km au sud d'Orbec*

Livarot et alentours

Livarot Au début du XVIIIe siècle, la petite commune se mit à rayonner lorsque Thomas Corneille, frère du dramaturge, glorifia son fromage. L'industrie Graindorge (cf. ci-dessous) en raconte la fabrication. Au cœur du village, quelques façades Renaissance à colombages ont échappé au crépi, et l'église Saint-Ouen du XVIe siècle possède un orgue classé à 15 jeux et 996 tuyaux (de 1892) conçu par Charles Mutin – successeur du grand facteur Cavaillet-Coll. *À 22km à l'ouest d'Orbec par la D4*

☺ **Manoir de Bellou** Construit entre 1475 et 1680, le domaine, classé monument historique, offre un merveilleux ensemble architectural allant du Moyen Âge à la Renaissance. Le corps principal, bâti sur une ancienne maison forte, comporte un encorbellement du XVe siècle, des rageurs du XVIIe siècle et une façade Renaissance en pierre blanche. Cuisines et pigeonnier octogonal du XVIe siècle, tout comme les peintures qui ornent l'une des chambres. ***Bellou** (15km à l'est de Livarot) Tél. 02 31 61 06 55 Ouvert juil.-août : tlj. 10h30-12h30 et 15h-19h Visites guidées Tarif 1,50€ (parc), 4€ (parc et manoir), enfant 1€/1,50€*

Où en savoir plus sur la fabrication du livarot ?

☺ **Fromagerie Graindorge – Le Village fromager** Cette fromagerie tenue par la famille Graindorge depuis 1910 reste l'une des dernières à pratiquer le tri et le liage manuels. Un circuit touristique (et passionnant) permet de visiter l'usine par un système de films et un son et lumière. De la traite à l'emballage, vous assistez à la naissance du livarot et du pont-l'évêque (AOC) tout en surplombant les ateliers de fabrication, et vous devenez incollable ! Comment résister ensuite aux "colonels" dorés de la boutique – au lait cru, thermisé, affiné... *Entrée libre 42, rue du Général-Leclerc **Livarot** (route de Vimoutiers) Tél. 02 31 48 20 10 www.graindorge.fr Ouvert juil.-août : lun.-sam. 9h30-12h et 14h-17h30, dim. 10h30-13h et 15h-17h30 ; avr.-juin, sept.-oct. : lun.-ven. 9h30-12h et 14h-17h, sam. 9h30-12h ; nov.-mars : lun.-ven. 10h-12h et 14h-17h, sam. 9h30-12h*

Où faire provision de calvados ?

☺ **Roger Groult** Les calvados Groult ont remporté à la fin du XIXe siècle leurs premières médailles et n'ont cessé depuis de convaincre les plus fins palais. Sans doute est-ce dû à leur double distillerie au feu de bois, une particularité de ce calvados étiqueté AOC Pays d'Auge. Visite guidée du domaine conseillée en automne, au moment de la récolte des pommes. *Clos de la Hervanière* ***Saint-Cyr-du-Ronceray*** *(14km au nord-est de Livarot) Tél. 02 31 63 71 53 www.calvados-roger-groult.com Ouvert toute l'année Visite et vente lun.-ven. 9h-12h et 13h-16h, w.-e. et j. fér. sur rdv*

Vimoutiers et alentours

Vimoutiers Deux statues de Marie Harel trônent dans le centre-ville de Vimoutiers. La première, située sur le boulevard Dentu, a été inaugurée en 1928 par le président Millerand. La seconde a été érigée dans le square Bosworth, après le bombardement du 14 juin 1944, qui détruisit, hélas, les trois quarts du village. Allez jeter un coup d'œil aux vitraux modernes de l'église Notre-Dame : on les doit au maître verrier de Chartres, Gabriel Loire. *À 22km au sud d'Orbec par la D46*

Musée du Camembert Riche entre autres d'une exposition de 1 400 étiquettes cosmopolites de "faussaires", il organise chaque année une rencontre de tyrosémiophiles (collectionneurs d'étiquettes) ; également une exposition permanente sur Charlotte Corday au premier étage. *10, av. du Général-de-Gaulle* ***Vimoutiers*** *Ouvert juin-sept. : lun., jeu.-dim. 14h-17h30 Tarif 3€, 7-14 ans 2€ Dégustation 2,50€*

Prieuré de Crouttes Une délicieuse escapade dans un cadre séculaire. Fondé au Xe siècle, ce prieuré bénédictin dépendait de l'abbaye de Jumièges. Avec la prospérité, il s'étendait à la fin du XVIe siècle sur 860ha. Un industriel le racheta en 1984 et le remit en état. Une grange dîmière et une chapelle du XIIIe siècle subsistent encore, à côté d'un cellier du XIVe siècle, d'un pressoir du XVe siècle et de bâtiments du XVIIIe siècle. La balade se termine au bassin des nymphéas, une pièce d'eau à nénuphars fleurie d'iris, de prêles et d'ail des ours… Cinq chambres d'hôtes de charme pour y passer la nuit (de 110 à 140€ avec petit déj.). ***Crouttes*** *(7km à l'ouest de Vimoutiers) Tél. 02 33 39 15 15 www.prieure-saint-michel.com Ouvert mai-sept. : mer.-dim. 14h-18h Tarif 6€, 10-18 ans 3€*

Camembert

On comprend l'inspiration des publicitaires : un village perché sur des vallons plus verts que nature, où paissent des vaches grasses. Une route grimpe jusqu'au **manoir de Beaumoncel**. C'est ici que la fermière Marie Harel aurait conçu le roi des fromages. L'été, on peut visiter le rez-de-chaussée, le pressoir et le four à pain. *À 26km au sud d'Orbec*

Musée de la Maison du camembert On y présente un intéressant montage audio-vidéo : présentation d'une chaîne industrielle et reconstitution d'une fabrication artisanale. On ne repartira pas sans faire escale à la boutique, cf. ci-dessous. *Tél. 02 33 36 06 60 www.maisonducamembert.com Ouvert avr.-mai, sept.-oct. : mer.-dim. 10h-12h30 et 14h-17h30 ; juin-août : tlj. 10h01-12h et 14h-17h30 Tarif 3€, 11-14 ans 1€*

● Où acheter du fromage ?

Maison du camembert On pourra y acheter deux marques artisanales au lait cru : le "Moulin de Carel" (en camembert et en livarot), et le "Jort" (en camembert et en neufchâtel). Assiettes de fromages AOC et verre de cidre 7€, sandwich normand et verre de cidre 5€. ***Camembert*** *Tél. 02 33 12 10 37 www.maisonducamembert.com Ouvert mars : jeu.-dim. 10h-17h ; avr. et sept.-oct. : mer.-dim. 10h-18h ; mai-août : tlj. 10h-19h*

Fromagerie Durand Le dernier fabricant fermier de camembert AOC propose aussi de la crème, du fromage blanc et des œufs de la ferme. Vente au détail, assiette-dégustation sur demande à l'avance (env. 4€), et visites de la fromagerie sans rendez-vous. *Ferme de la Héronnière* ***Camembert*** *(3km à droite en venant du village) Tél. 02 33 39 08 08 Ouvert lun.-sam. 10h-13h et 15h-18h*

CARNET D'ADRESSES

Restauration, hébergement

prix moyens

Moulin de Fossard Les plats, renouvelés tous les mois, jouent avec les saveurs du Calvados sans jamais brusquer les papilles. Le chef, inventeur un peu fou, sert ses trouvailles dans la salle, où trône le mécanisme d'un moulin : d'excellents poissons cuits en papillote ou à l'unilatérale. Amateur de chocolat, il ne manque pas de créer des mariages avec du caramel, du beurre salé ou des épices. Un régal à prix doux : menu à 23€. *Route de Lisieux* ***Saint-Martin-de-Bienfaite*** *(5km au nord d'Orbec) Tél. 02 31 31 40 38 Ouvert avr.-oct. : mar. et jeu.-sam. midi et soir, mer. soir ; nov.-mars : mar. soir, mer.-sam. midi et soir*

prix élevés

Côté jardin Aménagées dans les combles, 2 chambres d'hôtes en duplex ouvrent sur un immense jardin, à la fois sauvage et fleuri. Bien équipées (bouilloire, frigo, ventilateur) et confortables, elles séduisent leurs hôtes qui pourront glaner des informations touristiques auprès du sympathique propriétaire. Agréable terrasse où l'on peut prendre son petit déjeuner. Nuit à 80€. *62, rue Grande* ***Orbec*** *Tél. 02 31 32 77 99 ou 06 48 05 02 36*

GAMME DE PRIX	RESTAURATION	HÉBERGEMENT
Très petits prix	moins de 10€	moins de 40€
Petits prix	de 10 à 15€	de 40 à 60€
Prix moyens	de 15 à 25€	de 60 à 85€
Prix élevés	de 25 à 40€	de 85 à 120€
Prix très élevés	plus de 40€	plus de 120€

prix très élevés

☺ **Le Manoir de l'engagiste** Cette maison du XVe siècle on ne peut plus conviviale est l'un des plus beaux témoignages historiques d'Orbec : le représentant du roi, dit "engagiste", chargé de gérer la ville, y résida jusqu'à la Révolution. Elle serait bien délabrée si Christian et Annick Dubois ne l'avaient remise sur pied en s'aidant de documents d'époque. Quatre chambres (dont une accessible aux handicapés). Dans le salon, des peintures sur bois représentent des scènes de la vie quotidienne. Salle de billard. Double de 95 à 110€, petit déj. inclus. *15, rue Saint-Rémy* ***Orbec*** *Tél. 02 31 32 57 22 www.orbec-hotel-manoirengagiste.com*

Château de la Vespière Un parc arboré, un cygne noir en balade sur le lac, une barque pour canoter, des chevaux au loin : une onde romantique enveloppe l'extérieur du château. Dans les 5 chambres, on se glisse sous des couettes vaporeuses, on susurre des secrets d'alcôves et on savoure la douceur du temps entre parenthèses. Décoration discrète, aménagement réfléchi et salles de bains modernes. La rayonnante propriétaire, Suzanne Björklund, donne des cours de cuisine, mais vous pouvez vous contenter de glisser vos pieds sous la table et vous offrir un dîner de luxe. Double 135€, petit déj. compris. *Rue de l'Église* ***La Vespière*** *(1km d'Orbec) Tél. 02 31 32 97 55 www.chateaudelavespière.com Ouvert toute l'année*

GEOREGION

V

COTENTIN

CAP DE LA HAGUE
Goury
Auderville
Saint-Germain-des-Vaux
Port-Racine
GUERNESEY
POOLE, ROSSLARE
BAIE D'ÉCALGRAIN
Omonville-la-Rogue
Omonville-la-Petite
D45
Jobourg
Urville-Nacqueville
Cherbourg
NEZ DE JOBOURG
Beaumont-Hague
Gréville-Hague
D45
Querqueville
POINTE DE LA HAGUE
D901
Équeurdreville
Tonneville
Tourlaville
Vauville
Octeville
La Glacerie
Biville
Vasteville
Martinvast
N13
Tollevast
D650
Siouville-Hague
Diélette
GUERNESEY, AURIGNY
Brix
DOUVE
Sotteville
Bricqueboscq
COTENTIN
Sottevast
Flamanville
CAP DE FLAMANVILLE
Les Pieux
ANSE DE SCIOTOT
Le Rozel
Bricquebec
D902
Surtainville
D902
SEYE
D650
Sortosville-en-Beaumont
Barneville-Carteret
Fierville-les-Mines
Carteret
GUERNESEY
CAP DE CARTERET
Besneville
D15
Barneville-Plage
D15
Portbail
Portbail-Plage
GUERNESEY
PASSAGE DE LA DÉROUTE
D903
Denneville-Plage
D650
La Haye-du-Puits
Bretteville-sur-Ay
Angoville-sur-Ay
JERSEY
Saint-Germain-Plage
Saint-Germain-sur-Ay
N
5 km
Pirou

Val de Saire
ANSE DE LA MONDRÉE
Cosqueville
Réthoville
Phare de Gatteville
POINTE DE BARFLEUR
CAP LÉVI
D116
Gouberville
POINTE DE BRULAY
Fermanville
D116
Gatteville-le-Phare
ANSE DU BRICQ
Maupertus-sur-Mer
Saint-Pierre-Église
Rauville
Carneville
Barfleur
Théville
D901
Gonneville
Sainte-Geneviève
D902
Montfarville
Valcanville
Anneville-en-Saire
Brillevast
Le Vicel
VAL DE SAIRE
Le Vast
Réville
SAIRE
Le Theil
La Pernelle
Jonville
Quettehou
POINTE DE SAIRE
Teurthéville-Bocage
ÎLE DE TATIHOU
Saint-Vaast-la-Hougue
Montaigu-la-Brisette
D902
Crasville
Octeville-l'Avenel
Lestre
Valognes
Vaudreville
Quinéville
ÎLES SAINT-MARCOUF
Yvetot-Bocage
D42
Montebourg
Fontenay-sur-Mer
N13
Savigny
Flottemanville-Bocage
Saint-Marcouf-de-l'Isle
Ravenoville-Plage
D2
Écausseville
Azeville
Ravenoville
UTAH BEACH
MERDERET
Fresville
D15
Hautteville-Bocage
Sainte-Mère-Église
Rauville-la-Place
Crosville-sur-Douve
COTENTIN
D15
D70
Grandcamp-Maisy
Saint-Sauveur-le-Vicomte
D70
RÉSERVE NATURELLE DE BEAUGUILLOT
PARC NATUREL RÉGIONAL DES MARAIS DU COTENTIN ET DU BESSIN
Liesville-sur-Douve
Sainte-Marie-du-Mont
BAIE DES VEYS
D514
DOUVE
N13
BAYEUX, CAEN
DOUVE
D900
Saint-Côme-du-Mont
Isigny-sur-Mer
Les Veys
N13
Saint-Hilaire-Petitville
Lithaire
Côte de Nacre
D5
D903
D903
Carentan
MONT CASTRE
MANCHE
Méautis
Saint-Pellerin
VIRE
CALVADOS
Vesly
Cherbourg
Sainteny
Saint-André-de-Bohon
Caen
Saint-Lô
Lisieux
Abbaye
Lessay
D971
SÈVRES
Tribehou
D900
Alençon
Périers
Remilly-sur-Lozon
AY
TAUTE

CHERBOURG

50100

Capitale économique du Cotentin, Cherbourg est, avec environ 40 000 habitants (120 000 avec l'agglomération), la ville la plus peuplée de la Manche. Érigée à l'extrême nord de la presqu'île, cette cité n'a d'yeux que pour son golfe et sa rade artificielle – la plus grande au monde. Et qu'importe l'histoire de cet ouvrage titanesque, la vocation de Cherbourg est à la mer. Pour preuve, la ville n'a pas un port, mais quatre : le port de pêche, le port militaire, le port de commerce et le port de plaisance. Sans oublier la gare Transatlantique, où trône la Cité de la mer avec sa collection de sous-marins, et la gare maritime, véritable carrefour vers l'Irlande et l'Angleterre. Loin du mythe créé par le film de Jacques Demy, *Les Parapluies de Cherbourg* (1964), l'endroit n'est pas aussi pluvieux que ce que l'on croit. Au contraire, les courants du Gulf Stream tempèrent efficacement le climat. Assez, en tout cas, pour qu'une végétation luxuriante, aux accents australs, s'épanouisse pleinement, d'autant plus que les Cherbourgeois aiment les jardins.

UNE CITÉ MARITIME CONVOITÉE Dès le IVe siècle, les incursions anglo-saxonnes poussent les maîtres de Cherbourg à construire un château défensif. Mais il ne suffit pas. Pendant la guerre de Cent Ans, la cité est l'enjeu des conflits incessants entre Anglais et Français : elle passe plusieurs fois d'un camp à l'autre. Comme elle est trop vulnérable par la mer, Vauban entreprend, en 1686, de consolider la forteresse. Trois ans plus tard, le ministre de la Guerre de Louis XIV, Louvois, décide, lui, de raser château et remparts. En 1783, Louis XVI relance la construction des fortifications militaires. L'édification de la digue nécessite quatre-vingt-dix gigantesques cônes de bois, comblés de pierres, qui serviront d'armature. Mais le chantier, lancé par Cessart, est interrompu jusqu'en 1802 lorsque Napoléon Bonaparte décide de faire de Cherbourg un grand port de guerre. Cinquante ans après, la digue (3 712m) est achevée. La ville prend alors son essor. Au milieu du XIXe siècle, son port devient une escale pour les paquebots transatlantiques. À tel point qu'en 1939 le trafic maritime y est deux fois plus important qu'à New York. Prise par l'armée allemande en 1940, Cherbourg est considérée

Tableau kilométrique

	Cherbourg	Caen	Granville	Mont-Saint-Michel
Caen	122			
Granville	105	109		
Mont-Saint-Michel	175	126	47	
Saint-Lô	78	50	75	80

comme un lieu stratégique essentiel. Sa libération par le 7e corps américain (26-27 juin 1944) procure aux Alliés un port en eaux profondes indispensable au déroulement des opérations militaires dans le Cotentin.

MODE D'EMPLOI

accès

EN VOITURE

Cherboug se trouve à 122km de Caen par la N13 et à 175km du Mont-Saint-Michel par l'A84 et la N13.

EN TRAIN

SNCF Six à douze AR quotidiens avec Caen (env. 1h15) et Paris (3h). Également un train en provenance de Saint-Lô (1h) et de Coutances (1h30). *Tél. 3635 www.ter-sncf.com*
Gare (plan 6, B4) *Pl. Jean-Jaurès*

EN CAR

Manéo Les transports en commun de la Manche Manéo relient Cherbourg à Bricquebec, Carentan, Coutances, Granville, Portbail, Quettehou, Saint-Lô, Saint-Pierre-Église et Siouville. *Tél. 0800 150 050 http://transports.manche.fr*

EN BATEAU

Port Chantereyne (plan 6, B1) Le port de plaisance en eaux profondes dispose de 253 places visiteurs. *Tél. 02 33 87 65 70*

EN FERRY

Gare maritime-terminal 1 (plan 6, B1) *Pas de tél. Quai de Normandie*
HD Ferries Liaisons avec les îles Anglo-Normandes. *www.hdferries.fr*

orientation

Au nord, l'avenue Cessart et le quai de Caligny longent le port de plaisance et l'avant-port jusqu'au pont tournant. À l'est, le quai Alexandre-III, face au bassin du commerce, s'étire jusqu'à la gare SNCF. De là, les boulevards Mendès-France et Guillaume-le-Conquérant rejoignent la D901 vers l'ouest. Le cœur historique et commerçant de la cité se concentre dans les rues Tour-Carrée, des Fossés, des Portes, au Blé et Albert-Mahieu. Au sud-est, le fort du Roule domine la ville, 117m au-dessus de la mer.

informations touristiques

Office de tourisme de Cherbourg et du haut Cotentin (plan 6, B3) L'office organise des visites gratuites des lieux et monuments (une fois par mois de septembre à juin, et cinq fois par semaine en juillet et août). et toute l'année des randonnées et des sorties ponctuelles dans le Cotentin. Vous y trouverez aussi le planning des visites guidées de la ville. *2, quai Alexandre-III Tél. 02 33 93 52 02 www.cherbourgtourisme.com Ouvert mi-juin-mi-sept. : lun.-sam. 9h30-19h, dim. 10h-17h ; mi-sept.-mi-juin : lun.-sam. 10h-12h30 et 14h-18h*

circulation et stationnement

Circuler à Cherbourg en voiture est aisé, mais la ville, de taille modeste, se traverse facilement à pied. Le parking situé sur la place Napoléon (plan 6, B1) est gratuit de 7h30 à 19h30. La communauté urbaine propose de nombreux "sentiers piétons" dans Cherbourg et ses environs. Vous pourrez vous procurer une brochure détaillée à l'office de tourisme.

transports urbains

BUS

Agence Zéphir (plan 6, B3) Le réseau de bus Zéphir compte 9 lignes sur la ville et sa périphérie dont 3 assurant un service jusqu'à 0h ou 1h le ven. Tickets en vente dans la plupart des bureaux de tabac. *40, bd Robert-Schuman Tél. 0 810 810 050 www.zephirbus.com*

TAXIS

Taxis de Cherbourg-Octeville *Tél. 02 33 53 36 38*
Cherbourg taxis *Tél. 02 33 53 17 04*
Taxis de la Hague *Tél. 02 33 08 46 46 ou 06 08 58 52 99*

location de deux-roues

E-design + (plan 6, B2) Location toute l'année de VTC : 9€/demi-journée, 15€/j. et 56€/sem. (pièce d'identité ou 150€ de caution). *Port Chantereyne en bas de la descente du yacht club Tél. 02 33 03 76 57 www.e-design-plus.fr*

marchés et brocante

Marchés de Cherbourg Le mardi matin et le jeudi sur la place du Général-de-Gaulle, devant le théâtre (plan 6, B3), le samedi matin sur les places du Général-de-Gaulle et Centrale, face aux Halles (plan 6, B2), le mercredi matin places Alfred-Rossel et Jean-Moulin, le dimanche matin avenue de Normandie, et les mercredi et dimanche matin à Octeville.
Marché de Beaumont *Sam. matin*
Marché d'Equerdreville *Ven. matin*
Marché de Flamanville *Mer. matin*
Marché aux puces (plan 6, B2) Vide-grenier tous les premiers samedis du mois de 8h à 18h, entre le parvis de la basilique Sainte-Trinité et la rue des Moulins. *Renseignements à la Mairie Tél. 02 33 87 88 89 www.ville-cherbourg.fr*

fêtes et manifestations

Festival du livre de jeunesse et de la bande dessinée *www.festivaldulivre.com En juin*
Cin'Étoiles Concerts et cinéma gratuits en plein air. *En juil.*
Foire de Cherbourg Dans la grande halle de la Cité de la mer *Fin oct.-début nov.*
Festival du film allemand *Cinéma Odéon 51, rue Maréchal-Foch Tél. 02 33 22 58 54 www.imagesdor.com 15 jours mi-nov.*

DÉCOUVRIR

Cherbourg

☆ **Les essentiels** La Cité de la mer **Découvrir autrement** Flânez dans les allées de plantes tropicales du parc Emmanuel-Liais, offrez-vous un modèle élégant de parapluie, embarquez pour une balade en mer à bord du *Dreknor*, montez admirer la vue au sommet du fort du Roule

Le centre-ville

Basilique de la Sainte-Trinité (plan 6, B2) Si elle repose sur les fondations d'une église du XIe siècle, sa physionomie actuelle est d'un style plutôt composite (XVe-XIXe s.), dominé par des éléments du gothique flamboyant. En entrant par l'imposant clocher-portail, on remarque la hauteur des voûtes de la nef (15m) et les bas-reliefs de la galerie supérieure, notamment une danse macabre (XVIe s.) censée rappeler aux humbles (l'aveugle) et aux plus éminents personnages de la société (l'empereur) qu'ils sont tous amenés à disparaître. Le maître-autel abrite un beau retable éclairé par la lumière qui traverse la tourelle vitrée. *8, pl. Napoléon Accès pour personnes à mobilité réduite Tél. 02 33 53 10 63 (presbytère) Ouvert tlj. 9h-18h30*

☺ **Parc Emmanuel-Liais (plan 6, A2)** Fasciné par la forêt brésilienne, Emmanuel Liais (1826-1900), directeur adjoint de l'observatoire de Paris et fondateur de celui de Rio, créa ce parc botanique. Depuis, des aménagements ont été réalisés, mais l'esprit n'a pas changé. Son principe est simple : murs et végétaux persistants protègent les espèces rares du vent et du froid. Si bien que plusieurs plantes sont centenaires, comme les azalées japonaises (devant le musée et la serre) et certains rhododendrons. Ce jardin public est un délicieux écrin de verdure et de fleurs aux accents subtropicaux où il fait bon flâner, se reposer ou conter fleurette. La promenade serait incomplète sans la visite des serres tropicales, où croissent caféiers, bananiers, palmiers et cactées de toute beauté. *22, rue de la Bucaille Tél. 02 33 53 12 31 ou 02 33 87 88 98 Ouvert fév. : tlj. 8h30-17h45 ; mars-avr., sept.-oct. : tlj. 8h-18h30 ; mai-août : tlj. 8h-19h30 ; nov.-jan. : tlj. 8h30-16h45* **Serres** *Visite libre lun.-ven.*

COTENTIN

☺ **Muséum de Liais-musée d'Histoire naturelle et d'Ethnographie (plan 6, A1)** C'est à croire qu'ici rien n'a bougé depuis le XIXe siècle (le musée a été fondé en 1832) : la profusion d'objets, acquis sur les cinq continents, évoque davantage un cabinet de curiosités qu'un musée. On pénètre d'abord dans l'ahurissant bric-à-brac du musée d'Histoire naturelle, où voisinent kangourous, lémuriens et toucans empaillés. Des dizaines de reptiles ont été immortalisés dans le formol et d'innombrables coraux tropicaux, des requins, des alligators trônent ici et là. Montez à l'étage pour retrouver le genre humain, mais ne ratez pas au passage la magnifique tenture chinoise au-dessus de l'escalier. Pêle-mêle, vous découvrirez : un sarcophage et une momie en bois stuqué dans la salle Égypte, un grand autel chinois dans la salle Asie, mille et un instruments de musique dans la salle Afrique, de superbes masques à plumes dans la salle Océanie, sans oublier le traîneau à patins d'ivoire du Groenland dans la salle Amérique. Un tel éclectisme est rare et véritablement passionnant. *Parc Emmanuel-Liais 9 ter, rue Bonhomme Tél. 02 33 53 51 61 Ouvert fév.-sept. : mar.-sam. 10h-12h et 14h-18h, dim. 14h-18h ; oct.-jan. : mar.-sam. 10h-12h et 14h-17h, dim. 14h-17h Dernier accès 20min avant fermeture Entrée libre*

Abbaye Notre-Dame-du-Vœu (plan 6, A1) Fondée en 1145 par Mathilde, petite-fille de Guillaume le Conquérant, l'abbaye, une des plus belles de Normandie, connut une période florissante au XIIIe siècle. Sans cesse pillée, puis dévastée par les guerres de Religion, elle perd son statut abbatial en 1774 à la suite d'un décret royal ; elle devient alors la résidence du duc d'Harcourt. Après la Révolution, elle servira, tour à tour, de caserne, d'hôpital, puis de cité ouvrière à la fin des années 1920. En 1944, les Allemands l'incendient, la transformant en un champ de ruines. Réhabilitée à partir des années 1960 et classée monument historique, elle a maintenant fière allure avec son élégant

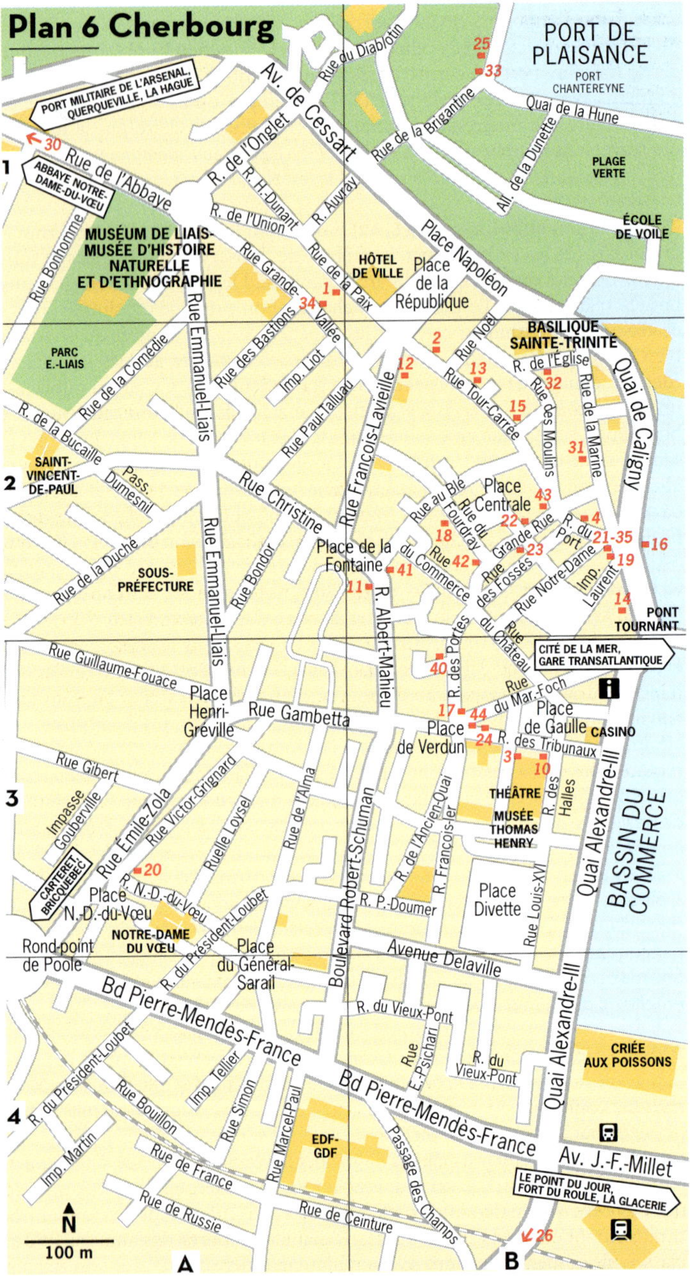

Plan 6 Cherbourg
PORT DE PLAISANCE
PORT CHANTEREYNE
PORT MILITAIRE DE L'ARSENAL, QUERQUEVILLE, LA HAGUE
ABBAYE NOTRE-DAME-DU-VŒU
Rue de l'Abbaye
Av. de Cessart
Rue du Diablotin
R. de l'Onglet
R. H.-Dunant
R. Auvray
R. de l'Union
Rue de la Brigantine
Quai de la Hune
All. de la Dunette
PLAGE VERTE
ÉCOLE DE VOILE
Place Napoléon
MUSÉUM DE LIAIS-MUSÉE D'HISTOIRE NATURELLE ET D'ETHNOGRAPHIE
Rue Bonhomme
PARC E.-LIAIS
Rue Grande-Vallée
Rue de la Paix
HÔTEL DE VILLE
Place de la République
BASILIQUE SAINTE-TRINITÉ
Quai de Caligny
Rue Noël
R. de l'Église
Rue Tour-Carrée
Rue des Moulins
Rue de la Marine
Rue Emmanuel-Liais
Rue des Bastions
Imp. Liot
Rue Paul-Talluau
Rue François-Lavieille
Rue de la Comédie
R. de la Bucaille
SAINT-VINCENT-DE-PAUL
Pass. Dumesnil
Rue de la Duché
SOUS-PRÉFECTURE
Rue Christine
Rue Bondor
Place de la Fontaine
R. Albert-Mahieu
Rue au Blé
Place Centrale
Rue du Fourdray
Grande Rue
R. du Port
Rue du Commerce
Rue des Fossés
Rue Notre-Dame
Imp. Laurent
PONT TOURNANT
R. des Portes
Rue du Château
CITÉ DE LA MER, GARE TRANSATLANTIQUE
Rue du Mar.-Foch
Place de Gaulle
CASINO
Rue Guillaume-Fouace
Place Henri-Gréville
Rue Gambetta
Place de Verdun
R. des Tribunaux
THÉÂTRE
MUSÉE THOMAS HENRY
R. des Halles
Quai Alexandre-III
BASSIN DU COMMERCE
Rue Gibert
Impasse Gouberville
Rue Émile-Zola
Rue Victor-Grignard
Ruelle Loysel
Rue de l'Alma
Boulevard Robert-Schuman
R. de l'Ancien-Quai
R. François-Ier
Place Divette
Rue Louis-XVI
CARTERET, BRICQUEBEC
Place N.-D.-du-Vœu
R. N.-D.-du-Vœu
NOTRE-DAME DU VŒU
R. du Président-Loubet
R. P.-Doumer
Place du Général-Sarail
Avenue Delaville
Rond-point de Poole
Bd Pierre-Mendès-France
R. du Vieux-Pont
Rue E.-Psichari
Imp. Tellier
Rue Simon
Rue Bouillon
Rue Marcel-Paul
EDF-GDF
Passage des Champs
CRIÉE AUX POISSONS
Av. J.-F.-Millet
Imp. Martin
Rue de France
Rue de Russie
Rue de Ceinture
LE POINT DU JOUR, FORT DU ROULE, LA GLACERIE
N
100 m
A
B
1
2
3
4
1 2 3 4 10 11 12 13 14 15 16 17 18 19 20 21-35 22 23 24 25 26 30 31 32 33 34 40 41 42 43 44

Cafés, bars et lieux de sortie (n°1 à 4)
Café Le Bayou 2 B2
Le Ballon rouge-Galerie Bër* 4 B2
Le QG 1 A1
Le Trident 3 B3

Restauration (n°10 à 26)
Brasserie du Commerce 12 B2
Café de Paris 14 B2
Café du Port* 16 B2
Café du théâtre* 10 B3
Café Pompon* 17 B3
Jean-François Foucher* 18 B2
L'Armoire à délices 25 B1
L'Imprévu 23 B2
La Satrouille 19 B2
Le Carpe Diem 24 B3
Le Faitout 13 B2
Le Pantagruel 15 B2
Le Pily 22 B2
Le Presse Purée 20 A3
Le Vauban 21 B2
Little Big Place 26 B4
Pâtisserie Yvard* 11 B2

Hébergement (n°30 à 35)
Auberge de jeunesse 30 A1
Hôtel Ambassadeur 35 B2
Hôtel Beauséjour 34 A1
Hôtel Chantereyne 33 B1
Hôtel de la Renaissance 32 B2
Hôtel Moderna 31 B2

Shopping (n°40 à 44)
Boutique d'Éric Pouhier* 41 B2
Écaille-Le Véritable Cherbourg* 40 B3
Les Trois Marches* 42 B2
Pull Marine* 43 B2
Tricoterie du Val de Saire* 44 B3

*À RETROUVER DANS LA PARTIE DÉCOUVRIR

jardin à la française, ses éléments médiévaux noyés au milieu de bâtiments néoclassiques, un pan de l'hôtel d'Harcourt de la fin du XVIIIe siècle, et un pavillon d'hôpital du XIXe siècle. Profitez de ses éphémères périodes d'ouverture pour découvrir les restes rénovés de son église abbatiale, son réfectoire, ses cuisines, et sa salle capitulaire des XIIe et XIIIe siècles. Dans le logis abbatial, vous pourrez voir la magnifique plate-tombe d'un prêtre de Querqueville, Guillaume Argène de Rai : le décor de la dalle, encastrée dans le sol, présente un clerc tonsuré, environné d'angelots, et tenant un calice. *Rue de l'Abbaye Tél. 02 33 53 10 63 Logis abbatial et exposition permanente Ouvert juil.-août : sam.-dim. 14h-18h (visite guidée gratuite le dim. à 14h30) et Journées du patrimoine*

Musée Thomas-Henry (plan 6, B3) Créé en 1832 grâce aux donations du peintre Thomas Henry (1766-1836), il possède une belle collection de peintures et de sculptures du XVe au XIXe siècle : des maîtres italiens avec la *Conversion de saint Augustin* de Fra Angelico (1387-1455) ou la *Mise au tombeau* de Filippo Lippi (1457-1504), à l'impressionnisme avec un *Retour de pêche* d'Eugène Boudin (1824-1898), en passant par la peinture religieuse du XVIIe siècle avec l'*Assomption* de Charles Lebrun (1619-1690). Mais l'orgueil du musée réside dans sa collection Jean-François Millet (1814-1875). C'est ici que l'artiste apprit en copiant les maîtres ; il était donc légitime qu'un certain nombre de ses œuvres reviennent au musée. Au fil des sections, on admirera un portrait de *Pauline Ono* en déshabillé (1844), *L'Orage* (1848), caractéristique du naturalisme, et une remarquable *Charité* (1858-1859), peinte au même moment que *L'Angélus*. *4, rue Vastel Tél. 02 33 23 39 30 Entrée libre Fermé pour rénovation au moins jusqu'en 2015*

Le Point du Jour (hors plan 6 par B4) Inauguré en novembre 2008, ce centre d'art s'inscrit dans la démarche de renouvellement urbain de Cherbourg et en représente le volet culturel. Il accueille, dans un bâtiment aux lignes droites conçu par l'architecte Éric Lapierre, plusieurs expositions de photographies par an : deux sont consacrées à des artistes contemporains, une autre met en valeur la région tandis que celle de l'été montre les œuvres d'un photographe de renom. Le centre édite aussi des beaux livres, tirés d'une exposition ou du travail d'un artiste. Belle bibliothèque d'ouvrages d'art à l'étage. *107, av. de Paris Tél. 02 33 22 99 23 www.lepointdujour.eu Ouvert été : mar.-ven. 14h-18h, sam.-dim. 14h-19h ; reste de l'année : mer.-ven. 14h-18h, sam.-dim. 14h-19h Entrée libre*

● Où se fournir en pulls marins ?

Pull Marine (plan 6, B2 n°43) L'usine Saint-James, localisée dans la Manche, approvisionne cette toute petite boutique en articles colorés et solides, parfaits pour aller affronter le grand large : pulls 100% mérinos, cabans, duffle-coats ou cirés doublés, du 3 mois au XXL. *45, Grande-Rue Tél. 02 33 93 09 17 Ouvert lun. 15h-19h, mar.-sam. 10h-12h30 et 14h30-19h*

Tricoterie du Val de Saire (plan 6, B3 n°44) Ce spécialiste de la maille tricote sur mesure pulls, blousons, robes, bonnets ou écharpes en laine pure (ou mêlée de cachemire) et en mérinos. Si les coupes sont classiques, tout est fait main, et d'une qualité absolument infaillible. Deux autres boutiques dans le Val de Saire, l'une à l'atelier (*36, rue Doncaville 50760 Valcanville*), où l'on peut observer le travail à travers une vitre, l'autre à Saint-Vaast-la-Hougue (*1, rue Gautier*). *6, rue du Maréchal-Foch Tél. 02 33 08 34 74 www.tricoterie-duvaldesaire.fr Ouvert mar.-sam. 10h-12h et 14h-19h*

● Où remplir son panier pique-nique ?

Boutique d'Éric Pouhier (plan 6, B2 n°41) Cette épicerie fine de bonne taille propose des rillettes sucré-salé, des tartes aux fruits de mer, de petites bouchées de saucisson au parmesan, des sauces et des vinaigrettes gastronomiques, des thés en feuilles, ou encore des pâtes et des riz parfumés. Également une cave de quelque 300 crus et des petits plats à emporter. *8, rue Albert-Mahieu Tél. 02 33 94 63 39 www.laboutiquedericpouhier.fr Ouvert mar.-sam. 9h-13h et 15h-19h30*

Les Trois Marches (plan 6, B2 n°42) Une adorable épicerie de style 1920, avec une élégante devanture repeinte et une enseigne en belles lettres rondes. À l'intérieur, griottes au calvados, velouté de saumon, crème à l'ail, fondant à la confiture de lait et autres merveilles plutôt élaborées s'empilent délicieusement. *13, Grande-Rue Tél. 02 33 53 24 94 les3marchescherbourg@orange.fr Ouvert lun. 14h-20h, mar.-sam. 9h-20h*

Marchés du centre-ville (plan 6, B2-B3) Trois matins par semaine, la place Centrale et celle du Général-de-Gaulle accueillent des stands de maraîchers et de petits producteurs, et des étals de grillades en plein air (p.244). Si vous y flânez le mardi, entre le printemps et l'automne, vous pourrez aussi emporter des fruits et légumes bio des Jardins de la Hague, cf. Où acheter ses fruits et légumes ? (p.267).

● Où manger sur le pouce, prendre un petit déjeuner devant la mer ?

Café du théâtre (plan 6, B3 n°10) Difficile de rater la grande verrière de ce bar-brasserie attenant au théâtre de la ville. Ceux qui aiment rêvasser en observant le va-et-vient des passants adopteront l'établissement et ses fauteuils en velours rouge. Clientèle en tout genre et de tous âges, salle spacieuse et aérée. On y trouve les grands classiques de la brasserie et un plat du jour à 7,80€. *8, pl. du Général-de-Gaulle Tél. 02 33 43 01 49 Ouvert lun.-mer. 9h-23h, jeu.-sam. 9h-1h*

Café du Port (plan 6, B2 n°16) Dans ce café totalement vitré ou de sa terrasse abritée, vous ne perdrez pas une miette du spectacle des bateaux amarrés dans le bassin du commerce. Si le temps le permet, préférez l'extérieur, pour prendre par exemple un petit déjeuner anglais ou français (7,50€), un apéritif avec des huîtres de Saint-Vaast (6-13€) un plat du terroir (env. 10€), ou le menu à 11,50€. Mention spéciale pour la choucroute de poisson (12€), très apréciée des Cherbourgeois ! *20, quai de Caligny Tél. 06 66 87 30 26 www.cafeduport.net Ouvert tlj. 9h-21h*

● Où faire une pause sucrée ?

Pâtisserie Yvard (plan 6, B2 n°11) Attablé dans l'arrière-salle de cette élégante pâtisserie, vous pourrez savourer un thé, un café ou une glace, qu'il ne faut pas manquer d'accompagner de délicieux chocolats maison. Entre les "Cotentines", les "Pierres de pays" et les "Demoiselles de Cherbourg", les gourmands risquent de défaillir. *5, pl. de la Fontaine Tél. 02 33 53 04 14 Ouvert mar.-dim.*

☺ **Jean-François Foucher (plan 6, B2 n°18)** Une pâtisserie design, au décor violet et parme. Le créatif Jean-Pierre Foucher y conçoit de somptueux gâteaux ; petits, et sans excès de sucre, le baba au rhum à la vanille, le cigare de meringue citronnée ou le biscuit roulé abricot-lavande, modèles de légèreté et de raffinement, bousculent les recettes traditionnelles. Trois tables près du comptoir, afin de pouvoir les déguster avec respect. *12, rue au Fourdray Tél. 02 33 94 82 35 www.patisserie-foucher.com Ouvert lun. 13h-19h, mar.-sam. 9h-19h, dim. 9h-13h*

Café Pompon (plan 6, B3 n°17) Le café de la famille Paris, qui existe depuis 1967, a refait peau neuve en se dotant d'une salle pimpante aux airs de bonbonnière et de deux terrasses sur rue. Outre ses excellents en-cas, il excelle

Les parapluies de Cherbourg

Écaille-Le Véritable Cherbourg (plan 6, B3 n°40) En hommage au cinéaste Jacques Demy et à son film *Les Parapluies de Cherbourg*, palme d'or au festival de Cannes 1964, Jean-Pierre Yvon a créé une griffe appréciée pour la résistance et l'élégance des modèles. Fondée en 1996, sa Manufacture des Parapluies, dont la réputation a pourtant franchi les frontières, a su rester artisanale et compte sept salariés tout au plus. En été, on peut y assister aux différentes étapes de la fabrication d'un parapluie, qui réclame 48 opérations à la main. Dans la boutique du centre-ville, l'Écaille, il y en a pour tous les goûts, de toutes les couleurs. Les prix sont certes élevés (85-240€), mais ces parapluies sont conçus pour durer. *30, rue des Portes Tél. 02 33 93 66 60 www.parapluiedecherbourg.com Ouvert lun.-ven. 9h-12h et 14h-19h, sam. 9h-19h*

La Manufacture des Parapluies Inscriptions à l'OT de Cherbourg (p.243). *8, rue Carnot* ***Tourlaville*** *(3,5km au sud-ouest de Cherbourg) Visites juil.-août. le jeu. à 14h, quelques jeu. en juin et sept. Tarif 6€, enfant 3€, moins de 16 ans gratuit Durée 2h*

dans les cakes, notamment sa grande vedette, celui au citron, recouvert d'un fin glaçage. Brioche à l'ancienne et autres douceurs, à déguster sur place ou à emporter, salades, croque-monsieur et assiettes composées pour env. 10€. *1, rue du Maréchal-Foch Tél. 02 33 53 08 75 Ouvert lun. 11h-19h, mar.-sam. 10h-19h*

● Où découvrir des vins rares, des artistes du cru ?

☺ **Le Ballon rouge-Galerie Bër (plan 6, B2 n°4)** Dans cette drôle de galerie-cave, l'ancien Parisien Gwenaël Guezennec réunit ses vignerons préférés et des artistes confirmés. Ne cherchez surtout pas les enseignes connues : on découvrira plutôt une infinité de petits producteurs de la France entière, travaillant en bio et dessinant leurs propres étiquettes, et l'on se délectera des œuvres d'un peintre de Saint-Lô. Convivial, informel, le lieu accueille parfois des vernissages. Sinon, la porte reste toujours ouverte pour admirer, bavarder un brin, rencontrer son voisin par hasard, et feuilleter de beaux livres. *9, rue du Port Tél. 02 33 94 34 06 Ouvert mar.-sam. 10h30-13h et 15h-19h30*

Le port

Gare transatlantique (hors plan 6 par B2) Face à l'afflux croissant d'émigrants (essentiellement à destination des États-Unis), Cherbourg, qui est dans les années 1920 le deuxième port de France (200 000 voyageurs en 1929), entreprend d'agrandir sa gare maritime. Inauguré en 1933, le bâtiment Art déco (12 000m^2), réalisé par René Levavasseur, accueille un temps les plus prestigieux paquebots. Partiellement détruite en 1944, la gare transatlantique est réhabilitée en 1954. Quelques années durant, elle retrouve son activité d'antan, mais l'aviation commerciale met fin au transport maritime de masse : la gare est abandonnée. Il faudra attendre l'ouverture de la Cité de la mer en 2002 pour qu'elle reprenne vie. L'ancien hall des trains sert aujourd'hui de nef d'accueil. *Quai de l'Ancien-Arsenal*

Une croisière dans la rade ou sur les côtes

Hague à part Une croisière commentée (1h15) est organisée en vedette dans la plus grande rade artificielle du monde : approche des trois forts de la digue centrale, de ceux de l'île Pelée à l'est et de Chavagnac à l'ouest. La compagnie propose aussi des balades en mer le long des côtes de la Hague, des escapades sous les étoiles, ou des virées au large pour contempler les paquebots. *Départ Pont tournant Tarif 13-25€, 4-11 ans 8,80-17€ Tél. 06 61 14 03 32 ou 02 33 78 19 29 www.hagueapart.com Ouvert mai-oct.*

Dreknor Le *Dreknor*, parfaite réplique du célèbre *Gokstad*, drakkar viking exposé à Oslo, vous berce sur la rade ou vous emmène le long de côtes normandes, pour 1h, 3h ou une journée. Gratuit, sur simple adhésion à l'association (13€). *Avant-Port Tél. 02 33 43 81 35 ou 06 85 48 04 13 www.dreknor.fr Ouvert mi-avr.-mi-oct.*

☆☺ **Cité de la mer (hors plan 6 par B2)** Installé dans la gare transatlantique, ce gigantesque complexe invite à découvrir le monde sous-marin au cours d'une lente et progressive descente, de la surface vers le fond des océans. Le premier espace retrace, au moyen de photos, bornes interactives et autres vidéos, l'histoire du rapport entre les hommes et la mer, ses mythes et ses légendes : des premières expéditions océanographiques aux découvertes géologiques, en passant par l'exploitation industrielle des eaux. Au centre, le grand aquarium cylindrique, le plus haut d'Europe (10m), illustre l'étagement naturel des espèces : des récifs coralliens peuplés par des centaines de poissons de Tahiti aux fonds quasi désolés (plus l'on descend, moins il y a de vie). Mais l'apogée du parcours reste la visite du *Redoutable*, premier sous-marin à propulsion nucléaire français (1967-1990) : attention, l'accès en est interdit aux moins de cinq ans. En 45min, la traversée mène, de la poupe à la proue, du poste de propulsion à la salle des commandes jusqu'aux compartiments-chambres où 135 marins pouvaient s'entasser pendant 70 jours. La visite "Sous le ventre du géant" et les simulations de pilotage complètent la découverte du sous-marin. Quant à l'attraction "On a marché sous la mer", elle convie les visiteurs à être les héros d'une aventure virtuelle de 1h. Depuis 2011, le hall central accueille la Grande Galerie des engins et des hommes, une exposition de sous-marins français, russes et américains, qui évoque les progrès accomplis en plongée sous-marine : le *Nautilus* de Fulton, descendu à moins 10m en 1800, la bathysphère de Beebee et Barton, qui atteint les 900m de profondeur en 1934, un record battu par l'*Archimède* avec une plongée à moins 9 545m en 1962 ! *Allée du Président-Menut, Quai de l'Ancien-Arsenal Tél. 02 33 20 26 69 www.citedelamer.com Ouvert fév.-mi-avr., oct.-déc. : tlj. ; mi-avr.-juin, sept. : tlj. 9h30-18h ; juil.-août : tlj. 9h30-19h Dernière admission 1h30 avant la fermeture Fermé jan. Tarif 18€ (haute saison, avr.-sept.)/15,50€ (basse saison oct.-mars), 5-17 ans 13/10,50€, moins de 5 ans gratuit*

COTENTIN

● Pratiquer des activités nautiques

Cotentin nautisme (plan 6, B1) Vous avez l'embarras du choix pour découvrir et pratiquer toutes sortes d'activités nautiques sur les grandes plages du littoral : kayak de mer, catamaran, ski nautique, char à voile, surf, kitesurf... Renseignements à l'office de tourisme de Cherbourg et du Haut Cotentin (p.243). *Rue du Diablotin Tél. 02 33 78 19 29 www.cotentin-nautisme.fr Ouvert lun.-ven. 9h-12h30 et 13h-17h, w.-e.*

● Louer un bateau à moteur

Hague à part (plan 6, B1) Titulaire d'un permis bateau ? Vous pourrez louer à la journée un bateau pneumatique semi-rigide (265€ hors essence) ou un Cap Camarat de 5,75m (180€). Si vous n'avez pas de permis, possibilité de location avec pilote pour 100€ de plus (sur réservation). *Au port de plaisance Tél. 06 61 14 03 32 www.hagueapart.com*

Les faubourgs

Fort du Roule-musée de la Libération (hors plan 6 par B4) Cet ancien fort militaire, construit en 1853, offre le plus beau panorama qui soit sur la rade de Cherbourg de ses 117m au-dessus de la mer. Prise par les Allemands en

1940, la “montagne” sera libérée par les Américains le 25 juin 1944, au prix de lourdes pertes. L’espace muséographique propose un itinéraire dédié à la période 1939-1945 : “De l’ombre à la lumière”. En découvrant la vie quotidienne des Cherbourgeois, le visiteur plonge dans l’obscurité des années de l’Occupation, du régime de Vichy et de la guerre. Tirages de presse, photos, animations sonores et audiovisuelles servent cette mise en scène. Retour à la lumière avec le Débarquement, l’avancée des troupes alliées et la libération de la ville (26-27 juin 1944). *Montée des Résistants Tél. 02 33 20 14 12 Ouvert mai-sept. : mar.-sam. 10h-12h et 14h-18h, dim. 14h-18h ; oct.-avr. : mar.-dim. 14h-18h Tarif 4€, 7-16 ans 2,50€, moins de 7 ans et le dim. gratuit*

Les environs de Cherbourg

☆ **Les essentiels** L’église de Tollevast **Découvrir autrement** Promenez-vous dans le parc du château de Martinvast, allez goûter les spécialités laitières de la ferme du moulin des Corvées

Église Saint-Martin d’Octeville Ce sont les proportions restreintes de cette église en partie romane et l’impression conséquente de densité des volumes qui surprennent. La tour-clocher a la particularité de s’élever sur un premier niveau de plan octogonal dont chaque pan est orné d’une arcature à décor géométrique. À l’intérieur : chœur roman (XIIe s.) entièrement voûté. *Rue du Général-de-Gaulle* **Cherbourg-Octeville** *(3,5km au sud-ouest de Cherbourg) Entrée par le côté Tél. 02 33 53 15 05 (presbytère) Ouvert tlj. 8h15-17h*

Parc du château des Ravalet Le manoir actuel, restauré en 1563 sur les ruines d’une forteresse médiévale, est un bel exemple de la Renaissance. Il fait actuellement l’objet d’une campagne de rénovation et l’on peut, l’été, en visiter quelques parties. Ne vous privez pas d’errer dans les jardins paysagers (14ha) qui, encore une fois, attestent le goût des Cherbourgeois pour la nature apprivoisée. Le parc compte, outre de superbes espèces de plantes australes, deux étangs, une serre exotique, une aire de jeux pour les enfants et un salon de thé situé dans le “jardin des Vents” (ouvert l’été uniquement). ***Tourlaville*** *(5km à l’est de Cherbourg, dir. aéroport Maupertus puis à droite : D322) Tél. 02 33 87 88 98 Ouvert mai-août : 8h-20h ; sept.-avr. : 8h30-17h ou 18h Visite guidée du château juil.-août : lun. à 14h30 (rdv dans la cour d’honneur) Entrée libre* **Jardins** *Tél. 02 33 87 89 13 Ouvert tlj.*

Musée de la Glacerie Dédié aux métiers d’antan, ce corps de ferme du XIXe siècle abrite tous les objets des artisans d’autrefois, une salle consacrée aux coiffes et vêtements traditionnels ainsi que de précieux ouvrages de dentelle (XVIIIe-XIXe s.). Un espace retrace l’histoire de la manufacture des glaces de Tourlaville créée au début du XVIe siècle. Son travail était si remarquable qu’en 1667 Colbert en fit la manufacture royale des glaces. Du précédent musée, victime des bombardements en 1944, peu de pièces purent être sauvées. *Hameau Luce* **La Glacerie** *(2,5km après le château des Ravalet) Tél. 02 33 20 33 33 Ouvert avr.-juin : dim. et j. fér. 14h30-18h ; juil.-sept. : mar.-dim. 14h30-18h Tarif 3,80€, enfant 2,50€, moins de 12 ans gratuit*

Manoir de la Fieffe Classé monument historique, ce manoir du XVIe siècle, bâti en pierre grise, a retrouvé son unité architecturale d'origine, au terme d'une rénovation avisée. Vous pourrez ainsi admirer sa toiture, ses murs et ses enduits tels qu'ils se présentaient à l'époque de sa construction, vers 1560. Ses propriétaires ouvrent une dizaine de pièces au public, toutes garnies de mobilier d'époque. Des visites commentées permettent d'imaginer la vie campagnarde d'un seigneur à la Renaissance. Vous pouvez également y séjourner (p.259). *Rue Lefèvre-et-Toulorge* ***La Glacerie*** *(4km au sud-ouest du musée de la Glacerie) Tél. 02 33 20 81 45*

Parc du château de Martinvast Une promenade bucolique à travers les 100ha de parc à l'anglaise de ce château du XVIe siècle : plusieurs sentiers de 20 à 30min de marche entre prairies, bois, étangs et cascades, jalonnés de bancs où il fait bon se prélasser. *Domaine de Beaurepaire* ***Martinvast*** *(5km au sud de Cherbourg par la D650, puis 2km par la D900) Tél. 02 33 87 20 80 Ouvert lun.-ven. 9h-18h (billetterie fermée 12h-14h), w.-e. et j. fér. 14h-18h Tarif 6€, 13-18 ans 4€, 5-12 ans 2€, forfait famille (3 enfants) 20€*

☆ **Église de Tollevast** L'une des plus remarquables et des plus charmantes églises rurales de Basse-Normandie avec celle de Thaon (p.110). Conçue au XIIe siècle, la structure de l'édifice, faite de volumes simples, s'inscrit dans le pur esprit roman. En s'approchant, on découvre sur les corniches des modillons sculptés de têtes humaines et animales très caricaturales (âne, porc, lion). À l'intérieur, la nef rectangulaire coiffée d'une charpente apparente est touchante de simplicité. Mais ce sont les travées voûtées du chœur qui sont l'élément architectural le plus intéressant. Les ogives retombent sur huit culots ornés : des têtes tantôt moustachues, tantôt dédoublées, un personnage portant deux animaux, une tête d'animal montrant les dents… Un témoignage de la vitalité de l'art roman dans les campagnes. ***Tollevast*** *(5km au sud de Cherbourg par la N13, puis 3km sur les D122-D352) Ouvert tlj. 8h-18h*

La Basse-Normandie des balades

Que vous optiez pour un sentier de grande ou petite randonnée ou pour une simple promenade en forêt, la marche reste le meilleur moyen de découvrir la splendeur et la variété des paysages régionaux.

● Où remplir son panier pique-nique ?

Ferme du Moulin des Corvées Dans leur ferme laitière plantée au creux d'un vallon, Christine et Samuel Brostin transforment le lait en camembert, beurre, crème et "piquette", nom local de la faisselle. Vente directe dans l'atelier de la ferme et sur les marchés de Saint-Pierre-Église, Valogne et Beaumont-Hague. *9, route de Digosville* ***Le Theil*** *(12km à l'est de Cherbourg par la D 901) Tél. 02 33 20 05 46 Ouvert mar. et ven.-sam. 14h-18h*

Se promener le long des plages Deux balades, aboutissant à Querqueville (p.260), pour contempler la petite et la grande rade de Cherbourg tout en longeant la côte. Une piste cyclable et piétonnière au départ du boulevard de la Saline, face à la plage, mène jusqu'au fort de Querqueville (environ 5km), tandis que le sentier GR223 part du port du Becquet à Tourlaville et finit au marais de Querqueville (14,5 km). Les deux points de départ se situent l'un et l'autre à 2,8km au nord-ouest et au nord-est de la ville.

CARNET D'ADRESSES

Lieux de sortie

Bars

Le QG (plan 6, A1 n°1) Né à Saint-Lô (p.432), le QG a ouvert une succursale dans la plus noctambule des rues de Cherbourg. Une programmation éclectique et parfois fantaisiste : chaque vendredi soir, derrière les deux portes battantes de la salle lambrissée de rouge, un genre nouveau s'exprime, du jeune groupe à la guitare électro-acoustique au chansonnier *folk-bluesy*, ancien du Club Dorothée... Les autres jours, la scène n'est pas muette, un écran géant diffusant clips et concerts ; idéal pour siroter une bière entre amis devant la trémoussante Lady Gaga ou la regrettée Amy Winehouse. Également des soirées à thème. *13, rue de la Paix* **Cherbourg-Octeville** *Tél. 02 33 78 07 47 www.le-qg.com Ouvert lun.-mer. 18h-2h, jeu.-sam. 17h-3h Concerts gratuits ven. 22h*

Café Le Bayou (plan 6, B2 n°2) Avec ses fauteuils en skaï rouge, son comptoir longitudinal en zinc, le Bayou est l'étape incontournable des 16-40 ans. Quand le voisinage et les autorités le permettent, il accueille aussi des concerts, mais cela devient rare. Trop de bruit. Et ce ne sont pas les performances festives de la clientèle, immortalisées sur papier glacé et placardées au-dessus du comptoir, qui le démentent. À défaut de musique endiablée, on appréciera de boire un verre dans la ruelle pavée reconstituée à l'arrière-salle avec son réverbère et ses façades de maisons. À moins de lui préférer le carré VIP ("*very important pochetron*"), un petit patio. Concert tous les deux mois, programme sur le site Internet. *5, rue Tour-Carrée* **Cherbourg-Octeville** *Tél. 02 33 53 04 55 Ouvert lun.-sam. 17h-1h*

Salles de spectacle

Le Trident (plan 6, B3 n°3) Inaugurée en 1882, cette salle de spectacle, conçue par Charles de Lalande, a défrayé la chronique par son coût exorbitant. Devenu scène nationale en 1991, ce théâtre à l'italienne est splendide. L'agencement des places reflète la société hiérarchisée du XIXe siècle (loges du maire, de l'amiral...). Programmation riche (plus de 250 représentations par saison) et multidisciplinaire : d'Oxmo Puccino à *Roméo et Juliette* en passant par la danse et le théâtre contemporain. *Place du Général-de-Gaulle* **Cherbourg-Octeville** *Tél. 02 33 88 55 50 ou 02 33 88 55 55 www.trident-scenenationale.com Saison théâtrale : sept.-juin*

La Brèche (hors plan 6 par B4) Créé en 2006, ce dynamique centre des arts du cirque de Basse-Normandie accueille, tout au long de l'année, des artistes en résidence venus du monde entier. La fin du séjour se clôt sur une représentation, ouverte à tous, où l'on découvre, sous un chapiteau ou dans une grande salle (525 et 250 places), les extraits d'un projet en cours de création. Fin mars-début avril, le festival Spring, dédié au cirque contemporain, investit le centre pendant trois semaines avec un solide calendrier de spectacles. Consultez impérativement les programmes sur Internet. *Rue de la Chasse-Verte* **Cherbourg-Octeville** *(env. 2 km au sud-est du centre, à la sortie de la ville, par l'av. Carnot, puis la rue du Maupas et l'av. Bremerhaven) Tél. 02 33 88 43 73 www.labreche.fr*

Restauration

petits prix

Le Carpe Diem (plan 6, B3 n°24) Ce petit salon douillet habillé de boiseries est parfait pour un déjeuner cosy ou une pause sucrée. Les vendredis soirs, c'est tapas et, certains après-midi, des rencontres thématiques sont organisées. Et tous les jours, on peut y déguster des infusions composées de mélanges maison de fleurs, d'aromates et de thé. Si vous êtes deux, optez pour le "Marie-Antoinette" aux parfums uniques, et pour le spectacle d'une fleur de thé qui éclot dans une théière transparente. Plats 7-10€, menu tapas 11€. *14, rue des Tribunaux* **Cherbourg-Octeville** *Tél. 02 33 53 70 84 Ouvert mar.-sam. 9h-19h*

Little Big Place (plan 6, B4 n°26) Cette sympathique adresse un peu en dehors du centre-ville (mais tout près de la gare en direction d'Octeville) sert des burgers aux petits pains moelleux et à la garniture parfaitement équilibrée (oignons et cornichons en petits dés ne s'en échappent pas !), accompagnés de frites maison. Même les végétariens trouveront leur bonheur dans des assiettes copieuses. L'endroit n'est pas seulement accueillant pour déjeuner, mais aussi le soir pour assister à un concert ou à un vernissage, avec une programmation riche et éclectique. *1, bd de l'Atlantique* **Cherbourg-Octeville** *Tél. 09 81 19 83 36 www.littlebigplace.org Ouvert mar.-mer. midi, jeu.-ven. midi et soir*

prix moyens

Brasserie du Commerce (plan 6, B2 n°12) Passé 22 heures, il devient difficile de trouver où dîner à Cherbourg, à l'exception des vendeurs de kebabs de la rue de la Paix. Cette brasserie, établie en 1918 et au cadre classique, typique de ce genre d'établissement, vient pallier ce manque : service assuré jusqu'à minuit. Plats corrects à prix honnêtes : jarret de porc rôti (11€), spécialités de steak haché en sauce (env. 10€)... Menu autour de 16€. Portions généreuses et accueil prévenant. *42, rue François-Lavieille* **Cherbourg-Octeville** *Tél. 02 33 53 18 20 www.brasserie-du-commerce.fr Ouvert lun.-sam. 11h-0h (service continu)*

☺ **Le Pantagruel (plan 6, B2 n°15)** S'il y a un paradis pour les carnivores, il doit ressembler au Pantagruel. Ici, ni crustacés ni poissons, mais de succulentes viandes grillées au feu de bois : onglet, rumsteck, entrecôte, gigot et rognons de veau (la spécialité maison). Le chef, boucher de métier, choisit des pièces de choix qui cuisent sous vos yeux dans la cheminée de la salle à manger. Le cadre n'a pas été négligé, il est sobre mais joliment agencé. Plats très copieux de 11 à 20€. Les affamés ajouteront 5-6€ pour une entrée (salade de gésiers, graissin...). Réservation conseillée. *43, rue Tour-Carrée* **Cherbourg-Octeville** *Tél. 02 33 03 08 31 Fermé sam. midi, dim. et lun. midi*

Le Presse Purée (plan 6, A3 n°20) Dans une maison d'angle, à deux pas de Notre-Dame du Vœu, une très bonne adresse pour déguster une cuisine traditionnelle fraîche et un peu gourmande : carpaccio de magret, croustillant d'agneau, filet de bar au beurre brun, crumble aux pommes et quenelles de chocolat blanc. La purée (de patates douces, de panais, de pommes de terre...) agrémente certains des plats concoctés, au gré du marché, par le jeune Joffrey Chaffin. Pour obtenir une place dans la petite salle jalonnée d'ardoises et de vieilles publicités, réservez, d'autant plus que les prix sont doux. Plat à 11€, menu à 20,50€. *65, rue Victor-Grignard* **Cherbourg-Octeville** *Tél. 02 33 93 11 60 Ouvert mar.-sam. midi et soir*

Café de Paris (plan 6, B2 n°14) De mémoire de Cherbourgeois, l'adresse a toujours existé. En fait, elle est là depuis 1803. Attablé face au port, on y déguste plateaux de fruits de mer (18,50-110€) et poissons : dos de lieu jaune, saumon de Cherbourg grillé, filet de bar sauvage... Les viandes ne sont pas en reste : côtes d'agneau poêlées au thym, ris de veau au porto... Menus à 15,50 à midi, et de 28,50 à 38,50€ le soir. Service soigné. *40, quai de Caligny* **Cherbourg-Octeville** *Tél. 02 33 43 12 36 Fermé dim. et lun. midi, en nov. et 2 sem. en mars*

Le Faitout (plan 6, B2 n°13) Conçue comme une coque de bateau, la première salle ne manque pas de cachet avec ses murs et son mobilier en bois, quant au décor du sous-sol, il rappelle une cave à vins. On y sert une cuisine de grand-mère : tête de veau, pot-au-feu, poule au pot mais aussi dos de bar à l'embeurrée de tomates fraîches ou encore brochettes de barbu. Plat du jour 14,50€, menu du jour 19,50€. Vin servi au verre 4,50€ les 15cl. *25, rue Tour-Carrée 50100* **Cherbourg-Octeville** *Tél. 02 33 04 25 04 Ouvert lun. soir, mar.-sam. midi et soir*

L'Armoire à délices (plan 6, B1 n°25) Avec vue sur le port et sur la ville, voici un concept très sympathique, réunissant restaurant, salon de thé, pâtisserie et épicerie fine (ouverte jusqu'au dernier client du restaurant) qui propose des spécialités des quatre coins de la France, et bien sûr de Normandie, avec notamment des sachets de petits fours maison. Dans un décor original et chaleureux, ou en terrasse aux beaux jours, on se restaure de plats simples et bons. Formule express à 15,90€, menus à 22 et 27€. *Port de plaisance* **Cherbourg-Octeville** *Tél. 02 33 95 23 02 Ouvert mar.-sam. 9h-23h*

L'Imprévu (plan 6, B2 n°23) Petit et sans décor particulier, ce restaurant discret n'en propose pas moins une cuisine soignée et assez recherchée. On y goûtera par exemple des rillettes de tourteau, pommes Granny et salicorne, un turbôt rôti avec sabayon de

GAMME DE PRIX	RESTAURATION	HÉBERGEMENT
Très petits prix	moins de 10€	moins de 40€
Petits prix	de 10 à 15€	de 40 à 60€
Prix moyens	de 15 à 25€	de 60 à 85€
Prix élevés	de 25 à 40€	de 85 à 120€
Prix très élevés	plus de 40€	plus de 120€

cidre et écrasé de patate douce, ou un mille-feuilles aux framboises, crème légère au thé vert, le tout servi en portions généreuses et précédé de mises en bouche. Un bon rapport qualité-prix. Menus 16,50€ (midi), 26,40, 30,50 et 35€ (soir). *32, Grande-Rue* ***Cherbourg-Octeville*** *Tél. 02 33 04 53 90 http://restaurantlimprevu.free.fr Ouvert mar.-sam. midi et soir*

☺ **La Satrouille (plan 6, B2 n°19)** Dans le restaurant-bar de Michel Briens, donnant sur la mer, on ne sert que du frais, que du bio et que du poisson ! Les plats, excellement cuisinés, sont proposés de vive voix ou sur l'ardoise, avec des formules originales, dont une à 16€ comprenant trois mini-entrées (velouté de tomates, salade de quinoa, brioche aux légumes...), un menu huîtres à volonté (24€) et un menu tout homard (50€). Si vous ne trouvez pas de place à l'une des tables en bois, ce qui risque fort d'arriver, attablez-vous au comptoir, sur l'une des chaises hautes, sans négliger la superbe carte des vins et des cidres. Seul bémol toutefois : des portions un peu petites. *26, quai de Caligny* ***Cherbourg-Octeville*** *Tél. 02 33 43 13 76 Ouvert lun.-ven. midi et soir*

Le Vauban (plan 6, B2 n°21) Chic et on ne peut mieux placé entre centre-ville et port, voilà une valeur sûre au cadre léché et au service impeccable. La cuisine, traditionnelle et créative, insiste sur le grillé, le rôti, et le croustillant. Le poisson est à l'honneur, mais on se laissera également tenter par un pressé de lapin aux pêches, un ris de veau et ses pépites de foie gras, ou un camembert farci au mascarpone et aux truffes. Menus 22,90, 34,90 et 43,60€. *22, quai de Caligny* ***Cherbourg-Octeville*** *Tél. 02 33 43 10 11 www.levauban-cherbourg.fr Ouvert mar.-ven. midi et soir, sam. soir et dim. midi*

☺ **Le Pily (plan 6, B2 n°22)** Profondément artisan dans l'âme, Pierre Marion a été fort surpris de se voir décerner une étoile en 2010... Il n'utilise que de bons produits, uniquement locaux et de première fraîcheur, dont la qualité réhausse sa cuisine, une gastronomie revisitée où même le fromage est un plat. Dans sa salle sobre et chaleureuse, il ne propose pas de carte fixe, mais des menus tournant chaque mois, véritables festivals de saveurs simples et travaillées, où le poulet fermier, le lieu jaune "juste cuit", le homard bleu "un peu tiède", les langoustines "saisies sur galets" et le cannelloni sucré s'adaptent aux saisons. Menus 39,80-71€. *39, Grande-Rue* ***Cherbourg-Octeville*** *Tél. 02 33 10 19 29 www.le-pily.com Ouvert juin-sept. : mar.-ven. midi et soir, lun. et sam. soir ; oct.-mai : mar.-ven. midi et soir, sam. soir, dim. midi*

Hébergement

très petits prix

Auberge de jeunesse (plan 6, A1 n°30) À 10min à pied du centre-ville, un établissement impeccable comme ses chambres de 2 à 5 lits (99 places) semblables à de petits studios avec douche et lavabo : 52,50€ (petit déj. et draps inclus). Restauration sur place pour 11,70€ (faire la demande 48 heures à l'avance). L'auberge dispose aussi d'une cuisine avec le strict nécessaire : 2 plaques chauffantes, 2 frigos, 1 micro-ondes et 3 tables. Coin bar avec baby-foot, accès Internet, bibliothèque, billard et TV. L'endroit parfait pour un groupe d'amis sans beaucoup de moyens. Carte FUAJ obligatoire. *55, rue de l'Abbaye* ***Cherbourg-Octeville*** *Tél. 02 33 78 15 15 www.hifrance.org Accueil 9h-13h et 18h-23h*

prix moyens

Hôtel Beauséjour (plan 6, A1 n°34) Simples et charmantes, les 23 chambres de cette vieille demeure ont été rénovées et retapissées dans des tons pastel. Les mansardes du quatrième étage, bien que chichement éclairées par des lucarnes, ont subi un relooking complet, qui les a agrandies et revisitées dans un esprit moderne. Attention, pas d'ascenseur : vous compenserez la douceur des prix par une petite ascension. Double 44-65€, petit déj. 6,50€. *26, rue Grande-Vallée* **Cherbourg-Octeville** *Tél. 02 33 53 10 30 www.hotel-cherbourg.net*

Hôtel Moderna (plan 6, B2 n°31) À 100m du port et du vieux Cherbourg, ce 2-étoiles, construit sur deux étages ouverts sur une cour intérieure fleurie, n'est pas dénué de charme. Tout comme la patronne, une Caleña (de Cali, en Colombie) qui a su apporter une touche latine décorative. Chambres de petite taille mais propres, claires et agréables, avec TV et téléphone. Calme assuré. Double 60-68€, petit déj. 7€. *28, rue de la Marine* **Cherbourg-Octeville** *Tél. 02 33 43 05 30 www.moderna-hotel.com*

Hôtel de la Renaissance (plan 6, B2 n°32) À l'angle de la basilique et à proximité de tout, la Renaissance impose sa grande façade blanche. Les douze chambres, spacieuses, colorées et plutôt bien équipées, donnent toutes sur le port de plaisance. Double à partir de 58€, suite à partir de 77€. Petit déj. 7,60€ (9,60€ en chambre). Très bon rapport qualité-prix. *4, rue de l'Église* **Cherbourg-Octeville** *Tél. 02 33 43 23 90 www.hotel-renaissance-cherbourg.com*

Hôtel Ambassadeur (plan 6, B2 n°35) Cet hôtel central, s'il ne brille pas par l'originalité de sa déco, détient sans doute les plus jolies vues sur Cherbourg : la moitié de ses 40 chambres (coup de cœur pour la n°210) domine directement le port. Les autres, plus sombres mais tout de même agréables, ouvrent sur l'étroite rue arrière. Double de 58 à 76€, petit déj. 7,30€. *22, quai de Caligny* **Cherbourg-Octeville** *Tél. 02 33 43 10 00 www.ambassadeurhotel.com*

prix élevés

Hôtel Chantereyne (plan 6, B1 n°33) Sur le port de plaisance, en retrait du centre-ville, c'est l'endroit idéal pour profiter des centres sportif et nautique voisins. Design très années 1970, épuré et aéré. Les cinquante chambres (à partir de 65€ la double) sont dans le même esprit : lumineuses, avec de larges espaces de rangement et de grands rideaux fluides. Optez pour celles à l'étage (79€), elles ont une jolie vue sur la basilique et les voiliers au mouillage. Petit déj. 9,90€. Jardin privatif, salon-bar (ouvert 24h/24), wifi gratuite, parking. *Port de plaisance* **Cherbourg-Octeville** *Tél. 02 33 93 02 20 www.hotelchantereyne.com*

GAMME DE PRIX	RESTAURATION	HÉBERGEMENT
Très petits prix	moins de 10€	moins de 40€
Petits prix	de 10 à 15€	de 40 à 60€
Prix moyens	de 15 à 25€	de 60 à 85€
Prix élevés	de 25 à 40€	de 85 à 120€
Prix très élevés	plus de 40€	plus de 120€

Manoir de la Fieffe (hors plan 6 par B4 n°36) Avec ses deux belles suites et sa chambre, aménagées essentiellement avec des meubles anciens, c'est l'occasion de passer la nuit dans un bijou du XVIe siècle. Salle de bains confortables, munies de douches et baignoires (l'une avec balnéo), et vues sur le parc. De la suite, on aperçoit la mer par temps clair, surtout lorsque les arbres ont perdu leurs feuilles. Pensez, du moins à la saison froide, à réserver au minimum 24h à l'avance, afin que l'on vous chauffe les pièces ! Double et suite 110 et 120€. Offres sur le site Internet. *Rue Lefèvre et Toulorge* ***La Glacerie*** *(3,5km au sud-est de Cherbourg) Tél. 02 33 20 81 45 www.manoirdelafieffe.com*

★ POINTE DE LA HAGUE

En quittant Cherbourg par l'ouest, l'urbanisation s'évanouit rapidement pour faire place aux terres sauvages de la Hague et à ses paysages de toute beauté. Au nord, entre landes morcellées et reliefs déchiquetés, cette "petite Irlande" du Cotentin offre des panoramas qui changent au fil de la côte. Passé le nez de Jobourg, promontoire rocheux de la pointe ouest, où se dressent les falaises les plus hautes d'Europe, le paysage s'adoucit pour faire place à l'anse de Vauville, avec sa bande de sable fin et ses dunes remarquables. À l'intérieur de ses terres, la presqu'île réserve d'autres secrets : pour les découvrir, il vous faudra emprunter des chemins de traverse et gagner les villages fleuris, nichés au cœur des vallons. Dans cette campagne imprégnée d'air salé, vous dénicherez alors ces manoirs, ces fermes ou ces maisonnettes au bâti soigné qui s'abritent du littoral.

MODE D'EMPLOI

accès

EN CAR

Manéo Après la suppression des lignes régulières, le réseau Manéo proximité permet de réserver une navette par téléphone (réservation avant 16h la veille). Tarif 2,20€. *Tél. 0800 150 050 http://transports.manche.fr*

EN FERRY

Manche Îles Express Liaisons avec les îles Anglo-Normandes au départ du port de Diélette, au sud. ***Diélette*** *Tél. 0825 131 050 www.manche-iles-express.com*

EN BATEAU

Le port de plaisance de Diélette accueille 86 places visiteurs, dont 73 à l'extérieur de la marina.

Capitainerie *Tél. 02 33 53 68 78*

orientation

La pointe de la Hague s'étend de Querqueville, au nord, au cap de Flamanville au sud-ouest. Partant de Cherbourg, la D901 dessert Beaumont-Hague et rejoint le cap de la Hague, tandis que la D650 mène jusqu'aux Pieux, l'autre grande commune de la presqu'île. Moins directe et plus séduisante, la D45 part de Querqueville et longe la côte jusqu'à l'extrême pointe nord.

informations touristiques

Office de tourisme de la Hague *45, rue Jallot* ***Beaumont-Hague*** *Tél. 02 33 52 74 94 www.lahague-tourisme.com Ouvert mai-sept. : lun.-ven. 10h-12h30 et 14h-17h30, sam.-dim. 10h-12h ; oct.-avr. : lun.-ven. 10h-12h et 14h-17h, sam. 10h-12h*

balades

Attention, le relief irrégulier de la presqu'île rend la pratique du vélo difficile. Pour les locations, se renseigner à l'OT.

La Hague à vos pieds ! À la belle saison, l'OT de la Hague organise d'insolites balades à thème (les paysages ayant inspiré les cinéastes, les naufrages, Urville-Nacqueville au temps des bains de mer...), ponctuées de visites ou d'un goûter final. *D'avr. à sept. Tarif 5€, durée 4h (2h30 de marche)*

GR®223 Ce sentier qui longe le littoral incite à la plus belle des randonnées, jalonnée de superbes panoramas. Carte très bien conçue, avec les kilométrages et les différents niveaux, à retirer à l'office de tourisme de la Hague.

marchés

Marché de Flamanville *Mer. matin*
Marché des Pieux *Ven. matin*
Marché de Beaumont-Hague *Sam. matin*

DÉCOUVRIR
La pointe de la Hague

☆ **Les essentiels** Le manoir du Tourp, la baie d'Écalgrain, le nez de Jobourg, les dunes de Biville **Découvrir autrement** Émerveillez-vous d'un ciel étoilé sur la Hague au planétarium Ludiver, appréciez le charme du plus petit port de France (port Racine), explorez les grottes de Jobourg

Querqueville et ses environs

Digue de Querqueville S'il est impossible de fouler la digue centrale de Cherbourg, celle de Querqueville offre sa jetée aux promeneurs. Les pêcheurs, eux, y trouvent un promontoire idéal. À l'extrémité de la digue (1 200m), le regard embrasse toute la rade. Pour un peu, on toucherait le fort Chavagnac du bout des doigts. ***Querqueville*** *(5km à l'ouest de Cherbourg) Au 1er feu à droite (dir. école des Fourriers/Port)*

Chapelle Saint-Germain L'intérêt de cette petite chapelle (xe s.) perchée sur une colline et bâtie en schiste tient à sa silhouette pittoresque et à son plan tréflé assez rare. Elle est fermée au public, mais la vue sublime sur l'anse de Querqueville et la rade de Cherbourg justifie le détour. *Rue de l'Église* ***Querqueville*** *(8km à l'ouest de Cherbourg par la D45) Tél. 02 33 01 65 00 Visite lors des Journées du patrimoine ou sur rdv auprès de la mairie*

Décrocher les étoiles

Planétarium Ludiver Très pédagogique, ce musée dédié à l'astronomie et à la climatologie passionnera petits et grands. Sous une sphère de 10m de diamètre, un spectacle de 45min présente des images grandioses qui illustrent le ciel nocturne visible au-dessus de la Hague. À l'étage, des panneaux, des vidéos, des photos, des maquettes et des jeux apprennent à décrypter les nuages ou une tablette babylonienne de 500 ans av. J.-C., à déclencher une tempête et à observer la naissance d'une étoile. Ne ratez pas l'émouvant documentaire sur les premiers pas sur la lune, ni la copie de l'empreinte de pied de Neil Armstrong... ***Tonneville*** *(6km au sud de Querqueville) Tél. 02 33 78 13 80 www.ludiver.com Ouvert fév.-juin, sept.-déc. : tlj. 14h-18h (planétarium à 15h) ; juil.-août : tlj. 11h-18h30 (planétarium à 11h30, 15h et 16h30) Tarif 7,75-3,80€ (avec et sans planétarium), réduit et enfant de 7 à 18 ans 5,60-2,30€, moins de 7 ans gratuit*

Urville-Nacqueville et ses environs

Château et parc de Nacqueville Considérée comme l'une des merveilles de la Manche, cette bâtisse Renaissance a effectivement de quoi ravir. Niché au creux d'un vallon boisé, son parc (50ha), conçu en 1830, exhale un raffinement extrême. En 1857, Alexis de Tocqueville écrivait d'ailleurs à un ami : "Mon frère a dépensé à Nacqueville beaucoup de goût et d'argent, et a fait de ce lieu un des plus jolis lieux du monde." Séquoias, azalées, bambous, camélias, lauriers du Portugal et magnolias… toutes les espèces s'accommodent de l'endroit. L'enchantement sera total à la mi-mai, à la floraison des rhododendrons. Du château, on ne visite que le vestibule, le reste étant habité. ***Urville-Nacqueville*** *(5km à l'ouest de Cherbourg sur la D45, puis à gauche au lieu-dit "la Rivière") Tél. 02 33 03 21 12 www.nacqueville.com Ouvert mai-sept. : mar., jeu.-ven., dim. et j. fér. 12h-17h (fermeture du parc à 18h) Tarif 6€, 5-15 ans 2€*

Manoir de Dur-Écu Un château du XVIe siècle, édifié à l'emplacement d'une ancienne place forte. L'intérieur du manoir ne se visite pas, mais on peut

Les plages de la presqu'île de la Hague

Baignades, pêche, chars à voile, *speed sail*, jeux de ballon... Les bandes de sable fin qui longent le littoral haguois à perte de vue font le bonheur de tous. Alliées au vent, elles offrent à marée haute de merveilleux spots aux surfeurs. Du nord au sud-ouest, vous trouverez la **plage d'Urville-Nacqueville**, réputée pour ses activités nautiques, la plage de Siouville-Hague, le paradis du surf, la plage de Sciotot, idéale pour sauter les vagues, la plage du Rozel, bordée de dunes, et la plage de Surtainville, où l'on pratique le *paddle board* (la planche à bras, utilisée pour le secours en mer). **Cotentin nautisme** L'organisme qui centralise tous les centres nautiques du nord du Cotentin. *Rue du Diablotin Quartier Chantereyne* ***Cherbourg-Octeville*** *Tél. 02 33 78 19 29 www.cotentin-nautisme.fr*

accéder aux cours et à un pigeonnier qui, au XVIIIe siècle, servit d'amer pour un (bref) débarquement de l'armée anglaise sur la plage d'Urville. Le manoir loue aussi deux gîtes, pour deux et quatre personnes, l'un dans un ancien moulin à orge (195-450€), l'autre dans un ancien moulin à blé (260-550€). ***Urville-Nacqueville*** *(11km à l'ouest de Cherbourg, sur la D45) Tél. 06 10 58 68 41 www.durecu.com Ouvert juil.-sept. : mar.-jeu. 11h-13h et 15h-19h Tarif 4€ (avec notice explicative)*

Maison de Millet Le domicile où vécut Jean-François Millet (1814-1875) jusqu'à l'âge de vingt-trois ans n'offre guère plus que la visite d'un intérieur paysan du XIXe siècle, dont une partie est couverte de reproductions de tableaux et de quelques esquisses du maître, connu surtout pour *L'Angélus* et *Les Glaneuses*. Avant de quitter le village, jetez un coup d'œil à l'église (XIIe s.). Elle fut l'un des derniers sujets peints par Millet (le tableau se trouve au musée d'Orsay). *Hameau Gruchy* ***Gréville-Hague*** *(19km à l'ouest de Cherbourg par la D45) Tél. 02 33 01 81 91 Ouvert avr.-juin, sept. et vac. scol. (sauf Noël) : mar.-dim. 14h-18h ; juil.-août. : tlj. 11-18h Tarif 4,20€, réduit 3€, enfant 2€, moins de 7 ans gratuit*

COTENTIN

☆ **Manoir du Tourp-Maison de la Hague** Un lieu chargé d'histoire que ce manoir du XVe siècle, transformé en centre culturel. François Millet l'a immortalisé dans l'une de ses toiles, et le cinéaste Roman Polanski l'a rendu mythique en y tournant son film *Tess* en 1978. Ancienne demeure noble, la propriété passe au XIXe siècle entre les mains de plusieurs familles d'agriculteurs, et change alors d'aspect. Dans les années 1930, des cochons s'ébattaient même librement dans la cour, la chapelle et les divers bâtiments. À la fin des années 1990, la communauté de commune de la Hague acquiert le domaine et se lance dans un important chantier de rénovation qui aboutit, le 28 mars 2002, à l'ouverture au public de la Maison de la Hague. Dans le logis seigneurial, une exposition permanente, "La Hague, à tous points de vues", explore à l'aide de vidéos et d'ingénieuses scénographies le patrimoine de la presqu'île : sa géologie, son climat, ses ressources et ses différents corps de métier. Dans les dépendances et les anciens greniers, vous pourrez parcourir des expositions temporaires, dans la chapelle, visionner un film de 15min sur l'histoire du Tourp et, dans l'ancien pressoir, reconverti en médiathèque, consulter des beaux livres d'architecture et de photographie. Le centre comprend aussi une boutique de souvenirs, un peu hétéroclite, et l'hôtel-restaurant Les Murets (p.269). Ne partez pas sans avoir admiré le pigeonnier, entièrement restauré avec son toit en pierre, son épi de faîtage et sa charpente. ***Omonville-la-Rogue*** *(env. 3km au sud du village, par la D45) Tél. 02 33 01 85 89 www.letourp.com Ouvert fin fév.-juin, sept.-fin déc. : tlj. 14h-18h ; juil.-sept. : tlj. 10h30-19h Fermé fin déc.-fin fév. Entrée libre* **Médiathèque** *Ouvert mar. et jeu.-sam. 14h-18h, mer. 10h-13h et 14h-18h Entrée libre*

LES ARTS DU JARDINS

Au manoir du Tourp, salon autour des plantes et du jardin. **Plantes et saveurs d'automne** *Tél. 02 33 52 74 94 En sept.*

Maison de Jacques Prévert Arrivé septuagénaire dans le village d'Omonville-la-Petite, Jacques Prévert y vécut jusqu'à sa mort en 1977. Sa maison est aujourd'hui ouverte au public. À l'étage, l'atelier où le poète et sa femme ont

SE METTRE AUX VERS
Après la visite de la maison de Prévert, découvrez le jardin qui lui rend hommage : lieu onirique et bucolique, un théâtre de verdure parsemé de vers du poète et de souvenirs d'amis artistes. **Jardin en hommage à Jacques Prévert** *Saint-Germain-***des-Vaux** *(3km au nord-ouest d'Omonville-la-Petite par la D45) Tél. 02 33 52 11 00 Ouvert juil.-août : tlj. 14h-19h ; Pâques-oct. : lun.-jeu. et sam.-dim. 14h-19h Tarif 5€*

passé l'essentiel de leur temps semble être resté tel que le couple l'a laissé, avec ses ouvrages, collages, portraits et petits mots déposés çà et là. Un film retrace la vie de l'artiste et recueille les témoignages de voisins. Le rez-de-chaussée accueille des expositions temporaires. Les Prévert reposent dans le cimetière de la petite église Saint-Martin aux côtés de leur ami Alexandre Trauner, célèbre décorateur de cinéma. **Omonville-la-Petite** *(25km à l'ouest de Cherbourg par la D45) Tél. 02 33 52 72 38 Ouvert fév.-mai, avr.-mai, Toussaint : tlj. 14h-18h ; juin, sept. : tlj. 11h-18h ; juil.-août : tlj. 11h-19h Tarif 4,20€, réduit 2,70€, enfant 2€*

Faire du char à voile

ASSUN Voile Devant les remparts du fort d'Urville-Nacqueville, la plus grande base nautique de la Hague loue des chars à voile (25€ l'heure), et propose nombre d'autres activités et de stages : zodiacs, bouées tractées, planches à voile, catamarans, stand up paddle, kayak... Vous pourez également y passer votre permis bateau. *Le Fort* **Urville-Nacqueville** *(sur la plage, côté est) Tél. 02 33 03 30 52 www.assunvoile.com Ouvert toute l'année*

Auderville et le cap de la Hague

Port Racine Ce serait le plus petit port de France. Avec ses deux digues étriquées, ses minuscules cabanes de pêcheurs aux portes bleues et les eaux translucides de l'anse Saint-Martin, l'endroit dégage un charme irrésistible. *Avant Saint-Germain-des-Vaux (27km à l'ouest de Cherbourg par la D45)*

Phare de Goury Construit en 1826 pour sécuriser la passe, traversée par de violents courants (de nombreux navires y ont fait naufrage), le phare de Goury culmine à 48m. Sur le port, le sémaphore abrite le centre de sauvetage en mer (CROSS de Jobourg), qui veille sur un secteur allant de la baie du Mont-Saint-Michel au cap d'Antifer (Seine-Maritime). Avec 600 navires par jour, c'est l'une des zones maritimes les plus fréquentées de la planète. Il n'est donc pas rare de voir le *Mona Rigolet* glisser sur sa rampe de lancement (qui permet une sortie à marée basse) et partir à toute vitesse à la rescousse d'un bateau infortuné. Vous pourrez aussi consulter l'impressionnante liste de sauvetages réalisés depuis 1870. *À 1km en contrebas d'Auderville (30km à l'ouest de Cherbourg par la D901)* **Centre de sauvetage** *Ouvert Pâques-sept. (pas d'horaires fixes)*

☆ **Baie d'Écalgrain** À partir d'Auderville, la départementale 401 s'accroche aux falaises pour descendre jusqu'à la baie d'Écalgrain, l'un des plus beaux sites naturels de la pointe de la Hague. L'endroit, sauvage et parfois désert hors saison, a des allures de bout du monde. En outre, le panorama est de toute beauté : au loin, les hautes falaises du nez de Jobourg et, en contrebas,

GEOPLUS

Un week-end à la pointe de la Hague

Qui imaginerait qu'aux portes de la vibrionnante Cherbourg, la ville aux quatre ports, commence la côte la plus sauvage du Cotentin. Près du nez de Jobourg, où la mer se jette avec fracas sur les rochers, ou à proximité des dunes de Biville, à l'univers préservé, vous ferez halte dans des jardins romantiques ou vous vous attablerez dans de reposants villages, riches en auberges soignées... Offrez-vous donc un bain de contrastes.

Samedi

Plongez-vous dans l'atmosphère de Cherbourg, ses quais, ses cafés, son centre animé, avant de vous lancer sur l'extrême côte nord-ouest du Cotentin...

MATINÉE

Petit déjeuner **Café du Port** (p.249) Vous y démarrerez la journée installé devant les bateaux : croissants ou œufs au bacon ?

10h **Cité de la Mer** (p.251) Déambuler dans ce fabuleux parc océanographique occupera toute votre matinée : étonnant aquarium de 10m de haut, captivante visite (45min) du sous-marin *Redoutable* et l'attraction "On a marché sous la mer" (1h), qui vous permettra de devenir l'un des premiers explorateurs des fonds marins.

CONSEIL Une carte des randonnées est disponible à l'office de tourisme de Beaumont-Hague (p.260). Celle qui dessine une boucle de 4h autour de la baie d'Écalgrain passe également par des hameaux de l'intérieur de la pointe.

Déjeuner Plusieurs options, selon vos envies et votre budget : le Café de Paris (p.256), brasserie nappée de blanc, sert poissons et fruits de mer ; le **Faitout** (p.256), dans une rue calme, de bons plats traditionnels ; le **café Pompon** (p.249) propose assiettes et en-cas chauds.

APRÈS-MIDI

14h **Départ de Cherbourg** Dès la sortie ouest de la ville, vous entrez directement sur la presqu'île. Passé **Querqueville** (p.260), où l'on peut s'attarder sur la digue, voici la **plage d'Urville-Nacqueville** (p.261), idéale pour nager et pour s'amuser. Le vent et les vastes étendues de sable fin à perte de vue se prêtent à merveille au char à voile, mais vous pourrez aussi faire un tour en zodiac ou louer une planche à voile... Localisée près du fort, la base nautique **ASSUN Voile** ne laisse que l'embarras du choix (p.263).

16h Route côtière Pour vous rendre compte de la beauté du littoral, prenez la D45 qui oscille sans trêve jusqu'à la pointe nord-ouest du Cotentin. Vous traverserez alors des paysages escarpés, de plus en plus somptueux, jouant à cache-cache avec une nature luxuriante. Parvenu à Saint-Germain-des-Vaux, vous pourrez, selon l'heure, faire un saut dans le jardin Jacques-Prévert (p.263), dédié au poète, avant de contempler le minuscule **port Racine** (p.263) ancré dans les rochers. Reprenez ensuite la route jusqu'au **phare de Goury** (p.263), pour une bouffée d'air du large face à une Manche tourmentée, sur fond de décor "irlandais" de prés séparés par des murets.

SOIRÉE

Dîner Retour à Saint-Germain-des-Vaux pour un agréable repas au **Racine** (p.270), un chaleureux restaurant normand.
OU Poursuite jusqu'à Auderville pour prendre un apéritif au comptoir et dîner à **La Malle aux épices** (p.269), pour tester les compositions inventives de Christophe Barjettas

COUCHER

Dormez ensuite dans l'adorable village d'Auderville, à l'**hôtel du Cap** (p.272), ou poursuivez jusqu'à Omonville la-Petite pour une nuit paisible à **La Fossardière** (p.272).

Dimanche

La côte ouest de la pointe de la Hague et son arrière-pays réservent quelques curiosités, où il fait bon s'attarder.

MATINÉE

9h30 De la **baie d'Écalgrain** (p.263), un sentier côtier, le GR®223, mène en 30min de marche jusqu'au **nez de Jobourg** (p.266), là où les falaises atteignent leur point culminant. L'anse de Vauville se déploie à vos pieds jusqu'au cap de Flamanville !

10h Prolongez votre marche à votre guise, sur le GR®23 qui se poursuit jusqu'à Flamanville. En été, partez explorer les **grottes de Jobourg** (p.266), qui se nichent au pied des falaises.
Déjeuner **Auberge des Grottes** (p.270) Si la cuisine est sans surprise, on y jouit d'une vue exceptionnelle.

APRÈS-MIDI

14h30 **Jardin botanique du château de Vauville** (p.266) Flânez à plaisir parmi les plantes exotiques de ce parc créé sur une pente face à la mer. Une buvette, le **Comptoir du jardinier** (p.266), y sert des crêpes et des rafraîchissements.
17h **Parc du château de Flamanville** (p.267) Selon la saison et la lumière, il est encore temps d'aller admirer le jardin de dahlias qui se dissimule dans un coin du parc.
18h30 Revenant sur vos pas, faites un saut au charmant village de **Biville-sur-Mer** (p.267). De là, prenez la direction de la mer jusqu'aux **dunes de Biville** (p.267), où vous serez soudain cerné de surprenantes landes ondulantes et venteuses, que baigne une lagune. Pour une vision totale de l'ensemble, grimpez au **calvaire** (p.267) qui domine le site.

SOIRÉE

Dîner Peu de restaurants de la pointe la Hague restent ouverts le dimanche soir. C'est le cas du **Moulin à vent** (p.271), une adresse de charme de Saint-Germain-des-Vaux, appréciée pour son cadre raffiné et sa vue panoramique.

une petite plage solitaire, entourée de landes et de bruyère, balayée par le flux et le reflux puissant de la mer. Par beau temps, on aperçoit même l'île d'Aurigny. Le site mérite vraiment le détour, surtout pour un coucher de soleil. *Au sud d'Auderville*

☆ **Nez de Jobourg** Partant de la baie d'Écalgrain, par le chemin des douaniers (GR®223), vous atteindrez le nez de Voidries (face au nez de Jobourg), en 30min. Ici, les courants sont parmi les plus violents au monde. Du haut des falaises, 128m au-dessus du fracas de la mer, la vue s'étend jusqu'au cap de Flamanville. À l'horizon, l'île d'Aurigny se détache, que le soleil brille ou que les éléments grondent. Comme un air de Finistère... *À 25km à l'ouest de Cherbourg par la D901 (dir. Jobourg), puis 3,5km sur la D202 (dir. Nez de Jobourg)*

● Descendre dans les grottes

Grottes de Jobourg Au pied des falaises de Jobourg, dans un paysage dominé par des roches géantes, se cache un site de grottes sculptées par la mer. Une association de bénévoles, "À la découverte de la Hague", a mis en place un itinéraire permettant d'y accèder, au terme d'une étonnante randonnée entrecoupée d'escalade. La découverte de ces cavités, maintenues sous l'eau durant six mois de l'année, vaut bien cette petite aventure, dûment encadrée par des guides expérimentés. Tarif 5€, enfant 2,50€, moins de 10 ans gratuit. *Point de rendez-vous à la buvette de la Falaise, au nez de Jobourg Tél. 02 33 53 86 12 ou 06 12 42 86 97 http://aladecouvertedelahague.fr Randonnées Mi-juil.-sept., durée 5h (horaires selon les marées)*

Vauville et Biville

☺ **Jardin botanique du château de Vauville** En 1948, Éric Pellerin eut une idée audacieuse : imaginer un jardin sur un terrain tourné à 180° sur la mer et face aux vents, qui profiterait du microclimat cotentinois. Après le succès des premières plantations, commencées dans les anciennes douves du château, le jardin s'agrandit au fil des ans, gagnant sur les potagers et un terrain de tennis. Aujourd'hui, une impressionnante collection de végétaux exotiques et rares occupe un labyrinthe de plus de 40 000m². Palmiers en quantité, bambous, eucalyptus, oléarias, rhododendrons ou azalées se découvrent ainsi au fil d'un parcours touffu ponctué de petites clairières, de chemins thématiques et d'un point d'eau dédié aux plantes aquatiques, comme la fougère osmonde royales, les crinums ou des libertia. D'un jardin exotique à l'autre, a promenade se termine parmi les gunneras, aux feuilles démesurées, environnant un bassin orné d'une impressionnante tête de lion. Vous pourrez faire une pause à la terrasse du salon de thé après avoir fouiné à la boutique où l'on trouve des plants provenant des pieds mères du jardin. ***Vauville*** *(3,5km au*

UN THÉ AU JARDIN
Une buvette-salon de thé est installée dans le superbe cadre du jardin botanique du château de Vauville. À l'abri des feuilles de gunneras, on profite de l'air du large, que le vent dépose jusqu'aux larges tables en bois posées sur la pelouse. Magazines à piocher dans une corbeille, boissons chaudes et froides, crêpes préparées sur place (2,50€). **Le Comptoir du jardinier**
Ouvert tlj. 14h-18h

sud de Beaumont-Hague, par la D318) Tél. 02 33 10 00 00 http://jardin-vauville.fr Ouvert avr.-sept. : tlj. 14h-18h ; oct. : w.-e. 14h-18h Tarif 7€ (visite libre ou guidée de 1h30), 15€ (visite guidée de 2h avec le propriétaire et concepteur du jardin, Guillaume Pellerin), moins de 18 ans gratuit

Biville-sur-Mer Un minuscule village, entre mer et bocage. *À 20km à l'est de Cherbourg par la D64, à 4km au sud de Vauville*
Église L'édifice de style gothique, bien que reconstruit en majeure partie – notamment le clocher et le porche occidental du XVIIe siècle –, présente une certaine harmonie. Si la nef, inspirée de la salle des Chevaliers du Mont-Saint-Michel (p.362), ne date que de 1926, le chœur, remonte, lui, à 1261 et dévoile six bas-reliefs du XVe siècle. Doucement illuminés à certaines heures de la journée par des vitraux contemporains, ils illustrent un roi et une reine environnés de saints. *Ouvert tlj. 8h30-17h30*
☆ **Dunes de Biville** En sortant de l'église, suivez la route en lacets qui descend vers la mer sur environ 2km : elle vous mènera à l'un des plus vieux sites dunaires d'Europe, qui s'étend à perte de vue sur 200ha, offrant une vision époustouflante. Entièrement préservé, ce paysage lunaire, composé de sable modelé par le vent et de pelouses herbacées, repose sur des dépressions humides, source d'un précieux écosystème. Ici s'épanouissent roseaux, joncs de mer, et une importante faune des marais : crapauds, rainettes, tritons… Une magnifique plage de sable doré, dégagée de tout rocher, longe à l'infini la grande bleue, dont les vagues souvent houleuses attirent les surfeurs.
Calvaire des Dunes À 125m au-dessus de la mer, ce monument orné d'un Christ en fonte, domine la baie, dévoilant un superbe panorma sur l'anse de Vauville qui s'allonge sur plus de 10km, jusqu'aux îles Anglo-Normandes que l'on aperçoit par temps clair. *De Biville, un chemin, à droite de l'église, mène au calvaire (15 min de marche environ)*

● Où acheter ses fruits et légumes ?

Les Jardins de la Hague Outre des plantes grasses (2,50€ le pot), Mélanie et Florent produisent des fruits et des légumes, dont de nombreuses courges, des framboises et plusieurs variétés de fraises, vendues en barquettes ou sous forme de confiture. La petite boutique de la ferme propose aussi d'autres produits locaux, comme des terrines de canard, des jus de pommes et du cidre. Le samedi matin, avant l'ouverture du magasin, on sera ravi de vous montrer la propriété, son verger et ses serres. Stand au marché de Cherbourg le mardi et de Beaumont-Hague le samedi en saison, et le vendredi toute l'année au marché des Pieux. *La Haye* ***Vasteville*** *(6km au sud-est de Biville, par la D318, la D37 et la D123) Tél. 06 12 08 60 39 Ouvert lun. et mer. 16h30-18h30 Visites sam. 9h-10h*

Flamanville et alentours

Parc du château de Flamanville Si le château de Flamanville (XVIIe s.), ne se visite plus, sa façade en granit, extrait d'une falaise, offre un somptueux décor à un parc enchanteur de 24ha. De part et d'autre d'un étang romantique, des promeneurs déambulent le long d'allées boisées ou de pelouses fleuries. Mais le clou du parc demeure son jardin de dahlias, planté sur une terrasse en hauteur, à laquelle on accède par un escalier. Un jubilé de couleurs éclate

COTENTIN

alors sous vos yeux : près d'une centaine de variétés issues du monde entier, aux fleurs en forme de cactus, de pompons, de balles, de dentelle… Dans le château, un gîte d'étape de quatre chambres ouvert toute l'année (15,50-17€/pers.). *Rue du Château* ***Flamanville*** *(23km au sud-ouest de Beaumont-Hague, par la D37 puis la D64) Tél. 02 33 52 61 23 Ouvert lun.-sam. 10h-12h et 15h-18h, dim. 15h-18h Point informations et expositions dans la maison du gardien en juil.-août* **Gîte** *Tél. 02 33 87 66 66 (Réservation à la mairie) www.flamanville.fr*

Où acheter son pain, faire son marché ?

Château du Rozel Un boulanger s'active à l'année dans le fournil du château, pétrissant et cuisant des pains paysans au levain naturel ou aux graines. En passant chercher vos commandes (impératives), profitez-en pour l'observer à l'œuvre et recueillir ses explications. Les jeudis d'été, le pain est également vendu dans la cour, parmi d'autres stands de petit producteurs locaux : fruits, légumes, yaourts, œufs, crustacés, poulets… ***Le Rozel*** *(4km au sud-ouest des Pieux, par la D117) Tél. 02 33 52 95 08 ou 02 50 29 95 62 (commande) www.chateau-du-rozel.com* **Marché** *Juin-sept. : jeu. 18h-20h*

Où trouver du cidre ?

Le Père Mahieu Ce verger bio de 10ha fournit en cidre de nombreuses tables de Basse-Normandie, telles que le Pily de Cherbourg, la Maison rouge de Maupertus-sur-Mer ou la Mère Poulard du Mont-Saint-Michel. À la boutique, vous trouverez du jus de pomme artisanal, du vinaigre de cidre, du pommeau vieilli en fût de chêne et de jeunes calvados. Possibilité de visiter la cidrerie, le pressoir des années 1930 et le verger. *Hameau les Mesles* ***Bricquebosq*** *Tél. 02 33 93 03 79 Ouvert haute saison : lun.-sam. 9h30-12h et 14h-18h ; basse saison : lun.-sam. 9h30-12h et 14h-17h*

Cidrerie Théo Capelle Certainement le plus connu des producteurs de la Hague. Dans sa boutique bien fournie, vous n'aurez que l'embarras du choix entre les cidres brut et doux, les pommeaux, les calvados de 3 à 20 ans d'âge, et les apéritifs bien locaux comme le Cotentinoix, à base de noix verte, sans compter les gourmandises qui les accompagnent (gelées, griottes marinées…). Visites organisées de la presse à pommes, au cours de laquelle une vidéo vous livrera tous les secrets de fabrication du cidre, s'achevant tout naturellement par une dégustation. Visite 2,50€, enfants gratuit. ***Sotteville*** *Tél. 02 33 04 41 17 www.theo-capelle.com Ouvert lun.-sam. 9h-12h30 et 14h-19h Visites (1h) à 11h, 15h et 17h*

Boire un verre en bord de mer

Le Sauve qui peut Ancré au cœur d'une agréable station balnéaire, ce chalet gris en planches, un rien exotique, pourrait évoquer une maison de vacances américaine. Sa terrasse abritée offre un bel observatoire sur le large, idéal pour respirer à pleins poumons devant un kir ou un délicieux cocktail au gingembre. Également une cuisine simple, à base de produits marins : bulots, sardines, marmite de poissons… Plat 13-16€, menus 19-25€. *1, route du Fort Anse de Sciotot* ***Les Pieux*** *Tél. 02 33 94 33 85 Ouvert lun. midi, mer.-dim.*

Où goûter à la ferme, apprendre à faire le pain ?

☺ **La Ferme aux Cinq Saisons** Place aux petits dans cette exploitation familiale où François Thiébot, enfant du pays, raconte de belles histoires autour du blé, de la farine et d'une simple goutte d'eau. Les enfants mettent ensuite la main à la pâte, jusqu'à ce que les pains, une fois pétris, cuisent tranquillement dans un four à bois. Pendant ce temps, on rend visite aux animaux de la ferme, avant de se réunir autour d'un goûter, pour déguster la teurgoule et les pains au chocolat tout chauds confectionnés par François. Programme et tarifs sur demande et réservation. La maison propose aussi un champ pour planter sa tente (6 emplacements) et profiter au mieux de la campagne, avec le minimum d'équipement : comptez 4€ l'emplacement, puis 4,50€/adulte et 3,50€/enfant. *Rue des Moliers* ***Flamanville*** *Tél. 02 33 04 56 84 ou 06 80 66 34 77 www.lafermeaux5saisons.com Ouvert juin.-août (et parfois à Pâques) : lun.-ven. 14h-17h Camping Ouvert Pâques-oct.*

CARNET D'ADRESSES

Restauration

petits prix

Crêperie du Valciot Même si vous ne passez pas la nuit dans le manoir du Valciot (p.271), profitez de la crêperie attenante et de ses galettes fumantes, de ses crêpes sucrées, et de l'indispensable bolée de cidre. Véranda vitrée, contiguë à une salle toute simple, et quelques spécialités de la maison à essayer, comme la galette au jambon fumé du Cotentin. Menus de 13 à 22,50€. *14, chemin des Costils* ***Siouville-Hague*** *(À 5km au nord de Flamanville) Tél. 02 33 52 93 15 www.creperie-normandie.com Ouvert avr.-mi-nov. : tlj. midi et soir*

prix moyens

Hôtel-restaurant Les Murets Manger ou dormir dans un centre culturel, voilà une idée originale ! Au menu, une cuisine du pays, avec un fort penchant pour les poissons (formules 15-45€), servie sous une véranda donnant sur le jardin. Installé dans les anciennes étables du manoir du Tourp (p.262), un escalier en colimaçon dessert 7 chambres cosy, sobrement décorées et dotées d'une mezzanine. L'hôtel propose aussi une huitième chambre adaptée aux personnes à mobilité réduite, située au rez-de-chaussée, à côté du restaurant. Comptez 78€ pour une double, petit déj. 8€. ***Omonville-la-Rogue*** *(env. 3km au sud du village, par la D45) Tél. 02 33 01 02 20 www.hotel-restaurant-lesmurets-tourp.fr*

Café du Port Bien tranquille au bout de la jetée, regardant la mer, confortablement installé dans une salle lambrissée (ou dotée d'une cheminée), on profitera d'autant plus de la marée du pays : moules de Barfleur, huîtres de Saint-Vaast (13€ la douzaine), soupe de poisson de roche maison. N'hésitez toutefois pas à vous attabler à l'extérieur : la terrasse, dressée au milieu des barques au repos, domine une petite plage de galets et l'horizon. Menu du jour 15€ (midi), et menus plus élaborés 25-35€. *Port du Hable* ***Omonville-la-Rogue*** *(19km à l'ouest de Cherbourg par la D45) Tél. 02 33 52 74 13 Ouvert juil.-sept. : tlj. ; oct.-juin : mar.-dim.*

☺ **La Malle aux épices** Les foules accourent, et de loin, jusqu'au petit restaurant de Christophe Barjettas, aménagé dans les coulisses d'un bar-tabac d'un village du bout de la pointe de la Hague. Après 15 ans passés aux Antilles, "Kiki", le chef, travaille les épices dans sa cuisine ouverte : entrecôte sauce saké, tempura de poissons sauce crème et sweet chili, saumon gravlax avec mousse à le menthe... En dessert, on goûtera un nem de pomme au caramel normand, une tarte vanille-framboise, ou une crème brûlée aux fèves concaves, au léger goût d'amande. Pour vous mieux rendre compte de sa créativité, tentez les assiettes découverte à 6 plats, salée (17€) ou sucrée (10€), un enchantement ! Carte 30-35€, menu 24€, et menu enfant à 10€. ***Auderville*** *(11km à l'ouest de Beaumont-Hague par la D901) Tél. 02 33 52 77 44 www.lamalleauxepices.com Ouvert lun. midi, mer.-ven. midi et soir, sam. soir, dim. soir (en été)*

Le Racine À deux pas de port Racine, cette épicerie discrète recèle 2 belles surprises : une terrasse bâchée et une salle chaleureuse, où l'on se régale d'une cuisine du terroir soignée. De l'andouille poêlée au cidre à la brioche perdue au chocolat, tout est entièrement maison et excellent. Ne négligez pas le plateau de fromages affinés, et ses goûteux chèvres au poivre. Ambiance décontractée. Carte 25€, menus 18 et 26€. *Rue du Haut* ***Saint-Germain-des-Vaux*** *(1,4km d'Auderville par la D45) Tél. 02 33 52 64 61 Ouvert fin mars-fin oct. : mar.-ven. moidi et soir, sam. soir, dim. midi ; fin oct.-fin mars : mar.-dim. midi (le soir sur réserv.)*

Auberge des Grottes Plantée sur le nez de Jobourg (en fait celui de Voidries), elle jouit d'un cadre exceptionnel. Pour en profiter, de larges baies vitrées ont été percées tout le long de la salle. Cuisine simple et correcte de poissons, fruits de mer et viandes grillées au feu de bois. Crêpes normandes à toute heure les week-ends d'été. Menus à 24, 34, 68€, et menu à 95€ pour 2 pers. ***Nez de Jobourg*** *(28km à l'ouest de Cherbourg par la D901) Tél. 02 33 52 71 44 www.aubergedesgrottes.com Ouvert mi-fév.-juin, sept.-mi-nov. : ven.-lun. midi et soir, mar. midi ; juil.-août : tlj.*

☺ **Auberge de Goury** Ancrée face au phare du cap de la Hague, cette auberge réputée propose toute la gamme des produits frais de la mer et des poissons sauvages grillés au feu de bois. À savourer dans un univers de boiseries et de pierres apparentes, bien au chaud derrière les grandes fenêtres donnant sur le port. Ici, la qualité de la cuisine va de pair avec l'ambiance, rendue franchement conviviale, voire boute-en-train, par les facéties des serveurs ou du patron, qui n'épargnent personne. Menus à 23 et 31€, menu homard à 65€, plateau de fruits de mer à partir de 39€. *Pointe de Goury* ***Auderville*** *(30km à l'ouest de Cherbourg par la D901) Tél. 02 33 52 77 01 Ouvert début fév.-mi-nov. : mar.-sam. midi et soir, dim. soir*

Restaurant-gîte d'étape Le Sémaphore Juché sur les falaises de Flamanville, le Sémaphore est une étape agréable pour manger face à l'Océan. Belle salle aux couleurs vives ornée

GAMME DE PRIX	RESTAURATION	HÉBERGEMENT
Très petits prix	moins de 10€	moins de 40€
Petits prix	de 10 à 15€	de 40 à 60€
Prix moyens	de 15 à 25€	de 60 à 85€
Prix élevés	de 25 à 40€	de 85 à 120€
Prix très élevés	plus de 40€	plus de 120€

d'affiches retraçant l'histoire du lieu, véranda climatisée. Cuisine soignée et ambiance détendue. Spécialités du Sud-Ouest : cassoulet, magret de canard aux mirabelles... Menus à 16,50 (à midi), 21,50, 28 et 48€. Carte 30€. Également 19 lits répartis dans 3 dortoirs (20€). Petit déj. 6€. Possibilité de louer le gîte complet 1650€/sem. **Cap de Flamanville** *(25km au sud-ouest de Cherbourg par la D650) Tél. 02 33 52 18 98 www.restaurantlesemaphore.com Ouvert mi-fév.-fin déc. : mar. midi, mer.-sam. midi et soir, dim. midi*

☺ **Le P'tit Bourg** Bien à l'abri derrière ses fenêtres à croisillons, cette salle soignée, à la déco contemporaine, baignée de musique jazzie, n'a pourtant rien de guindé. Les habitués y débarquent joyeusement en famille pour savourer la gastronomie personnalisée de Yannick Lamy : émietté de crabe et sa tuile de parmesan, saumon confit à l'encre, croquant de joue de bœuf, et même un groin de porcelet, toujours esthétiquement présentés. Un hommage inventif à la cuisine traditionnelle, dans des menus changeants, qui n'oublient pas leur région. Carte 30€, menus de 21,50 à 38€. **Les Pieux** *(22km au sud-ouest de Cherbourg par la D650) Tél. 02 33 03 23 84 www.leptitbourg.com Ouvert mar.-ven. midi et soir, sam. soir*

prix élevés

☺ **Le Moulin à vent** Juste avant l'entrée de Saint-Germain-des-Vaux, sur la route des Caps, une adresse de charme où il fait bon s'attarder. Dans un cadre enchanteur, on profite d'une vue superbe sur la côte. De toute beauté au coucher du soleil. La cuisine est à la mesure du lieu : délectable au regard et en bouche, de l'entrée (poisson et salade d'algues, assiette d'huîtres) au plat de résistance (poisson sauvage des côtes ou pigeonneau rôti), jusqu'au dessert. Menus à 24, 35, 45 et 65€. Carte 30-50€. **Saint-Germain-des-Vaux** *(28km à l'ouest de Cherbourg par la D45) Tél. 02 33 52 75 20 www.le-moulin-a-vent.fr Ouvert juil.-août : tlj. 12h-13h30 et 19h30-20h30 ; sept.-juin : ven.-mar. 12h-13h30 et 19h30-20h30*

Hébergement

N'oubliez pas, dans la rubrique restauration, les hôtels Le Landemer et Les Murets, ainsi que le restaurant-gîte d'étape Le Sémaphore.

camping

Camping municipal du Hâble À 500m du port, parmi les pins. De petites haies assurent un peu d'intimité à chaque emplacement et une épicerie attenante propose le nécessaire alimentaire. Emplacement 2,30€, plus 3€/adulte, 2€/enfant (moins de sept ans), 2,30€/véhicule. **Omonville-la-Rogue** *(19km à l'ouest de Cherbourg par la D45) Tél. 02 33 52 86 15*

prix moyens

☺ **Manoir du Valciot** Merveilleusement située sur une route côtière, cette noble demeure jouxte une crêperie (p.269). Dans une ambiance paisible, à proximité des vagues à surf de la plage de Siouville-Hague, vous trouverez des chambres et des appartements décorés en style rustique : papiers à fleurs, pierres apparentes, lits en bois ou en fer forgé, pas de télévision. Chambres et suite à partir de 42,50€/2 pers., gîtes à partir de 252€ la semaine. Possibilité de demi-pension avec la crêperie. *14, chemin des Costils* **Siouville-Hague** *(19km au* *sud-ouest de Beaumont-Hague, par la D37 puis la D64) Tél. 02 33 52 93 15 www.creperie-normandie.com*

prix élevés

☺ **La Fossardière** Un véritable havre de paix installé dans l'un des plus verdoyants villages de la presqu'île. Aucune fatigue ne résiste à un séjour dans cette propriété fleurie nichée dans le creux d'un vallon. En été, la terrasse reçoit le soleil à l'heure de l'apéritif ; le matin, c'est le tour de la boulangerie, où sont servis les petits déjeuners (9,50€). Huit chambres ensoleillées de 68 à 83€. Parfait pour les amoureux. Borne wifi. *Hameau de la Fosse* ***Omonville-la-Petite*** *Avant l'hôtel La-Roche-du-Marais, prendre à gauche dir. Digulleville (25km à l'ouest de Cherbourg par la D45) Tél. 02 33 52 19 83 www.lafossardiere.fr Ouvert mi-mars-mi-nov.*

☺ **Maison du chevalier de Rantot** La demeure se dresse au centre d'Omonville-la-Petite, charmant village dont l'une des maisons abrita, au XVIIe siècle, un habile pirate et contrebandier, le chevalier de Rantot. Elle dispose de 2 charmantes suites, pour 2 et 4 personnes, l'une parquetée ouvrant sur un jardin, l'autre mansardée regardant la mer. À la demande, votre hôtesse japonaise, l'aimable Yuiko, prépare des plats de son pays à base de produits de la mer, ou cuisine normand, selon vos envies (25€/pers.). Suite 65-85€. Également un gîte pour 3 pers. et 500€ (400€ hors saison). *Hameau Fleury* ***Omonville-la-Petite*** *(25km à ouest de Cherbourg, par la D45) Tél. 02 33 93 23 27 http://maisonduchevalierderantot.com Ouvert Pâques-Toussaint*

Hôtel du cap À l'extrême pointe de la Hague, dans le petit village d'Auderville, cette jolie maison propose 12 chambres (dont 2 avec accès handicapés) avec vue sur la mer, spacieuses et agréables à vivre. Comptez de 66€ (douche et WC) à 114€ (bains et WC). Calme assuré et jardin pour se délasser, ainsi qu'un petit "pub irlandais" ouvert en fin de journée et réservé à la clientèle. Petit déj. à 9€. Un bon rapport qualité-prix. ***Auderville*** *(30km à l'ouest de Cherbourg) Tél. 02 33 52 73 46 www.hotelducap.net*

Manoir de Vasteville-Mr Damourette Le calme absolu au milieu des bois... Ce manoir du XVIe siècle, ouvrant sur une cour somptueuse, propose 2 chambres (45€), sobres et meublées à l'ancienne. Vous y profiterez pleinement de la beauté des lieux. La plus vaste des deux dispose aussi de la salle de bains la plus élaborée. Accueil doux et souriant. ***Vasteville*** *(10km au sud de Beaumont-Hague par la D37) Tél. 02 33 52 76 08 Ouvert fév.-déc.*

Hôtel Bel Air Une belle demeure en pierre offrant un standing de qualité au milieu d'un grand jardin où l'on pourra s'installer dans des transats en été. Trois catégories de chambres (en fonction de la surface) avec minibar, téléphone et TV : "junior" (65-75€ selon la saison), "classique" (75-90€) et "supérieure" (85-105€). Petit déjeuner en terrasse aux beaux jours 11€. La junior est déjà franchement bien ; certaines ont même un lit *king size*. Bar à disposition des clients. *2, rue du Château* ***Flamanville*** *(à la sortie de la ville dir. Les Pieux par la D4) (25km au sud-ouest de Cherbourg par la D650) Tél. 02 33 04 48 00 www.hotelbelair-normandie.com Fermé 2 dernières sem. déc.*

Logis de la Mare du Parc Cette grosse ferme du XVIIIe siècle détonne

COTENTIN

un peu dans cette rue résidentielle peuplée de pavillons. Rénovée par un jeune couple, elle abrite aujourd'hui 4 chambres coquettes et spacieuses, de couleurs différentes, et dotées d'agréables salles de bains. Aux beaux jours, un jardin invite les hôtes à une pause pique-nique, dans un recoin aménagé. Salon de repos avec cheminée pour l'hiver, et immense salle de petit déjeuner. Double de 83 à 93,50€ (en haute saison). *14, route de la Mare-du-Parc* ***Surtainville*** *(7km au sud des Pieux, par la D650 puis la D66) Tél. 02 33 04 35 50 www.logisdelamareduparc.com*

prix très élevés

☺ **Château du Rozel** Une délicieuse odeur d'herbe coupée flotte dans ce domaine dont les bâtiments, environnés de pelouses, de massifs d'hortensias et d'un superbe potager, datent du XIIIe au XIXe siècle. Il propose 3 chambres et 2 suites, aménagées avec faste dans le château, ou dans une adorable maisonnette de 18m^2. Au petit déjeuner, servi dans de la porcelaine fine, dans une somptueuse salle à manger donnant sur les arbres, vous goûterez, entre autres, le pain pétri sur place. Également 4 gîtes-cottages, tous de tailles et d'aspects différents (380-780€/sem., selon le gîte et la saison), répartis dans les dépendances autour du jardin, munis de cheminées, de terrasses ou de poutres apparentes. Chambres 90-120€ pour deux, suites 100-125€. ***Le Rozel*** *Tél. 02 33 52 95 08 www.chateau-du-rozel.com*

★VAL DE SAIRE

Au nord-est de la presqu'île du Cotentin, il est un lieu où la terre et la mer jouent à un perpétuel cache-cache, où de verdoyants vallons prennent l'Océan pour toile de fond. Ce territoire, le Val de Saire, est considéré à raison comme l'un des plus beaux de la Manche. De la rade de Saint-Vaast-la-Hougue à l'île de Tatihou – un fort militaire reconverti en réserve ornithologique –, de Barfleur – appelée la "perle du Val de Saire" – au cap Lévi, en passant par le phare de Gatteville – veillant du haut de ses 71m sur le large –, le Val de Saire est tout simplement irrésistible.

MODE D'EMPLOI

accès

EN VOITURE

Saint-Vaast se situe à 40km à l'est de Cherbourg par les D901-D902, à 18km au nord-est de Valognes par la D902, à 20km au sud-est de Fermanville par les D26-D210, à 11km au sud de Barfleur et 3km à l'est de Quettehou par la D1.

EN BATEAU

Capitainerie Le port de plaisance de Saint-Vaast compte 100 places visiteurs. *1, pl. Auguste-Contamine Tél. 02 33 23 61 00*

EN CAR

Manéo La ligne 12 part de Cherbourg pour relier Gonneville, Théville, Saint-Pierre-Église et Barfleur. La ligne 13 parcourt le Val de Saire en passant par Quettehou, Saint-Vaast, Anneville et Barfleur. En été, la ligne 51 parcourt tout le Val de Saire. *Tél. 0800 150 050 http://transports.manche.fr*

orientation

Le Val de Saire s'étend à l'est d'une diagonale allant de Maupertus-sur-Mer à Saint-Vaast. Trois villages peuvent servir de base à l'exploration de la région : Fermanville au nord, Barfleur à l'est et Saint-Vaast-la-Hougue au sud. Moins de 10km les séparent les uns des autres.

informations touristiques

Office de tourisme de Saint-Vaast-la-Hougue Une mine d'informations sur Saint-Vaast et sa région. Également des visites organisées à la découverte de la ville et du Val de Saire. *1, pl. du Général-de-Gaulle Tél. 02 33 23 19 32 http://ot-pointedesaire.com Ouvert jan.-juin et sept.-déc. : lun.-sam. 9h30-12h et 14h30-18h ; juil.-août : tlj. 9h30-18h30*

Office de tourisme de Barfleur *2, rond-point Guillaume-le-Conquéran Tél. 02 33 54 02 48 www.ville-barfleur.fr Ouvert oct.-mars : mar.-sam. 10h-12h et 14h-17h ; avr.-juin, sept. : lun.-sam. 10h-12h et 14h-18h ; juil.-août : tlj. 9h-12h et 14h-18h*

Office de tourisme intercommunal du Cotentin-Val de Saire Une adresse précieuse pour les randonneurs : accompagnement à la demande, organisation d'itinéraires avec un guide licencié FFRP, etc. Également dépliants sur les sentiers de découverte et topoguides. *www.tourismecotentinvaldesaire.fr*

Bureau de Fermanville *20, la Vallée-des-Moulins (sur la D116 en venant de Cherbourg avant la mairie de Fermanville) Tél. 02 33 54 61 12 Ouvert sept.-juin : mar.-ven. 14h-17h ; juil.-août : mar.-jeu. 14h-18h, ven. 14h-23h, dim. 15h-18h*

Bureau de Saint-Pierre-Église *Pl. de l'Abbé Saint-Pierre Tél. 02 33 54 37 20 Ouvert mar.-ven. 10h-12h30, sam. 10h-12h30 et 14h-18h*

taxis

Taxis du Val de Saire *1, rue des Chantiers* ***Saint-Vaast-la-Hougue*** *Tél. 02 33 54 11 56 28, rue Saint-Thomas* ***Barfleur*** *Rue du Général-de-Gaulle* ***Quettehou***

Maryvonne Lecarpentier *14, Chasse-Bertrand* ***Saint-Vaast-la-Hougue*** *Tél. 02 33 54 01 84 ou 06 16 23 00 17*

marchés et festivals

Marché de Barfleur *Mar. (en saison) et sam.*

Marché de Quettehou *Mar.*

Marché de Saint-Pierre-Église *Mer.*

Marché de Saint-Vaast Important (fromages, fruits, légumes, plantes...), il s'étend de la rue de Verrüe jusqu'à l'extrêmité de la place et compte de nombreux producteurs, dont la Maison du biscuit de Sortosville-en-Beaumont (p.341) et, en été, la ferme cidricole du Vastel (p.276). *Sam.*

Festival Campagn'Art Ouverture de jardins privés à 70 artistes, dans les différents hameaux qui composent Fermanville : peintures, sculptures... *Un dim. après le 15 juin*

Course du Run-Traversées de Tatihou Marathon dans la mer : un parcours de 7,5km à travers les parcs à huîtres de Saint-Vaast à l'île de Tatihou. *Un dim. fin juil. ou en août*

Festival des Traversées Tatihou Festival international de musiques du large. S'y joignent des groupes du Québec, d'Irlande, de Bretagne ou de

COTENTIN

l'océan Indien. Le public est invité à rejoindre l'île à pied, à marée basse, pour écouter ces airs marins. *http://tatihou.manche.fr Mi-août*

4 jours en Val de Saire Randonnées thématiques, sur la côte, sur le sable, dans le bocage... *Fin sept.-début oct.*

DÉCOUVRIR
Le Val de Saire

☆ **Les essentiels** Le phare de Gatteville **Découvrir autrement** Offrez-vous des souvenirs gourmands à l'épicerie Gosselin, faites une escapade sur l'île de Tatihou, flânez dans les ruelles anciennes de Barfleur, essayez un authentique pull marin à la Tricoterie du Val de Saire de Valcanville

Saint-Vaast-la-Hougue et ses environs

Tour de La Hougue En partant de la chapelle des marins (XIe s.), au bout des quais, un chemin longe le littoral vers le sud jusqu'au pied du fort. Construit en 1694 par un collaborateur de Vauban, après la défaite de La Hougue face à la flotte anglo-hollandaise (1692), l'édifice a été classé au patrimoine de l'Unesco et une partie se visite. Le sentier, qui en fait le tour, permet d'observer de nombreux oiseaux marins (fous de Bassan, grands cormorans, goélands…) et de prendre une bolée d'air iodé. Déconseillé par gros temps. *Ouvert juil.-août : tlj. 13h30-18h30 ; sept.-nov. : w.-e. et j. fér. 13h30-18h30 Tarif 2,50€, enfant (12-18 ans) 1€ Visite commentées en été Rens. à l'OT Balade 1h AR Tarif 5€, enfant (6-12 ans) 1€*

Manoir de Grenneville Un passionné vous fait visiter son domaine, dont un manoir, bâti au XVe siècle. Des constructions d'origine subsistent des porches, des meurtrières, et la partie centrale du logis seigneurial avec sa tour, véritable observatoire pointant vers la mer. La partie est du logis, qui, remaniée au XVIIIe siècle, présente des ouvertures plus larges, domine un jardin au style néoclassique dessiné par les propriétaires. En face, la ferme du château, datant du XVIe siècle, a gardé une configuration typique du pays, tel l'escalier extérieur menant à l'étage, mais a troqué son toit de chaume pour de l'ardoise. En sortant, prenez à gauche le chemin de terre (15 min de montée) : il vous conduira à l'église de Grenneville, juchée sur un promontoire avec son cimetière. Elle fut probablement fondée au XIe siècle, sous Guillaume le Conquérant, à l'emplacement d'un ancien observatoire viking. ***Crasville*** *(8,5km de Saint-Vaast par la D14, 500m avant le village) Tél. 02 33 54 04 59 Ouvert mi-juil.-août : 10h-12h et 14h-17h ; sept.-mi-juil. sur rdv Durée 30 min Tarif 2€*

La Pernelle Perché à 130m au-dessus du niveau de la mer, le village offre un aperçu exceptionnel sur tout le littoral compris entre le phare de Gatteville et les falaises de Grandcamp, sur la Côte de Nacre. Il doit son nom à l'église Sainte-Pétronille, fondée au XIe siècle mais détruite lors des bombardements alliés de 1944. Le sanctuaire, reconstruit en 1956, conserve un Christ ancien, une cuve baptismale en granit et une statue de sainte Anne en chêne polychromé du XVIIe siècle. Un peu en contrebas de l'église, la minuscule mairie occupe un corps de garde anglais du XVe siècle, au toit bleu. Au même niveau, profitez d'un belvédère et de sa table d'orientation qui permet d'observer un large panorama. Descendez ensuite les quelques marches, ombragées par les arbres, qui mènent au bas du village, où une parfaite reproduction de la grotte de Massabielle a été creusée dans le rocher, en 1928, avec sa statue de Notre-Dame-de-Lourdes. Un pélerinage a lieu le dimanche qui suit le 15 août. ***La Pernelle*** *À 6km au nord de Saint-Vaast par la D10* **Église** *Ouvert tlj.*

● Où trouver une épicerie d'antan ?

Épicerie Gosselin Depuis 1889, les Gosselin, connus dans toute la Normandie, veillent sans relâche à la qualité des produits proposés à leurs clients. Pour s'en assurer, la maison fait fabriquer, sous son étiquette, une bonne moitié des comestibles mis à la vente : des potages aux conserves, des moutardes aromatisées aux condiments, des alcools aux cafés torréfiés sur place. La cave est prodigieuse, le choix des vins exceptionnel, tout comme la variété de whiskies (près de 200). On y trouve tout, et même plus, présenté dans une boutique de toute beauté. *27, rue de Verrüe* ***Saint-Vaast-la-Hougue*** *Tél. 02 33 54 40 06 www.maison-gosselin.fr Ouvert juil.-août : lun.-sam. 9h-12h30 et 14h30-19h, dim. matin ; sept.-juin : mar.-sam., dim. matin*

● Où faire son shopping terroir ?

La Verdura Alain Cottebrune a créé sous un hangar une véritable épicerie du terroir qui propose les produits de son jardin (salades, quelques framboises, de délicieuses tomates bio, jaunes et rouges) et des productions locales soigneusement sélectionnées : confitures, biscuits, teurgoules, chips de riz sans graisse, sucre complet, cidres du Père Mahieu, yaourts fermiers bio... Deux fois l'an, il organise la visite de sa propriété et de ses serres à Réville, l'une avant le 14 juillet, l'autre avant le 15 août. *177, rue du Maréchal-Foch* ***Saint-Vaast-la-Hougue*** *Tél. 02 33 22 47 75 www.laverdura.fr Ouvert juil.-août : lun.-sam. 9h30-12h30 et 14h30-19h30, dim. 9h30-12h ; sept.-juin : mar.-sam. 10h-12h30 et 15h-18h, ven. 10h-18h Visites de la ferme du Houguet (50760 Réville, à 4km au nord de Saint-Vaast) Renseignements à la boutique*

Ferme cidricole du Vastel Cette petite exploitation bio, l'une des rares du Cotentin, produit d'excellents cidres, des jus et des vinaigres de pomme, et un agréable pétillant à la fleur de sureau. Vente sur les marchés de Quettehou (le mar.), de Saint-Pierre-Église (le mer.), de Saint-Vaast (le sam.) et à la ferme, sur rendez-vous. Bouteille à 3,50€. ***Teurtheville-Bocage*** *(11km à l'ouest de Saint-Vaast) Tél. 09 64 16 52 73*

● Où faire une pause sucrée ?

À la brioche du Vast Olivier Thébault fabrique sa brioche, cuite au feu de bois, de la même façon que le “père Picquenot” en 1935. Le résultat est excellent. Également une épicerie et une salle de restauration où l'on peut se poser pour prendre un petit remontant ou déguster une délicieuse omelette au jambon du Cotentin. *12, lieu-dit “les Moulins”* ***Le Vast*** *(9km au nord-ouest de Saint-Vaast par les D1-D26) Tél. 02 33 54 13 35 Ouvert mer.-lun. 7h30-19h30*

Boulangerie du Vast Avec son fagot de bois posé sur le trottoir, on repère vite cette boulangerie installée là depuis plusieurs décennies et dont la spécialité est... la brioche, comme pour son confrère et concurrent. *31, lieu-dit “les Fours”*

Le Vast (sur la D26, dir. Quettehou) (9km au nord-ouest de Saint-Vaast par les D1-D26) Tél. 02 33 54 13 56 Ouvert mar.-sam. 7h30-19h30, dim. 7h30-19h

● Où boire un verre ?

Le Débarcadère Avec pignon sur le port de Saint-Vaast, il porte bien son nom. C'est ici que se retrouvent les gens du pays. De larges baies vitrées permettent d'observer le va-et-vient sur les quais. Dégustation d'huîtres et de moules-frites. Plat du jour 6,20€ en semaine, 9,90€ les samedi, dimanche et jours fériés. Terrasse en été. *6, pl. du Général-de-Gaulle* ***Saint-Vaast-la-Hougue*** *Tél. 02 33 54 43 45 Ouvert tlj. 7h-1h*

Le Goëland Dans cet ancien blockhaus transformé en bar, on sirote une bière ou un verre de cidre les pieds presque dans le sable et le regard tourné vers la baie de Saint-Vaast ou l'île de Tatihou. Il est aussi possible de grignoter, notamment quelques huîtres, y compris les soirs de concerts. *8, route du Phare* ***Réville*** *(4,5km au nord de Saint-Vaast) Tél. 07 70 34 27 51 Ouvert juil.-août : tlj. ; sept.-juin : w.-e.*

● Où déguster des huîtres ?

☺ **Lesdos-Allaire** Cette institution sert cinq sortes d'huîtres, de la plus petite à la plus charnue. On les déguste par six ou à la douzaine (7-17€, 23-27€ pour les huîtres plates), accompagnées d'un verre de vin blanc, sur une terrasse en planche juste en face du port. Également des crevettes roses ou grises, des bulots, et toutes sortes de gourmandises de la mer : soupes de moules, mousses de crabe aux aromates, pâtes aux algues, gros sel... *23, pl. Belle-Isle* ***Saint-Vaast-la-Hougue*** *Tél. 02 33 54 42 13 Ouvert lun.-sam. 9h-12h30 et 15h-19h ; juil.-août : lun.-sam. 9h-19h30*

● Se promener, dormir à bord d'un voilier

Fleur de Lampaul Vous pouvez réserver ce très beau voilier basé à Saint-Vaast, avec son équipage professionnel, selon deux options : à la demi-journée (40€/pers., 10 personnes au minimum), ou pour une location entièrement privée de 27 personnes maximum (1 080€ la demi-journée et 1 540€ la journée). La bateau se loue également en gîte pour 8 à 12 personnes, avec trois confortables cabines et une cuisine équipée (1 400-2 100€ la sem.). ***Saint-Vaast-la-Hougue*** *Tél. 06 80 27 31 65 www.nordetcroisiere.com*

● Visiter un parc à huîtres

La Tatihou En France, une huître sur quatre est produite en Normandie. La notoriété de celles de Saint-Vaast, réputées pour leur goût de noisette, n'est plus à faire. Mais comment les cultive-t-on ? La société Tatihou peut vous expliquer le travail dans les ateliers et sur les parcs. Une vidéo (15min) complète l'exposé, suivie d'une dégustation. *6, rue des Parcs* ***Saint-Vaast-la-Hougue*** *(centre ostréicole Euromer) Tél. 02 33 54 43 04 Visite (1h) avr.-sept. : lun.-ven. 8h-12h et 14h-18h Tarif 6,20€*

Ets Lejeune Sébastien Sébastien vous emmène en tracto-car visiter les parcs de son domaine ostréicole : une balade commentée, avec plusieurs escales et des explications sur la culture des huîtres. Autant de raisons de les déguster sur place, dans le restaurant-boutique au toit tôlé, avec d'autres produits sortant du vivier. Plateaux de fruits de mer (sur commande) 12-17€, dégustation d'huîtres 7-12€ (avec verre de vin). *12, Copalestre* ***Lestre*** *(11km au sud de Saint-Vaast par*

GEOPLUS

Randonnées dans le Val de Saire, entre terre et mer

En dépit de ses dimensions modestes, tout au plus 20km de large sur 20km de long à vol d'oiseau, le Val de Saire jouit d'une surprenante variété de paysages. Sillonnée par de très nombreux sentiers pédestres, la région fait un peu figure de paradis pour randonneurs. Des balades, de plusieurs jours ou de quelques heures, à faire au gré de ses envies et des vents, à travers ce "jardin au bord de la mer".

Le Val de Saire est traversé par une quarantaine de circuits de petite randonnée, de 3 à 15km, balisés en jaune. La région compte également deux sentiers de grande randonnée : le chemin des douaniers (GR®223), qui longe les côtes de Fermanville à Barfleur, et le GRP®, qui traverse l'intérieur des terres du Val de Saire. L'office de tourisme de Fermanville et, dans une moindre mesure, celui de Saint-Vaast-la-Hougue sont des lieux de passage incontournables. On y trouve de nombreuses brochures relatives aux chemins de PR®, des topoguides des deux GR® et de très bons conseils.

Tour du Val de Saire Ce GRP® constitue une superbe traversée du Val de Saire, de Fermanville à Barfleur, en passant par le charmant village du Vast. Pour réaliser une boucle, il suffit de suivre le GR®223 de Barfleur à Fermanville (20km, cf. ci-dessous). Le chemin de randonnée commence à la plage de la Mondrée (commune de Fermanville). Il suit la vallée des Moulins jusqu'au hameau des Eaux, puis bifurque vers Théville, une zone de bocage (6km/1h30) ; 1km plus loin, une variante permet de rejoindre Le Vast en 1h45 (7km). Le GRP® y conduit en 2h30 (10km). Possibilité de se restaurer et de dormir sur place. Le parcours se poursuit jusqu'au village de La Pernelle (8km/2h), qui offre un beau panorama sur la côte est, du phare de Gatteville à Quinéville. De là, Montfarville n'est qu'à 6km (1h30). Comptez 2km de plus pour Barfleur (30min). Ces deux villages proposent plusieurs options d'hébergement et de restauration, cf. Carnet d'adresses (p.286). ***Topoguide*** *"Tour du Cotentin", n°200, Éd. FFRP* ***Distance*** *32km* ***Durée*** *7h30-8h15*

> **POINT INFO**
> *Documentation et conseils à l'OT intercommunal, cf. informations touristiques (p.274).*

De Barfleur au castel de la Mondrée Le chemin des douaniers, le GR®223, longe les côtes du Val de Saire, de Barfleur à Fermanville, dévoilant quelques-uns des plus beaux sites du littoral manchois : le phare de Gatteville, Le Havre de Roubary, l'étang de Gattemare et l'anse de la Mondrée (commune de Fermanville), où l'on peut finir la journée par une baignade bien méritée. Possibilité d'hébergement et de restauration à Rauville et à Cosqueville, cf. Carnet d'adresses (p.323). Les plus courageux peuvent poursuivre sur le GR®223 jusqu'à l'anse du Brick (camping et restaurant sur place) en 1h30 (6km). Le retour doit malheureusement se faire en bus. ***Topoguide*** *n°200 Éd. FFRP* ***Distance*** *20km* ***Durée*** *5h30*

Circuit de la vallée des Moulins Une balade familiale dans un environnement bucolique et verdoyant, traversé par de petits ruisseaux et parsemé de hameaux plus paisibles les uns que les autres. Garez-vous sur le parking de l'office de tourisme de Fermanville (sur la D116 après la mairie). Le sentier suit la rivière jusqu'au hameau du Moulin en passant sous le viaduc construit en 1911 pour le petit train Cherbourg-Barfleur (appelé le "Tue-Vaques"). Retour par le chemin dit de "la chasse du curé" qui

sentiers de découverte

Commune	Intitulé de la brochure	Distance	Durée
Anneville-en-Saire	Sur la route des légumes	6km	2h
Barfleur	Histoire et patrimoine	3,1km	1h40
Brillevast	Nature et patrimoine	5,5km	2h
Canteloup	Nature et patrimoine	6km	3h
Carneville	Nature et patrimoine	6,5km	2h
Clitourps	Nature et patrimoine	6,5km	2h30
Cosqueville	Nature et patrimoine	9,5km	3h
Crasville	Histoire et patrimoine	7,5km	1h40
Fermanville	Patrimoine et histoire locale	6km	2h15
Gatteville-le-Phare	Histoire et patrimoine bâti	7km	2h15
Gonneville	Nature et histoire	4,5km	1h45
Gouberville	Nature et patrimoine	6km	2h15
Montfarville	Nature et patrimoine	7,6km	2h30
Néville-sur-Mer	Nature et patrimoine	9km	3h
Octeville-l'Avenel	Nature et patrimoine	10km	3h
Pernelle (La)	Patrimoine et culture locale	5km	2h
Quettehou	La vie autour de l'arbre	6km	1h45
Réthoville	Nature et patrimoine	6km	2h15
Sainte-Geneviève	Patrimoine bâti	5km	2h
Saint-Pierre-Église	Nature et patrimoine	5,5km	2h
Teurthéville-Bocage	Au fil de l'eau	9km	3h30
Theil (Le)	Nature et patrimoine	9,5km	3h
Théville	Nature et patrimoine	9km	3h
Tocqueville	Nature et patrimoine	5km	2h
Valcanville	Eau et patrimoine bâti	6,5km	2h15
Varouville	Nature et patrimoine	6,5km	2h
Vast (Le)	Rivières et bocage	9,5km	3h
Vicel (Le)	Le bocage	3km	1h15

conduit jusqu'au village de La Heugue. De là, on peut revenir jusqu'au parking en longeant la D116 ou poursuivre la boucle jusqu'aux plages de la Mondrée. **Brochure** *L'office de tourisme de Fermanville édite deux fascicules regroupant six circuits dans la vallée des Moulins (2€ chacun)* **Distance** *8km* **Durée** *2h*

De l'anse du Brick au cap Lévi Pour aller de l'anse du Brick au cap Lévi, deux options se présentent : suivre le GR®223, le long des côtes, ou grimper, à la sortie de Maupertus-sur-Mer, jusqu'au lieu-dit "le Brûlé", pourvu de blockhaus allemands et d'un ancien observatoire de la marine nationale, et où évoluent en liberté poneys Exmoor, moutons et chèvres. De là, la vue sur la côte est de toute beauté. Au loin, on aperçoit la rade de Cherbourg. En redescendant vers la pointe du Brûlé, on rejoint le GR®223 qui chemine jusqu'au port du cap Lévi, dont l'origine remonterait à l'époque romaine, et se poursuit jusqu'au phare. **Distance** *5km* **Durée** *1h15*

Circuit du Vast Laissez votre voiture au parking près de la petite cascade (hélas privée) à l'entrée du Vast sur la D26. Passez le pont et suivez la route vers l'ouest. Après l'église, le sentier s'engage à travers le bocage verdoyant en longeant le hameau Renouf, la Londerie, Famichon jusqu'au calvaire de la Pergée. Quelques mètres plus loin, la boucle permet de bifurquer vers le sud. À partir du Moulin du Gras, on peut rejoindre le village en longeant la Cour du Vast. **Distance** *10km* **Durée** *3h*

Circuit du Valvachet Une randonnée facile à travers la campagne de Quettehou. Le départ se fait de l'église du bourg : très beau point de vue sur le plateau du Val de Saire. Le sentier est jalonné d'une dizaine de panneaux d'information et de sensibilisation à la flore locale. **Brochure** *Itinéraire détaillé disponible aux offices de tourisme dans la brochure verte : "Sentier de découverte en Val de Saire : la vie autour de l'arbre - Quettehou"* **Distance** *6km* **Durée** *1h30*

Sentiers de découverte À la découverte du patrimoine et du milieu naturel : le Val de Saire est parcouru de sentiers qui mènent au cœur du bocage ou près du rivage. Les brochures sont disponibles dans les offices de tourisme du Val de Saire

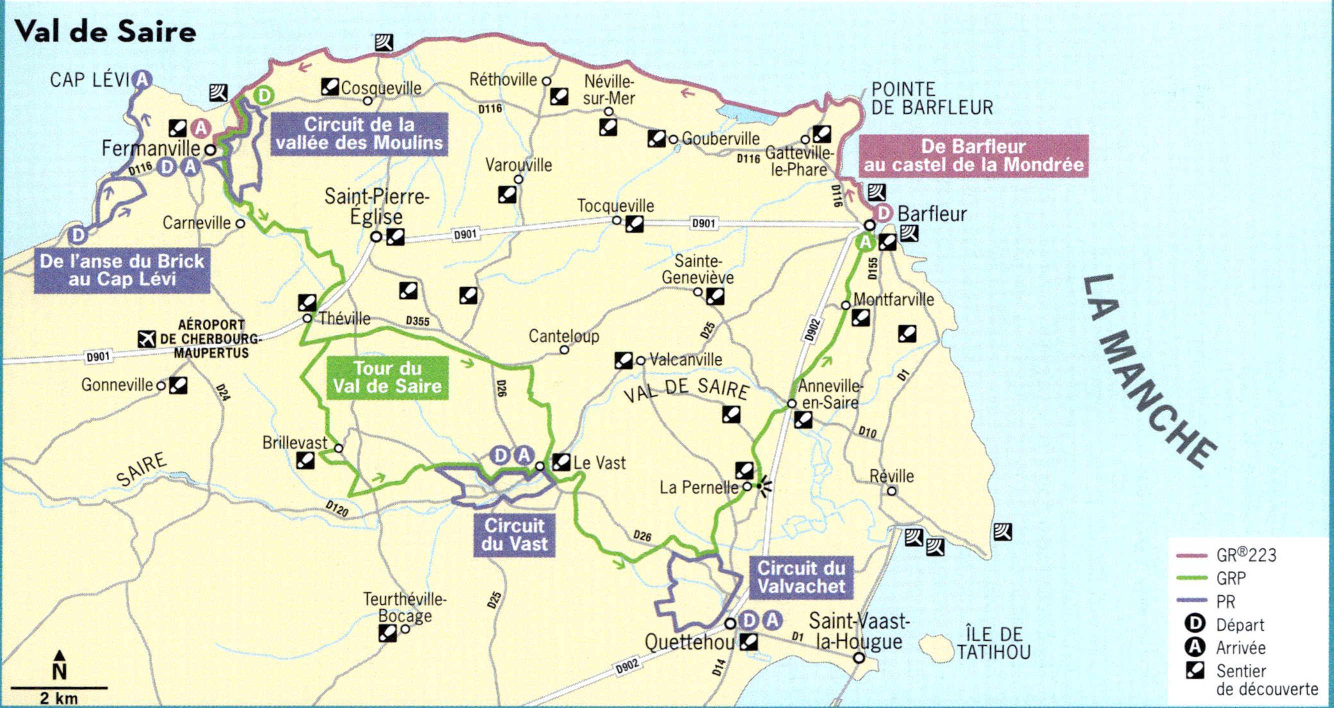
Val de Saire
CAP LÉVI
Fermanville
Carneville
De l'anse du Brick au Cap Lévi
Circuit de la vallée des Moulins
Cosqueville
Réthoville
Néville-sur-Mer
Gouberville
Gatteville-le-Phare
POINTE DE BARFLEUR
De Barfleur au castel de la Mondrée
Barfleur
Varouville
Saint-Pierre-Église
Tocqueville
Sainte-Geneviève
Montfarville
Théville
AÉROPORT DE CHERBOURG-MAUPERTUS
Gonneville
Tour du Val de Saire
Canteloup
Valcanville
VAL DE SAIRE
Anneville-en-Saire
Brillevast
Le Vast
La Pernelle
Réville
SAIRE
Circuit du Vast
Circuit du Valvachet
Teurthéville-Bocage
Quettehou
Saint-Vaast-la-Hougue
ÎLE DE TATIHOU
LA MANCHE
D116
D901
D355
D24
D26
D25
D120
D902
D155
D1
D10
D14
GR®223
GRP
PR
Départ
Arrivée
Sentier de découverte
N
2 km

la D14, au fond de la zone industrielle) Tél. 06 19 50 42 54 (visite) Visite de 1h30 à 2h **Restaurant-boutique** *Tél. 02 33 54 76 82 Ouvert jan.-mars : ven.-sam. 10h-12h et 15h-18h ; avr.-juin, sept. : tlj. 10h-18h30 ; juil.-août : tlj. 10h-21h ; oct.-déc. : lun.-mar. et jeu.-sam. 10h-12h et 15h-18h, dim. 10h-12h*

L'île de Tatihou

C'est aux abords de l'île, à 1km du rivage, qu'eut lieu la célèbre bataille de La Hougue, au printemps 1692, opposant l'amiral Tourville à la flotte anglo-hollandaise. Une défaite cinglante : onze vaisseaux de la marine royale sur quarante-quatre furent coulés. Deux ans plus tard, un élève de Vauban faisait construire les fortifications de Tatihou. En 1721, un lazaret fut ajouté pour mettre en quarantaine les marins et les marchandises. Enfin, après avoir abrité un centre de rééducation pour enfants (1948-1984), l'île de Tatihou est, depuis 1989, un site du Conservatoire du littoral géré avec le conseil régional de la Manche, une réserve ornithologique et un centre de découverte du patrimoine naturel et culturel. Quant aux fortifications, elles figurent sur la liste du patrimoine mondial de l'Unesco depuis 2008.

Tour Vauban Achevée en 1694, la tour de Tatihou culmine à 21m, pour 20m de diamètre. Du sommet de la plate-forme, on profite d'une très belle vue sur l'île et la côte.

Exposition "Faune et flore du littoral" Un préalable indispensable à la découverte de la faune et de la flore de l'île. Très didactique, elle permet de reconnaître les espèces animales et végétales de Tatihou et de comprendre les phénomènes géologiques et naturels qui l'ont façonnée. *Ouvert 10h-17h30 Entrée libre*

Jardins À l'abri des murs du lazaret, 4ha de jardins abritent plus d'une centaine d'espèces du littoral, des plantes endémiques de la Manche et plusieurs variétés exotiques. *Ouvert 10h-17h Visite libre ou guidée (sur demande) Entrée libre*

Tout sur Tatihou

Se rendre sur l'île Par coefficient de marée supérieur à 70, on peut rejoindre l'île **à pied** en 25min : partir 1h30 avant la marée basse et revenir 1h30 après (3h sur place). Vous pouvez également vous y rendre **en bateau** : départ près de la capitainerie de Saint-Vaast tlj. 10h-18h (19h mi-juil.-août) d'avril à septembre ; l'après-midi pendantle week-end et les vacances scolaires d'octobre à mars. Tarif 5,10€ (8,60€ avec la visite du musée et de la tour Vauban), 4-11 ans 2,30€ (3,50€).

Accueil Tatihou Pour obtenir des informations, réserver une place de bateau, un couvert au restaurant ou passer une nuit dans l'enceinte du lazaret, renseignez-vous au bureau d'informations. *Quai Vauban* ***Saint-Vaast-la-Hougue*** *Tél. 02 33 23 19 92 http://tatihou.manche.fr www.conservatoire-du-littoral.fr*

Musée maritime de l'île de Tatihou Ouvert en 1992, ce musée est particulièrement adapté aux enfants. Une exposition captivante, "Flottes et fracas", raconte le déroulement de la bataille de La Hougue, livrée en 1692, et expose les objets récupérés sur les navires échoués lors de ce combat naval (semelle de chaussure, vaisselles, fragment de canon…). En parallèle, un parcours ludique vous embarque réellement à bord d'un vaisseau, où vous rencontrez chaque membre de l'équipage (à l'aide de bandes sonores), et découvrez la vie quotidienne en mer dans ses infimes détails : métiers pratiqués, gestion de l'eau, nourriture – d'où l'invention du "bis-cuit", galette deux fois cuite pour mieux se conserver. À l'extérieur du musée, dans une ancienne halle à bateaux, des expositions abordent des thèmes passionnants, tels que le parcours du poisson de la pêche à l'assiette, ou l'histoire de la navigation de plaisance en Normandie. À l'entrée, dans une salle multimédia dédiée aux différentes espèces marines de la Manche, vous pourrez consulter des ouvrages et des vidéos. *Tél. 02 33 54 33 33 Ouvert avr.-mi-oct. : tlj. 10h-18h ; mi-oct.-mars : tlj. 14h-17h Tarif (avec AR en bateau de Saint-Vaast) 8,60€, enfant 3,50€*

Barfleur et ses environs

Cour Sainte-Catherine Au Moyen Âge et jusqu'en 1204, Barfleur connut une très importante activité maritime, liée à la conquête de l'Angleterre par Guillaume le Conquérant. Ruinée par la guerre de Cent Ans, la ville conserve peu de traces de ce glorieux passé. Cour Sainte-Catherine se tient la seule maison médiévale qui subsiste à Barfleur. Elle possède une entrée cochère en arc surbaissé, une porte avec linteau ornée d'une accolade et une petite fenêtre à meneaux.

BRÈVE DE COMPTOIR

À la brasserie du port de Barfleur se côtoient marins AOC et touristes en goguette, qui profitent de la brise sur la terrasse. Allez au comptoir voler quelques bribes de discussion aux patrons et aux clients hauts en couleur qui s'y accoudent ! On peut aussi manger quelques plats simples : moules-frites (10,50€), soupe de poisson, entrecôte-frites… **Café de France** *12, quai Henri-Chardon* ***Barfleur*** *Tél. 02 33 54 00 38 Fermé mer.*

Rue Saint-Thomas-Becket Au n°3, un hôtel urbain (début XVIIIe s.) a conservé ses deux ailes symétriques et les meneaux en bois des fenêtres du rez-de-chaussée. Au n°16, l'hôtel Le Conquérant, également du XVIIIe siècle, abrite l'un des plus beaux jardins de la ville. Au n°64, le couvent des Augustins (1739) est certainement l'édifice le plus notable de Barfleur (accès par la cour de la mairie). Enfin, au n°72, notez une autre demeure bourgeoise du XVIIIe siècle.

Église Saint-Nicolas Juchée sur un éperon rocheux, elle est un peu la carte postale de Barfleur. Construite du XVIIe siècle (le chœur et le transept) au XIXe siècle (la nef), elle présente un style classique assez homogène. *La Visitation* (XVIe s.), une peinture sur toile de l'école flamande, et la chaire (XVIIIe s.), classée à l'inventaire supplémentaire des monuments historiques, valent le coup d'œil, tout comme la superbe charpente en bois du chœur. La lumière, filtrée par les vitraux jaunes de la nef, confère une atmosphère mystique aux lieux. *Rue du Fort (rond-point Guillaume-le-Conquérant) Ouvert tlj. 9h30-18h*

☆ ☺ **Phare de Gatteville** Culminant à 71m, le phare de Gatteville est le deuxième plus haut phare de France. Construit de 1829 à 1835 avec 11 000 blocs de granit, il mesure 9,25m de diamètre à sa base et 6m au sommet. En ces deux points, les murs atteignent respectivement 2,60m et 1m d'épaisseur. Au bout des 365 marches (que l'on ne peut gravir par vent fort, à partir de 50km/h), la vue est époustouflante. Par temps très dégagé, on aperçoit même l'Angleterre. Et si vous pouvez venir la nuit au pied du phare, le spectacle des quatre faisceaux lumineux balayant le large est réellement féerique. *À 4km au nord de Barfleur par les D116-D10 Tél. 02 33 23 17 97 www.pharedegatteville.com Ouvert fév.-mars, oct.-déc. : tlj. 10h-12h et 14h-16h ; avr., sept. : tlj. 10h-12h et 14h-18h ; mai-août : tlj. 10h-12h et 14h-19h Fermé nov.-jan., 1er mai, 25 déc. et 1er jan. Tarif 2,50€, moins de 13 ans gratuit*

Église de Montfarville L'intérêt de cette église tient aux dix-huit toiles (fin XIXe s.) couvrant la voûte et le chœur. Œuvres d'un peintre révillais, Guillaume Fouace, elles représentent des scènes de la vie du Christ et de la Vierge, ainsi qu'une vue de Saint-Pierre de Rome. Ces tableaux sont classés à l'inventaire des monuments historiques. *À 1,5km au sud de Barfleur par la D155 Ouvert avr.-sept. : tlj. 9h30-18h30 ; oct.-mars : tlj. 9h30-17h*

COTENTIN

Moulin de Marie Ravenel Célébrité locale, la poétesse Marie Ravenel (1811-1893) est née et a grandi au moulin familial de la Coudrairie, qui, depuis, a pris son nom. Après un long chantier d'une dizaine d'années, ce bijou du XVIIIe siècle a vu ses murs en pierres ravalées et son toit de chaume rénové. Un musée, ouvert en mai 2011, raconte la vie quotidienne et le travail du meunier au XIXe siècle, tout en rendant hommage à Marie Ravenel : pièces à vivre reconstituées, exposition de costumes anciens et four à pain toujours en activité. La visite commentée, riche d'intéressantes explications techniques, se clôt sur une vidéo consacrée à l'écrivain. Au point d'accueil, vous pourrez acheter de la farine fabriquée sur place, des confitures, du miel et des fricassées d'escargots en pot. ***Réthoville** (à env. 9km de Barfleur par la D116) Tél. 02 33 54 37 20 ou 02 33 54 61 12 Ouvert fin mai-début nov. : mar.-dim. 14h-19h Visites guidées de 30 min Tarif 4€, 16-25 ans 3€, 6-15 ans 1,5€*

WEEK-END CHAMPÊTRE
Au moulin de Marie Ravenel : concerts, repas, lectures de poésie, démontrations de métiers anciens. **Fête du battage** *Fin août*

Sémaphore de Lévi Bâti au début du XIXe siècle, c'est l'un des rares sémaphores de France ouverts au public. Une exposition y est consacrée au patrimoine maritime du Val de Saire et à l'histoire des guetteurs. La guide qui anime les visites parvient à rendre passionnant ce sujet austère, à l'aide notamment de démonstrations ; vous pourrez ainsi envoyer des messages codés en mer en utilisant avec le mât sémaphorique Depillon. Quant au poste d'observation, il offre un panorama grandiose à 180°, allant des deux pointes du Cotentin, du phare de Goury dans la presqu'île de la Hague, au phare de Gatteville au sommet du Val de Saire ! *Route du Phare **Fermanville** (à 16km au nord-ouest de Barfleur par la D116) Tél. 02 33 54 61 12 Ouvert juil.-août : dim. 14h30-17h30 Tarif 3€, enfant moins de 15 ans 1,50€, moins de 5 ans*

Fort du cap Lévi Juché sur des falaises face à la rade de Cherbourg, ce fort est le dernier édifice napoléonien (1801) construit dans le Cotentin. Initialement bâti pour défendre la côte contre la marine britannique, il perd en 1875 sa fonction défensive. La famille Dumas-Vence l'acquiert en 1905 et, jusqu'en 1939, l'utilise comme résidence secondaire. Sévèrement bombardé en 1944, il est racheté après-guerre par l'industriel Félix Amiot, qui restaure les bâtiments en ruine et leur donne leur aspect actuel. De l'intérieur de l'enceinte, ou du sentier côtier qui fait le tour du fort, on jouit d'un magnifique panorama sur la mer. Cinq chambres d'hôtes permettent de dormir sur place (p.289). *Cap Lévi* ***Fermanville*** *(à env. 1,5km du sémaphore)*

● Où acheter d'authentiques pulls marins ?

Tricoterie du Val de Saire Des pulls, vestes, jupes, écharpes ou bonnets d'une qualité irréprochable, en pure laine vierge. Il y en a pour tous les âges et à tous les prix. Confection sur mesure. Également à Cherbourg (p.248). *36, rue Doncanville* ***Valcanville*** *(5,5km au sud-ouest de Barfleur par la D25) Tél. 02 33 54 02 06 Ouvert lun. 14h-18h, mar.-sam. 10h-12h et 14h-18h*

● Où faire une pause sucrée ?

Le Rossignol Non loin du célèbre phare, un jeune boulanger confectionne des éclairs et des cornets à la crème comme on n'en fait plus. Son pain est tout

Bains de mer en Val de Saire

Plages de Réville À partir du pont de Saire (4km au nord de Saint-Vaast par la D1, puis à droite sur la D328, dir. Jonville) commencent 10km de plages. Celle du pont de Saire est à l'abri des vents, mais la baignade n'y est possible que deux heures avant et après la pleine mer. Plus loin, celle de Jonville égrène ses petites anses exposées plein sud (plus on va vers l'est, plus l'eau reste longtemps). Enfin, sur la façade est, après la pointe de Saire (buvette en été), la plage du Dranguet, bien abritée des vents d'ouest, autorise la baignade à toute heure (attention, les courants sont relativement forts à mi-marée).

Plages de Barfleur La "perle du Val de Saire" compte trois plages de sable fin, sans danger et familiales : la Sambière (à l'est du port), la petite plage derrière l'église et la Masse (au nord de la ville).

Anse de la Mondrée À l'est du cap Lévi, cette belle plage, surveillée en été, s'étire sur plus de 1km en arc de cercle. Les jours de vent, elle est très appréciée des véliplanchistes. *À 2km au nord de Fermanville en passant par le bourg d'Inglemare (D210)*

Anse du Brick Enserrée entre la pointe du Brick à l'ouest et la pointe du Brûlé à l'est, l'anse du Brick est une petite crique granitique de toute beauté. On se croirait au nord de la Bretagne, quelque part entre Perros-Guirec et Paimpol. La plage ne doit pas faire plus de 400m de large, mais l'eau y est d'une limpidité sans pareille. ***Maupertus-sur-Mer*** *(6km à l'ouest de Fermanville par la D116)* aussi excellent. À quelques pas de là, la charcuterie Burnel vaut également le détour : bons produits maison et plusieurs plats cuisinés. *4, pl. Notre-Dame* ***Gatteville-le-Phare*** *(2km au nord de Barfleur par la D116) Tél. 02 33 54 04 34 Ouvert haute saison : tlj. 7h-19h45 ; basse saison : jeu.-mar. 7h-19h45*

● Où boire un verre ?

T'Cheu Suzanne Montfarville n'est pas le bourg le plus animé qui soit, mais il a son estaminet, rustique et authentique, où il fait bon s'arrêter boire un verre. L'atmosphère y a ce "je ne sais quoi" qui fait chaud au cœur... Si vous y prenez goût, la maison prépare une bonne cuisine. Plat du jour 7,50€, menus 14 et 25,50€. *2, rue de la Poste* ***Montfarville*** *(1,5km au sud de Barfleur par la D155) Tél. 02 33 54 04 54 Ouvert juil.-août : tlj. 12h-14h30 et 19h-23h ; sept.-juin : mar.-sam. 12h-14h30 et 19h-23h, dim. 12h-14h30*

CARNET D'ADRESSES

Restauration

Les distances étant relativement modestes dans le Val de Saire, n'hésitez pas à faire quelques kilomètres pour rejoindre l'une des bonnes tables des environs. Celles-ci étant courues, pensez tout de même à réserver, surtout le week-end et en saison.

prix moyens

Chez Buck Une crêperie sans prétention mais plutôt sympathique, sur le port de Barfleur. Bonnes galettes et crêpes, très copieuses pour certaines, et quelques plats régionaux à déguster. Les murs badigeonnés de blanc et les poutres apparentes donnent de la chaleur à cet endroit, tout comme la cheminée en hiver. Galette 5-9€, menus à 14 et 19,80€. À la carte, comptez de 15 à 20€. Service jeune et souriant. *1, rue Saint-Thomas-Becket* ***Barfleur*** *Tél. 02 33 54 02 16 Ouvert vac. scol. : tlj. ; hors vac. scol. : jeu.-dim. Fermé mi-nov.-jan.*

La Maison rouge L'ancien propriétaire de la salle de concert La Maroquinerie à Paris, originaire de Cherbourg, a repris ce restaurant accroché aux falaises. Des grandes fenêtres de la salle à manger, on profite d'une vue exceptionnelle sur l'anse du Brick. Un cadre enchanteur pour déguster de bons plats, comme un rognon entier flambé au pommeau ou cette croquette de saumon aux cornflakes, avec sauce tzatziki et tagliatelles de courgette au beurre de menthe. Menus à 11,50 et 14,50€ (à midi), de 22 à 29€ le soir. Service décontracté et souriant. *Anse du Brick* ***Maupertus-sur-Mer*** *(6km à l'ouest de Fermanville) Tél. 02 33 43 34 05 Ouvert jeu.-mar.*

GAMME DE PRIX	RESTAURATION	HÉBERGEMENT
Très petits prix	moins de 10€	moins de 40€
Petits prix	de 10 à 15€	de 40 à 60€
Prix moyens	de 15 à 25€	de 60 à 85€
Prix élevés	de 25 à 40€	de 85 à 120€
Prix très élevés	plus de 40€	plus de 120€

Le Moderne Les menus, de 23€ ("affaires", à midi) à 45€, proposent une cuisine gastronomique sans fausse note : un excellent foie gras ou un duo chaud-froid d'huîtres, un tournedos, tout simplement parfait, servi avec une purée d'échalotes et de petits légumes à la vapeur... sans parler des profiteroles ou de la soupe de fraises et de framboises. Service soigné mais pas trop guindé. *1, place du Général-de-Gaulle* ***Barfleur*** *Tél. 02 33 23 12 44 www.hotel-restaurant-moderne-barfleur.fr Fermé mer. (et mar. soir sept.-juin)*

prix élevés

☺ **Le Chasse Marée** À deux pas du port, même si l'air du dehors est frisquet, on ne risque pas d'avoir froid dans ces deux salles chaleureuses et lambrissées, au décor bleu et blanc. Tout y évoque la mer, du pull marin des serveuses aux assiettes décorées d'un poisson, où l'on se régale d'une salade d'anchois marinés, d'une choucroute de saumon et haddock, ou d'une joue de raie au beurre blanc. Il faut dire que Gilbert Lucas, le patron attentionné qui déambule entre les tables, est fils d'un ancien pêcheur... Carte 35-40€, menus 18€ (midi), 24 et 37€. *8, pl. du Général-de-Gaulle* ***Saint-Vaast-la-Hougue*** *Tél. 02 33 23 14 08 Ouvert juil.-août : tlj. ; sept.-juin : mer.-dim. et j. fér.*

Les Fuchsias Au rez-de-chaussée de l'Hôtel de France (p.288), ce restaurant occupe une salle à manger bourgeoise et une véranda extérieure. Gastronomie recherchée, dont les mélanges sont originaux et appétissants : huîtres tièdes aux langoustines, entrecôte aux pommes pailles et croustillant de langue, coque meringuée, mousse chocolat blanc à la violette, miroir de framboises et granité citron vert. Le chef Pierre Marion a travaillé ici, avant d'ouvrir le Pily à Cherbourg. Menus de 18€ (à midi) à 60€ (dégustation). *20, rue du Maréchal-Foch* ***Saint-Vaast-la-Hougue*** *Tél. 02 33 54 40 01 www.france-fuchsias.com Fermé jan.-mi-fév.*

Le Panoramique Dominant le Val de Saire, ce bar-restaurant concocte une cuisine gastronomique, servie par un personnel aux petits soins : amuse-bouches, terrines gourmandes et leurs confitures, dos de cabillaud au four sauce agrumes ou macaron à la fraise. Pour autant, l'ambiance, un doux mélange de familles attablées et d'amoureux dînant aux chandelles, reste bon enfant. Immense terrasse extérieure pour le bar, en-cas et glaces toute la journée (12-21h). Carte 35-40€, formules et menus de 16,90 à 42,90€. ***La Pernelle*** *(6km au nord de Saint-Vaast par la D10) Tél. 2 33 54 13 79 www.le-panoramique.fr Ouvert mar.-dim. midi et soir*

Hébergement

Le Val de Saire offre de très bonnes possibilités – notamment en chambres d'hôtes – autour de Saint-Vaast, Barfleur et Fermanville.

campings

Camping La Gallouette À 300m des plages et du centre de Saint-Vaast, ce 4-étoiles dispose notamment d'une piscine chauffée, d'une épicerie-bar, d'un snack, de terrains de jeux, etc. En haute saison, emplacement avec véhicule 11,15€, adulte 6,60€, enfant 3,75e (basse saison 6,50/4,70/2,95€). Location de mobile homes pour un week-end en basse saison ou à la semaine. ***Saint-Vaast-la-Hougue*** *Tél. 02 33 54 20 57 www.lagallouette.com Ouvert avr.-sept. Accueil 8h-22h (hors saison 8h15-12h30 et 14h-19h30)*

Camping de l'anse du Brick Sur les hauteurs de Maupertus-sur-Mer, dominant l'anse du Brick, ce camping 5 étoiles bénéficie d'un environnement grandiose et de prestations de bonne qualité : piscine chauffée, espace balnéo avec bains massants, snack-bar, aires de jeux... De 38,50 à 53,60€ selon le confort en haute saison pour 2 pers., de 23 à 34€ en basse saison. Cottages de 399 à 1274€/sem. (ou le week-end hors saison, env. 200€). ***Maupertus-sur-Mer*** *(6km à l'ouest de Fermanville par la D116) Tél. 02 33 54 33 57 www.anse-du-brick.com Ouvert avr.-sept.*

prix moyens

Lazaret Ceux qui tomberaient sous le charme de l'île de Tatihou peuvent dormir derrière les murs du lazaret. Les 34 chambres, souvent occupées par des passionnés de nature et d'histoire, sont un peu spartiates mais correctes : 60,20€ en demi-pension et 83,20€ en pension complète. *Île de Tatihou* ***Saint-Vaast-la-Hougue*** *Tél. 02 33 54 33 33 www.tatihou.com*

Le manoir de Cabourg Les trois chambres d'hôtes de cette ferme-manoir du XVe siècle ne manquent pas de cachet. Coquettes et colorées, dotées d'une bonne literie et d'un joli mobilier, elles offrent un espace douillet. La vue donne sur la cour bordée de box pour chevaux ou sur la campagne environnante. Prix très honnêtes pour le confort proposé : de 55 à 65€ la double, petit déjeuner inclus. Tranquillité assurée. En plus, les plages ne sont qu'à 200m. *10, route du Martinet* ***Réville*** *(3,5km au nord de Saint-Vaast par la D1, puis à droite au pont sur la D328, dir. Jonville) Tél. 02 33 54 48 42 marie marie.cabourg@laposte.net*

prix élevés

Hôtel de France Son superbe parc à l'anglaise, aux accents subtropicaux, constitue le principal attrait de cet ancien relais de poste. Ici, la gamme de prix est aussi variée que celle des adorables chambres, aux décors et coloris variés. Chacun y trouvera donc son compte : de 56 à 118€ (en basse saison) et de 67 à 132€ (en haute saison). Petit déj. 11€, servi en été dans un pavillon au fond du jardin. *20, rue du Maréchal-Foch* ***Saint-Vaast-la-Hougue*** *Tél. 02 33 54 40 01 www.france-fuchsias.com Ouvert mi-fév.-déc.*

Manoir de la Févrerie Le charme de cette ferme-manoir du XVIe-XVIIe siècle, entourée de box pour chevaux, séduira les amateurs du genre. Les 4 chambres d'hôtes (3 épis) fort douillettes (dont une familiale), desservies par un escalier de pierre, arborent une décoration de style romantique. Double de 72 à 80€. Petit déj. (inclus) servi au coin de la cheminée monumentale du salon. Également un gîte de 5 personnes : de 340 à 530€/sem. selon la saison ***Sainte-Geneviève*** *(2km au sud-ouest de Barfleur par la D25, dir. Le Vast, puis 2e route à droite sur 1km) Tél. 02 33 54 33 53 www.lafevrerie.fr*

GAMME DE PRIX	RESTAURATION	HÉBERGEMENT
Très petits prix	moins de 10€	moins de 40€
Petits prix	de 10 à 15€	de 40 à 60€
Prix moyens	de 15 à 25€	de 60 à 85€
Prix élevés	de 25 à 40€	de 85 à 120€
Prix très élevés	plus de 40€	plus de 120€

La Tourelle C'est une comédienne anglaise, tombée amoureuse de la région, qui habite cette ancienne ferme flanquée d'une tourelle. Les deux chambres d'hôtes sont absolument charmantes : l'une très lumineuse et joliment décorée avec, ici et là, quelques plantes vertes, et une belle vue (70€) ; l'autre, plus petite mais aussi coquette, dans des tons tilleul (65€). Également une chambre bleue pour les enfants, remplie de jouets (30€). Petit déj. inclus très copieux. Ajoutons à cela un magnifique jardin fleuri avec hamacs. Comptez moins 5€ sur le tarif, si vous restez plus d'une nuit. Accueil chaleureux. *20, rue de Landemer* ***Montfarville*** *(2km au sud de Barfleur par la D1, dir. Saint-Vaast, prendre la 3e route sur la droite, lieu-dit "le Haut Bel") Tél. 02 33 23 18 35 http://latourelle-montfarville.perso.neuf.fr Ouvert toute l'année*

Le Manoir de l'Épine Ce manoir du début du XVIe siècle possède une longue histoire, qui transparaît dans la muraille du jardin percée de meurtrières ou dans les portes basses en bois (les Normands étaient petits à l'époque !). Marie-Édith, maîtresse de maison non dénuée d'humour, y loue 3 superbes chambres desservies par un escalier de pierre, dotées de lits à baldaquin et de salles de bains jaune or. Portique et transats dans le jardin, planté de roses et de dahlias. Chambres à 80€ (la plus petite) et 90€, petit déj. inclus. *4, chemin du Brot* ***Gatteville-le-Phare*** *(à 4km de Barfleur par les D116 et D10) Tél. 02 33 22 04 55 www.manoir-epine.com Ouvert avr.-mi-nov.*

☺ **Fort du cap Lévi** Il abrite aujourd'hui 4 chambres d'hôtes et 1 suite, très confortables et bien équipées, dont une avec vue sur mer : 67-77€ la double, suite 5 pers. 147€. Le petit déjeuner est servi dans une superbe véranda, suspendue au-dessus de la mer. Un endroit magique. *Cap Lévi* ***Fermanville*** *Tél. 02 33 23 68 68 www.fortducaplevi.com Ouvert fév.-nov.*

La Demeure du perron Blotties autour d'un parc arboré, les 20 chambres de cet hôtel, dont 2 avec accès handicapés, vous garantissent le plus grand calme. Spacieuses et sans autre accessoire que le nécessaire (TV, téléphone, douche/baignoire, WC), elles donnent toutes sur le jardin. Double de 66 à 86€ (petit déj. inclus). *1, rue Flandres-Dunkerque* ***Quettehou*** *(3km à l'ouest de Saint-Vaast par la D1) Tél. 02 33 54 56 09 www.demeureduperron.com Fermé 15 nov.-mars : dim. soir*

prix très élevés

La villa Gervaiserie Face aux plages de Réville, derrière un beau jardin, cette élégante villa arbore un design très contemporain. Les dix chambres, inondées de lumière et de très bon standing, sont dans le même esprit. Optez pour celles du rez-de-chaussée (même la patronne les préfère) : on y voit aussi bien la mer qu'à l'étage, mais pas la petite route qui passe devant l'hôtel. Avec, en prime, une terrasse privée et 20€ économisés. Double de 86 à 128€. Petit déj. 9,50€. ***Réville*** *(3,5km au nord de Saint-Vaast par la D1, puis à droite au pont, dir. Jonville) Tél. 02 33 54 54 64 www.lagervaiserie.com Ouvert avr.-sept.*

Cap de la Hague (p.263).

Architecture balnéaire, plage de Trouville (p.178).

Archipel de Chausey aux beaux jours (p.402).

Omaha Beach (p.116), sculpture *Les Braves* d'Anilore Banon.

Coquilles Saint-Jacques, piliers de la gastronomie normande (p.39).

Chaumière à colombages, pays d'Auge (p.151).

Course de chevaux, hippodrome de Clairefontaine (p.182).

Nef de l'Abbaye-aux-Dames (p.75), Caen.

Le littoral préservé de la presqu'île du Cotentin, sud de Carteret (p.336).

Le Vieux-Bassin (p.193), Honfleur.

Récolte de pomme, les reines des desserts normands (p.41).

Tour de Bonvouloir **(p.473)****,** Juvigny-sous-Andaine.

Granville (p.391), la Haute Ville et ses remparts.

VALOGNES

50700

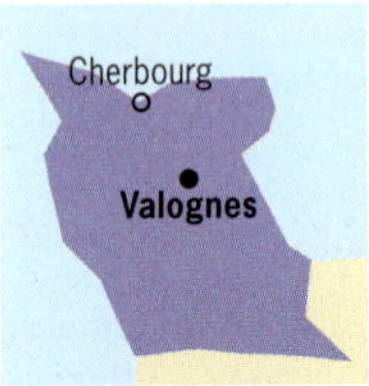

Construite aux abords du site gallo-romain d'Alauna, Valognes a conservé une centaine d'hôtels particuliers hérités du mouvement d'urbanisation de la vie nobiliaire du XVIe au XVIIIe siècle. De ce passé aristocratique, la cité a aussi gardé le surnom de "petit Versailles normand". Valognes est également une ville martyre de la Seconde Guerre mondiale. Pilonnée par les Américains en juin 1944, elle fut presque complètement ravagée. Le centre-ville, partiellement rasé, a perdu une quantité importante de ses bâtiments anciens. Malgré tout, la reconstruction, savamment orchestrée, a permis de conjuguer les vestiges du passé aux besoins contemporains, et de redonner un visage à la ville. Aujourd'hui, elle forme avec Bricquebec et Saint-Sauveur-le-Vicomte le "pays d'art et d'histoire du Clos du Cotentin".

MODE D'EMPLOI

accès

EN VOITURE
Valognes est située à 16km au nord-ouest de Sainte-Mère-Église et à 20km au sud de Cherbourg par la N13 ; à 15km au sud-ouest de Quettehou et à 13km à l'est de Bricquebec par la D902 ; à 15km au nord de Saint-Sauveur-le-Vicomte (D2).

EN TRAIN
SNCF Liaisons régulières avec Cherbourg (15min) et Caen (1h). Valognes est aussi desservie par la ligne Cherbourg-Saint-Lô-Coutances-Granville-Rennes. *Tél. 3635 www.sncf.com www.ter-sncf.com*
Gare *À la sortie de la ville, dir. Bricquebec (D902).*

EN CAR
Manéo Liaisons avec Saint-Vaast-la-Hougue et Barfleur (ligne n°13), Cherbourg (ligne n°1), Bricquebec et Barneville-Carteret (ligne n°11) et Granville (ligne n°9). *Tél. 0800 150 050 http://transports.manche.fr*

orientation et stationnement

De taille modeste, Valognes se découvre facilement à pied. Le plus commode est donc de laisser sa voiture au parking de la place du Château (le long du boulevard Division-Leclerc), où l'on trouvera aussi l'office de tourisme. En contrebas, la place Vicq-d'Azir, face à l'église Saint-Malo, centre névralgique de la ville, permet de rejoindre tous les lieux touristiques mentionnés en quelques enjambées.

informations touristiques

Office de tourisme *Place du Château Tél. 02 33 40 11 55 www.otbv.fr Ouvert juil.-août : lun.-sam. 9h30-12h et 14h-18h30, dim. 10h-13h ; avr.-juin et sept. : 9h30-12h et 14h30-18h ; oct.-mars : lun.-mar. et jeu.-ven. 10h-12h et 14h30-17h30 (lun.-ven. pendant les vac. scol.), mer. 10h-12h, sam. 10h-12h*
Maison du patrimoine Une équipe de dix guides-conférenciers organise de nombreuses et passionnantes

visites thématiques de Bricquebec, Saint-Sauveur-le-Vicomte et Valognes, les trois villes qui constituent le "pays d'art et d'histoire du Clos du Cotentin". *21, rue du Grand-Moulin Tél. 02 33 95 01 26*

Office de tourisme de Bricquebec L'office propose un dépliant "Randonnées Bricquebec et son canton" (3€). *13, pl. Sainte-Anne Tél. 02 33 52 21 65 (Rens./rés.) www.officedutourisme-bricquebec.com Horaires variables*

Office de tourisme de Saint-Sauveur-le-Vicomte *Cour du château Tél. 02 33 21 50 44 http://saintsauveurlevicomte.stationverte.com Ouvert haute saison : lun.-sam. 9h-12h30 et 14h-18h30, dim. 14h-18h30 ; basse saison : mar.-sam. 9h-12h30 et 14h-17h30*

taxis

Alauna Taxi ***Tourlaville*** *Tél. 02 33 40 04 32 ou 06 08 74 99 83*

Jean-Marc Davodet *9, rue de Bricqueville* ***Bricquebec*** *Tél. 02 33 52 33 55*

Benoît Lemonnier ***Bricquebec*** *Tél. 02 52 88 10 57*

location de vélos

Comptoir du 2 roues-2 Roues Zen Vélos traditionnel 5,50/h, 16€/j., 45€/sem. *ZA Haut Gelé* ***Montebourg*** *Tél. 03 33 94 81 05 www.lecomptoirdu2roues.fr Ouvert avr.-sept. : mar.-sam. 10h-12h et 14h-19h ; oct.-mars : mar.-sam. 14h-18h*

marchés

Marché de Valognes *Ven. matin*

Marché de Saint-Sauveur-le-Vicomte *Sam. matin*

Marché de Bricquebec *Lun. matin*

DÉCOUVRIR

Valognes

☆**Les essentiels** L'hôtel de Beaumont **Découvrir autrement** Faites un retour en arrière au musée "À la recherche du temps perdu", visitez le mémorial de la Liberté retrouvée à Quinéville

☆**Hôtel de Beaumont** Édifié entre 1767 et 1771, il est surnommé le "Versailles normand". L'architecture opulente de la façade côté cour d'honneur contraste avec la façade opposée, sobre et classique, qui donne sur un élégant jardin à la française. Un exceptionnel escalier tournant à trois volées parallèles dessert les pièces du premier étage, qui conservent un somptueux mobilier du XVIIIe-XIXe siècle. À ne pas manquer, les visites aux chandelles organisées en été (4 ou 5 soirs autour du 15 août). *11, rue Barbey-d'Aurevilly Tél. 02 33 40 12 30 www.hoteldebeaumont.fr Ouvert juil.-mi-sept. : lun.-sam. 10h30-12h et 14h30-18h30, dim. 14h30-18h30 ; week-end de Pâques et de Pentecôte : 14h30-18h30 ; hors saison : sur rdv pour les groupes Tarif 7€, 7-12 ans 3,50€, moins de 7 ans gratuit*

Hôtel de Granval-Caligny Moins fastueux que le précédent, cet édifice du début du XVIIIe siècle présente un style beaucoup plus dépouillé. Le logis a conservé ses cheminées en pierre de Valognes et de belles boiseries. Mais le lieu est surtout renommé pour la présence entre ses murs, de 1871 à 1887, de l'écrivain Jules Barbey d'Aurevilly, qui y a rédigé son recueil de nouvelles *Les Diaboliques*. *52, rue des Religieuses Tél. 06 68 36 45 95 Visite toute l'année sur rdv Tarif 4€, réduit 2,50€*

Musée du Cidre Cette maison, bâtie en 1480 à l'usage des teinturiers, des drapiers et des tanneurs, avant de devenir caserne royale de 1733 à la fin du XIXe siècle, est la plus ancienne de Valognes. Elle abrite aujourd'hui un très sympathique musée d'Art et Traditions populaires en partie dédié à "l'or blond des Normands". Tous les instruments qui, à travers les âges, ont pris part à la production du cidre y sont présentés : des tours à piler aux grands pressoirs en chêne, en passant par les moulins mécaniques. L'espace "coutumes et traditions" s'attache, lui, à des personnages, des lieux et des moments de la vie d'antan : les marchands de cidre, l'habitat, la demande et les cadeaux de mariage. Le clou étant "Croque la pomme", un lit taillé dans un tonneau : aussi incroyable que coquin. Autre point d'intérêt, l'édifice a conservé ses dispositions intérieures d'origine : des murs atteignant 120cm d'épaisseur, sept cheminées du XVe siècle au XVIIe siècle, toutes plus belles les unes que les autres, et un escalier à vis – pas très commode mais superbe. *Rue du Petit-Versailles Tél. 02 33 40 22 73 Ouvert avr.-juin, sept. : mer.-dim. 14h-18h ; juil.-août : tlj. 11h-19h (billetterie fermée 45min avant) Fermé oct.-mars Tarif 4,50€, moins de 16 ans 2,50€ (comprend la visite du musée de l'Eau-de-vie et des Vieux Métiers)*

Musée de l'Eau-de-vie et des Vieux Métiers Au fil des âges et des salles, le parcours tente d'éclairer l'histoire de la distillation artisanale et industrielle du cidre (outils, matériels, machines). Un breuvage élaboré en Syrie, trois siècles av. J.-C. Vient ensuite l'espace consacré aux vieux métiers, avec la reconstitution de lieux publics et domestiques du siècle dernier (un atelier, un café-épicerie, une cuisine), puis la salle des costumes, aux superbes exemplaires de robes de communiantes (fin XIXe-début XXe s.) et belles coiffes en dentelle brodée. La visite s'achève sur la salle des cuirs et des peaux. *Rue Pelouze Tél. 02 33 40 26 25 Ouvert avr.-juin : mer.-dim. 14h-18h ; juil.-août : tlj. 11h-18h (billetterie fermée 45min avant) Fermé oct.-mars Tarif 4,50€, moins de 16 ans 2,50€ (comprend la visite du musée du Cidre)*

Église Saint-Malo Ravagée par les bombardements en 1944, elle n'a gardé de l'édifice d'origine que le monumental chœur gothique flamboyant (XVe s.). La reconstruction, orchestrée par Yves-Marie Froidevaux (le même qui a présidé à la restauration de l'abbaye de Lessay (p.341), moderne et dénudée, a permis de dégager un lumineux volume dans la nef. Un choix judicieux qui met parfaitement en valeur le chœur, éclairé par la tour-lanterne. Quelque chose d'émouvant ressort de cette rencontre du béton brut et de la pierre. L'église Saint-Malo est l'une des réalisations les plus réussies de la restauration d'après-guerre.

Abbaye Notre-Dame-de-Protection En 1623, au cours d'une tempête, la moniale Charlotte de la Vigne fait vœu de placer sous la protection de la

PRODUITS MONASTIQUES
La boutique vend surtout la spécialité de l'abbaye : d'énergétiques pâtes de fruits, fabriquées par les bénédictines avec des pommes ou des fruits rouges, nature ou enrobées de chocolat. Également des gelées, des confitures et des sablés provenant d'autres abbayes normandes ; et des cartes postales et autres objets religieux...
Boutique de l'abbaye
8, rue des Capucins Tél. 02 33 21 62 82 Ouvert mar.-sam. 15h-17h30, dim. 11h30-12h30

Vierge l'abbaye bénédictine qu'elle part fonder à Cherbourg. En 1631, la communauté emménage finalement à Valognes, une épidémie de peste ayant déplacé le lieu de construction. À la Révolution, l'abbaye est transformée en hôpital, et les sœurs s'installent dans le couvent tout proche des Capucins. Sévèrement bombardée en 1944, l'abbaye sera restaurée et rendue aux bénédictines dans les années 1950. Passé un porche du XVIIIe siècle, on pénètre dans l'église, dont les travaux de rénovation entrepris entre 1955 et 1957 ont rendu son beau volume d'origine à la nef, la débarrassant d'un mur encombrant. Des vitraux contemporains, alternant le jaune, le violet et le rose, l'illuminent avec douceur. Près de l'autel épuré en pierre blanche, une statue à trois niveaux représente trois épisodes de la vie de Marie. Dominant la porte d'entrée, un immense retable du XVIIe siècle, du peintre Laurent de la Hire, illustre une *Nativité* ou une *Adoration des bergers*. *8, rue des Capucins Tél. 02 33 21 62 82* **Église** *Ouvert tlj. (pas de visiteurs pendant les offices)* **Cloître** *Fermé au public*

Où boire un verre ?

Le Carillon's Pub Un pub à la décoration étonnante : petits rideaux, plantes en plastique, un espace bibliothèque et un ravissant amoncellement d'objets. Ajoutons un coin cheminée, de bonnes Guinness, de la Kriek ou la bière de l'abbaye (13 Apôtres). Clientèle de 18 à 60 ans. *13, rue de l'Officialité Tél. 02 33 40 30 40 Ouvert juin-sept. : tlj. 11h-2h ; oct.-mai : tlj. 11h-1h*

Les environs de Valognes

☺ **Hangar à dirigeables d'Écausseville** Cet hangar, l'un des rares de ce type à subsister, a été classé au patrimoine historique en 2003. Construit en 1916, il servait alors de base aux dirigeables gonflés à l'hydrogène, chargés d'intimider les sous-marins allemands. Durant la Seconde Guerre mondiale, l'armée allemande l'utilise comme entrepôt. Lors du Débarquement, les alliés s'en emparent le 10 juin 1944. Les Américains y stockent alors leur matériel. Dans l'un des bâtiments, une exposition passionnante évoque la bataille de Montebourg – qui s'est déroulée à quelques kilomètres au nord –, à l'aide de photos, de coupures de journaux et de mannequins en uniforme. Une vidéo à la demande (20min) raconte l'histoire du ballon dirigeable et diffuse des interviews de témoins de la bataille. Suivez ensuite les flèches pour aller admirer l'intérieur du fameux hangar : une véritable nef de fer et de béton, à la charpente arquée. Une association y organise des baptême de l'air en aéroplume. ***Ecausseville*** *(11km au sud de Valognes par la N13, fléché à partir du village) Tél. 02 33 08 56 02 www.aerobase.fr Ouvert avr.-mai et oct. : mer.,*

BAPTÊME DE L'AIR Attaché à un ballon dirigeable individuel, muni d'ailes artificielles, qui, ici, jouent le rôle d'hélices, vous survolerez l'intérieur du hangar comme un oiseau... De 30 à 42€ pour 20min. Enfant à partir de 6 ans et adultes jusqu'à 90kg. **Vol en aéroplume** *Tél. 02 33 08 56 02 www.aerobase.fr Ouvert juil.-août : tlj. 14h-19h*

sam., dim. 14h-18h ; juin, sept. : lun.-jeu., sam.-dim. 14h-18h ; juil.-août : tlj. 10h-18h Tarif 5€, enfant 2€, moins de 8 ans gratuit

Musée de l'horlogerie "Espace Temps" Installé dans la dépendance d'un château, ce petit musée privé tente de sensibiliser le public à un art en voie de disparition. À l'étage, prenez le temps d'admirer une belle collection d'horloges anciennes, comme la traditionnelle comtoise, ou le modèle lanterne, fabriqué entre le XVI et le XIXe siècle. Un atelier, aménagé pour les enfants, leur permet de monter eux-mêmes un mécanisme horloger. Quelques montres à vendre au rez-de-chaussée, dont des copies de celles portées par les Américains lors du Débarquement. *Les Poteries* ***Fresville*** *(13km au sud de Valognes par la N13) Tél. 06 30 26 21 32 Ouvert avr.-sept. : tlj. 14h-18h Tarif 4€, enfant 2€, moins de 12 ans gratuit*

COTENTIN

Jardin de Clairbois Poursuivant l'œuvre de ses parents, le pépiniériste Christophe Egon a créé ce parc de 3ha enfoui dans les arbres, consacré aux plantes de terre de bruyère. En 1964, feu M. et Mme Hubert Egon commencèrent à planter ici des rhododendrons, alimentés par le mince flux d'une rivière, la Claire, et par l'humus d'un sol sableux. Les plantations s'étoffèrent jusqu'en 2007, date à laquelle leur fils ajouta son propre jardin. Magnifique, le parc réunit aujourd'hui quelques 300 espèces et 830 hybrides, dont de nombreux rhododendrons, qui s'intègrent aux essences naturelles de l'ancienne forêt de Brix : sapins, chênes, hêtres ou séquoias, certains de 200 ans d'âge. *100, route du Mont-Epinguet* ***Brix*** *(11km au nord de Valognes par la N13) Tél. 09 77 58 72 27 www.jardindeclairbois.com Ouvert mi-mars-mi-nov. : jeu.-dim. et j. fériés 14h-18h (pépinière ouverte hors saison : sam. 14h-18h) (visites guidées sam.-dim. à 15h30) Tarif 5€, moins de 12 ans gratuit*

Musée "À la recherche du temps perdu" Un incroyable voyage dans le passé des campagnes entre 1900 et 1950. Tout ce qui a fait la vie de nos grands-parents est ici réuni et habilement mis en scène : du vélo au Solex, de l'épicerie au garage, du lavoir à la pompe à essence BP Zoom. Les amateurs de réclames et d'affiches d'autrefois n'en reviendront pas. *Route de Saint-Sauveur-le-Vicomte* ***Bricquebec*** *(13km à l'ouest de Valognes, à la sortie de Bricquebec, dir. Saint-Sauveur, à droite à hauteur du Super U) Tél. 02 33 10 27 73 Ouvert Pâques-juin, sept. : w.-e. et j. fér. 14h-19h ; juil.-août : tlj. 14h-19h (billetterie fermée à 18h) Tarif 4€, 10-16 ans 2€*

Château de Bricquebec Juché sur un promontoire artificiel qui servait à la défense de la forteresse, le donjon (XIIe-XIIIe s.) dresse sa silhouette polygonale à 22m de hauteur. La tour de l'horloge voisine (XVe s.) est percée de fenêtres à meneaux et ceinturée par une rangée de mâchicoulis. À l'autre extrémité, la double nef de la crypte a conservé ses voûtes ogivales supportées par des piliers cylindriques et octogonaux. Les amateurs peuvent dormir au-dessus de l'ancienne salle des chevaliers (chambre de 75 à 105€, petit déj. 10€), ou s'y restaurer (menus de 16 à 39€). ***Bricquebec*** *(13km à l'ouest de Valognes) Visite guidée juil.-août : mer.-lun. à 14h et 16h Tarif 2€, moins de 12 ans gratuit* **Hostellerie du Château** *Tél. 02 33 52 24 49 www.lhostellerie-bricquebec.com*

Château de Saint-Sauveur-le-Vicomte Pendant la guerre de Cent Ans, ce château a joué un rôle de premier plan. Il était la propriété de Geoffroy d'Harcourt, en rébellion ouverte contre le roi de France, dont l'alliance avec le roi Édouard III a favorisé une implantation anglaise tenace sur le Cotentin. Le donjon actuel, édifié au milieu du XIVe siècle, domine encore l'enceinte fortifiée flanquée de deux grosses tours. ***Saint-Sauveur-le-Vicomte*** *(15km au sud de Valognes par la D2) Tél. 02 33 21 50 44 Visite guidée des intérieurs juil.-août : mar.-sam. à 15h et 16h30, dim. à 15h Tarif 2€, enfant 1€ Visite libre des extérieurs toute l'année*

Musée Barbey-d'Aurevilly Aménagé dans la maison natale de l'écrivain, ce modeste musée est entièrement dédié à l'enfant du pays, Jules Barbey d'Aurevilly (1808-1889). L'endroit touchera surtout les lecteurs de *L'Ensorcelée* (1852) et des *Diaboliques* (1874), ainsi que les amateurs de vieux manuscrits et de correspondances, exposés ici en abondance. *Rue Bottin-Desylles* ***Saint-Sauveur-le-Vicomte*** *(15km au sud de Valognes) Tél. 02 33 41 65 18 Ouvert fin juin-nov. : mer.-lun. 11h-18h Tarif 2,30€, étudiant 1,15€, moins de 12 ans gratuit*

PBLICITÉ AVANT L'HEURE

Jules Barbey d'Aurevilly annonce dans la préface du recueil de nouvelles *Les Diaboliques* :"Voici les six premières ! Si le public y mord, et les trouve à son goût, on publiera prochainement les six autres ; car elles sont douze, – comme une douzaine de pêches, – ces pécheresses !"

Abbaye bénédictine D'abord mise à mal par la guerre de Cent Ans, puis par la Révolution française et les bombardements de 1944, l'église, bâtie à partir de 1067 sur l'emplacement d'une collégiale plus ancienne, a conservé quelques éléments de sa nef romane, les plus remarquables étant les robustes arcades du mur latéral sud, surmontées d'un triforium aveugle (à droite en entrant). Reconstruit au XVe siècle, le chœur de style gothique flamboyant apporte un élan vertical et une luminosité du plus bel effet. Autel en bois sculpté (XVe s.) dans le chœur. En sortant, l'allée arborée permet de s'imprégner encore un peu de la quiétude toute monastique des lieux. ***Saint-Sauveur-le-Vicomte*** *(15km au sud de Valognes) Tél. 02 33 21 63 20 Visite libre tlj. 10h-12h et 14h-18h*

Château de Crosville-sur-Douve Abandonné pendant plus de deux siècles, ce manoir est, depuis vingt ans, l'objet d'une restauration acharnée, conduite par la propriétaire des lieux, Michèle Lefol-Pilard. Mais tout n'a pu être remis sur pied. Du château du XVe siècle, seuls subsistent le donjon et la porterie. En revanche, le corps principal, construit en 1630, demeure intact. Dans la salle d'apparat, on peut admirer une très belle cheminée monumentale (martelée à la Révolution) et un époustouflant plafond à la française peint de scènes mythologiques (fin du XVIIe s.). Profitez de la visite pour grimper l'escalier qui mène à la terrasse : nez à nez avec les toits du château, vous jouirez d'un panorama grandiose sur le bocage et sur les buis taillés du jardin.Pour poursuivre son travail, plusieurs fois récompensé pour sa qualité, Mme Lefol accueille des expositions temporaires et organise des soirées normandes en été. Les après-midi du 1er au 24 décembre se tient "Noël au château", avec décorations. Dans l'ancien cellier, une boutique de souvenirs et un salon de thé servant cakes et chocolat chaud maison. ***Crosville-sur-Douve*** *(15km au sud de Valognes) Tél. 02 33 41 67 25 Ouvert Pâques-Toussaint : tlj. 14h-18h ; groupes sur rdv toute l'année Tarif 6€, moins de 12 ans gratuit*

● Où remplir son panier pique-nique ?

☺ **La Reine du Le Vicq** Cette merveilleuse boutique de producteurs ne recèle que des gourmandises normandes... et rien que normandes ! Côté boisson, des cidres brut ou doux, des pommeaux, des calvados (de 3 à 15 ans d'âge), des crèmes de calvados, un succulent nectar de pommes de la maison, des whiskys locaux et des bières, brassées en Haute-Normandie. Également quelques grands classiques artisanaux : confitures, confitures de lait, biscuits... À ne pas manquer, une andouille de Vire, fumée au bois de hêtre, et distribuée seulement dans les épiceries fines. *9, route de Saint-Joseph* ***Yvetot-Bocage*** *(4km au sud de Valognes par la D902 et la D87) Tél. 02 33 40 17 71 ww.reine-du-vicq.fr Ouvert lun.-sam. 9h-12h et 14h-18h30 Visite cidrerie Juil.-août : ven. à 15h*

Lait Douceur de Normandie La confiture de lait, issue d'une recette de grand-mère, règne en vedette dans ce mini-temple du sucré. Elle se décline en neuf parfums différents, en berlingots et en chocolats fondants inventés par la maison. Parmi les spécialités, on trouve aussi un caramel au beurre salé, des pots de pommes caramélisées, et une liqueur à base de calvados et de menthe. Accueil très convivial. Visite-dégustation des ateliers de berlingots (sur réservation), où les enfants sont les bienvenus. *Tarif 1,50€, enfant 1€, moins de 14 ans gratuit Ferme d'Auréville 24, route d'Auréville* ***Saint-Sauveur-le-Vicomte*** *(15km au sud de Valogne par la D2) Tél. 02 33 41 07 11 www.lait-douceur.com Ouvert Pâques-mi-sept. : lun.-sam. 9h30-12h30 et 14h30-19h ; Toussaint-Noël : tlj. 10h-19h Visites (1h30) vac. scolaires : mar. et jeu. 11h et 14h ; juil.-août : mar. et jeu. 11h, 14h30, 16h*

Charcuterie de la Trappe L'élevage de cochons du père Marc, installé dans l'abbaye de la Trappe de Bricquebec, enchante la région depuis la fin des années 1960. Après avoir longtemps fourni les charcuteries normandes, les

L'appel de la forêt

Forêt domaniale de Saint-Sauveur Étendue sur 235ha, la forêt domaniale de Saint-Sauveur a été aménagée pour le public. Elle abrite un joli arboretum planté de toutes sortes de résineux, de feuillus et d'arbustes. Un sentier équestre, un autre de VTT et trois circuits pédestres y ont été tracés : cadre agréable pour un pique-nique. *À 5km de Saint-Sauveur sur la D15 (dir. Portbail) Plan des circuits disponible à l'OT Tél. 02 33 21 50 44*

porcs sont, depuis 1985, transformés par les soins de l'éleveur même : jambon, jambon fumé, boudin, rillettes, pâté de tête, pâté au poivre... Vente au détail dans la modeste boutique de l'abbaye, mais aussi commande de paniers (au moins 3 jours à l'avance) au laboratoire, situé près de Sainte-Mère-Église. ***Bricquebec*** *Tél. 02 33 87 56 14 ou 02 33 40 18 64 Ouvert lun.-sam. 9h30-12h et 14h30-17h30, dim. 12h-12h30 et 16h-17h30* **Laboratoire** *Chef-du-Pont Rue du Marais (3,5km au sud-ouest de Sainte-Mère-Église par la D67) Ouvert lun.-ven. 8h-16h15*

Où faire ses provisions à la ferme ?

Chèvrerie des Poitevines Avant de faire vos provisions dans le petit local de vente de la ferme, allez visiter les enclos : vous serez salué par un troupeau de 80 chèvres, essentiellement des poitevines noires, de chevreaux et de jeunes boucs se nourrissant au foin. Chaque jour à 17h, une soixantaine de femelles sont traites. À emporter : des crottins frais, des saucissons, des confitures et des savons au lait, tous issus de l'exploitation. ***Rauville-la-Place*** *(15km au sud de Valogne par la D2) Tél. 02 33 41 30 90 Ouvert tlj. 14h-18h*

COTENTIN

Faire du canoë-kayak

Base de loisirs Pour embarquer en canoë ou en kayak sur la Douve. En été, réservez à l'avance. *6, rue du Moulin* ***Saint-Sauveur-le-Vicomte*** *Tél. 02 33 41 79 06 Ouvert juil.-août : tlj. 10h-18h ; avr.-juin ; sept.-oct. : sur réservation*

Se distraire en famille

La Clé des champs Jérôme Lejeune a imaginé un concept pour le moins original : réaliser chaque année, selon un thème différent, un labyrinthe dans ses champs. Le but du jeu étant de se perdre – mais que l'on se rassure, des panneaux explicatifs sont là pour aiguiser le sens d'orientation de chacun, des parents comme des enfants. On peut également venir faire sa cueillette, des fruits et légumes de saison, entre mai et octobre. ***Yvetot-Bocage*** *Tél. 02 33 40 23 40 Labyrinthe végétal Ouvert juil.-début sept. : tlj. 14h30-19h Tarif 6,50€, enfant 4,50€, moins de 5 ans gratuit*

Parc zoologique Saint Martin Plus de 34 espèces animales des 5 continents (yacks du Tibet, lémuriens de Madagascar, loups d'Europe...) réunies sur 15ha. De quoi occuper une partie de la journée. Balade à poney pour les tout-petits. *Hameau Masson* ***Montaigu-la-Brisette*** *(7km au nord-est de Valognes sur la D902, dir. Quettehou, puis 4km sur la D63, dir. Saint-Pierre-Église) Tél. 02 33 40 40 98 www.zoomontaigu.fr Ouvert mai-15 juin : mer., w.-e. et j. fér. 14h-18h ; juil.-août : lun.-ven. 11h-19h, w.-e. et j. fér. 14h-19h ; 16-30 juin : w.-e. et j. fér. 14h-18h30 vac. scol. : tlj. 14h-17h30 Tarif 7,50€, 3-12 ans 5,50€*

Sur le littoral et ses environs

Manoir de la Hougue Au bout d'un chemin de campagne bordé d'herbes hautes, ce gracieux manoir du XVIe siècle, flanqué d'une tour ronde et d'une tour carrée, détient l'unique exemple d'arquebusières mobiles de la région : des meurtrières défensives équipées de pierres tournantes, permettant de les refermer. Il appartint à Richard Lucas de Néhou, mort en 1675, fondateur de la manufacture des glaces de Tourlaville, qui fournit, entre autres, les miroirs de la galerie des Glaces de Versailles. *Rue de la Hougue* **Lestre** *(13km de Valognes : entre Lestre et Quinéville, route à gauche avant l'embranchement entre la D421 et la D42) Tél. 02 33 03 66 57 ou 06 09 47 24 56 Ouvert (extérieurs seulement) juil.-août : tlj. 9h-17h Tarif 1€ (visite libre), 2€ (avec guide, 25min)*

Musée de l'Automobile miniature L'un des communs de ce château du XVIIe siècle expose une collection de 8 000 petites voitures, amoureusement réunies et répertoriées par marques : le fardier de Cugnot, première automobile créée en 1769, de nombreux modèles d'avant-guerre, des voitures de sport du rallye Monte-Carlo ou des 24h du Mans, des limousines de chefs d'État et des taxis du monde entier. Parc classé avec sa roseraie, ses douves et son jardin à la française. *Château de Courcy* **Fontenay-sur-Mer** *(13km à l'est de Valognes par la D974 puis la D71) Tél. 02 33 21 41 10 Actuellement en travaux pour rénovation*

☺ **Mémorial de la Liberté retrouvée** L'un des rares musées sur la guerre qui expose très peu d'armes. Ici, l'accent est mis sur la vie quotidienne des Français : de la défaite à l'Occupation, de la collaboration à la Résistance, jusqu'à la Libération. Richement documenté (coupures de presse, affiches de propagande, lettres aux familles, etc.), le parcours passe par une rue de l'époque où les messages de résistance fleurissent et par un blockhaus du mur de l'Atlantique intégré au musée. Une vidéo de 20min sur le Débarquement clôture cette intéressante visite. Accessible aux personnes à mobilité réduite. *18, av. de la Plage* **Quinéville** *(14km à l'est de Valognes par la D974 puis la D42) Tél. 02 33 95 95 95 www.memorial-quineville.com Ouvert avr.-sept. : tlj. 10h-19h Tarif 6,50€, 8-12 ans 4,50€*

Où faire une pause sucrée ?

Biscuiterie artisanale de Quinéville Une délicieuse odeur de beurre flotte dans ce salon de thé-boutique, au fond duquel un artisan s'active : croquants, sablés, meringues, financiers ou madeleines, vendus en sachets ou en boîtes. Également de délicieux gâteaux au comptoir (génoises, tartes...), des jus pommes et des jus de poires fermiers. *6, rue du Port Sinope* **Quinéville** *Tél. 02 33 40 68 51 www.biscuiterie-quineville.com Ouvert mar.-dim. 9h-12h30 et 14h30-19h*

Faire un golf en bord de mer

Golf du Cotentin Juste devant la plage, sur une pelouse de 60ha : 18 trous, répartis entre le bord de mer et le bocage. Tarif 20-48€ pour un *green fee* de 9 ou 18 trous, selon la saison. *1, La Brèche* **Fontenay-sur-Mer** *Tél. 02 33 21 44 27 www.golf-cotentin.com*

Prendre un bain de mer

Plages de Quinéville Face aux îles Saint-Marcouf, Quinéville déroule de longues plages paisibles. Autre option sympathique : Ravenoville-plage, 6km plus au sud. *Accès par la D421*

CARNET D'ADRESSES

Restauration, hébergement

Dans les environs

camping

Camping du Vieux Château Le cadre de ce camping 2 étoiles est plutôt bien choisi, au pied du château et en bord de rivière. Comptez env. 12,50€ pour deux adultes en tente, env. 15€ avec deux enfants (moins de sept ans). *Avenue de la Division-Leclerc **Saint-Sauveur-le-Vicomte** (13km au sud-ouest de Valognes par la D902) Tél. 02 33 41 72 04 Réception 8h-12h et 16h-22h Ouvert juin-15 sept.*

petits prix

La Forge d'Yvetot Attablé à proximité d'une cheminée pour le moins singulière, vous avez le choix entre les viandes grillées au feu de bois, les galettes (laissez-vous tenter par celle au boudin noir et aux pommes), les moules-frites et les pizzas du chef. Plat du jour autour de 7€. Menus de 12,80€ (andouillette-frites ou grillade de porc aux pommes) à 21€ (salade du bocage, huitres gratinées...). *3, rue du Tapotin **Yvetot-Bocage** (1,5km à l'ouest de Valognes sur la D902, dir. Bricquebec) Tél. 02 33 40 13 01 Ouvert lun. midi et mer.-dim. midi et soir*

prix moyens

Auberge du Vieux Château Sa situation, face au château de Saint-Sauveur-le-Vicomte, reste son principal attrait. La salle à manger est assez plaisante et la cuisine du terroir correcte, le tout rehaussé par l'accueil du couple de patrons. Menus de 15 à 31€. Également une formule à 12€ à midi du lundi au samedi. L'auberge dispose aussi de dix chambres de 58 à 65€ selon la saison. Une préférence pour celles donnant sur les prés. *9, av. Division-Leclerc **Saint-Sauveur-le-Vicomte** (13km au sud-ouest de Valognes par la D902) Tél. 02 33 41 60 15 www.auberge-vieux-chateau.fr Fermé juil.-août : lun. midi ; juin et sept. : dim. soir et lun. midi ; le reste de l'année : ven. soir, sam. midi et dim. soir*

☺ **Chambres d'hôtes "La Cour"** Dans la région, peu de manoirs sont ouverts au public. Alors, quand l'occasion se présente, autant y séjourner. Surtout à ces tarifs : de 55 à 58€ la double avec petit déj. et autour de 82€ la familiale (4 pers.), appelée "Libellule". Petits budgets, cassez votre tirelire, cela en vaut le coup ! Siège de la seigneurie de Rauville, "La Cour" a conservé un caractère authentique et un magnifique escalier à vis (XVe s.) qui conduit à la chambre "Coccinelle". Monique Tardif, un sacré bout de femme, a fait de ce lieu le cadre d'un séjour de rêve. La décoration des cinq chambres témoigne d'un goût certain. Colorées et dotées d'un très beau mobilier en bois, elles offrent un bel et vaste espace. La "Pervenche" conviendra aux amoureux. ***Rauville-la-Place** (12km au sud de Valognes par la D2 dir. Saint-Sauveur-le-Vicomte, puis à droite dir. Saint-Clair et à gauche après 600m) Tél. 02 33 41 65 07 www.chambres-lacour.com*

Hôtel de la Plage Sur cette partie de la côte, les options d'hébergement sont limitées. Reste donc l'hôtel de la Plage et ses six chambres un peu exiguës et sans cachet particulier avec TV et, pour les plus onéreuses, un balcon. Comptez de 47 à 50€ pour 2 personnes, 57€ pour 3 personnes. Petit déj. à 8€. L'endroit fait aussi bar-restaurant. Menus de 12,50 à 30€. Spécialités : moules-frites à moindres frais et choucroute de la mer. *7, av. de la Plage* ***Quinéville*** *(7,5km à l'est de Valognes par les N13-D42 jusqu'à Montebourg, puis 8km sur la D42) Tél. 02 33 21 43 54 www.hoteldelaplage-quineville.com Ouvert avr.-sept. : tlj. Fermé mer. hors saison et déc.*

Ferme du Château de Fontenay S'il ne reste que des ruines du château de Fontenay, la ferme qui en dépendait loue 3 chambres d'hôtes pour 2 personnes (60€), meublés avec une simplicité charmante. On y accède par une route boisée tout juste carrossable. Un lieu idéal pour se ressourcer dans la nature ; les animaux y sont d'ailleurs bienvenus. ***Saint-Marcouf*** *(env. 13km à l'est de Valognes par la D974 puis la D71, entre Fontenay-sur-Mer et Saint-Marcouf-de-l'Isle) Tél. 02 33 40 24 10*

prix élevé

☺ **Manoir de Magneville** Dans cette demeure raffinée, la déco change de couleur d'une pièce à l'autre, murs rouge pourpre, jaune curry ou bleu lavande, petites touches bleu marine ou jaune or. À l'étage, les 4 grandes chambres, aux sols parquetés et aux lits élégants, donnent sur le jardin arrière. Une basse-cour soignée (coqs, oies et poules blanches) y picore sur la pelouse. Tarif pour 2 à partir de 65€, suite Louis XV à partir de 90€, espace détente (sauna, hammam et jacuzzi) 15€, table d'hôtes sur réservation 25€/pers. (enfant 15€). ***Fresville*** *(13km au sud de Valogne par la N13 puis la D69) Tél. 02 33 01 02 24 http://manoirdemagneville.fr*

Manoir de Savigny Bien que cette demeure Renaissance en impose par son cadre, on se sentira ici comme chez soi, installé dans un corps de bâtiment à taille humaine. Cinq chambres à l'étage, dont le style oscille entre le romantique à l'anglaise et l'exotisme africain, et une salle à manger à la disposition des hôtes. À quelques pas de là, une autre maison du domaine abrite 2 gîtes (pour 2 et 4 pers.), décorés plus modestement, mais dans le même esprit. Double 85-120€, gîtes 340-750 la semaine, selon la saison. *Savigny* ***Valognes*** *(sortir du bourg par la N13, puis prendre la direction de Saint-Cyr-Bocage, première route à droite vers Savigny) Tél. 02 33 08 37 75 www.manoir-de-savigny.com*

Château de Quinéville Si vos finances vous le permettent, il serait dommage de ne pas jeter votre dévolu sur ce très élégant château du XVIIIe siècle, qui fut la résidence de Jacques II Stuart. Entre le parc de 12ha, la salle de billard ou de musculation et la piscine chauffée, ce 3-étoiles offre un standing de qualité, ainsi que 30 chambres claires, spacieuses et soignées. Une nuit entre ses murs coûte de 70 à 170€, et de 150 à 215€ pour les suites. Menu terroir à 33€. *18, rue de l'Église* ***Quinéville*** *(7,5km à l'est de Valognes par la N13 jusqu'à Montebourg, puis 8km sur la D42) Tél. 02 33 21 42 67 www.chateau-de-quineville.com Ouvert avr.-oct.*

prix très élevés

Château de Flottemanville Cette magnifique demeure, bâtie au XIIIe siècle puis remaniée au XVe, renferme 3 somptueuses chambres d'hôtes. La plus belle, dite "Napoléon III", assez princière avec son lit à baldaquin (120€), est installée dans l'une des tours, tandis que les deux autres, très charmantes (70-140€ pour la familiale, 110€ pour la double), occupent d'anciennes écuries. Le château loue aussi trois gîtes de charme dans d'anciens bâtiments de ferme (pour 2 et 9 pers.), et une superbe maison de 200m^2. ***Flottemanville** (4,5km au sud de Valognes par la D24) Tél. 02 33 40 29 02 www.chateau-flottemanville.com*

Château de Crosville-sur-Douve
Dans son château qu'elle a renové elle-même, Michèle Lefol-Pilard gère un restaurant et loue une magnifique chambre (130€), garnie de meubles anciens, dotée d'une belle salle de bains et donnant sur un paisible jardin. Petits déjeuners très copieux, à base de fruits, de yaourts et d'œufs coque de la ferme. Quant au restaurant, il bénéficie également de la beauté du cadre. Le chef, un Normand, aime à travailler les produits frais, en y ajoutant une note de Méditerranée : mousse de saumon au fromage, agneau de pays aux amandes, verrine au melon et crème de basilic. La carte change chaque semaine. Menus de 24,50 à 39,50€. ***Crosville-sur-Douve** (15km au sud de Valognes) Tél. 02 33 41 67 25 www.chateau-crosville.fr Restaurant Ouvert jeu.-sam. soir, dim. midi Fermé mi-déc.-mi-fév.*

CARENTAN

50500

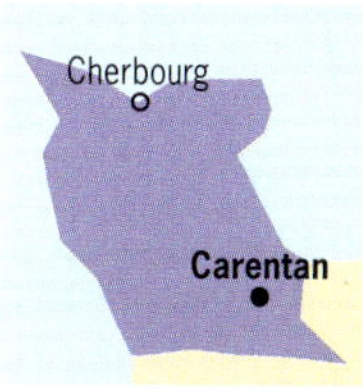

Communément appelée la "capitale des Marais", parce que sise au cœur des terres marécageuses du Cotentin et du Bessin, Carentan est une petite ville tranquille ne comptant pas plus de 7 000 âmes. Mais l'endroit ne se résume pas à sa ruralité. Au détour d'une rue, on découvre ici des arcades médiévales, là un hôtel particulier du XVIIe siècle, et puis l'église Notre-Dame, qui mêle assez justement l'art roman et le gothique flamboyant. La mer est si proche – à peine 4km à vol d'oiseau – qu'un port de plaisance a été aménagé, apportant une touche balnéaire plutôt agréable à la ville. Située non loin d'Utah Beach et de Sainte-Mère-Église, Carentan garde aussi en mémoire le Débarquement allié, dont elle fut l'un des théâtres en 1944.

MODE D'EMPLOI

accès

EN VOITURE
Carentan est située à 31km au nord de Saint-Lô par la N174, à 44km à l'ouest de Bayeux et à 51km au sud-est de Cherbourg par la N13.

EN TRAIN
SNCF Carentan est desservie par la ligne Cherbourg-Paris. *Tél. 3635 www.sncf.com www.ter-sncf.com* **Gare** *Bd de Verdun*

EN CAR

Manéo La ligne n°1 Cherbourg-Saint-Lô marque l'arrêt dans la ville. En juillet-août, la ville est reliée à Saint-Vaast-la-Hougue, via les plages du Débarquement. *Tél. 0800 150 050 http://transports.manche.fr*

EN BATEAU

Port de plaisance Bien qu'à l'intérieur des terres, Carentan dispose d'un canal d'accès à la mer et d'un port de plaisance. **Capitainerie** *Tél. 02 33 42 24 44*

orientation

La meilleure façon de visiter Carentan, c'est d'arpenter ses ruelles à pied. Le mieux pour cela est de se garer au parking de la place du Grand-Valnoble (rue du Dr-Gaillard au centre-ville) et de suivre l'itinéraire piéton du vieux Carentan. En remontant la rue Moselmann, au nord de la place Desplanque-Dumesnil, on découvre que le canal du Haut-Dick offre de superbes allées arborées aux promeneurs.

informations touristiques

Office de tourisme des Marais de Carentan Installé dans un ancien couvent (XVIIe s.). En vente, des topo-guides des sept sentiers pédestres de découverte du "pays de Carentan" (de 6 à 14km). *24, place de la République Tél. 02 33 71 23 50 www.ot-carentan.fr Ouvert juin et sept. : lun.-sam. 9h-12h15 et 13h30-18h ; juil.-août : lun.-sam. 9h-12h30 et 14h-18h30, dim. 10h-12h et 14h30-17h30 ; oct.-mai : lun.-ven. 9h-12h15 et 13h15-17h30*

Office de tourisme de Sainte-Mère-Église *6, rue Eisenhower Tél. 02 33 21 00 33 www.sainte-mere-eglise.info Ouvert avr.-juin., sept. : lun.-sam. 9h-13h et 14h-18h, dim. 10h-13h ; juil.-août : lun.-sam. 9h-18h30, dim. 10h-16h ; oct.-mars : lun.-ven. 9h-12h30 et 13h30-17h*

Point info Sainte-Marie-du-Mont *Tél. 02 33 21 00 33 Ouvert juin-août : lun.-sam. 9h30-12h30 et 14h30-16h30 ; sept.-mai : lun.-sam. 9h30-12h30*

balades

Deux circuits, téléchargeables sur le site de l'OT (www.ot-carentan.fr).

Circuit les Trésors de Carentan Tour à pied de l'ancienne ville fortifiée. Version disponible pour les malvoyants.

Circuit historique 1944 Un parcours de 40km : 13 lieux de bataille pour la libération de Carentan.

taxis

Arnaud Couppey *17, pl. de la République Tél. 02 33 42 01 95 ou 06 08 87 15 17*

Taxi Carentan *Boulevard de Verdun Tél. 02 33 71 50 50*

Allo Taxi *Village Pommenauque Tél. 02 33 42 21 44 ou 06 82 92 03 01*

location de deux-roues

Camping Le Haut Dick Location de vélos hollandais. Comptez 11€ la demi-journée et 6€ la journée. *30, chemin du Grand-Bas-Pays Tél. 02 33 42 16 89 www.camping-lehautdick.com*

marchés

Marché aux bestiaux À la sortie de Carentan (dir. Barneville). *Lun. matin*

Marché traditionnel de Carentan *Place du centre-ville Lun.*

Marché traditionnel de Sainte-Mère-Église *Place du centre-ville Jeu. matin*

DÉCOUVRIR

☆ **Les essentiels** Le parc naturel régional des Marais du Cotentin et du Bessin **Découvrir autrement** Rapportez une bonne bouteille de la cave des Vergers de la chapelle, faites une croisière sur la Taute à bord de *La Rosée du Soleil*, prenez l'air dans la réserve naturelle de Beauguillot

Carentan

☺ **Église Notre-Dame** Classée monument historique, elle n'a gardé de ses fondations romanes (XIe s.) que le portail ouest, finement ouvragé, et les quatre maîtres-piliers de la croisée du transept, ornés d'amusantes sculptures. La reconstruction de l'édifice dans un style gothique flamboyant a créé un contraste entre les éléments romans trapus de la nef et le chœur du XVe siècle, élevé et lumineux. L'église possède également un grand orgue de toute beauté (début XIXe s.) et plusieurs vitraux remarquables du XVe au XIXe siècle. En sortant, jetez un coup d'œil sur le porche d'entrée, assez monumental, et la tour carrée du clocher, qui culmine à 60m. On notera également, au-dessus du pignon du transept sud, une statue de saint Michel terrassant le dragon. *Ouvert tlj. 9h-18h*

Vieux Carentan Juste en face de Notre-Dame, au n°7, rue de l'Église, se dresse la belle façade de l'**hôtel de Dey** (XVIIe s.), où Honoré de Balzac séjourna chez des amis et écrivit *Le Réquisitionnaire*. En remontant jusqu'à la place de la République, on remarque quatre belles **maisons médiévales** à arcades (XVe s.), vestiges d'un marché couvert. Un peu plus loin, au n°47, rue Sébline, le portail Renaissance de l'**hôtel de Ponthergé** vaut bien un petit crochet. Retour par l'**hôtel de ville**, un très bel édifice du XVIIe siècle qui fut un couvent avant d'être réquisitionné à la Révolution par les autorités locales, qui y sont toujours installées. Malheureusement, entièrement remanié, le bâtiment n'a rien conservé de ses aménagements intérieurs. Enfin, le **lavoir des Fontaines** (derrière la gare) clôture la visite du vieux Carentan. Construit en 1784, ce bassin à ciel ouvert est entouré d'une galerie coiffée d'une charpente en bois soutenue par des colonnes massives en pierre de Caen.

Canal du Haut-Dick Du port de plaisance jusqu'aux écluses, les berges du canal du Haut-Dick déroulent de longues allées arborées et ombragées très appréciées des joggers et des promeneurs.

● Où acheter du cidre ?

Caves des Vergers de la chapelle Entre les marais et leurs vergers agréés agriculture biologique, la famille Hérout a ouvert ses caves aux amateurs de cidre bouché, de pommeau et de calvados AOP. Petit point de vente, où vous pourrez déguster ces différents produits avant de faire votre choix. *60, village de Cantepie* ***Auvers*** *(au rond-point du marché aux bestiaux, prendre la D971 sur 300m, dir. Périers, puis à droite la D223 sur 2,5km, dir. Auvers) Tél. 02 33 71 07 89 www.herout-caves.com Ouvert juil.-août : lun.-sam. 10h-12h et 14h-19h ; avr.-juin et sept. : mar.-sam. 14h-18h ; le reste de l'année : sur rdv*

Où boire un verre ?

Le Swampy La devanture rouge de ce bar-brasserie sympathique se repère facilement de la grande place Valnoble. Les salles sont plutôt bien arrangées, surtout celle à l'étage, où l'on peut se restaurer à midi (formule à env. 10€). Si le temps s'y prête, vous pourrez profiter de la terrasse pour l'apéritif. *10, rue Jean-Loret Tél. 02 33 42 08 87 Ouvert lun.-sam. 9h-21h*

Faire du canoë-kayak

Club nautique carentanais Location de canoës (monospace ou bispace), à l'heure, à la demi-journée ou à la journée, avec ou sans encadrement, et balades de 3h sur la Douve ou sur la Taute au départ de Liesville-sur-Douve ou de Tribehou. Également des stages d'initiation au kayak pour les enfants de 8 à 14 ans. Location 15€ adulte, enfant 10€/2h. *Le Port Tél. 06 86 57 68 44 www.carentan-canoekayak.org*

Les environs de Carentan

Manoir de Donville On ne pourra plus prétendre que les bâtiments en terre étaient réservés aux pauvres : déjà existant au XIe siècle, puis rebâti sous Louis XV, ce manoir fut construit en bauge, un mélange de terre argileuse, de paille et d'eau. Les pierres qui encadrent toutefois les portes et les fenêtres donnent tout son raffinement à la façade. Grâce à des documents d'archives, on a pu redonner aux espaces intérieurs ainsi qu'au jardin l'aspect qu'ils possédaient au XVIIIe siècle. Franck, le propriétaire actuel, propose des visites liées à l'histoire des lieux, notamment une en rapport avec la Seconde Guerre mondiale. Un site archéologique du Débarquement a d'ailleurs été dégagé dans le parc. De nombreux événements sont organisés : troupe de théâtre dans le jardin, défilés, visites thématiques autour des fantômes, contes de Noël… ***Meautis** (6km au sud-ouest de Carentan par la D903) Tél. 02 33 42 03 22 www.manoirdedonville.com Visites guidées sur rdv (1 ou 2h) Tarif 7,50€, enfant 5€*

Guetter le mascaret

Ce phénomène exceptionnel ne se produit que dans de rares estuaires du monde : le flux de la marée montante, freiné par le courant d'un fleuve, crée une surélevation du niveau d'eau, qui génère une grosse vague déferlante. À Carentan, à l'époque des grandes marées, on peut observer cet événement le long du chenal, près des différentes portes à flot (écluses) qui protègent les terres assainies de l'eau de mer. Le port de Brévands, près de l'embouchure de la baie des Veys, constitue l'un des meilleurs postes d'observation. Munissez-vous de votre appareil photo et rendez-vous sur place 2h30 avant la pleine mer. Carte indiquant les portes à flot et les horaires des marées à l'office de tourisme (p.326).

Jardin du château Bellenau Pierre-Étienne-Joseph Lafosse (1828-1897) mettra quatre décennies à créer un parc extraordinaire, derrière le château Bellenau, qui appartient à sa famille depuis le XVIIIe siècle. Il transforme un paysage de marais en une multitude de jardins d'eau, planté d'essences rares et exotiques : un foisonnement d'îles artificielles accessibles en barque ou par des ponts, des sentiers touffus, des grottes et des rocailles, où se tutoient palmiers, conifères, cyprès chauve ou ginkgo de Chine. Dans le jardin japonais, une tour permet d'admirer d'en haut ce paradis. Le château loue des gîtes de 2 à 12 personnes (395-995€ la semaine selon la saison), dont deux roulottes jaune et rouge (295-395€), bien équipées, et … stationnées au cœur du parc. *6, rue du Bel-Esnaut* ***Saint-Côme-du-Mont*** *(4,3km au nord de Carentan par la D913) Tél. 06 18 72 05 74 (jardin) ou 06 28 29 50 00 (gîtes) Visites libre du jardin sur rdv Tarif 5€ (7€ visite guidée), gratuit moins de 16 ans*

☆ Parc des Marais du Cotentin et du Bessin

● Découvrir le parc au fil de l'eau

Balade fluviale sur la Douve À bord du *Barbey d'Aurevilly II*, un bateau proche du bateau-mouche, vous découvrirez l'histoire, la faune, la flore et les traditions des marais au nord-ouest de Carentan. Deux options : promenade de 3h (AR) vers Liesville-sur-Douve ou d'une journée vers les Moitiers-en-Bauptois. Réservation conseillée. Tarif 12/19€, moins de 12 ans 8/14€. *Embarcadère de Port Jourdan (face à la Maison du parc) Tél. 02 33 42 39 44 www.bateaudouve.com Mai-sept. : tlj.*

Balade fluviale sur la Taute *La Rosée du Soleil* évolue, elle, sur la Taute. Son capitaine, Rémi Regnault, commente avec passion cette traversée (2h) au sud de Carentan. Mieux vaut réserver. Tarif 10€, moins de 12 ans 8€. *Embarcadère à Saint-Hilaire (près du centre Leclerc) Tél. 02 33 55 18 07 www.la-rosee-du-soleil.fr Avr.-sept. : tlj.*

● Arpenter le parc naturel des Marais à pied ou à vélo

Les visites guidées valent la peine, les ornithologues du cru sont des passionnés épris de leur parc (sur réservation). Balades thématiques (flore, habitat, découvertes crépusculaires…) le dimanche toute l'année, également les mardi et jeudi en juillet-août : immanquables. Se renseigner à la Maison du parc (p.330). Vous trouverez la brochure "La Manche à vélo" à l'office de tourisme de Carentan.

Boucles à vélo Neuf circuits balisés de 17 à 34km, familiaux ou un peu plus sportifs, sillonnent le parc des Marais.

Voies vertes de la Manche Un itinéraire va de Carentan à Pont-Farcy (66km) en suivant, à partir de Saint-Jean-de-Daye, le "chemin de halage" qui longe la Vire. Des ports fluviaux aux maisons éclusières, une balade à vélo au fil de l'eau. Un autre circuit permet de rejoindre La Haye-du-Puits au départ de Carentan, puis de poursuivre vers Cherbourg, Portbail ou encore Coutances. *Brochure disponible "La Manche à vélo" à l'office de tourisme de Carentan*

Baie des Veys Circuit pittoresque dans le marais au départ du port de plaisance de Carentan, avec plusieurs parcours possibles (24km de pistes cyclables, plus 10km de petites routes peu fréquentées). La route dessert des églises, un manoir, le site de Brévands, et les polders de la baie des Veys.

GEOPLUS

Parc des Marais du Cotentin et du Bessin

À la charnière des départements de la Manche et du Calvados, le parc naturel régional des Marais du Cotentin et du Bessin s'étend sur 148 000ha et 150 communes, de Sainte-Mère-Église au nord à Périers au sud, de Saint-Sauveur-le-Vicomte à l'ouest à Isigny-sur-Mer à l'est. Cet immense espace, dont Carentan occupe le centre, est constitué de 26% de marais (38 000ha de zones humides) sillonnés par d'innombrables canaux.

UN TERRITOIRE PRÉSERVÉ

Le parc regroupe depuis 1991 un ensemble de marais formés par les rivières de la Douve, de la Taute, de la Vire, de l'Aure et de l'Ay. Son patrimoine, essentiellement naturel (les puissants se sont longtemps tenus à l'écart de ces terres inhospitalières), frappe par ses vastes étendues : landes de Lessay aux terres souvent incultes et parfois plantées de pins maritimes, marais du Cotentin et du Bessin, une dépression de 25 000ha où règne la tourbe, baie des Veys, souvent envasée, où se cachent des nurseries de poissons marins et des colonies de phoques. C'est aussi une terre de bocage (75% du parc), aménagée par l'homme du Moyen Âge jusqu'au XIXe siècle. Mais, lors des crues hivernales, la nature reprend les terrains conquis : les prairies inondées présentent alors un paysage "blanchi" assez singulier. Situé sur l'axe de migration des oiseaux entre l'Europe du Nord et le continent africain, il abrite une faune et une flore d'une variété et d'une richesse exceptionnelles.

LA MAISON DU PARC

Elle fournit l'information nécessaire aux visiteurs (lieux d'hébergement, de restauration et de visite, expositions et animations dans les 150 communes du parc) et leur donne des clés de lecture pour comprendre cet espace. Un lieu d'accueil et de détente est dédié à cette mission ; c'est même une visite indispensable avant l'exploration des 100ha de la réserve avoisinante. En parcours libre, prévoyez 2h pour arpenter ces sentiers, sur lesquels il faut prendre son temps. Poussez au moins jusqu'à l'observatoire (1h AR) et pensez à louer des jumelles à l'accueil (1€), elles se révèleront très utiles. Également une boutique et un jardin pédagogique

Maison du parc *Saint-Côme-du-Mont (2km au nord-ouest de Carentan par la D913) Tél. 02 33 71 65 30 www.parc-cotentin-bessin.fr Ouvert Pâques-sept. : tlj. 9h30-19h ; 15 oct.-Pâques : mar.-dim. 9h30-13h et 14h-17h30 Fermé 1er-15 oct. et 3 sem. en déc. Visite libre Tarif 5€, réduit 2,50€ Visite guidée 6€/3€, moins de 6 ans gratuit*

Sainte-Mère-Église et ses environs

Église Outre son célèbre clocher sur lequel un parachutiste américain est resté accroché pendant la nuit du 5 au 6 juin 1944 (remplacé depuis par un mannequin…), elle conserve un transept roman du XIe siècle, en dépit de nombreux éléments gothiques. Dans le chœur, le lutrin (XVIIIe s.), un aigle en bois doré, est considéré comme l'un des plus beaux du département. Les plus observateurs ne manqueront pas les modillons aux deux extrémités du portail. Mais l'église attire surtout pour ses vitraux dédiés au Débarquement. Il n'est pas si commun de voir la Vierge entourée d'avions et de parachutistes ! *Place du 6-Juin* ***Sainte-Mère-Eglise*** *(14km au nord de Carentan par la N13)*

Ferme-musée du Cotentin Ce conservatoire des vergers normands et des races d'animaux de basse-cour s'est donner pour mission de valoriser le cadre de vie et l'activité paysanne d'hier et d'aujourd'hui. La visite, qui conduit des écuries aux étables en passant par le cellier (avec ses tonneaux de 1 200 à 1 600l) et la boulangerie, que l'on croirait encore en activité, y réussit très bien. Tout est fait pour prendre la mesure de l'histoire et de l'évolution de ces lieux. Expositions temporaires, animations toute l'année et fête de l'automne le deuxième dimanche d'octobre. *1, chemin de Beauvais* ***Sainte-Mère-Eglise*** *(14km au nord de Carentan par la N13) (à la sortie de Sainte-Mère-Église, dir. Cherbourg) Tél. 02 33 95 40 20 Ouvert avr.-juin, sept. : tlj. 14h-18h ; juil.-août : tlj. 11h-19h Dernière vente de billet 1h avant fermeture Tarif 4,50€, réduit 2,70€, 7-18 ans 2€, moins de 7 ans gratuit*

GRAINE DE FERMIERS
Ce conservatoire est l'occasion d'une sympathique sortie en famille : un livret de visite destiné aux enfants les attend à l'entrée. **Ferme-musée du Cotentin** ***Azeville*** *Tél. 02 33 95 40 20*

Musée Airborne (musée des Troupes aéroportées) Le premier espace, en forme de parachute, expose un planeur Waco et de nombreux objets (armes, matériel, munitions) et documents (photos, témoignages de GI, coupures de presse) en relation avec les troupes aéroportées et leur largage sur Sainte-Mère-Église. Un film de 20min retrace le fil des événements. Le deuxième bâtiment abrite un avion Douglas (type C47) utilisé pour les opérations de parachutage et des souvenirs personnels offerts par des vétérans. Un char Sherman et un canon antiaérien de 90mm trônent dans les jardins. Un projet prévoit la création d'une extension destinée à agrandir le musée. *14, rue Eisenhower* ***Sainte-Mère-Eglise*** *(14km au nord de Carentan) Tél. 02 33 41 41 35 www.airborne-museum.org Ouvert fév.-mars et oct.-déc. : tlj. 10h-17h ; avr.-sept. : 9h-18h45 Tarif 7€, enfant 4€*

Musée de l'Occupation Dans l'ancien bureau de la garnison allemande, devenu le QG des Américains pour le secteur d'Utah Beach, des reconstitutions permettent de se familiariser avec les difficultés de transport et de ravitaillement de l'époque, la Résistance, la milice, la collaboration… *36, pl. de l'Église* ***Sainte-Marie-du-Mont*** *(9km à l'est de Sainte-Mère-Église par la D70) Tél. 02 33 71 57 14 Ouvert avr.-sept. : tlj. 10h-18h30 ; nov.-mars : pour les groupes sur rdv Tarif 2€*

Musée de la Libération Ses nombreux documents, photos, cartes postales et matériels militaires de l'époque vous replongeront en juin 1944. *4, pl. de l'Église* ***Sainte-Marie-du-Mont*** *Tél. 02 33 71 25 62 Ouvert avr.-oct. : tlj. 10h-18h Tarif 5€, enfant 3€*

Batterie d'Azeville A priori, on serait tenté de croire qu'une batterie est un gros bloc de béton au ras du sol. La réalité est un peu plus complexe : il s'agit d'un dédale de couloirs et de casemates reliées les unes aux autres. L'ampleur et le fonctionnement de celle d'Azeville ont de quoi surprendre. ***Azeville*** *(7km au nord de Sainte-Mère-Église par la D15 dir. Ravenoville puis la D115) Tél. 02 33 40 63 05 Visite audioguidée avr., oct. et vac. scol. (sauf Noël) : 14h-18h ; mai-juin et sept. : 11h-18h ; juil.-août : 10h-19h Tarif 5€, réduit 4€, enfant 2€*

Musée de la batterie de Crisbecq Construite en 1942, cette batterie était l'une des plus importantes du mur de l'Atlantique, couvrant la zone entre Saint-Vaast-la-Hougue et la pointe du Hoc. De fait, en juin 1944, un combat sans merci s'engagea avec les alliés : si les canons allemands détruisirent une partie de la flotte américaine, seul 78 sur les 406 défenseurs de la batterie réussirent à prendre la fuite. Le site, une fois déminé, resta à l'abandon durant soixante ans, jusqu'à ce que deux associés ne le rachètent en 2004, pour le transformer en musée. Sur 4ha, un parcours, relié par des tranchées, dessert 21 blockhaus, les uns vides, les autres présentant de petites expositions à l'aide de matériel allemand de l'époque. Des scènes reconstituées évoquent ainsi la vie quotidienne dans la batterie : cuisine, infirmerie, chambre de repos… étonnament vivantes. *Route des Manoirs* ***Saint-Marcouf*** *(11km au nord de Sainte-Mère-Église par la D14 puis la D15) Tél. 06 68 41 09 04 www.batterie-marcouf.com Ouvert avr., oct.-mi-nov. : tlj. 11h-18h ; mai-juin, sept. : tlj. 10h-18h ; juil.-août : tlj. 10h-19h Tarif 6,50€, réduit 5,50€, moins de 12 ans 4€*

● Où croquer un "Petit Para" ?

Le Biscuit de Sainte-Mère-Église Un véritable palais de la gourmandise, qui partage ses vastes espaces entre un salon de thé aux chaises tendues de velours rouge, et une immense épicerie fine dédiée à la Normandie. Au rayon biscuits, situé devant l'atelier de fabrication, vous ne saurez que choisir, entre le sablé pur beurre dit le "Normand", le "Délice du Goublin", parfumé au café ou à l'Earl Grey, les cookies américains à la cassonnade, et surtout le "Petit Para", des mini-madeleines en forme de parachute, aussi délicieuses nature qu'à la pistache, à la noisette, ou tigrées au chocolat. Seul bémol toutefois,

Le Débarquement en dix étapes

L'office de tourisme de Sainte-Mère-Église (p.326) fournit un visioguide, équipé d'un GPS, qui vous mènera sur dix sites historiques du Débarquement, dont certains méconnus du plus grand nombre. Parcours de 50km dans la communauté de communes de Sainte-Mère-Église. *Tarif 8€ (avec pièce d'identité et caution de 250€).*

nous regrettons l'accueil un peu froid. Menus au salon de thé à partir de 9,20€. *5, rue de la Division-Leclerc* **Sainte-Mère-Eglise** *Tél. 02 33 93 95 06 www.biscuit-sainte-mere-eglise.com Ouvert tlj. 9h30-18h30*

Où remplir son panier pique-nique ?

Chèvrerie de la Huberdière Cette chèvrerie dynamique, également ferme-auberge (p.336), dispose d'un point de vente : terrine de chevreau au calvados, bûches et crottins nature, au poivre, à l'ail, cendrés, demi-secs... Vous les aimerez d'autant plus en rendant visite aux chèvres, et en apprenant tout sur elles : élevage, transformation du lait en fromage. Possibilité de participer à la traite de 17h30. *Le Pommier* **Liesville-sur-Douve** *(8km au sud de Sainte-Mère-Église par la N13 puis la D270) Tél. 02 33 71 01 60 www.chevrerie-ferme-auberge.com Ouvert mar.-ven. 10h-12h et 15h30-18h30, sam.-dim. 15h30-18h30 Visites guidées Mar.-ven. à 11h (en saison), 16h, 17h30, sam.-dim. à 16h30, 17h30*

Le secteur d'Utah Beach

☺ **Musée du Débarquement** Implanté dans un bunker allemand sur le site même du Débarquement naval américain, ce musée retrace le déroulement des opérations dans le secteur d'Utah Beach. Ouvert en 1962, il s'est agrandi au printemps 2011 d'une vaste aile moderne, qui lui permet de rendre mieux hommage à l'armée américaine et à ses grands hommes. Dans la première salle, qui correspond au musée d'origine, des documents d'archives, des maquettes, des cartes d'état-major et un film de 12min fournissent un bon point de départ pour rentrer dans l'Histoire. Les expositions qui suivent dissèquent ensuite chaque phase du Débarquement – opérations stratégiques en mer et sur terre, vie à l'arrière, arrivée des alliés –, à l'aide de panneaux

Utah Beach, 6h30, le 6 juin 1944

Sous le nom de code d'Utah Beach, la plage de la Madeleine (commune de Sainte-Marie-du-Mont) fut le théâtre du débarquement des troupes de la 4e division d'infanterie américaine du général Barton, le 6 juin 1944, à 6h30 du matin : près de 24 000 hommes et 1 700 engins prirent cette plage d'assaut. Pour couper la route à une éventuelle contre-attaque allemande, deux divisions de parachutistes, les 82e et 101e Airborne, furent larguées dans la nuit aux abords de Sainte-Mère-Église et à la sortie d'Utah Beach. Malgré des conditions climatiques difficiles et une certaine confusion, un bataillon de la 82e Airborne parvint à s'emparer à 4h30 du matin de Sainte-Mère-Église, qui devint ainsi la première ville libérée de France. Le film *Le Jour le plus long* (1963) l'a depuis rendue célèbre. Sainte-Marie-du-Mont fut enlevée peu après. La "Voie de la liberté" était ouverte. Au total, les pertes de la 4e division (tués, blessés, disparus) n'ont pas dépassé les 200 hommes. Celles d'Omaha Beach la "sanglante" furent bien plus nombreuses, cf. Le Débarquement, D Day : le 6 juin 1944 (p.17).

lumineux, de vidéos, d'objets retrouvés, d'engins militaires et de témoignages. Voilà qui donne des ailes pour essayer le simulateur de vol, installé juste à côté d'un authentique bombardier *B26 Marauder*. Au premier étage, une verrière offre une vue directe sur Utah Beach. Un voyage dans le temps très réussi, aussi accessible pour les grands que pour les petits. ***Sainte-Marie-du-Mont*** *(14km au nord-est de Carentan par la D913) Tél. 02 33 71 53 35 www.utah-beach.com Ouvert juin-sept. : tlj. 9h30-19h ; avr.-mai et oct. : tlj. 10h-18h ; fév., mars et nov. : tlj. 10h-17h30 Fermé déc.-jan. Tarif 7,50€, enfant 3€, gratuit moins de 7 ans*

Réserve naturelle nationale de Beauguillot Au cœur de 5 000ha de vasières, la réserve de Beauguillot est un espace protégé de 500ha. Une petite marche de 30min (AR) conduit du parking jusqu'à la plage. De là, plusieurs sentiers de randonnée (de 8 à 20km) invitent à découvrir la faune et la flore locales : buses, courlis, grands cormorans, hérons cendrés… selon la saison. À cet effet, de petits observatoires ont été aménagés au ras des canaux. Tous les mois, d'octobre à avril, des professionnels proposent des visites guidées de la réserve. *Association Claude Hettier-de-Boislambert À 3km au sud du musée d'Utah Beach par la D329 (dite McGowan Road) Tél. 02 33 71 56 99 Visites guidées, en général le dim., 4€*

CARNET D'ADRESSES

Restauration, hébergement

petits prix

Le Napolitain Son emplacement et sa terrasse face au port de plaisance sont, avec ses petits prix, le principal attrait du Napolitain. Cette pizzeria-crêperie-grill propose tout ce que son enseigne laisse deviner : pizzas (7-10€), viandes grillées, crêpes, galettes et poissons. Le tout très correct. Plat de 7 à 12€, menu de 10 à 15€. L'intérieur marin et les baies vitrées de la salle apportent une touche sympathique à l'établissement. Personnel jeune et décontracté. *18, rue de Caligny* ***Carentan*** *(à côté du port) Tél. 02 33 71 52 14 Ouvert tlj. Service jusqu'à 21h30*

L'Escapade Un hôtel simple et reposant. Certaines des quinze chambres, ensoleillées et colorées (de 39 à 65€ la double), sont un peu exiguës mais restent confortables. On apprécie les matelas fermes et la TV à écran plat. La vue est plus banale : sur la place centrale ou sur la ruelle avoisinante. Petit déj. 7€. Parking privé fermé. Accès wifi. Un bon rapport qualité-prix. Également un restaurant (p.334). *28, rue de la Gare* ***Carentan*** *Tél. 02 33 42 02 00 www.hotelrestaurantescapade.com*

prix moyens

L'Escapade Le restaurant de l'hôtel (cf. petits prix) propose de bons plats à prix honnêtes : camembert chaud sur salade verte (en entrée), pavé de saumon, poule au blanc, feuilleté aux pommes glace vanille. Salle un rien cosy et assez prisée dans la région. Menus de 13 à 24,50€. *34, rue de la Gare* ***Carentan*** *Tél. 02 33 42 02 00 Ouvert tlj. midi et soir*

L'Auberge normande Certainement la meilleure table de la ville. Ici, le chef compose de savoureux plats du terroir à base de produits frais : poissons et fruits de mer... On baigne dans une atmosphère élégante : quelques plantes vertes, des murs en pierres apparentes et de larges baies vitrées donnant sur un jardinet bien fleuri. Chose également appréciable, les chaises sont vraiment confortables et le service est attentionné. Pas guindé pour autant. Menus de 19,90 à 38€. L'auberge possède aussi treize chambres (à partir de 55€) modernes et cosy, dotées d'élégantes baignoires et d'accès wifi. *11, bd de Verdun* ***Carentan*** *Tél. 02 33 42 28 28 www.aubergenormande.com Ouvert tlj.*

Dans les environs

camping

Camping Utah Beach À 50m de la mer, cette hôtellerie de plein air de bon standing propose de nombreux services : piscine chauffée, tennis, snack-bar... De 18 à 27,50€ pour 2 adultes en tente (selon la saison) et de 25 à 34€ avec 2 enfants (moins de 7 ans). Location de mobile homes au week-end ou à la semaine. Wifi dans tout le camping. ***Sainte-Marie-du-Mont*** *À 500m au nord du musée d'Utah Beach par la D421, dite "Ridgeway Road" (dir. Quinéville) (14km au nord-est de Carentan par la D913) Tél. 02 33 71 53 69 www.camping-utahbeach.com Ouvert avr.-sept.*

prix moyens

Hôtel-restaurant L'Estaminet Vous trouverez peut-être l'endroit bondé : c'est l'un des rares restaurants du secteur. Ambiance conviviale et bonne cuisine : croustillant au camembert, magret de canard et de goûteuses spécialités de poisson. Menus à 22 et 32€. En été, carte de brasserie et terrasse face à l'église. L'Estaminet a aussi quatre chambres, simples et douillettes, avec vue sur l'église : 47€ la double, petit déj. 6€. *44, pl. de l'Église* ***Sainte-Marie-du-Mont*** *(14km au nord-est de Carentan par la D913) Tél. 02 33 71 57 01 Fermé mar. soir et mer. hors saison*

Domaine de Saint-Hilaire En retrait du village, cette charmante ferme, bordée par les marais et les prés, compte cinq chambres d'hôtes qui ont l'avantage d'être proches de Carentan et bien ancrées au vert. La longue allée arborée qui mène au domaine donne le ton. À l'étage, les chambres offrent un bel et vaste espace. La décoration à l'ancienne et le mobilier en bois confèrent une note élégante à l'ensemble, et la salle de bains vous garantit un réveil tonique avec sa douche à jets latéraux. En ouvrant les volets, les matinaux pourront observer l'entraînement des chevaux sur la piste attenante au domaine. Double 45-60€ (petit déj. compris). Les chambres aménagées dans l'annexe sont moins chères, mais moins chics... *13bis, rue des Fleurs* ***Saint-Hilaire-Petitville*** *(2km à l'est de Carentan par la D974) Tél. 02 33 42 14 07 ou 06 80 66 57 23 Ouvert toute l'année*

Gîte Le Marais Le jardin de cette maison traditionnelle en terre, aménagée en gîte pour 4 à 6 personnes, donne directement sur un marais inondé en hiver. Des pièces simples et avenantes : un salon, une cuisine, une salle à manger aux poutres apparentes, et 3 chambres à l'étage, dont une réservée aux enfants. Comptez 90€/j. le w.-e., de 310 à 500€ la sem. en basse et haute saison. *3, Le Port* ***Saint-André-de-Bohon*** *(11km au sud de Carentan par la D29) http://gitelemarais.free.fr*

Ferme-auberge de la Huberdière Le bâtiment principal de la chèvrerie, agréable avec ses volets repeints et ses pierres ravalées, propose le gîte et le couvert. Goûter à la cuisine de l'auberge, servie près de la cheminée, vous demandera juste un petit effort : réserver 48h avant. Les plats, canard aux pommes, chevreau forestier, teurgoule, sont concoctés avec les produits de la propriété. Menus auberge 16, 25 et 28€. Également 4 chambres mansardées, lambrissées ou parquetées, dotées de salles de bains avec douche et de WC. Pour la période du 6 juin, réservez longtemps à l'avance ! Pour une double, comptez 55€. *Le Pommier* ***Liesville-sur-Douve*** *(10km au nord-ouest de Carentan par l'autoroute puis la D270) Tél. 02 33 71 01 60 www.chevrerie-ferme-auberge.com Ouvert mar.-sam. le soir, dim. midi*

prix élevés

☺ **Manoir du Vieux-Chêne** Avec cœur et efficacité, Gilles et Isabelle, un couple franco-belge, ont restauré cette demeure noble du XVIIe siècle, dont le chauffage aux céréales, en hiver, diffuse une chaleureuse odeur de pain... Répartis entre le château et l'annexe, 5 chambres d'hôtes et un studio, à la décoration personnalisée et doté de salles de bains aux douches spacieuses. Gilles, qui organise des promenades, sera de bon conseil pour vous aider à découvrir la région. Isabelle, de son côté, anime des séances de relaxation et de méditation. Comptez 80€ pour 2 personnes. 3, *rue Vallée du Bois-Silland* ***Saint-Pellerin*** *(env. 5km à l'est de Carentan par la N174, puis route à droite après le village) Tél. 02 33 71 91 38 www.manoirduvieuxchene.com*

BARNEVILLE-CARTERET 50270

Déjà en vogue au milieu du XIXe siècle, Barneville-Carteret n'est pas passée de mode. Aujourd'hui encore, cette station balnéaire – l'une des plus fréquentées du Cotentin – a tout pour séduire les randonneurs et les adeptes de farniente. Aux premiers, elle offre ses sentiers entre mer, dunes et landes. Aux seconds, elle prodigue ses plages de sable fin et ses eaux limpides régulièrement primées pour leur qualité. Mais Barneville-Carteret est aussi un port de pêche actif. Les quais de la jetée sud et du petit port abritent une vingtaine de chalutiers qui, selon la saison, pêchent soles, coquilles Saint-Jacques et homards, que l'on retrouve le soir dans son assiette. Depuis 1995, et l'aménagement d'un bassin à l'arrière du chenal, les plaisanciers ont également rallié la rade de Carteret. Un endroit apprécié par les promeneurs en fin de journée. À moins de lui préférer un exotisme plus *British* et d'embarquer pour les îles Anglo-Normandes, visibles par temps clair à l'horizon. Autant en profiter, en été, la liaison maritime Jersey-Carteret, inaugurée en 1881, est quotidienne. La station sert aussi de point de départ à l'exploration de la région. De Port-Bail, construit au bord d'un havre balayé par les marées, à l'exemplaire abbaye romane de Lessay, la côte des Isles mérite bien une halte.

MODE D'EMPLOI

accès

EN VOITURE

Barneville-Carteret se trouve à 37km au sud-ouest de Cherbourg par la D650, à 29km au sud-ouest de Valognes par la D902 et à 45km au nord-ouest de Carentan par les D903 puis D650.

EN CAR

Manéo La ligne n°10 relie Barneville-Carteret à Cherbourg. Liaison avec Valogne via Bricquebec (ligne n°11). Départ le matin, retour le soir *Tél. 0800 150 050 http://transports.manche.fr*

EN TAXI

Comptez 40€ de Valognes (gare SNCF) et 55€ de Cherbourg en journée.

Taxi de la Côte des Isles *8, chemin Becqueret Tél. 02 33 04 61 02*

Taxi Davodet *2, rue Franklin-Bouillon Tél. 02 33 52 33 55*

EN BATEAU

Bassin de plaisance de 311 places sur pontons et 95 en échouage.

Port de plaisance *2, promenade de Barbey-d'Aurevilly Tél. 02 33 04 70 84*

orientation

Trois pôles au caractère propre forment la station de Barneville-Carteret. À l'ouest, **Carteret**, le port de pêche, de commerce et de plaisance. À l'est, **Barneville-bourg** et ses commerces, que l'on rejoint par l'avenue de la République et la rue Guillaume-le-Conquérant. Au sud, **Barneville-plage**, accessible par les rues Pierre-de-Coubertin, Hauvet et l'avenue de la Mer.

marchés

Marché de Barneville-Bourg *Sam. matin*

Marché de Barneville-Plage *Dim. en juil.-août*

Marché de Carteret *Jeu. matin*

Marché de Lessay *Mar. matin*

Marché de La Haye-du-Puits *Mer. matin*

Marché de Saint-Germain-sur-Ay *Jeu. et dim. en juil.-août*

fêtes et manifestations

Foire Saint-Thomas La "petite" foire Sainte-Croix (cf. ci-après). *1er dim. de mai*

Course à l'aviron de mer Jersey-Carteret Un raid à la rame pour les costauds. *Tél. 02 33 93 13 97 En général, le 3e sam. de juil.*

Festival du cerf-volant *Fin juil.-début août*

Foire Sainte-Croix de Lessay C'est l'un des événements majeurs (400 000 visiteurs et 1 500 exposants sur 32ha) et le plus grand marché aux animaux (chevaux – vendredi matin –, chiens, bovins, ovins) de toute la Manche. Antiquaires et vendeurs en tout genre (du matériel agricole à la voiture en passant par l'électroménager) s'y retrouvent. Sans oublier l'allée des rôtisseurs et leurs délicieuses côtelettes d'agneau de pré-salé à déguster à toute heure de la journée. Également une fête foraine monstre pendant 3 jours. *2e w.-e. de sept.*

informations touristiques

Office de tourisme À disposition : brochures et dépliants sur les sites touristiques, les activités culturelles et sportives. En vente : des topo-guides sur 13 randonnées autour de la station. *15bis, rue Guillaume-le-Conquérant Barneville-bourg Tél. 02 33 04 90 58* *www.barneville-carteret.fr Ouvert lun.-sam. 9h15-12h30 et 14h-18h Antenne de* **Carteret** *Place Flandres-Dunkerque Tél. 02 33 04 94 54 Ouvert juil.-août : tlj. 10h-12h30 et 15h-19h*

Office de tourisme de Port-Bail *26, rue Philippe-Lebel (derrière le monument aux morts) Tél. 02 33 04 03 07 www.portbail.fr Ouvert juil.-août : lun.-sam. 9h-12h30 et 13h-19h, dim. 10h-12h ; hors saison : mar.-sam. 10h-12h30 et 14h-17h*

Office de tourisme de Lessay Accueil charmant et prévenant. *11, pl. Saint-Cloud Tél. 02 33 45 14 34 www.canton-lessay.com Ouvert juil.-août : lun.-ven. 9h-12h15 et 14h-18h ; sam. 10h-12h15 et 14h30-18h, dim. 10h-13h ; sept., avr.-juin : lun.-jeu. 9h-12h15 et 14h-17h30, ven. 9h-12h15 et 14h-17h ; oct.-mars : lun.-mar., jeu. 9h-12h15 et 14h-17h30, ven. 9h-12h15 et 14h-17h*

COTENTIN

DÉCOUVRIR

☆ **Les essentiels** L'abbaye de Lessay **Découvrir autrement** Prenez le large pour Jersey, empruntez le train touristique du Cotentin pour découvrir la côte des Isles, baignez-vous sur la plage de Barneville

Barneville-Carteret

Église Saint-Germain Édifiée au XIe siècle, l'église de Barneville-bourg conserve deux remarquables chapiteaux romans historiés : l'un représente Daniel aux prises avec un lion (avant-dernière pile de gauche), l'autre le baptême du Christ (dernière pile de droite). Le reste des chapiteaux et les arcades sont plus banals (motifs végétaux et animaliers). La tour fortifiée, élevée au XVe siècle pendant la guerre de Cent Ans pour résister aux assauts répétés des Anglais, vaut aussi le coup d'œil.

● Où remplir son panier pique-nique ?

Boutique Laurent L'épicerie fine de Laurent Cesne, chef du restaurant de l'hôtel Marine (p.344), propose toutes sortes d'en-cas, pour grignoter sur le pouce : charcuterie de pays, harengs, foies gras de canard, fromages, gâteaux et croissants pur beurre. *11, rue de Paris Tél. 02 33 53 83 21 www.hotelmarine.com Ouvert mar. et jeu. 9h30-13h, mer. et ven.-dim. 9h30-13h et 16h-19h30*

● Où faire une pause goûter ?

Salon de thé des Ormes Devant la réception de l'hôtel des Ormes (p.345), ce salon de thé sert des thés Mariage Frères et un menu goûter (13€), avec brioche, confiture, boisson et une pâtisserie du jour. *Promenade Barbey-d'Aurevilly Tél. 02 33 52 23 50 Ouvert tlj. 14h-18h*

● Embarquer pour une sortie en mer

Esprit grand large Reconstruite à Carteret sur le modèle des goélettes qui sillonnaient les eaux anglo-normandes jusqu'en 1930, la Mouette noire (Neire Mâove) est une véritable invitation au large. Plusieurs options s'offrent à vous : embarquer pour une sortie côtière (2h), une journée, un week-end, ou une croisière vers les îles. Également deux sorties à thème : observation de la faune et pêche à pied. Équipage convivial et tarifs attractifs. *Port de Carteret Tél. 02 33 46 69 54 www.espritgrandlarge.com*

● Pratiquer des sports nautiques

Club nautique Barneville-Carteret Catamaran, Optimist, Collectif 316, planche à voile, Fun Board ou kayak de mer, à pratiquer seul (location) ou en stage. Les tout-petits n'ont pas été oubliés : initiation au milieu marin dès 4 ans. Et, pour les plus grands, stages de Walker Bay (6-8 ans), d'Optimist (8-12 ans), de Collectif 316 (9-14 ans), de catamaran ou de planche à voile (dès 14 ans). *20, rue de Paris Tél. 02 33 04 83 54 http://ecnbc.fr*

● Faire une escapade à Jersey

Manche Îles Express À Barneville-Carteret, les îles Anglo-Normandes jouent les toiles de fond. De mai à septembre, les traversées pour Jersey et Guernesey sont quotidiennes, sauf pendant les "mortes eaux" (marées basses). Le départ se fait alors de Dielette (et de Granville les week-ends en hiver). Tarif AR de 46 à 56€, enfant de 30,50 à 37€, durée 60min. Réservez au plus tard la veille. Possibilité aussi de faire le tour de l'île pour 20€. Correspondance pour Guernesey (1h20). Vente des billets également à l'office de tourisme. *Gare maritime de Carteret Tél. 0825 131 050 ou 0825 13 30 50 (Réservation) www.manche-iles-express.com*

COTENTIN

● Faire le tour du cap à pied Il est possible de faire le tour du cap à pied. Empruntez la route de la corniche à Carteret (face à la gare maritime), puis l'avenue des Deux-Mers, pour rejoindre le chemin des douaniers (GR®223) taillé dans la falaise. Ce sentier, qui domine le cap, est véritablement de toute beauté. En poursuivant, après les anciennes batteries, jusqu'aux ruines de la vieille église Saint-Germain (abandonnée à la fin du XVIIe s.), vous déboucherez sur un superbe massif dunaire. Vous pourrez alors rejoindre le port par la route qui dessert cette plage (attention, courants violents) ou continuer par les dunes jusqu'à Hatainville et revenir par le sentier du "bas de la Cohue". *Durée env. 45min la petite boucle, 2h la grande (7km)*

● Découvrir la côte des Isles en train rétro

Train touristique du Cotentin Tous les dimanches de juillet-août, une antique rame des années 1930 fait découvrir les paysages de la côte des Isles au cours d'un voyage sur les rails entre Carteret et Port-Bail. Le mardi et le jeudi, elle relie les marchés de ces deux villages. Ainsi, pas de souci de circulation ni de parking. Des voyages à thème sont également proposés (veillée normande, découverte du patrimoine, train du Père Noël...). Train des marchés en juillet-août : départ mardi à 10h de Carteret pour le marché de Port-Bail et jeudi en sens contraire à 10h. Tarif 9€ (AR), 4-11 ans 4€. Rens./rés. dans les offices de tourisme de Barneville-Carteret et Port-Bail. *Tél. 02 33 04 90 58 ou 02 33 04 03 07*

Les environs de Barneville-Carteret

Église Notre-Dame de Port-Bail Érigée au XIIe siècle, Notre-Dame dresse sa silhouette robuste telle une forteresse sur la rive du havre. C'est d'ailleurs ce qu'elle fut : sa tour du XVe siècle, couronnée de créneaux et de mâchicoulis, a longtemps servi de tour de guet. À l'intérieur, attardez-vous sur la variété de chapiteaux romans de la croisée du transept et du chœur (entrelacs, animaux de toutes sortes et quelques personnages). D'avril à septembre, elle offre un lieu d'exposition aux artistes locaux. Un prétexte pour y passer. ***Port-Bail*** *(7,5km au sud-est de Barneville-Carteret) Tél. 02 33 04 03 07 Ouvert juil.-août : mar.-sam. 10h30-12h30 et 15h30-19h30, dim. 10h30-12h30 Visite guidée toute l'année sur rdv auprès de l'OT Tarif 2€, moins de 18 ans gratuit*

Baptistère gallo-romain Vestige de la tradition paléochrétienne découvert fortuitement en 1956, ce baptistère du VIe siècle conserve l'originalité de sa forme hexagonale et quelques fragments de dallage. On y pratiquait alors le baptême par immersion. Au XIIe siècle, il aurait aussi fait office de chapelle funéraire. ***Port-Bail*** *(7,5km au sud-est de Barneville-Carteret par la D124) Visible toute l'année à travers une grille (derrière la mairie) Visite guidée juil.-août avec l'église (point de départ)*

Moulin à vent du Cotentin Perché sur une butte, l'un des derniers moulins cotentinois encore en activité domine un beau panorama sur la plaine, jusqu'à Barneville. Construit en 1744, il tournera environ un siècle, jusqu'à ce que la révolution industrielle ne ruine son activité. Un guide-meunier vous en explique le fonctionnement, avant de mettre en marche le mécanisme qui actionne les ailes. Au préalable, une vidéo (15-20min) vous aura tout appris sur les métiers du pain. À la boutique du musée, vous pourrez acquérir trois sortes de farines (blé, sarrasin, épeautre) provenant du moulin. Les mêmes qui servent à la confection des crêpes et des galettes (7-12€) que l'on peut déguster sur place, dans une petite auberge occupant l'un des bâtiments. *23, rue de la Lande* ***Fierville-les-Mines*** *(env. 9km à l'est de Barneville-Carteret par la D650 puis la D50) Tél. 02 33 53 38 04 Horaires variables, se rens. Visite guidée de 45min env. Tarif 4€, 12-25 ans 3€, 6-11 ans 1,50€, moins de 6 ans gratuit*

FAIRE SON PAIN
Un boulanger vous apprend à pétrir la pâte, qui sera ensuite cuite dans le four du moulin du Cotentin. Chacun repart avec son pain tout chaud sous le bras ! **Atelier boulangerie** *Ouvert juil.-août 8h45-12h45 (jours fluctuants) Tarif 15€*

Ferme musicale de Semilly Au milieu de nulle part, au bout d'un chemin en terre, c'est une drôle d'alliance entre animaux et musique que vous trouverez là. Outre l'âne du Cotentin, des ateliers de restauration et de menuiserie, cette ferme abrite un passionnant musée dédié à l'histoire de la fabrication des instruments à vent. Des plus anciens aux plus actuels, aucun instrument, aucun des grands noms de la manufacture française ne manquent à l'appel : flûtes, saxophones, clarinettes, hautbois, trombones, accordéons… Le tout superbement mis en scène par d'habiles jeux entre la lumière et la matière : bois et cuivre. *Semilly* ***Angoville-sur-Ay*** *(25km au sud-est de Barneville, dir. La-Haye-du-Puits sur la D650-D903, puis Angoville-sur-Ay sur la D900-D306) Tél. 02 33 07 41 72 www.lafermemusicale.com Ouvert juil.-août : lun.-sam. 14h30-19h Tarif 7€, 6-12 ans 5€*

REMISE EN ÉTAT
Construite à la fin du XIe siècle, endommagée par la guerre de Cent Ans, les guerres de Religion et les bombardements de 1944, l'abbaye de Lessay doit sa survie à un travail de restauration mené par l'architecte en chef des Monuments historiques, Yves-Marie Froidevaux. Autant que possible, celui-ci a favorisé la réutilisation des matériaux d'origine.

☆☺ **Abbaye de Lessay** Sobre, l'église séduit par la pureté de ses lignes, sa luminosité délicate et la chaleur de ses pierres ocre. L'harmonie et l'équilibre des volumes de la nef à trois niveaux, ses arcades et chapiteaux dénués d'ornements en font l'un des plus précieux témoignages de l'art roman en Normandie. On prêtera également attention à la galerie de circulation du transept, à l'abside coiffée d'une calotte en cul-de-four et, en sortant, au clocher trapu de l'église qui domine les bâtiments conventuels associés au transept. Mais l'abbaye de Lessay fait davantage couler d'encre pour ses croisées d'ogives aux dispositions maladroites. Il pourrait s'agir du premier modèle de voûtement de ce genre. En été (mi-juil.-mi-août), l'abbaye accueille les "**Heures musicales de l'abbaye de Lessay**", un festival de musique classique. *À 28km au sud-est de Barneville (D650-D903-D900) Tél. 02 33 45 14 34 Église abbatiale Ouvert toute l'année en visite libre sauf lors des offices Visites guidées thématiques par l'OT en juil.-août*

COTENTIN

Où faire une pause goûter ?

☺ **La Maison du biscuit** Bien que de facture récente, cette boutique-salon de thé joue la carte de l'atmosphère 1900 (un tantinet exagérément) : portraits sépia aux murs, publicités anciennes, meubles à multiples tiroirs... Vous y trouverez des gourmandises fines, un énorme rayon biscuits, tous fabriqués sur place (sablés, cookies ou financiers, nature ou incrustés d'éclats de praliné, enrobés de chocolat...), des bocaux de plats traditionnels, des pains d'épice, des nougats et des coulis. Quelques biscuits accompagnent les nombreux thés servis au salon attenant, animé par un mannequin-pianiste au chapeau melon. *Hameau Costard* ***Sortosville-en-Beaumont*** *(à 6,5km de Barneville-Carteret par la D902) Tél. 02 33 04 09 04 www.maisondubiscuit.fr Ouvert tlj. 8h30-19h Fermé en jan. Salon de thé Ouvert mar.-dim. 8h30-18h30*

Savourer les fronts de mer

Plage de Barneville Vous trouverez de vastes étendues de sable fin, familiales et animées en été, et tous les services estivaux (bars, glaciers et restaurants) installés sur le boulevard maritime. Les couchers de soleil y sont délicieux. *De Barneville-bourg, descendre l'avenue de la Mer vers le sud*

Plage de Carteret Dans une anse rocheuse, entre la jetée du port et les falaises du cap, la plage de Carteret est surveillée en juillet-août. Ce qui n'est pas le cas de la plage de la Vieille Église, plus sauvage et plus belle, mais plus dangereuse aussi en raison de courants violents.

Faire des emplettes au jardin

Au grès du temps Un couple de potiers-céramistes, spécialisé dans les grès pour l'extérieur (bassins, vasques, nichoirs à oiseaux...), a créé un jardin inventif tout autour de sa maison. Commencé en 1999, il s'est régulièrement enrichi au fil du temps, avec l'aide d'amis pépiniéristes. Passé une première partie humide, fournie en gunneras et en fougères, la végétation prend des allures de plus en plus sauvages, ponctuée de mini-jardins, où des grès sont exposés, d'un sous-bois ombrageux, d'un parterre de graviers... *44, route de Prétot* ***Lithaire*** *(24km au sud-est de Barneville-Carteret par la D903) Tél. 02 33 47 92 80 http://augresdutemps.jimdo.com Ouvert lun.-ven. 10h-12h et 14h-19h, sam.-dim. horaires variables*

La Basse-normandie côté mer

Restaurants

La Marée — 127
L'Homme de bois — 199
Entre terre et mer — 200
La Satrouille — 257
Auberge des Grottes — 270
Auberge de Goury — 270
Le Panoramique — 287
Hôtel-restaurant de la Marine — 344
Le Terranova — 408
Au marquis de Tombelaine — 411
La Passerelle — 411

Chambres avec vue sur mer

Hôtel Riva-Bella — 97
La Pêcherie — 98
Chambres d'hôtes Arroplace — 129
Hôtel-restaurant La Sapinière — 129
Grand Hôtel de Cabourg — 168
Hôtel de la plage — 170
Le Flaubert — 188
Fort du cap Lévi — 289
Hôtel-restaurant du Cap et de la Plage — 344
Hôtel-restaurant Les Isles — 344
Hôtel les Hermelles — 410
Les Hauts de la baie du Mont-Saint-Michel — 411

Les plus belles plages

Baie d'Écalgrain — 263
Plages de Quinéville — 322
Plage de Barneville — 341
Plage de Carteret — 341
Dragey-Ronthon — 383
Bréville-sur-Mer — 405
Pointe d'Agon — 419
Blainville-sur-Mer — 420

Activités nautiques

Station nautique de Ouistreham — 91
Bateau Ville de Courseulles IV — 95
Eolia Normandie — 122
École de voile Cap 21 de Grandcamp-Maisy — 124
La Grandcopaise — 123
Cotentin nautisme — 251
Hague à part — 251
ASSUN Voile — 263
Fleur de Lampaul — 277
Esprit grand large — 338
Ay-Ole — 343
Centre régional de nautisme (Granville) — 400
Voidie Voile Croisière — 401
Esprit Grand Large — 401
Club nautique de Coutainville — 421

En savoir plus sur la fabrication du camembert

Fromagerie Réo Créée en 1931, la fromagerie du Val d'Ay moule toujours ses camemberts au lait cru à la louche. Une pratique qui lui a valu neuf médailles d'or au Concours agricole de Paris. La visite de 1h livre quelques secrets des différents ateliers de fabrication (moulage, salage, affinage), avec le fumé AOP comme fil conducteur. Dégustation inévitable en fin de parcours. *1, rue des Planquettes* ***Lessay*** *(28km au sud-est de Barneville par les D650, D903 et D900) Tél. 02 33 46 41 33 www.reaux.fr Visites en juil.-août : lun.-ven. à 9h15, 10h15, 11h15, 12h15 et 13h15 Vente sur place en juil.-août : lun.-ven. 9h-15h ; hors saison : ven. 10h-12h Tarif 2,80€, moins de 14 ans gratuit*

Faire du char à voile, du kayak

Ay-Ole Location de kayaks de mer et de chars à voile – un équipement est prévu pour les personnes à mobilité réduite. Le centre organise aussi des sorties (2h), et des stages d'initiation et de perfectionnement (1h30). *Route de la Mer* ***Bretteville-sur-Ay*** *(19km au sud de Barneville-Carteret par la D650) Tél. 02 33 17 04 04 Ouvert mi-fév.-mi-nov. (en fonction des horaires de la marée, sur réservation)*

Devenir un fin cordon bleu

La Ferme des Mares Le chef de la Ferme des Mares (p.346), organise des ateliers de cuisine thématiques, incluant la récolte ou la cueillette des ingrédients... Pour tous niveaux, du débutant à la toque avertie. Cours seul 55€, avec restaurant 78€, ou restaurant et chambre d'hôtel 150€. ***Saint-Germain-sur-Ay*** *(23km au sud de Barneville-Carteret par la D650) www.laferme-des-mares.com*

CARNET D'ADRESSES

Restauration, hébergement

camping

Camping du bocage À l'ombre de l'église de Carteret, des frênes et des peupliers, ce camping 3 étoiles se niche dans une ruelle tranquille, pourtant toute proche du port, des commerces et des plages (500m). Comptez env. 25€ pour 2 adultes en tente, 33€ avec 2 enfants (moins de 7 ans). *11, rue du Bocage* ***Barneville-Carteret*** *Tél. 02 33 53 86 91 Ouvert avr.-sept.*

très petits prix

Relais de la Gerfleur Au carrefour Boudet, entre Barneville et Carteret, il serait vraiment dommage de regarder ailleurs et de rater cette maison en brique. Les dortoirs (15€/pers.) sont dispersés autour d'une petite cour intérieure pourvue de quelques tables. Un réfectoire est à disposition au rez-de-chaussée pour préparer le petit déjeuner et les repas. Le relais dispose également de deux chambres avec deux lits jumeaux et un lavabo : 40€. Petit déj. 7€. *106, av. de la République* ***Barneville-Carteret*** *Tél. 02 33 04 61 31 Ouvert mi-mars-mi-oct.*

petits prix

La Cale marine Ne vous fiez pas aux murs couverts de bois verni, aux scaphandres de plongée, aux gouvernails et autres baromètres qui trônent un peu partout, vous êtes bien dans un restaurant et non dans la cale d'un navire. Ce penchant pour la mer se retrouve dans l'assiette : poisson du jour (env. 12€), excellentes moules-frites (12,50€) et un menu à 11€. Également quelques grillades (entrecôtes, onglets...). Une dizaine de tables en terrasse, qui a malheureusement l'inconvénient d'être très proche d'une petite route. *2, promenade Abbé-Lebouteiller Port de Carteret* ***Barneville-Carteret*** *Tél. 02 33 53 82 50 Fermé mar. et mer. hors saison Congés annuels mi-nov.*

prix moyens

Hôtel-restaurant du Cap et de la Plage Une salle unique mais spacieuse, quelques plantes vertes et des estampes accrochées aux murs en pierre percés de larges baies vitrées ouvertes sur le port : un cadre cosy pour des spécialités de la mer. Les menus à 18 et 28€ proposent des assiette de fruits de mer, des montgolfières de poissons... À moins d'opter pour un plateau de fruits de mer et son panaché salade-fromage (env. 24,30€). Le menu à 45€ vous mènera du homard grillé au feu de bois au tronçon de turbot au beurre blanc. Également quelques chambres avec vue sur mer (de 54 à 84€ la double, 9,20€ le petit déj.). *Promenade Abbé-Lebouteiller Port de Carteret* ***Barneville-Carteret*** *Tél. 02 33 53 85 89 www.hotel-le-cap.fr Fermé déc.-jan. : lun.-mar. et 1 sem. entre Noël et jour de l'An*

Chambres d'hôtes L'Hermitage Sur les hauteurs du port de Carteret, cette maison d'hôtes n'a rien d'austère. Ses 3 chambres, affichent une décoration sans fioriture, plutôt reposante. Comptez de 50 à 95€ selon le standing – 9€ supplémentaires pour le petit déjeuner apporté le matin. Les plus onéreuses, les plus spacieuses aussi, bénéficient d'une kitchenette et d'une terrasse dominant le port. Également 5 studios et appartements (85€ le w.-e., de 450 à 710€ la sem.) *8, promenade Abbé-Lebouteiller* ***Barneville-Carteret*** *Tél. 02 33 04 46 39 www.hotel-hermitage-carteret.com*

prix très élevés

Hôtel-restaurant de la Marine Assurément la meilleure table de Barneville-Carteret, mais pas la plus décontractée. Propriété des Cesne depuis cinq générations, cette maison blanche jouit d'une solide renommée. Touristes et locaux s'y pressent pour la salle à manger sur le port et la nouvelle cuisine du terroir du chef : du persillé de lapereau au filet de carrelet laqué au miel et au thym servi avec un confit d'oignon et de pomme à la crème de camembert, en terminant par le macaron pomme tatin et la glace canelle-pomme verte. Menus à 40 et 90€. Carte 55€ et plus. L'hôtel abrite 26 chambres merveilleusement zen, avec des sols en jonc de mer. Les plus chères, dotées d'un balcon-terrasse, dominent les ports de plaisance et de pêche. Double 100-274€, petit déj. 15€. *11, rue de Paris* ***Barneville-Carteret*** *Tél. 02 33 53 83 31 www.hotelmarine.com Ouvert mars, oct.-nov. : mar.-mer. et ven.-sam. midi et soir, jeu. soir, dim. midi ; avr.-juin, sept. : mar.-mer. et ven.-dim. midi et soir, lun. et jeu. soir ; juil.-août : tlj. Congés annuels restaurant 11 nov.-mi-mars*

Hôtel-restaurant Les Isles Le seul établissement à faire vraiment face à l'Océan. Pour accéder aux plages, il n'y a qu'à traverser la rue. Cette élégante villa, de style balnéaire, compte 30 chambres, toutes décorées dans les tons bleus et blancs, avec un pan de mur peint en bleu. Six d'entre elles, donnant sur la mer, partagent une terrasse commune. Personnel jeune et accueillant. Chambre double 110-135€ selon la saison (taxe séjour 1€/j.), avec vue sur la mer. Petit déj. 13€. Côté table, plateau de fruits de mer et poisson frais à l'honneur. Le buffet de hors-d'œuvre "terre et mer" (thon à l'ananas, terrine de poisson, poivrons marinés, salades en tout genre...) a de quoi contenter tous les appétits : on se sert à volonté. Menus de 17 à 33€. *9, bd Maritime Barneville-plage* ***Barneville-Carteret*** *Tél. 02 33 04 90 76 www.hotel-des-isles.com Fermé fév.*

Hôtel des Ormes Abritée de l'animation du port, une jolie maison grise, aux dimensions raisonnables. Ses 12 chambres, aux coloris différents, arborent des meubles en bois peints et des carrelages décoratifs dans les salles de bains. Les plus belles donnent sur un jardin paysager, véritable coin de verdure invitant à la détente. Au restaurant, aménagé dans le même esprit, une cuisine semi-gastronomique aux accents ensoleillés, proposant 2 menus à 35 et 49€. Double 125-155€, petit déj. 14€. *Promenade Barbey-d'Aurevilly* ***Barneville-Carteret*** *Tél. 02 33 52 23 50 www.hoteldesormes.fr*

Dans les environs

prix moyens

L'BiâO Cotentin Quand "biâo" (beau) signifie bio... Cette ferme du XVIIe siècle a été restaurée par un aimable couple d'écolos dans le respect de l'environnement. Tant la salle de séjour, aux pierres apparentes, que les 4 chambres, ornées de motifs à fleurs et nanties de courtepointes à l'ancienne, conservent un bel esprit bucolique. Bibliothèque avec coin cheminée et vélos à emprunter – idéal pour rejoindre la plage distante, de 3km à peine. Double de 54 à 58€. *19, rue Tirelière* ***Bretteville-sur-Ay*** *(19km au sud de Barneville par la D650) Tél. 02 33 45 87 90 www.biao-cotentin.fr Fermé en hiver*

Au rendez-vous des pêcheurs Juste avant le pont qui enjambe le Havre, une des tables accueillantes de Port-Bail. Le patron règne sur le comptoir et le coin salon du bar (à fréquenter avant ou après le repas), tout en assurant un service attentionné à l'étage. Cuisine traditionnelle correcte et sans prétention : jambon au cidre, magret de canard au pommeau, et poisson en direct du bateau proposé à l'ardoise. Menus de 10,50 (midi) à 30€. *2, pl. Edmond-Laquaine* ***Port-Bail*** *(7,5km au sud-est de Barneville-Carteret par la D124) Tél. 02 33 04 81 37 Fermé mar. soir et mer. hors saison*

☺ **Pom'Cannelle** On pourrait le prendre pour un banal restaurant de terroir... Sauf qu'ici, tout est soigné, des simples galettes 100% sarrasin, aux suggestions du jour, telles que le moelleux au foie de volaille tiède ou le filet mignon cuisiné au pommeau. Pour parfaire l'ensemble, un service agréable, dans 2 salles intimes ornées de colombages. Menus de 15,50 à

COTENTIN

GAMME DE PRIX	RESTAURATION	HÉBERGEMENT
Très petits prix	moins de 10€	moins de 40€
Petits prix	de 10 à 15€	de 40 à 60€
Prix moyens	de 15 à 25€	de 60 à 85€
Prix élevés	de 25 à 40€	de 85 à 120€
Prix très élevés	plus de 40€	plus de 120€

28€. Galettes, crêpes et foies gras à emporter. *10, rue du Général-Leclerc* ***La Haye-du-Puits*** *(à 19km de Barneville-Carteret par la D650 puis la D903) Tél. 02 33 46 45 77 www.restaurantpomcannelle.fr Ouvert mar.-ven. et dim. 12h-14h et 19h-21h, sam. 12h-14h et 19h-21h30*

prix élevés

☺ **La Ferme des Mares** Dix tables et 10 chambres dans un site de rêve : un ancien corps de ferme aux dépendances en fer à cheval, niché au cœur d'un parc verdoyant. Le chef, originaire de Brighton, préconise une gastronomie épurée, dans le respect du terroir. On savourera, par exemple, une mousse chaude de moules, de l'agneau de pré-salé confit, ou un millefeuille au boudin des marais, avec des légumes du potager de la maison (carte 45€ env., menu de 25 à 44€). Chambres spacieuses à l'étage, au mobilier contemporain raffiné. De 85 à 145€ la double, possibilité de demi-pension. À noter, un forfait hôtel-restaurant avec cours de cuisine à 150€... ***Saint-Germain-sur-Ay*** *(23km au sud de Barneville-Carteret par la D650) www.laferme-des-mares.com*

GEOREGION

DU MONT-SAINT-MICHEL À SAINT-LÔ

V

Périers
Pirou
Pirou Château
HAVRE DE GÉFFOSSE
Anneville-sur-Mer
Montsurvent
Saint-Sauveur-Lendelin
Manoir du Grand Taute
Gouville-sur-Mer
Saint-Malo-de-la-Lande
Monthuchon
JERSEY, CHAUSEY, GUERNESEY, SERCQ (via JERSEY)
Blainville-sur-Mer
Tourville-sur-Sienne
Château de Gratot
Coutances
Manoir d'Argences
Courcy
Agon-Coutainville
Heugueville-sur-Sienne
Saussey
Regnéville-sur-Mer
POINTE D'AGON
Manoir de Saussey
Montmartin-sur-Mer
Manoir d'Hérenguerville
Saint-Denis-le-Vêtu
Trelly
Lingreville
Bricqueville-sur-Mer
Cérences
ÎLES CHAUSEY
GRANDE ÎLE
Bréhal
Gavray
Bréville-sur-Mer
Hudimesnil
Le Mesnil-Rogues
Logis d'Équilly
Donville-les-Bains
Granville
Beauchamps
Saint-Pair-sur-Mer
Saint-Jean-des-Champs
Le Tanu
Kairon-Plage
Abbaye de La Lucerne
Jullouville
La Lucerne-d'Outremer
La Haye-Pesnel
Carolles-Plage
Sartilly
Champeaux
FALAISES DE CHAMPEAUX
Lolif
Saint-Jean-le-Thomas
PLAN D'EAU DE FUMEÇON
POINTE DU GROUIN
Dragey-Ronthon
Bacilly
Ponts
Avranches
BAIE DU MONT-SAINT-MICHEL
BEC D'ANDAINE
Genêts
Vains
Saint-Malo
Cancale
Écomusée de la Baie
Le Val-Saint-Père
GROUIN DU SUD
TOMBELAINE
GUÉ DE L'ÉPINE
LA ROCHE TORIN
Le Mont-Saint-Michel
Courtils
Ardevon
Servon
Pontaubault
Tanis
ILLE-ET-VILAINE
Beauvoir
Moidrey
Vergoncey
Boucéel
Pontorson
SAINT-BRIEUC
Aucey-la-Plaine
La Croix-Avranchin
FOUGÈRES, RENNES
GUIOULT
COUESNON
SIENNE
SOULLES
AIROU
THAR
AY
D900
D650
D2
D971
D13
D7
D924
D973
D911
D355
D76
D155
D137
D4
D275
D43
N175
D976
N176
D175
D40
Cherbourg
Caen
Saint-Lô
Lisieux
Alençon

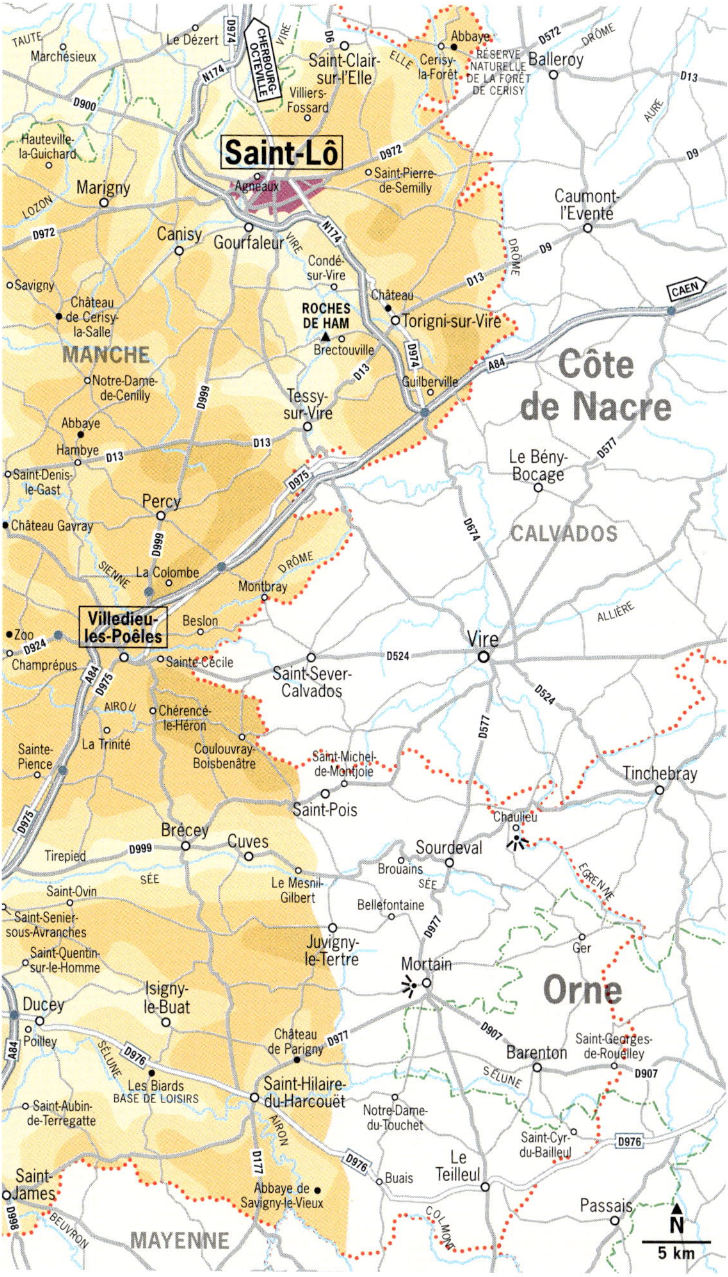
Saint-Lô
Agneaux
Le Dézert
Marchésieux
Taute
Cherbourg-Octeville
Vire
Saint-Clair-sur-l'Elle
Villiers-Fossard
Elle
Cerisy-la-Forêt
Abbaye
Réserve naturelle de la Forêt de Cerisy
Balleroy
Drôme
Aure
Hauteville-la-Guichard
Marigny
Lozon
Canisy
Gourfaleur
Saint-Pierre-de-Semilly
Caumont-l'Eventé
Savigny
Château de Cerisy-la-Salle
Condé-sur-Vire
Château
Roches de Ham
Torigni-sur-Vire
Brectouville
Caen
Manche
Notre-Dame-de-Cenilly
Guilberville
Côte de Nacre
Tessy-sur-Vire
Abbaye
Hambye
Saint-Denis-le-Gast
Le Bény-Bocage
Percy
Château Gavray
Calvados
Sienne
La Colombe
Montbray
Allière
Zoo
Villedieu-les-Poêles
Beslon
Champrépus
Sainte-Cécile
Vire
Saint-Sever-Calvados
Airou
Chérencé-le-Héron
La Trinité
Sainte-Pience
Coulouvray-Boisbenâtre
Saint-Michel-de-Montjoie
Tinchebray
Saint-Pois
Chaulieu
Brécey
Cuves
Sourdeval
Tirepied
Brouains
Sée
Egrenne
Saint-Ovin
Le Mesnil-Gilbert
Bellefontaine
Saint-Senier-sous-Avranches
Saint-Quentin-sur-le-Homme
Juvigny-le-Tertre
Ger
Mortain
Isigny-le-Buat
Orne
Ducey
Poilley
Château de Parigny
Barenton
Saint-Georges-de-Rouelley
Sélune
Les Biards
Base de loisirs
Saint-Hilaire-du-Harcouët
Saint-Aubin-de-Terregatte
Airon
Notre-Dame-du-Touchet
Saint-Cyr-du-Bailleul
Le Teilleul
Saint-James
Abbaye de Savigny-le-Vieux
Buais
Passais
Beuvron
Mayenne
Colmont
N
5 km
D974
N174
D6
D572
D13
D900
D972
D9
D999
D975
D674
D577
A84
D924
D524
D977
D907
D976
D177
D998

★ LE MONT-SAINT-MICHEL

50170

Le Mont-Saint-Michel est une gageure, une folie, un pari tenu en équilibre jusqu'à 157m de hauteur par quelques moines épris de beauté et bien décidés à vaincre la pesanteur et l'étroitesse de leur rocher, voire de toute la terre. Et dans quel décor ! Un environnement d'avant la Genèse (le ciel, la terre et les eaux à peine séparés), parsemé de sables mouvants capables comme les Enfers d'engloutir les âmes perdues et balayé par une mer qui galope comme si elle allait tout faire chavirer. Hymne millénaire à la spiritualité, le Mont exalte avec toujours autant d'obscure théâtralité, dans le dédale de ses escaliers et la forêt de ses tours et de ses flèches, les hauteurs mystiques du très chrétien Occident médiéval.

UN AVANT-GOÛT D'APOCALYPSE Les Celtes consacrent déjà l'inquiétant rocher de granit, vestige d'un antique plissement géologique, au dieu Ogmios, magicien noir escortant les âmes dans l'autre monde. Mais c'est surtout le christianisme, en achevant de conquérir la Bretagne et la Normandie au début du VIIIe siècle, qui célèbre la mystérieuse aura du "Mont Tombe", alors ainsi nommé. Les premiers pèlerinages naissent vraisemblablement sous l'influence des quelques ermites qui y ont trouvé un refuge idéal pour la contrition des sens. Leur conduite exemplaire marquant le triomphe de la foi sur les derniers reliquats du paganisme symbolisé par le démon, le culte à saint Michel, très répandu à l'époque, vient sans doute à s'imposer naturellement. De fait, l'Archange est celui-là même qui, dans l'Apocalypse, terrasse "l'énorme Dragon, l'antique Serpent, le Diable ou le Satan, le séducteur du monde entier". Saint à double visage, il revêt également une grande importance dans la sensibilité religieuse médiévale en passant pour celui qui pèsera les âmes et les conduira à la mort au jour du Jugement dernier. La traversée de la baie par les pèlerins en paraît alors la véritable répétition. Et la légende du dorénavant "Mont-Saint-Michel" prend son essor…

LA CITÉ DES LIVRES En 966, alors que l'autorité de l'Église s'organise à travers les abbayes et prend assise sur leur puissance intellectuelle, les moines bénédictins viennent s'installer sur le rocher et apportent un peu d'humanité dans un monde encore barbare. C'est l'âge d'or du Mont. La vie monastique est centrée sur la copie des textes saints et antiques (difficile ici de cultiver son jardin ou de fabriquer des bonbons…) et, sous l'égide de quelques esprits majeurs, son rayonnement intellectuel atteint les frontières de l'Europe. L'incroyable bibliothèque marine prend le surnom de "Cité des livres" et, alors que les pèlerins se pressent à ses portes pendant tout le Moyen Âge, elle s'impose comme le quatrième lieu le plus fréquenté du monde ! Malheureusement, d'éboulements en incendies, il ne reste aujourd'hui de la bibliothèque, riche à son apogée d'au moins quinze mille ouvrages, qu'un peu plus de deux cents originaux, pieusement conservés à Avranches, dont de nombreux manuscrits des Xe et XIe siècles et même un antique fragment du VIIIe siècle.

MODE D'EMPLOI

accès

Aménagements en cours Au fil des ans, la terre et les pré-salés ont peu à peu conquis du terrain sur la mer, qui encerclait autrefois le Mont. Un chantier d'envergure, qui devrait durer jusqu'en 2015, vise à rendre au site son caractère maritime en repoussant les sédiments vers le large. Un barrage à huit vannes dressé sur le Couesnon, bel ouvrage d'art offrant un pont-promenade panoramique, remplit déjà cette fonction depuis 2009.

En chantier ! Suite aux travaux, une nouvelle digue-route, longue de 1 058m, légèrement déviée vers l'est, relie le continent au Mont. Elle se prolonge par un pont-passerelle de 760m, directement tendu au-dessus de l'eau, qui s'achève par un gué, terre-plein de 120m permettant l'accès au village. Et depuis fin avril 2012, il n'est plus possible de stationner au pied du Mont : l'ancien parking de 15ha, qui dénaturait le paysage, a été remplacé par un nouveau parking, plus respectueux de l'environnement. Ce dernier se situe à 2,5km des remparts et à 750m du barrage, point de départ de navettes gratuites. Pour suivre l'avancement du chantier, connectez vous sur le site www.bienvenueaumontsaintmichel.com.fr

EN VOITURE

Le Mont-Saint-Michel se situe à 120km de Caen et à 65km de Rennes par l'A84, sortie Pontaubault. Paris est à 360km par l'autoroute (A13 jusqu'à Caen). De Pontaubault, la route d'accès au Mont (D43-D75-D275) est jolie mais sinueuse et étroite, et atrocement encombrée en été : il peut alors être préférable de la contourner par Pontorson (N175 puis D976), ce qui permet d'éviter les bouchons au carrefour de la D976 à Beauvoir... mais non à l'entrée du parking.

Itinéraire bis Si vous souhaitez soigner votre arrivée dans la baie, nous avons eu un coup de cœur pour la petite route qui longe la Sélune sur la gauche de Pontaubault jusqu'à la Roche-Torin : les rives du cours d'eau commencent à s'écarter démesurément, le bocage s'effiloche peu à peu, les troupeaux de moutons grossissent à vue d'œil... Enfin, la silhouette du Mont se dessine au cœur des 25 000ha de la baie !

Tableau kilométrique

	Le Mont-Saint-Michel	Alençon	Caen	Coutances	Domfront
Alençon	134				
Caen	120	134			
Coutances	76	180	102		
Domfront	73	61	83	105	
Saint-Lô	80	141	75	28	77

Stationnement À 2,5km du Mont, le nouveau parking, arboré et relié au barrage par des chemins paysagers, offre 4 100 places (voitures, cars, camping-cars, motos...), dont 74 réservées aux personnes à mobilité réduite.
Tarifs et services Pour un véhicule individuel, le coût d'un emplacement est de 6€ pour 2 heures (gratuit les 30 premières minutes), et de 12€ pour 24h. Le parking propose aussi d'autres services : point d'informations touristiques, sanitaires, consigne...

À PIED

Comptez environ 45min de marche, une belle balade avec, en prime, le choix de trois parcours.

EN NAVETTE

Plusieurs types de navettes, dont deux payantes, rapprochent les visiteurs jusqu'à 350m du Mont.
Le Passeur Bus gratuit tout de bois et de baies vitrées (trajet de 6min). *Départ de la place des Navettes (face au barrage) Circule tlj. 8h-11h (départ toutes les 3min en été et 15min en hiver)*
La Maringotte Pittoresque hippomobile de 50 places à deux étages, tracté par deux chevaux de traits bretons ou normands (trajet de 15min). *Tarif AR 6,50€, enfant 3,50€, moins de 4 ans gratuit Départ de la place des Navettes (face au barrage) Circule tlj. 11h-17h (départ toutes les 15-20min)*
La Montoise Minibus gratuit réservé aux personnes à mobilité réduite (sur présentation de la carte d'invalidité) et aux Montois. *Départ du parking Desserte à la demande Tlj. 24h/24*

EN TRAIN ET EN CAR

SNCF TGV Paris-Rennes (2h10) puis ligne Rennes-Caen, avec arrêt à Pontorson (50min). Des navettes en car permettent ensuite d'accéder au Mont, situé à 6km. *Tél. 3635 www.sncf.com www.ter-sncf.com*
Manéo Une navette effectue la liaison entre la gare de Pontorson et Le Mont avec des horaires en correspondance avec les trains (tarif AS 2,20€). En période estivale, un car assure la liaison entre le Mont et Granville. *Tél. 0800 150 050 http://transports.manche.fr*
Keolis Émeraude Des lignes express relient les gares routières de Rennes (1h20, AS 12,40€) et de Dol-de-Bretagne (30min, AS 6,40€) au Mont-Saint-Michel (correspondance avec certains TGV, dépôt des passagers sur la place des Navettes). *Tél. 02 99 19 70 70 www.keolis-emeraude.com*

EN AVION

Par les aéroports de Caen (liaison avec Lyon), Rennes (au départ de Lyon, Marseille, Nice et Toulouse).
Aéroport de Rennes *Tél. 02 99 29 60 00*
Aéroport de Caen-Carpiquet *Tél. 02 31 71 20 10*

orientation

De la digue : au premier plan, les remparts, puis le village médiéval, qui s'étend à l'est. L'entrée de l'abbaye est située au nord-est, à l'issue de la rue principale qui contourne le rocher en une belle courbe pentue. En avancée, le logis seigneurial des abbés masque en partie la nef romane, à l'ouest, et le chœur gothique, à l'est, qui encadrent la flèche de l'abbatiale. La "Merveille" proprement dite, déployée au nord, est invisible de la digue. La face nord du Mont, plus escarpée, n'a pu recevoir dans sa base aucune construction. Elle ne possède pas non plus de remparts, les roches formant une défense naturelle. Aménagée en partie en jardin, elle est seulement accessible au terme de la visite de l'abbaye. Derrière le Mont, l'îlot un peu isolé, c'est Tombelaine.

informations touristiques

Office de tourisme du Mont-Saint-Michel (plan 7, A2) *(à l'entrée du Mont) Tél. 02 33 60 14 30 www.ot-montsaintmichel.com Ouvert mars-juin : lun.-sam. 9h-12h30 et 14h-18h30, dim. 9h30-12h30 et 14h-18h (en continu du lundi au samedi pendant les vac. scol et les ponts du mois de mai) ; juil.-août : tlj. 9h-19h ; sept. : lun.-sam. 9h-18h30, dim. 9h-12h30 et 14h-18h ; oct. : lun.-sam. 9h30-12h30 et 14h-17h30, dim. 9h30-12h30 et 14h-17h ; nov.-fév. : tlj. 10h-12h30 et 14h-17h (en continu pendant les vac. scol. de Toussaint, de Noël et de fév.) Fermé 1er jan. et 25 déc.*

Office de tourisme de Pontorson *Pl. de l'Hôtel-de-Ville (à 9km du Mont-Saint-Michel par la D976) Tél. 02 33 60 20 65 www.mont-saint-michel-baie.com Ouvert juil.-août : lun.-sam. 9h-12h30 et 14h-18h30, sam. 10h-12h30 et 14h-18h30, dim. 10h-12h30 ; sept.-juin : lun.-ven. 9h-12h30 et 14h-17h30, sam. 10h-12h30 et 14h-17h30*

Office de tourisme de Genêts (plan 7, B2) Toutes les informations sur les activités proposées dans la baie à quelques encablures du point de départ des traversées à pied. *4, pl. des Halles (derrière la mairie) (35km du Mont, via Avranches) Tél. 02 33 89 64 00 www.tourismebaiemontstmichel.com Ouvert mai-juin : lun.-mar. et jeu.-ven. 9h45-12h45, dim. 10h-12h30 ; juil.-début sept. : tlj. 9h45-12h45*

Comité départemental de tourisme de la Manche *Maison du département 50000* ***Saint-Lô*** *Tél. 02 33 05 98 70 www.manchetourisme.com*

visites guidées

Visites du Mont Deux guides indépendantes, Gaëlle et Amélie abordent les recoins cachés du Mont, cf. Visite hors des sentiers battus (p.355). Programme de leurs visites à l'OT.

Visites de l'abbaye Des visites-conférences de 2h tous les jours pendant les vacances scolaires et le week-end le reste de l'année.

Visites et promenades dans la baie De nombreuses formules pour découvrir la baie à pied, à vélo, en encore en montgolfière, cf. La baie au naturel (p.366).

argent

Point banque Distributeur de billets intra-muros.

Poste (plan 7, B2) Distributeur de billets. *Bd Porte-du-Roy Tél. 02 33 89 65 00*

conseils pratiques

Comme si ce lieu n'était pas assez épique, une nouvelle marée assaille le Mont chaque année : ses visiteurs ! En été et lors des grands week-ends, la **fréquentation** atteint des records proprement insupportables. La rue principale, avec ses 2m de large déjà encombrés par les étals des marchands de souvenirs, peut donner un véritable avant-goût de l'enfer... C'est pourquoi nous vous conseillons d'éviter la visite du Mont en pleine saison, d'autant qu'en cette période de faibles coefficients, la mer ne fait le plus souvent que lécher le nord du rocher. Si vous vous y risquez malgré tout, sachez que vous pouvez rejoindre l'abbaye par le **chemin de ronde des remparts**. Moins connus, les escaliers qui partent de la porte du Roi, pourvue d'une imposante herse juste à l'entrée du Mont (montez dessus, tournez le dos à la digue et filez tout droit) : de jolis escaliers en jolis escaliers ouvrant sur des arrière-cours (le premier, dit escalier des Monteux, porte bien son nom !), le rocher se repose dans son ascension en terrasses aménagées en autant de jardins de curé. Une découverte du Mont côté jardins charmante et inattendue ! Nous vous conseillons également vivement de partir à la découverte de la baie, dont les paysages uniques sont trop souvent mésestimés. **Ne vous aventurez jamais seul sur l'estran** : les sables mouvants ne sont pas un mythe, et encore moins la vitesse de la marée montante, qui peut rapidement vous encercler sans que vous vous en aperceviez ! C'est d'ailleurs là le véritable danger représenté par les sables mouvants, qui vous engloutissent moins en entier qu'ils ne vous laissent aucune chance quand la mer remonte... Des guides tout à fait compétents et fins connaisseurs de l'environnement de la baie sauront vous la faire découvrir sans risque, cf. La baie au naturel (p.366).

location de deux-roues

Camping Les Portes du Mont-Saint-Michel Location de vélos : 5€/h, 8,30€/demi-journée, 16,40€/journée. *À l'entrée de la digue Tél. 02 33 60 22 10 www.camping-montsaintmichel.com Ouvert mi-fév.-mi-nov.*

fêtes et manifestations

Marathon de la baie Pour parcourir les fameux 42,195km sur les routes plates qui mènent de Cancale jusqu'au Mont-Saint-Michel. *Tél. 02 99 89 54 54 (rens.) www.montsaintmichel-marathon.com (inscription 16, rue du Général-Leclerc BP 35260 Cancale) En mai*

Pèlerinage à travers les grèves Traversée de la baie et messes dans l'abbatiale comme au Moyen Âge. Environ 1 500 participants. *Tél. 02 33 48 80 37 (rens. presbytère de Sartilly) 2e quinz. de juil.*

Saint-Michel d'automne Messes, chapelets et vêpres à l'église paroissiale Saint-Pierre, et grande messe solennelle à l'abbaye, le dimanche à 11h. Des concerts peuvent aussi être organisés dans l'abbaye. *Tél. 02 33 60 14 05 (rens. église Saint-Pierre) ou 02 33 89 80 00 (abbaye) Sam.-dim. les plus proches du 29 sept.*

DÉCOUVRIR
Le Mont-Saint-Michel

☆**Les essentiels** Le village, l'abbaye **Découvrir autrement** Profitez du panorama sur la baie au Grouin du Sud, traversez la baie avec un guide, survolez la baie en ULM

Remparts (plan 7, B1-B2) On accède au Mont par l'ensemble défensif édifié entre 1435 et 1525 pour protéger le village. Ce système de cours et de portes fortes en bloquait véritablement l'accès. La porte principale, flanquée à sa gauche de l'ancien **corps de garde des Bourgeois**, qui abrite aujourd'hui l'office de tourisme, est défendue par une première cour, dite **cour de l'Avancée**, où deux énormes canons, des "Michelettes", rappellent avec leurs gros boulets de pierre le siège infructueux mené par les Anglais pendant la guerre de Cent Ans. Une seconde cour, en saillie vers l'extérieur, protège les deux côtés de la porte principale. Une fois ces deux sas vaincus par les éventuels assaillants, il leur restait à franchir le pont-levis pour atteindre la

LA MÈRE POULARD En 1872, Annette Boutiaut, femme de chambre, débarque sur le Mont et tombe amoureuse du fils du boulanger. Les mariés s'installent dans un hôtel et Annette commence à concocter de savoureuses omelettes pour nourrir à toute heure les visiteurs arrivant au gré des marées. Leur renommée, auréolée de leur éventuel secret de fabrication, est telle que la bonne maîtresse de maison devient l'une des attractions du Mont de la Belle Époque et prend le surnom de "Mère Poulard" (p.372).

porte du Roi (conçue au milieu du XVe siècle), elle-même bloquée par une imposante herse. Cette porte accueille aujourd'hui la mairie du Mont, d'où sont administrés ses quatre-vingts habitants. Suivent ensuite les **remparts** qui encerclent le village. Vestiges de la guerre de Cent Ans, ils n'ont cessé d'être renforcés pour s'adapter aux progrès de l'artillerie, qui triomphe à partir de 1440. On peut emprunter le **chemin de ronde**, percé de nombreuses meurtrières et doté de mâchicoulis. Les **tours**, rondes ou angulaires, se succèdent à intervalle régulier sans jamais laisser aucun angle mort. Leurs trous de tir, parfois surmontés d'une fente (pour mieux viser), sont habilement disposés afin de permettre d'imparables tirs croisés. Ces tours comportaient à l'origine plusieurs étages, chacun pourvu de canons. On peut encore en voir les traces à travers la série des ouvertures d'où s'échappaient les boulets. De même, la **tour Béatrix** (ou tour de la Liberté), si elle a perdu son étage, n'a pas perdu sa cheminée, aujourd'hui suspendue dans le vide ! Après avoir longé la baie, les remparts s'élèvent jusqu'à l'entrée de l'abbaye, où ils redoublent son propre système défensif.

☆ **Village (plan 7, B1-B2)** Cet exemple parfait d'un village médiéval, à la rue étroite bordée de logis à pans de bois, mérite qu'on s'y attarde malgré son atmosphère étouffante. On pourra faire contre mauvaise fortune bon cœur en se rappelant que cette agitation fiévreuse n'est pas nouvelle, le lieu ayant toujours eu une vocation commerciale marquée en jouant un rôle d'interface

Visite hors des sentiers battus

☺ **Philopatrie** Exit les discours académiques, truffés de détails historiques ou architecturaux… Évitant les itinéraires trop touristiques, Gaëlle et Amélie proposent des visites insolites du Mont sur des thèmes qui sortent de l'ordinaire. Vivantes et ludiques, ces promenades ravissent petits et grands. Savez-vous, par exemple, pourquoi la mère Poulard faisait des omelettes ? Connaissez-vous la maison la plus ancienne du Mont ?… Deux formules au choix : "Individuels groupés", avec un minimum de 8 inscrits pour une visite de 1h30 (tarif 6€, moins de 8 ans gratuit) ; ou formule "À la carte" (forfaits de 130 et 150€ pour 1 à 30 pers. et de 1h30 à 2h30). Réservation impérative. *Point de rendez-vous à la tour du Roy (à l'entrée du village) Tél. 06 88 11 12 15 (Gaëlle) ou 06 15 56 22 16 (Amélie)*

entre l'abbaye et le monde extérieur et en accueillant les pèlerins. Des fouilles ont ainsi mis au jour de nombreuses statuettes et médailles de Saint-Michel, vendues dans les échoppes aujourd'hui transformées en magasins de souvenirs. Au Moyen Âge, un atelier de fabrication était même situé au pied de l'abbaye ! Les façades de nombreuses maisons sont recouvertes de tuiles en bois, ce qui doit à la première d'entre elles, qui enjambe la rue, le juste nom de **maison de l'Artichaut**. Suivent sur la gauche, parés de beaux colombages, le **logis Saint-Pierre** et l'**auberge de la Sirène**. La rue s'étrécit ensuite et se fait plus pentue. Quelques étroites venelles permettent de prendre de la hauteur dans le village et d'accéder à l'**église Saint-Pierre**, entourée d'un cimetière abritant la tombe du légendaire fondateur du culte de saint Michel sur le Mont, l'évêque d'Avranches, Aubert – pour savoir pourquoi son crâne est conservé dans son ancien fief, cf. Trésor Saint-Gervais (p.380). Datant des XVe et XVIe siècles, cette modeste mais jolie église abrite une curieuse collection de souvenirs des pèlerinages au Mont à la fin du XIXe siècle, période de renouveau pour la piété française.

Consortium La Mère Poulard (plan 7, B1-B2) Ce groupe gère quatre musées privés sur le Mont : le Logis Tiphaine, le Musée historique son et lumière, le musée de la Mer et de l'Écologie et l'Archéoscope. *Tél. 02 33 89 02 02 Ouvert fév.-juin, sept.-mi-nov. et vac. de Noël : tlj. 9h30-17h ; juil.-août : tlj. 9h30-18h30 Tarif pour 1 visite : 9€ env., 18€ pour les quatre musées, moins de 25 ans gratuit*

☆☺ Abbaye du Mont-Saint-Michel

Vous pouvez découvrir l'abbaye librement avec des audioguides, mais nous vous conseillons la visite guidée, très intéressante. Des visites-conférences relativement approfondies (2h) sont proposées tous les jours pendant les vacances scolaires et le week-end le reste de l'année. *Tél. 02 33 89 80 00 http://mont-saint-michel.monuments-nationaux.fr Ouvert mai-août : tlj. 9h-19h (dernière entrée 18h) ; sept.-avr. : tlj. 9h30-18h (dernière entrée 17h) Fermé 1er jan., 1er mai et 25 déc. Tarif 9€ (18-25 ans gratuit), réduit 5,50€ Achat de billet coupe-file (10,60€) via le site des monuments nationaux* ***Audioguide*** *4,50€, deux appareils 6€, groupe 3€* ***Visite commentée*** *Toute l'année, durée 1h, départ à heure fixe, pas de réservation pour les individuels, même tarif que vous la visite libre* ***Visite conférence*** *Découverte plus détaillée de l'abbaye avec un guide conférencier, w.-e. et vac. scol., durée 2h, départs à heures fixes, trente pers. au plus, pas de réservation pour les individuels 13€, réduit 9 €, gratuit moins de 18 ans* ***Visite famille*** *Huit fois par an, découverte de l'abbaye de façon didactique et ludique avec un guide conférencier, trente personnes au plus, réservation obligatoire 13€, réduit 9 €, gratuit -18 ans*

Grand Degré (plan 7, A1) On accède à la billetterie, installée dans la salle des Gardes, par l'**escalier du Gouffre**, très justement nommé : avec sa pente vertigineuse et cintré par une barbacane couronnée de créneaux, il paraît littéralement aspirer le pèlerin et refouler l'envahisseur ! Passé les grilles, on pénètre dans le Saint des Saints par le **Grand Degré**, magistral escalier (morceau d'architecture ou de bravoure ?) qui ne démérite pas comparé aux "failles" les plus audacieuses de l'architecture contemporaine. Il est encadré, à gauche, par le **logis seigneurial** des abbés (qui accueille aujourd'hui les

Plan 7 Le Mont-Saint-Michel

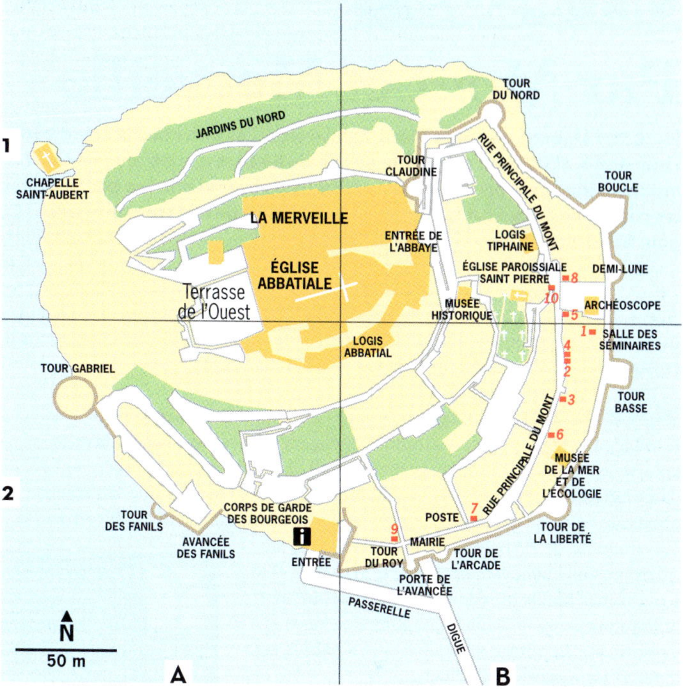

Restauration, hébergement (n°1 à 9)
- Crêperie La Nouvelle Terrasse ____ **1** B2
- Hôtel Les Terrasses Poulard ____ **7** B2
- Hôtel-restaurant Du-Guesclin ____ **3** B2
- Hôtel-restaurant La Croix blanche ____ **6** B2
- Hôtel-restaurant La Mère Poulard ____ **9** B2
- Hôtel-restaurant La Vieille Auberge ____ **5** B1
- Hôtel-restaurant Le Mouton blanc-Bistrot de la mer . **4** B2
- Restaurant Chez Mado-Bistrot de la mer ____ **2** B2
- Restaurant Les Terrasses Poulard _ **8** B1

Shopping (n°10)
- Confiserie-librairie Nicolle* ____ **10** B1

*À RETROUVER DANS LA PARTIE DÉCOUVRIR

bureaux du conservateur et ne se visite pas) et, à droite, par les assises de l'abbatiale. L'escalier donne sur une première terrasse, dite **terrasse du Saut-Gaultier ou Beauregard**, du nom d'un prisonnier de l'abbaye qui, au XVIe siècle, se serait jeté ici dans le vide par amour pour une femme. Elle offre une belle vue sur le Couesnon qui arrive sur le Mont. Le long de l'abbatiale, un petit édifice gothique aux arcatures finement sculptées abrite l'une des citernes de l'abbaye (utiles en cas de siège).

Terrasse de l'Ouest (plan 7, A1) On accède ensuite au **parvis** de l'abbatiale, sans conteste l'un des plus étonnants du monde ! Juché à 80m de hauteur, il domine de manière vertigineuse l'ouest du Mont et toute la baie, de la pointe

GEOPLUS

Par Mont et Merveille

En 1979, l'Unesco inscrit le Mont-Saint-Michel au patrimoine mondial de l'humanité, ainsi que l'ensemble de la baie au titre du patrimoine naturel mondial. Plus de trois millions de visiteurs déferlent chaque année dans les ruelles de ce qui fut jadis le calme territoire de moines copistes... pour admirer la "Merveille de l'Occident"

Avant la fondation de l'abbaye, seul un modeste oratoire occupe le sommet du rocher. En quelques décennies, le Mont devient mythe : une construction en équilibre conçue pour résister aux assauts du temps.

Terre de pèlerinages Devant l'affluence des pèlerins au xe siècle, le village se développe et les moines engagent une campagne de travaux colossaux. Quelques années avant l'an mil, ils édifient une première église, carolingienne, mais décident rapidement la construction d'une ambitieuse abbatiale romane davantage digne de la puissance du duché de Normandie. La conquête de l'Angleterre précède de quatorze ans l'achèvement du bâtiment, en 1080. Les moines réalisent là leur première prouesse architecturale en posant en équilibre ce vaste vaisseau sur la pointe du rocher, qui s'habille peu à peu d'imposants contreforts.

La Merveille De premiers bâtiments conventuels, également romans, sont édifiés au nord de l'église, dont un promenoir qui reçoit, en 1103, des croisées d'ogives parmi les premières au monde, annonçant les exploits de l'art gothique. Celles-ci sont toujours visibles, mais l'ensemble du bâtiment disparaît en 1203, incendié par les soldats du roi de France Philippe Auguste lors de la conquête du duché de Normandie. Conscient de l'importance symbolique du lieu, le roi finance sa reconstruction. Les moines bâtissent alors un véritable complexe monastique, accroché au flanc nord du rocher et couronné par un cloître comme posé dans le ciel... Achevé en 1228, le bâtiment ne tarde pas à recevoir le surnom de "Merveille".

"Conscient de l'importance symbolique du lieu, le roi finance sa reconstruction. Les moines bâtissent alors un véritable complexe monastique, accroché au flanc nord du rocher et couronné par un cloître comme posé dans le ciel... Achevé en 1228, le bâtiment ne tarde pas à recevoir le surnom de "Merveille".

Un Mont anglais ? La richesse de la Normandie fait cependant des envieux. En 1346, le roi d'Angleterre Édouard III souhaite récupérer son héritage : il débarque dans le Cotentin avec ses troupes, qui prennent le rocher Tombelaine, situé face au Mont dans la baie, en 1356. Durant cette interminable guerre de Cent Ans et malgré de terribles sièges, le Mont-Saint-Michel ne tombe jamais aux mains des Anglais. Il y gagne sa réputation de gloire nationale et la plupart de ses fortifications mais voit s'effondrer, en 1421, son chœur roman. Celui-ci est reconstruit entre 1446 et 1523 dans le plus pur style gothique flamboyant. Dorénavant orgue de pierre serti dans une forteresse verticale, le Mont devient la "Merveille de l'Occident".

Mont-Libre Encore mise en péril durant les guerres de Religion, où elle résiste à plus de six assauts protestants, soumise à des effondrements et à des incendies (celui de 1776 prive l'église des trois premières travées de sa nef et de sa flèche), l'abbaye parvient déjà abîmée à la Révolution, qui la transforme, en 1790, en prison. La république renomme l'ensemble le "Mont-Libre". L'abbaye sort presque ruinée de ces années noires en 1863. Sa sauvegarde est alors confiée au service des Monuments historiques. Des travaux colossaux s'engagent dès 1874. Ils ne prennent fin qu'en 1897 avec l'achèvement de la tour de l'abbatiale couronnée d'une flèche élancée surmontée par la statue de l'Archange, réalisée par Frémiet. Le Mont gagne alors rapidement ses galons de monument de province le plus visité de France et entre au patrimoine mondial de l'humanité.

> *"J'entrai dans ce gigantesque bijou de granit, aussi léger qu'une dentelle, couvert de tours, de sveltes clochetons, où montent des escaliers tordus, et qui lancent dans le ciel bleu des jours, dans le ciel noir des nuits, leurs têtes bizarres hérissées de chimères, de diables, de bêtes fantastiques, de fleurs monstrueuses, et reliés l'un à l'autre par de fines arches ouvragées." Guy de Maupassant, Le Horla, 1887"*

Désensabler la baie La puissance du flux de la marée montante chargée de sédiments a amorcé il y a plus de six mille ans un lent processus d'ensablement de la plus grande baie de France. L'action de l'homme a considérablement accentué le phénomène. La canalisation du cours du Couesnon et la construction de la digue-route en 1879 ont interdit au fleuve de venir balayer les alentours du Mont au reflux. Ses remparts sont aujourd'hui ensevelis sous plusieurs mètres de sable. Face à ce phénomène inexorable d'ensablement, les pouvoirs publics ont décidé d'agir et ont envisagé d'importants projets pour enrayer la dégradation du site. Le barrage du Couesnon a été construit afin que le fleuve puisse de nouveau jouer son effet de chasse à marée basse, et ce aux abords mêmes du Mont, rendu à sa divagation grâce à la suppression de la digue-route, qui est remplacée en 2014 par une passerelle d'accès posée sur d'étroites piles. L'îlot peut ainsiretrouver toute sa majesté

de Cancale en Bretagne jusqu'aux falaises de Champeaux en Normandie. À marée basse, les lacets du Couesnon se perdent dans l'immensité de la baie pour rejoindre, dans le lointain, la mer réduite à un simple trait bleu. Par temps clair, on peut voir au loin les îles Chausey, d'où provient le beau granit doré qui a servi à la construction de l'abbaye. C'est également l'observatoire idéal pour admirer la marée montante. Cette terrasse est constituée du parvis primitif de l'église et des trois premières travées de la nef détruites en 1776. On peut encore en observer les fondations, en saillie sur le sol, ainsi que celles des deux tours qui ornaient la façade romane, celle du nord s'étant effondrée dès 1310. La façade actuelle de l'abbatiale, d'une belle sobriété classique, a été reconstruite en 1780.

Église abbatiale (plan 7, A1) L'abbatiale fut achevée en 1080. Trônant sur la pointe du rocher, elle repose presque en totalité sur d'énormes **cryptes**, la roche n'affleurant qu'à hauteur du transept. Les moines voulurent en effet que la longueur totale du bâtiment soit égale à la hauteur du rocher (80m) : ainsi inscrit dans un carré, il illustre la perfection du monde (ses quatre éléments, ses quatre horizons, ses quatre vents…). De pur style roman, la **nef** présente une élévation à trois niveaux caractéristique de l'art normand : arcades ouvrant sur les bas-côtés, baies des tribunes puis fenêtres hautes. Le tout est surmonté d'une voûte de bois, matériau plus léger. Le croisillon nord a été raccourci au XIIIe siècle pour permettre la construction de la Merveille. En revanche, le croisillon sud, inchangé, donne une parfaite idée de la monumentalité de l'édifice originel à travers la hauteur et la portée considérables de son arc en berceau plein cintre. La puissance de la poussée qui s'exerce sur ses murs donne également une juste idée des incroyables avancées techniques qui ont rendu possible la construction du **chœur** gothique flamboyant, de cinq siècles son cadet. Ici, la parfaite maîtrise des croisées d'ogives, qui font porter les charges de la voûte non sur les murs mais sur les piliers disposés aux angles, soutenus ensuite par les arcs-boutants extérieurs, aboutit à un ultime allégement des parois. Les bâtisseurs ont de plus déployé un très subtil art de la mise en scène sur la structure de pierre déjà évidée afin d'en accentuer la transparence et la légèreté : les moulures prismatiques pénètrent délicatement dans les colonnes, elles-mêmes élevées d'un seul jet et soulignées dans leur verticalité par le contre-jour que provoque le *triforium*, inscrit entre elles au

Visiter l'abbaye *by night*

Toute l'année, le Mont retrouve un calme tout à fait appréciable en soirée. C'est l'idéal pour partir à sa découverte en plein été, dans la fraîcheur du soir et alors que l'abbaye illuminée rivalise avec les derniers feux du soleil. En juillet-août, l'abbaye est même ouverte en nocturne. Les visites ne sont pas guidées mais, avec musique et lumière, elles offrent une traversée crépusculaire des salles désertées tout à fait saisissante, surtout si vous arrivez tard ! Le thème du son et lumière change chaque saison. *Tarif 9€, moins de 18 ans accompagné gratuit Tél. 02 33 89 80 00 En juil.-août : lun.-sam. 19h-0h (dernière entrée 23h)*

DÉCADENCE MONACALE

Vous avez aimé *Le Nom de la rose* ? Vous adorerez l'abbaye, son architecture, son sens du secret et de l'intrigue ! Et des machinations, il dut y en avoir beaucoup, surtout après 1516 où les abbés devinrent de véritables seigneurs nommés par le pouvoir royal à la suite du concordat obtenu par François Ier auprès du pape. Ils furent alors plus soucieux de régner sur leur domaine que de servir Dieu, et la vie monacale s'en ressentit bientôt.

deuxième niveau. Enfin, une véritable cage de verre achève de happer le regard vers les lumineuses hauteurs divines !

La Merveille (plan 7, A1) La visite se poursuit dans la "Merveille" proprement dite, trois étages de salles gothiques construites entre 1211 et 1228 sur l'abrupt flanc nord du rocher. L'ensemble est une merveille d'équilibre, de légèreté et de symbolisme ! À l'ouest, le bâtiment comprend, de bas en haut, l'**aumônerie** qui accueillait les pèlerins pauvres, la **salle des hôtes** où festoyaient les seigneurs et, enfin, le **réfectoire des moines**. Cette répartition calque exactement la division de la société médiévale entre "ceux qui travaillent, ceux qui combattent et ceux qui prient". À l'est, le **cellier**, le *scriptorium* ou **salle des Chevaliers** et enfin le **cloître** rappellent la hiérarchie entre les nourritures matérielles, intellectuelles et spirituelles. La visite débute par le **cloître**, jardin aérien propre à la méditation et à la prière. Les deux rangées de fines colonnettes réparties en quinconce donnent l'impression de se poursuivre l'une l'autre indéfiniment tout en autorisant une habile répartition des charges, également allégées par la pose d'une voûte de bois en berceau brisé. Les écoinçons ont été réalisés en pierre de Caen, dont la tendreté a permis la sculpture d'une véritable fresque de pierre, retraçant sans doute des histoires tirées de la Bible. Très mutilée à la Révolution, celle-ci était peinte à l'origine, comme on peut le voir encore en certains endroits. On accède ensuite au **réfectoire des moines**, étrangement lumineux alors qu'on ne lui voit au premier abord que deux fenêtres ! Or, en s'avançant, on découvre plus de cinquante-trois baies masquées par des piles triangulaires. L'astuce, qui dote la salle d'une vibrante unité et de qualités acoustiques remarquables pour la lecture des textes saints pendant le repas, symbolise le chemin de l'âme errant dans l'ombre et découvrant la lumière, don de Dieu… À l'étage inférieur, la **salle des hôtes**, dont les fines colonnes soutiennent le réfectoire sans pourtant arrêter le regard, impressionne par la taille de ses cheminées, capables de contenir un bœuf entier ! Il faut imaginer cette vaste nef recouverte d'un précieux décor digne des hôtes de marque qu'elle a reçus, notamment la quasi-totalité des rois de France, pour lesquels le pèlerinage au Mont était incontournable.

Cryptes (plan 7, A1) On s'enfonce ensuite dans les profondeurs de l'abbaye autour de la pointe du rocher ! La **crypte des gros piliers** supporte avec ses fûts d'un diamètre considérable le chœur gothique, et la **crypte Saint-Martin** avec son énorme voûte romane de 9m de portée, les tonnes du croisillon sud. On passe alors dans l'ancien **ossuaire** des moines, qui porte le mieux les traces de la transformation en prison du Mont : une incroyable roue, imitée de celles utilisées au Moyen Âge par les constructeurs, était actionnée par les prisonniers eux-mêmes, véritables hamsters humains, pour faire monter les vivres. Dans sa suite, la **chapelle Saint-Étienne** servait de chapelle mortuaire.

Édifiée au XIIe siècle, elle a été largement remaniée au cours des siècles suivants. On gravit ensuite l'**escalier nord-sud**, beau vestige de l'ancienne entrée de l'abbaye située à l'origine sous les murailles occidentales et transférée au milieu du XIIIe siècle à l'est afin d'asseoir ses défenses sur celles du village. Sur la droite en montant se trouve **Notre-Dame-Sous-Terre** (visible seulement en visite-conférence), l'église carolingienne bâtie avant l'an mil et transformée en chapelle souterraine pour soutenir la nef de l'abbatiale romane. Au sommet de l'escalier, le **promenoir des moines**, seul vestige du monastère roman, conserve de l'année 1103 l'un des premiers ensembles de croisées d'ogives jamais réalisé. Malgré leur touchante maladresse (certaines s'appuient sur le mur et non sur les colonnes), elles annoncent l'art des cathédrales lui-même.

Salle des Chevaliers (ou scriptorium) (plan 7, A1) Elle abritait le *scriptorium* des moines, lieu de travail des copistes et bibliothèque, d'où la rare présence d'une cheminée – les cheminées étant normalement réservées aux cuisines (disparues) et à la salle des hôtes – afin de préserver de l'humidité les ouvrages et de donner aux moines la possibilité de travailler ! La visite s'achève dans le jardin situé sur le flanc nord du rocher, d'où l'on contemple la façade de la Merveille.

● Où trouver des sucreries ?

Confiserie-librairie Nicolle (plan 7, B1 n°10) Sans doute la plus discrète des boutiques de la Grand-Rue. La plus petite aussi, remplie du sol au plafond de jolies boîtes de biscuits (palets ou sablés pur beurre, nature, au caramel, à la

Vivre la liturgie en l'abbaye

Depuis 2001, les frères et sœurs des Fraternités monastiques de Jérusalem vivent dans l'abbaye du Mont. Cet ordre fondé à Paris en 1975, tourné vers l'extérieur, a vocation à prier au cœur du monde. Et il y en a sur le Mont ! Vous ne manquerez sans doute pas de croiser les moines et les moniales, revêtus de leur habit bleu, dans le village et l'abbaye. Ils exercent tous une activité salariée. Les premiers logent dans le monastère, les secondes dans une maison au cœur du village. Perpétuant la tradition de réception des pèlerins, ils peuvent accueillir des retraitants dans les cinq chambres dont ils disposent dans le village. Le séjour s'effectue en silence au rythme des offices.

Il est possible d'assister aux laudes (mar.-ven. à 6h50, sam.-dim. et jours fériés à 7h50) et aux vêpres (mar.-sam. à 18h30) en se présentant à la porte de l'abbaye 10min en avance. Pour les messes à l'abbaye, il est nécessaire de se présenter aux grilles 15min en avance. Attention, la participation aux offices ne permet pas de visiter l'abbaye.

Retraite *Tél. 02 33 58 31 71 (Contacter la sœur hôtelière) hotellerie@abbaye-montsaintmichel.com*

Messe *Rens. Maison du pèlerin (dans la rue principale avant l'abbaye) Tél. 02 33 60 14 05 Tlj. à l'abbaye à 11h, ainsi qu'à l'église Saint-Pierre (mar.-sam. à 12h15, dim. à 11h30)*

pomme...) de toutes les tailles, de bonbons de toutes les couleurs, de cidre et de calvados, en bouteille ou en mignonnette. Le tout au milieu de fascicules et de cartes historiques du Mont. *2, Grand-Rue Tél. 02 33 60 30 88 Ouvert Pâques-Toussaint tlj. 10h-18h*

Les environs du Mont-Saint-Michel

Découvrir autrement Promenez vous sur le chemin du littoral pour admirer la baie sous tous ses angles, dégustez des huîtres et des moules face au Mont chez Marée Time, dénichez des souvenirs originaux à la boutique Côté Mont, frissonnez devant les pythons d'Alligator Bay

La baie du Mont-Saint-Michel

Les panoramas sur le Mont

En un tour de baie, du sud au nord, petit bréviaire des points de vue remarquables sur le Mont, également points de départ de superbes balades le long du chemin du littoral (GR®223). Les routes de campagne qui y mènent, calmes et relativement plates, offrent l'occasion de belles promenades à vélo au cœur des paysages caractéristiques qui marquent l'entrée dans la baie.

☺ **La Roche-Torin** Entre terre et mer, au plus profond de la baie, un lieu qui paraît encore un peu secret, idéal pour observer l'écartèlement des côtes depuis le double estuaire de la Sée et de la Sélune. De là, la balade sur le GR®223 est particulièrement recommandable, notamment lorsque les silhouettes du Mont et de Tombelaine se détachent sur la baie luisant sous le soleil couchant. *Du Mont, gagner Courtils par la D275-D75 puis continuer vers Céaux, des panneaux indiquent le lieu-dit sur la gauche*

Gué de l'Épine Un kilomètre et demi de route du bout du monde livrée aux moutons (les grévins à la caractéristique tête noire), entre les estuaires de la Sée et de la Sélune, pour partir en vadrouille sur le chemin du littoral ou boire un verre au petit café de l'aérodrome du Val-Saint-Père, sympathique avec sa décoration années 1950 et sa vue exceptionnelle sur la baie. *Entre Pontaubault et Avranches, le site est indiqué à partir du Val-Saint-Père* **Café de l'aérodrome** *Tél. 02 33 58 02 91 Horaires variables*

☺ **Grouin du Sud** Une vue imprenable sur la baie et un observatoire idéal pour contempler les grandes marées, cf. La baie au naturel (p.366). *À 30km du Mont, après Avranches, prendre la route de la côte (D911) vers Granville, suivre sur la gauche les panneaux pour la Maison de la baie de Vains-Saint-Léonard, le site est indiqué sur la gauche*

Bec d'Andaine Face à Tombelaine, la première véritable plage de la baie, annonçant l'immense cordon dunaire qui borde le département jusqu'au Cotentin et où les belles ramures des pins maritimes commencent d'encadrer la Merveille. Il s'agit cependant moins d'un lieu de baignade (un peu vaseux et non surveillé) que du fameux point de départ des traversées de la baie, cf. La baie au naturel (p.366). *Indiqué sur la route de la côte (D911) après la sortie de Genêts vers le nord*

☺ **Falaises de Champeaux** Le point de vue le plus magistral sur la baie, incontournable pour une randonnée sur le littoral (p.406), cependant plus éloigné du Mont. *À 17km au nord d'Avranches sur la D911*

Beauvoir et ses alentours

☺ **Moulin de Moidrey** La route qui monte de Beauvoir à Pontorson était bordée de nombreux moulins à vent jusqu'au début du XXe siècle. Les meuniers y profitaient des vents de la baie faisant accélération sur la colline. Le moulin de Moidrey, construit en 1806, rescapé et entièrement remis en état,

Dans les pas des pèlerins

Les chemins du Mont-Saint-Michel permettent de découvrir autrement le patrimoine et les paysages normands. Depuis 1998, une association viroise a remis en valeur les six routes utilisées jadis par les pèlerins. Tout le long, l'itinéraire est balisé par un Mont stylisé.

Chemin de Caen Partant de Caen, cet itinéraire montais rejoint Évrecy, Hamars, Le Bény-Bocage, Saint-Sever, Villedieu-les-Poêles, Genêts et, enfin, le Mont-Saint-Michel.

Chemin de Rouen Au départ de l'ancienne capitale du duché de Normandie, ce chemin suit, en direction du sud-ouest, les vallées de la Risle et de la Charentonne jusqu'à Vimoutiers, puis emprunte le grand chemin de Bretagne, en passant par Falaise, Vire, Saint-Michel-de-Montjoie et Avranches.

Chemin de Paris Cet itinéraire suit l'ancienne voie de communication entre Paris et la province de Bretagne. Jalonné de nombreux édifices religieux (hôtels-Dieu, abbayes et prieurés), il traverse les cités de Gacé, L'Aigle, Argentan, Briouze, Domfront, Mortain et Avranches, jusqu'au Mont-Saint-Michel.

Chemin de Chartres Partant de la célèbre cathédrale, le chemin de Chartres rejoint Nogent-le-Rotrou, la forêt de Bellême, Alençon, Carrouges et Domfront, où il retrouve le chemin de Paris.

Chemin aux Anglais Autrefois, les pèlerins anglais utilisaient deux itinéraires : le "chemin de l'intérieur" qui, au départ de Barfleur, traverse le Cotentin par Montebourg, Carentan, Périers, Coutances, puis l'Avranchin, par Granville et Genêts, avant d'arriver sur les grèves du Mont ; l'autre chemin, dit "côtier", part de Cherbourg pour rejoindre Portbail et le chemin des douaniers (GR®223), Lessay, Coutances, Granville, Genêts et, enfin, le Mont-Saint-Michel.

Association "Les chemins du Mont-Saint-Michel" *La Tourelle Résidence Léonard-Gille 24, rue de Picardie* ***Vire*** *Tél. 02 31 66 10 02 www.lescheminsdumontsaintmichel.com*

déploie de nouveau ses belles ailes. Il est ouvert à la visite, ce qui permet de découvrir tout son mécanisme, dont le bois craque sous la force du vent, et son toit que l'on peut faire pivoter à l'aide d'un immense guivre pour en orienter les ailes… On peut également acheter de l'authentique farine de sarrasin, de blé et de seigle (3,20€ le kg), moulue sur place et idéale pour des galettes ! *À 5km au sud du Mont Immanquable sur la gauche entre Beauvoir et Pontorson (D976) Tél. 06 46 36 18 82 Ouvert fév.-mi-nov. : tlj. 9h-12h30 et 14h-19h (18h fév.-début avr., 20h juil.-août) ; reste de l'année : sur demande pour les groupes Tarif 4€, 6-18 ans 2€*

Où acheter cidre, pommeau et calvados ?

François et Philippe Lécrivain Une fermette bien manchoise où François Lécrivain a perpétué dans la tradition la production de cidre, de pommeau et de calvados, désormais reprise par son fils. Leur qualité vaut à la ferme de fournir quelques bonnes tables de la région. *5, rue Plaine* ***Tanis*** *(5km de Pontorson sur la N175 en dir. d'Avranches, juste à droite au carrefour qui permet de rejoindre Macey par la D80) Tél. 02 33 60 06 33 Vente à la ferme, horaires variables : il est préférable de téléphoner*

Où trouver de la bière artisanale 100% naturelle ?

Brasserie de la baie Cette petite brasserie ne connaît que la bière non filtrée, non pasteurisée et sans conservateur (d'où un petit dépôt au fond des bouteilles). Pour choisir entre la brune, la blonde, la bio, ou la Cervoise à base de treize épices, laissez-vous tenter par une dégustation. Visite commentée des ateliers de fabrication (45min, tarif 2€). *6, route de Roche Torin* ***Courtils*** *(9km à l'est du Mont Saint-Michel) Tél. 02 33 60 37 65 www.brasseriedelabaie.com Ouvert mer.-ven. 15h-18h*

Faire un tour en calèche

La Ferme Saint-Michel Le restaurant de la Ferme Saint-Michel (p.373) a eu la bonne idée d'organiser des balades en calèche dans la baie, voire sur le Mont ! Comptez 165 ou 175€ pour la promenade ; à plusieurs (jusqu'à 11 pers.), ce tarif devient alors avantageux. *Route de Pontorson* ***Beauvoir*** *(à 3km au sud du Mont par la D976) Tél. 02 33 58 46 79 www.restaurant-ferme-saint-michel.com*

Se divertir en famille

Alligator Bay Un zoo réservé aux reptiles qui profite idéalement du flux touristique du Mont-Saint-Michel. En plein air, tortues, crocodiles, boas, pythons, iguanes, varans… *62, route du Mont-Saint-Michel* ***Beauvoir*** *(7km au sud du Mont-Saint-Michel) Tél. 02 33 68 11 18 www.alligator-bay.com Ouvert avr.-sept. : tlj. 10h-19h ; oct.-nov., fév.-mars : tlj. 14h-18h ; déc.-jan. : w.-e. 14h-18h et vac. scol. Fermé 25 déc. et 1er jan. Tarif 12,50€, 13-18 ans 10€, 3-12 ans 8€*

Dans les terres, Pontorson et alentours

Pontorson Toujours en Normandie mais déjà en Bretagne, avec ses maisons de granit aux lucarnes droites à l'air un peu bonhomme, la ville la plus proche du Mont-Saint-Michel faillit voir périr Guillaume le Conquérant, proche de s'enliser dans le lit mouvant du Couesnon. L'église Notre-Dame-de-la-Paix

GEOPLUS

La baie au naturel

Une traversée grandiose sous le soleil, hallucinante sous un ciel bas et féerique au petit matin ou la nuit sous la pleine lune ! Et toujours avec le concert du clapotis des pieds nus dans la vase… 100 000 personnes traversent la baie chaque année, la plupart au départ de Genêts comme les Miquelots d'autrefois, accompagnées, bien sûr, par un guide, digne descendant des passeurs de pèlerins.

TRAVERSER LA BAIE

Les traversées de la baie sont principalement organisées par deux sociétés dont les guides entraînent des groupes conséquents (plus de 50 pers.), sans commentaires et à une allure relativement rapide afin de pouvoir faire l'aller-retour jusqu'au Mont (10km) entre deux marées et y passer une petite heure, ce qui est largement insuffisant pour pouvoir l'apprécier ; c'est pourquoi nous vous conseillons les sorties commentées avec les prestataires cités ci-après ou avec des guides indépendants (cf. Découverte naturaliste ci-après). La randonnée ne présente pas de difficulté particulière si l'on aime patauger dans la vase (avec des bottes en caoutchouc, c'est moins amusant) et si l'on est capable de traverser un gué avec de l'eau jusqu'aux genoux (parfois jusqu'à la taille, prévoyez des vêtements en conséquence et un coupe-vent). Les traversées partent du Bec d'Andaine, à la sortie de Genêts. En automne et en hiver, elles partent le plus souvent du sud de la baie, la Sée et la Sélune, enflées par les précipitations, étant alors difficilement franchissables… L'aller-retour traditionnel demande une bonne demi-journée. Rens. auprès de l'OT de Genêts.

Office de tourisme de Genêts *Tél. 02 33 89 64 00 www.tourismebaiemontstmichel.com*

Maison du guide Traversées de la baie à pied commentées (de 6 à 27€, enfant de 3,50 à 14€), et sorties à thème (de 5 à 12€) telles que les initiations à la pêche (12,50€, enfant 6€). Également des traversées en maringotte, la charrette tirée par des chevaux longtemps utilisée par les pèlerins. *1, rue Montoise* **Genêts** *(33km du Mont) Tél. 02 33 70 83 49 www.decouvertebaie.com Ouvert avr.-oct. : tlj. 9h-12h30 et 13h30-18h ; nov.-mars : lun.-ven. 9h-12h30 et 13h30-18h, w.-e. sur rdv*

Chemins de la baie Patrick Desgués propose une grande variété de sorties à des prix variables, commentées ou non (de 6€ à 16€).

TOMBELAINE La plupart des randonnées font le détour par Tombelaine, réserve ornithologique protégée où les goélands et les aigrettes garzettes ont colonisé les vestiges du fort construit par les Anglais pendant la guerre de Cent Ans. Vous y croiserez peut-être des phoques et, à partir de la Toussaint, des pingouins en hivernage !

34, rue de l'Ortillon **Genêts** *(à 33km du Mont-Saint-Michel) Tél. 02 33 89 80 88 www.cheminsdelabaie.com*

LES GRANDES MARÉES

La baie du Mont-Saint-Michel enregistre les plus fortes marées d'Europe, avec un marnage maximal de 15m entre la basse et la haute mer ! Ce record est dû à l'immensité plate de son estran et à sa situation en entonnoir à l'angle des côtes bretonnes et cotentines, qui amplifient par ricochet la remontée des eaux.

Les marées d'équinoxe Les marées les plus importantes ont lieu en période de vives-eaux, lorsque la Lune et le Soleil sont alignés avec la Terre : leurs actions gravitationnelles s'ajoutant, les deux astres peuvent emporter la mer jusqu'à 15km dans la baie, pour l'entraîner ensuite, selon le mot de Victor Hugo, "à la vitesse d'un cheval au galop" (en réalité 1m/s maximum) jusqu'au rocher alors rendu à son état d'îlot. Le phénomène est le plus fort entre 36h et 48h après les pleines et nouvelles lunes (environ tous les quinze jours) et davantage encore aux équinoxes (2 par an, autour du 21 mars et du 21 septembre). Son amplitude varie cependant en fonction de l'alignement plus ou moins exact des astres. C'est pourquoi il s'avère très décevant en période de mortes-eaux : la Lune et le Soleil formant un angle droit avec la Terre, leurs attractions se contrarient et la mer reste cantonnée assez loin du Mont. Vous pourrez vous procurer les horaires exacts des marées et le niveau estimé de la mer auprès de l'office de tourisme du Mont. Attention, le niveau annoncé peut varier en fonction de l'orientation du vent et de la pression atmosphérique.

LE MEILLEUR POINT DE VUE SUR LES GRANDES MARÉES Le Mont-Saint-Michel en période de grandes marées attire de nombreux spectateurs.

Depuis le Mont Si vous voulez profiter du spectacle, il vous faudra réserver votre place sur les remparts relativement en avance. L'observatoire idéal est la terrasse de l'Ouest, devant l'abbatiale, mais il faut acquitter le droit d'entrée de l'abbaye, pour autant qu'elle soit alors ouverte.

Grouin du Sud Cette pointe en avancée dans la baie constitue un observatoire unique pour voir la mer la recouvrir. La violence du courant crée même un mascaret (appelé ici "la barre") qui submerge les herbus avant de remonter la Sée. Très impressionnant ! *Au départ d'Avranches, prendre la route de la côte (D911) vers Granville, suivre sur la gauche les panneaux pour la Maison de la baie de Vains-Saint-Léonard, le Grouin du Sud est indiqué sur la gauche*

DÉCOUVERTE NATURALISTE

Derrière son uniforme apparence d'étendue sableuse, la baie cache des trésors animaliers. Les vasières à tangue, en bordure de côte, puis les sablons, plus fins, sont colonisés par de nombreux coquillages et crustacés. Un véritable paradis pour les oiseaux ! La baie abrite ainsi plus de 300 espèces et accueille chaque année plus de 200 000 individus en hivernage : des mouettes rieuses, des bernaches, des bécasseaux mais aussi, plus rares, des cigognes blanches, des faucons pèlerins, des busards des roseaux et des gorgebleues à miroir !

Didier Lavadoux Ce guide naturaliste agréé, amoureux et fier de la baie, se refuse catégoriquement à vous emmener en ligne droite jusqu'au Mont, ce qu'il juge inapproprié à une découverte véritable de la faune et de la flore de l'estran. Groupes très limités. ***Genêts*** *Tél. 06 75 08 84 69 Tél./fax 02 33 70 84 19 www.traversee-baie.com Avr. à fin oct. sur réservation Tarif 8-12€, moins de 12 ans 5-6€, traversée de nuit env. 15€ Informez-vous du lieu de rdv par tél.*

GONm Le très actif Groupe ornithologique normand trouve dans cette partie de la Manche de quoi assouvir son amour des oiseaux. Et il sait le faire partager ! Il propose toute l'année une centaine de sorties, passionnées et passionnantes, sur la côte, notamment à Tombelaine, Genêts et sur les falaises de Carolles, survolées à l'automne par plus d'un million de passereaux partant pour le sud. L'association organise aussi différents stages. Le programme de la journée varie en fonction des saisons et des migrations : disponible auprès de la Maison de l'oiseau migrateur. *33bis, rue de la Poste* ***Carolles*** *(sur la D911 entre Genêts et Granville) Tél. 02 33 49 65 88 www.gonm.org Tarif 5€ (gratuit sur les îles Chausey) Informez-vous du lieu de rdv par tél.*

LA BAIE EN DEUX-ROUES

Sport Évasion Enfant du pays et guide agréé, Stéphane Gueno connaît la baie comme sa poche et n'hésite pas à se laisser happer par des sables mouvants pour vous faire une démonstration. À ne surtout pas imiter ! Il propose, outre des traversées pédestres traditionnelles (15€/pers. de jour, 17€ de nuit), des circuits à VTT sur la côte (de 15 à 45km, 25€ avec location de VTT). Le must, pour les sportifs confirmés : des raids alliant parcours VTT (sur les falaises de Champeaux, émotions garanties !) et traversée de la baie à pied (raid découverte 47km, raid aventure 90km, dont 10km à pied). Pour ces dernières, 5 personnes au minimum doivent être inscrites. Navettes en voiture de la Roche-Torin jusqu'au point de départ dans la baie : forfait de 30€ pour six places. *1, rue de Tombelaine* ***Le Val-Saint-Père*** *Tél. 02 33 68 10 00 ou 06 14 70 55 14 www.sport-evasion-fr.com Toute l'année sur réservation Prendre contact par tél. pour fixer les date et lieu de rdv*

GALOPER SUR LA GRÈVE

Centre équestre La Tanière
Pour galoper sur les grèves sans craindre d'être rattrapé par la marée montante ! Promenades de 2h à une journée pour découvrir les herbus, les alentours du Mont ou Tombelaine. Comptez 48€ pour 2h, 63€ pour une demi-journée, 95€ pour une journée avec repas à midi. À la carte, randonnées de plusieurs jours ou nocturnes. Groupes de quatre personnes minimum. *25, route de la Grève* ***Moidrey*** *(5km au sud du Mont après Beauvoir dir. Pontorson) Tél. 02 33 58 13 53 ou 06 82 29 49 63 www.club-taniere.fr*

Centre équestre de l'Avranchin
Poneys de Shetland et chevaux attendent petits et grands pour se promener dans la baie du Mont-Saint-Michel (20€ l'heure), apprendre à atteler, faire de la voltige, du saut d'obstacles...

Cours (10€ la demi-heure) et mini-stages (35€ la demi-journée). *Les Landelles* ***Le Val-Saint-Père*** *Tél. 06 83 47 90 45 Ouvert lun.-sam. (fermé le week-end hors période scolaire)*

LE MONT VU DU CIEL

☺ **Aérodrome de Val-Saint-Père**
Selon ses utilisateurs, le plus bel aérodrome d'Europe... et nous sommes d'accord ! Il est terriblement émouvant de décoller, à la suite d'Antoine de Saint-Exupéry, sur ce petit bout de bout de baie transformé en piste avec le Mont en ligne de mire.
Les prestations sont nombreuses (cf. ci-après) et les pilotes, tous de vrais copains, cultivent une ambiance très conviviale dénuée de concurrence. Les moins aguerris se sentiront vite à l'aise... *Du Mont, prendre la direction Avranches et sortir pour le Val-Saint-Père, l'aérodrome est bien indiqué Tél. 02 33 58 02 91*

Didier Hulin Casque sur les oreilles, relié au pilote de l'ULM par un micro, vous décollez sous l'aile tendue par le vent pour des tournoiements aériens au-dessus du Mont. Didier Hulin, pilote-instructeur et initiateur des vols en ULM au-dessus de la baie, vous emmène dans les airs pour des vols de 10min (40€) en bordure de baie, de 15min face au Mont (60€) et de 25min (100€) à l'aplomb du Mont. Les vols de 40min (150€) et de 60min (200€) survolent les falaises de Champeaux et Granville ou Cancale. Une attraction phare saisissante et inoubliable.
Tél. 02 33 48 67 48 ou 06 07 54 91 92 www.ulm-mont-saint-michel.com

Aéroclub des Grèves du Mont-Saint-Michel Moins cher et avec plus de portée que l'ULM, des vols d'un quart d'heure à une heure (40€/pers. pour le premier quart d'heure puis tarif dégressif selon la durée, 2 pers. minimum) pour longer la côte jusqu'à Saint-Malo et Granville. Le spectacle des dessins laissés dans le sable par la mer se retirant est grandiose... Sur réservation et en fonction des conditions météorologiques. ***Le Val-Saint-Père*** *Tél. 02 33 58 02 91*

VOYAGE EN BALLON

Le survol de la baie en montgolfière n'est possible que si les meilleures conditions météorologiques sont réunies, histoire de ne pas avoir à atterrir sur des sables mouvants...
Les départs s'effectuent donc rarement de l'aérodrome mais le plus souvent de l'arrière-pays. Le survol du bocage précédant l'immensité de l'estran n'en est pas moins saisissant.

Sélune Montgolfière Comptez 250€ par personne pour 45min de vol (mais prestation de 3h avec gonflage du ballon et retour). Le vol peut être annulé au dernier moment en raison de la météo, qui décide également du lieu de départ. Il faut réserver longtemps à l'avance.
Tél. 06 78 21 43 43 www.selunair.eu

Normandie Montgolfière Vol découverte 360€/pers. à partir de 2 personnes. Également des vols exclusifs : se renseigner pour les tarifs. Professionnel agréé DGAC.
Lolif *Tél. 02 33 58 34 75 ou 06 08 33 42 07 www.normandie-montgolfiere.com*

passe ainsi pour la réalisation d'un vœu proféré par le duc normand en mauvaise posture, comme le rappelle le vitrail du chœur. Construite entre 1050 et 1150, elle illustre particulièrement la piété romane sous ses minuscules flèches et la poussée de ses imposantes voûtes sur une nef sombre et solennelle. Le décor est caractéristique, avec ses bandeaux et ses ornements en dents de scie. Dans la chapelle de gauche, on admirera un beau retable de pierre (vers 1500) dont les nombreux personnages ont été consciencieusement décapités pendant les guerres de Religion, Pontorson ayant constitué une importante place forte du protestantisme dans la région. À voir, l'ancien temple (situé à proximité de l'église, rue du Prêche), forcément très sobre, et l'hôtel de Gabriel Ier de Montgomery, chef du mouvement protestant, transformé en hébergement (p.375). À voir également, la maison Guischard de la Ménardière, bâtisse romane du XIIe siècle transformée aux XIVe, XVe et XVIIIe siècles, mais toujours pourvue des belles arcatures de pierre caractéristiques (rue Saint-Michel près de l'église). *À 7km au sud du Mont-Saint-Michel par la D976*

Saint-James Le nom doit sa célébrité à ses pulls marins. L'entreprise d'âge vénérable a prospéré très tôt grâce à la laine des moutons de pré-salé de la baie. On trouve de nombreux points de vente de Saint-James jusqu'au Mont-Saint-Michel, mais les prix montent plus on s'éloigne... La ville fut fondée par Guillaume le Conquérant et conserve quelques rues anciennes et des remparts du XVe siècle. À proximité, le **cimetière américain** abrite les tombes de plus de 4 400 soldats tués lors de la percée d'Avranches (à 2km sur la D230). *(18km au sud-est de Pontorson par la D30)*

● Où manger sur le pouce ?

Les Tartines bavardes Dans ce petit salon de thé assez informel, les en-cas, entièrement maison, varient selon le jour et les envies de la cuisinière : quiches ou tartes salées à la pomme de terre, au jambon fumé, au camembert ou à plusieurs ingrédients, tartines, et de délicieux fondants au cœur de framboise ou de caramel au beurre salé. Belle carte de thés. En-cas 5€, et 8,50€ avec une salade, sur place ou à emporter. *32, rue Saint-Michel* ***Pontorson*** *(7km au sud du Mont) Tél. 02 33 60 67 04 Ouvert lun.-ven. 9h30-18h*

CARNET D'ADRESSES

Restauration, hébergement

Avoir le sentiment d'être l'hôte du Mont, en profiter en privilégié au crépuscule et, encore mieux, s'y laisser encercler par la mer, forcément, c'est tentant. Mais cela a un prix et il est indispensable de réserver bien à l'avance en été ou lors des grandes marées. Malheureusement, les chambres offrent rarement le caractère que l'on pourrait en attendre dans un tel lieu. La plus-value affichée réside dans la présence ou non d'une vue sur la baie, ce qui justifie des écarts de prix considérables. Nous n'avons pas été convaincu par cette distinction : pour les hôtels se trouvant au bas du village, celle-ci se résume souvent à un maigre point de vue sur les abords et les herbus. En revanche, certaines chambres ouvrent magistralement sur l'abbaye, qui présente en outre l'avantage d'être illuminée la nuit... Un bien beau spectacle à moindre coût ! Question restauration, difficile d'éviter l'heure du repas pendant sa visite et on peut légitimement le regretter en songeant aux bonnes adresses qui émaillent les environs. Leur rapport qualité-prix est incomparablement meilleur et l'accueil y est beaucoup moins pressé, voire beaucoup moins pressant... Certains établissements taillés dans le rocher permettent cependant de faire un repas un peu marquant dans les entrailles du Mont !

petits prix

Crêperie La Nouvelle Terrasse (plan 7, B2 n°1) La plus belle terrasse du Mont, nichée sur les remparts au-dessus de la baie, sous le soleil et avec une magnifique contre-plongée sur l'abbaye. Les galettes et les crêpes ne sont pas à la hauteur du lieu (la Bretagne est pourtant si proche !), mais elles sont bien utiles pour calmer un appétit pas trop féroce dans un calme relatif et pour pas trop cher. Galettes de 4,50 à 12€. Également gigot d'agneau à 17€ et menu à 19,90€. Attention, les boissons sont plus chères (env. 4,50€ le verre de cidre). *Le Mont-Saint-Michel (en haut de la Grand-Rue) Tél. 02 33 60 14 40 Ouvert mi-fév.-mi-nov.*

prix élevés

Restaurant Chez Mado-Bistrot de la mer (plan 7, B2 n°2) Juste à côté du Mouton blanc (p.371), dont il dépend et dont les prix sont similaires, ce bistrot de la mer propose une cuisine très fraîche basée sur les produits de la baie, coquillages, moules et huîtres, et sur les poissons des ports environnants. Ses deux salles intérieures, très agréables et souvent bondées, sont prolongées par une splendide terrasse littéralement prise d'assaut aux beaux jours. *Grande-Rue* ***Le Mont-Saint-Michel*** *Tél. 02 33 60 14 08 Ouvert tlj. 12h-14h30 et 19h-22h*

Hôtel-restaurant Le Mouton blanc-Bistrot de la mer (plan 7, B2 n°4) Une salle rustique qui jouit d'un peu de calme bien qu'elle soit longée par la rue principale. La cuisine est honorable – fruits de mer, agneau grillé – et les portions sont copieuses. Menus de 22 à 29€. Les dix-neuf chambres sont petites, simples, et si elles manquent de chaleur, elles évitent les fautes de goût avec leurs murs blancs (double à partir de 89€). Petit déjeuner-buffet 9€. *Le Mont-Saint-Michel (en montant la Grand-Rue sur la droite) Tél. 02 33 60 14 08 www.lemoutonblanc.com Ouvert tlj. 12h-14h30 et 19h-22h*

Hôtel-restaurant Du-Guesclin (plan 7, B2 n°3) Cet hôtel dispose de jolies chambres, un peu petites mais meublées avec goût et sobriété. Prix corrects (de 72 à 97€ selon la vue). La n°11 est l'une de nos préférées sur le Mont : elle bénéficie d'une magnifique vue sur les toits du village dominés par l'abbaye. Pour manger, deux adresses qui contrastent fortement : côté rue, une brasserie pour consommateurs pressés (formule à env. 13,50€) ; côté remparts, une cuisine traditionnelle dans un décor rose et blanc plutôt précieux (menus de 18 à 36€). *Le Mont-Saint-Michel (en montant la Grand-Rue sur la droite) Tél. 02 33 60 14 10 hotel.duguesclin@wanadoo.fr Ouvert avr.-oct. Restaurant Ouvert juil.-août : lun.-ven. midi et sam.-dim. ; avr.-juin et sept.-oct. : lun.-mar. midi et jeu.-dim.*

Hôtel-restaurant La Vieille Auberge (plan 7, B1 n°5) Dans une maison du XVIe siècle classée monument historique, une salle aux murs de pierre décorés de casseroles en cuivre et de mobilier normand prolongée d'une terrasse baignée par l'air marin des remparts. Cuisine traditionnelle de produits de la mer et de la terre. Menus de 17 à 25€. La plupart des chambres, assez petites et calmes, restent de bon ton et, malgré leurs salles de bains un peu vieillottes, sont d'une propreté impeccable (120€ sur la rue avec double vitrage, 148€ avec vue sur l'est de la baie). ***Le Mont-Saint-Michel*** *(en montant la Grand-Rue sur la droite) Hôtel Ouvert toute l'année Restaurant Ouvert mars-nov. et vac. scol. 12-21h*

Restaurant Les Terrasses Poulard (plan 7, B1 n°8) Le restaurant de l'hôtel du même nom se trouve en haut de la rue principale, et offre une vue sur la baie davantage digne de ce nom. Les prix restent accessibles, même si la cuisine proposée est simple : moules-frites à 14€, plat à la carte à environ 24€, formule express midi et soir à 15€, menus de 18 à 32€. *En haut de la Grande-Rue, sur la droite* ***Le Mont-Saint-Michel*** *Tél. 02 33 89 02 02*

prix très élevés

Hôtel-restaurant La Croix blanche (plan 7, B2 n°6) Dirigez-vous vers la salle située à l'étage : elle bénéficie d'une large ouverture sur la baie, où l'on respire mieux. La cuisine est classique : menus de 18,50 à 38€. Les chambres sont correctes mais représentent un certain sacrifice financier (170€ sans vue sur la baie, 210€ avec... mais on peut la voir en sortant un peu la tête par la fenêtre des premières !). *L'Auberge Saint-Pierre, dans la Grand-Rue, est tenue par le même propriétaire* ***Le Mont-Saint-Michel*** *(en montant la Grand-Rue sur la droite) Tél. 02 33 60 14 04 www.hotel-la-croix-blanche.com Hôtel Ouvert toute l'année (sauf 24-25 déc.) Restaurant Ouvert fév.-nov. et vac. scol. 12h-21h*

Hôtel Les Terrasses Poulard (plan 7, B2 n°7) Des chambres confortables aux qualités et aux prix divers. Celles dites "du pèlerin" (90€ tout de même) sont petites et sur rue. Celles dites "avec vue sur la baie", 280€, ouvrent en réalité sur les herbus grillés par le sel qui envahissent le sud du Mont. Parmi elles, la chambre n°302, avec sa monumentale cheminée de granit, mérite sans doute plus de considération. Quant aux chambres avec vue sur le village, à 190€, certaines recèlent de bonnes surprises, comme la n°307, qui donne sur un petit jardin clos, frais et très calme. Petit déjeuner-buffet 25€. ***Le Mont-Saint-Michel*** *Réception en bas de la Grande-Rue Tél. 02 33 89 02 02 www.terrasses-poulard.fr Hôtel et restaurant ouvert toute l'année*

Hôtel-restaurant La Mère Poulard (plan 7, B2 n°9) L'enseigne la plus luxueuse du rocher (les photographies dédicacées par les célébrités venues dans le lieu tapissent les murs de l'hôtel jusqu'au troisième étage !) sait cultiver et profiter de la légende de l'illustre aïeule ! À l'entrée du Mont, les cuisiniers en costume attirent le client en faisant un spectacle du battage d'œufs et de la cuisson au feu de bois. Et les serveurs poussent à la consommation... La salle est cependant assez belle, avec sa voûte de pierre où affleure le rocher. La carte fait dorénavant davantage rimer prix astronomiques et plats gastronomiques ! Les omelettes sont présentes dans presque tous les menus de 45 à 65€. Omelettes salées à partir de 39€, sucrées à partir de 18€. Les chambres, au mobilier de bois massif mais de facture récente, sont confortables, quoique la vue sur la baie y soit décevante (de 190 à 390€, suite à 550€). ***Le Mont-Saint-Michel*** *À l'entrée du Mont sur la gauche Tél. 02 33 89 68 68 www.merepoulard.com Hôtel et restaurant ouvert toute l'année*

Dans les environs

Il faut le dire, le véritable boulevard hôtelier qui précède le Mont, cher et sans âme, nous a paru rebutant. C'est pourquoi nous vous proposons essentiellement de vous enfoncer (avec délices !) dans la baie ou dans le riche bocage qui s'étend au sud, où l'on retrouve très vite le charme infalsifiable de la Normandie.

très petits prix

Auberge de jeunesse Les locaux de cette vaste auberge de jeunesse, un peu impersonnels, sont heureusement fréquentés par une multitude de nationalités qui savent les rendre vivants ! Dortoirs de quatre à six lits. Comptez 14€/pers. draps inclus. Petit déj. 3,40€. Accès handicapés. *Centre Duguesclin 21, bd du Général-Patton* ***Pontorson*** *(à 800m de la gare) (9km au sud du Mont-Saint-Michel) Tél. 02 33 60 18 65 aj.pontorson@wanadoo.fr Ouvert mi-avr.-mi-oct.*

petits prix

Le Grillon Dans le centre de Pontorson, une crêperie au décor traditionnel pour savourer de bonnes galettes (au beurre 2€, 5,50€ la complète) ou crêpes (au sucre 2€, flambée au calvados 4,80€). Aussi cinq chambres modestes, mais peu chères, avec douche (32 ou 35€ avec WC à l'intérieur ou sur le palier). Petit déjeuner à 5,50€. *37, rue Couesnon* ***Pontorson*** *(9km au sud du Mont-Saint-Michel) Tél. 02 33 60 17 80 Hôtel et restaurant Fermé 15 j. fin fév. et mi-nov.-1er w.-e. de déc. Restaurant Fermé mer. soir et jeu. sauf en juil.-août*

Chambres d'hôtes La Bourdatière Dans une fermette restaurée, une petite institution parmi les chambres d'hôtes situées à proximité du Mont en raison de la bonne humeur reconnue de ses propriétaires. Ils aiment avoir du monde chez eux et ça se sent, surtout autour de la table de ferme où l'on peut prendre place pour le repas du soir (16€ par personne) et bavarder gaiement quand seuls quelques moutons neurasthéniques bêlent encore dans la nuit de la baie. On vous y propose quatre chambres agréables et calmes, mais avec WC privatifs sur le palier (42€ pour deux avec petit déjeuner) et un studio (4 personnes maximum, 50€ pour deux). Réservez très longtemps à l'avance. *Mr Hamon 8, rue Maurice-Desfeux* ***Beauvoir*** *(5km au sud du Mont-Saint-Michel. Dans le centre de Beauvoir, prendre à gauche au carrefour de la mairie, c'est à 300m à droite) Tél. 02 33 68 11 17 www.la-bourdatiere.com Ouvert début avr.-fin sept.*

prix moyens

☺ **Restaurant La Ferme Saint-Michel** La charpente et les murs de pierres apparentes de l'ancienne bergerie donnent un sacré cachet à cette auberge. La cuisine du terroir, digne du cadre, fait honneur à l'agneau de pré-salé, ici grillé dans la grande cheminée ou cuit dans un four à pain. On le déguste en collier, en feuilleté, ou en filet avec un écrasé de pommes de terre. À la carte également, des omelettes soufflées et une cocotte de la mer, et en dessert, hommage à deux régions, le far breton et la crème brûlée aux pommes. Menus 15-30€, carte 20€. Une annexe du restaurant, le Jardin d'Anouk, prépare des paniers pique-nique dans le même esprit, avec des mini-sandwichs au camembert ou au poulet mariné (9,50€ le panier). *Route de Pontorson* ***Beauvoir*** *(3km au sud du Mont par la D976) Tél. 02 53 58 46 79 www.restaurant-ferme-saint-michel.com Ouvert lun.-dim. midi*

Chambres d'hôtes Ferme Saint-Joseph Pour dormir dans une des fermes maraîchères construites sur les polders conquis au XIXe siècle. Ici, les premières loges du Mont se transforment en havre de paix. Voire, sous l'égide de généreux propriétaires, en arche de Noé attendant la mer pour emmener une joyeuse compagnie de chiens, de chats et de paons ! Chambres pastel, relativement vastes, avec vue imprenable sur le rocher : 60€ pour une personne puis 7€ par personne supplémentaire, petit déjeuner compris. Un petit plus appréciable : une piscine intérieure chauffée. ***Beauvoir*** *(5km au sud du Mont-Saint-Michel) Du Mont, prendre la route de Beauvoir et tourner à droite dans le carrefour au centre du village Après le Couesnon, suivre les panneaux Polders Saint-Joseph Tél. 02 33 60 09 04 ou 06 43 41 37 63 www.ferme-saint-joseph.fr Ouvert toute l'année*

Chambres d'hôtes Ferme de la Provostière Dans un coin de campagne aussi riant et calme que la baie est désolée et agitée, une ferme laitière joliment restaurée par ses propriétaires. René soigne ses vaches, tandis que Maryvonne concocte de merveilleuses confitures et du confit de cidre qu'elle vend, avec d'autres produits locaux, dans un petit magasin installé dans une des dépendances de l'exploitation. Vous ne couperez certainement pas au verre de pommeau ou de calva généreusement offert à l'heure de l'apéritif ! Deux chambres très calmes. Double à 42€ avec petit déjeuner fermier. *M. et Mme Feuvrier* ***Aucey-la-Plaine*** *(à 14km du Mont plein sud. Environ 3km après Pontorson sur la N175, tourner à gauche pour Aucey-la-Plaine, chambres bien indiquées à partir du bourg) Tél. 02 33 60 33 67 www.fermedelaprovostiere.com*

☺ **Auberge de la Baie** C'est un peu “la dernière maison avant le Mont”, une route qui s'arrête, des prés-salés envahis de troupeaux qui rentrent dans leurs bergeries à la nuit tombante. L'Auberge de la baie, courue de toute la région, offre le gîte et le couvert. Les 32 chambres se déclinent en deux standings : celles de 45 à 55€ avec douche, sans cachet particulier mais bien équipées, et des chambres neuves aux tons frais avec bains de 60 à 70€ selon la saison. Petit déjeuner 6,80€. Pour le couvert, une table où trône le roi des lieux, l'agneau de pré-salé. Préparé en navarin (14,50€) ou dans une grande assiette où se retrouvent côtes et gigot (19€), il est absolument sublime. À midi, formules à 10, 16, 21 et 26€ ; le soir, à 16, 22 et 28€. Il est prudent de réserver. *La Rive* ***Ardevon*** *(sur la D275, à env. 1km après avoir quitté la route de la digue) (5km au sud du Mont-Saint-Michel) Tél. 02 33 68 26 70 www.aubergedelabaie.fr*

prix élevés

☺ **L'Auberge du Terroir** Une bonne table et de belles chambres à quelques kilomètres du Mont ! Le succès de l'endroit vaut aux propriétaires d'avoir pu investir, après le presbytère de la commune, son école. On ne peut qu'être ravi de voir se multiplier dans ce coin de bocage des chambres de charme de 74 à 120€ (suite familiale). La cuisine aussi est très réputée : réservez impérativement le soir et de préférence à midi si vous voulez déguster le très fin mignon de porc au pommeau de la maison mais aussi des poissons de première fraîcheur, ou un savoureux carré d'agneau de pré-salé entre Pâques et septembre (26€ à la carte). Décoration des plats recherchée et service très agréable. Menus à 20, 33 et 45€. ***Servon*** *(à 9km du Mont. Prendre la D275 vers Avranches et, après 4km, la D107 sur la gauche, face à l'église) Tél. 02 33 60 17 92 Ouvert ven. et dim.-mar. 12h-14h et 19h30-21h30, jeu. et sam. 19h30-21h30 Fermé vac. scol. fév. et mi-nov.-mi-déc.*

Hôtel Le Gué de Beauvoir Ses sept chambres sont aménagées dans l'annexe d'une belle maison de maître du XIXe siècle entourée d'un parc bordé par le Couesnon, le cours d'eau qui se jette dans la baie. La décoration, minimale, se veut informelle, à l'image des murs bicolores ou des louches à soupe servant de porte-savon ! Les familles opteront pour l'un des huit gracieux chalets au toit végétalisé qui tentent de se fondre dans la verdure et ouvrent par de larges baies vitrées. Double de 70 à 135€ selon la saison, chalet pour 4 personnes de 90 à 105€, petit déj. 7€. Prêt de vélos à la journée. *5, route du Mont-Saint-Michel* ***Beauvoir*** *Tél. 02 33 60 09 23 www.hotel-gue-de-beauvoir.fr Ouvert avr.-sept.*

Domaine de la Besnerie Spacieux et refait à neuf, cet ancien corps de ferme se prête surtout aux séjours en famille ou à deux. Les tribus opterons sans hésiter pour le gîte, qui déploie, sur 100m², 3 chambres, deux salles de bains, un salon avec cheminée... et tout le confort nécessaire pour six personnes, sans oublier le lave-linge. Les cinq chambres d'hôtes, dotées de lits de 160 ont été décorées avec goût : touches bleues pour la "Chausey", tons jaunes pour la "Bali", et esprit chalet avec boiseries pour l'"Alpage", un clin d'œil de votre hôte qui est aussi moniteur de ski ! La salle de petit déjeuner, immense, ouvre sur une piscine chauffée, un sauna et un spa. Une professionnelle y prodigue des soins de réflexologie, modelage... (de 30 à 83€). Également des formules week-end thalasso en amoureux de 150 à 295€. Chambre avec petit déj. inclus : 75-80€ (2 pers.) ou 90-95€ (3 pers.), gîte de 370 à 700€ /sem., et de 250 à 300€ le week-end. ***Tanis*** *(8km au sud-est du Mont) Tél. 06 22 44 07 56 www.domainedelabesnerie.com*

Hôtel Montgomery Dans cette ancienne demeure de la famille de Montgomery vécut Gabriel Ier, celui-là même qui tua accidentellement le roi Henri II lors d'un tournoi, s'attirant ainsi la haine de Catherine de Médicis ! Cette haine ne fit que redoubler lorsqu'il prit la tête de la révolte protestante dans l'ouest de la France... Mais point de susceptibilités guerrières aujourd'hui ! Entre épais tapis et salle de bains dernier cri, les parquets et les boiseries séculaires, le magnifique escalier et les quelques plafonds peints Renaissance transportent dans un XVIe siècle revu et corrigé par les exigences du XXIe siècle :

GAMME DE PRIX	RESTAURATION	HÉBERGEMENT
Très petits prix	moins de 10€	moins de 40€
Petits prix	de 10 à 15€	de 40 à 60€
Prix moyens	de 15 à 25€	de 60 à 85€
Prix élevés	de 25 à 40€	de 85 à 120€
Prix très élevés	plus de 40€	plus de 120€

ascenseur, serrures à carte, écrans plats, wifi… Prix moyen de 75 à 102€, à partir de 149€ pour une chambre pour deux personnes avec balnéo. *13, rue Couesnon* ***Pontorson*** *(9km au sud du Mont-Saint-Michel) Tél. 02 33 60 00 09 www.hotel-montgomery.com Fermé 2e quinzaine de nov.*

prix très élevés

Hôtel-restaurant Manoir de la Roche-Torin Dans un de nos coins préférés de la baie, calme et préservé, cette belle bâtisse, dont la tour en saillie sur la façade se perd sous la vigne vierge, fait face aux grèves dans un magnifique parc aux arbres centenaires. À l'intérieur, le mobilier ancien et les antiquités rehaussent avec élégance et chaleur les parquets, pierres et poutres. Les chambres (de 92 à 235€), très confortables, regardent le Mont ou le jardin. Petit déj. 15€. ***Courtils*** *(sur la route de la Roche-Torin, 9km à l'est du Mont-Saint-Michel) Tél. 02 33 70 96 55 ou 06 07 38 08 10 www.manoir-rochetorin.com Ouvert avr.-sept.*

☺ **Chambres d'hôtes Château de Boucéel** Les propriétaires, le comte et la comtesse de Roquefeuil-Cahuzac, cultivent avec générosité la magnificence de ce château de campagne (XVIIIe siècle) posé dans son vallon de verdure transformé en jardin anglais. Madame vous accueille dans le magnifique hall d'entrée, avec escalier de pierre monumental et pavage impeccablement lustré. Les chambres, immenses et toutes de boiseries ennoblies de portraits et de mobilier d'époque, sont d'un raffinement exquis ! L'alcôve ou le ciel de lit a cependant un prix (de 140 à 180€ la nuit pour 2 pers. avec petit déj.), 20€/lit supplémentaire, mais l'endroit est idéal pour un week-end chevaleresque auprès de son ou sa bien-aimé(e) ! Également quatre gîtes de charme avec piscine commune répartis dans le parc (de 465 à 870€/sem., draps inclus). ***Vergoncey*** *(18km au sud-est du Mont-Saint-Michel) Tél. 02 33 48 34 61 www.chateaudebouceel.com Ouvert toute l'année sur réservation*

AVRANCHES

50300

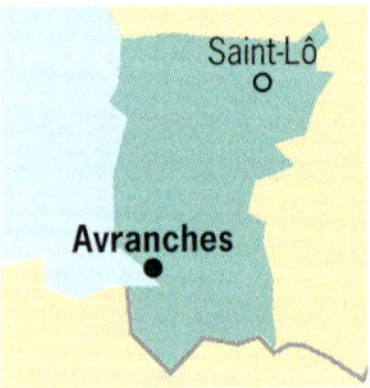

Protégée par son roc dominant la baie du mont Saint-Michel, l'ancienne Legedia fut l'une des villes les plus prospères de la région à l'époque gallo-romaine puis devint une cité épiscopale florissante sous les Plantagenêts. Surnommée l'"Athènes normande", elle reçut dans son école Lanfranc et saint Anselme, futurs archevêques de Canterbury. Devenue française, Avranches fut élevée au rang de cité royale par Louis IX mais, mise à mal par la guerre de Cent Ans et les guerres de Religion, elle finit par perdre son évêché sous la Révolution. Celle-ci lui permit cependant de se voir déposer un véritable trésor : les manuscrits du Mont-Saint-Michel, dont on découvre aujourd'hui quelques remarquables exemplaires au Scriptorial, musée installé au cœur du quartier médiéval. À une petite vingtaine de kilomètres à l'est du Mont-Saint-Michel, Avranches est aussi une bonne base pour partir à la découverte de la baie.

MODE D'EMPLOI

accès

EN VOITURE

Avranches est desservie par l'autoroute A84 Rennes-Caen, et se situe à 78km de Rennes et à environ 100km de Caen.

Sationnement Prenez garde à l'entrée de la ville : Avranches est environnée de ronds-points en pente lorsqu'on arrive de Granville, et de multiples bretelles en direction du Mont-Saint-Michel. Une fois dans le centre, et malgré l'étroitesse des rues, la circulation devient relativement aisée. Pour vous garer, utilisez les nombreux parkings du centre : à l'exception de la place Littré (payant), tous sont gratuits ou placés en zone bleue. Évitez le centre-ville le samedi matin, jour de marché.

EN TRAIN

SNCF Au départ de Paris-Saint-Lazare et de Montparnasse : TGV pour Coutance ou Granville, puis TER jusqu'à Avranches, ou TGV Paris-Avranches via Rennes (3h58), Caen, Coutance ou Granville (de 4 à 5h). De Rennes ou Caen : TGV avec arrêt à Avranches (1h env. dans les deux sens). *Tél. 3635 www.sncf.com www.ter-sncf.com*

EN CAR

Manéo De Villedieu-les-Poêles : ligne 114, et, en juillet-août, liaison avec Granville par les lignes 7, 116 et 205. Attention, les horaires des cars ne correspondent pas forcément avec ceux des trains. *Tél. 0800 150 050 http://transports.manche.fr*

Ligne Baie En juillet-août, ce réseau de TER et d'autocars sillonne la baie du Mont-Saint-Michel entre Granville-Saint-Malo et dessert aussi Avranches (env. 20min de Granville, et 1h de Saint-Malo). *Renseignements à l'OT www.lignebaie.fr*

orientation

Une suite d'artères ceinture la ville, nichée sur un promontoire. La place du Marché au nord, le jardin des Plantes au sud-ouest, et la place Patton au sud-est marquent les limites du centre-ville, dont l'épicentre se trouve place Littré, où trône l'hôtel de ville. Vers là converge un écheveau de petite rues.

informations touristiques

Office de tourisme d'Avranches Très bien organisé, dans un local spacieux et aéré : brochures et guides sur l'histoire de la ville et un plan de découverte à pied du centre historique. Vous y trouverez aussi tous les renseignements sur les activités proposées dans les environs proches et dans la baie du Mont-Saint-Michel. *2, rue du Général-de-Gaulle Tél. 02 33 58 00 22 www.ot-avranches.com Ouvert sept.-juin : lun.-sam. 9h30-12h30 et 14h-18h (17h le sam.) ; juil.-août : lun.-sam. 10h-18h, dim. 10h-17h* **Point info** *À la gare Tél. 02 33 58 17 55 Ouvert sept.-juil.*

accès Internet

Cyberespace du Point Information Jeunesse *24, pl. du Marché* ***Avranches*** *Tél. 02 33 79 39 41 Ouvert lun.-ven. 13h30-17h30*

marchés

Marchés d'Avranches cf. Où acheter des produits du terroir ? (p.381). *Ouvert mer. soir, sam. matin*

Marchés de Saint-Hilaire-du-Harcouët Les petits producteurs s'installent le mercredi matin sur la place de l'Hôtel-de-Ville, où un important marché réunit en été plus de 200 stands ! *À 25 km au sud d'Avranches*

fêtes et manifestations

Fête des éclats de rire Chars, défilés déguisés, concerts et repas en plein air, sur la place de l'Hôtel-de-Ville. *Dernier dim. de juin*

Puces avranchinaises Cet immense vide-grenier réunit stands de professionnels et de particuliers sur la place du Marché. *Un dim. mi-juil.*

Fête des Trois-Quartiers Sur les places d'Estouteville, du Marché et de Saint-Gervais : braderie, fête foraine, feu d'artifice (le sam.), course cycliste (le dim.). *3e w.-e. de sept.*

Marché de Noël Sur la place de l'Hôtel-de-Ville : vins chauds, artisanat, petits spectacles et père Noël en calèche. *10 jours en déc.*

DÉCOUVRIR

☆ **Les essentiels** Le Scriptorial, le musée d'Art et d'Histoire, le Trésor Saint-Gervais, le jardin des Plantes **Découvrir autrement** Le samedi, régalez vous d'une galette-saucisse au marché, randonnez en kayak sur la Sée ou la Sélune, offrez-vous un séjour 100% nature au Lit au Pré

Avranches

Centre historique Le quartier médiéval, cœur historique d'Avranches situé au nord de la place Littré, était autrefois encerclé par un double rempart. Quelques maisons à encorbellement y subsistent encore. On découvrira ce quartier en empruntant un parcours piéton balisé de panneaux explicatifs (plan à retirer à l'office de tourisme). Dans le jardin de l'Évêché se dresse l'**ancien palais épiscopal** (actuel tribunal de grande instance), imposant édifice du XVIe siècle orné d'une gracieuse tour octogonale. Vous croiserez ensuite les beaux vestiges de la **porte Baudange**, jadis entrée sud de l'enceinte disparue, dont la tour ronde a été reconstruite après les bombardements de 1944. Dirigez-vous ensuite vers la **rue de Lille**, où s'admire la plus ancienne maison de la ville : le **Doyenné**, demeure seigneuriale qui conserve des contreforts du XVIe siècle et des fenêtres Renaissance. Poursuivez ensuite votre chemin par la **rue d'Engibaut**, venelle pavée et fendue d'un caniveau, jusqu'à l'atelier du peintre avranchinais Albert Bergevin (1887-1974) racheté par la Ville. Là, dans la cour, un escalier vous conduira au jardin du château.

Château et remparts Ils sont idéalement protégés par les pentes rocheuses de la ville, à l'entrée de la baie. La construction en fut engagée par les Normands vers 1050, sur les vestiges de l'ancienne forteresse romaine, afin de verrouiller l'accès à la Bretagne. Le donjon roman a disparu au XIXe siècle, mais les enceintes et les fossés sont restés intacts. La tour de l'arsenal dite aussi de Saint-Louis, a été élevée grâce à la libéralité du roi au XIIIe siècle. Du sommet des tours crénelées, belle vue sur la baie et l'Avranchin. *Rue Belle-Andrine et rue d'Islande derrière l'hôtel de ville*

☆ ☺ **Scriptorial-musée des Manuscrits du Mont-Saint-Michel** Le plus ancien manuscrit complet conservé en ces murs date de l'an mil et la plupart

L'EFFET D'UNE BOMBE
En 1791, l'abbaye du Mont-Saint-Michel est vidée de ses moines et la ville d'Avranches se voit confier ses 4 000 manuscrits restés saufs. Alors que la Seconde Guerre mondiale approche, la bibliothèque est envoyée à Saint-Lô, où l'on juge qu'elle sera plus en sécurité. Mauvaise pioche ! Le 6 juin 1944, la ville est rasée à 90% par les bombardements. Seuls 203 manuscrits purent être sauvés.

remontent aux XIe et XIIe siècles ! Quelques peintures à pleine page mais surtout, sur deux fines colonnes d'écriture agrémentées d'initiales historiées, zoomorphes selon la tradition mérovingienne, faites d'entrelacements végétaux d'influence anglaise après la conquête normande, des bibles, évidemment, de magnifiques livres d'heures mais aussi des ouvrages de géométrie, de musique, d'histoire et de philosophie. De nombreux manuscrits d'Aristote (le Mont fut un centre majeur de l'étude du philosophe) rappellent que les copistes furent les uniques passeurs de la culture occidentale pendant tout le Moyen Âge ! Celle-ci s'est perpétuée grâce au vivant système de prêts établi alors entre les abbayes européennes afin de permettre aux moines d'officier pendant un nombre incalculable d'heures de travail. De 150 à 200 peaux de moutons (ici de pré-salé !) étaient nécessaires afin de fournir les parchemins d'un seul ouvrage. Malgré ce coût important, les moines laissaient des marges très larges afin de préserver le texte, le véritable trésor, de l'usure des pages maniées pendant la lecture. À l'âge gothique, un nouveau style d'écriture, fait de jambages étroits et de caractères minuscules, permit de gagner en place sur les pages, mais le souci d'économie et la création des universités, dotées de leurs propres ateliers de laïques, conduisirent au déclin de l'art scripturaire, avant même l'apparition de l'imprimerie, à partir du XIIIe siècle. *Pl. d'Estouteville Tél. 02 33 79 57 00 www.scriptorial.fr Ouvert mai-juin, sept. : mar.-dim. 10h-12h30 et 14h-18h ; juil.-août : tlj. 10h-19h ; oct.-avr. : mar.-ven. 10h-12h30 et 14h-17h, sam.-dim. 10h-12h30 et 14h-18h Fermé janv., 1er mai, 1er nov et 25 déc. Tarif 7€, réduit 3€, gratuit -10 ans* **Ateliers d'arts plastiques** *(calligraphie, enluminure, gravure…) Tél. 02 33 79 57 00*

☆ **Musée d'Art et d'Histoire** Ce petit musée ethnographique occupe les dépendances de l'ancien palais épiscopal transformé en prison sous la Révolution et aujourd'hui tribunal de la ville. Belles reconstitutions d'intérieurs paysans du XIXe siècle, d'ateliers de métiers disparus et d'un **scriptorium** médiéval où vous verrez que les moines savaient tirer parti de la nature : plumes d'oie et minuscules plumes de bécasse pour écrire, pinceaux en poil d'écureuil pour enluminer, pattes de lièvre pour essuyer et, pour colorier, pigments naturels liés au blanc d'œuf… *Place Jean-de-Saint-Avit (dans le prolongement de la rue Belle-Andrine et de la rue d'Office) Tél. 02 33 79 57 00 ou 02 33 58 00 22 Ouvert juin-sept. : tlj. 10h-12h30 et 14h-18h Tarif 1,50€*

Cathédrale Saint-André Construite à partir de 1025 mais effondrée en 1794, la "Belle Andrine", comme on la surnommait, n'offre plus au regard que sa plate-forme et quelques fondations. En bas de la place, une dalle marque l'emplacement de la porte nord de l'édifice, où le roi d'Angleterre Henri II Plantagenêt vint se faire absoudre en 1172 pour le meurtre de Thomas Becket, archevêque de Canterbury et ancien chancelier du royaume trop soucieux de défendre les intérêts du clergé contre ceux du roi. *Place Jean-de-Saint-Avit et square Thomas-Becket*

Église Saint-Saturnin Élevé sur les fondations d'un sanctuaire plus ancien, l'édifice, maintes fois remanié et largement modifié et agrandi dans la première moitié du XIXe siècle, superpose plusieurs styles architecturaux. Dans la nef, où l'on discerne des nervures d'inspiration flamboyante, un bas-relief (XVe-XVIe s.) sculpté dans la pierre calcaire représente sur deux panneaux le massacre des Innocents. *Rue Saint-Saturnin*

☆ **Trésor Saint-Gervais** La basilique Saint-Gervais-Saint-Protais, construite dans la deuxième moitié du XIXe siècle, déploie, derrière un étonnant portail néo-Renaissance, une vaste nef néoclassique, sobre et dépouillée. Une salle renferme le trésor de l'ancienne cité épiscopale : des objets de culte, chefs-d'œuvre d'orfèvrerie, mais surtout le crâne troué de l'évêque d'Avranches, Aubert. Selon une légende retranscrite par un moine du Mont au Xe siècle, en l'an de grâce 708, l'archange saint Michel aurait enfoncé un doigt dans le crâne de l'évêque pour le décider, après plusieurs vaines admonestations, à édifier en son honneur un oratoire sur le mont Tombe. C'est pourquoi le prélat, enfin conciliant, aurait consacré le mont au saint… Le carbone 14 a toutefois autrement percé ses secrets en le datant… du néolithique ! L'anecdote reste néanmoins savoureuse. *Place Saint-Gervais (de l'hôtel de ville, prendre la rue du Pot-d'Étain puis la rue des Trois-Rois) Tél. 02 33 58 00 22 Ouvert tlj. 9h30-18h sauf pendant les offices*

Église Notre-Dame-des-Champs Ce vaste édifice néogothique fut achevé en 1892 en remplacement de la cathédrale. À l'intérieur, belle chaire sculptée polychrome du XVIIIe siècle ; à l'extérieur, de drôles de gargouilles qui n'ont rien à envier à celles de Notre-Dame-de-Paris ! *Place Carnot (de l'hôtel de ville, remonter la rue du Dr-Gilbert, en face du jardin des Plantes)*

Ancienne abbaye Sainte-Anne-de-Moutons-Théâtre d'Avranches Des deux couvents que l'abbaye réunissait autrefois, il ne reste aujourd'hui que le bâtiment des bénédictines. Avec son cloître à arcades cintrées, c'est un exemple précieux de l'architecture religieuse des XVIIe et XVIIIe siècles. Après

Un jardin avec vue

☆ **Jardin des Plantes** Non seulement célèbre pour son belvédère dominant la baie (encensé par Victor Hugo et Guy de Maupassant eux-mêmes !), le jardin créé en 1618 a subi une brillante rénovation entre 2005 et 2007. Pariant sur une floraison continue toute l'année, trois paysagistes lui ont rendu les treize espaces qui le composaient à l'origine. Vous y ferez une délicieuse promenade sous les arbres remarquables et des essences rares, illuminés à chaque tombée de la nuit de fin juin à début septembre. *Entrée par la place Carnot Ouvert tlj. de 8h30 au coucher du soleil*

la Révolution, l'abbaye devint tour à tour caserne, puis le siège d'une école communale de garçons. Dès 1840, un théâtre de 450 places s'y installa : son rôle se confirma après la Deuxième Guerre mondiale, malgré les importants dégâts causés par les bombardements de 1944. En 1974, l'abbaye acquit officiellement le statut de théâtre d'Avranches, de centre culturel et d'école de musique. *Bd Léon-Jozeau-Marigné*

● Où boire un thé, déguster tartines et teurgoule ?

Tartines et Découvertes Une succursale du restaurant Le Littré, son voisin (p.388), qui cultive les charmes d'autrefois en proposant des produits du terroir (calvados, cidre, confitures...) et des objets de décoration imités de ceux qui se trouvaient sans doute chez votre arrière-grand-mère. Au centre, sur une grande table de ferme, vous dégusterez des tartines à l'andouille et au camembert (11€) ou au camembert chaud et jambon de pays (9€). *4, rue du Dr-Gilbert Tél. 02 33 79 35 80 www.lelittre.com Ouvert lun.-jeu. 9h-18h, ven.-sam. 9h-23h, dim. 9h-23h (en saison)*

Salon de thé Gilbert Denou Maître-chocolatier émérite, Gilbert Denou s'est distingué entre autres pour ses "Cotentines", un chocolat noir ou au lait, fourré d'une ganache au caramel et à l'alcool de pomme. Les quelques tables installées dans sa boutique offrent une halte bien agréable pour savourer un gâteau avec un thé africain ou asiatique. À goûter aussi, l'une des nombreuses glaces maison. *9, pl. Littré Tél. 02 33 58 05 74 Ouvert mar.-sam. 8h30-19h et 8h30-12h*

● Où acheter des produits du terroir ?

Marchés Un petit et un grand marché du terroir se tiennent dans le centre-ville deux fois par semaine. Le **mercredi soir** (16h-20h), les anciennes halles accueillent une pépinière de petits producteurs, dont certains travaillent en bio : fruits, légumes, pains, fromages, crème, yaourts et jus de fruits. Le **samedi matin**, ce sont les agriculteurs des environs d'Avranches qui envahissent les places du Marché et de Saint-Gervais, la vieille ville, les rues du Chapelier, d'Orléans et de la Boudrie. On y prépare aussi des galettes, des saucisses, ou des poulets rôtis en plein air.

L'Alambic La boutique, immense, de ce caviste-épicerie fine situé en bordure de la route, aligne des vins de la France entière, mais pas seulement ! Crèmes pour les kirs, pommeaux sans âge (les plus anciens sont datés de 1926), vinaigres

Les œuvres de peintres officiels de la marine

Galerie d'art Doublet Gouaches et aquarelles, sculptures : cette dynamique galerie propose une exposition tous les deux mois, dont une annuelle consacrée aux œuvres des peintres et sculpteurs officiels de la marine. *61, rue de la Constitution Tél. 02 33 58 03 91 http://galerie-doublet.fr Ouvert mar.-sam. 10h-12h et 14h-18h (tlj. en déc.)*

Galerie Art & Déco Une galerie riche de quelque 600 tableaux qui réunit de nombreux artistes normands et organise un important vernissage par an. *15, rue Valhubert Tél. 02 33 60 90 05 Ouvert mer.-sam. 11h-19h30*

fins, tablettes de chocolat à 70% de cacao, sans oublier les multiples amuse-bouches et des bouteilles de whisky à remplir soi-même. Petite foire aux vins chaque année en octobre, avec dégustation de crus. *8, rue de la Liberté (à la sortie nord-est de la ville, dir. Caen) Tél. 02 33 58 47 41 www.alambic.fr Ouvert lun. 14h-19h, mar.-sam. 9h-12h15 et 14h-19h*

Ferme La Belle-Étoile Isabelle fabrique des desserts avec le lait issu de son exploitation : yaourts fermiers, crèmes, fromage blanc, tartes à la confiture de lait, fars et teurgoule. Son point de vente mobile s'installe aussi sur des marchés, essentiellement sur des stands producteurs. Elle propose également un gîte à la ferme équipé pour 8 personnes (275 à 460€/sem. selon la saison), à proximité d'un étang poissonneux où l'on pêche à loisir. *203, rue Jeanne-Paisnel **Saint-Senier-sous-Avranches** (2km à l'est d'Avranches par la place Patton, dir. Mortain) Tél. 02 33 48 68 43 www.labelletoile50.com Ouvert lun.-sam. 10h-12h30 et 16h30-19h*

● Pagayer vers les îles Chausey, se mettre au kayak-polo

Canoë-club d'Avranches À vous de choisir entre descente de la Sée et de la Sélune ou sortie en mer (la Manche et à deux pas). Ce club loue des kayak (8€/h), programme des séances d'initiation ou de perfectionnement au canoë-kayaks sur rivière et sur mer dès l'âge de 10 ans (à partir de 12€/demi-journée ou 17€/j.) et des parties de polo en kayak sur étang. Et, pour ceux qui ont des envies de grand large, des randonnées vers l'archipel de Chausey. *Route de Saint-Brice Tél. 02 33 68 19 15 www.kayakavranches.fr*

● Pêcher en eau douce

Amicale des pêcheurs à la ligne de l'Avranchin La pêche, limitée et réglementée, est accessible aux titulaires d'une carte (timbre Ehgo requis pour les non-Manchois) sur le plan d'eau René-Forget, aménagé sur le fleuve côtier de la Sée : truites arc-en-ciel, carpes, gardons, et autres poissons blancs. Plan d'eau sur la commune de Ponts, au lieu-dit Fumeçon (3km au nord d'Avranches). *Tél. 02 33 50 86 89 www.peche-manche.com*

Les environs d'Avranches

Baie du Mont-Saint-Michel

Écomusée de la baie du Mont-Saint-Michel Au milieu de la lande et à deux pas d'un superbe point de vue sur le Mont et sur Tombelaine, une longère abrite le centre d'interprétation de la baie : les milieux naturels, l'histoire mais aussi les activités humaines indissociables de ces paysages y sont présentés. La muséographie, attractive et ludique (bornes interactives, bandes sonores diffusant les bruits de la nature, vidéo, maquettes, etc.), déroule un passionnant parcours de découverte pour mieux comprendre un monde dont la vie est rythmée par les marées. Au premier étage, on aborde tout d'abord le processus géologique à l'origine de la formation de la baie et une description de l'écosystème marin et estuarien avec sa faune et sa flore. Le rez-de-chaussée, lui, est entièrement consacré à l'aspect ethnologique, avec l'évocation de métiers disparus ou toujours actuels, comme la cueillette du varech ou la pêche à pied mais aussi l'agriculture sur les polders. Enfin, la visite se poursuit

EN SAVOIR PLUS L'écomusée de la baie propose diverses animations (soirées-contes, sorties de pêche à pied, randonnées chantées, fabrication du sel avranchin...). *Programmes disponibles sur place ou dans les offices de tourisme du secteur*

à l'extérieur avec la reconstitution d'une saline au XVIIIe siècle et l'atelier du saulnier. *Route du Grouin du Sud* ***Vains*** *(28km du Mont au nord de la baie, après Avranches par la route de la côte, bien indiqué) Tél. 02 33 89 06 06 Ouvert avr.-juin : tlj. 10h-19h ; tlj. 14h-18h (et vac. scol) ; sept. : tlj. 10h-18h Tarif 4,50€, réduit 3€, 7-18 ans 2€*

☺ **Dragey-Ronthon** La première véritable plage de la baie du Mont-Saint-Michel, où l'on peut se baigner avec vue sur l'abbaye ! Encore un petit peu de vase mais un joli écrin de dunes ondoyantes d'où s'épanchent des tapis d'herbes sauvages. *À 14km au nord-ouest d'Avranches*

Vallée de la Sélune

Ducey Pour une étape de charme en bord de Sélune, ici longtemps franchie par les pèlerins sur un vénérable pont de pierre construit en 1613 et toujours debout. L'**église** de la cité a été reconstruite au XIXe siècle, mais elle conserve un clocher baroque du XVIIIe siècle. Celui-ci a cependant l'air de vouloir s'échapper... La petite ville abrite les restes du **château des Montgommery**, édifié par Gabriel II, fils du grand chef protestant, à partir de 1600. Il offre un intéressant témoignage de l'époque des guerres de Religion et présente des qualités esthétiques notables avec son beau portique, son escalier monumental et ses grandes salles Renaissance. *À 11km au sud d'Avranches* **Office de tourisme** *4, rue du Génie Tél. 02 33 60 21 53 Ouvert lun.-ven. 9h15-12h30 et 14h15-17h30 (9h15-12h30 le mer.) et sam. 10h-12h30 (juil.-août : horaires élargis et ouverture le dim. matin)* **Château** *Visites organisées juil.-août : mar., jeu. et sam. à 15h ; le reste de l'année : sur rdv pour les groupes Tarif 5€, moins de 12 ans gratuit*

Saint-Hilaire-du-Harcouët La ville constitue un carrefour routier et commercial important du Sud-Manche. Détruite par les bombardements en 1944, elle ne conserve de son ancien patrimoine qu'une imposante église de style néogothique (construite entre 1853 et 1873) et, face à elle, la tour en bâtière (fin du XVe siècle) de l'église romane qu'elle a remplacée. Un jardin public a été aménagé tout autour au-dessus des vastes plans d'eau du prieuré. À proximité, l'ancien monastère des clarisses, édifié dans les années 1920, est coiffé d'une verrière très contemporaine : la **verrière-musée de Saint-Hilaire-du-Harcouët**. On peut y admirer quelques belles pièces d'orfèvrerie et, chaque année, deux ou trois expositions temporaires y sont consacrées à un grand thème. *À 25 km au sud d'Avranches* **Office de tourisme** *Place du Bassin Tél. 02 33 79 38 88 Ouvert jan.-juin et sept.-nov. : lun. 13h30-17h30, mar.-ven. 9h30-12h30 et 13h30-17h30, sam. 9h30-12h30 (à partir du 15 avril : ouvert le sam. après-midi) ; juil.-août : lun.-sam. 9h30-12h30 et 13h30-18h30, dim. 10h-12h30* **Verrière-musée de Saint-Hilaire-du-Harcouët** *37, bd Gambetta Tél. 02 33 49 67 06 Ouvert mars-sept. : tlj. 14h-18h pendant les expos Hors expos : se rens. Tarif 3€, enfant de moins de 12 ans gratuit*

GEOPLUS

Trois jours dans la baie du Mont-Saint-Michel

Du port de Granville, inséparable des îles granitiques de Chausey, soumises aux caprices des marées, laissez-vous porter le long de la côte qui se détache, splendide, entre plages et falaises. Admirez l'horizon, pédalez, galopez dans le vent, marchez dans la mer... Et laissez le Mont venir à vous, de la silhouette brumeuse qui se dessine au loin, précédée de Tombelaine, son "trompe-l'œil" habité par les oiseaux, à l'abbaye qui domine la baie, bienveillante et grandiose !

Vendredi à Granville

Après avoir exploré le vieux Granville et son port, évadez-vous sur la route du littoral pour une première vue sur le Mont Saint-Michel

MATINÉE

9h30 **Ville Haute** (p.394) Grimpez par un escalier le rocher qui domine la place du Maréchal-Foch. Vous atteindrez le centre médiéval, à l'abri d'une enceinte, et jalonné de jolies maisons en granit. Faites une escale au **musée du Vieux-Granville**, avant de rejoindre l'église **Notre-Dame**, qui abrite une Vierge médiévale.
11h30 **Pointe du Roc** Poussez la promenade jusqu'au bout du promontoire. Vous en profiterez pour faire une pause sur la terrasse du **Roc des Gourmandises** (p.394) ou pour visiter l'**Aquarium** (p.394). Rejoignez ensuite le port, où est amarré **le *Marité*** (p.395), un magnifique trois-mâts et l'un des derniers terre-neuvas.
Déjeuner **Chez Picorette** (p.398) Pour un repas rapide et savoureux, un salon de thé réputé : plat du jour, omelettes bio, et gâteaux extrafrais. **OU**, en ayant réservé à l'avance, à la terrasse du **Terranova** (p.408), pour sa vue impressionnante sur la mer et sa bonne cuisine normande.

EXCURSION À CHAUSEY
Mettre le cap sur cet archipel classé (p.402) vous demandera un minimum de 6h, les départs en bateau ayant tous lieu le matin, et les retours à partir de 17h. En basse saison, pensez à emporter un casse-croûte.

APRÈS-MIDI

14h30 **Jardin et musée Christian-Dior** (p.397) Dirigez-vous vers la romantique villa Les Rhumbs, maison d'enfance du couturier, pour admirer robes et accessoires de créateurs. Vous flânerez ensuite dans le jardin, ponctué de bornes aux divers parfums Dior et prolongé par une célèbre roseraie. En été, vous pouvez y prendre un thé dans un gracieux mobilier Belle-Époque en admirant la vue sur la mer. Tout près de la villa, la **plage du Plat-Gousset** (p.400) invite à une vivifiante baignade !

17h30 **Pignon-Butor** (p.406)
Pour profiter au mieux des lumières de fin d'après-midi, empruntez la D911 qui longe le littoral jusqu'aux falaises de Carolles : là se dessine une première esquisse du Mont-Saint-Michel. Un sentier vous mènera jusqu'à la **pointe de Champeaux**, où la baie se révèle encore plus nettement.

SOIRÉE
Dîner **Au marquis de Tombelaine** (p.411), excellent restaurant où le poisson est roi, sur les falaises de Champeaux.
OU sur les quais de Granville autour d'une pêche finement cuisinée : **La Citadelle** (p.409), ou le **restaurant du Port** (p.409).
22h **Verre au Purple Lounge** (p.398), le *drink bar* du Casino, où vous pourrez aussi flamber autour des machines à sous, black-jack et autres jeux de table.
Nuit **sur la côte** : réservez soit à l'**hôtel Les Hermelles** (p.410) pour son beau panorama sur l'îlot de Tombelaine ou, plus luxueux, aux **Hauts de la baie du Mont-Saint-Michel** (p.411).

Samedi à Avranches

Avranches, ancien évêché, détient les secrets du Mont-Saint-Michel, tandis que le pourtour de la baie promet de fabuleux périples !

MATINÉE
9h **Basilique Saint-Gervais** (p.380)
On y admire le Trésor de l'ancienne cité épiscopale, dont le fameux crâne troué de l'évêque Aubert, qui aurait voué le Mont à saint Michel. Faites ensuite un crochet rapide au **salon de thé Gilbert Denou** (p.381) pour faire le plein de souvenirs gourmands.

UNE TRAVERSÉE À PIED
Qui n'a jamais rêvé d'imiter les pèlerins et de marcher jusqu'au Mont-Saint-Michel ! Au départ de Genêts, les traversées menées par la Maison du guide (p.366) se font en un aller-retour (5-6h) sur une marée basse. Au passage, vous côtoierez la réserve naturelle de Tombelaine.

10h30 **Scriptorial** (p.378) Donnez-vous au moins 1h30 pour découvrir les manuscrits du Mont-Saint-Michel, si précieusement gardés par la Ville.
Déjeuner **Le Pot d'Étain** (p.388), pour ses galettes de blé noir, ou **Tartines et Découvertes** (p.381), pour ses copieux en-cas.

APRÈS-MIDI
14h-19h Diverses possibilités selon les horaires et les réservations.
Écomusée de la baie du Mont-Saint-Michel (p.382) Il est situé à 8km d'Avranches, entre lande et mer. Son exposition passe au peigne fin toutes les ressources naturelles de la baie. Faites ensuite un détour vers le **Grouin du Sud** (p.363), à 1km de là, vous trouverez un observatoire de choix lors des grandes marées. À 30m du musée, les marcheurs s'engagent sur le GR® 223 ponctué de beaux points de vue sur la baie.
ET/OU Une randonnée en VTT, à louer à l'avance chez Sport Évasion (p.368), qui organise aussi randonnées et itinéraires GPS au départ de Champeaux, Genêt ou Saint-Jean-le-Thomas.
ET/OU Une balade insolite sur la grève à partir du Val-Saint-Père : un raid à cheval avec le centre équestre de l'Avranchin (p.368), ou, avec le renfort de la météo, un survol de la baie en avion, ULM, ou Montgolfière sur réservation uniquement (p.369).

SOIRÉE
Retour à Avranches. Avant la tombée de la nuit, baladez-vous au jardin des Plantes (p.380), joliment illuminé les soirs d'été.
Apéritif et dîner Au **Tripot** (p.388), à la fois familial et branché, également bar à vins.

Dimanche au Mont

Vous voici sur le Mont ! Hissez-vous maintenant jusqu'à l'église abbatiale, à la pointe du rocher, et admirez la baie.

MATINÉE
8h **Route vers le Mont** Garez-vous sur le parking à 2,5km du Mont, puis marchez jusqu'à la station de navettes (p.352), ou gagnez directement le Mont par l'allée piétonne de la digue. En chemin, vous ferez halte sur le pont du barrage, pour regarder le rocher dans le petit matin.
9h **Abbaye** (p.356) De l'entrée du village, cette ascension vous prendra environ 20min. Deux options : vous pourrez visiter l'abbaye librement (arrivez tôt !) avec un audioguide ou choisir une visite conférence (cf. Conseils).
9h30 **Flânerie dans le village** (p.355) Si vous avez programmé la visite pour l'après-midi, arpentez ses ruelles pittoresques, truffées d'escaliers et de recoins, et suivez le chemin de ronde de tour en tour... Choisissez des itinéraires "bis" (p.353), En vous faufilant dans la foule, qui s'amplifie au fil des heures !
Déjeuner **La Mère Poulard** (p.372) L'institution touristique du Mont, pour ses omelettes mousseuses (attention, réservez environ 48h à l'avance).

APRÈS-MIDI
14h Visite de l'abbaye ou du village selon les options (voir plus haut).
16h **Balade insolite avec Gaëlle ou Amélie** (p.355) Pour découvrir mille et une anecdotes sur le Mont, ses maisons, ses habitants... (sur réservation).
18h **Rafraîchissement sur les remparts** Les bars-restaurants qui longent la Grand-Rue (p.354) offrent chacun leur terrasse, sous l'air iodé !

SOIRÉE
Dîner **Auberge de la baie** (p.374) Retour sur la terre ferme pour goûter à l'agneau de pré-salé, nourri sur les prairies montoises.

CONSEILS Réservez à l'avance une visite-conférence de l'abbaye (2h), qui vous ouvrira certaines cryptes et une église souterraine préromane. Les tickets sont alors à acheter sur place 30min à l'avance pour deux départs, l'un à 10h30, l'autre à 14h environ. Pour éviter l'attente à la billeterie, vous pouvez acheter un billet coupe-file sur le site Internet des monuments nationaux. *www.monuments-nationaux.fr*

Abbaye de Savigny-le-Vieux L'une des plus importantes abbayes anglo-normandes, aujourd'hui ruinée. Les fondations encore visibles et une porte romane bien conservée témoignent de son ampleur et de sa beauté passées ! Fondée par saint Vital en 1103, elle fut la seule abbaye cistercienne de Normandie avec l'abbaye Blanche-de-Mortain, elle-même fondée par la sœur du saint. *De Saint-Hilaire-du-Harcouët, prendre la D977 en dir. de Louvigné-du-Désert, indiqué sur la gauche à 6km*

☺ **Château de Parigny** Les propriétaires ou la gardienne vous feront découvrir cet élégant manoir, jadis seigneurie de la famille de Saint-Germain. Le logis central, flanqué de deux tours en poivrière, date de 1480. En partie détruit par une terrible bataille lors des guerres de Religion, la demeure subira par la suite une série de remaniements et agrandissements. Ainsi lui ajoutera-t-on un bâtiment à l'arrière et des commun au début du XVIIe siècle. Vers 1750, deux ailes aux tourelles coiffées d'un toit en forme de cloche viendront compléter le logis, tandis qu'un commun fermera le domaine. Au rez-de-chaussée du manoir, on admire le salon Bleu et la salle à manger, aux boiseries classées, ainsi que la cuisine et sa cheminée du XVIe siècle. Les dépendances, de superbes écuries et un colombier que desservait autrefois un escalier à vis, valent également le détour. À voir dans la cour, une horloge datant de 1632 : bien qu'un système électronique ait depuis longtemps remplacé ses poids, elle demeure l'une des plus anciennes de la région. *Route du Château* ***Parigny*** *(25km au sud d'Avranches et à 2km de Saint-Hilaire-du-Harcouët) Tél. 02 33 49 41 22 Visite sur rdv. juin-15 juil., début sept. et pendant les Journées du patrimoine*

● Où boire un verre, manger sur le pouce, assister à un spectacle... ?

L'Autre café Sur la rive du lac de la Roche qui boit, ce lieu insolite propose aux promeneurs de siroter un verre ou de grignoter une tartine, mais aussi de faire leurs emplettes d'antiquités à la brocante, ou d'assister à un spectacle (concerts, théâtre, etc.). Une halte bienvenue sur les sentiers de randonnées

Les pieds dans les lacs

Lacs artificiels du Sud-Manche Entre Ducey et Saint-Hilaire-du-Harcouët, la vallée de la Sélune fut noyée par la construction, en 1920, du barrage EDF de la Roche-qui-Boit et, en 1931, du barrage de Vezins, qui retient avec ses 35m de hauteur un lac de 16km de long ! Ses rives escarpées et arborées offrent l'occasion d'agréables promenades. À la **base de loisirs La Mazure**, on peut louer des pédalos (15€/h pour 4 places), des kayaks (10€/h, 2 places), jouer au tennis (7€/h), et camper en amont du lac (emplacement tente env. 10€). La base propose aussi gîte (4-6 pers.) et chalets (5-8 pers.) toute l'année. Gîtes de 310 à 420€ selon la saison et chalets de 310 à 500€ *À 10km de Ducey par la N176 dir. Saint-Hilaire-du-Harcouët, prendre la D85 sur la droite* **Base de loisirs La Mazure** *Les Biards Tél. 02 33 89 19 50 www.lamazure.com Ouvert mai-fin août*

qui longe le lac ou traverse la forêt, dans un cadre magnifique et reposant. *Le Rocher* ***Saint-Laurent-de-Terregatte*** *(20km au sud d'Avranches par Ducey, puis la D78 dir. Saint-Laurent sur 3,5km, et dir. camping du Bel-Orient) Tél. 02 33 48 57 81 www.larochequiboit.fr Ouvert avr.-oct. : mer.-dim.*

CARNET D'ADRESSES

Restauration, hébergement

très petits prix

Le Pot d'Étain Les Avranchinais aiment bien leur petite crêperie, la seule du bourg à honorer dignement ce titre. Il est vrai que l'on y prépare des galettes 100% blé noir, avec un choix infini de garnitures, dont de nombreuses compositions à trois ou quatre ingrédients. En dessert, de fines crêpes de froment (tentez celle aux fruits rouges) et un bon choix de glaces servies avec une généreuse portion de chantilly. À partir de 4,80€ (galette) et 3,50€ (crêpe), formule à 7,80€. *4, rue du Pot-d'Étain* ***Avranches*** *Tél. 02 33 58 24 32 Ouvert juil.-août : tlj. midi et soir ; hors saison : lun.-mar. et jeu.-dim. midi et soir*

prix moyens

Restaurant Le Littré Une valeur sûre pour déguster une cuisine traditionnelle (terrines maison, rognons persillade, confit de canard...) de bonne tenue enfoncé dans les gros fauteuils d'une première salle au charme *British*, sous les chaleureuses boiseries d'une deuxième salle plus rustique ou bien encore dans une véranda aux airs champêtres sous le soleil de fin de soirée. L'accueil est très agréable. Menus de 12€ (midi) à 32€, 7€ pour les enfants. *8, rue du Dr-Gilbert* ***Avranches*** *Tél. 02 33 58 01 66 Fermé dim. et lun.*

☺ **Le Tripot** Un nom bien trompeur pour ce bar-restaurant branché qui sert une cuisine créative à prix doux. Au premier abord, le personnel pourrait paraître froid et pressé, mais on changera vite d'avis ! Les cuisiniers blaguent à tout-va par-dessus le comptoir de la cuisine ouverte, pendant qu'un serveur en tenue décontractée assure un service efficace. Dans les assiettes, le saumon "façon hareng" ou le filet d'agneau en croûte de parmesan ressemblent à des mini-paysages. Quant au dessert, ne manquez pas le succulent cigare fourré au chocolat noir ! Formules à deux ou trois plat de 16 à 32€. *11, rue du Tripot* ***Avranches*** *Tél. 02 33 60 59 23 www.letripot.fr Ouvert tlj. midi et soir*

Chambres d'hôtes Chez Jacqueline Poullain-Turquetil Une adresse qui mériterait de rester secrète : votre hôtesse, qui fuit les hordes de

GAMME DE PRIX	RESTAURATION	HÉBERGEMENT
Très petits prix	moins de 10€	moins de 40€
Petits prix	de 10 à 15€	de 40 à 60€
Prix moyens	de 15 à 25€	de 60 à 85€
Prix élevés	de 25 à 40€	de 85 à 120€
Prix très élevés	plus de 40€	plus de 120€

touristes, entend avant tout recevoir ses hôtes comme des amis. Située aux confins du vieux centre, mais à deux pas du Scriptorium, sa maisonnette, ancienne demeure paysanne, réserve une jolie surprise : une vue sur la vallée de la Sée. Adorable chambre pour 5 personnes sous un plafond bas aux poutres apparentes, avec un grand lit double, une annexe pour enfant, et une mezzanine lambrissée. Comptez 50€ pour deux personnes. *19, rue des Halles* ***Avranches*** *Tél. 02 33 48 69 73*

Hôtel-restaurant Au jardin des Plantes Les chambres, à la décoration un brin désuète, ont l'avantage certain de flirter avec le jardin des Plantes aux mille senteurs, tandis que certaines ouvrent sur la baie et, au lointain, le Mont-Saint-Michel. Au rez-de-chaussée, un restaurant de bonne réputation sert cette cuisine "grand-mère" qui a tendance à disparaître des tables : une tête de veau à l'ancienne, un poulet fermier d'antan, une poire Belle-Hélène... Menus de 16 à 20€. Double à partir de 65€ en haute saison, petit déj. 10€. *10, pl. Carnot* ***Avranches*** *Tél. 02 33 58 03 68 ww.hotel-restaurant-avranches.com Fermeture annuelle Noël-1er jan.*

prix élevés

Hôtel-restaurant de La Croix d'or Un véritable concentré de Normandie vous attend à la Croix d'or, dont la cuisine régionale s'apprécie avec plaisir dans un décor de pierres, de poutres, de casseroles en cuivre et de mobilier local (ah, l'armoire normande !) : filet de bœuf sur coulis de foie gras et foie gras poêlé, à la carte (elle change régulièrement) ou dans des menus de 26,50 à 53,50€ (19€ à midi en semaine). Les chambres sont charmantes et ouvrent sur le jardin, très fleuri et pourvu d'un tour de pressoir (le chemin de pierre circulaire sur lequel on écrasait les pommes avant d'en récupérer le jus). Double de 86 à 120€ avec douche ou salle de bains, familiale de 105 à 115€. Petit déjeuner 9,60€. Accès wifi. *83, rue de la Constitution* ***Avranches*** *Tél. 02 33 58 04 88 www.hoteldelacroixdor.fr Fermeture annuelle fin déc.-fin jan. Restaurant Ouvert mi-mars.-mi-oct. : tlj. ; hors saison : lun.-dim. midi*

Dans les environs

camping

Camping de la Vallée de la Sélune Un établissement très familial, plutôt bien placé malgré la proximité des axes routiers. Un sentier circulaire dessert la pelouse, bien entretenue et plantée d'arbres protecteurs. Vous y verrez mûrir des pommes à l'automne. Sanitaires impeccables et aire de jeux avec bac à sable. Tente pour deux 13€, 15€ avec un enfant. ***Pontaubault*** *(7km au sud d'Avranches) Tél. 02 33 60 39 00 Ouvert avr.-fin oct.*

très petits prix

☺ **Restaurant Les Genêts** Ce n'est pas parce que c'est simple que cela ne doit pas être soigné ! Dans ce restaurant-bar à la décoration joyeuse, les moules se dégustent avec de belles et grosses frites maison et les tartines (à la sardine, garnies d'une purée d'oignon...) comme les desserts (crème brûlée banane-citron vert, crumble pomme-mûre...) sont inventifs. On apprécie aussi l'ambiance décontractée, où personne ne se prend au sérieux. Jugez-en avec un café au comptoir, servi dans une jolie tasse colorée. Plat 8€. *36, Grande Rue* ***Genêts*** *(11km à l'ouest d'Avranches, sur le littoral) Tél. 02 33 70 84 19 Ouvert juil.-août : tlj. ; sept.-juin : mar.-dim.*

Auberge de jeunesse Un accueil jeune et très sympathique pour une AJ entièrement rénovée et très propre. La nuit revient à 19,60€ par personne avec petit déjeuner. Dortoirs de 2, 3, 4 ou 6 couchages - mais les couples pourront tout de même demander une chambre twin (pas de lit double). Demi-pension possible le soir (31,60€/pers.) et pique-nique fourni à midi (8,50€). Adhésion FUAJ obligatoire (11€, réduit 7€, famille 2€). *28, rue de l'Ortillon* ***Genêts*** *(à la sortie du bourg vers le nord) (11km à l'ouest d'Avranches, sur le littoral) Tél. 02 33 58 40 16 Ouvert avr.-sept.*

Un lit au Pré-Ferme de la Moricière Développé dans plusieurs fermes de France, de préférence sous les climats frais, ce concept de retour (confortable) à la nature fait fureur auprès des vacanciers usés par la frénésie urbaine. Loin de la télévision et du confort éléctroménager, on se ressource en séjournant sous une tente aménagée comme une maison, et plantée sur un site exceptionnel. On fait sa cuisine au four à bois, on rencontre le fermier, on échange... Une expérience à tenter avec les enfants ! Ici, juste au-dessus de la ferme de la Moricière et de son troupeau d'oies, vous ferez face au Mont-Saint-Michel. Tente pour 6 personnes et 2 nuits minimum à partir de 215€, semaine à partir de 615€. *La Moricière* ***Sartilly*** *(12km au nord d'Avranches par la D973, env. 1km avant d'arriver à Sartilly) Tél. 01 76 43 00 61 ou 01 41 31 08 00 www.unlitaupre.fr*

petits prix

☺ **Chez François** L'adresse vraiment incontournable de la zone, haute en couleur et très chaleureuse pour faire un véritable banquet gaulois ! Sur vos bancs face à de grandes tablées, vous devisez gaiement avec vos voisins pendant que François grille dans la cheminée de parfaits petits pieds de cochon (voire un groin ! 24€ pour 2 personnes) farcis au boudin noir (env. 11€) et drôlement "goûtus" ! Vous pouvez également opter pour des grillades plus traditionnelles (agneau 11€, porc 10€). Entrées autour de 5€. En toute logique, il est indispensable de réserver à l'avance. François propose par ailleurs cinq petites chambres, simples mais impeccables (38€ avec douche). Petit déjeuner (copieux bien sûr !) 7€. ***Genêts*** *Face à la mairie (11km à l'ouest d'Avranches, sur le littoral) Tél. 02 33 70 83 98 www.chezfrancois.fr Ouvert ven.-mar. Fermé 15 jours en fév. et quelques semaines au mois d'oct.*

Chambres d'hôtes Le Grand Moulin Le Comté Nichée dans un hameau verdoyant, cette ferme du XVIIIe siècle offre un bon point de départ pour une traversée de la baie, à pied ou à vélo. Alan et Gwen, un couple d'Anglais amoureux de nature et d'animaux, vous accueilleront à bras ouverts et seront d'excellent conseil pour rayonner dans la région. Les cinq chambres, à l'étage ou ouvrant sur une cour fleurie, sont simples, mais spacieuses et charmantes. La ferme propose aussi un confortable gîte pour 3 ou 4 personnes (avec barbecue et meubles de jardin). Double 40€, gîte de 210 à 350€ selon la saison. ***Bacilly*** *(9km au nord-ouest d'Avranches, par la D911, puis la D41) Tél. 02 33 70 92 08*

prix elevés

Chambres d'hôtes Villa Saint-Jean Bien qu'en bordure de la route côtière, vous goûterez ici au calme parfait de Saint-Jean-le-Thomas, village de bord de mer surnommé "le Petit Nice" de la Manche ! Construite au pied d'une falaise, la villa, de style balnéaire des années 1920, abrite quatre chambres d'hôtes sobres et raffinées qui ouvrent sur le jardin ou sur la mer. Les petits déjeuners, servis dehors aux beaux jours, sont mémorables avec leurs madeleines sortant du four et les confitures de Magali. Double à 75€ selon la saison. *5, av. de la Libération* ***Saint-Jean-le-Thomas*** *(16km au nord-ouest d'Avranches, par la D911) Tél. 02 33 60 83 91 www.villasaintjean.com*

Le Moulin de Dragey La longère villageoise et son adorable jardin se louent de préférence à des familles ou à des groupes d'amis, le principe des propriétaires étant de privilégier l'intimité des lieux et de ne pas réunir des hôtes qui ne se connaîtraient pas. Situées à l'étage, les trois chambres éblouissantes de blancheur, dégagent un charme serein. Au réveil, un joli plateau de petit déjeuner vous attend dans la salle de séjour privative. Chambres à 71, 54 et 20€ (enfant). Et la mer est à 800m ! *6, rue Puits-Vignon* ***Dragey-Ronthon*** *(15km au nord-ouest d'Avranches, par la D911) Tél. 02 33 48 38 69 www.lejardindedragey.com*

Hôtel-Restaurant Le Gué du Holme Ce restaurant gastronomique sait faire partager les bonnes choses en proposant, à midi en semaine, une carte du marché, où vous piocherez une entrée à 8€, un plat à 10€ et un dessert à 5€. Décoration soignée et service attentionné. Au menu (de 25 à 49€), terrine de foie gras de canard au ratafia, pavé de turbot grillé au coulis de homard ou homard grillé des îles Chausey... Carte des vins en rapport. Laissez-vous tenter ! Belles chambres, calmes et très confortables, double à partir de 78€. Petit déj. à 11€. *Saint-Quentin-sur-le-Homme* ***Ducey*** *(11km au sud d'Avranches, face à l'église) Tél. 02 33 60 63 76 www.le-gue-du-holme.com Ouvert haute saison : mar.-ven. et dim. midi et soir, sam. soir ; basse saison : mar.-ven. midi et soir, sam. soir, dim. midi*

GRANVILLE

50400

L'ancienne cité de corsaires et de terre-neuvas brave toujours la mer du haut de son roc. Dans les vieilles ruelles de granit de la Haute Ville, dont l'air marin est cisaillé par les cris des goélands, on s'attendrait presque à les croiser encore. Mais on ne le peut plus qu'au moment du joyeux carnaval de la ville... Car aujourd'hui, la mer est devenue le terrain de jeu favori des Granvillais ! Son bleu intense est tout frémissant de voiles blanches faisant ballet entre le port et les îles Chausey et, à terre, sous les airs espagnols de l'église Saint-Paul, les élégantes villas Belle Époque de la "Monaco du Nord", comme on la surnomma alors, invitent à retrouver les joies des premiers bains de mer. Matelots, à l'abordage !

UNE CITÉ DE TOUTES LES MERS Vieux de six cents millions d'années, l'isthme sur lequel est construite la cité est resté vierge jusqu'à ce que les Anglais décident, pendant la guerre de Cent Ans, d'en faire une place forte avancée pour partir à l'attaque du Mont-Saint-Michel. Reprise par les Français, la ville connaît un développement rapide à l'abri de ses imposants remparts et devient, au milieu du XVIIIe siècle, le port de grande pêche le plus important du Cotentin, concurrençant même Saint-Malo ! Deux mille cinq cents marins partent alors chaque année à l'assaut des bancs de morues qui fraient au large de Terre-Neuve, tandis que de nombreux corsaires pillent consciencieusement les navires anglais pour le compte de la couronne de France. Au début du XIXe siècle cependant, les Anglais prennent le contrôle de l'Atlantique et privent la ville de ses ressources séculaires. L'essor du tourisme balnéaire lui offre un nouveau souffle et un deuxième visage : les villas de villégiature fleurissent à proximité de la plage du Plat-Gousset et gagnent peu à peu tout l'arrière du roc, le casino est inauguré en 1858 et le Grand Hôtel en 1911… Enfin, avec le développement des sports nautiques, la qualité du plan d'eau qui relie la ville au magnifique archipel des îles Chausey redonne de l'animation aux quais, marqués, en 1975, par l'achèvement du port de plaisance. Aujourd'hui, le Centre régional de nautisme de Granville vient au troisième rang des écoles de voile françaises avec plus de sept mille stagiaires accueillis chaque année.

MODE D'EMPLOI

accès

EN VOITURE

Granville se situe à 340km (env. 3h30) de Paris par l'A13 jusqu'à Caen, à 105km (env. 1h15) de Caen par l'A84 et la D924 à partir de Villedieu-les-Poêles, à 29km au nord-ouest d'Avranches par la D973, à 30km au sud de Coutances par la D971 et à une cinquantaine de kilomètres de Cherbourg.

Circulation et stationnement La topographie particulière de Granville peut rendre la circulation assez exaspérante. De nombreux sens interdits n'aident pas à trouver les deux points d'entrée de la Haute Ville, situés en haut de la rue des Juifs (plan 8, C1) ou à l'issue de la zone portuaire, et le rond-point du port, où la circulation est très dense en été, s'avère rapidement incontournable. Nous vous conseillons donc de garer votre voiture au plus vite (si vous le pouvez…) et de parcourir la ville à pied. La Haute Ville est interdite au stationnement la nuit (garez-vous alors sur le parking de la caserne, situé à l'avant du roc, ou sur celui à proximité du Centre régional de nautisme, immense et gratuit). En revanche, hors saison, elle offre de nombreuses places gratuites.

EN TRAIN

SNCF Liaison directe avec Paris-Montparnasse : 3h05 de trajet. À environ 1h50 de Caen, avec changement à Coutances ou à Lison. **Gare (plan 8, D1)** *Place Pierre-Sémard Tél. 36 35 www.ter-sncf.com*

EN CAR

Manéo Les transports en commun Manéo desservent les différentes villes de la côte de Granville jusqu'à Avranches, et plus rarement jusqu'au Mont-Saint-Michel. Ils relient également Granville à Coutances et à Saint-Lô (notamment entre gares SNCF). *Tél. 0800 150 050 http://transports.manche.fr*

Ligne Baie En juillet-août, ce réseau de TER et d'autocars sillonne la baie du Mont-Saint-Michel entre Granville et Saint-Malo et dessert aussi Avranches (à 20min de Granville, et 1h de Saint-Malo). *Renseignements à l'OT www.lignebaie.fr*

orientation

La ville est divisée en trois secteurs. Le **cœur historique** est abrité derrière les remparts, longés, au sud, par le port. Côté terre, dans la Tranchée des Anglais qui protégeait l'accès à la Haute Ville, s'étend le **quartier balnéaire**, avec la plage du Plat-Gousset et le casino. La rue Couraye est commerçante sur toute sa longueur jusqu'à la gare.

informations touristiques

Office de tourisme (plan 8, C1) Il organise des visites guidées de la ville du mardi au samedi de mi-juillet à fin août pour les individuels (durée de 1h30 à 2h, se renseigner pour les horaires). *4, cours Jonville Tél. 02 33 91 30 03 www.ville-granville.fr Ouvert juil.-août : lun.-sam. 9h-18h30, dim. 10h-17h30 ; le reste de l'année : lun.-sam. 9h-12h30 et 14h-18h (17h30 oct.-mars)*

visites guidées

Médiathèque Charles-de-la-Morandière (plan 8, C1) Elle propose tous les mercredis de mi-juillet à mi-août des balades littéraires dans la ville (durée 2h). Également un accès Internet : 1€ env. la demi-heure, puis 2€ l'heure. *Rue Clément-Desmaisons Tél. 02 33 50 34 09 Ouvert mar., jeu. et ven. 13h-18h ; mer. 10h-12h et 13h-18h, sam. (sauf juil.-août) 10h-17h*

marchés, fêtes et manifestations

Marché du cours Joinville (plan 8, C1) De très bons poissonniers et de beaux produits du terroir. *Cours Joinville*

Marché de la place du 11-novembre 1918 (hors plan 8 par D1) *Mer. matin*

Marché de Saint-pair-sur-Mer *Ouvert jeu. matin*

Marché de Donville-les-Bains *Ouvert dim. matin*

Marché de Julouville *Ouvert juil.-août : mar. et ven. matin (il remplit tout le village)*

Carnaval Défilé des enfants le samedi, cavalcade le dimanche, "bal à papa" le lundi soir et mise à feu de Monsieur Carnaval le jour de Mardi gras. *En fév.-mars*

Grand Pardon Célébration religieuse en plein air, avec bénédiction de la mer. *Dernier dim. de juil.*

Les sorties de bain Un joyeux et délirant festival de spectacles de rue, organisé par le théâtre de l'Archipel. *Place du Maréchal-Foch Tél. 02 33 69 27 30 www.sortiesdebain.com www.archipel-granville.com 4 jours fin juil.*

DÉCOUVRIR

Granville

☆ **Les essentiels** Le jardin et le musée Christian-Dior **Découvrir autrement** Promenez-vous sur les remparts, admirez les voiliers granvillais qui évoluent dans le port lors du Grand Pardon en juillet, faites un stage de voile au Centre régional de nautisme

☺ La Haute Ville et le port

Remparts et centre historique (plan 8, A1-A2-B1) C'est le cœur historique de Granville, cerné par la mer et heureusement épargné par les bombardements de 1944. Une balade au cœur de ses nobles ruelles de granit, authentiques et attachantes, s'impose. Les **remparts** actuels datent des XVIIIe et XIXe siècles, les Anglais ayant ruiné ceux qu'ils avaient construits au XVe siècle au cours de bombardements en 1695 et 1803. La porte Saint-Jean (XVIIIe siècle) protégeait l'entrée de la ville à l'avant du rocher. La Grand'Porte (vers 1630) constituait, avec son pont-levis, l'entrée principale, au-dessus du port. On doit au succès de la grande pêche la plupart des maisons de granit de la cité. Parmi elles, l'hôtel Ganne-Destouches et l'hôtel Picquelin, rue Saint-Jean, se distinguent par leur élégance. Enfin, ne manquez pas de vous rendre à la **pointe du Roc**, pour son beau point de vue sur la côte.

GOURMANDISES À L'AQUARIUM

Installé sur son roc, ce café décoré dans l'esprit de l'aquarium, dont il dépend, arrive à point nommé avant ou après une visite. On peut y manger sur le pouce ou s'y offrir un délicieux goûter : gaufres et autres douceurs, dont un fondant tiède au chocolat décoré de bonbons ! Aux beaux jours, on profitera de l'agréable terrasse sur le toit, dominant au loin le port. **Le Roc des gourmandises (plan 8, A2 n°2)** *1, bd Vaufleury Pointe du Roc Tél. 02 33 50 19 83 www.aquarium-du-roc.com Ouvert avr.-sept. : tlj. 10h-19h ; oct.-mars : tlj; 10h-12h30 et 14h-18h30*

Aquarium Le Roc des Harmonies (plan 8, A2) Beaucoup plus modeste que l'aquarium de Saint-Malo ou que la Cité de la mer de Cherbourg, mais tout aussi plaisant pour les enfants. Outre les poissons, quelques attractions originales : la "Féerie des coquillages", le "Palais minéral" et le "Jardin des papillons et des insectes". *1, bd Vaufleury Pointe du Roc Tél. 02 33 50 19 83 www.aquarium-du-roc.com Ouvert avr.-sept. : tlj. 10h-19h ; oct.-mars : tlj. 10h-12h30 et 14h-18h30 Tarif 8,70€, étudiant 6,50€, 4-14 ans 5,50€*

Église Notre-Dame (plan 8, B1) C'est l'église de cœur des anciens pêcheurs de la ville. Elle aurait été édifiée en l'honneur de Notre-Dame-du-Cap-Lihou, dont la statue aurait été miraculeusement retrouvée dans les roches du même nom. L'œuvre, sans doute du XIVe siècle, est toujours visible dans la chapelle qui lui est consacrée, à gauche de la nef. La construction de l'édifice aurait débuté pendant l'occupation anglaise. La tour et les premières travées furent achevées au XVe siècle, le sanctuaire, les chapelles et le déambulatoire au XVIIe siècle. Les dorures du maître-autel, du XVIIIe siècle, tranchent avec le sobre granit de Chausey du bâtiment. Ses arcatures massives reposant sur de basses colonnes donnent également une idée de la piété franche des marins.

Musée du Vieux-Granville (plan 8, B1) Ce musée régionaliste occupe le logis du Roi, construit au XVIIe siècle au-dessus de la Grand'Porte. Tableaux et vestiges de bateaux (belle figure de proue du XVIIIe siècle et réjouissant coffre de corsaire du XVIIe siècle !) retracent l'histoire des grandes pêches et des courses. Meubles et costumes traditionnels évoquent quant à eux la vie

GRAND PARDON
Sachez qu'à l'occasion du Grand Pardon, célébration qui a lieu à la fin du mois de juillet, toute la flottille granvillaise quitte le port en grand apparat dans l'après-midi pour la bénédiction de la mer. Le spectacle est beau vu de la digue mais, si vous redoublez de gentillesse, vous pourrez peut-être réussir à monter sur l'un des bateaux...

à terre. Un folklore vraiment révolu, comme le rappelle, entre autres coiffes manchoises, l'étonnante “Comète de Cherbourg”, bien nommée au vu de ses incroyables ailettes. Expositions temporaires en été dans la Halle aux blés, rue du Roc. *2, rue Lecarpentier (Haute Ville) Tél. 02 33 50 44 10 Ouvert oct.-mars : mer., sam. et dim. 14h-18h et sur rdv ; avr.-sept. : lun. et mer.-dim. 10h-12h et 14h-18h (18h30 en juil.-août) Tarif 1,80€ et 1€*

Le *Marité* (plan 8, B1) Construit en 1922, le dernier voilier terre-neuvier subsistant fut aussi l'un des derniers à prendre le large pour Terre-Neuve, où l'on pratiquait la pêche à la morue depuis le XVIe siècle. À la fin des années 1970, deux jeunes marins suédois dénichent le fameux morutier réduit à l'état de quasi-épave sur les îles Féroé. Ils entreprennent sa restauration et, dès 1987, le *Marité* vogue pour des croisières et participe à de grands événements nautiques. Au début des années 2000, il est racheté par une association française qui lui redonne son lustre d'autrefois. Amarré dans le port de Granville, le somptueux trois-mâts, long de 47m, s'offre à tous les regards, et l'ouverture prochaine d'un musée présentant une exposition audiovisuelle sur l'histoire des terre-neuvas est annoncée. En 2012 également, le voilier naviguera à nouveau pour des promenades en mer. À la belle saison, le village du *Marité*, installé autour du bateau, propose une mini-exposition en plein air, avec photos et panneaux pédagogiques, et une boutique. Des concerts de chant et des ateliers pour tous, toujours sur le thème de la mer, y sont aussi organisés. *Sur le port www.lemarite.com Ouvert avr.-oct. : mer.-dim. 14h-18h ; juil.-août : tlj. 11h-19h Tarif 3€, réduit 1,50€*

Où boire un verre ?

La Rafale (plan 8, B1 n°1) Au cœur de la Haute Ville, le bistrot de famille des habitants de l'ancienne cité de pêcheurs, avec comptoir en chêne, banquettes de bois et de cuir, petite bibliothèque, au mur photographies et tableaux qui changent régulièrement. Toute une atmosphère... Au gré des heures, le lieu paraît calme comme un port qui attend le retour des marins ou chaleureux comme une taverne où se fête dignement leur retour à la maison... Pression 2,20-3,10€, apéritif anisé 2,10€. *6, pl. Cambernon Tél. 02 33 50 10 01 Ouvert juin-août : tlj. ; le reste de l'année : lun., jeu.-dim. 10h-21h*

☺ Embarquer sur un vieux gréement Plusieurs bateaux tout de bois et de mâts se proposent de vous embarquer pour une journée ou une demi-journée en mer. Nous vous le conseillons vivement ! Vous naviguerez sur la mer turquoise de l'archipel des îles Chausey, au milieu des cordages et sous les voiles gonflées par le vent, avec toujours à l'horizon l'ombre minuscule du Mont-Saint-Michel posé comme un pin's sur la mer ! Ultime ravissement, la sortie se passe rarement sans que les dauphins (un peu plus d'une centaine ont colonisé les eaux granvillaises, dont la douceur et la richesse leur sont favorables) viennent jouer autour du bateau, parfois un long moment. Vous pourrez

Plan 8 Granville

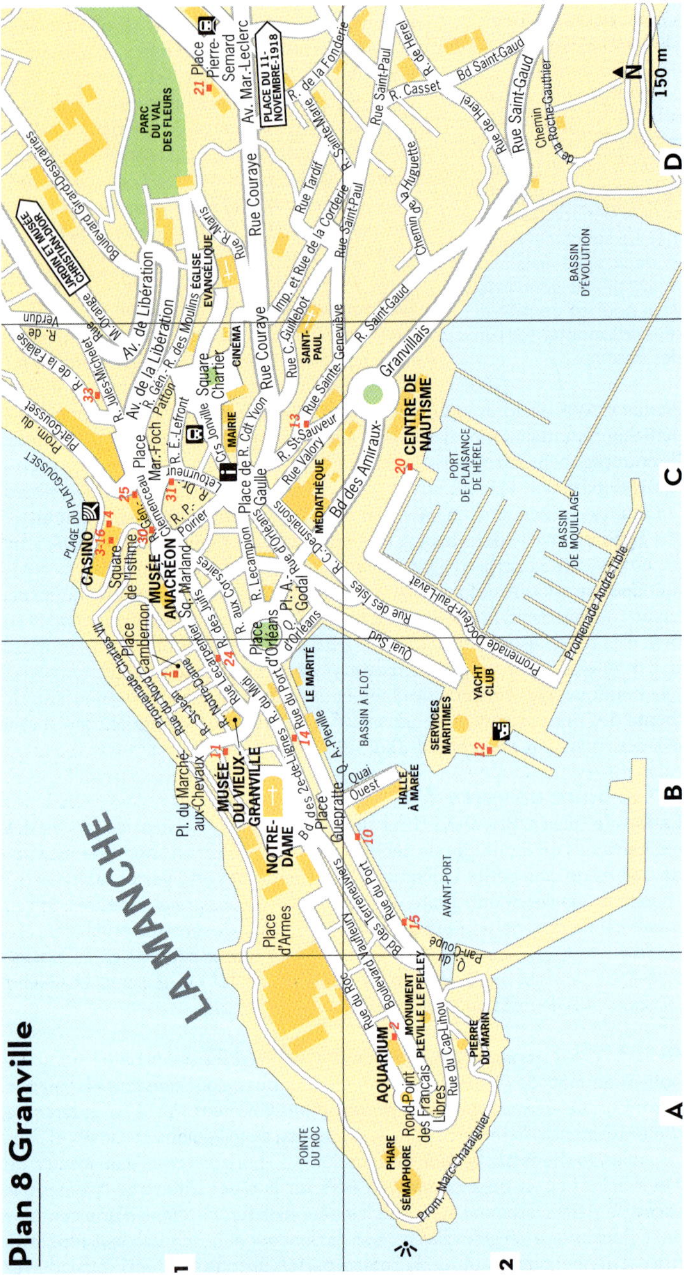

également prendre la barre, et aurez peut-être alors la chance, de foncer avec le bateau sur un banc de sable afin de l'y échouer, pour vous balader ensuite sur le lagon en attendant que la mer remonte...
Association des vieux gréements granvillais-Maison de la Bisquine (plan 8, C2) Elle centralise les réservations. *43, bd des Amiraux Tél. 02 33 90 07 51 www.lagranvillaise.org*
La Granvillaise Possibilité d'embarquer 26 personnes à bord. Tarif 70€ par adulte pour une journée, 50€ la demi-journée ; moins de 16 ans 45 et 30€.
Le Lys noir Maximum 23 passagers. Tarif 70€/pers. la journée. *Tél. 06 78 90 67 49 www.lys-noir.com*
Le Courrier des Îles Maximum 15 personnes. Tarif 980€ la location du bateau pour une journée, 600€ la demi-journée. *Tél. 02 33 50 49 80*

☺ Le centre-ville et le quartier balnéaire

Musée d'Art moderne Richard-Anacréon (plan 8, C1) Ce célèbre libraire parisien côtoya tous les grands noms de la scène culturelle et artistique montmartroise et montparnassienne au milieu du XXe siècle. Il légua à sa ville natale la riche collection qu'il constitua durant ces années : les éditions originales, manuscrits et correspondances de Cocteau et les dessins, peintures ou gravures d'Utrillo, de Picasso et de Dufy donnent, entre autres, une juste idée de l'agitation culturelle qui contribua à l'essor de l'art moderne. Le musée organise également d'ambitieuses expositions temporaires chaque année. *Place de l'Isthme (Haute Ville) Tél. 02 33 51 02 94 Ouvert juin-sept. : mar.-dim. 11h-18h ; hors saison : mer.-dim. 14h-18h Fermé 1er mai et jan. Attention, le musée peut être fermé à l'occasion de la mise en place des expositions temporaires Tarif env. 2,70€, 11-18 ans 1,40€*

☆☺ **Jardin et musée Christian-Dior (hors plan 8 par D1)** Le grand couturier Christian Dior (1905-1957) passa son enfance dans cette superbe villa rose dont le jardin domine la mer. Il faut absolument se promener sous les ramures de ses arbres centenaires et dans sa magnifique roseraie, qui encadre la côte jusqu'au havre de Regnéville ! La maison ne manque pas moins de charme : tous les étés y sont exposées, selon un thème habilement choisi, des créations des différents couturiers qui ont fait le renom de la marque jusqu'à nos jours. Les fameuses tenues de ville si modernes pour les années 1930 de Dior lui-même, puis les élégantes compositions d'Yves Saint Laurent et enfin les extra-

UN THÉ CHEZ DIOR L'été, il est délicieux de s'attarder dans le jardin, aménagé dès 1925 avec sa pergola et son miroir d'eau, pour profiter du salon de thé de style 1900, dont la terrasse ouvre sur la mer. Installé sur des chaises en fer forgé vieux rose ou vert cèdre, on y déguste des pâtisseries fines et des thés aux délicats parfums de fleurs, dans des tasses en porcelaine ornées de roses dites "Redouté" (du nom du botaniste et artiste qui les créa au XVIIIe s.). **Salon de thé** *Ouvert juil.-août : tlj. 11h-18h (acces indépendant du musée)*

vagantes trouvailles de John Galliano retracent avec brio l'histoire de la mode contemporaine. Une admirable collection de flacons de parfum présentée dans le jardin d'hiver donne une haute idée du raffinement à la française ! *Villa Les Rhumbs 1, rue d'Estouteville Tél. 02 33 61 48 21 www.musee-dior-granville.com Ouvert début mai-fin sept. : tlj. 10h-18h30 Jardin Ouvert toute l'année Tarif env. 6€ (selon expos), réduit 4€, moins de 12 ans gratuit (musée)*

Où déguster une glace ?

Yver Glacier (plan 8, C1 n°4) Face au casino de Granville, à deux pas du bord de mer, un joli comptoir jaune et rose bonbon où emporter de très bonnes glaces à l'abricot, à la pomme verte, à la banane ou au caramel au beurre salé... De 2,20€ pour une simple à 6€ pour une géante. Le magasin dépend de la pâtisserie du même nom située dans le centre-ville, où l'on peut également acheter de bonnes gourmandises, glacées ou non. **Comptoir** *Place du Casino Ouvert avec l'arrivée des beaux jours lun.-sam. : 14h-19h, sam.-dim. : 11h-19h, nocturne en juil.-août* **Boutique (plan 8, C1)** *26bis, rue Lecampion Tél. 02 33 50 05 24*

Où manger sur le pouce, boire un verre ?

☺ **La Picorette (plan 8, C1 n°13)** Prévoyez sans doute une petite attente... À l'heure du déjeuner, les Granvillais se précipitent vers ce salon de thé chaleureux, où les en-cas sont de vrais bonheurs ! La carte du jour propose, outre une viande ou un poisson (13,50€), deux tartes salées (9,50€). Ici, vous ne trouverez que des produits extrafrais : les scones – qui se dégustent avec un petit pot de confiture au choix –, les moelleux, clafoutis, et autres crumbles sortent du four au fur et à mesure. Il ne vous reste plus qu'à choisir le thé approprié en explorant la carte aux mille saveurs. Vous pourrez aussi opter pour la vente à emporter (de 6 à 33€ les 100g). *22-24, rue Saint-Sauveur Tél. 02 33 59 93 49 www.picorette.fr Ouvert juil.-août : tlj. 10h-19h ; hors saison : mar.-sam. 10h-19h*

Boire un cocktail en soirée, flamber au casino

Purple Lounge (plan 8, C1 n°3) Des tables rondes rouge pop art, des colonnes néo-grecques, un escalier métallique... Si la déco du drink bar du casino hésite entre kitsch et style années 1960, voici du moins un endroit intime pour siroter un cocktail glacé (5€) dans une ambiance musicale veloutée. Tranquille durant la semaine, le bar s'anime de soirées DJ ou à thème le week-end. *Casino de Granville Place du Maréchal-Foch Tél. 02 33 50 00 79 www.casino-granville.com Ouvert dim.-jeu. 19h-2h30, ven.-sam. 19h-3h30*

Casino de Granville (plan 8, C1) Le bâtiment fut achevé en 1911 dans le plus pur style de l'époque. De tonitruantes machines à sous lui donnent aujourd'hui plutôt un petit air de Las Vegas... *Place du Maréchal-Foch Tél. 02 33 50 00 79 www.casino-granville.com Ouvert tlj. 10h-4h* **Bar Lounge** *Ouvert tlj. à partir de 19h*

Où trouver de vrais petits bijoux ?

☺ **Turquoise (plan 8, C1 n°31)** Une charmante boutique aux couleurs acidulées dont les bijoux font le bonheur des Granvillaises. Les créations, dues à des artisans locaux ou du Grand Ouest, rivalisent d'originalité et d'invention. Toutes les couleurs, toutes les formes et toutes les matières à prix vraiment doux : boucles d'oreilles entre 5 et 18€, bracelets entre 10 et 35€, colliers entre 10 et 55€. *8, rue Dr-Letourneur Tél. 06 07 15 88 14 Ouvert haute saison : lun.-sam. 10h-12h30 et 14h30-18h30, dim. 14h30-18h30 ; basse saison : lun. 14h30-18h30, mar.-ven. 10h-12h30 et 14h30-19h, sam. 10h-13h et 14h30-19h (fermé mer. en jan.-mars)*

Où acheter des souvenirs gourmands ?

☺ **Un poil gourmand (plan 8, C1 n°30)** On ne sait plus où donner de la tête dans cette épicerie fine, grande certes, mais presque pas assez pour contenir toutes ses merveilleuses gourmandises. L'énergique propriétaire travaille avec de petits producteurs, essentiellement normands, et sélectionne les meilleurs produits comme les plus originaux : beurres à toasts (d'huîtres, de coquilles Saint-Jacques...), moutardes au vinaigre de cidre, pâtes au jus de truffe, caramels, confitures aux noms espiègles, "de bisous" à la clémentine-pêche, "de sorcière" aux fruits noirs, ou encore le "gratte-cul" à l'églantier... De quoi ravir les amateurs de bonnes choses ! *3, rue Georges-Clemenceau Tél. 02 33 50 68 68 www.unpoilgourmand.com Ouvert lun. 14h-19h, mar.-sam. 10h-12h30 et 14h-19h30, dim. 10h30-13h et 15h-19h Semaine de Noël : tlj. 9h30-20h*

Où acheter du poisson, visiter une saumonerie ?

Saumonerie Granvillaise (hors plan 8 par D1) Rodolphe fume ses saumons et autres poissons au bois de hêtre, essence noble. De l'arrivage dans un coffre à glace aux fines tranches que l'on déguste, en passant par le salage et l'affinage, la visite de son atelier vous donnera une idée du processus de transformation

Le carnaval de Granville : une véritable intrigue !

Un peu plus que centenaire dans sa forme actuelle, le carnaval de Granville descend en ligne directe des festivités qui entouraient le départ des pêcheurs pour Terre-Neuve au moment du Mardi gras. Outre les "cavalcades" (défilés de chars) et la mise au bûcher de Monsieur Carnaval, la manifestation granvillaise cultive une tradition unique : "**intriguer les gens**". Elle permettait autrefois de régler ses comptes, elle permet surtout aujourd'hui de se faire offrir des verres à bon compte ! Méconnaissables sous leurs costumes, les Granvillais viennent braver leurs proches ou leurs connaissances et les somment de découvrir leur identité : à chaque mauvaise pioche, c'est un verre offert, mais la note revient à soi si l'on s'est trompé sur l'identité de celui qu'on croyait piéger ! Les ruinés d'un soir font tout pour se venger un autre soir, les quiproquos se multiplient, les uns jouissent, les autres se désespèrent et la ville se réveille chaque matin dans un piteux état !

d'un saumon tout frais pêché en filets fumés. Vous serez bien tenté, ensuite, d'emporter un morceau de sardine, de flétan blanc, de lieu jaune ou de saumon sauvage, préparés sur place. *210, rue du Conillot ZI du Mesnil (direction Villedieu-les-Poëles, puis Yquelon) Tél. 02 33 59 45 07 www.saumoneriegranvillaise.fr Ouvert mar.-sam. 10h-12h et 14h30-19h Visite Juil.-août (45min) : mar. et jeu. 17h ; vac. scol. : jeu. 17h Tarifs 3,50€, enfant 2,50€*

● S'offrir un bain de jouvence

Previthal (plan 8, C1 n°33) Situé face à la mer, cet institut propose des formules thalasso (de 164 à 246€ pour un week-end, cures d'une semaine de 429 à 946€), mais les installations sont accessibles aux non-curistes (24€ pour une entrée puis tarif dégressif) : cours collectifs de gymnastique, de renforcement musculaire et de cardio-training, hammam, sauna, piscine d'eau de mer… Les soins d'hydrothérapie, de kinésithérapie et d'esthétique sont en sus (de 8 à 60€). Une visite médicale est obligatoire dans tous les cas : valable un an, elle coûte 25€ et n'est pas remboursable. *3, rue Jules-Michelet Tél. 02 33 90 31 10 www.previthal.com Ouvert tlj. Fermé une semaine fin déc.*

● Aller à la plage, profiter des activités nautiques

Plage du Plat-Gousset (plan 8, C1) La plage du centre-ville, chic et assez fréquentée, dispose d'une piscine d'eau de mer qui reste remplie à marée basse : chauffée par le soleil, elle est idéale pour surveiller les enfants.

Centre régional de nautisme (plan 8, C2) Les experts peuvent gagner les îles Chausey et les débutants s'initier en toute sécurité sur les 10ha de plan d'eau qui bordent le port. L'une des plus importantes flottilles de France dispense de nombreux stages de plusieurs jours ou des cours aux enfants, aux adultes

Escapade sur les îles Anglo-Normandes

Normandes puis anglaises, Jersey, **Guernesey**, **Sercq** et **Aurigny** sont aujourd'hui indépendantes mais font toujours allégeance à la reine d'Angleterre, qu'elles persistent à nommer "duc de Normandie" ! Ce n'est pas le moindre dépaysement offert par ces îles facilement accessibles de Granville, que Victor Hugo pouvait même toiser du haut de son rocher lors de son exil sur Guernesey. Baignées par le Gulf Stream, elles bénéficient d'un climat extraordinairement tempéré qui permet aux plantes tropicales de prospérer. Et quelle variété de paysages ! Falaises déchiquetées par les éléments, lagons turquoise, petits ports pittoresques… le tout mériterait que l'on s'y arrête plusieurs jours, aussi est-il difficile de résister à l'envie d'y faire un petit saut. Attention, carte d'identité ou passeport nécessaire.

Manche Îles express Au départ de Granville, le *Marin-Marine* et le *Tocqueville* rejoignent toute l'année Jersey en 1h puis Sercq en 1h50 et Guernesey en 2h10, sans compter les arrêts ou les changements éventuels dans les ports. Tarif de 46 à 58€ pour un AR dans les 72h. *Gare maritime de Granville Tél. 02 33 61 08 88 www.manche-iles-express.com*

et même aux familles. Location à l'heure de catamarans initiation, découverte ou sportif (26, 39 et 47€), de planches à voile (17€), de dériveurs (simple 26€, double 39€) et de kayaks de mer (simple 13€, double 17€). Également des chars à voile (simple 20€, double 36€). Il est possible d'acheter un "pass sensations" donnant droit à des tarifs avantageux. *Boulevard des Amiraux Tél. 02 33 91 22 60 www.crng.fr Ouvert toute l'année*

● Jouer les vieux loups de mer

Voidie Voile Croisière Ancien pêcheur expérimenté, Franck Voidie fait volontiers naviguer toute l'année son magnifique *Mangrove* pour aller jeter l'ancre sur les îles anglo-normandes. À la carte, des croisières de un à quatre jours au départ de Granville, et des promenades dans la baie du Mont-Saint-Michel (55€ par jour). Nous vous conseillons notamment la très conviviale balade vers l'île de Chausey, avec un petit repas normand servi à bord (66€ avec repas). *Tél. 02 33 45 23 55 ou 06 89 48 66 38 www.voidievoile.fr*

Esprit Grand Large À bord du vieux grément *Charles Marie*, amarré à Granville, vous prenez le large en participant aux manœuvres ! Croisière vers les îles anglo-normandes à la journée (65€ par personne), pour le week-end ou plus, ou location du bateau avec deux skippers à bord. *Tél. 02 33 46 69 54 www.espritgrandlarge.com*

● Quitter la terre ferme pendant plusieurs jours Pour les marins amateurs ou confirmés, deux associations proposent des croisières sur des voiliers habitables d'un ou plusieurs jours vers les îles Anglo-Normandes, l'Angleterre ou l'Irlande, et des initiations à la navigation en mer ou aux régates.

France station nautique (plan 8, C2) *260, bd des Amiraux Tél. 02 33 91 83 72 www.tourisme-pays-granvillais.com*

Yacht-club de Granville (plan 8, B2) *Port du Hérel Tél. 02 33 50 04 25 www.yachtclubgranville.com*

Les environs de Granville

Découvrir autrement Visitez l'écomusée du Cidre de Saint-Jean-des-Champs, dénichez une plage sauvage bordée de dunes à Bricqueville-sur-Mer, évadez-vous aux îles Chausey

Abbaye de La Lucerne Fondée en 1143 dans le beau vallon du Thar, elle abrita une communauté de l'ordre des Prémontrés, mais on doit à l'inspiration des Cisterciens l'architecture dépouillée du monastère, toutefois ravivée par l'utilisation de granit doré et de poudingue pourpré extraits de carrières avoisinantes. L'église fut élevée entre 1164 et 1178 : son clocher est orné d'élégantes lancettes et sa façade de motifs de pur style roman. À sa droite, l'ancien logis des convers (laïcs en visite à l'abbaye) a conservé sa corniche et ses modillons du XIIe siècle. L'intérieur de l'abbatiale est très lumineux : une grande baie fut percée au XIIIe siècle sur le pignon du chevet ; ouvrant sur un bosquet d'arbres, elle ajoute beaucoup à la quiétude du sanctuaire. Les bâtiments conventuels furent transformés en filature après la Révolution. Il ne reste du cloître (début du XVIIIe s.) que quelques colonnes et de la salle du

GEOPLUS

Escapade aux îles Chausey

Un beau cadeau de la nature ! Cette grande plaine de granit, déchiquetée par les éléments et les mouvements de la croûte terrestre depuis cinq cent quarante millions d'années, s'étend au niveau même de la mer, qui dévoile ses trésors au gré des marées. Le spectacle est d'autant plus grandiose que l'archipel s'ancre à l'entrée de la baie du Mont-Saint-Michel, où sévissent les marées les plus fortes d'Europe !

ACCÈS

Vedettes Jolie France Au départ de Granville, 50min de traversée, tlj. en saison et 3 fois/sem. en hiver. Tarif 23,80€, 3-14 ans 14,95€. Réservation la veille pour le lendemain, plus longtemps à l'avance en saison. *Bureau dans la gare maritime de* ***Granville*** *Tél. 02 33 50 31 81 www.vedettejoliefrance.com*

Compagnie des Îles Chausey Service saisonnier de mai à septembre, 23,40€ par adulte, 14,80€ pour les 3-14 ans. Possibilité d'acheter les billets le jour même en fonction des places disponibles. La compagnie propose également le tour de l'archipel de Chausey tlj. de juin à août : 1h15, tarif 9,95€, moins de 3 ans 7,50€. *Gare maritime de* ***Granville*** *Tél. 02 33 50 16 36*

> **DES HAUTS, DES BAS**
> À marée haute, l'eau recouvre les couches de sable, d'algues, de mousses jaunes ou vertes et de granit et se teinte de turquoise, de vert et de gris. À marée basse, les rochers se rejoignent et forment de longues plages entourées de lagons. L'endroit est vraiment unique...

Association des vieux gréements granvillais-Maison de la Bisquine Sortie en mer à bord de vieux gréements. *43, bd des Amiraux* ***Granville*** *Tél. 02 33 90 07 51 www.lagranvillaise.org*

Voidie Voile Croisière À bord d'un monocoque de 12m, des excursions et des sorties pêche à pied. À partir de 25€/pers. *Village Casrouge* ***Coutances*** *Tél. 02 33 45 23 55* ou *06 89 48 66 38 www.voidievoile.fr*

Esprit Grand Large Au départ de Granville, des sorties à la journée sur un chalutier traditionnel aménagé pourla croisière. *Tél. 02 33 46 69 54 www.espritgrandlarge.com*

Canoë-club d'Avranches Randonnées dans l'archipel (80€ la journée). *Route de Saint-Brice* ***Avranches*** *Tél. 02 33 68 19 15 www.kayakavranches.fr*

GRANDE ÎLE

La Grande Île doit à sa superficie d'être la seule habitée. Elle accueillit pendant longtemps des pêcheurs et surtout des carriers, l'archipel constituant une carrière de granit inépuisable. L'archipel permit ainsi la construction de l'abbaye du Mont-Saint-Michel, de la Haute Ville de Granville mais aussi des trottoirs londoniens et parisiens ! Les carrières furent définitivement fermées après une ultime contribution pour la reconstruction de Saint-Malo, bombardée en 1944.

Plage de Port-Marie et la pointe sud La route qui monte au sortir de l'embarcadère conduit en ligne droite à la **plage de** Port-Marie, jolie dans son écrin de rochers. De là, on pourra faire le tour de la pointe sud sur les rochers. On rejoindra ainsi le phare de l'archipel, érigé en 1847, et le fort, construit en 1866 et rapidement rendu à la vie civile pour cause d'inutilité. Il est aujourd'hui habité par quelques familles de pêcheurs. Très pittoresque !

Centre de l'île Après la chapelle (1848), on accède au **village des Blainvillais**, modeste succession d'étroites maisons de granit caractéristiques de l'île. Passé le village s'étend une petite zone de bocage, surprenante avec ses chevaux et ses haies perdues en pleine mer. L'île se rétrécit ensuite. Dans le goulot, se découpe la silhouette du **château Renault**, édifié par le grand constructeur automobile dans les années 1920 sur les ruines d'un ancien fort.

Pointe ouest Elle présente une succession d'anses qui forment ses plus belles **plages** : leur sable fin enrichi de cristaux de granit

DES RONDS DANS L'EAU

La plage de Port-Marie est la plus fréquentée de l'île du fait de sa proximité avec l'embarcadère, mais elle reste, à vrai dire, la plus confortable pour se baigner offrant même, à marée basse, une hauteur d'eau suffisante. C'est également la seule plage de l'île surveillée par des maîtres nageurs-sauveteurs en juillet et août (14h-18h).

ATTENTION, FRAGILE !

On pourrait faire le tour de la Grande Île en moins d'une heure mais nous vous conseillons de divaguer au gré de ses caps et de ses anses. On débarque sur l'île à la Grande Cale. Le long chenal qui longe l'île à partir de là, c'est le **Sound**, qui permet de traverser l'archipel sans encombre. La Grande Île est un espace naturel fragile très fréquenté en été et de plus en plus piétiné, il importe donc de bien rester au milieu des chemins déjà tracés.

décomposés par la mer brille sous le soleil ! L'anse à Gruel, plus étroite, tourne le dos à la Grand-Grève, qui dévoile un chaos de rochers à marée basse, dont un îlot au profil pachydermique surnommé l'Éléphant. On peut regagner la plage de Port-Marie en longeant la côte sud par un chemin bordé de genêts. Le spectacle de leur floraison, qui macule l'île de jaune au printemps, est un enchantement.

SÉJOURNER DANS L'ÎLE

Gîtes communaux Dans l'ancien presbytère de l'île, entouré de petits murets de pierre parcourus de lézards et doté d'un jardin ouvrant sur la plage de Port-Marie : c'est simple mais idéal pour tout oublier. Cinq gîtes de 4, 5, 6 ou 7 personnes : de 134 à 813€/sem. pour 4 à 7 personnes selon le mois de l'année (possibilité de louer au week-end hors saison). Rens. auprès de l'office de tourisme de Granville. ***Îles Chausey*** *(de l'embarcadère, monter tout droit Sur la droite avant la plage de Port-Marie située de l'autre côté de l'île) Tél. 02 33 91 30 03*

Ferme de Chausey Une grande ferme qui détonne un peu

GEOPLUS

comparée aux toutes petites maisons qui ponctuent l'île. Il s'agit du bâtiment situé sur la gauche après la chapelle, laquelle est immanquable en débarquant. Les dépendances, organisées autour d'une cour carrée, ont été transformées en gîtes pourvus de toutes les commodités, mais pas des plus spacieux. Il faut également partager la cour avec ses voisins : l'ambiance est conviviale, vacances obligent ! Du studio au duplex (de 3 à 9 personnes), pour une semaine, comptez de 245 à 525€ hors saison, de 370 à 810€ en moyenne saison, de 580 à 1 250€ en pleine saison (juil.-août). Pour le week-end, de 125 à 265€ hors saison et de 165 à 355€ en moyenne saison (attention, pas de réservations pour les week-ends avant 30 jours).
***Îles Chausey** Tél. 02 33 90 90 53*
laferme.chausey@orange.fr
www.ileschausey.com
Ouvert début fév.-mi-déc.

Hôtel-restaurant du Fort et des Îles Il n'y a que deux établissements pour se restaurer sur l'île et celui-ci ne profite pas de ce monopole. La salle, avec sa vue magnifique sur le Sound et son aquarium où évoluent des homards bleus (les homards sont bleus dans l'archipel, ce que les scientifiques ne parviennent pas à s'expliquer), vous donne vraiment l'impression d'être parti à l'autre bout du monde. Menu enfant à 12€, menus complets à partir de 25€. Menus homard à 52 et 80€. Pas d'eau en carafe, l'eau de l'île n'est pas potable. L'établissement peut également vous héberger en demi-pension (150€ pour 2 personnes pour une journée et une nuit) ou en pension complète (200€). Quatre des huit chambres donnent sur la mer. Pour l'été ou les grands week-ends de printemps, réservez dès le mois de mars.
***Îles Chausey** (à 300m de l'embarcadère) Tél. 02 33 50 25 02*
www.hotel-chausey.com
Ouvert mi-avr.-fin sept. : tlj.

CONSEIL Consultez les horaires des marées, et essayez de faire coïncider votre séjour à Chausey avec les grandes marées. On dit que les basses-eaux découvrent 365 îles et îlots et qu'à marée haute, il y en a autant que de semaines dans l'année. *Horaires des marées www.mareespeche.com*

chapitre que les arcades jumelles qui en constituaient l'entrée. Le réfectoire du XIIe siècle, également gravement ruiné, fut remonté au cours des années 1990 en même temps qu'une partie des voûtes qui le soutiennent au niveau inférieur, formant le cellier. Le colombier, impressionnant, a été construit au XIIIe siècle : percé de plus de 1 500 boulins, il est surmonté d'un oculus. ***La Lucerne-d'Outremer*** *(15km au sud-ouest de Granville) Tél. 02 33 48 83 56 www.abbaye-lucerne.fr Ouvert 15 mars-30 sept., 15 oct.-15 nov. et vac. scol. de Noël : lun.-sam. 10h-12h et 14h-18h30, dim. 14h-18h30 Visites guidées juil.-août : tlj. 14h15-17h45 (départ toutes les 30min) ; sur rdv toute l'année pour les groupes Tarif 5€, réduit 4€, 15-17 ans 3,50€, 7-14 ans 3€ Forfait famille (3 enfants) 16€*

DEUX EN UN Une offre permet de visiter l'abbaye de La Lucerne et le château fort de Pirou (p.420) à un tarif réduit : 8€, enfant 4,50€.

Écomusée du Cidre et de la Ferme-Ferme de l'Hermitière Au cœur de ses 6 000 pommiers, Jean-Luc Colombier, producteur récoltant et bouilleur de cru, vous guide du pressoir aux chais pour vous faire comprendre toutes les étapes de l'élaboration du cidre et du calvados. Beaucoup de matériel ancien, quelques reconstitutions de scènes de la vie rurale et un bel alambic en cuivre. Dégustation en fin de visite. ***Saint-Jean-des-Champs*** *(10km de Granville par la D924 dir. Villedieu-les-Poêles) Tél. 02 33 61 31 51 www.ferme-hermitiere.com Ouvert Pâques-fin juin, sept. : lun.-ven. 14h et 16h ; juil.-août : lun.-sam. 10h-12h et 14h-18h Tarif 4,30€, étudiant 3,30€, moins de 14 ans gratuit*

Où acheter des produits du terroir ?

Ferme La Rocherie Cette ferme a deux activités : l'élevage de poulets, vendus vivants avec leur alimentation, et les produits de ses quelque 400 pommiers. Cidres brut et doux, pommeaux de huit à quinze ans d'âge, et liqueur de pommes, vendus sous un hangar. On ne repartira sans doute pas sans en avoir dégusté une larme... ***La Lucerne-d'Outremer*** *(16km au sud-est de Grandville, dir. Avranches puis D81 dir. La Haye-Pesnel) Tél. 02 33 61 52 06 Ouvert lun.-sam. 14h30-18h30* **Point de vente à Ardevon** *(5km à l'est du Mont Saint-Michel)*

Le littoral

Les plages du littoral sont surveillées certains week-ends de printemps et de septembre, tous les jours en juillet et en août, mais rarement sur toute leur longueur.

☺ **Bréville-sur-Mer** La plage la plus sauvage à proximité de Granville. On peut se mettre à l'abri du vent dans les dunes et se baigner en profitant d'une vue magnifique sur le Roc. Quelques cailloux à mi-marée. *À 5km au nord de Granville*

De Carolles à Saint-Pair-sur-Mer Cinq kilomètres de plages de sable fin, très agréables pour une baignade et idéales pour les familles (nombreuses activités). Le front de mer est cependant assez construit et l'ensemble très fréquenté. *À 4km au sud de Granville*

☺ **Bricqueville-sur-Mer** Notre plage préférée. Cette immense bande de sable fin déroule une vue magnifique sur toute la côte du Roc de Granville jusqu'à la pointe d'Agon. Restée sauvage, elle est séparée par un large cordon de dunes du havre de la Vanlée, immense plaine envahie par la mer à chaque grande marée. Ce bel espace mérite une balade au milieu des moutons laissés en vadrouille ! C'est également un coin idéal pour cueillir des salicornes, ces "cornichons marins" que l'on accommode avec du vinaigre après les avoir fait dégorger. Très bons, ils ont de fait le goût du cornichon et la saveur de la mer ! *À 13km au nord de Granville*

Saint-Jean-le-Thomas Protégée des vents du nord par les falaises de Champeaux, cette station a reçu le surnom de "Petit Nice normand" pour la douceur de son climat. La plage est assez caillouteuse, mais joliment bordée de villas blanc et bleu. Au pied des falaises, elle est dominée par les pins. *À 16km au sud de Granville*

● Où acheter des souvenirs ?

Faïencerie Saint-Pair-sur-Mer Travaillée ici depuis 1953, la glaise, importée de Limoges, génère une production florissante. Lors de la visite des ateliers, on assiste à la fabrication et à la décoration des pots, vidéo à la clef. Dans la boutique, vous trouverez un grand choix de vaisselle, du simple bol orné d'un poisson à des motifs plus kitsch, mais toujours artisanaux. Tarif visite 2€, moins de 14 ans gratuit. *Route de Jullouville* ***Saint-Pair-sur-Mer*** *(3,5km au sud de Granville, par la D911) Tél. 02 33 50 61 58 Ouvert lun.-sam. 10h-12h et 14h-19h Visite Mai-sept. : lun.-ven. 10h-12h et 14h-17h (16h ven.)*

● ☺ Se promener sur le chemin du littoral La côte sud de Granville recèle des paysages époustouflants trop méconnus. Nous vous conseillons vivement d'arpenter cette partie du GR®223.

La Roche-Gaultier Cette section du chemin du littoral est assez peu fréquentée. Elle offre pourtant le meilleur point de vue sur Granville ! À emprunter le matin avec le soleil dans le dos, illuminant magnifiquement le port et l'avant-port. À la sortie sud de Granville sur la route de la côte, La Roche-Gaultier est immanquable avec son belvédère doté d'une table d'orientation et son petit parking. Il faut d'abord longer la route en direction de la ville pour rejoindre le chemin du littoral. Retour par le même trajet. *Durée 1h AR*

Du Pignon-Butor à la cabane Vauban Le Pignon-Butor, qui marque le début des falaises de Carolles, se déploie au-dessus de la plage qui s'étire jusqu'à Granville et offre une belle vue sur les îles Chausey. Le chemin du littoral permet de gagner rapidement vers le sud la vallée du Lude, dont les paysages sont parmi les plus pittoresques de la côte. Encaissé entre deux hautes falaises, le ruisseau se fraie un chemin jusqu'à la mer au milieu des genêts et des amas de pierres. Vers les terres, le site, plus boisé, a pris le nom de vallée des Peintres tant il les a inspirés. Il faut poursuivre vers le sud sur la plaine des hautes falaises, qui domine superbement la mer : une fois passé la pointe de Carolles apparaît le Mont-Saint-Michel, jusque-là masqué. On accède bientôt à la cabane Vauban : posée au faîte des 85m de hauteur de la **pointe de Champeaux**, cette petite maison de granit était utilisée par les douaniers afin de surveiller la côte. Elle se détache magnifiquement, entre genêts et prunelliers, sur l'immensité de la baie du Mont-Saint-Michel, qui commence de s'offrir entièrement à la vue. Ce site est une réserve ornithologique protégée. Le GONm y propose des sorties découverte des oiseaux, cf. La baie au naturel (p.366). Ces différents sites peuvent être rejoints en voiture par la route de la côte au sud de Carolles (D911), où ils sont bien signalés. *Durée 50min AR*

Falaises de Champeaux Sans conteste le point de vue le plus magistral sur la baie du Mont-Saint-Michel à 80m de hauteur et avec un panorama qui s'étend jusqu'aux côtes bretonnes. La mince couche d'eau qui recouvre l'estran prend sans cesse de nouvelles nuances de bleu, d'argent, de gris et de jaune sableux... Au cœur de ce spectacle, le Mont-Saint-Michel et Tombelaine n'ont jamais autant paru appartenir à la baie ! On peut gagner la cabane Vauban vers le nord en 40min ou Saint-Jean-le-Thomas vers le sud en 20min de marche. La D911 longe le sommet des falaises de Champeaux sur ce que l'homme d'État Édouard Herriot a appelé "le plus beau kilomètre de France". Le parking où stationner avant d'accéder au chemin du littoral est bien indiqué.

● Jouer au golf en bord de mer

Golf de Granville Parcours technique sur d'anciennes dunes prises par les herbes, parfois battues par le vent mais dépourvues d'arbres. Deux parcours : 9 trous, 2 186m ; 18 trous, 5 834m. Tarifs de 25 à 37€ pour 9 trous, de 45 à 65€ pour 18 trous. *Pavillon du Golf* ***Bréville-sur-Mer*** *(5km au nord de Granville) Tél. 02 33 50 23 06 www.golfdegranville.com Ouvert toute l'année*

Parties de pêche à pied

Les fins connaisseurs des côtes granvillaises ne vous livreront jamais leurs bons coins, mais on peut réussir à repérer les valeurs sûres ! Lors des grandes marées, les amateurs de coques bleues se rendront avec leur râteau sur les bancs de sable qui bordent la **côte de Genêts à Saint-Jean-le-Thomas**, où elles sont les plus nombreuses. La côte rocheuse des **falaises de Champeaux** et de la **pointe de Carolles** déploie quant à elle un terrain idéal pour débusquer avec une petite fourche araignées, étrilles, tourteaux, bigorneaux, palourdes et praires. Veillez à toujours remettre en place les roches que vous aurez déplacées ! Enfin, **de Jullouville à Granville**, la côte est renommée pour ses crevettes grises. L'idéal est d'arriver 1h30 avant la basse mer et de suivre le reflux avec sa bichette (large filet emmanché). Attention, il est absolument nécessaire de s'informer des horaires de la marée avant de se lancer sur les grèves. La mer revient vite et est capable de vous encercler à votre insu. Les accidents sont fréquents ! Pour plus de prudence, quittez toujours votre lieu de pêche avant que la mer ne recommence à monter. La pêche à pied est également une activité réglementée : informez-vous sur les quantités et les tailles des fruits de mer autorisées à la pêche. Vous trouverez une foule d'informations sur le site du comité des pêcheurs amateurs de Grandville

Comité des pêcheurs amateurs granvillais *http://cpagranville.net*

Se balader en calèche

Ferme équestre des Courlis Cette ferme propose des randonnées très familiales au long des petits chemins communaux du bocage ou du littoral. Forfaits d'une heure, de deux heures ou à la journée, pour trois ou quatre personnes (45, 75 et 170€). *2, route de la Parisière* **Champeaux** *(15km de Granville sur la route de la côte) Tél. 06 43 86 96 24 www.attelagesdescourlis.com*

CARNET D'ADRESSES

Restauration

petits prix

L'Échauguette (plan 8, B1 n°11) Le feu de bois est toujours allumé dans cette jolie salle de pierres et de poutres. Le chef y fait dorer de bonnes grillades (de 11 à 16€), mais la spécialité de la maison, ce sont les galettes, toujours savoureuses : la gratinée 6,20€, la complète 6,90€. *22, rue Saint-Jean* **Granville** *Tél. 02 33 50 51 87 Ouvert Pâques-Toussaint : tlj. jusqu'à 21h ; Toussaint-Pâques : lun.-mer. et ven.-dim. jusqu'à 21h*

L'Embarcadère (plan 8, B2 n°12) Du poisson très frais accommodé simplement : ah, le plaisir de déchirer le papier d'aluminium du cabillaud en papillote et de se laisser envahir par l'odeur des herbes et des légumes ! La salle, un heureux mélange de mobilier contemporain et de décoration marine, et la terrasse, illuminée jusqu'aux derniers rayons du soleil, donnent sur les portes de l'avant-port. Formule à 12,50€. Menu enfant à 6,10€. À la carte, salade de harengs 4,90€, filet de raie poêlé sauce vierge aux algues 12,10€. *Dans la gare maritime* **Granville** *Tél. 02 33 51 83 84 Ouvert juin.-nov. : mar.-dim. ; déc.-mai : jeu.-sam.*

prix moyens

Hôtel-restaurant de la Mer (plan 8, B1 n°14) Face aux casiers et aux filets qui attendent sur les quais de repartir à l'eau, une grande brasserie dédiée à tous les poissons : saumon, lotte, sole, saint-pierre, raie, sardine, calamar, turbot... L'endroit est très fréquenté et malheureusement pas assez intime pour déguster en amoureux un bon plateau de fruits de mer (35€ par personne). À la carte, la marmite du pêcheur nous a paru un peu fourre-tout à trop vouloir concilier soupe de poisson, crustacés et pavés de poisson. Menus à partir de 18€. *74, rue du Port* **Granville** *Tél. 02 33 50 01 86 hotel-de-la-mer-granville@wanadoo.fr Ouvert en saison : mar.-dim. ; hors saison : mer.-dim.*

Le Terranova (plan 8, C1 n°16) Le restaurant panoramique du casino mérite bien son nom : tout ici évoque les lointaines épopées vers Terre-Neuve. La salle, d'un chaleureux style années

GAMME DE PRIX	RESTAURATION	HÉBERGEMENT
Très petits prix	moins de 10€	moins de 40€
Petits prix	de 10 à 15€	de 40 à 60€
Prix moyens	de 15 à 25€	de 60 à 85€
Prix élevés	de 25 à 40€	de 85 à 120€
Prix très élevés	plus de 40€	plus de 120€

1970, ouvre sur l'horizon. Quant à la terrasse, guettez les premiers rayons de soleil pour vous y installer aux premières loges et contempler la mer ! La cuisine de terroir, assaisonnée d'une touche contemporaine, met à l'honneur les produits de la mer : bar en tartare à la coriandre, brochette de gambas et Saint-Jacques, raie à la crème avec un riz aux aromates. Menus de 12,50 à 24€. *20, pl. du Maréchal-Foch* **Granville** *Tél. 02 33 50 00 79 www.casino-granville.com Ouvert en saison : tlj. ; hors saison : mer.-dim.*

Restaurant du Port (plan 8, B2 n°15) L'endroit parfait où s'attabler après une virée au large ou une balade sur la côte parmi les embruns : une petite salle chaleureuse, aux allures de pub chic avec ses banquettes en velours et sa moquette épaisse. Sur la carte, variée, c'est toute la mer qui défile : praires farcies, daurade au gros sel, sardines grillées, moules au cidre, et crustacés dans une paëlla maison (12€), à déguster avec un excellent vin. Au beaux jours, on profite de la terrasse dressée devant le port, elle aussi très familiale. Menus de 17,90 à 26,90€. *19, rue du Port* **Granville** *Tél. 02 33 50 40 10 Ouvert en saison : tlj. ; hors saison : mar.-sam.*

prix élevés

La Citadelle (plan 8, B2 n°10) En plus d'être apprécié pour sa salle moderne et soignée, où les poissons évoluent dans un aquarium, et pour sa belle terrasse sur le quai, ce restaurant fait aussi l'unanimité pour sa cuisine et son service sans faute. À la carte, des fruits de mer, bien sûr, et des poissons classiques, grillés, au four ou en meunière, accompagnés par exemple d'un panaché de purées et de délicieuses pommes de terre. Desserts dignes des plats, avec notamment une tarte tatin fine revisitée par le chef Cyrille Doraphé. Menus 26,90 et 32,60€. *34, rue du Port* **Granville** *Tél. 02 33 50 34 10 www.restaurant-la-citadelle.com Ouvert avr.-sept. : tlj. ; oct.-mars : lun. et jeu.-dim. Fermé mi-déc. mi-jan.*

Hébergement

très petits prix

Auberge de jeunesse (plan 8, C2 n°20) Elle dépend du Centre régional de nautisme au-dessus duquel elle est située et propose la pension complète aux stagiaires de l'école de voile, mais est ouverte aux individuels (réservez cependant). Agréables terrasses dominant le port ou la mer. Avec la carte FUAJ, de 17 à 26,40€ la nuit selon que l'on choisit un dortoir à 4 ou 2 lits ou une chambre individuelle. Sans la carte FUAJ, de 22 à 32€. Réservation par fax ou par mail. *Boulevard des Amiraux BP 131* **Granville** *Tél. 02 33 91 22 62 crng50@wanadoo.fr Fermé pendant les fêtes de fin d'année*

prix moyens

Le Terminus (plan 8, D1 n°21) Face à la gare, un hôtel épatant pour les petits budgets. Donnant à l'arrière sur un jardin arboré, les chambres toutes mignonnes, sont décorées avec soin. Certaines sont petites, d'autres plus grandes, avec douche privée (env. 44€). Petit déj. 6€. Accès wifi gratuit. *5, pl. Pierre-Sémard* **Granville** *Tél. 02 33 50 02 05 www.hoteltermi nusgranville.com Ouvert toute l'année*

prix élevés

Hôtel des Bains (plan 8, C1 n°25) À deux pas du front de mer, un bel immeuble années 1920 aux accents de Côte fleurie. L'intérieur dispense avec aisance mais grande simplicité un confort appréciable. Reposant et, avec vue sur la mer, vivifiant ! Propreté irréprochable. Chambres de 48 à 121€ selon la saison et selon qu'elles donnent ou non sur la mer. Petit déj. 8€. *19, rue Georges-Clemenceau* ***Granville*** *Tél. 02 33 50 17 31 www.hoteldesbains-granville.com*

prix très élevés

Chambres d'hôtes Annette et Philippe Bougliier (plan 8, B1 n°24) Embarquement conseillé pour cette ancienne maison d'armateurs qui surveille le port du sommet des remparts de la Haute Ville ! Ses parquets, ses boiseries et un escalier étroit et craquant œuvre d'anciens charpentiers de marine, en font un véritable bateau du plus pur style granvillais. L'ensemble a été douillettement mis en valeur par les propriétaires, qui ont amassé pendant vingt ans un trésor de mobilier marin et d'objets de navigation. Mention spéciale à la chambre aménagée tout en haut, protégée par un ultime petit escalier et posée en vigie face aux 10km de côtes qui s'étirent de là jusqu'à Carolles... La mansarde attenante est idéale coucher les enfants. Comptez 70€ avec petit déjeuner la première nuit, puis 120€ pour 2 nuits, et 170€ pour 3 nuits. L'adresse est restée secrète, mais elle pourrait connaître un succès foudroyant, alors réservez ! *33, rue Lecarpentier* ***Granville*** *Tél. 02 33 90 61 14*

Restauration, hébergement

Dans les environs

Comme sur la côte nord, les belles adresses ne manquent pas et il ne faut pas hésiter à quitter Granville pour profiter de bons restaurants, où les plateaux de fruits de mer sont plus fournis pour quelques euros de moins.

camping

Camping de la Vanlée Un des rares campings de la côte à cultiver encore le charme de la tente en refusant de se consacrer exclusivement aux mobile homes et autres bungalows. Son site, classé, est extrêmement privilégié : en bordure de mer, derrière un long cordon dunaire qui le protège du vent et en surplomb du beau havre de la Vanlée. Ambiance familiale. Aire de jeux pour les enfants, terrain multisport, piscine chauffée. Comptez 13,90€ en mai, juin et septembre et 20,20€ en juillet et août pour un emplacement, une voiture et deux personnes, plus 5€ environ par personne supplémentaire. ***Bréhal*** *(15km de Granville dir. Coutances puis Bricqueville-sur-Mer, enfin par la D98 sur la gauche) Tél. 02 33 61 63 80 www.camping-vanlee.com Ouvert mi-avr.-sept.*

prix moyens

☺ **Hôtel les Hermelles** Les six chambres de cet hôtel, décorées avec sobriété, seraient simplement agréables si leur situation ne les rendait pas exceptionnelles : en bordure des falaises de Champeaux, sans rien entre elles et l'immensité de la baie du Mont-Saint-Michel ! On pourrait presque ne pas pouvoir en dormir les nuits de pleine lune... Les n°1 et n°2 disposent d'un petit jardin avec le même panorama. Excellent rapport qualité-prix. De 55 à 62€, petit déjeuner 8€. Accès wifi. Dépend du restaurant Au marquis de Tombelaine, auquel il fait face (p.411). ***Champeaux*** *(15km de Granville sur la route de la côte) Tél. 02 33 50 40 20 www.hotel-leshermelles.com*

Chambres d'hôtes M. et Mme Torchio À proximité du havre de la Vanlée, déjà à la mer mais encore à la campagne, deux chambres printanières dans un bâtiment indépendant restauré auxquelles on accède par de petits escaliers. Environ 53€ pour 2 personnes, petit déj. compris, 20€/pers. supplémentaire (sur réservation). ***Bricqueville-sur-Mer*** *(15km de Granville dir. Coutances puis Bréhal, enfin par la D98 sur la gauche. Même direction que pour le restaurant La Passerelle, au bout de la route qui fait face au restaurant) Tél. 02 33 51 77 59 Ouvert mi-juin-sept., sur réservation le reste de l'année*

prix élevés

Au marquis de Tombelaine Une cuisine prisée dont les huîtres chaudes au cidre font faire de nombreux kilomètres aux Manchois ! La salle offre, pour les chanceux qui s'attableront près des fenêtres, un aperçu sur la mer. Saveurs régionales et incontournables de la cuisine française : beau plateau de fruits de mer, canard à l'orange, feuillantine de bar, soupe de poisson, croustillant de camembert... Menus de 15 à 59,50€. ***Champeaux*** *(15km de Granville sur la route de la côte, au sommet des falaises de Champeaux sur la gauche) Tél. 02 33 61 85 94 ou 02 33 50 40 20 www.aumarquisdetombelaine.com Ouvert tlj. Fermé fin déc.-fin jan.*

☺ **La Passerelle** Les Granvillais appellent cet endroit, avec raison, le "bout du monde". Situé à l'entrée d'une petite route submersible qui traverse le havre de la Vanlée, ce restaurant bénéficie d'une vue unique sur la grande plaine d'eau et de vert recouverte par la mer à chaque grande marée. Une lumière incroyablement cristalline baigne la salle, dont la décoration fraîche, blanc et bleu, invite à la dégustation de petits plats réjouissants. Fricassée de moules et très belle sole meunière. Formule autour de 12,50€ à midi en semaine et menus à 25 et 34€. Réservation indispensable ! *113, route du Havre de la Vanlée Les Salines* ***Bricqueville-sur-Mer*** *(15km de Granville dir. Coutances puis Bréhal, enfin par la D98 sur la gauche) Tél. 02 33 61 65 51 Ouvert juil.-août : tlj. ; sept.-juin : lun., mar. midi, jeu.-dim. midi*

prix très élevés

☺ **Les Hauts de la baie du Mont-Saint-Michel** Adossée aux falaises de Champeaux dans son jardin extraordinaire (une jungle fleurie !), cette grande villa rose se prête avec délices aux plaisirs de la villégiature avec vue imprenable sur la baie du Mont-Saint-Michel. Le hall d'entrée et la salle de réception, d'inspiration médiévale, sont époustouflants, les chambres presque royales et Suzanne Leroy, maîtresse des lieux, mène la maison avec un entrain et une fantaisie communicatifs. De 95 à 145€ la double avec petit déj. (très copieux). Suite junior à 240€ pour 4 personnes. Piscine avec Jacuzzi chauffée d'avril à novembre. *André et Suzanne Leroy 7, av. de la Libération* ***Saint-Jean-le-Thomas*** *(sur la route de la côte, sur la gauche alors que les falaises de Champeaux commencent de descendre vers la plage) Tél. 02 33 60 10 02 www.chateauleshauts.com*

COUTANCES

50200

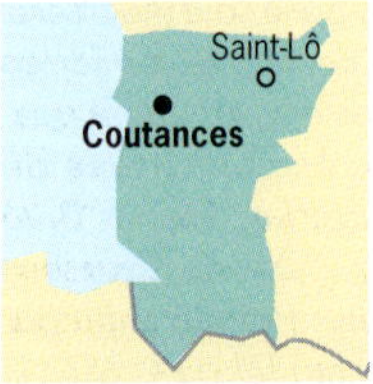

Coutances est la capitale historique du Cotentin, dont elle partage l'étymologie, issue de Constance, chef romain de la région au IIIe siècle. Nœud marchand prospère situé entre la presqu'île et la Bretagne, la cité devint un évêché florissant à l'heure chrétienne. En 1056, l'achèvement de la cathédrale fut réalisé grâce aux libéralités des fils de Tancrède de Hauteville, partis conquérir l'Italie du Sud depuis leur seigneurie distante de quelques kilomètres, et fondateurs du surprenant royaume normand de Sicile. Au XIIIe siècle, la ville décida d'habiller le monument roman d'un admirable décor gothique davantage digne de l'air du temps... Au cœur de l'esthétique années 1950 de la cité en partie reconstruite après le Débarquement, on le croirait presque sorti d'un film sur le Moyen Âge. Encore soutenue par une vie épiscopale importante, Coutances devint à la Renaissance un centre très actif de l'industrie du livre mais, alors que celle-ci commençait de décliner, la Révolution lui préféra Saint-Lô, moins unie à l'Église, comme chef-lieu du nouveau département de la Manche. La ville s'assoupit alors durablement au cœur de son bocage agricole. Cependant, les belles plages de sa côte attirèrent peu à peu les vacanciers et, à partir de 1970, la conchyliculture connut un succès foudroyant sur ses grèves peu profondes. Aujourd'hui, la pointe d'Agon constitue l'un des plus importants centres conchylicoles de la Manche, premier département producteur d'huîtres et de moules. Enfin, en 1982, la création du festival "Jazz sous les pommiers" permit à Coutances de retrouver un peu de son rayonnement d'antan.

MODE D'EMPLOI

accès

EN VOITURE

Coutances se situe à 30km au nord de Granville par la D971, à 30km au sud-ouest de Saint-Lô par la D972 et à 100km à l'ouest de Caen par l'A84.

EN TRAIN

SNCF À 1h15 de Caen sur la ligne en direction de Rennes et à 30min de Granville. *Tél. 3635 www.sncf.com www.ter-sncf.com*

Gare *Place de la Gare*

EN CAR

Manéo Les cars relient Coutances à Granville, Saint-Lô et Cherbourg, et à Agon-Coutainville et Gouville (1 car chaque soir). *Tél. 0800 150 050 http://transports.manche.fr*

orientation

La cathédrale est immanquable au cœur de la cité. Ses proches alentours concentrent tous les commerces, restaurants et lieux de visite. La place Georges-Leclerc, où se trouve l'office de tourisme, s'inscrit dans le prolongement du parvis.

informations touristiques

Office de tourisme du pays de Coutances *Place Georges-Leclerc (derrière la mairie) Tél. 02 33 19 08 10 www.coutances.fr Ouvert juil.-août : lun.-ven. 9h30-18h30, sam. 10h-12h30 et 14h-18h, dim. 10h-14h ; sept.-juin : lun.-ven. 9h30-12h30 et 14h-18h, sam. 10h-12h30 et 14h-17h*

marchés, fêtes et manifestations

Marché *Aux abords de la cathédrale Jeu. matin*

☺ **Jazz sous les pommiers** Le festival Jazz sous les pommiers accueille chaque année, sous son beau nom, les meilleurs jazzmen du moment pour le plus grand plaisir des néophytes et des passionnés. Concerts de qualité, succès assuré ! *Les Unelles BP 524 Coutances Cedex Tél. 02 33 76 78 50 ou 02 33 76 78 68 www.jazzsouslespommiers.com La semaine autour du pont de l'Ascension*

☺ **Chauffer dans la noirceur** Ce festival musical à l'ambiance conviviale connaît un grand succès grâce à une programmation de qualité. Sur la plage. *1, rue du Rey à Montmartin-sur-Mer (Rens.) Tél. 02 33 07 91 91 www.chaufferdanslanoirceur.org W.-e. du 14 juil.*

DÉCOUVRIR

Coutances

☆ **Les essentiels** La cathédrale Notre-Dame **Découvrir autrement** Optez pour la visite guidée de la cathédrale et, du haut de la tour-lanterne, admirez le panorama, prenez le temps d'aller chiner à La Clé des Temps

☆☺ **Cathédrale Notre-Dame** Posée sur le squelette de l'ancienne cathédrale romane, la principale église de Coutances constitue l'un des grands chefs-d'œuvre du gothique normand… avec le Mont-Saint-Michel ! Il est difficile d'imaginer la sobriété initiale de l'édifice, en granit, sous la blancheur

☺ Atteindre des hauteurs célestes

À ne pas manquer : la visite des parties hautes de la cathédrale ! Dans le triforium ou dans la tour-lanterne, à 30m de hauteur, le spectacle des colonnes jaillissant du sol est époustouflant. Attention toutefois au vertige... La visite guidée (pédagogique et très intéressante) permet également d'accéder aux entrailles romanes de l'édifice, avec leurs imposantes voûtes en plein cintre de granit et leurs anciennes tribunes. Admirez le panorama !

Visite avec guide conférencier *Heures et jours variables, se rens. à l'OT*

Visite pour les enfants *Tél. 02 33 19 08 10 Juil.-mi-août : lun., mar., mer. et ven. à 14h30 (réservation obligatoire à l'OT) Tarif 7€, réduit 4€*

de la pierre de Caen qui le recouvre aujourd'hui. Les architectes étant dans l'obligation de s'accommoder de sa faible hauteur, ils ont recouvert ses tours d'innombrables flèches et clochetons et sa nef de nombreuses colonnes ininterrompues, décuplant ainsi l'effet de verticalité de l'ensemble. Le chœur, trop étroit pour être repris, a été détruit : soutenu par un jeu de doubles colonnes (au nombre de douze, comme les apôtres), il est caractéristique du gothique primitif avec ses arcatures nerveuses et ses larges ouvertures. La tour-lanterne date également du XIIIe siècle : carrée, octogonale puis circulaire, elle symbolise le passage du royaume terrestre au royaume céleste. Deux magnifiques vitraux du XIIIe siècle sont visibles de part et d'autre de la chapelle axiale, située dans le prolongement du chœur, les autres ayant été créés selon les mêmes techniques au XIXe siècle. À noter également, sur le bas-côté nord, plusieurs vitraux cisterciens du XIIIe siècle dépourvus, selon l'usage de l'ordre, de représentations humaines, et quelques vitraux cubistes réalisés dans l'après-guerre. Le transept sud abrite le trésor de la cathédrale et une Vierge (XIVe s.) en marbre de Carrare. Le maître-autel, du milieu du XVIIIe siècle, est également remarquable : ses concepteurs durent batailler ferme afin qu'il puisse être d'un pied plus long que celui de la basilique Saint-Pierre de Rome ! Ses magnifiques anges adorateurs, pris dans un subtil jeu de déséquilibres et de déhanchés, constituent de véritables canons de l'art baroque et ont été maintes fois copiés. Buffet d'orgue daté de 1728.
Ouvert tlj. 9h-19h Entrée libre

Église Saint-Pierre Cette superbe église Renaissance fut construite entre la fin du XVe siècle et le début du XVIe sur les ruines d'un édifice du XIe siècle. La tour-lanterne, d'un fastueux décor, est datée de 1550. Il faut y entrer pour admirer la luminosité de la nef et du chœur, flanqués d'un large déambula-

Le patrimoine de l'après-guerre

Le 6 juin 1944, la ville est bombardée par les Alliés afin de bloquer les voies de communication qui la traversent. Sa reconstruction est typique du style MRU (Ministère de la Reconstruction et de l'Urbanisme), en particulier la **rue Geoffroy-de-Montbray**, qui allie modernisme (lignes droites, encadrements rythmant les façades) et régionalisme (toitures hautes, lucarnes, façades de tailles différentes), privilégiés afin que les nouveaux immeubles s'intègrent aux constructions anciennes préservées. Les équipements collectifs donnent, eux, l'occasion aux architectes d'exprimer leur foi dans le rationalisme (seuls les éléments utiles peuvent avoir une valeur esthétique !) : élèves de Le Corbusier, Roman Karasinski et Louis Arretche réalisent le lycée Le Brun (sous l'église Saint-Pierre), vaste parallélépipède aux lignes marquées, la **poissonnerie** (entre la cathédrale et l'église Saint-Pierre), voûte circulaire minimaliste, et le marché couvert (aujourd'hui salle Marcel-Hélie), immanquable avec son imposante voûte de béton en forme d'aile.

toire. Il reste de beaux fragments des vitraux Renaissance, massacrés sous les bombardements de 1944, dans les bras du transept. Dans le chœur, belles stalles du XVIIe siècle. Buffet d'orgue du XVIIe siècle également. *Du portail de la cathédrale, descendre la rue Geoffroy-de-Montbray Ouvert tlj. 10h-19h*

Musée Quesnel-Morinière Ouvert dès 1874 dans un hôtel particulier du XVIIe siècle, il permet un agréable parcours dans la grande histoire de l'art à travers des œuvres certes mineures mais non moins représentatives. Des peintures de Simon Vouet dont un splendide *Christ au jardin des oliviers*, des tableaux de Peter de Vos et surtout des réalisations d'artistes coutançais bien inscrits dans les mouvances classique (notamment une convaincante imitation de Poussin par un de ses élèves), romantique, impressionniste (Henri Pacquet) ou moderniste (quelques scènes coutançaises traduites à travers de larges aplats de couleur par Georges Laisney). Des toiles de Joseph Quesnel rappellent comment "Le Pou qui grimpe", mouvement satirique qu'il forma avec ses compères trublions René Jouenne et Jean Thézeloup, défraya la chronique locale au début du XXe siècle. Le musée abrite une superbe collection de céramiques normandes anciennes. *2, rue Quesnel-Morinière Ouvert juil.-août : mer.-lun. 11h-17h ; sept.-juin : lun. et mer.-sam. 10h-12h et 14h-17h, dim. 14h-17h Tarif 2,50€, réduit 1,55€, étudiants, chômeurs et moins de 18 ans gratuit*

Jardin des Plantes-jardin public Créé dans son état actuel dans les années 1850 et contemporain des premiers parcs parisiens, il fut un modèle des jardins français du XIXe siècle. Ses terrasses à l'italienne, ses bosquets à l'anglaise, ses massifs de fleurs, ses essences rares et ses jets d'eau invitent à une agréable balade, avec illumination et musique les soirs d'été. Pour les enfants, un labyrinthe génial pour faire la course ! *2, rue Quesnel-Morinière (face à l'OT) Ouvert oct.-mars : 9h-17h ; avr.-sept. : 9h-20h ; juil.-août : 9h-23h30*

● Où chiner ?

La Clé des Temps Des particuliers de la France entière alimentent ce hangar-brocante, si vaste qu'il possède son propre parking. On y trouve de tout, entre luminaires, vaisselle ou meubles (parfois à moins de 30€), de l'armoire rustique à la chaise des années 1950. Comptez aussi sur d'imprévisibles coups de cœur pour les menus objets, éparpillés dans les coins : une marionnette à fil, une poupée ancienne, des éditions épuisées... De quoi redécorer son intérieur et faire de bonnes affaires. *Route de Lessay (D2) Tél. 02 33 07 41 04 www.la-cle-des-temps.fr Ouvert lun.-sam. 10h-12h et 14h-19h et dim. 14h30-18h30 (jan.-mi-mars : fermeture à 18h)*

Les environs de Coutances

☆**Les essentiels** Le château du Pirou **Découvrir autrement** Suivez les traces des Normands en Sicile au musée Tancrède-de-Hauteville, faites le plein de cidre, miels, confitures et autres produits du terroir dans les fermes de Lair et de la Chouquerie, visitez les parcs à huîtres en attelage

Dans les terres

Musée et jardin du manoir de Saussey Ce joli manoir coutançais du XVIIe siècle et son beau jardin forment un endroit préservé. Le bâtiment abrite une étonnante collection de crèches des XVIIe et XVIIIe siècles (dont de très baroques crèches napolitaines !), un magnifique ensemble de verreries anciennes (depuis l'Antiquité jusqu'au milieu du XIXe siècle) et une collection de faïences de Forges-les-Eaux du XIXe siècle. ***Saussey*** *(3km au sud de Coutances sur la route de Villedieu, la D7) Tél. 02 33 45 19 65 Ouvert Pâques-sept. : tlj. 14h-18h30 Tarif 6€, enfant 1,50€*

Château de Cerisy-la-Salle Ce château de style Louis XIII domine la vallée de la Soulles mais également le monde universitaire mondial ! Il abrite en effet depuis 1952 un centre culturel international où se retrouvent chaque été les plus grands noms de la littérature, des arts, de la philosophie et des sciences. La participation aux conférences est réservée aux membres de l'association (cotisation payante). La visite guidée du château, construit entre 1605 et 1620 par une famille calviniste, les Richier, est l'occasion de rappeler les difficultés rencontrées par le protestantisme en France. Bel escalier et superbe bibliothèque Louis XIII, quelques boiseries du XVIIIe siècle. ***Cerisy-la-Salle*** *(13km au sud-est de Coutances par la D972 dir. Saint-Lô puis la D52, à droite dans le bourg de Belval-Gare) Tél. 02 33 46 91 66 www.ccic-cerisy.asso.fr Visites guidées juil.-août : jeu. à 15h et 16h30 Tarif 5€, enfant 10-17 ans 1,50€*

DRÔLE D'EFFET
La tour du château de Gratot a pris le nom de "tour de la fée" en raison d'une vieille légende attachée à ses anciens propriétaires : le sieur d'Argouges aurait un jour commis l'irréparable en prononçant devant sa belle le mot "mort", ce qui devait la condamner à disparaître dans les airs. On dit qu'on voit encore la marque laissée par son pied au moment de son ultime envol sur l'un des rebords de fenêtre...

☺ **Château de Gratot** Une belle ruine aux allures de conte de fées ! Sur la petite île sur laquelle se protège le château, vous êtes libre de vous faufiler au milieu du squelette des façades ou dans les minuscules escaliers des tours encore debout… Abandonné à la fin du XIXe siècle, le monument a été sauvé d'un délabrement irrémédiable par de jeunes bénévoles internationaux pendant les années 1970 et 1980. On peut encore voir l'une des tours de la forteresse initiale (à l'angle des communs, du XIIIe siècle), le logis élevé au XVIIIe siècle (à gauche, il a été entièrement remonté) et les façades (simplement consolidées) du château du XVe siècle. Sa tour octogonale présente toujours plusieurs éléments du décor gothique flamboyant originel. *Route d'Argouges* ***Gratot*** *(3km au nord-ouest de Coutances dir. Agon-Coutainville, bien indiqué) Tél. 02 33 45 18 49 (10h-19h en été) ou 06 64 01 05 82 (toute l'année) www.chateaugratot.com Ouvert tlj. 10h-19h Tarif 3€, moins de 18 ans 1,50€*

Manoir du Grand Taute Bien conservé et parfaitement restauré, ce manoir fortifié est l'un des exemples les plus éloquents de l'architecture du XVIe siècle dans la Manche. Il a été bâti par l'officier de justice Jean Le Coq pendant les guerres de Religion et doté de ce fait d'un système défensif très efficace. Les extérieurs permettent déjà de se rendre compte de la vie au château durant ces périodes de troubles et de repli autarcique. Le parcours de visite nous conduit des communs composés d'une boulangerie, d'un pressoir avec sa tour à pommes, au logis en passant par les écuries et les granges. Hors saison, profitez de l'une des visites commentées organisées parfois par l'office de tourisme. ***Saint-Sauveur-Lendelin*** *(9,5km au nord de Coutances) Tél. 02 33 46 67 24 (Renseignements à l'OT de Saint-Sauveur) Ouvert juil.-août : tlj. 14h-18h Visite libre*

☺ **Musée Tancrède-de-Hauteville** C'est d'ici que onze des douze fils d'un modeste vavasseur de Guillaume le Conquérant, Tancrède de Hauteville, partirent dès 1036 pour l'une des épopées les plus incroyables de l'Histoire ! Gagnant l'Italie du Sud, sur le chemin de la Terre sainte, les premiers se font remarquer pour leurs qualités guerrières : après le bien-nommé Guillaume Bras de Fer, choisi comme chef par les Normands, Robert Guiscard (dit “la Terreur du monde” !) conquiert les Pouilles, la Calabre et la Campanie, emprisonnant le pape au passage. Ce dernier (devenu réaliste !) mandate leur cadet Roger pour restaurer le christianisme en Sicile, musulmane depuis deux siècles : le Grand Comte ne satisfait pas plus le pontife en fondant l'un des plus remarquables royaumes de l'époque, étonnamment tolérant et respectueux de la diversité des langues (latin, arabe, grec, hébreu…). Son fils Robert II y crée même le premier Parlement de l'Occident. Le royaume normand de Sicile reste florissant pendant plus de deux siècles. Les hommes du Nord y profitent des avancées techniques des Arabes et exportent l'art roman et leur goût des basiliques : le musée (situé dans l'ancien presbytère) ne conserve pas de pièces d'époque mais présente, entre autres maquettes et copies, des photos de la Cuba, de la Zisa et de la Chapelle palatine des rois normands, beaux vestiges d'un syncrétisme exemplaire ! La visite est menée par Catherine Monthulé, conteuse passionnée intarissable sur l'épique conquête. L'évocation des fêtes traditionnelles des villages siciliens qui, mille ans après, perpétuent encore sa mémoire ravira les amateurs

☺ Les plus belles églises du canton

Savigny L'édifice roman du XIIe siècle conserve de superbes chapiteaux historiés et quelques fresques du XIVe siècle, en particulier une Cène comptant treize apôtres ! Le treizième ne serait autre que saint Paul... Bas-relief du Christ en majesté du XIe siècle. *À 10km de Coutances par la D972 dir. Saint-Lô puis la D52 à droite dans le bourg de Belval-Gare*

Marchésieux Cette sobre église du XIIIe siècle abrite dans son chœur de belles fresques du XIVe siècle représentant, au nord, l'Annonciation, la Visitation, la Nativité et l'Adoration des mages et retraçant, au sud, l'histoire des saints locaux. *À 20km de Coutances par la D971, dir. Périers puis la D57, à droite dans le bourg de Monthuchon*

de grande Histoire et de petites histoires… ***Hauteville-la-Guichard*** *(15km au nord-est de Coutances par la D972 dir. Saint-Lô, puis la D52 et la D141) Tél. 02 33 47 88 86 ou 02 33 19 19 19 (hors saison) Ouvert 15-30 juin, 1er-15 sept. : dim. 14h-18h ; juil.-août : mar.-dim. 14h-18h30 ; 16 sept.-14 juin dernier dim. du mois 14h-18h Ouvert juil.-août : mar.-dim. 14h-18h30 ; 15-30 juin et 1er-15 Fermé déc.-jan. Tarif 4€, réduit 1,50€*

Où faire des emplettes gourmandes ?

Ferme Gaec Lair Cette superbe ferme, précédée d'un chemin herbu, c pourrait bien sortir d'un livre d'école, avec ses peintures en trompe l'œil et sa niche à chien dans la cour. Des visites et des activités, organisées pour petits et grands, nous invitent à découvrir l'exploitation et ses veaux, vaches, cochons et moutons. Les enfants pourront s'initier à la traite, apprendre à faire leur pain ou leur pot de beurre, et les adultes à fabriquer du cidre. Un petit point de vente propose lait cru, crème, beurre, miel, apéritifs normands ou cidre agricole, et, vers Noël, quelques dindes et chapons. Visites ou activités sur réservation. *La Pommeraie* **Courcy** *(5km à l'est de Coutances) Tél. 02 33 07 52 08 ou 06 67 27 74 27 Ouvert lun.-sam. 14h-18h*

La Basse-Normandie en amoureux

Restaurants

Le Clos Saint-Bernard — 98
L'Éden — 167
La Petite Auberge — 185
Bistro des Artistes — 200
Le Bréard — 200
Sa.Qua.Na — 201
Le Pavé d'Auge — 227
La Satrouille — 257
Le Pily — 257
Restaurant Côté Saint-Pierre — 423
Rive droite — 466
Antiquités Scherer et fils — 515

Hébergements

Cosyourte — 113
Le Petit Matin — 114
Le Cabourg — 168
Hôtel Normandy — 187
Le Flaubert — 188
Chambres d'hôtes Catherine de Préaumont — 188
Chambre d'hôtes La Cerisaie — 201
Chambre d'hôtes La Cour Sainte-Catherine — 202
L'Absinthe — 202
Ferme de la grande cour — 203
Chambre d'hôtes La Cour de Bas — 203
Le Bellevue — 203
Au repos des chineurs — 227
Château de la Vespière — 238
Manoir de la Fieffe — 259
Château du Rozel — 268
La Fossardière — 272
Maison du chevalier de Rantot — 272
La villa Gervaiserie — 289
Manoir de Magneville — 324
Manoir de l'Écoulanderie — 423
Chambres d'hôtes La Porte rouge — 517
Chambres d'hôtes L'Orangerie — 518
Chambres d'hôtes Hôtel des Tailles — 518
Chambres d'hôtes La Maison d'Hector — 519
Chambres d'hôtes Manoir de Lormarin — 527

La Boutique normande À Cérences, village distant d'à peine 20km de Coutances, Jean-Christophe Légende décore ses céramiques de motifs aux couleurs locales, fleuris, bucoliques, ou même commémoratifs du D Day ! Dans sa boutique de Coutances, pots, pichets, bols à oreilles se mêlent joyeusement aux délices de petits producteurs, comme ces rillettes de saumon, miels, biscuits fourrés artisanaux, etc. *24, rue Geoffroy de Montbray* ***Cérences*** *(17km au sud de Coutances) Tél. 02 33 07 41 38 www.ateliercreationlegendre.com Ouvert mar.-sam. 9h30-12h30 et 14h30-19h*

Où gouter le teurgoule ?

Ferme de la Chouquerie Catherine Lecardonnel concocte dans sa grande cuisine de ferme la spécialité des spécialités normandes, la fameuse teurgoule, cuite, selon la tradition, dans une jatte en grès. Visite sur rendez-vous. Également de la bouillie de sarrasin, de la confiture de lait, de la crème aux œufs, des yaourts et du lait cru. Il est conseillé d'appeler avant de passer. *Lieu-dit L'Hôtel Ferru* ***Saint-Sauveur-Lendelin*** *(9km au nord de Coutances par la D971 dir. Perriers, à la sortie du bourg de Saint-Sauveur-Lendelin, prendre à gauche et suivre les panneaux "Bienvenue à la ferme") Tél. 02 33 07 62 48*

La côte

☺ **Regnéville-sur-Mer** Une petite station insolite face à la pointe d'Agon. La digue est jalonnée de larges maisons au charme un peu désuet et la quiétude du lieu n'est brisée que toutes les six heures, quand le flux de la marée haute s'inverse dans le havre, faisant se retourner tous les bateaux dans le même mouvement. Cette atmosphère de doux abandon fait penser qu'il a dû se passer ici des choses importantes… En effet, Regnéville fut l'un des ports les plus actifs du Cotentin avant qu'il ne s'ensable irrémédiablement. Situé au centre de la presqu'île, il en fut une clé militaire majeure, comme en témoignent les ruines de son château (donjon du XIIe siècle et bâtiments du XIVe siècle). C'est de là que les Anglais partirent à la conquête du Mont-Saint-Michel la première fois ! Le port dut également sa prospérité à l'exportation de chaux, produite en quantité sur la commune grâce à l'important bassin calcifère présent sous le canton. Des **fours** imposants (dressés dans les années 1850) sont encore visibles dans le port : l'ensemble a une véritable allure de château fort. On peut les admirer à l'issue de la visite du **musée** qui retrace cette surprenante histoire industrielle. Belle explication des mécanismes de combustion du calcaire et d'extinction de la chaux vive. Quelques pièces rappellent l'activité du port. ***Regnéville-sur-Mer*** *(11km au sud-ouest de Coutances)* **Fours à chaux du Rey et Musée maritime** *14, route des Fours-à-chaux Tél. 02 33 46 82 18 Ouvert avr.-juin et sept., vac. scol. Pâques et Toussaint : tlj. 14h-18h30 ; juil.-août : tlj. 11h-19h Fermé vac. fév. Tarif 4,50€, réduit 2,70€, enfant 2€*

☺ **Pointe d'Agon** Un paysage d'exception, solennel et inachevé. Cette pointe de sable avance sur 4km entre le havre de Regnéville, un peu désolé quand il est déserté par la mer à marée basse, et une grève immense dont le sable doré est taché d'innombrables mares reflétant le ciel… Quelques silhouettes isolées de pins maritimes ajoutent au mystère du site sous un ciel gris. Avant son extrémité, le monument dédié à Fernand Lechanteur, grand spécialiste du parler normand, approprié avec ses "trente-trais pierres arrangies en forme dé baté Nourmand" (trente-trois menhirs disposés en forme de drakkar). *À 15km à l'ouest de Coutances*

Manoir d'Hérenguerville Au fil de la visite guidée, le propriétaire, un historien, raconte l'épopée de ce site fortifié, évoquant la guerre de Cent Ans et les diverses étapes de construction de la demeure seigneuriale typique du style anglo-normand. Majestueux et rustique, le château, dont les parties les plus anciennes remontent au XIIe siècle, donne sur un étang qui autrefois l'environnait entièrement. ***Hérenguerville** (12km au sud-ouest de Coutances) Tél. 02 33 07 94 84 Visite guidée des extérieurs sur rdv*

CÔTE SAUVAGE Les baigneurs et les promeneurs ont l'embarras du choix : une bande de sable fin bordée d'un cordon de dunes exceptionnelle orne la côte ! Les fronts de mer de Pirou, d'Agon-Coutainville et d'Hauteville-sur-Mer sont plus construits mais leurs petites villas, parfois insolites, sont bien sympathiques. Le reste de la côte ravira les amateurs de paysages maritimes bruts.

☺ **Blainville-sur-Mer** À proximité du Havre du même nom, une plage vraiment caractéristique avec ses larges dunes sur le flanc desquelles se nichent de petits cabanons en bois bleus, blancs ou verts… Également de nombreux parcs à huîtres, dont certains peuvent être visités par le biais de l'office de tourisme. *À 12km à l'ouest de Coutances* **Office de tourisme** *12bis, route de la Mer Tél. 02 33 07 90 89 www.ot-blainvillesurmer.com* **Parcs à huîtres** *Tarif 4€, enfant de moins de 12 ans 2€*

Havre de Geffosses Classé réserve de chasse maritime et protégé dans le cadre des sites Natura 2000, cet espace naturel de 185ha s'étend entre Anneville-sur-Mer et Geffosses. Un réseau de sentiers pédagogiques conduit à des observatoires, d'où vous pourrez épier gibier et oiseaux d'eau en escale migratoire. ***Geffosses** (14km au nord de Coutances, par la route côtière D650)*

☆☺ **Château fort de Pirou** L'une des plus vieilles forteresses de Normandie, construite au XIIe siècle, sans doute sur un ancien site viking, pour protéger le cordon du littoral. Dans ce plat pays, les moyens défensifs déployés sont très conséquents : le belliqueux château est resserré sur lui-même sur un îlot entouré de douves, et cinq portes fortifiées (dont trois subsistent encore) et un deuxième anneau de douves (aujourd'hui disparu) en protégeaient l'accès. Le monument conserve de nombreuses tourelles de guet, ses créneaux et ses meurtrières, parfois percées dans des murs de plus de trois mètres d'épaisseur ! Dans la cour intérieure, deux logis furent adossés aux murailles, l'un sous Henri IV, l'autre au début du XVIIIe siècle. Le donjon est aujourd'hui détruit. L'ensemble reste extrêmement pittoresque avec ses toits biscornus couverts de schiste et de mousse et son air de toujours se défendre contre des fantômes depuis longtemps disparus… ***Pirou** (17km au nord-ouest de Coutances sur la D2 dir. Lessay) Tél. 02 33 46 34 71 www.chateau-pirou.org Ouvert fév.-mars, 15 oct.-nov. : mer.-lun. 10h-12h et 14h-17h ; avr.-sept. : mer.-lun. 10h-12h et 14h-18h30 Fermé 1re quinz. d'oct. et déc.-jan. Tarif 5€, réduit 4€, 15-17 ans 3,50€, 7-14 ans 3€, famille (3 enfants) 16€, billet couplé avec abbaye de la Lucerne (environs de Granville) 8€/5€*

Où boire un verre, manger sur le pouce ?

Café Les Paillottes Non, il ne s'agit pas d'une paillote, mais d'un café "en dur" capable de résister au vent qui vient du large. L'intérieur pourrait cependant le laisser supposer, avec ses murs en bois et son faux plafond en toile. La carte de boissons affiche une belle collection de rhums maison, mais aussi des thés originaux (tentez le pomme au four), des cidres normands et des bières à la pression, idéales pour accompagner les copieuses portions de moules frites et les en-cas chauds et froids. Une ambiance animée tout au long de la journée. *3, pl. du Général-de-Gaulle* ***Agon-Coutainville*** *(10km à l'ouest de Coutances) Tél. 02 33 47 17 80 Ouvert tlj. jusqu'à 2h*

La Plancha Plantée entre terre et mer, cette amusante maisonnette, dont le rez-de-chaussée est accessible par la route, s'ouvre au sous-sol sur la promenade et la plage. À l'intérieur, un bar-restaurant jeune et branché, avec ses notes de couleurs pop et ses tonneaux-tables dressés devant la porte, par où s'engouffre l'air marin. Carte de tapas, où les rillettes de maquereaux côtoient les anchois, le dépaysant pata negra ou les poivrons marinés. En cas de fringale, on peut poursuivre l'apéro-repas par des portions plus importantes : gambas grillées, salades au fromage frais ou au poulet tandoori, tartare de bœuf, assiette de palourdes... Tapas autour de 6€, plat 10-13€. *77, rue Dramard* ***Agon-Coutainville*** *(10km à l'ouest de Coutances) Tél. 02 33 47 26 77 www.laplancha.fr Ouvert juil.-août : tlj. 9h30-2h ; sept.-juin : jeu.-lun. 9h-0h*

S'élancer en char à voile

Club nautique de Coutainville Séances encadrées, de 23 à 27€. *104, rue des Dunes* ***Agon-Coutainville*** *(10km à l'ouest de Coutances) Tél. 02 33 47 14 81*

Jouer au golf

Golf de Coutainville Dans l'environnement naturel caractéristique de la côte, ce parcours de 18 trous ravira les amateurs de links. Licence obligatoire. *Green fees* 18 trous d'avril à septembre : 50€, basse saison 39€. *6, av. du Golf* ***Agon-Coutainville*** *(10km à l'ouest de Coutances) Tél. 02 33 47 03 31 www.golfdecoutainville.com*

Galoper sur les grèves, randonner le long du rivage

Centre équestre d'Agon-Coutainville À 800m de la plage, ce centre convivial propose des balades pour tous les niveaux. Les petits pourront s'initier aux

Visiter les parcs à huîtres en attelage

Attelage des grandes marées Gérard Macé, ostréiculteur, propose de partir à la découverte de ses parcs à huîtres en voiture hippomobile tirée par trois cobs normands, chevaux de trait propres à la région dont l'espèce est menacée d'extinction. Original et avec dégustation à la fraîcheur garantie ! Rens. et réservations auprès de l'OT. *Place de l'Église* ***Gouville-sur-Mer*** *Tél. 02 33 47 86 13 www.mace-ostreiculteur.com Visite juil.-août : Mer., horaires en fonction des marées Durée 2h40*

joies du poney dans le marais d'Essay, qui jouxte le club, les adultes passer les dunes et lâcher les brides en bord de mer… Comptez 18€ l'heure pour les moins de 10 ans, 20€ pour les plus de 10 ans, assurances non comprises. *Charrière du Commerce* ***Agon-Coutainville*** *(10km à l'ouest de Coutances) Tél. 02 33 47 00 42 www.centreequestreagon.com*

Les Randonneurs des Dunes et Bocage En été, cette association organise des marches de 1h30 à 2h en début de soirée, le long des chemins herbus, à travers les prés et les petits villages des communes du littoral : Saint-Malo-de-la-Lande, Blainville-sur-Mer ou Gouville-sur-Mer… Départ chaque mercredi à 19h ou 20h, et goûter offert au retour. Chaussez-vous bien ! ***Gouville-sur-Mer*** *(12km à l'ouest de Coutances) Tél. 02 33 47 77 15 ou 06 83 99 24 57*

CARNET D'ADRESSES

Restauration, hébergement

camping

Camping municipal Les Vignettes Ce terrain de camping très verdoyant profite d'une belle vue sur la ville dominée par les flèches de la cathédrale, mais il est situé aux abords d'une route assez passante : plantez votre tente à l'opposé ! Comptez 3,20€ l'emplacement avec voiture et 3,20€ par campeur et par jour. Accès gratuit à la piscine municipale (qui jouxte le camping) pour les campeurs. *Route de Saint-Malo* ***Coutances*** *Tél. 02 33 45 43 13 Ouvert toute l'année*

petits prix

La Morinière Une crêperie comme on aimerait en découvrir plus souvent. Les galettes et les crêpes sont larges comme des soleils et sont garnies avec les meilleurs produits : crème et champignons frais, fromage et jambon de pays, calvados et pommes normandes… Galettes de 2,10 à 10,80€, crêpes de 2,10 à 7,10€. Belle carte d'énormes glaces. *1, rue Quesnel-Morinière* ***Coutances*** *(face au jardin public) Tél. 02 33 07 52 20 Ouvert juil.-août : tlj. ; sept.-juin : ven.-mar. midi et soir, mer. midi Quelques semaines de fermeture dans l'année*

La Cale Cette adresse de bout du monde permet de déguster les pieds dans le sable (et pour une fois ce n'est pas une métaphore !) et sur des tables et des bancs en bois quelques plats simples : bulots-mayo, moules-frites, et autres snacks, mais aussi… du homard, le tout dans une ambiance bon enfant, avec des prix tout petits. Un effort est fait sur les produits bio et locaux. Et pour la touche sucrée, il y a de la teurgoule au dessert ! *La Plage* ***Blainville-sur-Mer*** *(14km à l'ouest de Coutances) Tél. 02 33 47 22 72 Ouvert avr.-mi-juin, mi-sept.-Toussaint : w.-e. et j. fér. ; mi-juin-mi-sept. : tlj.*

prix moyens

Hôtel-restaurant du parvis La plupart des chambres offrent une vue très privilégiée sur la cathédrale. Au rez-de-chaussée, une grande brasserie classique, de style parisien, sert une cuisine bistrot (menus 10€ à midi, et 13 et 22,80€), dont plusieurs sortes de choucroutes. Double de 48 à 60€ avec douche ou salle de bains, et accès wifi dans tout l'hôtel. *Parvis*

Notre-Dame **Coutances** *Tél. 02 33 45 13 55 Fermé dim. (réserver alors pour obtenir le code d'accès)*

prix élevés

☺ **Restaurant Côté Saint-Pierre** Repris en 2012 par Élise Salanon et Damien Dulin, le Côté Saint-Pierre a rapidement pris une place prépondérante sur la scène coutançaise. Intime, claire et pleine de charme, la salle aux poutres apparentes est en harmonie parfaite avec la cuisine inspirée du jeune chef : boudin noir en escalope et salsifis, terrine de chèvre et sorbet betterave, filet de saumon sauce diable... autant de recettes que vous n'êtes pas sûr de trouver : les produits sont frais et de saison, et l'ardoise à midi change tous les jours ! Menus à midi de 15 à 18€, le soir de 25 à 35€. *55, rue Geoffroy-de-Montbray* **Coutances** *Tél. 02 33 47 94 78 Ouvert mar.-sam. 12h-14h et 19h-21h30, dim. 12h-14h*

prix très élevés

☺ **Manoir de l'Écoulanderie** Une demeure en état de grâce ! Datant du XVIIIe siècle, elle domine toute la ville et le bocage de son grand jardin fleuri baigné par de jolies sources. Les chambres sont extrêmement confortables et leur décoration des plus soignées. Dans une petite dépendance noyée sous la vigne vierge, notre préférée, appelée "Sous-Bois", forme l'un des cocons champêtres les plus charmants que nous ayons pu croiser avec son jeu de poutres au plafond et son ciel de lit rouge passion... Une piscine chauffée et couverte permet de nager avec vue sur les flèches de la cathédrale. Accueil exquis de la part de toute la famille. Pour une suite à l'étage de la maison (2 pers. avec petit déj.) : 160€. **Coutances** *(du centre-ville, emprunter la rue de Saint-Malo dir. Agon-Coutainville, dans la descente face au stade prendre à droite la rue de la Roche, peu visible. Le manoir se trouve plus haut sur la droite) Tél. 02 33 45 05 05 www.l-b-c.com Ouvert toute l'année*

Dans les environs

camping

Camping-ferme de la Morinière À la ferme mais presque en bord de mer, une prairie joliment aménagée qui tranche avec les gros campings qui jalonnent la côte... On rejoint la plage à pied en 10min, à travers la lande maraîchère typique du canton de Lessay. Juillet-août : 5€ l'emplacement et environ 3,70€ par adulte ; avril-mi-septembre : 3-4€ selon l'emplacement. *La Morinière* **Pirou** *(sur la route de la côte, la D650, entre Anneville-sur-Mer et Pirou) Tél. 02 33 07 87 15 ou 06 84 41 42 92 campinglamoriniere.over-blog.com Ouvert mi-avr.-mi-sept.*

petits prix

Crêperie L'Antilope Une bonne surprise derrière une banale enseigne ! À peine repris par ses actuels propriétaires, ce bar-tabac doublé d'une

GAMME DE PRIX	RESTAURATION	HÉBERGEMENT
Très petits prix	moins de 10€	moins de 40€
Petits prix	de 10 à 15€	de 40 à 60€
Prix moyens	de 15 à 25€	de 60 à 85€
Prix élevés	de 25 à 40€	de 85 à 120€
Prix très élevés	plus de 40€	plus de 120€

crêperie attirait déjà l'attention... Les raisons de son succès ? Sans doute la simplicité et une honnêteté naturelle qui consiste à bien faire avant tout. La carte se concentre essentiellement sur les galettes de blé noir et les crêpes (maximum 7-10€), généreuses et bien servies, avec des garnitures variées. Une mignardise crêpe accompagne même le café. ***Gouville-sur-Mer*** *(13km au nord-ouest de Coutances) Tél. 02 33 47 86 45 Ouvert juil.-août : tlj. ; sept.-juin : lun.-mar. et jeu.-sam.*

Chez Odile et Claude Une façon bien agréable et pittoresque de camper ! À la sortie du village, Odile et Claude Macé ont installé une roulotte entièrement en bois dans leur jardin abrité. Elle est équipée d'un lit mezzanine, d'un coin cuisine, d'une salle d'eau et d'un chauffage au poêle, peut accueillir 2 personnes. Si elle est déjà réservée, consolez-vous dans le gîte attenant à la maison, charmant avec son sol dallé et sa mezzanine à lucarne, et parfait pour deux personnes. Qui plus est, le propriétaire dispose d'une belle collection de bicyclettes qu'il met à la disposition des hôtes. Gîte et roulotte de 250 à 300€ la semaine selon la saison. *17, chemin de la Décanterie* ***Montmartin-sur-Mer*** *(10km au sud-ouest de Coutances ; à gauche avant la gendarmerie, puis à 150m et encore à gauche) Tél. 02 33 46 21 47*

prix moyens

Le 16ème Ouest Une nouvelle façon de savourer, tout en dégustant de multiples recettes à base de produits locaux : à la place d'un plat classique, vous choisirez un trio de petites portions gourmandes réunies dans une seule et même assiette. En entrée, vous aurez par exemple le bonheur de goûter un velouté de choux fleur à l'émietté de crabe avec un tartare d'huîtres, puis des petites tranches de coppa à la queue de bœuf. Idem pour les poissons et les viandes : pourquoi pas un pavé aux échalotes confites en version mini... qui permettra de savourer en même temps des ris de veau ? Les desserts non plus ne sont pas oubliés, entre l'association mousse de poire-tarte tatin-tiramisu, ou les trois crèmes brûlées. Quant au cadre, l'ancien presbytère du bourg, orné de papiers peints d'antan, il ne gâte rien, bien au contraire. Trilogies entre 12 et 19€, menus 21 à 37€. *16, rue de la Sienne* ***Heugueville-sur-Sienne*** *(7,5km au sud de Coutances) Tél. 02 33 47 19 61 Ouvert mar.-sam. midi et soir, dim. midi*

☺ **Restaurant La Baratte** On est surpris par l'étonnant contraste entre une salle plutôt quelconque, où résonne une musique de variété, et le contenu des assiettes. La cuisine de terroir, à base de produits issus de petits producteurs locaux, rend hommage au maquereau de Bretagne, à l'agneau de Bricqueville, ou au cochon bio. Ajoutez à cela des recettes inédites et des présentations aussi belles que savoureuses pour la terrine de poisson aux salicornes vinaigrées, le filet de bœuf grillé et sa polenta gratinée, ou le succulent parfait aux fruits rouges à base de crème anglaise. Menus 14€ (midi) et de 24 à 36€. *Le Bourg* ***Saint-Denis-le-Vêtu*** *(9km au sud de Coutances) Tél. 02 33 45 45 49 www.restaurant-labaratte.fr Ouvert lun. et jeu.-sam. midi et soir, mar. et dim. midi*

☺ **Restaurant Le Jules Gommès** Une belle occasion de faire une virée jusqu'au havre de Regnéville et de goûter aux salicornes qui y poussent en abondance. Celles-ci accompagnent certains des bons plats de la carte, qui fait honneur au poisson.

L'accueil, jeune et agréable, sied bien à la salle, chaleureuse avec ses panneaux de bois et ses murs rouges éclairés le soir à la chandelle... Plateau de fruits de mer pour deux personnes à 48€, menus de 13 à 28€. Côté pub, un décor irlandais qui bénéficie d'une vue drôlement appropriée sur le havre. Très sympathique ! ***Regnéville-sur-Mer*** *(10km de Coutances) Tél. 02 33 45 32 04 Ouvert haute saison : tlj. ; basse saison : mer.-dim.*

☺ **Restaurant Grand Herbet** On ne saurait imaginer de meilleur emplacement pour un café-restaurant : directement posé sur les dunes, face à une Manche écumeuse par jour de vent. Côté café, les habitués au comptoir parlent de tout et de rien. Côté restaurant, on déguste des produits de la mer (moules marinières, huîtres chaudes, saumon mariné) dans une charmante salle aux murs décorés de peintures de baigneurs alanguis. À moins que l'on ne préfère le balcon-terrasse tourné vers le large. Plat 11-15€, plateau de fruits de mer 25€. *La Plage* ***Blainville-sur-Mer*** *(12km de Coutances) Tél. 02 33 46 47 98 Fermé dim. soir, lun. et mar. hors saison et hors vacances scol.*

Chambres d'hôtes Robert et Jacqueline Sebire Dans un hameau situé à quelques centaines de mètres de la mer, une petite maison en pierre et granit avec un intérieur rustique et des cheminées massives. Chambres sobres et confortables, grand jardin avec cuisine aménagée dans une petite dépendance laissée à la disposition des hôtes et accueil très courtois. Comptez 46€/2 pers., 58€/3 pers., 80€/4 pers., petit déj. inclus. *11, rue du Vieux-Lavoir* ***Blainville-sur-Mer*** *(indiqué, à proximité de l'église du village) (12km de Coutances) Tél. 09 50 20 96 05 http://jr.sebire.free.fr Ouvert toute l'année*

Hôtel-restaurant La Verte Campagne Lynne et André Tamba, tous deux anglais, ont repris voici quelques années cette jolie gentilhommière un peu perdue dans le bocage coutançais. Ils partagent une très grande volonté de bien faire, si bien que l'on se sent vite chez eux comme chez soi. Le chef est français et les Tamba peuvent se fier à lui : médaillons d'aubergine, petits chèvres au coulis de tomates, raie aux petits légumes verts et au safran à la crème, pavé de bœuf aux champignons à la normande et gratin de topinambours... Menus de 25 à 55€. Les 5 chambres sont agréables. De 50€ (WC sur le palier et douche privée) à 88€ (sdb et WC). *Le Hameau Chevalier Chevalier* ***Trelly*** *(13km au sud de Coutances, prendre la D971 dir. Granville puis la D35 à gauche dans le bourg de Quettreville, indiqué à partir de l'église) Tél. 02 33 47 65 33 www.lavertecampagne.com Restaurant Ouvert lun.-mar. et jeu.-sam. (réservation possible le dim. soir en saison)*

prix élevés

Hôtel La Villa Julia Complètement rénové en 2012, ce charmant hôtel tout blanc est situé à 100m de la plage de la jolie station balnéaire d'Agon-Coutainville. Ses chambres bénéficient d'une déco moderne et romantique à la fois (citations poétiques sur les murs), et ouvrent soit sur les toits, soit sur une rue tranquille. On apprécie les volumes spacieux, le confort, les petites attentions (produits de la sdb), le bar, ainsi que la terrasse. Double de 60 à 79€, suite de 100 à 129€, petit déj. 8€. Parking gratuit, accueil très sympathique. *5, rue Docteur Viaud* ***Agon-Coutainville*** *(10km à l'ouest de Coutances) Tél. 02 33 76 67 50 www.la-villa-julia.fr Ouvert fév.-nov.*

prix très élevés

☺ **Le Mascaret** Une adresse qui sait exalter les plaisirs du palais ! À travers un subtil mariage d'épices, de fleurs et de produits arrivant exclusivement au gré des marchés et des pêches, Philippe Hardy concocte de véritables créations gastronomiques : jus suave de poireaux des sables, cannellonis d'araignées, homard rôti, turbot, macaron aux deux visages... Menus de 29 à 82€ du mardi au vendredi midi, et une formule à 25€. Les amateurs de café seront également comblés par le choix proposé. Sur place : chambres de 105 à 195€ (petit déj. 14€) et spa (hammam de 20min à 18€). *1, rue de Bas* ***Blainville-sur-Mer*** *(12km de Coutances) Tél. 02 33 45 86 09 www.restaurant-lemascaret.fr Fermé dim. soir et lun. (et mer. soir en hiver)*

☺ **Le Clos des pommiers** Dans un grand parc, une belle villa du début du XXe siècle qui transporte dans les environs de Deauville avec ses hauts toits en tuile et ses murs à colombages ! Passé un vaste rez-de-chaussée aux accents gothiques, deux chambres très spacieuses dont la décoration oscille entre mise en scène Grand Siècle et design contemporain. L'une des salles de bains contient une baignoire de Belle au bois dormant, l'autre permet de prendre un bain en regardant le parc... Double à 150€ avec petit déj. Également un gîte de 130m², indépendant et au style très contemporain, pour quatre personnes : comptez autour de 400€ le week-end (seulement en basse saison), et 600, 700 et 1 000€ la semaine en basse, moyenne et haute saison. *5, rue de Bas* ***Blainville-sur-Mer*** *(en haut de la route qui descend à la mer, tourner à droite à hauteur de la place de la Boulangerie) (12km de Coutances) Tél. 06 09 01 10 20 www.leclosdespommiers.com*

SAINT-LÔ

50000

En l'espace d'une nuit, le 6 juin 1944, l'une des plus belles villes de Normandie devint sa "capitale des ruines", rasée à plus de 90%. Le funèbre spectacle du champ de gravats et de morts (plus de 500) marqua profondément la région. La ville en porte toujours la mémoire dans son architecture d'après-guerre dont le modernisme tranche avec le bocage environnant, très préservé. Ainsi, sur la place de l'Hôtel-de-Ville, il ne manquerait plus que des voitures années 1950 pour se croire dans *Play Time* de Jacques Tati ! Pour autant, les Saint-Lois se sont réapproprié leur ville, qui a retrouvé une bonhomie toute normande : on ne serait finalement pas surpris de voir débouler le Facteur dans ce décor !

UNE HISTOIRE DE REMPARTS La cité est fondée par les Celtes, qui profitent du rempart naturel formé par le rocher dominant les vallées de la Vire, de la Dollée et du Torteron, et reçoit le nom de Briovère ("pont sur l'eau" en celte). Devenue chrétienne, elle passe sous l'autorité de l'évêque saint Laud au VIe siècle, qui lui donne son nom actuel. La tradition rapporte que Charlemagne serait à l'initiative de la construction des premiers remparts, en bois, en 805. Cet enclos fortifié n'empêche pas Saint-Lô de tomber aux mains des Normands au xe siècle, puis des Anglais pendant la guerre de Cent Ans. La paix revenue, la ville commence de s'étendre au pied du rocher, mais elle rencontre de nouveau l'Histoire en 1944 : située au croisement de voies de communication stratégiques, elle est rasée afin d'empêcher les Allemands d'atteindre le front. Symbole de ce nouveau fracas, les Saint-Lois découvrent au matin du 7 juin les remparts qu'avait masqués depuis longtemps, en y adossant de nombreuses maisons, le développement paisible de la cité…

L'URBANISME DE L'APRÈS-GUERRE Au lendemain de la guerre, la ville est si ravagée qu'on pense la vouer à la commémoration, mais les Saint-Lois souhaitent sa renaissance et obtiennent sa reconstruction. André Hilt est chargé de l'établissement du nouveau plan d'urbanisme, qui modifie profondément sa physionomie tout en faisant droit à son histoire. Il fait dégager les remparts et le rocher afin de mettre en exergue le noyau et le relief originels de Saint-Lô, mais crée tout autour une ceinture verte qui affiche son nouveau caractère, aéré et soucieux du paysage. La ville close est traitée à la manière d'un sanctuaire : telle une acropole, elle reçoit les principaux bâtiments administratifs qui viennent s'ordonner, non plus sur le tracé des anciennes rues tortueuses, mais sur un axe central qui ouvre une véritable promenade architecturale scandée par de larges esplanades. La place du Général-de-Gaulle, hérissée d'un haut beffroi de béton, forme le parvis du nouvel hôtel de ville, dont les lignes modernes sont dues à Mersier. Dans sa suite, la place du 11-Novembre met en valeur le chevet de l'église Notre-Dame, rescapée, et forme une nouvelle porte menant aux bâtiments de la préfecture, conçus par Louis Arretche. Par contraste, le traitement des quartiers commerçants, au pied des remparts, s'inscrit dans le traditionalisme à travers la reprise de quelques-uns des traits spécifiques des constructions de la région (faibles hauteurs, variation des matériaux employés, hauts toits, lucarnes…). Afin de célébrer la Libération, la construction de l'hôpital-mémorial France-États-Unis est confiée au célèbre architecte américain Paul Nelson, disciple de Le Corbusier. La façade du bâtiment, fonctionnaliste, est décorée d'une grande fresque par Fernand Léger en 1956, consacrant ainsi la naissance d'un nouveau patrimoine.

MODE D'EMPLOI

accès

EN VOITURE

À 70km à l'ouest de Caen par l'A84 et la D53 (route de Torigni-sur-Vire), à 30km à l'est de Coutances par la D972 et à 37km au nord de Villedieu-les-Poêles par la D999.

EN TRAIN

SNCF À 50min de Caen en trajet direct (mais souvent un changement pour un bus à la gare de Lison). *Tél. 3635 www.sncf.com www.ter-sncf.com*

Gare (plan 9, A1) *Place de la Gare*

EN CAR

Manéo-VTNI Les cars Manéo relient Saint-Lô à Cherbourg. Pas de gare routière à Saint-Lô, arrêt en ville. *Tél. 0800 150 050 http://transports.manche.fr*

TUSA Service de transport urbain entre Saint-Lô et sa proche périphérie. *Tél. 02 33 77 44 88*

orientation

Le cœur historique de la cité, clos par les remparts, constitue aujourd'hui son centre administratif, avec la mairie et le siège de la préfecture. Il domine, au sud, le quartier commerçant. Celui-ci s'organise autour de la rue Torteron et descend jusqu'à la Vire. La gare est située sur la rive opposée.

accès Internet

ICM Informatique Consommable Maintenance (plan 9, B1) Tarif 1,50-2€ les 15-30min, et 3€/h. *1, rue Monseigneur-de-Chivré Tél. 02 33 56 66 66 Ouvert lun.-ven. 9h-12h et 14h-19h*

informations touristiques

Office de tourisme (plan 9, C2) Installé dans un cube de verre ultramoderne, au cœur de la Plage verte. Il organise des visites des remparts de la ville, les mardi et vendredi à 14h15 (45min, 2€, moins de 12 ans gratuit). *60, rue de la Poterne Tél. 02 14 29 00 17 www.saint-lo.fr Ouvert lun. 14h-18h, mar.-ven. 9h30-12h30 et 14h-18h, sam. 10h-13h Horaires élargis en juil.-août*

Point information (plan 9, C2) *Au haras national Ouvert Pâques-Journées du patrimoine : tlj. 14h-18h (sam.-dim. seulement en mai)*

marchés, fêtes et manifestations

Marché (plan 9, C2) *Place du Général-de-Gaulle Ven. et sam. matin.*

Fête de la Vire Bals, concerts et joutes nautiques sur le fleuve. *Un w.-e. fin juin*

Normandy Horse Show L'élite du cheval est réunie au Haras national pour une semaine d'épreuves de sauts d'obstacles, de compétitions d'attelages... La manifestation rassemble 50 000 visiteurs chaque année. *www.normandie-horse-show.com 10 jours dans la première quinzaine d'août*

Festival Polyfolia Professionnels et amateurs de chant choral se produisent dans divers lieux. *www.polyfollia.org Tous les 2 ans (années paires) fin oct.-début nov.*

Les Rendez-vous Soniques En alternance avec le festival Polyfolia, chanteurs, groupes ou duos de musiques actuelles prennent le relais dans la salle Normandy. *www.lesrendezvoussoniques.com Tous les 2 ans (années impaires) fin oct.-début nov.*

DÉCOUVRIR

Saint-Lô

☆**Les essentiels** Le Haras national **Découvrir autrement** Admirez les ornementations gothiques de la chaire extérieure de l'église Notre-Dame, assistez au Normandy Horse Show en août au Haras national

☺ **Église Notre-Dame (plan 9, B1-B2)** Le cœur de la ville close est son vestige le plus marquant ! Lors des bombardements, l'ensemble de son couvrement fut soufflé et l'une de ses deux tours de façade s'effondra, entraînant dans sa chute l'ensemble du portail. Au lendemain de la Seconde Guerre mondiale, on a choisi, plutôt que de laisser l'ensemble en l'état ou de tenter une reconstruction à l'identique, d'élever devant la nef béante un simple mur-rideau, d'un beau schiste vert, participant du monument mémorial. On peut voir à l'intérieur (bas-côté gauche) des photographies de l'église et de la ville prises après le 6 juin 1944 : les vues sont apocalyptiques… La nef fut élevée entre 1410 et 1425 et le chœur gothique flamboyant achevé en 1480. Les architectes ayant cherché à tirer le meilleur parti de la parcelle exiguë dont ils disposaient au milieu de la cité, l'édifice paraît s'élargir vers le chœur. Les trente-six colonnes qui le soutiennent semblent ainsi former une large forêt de fûts de pierre. Quelques beaux vitraux anciens sont restés saufs : c'est le cas du vitrail royal (le quatrième sur le bas-côté droit) daté de 1470 et figurant Saint Louis en chevalier et du vitrail de l'Assomption (1515) situé au-dessus de l'autel de Saint-Lô (deuxième absidiole droite du chœur). À l'extérieur, les portes de bronze de la façade représentent, en lisant de bas en haut, l'histoire de saint Lô et celle du Christ, l'un et l'autre ressuscités ! Côté nord, ne manquez pas une très rare chaire extérieure, dont le décor gothique a été encensé par Victor Hugo lui-même, et un obus américain intact encore fiché dans le mur de l'église. En juillet et en août, des bénévoles proposent des visites guidées de l'église. *Rue Carnot (au cœur de la ville close) Visites mar. et ven. à 15h30*

UN REGARD DES REMPARTS

Il faut absolument monter au sommet de la **tour des Beaux-Regards** : située au faîte des remparts, au-dessus du rond-point du 6-Juin, elle offre à son sommet une vue parfaite sur la Vire, la cité et le bocage environnant. On peut aussi faire le tour de l'enclos par le chemin de ronde des remparts, d'où l'on bénéficie d'un panorama à 360° sur la ville.

Musée des Beaux-Arts (plan 9, C2) Le bâtiment, d'architecture contemporaine, a été achevé en 1989 : spacieux et lumineux, il met bien en valeur l'intéressante collection du musée. Le Cabinet des dessins abrite des œuvres de Tiepolo, de Géricault et de Doré (également un splendide *Arlequin* de Michel Ciry) ; les salles de peinture présentent une étonnante galerie de portraits des Matignon (dont le fief était situé à Torigni-sur-Vire), quelques élégants paysages classiques, une *Académie masculine* de Millet, un *Coucher de soleil à marée basse* de Boudin, plusieurs Corot et de nombreuses œuvres modernes inspirées par la destruction de la ville en 1944 (belle vue du palais de justice avec fronton classique effondré traité à la manière d'une ruine antique par Campain). Le musée conserve également huit tapisseries réalisées à Bruges à la fin du XVIe siècle et contant les amours de Gombault et de Macée. D'intéressantes maquettes aident à mieux comprendre la reconstruction de la ville. Ne manquez pas la photographie du bloc opératoire dessiné par Nelson pour l'hôpital-mémorial France-États-Unis : on dirait une soucoupe volante ! *Centre culturel Jean-Lurçat Place du Champ-de-Mars Tél. 02 33 72 52 55 Ouvert mer.-dim. 14h-18h Tarif 2,75€, 12-25 ans 1,40€ Entrée libre le 1er dim. du mois*

Église Sainte-Croix (plan 9, C2) Un édifice malmené par l'Histoire ! Cœur d'une abbaye disparue, cette ancienne abbatiale devint une simple église paroissiale au gré de nombreuses destructions. Il ne subsiste du bâtiment roman consacré en 1204 que les quatre premières travées de la nef, qui conservent de beaux chapiteaux historiés. Les travées suivantes, déjà reconstruites à la fin du XVe siècle, ne résistèrent pas à la transformation de l'église en dépôt d'étalons pour la monte (la reproduction) après la Révolution. Elles cédèrent la place dans les années 1850 à un ensemble néoroman, imité des travées anciennes, et furent flanquées au sud d'un haut clocher néogothique qui disparut sous les bombardements de 1944... Il a été remplacé par un imposant campanile de béton de 48m de hauteur, ajouré sur deux de ses faces par un treillis de poutrelles de béton, caractéristique de l'ordre du béton armé. *À l'opposé du musée des Beaux-Arts sur la place du Champ-de-Mars*

BÊTES DE CONCOURS

À proximité du haras, un centre équestre propose des stages de préparation et de perfectionnement aux concours hippiques. Pour les enfants, cours de poney et de horse-ball ! Également des promenades à cheval le long de la Vire, dans la forêt de Cerisy, et sur la plage de Saint-Martin-de-Bréhal (env. 18€ l'heure de poney, 21€ l'heure de cheval). **Centre équestre de Lairaut** *Chemin de la Madeleine (accès par l'avenue de Paris) Tél. 02 33 57 27 06 http://celairaud.wifeo.com*

☆ **Haras national (hors plan 9 par C2)** Fondé par Napoléon Ier en 1806, il est aujourd'hui le plus important des Haras nationaux, administration instituée par Colbert au XVIIe siècle : une quarantaine d'étalons, rares (cobs normands ou percherons) ou de haut vol (trotteurs...), sont mis à la disposition des éleveurs privés de la région afin de conserver et d'améliorer les espèces. Le haras a également une spécialité, le cheval de sport, avec plus de vingt chevaux de selle français qui brillent dans les concours hippiques nationaux et internationaux ! Il organise lui-même un Normandy Horse Show fameux (p.428). La construction des bâtiments, très soignée, a débuté en 1882 : huit écuries, au bel appareillage de briques, forment une vaste cour d'honneur dont l'allée mène au pavillon central. Des présentations d'attelages y sont données. Les visites guidées permettent de découvrir les écuries et les étalons. *437, rue du Maréchal-Juin Tél. 02 33 55 29 09 ou 02 33 77 88 66 Visite guidée Avr.-juin et sept. : sam.-dim. 14h30, 15h30 et 16h30 ; juil.-août : tlj. 11h, 14h30, 15h30 et 16h30 (excepté le dim. matin, et cinq jeu. ap.-m. de fin juil. à fin août lors des présentations d'attelages) Tarif 5€, 6-16 ans 2,50€ Présentation d'attelages Fin juil.-août : le jeu. à 15h Tarif 5,50€, 6-16 ans 3€*

Mémorial de la Madeleine Cette ancienne léproserie du XIVe siècle abrite aujourd'hui un mémorial des 23e et 35e Divisions américaines qui libérèrent la ville. Photos, plaques commémoratives, tableaux et objets personnels ayant appartenu aux soldats. *Ouvert juil.-mi-sept. : sam.-dim. 14h30-18h30 Entrée libre*

Musée du Bocage normand-Ferme de Boisjugan Dans l'enceinte de cette ferme aux bâtiments de schiste, construite entre le XVIIe et le XIXe siècle, est exposée une importante collection d'objets et de matériel agricole très représentatifs des mutations agraires du bocage de l'Ouest normand. Un beau

Plan 9 Saint-Lô

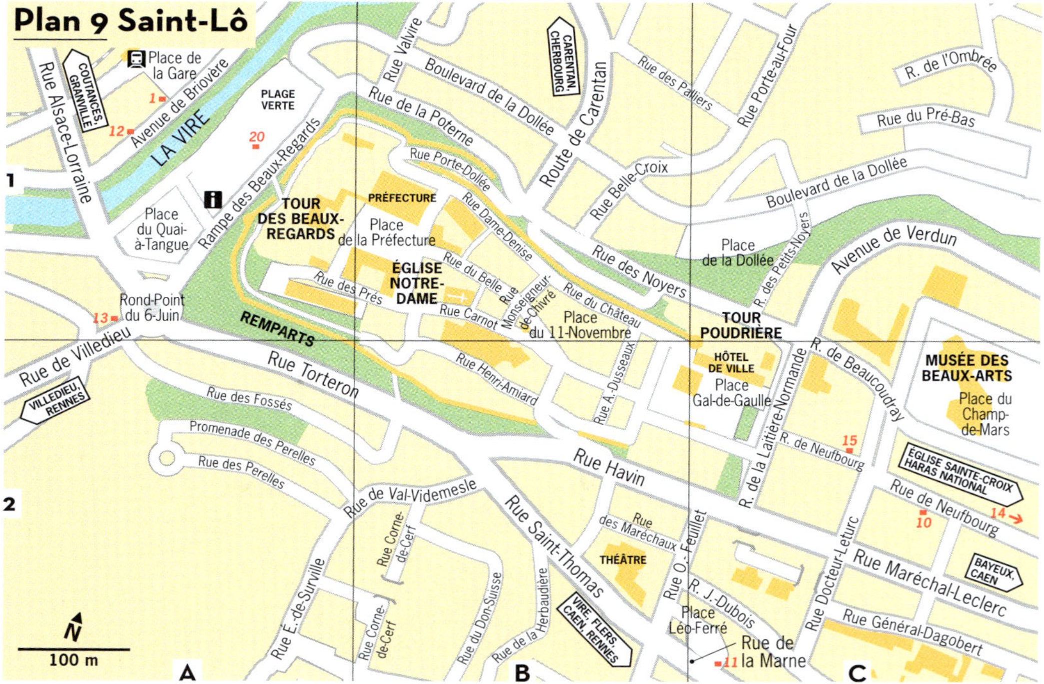

Bar, lieu de sortie (n°1)

Le QG* ____ **1** A1

Restauration, hébergement (n°10 à 15)

Bistrot Paul et Roger ____ **10** C2
Café de Saint-Lô* ____ **15** C2
Hôtel Armoric ____ **11** C2
Hôtel-restaurant Mercure ____ **12** A1
Le Pêché Mignon ____ **14** C2
Restaurant Le Goût sauvage ____ **13** A1

Shopping (n°20)

Virées du terroir* ____ **20** A2

*À RETROUVER DANS LA PARTIE DÉCOUVRIR

voyage dans les temps anciens… *Boulevard de la Commune Tél. 02 33 56 26 98 Ouvert nov.-fév. : jeu.-dim. 14h-18h ; mars-mai et oct. : mer.-dim. 14h-18h ; juin-sept. : mer.-ven. 10h-12h et 14h-18h, sam.-dim. 14h-18h ; j. fér. 14h-18h Fermé 25 déc., 1er jan. et 1er mai Tarif 4,90€, étudiant et 12-20 ans 2,50€ Entrée libre le 1er dim. du mois*

● Où faire son shopping terroir ?

Virées du terroir (plan 9, A2 n°20) L'été, un marché gourmand de petits producteurs s'installe sur la Plage verte, et se poursuit en nocturnes musicales le premier jeudi de chaque mois. Sur les stands : pains boulangers, pâtés, miels, teurgoule maison... Les métiers d'art sont également représentés. *Plage verte Ouvert juin-début sept. : jeu. 16h-20h30 Nocturne jusqu'à 22h*

● Où boire un verre, manger sur le pouce ?

Café de Saint-Lô (plan 9, C2 n°15) Dans cette rue animée de restaurants et de cafés inégaux, celui-ci occupe sans doute le meilleur des emplacements : une placette, où il étale sa terrasse avec ses pimpantes chaises rouges. La salle intérieure, moderne et dallée de noir et blanc, offre aussi un cadre avenant pour se poser devant un burger maison ou un simple expresso. Plat du jour à 7,20€ et formule à 11,50€. *15, rue de Neufbourg Tél. 02 33 55 09 94 Ouvert lun.-sam. 8h-20h30*

● Où boire un verre en soirée ?

Le QG (plan 9, A1 n°1) La nuit, lorsque la ville s'endort, c'est ici qu'il faut se réfugier au chaud. Ouvert avant sa succursale de Cherbourg (p.254), le QG de Saint-Lô pourrait évoquer un vaisseau spatial baigné de lumières rouges, éclairé par des hublots. Alangui devant un grand écran diffusant une scène de concert, on ne décolle plus de son fauteuil en cuir. Sauf le vendredi soir, lorsque la salle du fond s'anime, et à juste titre : groupes de rock, blues, jazz, humoriste décalé, et parfois un karaoké... *Place de la Gare Tél. 02 33 57 74 01 Ouvert lun.-mer. 14h-1h, jeu.-ven. 17h-3h, sam. 14h-3h, dim. 15h-20h Concert gratuit le ven. vers 22h*

● Glisser sur la Vire

Location de barques et pédalos (plan 9, A2) Le long de la Plage verte, au pied des remparts, location de barques et de pédalos tous les après-midi en juillet-août (14h-18h, et 15h-19h le jeudi.) *Plage verte Tél. 02 14 29 00 17*

Les environs de Saint-Lô

☆**Les essentiels** L'abbaye de Cerisy **Découvrir autrement** Admirez le panorama sur le bocage du haut des roches de Ham

Jardin d'Elle Qui imaginerait une telle variété de végétaux sur la terre normande ? Mûri pendant cinq ans, ce jardin luxuriant en recèle quelque 2 500 plants sur 2,5ha. Arbres fruitiers, bruyère, rhododendrons, hortensias, rosiers ou plantes aquatiques, organisés par espaces thématiques, illustrent les paysages régionaux : le jardin, le sous-bois, la terre de bruyère, les bords de mer… *Route d'Isigny-sur-Mer* ***Villiers-Fossard*** *(5km au nord de Saint-Lô) Tél. 02 33 05 88 64 www.dellenormandie.com Ouvert lun.-sam. 9h-12h et 14h-18h, dim. et j. fér. 14h30-18h30 Tarif 6€, enfant 3€*

Parc du château de Canisy Une partie du parc est ouverte librement aux promeneurs en été, ce qui leur donne l'occasion de profiter de la beauté de l'immense château, élevé au début du XVIIe siècle sur une ancienne forteresse dont il conserve les grosses tours et les douves. Idéal pour une balade très romantique ! ***Canisy*** *(8km à l'ouest de Saint-Lô, indiqué sur la D999 dir. Villedieu-les-Poêles)*

☆☺ **Abbaye de Cerisy** Fondée au VIe siècle par saint Vigor, ermite qui aurait ici tué un dragon (en réalité le paganisme !), elle fut ravagée par les raids vikings avant d'être reconstruite, à partir de 1032, par Robert le Magnifique, père de Guillaume le Conquérant. Son abbatiale, l'un des plus anciens bâtiments romans de la région, impressionne par son audace architecturale, témoin du savoir-faire des bâtisseurs normands. La nef comptait à l'origine huit travées (cinq furent abattues en 1812) et l'ensemble est coiffé d'une imposante tour-lanterne. Celle-ci est soutenue par des piliers si étroits et des arcs en plein cintre si larges qu'on crut plus sage de les consolider au XVe et au XVIIe siècle : il faut considérer avec attention cette structure initiale, encore visible sous les colonnes et les arcs aigus de renfort, pour prendre conscience des proportions d'origine de l'édifice ! Ces travaux furent vains car, construite sur un terrain meuble (une rivière souterraine passe sous le chœur), l'abbaye n'a cessé de s'enfoncer ou de voir ses murs dévier. Le décor roman est remarquable : outre les chapiteaux sculptés et les nombreuses arcatures qui ornent les murs, le chœur présente, fait rare, une élévation à trois étages. De très belles tribunes hautes que l'on peut admirer sans pouvoir y accéder ajoutent au charme secret du lieu. Certains éléments architecturaux trahissent le caractère primitif de la construction : quelques arcades, encore maladroites, sont si cintrées qu'on les croirait sorties d'une mosquée, et les pierres des murs extérieurs (un beau schiste ocre, la pierre locale) sont appareillées en "arête de poisson", caractère majeur des premiers édifices normands. Les moines bénédictins furent dispersés à la Révolution et les bâtiments conventuels abattus. Subsistent seulement les fondations du cloître, la salle de justice et la chapelle de l'Abbé (1260). À son pied s'étend une harmonieuse pièce d'eau d'où le point de vue sur l'abbaye est magnifique. ***Cerisy-la-Forêt*** *(16km à l'est de Saint-Lô par la D972 en dir. de Bayeux puis la D34) Tél. 02 33 57 34 63 Ouvert avr.-mai, sept. : mar.-dim. et j. fér. 11h-18h ; juin-août : tlj. 11h-18h ; oct. : sam.-dim. Visite libre 4€ Visite guidée 5€, moins de 12 ans gratuit*

Balades en forêt

Forêt de Cerisy Vestige de l'immense massif qui se déployait autrefois entre le Cotentin et le Bessin, la forêt s'étend aujourd'hui sur environ 2 000ha et constitue le dernier bastion pour une espèce unique : le carabe doré à reflets cuivrés. Exploitées par l'Office national des forêts, les futaies sont bien entretenues : ces somptueux sous-bois peuplés de hêtres constituent un agréable cadre de balade. *De Cerisy-la-Forêt, prendre la D8 dir. Balleroy*

La vallée de la Vire

En descendant vers le sud, la Vire anime de ses lacets langoureux des paysages verdoyants et particulièrement paisibles. De Saint-Lô à Condé-sur-Vire, le petit fleuve se fraie un passage au milieu d'un bocage assez plat dont les haies se reflètent joliment sur la surface de l'eau à peine troublée par le courant... En revanche, de Condé à Tessy-sur-Vire, la vallée est plus encaissée et on croise souvent, au cœur de sous-bois très frais, de petits rapides faisant accélération sur des rochers. L'ancien chemin de halage a été aménagé pour les randonneurs, piétons, cyclistes et cavaliers.

Château des Matignon Bien que Torigni-sur-Vire ait été bombardé assez lourdement en 1944, le château est resté sauf, mais il avait déjà été gravement endommagé à la Révolution : des trois corps de bâtiment d'origine formant une vaste cour, il ne subsiste aujourd'hui que l'aile sud (qui accueille la mairie). L'édifice a été construit en poudingue pourpre serti de pierre claire aux XVIe et au XVIIe siècles, d'où une couleur originale et la présence associée des styles Renaissance et Louis XIII. Le fief fut l'un des plus importants de Normandie sous l'Ancien Régime. Entre autres gloires de la lignée des Matignon se distingue Jacques IV, qui épousa en 1715 la fille aînée de Louis Hippolyte Grimaldi, prince de Monaco, et devint lui-même prince souverain du Rocher sous le nom de Jacques Ier. À l'intérieur, escalier d'apparat, mobilier ancien, tapisseries flamandes et françaises des XVIIe et du XVIIIe siècles et collection d'œuvres du sculpteur Arthur Le Duc. ***Torigni-sur-Vire** (13km au sud de Saint-Lô par la N174) Tél. 02 33 56 71 44 Ouvert juil.-août : tlj. ; 1re quinz. de juin et 1re quinzaine de sept. : mar., jeu., sam.-dim. et j. fér. 15h-18h Tarif visite guidée 6€, réduit 2€*

GRIMPEZ, HARDIS ! Le site des Roches de Ham est l'un des meilleurs de la région pour l'escalade, avec de belles fosses de tous niveaux. Pour accéder aux voies, descendez le chemin sur 800m environ et tournez à gauche à hauteur d'un petit banc en bois.

☺ **Roches de Ham** Un site incontournable pour qui veut admirer de haut un coin de bocage dont le vert immaculé, les larges collines, l'étroit maillage des haies, les petites fermes isolées et les nombreuses flèches des églises communales composent un tableau très complet de la Normandie. La falaise, d'une hauteur de 80m, a été creusée par la Vire, ici entravée dans son cours vers le nord. Un chemin permet de se promener sur les hauteurs et de descendre vers les rives. *Les Roches de Ham sont bien indiquées du centre de Condé-sur-Vire, situé à 11km de Saint-Lô par la N174*

● Où se régaler d'une crêpe et d'une bolée de cidre ?

☺ **Crêperie des Roches de Ham** Une situation exceptionnelle ! Après avoir garé sa voiture sur le parking, on emprunte un sentier taillé dans la roche pour atteindre, à flanc de muraille, une petite terrasse semi-ombragée ouvrant sur le magnifique panorama des Roches. La petite maison est vraiment charmante, avec ses volets verts et sa belle vigne vierge, et les galettes sont savoureuses (de 1,10 à 5,40€, bolée de cidre 1,90€). ***Brectouville** (13km de Saint-Lô par la N174 jusqu'à Condé-sur-Vire, bien indiqué) Tél. 02 33 56 51 57 Ouvert avr.-sept. : lun.-sam. 12h-20h*

Pagayer sur la Vire

☺ **Base de loisirs L'Écluse** Nous vous conseillons vivement une virée sur la Vire en kayak. Vous profiterez de l'écrin de verdure de la rivière, longerez les Roches de Ham, surferez au fil de petits rapides (dont un joyeux toboggan de 9m de dénivelé au barrage de la Roque) et pourrez pique-niquer sur les rives au milieu des vaches. La base d'arrivée est située à Condé-sur-Vire et l'on peut choisir entre différents points de départ (maximum 12km, 6h). Kayak 1 place de 18 à 26€ selon le trajet, canoë 2 places de 25 à 36€. Navette en bus comprise. Réservez bien à l'avance. Également des balades sur la Vire (3h maximum) en canoë, kayak ou VTT. *Écluse de Mesnil-Raoult* ***Condé-sur-Vire*** *(10km au sud de Saint-Lô, bien indiqué à partir de Condé-sur-Vire par la N174) Tél. 02 33 55 20 84 ou 02 33 57 33 66 http://blckcv.free.fr Ouvert mai-sept.*

Longer la Vire en vélorail

Vélorail pour la Vire Autrefois une voie ferrée, ouverte dans les années 1890, reliait Saint-Lô au bourg de Vire dans le Calvados. De la ligne fermée en 1940, il subsiste un tronçon, que l'on arpente aujourd'hui sans crainte de voir surgir une locomotive ! Une association a mis en place un circuit de 11km aller-retour, à parcourir en 1h20 environ sur des vélorails, draisines actionnées par un pédalier, sorte de pédalos adaptés pour des rails de chemins de fer. De l'ancienne gare de Condé-sur-Vire à celle de Gourfaleur, on croise écluse, pont, église, sans oublier l'aire de pique-nique et de jeux… Avant de faire demi-tour. Comptez 17€ par vélorail (5 pers. maximum) en basse et haute saison. Réservation conseillée ! *1bis rue de la Gare* ***Condé-sur-Vire*** *(10km au sud de Saint-Lô) Tél. 02 33 05 46 55 www.velorail-pourlavire.fr Ouvert avr.-juin, sept. : w.-e. et j. fér. ; juil.-août : lun. matin, mar.-dim. Heures de départ 11h, 14h, 15h45, 17h30*

CARNET D'ADRESSES

Restauration, hébergement

Il n'y a pas l'embarras du choix pour faire un bon repas à Saint-Lô… N'hésitez pas, comme les Saint-Lois, à découvrir les bonnes adresses des environs ou les sympathiques restaurants de la côte coutançaise.

prix moyens

Bistrot Paul et Roger (plan 9, C2 n°10) Une salle sympathique et un tantinet décalée avec ses objets de décoration hétéroclites : nappes à carreaux, peintures naïves, lampe montée sur un ancien moulin à café, photos de New York et de Johnny Hallyday… Cuisine traditionnelle bien maîtrisée : laissez-vous tenter par la joue de bœuf à la bourguignonne ! Menus de 13,90 à 18,60€. *42, rue de Neufbourg* ***Saint-Lô*** *Tél. 02 33 57 19 00 Fermé dim.*

☺ **Restaurant Le Goût sauvage (plan 9, A1 n°13)** Avec ses tables en bois blond éparpillées au milieu des bouteilles, cette "cave à manger" privilégie les petits producteurs, de préférence bio, et les vins naturels. La salle, aérée et agréable, se prolonge par une terrasse dans une courette. Ce n'est pourtant pas le cadre qu'il faut chercher ici, mais la qualité des produits accommodés dans des recettes toutes simples : le camembert et sa gelée de romarin, le porc cuisiné dans des nouilles, le blanc de poulet et ses légumes proviennent de la ferme ou d'une maison artisanale. Une soirée œnologique, organisée chaque mois, vous invite à découvrir des vins autour d'un concert, et de quelques goûteux en-cas. Sinon, vous serez toujours le bienvenu pour choisir une bouteille, même à l'heure du repas. Menus de 14,40 à 16,90€ (midi), et de 23,50 à 29€ le soir, (30€ avec vin). *10, rue de Villedieu* ***Saint-Lô*** *Tél. 02 33 72 24 76 http://legoutsauvage.typepad.com Ouvert lun.-jeu. midi, ven. midi et soir*

Le Pêché Mignon (plan 9, C2 n°14) Depuis vingt ans qu'il a ouvert son restaurant, Philippe Lecordier ne l'a jamais agrandi afin de conserver son atmosphère familiale. À peine vingt-huit couverts, répartis dans deux salles intimes, et un salon pour prendre son café ou attendre ses amis en retard. À la carte, la cuisine, assez travaillée, fait honneur à la région et à ses fromages comme la tartiflette normande, ou d'habiles associations terre et mer, tels que les médaillons de homard en salade et crème de camembert. Menus de 17,50 à 38,50€. *84, rue du Maréchal-Juin* ***Saint-Lô*** *Tél. 02 33 72 23 77 http://le-peche-mignon.monsite-orange.fr Ouvert mar.-dim. midi*

Hôtel Armoric (plan 9, C2 n°11) Si la façade de ce bâtiment manque vraiment de charme, les chambres réservent en revanche une bonne surprise : elles sont agréables et très bien tenues. Selon l'équipement, la double coûte 39€ (avec lavabo ou douche et WC sur le palier), 48€ (avec salle de bains) et 57€ (avec bain balnéo). *15-17, rue de la Marne* ***Saint-Lô*** *Tél. 02 33 05 61 32 www.hotel-armoric.com*

prix élevés

Hôtel-restaurant Mercure (plan 9, A1 n°12) Ce grand immeuble aux arêtes marquées profite d'une vue imprenable sur la Vire, et les remparts, joliment illuminés le soir. La cuisine traditionnelle est très appréciable : carré d'agneau rôti au thym, tarte fine chaude aux pommes... Menus de 16,50 à 31,50€. Les chambres, calmes et confortables, sont plus chères : double à partir de 90€ et triple 120€ . *1, av. de Briovère* ***Saint-Lô*** *Tél. 02 33 05 10 84 www.mercure.com Ouvert lun.-ven. midi et soir*

Dans les environs

camping

Camping municipal de Tessy-sur-Vire Vraiment modeste mais joliment situé en contrebas du village dans une prairie baignée par la Vire face aux coteaux boisés de l'autre rive. Idéal pour passer une nuit avant d'aller faire une randonnée en kayak (incontournable !) sur la rivière le lendemain matin, cf. Pagayer sur la Vire (p.435). Comptez 2,90€ pour un emplacement, 2,50€ pour un adulte, 1,25€ pour un enfant et 1,40€ pour une voiture. *Mairie 1, pl. du Marché* ***Tessy-sur-Vire***

GAMME DE PRIX	RESTAURATION	HÉBERGEMENT
Très petits prix	moins de 10€	moins de 40€
Petits prix	de 10 à 15€	de 40 à 60€
Prix moyens	de 15 à 25€	de 60 à 85€
Prix élevés	de 25 à 40€	de 85 à 120€
Prix très élevés	plus de 40€	plus de 120€

(18km au sud de Saint-Lô) Tél. 02 33 56 30 42 Ouvert fin juin-mi-sept.

prix très élevés

Château d'Agneaux Une demeure historique du XIIIe siècle qui transporte au temps des chevaliers ! Escaliers à vis, immenses pièces, hauts plafonds à poutres apparentes, colossales cheminées, lits à baldaquin... Le tout jouit toutefois du confort le plus moderne et le charmant jardin bordant la Vire offre un cadre d'une grande quiétude. Double à partir de 105€, suite familiale 212€, petit déj. 12€. Également une bonne table avec des plats traditionnels (menus de 20,50 à 69€). Consultez le site Internet, vous y trouverez parfois des forfaits avantageux *. Av. Sainte-Marie* ***Agneaux*** *(à 3km du centre de Saint-Lô par la rue d'Alsace-Lorraine qui franchit la Vire, indiqué dans le centre d'Agneaux) Tél. 02 33 57 65 88 www.chateau-agneaux.com*

☺ **Le Clos des Matignon** Si près des axes routiers, quelques villages hors du temps résistent encore ! Rendez-vous à Torigni-sur-Vire. Dans une de ses rues étroites se cache une dépendance du château de Matignon, superbe pavillon réaménagé par Colette Martin, ouvrant sur une immense pelouse. Deux chambres et une suite au décor raffiné, garnies de bibliothèques et dotées de salles de bains de rêve (mention spéciale pour "La Savane" et sa baignoire piscine !) Chaque pièce ouvre sur une jolie église sans cloche ou sur le jardin, comme la salle du petit déjeuner, où, le matin, on se régale de gâteaux maison. Le luxe a un prix mais vaut bien une folie : double et suite 100 et 140€, 170€ pour la suite avec les deux chambres. *7, rue Robert-du-Mont* ***Torigni-sur-Vire*** *(13km au sud-est de Saint-Lô) Tél. 02 33 57 17 21 www.leclosdesmatignon.com*

VILLEDIEU-LES-POÊLES

50800

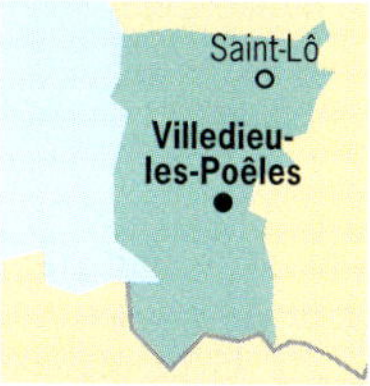

Au XIIe siècle, les frères hospitaliers de Saint-Jean-de-Jérusalem (les futurs chevaliers de l'ordre de Malte), chassés de Terre sainte, trouvent sur ces bords de Sienne un heureux refuge et le nomment dignement Villa Dei. Bénéficiant de privilèges fiscaux importants, la cité attire bientôt de nombreux artisans, en particulier les poêliers et les fondeurs de cloches. La renommée de leurs ateliers est telle qu'ils apportent vite une touche bien originale à son nom ! On leur doit également la physionomie particulière des maisons, serrées les unes contre les autres autour de petites cours intérieures où ils martelaient bruyamment le métal, ce qui leur a valu le surnom de "sourdins", parce qu'ils en devenaient sourds. L'artisanat du cuivre a aujourd'hui largement périclité, mais la réputation de Villedieu-les-Poêles est si grande que les touristes s'y arrêtent toujours en nombre. La ville est même incontournable parmi les voyages scolaires des petits Normands ! Elle pourrait constituer un joli témoignage de la vie artisanale d'antan si elle n'en faisait pas tant commerce : le cuivre y brille aujourd'hui moins comme un beau soleil couchant que comme de rutilants œufs d'or...

MODE D'EMPLOI

accès

EN VOITURE
Villedieu-les-Poêles se situe à 35km au sud de Saint-Lô par la D999 et à 25km à l'est d'Avranches par l'A84.

EN TRAIN
SNCF Ligne Paris-Granville (env. 3h de Paris-Montparnasse et 20min de Granville). *Tél. 3635 www.sncf.com www.ter-sncf.com* **Gare** *Place de la Gare*

orientation

À partir de l'église Notre-Dame rayonnent toutes les petites artères de la cité, en particulier la place de la République qui en est le cœur et, parallèlement à elle, la rue du Dr-Havard où se concentrent les anciennes maisons des artisans, dont les cours intérieures sont accessibles librement.

informations touristiques

Office de tourisme Il propose des visites nocturnes de la ville en juillet-août (sur réservation). *8, pl. des Costils Tél. 02 33 61 05 69 www.tourisme-villedieu.com Ouvert avr.-juin, sept. : lun.-sam. 9h-12h30 et 14h-18h ; juil.-août : tlj. 9h-18h ; oct.-mars : lun.-sam. 9h30-12h et 14h-17h30*

marchés, fêtes et manifestations

Marché *Place des Costils et place de la République Mar. matin*
Grand Sacre des chevaliers de Malte Procession de la Fête-Dieu et célébration du Grand Sacre par les chevaliers de l'ordre de Malte, fondateurs de la cité. *Tous les 4 ans, prochaine manifestation juil. 2016*

DÉCOUVRIR

☆ **Les essentiels** L'abbaye d'Hambye **Découvrir autrement** Assistez à la fabrication des cloches à la fonderie Cornille-Havard, découvrez le mobilier traditionnel au musée du Meuble normand, goûtez les spécialités de l'Andouillerie de la vallée de Sienne

Villedieu-les-Poêles

Église Notre-Dame Immanquable avec son élégante tour de croisée, cet édifice de style gothique flamboyant fut bâti entre 1460 et 1495. Le plan de l'église est original, le chœur n'étant pas exactement dans l'axe de la nef, ce en quoi on veut voir le symbole de la tête penchée du Christ sur la croix. Devant le premier pilier gauche de la tour, émouvante *pietà* du XVe siècle avec, cachée dans le repli de sa robe, une étonnante tête de mort. Chaire en bois sculpté et beau lutrin de la fin du XVIIe siècle, tabernacle de bois doré du XVIIIe siècle.

☺ **Fonderie de cloches Cornille-Havard** Cet atelier tout en chêne et au sol de terre battue est resté inchangé depuis 1865. C'est l'un des trois derniers en France qui cultive encore l'art campanaire, avec plus de cent cloches d'église (qui pèsent parfois plus de trois tonnes !) produites chaque année pour le monde entier… Comme au Moyen Âge, le moule est fabriqué en argile et en crottin de cheval liés avec des poils de chèvre. Vous aurez peut-être la chance d'assister à la coulée, qui a lieu en moyenne tous les quinze jours. Un regret cependant : quoique la visite soit intéressante, au milieu de nombreux groupes, elle est vraiment menée tambour battant. *Rue du Pont-Chignon Tél. 02 33 61 00 56 www.cornille-havard.com Ouvert mi-juil.-août : tlj. 9h30-18h30 ; sept.-mi-juil. : mar.-sam. 10h-12h30 et 14h-18h Tarif 6€, 6-12 ans 5€*

Atelier du cuivre Toujours en activité, il est typique avec sa vieille charpente métallique et ses nombreux outils accrochés aux murs, et l'on peut y observer les artisans en train d'œuvrer derrière leurs antiques machines. Malheureusement, s'ils font du beau travail, on ne sait trop si l'on assiste à une visite guidée (assortie d'une courte vidéo sur l'histoire du cuivre dans la ville) ou à une démonstration commerciale payante, avec passage final par la boutique… Au moins est-on assuré, ici, que tout est fabriqué sur place. *54, rue du Général-Huard Tél. 02 33 51 31 85 www.atelierducuivre.net Ouvert toute l'année (visites à 10h, 11h, 14h, 15h, 16h) Tarif 5,20€, enfant 3,50€ Billet commun avec le musée de l'Étain 9€, enfant 5€*

Musée de l'Étain Le pendant du musée-atelier précédent (qui a le même propriétaire), mais dans un autre métal ! Atelier ouvert aux visites, petite projection sur l'histoire de l'alliage et le métier de potier d'étain, collection de pièces et magasin. *15, rue du Général-Huard Tél. 02 33 51 05 08 Ouvert juil.-août. : mar.-sam. 9h-12h et 13h30-17h30 (visite à 10h et 15h) Tarif 4€, enfant 2,50€ Billet commun avec l'Atelier du cuivre 9€, enfant 5€*

Musée du Meuble normand Ce musée présente une belle collection de cent cinquante coffres, armoires, horloges, hommes-debout, bonnetières, confituriers, etc., du XVe au XIXe siècle. Le film diffusé en début de visite gagnerait à plus insister sur les aspects ethnographiques des meubles normands, en particulier de la fameuse armoire. Remarquez la grande finesse du travail du bois et la richesse des décors, propres à chaque région : dans le Nord-Cotentin, motifs exotiques importés par le port de Cherbourg ; dans le Bessin, luxe de détails traditionnels ; dans l'Eure, sobriété plus marquée qui témoigne de la proximité de Paris. Quelques belles reconstitutions d'intérieurs ruraux. *9, rue du Reculé Tél. 02 33 61 11 78 Ouvert juil.-août : mar.-ven. 14h-17h30 ; sept.-juin sur rdv pour les groupes Tarif 5€, 10-17 ans 3€ Billet commun avec le musée de la Poeslerie et de la Dentelle 6 et 3,50€*

L'ÉMOI DE L'ARMOIRE

Pièce maîtresse de la dot de la jeune fille, l'armoire était apportée en grande pompe dans la maison des jeunes mariés. Cette coutume traduisait la survivance dans les campagnes du rite originel du mariage, les éléments de décor du meuble, symboles de virginité, étant gage de sa fidélité et donc de la légitimité des enfants et du futur héritage paternel.

Musée de la Poeslerie et de la Dentelle Il est établi dans une cour artisanale typique. En début de visite, un film explique les étapes de fabrication d'une bassine ou d'un cuivre et rend compte de l'ancienne activité des dentellières. Atelier de poêlier reconstitué (avec un énorme soufflet utilisé pour chauffer les braises !), collection de différents modèles fabriqués dans la ville (dont des chaufferettes à pied !) et pièces de dentelle. *Cour du foyer Rue du Général-Huard Tél. 02 33 69 33 44 Ouvert avr.-juin, sept. : lun.-sam. 10h-12h30 et 14h-18h ; juil.-août : lun.-sam. 10h-12h30 et 14h-18h, dim. 14h-18h Ouvert avr.-mi-nov. : 10h-12h30 et 14h-18h30 Fermé lun., mar. mat. et dim. matin Tarif 5€, 10-17 ans 3€ Billet commun avec le musée du Meuble normand 6 et 3,50€*

Vitrine des Métiers d'art Rendez-vous à l'office de tourisme, où sont présentées quatre expositions par an, destinées à valoriser les métiers d'art dans le Sud-Manche : potiers, dinandiers, céramistes, dentellières au fuseau, relieurs… Certaines s'orientent autour d'un thème, tel le pèlerinage du Mont-Saint-Michel, où l'on admirera les œuvres en étain et en bronze d'un spécialiste d'enseignes médiévales ! Objets de collection parfois étonnants, à regarder ou à emporter. *Ouvert aux horaires de l'OT*

● Où acheter des produits du terroir ?

La Cour du Paradis Stella Patry a repris cette épicerie fine, agrandissant la boutique et y présentant vaisselle et linge de table à côté des produits du terroir. Les pots de gésiers confits, de terrine de canard ou de lapin, les pains d'épice et les bouteilles de cidre et de pommeau trônent au milieu de vieux objets de décoration qui rappellent avec plaisir l'insouciance de l'après-guerre. *40-44, rue du Dr-Havard Tél. 02 33 50 54 66 www.lacourduparadis.com Ouvert haute saison : tlj. 10h-19h30 ; basse saison : lun. 14h-19h, mar. et jeu.-ven. 10h-19h, sam. 10h-19h30*

Maison Lesouef Certes, la boutique est petite, mais quel choix ! À commencer par les produits de la maison : la très artisanale andouille de Vire, fabriquée par le patron, et cuite pendant quatre mois au bois de hêtre, les pots de boudins noirs à tartiner et les tripes à la mode de Caen. D'autres producteurs locaux garnissent les étagères de terrines, biscuits, teurgoule, et plats en bocaux, parmi lesquels une choucroute à l'andouille préparée par les élèves d'un lycée agricole. *11, pl. de la République Tél. 02 33 61 01 08 Ouvert avr.-sept. : mar. et jeu.-dim. 9h30-12h30 et 14h-19h ; oct.-mars : mar.-sam. 9h30-12h30 et 14h-19h*

Sur les traces des dinandiers

Villedieu comprenait autrefois 35 cours fermées, où les dinandiers œuvraient dans un puits de lumière. Le **parcours "Côté cours"**, tracé à l'aide de clous en bronze fixés au sol, dessert ces anciennes cours-ateliers. Il comprend aussi 14 haltes sur des sites remarquables, avec une signalétique racontant l'histoire de la ville (plan à retirer à l'OT).
Jeu "Guillaume Mainsdor et le voleur de cuivre" En famille, partez enquêter avec Guillaume Mainsdor. Nous voici au Moyen Âge : ce patron poêlier s'est fait cambrioler. Cape, jumelles et boussole sont remis à de jeunes baillis de 7 à 12 ans pour un jeu de piste, où il leur faudra retrouver les outils de Guillaume, éparpillés dans divers lieux de la ville. Le gagnant reçoit une croix de Malte à l'arrivée. *Plan et équipement à l'OT Tarif 5, 7 et 9€ pour un, deux ou trois enfants*

Ferme de la Janière Enfant du pays, Pierre Bourdon gère une exploitation de 5ha et produit tout ce qui tourne autour de la pomme : cidres, vinaigre, gelée, et d'excellents pommeaux, à déguster sur place si le cœur vous en dit. Lors d'une visite de sa cidrerie, il vous expliquera comment il le fabrique, ainsi que les différentes variétés de pommes. Son point de vente, qui n'a rien d'un magasin sophistiqué, propose aussi miels, poirés, et des rillettes de ses confrères. Visite gratuite. *La Colombe (à 4km de la ville, dir. Saint-Lô) Tél. 02 33 51 23 64 Pas d'horaires précis*

● Où renouveler sa batterie de cuisine ?

Le Comptoir Voilà qui éveillerait une vocation de cuisinier ! Fondée en 1830, l'entreprise familiale Mauviel excelle dans la batterie de cuisine haut de gamme, en cuivre, fonte ou aluminium, vendue dans son magasin d'usine à prix dégriffé (30%). À chaque mets son récipient : bassines à confiture, marmites à poisson, moules à gâteau en acier, et, parmi toutes les poêles, une nouveauté recouverte d'un revêtement de céramique rendant quasiment inutile la matière grasse. Également des accessoires, tels que les douches et des écumoires aux formes élégantes, jusqu'à la collection des cuivres, un trésor pour les becs-fins. *47, route de Caen Tél. 02 33 61 00 31 www.mauviel.com Ouvert lun.-ven. 8h-12h et 13h30-17h30 (16h30 ven.)*

● Où manger sur le pouce, boire un thé ?

☺ **Le Samovar** Envie de choses simples et bonnes ? Ce salon de thé informel ne sert que des produits du terroir ou bio, à choisir sur l'ardoise du jour. Sous le plafond bas et au milieu des rayonnages de livres de cette salle au mobilier désassorti, vous pourrez goûter l'omelette aux pommes de terre ou la faisselle à la confiture noire les yeux fermés. Les soirs de week-end, musiciens ou chanteurs sont invités pour des concerts de jazz manouche et de chants folkloriques. Certains dimanches aussi, on trouvera les portes ouvertes pour de joyeuses parties de jeux de société, accompagnées d'un goûter. Plat à partir de 8€ et formule à 12,50€. *95, rue du Dr-Havard Tél. 09 81 87 47 95 Ouvert mar.-jeu. 10h-20h (22h en saison), ven.-sam. 10h-0h Hors saison, possibilité de réserver les mer. et jeu. pour dîner*

Les environs de Villedieu-les-Poêles

☆☺ **Abbaye de Hambye** Elle fut fondée au XIIe siècle par les bénédictins sur une petite colline dominant la très verdoyante vallée de la Sienne. Confisquée comme bien national à la Révolution, son abbatiale fut transformée en carrière de pierre ! Ainsi ruinée, la beauté de son architecture de transition, toute en voûtes romanes et en contreforts gothiques, est particulièrement saisissante : il faut la voir aujourd'hui lancer dans les airs le squelette de sa tour-lanterne ! Les colonnes du chœur, élancées et reliées par des arcs brisés très aigus, se détachent également avec beauté, tels de “vivants piliers”, pour reprendre l'expression de Baudelaire, sur le bosquet d'arbres à l'arrière. Bien que le cloître ait été lui aussi démonté, les bâtiments conventuels sont demeurés presque intacts. Le logis des moines conserve quelques salles gothiques remarquables, en particulier celle du chapitre, achevée en 1230 et caractéristique du style gothique normand avec sa double nef et les voussures multiples de ses arcs. À voir aussi dans le parloir : quelques fresques du XIIIe siècle. *Route de l'Abbaye* **Hambye** *(14km de Villedieu par la D9 dir. Coutances puis la D51) Tél. 02 33 61 76 92 Ouvert 10h-12h et 14h-17h Fermé nov.-mars : mar. Visites guidées avr.-oct. : lun. et mer.-dim., horaires se rens. Tarif 5€, réduit 3,20€, enfant 2€*

☺ **Logis d'Équilly** Si les manoirs et châteaux abondent en Normandie, peu d'entre eux ouvrent leurs portes au public. Profitez donc de l'occasion pour admirer une authentique seigneurie, qui a traversé les âges depuis le XIIIe siècle, et a été merveilleusement restaurée par des propriétaires respectueux et investis. La demeure, sans doute construite vers 1215 sur le fief du comte Robert de Mortain, fut agrandie au XVIIIe siècle. Lors d'une

La Basse-Normandie gourmande

Spécialités laitières

Cidres et calvados

Autres produits du terroir

visite du logis principal, vous découvrirez la cuisine, dont la cheminée en pierre arbore les écussons des premiers propriétaires, puis la salle à manger et le grand salon du premier étage. À l'extérieur, un étang très poissonneux nourrissait jadis les cinq fermes du domaine, tandis qu'une source alimente la fontaine, rajoutée sous Napoléon Ier. Les deux ornent un joli jardin que domine une terrasse atypique (XVIIIe s.), conçue sur le modèle d'une proue de navire. Les communs, splendides, dissimulent une fertile basse-cour et un ancien prieuré. Chaque année lors des Journées du patrimoine, le château accueille des artisans d'art aux savoir-faire oubliés : un tapissier, une décoratrice de faïence, un accordeur de piano, ou même, à l'occasion, un bûcheron ! Des concerts classiques sont programmés sous la charpente du prieuré, actuellement en rénovation. Intemporelle, la seigneurie se doit de conserver son rôle d'étape de pèlerinage. Des cavaliers, en route pour le Mont-Saint-Michel, font escale ici avec leur monture. Une petite boutique, ouverte aux heures de visite, vend quelques gourmandises artisanales et objets fabriqués par des associations locales. ***Equilly** (14km à l'ouest de Villedieu-les-Poêles) Tél. 02 33 61 04 71 www.lelogisdequilly.fr Visite sur rendez-vous Tarif 3,50€, moins de 10 ans gratuit*

Château ducal de Gavray Sur une colline dominant le village de Gavray, un chemin piéton conduit vers les vestiges d'un château, que l'on découvre à fleur de terre. Au Moyen Âge, les ducs de Normandie, conscients du potentiel stratégique de la butte, au carrefour de routes menant vers la Bretagne, le Mont-Saint-Michel et le Cotentin, avaient édifié ici une puissante forteresse. Au cœur d'une pelouse environnée d'arbres, aussi soignée que si le château existait encore, surgissent les fondations mises au jour grâce au travail d'une association de bénévoles. À l'aide des panneaux explicatifs on discerne dans les détails le corps d'habitation, avec l'enceinte, les communs et le donjon carré. Faites également quelques pas, face au village : un superbe panorama s'y dévoile. ***Gavray** (14km au nord-ouest de Villedieu) Fléché à la sortie du bourg, vers la D8*

Une chasse au trésor dans le coup

L'office de tourisme loue des GPS de la demi-journée à la semaine (de 4 à 35€), très pratiques pour se balader à pied, à vélo ou à cheval. Ils sont fournis avec un réseau d'itinéraires et de boucles entre terre et mer, de Villedieu-les-Poêles à Bréhal. Une autre façon de se servir de son GPS, plus insolite : le géocatching, qui consiste à résoudre une énigme pour trouver les coordonnées géographiques d'un "cache", où se dissimule un objet à remplacer. Cette chasse au trésor moderne, très amusante à faire en famille, est l'occasion de découvrir de beaux sites en dehors des sentiers battus, en pleine campagne, au bord de la mer, dans les centres-villes... Consultez le site Internet : les énigmes portent sur toute la Manche, et notamment les petites communes autour de Villedieu. *www.ot-villedieu.fr/geocaching.htm*

Où remplir son panier pique-nique de produits fermiers ?

Andouillerie de la vallée de Sienne Vive les audaces de la charcuterie normande ! La fameuse andouille de Vire est fabriquée dans l'andouillerie de la vallée de Sienne selon la tradition et à la main. Après avoir été "montés" (ficelés en un long cordon), les intestins et les estomacs macèrent une semaine dans le sel puis sont passés sous la "robe" (dans un intestin naturel), restent au fumoir pendant trois semaines puis sont cuits pendant six heures ! À la fin de la visite, on cesse de plaisanter en passant à la dégustation. N'hésitez pas : très travaillée, la composition du produit est méconnaissable et sa fumaison lui donne un goût original et très appréciable. Magasin sur place. *Pont de la Baleine* ***Saint-Denis-le-Gast*** *(16km de Villedieu par la D9 dir. Coutances, puis suivre les panneaux "La Baleine" à partir de Gavray) Tél. 02 33 61 44 20 www.andouillerie.fr Visites guidées juil.-août : lun.-ven. à 11h, 15h30, 16h30 et 17h30 ; hors saison : sur rdv Tarif env. 2,20€, moins de 14 ans gratuit*

Se distraire en famille

Parc zoologique de Champrepus Plus de cinquante espèces animales (singes, félins, makis varis, babiroussas, chameaux, autruches, perroquets...) sur plus de 7ha aménagés avec soin : les minisavanes et autres jardins tropicaux reconstitués (avec pont de bois suspendu) raviront les plus jeunes. Un espace abrite makis blanc et noir, lions, chiens de prairie, et les fameux lémuriens de Madagascar. On peut observer ses derniers d'un peu plus près en suivant une allée tracée et en respectant bien les consignes : interdiction de nourrir et de caresser les animaux ! ***Champrepus*** *(5km de Villedieu sur la route de Granville, D924) Tél. 02 33 61 30 74 www.zoo-champrepus.com Ouvert vac. scol. de fév. et Toussaint : tlj. 11h-18h ; mars et oct. : sam.-dim. 11h-18h ; avr.-sept. : tlj. 10h-19h Dernière admission 2h avant la fermeture Tarif 15€, 13-18 ans 13€, 3-12 ans 9€*

Partir en randonnée avec un âne

Au Domaine d'Esthine Également propriétaire d'un écogîte, Au Domaine d'Esthine (p.445), Brigitte Julliard élève des ânes du Cotentin qu'elle loue à la demi-journée (40€ l'âne) ou à la journée (60 et 80€ pour un et deux jours). Prévoyez une petite heure d'explications, pour faire connaissance avec votre doux compagnon, avant de partir sur les nombreux sentiers qui sillonnent la commune. Et si vous ne vous sentez pas à l'aise, Brigitte peut vous accompagner. Les enfants ne sont pas oubliés, une bardette (selle légère) et un casque leur étant fournis. En selle ! *1, la porte Durey* ***Beauchamps*** *(à 13km à l'ouest de Villedieu-les-Poêles) Tél. 06 81 33 25 40 www.audomainedesthine.fr*

CARNET D'ADRESSES

Restauration, hébergement

camping

Camping des Chevaliers Classique et à proximité du centre-ville. Emplacement pour deux personnes, sans ou avec électricité, 20-26€ (pers. sup. 4,50€, enfant 4€) en haute saison. Piscine chauffée. *2, impasse Pré-de-la-Rose* **Villedieu-les-Poêles** *(au bout de la rue des Costils) Tél. 02 33 61 02 44 Ouvert Pâques-sept.*

petits prix

Crêperie du Bocage Derrière une jolie devanture rouge, un accueil souriant et un cadre rustique des plus agréables. Les galettes sont bonnes, garnies pour certaines avec originalité (à l'andouille) et bon marché (complète 5,25€, avec saumon fumé, dite "la Viking", 7,20€). Menu galette complète et crêpe au sucre à 7€. *10, rue du Général-Huard* **Villedieu-les-Poêles** *Tél. 02 33 51 53 93 Ouvert avr.-sept. : tlj. ; oct.-mars : lun.-mar. et jeu. midi, ven.-dim. midi et soir*

prix moyens

Ferme de la Motte Un établissement agréable pour goûter aux joies de la vie à la ferme, face aux vergers de pommiers et parmi de nombreux animaux. Les jeunes propriétaires, très sympathiques, peuvent même vous apprendre à faire du pain dans un vieux four à bois. Une cuisine est à votre disposition, mais la table d'hôtes (le soir, sur réservation, 18€ par personne, 9€ par enfant) permet d'apprécier les spécialités normandes (dont la teurgoule !) dans une salle commune très rustique. Les chambres sont plus simples mais, parmi elles, les deux mansardes ne manquent pas de charme. Comptez 44€ pour deux personnes avec petit déjeuner. Depuis 2009, la propriétaire organise des ateliers de cuisine. *Anne Lemarchant 15, route du Moulin-la-Motte* **Le Mesnil-Gilbert** *(20km de Villedieu par la D999 jusqu'à Brécey puis la D911, sur la droite après Cuves) Tél. 02 33 59 83 09 http://fermedelamotte.voila.net*

Au Domaine d'Esthine Paisiblement tournée vers un enclos où broutent des ânes qui vous attendent pour une randonnée (p.444), cette jolie longère en pierres a été restaurée exclusivement avec des matériaux écologiques. Murs en fibre de bois, dalles en chaux-chanvre, chauffage aux granulés de bois, et peinture isolante à la craie, tandis que les toilettes et le lave-linge injectent l'eau du puits. On se ressource à souhait dans cet écogîte aménagé pour quatre personnes, sobre et sain, avec son bel étage mansardé. Comptez 380-500€ la semaine en basse et haute saison, et 190€ le week-end. *1, la porte Durey* **Beauchamps** *(13km à l'ouest de Villedieu-les-Poêles) Tél. 06 81 33 25 40 www.audomainedesthine.fr*

prix élevés

Hôtel-restaurant Le Fruitier Situé dans le centre de Villedieu, l'hôtel se refait une santé grâce à une rénovation progressive : des chambres contemporaines de toutes les couleurs, décorées sur le thème de la nature, gagnent graduellement du terrain sur les précédentes, plus sobres mais déjà modernes et spacieuses.

Toutes garantissent un confort invitant à des nuits paisibles ! Double de 59 à 113€ selon la saison et copieux petit déj. buffet à 8,50€. Côté restauration : formules de 7,50 à 14,50€ à la Poêlée de Gargantua, bistrot pratique pour un repas rapide, et de 18 à 35€ au restaurant, pour une cuisine plus élaborée. Divers forfaits de 20 à 60€ permettent aussi de profiter de la piscine panoramique, du hammam et du sauna au Domaine des Chevaliers de Malte (p.447). *Place des Costils* ***Villedieu-les-Poêles*** *Tél. 02 33 90 51 00 www.le-fruitier.com*

☺ **La Ferme de Malte** Avec un banal cochon pour enseigne, Alain Duval trompe son monde ! Si la salle à manger, ouvrant sur un jardin touffu, est un havre de paix, la gastronomie emporte tous les suffrages. À l'aide de produits pris à la source, le chef réussit une cuisine traditionnelle tout en fraîcheur et légèreté et qui varie sans cesse : salade de sole et de magret de canard au foie gras, filet de bœuf sauce vin rouge, duo aux deux chocolats et sa brochette de mangue rôtie au vinaigre balsamique... Le menu gourmand à 40€, dépend entièrement du marché : si bien que la veille pour le lendemain, on ignorera quels plats seront servis. Autres menus de 21 à 60€. Également quatre chambres très confortables avec vue sur le jardin et la piscine. Double de 80 à 100€, petit déj. 12€. *11, rue Jules-Trétel* ***Villedieu-les-Poêles*** *Tél. 02 33 91 35 91 www.lafermedemalte.fr Fermé dim. soir, lun., et mer. soir*

☺ **Le Moulin de Jean** Nous vous recommandons vivement ce restaurant ! Cet ancien moulin à eau niché dans la jolie petite vallée de la Sée allie grande tradition et esprit contemporain. Dans les salles, le mariage de la pierre, du chêne et d'une peinture au bleu ardent produit le plus bel effet, tandis que la carte (très riche !) conjugue avec talent produits régionaux et saveurs originales : tartare de saumon mariné, mayonnaise à l'anchois, croques de concombre, œuf de caille poché, gaspacho de tomates ; roulade de pommes de terre, céleri-rave et fromage de chèvre, huile aromatisée à la truffe ; pied de cochon braisé et farci au boudin noir, mousseline de céleri rave ; controverse de chocolat noir et blanc... Accueil jeune et très courtois et décoration des plats recherchée, voire extravagante ! Ultime plaisir, le chef sait se rendre disponible pour répondre à vos questions. Formules à 31 et 37€. *La Lande* **Cuves** *(18km de Villedieu par la D33 jusqu'à Saint-Pois, puis la D48) Tél. 02 33 48 39 29 www.lemoulindejean.com Ouvert mer.-dim.*

Manoir de l'Acherie Dans une demeure rustique du XVIIe siècle, cet établissement cultive avec bonheur la tradition. Il est plaisant de retrouver à la carte tous les grands classiques de la cuisine régionale et nationale : terrines maison (très souvent primées), viandes en sauce, charlotte aux poires... Menus de 19,50 à 42€, enfant 11€. Chambres également classiques, mais au cœur d'un agréable jardin,

GAMME DE PRIX	RESTAURATION	HÉBERGEMENT
Très petits prix	moins de 10€	moins de 40€
Petits prix	de 10 à 15€	de 40 à 60€
Prix moyens	de 15 à 25€	de 60 à 85€
Prix élevés	de 25 à 40€	de 85 à 120€
Prix très élevés	plus de 40€	plus de 120€

bien au calme. De 60 à 120€ avec douche ou salle de bains. Petit déj. 10€. ***Sainte-Cécile*** *(à 2km de Villedieu par la route de Vire D924) Tél. 02 33 51 13 87 www.manoir-acherie.fr Fermeture annuelle 19 fév.-8 mars et 12-19 nov.*

Manoir de la porte Ses propriétaires sont tout entiers dévoués au bon accueil de leurs hôtes : il viennent les chercher à la gare à l'occasion et leurs concoctent des week-ends gourmands. Le manoir est élégant avec sa grosse tour ronde et ses glycines, le grand jardin fort agréable et les chambres, à l'étage ou dans une dépendance (avec cuisine à disposition), sont confortables et meublées avec goût. Comptez 70 et 85€ pour deux personnes, petit déjeuner compris. Table d'hôtes sur demande (21€) et gîte d'étape dans le parc, pouvant accueillir jusqu'à douze personnes. ***Sainte-Pience*** *(11km de Villedieu, clairement indiqué sur la N175 dir. Avranches) Tél. 02 33 68 13 61 www.manoir-de-la-porte.com*

☺ **Logis d'Équilly** Desservies par un escalier monumental, quatre superbes chambres et suites, donnant sur le parc, s'harmonisent avec la noble demeure et son atmosphère seigneuriale : peintures, lithographies, photos anciennes aux murs et mobilier ancien, y compris pour les salles de bains. Nous vous recommandons la séduisante suite Louis XIII. Installée dans la partie la plus ancienne, elle offre un décor de charme avec ses boiseries anciennes et son plafond à la française. On prend le petit déjeuner devant la cheminée médiévale de la cuisine où Marc, le propriétaire, concocte à la demande une cuisine régionale avec les œufs de caille de la basse-cour, les citrouilles, et autres légumes du jardin (table d'hôtes à 30€). Double et suite 90, 120, 140 et 180€. À l'entrée du parc, une jolie dépendance abrite un gîte (de 380 à 580€/sem. pour 5 pers.). ***Equilly*** *(14km à l'ouest de Villedieu-les-Poêles) Tél. 02 33 61 04 71 www.lelogisdequilly.fr*

prix très élevés

Domaine des Chevaliers de Malte Sur les hauteurs du village, cette maison du pays, réaménagée dans un style contemporain aux accents néogrecs, abrite quatre luxueuses chambres en duplex, lumineuses, dotées d'équipements novateurs : d'une pression des doigts, vous réglez lumière ou température par une télécommande domotique... Les teintes, dans l'air du temps, oscillent entre le gris métal, le duo noir et fuchsia, et les tons anis habillent luxueusement les chambres de 20 à 60m². Le sous-sol vous réserve le plus beau : une piscine chauffée donnant sur la campagne, équipée d'un sauna, et d'un hammam au ciel étoilé. Double et suite de 135 à 255€ en basse et haute saison (espace bien-être inclus), et petit déj. 12,50€. Possibilité de louer la totalité en gîte : de 650 à 850€ par jour. *3, chemin de la Grange* ***Villedieu-les-Poêles*** *Tél. 02 33 90 51 00 www.ledomainedeschevaliers.com*

Char à voile sur la plage à marée basse, Colleville-sur-Mer (p.122).

Musée du Camembert (p.236), Vimoutiers.

GEOREGION

ORNE

V

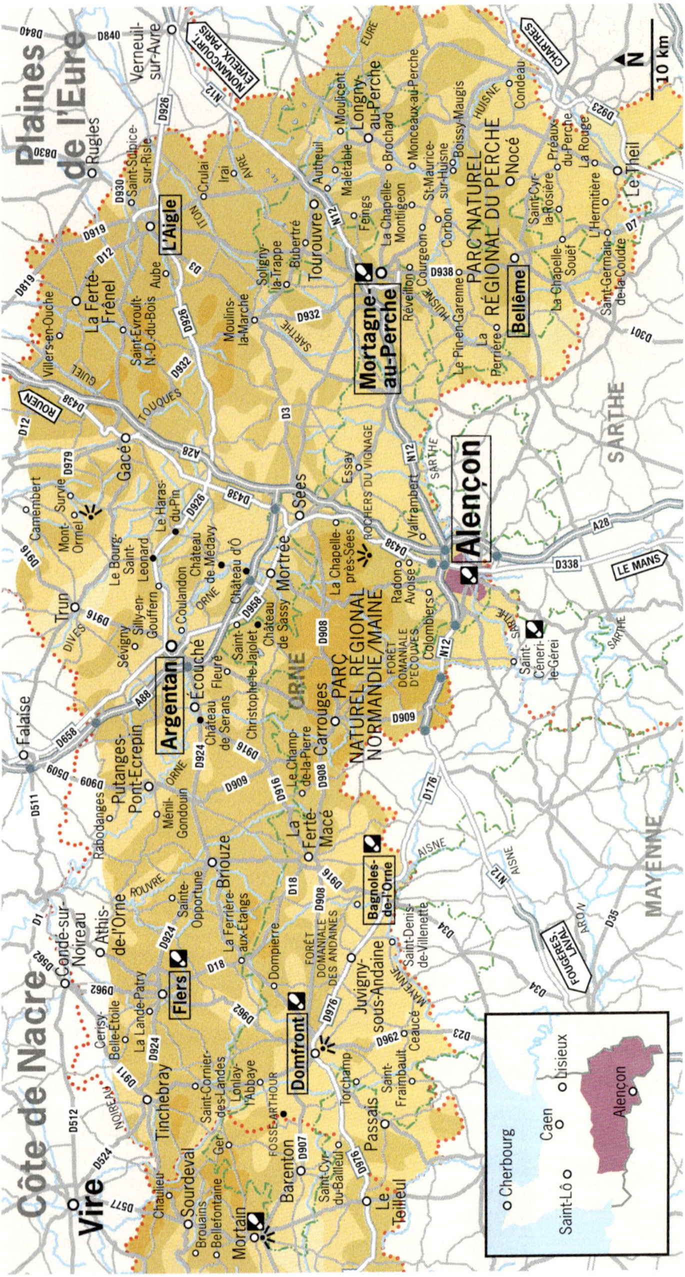
Plaines de l'Eure
Côte de Nacre
Verneuil-sur-Avre
NONANCOURT, EVREUX, PARIS
CHARTRES
ROUEN
LE MANS
FOUGÈRES, LAVAL
10 km
N
Rugles
Saint-Sulpice-sur-Risle
L'Aigle
Crulai
Irai
AVRE
ITON
EURE
Moulicent
Longny-au-Perche
Autheuil
Malétable
Brochard
Monceaux-au-Perche
Boissy-Maugis
HUISNE
Condeau
Tourouvre
Bubertré
Soligny-la-Trappe
Feings
La Chapelle-Montligeon
St-Maurice-sur-Huisne
Corbon
Courgeon
Mortagne-au-Perche
Réveillon
Le Pin-en-Garenne
PARC NATUREL RÉGIONAL DU PERCHE
Nocé
Préaux-du-Perche
La Rouge
Saint-Cyr-la-Rosière
L'Hermitière
Le Theil
La Chapelle-Souëf
Saint-Germain-de-la-Coudre
Bellême
La Perrière
Aube
La Ferté-Frênel
Saint-Evroult-N.-D.-du-Bois
Villers-en-Ouche
GUIEL
TOUQUES
Moulins-la-Marche
SARTHE
Gacé
Camembert
Survie
Mont-Ormel
Le Haras-du-Pin
Le Bourg-Saint-Leonard
Château de Médavy
Château d'Ô
Coulandon
Silly-en-Gouffern
Trun
DIVES
Sévigny
Sées
Essay
ROCHERS DU VIGNAGE
Mortrée
La Chapelle-près-Sées
Valframbert
Alençon
Radon
Avoise
Colombiers
Saint-Céneri-le-Gérei
Château de Sassy
Saint-Christophe-le-Jajolet
Argentan
Écouché
Fleuré
Château de Serans
ORNE
Carrouges
Le Champ-de-la-Pierre
PARC NATUREL RÉGIONAL NORMANDIE/MAINE
FORÊT DOMANIALE D'ÉCOUVES
Falaise
Putanges-Pont-Écrepin
Rabodanges
Ménil-Gondouin
La Ferté-Macé
Briouze
ROUVRE
Sainte-Opportune
La Ferrière-aux-Étangs
Bagnoles-de-l'Orne
AISNE
Athis-de-l'Orne
Condé-sur-Noireau
Flers
La Lande-Patry
Cerisy-Belle-Étoile
Dompierre
FORÊT DOMANIALE DES ANDAINES
Saint-Denis-de-Villenette
Juvigny-sous-Andaine
Domfront
Ceaucé
MAYENNE
Tinchebray
Saint-Cornier-des-Landes
Lonlay-l'Abbaye
FOSSE ARTHOUR
Torchamp
Saint-Fraimbault
Passais
NOIREAU
Vire
Chaulieu
Sourdeval
Gèr-des-Landes
Barenton
Saint-Cyr-du-Bailleul
Le Teilleul
Brouains
Bellefontaine
Mortain
ARON
MAYENNE
SARTHE
Cherbourg
Saint-Lô
Caen
Lisieux
Alençon
A28
A88
D438
N12
D926
D932
D3
D12
D919
D930
D840
D830
D819
D979
D916
D958
D908
D909
D924
D18
D962
D976
D907
D911
D512
D524
D577
D1
D511
D509
D658
D176
D34
D35
D23
D338
D938
D7
D923
D301

ALENÇON

61100

En 2010, le point d'Alençon, technique de dentelle datant du XVIIe siècle, a été inscrit par l'Unesco au Patrimoine culturel immatériel de l'Humanité. Par cette distinction, l'Unesco a honoré non seulement un savoir-faire qui a traversé les siècles malgré la concurrence de la dentelle mécanique apparue au XXe siècle mais aussi la ville qui lui a permis de se perpétuer. Depuis 1665, année où Colbert choisit Alençon pour y installer une manufacture royale, la dentelle et la ville se sont développées simultanément. Ah, le délicat tremblement de sa dentelle légendaire ! Unique au monde parce qu'entièrement réalisée à l'aiguille et nécessitant des heures de travail, elle a su rivaliser avec le point de Venise. Parure de luxe, elle a habillé aux XVIIe et XVIIIe siècles toutes les cours d'Europe, et en particulier les hommes, très coquets à l'époque. Ce n'est pas la moindre accointance de la cité avec la monarchie, car son duché fut jusqu'à la Révolution donné en apanage aux cadets de la famille royale. Au XVIIe siècle, la sévère Élisabeth d'Orléans, cousine de Louis XIV, y finit sa vie et imposa pour longtemps une étiquette d'une exigence telle que Balzac, habitué des lieux au XIXe siècle, en fit le type achevé de la petite cité provinciale aristocratique, dans *La Vieille Fille* notamment. Enfin, décidément gâtée, la ville vit naître la grande célébrité normande de la fin du XIXe siècle, la future sainte Thérèse de Lisieux. Aujourd'hui, Alençon conserve une certaine noblesse dans ses façades délicates, ses petites rues et ses vieilles cours mais, joliment mise en valeur, elle témoigne d'une agréable fraîcheur où la galanterie a succédé aux conventions…

DENTELLES DE PIERRE Simple gué sur la Sarthe à l'époque gallo-romaine, Alençon naît véritablement avec le royaume anglo-normand, qui en fait un des points d'ancrage du duché sur ses frontières sud. Yves de Bellême construit vers 950 un premier château fort protégé par le marécage de la Briante. Il est agrandi au XIIe siècle par Henri Ier, roi d'Angleterre et duc de Normandie, et la ville se trouve encerclée par un imposant ensemble de remparts. Aujourd'hui, elle conserve de l'époque médiévale quelques maisons en encorbellement, pour la plupart du XVe siècle, mais elle doit essentiellement sa physionomie à l'Ancien Régime, affectionnée qu'elle était par la noblesse. Les remparts, devenus inutiles, furent arasés vers 1690, donnant ainsi toute liberté de s'étendre sur les anciennes petites maisons à de nombreux et élégants hôtels particuliers. Pour la plupart du XVIIIe siècle, ils sont dotés d'une exceptionnelle collection de balcons en fer forgé. Enfin, les portes de la cité furent détruites au XVIIIe siècle dans le cadre d'importants travaux d'urbanisme poursuivis pendant tout le XIXe siècle : de nouvelles rues et places, assez aérées et encadrant des monuments publics bien dessinés, achevèrent de donner à la ville une allure plus moderne.

MODE D'EMPLOI

accès

EN VOITURE

De Paris (190km), prenez l'A12 jusqu'à Bois-d'Arcy, puis la N12. De Saint-Lô, empruntez la N174 jusqu'à Vire, prenez la direction de Mortain par la D977 puis celle de Domfront par la D907 et suivez ensuite la N176 et la N12.

EN TRAIN

SNCF De Paris, TGV pour Le Mans (1h) puis correspondance sur la ligne Caen-Tours (30min). Ou Paris Montparnasse direction Granville (changement à Surdon). *Tél. 3635 www.sncf.com www.ter-sncf.com*

Gare d'Alençon (plan 10, C1) *Rue Denis-Papin*

EN CAR

Cap Orne Cette compagnie relie la plupart des villes de l'Orne. *Tél. 02 33 81 61 95 www.orne.fr*

ALTO (plan 10, B2) Réseau de la communauté urbaine d'Alençon. *Point info. à la maison d'Ozé Tél. 02 33 26 03 00 www.altobus.com*

orientation

La rue aux Sieurs et la Grande-Rue sont les deux artères commerçantes de la ville. Le centre historique, situé dans le quartier Saint-Léonard au sud de la Grande-Rue, est délimité à l'ouest par la place Foch, où se dressent la mairie et le château, à l'est par la place de la Magdeleine, où s'élèvent l'église Notre-Dame et la maison d'Ozé, qui abrite l'office de tourisme.

informations touristiques

Office de tourisme (plan 10, B2) Accueil efficace. *Maison d'Ozé Place de la Magdeleine Tél. 02 33 80 66 33 www.paysdalencontourisme.com Ouvert jan.-mars, oct.-déc. : lun.-sam. 9h30-12h30 et 14h-18h ; avr.-juin : lun.-sam. 9h30-12h30 et 13h30-18h30 ; juil.-août : lun.-sam. 9h30-19h, dim. et j. fér. 10h30-12h30 et 14h16-16h30*

Comité départemental de tourisme de l'Orne (plan 10, B1) *86, rue Saint-Blaise Tél. 02 33 28 88 71 www.ornetourisme.com Ouvert lun.-ven. 8h30-12h et 13h30-17h30*

accès Internet

Annexe de la mairie (plan 10, A2) Accès gratuit sur rdv. *Face à la Halle au blé Tél. 02 33 32 40 00*

marchés, fêtes et manifestations

Marché (plan 10, B2) *Aux abords de l'église Notre-Dame Jeu. et sam. matin*

ORNE

Tableau kilométrique

	Alençon	Argentan	Caen	Domfront	Flers	Le Mont-Saint-Michel
Argentan	46					
Caen	134	57				
Domfront	61	54	80			
Flers	72	44	59	22		
Le Mont-Saint-Michel	134	127	126	73	94	
Sées	23	23	82	67	65	140

Festival des Folklores du Monde *Début juil.-14 juil.*
Les Échappées belles Poétiques ou loufoques et en plein air. Musique, danse ou théâtre proposés par la très dynamique Scène nationale (p.458). *Tél. 02 33 29 16 96 Mi-juil.-mi-août*
Festival Autour d'un piano Dans le cadre élégant du château de Carrouges. *Rens. auprès de l'office départemental de la culture de l'Orne (ODC) Palais d'Argentré à Sées Tél. 02 33 31 90 90 Deux derniers w.-e. de juil. et 2 premiers w.-e. d'août*
Septembre musical de l'Orne Solistes, chœurs, orchestres ou opéras dans les hauts lieux du patrimoine ornais. *Tél. 02 33 26 99 99 www.septembre-musical.com Fin août-fin sept*

DÉCOUVRIR

Alençon

☆ **Les essentiels** La basilique Notre-Dame, le musée des Beaux-Arts et de la Dentelle **Découvrir autrement** Admirez la Tour couronnée du château des ducs d'Alençon, assistez à un spectacle à la Scène nationale 61 d'Alençon

ORNE

Château des ducs d'Alençon (plan 10, A2) Il ne reste de l'importante citadelle, démantelée sur ordre d'Henri IV après les guerres de Religion dans le cadre de la pacification du royaume, que la Tour couronnée (constituée de deux tours superposées) et le pavillon d'entrée, flanqué de deux grosses tours crénelées avec mâchicoulis (vers 1410). Si ce dernier nous paraît bien étrangement placé, c'est que la forteresse, dotée de plus d'une dizaine de tours, se développait autrefois dans son axe sur l'ensemble de la place Foch ! Ses derniers vestiges n'ont pas été détruits, car ils ont été transformés en prison en 1755. Le château abritait encore récemment la maison d'arrêt de l'Orne, aujourd'hui désaffectée. À l'emplacement de l'ancien donjon a été construit au XIXe siècle le **palais de justice**, immanquable avec son fronton classique, et, sur les ruines du palais des Ducs, l'hôtel de ville (1783-1790) de style Louis XVI. *Place Foch*

Halle au blé (plan 10, A2) Inaugurée en 1812, elle fut, en 1865, recouverte d'une coupole en verre imitée de celle de la Bourse du commerce à Paris. Entièrement restaurée, elle abrite aujourd'hui un espace polyvalent dédié au multimédia. Il faut dire que sa belle mise en lumière lui donne à la nuit tombée l'allure d'une soucoupe volante ! *Rue des Filles-Notre-Dame Ouvert tlj. 9h-12h et 14h-18h Entrée libre*

Médiathèque municipale (plan 10, A1) Elle est installée dans l'ancienne chapelle du collège des Jésuites, élevée au XVIIe siècle et d'un classicisme remarquable : beaux chaînages de pierre, contrepoints bien proportionnés des bossages et des angles cassés, imposante toiture en forme de carène de navire renversée… La salle de lecture, créée sous la Révolution, est ornée de superbes boiseries en chêne issues de la chartreuse du Val-Dieu, dans le Perche. *Cour carrée de la Dentelle Ouvert mar., jeu. et ven. 13h30-18h., mer. 10h-12h et 12h30-18h, sam. 10h-12h30 et 13h30-17h*

SAINTE THÉRÈSE À côté du baptistère, les pèlerins viennent se recueillir devant le vêtement de baptême de sainte Thérèse, qui reçut ici, en 1873, son premier sacrement, comme le rappelle le vitrail contemporain (1925) situé au-dessus, signé Louis Barillet, maître verrier natif d'Alençon.

☆☺ **Basilique Notre-Dame (plan 10, B2)** Élevée au rang de basilique en 2009, l'église Notre-Dame est située au cœur de la vieille ville, dans le quartier piétonnier. D'apparence gothique flamboyant, elle forme un triptyque en avancée sur la rue d'une grande majesté avec son porche délicatement ciselé. La construction de l'église fut engagée sous l'occupation anglaise pendant la guerre de Cent Ans et achevée au début du XVIe siècle. Le chœur et le transept furent reconstruits au XVIIIe siècle après un grave incendie, d'où le style classique de la tour, bien peu flamboyante ! Restée sauve, la nef a gardé son décor gothique richement sculpté et de magnifiques vitraux du début du XVIe siècle : la verrière nord retrace les épisodes majeurs de l'Ancien Testament (la Création, la chute d'Adam, le passage de la mer Rouge…), la verrière sud les faits marquants de la vie de la Vierge (à lire de l'entrée vers l'autel). À voir également la chaire à prêcher de style Renaissance et le buffet d'orgue du milieu du XVIe siècle. *Place de la Magdeleine Ouvert tlj. 9h-18h*

Maison d'Ozé-Verger-conservatoire (plan 10, B2) Édifié en 1449 par le gouverneur de la ville sur ses anciens remparts, ce manoir en granit conserve de belles fenêtres à meneaux et ses tourelles de défense. Il abrite actuellement l'office de tourisme. On accède par son jardin au verger-conservatoire de la Société d'horticulture de l'Orne, où l'on peut voir de nombreuses variétés locales de poires et de pommes, dont certaines, très anciennes et peu connues. *33, pl. de la Magdeleine Tél. 02 33 80 66 33 Ouvert toute l'année Rens. à l'OT pour les horaires*

Hôtel de Guise (plan 10, B1) Cet hôtel particulier construit vers 1630 est désormais le siège de la préfecture de l'Orne. Avec ses deux pavillons, ses hautes toitures et son appareillage de briques, il est caractéristique du style Louis XIII. Il était la propriété d'Élisabeth d'Orléans, veuve du duc de Guise. À l'arrière, un très beau parc de 3ha. *39, rue Saint-Blaise dans la continuité de la Grande-Rue côté montée*

Maison de la famille Martin-Maison natale de sainte Thérèse (plan 10, C1) C'est dans cettte demeure que naît, en 1873, la future sainte Thérèse de Lisieux. C'est aussi le lieu de travail de ses parents, Zélie et Louis Martin, béatifiés en 2009. La mère est dentellière, le père horloger. À l'entrée, une galerie expose des objets personnels de la famille Martin et un film relate l'histoire de ces fervents catholiques. En rentrant dans la maison proprement dite, accompagné par une religieuse, on a l'impression de voyager dans le temps. Cuisine, salle à manger, chambres, on avance dans la pénombre guidé par des jeux sonores et lumineux qui redonnent vie au passé. Ce sentiment est renforcé par l'authencitícé d'objets du quotidien : chaise haute de Thérèse, horloge fabriquée par son père, berceau, etc. Accolée à la chambre des parents où la future sainte fut mise au monde, une chapelle (construite en 1920) couverte d'ex-voto et de

Plan 10 Alençon

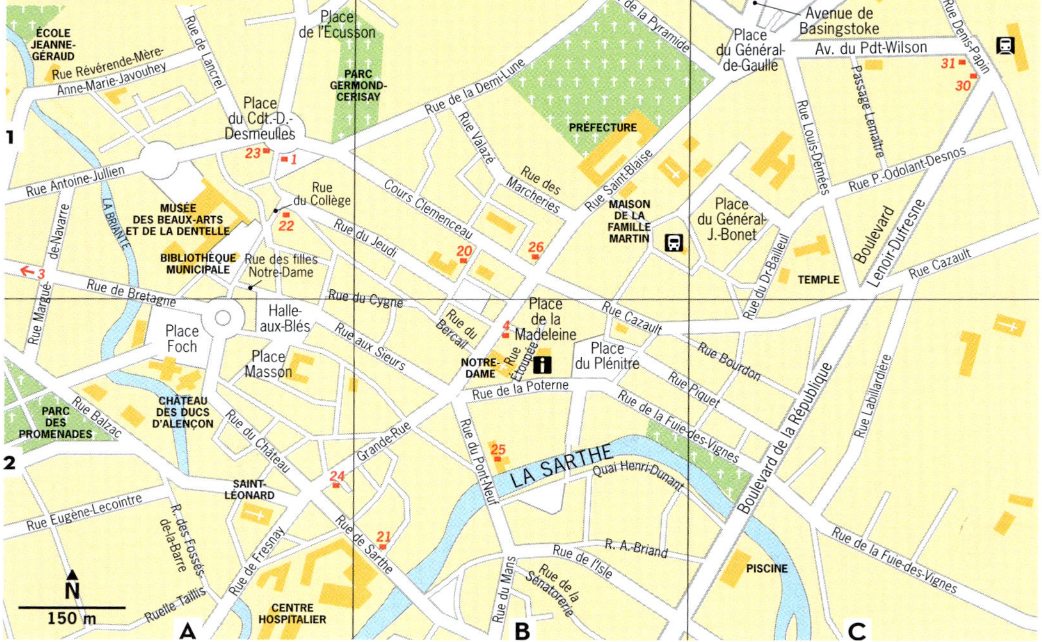

Cafés, salons de thé et lieux de sortie (n°1 à 4)

- La Luciole* ______ **3** A1
- Le Carnet de routes* ______ **1** A1
- Pâtisserie-Chocolaterie Jacky Pedro* ______ **4** B2
- Scène nationale 61* ______ **2** C1

Restauration (n°20 à 26)

- Au Petit Vatel ______ **23** A1
- Coco Vins ______ **20** B1
- La Fabrique ______ **24** A2
- Le Bistrot ______ **21** B2
- Le Hangar ______ **22** A1
- Le Saint-Honoré ______ **26** B1
- Rive droite ______ **25** B2

Hébergement (n°30 et 31)

- Hôtel de Rouen ______ **30** C1
- Hôtel des ducs ______ **31** C1

*À RETROUVER DANS LA PARTIE DÉCOUVRIR

ORNE

VISITE EN TRAIN L'office de tourisme propose une visite de la ville en petit train touristique (45 min).
Train touristique *Départ place de la Magdeleine 18 juin-18 sept. : ven.-mer. à 11h, 14h, 15h, 16h, 17h et 18h Tarif 3,50€, réduit 2,50€*

fresques contient des reliques de cette famille dont les cinq enfants prendront le voile. *50, rue Saint-Blaise Tél. 02 33 26 09 87 Ouvert avr.-oct. : tlj. 9h-12h et 14h-18h ; nov.-mars : mar.-dim. 10h-12h et 14h-17h Tarif sous forme d'offrandes*

☆☺ **Musée des Beaux-Arts et de la Dentelle (plan 10, A1)** C'est ici que l'on peut admirer la célèbre dentelle dont même les moins amateurs apprécieront la finesse incroyable. La section Beaux-Arts offre quant à elle un bien joli parcours dans l'histoire de la peinture européenne, du Quattrocento italien jusqu'à l'époque contemporaine à travers, notamment, natures mortes hollandaises, badinages bien en chair de l'école classique française et toiles réalistes et pré-impressionnistes (Courbet et Boudin). Également une belle collection d'art cambodgien (bouddhas, masques…) léguée à la ville en 1917 par Adhémar Leclère, enfant du pays et pionnier de l'étude de la civilisation khmère. De remarquables expositions sont organisées chaque été : en alternance une année sur deux, elles mettent sur le devant de la scène la dentelle ou les beaux-arts. *Cour carrée de la dentelle Tél. 02 33 32 40 07 Ouvert juil.-sept. : tlj. 10h-12h et 14h-18h ; oct.-juin : mar.-dim. 10h-12h et 14h-18h Démonstration de fabrication de la dentelle Juil.-sept. : lun., mer. et ven. 14h30-16h30 Tarif 4€, réduit 3€, 1er dim. du mois gratuit*

ORNE

Parcs et jardins (plan 10, A2) On peut terminer la visite de la ville par une agréable balade dans l'un de ses nombreux parcs, en particulier le **Parc des promenades**, caractéristique des jardins publics français du XIXe siècle et doté d'une belle roseraie, et dans les jardins qui jalonnent les berges de la

La reine des dentelles

Colbert choisit en 1665 la prospère cité textile pour y établir une manufacture royale de dentelle qu'il souhaite voir concurrencer les villes européennes déjà expertes en ce domaine. Le succès dépasse toutes ses espérances grâce à Mme La Perrière, qui invente une technique révolutionnaire, le "réseau", permettant de créer des pièces d'une finesse inégalée : chaque maille du tulle qui compose la trame de fond de la dentelle est formée à l'aiguille avec un fil si ténu qu'il risque de casser à tout instant ! Le décor est ensuite réalisé selon différents points de remplis et de brodes qui lui donnent tenue et relief. Une pièce de 10x10cm demandant plus de trois cent cinquante heures de travail, et la mode de cette précieuse guipure – qui fut pourtant baptisée "reine des dentelles" à l'exposition universelle de Londres de 1851 – ayant passé, la production a définitivement périclité à la fin du XIXe siècle. Seul l'Atelier national du point d'Alençon œuvre aujourd'hui, avec sa dizaine de dentellières, à la conservation de ce savoir-faire unique.

Sarthe, notamment l'**arboretum** en milieu humide, à demi sauvage. **Parc des promenades** *Accès par la rue Balzac derrière le château* **Arboretum** *Av. Koutiala*

Où remplir son panier pique-nique ?

L'Entrepôt Derrière la façade aux allures de hangar, se cache un primeur-fruitier exigeant et fine bouche. Outre sa belle sélection de fruits et légumes, il réunit dans ses rayons le meilleur de la région. Crème et beurre crus, camembert artisanal, charcuterie locale, volailles fermières, chèvres frais, miel et confitures, sélection de cidre et de poiré... En épicerie fine ou en produits frais, L'Entrepôt est, depuis trois générations, le repaire de tous les producteurs locaux qui associent savoir-faire artisanal et valorisation du terroir. *27, rue de la Charité* **Condé-sur-Sarthe** *(2,5km à l'ouest du centre, route de Rennes) Tél. 02 33 82 65 85 www.lentrepot61.com Ouvert lun. 14h30-19h, mar.-jeu. 9h-12h15 et 14h30-19h, ven.-sam. 9h-19h*

Où savourer une pâtisserie, boire un thé ?

☺ **Pâtisserie-Chocolaterie Jacky Pedro (plan 10, B2 n°4)** Depuis trois générations, c'est la meilleure pâtisserie de la ville, élégante et gourmande : chocolats au pur beurre de cacao, nougatine, macarons, cake à l'orange et "le croustillant de Sainte-Thérèse", une création maison. Également des glaces maison et une belle carte de thés. *39, Grande-Rue Tél. 02 33 26 00 47 Ouvert mar.-sam. 8h-12h30 et 14h-19h15, dim. 8h-12h30*

Où boire un verre, assister à un concert, à un spectacle ?

Le Carnet de routes (plan 10, A1 n°1) Le bar à musique le plus plaisant de la ville, très confortable avec ses fauteuils contemporains en cuir, son piano blanc et ses murs d'un jaune tendre. L'ambiance est musicale et des groupes se produisent tous les jeudis soir sur une petite scène. Restauration légère jusqu'à tard le soir (omelettes 5,50€, tartines 7€, salades 10€). *6, rue Marcel-Palmier Tél. 02 33 27 06 23 Ouvert lun.-mer. et ven. 11h-15h et 17h30-1h, jeu. 11h-15h et 17h30-2h, sam. 17h30-2h*

La Luciole (plan 10, A1 n°3) À l'origine simple café-concert, cette salle attire aujourd'hui des spectateurs de l'ensemble du département et même de Caen et du Mans, ce qui lui vaut d'avoir été labellisée "scène de musiques actuelles structurante de production et de diffusion" par le ministère de la Culture ! Il

À vélo, à pied

Voie verte Alençon-Condé-sur-Huisnes En 2010, l'ancienne voie ferrée qui reliait sur 67km les villes d'Alençon et de Condé-sur-Huisnes via Mortagne-au-Perche s'est reconvertie en voie verte pour le plus grand bonheur des marcheurs et des cyclistes. Son parcours traverse les parcs naturels de Normandie-Maine et du Perche, en longeant la Sarthe et l'Huisnes, jusqu'à l'extrême est du département, dans le Perche ornais. Faible dénivelé. *Départ av. de Quakenbrück, après le pont qui enjambe la voie ferrée (hors plan 10 par C1)*

faut dire que l'endroit est très sympathique et qu'il accueille tous les meilleurs noms du jazz, du reggae et de la chanson française. *171, rue de Bretagne Tél. 02 33 32 83 33 www.laluciole.org*

Scène nationale 61 (plan 10, C1 n°2) La plus petite des scènes nationales françaises, mais pas la moins dynamique ! On y donne des spectacles musicaux enlevés ou décalés, des pièces du théâtre classique ou en prise sur l'actualité et des spectacles de danse élégants ou décapants pour beaucoup d'émotion et de plaisir. Procurez-vous le programme ! *Rens. Théâtre d'Alençon 2, av. de Basingstoke Tél. 02 33 29 16 96 www.scenenationale61.com Saison de sept. à mai*

Les environs d'Alençon

☆ **Les essentiels** La cathédrale Notre-Dame de Sées **Découvrir autrement** Visitez le château de Carouges, marchez sur les pas des peintres dans le village préservé de Saint-Céneri-le-Gérei

Sées et alentour

Couvée par son immense **cathédrale** (flèches hautes de 70m), Sées est vouée à la vie ecclésiastique depuis le Vᵉ siècle et reste sous l'emprise de la religion : l'évêché, dont elle est le siège, respecte l'usage en orthographiant toujours son nom "Séez". La ville s'organise autour de nombreux et vastes bâtiments clos de murs, sièges d'anciennes institutions religieuses. Aujourd'hui encore subsistent un séminaire et trois congrégations dont on croise souvent les sœurs dans les rues. L'OT de Sées propose des visites de la ville avec audioguide (2€). **Office de tourisme** *Place du Général-de-Gaulle* **Sées** *(24km au nord d'Alençon) Tél. 02 33 28 74 79 Ouvert avr.-sept. : lun.-sam. 9h30-12h30 et 14h-18h ; oct.-mars : lun. et jeu. 14h-17h30, mar.-ven. 9h-12h et 14h-17h30, sam. 9h-12h*

CITÉ CLOSE Les abords de la cathédrale étaient autrefois interdits d'accès aux laïcs et réservés aux chanoines en charge du culte : subsistent de cette ville close religieuse le cloître du chapitre, des XIIᵉ et XIVᵉ siècles, mais reconstitué à l'époque moderne autour de la chapelle canoniale (XIIᵉ s.), et la salle du chapitre (XIVᵉ s.), qui abrite aujourd'hui le musée d'Art religieux.

☆ ☺ **Cathédrale Notre-Dame** Un chef-d'œuvre du XIIIᵉ siècle gothique ! Partant d'une base solide, sa façade se soulève successivement en de puissants volumes peu à peu allégés et décalés vers l'arrière, comme l'ensemble des arcs-boutants qui la cernent, accentuant ainsi l'effet d'élévation. Mais c'est surtout le chœur de la cathédrale qui en est le chef-d'œuvre : ses fines colonnes cylindriques, supportant des arcs brisés creusés de multiples nervures et surmontés de frontons triangulaires, forment une couronne d'une rare élégance ; au second niveau, le *triforium* exhibe de minces colonnettes qui s'achèvent en une véritable dentelle de pierre ; enfin, les colonnes de soutien, extrêmement fines, se hissent jusqu'à la clé de voûte sans rompre le caractère éthéré de la verrière haute, dans un rayonnement qui exprime le parfait équilibre des masses. Sur les piliers du transept, admirez les consoles sculptées de nombreuses têtes d'hommes qui paraissent supporter sur leur dos le poids entier de l'édifice : symbole des Enfers ! Les pignons des bras du transept sont percés d'immenses rosaces. Dans le bras sud du transept s'observe une Vierge du XIVe siècle. Stalles sculptées du XVIIe siècle. Le spectacle son et lumière **Les Musilumières** est donné chaque été : sous la projection d'innombrables couleurs, la cathédrale n'a jamais paru aussi vibrante ! *Pl. Ch.-de-Gaulle* **Musilumières** *www.musilumieres.org Juil. et sept. : ven.-sam. vers 22h ; août : mer.,ven.-sam. vers 22h Rens. OT*

Musée départemental d'Art religieux Ses 250 pièces proviennent de nombreuses églises rurales ornaises. Statuaire, peintures, pièces d'orfèvrerie et vêtements liturgiques brodés du XIVe au XIXe siècle. *Place du Général-de-Gaulle Tél. 02 33 81 23 00 Ouvert juil.-sept. : mer.-lun. 10h-18h Tarif 2€, 12-18 ans 1,50€*

Palais d'Argentré Édifié par Mgr d'Argentré, précepteur du futur Louis XVIII, ce palais épiscopal, achevé en 1778, est l'un des plus dignes bâtiments néoclassiques du département : parfaites proportions, élégant fronton sculpté, belles ailes de retour organisées autour de la cour d'honneur… *Rue d'Argentré derrière la cathédrale Ne se visite pas*

Basilique de l'Immaculée-Conception Un bel exemple de la dévotion des Sagiens (habitants de Sées). Consacrée en 1872, elle est le premier édifice religieux construit sous le vocable de l'Immaculée Conception, dont le dogme a été prononcé en 1854. Son chœur peu profond est recouvert d'austères hauts-reliefs en bois et dominé par une statue géante de la Vierge. Un décor peint assez lourd (très XIXe s.) et les innombrables ex-voto en marbre s'accumulant à la base des murs ("Merci pour mes examens", "Merci pour l'argent"…) achèvent de former un ensemble d'une piété très zélée. Face au porche de la basilique subsiste la tour d'Argentan (XIIe s.), dernier vestige des fortifications médiévales de la ville. *À l'issue de la rue Conté (face à la cathédrale)*

Chapelle de l'Hôtel-Dieu Au fond de la cour d'entrée de l'hôpital, cette chapelle du XVIIIe siècle conserve un retable des plus baroques. Les boiseries peintes sont l'œuvre de Nicolas-Jacques Conté (1755-1805), enfant du pays et inventeur du crayon à papier. Sées a apporté une autre contribution au monde du dessin : elle est la ville natale de Louis Forton, créateur des *Pieds Nickelés* (1908). *À l'angle des rues de la République et Saint-Martin*

Église Notre-Dame-de-la-Place Élevée au XVIe siècle, elle renferme une tribune d'orgue Renaissance et des bas-reliefs de la même époque. À côté, l'immense parc de l'abbaye Saint-Martin ne se visite pas mais recèle un cloître végétal unique : une rosace de plusieurs hectares dessinée par des platanes pluricentenaires. *Plus haut dans la rue Saint-Martin*

Promenade du Vivier En descendant la rue de la République, on peut emprunter sur la gauche de belles venelles, bordées de hauts murs couverts de mousse, pour rejoindre ce sentier qui longe agréablement l'Orne, dont la source se trouve à quelques kilomètres, sur la commune d'Aunou-sur-Orne. On jouit là d'un des plus beaux points de vue sur la cathédrale.

GEOPLUS

Parc naturel Normandie-Maine

Créé en 1975, ce parc régional d'environ 257 000ha, un des plus grands de France, prend pied sur quatre départements (Manche, Orne, Mayenne et Sarthe). Au centre du territoire, la maison du Parc mérite un arrêt.

ENTRE BOIS ET LANDES
Ce parc régional tire son unité d'un relief marqué par les derniers replis du Massif armoricain, érodés depuis l'ère tertiaire en de voluptueuses collines. L'ensemble est fendu par de puissantes barres de grès qui se dressent d'est en ouest depuis Sées jusqu'à Mortain et qui forment la limite de partage des eaux entre les bassins fluviaux de la Manche et de l'Atlantique : ces hauteurs abritent les deux points culminants de l'ouest de la France (416m) : le Signal d'Écouves, au nord d'Alençon, et le mont des Avaloirs (à l'est, côté Sarthe, dans la forêt de Perseigne). Tapissées de bois et de landes, ces terres furent tardivement défrichées (entre le Xe et le XVIIe s.) et les crêtes laissées à l'état de forêts. Celles-ci couvrent aujourd'hui 50 000ha, soit 20% du territoire du parc ! Trois entités se distinguent au sein du parc : les hautes terres de sa moitié ouest, autour de Bagnoles-de-l'Orne, le massif des Écouves et la vallée de la Sarthe. La relative pauvreté du sol et l'abondance des ressources en eau et en bois ont motivé très tôt l'affirmation de l'artisanat puis de la pré-industrie : les vestiges des carrières de granit (armoricain) et de tourbe, des charbonneries et des forges donne un caractère à la fois sauvage et domestiqué à ces paysages où l'Homme et la nature sont intimement liés.

LA MAISON DU PARC
Au centre de la belle perspective qui relie le château au village de Carrouges, l'ancienne chanoinerie abrite aujourd'hui le siège du Parc. Lieu d'information touristique, cette maison du Parc vaut aussi le détour pour son espace d'exposition : un parcours de découverte ludique centré sur les richesses naturelles et patrimoniales, mais aussi les savoir-faire de ce territoire pour mieux comprendre les missions du parc et leurs enjeux. Pour compléter cette visite, on ira fouiner à l'espace librairie "nature" et à la boutique où l'on trouve des spécialités gourmandes ainsi qu'une sélection d'objets d'artisanat local
Maison du parc Normandie-Maine
Carrouges *(23km au nord d'Alençon) Tél. 02 33 81 13 33 www.parc-naturel-normandie-maine.fr Ouvert juin-sept. : mer.-dim. 10h30-18h30 ; mars-mai, oct.-déc. : mer.-dim. 14h-17h*

Où acheter yaourts et fromages à la ferme ?

Ferme équestre des Tertres En plus de son élevage de chevaux, et ses chambres d'hôtes (p.468), la famille Besniard vend sur place les produits de son élevage laitier transformés à la ferme : yaourts, beurre, lait, fromages frais et affinés et le fameux tétroserbe, spécialité maison de fromage à l'ail et au persil. *M. et Mme Besniard* **La Chapelle-près-Sées** *(20km au nord-est d'Alençon, sur la N158, indiqué sur la gauche 4km avant Sées) Tél. 02 33 27 74 67 www.fedestertres.com Ouvert ven. 17h-19h, sam. 9h-12h*

Faire un petit tour du monde animalier

Parc animalier d'Écouves En lisière de la forêt d'Écouves, ce parc zoologique de 12ha bien sympathique nous emmène à la découverte d'animaux peu communs dans la région, au fil d'un sentier balisé. Alpagas, yaks du Tibet, chameaux, émeus, lamas ou zébus nains qui semblent s'accommoder très bien du climat ornais cotoient d'autre espèces moins exotiques, principalement des races domestiques menacées et souvent méconnues, comme le mouton de Jacob à quatre cornes ou les ratons laveurs. Une promenade agréable et propice au pique-nique. **Le Bouillon** *(8km au sud de Sées) Ouvert Pâques, juil.-août : tlj. 11h-19h ; avr.-juin, sept.-nov. : mer. et w.-e. 14h-18h Tarif 7€, moins de 12 ans 4,50€*

Essay

Dominant la plaine d'Alençon, le village d'Essay est une ancienne ville fortifiée. Du château des ducs d'Alençon, démantelé à la fin des guerres de Religion, ne demeure que la chapelle castrale du XIIe siècle qui domine la ville basse. Dans les ruelles, d'anciennes demeures (hôtels Guéroust de Boisgervais, d'Avesco d'Ouilly) donnent une idée de son lustre passé. *16km au nord-est d'Alençon par la D31*

Site castral Devant la chapelle Marguerite-de-Lorraine, un petit jardin castral présente les mêmes plantes aromatiques, culinaires mais aussi d'agrément que celles qu'on y cultivait au XVIe siècle. La chapelle ne se visite pas mais Mme d'Harcourt, qui s'occupe du jardin, a toujours les clefs sur elle. *Rue du Château Tél. 02 33 27 45 06 Ouvert tlj. à partir de 9h Entrée libre*

Jardins du manoir de la Bonnerie Doté d'un beau point de vue sur le village, ce manoir édifié au XVe siècle, bien conservé, est embelli depuis 2001 par de magnifiques jardins clos de murs qui méritent sans conteste l'appellation "Parc et Jardins de Normandie". On y trouve à la fois des jardins à la française (carrés de buis, chambre de verdure et topiaires), à l'anglaise (plates-bandes fleuries, arbustes à végétation colorée) et à l'italienne (théâtre de verdure, allée de cyprès, terres cuites en terrasse). Au hasard des allées, on croise des peintres venus peindre sur le motif. On y découvre également une roseraie, une très riche collection d'iris et un très beau potager verger en espalier. *4, rue de la Bonnerie* **Essay** *Tél. 02 33 28 42 32 ou 06 22 80 54 44 www.lesjardinsdumanoirdelabonnerie.com Ouvert mai-sept. : lun., ven.-sam. et j. fér. 14h30-18h30 Tarif 6€, réduit 3€ Visite commentée par les propriétaires : dim. 16h (8€)*

Carrouges et alentour

☺ **Château de Carrouges** La perle patrimoniale du parc naturel Normandie-maine, joliment posée sur un écran d'eau… Le château a été construit, fait rare avant l'époque de Louis XIII, en briques roses et noires (grâce à l'argile très présente dans le secteur), dont l'alternance savante dessine un décor géométrique très harmonieux, en particulier sur le châtelet d'entrée, d'une grande élégance. Cernée de douves en eau, la demeure consiste en un vaste quadrilatère disposé autour d'une cour centrale. La succession de tours rondes ou carrées et les orientations variées de ses différents corps de logis, bien que dessinant un ensemble très homogène, trahissent des époques de construction différentes : l'ensemble a été peu à peu agrandi du XVe au XVIIe siècle à partir du donjon initial, édifié pendant la guerre de Cent Ans. Le domaine n'a jamais été vendu avant que l'État ne s'en porte acquéreur en 1936, si bien qu'il a conservé ses décors anciens (XVIIe et XVIIIe s.), son mobilier et ses portraits de famille : on croirait visiter une propriété privée ! Il est entouré d'un parc de 10ha dont les terrasses et les parterres sont remarquablement entretenus. Le premier week-end du mois d'août, le château de Carrouges et son parc accueillent une manifestation qui célèbre la chasse et de la pêche et donne lieu à dégustations, démonstrations et autres spectacles. ***Carrouges** (26,5km au nord-ouest d'Alençon) Tél. 02 33 27 20 32 Ouvert avr.-mi-juin et sept. : tlj. 10h-12h et 14h-18h ; mi-juin-août : tlj. 9h30-12h et 14h-18h30 ; oct.-mars : tlj. 10h-12h et 14h-17h Fermé j. fér. Tarif 7,50€, moins de 26 ans 4,50€, moins de 18 ans gratuit* **Grande Fête de la chasse et de la pêche** *www.fetedelachasse.fr Un week-end début août Tarif 9€ (avec visite du château), moins de 15 ans gratuit*

ORNE

Jardins du Conte-Ferme Ornée de Carrouges Sur 7ha de bocage, des passionnés ont créé sept jardins à thème qui se découvrent comme les chapitres d'un conte. "Il était une fois des oiseaux qui partent à la recherche de leur roi. Au cours de leur long voyage, ils doivent traverser sept vallées…". Labyrinthe, verger, jardin des cinq sens, jardin d'eau, d'oiseaux, champ de céréales et plantes vénéneuses : chacune de ces parcelles bien séparées par des haies sont autant de "tableaux". Et les animaux, chevaux, ânes, poules, oiseaux… que l'on croise au hasard des bosquets renforce l'impression de se promener dans un jardin à la fois domestiqué et sauvage. Pour les amateurs, un bien beau coin de pique-nique et pour les jeunes visiteurs des livrets-jeux. Chaque année, les jardins du Conte participent à la manifestation nationale "Rendez-vous aux jardins" (début juin) et organisent des visites contées en été. *Route d'Argentan Lieu-dit La Boujardière* **Carrouges** *Tél. 09 63 45 99 79 www.lesjardinsduconte.fr Ouvert juin-sept. : tlj. 10h-19h Visite guidée Juil.-août : mer. à 15h Tarif 6€, plus de 65 ans et moins de 12 ans 4€*

Jardins du Champ-de-la-Pierre Le magnifique jardin à la française préromantique a été conçu à l'époque des Lumières. Labyrinthe végétal, temples, roseraie, fabrique (petite construction ornementale), petits ponts, îles artificielles et "chambres vertes". Un lieu au charme troublant entretenu par la descendante de son créateur. À voir également les forges restaurées du Champ-de-la-Pierre (suivre les flèches à partir du village). ***Le Champ-***

de-la-Pierre *(7km au nord de Carrouges) Tél. 02 33 27 21 70 Ouvert mi-juil.-sept. : tlj. 10h-12h et 14h30-18h30 Tarif 3,50€, moins de 12 ans gratuit*

☺ Forêt d'Écouves

Ce massif forestier de 8 150ha, majestueusement dominé par le Signal d'Écouves, est le plus vaste de Normandie. Son relief mouvementé et ses sous-bois sombres peuplés essentiellement de hêtres et de chênes façonnent des paysages qui ne sont pas sans évoquer le Jura. S'y croisent deux des chemins de grande randonnée les plus importants de la région, le GR®22 (Paris-Le Mont-Saint-Michel) et le GR®36 (Ouistreham-Le Mans).

Chapelle Saint-Michel de La Lande-de-Goult Perdue entre forêt et bocage, cette chapelle (XIe s.), l'un des derniers vestiges de l'ancien prieuré Saint-Pierre, est remarquable pour son petit porche roman en pierre calcaire et ses six chapiteaux ornés d'oiseaux, de scènes de chasse et de combats d'animaux, dont le style délicat et figuratif n'est pas sans rappeler les motifs de la tapisserie de Bayeux réalisée à la même époque. *La Lande-de-Goult (à 10km à l'est de Carrouges)*

CHAOS ET PANORAMA

Le point de départ idéal pour une balade dans le massif d'Écouves se situe aux rochers du Vignage, où l'on jouit d'un beau panorama au milieu d'un chaos de roches et d'arbres centenaires. Un parcours santé complet (saut de haie, pont himalayen, tunnels...) et ludique. **Rochers du Vignage** *À 3km au nord d'Alençon par la D26 (à proximité, près du carrefour du Chêne-au-Verdier)*

Tourbière des Petits-Riaux Le parc régional comprend plus de 700ha de landes et de tourbières. Ces dernières sont nées dans les dépressions argileuses du Massif armoricain où le sol, constamment gorgé d'eau et privé d'air, entraîne la décomposition complète des végétaux pour former la tourbe. La tourbière des Petits-Riaux, classée "espace naturel sensible", étend ses parterres de mousses et de graminées vert tendre à l'aspect cotonneux sur trois hectares encerclés par les frondaisons du bois de Goult. Des panneaux pédagogiques présentent les espèces végétales propres au milieu, en particulier les droséras et les grassettes, plantes carnivores grandes consommatrices d'insectes. *La Lande-de-Goult Tél. 02 33 81 13 33 Panneaux d'information et parcours aménagé à partir du parking du hameau En été, des visites guidées sont organisées deux fois par mois par la maison du parc Normandie-Maine Prévoir des bottes*

☺ Saint-Céneri-le-Gérei

Les **Alpes Mancelles** se situent principalement dans la Sarthe, mais leur plus belle localité, Saint-Céneri-le-Gérei, s'ancre dans l'Orne. Nichées sur les coteaux d'une vallée profondément creusée par la Sarthe, ses petites maisons décorées de glycines et de rosiers sont de la même pierre de roussard (grès ferrugineux) que les rocailles qui affleurent sur les pentes, par ailleurs très arborées… Un petit pont de pierre au dessus de la rivière, dans des ruelles pentues, d'anciennes maisons fleuries parfaitement intégrées dans le paysage : ce charmant tableau attira au XIXe siècle de nombreux peintres, dont Gustave Courbet (1819-1877) et Jean-Baptiste Corot (1796-1875). Aujourd'hui, Saint-Céneri-le-Gérei (prononcer "Géré") est classé parmi les cent plus beaux villages de France. *À 13km au sud-ouest d'Alençon*

VILLAGE ARTISTE
Tous les ans, durant le week-end de Pentecôte, les rues de Saint-Céneri se remplissent de peintres venus exposer leurs œuvres. Plus original, ils sont accueillis par les habitants qui leur ouvrent gracieusement leur maison. Ces Rencontres des peintres hautes en couleur perpétuent les liens entre Céneri et les artistes.

Église et chapelle Saint-Céneri L'église fut édifié au sommet du village au XIe siècle dans un magnifique style roman. D'une grande simplicité, sa nef comporte trois travées et de jolis bancs au bois blanchi par le temps. Le chœur est peint de fresques d'une belle bichromie (jaune et rouge) datées des XIIe et XIVe siècles. Un artiste local, sculpteur sur métal, Christian Malézieux, a orné ses murs d'un très original chemin de croix dont les petits personnages en relief paraissent presque vivants. Si l'on continue sur le chemin qui a conduit à l'église, on parvient à la **chapelle Saint-Céneri**, posée au cœur d'une large prairie verdoyante encerclée par un coude de la Sarthe. Elle fut élevée au XIVe siècle à l'emplacement de l'ermitage du fondateur de la paroisse. À l'intérieur, un menhir couché qui aurait servi de lit à saint Céneri et pourrait, pour peu qu'on s'y allonge selon une croyance locale, guérir l'incontinence des enfants et favoriser la grossesse.

ORNE

Auberge des sœurs Moisy Très longtemps fermée, l'ancienne auberge des sœurs Moisy a rouvert ses portes pour accueillir un musée. Juste retour des choses pour ce rendez-vous des nombreux impressionnistes qui venaient peindre Saint-Céneri dans les années 1875-1925. Le petit musée retrace

Les Alpes en Normandie ?

Saint-Céneri-le-Gérei est traversé par le GR®36, lequel permet d'arpenter, au sud, la vallée de la Sarthe, dont le relief mouvementé a pris le nom évocateur d'**Alpes Mancelles**. Nous vous conseillons de faire une petite infidélité à la Normandie pour passer dans la région voisine. À quelques kilomètres en voiture, le beau village de **Saint-Léonard-des-Bois** (par la D146) mérite un détour. À proximité, la **vallée de Misère** est le site géologique le plus remarquable des Alpes Mancelles : lors des dernières glaciations, les couches de grès armoricain, explosant sous l'effet du froid, ont transformé les grandes pentes de la vallée en un chaos de pierriers, formant un paysage minéral désolé où seuls quelques arbres parviennent à s'enraciner...
Rens. Maison du Parc à Carrouges
Tél. 02 33 81 75 75

cette aventure à travers des documents historiques et un film relate l'époque des peintres qui venaient trouver l'inspiration dans les Alpes Mancelles, parmi eux Eugène Boudin, Camille Corot ou encore Paul Saïn. Le clou de la visite ? L'étonnante salle des Décapités où des dizaines d'artistes de passage ont laissé l'ombre de leur profil, dessinée au charbon sur le mur. ***Saint-Céneri-le-Gérei*** *Dans le village Tél. 02 33 27 84 47 http://amisdesaintceneri.com Visite guidée toutes les 45 min sur réservation Tarif 2,50€, moins de 12 ans gratuit*

Jardins de la Mansonière Une invitation au voyage et à la rêverie modelée par les mains vertes et créatives de Michèle et Philippe Manson, couple de passionnés inspirés.... Roseraie, jardin lunaire, gothique, des contrastes, patio, noisetteraie, verger : au fil de ces neuf petites pièces végétales, on arpente des paysages recréés comme on admire des tableaux dans un musée. Au cours des nuits d'été, ce théâtre de verdure s'illumine de 800 bougies pour des concerts de musique classique. ***Saint-Céneri-le-Gérei*** *Tél. 02 33 26 73 24 www.mansoniere.fr Ouvert mi-avril-mai : ven.-dim. et j. fér. 14h30-18h30 ; juin-mi-sept. : mer.-lun. 14h30-18h30 Tarif 6€, moins de 12 ans 3€*

ORNE

● Rejoindre Saint-Céneri-le-Gérei en kayak

Canoë-kayak club d'Alençon On peut louer dans le club d'Alençon des kayaks (14€ la sortie par personne) pour naviguer sur la Sarthe vers le sud. Pour relier Saint-Céneri-le-Gérei et Alençon, il faut compter au moins 7h, mais on peut choisir son lieu d'embarquement et de débarquement sur différents points de la rivière. Attention, le niveau de la Sarthe en été ne permet pas toujours de naviguer sur toutes ses parties. *AJCK Base de Guéramé* ***Alençon*** *(à côté du camping) Tél. 02 33 32 14 82 ou 06 62 55 90 97 (Jean-Claude) Ouvert hors saison : mer.-dim. 14h-17h ; en saison : tlj. 14h-17h*

CARNET D'ADRESSES

Restauration, hébergement

camping

Camping-caravaning de Guéramé (hors plan 10 par A2) Le terrain est un peu éloigné du centre-ville (15min à pied) mais il est aussi agréablement situé en bordure de Sarthe. Il dispose de 87 emplacements, d'un court de tennis et d'une aire de jeux pour les enfants. Pour une tente, une caravane ou un camping-car, comptez 10,70€, et 2,60€/adulte, 2€/enfant. *65, rue de Guéramé* ***Alençon*** *Tél. 02 33 26 34 95 Ouvert avr.-sept. : 7h-21h*

petits prix

Le Bistrot (plan 10, B2 n°21) Ses murs sont recouverts d'affiches, ses tables de petites nappes à carreaux rouges et blancs et, côté cuisine, on trouve tous les incontournables de ce genre d'établissement : poissons et grillades avec notamment d'excellentes entrecôtes au sel de Guérande servies sur des planches. Menu du marché et produits frais 14,70€ (servi mar.-sam.) ou à la carte, plats de 12 à 20€. *21, rue de Sarthe* ***Alençon*** *Tél. 02 33 26 51 69 Ouvert mar.-sam.*

Hôtel de Rouen (plan 10, C1 n°30) Le meilleur des petits hôtels du quartier de la gare. L'accueil sympathique et les 5 chambres modestes mais bien tenues satisferont les petits budgets. Double 35€ (avec cabinet de toilette ou douche), WC sur le palier. Petit déjeuner 5€. *34, rue Denis-Papin* ***Alençon*** *Tél. 02 33 29 01 19*

Le Saint-Honoré (plan 10, B1 n°26) Une adresse à déguster sur le pouce. Ici, l'incontournable jambon-beurre cohabite avec des sandwiches plus "gastronomiques", associant foie gras et betterave, chèvre et lard fumé grillé, ou filet de canard, roquette et fromage frais. Tous sont sertis d'une baguette artisanale. Et pour la note sucrée du goûter, on fait un sort à la tarte fine aux pommes ou au kouglof, à agrémenter avec les confitures de Christine Ferber et la belle sélection de thés en vrac. Dégustation sur place ou à emporter, toute la journée. Sandwiches de 3,10 à 4,90€, formules (sandwich ou tarte salée, avec boisson et dessert) de 5,50 à 7,40€. *5, rue Saint-Blaise* ***Alençon*** *Tél. 02 33 26 21 35 Ouvert lun.-mar. et jeu.-sam. 7h30-19h30, dim. 7h30-13h30*

ORNE

prix moyens

☺ **Le Hangar (plan 10, A1 n°22)** Un ancien atelier dont les poutrelles métalliques sont peintes d'un orange vif digne du plus efficace antirouille ! L'inspiration provençale de la décoration prête cependant à une délicieuse nonchalance, dans la cour intérieure, à la belle saison, ou au coin du feu, allumé même en été. Les plats proposés sont originaux et vraiment bons. Le menu (14,80€) varie chaque semaine (lors de notre passage, nous avons opté pour un savoureux sauté de joues de porc au cidre). Plat du jour de 9 à 12€. À la carte, comptez 20-25€. Verre de vin 2,80€. *12, place à l'Avoine* ***Alençon*** *Tél. 02 33 82 04 27 Ouvert lun.-ven.*

Au Petit Vatel (plan 10, A1 n°23) Depuis longtemps, une valeur sûre de la ville. Dans la salle au séduisant cadre rustique, des nappes blanches sur des tables bien dressées président à un service classique. Dans l'assiette, une gastronomie du terroir, avec une belle carte de poissons, et la fameuse salade aux beignets de camembert. Formule à 18,50€ à midi en semaine, menus de 21,50 à 44,50€ et carte. *72, place du Commandant-Desmeulles* ***Alençon*** *Tél. 02 33 26 23 78 Ouvert lun. et jeu.-sam. midi et soir, mar. et dim. midi Fermé 15 jours en fév. et 3 sem. en juil.-août*

Rive droite (plan 10, B2 n°25) "À la Providence, bureau du point d'Alençon." Cette inscription, gravée sur la façade de cet élégant bâtiment du XVIIIe siècle au bord de la Sarthe, rappelle que c'est dans ces murs (qui accueillaient l'ancien musée de la Dentelle) qu'a été préservée et transmise la technique dentellière du point d'Alençon. Depuis 2010, un établissement original alliant le plaisir des yeux et des papilles s'y est ouvert. Boudoir rose, salon chinois bleu, bibliothèque rouge dans le style club anglais, orangerie ouvrant sur une terrasse dominant la rivière : à chaque pièce son atmosphère, ses couleurs. Les propriétaires ont créé un lieu où l'on se sent bien du déjeuner jusqu'au dîner (en passant par le thé ou le digestif). La cuisine est à l'image du lieu, chic et sophistiquée, avec notamment, un excellent foie gras maison (15€). Menu 23€ (à midi) et 31€. Plats à la carte de 12 à 19€ *31, rue du Pont-Neuf* ***Alençon*** *Tél. 02 33 27 79 73 Ouvert mar.-sam. midi et soir, dim. midi*

Coco Vins (plan 10, B1 n°20) Le resto du caviste d'en-face. Quelques tables autour du comptoir, l'endroit est petit mais immanquable à l'heure du déjeuner. On déguste ici une vraie cuisine de copains, mijotée et accompagnée d'un verre de vin, sélectionné par le patron pour sublimer *le* plat du jour. Poule au blanc ou raie au beurre noir, riz au lait fondant ou clafoutis aux fruits de saison... les grands classiques sont ici réinterprétés, bousculés par quelques créations-maison, telle la terrine d'agrumes. Réservation conseillée. Plat du jour de 9,50€ à 12€, desserts à la carte 4€, vin au verre de 3€ à 5€. *7, rue de la Halle-aux-Toiles* ***Alençon*** *Tél. 02 33 82 96 50 Ouvert mar.-ven. 7h30-17h, sam. 7h30-15h*

La Fabrique (plan 10, A2 n°24) Amateurs de bonne viande, votre refuge gourmand est tapi dans ce quartier historique de Saint-Léonard. La carte passe en revue tout l'étal du boucher, de l'entrecôte à la souris d'agneau, sans faire l'impasse sur les abats. La spécialité de chef ? Les rognons de veau à la crème, servis par deux patrons-épicuriens, à déguster dans une ambiance bistrot parfaitement assumée, murs de brique et suspensions industrielles à l'appui. Formule à midi dans la semaine à 9,90€ (plat du jour + café), plats à la carte de 13€ à 17€, desserts à la carte 4,50€. *161, Grande Rue* ***Alençon*** *Tél. 09 53 73 88 53 Ouvert lun.-ven. midi et soir, sam. soir*

prix élevés

Hôtel des ducs (plan 10, C1 n°31) Les chambres de cet établissement ont été entièrement refaites : les salles de bains sont modernes et d'une propreté irréprochable, l'aménagement agréable (lourds rideaux et mobilier de qualité). Certaines chambres donnent sur un agréable jardin accessible à la clientèle. L'hôtel dispose également d'un bar confortable. Double de 75 à 85€ pour les plus confortables. Petit déjeuner 8,50€. Accès wifi dans les chambres et parking fermé gratuit. Sauna 6€/pers. *50, av. Wilson* ***Alençon*** *Tél. 02 33 29 03 93 www.hoteldesducs-alencon.fr*

Dans les environs

petits prix

Crêperie La Rozell Cette petite adresse, à deux pas de la cathédrale de Sées, tombe à point nommé pour calmer les appétits à petits prix. Décor de crêperie traditionnelle et galettes appréciables (de 2,80 à 14,50€). Menus à 10,50 et 12€ et menu du jour à 9€ (steak, jambon grillé ou plat du jour, dessert et café). *2, rue Billy* ***Sées*** *(23,5km au nord-est d'Alençon) Tél. 02 33 31 15 72 Ouvert mar.-sam.*

Taverne-hôtel Au Normandy Situé juste en face de la cathédrale dans un bel immeuble ancien, cet établissement propose 5 chambres simples à prix doux. Les n°s 5 et 7 jouissent d'une belle vue sur la cathédrale. Double de 28€ (avec toilettes sur le palier) à 68€ (avec baignoire). Le Normandy est aussi une taverne-restaurant aux murs de pierres apparentes et aux hauts plafonds où l'on sert jusqu'à tard le soir des plats aux portions gargantuesques. Formules de 10,50 à 38€. Après de gros travaux, l'établissement doit rouvrir en juin 2014. *20, pl. de la Cathédrale* ***Sées*** *Tél. 02 33 27 80 67 www.au-normandy.com*

Hôtel-restaurant L'Auberge normande Aux portes d'Alençon (et au bord de la route nationale), une table très correcte où le chef n'est pas avare de ses excellents produits : les portions sont très copieuses et le filet de bœuf Rossini avec son croustillant de foie gras fondant à souhait. Menus de 13 à 33€. Les 10 chambres ont été rénovées mais restent bon marché (double de 36 à 64€, petit déj. 5,50€). Les plus calmes (nos 9 et 10) donnent sur le jardin, à l'arrière, où l'on peut également manger à la belle saison. ***Valframbert*** *(à 5,5km du centre-ville d'Alençon, prendre la direction Mortagne par l'av. de Quakenbruck, l'auberge se situe à gauche avant l'échangeur Paris-Rennes 61250) Tél. 02 33 29 43 29 Ouvert tlj. midi*

prix moyens

☺ **Auberge des peintres** Gros plan sur cette adresse nichée au cœur d'un des plus beaux villages de France, Saint-Céneri-le-Gérei (p.463). Au XIXe siècle., cette auberge accueillaient déjà les impressionnistes, comme Corot ou Courbet, attirés par la splendeur des paysages. Aujourd'hui, aux murs, parmi quelques tableaux de l'époque qui demeurent, des œuvres contemporaines, parfois abstraites, attestent de l'attirance sans cesse renouvelée que Saint-Céneri exerce sur les peintres. Salades de 8,50 à 10€, gratin de la mer 14€, brochettes de Saint-Jacques 18€, pavé de bœuf 14,50€. ***Saint-Céneri-le-Gérei*** *(à 13km au sud-ouest d'Alençon) Tél. 02 33 26 49 18 Ouvert avr.-nov. : jeu.-dim. midi et soir*

Ferme équestre des Tertres Les chevaux sont les rois ici, mais les hôtes sont également bien accueillis : dans un beau corps de ferme en pierre du pays, les 5 chambres sont claires, et meublées avec simplicité (double à 47€ avec petit déj., triple à 58€). Table d'hôtes sur réservation : 16€ (enfant, 9€). Les propriétaires proposent également des randonnées à cheval dans les environs : 11€ l'heure sans accompagnateur (15€ avec) et, pour un week-end de balades en demi-pension, une formule à 179€ pour 2 personnes. En vente sur place, toute une gamme de produits de la ferme, cf. Où acheter yaourts et fromages à la ferme ? (p.461). *M. et Mme Besniard* ***La Chapelle-près-Sées*** *(20km au nord-est d'Alençon, sur la N158, indiqué sur la gauche 4km avant Sées) Tél. 02 33 27 74 67 www.fedestertres.com*

Restaurant-brocante d'Avoise Dans une ancienne ferme sucrière transformée en brocante géante, on peut trouver des escaliers en colimaçon qui tournoient vers le ciel, des statues d'éléphant grandeur nature, d'anciennes cabines téléphoniques, des bancs, des tonnelles et autre mobilier de jardin. Cet endroit étonnant qui fait penser à un décor de film ne ravira pas seulement les amateurs de beaux objets, mais aussi les gourmands. Un restaurant aux allures de vieux café a été installé dans les dépendances. Tables en formica, carrelage ancien, collection de pots à eau, on s'y sent bien tout de suite. La cuisine est simple (grillades, terrines, cocotte à la normande) et la

GAMME DE PRIX	RESTAURATION	HÉBERGEMENT
Très petits prix	moins de 10€	moins de 40€
Petits prix	de 10 à 15€	de 40 à 60€
Prix moyens	de 15 à 25€	de 60 à 85€
Prix élevés	de 25 à 40€	de 85 à 120€
Prix très élevés	plus de 40€	plus de 120€

véranda avec vue sur les champs, à l'arrière, très agréable. Formule complète à 22€. *Domaine d'Avoise* ***Radon*** *(6km au nord d'Alençon par la D438, tourner à gauche, direction Radon, puis à gauche à l'entrée du bourg) Tél. 02 33 31 00 42 Ouvert avr.-déc. : jeu.-sam. 12h-14h et 19h30-22h, dim. 12h-14h*

prix très élevés

☺ **Le Château de Villiers** Cette fière demeure hisse ses hauts toits au milieu des champs depuis le XVIe siècle. Elle abrite des chambres remarquables. La chambre François Ier (130€ pour 2 pers. avec petit déjeuner) dispose d'un magnifique parquet, d'une belle cheminée de pierre blanche et, entre autres meubles de haute époque, d'un très digne lit à baldaquin. La chambre du pigeonnier (120€) est plus intime avec son aménagement XVIIIe siècle, en particulier sa charmante alcôve... Également une jolie chambre, dite du lys, à 110€, la chambre du potager aux tons doux et à la cheminée en pierre blanche, à 85€, et la suite Marie-Antoinette à 150€ pour 2 personnes. Un vaste salon est laissé à la disposition des hôtes. Également table d'hôtes, 45€/pers. (sur réservation) pour un repas complet composé des légumes bio du potager. Accueil très cordial. *M. et Mme Rollo* ***Essay*** *(19km au nord-est d'Alençon par la D31, indiqué du centre du village) Tél. 02 33 31 16 49 ou 06 84 37 89 86 www.chateau-normandie.com*

BAGNOLES-DE-L'ORNE

61140

De Bagnoles-de-l'Orne à Mortain s'étend la moitié ouest du parc naturel régional Normandie-Maine : situé aux confins de la Bretagne, ce territoire possède un caractère bien trempé ! C'est un pays de hautes terres (jamais moins de 250m d'altitude) dont les crêtes armoricaines, coiffées de vastes forêts, dévoilent de superbes panoramas et dont les profondeurs cachent des sous-bois rocailleux parfois secoués de cascades. Un pays de légendes que la culture celte a profondément pénétré, où les fées abondent et où de nombreuses chapelles rappellent la mémoire d'anciens ermites évangélisateurs venus d'Irlande... Une zone frontière brutale où les Normands ont défié la Bretagne depuis Mortain, et les Plantagenêts le roi de France depuis leur château de Domfront, un véritable nid d'aigle. Enfin, une région tombée dans l'oubli avant que l'on ne découvre, au XIXe siècle, au plus profond de la forêt des Andaines, les vertus thérapeutiques d'une source d'eau chaude : son exploitation conduit à la fondation de Bagnoles-de-l'Orne, seule station thermale du Grand Ouest de la France, dont l'architecture Belle Époque rose bonbon revitalisa particulièrement les environs ! Ils n'en finissaient pas de renouer ainsi avec leur glorieux passé...

MODE D'EMPLOI

accès

EN VOITURE

Bagnoles se situe à 48km à l'ouest d'Alençon (N12, N176 puis D916). Domfront est à 18km à l'est (D335 puis D908), Mortain à 45km par la D907.

EN TRAIN ET EN CAR

SNCF La gare la plus proche est à Briouze, à 14km au nord de Bagnoles. puis liaison avec Bagnoles en car (35min). *Tél. 3635 www.sncf.com www.ter-sncf.com*

Cap Orne Des cars relient Bagnoles à Domfront, Flers, Alençon et Argentan. Arrêt face à l'OT. *Tél. 02 33 81 61 95 www.orne.fr*

location de deux-roues

Résidence des Thermes 9€/demi-journée, 15€/journée, 75€/sem. (150€ de caution). *Rue du Professeur-Louvel Tél. 02 33 30 38 00*

orientation

La cité thermale s'étend autour du lac, au bord duquel trône le casino. L'établissement thermal est situé dans la gorge creusée par la Vée à proximité (rue du Professeur-Louvel).

Attention, la commune de Tessé-la-Madeleine, encore indiquée sur certaines cartes routières, a fusionné avec Bagnoles-de-l'Orne et a pris le nom de "quartier Bagnoles-Château".

informations touristiques

Office de tourisme *5, pl. du Marché Tél. 02 33 37 85 66 ou 02 33 37 80 04 www.bagnolesdelorne.com Ouvert lun.-sam.*

Train touristique Circuit d'une heure. *Avr.-mai et oct. : sam.-dim. et j. fér. ; juin-sept : tlj. Départ de l'OT à 15h15 et 16h3 Tarif 5,60€, moins de 12 ans gratuit*

Visite de la ville Organisée par l'OT. *Mer. et ven. à 15h En haute saison seulement Visite gratuite*

marchés, fêtes et manifestations

Marché *Place du Marché (à proximité de l'OT) Mar. et sam. matin*

Les Vendredis de l'été De joyeux spectacles en plein air et gratuits. *Tél. 02 33 30 72 70 (Rens.) En juil.-août : ven. soir*

Les Clés de Bagnoles Concerts gratuits à ciel ouvert. *Dim. de juil.-août à 17h*

DÉCOUVRIR

Bagnoles-de-l'Orne

Découvrir autrement Vivez une nuit de "flambe" au casino face au lac, ressourcez-vous aux thermes, découvrez la forêt des Andaines en pédalant sur une voie ferrée

Établissement thermal Imposant, il se déploie entre les escarpements rocheux de la gorge de la Vée. La source jaillit à 12m sous le bâtiment et n'est donc pas visible – on peut en voir une seconde résurgence aux gorges de

Villiers (p.473). Le Roc au chien domine l'ensemble à une hauteur de 54m. Il s'agit d'un excellent site d'escalade. *Rue du Professeur-Louvel Tél. 02 33 30 38 00 Visite mars-oct. : mer. et ven. à 18h*

Quartier Belle Époque Il s'étend derrière l'église, au style mauresque très original. L'architecture des villas est particulièrement homogène en raison du cahier des charges contraignant qui a régi leur construction. Ainsi, tourelles, balcons, marquises, toitures hautes et briques décoratives forment un ensemble évocateur où l'on se promènerait bien avec veston ou ombrelle. *Au sud-est du lac*

Musée départemental des Sapeurs-Pompiers Installé dans une ancienne chapelle, tout l'univers des soldats du feu à travers une importante collection de pompes à bras hippomobiles (la plus ancienne est antérieure à 1789) et de nombreux équipements du XVIIIe siècle à nos jours. *16, bd Christophle Tél. 02 33 38 10 34 Ouvert avr.-oct. : mar.-dim. 14h-18h ; nov.-mars sur rdv Tarif 4€, 6-12 ans 2,50€*

● Où boire un verre en soirée, flamber au casino ?

Casino Il est immanquable, posté face au lac, avec ses 140 machines à sous, sa roulette anglaise, son black-jack, etc. L'établissement dispose également d'un petit cabaret et d'une salle de cinéma. Thé dansant avec orchestre le dimanche après-midi (15€ avec buffet). Pub *lounge*, Le Lounge Café propose DJ et soirée dansante du jeudi au dimanche (gratuit sauf jeudi, 6 ou 9€). *6, av. Robert-Cousin (sur les rives du lac) Tél. 02 33 37 84 00 Ouvert tlj. à partir de 11h (10h le w.-e.)*

Le charme discret d'une ville d'eaux

La légende raconte que le seigneur Hugues, ne voulant abattre Rapide, le vieux cheval qu'il aimait tant, décida de le perdre dans la forêt. Aussi, quelle ne fut pas sa joie lorsqu'il le vit revenir un mois plus tard, frais et fringuant. Le seigneur enfourcha son cheval qui le conduisit à la source où il se baigna et fit provision de forces pour de nombreuses années. En réalité, avant le XIXe siècle, où les premières études scientifiques permettent de mettre en valeur ses vertus thérapeutiques pour le traitement des phlébites et des rhumatismes, la source n'est guère exploitée. Mais lorsque le tourisme de villégiature prend son essor, le succès de la station est rapide : on commence à s'y presser pour goûter aux bienfaits des eaux et respirer l'air vivifiant de la forêt ! L'établissement thermal est fondé en 1810, la commune en 1913. L'inauguration de la gare (1881) et du casino (1927) assied le prestige de la station à la Belle Époque mais, avec la Seconde Guerre mondiale et le changement de mode, son succès s'épuise... Relativement épargnée depuis, elle conserve un charme désuet très début du XXe siècle. Aujourd'hui, plus de 17 000 curistes la fréquentent chaque année.

Faire une thalasso

Les thermes L'établissement thermal est ouvert aux non-curistes l'après-midi : thermalisme classique ou gym douce, shiatsu et soins de beauté à la carte. Forfait 1 jour (3 ou 4 soins) de 79€ à 139€. *Rue du Professeur-Louvel Tél. 08 11 90 22 33 www.thermes-bagnoles.com Ouvert début mars-mi-nov. : lun.-sam. 14h-19h, dim. 9h-13h (pour les non-curistes)*

Jouer au golf

Golf de Bagnoles-de-l'Orne Situé à la sortie de la ville, à l'orée de la forêt, ce golf de 9 trous intègre son parcours de 2 400m dans un environnement vallonné et sillonné d'obstacles d'eau. Accès *green-fee* 9 trous : env. 20€ ; 18 trous : 28€, forfait 48€ le week-end. Location matériel 10€. *À 1km à la sortie de la ville dir. Domfront (D335) Tél. 02 33 37 81 42 Ouvert 9h30-19h30 Fermé jan.*

Les faubourgs

Jardin rétiré d'Annie Blanchais Situé à la limite de Bagnoles-de-l'Orne, à l'orée de la forêt d'Andaine, le jardin retiré est un rêve réalisé sur 2 500m². Un jardin intime, entouré de haies, qui décline en quatorze ambiances la sensibilité d'Annie Blanchais, sa conceptrice, avec plein de petits recoins pour admirer en toute quiétude ses compositions poétiques et végétales : parterre romantique, bordure de feuillage, allée papillon, parterre de couleurs, jardins d'eau et d'alcôve, d'ombre et de lumière… *14, av. Robert-Cousin Tél. 02 33 37 92 04 www.lejardinretire.fr Ouvert 15-30 avr., 1er-15 sept. : sam.-dim. 14h-18h ; mai-août : ven.-dim. et j. fér. 10h-18h Autres jours sur rdv Visite guidée 4€, libre 3€, moins de 12 ans gratuit*

Chapelle Saint-Ortaire Un petit ermitage qui se distingue plus que les autres. Il conserve la tombe du saint (VIe s.), qui y est représenté couronné… Pour certains, aucun doute, saint Ortaire est le roi Arthur ! D'ailleurs, on dit de l'un comme de l'autre qu'ils ont sauvé une jeune fille des griffes d'un dragon… On peut continuer la balade au cœur de la forêt pour rejoindre le chêne Hippolyte, l'aîné des lieux, âgé de 300 à 400 ans : sa circonférence atteint 5,15m. Les plus courageux pourront poursuivre vers le nord pour atteindre le rocher Broutin, dont la hauteur offre un beau point de vue sur les environs. *On atteint la chapelle en longeant la forêt à gauche au départ de l'OT de Bagnoles-de-l'Orne En voiture, du rond-point de la République (dir. Flers) 1,5km*

Château de Couterne Appartenant à la même famille depuis 1542, cet élégant château de briques et de granit ne se visite pas. Mais le parc de 20ha permet d'agréables promenades. Deux parcours de 20 et 35min sont proposés aux visiteurs. Dans les communs, une salle retrace l'histoire du château et ses liens avec les chouans (un ancêtre de l'actuel propriétaire était chef de la chouannerie normande). *À 2km au sud de Bagnoles-de-l'Orne Ouvert juil.-août : mar.-sam. 10h-12h et 14h-18h Fermé j. fér. Visite du parc gratuite Exposition 3€*

Faire du vélo sur les rails

Vélorail des Andaines Au départ de l'ancienne gare, sur la voie de chemin de fer qui reliait Bagnoles-de-l'Orne à La Ferté-Macé, le vélorail est un moyen original pour découvrir la superbe forêt des Andaines en pédalant et sans risquer de se perdre. D'un dénivelé très faible, une balade insolite sur un circuit de 6km (1h15 env.). *Tél. 02 33 30 01 15 ou 06 71 12 77 47 Ouvert juin-mai : sam.-dim. 10h30-12h et 14h-18h ; juil.-sept. : tlj. 10h30-12h et 14h-18h*

Les environs de Bagnoles-de-l'Orne

Découvrir autrement Arpentez les gorges vaporeuses de Villiers dans la forêt des Andaines, admirez le travail de force de percherons à La Ferme du cheval de trait

Musée du Jouet de La Ferté-Macé Dans l'ancien établissement des bains-douches de La Ferté-Macé, ce petit musée présente une collection de jouets anciens : petites voitures et trains électriques, poupées et dînettes… Un voyage en enfance. *32, rue de la Victoire* ***La Ferté-Macé*** *(7km au nord-est de Bagnoles-de-l'Orne) Tél. 02 33 37 04 08 Ouvert mar. 14h-18h, mer. 10h-12h et 14h-18h, jeu.-ven. 14h-18h, sam. 10h-12h et 13h-16h30 Tarif 3,35€, étudiant 1,65€, moins de 6 ans gratuit*

JEU EST UN AUTRE
Les petits découvrent jeux et jouets au fil d'un parcours organisé par thèmes : instruments de musique, jeux de salon, jouets techniques, etc. **Musée du Jouet** *Tél. 02 33 37 04 08*

Tour de Bonvouloir Le très insolite vestige d'un château du XVe siècle, flanqué d'une haute et étroite tour de 26m coiffée d'un toit en forme de cloche… Son allure évocatrice a conduit les habitants de la région à en faire le fief du sieur Hugues, heureux découvreur de la source de Bagnoles-de-l'Orne, qui aurait entrepris la construction du monument en l'honneur de sa vigueur retrouvée ! On peut siroter un verre de cidre ou de poiré dans le café installé dans l'ancienne chapelle du château, elle aussi préservée. ***Juvigny-sous-Andaine*** *(7km à l'ouest de Bagnoles-de-l'Orne)*

☺ **Gorges de Villiers** Le site le plus remarquable de la forêt des Andaines. Creusées par la Gourbe, rivière ici torrentueuse, hérissées d'escarpements rocheux ou désolées par des pierriers et des tourbières, ces gorges passent pour être le royaume de la fée Gisèle, dont on peut voir la grotte, joliment cou-

Promenons-nous dans les bois…

La **forêt des Andaines** s'étend sur 19km de longueur et 5 400ha, sur une haute barre de grès armoricain. Son relief est parfois très accidenté et la relative pauvreté du sol a essentiellement permis aux pins sylvestres de prospérer (45% des essences). Sombres et peuplés d'ermitages et de fées, ses sous-bois offrent quelques balades saisissantes. On peut se procurer une carte de la forêt à l'office de tourisme de Bagnoles (carte IGN 9,50€, sinon 1€). *Tél. 02 33 37 85 66 (OT) ou 02 33 37 80 04 (OT)*

verte de mousses d'un vert intense ! On croise également la "source chaude", seconde résurgence des eaux de Bagnoles. C'est l'hiver que le spectacle est le plus beau, alors que ses 24°C exhalent de mystérieuses nuées de vapeur au milieu des arbres dénudés… On peut commencer la balade du parking de la chapelle Saint-Antoine. *À l'extrémité est de la forêt, à l'issue de la route forestière de Cossé (D387) Suivre la rivière par le GR®22 Compter 8-10km à pied pour faire le tour du site*

Ferme du cheval de trait Dans une ferme traditionnelle aux bâtiments de torchis, de pierre et de colombages, tout l'univers du cheval de trait à travers une collection de vieux matériel agricole et hippomobile, et surtout un spectacle, intitulé "De la terre à la scène", qui entend conjurer la disparition des percherons et des cobs normands. Les courses d'attelage et les démonstrations de force mettent particulièrement en valeur leur puissance impressionnante, les présentations de dressage et de voltige leur docilité touchante. La ferme s'est également dotée d'un restaurant, Les Tables, dans une grande salle installée dans une grange. Spécialités : andouillette au feu de bois, jambon cuit au cidre. Menu 32€ tout compris avec le spectacle (21€ sans). *La Michaudière* ***Juvigny-sous-Andaine*** *(7km à l'ouest de Bagnoles-de-l'Orne) Tél. 02 33 38 27 78 www.chevaldetrait.com Visite Ouvert avr.-oct. : horaires très variables, téléphoner Spectacle Juil.-août : mer.-jeu., sam.-dim. à 15h30 Tarif 10€, 5-12 ans 4€ Visite libre 9h-14h30 à 3,50€* **Restaurant Les Tables** *Ouvert mi-juil.-août : les jours de spectacle 12h-14h ; avr.-mi-juil. et sept.-oct. : les jours de spectacle sur réservation*

Où acheter de la bière locale ?

Le Brewery L'autre pays de la bière, c'est ici, chez ce brasseur anglo-normand : un conquérant du malt et du houblon qui a entrepris de détrôner le cidre et le poiré. Depuis 2001, Steve Skews produit une gamme de sept bières de caractère, exclusivement à base de produits naturels et de levures vivantes. Blondes, brunes ou ambrées, elles sont à déguster sur place, dans les pubs alentours, ou à emporter. Bières autour de 4,20€ pour 75cl. *La Poêlerie* ***Joué-du-Bois*** *(6km à l'est de La Ferté-Macé, D908 sur 5,5km puis D556 sur la droite) Tél. 02 33 37 77 26 Ouvert mar.-sam. 9h-18h Visite guidée possible sur réservation*

CARNET D'ADRESSES

Restauration, hébergement

camping

Camping de la Vée Parfaitement entretenus et très arborés, ses 250 emplacements sont séparés par de petites haies de charmille fort agréables. Pour un emplacement avec un véhicule et un adulte, comptez 7,20€, adulte supplémentaire 3,60€, enfant de moins de 13 ans 2,15€. *Rue du Président-Coty* ***Bagnoles-de-l'Orne*** *(à 15min à pied du centre-ville) Tél. 02 33 37 87 45 ou 06 07 14 17 87 (hors saison) Ouvert mi-mars-oct.*

prix moyens

Hôtel-restaurant La Potinière du lac Cette maison Belle Époque, typique avec sa tourelle d'angle et ses hautes lucarnes, domine le lac. La décoration de la salle ne conviendra peut-être pas aux jeunes de passage, mais la vue panoramique sur le plan d'eau est agréable. Cuisine traditionnelle de belle facture et d'un bon rapport qualité-prix d'inspiration locale (Saint-Jacques, côte de veau), mais aussi plus montagnarde avec une belle carte de fondues, de tartiflettes et de raclettes. Menus de 16 à 36€. Certaines chambres, sous les toits, sont assez charmantes : de 45 à 75€ avec douche ou salle de bains. Petit déj. 8€. *2, rue des Casinos* ***Bagnoles-de-l'Orne*** *Tél. 02 33 30 65 00 www.hoteldelapotiniere.com Ouvert mi-fév.-nov.*

Hôtel-restaurant Ô Gayot Une boutique gourmande, un salon-bar cosy et un bistrot chic : trois lieux en un, pour savourer, selon la saison, quelques sommets du terroir local, tels que champignons des Andaines, tripes fertoises de la Maison Châtel (au beurre et en brochette !) et tiercé de pommes, de l'entrée au dessert. Pour combler les petits creux intempestifs, assiette d'huîtres ou chiffonnades charcutières sont servies à toute heure, au comptoir. On repart d'ici repus et heureux, avec, dans ses bagages, le gâteau de voyage maison : un pudding normand au pommeau, champignons et fruits confits ! Formule 17€ (entrée-plat ou plat-dessert), menus de 21€ à 26,50€, à la carte 30€ environ. *2, av. de la Ferté-Macé* ***Bagnoles-de-l'Orne*** *Tél. 02 33 38 44 01 Ouvert avr.-oct. : ven.-mer. ; nov.-mars : lun. soir, mar.-mer. et ven.-sam. midi et soir, dim. midi*

prix très élevés

Hôtel-restaurant Bois joli Cette élégante villa anglo-normande de la fin du XIXe siècle possède un intérieur raffiné, richement meublé et orné de nombreux bouquets de fleurs. La cuisine ne manque pas non plus d'attraits : pressé de foie gras au pommeau, pavé de daguet de Normandie, chair de tourteau et langoustine au Noilly... Menus de 21 à 66€. Les chambres qui donnent sur le parc sont très agréables : de 96€ la "petite" (relativement vaste tout de même !) à 172€ la "grande". Petit déj. 11€. *12, av. Philippe-du-Rozier* ***Bagnoles-de-l'Orne*** *Tél. 02 33 37 92 77 www.hotelboisjoli.com*

☺ **Le Manoir du lys** Faites-vous plaisir ! Ce riche manoir, niché dans la forêt à la sortie de la ville, abrite l'un des meilleurs restaurants de Normandie. Le chef, Franck Quinton, s'est fait une spécialité des champignons locaux, en entrée (soupe de morilles) comme en dessert (macaron crème tendre et champignons des bois, et sorbet aux trompettes) : résultat extraordinaire. Toutes les merveilles de la carte mettent en émoi les papilles gustatives et l'on vous prépare savamment en émaillant le repas de petites gourmandises (mise en bouche, trou normand...) et en vous décrivant précisément ce que vous avez dans votre assiette ou les trois étages du plateau de fromages. Menus de 48 à 87€, dégustation à 115€ avec les vins. Menu enfant 16€. Le Manoir propose des chambres très confortables et richement meublées (de 140 à 220€) et, dans le jardin, un pavillon en bois, monté sur pilotis, abrite de belles suites contemporaines avec une légère pointe d'exotisme (250 à 300€). Franck Quinton anime des cours de cuisine et des week-ends "spécial champignons" de fin septembre à mi-novembre, avec cueillette dans la forêt, préparation et dégustation (250€/pers). *Route de Juvigny* ***Bagnoles-de-l'Orne*** *Tél. 02 33 37 80 69 80 www.manoir-du-lys.fr Ouvert mi-fév.-déc.*

DOMFRONT

61700

La cité médiévale d'où Henri II Plantagenêt défia le royaume de France impressionne toujours, au sommet de son promontoire rocheux de 200m. Son château est aujourd'hui en ruine mais, en déambulant parmi les amas de pierres, on se voit aisément transporté dans ce pays des "grandes merveilles" sans doute ici conté par les troubadours d'Aliénor d'Aquitaine. Aujourd'hui, la ville est enchâssée avec simplicité dans les vestiges de ses fortifications : des géraniums pendent aux fenêtres des tours transformées en habitations et les torchis des maisons à colombages arborent de belles couleurs franches. Le fronton classique du modeste palais de justice et le style IIIe République de la mairie achèvent de donner l'idée d'une petite ville bien française... Et pourtant ! On est ici, plus qu'ailleurs, en Normandie.

LE PAYS DE LANCELOT DU LAC Dans les années 1970, un petit épicier de La Ferté-Macé, René Bansard, féru de légendes locales, fait une découverte surprenante… Il s'attache à l'histoire de saint Fraimbault de Lassay, évangélisateur du Domfrontais au VIe siècle, dont le nom traduit en latin (*Sanctus Fram-baldus de Laceio*) donne étrangement "porteur de lance du lac". Épluchant les textes anciens de l'Église, il découvre que la vie du saint se rapporte point par point à celle de Lancelot du Lac ! Aguerri, il démure dans la maçonnerie de la chapelle construite sur son ancien ermitage la dalle funéraire mérovingienne du saint marquée d'un trèfle (symbole de l'Irlande) et du Graal. Or le rapprochement est d'autant plus convaincant que le château de Domfront a accueilli Aliénor d'Aquitaine, épouse d'Henri II Plantagenêt, et sa cour, qui comptait la plupart des auteurs des romans arthuriens, parmi lesquels Chrétien de Troyes. Son *Lancelot ou le Chevalier à la charrette* s'ouvre sur une indication de lieu précise : "en la marche (frontière) de Gaule et de Petite-Bretagne". Convaincu et multipliant les points communs (fées, noms de lieux, paysages, saints oubliés…), René Bansard soumet sa thèse aux universitaires spécialistes de la question : bien que toujours méconnue, elle fait aujourd'hui autorité parmi eux. En transposant l'histoire locale dans un VIe siècle mythique où les moines, soldats de la foi, deviennent des chevaliers de la Table ronde œuvrant au "pays des grandes merveilles", les auteurs auraient cherché à légitimer contre le roi de France les possessions des rois d'Angleterre, héritiers d'un roi Arthur maître et évangélisateur de ces vieilles terres celtes. Le château de Domfront aurait pu fournir le modèle de Camelot, l'illustre château du roi Arthur ; l'Abbaye blanche de Mortain, construite par Henri II, celui de ces abbayes où les chevaliers trouvent souvent réconfort après avoir accompli leurs hauts faits ; et surtout, le très précieux coffret conservé dans la collégiale de Mortain, le chrismale, daté du VIe siècle et apporté de Northumbrie par les moines irlandais pour porter l'eucharistie, celui du mythique réceptacle de la vie éternelle, objet de la plus fabuleuse des quêtes, le Graal lui-même !

MODE D'EMPLOI

accès

EN VOITURE

Domfront est au croisement des routes d'Alençon (60 km), de Flers (21km) et du Mont-Saint-Michel (80km)

EN CAR

Cap Orne Des cars de la compagnie départemantale relient Domfront à Bagnoles-de-l'Orne et à Flers. *Tél. 02 33 81 61 95 www.orne.fr*

orientation

La partie médiévale de Domfront est principalement située dans la ville haute, au sommet d'un éperon rocheux dominant la Varenne et offrant un magnifique point de vue sur le bocage.

informations touristiques

Office de tourisme du bocage domfrontais, de Passais et du pays d'Andaine *12, pl. de la Roirie Tél. 02 33 38 53 97 www.ot-domfront.com Ouvert lun.-sam. : 10h-12h30 et 14h-18h*

marchés, fêtes et manifestations

Marché *Au pied de la tour d'Alençon Ven. matin*

Les Médiévales Les Médiévales de Domfront redonnent son lustre moyenâgeux à la cité, avec marché nocturne d'artisans éclairé aux lanternes, spectacles de rues, animations médiévales dans l'enceinte du château et un banquet avec spectacle de feu en clôture. *Maison des associations Rue du Dr-Barrabé Tél. 02 33 38 56 66 www.domfront-medievales.com 1er w.-e. d'août années impaires*

DÉCOUVRIR

Domfront

Découvrir autrement Promenez-vous dans les ruelles de la cité médiévale, admirez la finesse d'exécution des chapiteaux romans de l'église Notre-Dame-sur-l'Eau et l'originale Saint-Julien, faites des provisions de sablés au Pain Délice

Cité médiévale L'enceinte, élevée aux XIIe et XIIIe siècles, conserve onze des vingt-quatre **tours** qui la défendaient. On peut avoir une belle vue sur son flanc sud, le moins endommagé, de son ancien fossé (aujourd'hui rue des Fossés-Plisson). À l'opposé du château se dresse, imposante et ronde, la **tour d'Alençon**, qui protégeait, avec sa jumelle disparue, la porte ouvrant sur la Grande-Rue. Dans sa suite, certaines tours ont gardé leurs corbeaux, leurs mâchicoulis et leurs toits pointus. La cité compte encore de nombreuses **maisons à colombages**, la plupart du XVIe siècle, en particulier rue du Dr-Barrabé. Le n°52, dit "**prison aux Anglais**", abrite une cheminée monumentale et surtout un double étage de caves voûtées qui malheureusement ne se visite plus. Il ne faut pas non plus hésiter à emprunter les nombreux passages couverts qui donnent sur des cours intérieures, celles-ci cachant souvent d'élégants **hôtels particuliers** du XVIIe siècle. Ainsi, entre les n°19 et n°21 de la rue du Dr-Barrabé, l'hôtel Marie-du-Rocher. Derrière la mairie, la **place du Panorama** s'ouvre sur l'océan de verdure du bocage nord.

☺ **Château** Devenu inutile et pouvant servir de refuge aux ennemis du roi, il fut arasé par Sully sur ordre d'Henri IV en 1608, mais ses vestiges rendent compte de son ancienne monumentalité. Il reste du donjon du XIIe siècle (alors le quatrième de France par sa superficie) deux puissants pans de murs de plus de trois mètres d'épaisseur. Lorsqu'il fut mis à terre, d'énormes blocs de pierres appareillées tombèrent à plus de vingt mètres de sa base : ils témoignent aujourd'hui de son ancienne hauteur… À l'ouest du donjon s'élevait l'*aula*, la salle d'apparat seigneuriale. Au nord subsistent les fondations du prieuré Saint-Symphorien, élevé vers 1100. L'édifice conserve les marques d'un décor unique dans l'art roman : des colonnes-contreforts dont la base est encore visible sur le portail sud. La pointe ouest du rocher abrite désormais un agréable jardin public, d'où l'on jouit d'une vue plongeante sur le bocage. *À l'extrémité ouest de la cité médiévale, sur la place de la Roirie Tél. 02 33 30 60 60 Ouvert 8h-22h Visite de mai à oct. Visite guidée Rdv. devant l'OT (min. 4 pers.) mi-juin-mi-sept. : mar., jeu. 14h30 Durée 1h30-2h Tarif 2,50€, moins de 12 ans gratuit*

ORNE

Musée Charles-Léandre Dans la salle des mariages de la mairie, un curieux musée expose les dons privés fait à la ville, dont onze toiles ou dessins du peintre et caricaturiste ornais et montmartrois, Charles Léandre (1862-1934). *Place de la Roirie Tél. 02 33 30 60 60 Sur rdv seulement Entrée libre*

☺ **Église Saint-Julien** On voit de loin sa flèche en forme d'éteignoir (53m) surgir de la cité médiévale et l'on pense trouver une jumelle de la tour César élevée au XIIe siècle par les comtes de Champagne à Provins… Surprise : d'inspiration byzantine, elle est la plus ancienne église en béton armé de France, construite de 1924 à 1926. Pourtant, sa belle architecture s'intègre avec respect et originalité dans la vieille ville, la structure bétonnée ayant été notamment recouverte d'une jolie marqueterie de pierres de grès armoricain. Le clocher repose seulement sur quatre voûtes d'une portée de plus de vingt mètres. L'intérieur de l'édifice consiste ainsi en un vaste espace circulaire libre de toute colonne et de toute arête susceptible d'attacher le regard. Son décor normand-byzantin est original, en particulier ses mosaïques dorées et son grand Christ Pantocrator, à l'allure naïve, qui embrasse l'ensemble depuis le

À vélo, à pied ou en roller sur une voie verte

La voie verte qui relie Domfront à Flers (20km), et plus loin jusqu'au Mont-Saint-Michel, a été en partie aménagée sur une ancienne voie de chemin de fer. Son faible dénivelé en fait une balade idéale en famille. *Départ de Domfront : sous le pont de Caen, à la sortie nord de la ville sur la D962. Départ de Flers : du centre-ville, prendre la D18 dir. La Ferté-Macé. À La Selle-la-Forge, prendre à droite sur la D264*

chœur. Malheureusement, la chute d'éléments architecturaux de la coupole ont entraîné la condamnation du chœur et sa consolidation par un jeu de poutres en étai qui ajoute encore à l'immensité de cet édifice en attente de financement pour sa restauration. *Place du Commerce Visite libre tlj. 9h-19h*

☺ **Église Notre-Dame-sur-l'Eau** Cinquante mètres plus bas, au pied du rocher mais de mille ans l'aînée de l'église Saint-Julien, elle présente également un plan en croix grecque qui paraît bien original pour un édifice du plus pur style roman achevé en 1156 ! De fait, en 1836, les Ponts et Chaussées firent abattre les quatre premières travées de la nef et l'ensemble des bas-côtés pour faire passer la route de Mortain… Les proportions de l'église en sont particulièrement affectées mais le transept et le chœur demeurent exemplaires : faiblement éclairés, ils sont rythmés uniquement par le jeu de leurs arcs en plein cintre et des fines arcatures qui habillent leurs murs. Ne manquez pas les nombreux chapiteaux sculptés et, dans l'absidiole du bras sud du transept, cinq fresques du XIIe siècle. L'autel principal leur est contemporain et la statue de la Vierge, à l'entrée du chœur, date du XIVe siècle. À l'extérieur, la tour-lanterne présente des modillons grotesques et des baies ornées de billettes et de croisillons caractéristiques de l'art normand. *Rue du Mont-Saint-Michel (dans le bas Domfront)*

Où croquer le sablé d'autrefois ?

Au Pain Délice Ce sablé artisanal au pur beurre de Normandie est fabriqué depuis plus de 50 ans dans la même boulangerie de la vieille ville. M. et Mme Roger ont repris le flambeau et confectionnent toujours cette spécialité locale. *56, rue du Dr-Barrabé Tél. 02 33 38 51 18 Ouvert mar.-sam. 7h-19h30, dim. 7h-13h*

Le Domfrontais

Découvrir autrement Partez sur les traces du roi Arthur dans le chaos rocheux de la Fosse-Arthour, descendez la Varenne en kayak ; en soirée, faites une escapade à Champsecret pour déguster une bière normande en écoutant du jazz

La région nous a paru l'une des plus authentiques de Normandie. Du fait de son relief particulier, rétif à la mécanisation de l'agriculture, les haies de ses douces collines restent un peu plus serrées qu'ailleurs et les arbres fruitiers y ont été beaucoup moins arrachés, cf. Une poire à boire (p.481). L'idéal est de venir dans la région au mois d'avril, au moment de leur floraison.

Porte du Manoir de la Saucerie Cette tour-porche forme le seul vestige d'une ancienne demeure fortifiée du XVe siècle et dresse aujourd'hui sa silhouette inimitable au milieu d'un champ : les deux tours massives qui encadrent le passage furent surmontées au début du XVIIe siècle de deux petites baraques à pans de bois supportant des toitures en forme de carène de navire renversée et des petites échauguettes toutes tordues… Une drôle d'allure d'épouvantail de pierre ! ***La Haute-Chapelle*** *(à 5km de Domfront dir. Barenton, bien indiqué sur la gauche) Visite libre de l'extérieur*

Abbatiale de Lonlay Fondée vers 1010 par le seigneur de Domfront puis richement dotée par les Plantagenêts, elle s'imposa comme l'un des centres religieux (Bénédictins) majeurs du royaume anglo-normand mais, devenue française, elle fut incendiée par les Anglais pendant la guerre de Cent Ans. La nef ne fut jamais reconstruite et les moines compensèrent sa disparition par la construction d'un nouveau chœur très profond de style gothique, remarquable avec ses arcs brisés surélevés et ses onze chapelles en style ogival. Il ne subsiste de l'ancienne abbatiale romane que les bras du transept (voir les chapiteaux). Bas-relief en pierre du XIVe siècle, stalles du XVIe siècle et beau mobilier classique. Le monastère fut fermé à la Révolution alors que l'abbaye, depuis longtemps décadente, ne comptait plus que trois moines. Seule une galerie du cloître est encore visible, à droite de l'entrée actuelle de l'abbatiale. ***Lonlay-l'Abbaye*** *(à 10km au nord-ouest de Domfront, dir. Le Mont-Saint-Michel puis Vire et Tinchebray) Tél. 02 33 38 67 36 (mairie) Ouvert tlj. 8h-19h Entrée libre*

VISITE GOURMANDE
C'est après la guerre qu'un boulanger de Lonlay se lance dans la fabrication des sablés. Aujourd'hui, on visite cette biscuiterie vêtu d'une blouse et coiffé d'une charlotte pour assister à toutes les étapes de la production. Dégustation en fin de visite. **Biscuiterie de l'Abbaye** *Route du Val* ***Lonlay-l'Abbaye*** *Tél. 02 33 30 64 64 Ouvert lun.-ven. 8h30-12h et 13h30-17h Visite sur rdv*

ORNE

☺ **Fosse-Arthour** L'un des sites naturels les plus pittoresques de la région : la Sonce a réalisé ici une véritable coupe taillée dans une haute barre de grès, dont les falaises béantes forment un chaos de rochers. Au creux de la gorge, la petite rivière dévale la pente sous des sous-bois particulièrement frais et pétris de mystère… Selon une légende ancienne, le roi Arthur y serait mort dans un gouffre pour avoir enfreint la règle qui lui interdisait de traverser la rivière avant la tombée du jour pour rejoindre la reine Guenièvre. Celle-ci, éperdue, se serait jetée à sa suite. Une pierre plate visible dans la rivière serait le "lit des amants" et les deux grottes qui se font face dans les falaises leurs "chambres" respectives. Baignade nterdite. ***Saint-Georges-de-Rouelley*** *(à 10km à l'ouest de Domfront, bien indiqué sur la D907)*

Saint-Fraimbault On marche ici avec certitude sur les traces du chevalier saint Fraimbault – alias Lancelot du Lac ! –, dont le tombeau est conservé dans la chapelle du même nom. Mais ce n'est pas la seule fierté des habitants de ce village "aux 100 000 fleurs", comme on le surnomme, car, depuis les années 1970, ils se consacrent à son fleurissement, si bien qu'il figure aujourd'hui parmi les sites les plus colorés de Normandie, couronné de nombreux prix nationaux et internationaux. Les **Flories d'antan**, fête traditionnelle où le village revit à l'ancienne, ont lieu le 15 août. Vieux tracteurs, marché artisanal, savoir-faire oubliés, travaux des champs et jeux d'autrefois : des souvenirs pour les uns, des découvertes pour les autres. *À 20km au sud-ouest de Domfront par la D962 dir. Mayenne puis la D24* **Flories d'antan** *Tél. 02 33 38 32 22*

Où trouver confitures et jus de pomme ?

Ferme de la Prémoudière Marie et Pascal Brunet ont décidé en 1996 de redonner vie à une petite exploitation en tirant le meilleur parti de son terroir.

Aujourd'hui, un grand panneau annonce à l'entrée de la ferme au printemps : "Les fruits rouges sont mûrs ! " Marie transforme avec succès les invendus en bien bonnes confitures et, avec Pascal, elle produit du jus de pomme et de poire, du cidre, du poiré et du calvados. Que du naturel et que du bon ! La maison propose également cinq chambres d'hôtes sympathiques (p.486). ***Saint-Denis-de-Villenette*** *(12km au sud-est de Domfront par la D22)*

● Où boire une bière normande, écouter du jazz rural ?

Le Secret Knight Un pub authentique qui redonne de la vie à la place de l'église d'un petit village bien secret comme son nom l'indique. Au programme, fléchettes, billard, feu de cheminée pour les longues soirées d'hiver, de la bonne musique (rock, blues) et plusieurs bières à la pompe dont une bière anglo-normande fabriquée dans l'Orne. Scène ouverte le deuxième jeudi de chaque mois et concert tous les samedis. *3, rue Lefèvre* ***Champsecret*** *(10km à l'est de Domfront, D908 dir. La Ferté-Macé, puis à gauche à 7km) Tél. 02 33 14 16 46 ou 06 70 35 78 92 Ouvert mer.-jeu. 18h-23h, ven.-dim. 18h-0h*

Les Trottoirs mouillés Cette association dynamique propose toute l'année des concerts de jazz de belle facture à Champsecret et à Dompierre. *Rens. et rés. La Poterie* ***Champsecret*** *(10km à l'est de Domfront) Tél. 02 33 30 42 40*

● Faire du kayak, du VTT, de l'escalade, de la randonnée

Base de pleine nature de Torchamp Au cœur du Passais, petite région bien préservée, cette base propose des VTT à la location pour parcourir les chemins balisés des environs (11€ la demi-journée et 17€ la journée) et des kayaks pour descendre la Varenne (descente 7km : 12€ ; 12km : 16€ ; 22km : 22€). *La Richerie* ***Torchamp*** *(à 10km au sud de Domfront, sortir de Domfront dir. Saint-Hilaire-du-Harcouët puis prendre la D21 pour Passais-la-Conception, indiqué sur la gauche) Tél. 02 33 38 70 41 ou 02 33 38 87 71 (Base canoë-kayak)*

Fosse-Arthour Le site de la Fosse-Arthour est très apprécié par les amateurs d'escalade pour ses 180 voies de tous niveaux. Il est également le point de départ d'agréables randonnées pédestres ou à VTT. On peut même y faire des balades à cheval (18€ par pers.). Rens. auprès de La Vieille Auberge (p.486).

Une poire à boire

Le Domfrontais conserve un verger unique en Europe, labellisé par le ministère de l'Environnement : des milliers de poiriers pluricentenaires ! Ce grand âge (certains furent plantés sous Louis XIV) s'explique par le fait qu'ils ne commencent à produire qu'après 20 ou 30 ans. Les paysans tirent des poiriers du Domfrontais une boisson originale, qui est à la poire ce qu'est le cidre à la pomme : le **poiré**. Celui-ci donne toute son identité au terroir local et son côté pétillant, sa teinte dorée et son goût légèrement fruité tombent à point dans ces campagnes paisibles. Les occasions d'y goûter (avec modération) sont fort nombreuses, car les producteurs sont bien signalés au bord des routes. Aucune adresse n'est plus recommandable qu'une autre : un label AOC (Poiré-Domfront) protège la production de la boisson.

Mortain

Les Gallo-Romains établissent sur ce promontoire rocheux surplombant la vallée de la Cance un premier campement, auquel les légionnaires maures à leur solde donnent leur nom ("Mortain" est dérivé de *maurus*). Au XIe siècle, le commandement du duché de Normandie, stratégique car situé à la frontière de la Bretagne, est confié à Robert, demi-frère de Guillaume le Conquérant : il transforme la cité en un haut lieu politique et artistique, qui reste richement doté par les Plantagenêts jusqu'à ce que le roi de France s'empare du duché normand… La ville sombre alors dans un profond oubli. Seuls quelques peintres illustres redonneront un peu de prestige à son environnement escarpé au XIXe siècle : la Grande Cascade et la Petite Cascade qui dévalent ses pentes furent peintes par Corot, Géricault et Courbet. La ville entra de nouveau dans l'histoire en août 1944, Hitler ayant décidé de lancer sur ce secteur charnière et accidenté la contre-offensive qui devait empêcher l'avancée des troupes alliées d'Avranches vers la Bretagne ("opération Lüttich"). Les combats furent particulièrement féroces et la ville fut détruite à 85%. Son architecture d'après-guerre n'est pas des plus pimpantes mais cette austérité s'inscrit assez bien dans les rudes méandres de ses roches et dans son histoire obscure… *À 26km à l'ouest de Domfront* **Office de tourisme** *Rue du Bourglopin (au pied de la collégiale) Tél. 02 33 59 19 74 www.ville-mortain.fr Ouvert avr.-juin, sept. : lun.-sam. 9h30-12h30 et 14h-18h ; oct.-mars : mar.-sam. 10h-12h30 et 14h-17h30 ; juil.-août : lun.-sam. 9h30-12h30 et 14h30-18h30, dim. 9h30-12h30 et 14h30-17h*

ORNE

Collégiale Saint-Évroult L'édifice actuel, de style gothique, fut construit grâce aux Plantagenêts entre 1220 et 1250 mais il reste du sanctuaire originel, fondé en 1082 par Robert, une porte romane (au sud), conservée sans doute pour sa beauté. Avec une nef de neuf travées, l'église apparaît aujourd'hui bien vaste pour une si petite ville ! La faible hauteur des colonnes contraste avec l'élévation des murs supérieurs qu'elles soutiennent de leur large diamètre. Percé de petites fenêtres en plein cintre puis d'un étage de grandes baies ogivales, cet ensemble très lumineux semble en légère suspension. La tour à bâtière qui jouxte l'église date du XIIIe siècle et fut l'une des plus hautes de Normandie à l'époque. Sa verticalité est accentuée par le percement de fines baies à meneaux qui courent sur presque toute sa longueur. *Visites juil.-août organisées par l'OT*

☺ **Trésor de la collégiale** Abrité dans un des étages de la tour, il comprend divers objets de culte, un intéressant évangéliaire du Xe siècle et surtout le Chrismale du VIIIe siècle. Constitué de hêtre recouvert de cuivre doré, ce coffret porte sur sa face postérieure, fait unique, une inscription de trente-huit signes runiques en vieil anglo-saxon, tandis que son décor (croix grecque, larges figures naïves, Christ Pantocrator…) traduit la lointaine influence de Byzance, centre majeur du christianisme primitif. Quelques initiés le vénèrent comme le Graal authentique ! *Visites guidées de la collégiale et de son trésor en été Rens. à l'OT*

AU CŒUR DU COLLÈGE

Le chœur de la collégiale conserve vingt-quatre stalles du XVe siècle. C'est là que prenait place le collège des chanoines attaché à la collégiale. Leur décor est remarquable : homme à tête de corbeau, personnage bicéphale…

Abbaye blanche Elle doit son nom à l'habit de bure immaculé porté autrefois par ses moniales cisterciennes conformément au commandement de saint Bernard de Clairvaux. Ses plus importants bâtiments furent édifiés dans la deuxième moitié du XIIe siècle grâce à des subsides d'Henri II Plantagenêt. Les sœurs furent chassées en 1790 et l'abbaye subit de lourds dommages, mais l'ensemble témoigne bien de l'humilité propre aux Cisterciens. Les deux galeries du cloître encore existantes, qui conservent de splendides chapiteaux romans, ouvrent sur l'ancien réfectoire des sœurs converses (laïques en visite à l'abbaye), à l'étage inférieur sur le cellier soutenu par de belles voûtes d'arêtes et enfin sur la salle capitulaire, d'une grande sobriété. L'église fut achevée en 1210 et présente un mélange original des styles roman et ogival (fenêtres en plein cintre et colonnettes gothiques). Il ne faut pas manquer d'admirer de l'extérieur son étonnant clocher pyramidal recouvert d'essentes de châtaignier. L'abbaye est aujourd'hui en attente de reconversion. *Tél. 02 33 59 19 74 (OT)*

Grande Cascade La Cance a ici éventré une massive barre de grès armoricain dont elle dévale la pente sur une hauteur de près de 20m. Une végétation assez dense ajoute au charme de l'endroit. *En contrebas de l'abbaye*

Petite Cascade Moins une chute qu'une multitude de cascatelles… Cette gorge profonde creusée par le Cançon, affluent de la Cance, est située à 500m en contrebas du centre-ville. Le site est joliment ombragé et nanti d'innombrables fougères et chênes. En y descendant, on ne peut manquer le **Rocher de l'Aiguille**, haute pointe de grès très appréciée pour l'escalade. On peut également continuer la balade pour rejoindre le **Rocher brûlé**, dont le sommet offre un superbe panorama sur la ville et la vallée de la Cance. *En période estivale, quelques visites guidées des cascades sont organisées par l'OT*

☺ **Petite Chapelle** Elle est située au-dessus de la ville, au point culminant des rochers de Montjoie qui offrent un panorama grandiose embrassant, par temps clair, la Bretagne, le Maine et le mont Saint-Michel ! L'endroit fut le siège d'un très ancien ermitage sur lequel fut édifiée, en 1852, une chapelle de style néogothique. Elle conserve un beau mobilier, en particulier un devant d'autel dont le bas-relief polychrome du XVIIe siècle représente une Cène originale où le Christ et ses apôtres paraissent faire très bonne chère ! *Indiqué du centre de Mortain Ouvert mai-juin : sam.-dim. et j. fér. ; juil.-août : tlj. 14h-18h30*

● Se distraire en famille

Le Village enchanté Un coin de nature aménagé dédié à l'imaginaire des plus petits : vallée des contes de fées, théâtre des automates, citadelle des enfants, arche de Noé (petits animaux)… mais aussi des activités plus sportives comme de l'accrobranche ou du paintball… ***Bellefontaine*** *(6km au nord de Mortain dir. Villedieu-les-Poêles, D33) Tél. 02 33 59 01 93 www.village-enchante.fr Ouvert juil.-août : tlj. 10h30-18h30 ; sept. : sam.-dim. 10h30-18h30 Tarif 9€*

Le Mortainais

Forêts de Mortain et de la Lande-Pourrie Elles s'étendent vers l'ouest après les rochers de Montjoie. S'y promener l'hiver est saisissant, les arbres dénudés mettant en valeur les affleurements des roches. *Par la D487 dir. Rancoudray Domaine privé, seul le GR®22 qui la traverse est accessible au public*

☺ **Musée régional de la Poterie** Ger fut l'un des centres principaux de la poterie normande pendant plus de six siècles grâce à la présence d'un bassin de terre argileuse. L'ancien hameau de potiers du Placître convie, à travers ses dix bâtiments restaurés (ancienne maison avec intérieur du XIXe siècle, grand atelier, séchoir à pots, fours-tunnels du XVIIIe siècle…), à un voyage réussi dans la vie, l'histoire et les techniques de cet artisanat traditionnel disparu. Avec de belles pièces à l'appui, le musée présente un excellent panorama des évolutions de la poterie et une partie est consacrée aux céramiques contemporaines. Animation de tournage sur demande. La boutique du musée propose des faïences et des grès produits dans la région, ainsi qu'une documentation complète sur la poterie. Et chaque dernier week-end d'août, le musée organise une "soirée du feu", avec une dizaine de fours de potiers allumés dès la tombée du jour le samedi, et un marché artisanal le dimanche. ***Ger** (10km à l'est de Mortain par la D157 dir. Flers) Tél. 02 33 79 35 36 Ouvert juil.-août : tlj. 11h-19h ; avr.-juin, sept. et vac. scol. Toussaint : lun. et mer.-dim. 14h-18h Tarif 4,50€, réduit 2€*

Belvédère de Chaulieu Une petite tour en bois a été élevée sur la plus haute colline du département de la Manche (368m d'altitude) : elle offre une vue à 360°C sur les monts et les vallées des alentours. Par beau temps, on peut même apercevoir le Mont Saint-Michel. *Rejoindre le village de Chaulieu par Sourdeval (12km au nord de Mortain par la D977)*

Écomusée du Moulin de la Sée En la voyant si verdoyante et nonchalante aujourd'hui, on imagine mal que la haute vallée de la Sée fut le centre d'une industrie florissante aux XVIIIe et XIXe siècles : grâce à la force mécanique de plus de quatre-vingt-dix moulins à eau, on y fabriquait du papier à partir de vieux tissus ! Le moulin de Brouains, transformé en musée, rend compte de cette activité originale à travers de nombreuses pièces d'époque. Une partie de l'exposition est consacrée au milieu naturel de la Sée, grande rivière de saumons : chaque année, de retour des eaux glacées du Groenland, ceux-ci remontent son cours à partir de la baie du Mont-Saint-Michel pour y frayer. L'Auberge du moulin (p.487) lui est rattaché. ***Brouains** (sur la D911 entre Sourdeval - 12km au nord de Mortain par la D977 - et Chérencé-le-Roussel) Tél. 02 33 79 35 60 www.moulin-de-la-see.fr En travaux, doit rouvrir en 2014 Tarif 5€, 12-16 ans 3€*

☺ **Maison de la pomme et de la poire** Vous saurez tout sur le monde du cidre et du poiré, par exemple sur leurs implications écologiques (faune et flore des vergers, évolution du bocage depuis le début du XXe siècle). Dans un bâtiment à colombages, une cave au sol de terre battue contient de vieux tonneaux, un tour doté d'une roue en granit (pour broyer les fruits) et un "pressoir à longue étreinte" muni d'un impressionnant tronc d'arbre à l'aide duquel on pesait sur le marc. À l'arrière, un verger conservatoire présente plus d'une centaine de variétés de pommiers et de poiriers. Dégustation gratuite à la fin de la visite et vente à emporter. *La Logeraie **Barenton** (10km au sud de Mortain par la D907) Tél. 02 33 59 56 22 Ouvert avr.-mi-oct. : tlj. 10h-12h et 14h-18h (10h-12h30 et 14h-18h30 en juil.-août) Entrée libre*

Parc-Musée du Granit Au cœur du bassin granitique du Massif armoricain du Sud-Manche, la commune de Saint-Michel-de-Montjoie fut un centre d'extraction du bleu de Vire (granit local) très actif, avec plus d'une centaine de carrières disséminées sur son territoire. Ce musée évoque la géologie de la région et les méthodes d'extraction et de taille de la pierre. Un atelier reconstitué présente de nombreux outils. ***Saint-Michel-de-Montjoie*** *(18km au nord-ouest de Mortain par la D33 jusqu'à Saint-Pois, puis la D39) Tél. 02 33 59 02 22 Ouvert avr.-juin, sept. : sam.-dim. 14h-18h ; juil.-août : tlj. 14h-19h Dernière admission 1h avant la fermeture Entrée libre*

● Où acheter du foie gras de canard ?

Ferme des Grippes Le Sud-Ouest n'a pas le monopole de la production de bon foie gras ! Annick Davoust a une grande basse-cour (visite possible de l'exploitation) et multiplie les productions : confits, magrets frais ou fumés et rillettes. Possibilité d'assister au gavage matin et soir. *Les Grippes* ***Le Teilleul*** *(14km au sud de Mortain par la D32) Tél. 02 33 59 34 30 Ouvert 9h-20h Sur rdv*

● Où goûter à la ferme ?

Ferme de la Gortière Marie-Ange Rousseau ne dispense pas seulement sa générosité à travers sa table et ses chambres d'hôtes (p.487) : elle propose aussi chaque après-midi (de 15h à 18h) de copieux goûters avec tartines de confiture maison, crêpes (excellentes), teurgoule et cidre ou poiré. On croit faire une de ces pauses revigorantes pratiquées autrefois dans les campagnes après une bonne corvée ! Visite de l'exploitation laitière sur réservation. ***Le Teilleul*** *(14km au sud de Mortain par la D32) Dans le village, prendre la N176 dir. Saint-Hilaire-du-Harcouët, la ferme se trouve 2km plus loin sur la droite Tél. 02 33 59 43 29 www.fermedelagortiere.fr Ouvert mi-fév.-fin nov. Goûter sur rés. au moins la veille, tarif 7€, enfant 5€*

CARNET D'ADRESSES

Restauration, hébergement

camping

Camping de l'auberge-manoir de la Nocherie Si vous disposez d'une voiture, c'est dans ce verger de pommiers et de poiriers qu'il vous faut camper. La prairie est impeccablement entretenue et fait face à la jolie tour ronde du manoir recouvert de vigne vierge. Formule emplacement-électricité 11€ pour 2 personnes. Également des chambres d'hôtes dans les dépendances, simples mais agréables, de 43 à 50€. L'auberge propose sur réservation des grillades et des plats traditionnels (de 19 à 36€ par personne). ***Saint-Bomer-les-Forges***

GAMME DE PRIX	RESTAURATION	HÉBERGEMENT
Très petits prix	moins de 10€	moins de 40€
Petits prix	de 10 à 15€	de 40 à 60€
Prix moyens	de 15 à 25€	de 60 à 85€
Prix élevés	de 25 à 40€	de 85 à 120€
Prix très élevés	plus de 40€	plus de 120€

(6km au nord de Domfront par la D962 dir. Flers) Tél. 02 33 37 60 36 www.aubergelanocherie.fr Ouvert mi-mars-mi-déc. Auberge fermé dim. soir et lun.

petits prix

Crêperie-pizzeria L'Échauguette Dans le vieux Domfront, une salle dont les colombages et les poutres du plafond sont joliment mis en valeur par des murs ocre. L'accueil est jeune et convivial et la cuisine, simple, se révèle appréciable : galettes de 2,40 à 11,10€, salades de 9,30 à 9,80€ et pizzas de 7,10 à 11,50€. Avec une terrasse très agréable sur une des tours de la cité médiévale. *12, Grande-Rue* ***Domfront*** *(19,5km à l'ouest de Bagnoles) Tél. 02 33 37 71 71 Ouvert mar.-sam.*

ORNE

prix moyens

Hôtel La Campagnette Dans le quartier Notre-Dame, face à la gare, un établissement aux chambres rénovées et qui ont le triple avantage d'être situées en retrait de la route, de bénéficier d'un accueil agréable et de présenter un rapport qualité-prix intéressant. De 44€ la simple à 84€ la double, petit déj. 6,50€. *19, route du Mont-Saint-Michel* ***Domfront*** *(19,5km à l'ouest de Bagnoles) Tél. 02 33 37 82 49 ou 06 86 74 16 21*

☺ **Chambres d'hôtes Ferme de la Prémoudière** Cette ferme est typique des constructions rurales de la région : les bâtiments, en granit ou à colombages, sont dispersés dans une vaste cour ouverte sur les vergers, avec volaille, chèvres, ânes et vaches ! Les 5 chambres sont aménagées dans des dépendances fort bien rénovées. Le petit déjeuner, servi dans une salle rustique, permet de goûter aux produits de la ferme, cf. Où trouver confitures et jus de pomme ? (p.480). Double 48€, avec petit déj. Table d'hôtes (tarte au camembert, potage, pintade flambée au calvados...) : 19€ par personne sur réservation. ***Saint-Denis-de-Villenette*** *(12km au sud-est de Domfront par la D22 dir. Lassay-les-Châteaux puis la D267 à gauche) Tél. 02 33 37 23 27 www.lapremoudiere.com*

prix élevés

La Vieille Auberge On peut y venir à pied, à cheval, à vélo ou en voiture. Reprise en 2013, cette institution fondée dans les années 1970 n'a pas perdu son charme, qui doit beaucoup au lie. La belle terrasse au bord de la rivière est toujours là, et une scène au fond pour animer des repas dansants. Vous pourrez opter pour l'un des menus, simples et bien servis (19 et 20€). Et si vous souhaitez profiter de l'environnement, l'auberge offre des cartes des randonnées des alentours et vend aux amateurs d'escalade des topos des voies de la Fosse-Arthour ou encore des cartes de pêche (10€ la journée, sans permis), l'occasion de vous initier à une pratique locale, la "gaule mortainaise". *Site de la Fosse-Arthour* ***Saint-Georges-de-Rouelley*** *(7km de Domfront par la D907 dir. Barenton, puis à Saint-Georges-de-Rouelley, suivre les flèches) Tél. 02 33 59 44 14 Ouvert mars.-déc. : tlj. midi, le soir sur rés. ; jan.-fév. sur rés.*

Auberge du Grand Gousier Au cœur de l'ancienne cité médiévale, une salle rustique et chaleureuse. On peut y apprécier une cuisine traditionnelle, mais recherchée, avec toujours un bon choix de poissons : civet de lotte, dos de sandre, tartare de Saint-Jacques... Menus à 15€ (midi en semaine) puis 22€, 30€ et 40€ (menu gourmet). *1, pl. de la Liberté* ***Domfront*** *(19,5km à l'ouest de Bagnoles) Tél. 02 33 38 37 25 Ouvert tlj. sauf lun. de mi-sept. à avr.*

Dans le Mortainais

petits prix

☺ **Chambres d'hôtes Ferme de la Gortière** La cour de cette ferme cache un petit trésor : une maison paysanne du XVIe siècle. Au rez-de-chaussée, la salle commune est on ne peut plus rustique : elle est meublée comme à l'époque avec horloge, armoire, table de ferme, antiques paniers et vieilles lanternes. Y prendre le repas du soir (volailles de la ferme, légumes du potager, teurgoule...) ramène au temps des anciennes veillées. Une suite familiale a été aménagée à l'étage. Son vieux mobilier rural et les poutres de sa charpente forment un plaisant cocon où l'on se prendrait bien pour un héros de Maupassant (2 à 4 pers. de 45 à 65€). Dans l'étable et la grange restaurées, ce sont 2 chambres de plain-pied plus modernes (de 39 à 45€ pour 2 pers.). Un peu à l'écart de la maison, l'ancien poulailler abrite une adorable chambre aux allures de cabane pour 2 personnes (36€). Petit déj. inclus, table d'hôtes 19€ sur réservation. On peut également y goûter pour 5€, cf. Où goûter à la ferme ? (p.485). ***Le Teilleul*** *(14km au sud de Mortain par la D32) Au Teilleul, prendre la D976 à droite dir. Saint-Hilaire-du-Harcouët, la ferme se trouve 2km plus loin sur la droite Tél. 02 33 59 43 29 www.fermedelagortiere.fr Ouvert mi-fév.-fin nov.*

prix moyens

Auberge du moulin Il faut longer la vallée de la Sée par la D911, posée sur des coteaux verdoyants se déployant au rythme de virages langoureux. Sur la route, cette petite auberge située au bord de l'eau (dans le même bâtiment que l'écomusée du moulin de la Sée, cf. Le Mortainais (p.483) propose 2 chambres charmantes, avec grosses poutres et joli mobilier (45€ la double, petit déj. 5,50€). Côté restaurant : tarte fine à l'andouille aux pommes et camembert, délice aux deux chocolats et agrumes... Menus de 12€ (en semaine à midi) à 44,50€. ***Brouains*** *(10km au nord-ouest de Mortain, rattachée à l'écomusée du Moulin de la Sée) Tél. 02 33 59 50 60 www.aubergedumoulin.net Ouvert mer., jeu., dim. 12h15-13h30, ven., sam. 12h15-13h30 et 19h15-21h*

FLERS

61100

Le modeste fief médiéval commence à avoir une réputation sulfureuse au XVIe siècle quand trois alchimistes pionniers de l'exploitation du minerai de fer présent dans le canton signent du nom de Raymond Lulle, célèbre savant du XIVe siècle, un manuscrit qui prétend percer le secret du Grand Œuvre : la transformation du métal en or ! La légende a eu cours mais elle a anticipé sur le destin particulier de la cité qui est devenue à partir du XVIe siècle la petite capitale régionale de la forgeet du tissage. À l'heure de la révolution industrielle, les premières usines textiles et métallurgiques trouvent là une main-d'œuvre bon marché et entraînent un important exode rural qui place la ville au centre d'un bassin d'emplois de 50 000 ouvriers et

aquatique. On y trouvera informations, expositions, parcours découverte ; c'est aussi une station de comptage des poissons migrateurs qui remontent le cours d'eau depuis la mer pour se reproduire, dont l'utilisation est expliquée par des panneaux. 300 mètres plus loin au bord de la rivière, la maison des paysages, qui poursuit les mêmes visées pédagogiques et touristiques, est dotée d'un café Nature et d'une bibliothèque. ***Segrie-Fontaine*** *(de Flers, prendre la D924 dir. Argentan sur 8km. Puis, à Landigou, la D43 à gauche sur 10km) Tél. 02 33 62 34 65 www.cpie61.fr Ouvert lun.-ven. 9h30-12h30 et 14h-18h Accès libre*

Se distraire en famille

Centre de loisirs équestres La Rotourelle Bien connu dans la région depuis des années, ce centre équestre situé au cœur de la Suisse normande propose des activités à la journée ou à la demi-journée, ainsi que des stages. Dès 2 ans, les enfants peuvent apprendre à monter sur de dociles poneys ou se perfectionner lors de journées à thèmes ludiques (tir à l'arc à cheval, camp western, camp médiéval…). Baby poney et poney enfant en alternance un samedi sur deux à partir d'avril. Également des balades pour tous le dimanche matin. ***Sainte-Croix-sur-Orne*** *(près du lac de Rabodanges, à 30km de Flers, D924 sur 25km puis D909 à gauche) Tél. 02 33 36 88 89 (rens.)*

Au sud de Flers, un ancien bassin minier

Dès l'antiquité, le minerai de fer est extrait dans des carrières à ciel ouvert proches de fourneaux et de forges servant à élaborer le métal. Mais c'est au XIXe siècle, après la guerre de 1870, que les industriels français privés des ressources en fer de la Lorraine accélèrent l'exploitation du bassin ferrugineux du sud du canton de Flers. Entre Domfront et Flers, plusieurs lieux entretiennent la mémoire de l'extraction et de la transformation du minerai de fer. L'occasion d'une balade dans le temps et dans le patrimoine sidérurgique de la région, une face cachée de la Normandie.

FILON GOURMAND
Si les mineurs des années 1920 de la cité ouvrière du Gué-Plat revenaient à leur cantine, ils seraient sans doute ébahis ! En effet, l'ancien bâtiment sert aujourd'hui d'écrin chic à l'**Auberge de la mine**, un établissement salué par les critiques gastronomiques et que nous recommandons à tous les fins gourmets (p.495).

La Ferrière-aux-Étangs Autre site ancien dont l'exploitation s'est poursuivie et modernisée vers 1970, avec le squelette de ses anciens fours à calcination, et surtout la **cité minière du** Gué-Plat construite dans les années 1920 pour loger les ouvriers et leur famille. Cette cité située à 2km du bourg, qui comptait dix maisons en 1924 et cent cinquante en 1929, fonctionnait quasi en autarcie avec école, salle des fêtes, piscine et coopérative. Une cantine avec seize chambres avait été construite pour loger les célibataires. Un circuit balisé (19km, 3h) permet de découvrir sept sites sur la commune jusqu'au puits Pralon inauguré en 1938 et fermé en 1970. Au fil de ce parcours on verra un reposoir contenant trois statues qui rappellent le passé minier de la région, celles de sainte Barbe, patronne des mineurs, saint Eloi, patron des forgerons et saint Laurent, patron des travailleurs des fours. ***La Ferrière-aux-Etangs*** *(10km de Flers par la D18, dir. La Ferté-Macé)*

Dompierre Entre La Ferrière et Domfront subsistent également au **hameau de la** Butte rouge d'imposants fours de calcination à étages en pierre et en brique, les premiers en Normandie, construits en 1901. Ils permettaient en un seul endroit de calciner le minerai afin de le purifier et de le charger directement dans des wagons à destination des usines métallurgiques du Nord de la France. Ils fonctionnèrent jusqu'en 1938. Au centre de Dompierre, le **musée du Fer et du Fil** permet de découvrir le métier de mineur de fer, des origines à nos jours, ainsi que les métiers traditionnels du bocage. ***Dompierre*** *(17km de Flers par la D18) Tél. 02 33 38 03 25 www.lesavoiretlefer.fr Ouvert lun., mer.-ven. 9h-12h et 14h30-18h, dim. 14h30-18h Entrée libre*

Champsecret Le site pré-industriel de Varenne, au bord de la rivière du même nom, regroupe encore aujourd'hui des vestiges assez exceptionnels du patrimoine sidérurgique ornais remontant à la fin du XVIe siècle. On y trouve un haut-fourneau, des forges d'affinerie, une fenderie, une halle à fer, mais aussi la demeure du maître des forges, une chapelle des forgerons et une des nombreuses maisons de "ferron" qui existaient autrefois. Ce site aujourd'hui classé a produit de la fonte et du fer jusqu'en 1866. ***Champsecret*** *(20km de Flers, par la D18 puis D52) Visite libre toute l'année Visite guidée juil.-août : mar. 15h, tarif 4€, enfants gratuit Tarif 3€, réduit 1,50€*

ORNE

Saint-Clair-de-Halouze On peut encore déceler dans ce village des traces des mines, exploitations anciennes (celtiques) à ciel ouvert près du centre aéré. À partir de 1905, une mine souterraine y fut exploitée (jusqu'en 1978). Le carreau, en plein cœur de la forêt, est encore dominé par la silhouette fantomatique de son chevalement, le dernier en Normandie. Au départ de la mairie, un "circuit du fer" (11km, 2h45) et "un circuit de la mine" (6,2km, 1h30) ont été mis en place afin de découvrir les principaux centres de l'activité métallurgique et minière. ***Saint-Clair-de-Halouze*** *(11km de Flers par la D217)*

Déjeuner sur l'eau au lac de Rabodanges

Le lac de Rabodanges est le plus grand plan d'eau de Basse-Normandie. On peut y pratiquer le ski nautique, le kayak, ou s'y restaurer (du petit déjeuner au dîner) sur le bateau-croisière *Le Val d'Orne*, ou encore longer ses rives sinueuses tout en observant la faune variée de cette partie méconnue de la Suisse normande. *À 25km à l'est de Flers*

Bateau-croisière *Le Val d'Orne* *Tél. 06 71 10 00 58 www.valdorne.com Embarquement Mai-sept. à Rabodanges, oct.-avr. à Putanges-Pont-Écrepin. Fermé mi-jan.-fév.*
Canoë-kayak *Tél. 02 33 35 86 57 www.office-tourisme-putanges.com*
Ski nautique *Motonautique club de Basse-Normandie Tél. 06 47 45 82 87 www.mcbn.fr*

Forge des cloutiers de Saint-Cornier-des-Landes Dans ce petit village, on fabriquait déjà des clous il y a 500 ans et les centaines de cloutiers qui y travaillaient devaient fournir environ 40kg de clous par semaine. Dans le minuscule atelier, le matériel d'époque a été conservé, comme ce soufflet qui était actionné par un chien qui courait dans une roue, comme un hamster. Chaque jeudi, un forgeron effectue des démonstrations du travail d'autrefois. ***Saint-Cornier-des-Landes** (13km de Flers par la D25) Tél. 02 33 66 82 88 (mairie) Ouvert mai-sept. : jeu. 14h-17h*

CARNET D'ADRESSES

Restauration, hébergement

prix moyens

Au bout de la rue Un agréable bistrot se cache derrière une belle devanture vert olive. La carte, qui change tous les trois mois, propose une cuisine d'aujourd'hui avec des produits bien travaillés, viande et poisson, dans des présentations soignées : carré d'agneau rôti, épaule confite, cabillaud étuvé, etc. D'année en année, Au bout de la rue s'affirme comme une des meilleures tables de Flers. Menus de 16,60 à 21,60€. *60, rue de la Gare **Flers** Tél. 02 33 65 31 53 www.auboutdelarue.com Ouvert lun.-mar., mer. soir, jeu.-ven., sam. soir Fermé j. fér. Congés annuels 3 sem. en août*

Chambres d'hôtes La Bergerie Quatre chambres sont venues s'ajouter en 2009 au gîte de cette ferme ornaise du XVIIIe siècle entourée d'un riche verger. À l'origine, chaque bâtiment de ce domaine avait sa fonction : pressoir, bergerie, four à pain, tout a été restauré avec des matériaux naturels (chaux, chanvre...). Du coup, avec l'idée de proposer quelque chose en plus du logement, les propriétaires, Sylvie, Frédéric et le chat Caïd organisent des séjours "Gestes d'autrefois" avec des ateliers torchis ou fabrication du pain. Double à 55€ et table d'hôtes à 19€. ***Sainte-Opportune** (11km de Flers par la D924, prendre la D354 jusqu'à Sainte-Opportune, puis la D20 à droite dir. Briouze, fléchage sur la gauche à 200m) Tél. 02 33 66 04 28 ou 06 88 88 61 00*

prix élevés

☺ **Auberge des vieilles pierres** Une cuisine fine dans un cadre à la décoration très soignée : tables bien dressées et murs gris et beige. Le premier menu tourne autour de 17€ mais ne permet pas de profiter des meilleures recettes du chef (menus de 27 à 48€). Spécialités : ris de veau à la citronnelle, magret de canard, homard, douceur chocolat et thé au caramel... Aux beaux jours, nous vous conseillons la terrasse à l'arrière, bien à l'écart de la route. ***Flers** (véhicule nécessaire pour rejoindre la route de Paris, indiqué sur la gauche Le Buisson Corblin) Tél. 02 33 65 06 96 www.aubergedesvieillespierres.fr Ouvert mar. midi, mer.-sam. midi et soir, dim. midi Fermé lun., 3e sem. d'août et vac. fév.*

Hôtel Le Galion Une bonne adresse pour dormir dans la ville du fait d'un rapport qualité-prix assez remarquable. Une ambiance feutrée (murs habillés de tentures) et une lumière tamisée invitent particulièrement au sommeil. Double de 62 à 69€ avec douche ou salle de bains. Petit déj. 9€. *5, rue Victor-Hugo* ***Flers*** *Tél. 02 33 64 47 47 www.hotellegallion.fr Fermé entre 12h15 et 14h*

☺ **Auberge de la mine** De l'ancienne cantine de la cité minière du Gué Plat, au cœur d'un paysage marqué par l'exploitation du fer, Catherine et Hubert Nobis ont installé un des meilleurs restaurants du département. La décoration de la salle a été refaite dans un esprit contemporain et l'on peut se concentrer sans problème sur la galette de pied de cochon en croquant de sarrazin, le ris de veau piqué à l'andouille de Vire ou sur le foie gras de canard maison à la liqueur de pomme... Menus de 20€ (formule midi) à 66€. *Le Gué-Plat* ***La Ferrière-aux-Etangs*** *(11km de Flers par la D18 dir. La Ferté-Macé) Tél. 02 33 66 91 10 www.aubergedelamine.com Ouvert mer.-sam. et j. fér. midi et soir, dim. midi*

ARGENTAN

61200

Sœur rivale d'Alençon, la cité eut sa propre dentelle, au point d'Argentan, également très appréciée sous l'Ancien Régime, et les deux villes se sont longtemps disputé les sommités royales qui affectionnaient la région. Très aristocratique, Argentan comptait dans ses murs avant la Révolution soixante-dix familles nobles et plus de cent officiers du roi : ses rues s'ornèrent d'élégants hôtels particuliers, couronnés par les gracieuses dentelles de pierre des églises Saint-Martin et Saint-Germain, et sa riche plaine vit fleurir les plus charmants des châteaux de campagne. Il faut croire que ces terres étaient faites pour réussir aux races les plus fines car on est ici, plus qu'ailleurs en Normandie, au pays du cheval : les haras abondent et la gent équine y a elle aussi son "Versailles", le fameux haras du Pin.

MODE D'EMPLOI

accès

EN VOITURE

Argentan se situe à 45km d'Alençon, à 43km de Flers, à 60km au nord-ouest de Mortagne-au-Perche et à 54km à l'est de L'Aigle.

EN TRAIN

SNCF Sur les lignes Paris-Granville (qui dessert également L'Aigle) et Caen-Tours (par Alençon). *Tél. 3635 www.sncf.com www.ter-sncf.com*

Gare d'Argentan *Place Pierre-Sémard*

EN CAR

Cap Orne Ces cars relient Argentan à Carrouges, à Vimoutiers et à Putanges. *Tél. 02 33 81 61 95 www.orne.fr*

Argentan Bus Pour circuler dans l'agglomération. Arrêts à la gare et à la mairie. *Tél. 02 33 36 07 11*

orientation

Le centre historique et commerçant rayonne autour de la place du Marché, dominée par l'église Saint-Germain.

informations touristiques

Office de tourisme Vous pourrez vous y procurer un fascicule de visite et, en été, profiter des visites guidées (gratuit). *6, pl. du Marché Tél. 02 33 67 12 48 www.argentan.fr Ouvert juil.-août : lun.-sam. 9h30-12h30 et 14h-17h30 ; lun.-sam. 9h30-12h30 et 14h-17h30*

Balade en calèche Découverte du centre-ville à bord d'une calèche tirée par un percheron (env. 45 min.). Tarif 3,50€, enfant 2€. *Juin-août et vac. scol. : mar.-sam. toutes les heures de 10h à 17h sur rés.*

marchés et manifestations

Marché *Place du Marché et place Mahé Mar. matin Place Saint-Germain Mar., ven. et dim. matin*

Université populaire du goût Manifestation à l'initiative de Michel Onfray, cf. Le goût des choses (p.497). *Les Jardins dans la ville Av. de la 2e-DB 61200 (proche de la gare) Tél. 02 33 12 11 61 www.upa.michelonfray.fr*

DÉCOUVRIR

ORNE

☆ **Les essentiels** L'église Saint-Germain, le château de Bourg-Saint-Léonard, le haras du Pin **Découvrir autrement** Offrez-vous votre baptême de l'air, admirez les jardins et la façade du château d'O, revisitez le mythe de la Dame aux camélias au musée de Gacé

Argentan

Centre historique La ville est fortifiée dès le Xe siècle et devient, à l'époque du royaume anglo-normand, l'une des citadelles les plus importantes sur sa frontière sud. Son **donjon** fut élevé au début du XIIe siècle par Henri Ier Beauclerc, fils de Guillaume le Conquérant. Protégé à l'origine par un fossé de vingt-cinq mètres de largeur, il formait la pièce maîtresse du système défensif de l'enclos médiéval, dont le rempart était doté de seize tours ! Outre le donjon, seule subsiste aujourd'hui la **tour Marguerite** (rue de la République), l'ensemble ayant été peu à peu détruit aux XVIIe et XVIIIe siècles alors que la ville se muait en une haute cité aristocratique. Le centre en était le château, construit à la fin du XIVe siècle par Pierre II de Valois : bien que modeste, il affiche avec ses tours et ses fenêtres à meneaux une sobre élégance. Il accueille aujourd'hui le palais de justice de la ville. À ses côtés, la **chapelle Saint-Nicolas**, qui passait à l'époque pour la plus belle du département, abrite désormais l'office de tourisme. Bien que la cité ait été détruite à plus de 85% par les bombardements alliés en 1944, son centre historique a été relativement épargné et les hôtels particuliers restent nombreux : leurs nobles façades classiques, souvent appareillées en pierre, relevées d'encadrements sculptés et flanquées d'échauguettes, s'alignent avec majesté le long des rues. Malgré leur emprise sur le territoire de la ville, quelques maisons plus anciennes, avec encorbellements et pans de bois, ont été conservées, notamment la maison des Fossés Tanarès (place Vimal-du-Bouchet), datée du XIIIe siècle. Le peintre Fernand Léger (1881-1955) est né à Argentan : on peut voir sa maison natale au 5, rue des Jacobins. **Donjon** *Rue Léandre Fermé temporairement pour travaux* **Tour Marguerite** *Angle rue de la Vicomté et rue de la République Ouvert juin-sept. : lun.-sam. 10h-17h*

☆☺ **Église Saint-Germain** Elle fut construite sur quatre siècles (du XIVe au XVIIIe s.) mais concentre essentiellement les outrances architecturales du gothique flamboyant et de la Renaissance : ornée d'une dentelle de pierre, du sommet de ses arcs-boutants jusqu'au faîte de ses tours, et percée de plus de soixante-quinze larges baies, elle apparaît étonnamment légère et cristalline. *Place du Marché Ouvert juin-mi-sept. : lun., mer.-ven. 10h-12h et 14h-18h, mar. 14h-18h, dim. 15h-18h et lors des Journées du patrimoine Fermé mar. matin, sam. et dim. matin*

Église Saint-Martin Petite sœur de la précédente, bâtie sur son modèle dans les anciens faubourgs entre le XVe et le XVIIe siècle. Beau style et de superbes vitraux Renaissance qui furent démontés pendant la guerre pour les protéger des bombardements. *De la place du Marché, suivre la rue Denis, puis la rue Griffon Ouvert lors des Journées du patrimoine.*

MISE AU POINT
En été, des dentellières s'installent au musée pour y faire des démonstrations à l'aiguille ou au fuseau. *Pour connaître les dates de ces animations, téléphoner au musée*

Maison des Dentelles Au XVIIe siècle, dans la foulée de sa voisine Alençon, une manufacture royale de dentelle est fondée par Colbert à Argentan. En inventant le fameux "point royal de France", ou "point d'Argentan" en 1671, les dentellières assurent la postérité de la ville pendant plus d'un siècle. Ruinée par la Révolution, l'industrie dentellière renaîtra seulement en 1874 grâce à l'école dentellière des Bénédictines qui en a perpétué la tradition jusqu'à nos jours. Longtemps fermée pour cause de rénovation, la maison des dentelles a enfin rouvert ses portes au milieu du superbe parc des… dentelles. Les collections permanentes nous font découvrir de délicats ouvrages du XVIe au XIXe siècle couvrant l'histoire du point d'Argentan qui fit la richesse de la ville, mais aussi des pièces modernes réalisées au fuseau ou mécaniques. En outre, chaque année, une exposition thématique explore ses différentes utilisations au cours

Le goût des choses

On doit l'initiative de l'Université populaire du goût à Michel Onfray, médiatique philosophe argentanais, et à son complice Jean-Luc Tabesse, fondateur de l'association d'insertion Les Jardins dans la ville, créée en 1995 avec pour vocation de "retisser du lien social à partir de la culture des légumes" et pour approvisionner une épicerie sociale . Plusieurs fois par an, un grand chef est invité à préparer et à partager sous un chapiteau un repas en utilisant les légumes anciens produits par un jardin conservatoire local. Une belle tentative pour retrouver le goût des choses – et des autres.

Université populaire du goût
Agenda des manifestations sur le site Internet Réservation conseillée Tél. 02 33 12 11 61 www.upa.michelonfray.fr

Info sur vente des légumes
14, av. de la 2e-DB Fin juin-fin oct. : mer. 14h-18h

ORNE

des siècles. *34, rue de la Noë Tél. 02 33 67 12 48 Ouvert avr.-mi-oct. : mar.-sam. 9h-12h et 14h-18h, dim. 15h-18h Fermé j. fér. Tarif 3,20€, réduit 2,50€, moins de 18 ans gratuit*

● Survoler les haras et les châteaux en avion

Les Ailes argentanaises Ce club propose des baptêmes de l'air de 20min (env. 40€/2 pers.) : un moyen unique pour dominer la plaine, découvrir ses châteaux et les haras, souvent cachés, entourés de prairies impeccablement entretenues où galopent les chevaux. *Route de Sées 115* ***Argentan*** *(D958) Tél. 02 33 36 78 11 Ouvert toute l'année*

Les environs d'Argentan

Château de Serans-Atelier Balias Artiste résident au château de Sérans, le peintre Balias organise des symposiums où des sculpteurs du monde entier sont invités à créer sur place des œuvres originales. D'où la création d'un parc de sculptures : 55 œuvres monumentales (en marbre, granit, bois ou métal) sont exposées dans les jardins du château. À l'intérieur se succèdent aussi des expositions de peintres et installations de plasticiens. Vous pourrez également dormir dans le château, dans deux belles chambres (p.502). ***Écouché*** *(7km à l'est d'Argentan par la D924) Tél. 02 33 36 69 42 Exposition 4,50€*

Château de Sassy Il domine le bocage d'Argentan à Sées, du sommet de ses quatre étages de terrasses aménagées en jardins. La plus grande a été ornée en 1920 d'une immense dentelle de buis taillée à la française. Le château fut construit à la fin de l'Ancien Régime et possède un riche mobilier, dont une tapisserie d'Aubusson réalisée d'après un carton de Le Brun. ***Saint-Christophe-le-Jajolet*** *(10km au sud d'Argentan, prendre la D958 dir. Sées sur 8km, puis à droite sur la D752) Tél. 02 33 35 32 66 Ouvert Pâques-mi-juin, mi-sept.-Toussaint : sam.-dim. 15h-18h ; mi-juin-mi-sept. : tlj. 10h30-12h30 et 14h-18h Tarif 7€, moins de 12 ans gratuit*

Château d'O Magnifique, il fut le premier château Renaissance de Normandie, bâti sur pilotis. Remarquez la finesse du toit et de la façade, véritable

Mais qui est la Dame aux camélias ?

De son vrai nom Alphonsine Plessis, elle naquit en 1824 à Nonant-le-Pin dans une famille très pauvre : orpheline à sept ans, elle fut vendeuse de parapluies à Gacé à treize ans, monta à Paris à quatorze, y conquit, grâce à son incroyable beauté et à un remarquable sens de l'adaptation, la haute société de l'époque, dont Franz Liszt et Alexandre Dumas fils, et mourut à l'âge de vingt-trois ans de la tuberculose... La fulgurance de son parcours inspira un mythe célèbre, exalté d'abord par Dumas fils dans son roman *La Dame aux camélias* (la belle ne sortait jamais sans en avoir un bouquet dans les bras), puis par Verdi dans son opéra *La Traviata*.

enchevêtrement de briques et de pierres, et vous comprendrez pourquoi on le compare aux châteaux de la Loire. Récemment racheté, le château d'O ouvre ses portes pendant l'été : cuisines, salon des muses, galerie et, le clou de la découverte, les élégants jardins, qui ménagent une vue sur les douves et l'orangerie. ***Mortrée*** *(à 13km au sud d'Argentan. Prendre la D958 dir. Sées jusqu'à Mortrée; puis D10 à gauche sur 1km) Tél. 02 33 39 55 79 www.chateaudo.com Ouvert mi-juil.-fin août : tlj. 10h-12h, 13h30h-17h30 Fermé dim. Entrée libre*

Château de Médavy Deux allées de tilleuls tricentenaires bordent cette majestueuse demeure du début du XVIIIe siècle conçue par l'architecte du célèbre haras du Pin. Bâtie sur l'emplacement d'une ancienne forteresse, dont les deux tours rondes et les douves (d'une taille exceptionnelle) sont les seuls vestiges, elle fut la résidence des gouverneurs d'Argentan et de quatre maréchaux de France (dont son constructeur, le maréchal Medavy-Grancey). À l'intérieur, le grand salon avec son parquet en étoile en l'honneur de Louis XIV mérite le déplacement, et pour les passionnés de géographie, la salle des cartes présente des atlas des XVIIe et XVIIIe siècles. ***Médavy*** *(18km au sud d'Argentan, prendre la D958 dir. Sées jusqu'à Mortrée, puis D10 à gauche sur 5km) Tél. 02 33 35 05 09 Ouvert mi-juin-mi-sept. : tlj. 14h-19h Visite libre du parc, guidée pour le château (45min) Tarif 8€, réduit 5€*

ORNE

☆☺ **Château de Bourg-Saint-Léonard** Impeccablement posé sur un immense tapis de pelouse, ce château édifié entre 1763 et 1768 est le plus beau témoignage du siècle des Lumières dans le département. Sa façade classique a des airs de petit Versailles et ses enfilades de pièces richement décorées (mobilier Louis XV et Louis XVI, tapisseries de Bruxelles et d'Aubusson, boiseries, vaisselle…) illustrent bien l'art de vivre de l'époque. ***Le Bourg-Saint-Léonard*** *(10km d'Argentan sur la D926 dir. L'Aigle) Tél. 02 33 36 68 68 Ouvert mai-juin et sept. : sam.-dim. et j. fér. 14h30-16h30 ; juil.-août : tlj. 14h30-17h30 Visite guidée 3,50€, réduit 2€*

★☺ **Haras du Pin** L'un des plus célèbres haras du monde et l'aîné des Haras nationaux, dont l'institution fut créée par Colbert au XVIIe siècle. D'une parfaite ordonnance classique, les bâtiments furent achevés en 1730 : les écuries s'organisent autour d'une vaste cour en forme de fer à cheval dont l'allée centrale mène au **château**. La majesté de l'ensemble a conduit à le surnommer "le Versailles du cheval". Il abrite une trentaine d'étalons destinés à la reproduction : trotteurs, pur-sang arabes, chevaux de selle français, cobs normands, percherons… La visite permet de profiter à la fois de la beauté des lieux et de leurs pensionnaires si choyés ! On peut également voir officier le maréchal-ferrant et le sellier. En saison, les "Jeudis du Pin" permettent d'admirer les étalons et les attelages en mouvement. ***Le Pin-au-Haras*** *(13km à l'est d'Argentan via Bourg-Saint-Léonard en poursuivant sur la D926) Tél. 02 33 36 68 68 Vac. scol. : tlj. 14h-17h Visite guidée uniquement Tarif 6,70€, étudiant 5,20€, enfant 4,20€ (billet*

TOUS EN SELLE !
De nombreuses animations existent au haras du Pin, dont la présentation d'étalons et d'attelages en musique : spectacle impressionnant ! *Tous les jeudis de juin à septembre et tous les mardis de mi-juillet à mi-août à 15h Tarif 6€ (arrivée conseillée à 14h30)*

ORNE

jumelé haras et château : 10,30€/7,30€/5,30€) Activités Juil.-août : forge (mar. 14h30-16h30), sellerie (ven. 15h-17h), paddocks (mer. 15h-17h) Tarif 2,50€/activité, réduit 2€ ; juin-sept. : Jeudis du Pin (jeu. 15h) Tarif 6€

☺ **Mémorial de Montormel-Coudehard** Ce musée-mémorial offre une vue imprenable sur la vallée de la Dives, cadre de l'épisode de la "Poche de Falaise" qui marqua la fin de la bataille de Normandie : entre les 19 et 21 août 1944, 100 000 soldats allemands lancés par Hitler vers Avranches afin de contenir l'avancée des Alliés vers la Bretagne y refluèrent et s'y trouvèrent encerclés parmi plusieurs milliers de Normands venus se réfugier ici, s'y croyant en sécurité. Avec 10 000 morts et des milliers de cadavres de vaches et de chevaux, la plaine resta insalubre pendant plusieurs mois… Un film explique très précisément le déroulement des opérations militaires, et une exposition de matériel, armement et objets personnels retrouvés sur place (issus de la collection personnelle du responsable du site) redonne des noms et souvent des visages aux milliers de victimes de cette bataille inhumaine. ***Montormel** (bien indiqué de Chambois, à 13km d'Argentan par la D113) Tél. 02 33 67 38 61 Ouvert avr. : tlj. 10h-17h ; mai-sept. : tlj. 9h30-18h ; oct.-mars : mer., sam.-dim. 10h-17h Tarif 5€, réduit 4€, enfant 2,50€*

Camp de Bierre Il s'agit de l'un des plus importants habitats fortifiés préhistoriques de l'ouest de la France : occupant 4ha sur un promontoire de grès armoricain, il est protégé par trois lignes de remparts formées d'un amas de pierres dont la plus importante est large de 42m et haute de 7m. Le site aurait été habité dès le néolithique (-3500) et fortifié à l'âge de bronze (-850). Le syndicat d'initiative de Trun propose des randonnées

La Basse-Normandie à cheval

Vous pourrez traverser au pas le bocage, remonter au trot les chemins de halage, galoper le long des plages… La Normandie, terre du cheval, offre tous les plaisirs liés à l'équitation, de la randonnée à la compétition !

L'Étrier de la plage (Ouistreham) — 92
Ferme équestre de la Noë (Castillon) — 107
Cherokee Équitation Loisirs (Tracy-sur-Mer) — 126
Centre d'équitation de pleine nature (La Pommeraye) — 140
Écuries de la Sablonnière (Cabourg) — 157
Centre équestre du Ramier (Equemauville) — 199
La Chevauchée (Rocques) — 221
Centre équestre d'Agon-Coutainville — 421
Haras national (Saint-Lô) — 430
Centre équestre de Lairaut (Saint-Lô) — 430
Ferme équestre des Tertres (La Chapelle-près-Sées) — 461
Ferme du cheval de trait (Juvigny-sous-Andaine) — 474
Centre de loisirs équestres La Rotourelle (Sainte-Croix-sur-Orne) — 492
Haras du Pin — 499
Centre équestre La Cravache d'Argentan — 501
Trait nature (La Chapelle-Souëf) — 526

guidées sur le site en juil.-août. *Parking bien indiqué à partir de Trun (13km au nord d'Argentan par la D916 et D245), mais il faut encore marcher 7km (aller-retour) pour le rejoindre sur un chemin balisé (2,50€)* **Syndicat d'initiative de Trun** *Tél. 02 33 36 93 55*

☺ **Musée de la Dame aux camélias** La célèbre courtisane était en effet ornaise. Ce joli petit musée suit pas à pas et avec intelligence la destinée si romantique de la belle. Il est installé dans le château de Gacé (XVe-XVIIIe s.) en plein centre-ville. ***Gacé*** *(28km d'Argentan par la D926 dir. L'Aigle puis la D14) Tél. 02 33 35 50 24 Ouvert juin-août : mar.-sam. 14h-18h (dernier départ de visite 17h) Visite guidée 1h Tarif 3€, enfant 12-15 ans 1,50€*

● Monter à cheval

Centre équestre La Cravache d'Argentan Impossible de venir au pays du cheval sans faire une balade dans la forêt de Gouffern ! Randonnées de 1h (sur rdv) : 17€. *Domaine de Belgarde* ***Sévigny*** *(6km au nord d'Argentan) Tél. 02 33 67 58 92 ou 06 81 27 34 94*

ORNE

CARNET D'ADRESSES

Restauration, hébergement

camping

Camping de la Noë À deux pas du centre-ville, au cœur d'un parc boisé doté d'un large plan d'eau, ce camping propose 23 emplacements à 2,70€. Adulte 2,30€, enfant moins de dix ans 1,50€, véhicule 1,90€. Sanitaires chauffés. Zone d'accès wifi. *34, rue de la Noë* ***Argentan*** *Tél. 02 33 36 05 69 Ouvert avr.-sept.*

petits prix

Bistrot de l'abbaye Vous entrez ici à la fois dans la plus ancienne église d'Argentan, élevée au XIIe siècle puis transformée en prieuré, et dans la plus ancienne auberge de la ville depuis la Révolution. Dans cette salle basse aux pierres apparentes, un peu en dessous du niveau de la rue, on prépare une cuisine du marché aux portions copieuses (tartiflette, andouillette, grillades, crème brûlée...) dans une ambiance chaleureuse. Menu à env. 15€. Il est préférable de réserver le week-end. Accès handicapés. *25, rue Saint-Martin* ***Argentan*** *Tél. 02 33 39 37 42 Ouvert lun.-mar. midi, mer.-sam. midi et soir*

prix moyens

Hôtel de France-restaurant La Palmeraie Dans la salle du restaurant La Palmeraie aux murs couleur sable, vous goûterez une cuisine traditionnelle, des couscous et des tajines : menus de 12 à 22€. Les chambres, propres et d'un confort honorable, sont munies d'un double vitrage sur la rue. Double avec douche ou salle de bains de 44 à 50€. *8, bd Carnot* ***Argentan*** *Tél. 02 33 67 03 65 Ouvert mar.-dim. midi.*

Restaurant Denis Clérembaux Dans un petit village en pleine campagne à quelques kilomètres d'Argentan, le restaurant de Denis Clérembaux, au décor rustique, est une table régionale réputée. Le chef prépare des plats du terroir en y apportant sa touche d'originalité. Tête de veau et ses légumes au bouillon, pavé de foie gras maison, petits fûts de pomme farcis aux écrevisses... On se régale ! Formule 14€ (à midi, en semaine) et menus de 20 à 33€. ***Fleuré** (6km au sud d'Argentan, par la D2 dir. Carrouges) Tél. 02 33 36 10 85 Ouvert mar.-mer. et ven.-sam. 12h15-13h40 et 19h30-21h, jeu. et dim. 12h15-13h40*

prix élevés

☺ **Hostellerie de la Renaissance** La grande table de la ville, qui draine les gourmets depuis les confins du département ! Le chef, Arnaud Viel, fait des merveilles et sait toujours surprendre : bœuf normand au jus d'huîtres, ou bar côtier laqué sur la peau. Menus de 20€ (à midi en semaine) à 80€ (dégustation-découverte). Cadre charmant et chambres claires tout confort (double avec douche ou salle de bains de 69 à 92€ côté rue ou côté jardin). Petit déj. 11€. *20, av. de la 2e-DB **Argentan** Tél. 02 33 36 14 20 www.hotel-larenaissance.com Ouvert mar.-ven. midi et soir, sam. soir, dim. midi*

Auberge de La Tête au Loup À 500m du haras du Pin, cette auberge offre une halte agréable. Que l'on y mange dans la salle aux murs lilas, sous la véranda ou dans le jardin avec vue sur le bocage, on s'y sent bien. Et les plats concoctés par Stéphane Mabille – fricassée de rognons de veau à la moutarde, magret de canard rôti au calvados ou paupiettes de volaille au cidre... – ne font qu'accentuer le plaisir de se trouver là. Menus à 29 et 46€. ***Le Pin-au-Haras** (13km à l'est d'Argentan) Tél. 02 33 35 57 69 www.lateteauloup.fr Ouvert mer.-dim. midi*

Chambres d'hôtes Manoir de Coulandon À la sortie d'Argentan, au bout d'une allée de tilleuls centenaires, ce manoir du XVe siècle entouré d'un vaste jardin clos était déjà debout pendant la guerre de Cent Ans. Entièrement rénové par son propriétaire maçon, couvreur et carreleur, il a conservé son charme d'autrefois, avec sa cheminée monumentale, son escalier à l'anglaise et ses parquets anciens. Trois chambres chaleureuses et décorées avec goût avec vue sur le jardin sont la pro-

ORNE

Séjourner dans le château d'un artiste

Chambres d'hôtes Château de Serans Entièrement détruit pendant la Révolution, il fut reconstruit vers 1800 dans l'esprit des *palazzi* italiens de la Renaissance. Propriétaire depuis 1991, le peintre Balias y a installé son atelier et en a fait un lieu d'exposition artistique original (p.498). Il y a également aménagé 2 chambres lumineuses et confortables qui ouvrent l'une sur l'étang, à l'arrière, l'autre sur le parc de sculptures monumentales qu'on traverse pour arriver au château. Et pour mieux vous faire partager le charme insolite de sa demeure, votre hôte sert le petit déjeuner et le dîner (fort bon !) dans les parties privatives du château, décorées par ses soins. Double 75€ (petit déj. compris), table d'hôtes 35€ sur réservation. ***Écouché** (7km à l'est d'Argentan par la D924) Tél. 02 33 36 69 42*

messe d'un séjour au calme (de 75 à 80€, petit déj. inclus et 4e nuit gratuite). Également table d'hôtes (30€) servie dans de la vaisselle ancienne ! *5, rue de Coulandon* ***Argentan*** *Tél. 02 33 39 18 22 ou 06 81 71 39 92 www.manoir-de-coulandon.com*

Hôtel-restaurant Le Pavillon de Gouffern Ce pavillon de chasse (XVIIIe s.) situé dans un immense parc boisé et giboyeux est l'adresse la plus chic du centre de l'Orne. On profite agréablement de sa quiétude dans la large véranda de la salle de restaurant. La cuisine proposée est haut de gamme, même si elle n'est pas la plus fine du département (menus de 25 à 55€). Belle décoration intérieure. Double de 75 à 200€. Accès Internet gratuit, piscine extérieure chauffée, table de massage, fitness et practice de golf. ***Silly-en-Gouffern*** *(7km d'Argentan, indiqué sur la D926 en dir. du haras du Pin, à l'est d'Argentan) Tél. 02 33 36 64 26 www.pavillondegouffern.com Fermé 24 et 25 déc.*

L'AIGLE

61300

ORNE

Selon la légende, la ville doit son nom au nid d'aigle qu'aurait découvert Fulbert de Beina à l'emplacement où il fonda un premier château fort au XIe siècle. La cité a traversé les siècles sans histoires et conserve l'atmosphère de comices agricoles qu'a si bien contée il y a un siècle et demi la comtesse de Ségur. L'Aigle a subi de graves dommages en 1944, mais il lui reste de remarquables pièces de son patrimoine, dont les plus anciennes sont faites de grison, pierre caractéristique du pays d'Ouche qui doit sa belle couleur rousse à une importante teneur en fer. Celle-ci s'allie avec réussite aux encadrements en brique des nombreux hôtels particuliers et des maisons élevés au XVIIIe siècle. Le quartier qui s'étend sur les rives des bras de la Risle conserve de nombreuses maisons ayant appartenu à ceux qui firent la prospérité de la vallée, tisserands et forgerons (rue des Tanneurs, rue du Moulin, rue de la Blanchisserie, rue des Épingliers...). La petite cité est aussi très réputée pour son marché traditionnel qui se tient dans le centre-ville, il faut donc venir à L'Aigle de préférence le mardi matin, avant de faire une excursion en suivant le cours de la Risle.

MODE D'EMPLOI

accès

EN VOITURE
À 50km d'Alençon par l'A8 et l'A88 et 55km à l'est d'Argentan et à 200km de Paris via Dreux ou Évreux.

EN TRAIN
SNCF Sur la ligne Paris Montparnasse-Granville (env. 1h20). *Tél. 3635 www.sncf.com www.ter-sncf.com*
Gare de L'Aigle *Rue du Gal-de-Gaulle*

EN CAR

Cap Orne Liaisons L'Aigle-Alençon, Mortagne-au-Perche, Vimoutiers et Gacé. *Tél. 02 33 81 61 95 www.orne.fr*

orientation

Le centre historique et commerçant, situé sur la rive gauche de la Risle, s'étend autour de la place et de l'église Saint-Martin.

informations touristiques

Office de tourisme *Place Fulbert-de-Beina (à côté du château) Tél. 02 33 24 12 40 www.paysdelaigle.com Ouvert lun.-sam. 9h-12h30 et 14h-18h30*

marchés et manifestations

Marché traditionnel Tous les mardis matins, de 7h à 13h, le centre-ville se transforme en un immense marché à ciel ouvert, qui constitue le troisième plus grand marché traditionnel de France.

Marché alimentaire Un marché alimentaire se tient aussi le samedi après-midi sur la place du Marché-aux-Poissons

Les quatre jours de L'Aigle Depuis plus de cinquante ans, lors du week-end de l'ascension, ce festival mélangeant foire expo et grande fête foraine attire plusieurs dizaines de milliers de visiteurs. Course cycliste, animations médiévales, dégustations de produits régionaux et concerts, c'est le grand rendez-vous annuel des Aiglons (habitants de L'Aigle).

DÉCOUVRIR

L'Aigle et la vallée de la Risle

Découvrir autrement Laissez-vous conter l'histoire de la bataille de Normandie au musée Juin 1944, jouez les petites filles pas si modèles au musée de la Comtesse de Ségur d'Aube

Église Saint-Martin On identifie facilement les vestiges de l'édifice initial (XIIe s.), car ses murs sont en grison : ainsi de l'abside et, à l'opposé, de la tour de l'Horloge, romane et surmontée d'une fine flèche. Mais c'est surtout son élégante tour centrale, de style gothique flamboyant, que l'on remarque. La seconde tour de façade a été achevée en 1498 et la nef méridionale a été entièrement remaniée au XVIe siècle. Elle conserve deux beaux vitraux Renaissance, sous la Grosse Tour à gauche en entrant et à droite du maître-autel. Ce dernier, imposant, fut réalisé en 1656 : sa très classique *Descente de croix* est attribuée à Le Brun. Les niches extérieures ont reçu en 1947 des statues contemporaines de Raymond Martin, Cornet, Yencesse, Lambert Rucki et Paul Belmondo.

Église Saint-Jean-Baptiste Édifiée au XIIe siècle, remaniée au XVe siècle, elle présente une tour carrée imitée de celle de l'église Saint-Martin. Jusqu'en 1350, elle fut la chapelle funéraire du cimetière situé en dehors des murs de la ville. *Rue Saint-Jean (la rue qui descend face au château)*

Château Élevé vers 1690 sur des plans de Mansart à l'emplacement de l'ancienne forteresse de Fulbert de Beina, ce château est caractéristique du style Louis XIII avec ses encadrements en brique et ses proportions harmonieuses. Il est aujourd'hui le siège de l'hôtel de ville, ce qui permet d'y entrer pour en admirer l'escalier monumental. Le château-mairie de L'Aigle regroupe aussi dans ses bâtiments les trois musées de la ville. *Place Fulbert-de-Beina*

TOMBÉES DU CIEL Le 26 avril 1803, une pluie de pierres s'abat sur L'Aigle : une météorite a explosé dans l'atmosphère et des milliers de pierres "météoriques" atteignent le sol. Dépêché de Paris, le physicien Jean-Baptiste Biot démontre pour la première fois l'origine extraterrestre des météorites. On peut admirer des fragments de cette météorite historique dans les musées des plus grandes villes du monde… et dans celui de L'Aigle.

Musée des Instruments de musique Léguées à la municipalité par un collectionneur local passionné, Marcel Angot, ces quatre-vingts pièces dessinent une histoire de la musique assez insolite, en particulier quelques "violons de poche" du XVIIIe siècle ! *Place Fulbert-de-Beina Tél. 02 33 84 44 44 Ouvert lun. et mer.-ven. 8h30-12h et 13h-17h30 Entrée libre*

Musée Juin 1944 Inauguré en 1953, il fut le premier musée de cire parlant en France. Les statues de De Gaulle, Leclerc, Churchill, Hitler et Staline nous content avec leurs voix authentiques l'histoire de la bataille de Normandie à travers des reconstitutions des lieux majeurs de l'époque (studio de la BBC à Londres, vue d'une plage normande le 6 juin, carte de la région…). *Place Fulbert-de-Beina Tél. 02 33 24 19 44 Ouvert mi-mai-oct. : mar. 10h-12h et 14h-18h, mer. et sam.-dim. 14h-18h Tarif 3,60€, réduit 2,70€, moins de 15 ans 1,80€*

Musée archéologique Installé dans les locaux du musée Juin 1944, il présente divers fossiles et pierres taillées de la préhistoire jusqu'à l'âge de fer. Diaporama des étapes d'une fouille archéologique. *Place Fulbert-de-Beina Tél. 02 33 24 19 44 Ouvert mi-mai-oct. : mar. 10h-12h et 14h-18h, mer. et sam.-dim. 14h-18h Entrée libre*

Où goûter le fameux cervelas de L'Aigle ?

Boutique de Mamie Jo Cette saucisse séchée puis fumée au bois de hêtre est la spécialité culinaire locale. Servi grillé, poché ou tiède et tranché, il s'en vend plus de 2 000 lors du festival des quatre jours de L'Aigle. Depuis une éternité,

En mémoire d'un âne

La comtesse de Ségur vécut pendant cinquante ans à quelques kilomètres de L'Aigle (p.506). Son fameux âne savant et héros littéraire, Cadichon, fut vendu au marché aux bestiaux de la ville, une manifestation qui a survécu jusqu'en 2012, avant que sa gigantesque halle ne soit transformée en espace d'exposition.

la charcuterie artisanale Doudard le fabrique et le vend sur tous les marchés de la région. *ZI (sortie sud de la ville, dir. Mortagne-au-Perche) Tél. 02 33 84 10 84 Ouvert jeu. 8h-13h et 15h-19h, ven. 8h-19h, sam. 8h-13h*

Se distraire en famille

Cap'Orne Ce complexe aquatique dispose d'un des plus grands toboggans d'Europe, dont la tour est devenue un élément phare de la ville. Également un centre de remise en forme (salle de musculation, Jacuzzi, sauna, hammam) et un bowling. *Av. Kennedy Tél. 02 33 24 18 18 Ouvert tlj. (horaires variables selon la saison, téléphoner)*

La vallée de la Risle

Affluent de la Seine dont la source est située à Planches, à 60km de L'Aigle, la Risle a été le berceau du développement de la région. Au fil des siècles, son débit régulier fit fonctionner forges, fenderies, moulins, jusqu'aux usines hydroélectriques qu'on croise encore sur ses rives. En arpentant son cours, vous pourrez découvrir d'intéressants vestiges de ce patrimoine industriel.

Centre international de l'interprétation de l'aiguille-Usine Bohin Digne représentant de l'industrie de la vallée, elle reste après 170 ans d'existence l'unique fabrique d'aiguilles à coudre de France (et même d'Europe) et consomme plus de 70t de métal par mois pour une production annuelle de plus d'un demi-milliard de pièces ! Après des années de gestation, un écomusée ouvrira ses portes en 2012 pour retracer l'histoire de la métallurgie dans la vallée de la Risle et de l'usine Bohin (qui a aussi fabriqué des lames de rasoir, ou des aiguilles pour phonogrammes). On y découvrira les ateliers de fabrication d'aiguilles, dont certaines machines d'origine fonctionnent depuis le XIXe siècle. Rens. auprès de la mairie de L'Aigle. ***Saint-Sulpice-sur-Risle** (3km au nord-est de L'Aigle) Tél. 02 33 84 44 44 www.bohin.fr*

☺ **Grosse Forge d'Aube** En amont de L'Aigle, cette forge, dont les bâtiments datent pour la plupart du XVIIe siècle, est l'une des mieux conservées d'Europe avec ses hauts-fourneaux, son énorme marteau, les soufflets de ses fours et ses roues en bois ! Panorama historique couvrant cinq siècles de la métallurgie dans la région. ***Aube** (à 6km de L'Aigle par la N26 dir. Argentan) Tél. 02 33 34 14 93 ou 02 33 24 60 09 www.forgeaube.fr Visites guidées mi-juin-mi-sept. : mer.-lun. toutes les heures de 14h à 17h (uniquement de 14h à 16h les mer. en juin et sept.), hors saison : possibilité de visite 8h-12h sur rdv Tarif 4€, enfant 1,50€ Billet jumelé avec le musée de la Comtesse-de-Ségur 6€, réduit 2€*

Musée de la Comtesse-de-Ségur La célèbre conteuse écrivit la plupart de ses œuvres à Aube, au château des Nouettes. Celui-ci est visible de la N26 mais n'est accessible aux visiteurs qu'à l'occasion des Journées du patrimoine (fin septembre). En revanche, dans le village, un petit musée retrace, au fil des photographies et des objets d'époque, le destin original de cette comtesse russe, née Sophie Rostopchine à Saint-Pétersbourg en 1799. Mariée à un Français, Eugène de Ségur, elle consacra sa vie à ses sept enfants et décida, à l'âge de cinquante-sept ans, d'écrire des histoires pour ses petits-enfants… ***Aube*** *(à 6km de L'Aigle par la D220 dir. Argentan) Tél. 02 33 24 60 09 www.musee-comtessedesegur.com Ouvert mi-juin-fin sept. : lun. et mer.-dim. 14h-18h (16h-18h le mer. en juin et sept.) Tarif 4€, enfant 1,50€ Billet jumelé avec la Grosse Forge 6€, réduit 2€*

Ruines de l'abbaye de Saint-Évroult Fondée au VIe siècle par saint Évroult, cette abbaye connut un rayonnement intellectuel tel qu'il illumina tout le Moyen Âge normand. Elle abrita notamment le moine Orderic Vital, premier historien régional (début du XIIe s.), dont l'œuvre est fameuse. Aujourd'hui, au milieu des herbes folles, ne subsistent de l'abbatiale (XIIIe s.) que ses fondations, magnifiquement appareillées, et quelques colonnes et arcades esseulées… Pour les amateurs de ruines romantiques ! ***Saint-Evroult-Notre-Dame-du-Bois*** *(12km à l'ouest de L'Aigle par la D13)*

Saint-Ouen-sur-Iton Ce village est remarquable pour les cheminées de brique en tire-bouchon qui en couronnent les maisons. C'est au XIXe siècle que le maire, Désiré Guillemare, qui fonda la commune avec ses propres deniers, décida d'en orner les toits pour qu'on se souvienne de lui. Dans cette même optique, il fit aussi construire un phare, toujours visible, qui illuminait le bourg avec une lampe à acétylène et dans lequel une statue le représente au côté d'une rosière. Aujourd'hui la tradition des cheminées torsadées s'est perdue, mais certains propriétaires qui souhaitent la perpétuer bénéficient d'une aide de la mairie. *À 6km au sud-est de L'Aigle par la D666*

ORNE

● Où aller au concert ?

La Classe Dans une ancienne école, un Nantais original a ouvert un café-concert sympathique labellisé "café de pays". On peut y déguster des bières locales, et des concerts et des spectacles y sont organisés certains vendredis et samedis soir. *Centre-bourg* ***Saint-Hilaire-sur-Risle*** *(11km à l'ouest de L'Aigle) Tél. 06 76 20 65 57 (Rens.) www.laclasse61.fr Horaires variables (téléphoner)*

CARNET D'ADRESSES

Restauration, hébergement

petits prix

Hôtel-restaurant Piazza Café Le propriétaire voulait l'appeler le Plazza, mais le nom était déjà pris ! Qu'à cela ne tienne : au-dessus d'un petit bistrot qui propose des menus du jour à environ 11€, 4 chambres rénovées en plein cœur de la cité. Double à 45€. Wifi gratuit. *7, pl. Boislandry* ***L'Aigle*** *Tél. 02 33 24 69 50 Ouvert lun.-sam.*

Restaurant Le Lac des cygnes Cette petite auberge de campagne ouvre sur un lac où aux beaux jours l'on peut se baigner et faire du pédalo (mai à sept.). Côté cuisine, le foie gras de canard maison côtoie le croustillant de pieds et d'oreilles de porc au pommeau. Menus à 11€ (midi) et de 22 à 30€. Le petit plus : une documentation sur la région est mise à la disposition des clients. ***Saint-Evroult-***

Notre-Dame-du-Bois Tél. 02 33 34 09 64 Ouvert mar.-dim. à midi, le soir sur réservation

Le Clos de l'abbaye Dans le centre de Soligny-la-Trappe, la façade traditionnelle de cette auberge cache une salle d'une grande fraîcheur et une terrasse à l'arrière fort plaisante à la belle saison. Le patron, architecte de formation, a troqué ses compas pour les fourneaux où il prépare, entre autres, sa spécialité : des ravioles au chèvre frais et aux orties. Accueil tout sourire et prix intéressants : menu midi à 12€ en semaine. *Rue du Perche* ***Soligny-la-Trappe*** *(20km au nord de L'Aigle par la D930 dir. Mortagne) Tél. 02 33 24 53 34 Ouvert mar.-sam. midi et soir, dim. midi Congés annuels 3 sem. en fév.*

prix moyens

Chambres d'hôtes Ô château Dans le centre de L'Aigle, en face du château, 5 chambres tout confort occupent chacune un étage d'un bel immeuble du XIXe siècle. Les chambres sont si spacieuses, composées d'une grande pièce avec coin salon et cheminée et d'une immense salle de bains avec baignoire, qu'on a plus l'impression d'être dans un appartement que dans une chambre. Excellent rapport qualité-prix : 60€, petit déj. inclus. Au rez-de-chaussée une sympathique brasserie avec des menus de 10 à 18€. *11, pl. Saint-Martin* ***L'Aigle*** *Tél. 02 33 24 00 97 ou 06 89 80 73 82 Ouvert toute l'année* **Brasserie** *Ouvert lun.-jeu. 12h-14h, ven.-sam. 12h-14h et 19h-22h*

Restaurant-chambres d'hôtes Le Manoir de Villers Une ferme très normande où l'on peut déguster de bonnes spécialités... italiennes, pâtes fraîches farcies, antipasti. Le restaurant (14 couverts seulement) sert des menus de 18,50€ à 28,50€ à déguster en terrasse à la belle saison. Côté hébergement, les 5 chambres sont simples mais de bon confort avec TV (68€ la double, 114€ pour la suite familiale). Petit déjeuner à 7€. Table d'hôtes à 15€ (10€ pour les enfants) Accès wifi. Le manoir abrite également un centre équestre (promenades à cheval ou à poney : 22€ l'heure, 19,50€ pour les enfants. ***Villers-en-Ouche*** *(17km au nord-ouest de L'Aigle par la D12, bien indiqué du village) Tél. 02 33 34 98 00 www.manoir-de-villers.com Restaurant Ouvert ven.-lun.*

Jouer les robinsons ruraux

Ferme du Moncel-Un lit au pré
Passer un week-end sous une tente au sommet d'une colline, à l'écart du monde et de la frénésie de la ville, se laisser vivre au rythme des jours en accord avec la nature, s'éclairer à la lanterne et cuisiner au feu de bois dans un vieux chaudron de grand-mère ? C'est possible ! Rendez-vous à la Ferme du Moncel où les propriétaires, par ailleurs éleveurs de cerfs et de biches, sont aux petits soins pour leurs hôtes et se font un plaisir de partager leur amour pour leur région. Week-end de 395 à 495€ selon la saison pour une tente familiale (4-5 pers.), 2 jours dans la semaine à partir de 215€.
Le Moncel ***Fay*** *Tél. 02 33 28 01 16 www.unlitaupré.fr Ouvert avr.-nov.*

Chambres d'hôtes La Bourdinière Une adresse appréciable : dans une maison de maître au bord des champs, les chambres d'hôtes, avec parquet et cheminées, sont grandes (elles peuvent accueillir jusqu'à 3 ou 4 pers.) et plaisamment meublées et les salles de bains sont modernes. Le jardin comme l'accueil sont fort agréables. Double 60€ avec petit déjeuner. Table d'hôtes 19€ (10€ pour les enfants). Wifi. *Lieudit La Bourdinière* **Crulai** *Dans le village, tourner à gauche juste avant l'église (à 8km de L'Aigle par la D918) Tél. 02 33 24 70 91 ou 06 18 70 18 69 www.bourdiniere.fr*

prix élevés

Hôtel du Dauphin La façade de cet ancien relais de diligence du XVIIe siècle confère un authentique cachet à la place de la Halle. L'intérieur garde malheureusement quelques traces d'une importante réfection due à l'après-guerre (fausses poutres, carrelages noir et blanc...), mais il est confortable. Les chambres ont été refaites à neuf (de 75 à 108€ la double). Le restaurant satisfera les gastronomes : pressé de foie gras de canard à la poêle au pommeau, pavé de sandre... Menus de 38 à 43€. Également un bistrot avec des menus de 12 à 15€. *Place de la Halle* ***L'Aigle*** *(58km à l'est d'Argentan) Tél. 02 33 84 18 00 www.hotel-dauphin.fr*

☺ MORTAGNE-AU-PERCHE

61400

La ville, fondée au faîte d'une colline de 250m de hauteur, fut d'abord une place forte importante, fière capitale du comté du Perche. De son enceinte originelle (initialement située autour de l'actuelle église Notre-Dame) subsistent quelques vestiges, mais le château fort a disparu, tandis que Mortagne, devenue française à la fin du XVIe siècle, s'affirmait comme le siège administratif de la province. On doit aux nombreux officiers royaux qui y résidaient l'édification des manoirs, demeures et hôtels particuliers de tous styles qui bordent ses rues. Aujourd'hui sous-préfecture de l'Orne, Mortagne a su préserver ce patrimoine architectural et garde son charme intemporel. Mais ne vous y trompez pas, si elle vous paraît bien assoupie en semaine, revenez le week-end, lorsque la petite cité pimpante s'anime à nouveau.

LE PARADOXE PERCHERON La petite province possède l'une des identités les plus marquées de Normandie, à l'image de son emblème, le cheval percheron, qu'elle a fait naître à force de sélections : à la fois merveilleusement candide et terriblement puissant. Car ce pays de rosée et de verdure, généreusement vallonné et parcouru d'amples forêts, est hérissé des plus robustes manoirs qui soient (plus de 150). Mais point de mœurs guerrières aujourd'hui ! Avec sa profusion de vieilles pierres, ses toits de tuiles rousses et ses jardins fleuris, le pays est devenu le coin de campagne préféré des Parisiens, qui lui redonnent un lustre inégalé. Les enduits refaits retrouvent le jaune incroyablement lumineux du sable dont ils sont mêlés et la pierre nettoyée la blancheur délicate de sa nature crayeuse. Malheureusement, les amateurs d'authenticité commencent à regretter les temps anciens où la province se protégeait derrière sa forêt de tours : le Perche, de choc devenu chic, sera-t-il bientôt toc ? On ne peut s'empêcher, il est vrai, de succomber à ses charmes. C'est le dernier des contrastes percherons…

MODE D'EMPLOI

accès

EN VOITURE

Mortagne se situe à 38km à l'est d'Alençon par la N12, à 32km de L'Aigle par la D930 et à 150km à l'ouest de Paris via Dreux par la N12.

EN TRAIN

SNCF La ligne Paris-Granville dessert la gare de L'Aigle (1h20). Pour le sud du Perche, préférez le TGV Paris-Le Mans (1h) ou le TER qui dessert Condé-sur-Huisne, Nogent-le-Rotrou et Le Theil-La Rouge (entre 1h40 et 1h55). *Tél. 3635 www.sncf.com www.ter-sncf.com*

EN CAR

Cap Orne Des cars relient Mortagne-au-Perche à L'Aigle, Bellême et Nogent-le-Rotrou. *Tél. 02 33 81 61 95 www.orne.fr*

orientation

La place Notre-Dame, avec l'église du même nom, et la place du Général-de-Gaulle, avec l'office de tourisme, se partagent le cœur de la cité.

informations touristiques

Office de tourisme *Place du Gal-de-Gaulle Tél. 02 33 85 11 18 www.ot-mortagneauperche.fr Ouvert juil.-Journées du patrimoine : tlj. 9h30-12h30 et 14h-18h ; le reste de l'année : mar.-sam. 10h-12h30 et 15h-18h*

accès Internet

Point Cyber Accès gratuit. *48, rue des 15-Fusillés Tél. 02 33 73 15 07 Ouvert mar. 10h-12h30 et 13h30-18h30, mer. 10h-18h30, jeu. 13h30-19h30, ven. 13h30-18h, sam. 10h-12h30*

marchés, fêtes et manifestations

Marché Marché fermier le samedi matin dans le centre-ville.

Foire au boudin Depuis 1963, concours international du meilleur boudin noir, foire aux animaux de viande, élection du plus gros mangeur de boudin. *Pendant 3 jours, mi-mars*

Les Musicales de Mortagne La fine fleur de la musique de chambre dans les hauts lieux du patrimoine percheron. *Rens. auprès de l'OT Tél. 02 33 85 11 18 Fin juin-mi-juil.*

Salon rétro-mobile Défilé de voitures anciennes. *Dernier dim. de sept.*

Les Journées Alain Rencontres littéraires en l'honneur de l'enfant du pays. *1er w.-e. d'oct.*

DÉCOUVRIR

Mortagne-au-Perche

☆ **Les essentiels** L'église Notre-Dame, le cloître de l'ancien couvent Saint-François-et-Sainte-Claire **Découvrir autrement** Flânez en ville en admirant l'architecture des hôtels particuliers, goûtez au boudin de Mortagne

☆ **Église Notre-Dame** Sa tour de façade, en partie effondrée à la fin du XIXe siècle, lui donne un air étrangement trapu mais l'intérieur de l'édifice, achevé en 1535, garde toute la superbe de la Renaissance, en particulier sa large voûte à pendentifs et, dans la cinquième chapelle latérale à gauche, un magnifique vitrail représentant la danse (étonnamment lascive) de Salomé. Les autres chapelles forment un ensemble d'un grand intérêt en raison des toiles qu'elles abritent, en particulier, dans la quatrième chapelle à gauche, un très beau *Saint Jean enfant* (XIXe s.) et, dans la cinquième à droite, une remarquable *Adoration des bergers* (XVIIe s.). Le chœur recèle de très riches boiseries du XVIIIe siècle. À l'extérieur, le portail nord, dit porte des Comtes, est le mieux conservé bien que son gâble flamboyant (fronton triangulaire) ait disparu.

ORNE

Musée Alain Il est installé dans la bibliothèque municipale : c'est la moindre des choses pour cet enfant du pays, Émile Chartier (1868-1951) de son vrai nom, qui devint une figure tutélaire du monde de la pensée dans l'entre-deux-guerres. Le musée offre un panorama intéressant de sa brillante carrière de professeur, de son œuvre philosophique et de son activité journalistique, consacrée par ses *Propos* empreints d'un bon sens percheron revendiqué. De nombreuses photographies savamment légendées par des citations de ses propres textes, de larges extraits de ses œuvres et quelques objets personnels, notamment à l'étage où son bureau a été reconstitué. *Maison des Comtes du Perche Rue du Portail-Saint-Denis (derrière l'église Notre-Dame) Tél. 02 33 25 25 87 www.alainmortagne.fr Ouvert mar. et jeu.-ven. 14h-18h, mer. 10h-12h et 13h-18h, 10h-12h et 14h-17h Entrée libre*

Musée percheron Cette petite exposition aborde de nombreux aspects de l'histoire du Perche au fil de photographies, maquettes et dessins. L'ensemble est malheureusement assez brouillon… Elle a pris place au-dessus de la porte Saint-Denis qui contrôlait l'accès au fort Toussaint avant que la ville perde son système défensif : le bâtiment du XIIe siècle a alors été surmonté d'une superbe galerie Renaissance dont il faut admirer le décor caractéristique, bien que ses baies aient été en partie murées. *Rue du Portail-Saint-Denis Derrière l'église Notre-Dame Actuellement fermé pour travaux*

Crypte Saint-André Il s'agit du seul vestige de la collégiale de Toussaint (XIIe siècle), démolie en 1796 et à l'emplacement de laquelle fut édifié en 1830 le palais de justice actuel. Cette belle salle gothique donne une parfaite idée de l'importance de l'édifice disparu avec ses impressionnantes croisées d'ogives reposant sur trois colonnes centrales. Les deux escaliers encore visibles menaient au chœur de l'église qui était situé au-dessus. *Rue du Fort Accès par le jardin derrière le tribunal Ouvert mi-juin-mi-sept. (horaires variables, se rens.)*

☆ **Cloître de l'ancien couvent Saint-François-et-Sainte-Claire** Descendez la rue Marguerite-de-Lorraine, poussez la porte du n°4, dotée d'un gros judas, puis la troisième porte à gauche : en poursuivant dans le couloir, vous atteindrez le plus beau vestige du couvent Saint-François-et-Sainte-Claire, fondé en 1502 par Marguerite de Lorraine et aujourd'hui fondu dans les bâtiments de l'hôpital, où vous venez de pénétrer par une porte dérobée ! L'insolite de la découverte ajoute au charme de l'endroit : ce cloître Renaissance méconnu a gardé ses élégantes et sobres colonnes et une superbe voûte en berceau. Le plus souvent désert, le jardin central est d'une grande quiétude. *Ouvert tlj. 9h-19h*

● **Où manger du boudin sur le pouce ?** Le boudin noir est la spécialité de Mortagne, célébrée chaque année (3e week-end de mars) via concours et dégustations. À cette occasion, près de 5km de boudin sont vendus ! Le tout est orchestré par la très sérieuse Confrérie du goûte-boudin. Son jugement acéré a créé beaucoup d'émulation parmi les charcutiers de la ville.
Le Roi du boudin Un des artisans charcutiers les plus renommés, Claude Guillochon, plusieurs fois primé, décline la spécialité sous toutes les formes : chausson au boudin, quiche au boudin, boudin aux noix, etc. *50, pl. du Gal-de-Gaulle Tél. 02 33 25 16 43 Ouvert juil.-août : tlj. 8h-13h et 14h30-19h ; sept.-juin : lun. et mer.-sam. 8h-13h et 14h30-19h, dim. 8h-12h30*

Mortagne aristocratique

Les premiers hôtels particuliers datent pour la plupart du XVIe siècle et ont toujours leurs grosses tours de façade, en particulier la **maison du Doyen de Toussaint** (à côté du palais de justice), et leurs échauguettes caractéristiques, dont la plus marquante, presque à ras de terre, est celle de la **maison à la tourelle** (immanquable, à côté de l'OT). Les hôtels particuliers furent édifiés aux XVIIe et XVIIIe siècles. Se distinguent superbement la **maison des Comtes du Perche** (siège du musée Alain), dont les façades animées de bossages et de refends sont de style Louis XIII ; l'**hôtel Fouteau-Dutertre** (22, rue Sainte-Croix), aux formes généreuses propres au style Louis XV ; l'**hôtel de l'Hermitte du Landais** (26, rue Sainte-Croix), dont l'élégance sévère est caractéristique du Directoire et, enfin, au 71, rue des 15-Fusillés, un hôtel Empire constituant un rare témoignage des canons architecturaux de l'époque. Il faut musarder au gré de ses places arborées et de ses venelles pavées pour découvrir toutes les facettes du patrimoine mortagnais. L'office de tourisme propose des visites guidées (3€) ou thématiques en nocturne (4€). *Visites guidées Tél. 02 33 85 11 18 (OT)*

La Vie en rouge Dans la commerçante rue Sainte-Croix, cette épicerie fine propose, derrière sa façade rouge, vins, charcuteries et fromages à consommer sur place ou à emporter. Boudin noir de Christian Parra 10€. Assiettes de 9,50 à 18€. *31, rue Ste-Croix Tél. 09 66 13 88 20 ou 06 87 01 37 47 Ouvert jeu.-sam. 10h-19h, dim. 10h-15h*

● Où s'offrir une pause dans un jardin anglais ?

Salon de thé La Porte rouge Sans doute encouragée par son sens de l'accueil et son goût pour la convivialité, Jill Kirk, propriétaire de La Porte rouge, une délicieuse maison d'hôtes (p.517), y a créé un salon de thé. On s'installe pour un agréable moment de détente en dégustant de savoureux gâteaux faits maison dans le jardin savamment agencé sur les anciens remparts de la ville. *4, rue du Mail Tél. 02 33 25 39 95 ou 09 75 20 61 96 www.laporterouge.fr Ouvert lun.-mer. et ven.-dim. 16h-19h*

Les environs de Mortagne-au-Perche

Découvrir autrement Remplissez votre panier pique-nique à la ferme de l'hôtel Neveu, chinez à la brocante Scherer à Saint-Maurice-sur-Huisne, admirez l'église romane Notre-Dame d'Autheuil

☺ **Longny-au-Perche** La petite ville mérite assurément un détour pour la beauté de ses deux églises Renaissance. Dans le centre, l'église Saint-Martin dresse une remarquable tour de quatre étages soulignés par des larmiers caractéristiques, mais c'est surtout la chapelle Notre-Dame-de-la-Pitié, à la sortie du bourg, qui témoigne le mieux du goût des architectes de l'époque pour les proportions géométriques et les lignes harmonieuses. Achevée en 1549, elle consiste en une nef rectangulaire unique flanquée d'une tour disposée en biais sur la façade, comme les contreforts qui ornent chacune des arêtes du bâtiment. L'ensemble est agrémenté de parements de pierre horizontaux, de larmiers et de dais élancés. On ne sait si l'élégance de l'ensemble frappe d'abord les yeux ou l'esprit pétri de mathématiques lui-même ! À l'intérieur, superbe vitrail Renaissance et pietà du XVIe siècle sur le portail. *18km à l'est de Mortagne par la D8*

Jardins du manoir du Pontgirard Ce logis du XVIe siècle est entouré de gracieux jardins ouverts à la visite. La succession des terrasses en fleurs, des topiaires, du jardin des simples et des chambres de verdure condense sur 1,5ha tous les agréments de la vie à la campagne. Des expositions temporaires (sculptures, gravures, photos) agrémentent la visite de ces jardins. ***Monceaux-au-Perche*** *(17km à l'est de Mortagne) Tél. 02 33 73 61 49 Ouvert mai-sept. : jeu.-mar. 10h-18h Entrée libre*

Basilique Notre-Dame de La Chapelle-Montligeon Immense et étonnante, elle se détache au loin sur une haute colline arborée sans laisser apparaître le petit village qu'elle domine. La curiosité est due à un diligent abbé, Paul Buguet, qui fonda ici à la fin du XIXe siècle une œuvre destinée à délivrer les âmes perdues du purgatoire. Le succès de l'entreprise permit de récolter des fonds importants et de construire, entre 1896 et 1911, ce grand édifice de style néogothique vers lequel convergent plusieurs pèlerinages annuels importants en provenance du monde entier. ***La Chapelle-Montligeon*** *(12km de Mortagne via Courgeon)*

Manoir de la Vove Élevé au XVe-XVIe siècle, à l'arrière il est doté, selon la coutume, d'une tour défensive ronde surmontée d'un toit pointu, et à l'avant d'une tour octogonale plus ouvragée (décor gothique flamboyant) qui abrite l'escalier desservant les étages. On ne peut visiter que les extérieurs. **Corbon** *(13km au sud de Mortagne-au-Perche par la D10) Visite : se rens. auprès de l'OT*

Jardin La Bourdonnière Résultat de la passion de leur propriétaire pour la nature, ces jardins d'atmosphère s'étendent sur 5 000m². Au fil de la promenade, on traverse différents paysages : Provence, sous-bois fleuris, landes et fougères, potager à l'ancienne. Bassins, terrasses et alcôves végétales invitent au voyage immobile. ***Réveillon*** *(6km au sud de Mortagne par la D938 puis à*

La Basse-Normandie des manoirs et châteaux

Châteaux et manoirs

Nuit au château

gauche sur la D272. Les jardins se situent sur la gauche après le village) Tél. 02 33 25 04 19 Ouvert mai-sept. : ven.-dim. 14h-19h Tarif 4€, 12-15 ans 3€, moins de 12 ans gratuit

● Où trouver de bons produits fermiers ?

☺ **Ferme de l'hôtel Neveu** La famille Simoën est une légende de la région. Propriétaires d'une exploitation agricole, ils transforment eux-mêmes le lait de leurs vaches en de succulents produits laitiers qu'ils livrent à de nombreux restaurateurs de la région. Mention spéciale aux yaourts nature et au fromage blanc d'un goût incroyablement authentique ! Également charcuterie fraîche ou en conserve et plats cuisinés. ***Courgeon** (7km au sud de Mortagne, bien indiqué à partir du village de Courgeon sur la D10 dir. Rémalard) Tél. 02 33 25 10 67 Ouvert jeu.-sam. 15h-18h30 Stand sur le marché de Mortagne le sam. matin*

● Où se restaurer en chinant ?

☺ **Antiquités Scherer et fils** Une adresse qu'il faut communiquer du bout des lèvres tant M. et Mme Scherer cultivent la confidentialité et le plaisir de recevoir en petit comité... Antiquaires de mobilier de haute époque, ils ont métamorphosé la dépendance de cet ancien presbytère en un cadre médiéval où l'on se prendrait bien pour de grands seigneurs. Il ne faut pas craindre l'anachronisme pour profiter de la belle carte de thés et surtout de la table d'hôtes, car les propriétaires sont excellents cuisiniers. Le nombre de convives est volontairement limité afin que chaque couple ou groupe profite d'une pièce pour lui seul, et l'on se sent d'autant plus chez soi que l'on peut acheter tout le décor ! Accueil très agréable. À partir de 35€ pour un repas complet. *10, Le Presbytère **Saint-Maurice-sur-Huisne** (17km au sud-est de Mortagne par la D10 dir. Rémalard puis à droite dans le bourg de Boissy-Maugis) Tél. 09 75 75 57 38 Sur réservation*

● Où faire un bœuf dans un village ?

Le Réveillon Jazz Café Depuis de nombreuses années, Shirley Smith et Bob Tinker, un couple d'Anglais, attirent les passionnés de jazz dans leur petit café de village. Elle est violoniste classique, il est trompettiste et a accompagné entre autres Shirley Basset et Charles Aznavour. Le vendredi soir, ils organisent des concerts et, chaque premier dimanche du mois, des jam sessions. Il n'est pas rare d'y entendre des grands noms du jazz (comme René Urtreger) venus y faire un bœuf entre amis. Comptez 25€ pour le concert et une formule fromage, salade et dessert. Mieux vaut réserver ! ***Réveillon** (sur la place de l'église, à 6km au sud de Mortagne) Tél. 02 33 25 04 67 ou 06 66 22 22 55 www.lereveillonjazzcafe.com Concert ven. 20h30*

Tourouvre et la forêt de la Trappe

Tourouvre Ce petit village du Perche à l'origine du peuplement du Québec au XVIIe siècle s'est doté de deux musées modernes et passionnants. *À 22km au sud de L'Aigle par la D918*

Musée de l'Émigration française au Canada Il fait honneur aux deux cent quatre-vingt-deux Tourouvrains qui partirent tenter l'aventure au milieu du

ORNE

XVIIe siècle en Nouvelle-France. On estime aujourd'hui que tous les Québecois ont au moins un ancêtre percheron ! Pierre Boucher lui-même, le "Patriarche du Canada", était natif de Mortagne, ce qui explique que le Perche soit un lieu de pèlerinage pour de nombreux Canadiens, d'ailleurs, une salle du musée les accueille pour rechercher leurs ancêtres. *Rue Mondrel* ***Tourouvre*** *Tél. 02 33 25 55 55 www.musealesdetourouvre.com Ouvert avr.-oct. : mar.-dim. 10h-12h30 et 14h-18h Tarif 3€, réduit 2€, moins de 10 ans gratuit Billet couplé avec le musée du Commerce et des Marques 5€, réduit 3€*

☺ **Musée des Commerces et des Marques** Un bric-à-brac kitschissime, baroque, insolite, drôle et inépuisable qui raconte l'évolution conjointe du commerce, des marques et de la publicité. Ironie de l'histoire, ce monde reconstitué de l'épicerie d'autrefois est l'œuvre d'un ancien gérant de la grande distribution. Pendant plus de vingt ans, il a amassé, entre autres curiosités, une profusion de boîtes, de bouteilles et d'affiches publicitaires des marques préférées de nos grands-mères… Le tout est ingénieusement mis en valeur sur des étagères en bois et chaque pièce répond à un thème spécifique : la pharmacie, la mercerie, le coin bistrot, le coin bondieuseries et une inévitable salle Banania ! *15, rue du Québec* ***Tourouvre*** *Tél. 02 33 25 55 55 www.hautperche.fr Ouvert juin-sept. : mar.-dim. 11h-18h ; mi-mars-mai et oct.-déc. : mer.-dim. 14h-18h Fermé 25-26 déc. Tarif 3€, réduit 2€, moins de 10 ans gratuit Billet couplé avec le musée de l'Émigration française au Canada 5€, réduit 3€*

ORNE

Abbaye de la Grande Trappe Un lieu de haute spiritualité qui rend la vallée où il est établi presque silencieuse. Fondée au XIIe siècle, l'abbaye ne connut son brillant rayonnement qu'à partir du XVIIe siècle, quand Armand Jean Le Bouthillier de Rancé en devint l'abbé après avoir renoncé à une vie très dissipée. Reprenant en main la communauté cistercienne, il instaure la réforme de la Trappe selon la règle de la stricte observance et transforme l'endroit en sanctuaire de la plus austère pénitence, ce qui marquera profondément les esprits du Grand Siècle : Bossuet y vient souvent en visite et, au XIXe siècle, Chateaubriand consacre à l'abbé l'un de ses livres les plus fameux, la *Vie de Rancé*. La Révolution a imposé la fermeture de l'abbaye mais a donné aux moines trappistes en fuite l'occasion de conquérir même l'Amérique ! L'abbaye a été rouverte dès la Restauration et les trappistes y mènent toujours la vie la plus recluse. On ne peut visiter les bâtiments (recons-

Balade en forêt

Forêt de Réno-Valdieu Couvrant près de 1 600ha, la forêt de Réno-Valdieu, la plus belle du Perche, est peuplée à environ 85% de chênes et de hêtres dont plus de la moitié sont centenaires. Le spectacle de leurs fûts est saisissant au canton de La Gautrie, où prospèrent, en une série dite "artistique", plus de 1 000 spécimens protégés et plantés sous Louis XIV, hauts de 40m. *À 6km au sud de Mortagne (de La Chapelle-Montligeon, suivre le fléchage "Forêts et abbayes")*

GOURMANDISES D'ABBAYE
Vous pouvez acheter le produit du travail des moines trappistes dans un petit magasin attenant à l'abbaye : fromage, pâtes de fruits et "régal fermier", dessert au lait caramélisé. **Magasin** *Ouvert lun.-sam. 10h30-12h et 14h45-17h45, dim. 11h45-12h45 et 14h45-18h30*

truits au XIXe s. et peu intéressants), mais on se console à l'entrée avec la projection d'un petit film qui témoigne bien de leur idéal de foi. Les moines accueillent des retraitants ou des laïcs à l'occasion de l'une des sept messes prononcées chaque jour. ***Soligny-la-Trappe*** *(15km au sud de L'Aigle par la D930 dir. Mortagne) Tél. 02 33 84 17 00 www.latrappe.fr (Rens.)*

☺ **Église Notre-Dame d'Autheuil** L'une des plus jolies églises romanes des environs, touchante de simplicité. L'ensemble fut édifié vers 1100 et a été peu modifié, hormis le percement d'une baie en gothique flamboyant dans le chœur et d'une superbe verrière Renaissance dans le bras sud du transept. La nef conserve sur ses murs une élégante suite d'arcatures géminées et deux petites rangées de bancs fermés tout à fait charmantes. Les chapiteaux des piliers du transept sont les plus ouvragés : on peut y observer de nombreux personnages et de fins entrelacements végétaux peuplés de figures animales d'inspiration scandinave. Leur sens paraît aujourd'hui bien mystérieux… À l'extérieur, entre autres modillons, ne manquez pas sur le chevet un petit monstre à grandes dents tirant une énorme langue ! Les peintures murales du chœur datent des XIIIe et XIVe siècles. ***Autheuil*** *À 13km au nord-est de Mortagne par la N12*

Église Notre-Dame-de-la-Salette de Malétable Moins une beauté qu'une curiosité : cette église construite à la fin du XIXe siècle d'après les plans d'un abbé exalté arbore en guise de clocher une tour en forme de phare ! À son sommet, constitué d'une verrière circulaire comme il se doit, trône une gigantesque statue de la Vierge : illuminée à la tombée du jour, elle peut ainsi veiller tout à loisir sur le monde de la nuit… *À 2km d'Autheuil par la D290*

CARNET D'ADRESSES

Restauration, hébergement

prix moyens

Hostellerie Genty Home L'adresse a deux façades : ouvrant sur la place de la République, un bistrot fait honneur, malgré la simplicité de sa salle, au marché hebdomadaire en proposant notamment de bonnes grillades (menus de 12 à 20€) ; rue Notre-Dame, un restaurant gastronomique sert dans un cadre aux tons crème et or assez précieux une cuisine de tradition et de qualité (menus de 20 à 35€). Wifi gratuit. Chambres relativement confortables (double 62-65€). *4, rue Notre-Dame* ***Mortagne-au-Perche*** *Tél. 02 33 25 11 53 www.legentyhome.com Fermé dim. soir*

☺ **Chambres d'hôtes La Porte rouge** C'est d'abord un très beau jardin conçu sur les remparts. On y accède en passant la fameuse porte rouge et on peut y prendre le thé en dégustant des gâteaux maison à l'ombre d'arbres fruitiers ou sous les rosiers grimpants. C'est aussi 2 chambres d'hôtes très confortables. C'est encore une table d'hôtes végétarienne et renommée où tout ce qu'on mange est préparé avec les produits du jardin (aubergine à l'italienne, timbale d'épinards...). C'est enfin l'accueil et l'accent charmants de Jill et de son mari, deux Anglais voyageurs qui ont posé leurs valises à Mortagne il y a une dizaine d'années. Une excellente adresse. Double 60€, table d'hôtes 25€/pers. Salon de thé au jardin ouvert tlj. (sauf jeudi) de 16 à 19h. *4, rue du Mail* **Mortagne-au-Perche** *Tél. 02 33 25 39 95 ou 09 75 20 61 96 www.laporterouge.fr*

Chambres d'hôtes L'Orangerie Le propriétaire de cette belle demeure est aussi le maître de l'école contiguë. Originaire de Lille, il a racheté aux religieuses qui les détenaient ce bâtiment, le jardin et l'orangerie. C'est dans cette dépendance, à l'écart de la maison, qu'il a installé 3 chambres mansardées colorées et confortables. Au rez-de-chaussée, dans une longue salle équipée d'une cuisine, il prépare aussi pour ses hôtes des plats mémorables. Les légumes sont du jardin, sa femme se charge des desserts et ils se fournissent uniquement chez des producteurs locaux. Un bel endroit ! Double 56€ petit déj. inclus, table d'hôtes 18€, assiette gourmande 12€. *9, rue du Dr-Vivares* **Longny-au-Perche** *(18km à l'est de Mortagne par la D8) Tél. 02 33 25 11 78 Ouvert mer., sam.-dim. et pendant les vac. scol.*

prix élevés

Restaurant du Palais - Hôtel du Tribunal Assurément la meilleure table de la ville. Dans une jolie salle alliant vieilles pierres (l'édifice date des XIIIe et XVIe siècles) et décoration élégante, le jeune chef, Freddy Pommier, concocte des plats de haute tenue où rien n'est laissé au hasard, de la qualité des produits à la maîtrise de leur préparation, en passant par un sens audacieux des saveurs et la présentation très soignée (les assiettes dressées ressemblent à des tableaux d'Arcimboldo). Omble chevalier poché, filet de veau cuit une nuit, boudin noir maison, ou encore l'étonnant neufchâtel glacé (!) : on en sort rassasié et ravi. Trois menus gastronomiques de 29,50 à 50€. Également 21 chambres refaites à neuf de 62 à 130€, avec vue sur le jardin ou sur les toits de la ville. *4, pl. du Palais* **Mortagne-au-Perche** *Tél. 02 33 25 04 77 www.hotel-tribunal.fr*

☺ **Chambres d'hôtes Hôtel des Tailles** Derrière de hauts murs, une cour pavée ombragée par un catalpa, et la façade majestueuse d'un hôtel particulier du XVIIIe siècle. Cette magnifique demeure du receveur des tailles (impôt de l'Ancien Régime), transformée en maison d'hôtes, est une des plus belles de la ville. À l'intérieur, de vastes pièces aux boiseries classiques. Salon, bibliothèque, salle à manger... chacune mariant avec bonheur et délicatesse les styles et les influences possède une atmosphère

Vous prendrez bien un petit dessert...

Spécialité normande au lait cru qu'on déguste au dessert, la **teurgoule**, ou terrinée, est un riz au lait à la cannelle et au laurier cuit pendant des heures dans une terrine en grès.

différente tout en étant le parfait reflet de la personnalité chaleureuse de vos hôtes. Un superbe escalier dessert 2 chambres puis une suite mansardée pour 3 personnes (2e étage), toutes les trois très lumineuses, aux volumes magnifiques et au confort douillet. Enfin, dans une dépendance, on trouve une suite tout aussi élégante composée de 2 chambres. Double de 60 à 120€, suite de 150 à 170€. Les dynamiques propriétaires proposent également une table d'hôtes de belle tenue mais aussi, et exclusivement pour les hôtes, une boutique de vêtements vintages où faire des trouvailles. *9, rue des Tailles* ***Mortagne-au-Perche*** *Tél. 02 33 73 69 09 ou 06 09 50 29 08 www.hoteldestailles.com*

Restaurant Le Relais de la forêt Au cœur de la forêt de la Trappe, cette auberge confidentielle allie depuis plus de vingt ans gastronomie et convivialité. Le chef, qui a fait ses classes dans des restaurants étoilés, renouvelle la cuisine régionale en se fournissant uniquement chez des producteurs locaux. Sa femme passionnée d'œnologie conseille des vins au verre pour accompagner chaque plat. Côte de veau à la sauge, brochette de bœuf et de cervelas au pont-l'évêque, etc., à déguster dans des menus de 27 à 36€. ***Bubertré*** *(12km au nord de Mortagne, en face de l'église) Tél. 02 33 25 78 06 Ouvert lun. et jeu.-dim. midi*

prix très élevés

☺ **Chambres d'hôtes La Maison d'Hector** Dans une ancienne faïencerie du XVIIIe siècle patiemment restaurée, 3 chambres déclinent des thèmes chers à leur propriétaire et fin décorateur : la poule, la fleur et la graine. L'accueil est soigné, et le confort cosy – jardin d'hiver avec poêle et canapés dans un atelier d'artiste du XIXe siècle. Et pour goûter, tous les bonheurs de cette maison, profitez de la table d'hôtes (23€) où sont servis les légumes et les herbes parfaitement accommodés du potager amoureusement entretenu : verrines, tajines, terrines maison. Chambres de 95 à 105€ incluant un excellent petit déjeuner. ***Saint-Mard-de-Réno*** *(7,5km à l'est de Mortagne par la D8, prendre la première route à gauche à la sortie du bourg) Tél. 02 33 73 58 59 www.lamaisondhector.com*

ORNE

☺ Dormir dans une cabane perchée

Château de la Grande-Noë
À l'écart du splendide château de la Grande-Noë bâti aux XVe et XVIIe siècles et de la ferme biologique attenante, dans un parc de 135ha, six cabanes confortables construites dans des arbres centenaires vous hissent pour la nuit entre 4 et 15m de hauteur. Ambiance romantique, familiale ou aventurière selon les goûts. Également à l'intérieur du château : 3 chambres d'hôtes de luxe comprenant un petit déjeuner copieux servi dans une salle à manger aux boiseries marquetées du XVIIIe siècle. Double de 100 à 140€ et cabane de 112 à 142€ (264 pour 4 pers). Panier repas 22€. ***Moulicent*** *(20km à l'ouest de Mortagne) Tél. 06 58 54 21 24 (cabanes) ou 06 87 65 88 47 ou 02 33 73 63 30 (chambres) www.chateaudelagrandenoe.com*

☺ BELLÊME

61130

On ne sait toujours pas à ce jour si la ville doit son nom à Belisama, déesse celte de la lumière, ou au qualificatif *bellissima* ("la plus belle") mais, dans les deux cas, l'appellation est flatteuse ! Il est vrai que la ville est charmante : cet ancien nid d'aigle fondé au Xe siècle, longtemps réputé imprenable et même assiégé par Blanche de Castille, régente et mère de Louis IX, est aujourd'hui une bourgade champêtre agrémentée de toits de tuiles rousses dans l'écrin de verdure de sa forêt. Ses hauteurs conservent quelques traces de l'ancienne forteresse, en particulier le porche, large porte fortifiée reconstruite pendant la guerre de Cent Ans, qui protégeait l'accès à la ville close, mais ce sont surtout, bordant la même rue, les hôtels particuliers qui en imposent aujourd'hui... Ils alignent avec élégance leurs façades classiques ouvragées (XVIIe et XVIIIe s.), parfois dotées de balcons, et donnent à Bellême une atmosphère un peu secrète.

MODE D'EMPLOI

accès

EN VOITURE
À 40km à l'est d'Alençon via Mamers, et à 17km au sud de Mortagne-au-Perche. De Paris (180km), prendre l'A10-A11 (dir. Le Mans), sortie n°4 Luigny, puis D955 via Nogent-le-Rotrou (21km).

EN TRAIN
SNCF Liaisons TER quotidiennes fréquentes de Paris-Montparnasse à Nogent-le-Rotrou (1h40). Puis bus Cap Orne. *Tél. 3635 www.sncf.com www.ter-sncf.com*

EN CAR
Cap Orne Ligne n°71 Nogent-le-Rotrou-Bellême-Alençon. *Tél. 02 33 81 61 95 www.orne.fr*

informations touristiques

Maison de Tourisme du pays Bellemois *Bd Bansard-des-Bois Tél. 02 33 73 09 69 Ouvert mars, oct. : jeu. 10h-12h30, ven. 14h-17h, sam. 10h-12h30 et 14h-17h ; avr.-juin, sept. : mar. 14h30-18h30, mer.-dim. 10h-12h30 et 14h30-18h30 ; juil.-août : tlj. 9h30-12h30 et 14h30-18h30 ; nov.-fév. : sam. 10h-12h30 et 14h-17h30*
Maison du parc naturel régional du Perche Outre son espace d'exposition et la visite du domaine, la "vitrine du parc" rassemble toutes sortes d'informations touristiques pour organiser un séjour : loisirs, découvertes, visites, circuits touristiques, hébergement. *Manoir de Courboyer* **Nocé** *Tél. 02 33 25 70 10 www.parc-naturel-perche.fr Ouvert avr.-sept. : tlj. 10h30-18h30 ; nov.-mars : tlj. 10h30-17h30 Fermé 25 déc. et 1er jan.*

marchés, fêtes et manifestations

Marché *Dans la ville close, près de l'église Saint-Sauveur Jeu.*
Mycologiades internationales Chaque année au mois d'octobre, la petite cité de Bellême et sa forêt

séculaire deviennent la capitale des amateurs de champignons du monde entier. Cueillettes encadrées par des spécialistes, travaux pratiques, ateliers, exposition des plus belles pièces, il y en a pour tous les goûts et de toutes les tailles. Un rêve de mycologue ! *1er w.-e. d'oct.*

Tout feu tout flamme Manifestation pilotée par le parc régional, ce "Rendez-vous d'hiver au coin du Perche" met à l'honneur le terroir à travers un programme d'expositions, ateliers, dîners au coin du feu, conférences, etc. *Tél. 02 33 73 48 06 Dernière semaine de fév.*

DÉCOUVRIR

Bellême et sa forêt

☆ **Les essentiels** La forêt de Bellême **Découvrir autrement** Promenez-vous dans le parc du château du Tertre, faites une pause gourmande à la Maison Gustave

Église Saint-Sauveur Cette église fut construite à la fin du XVIIe siècle dans un pur style classique, en particulier le portail d'entrée encadré de pilastres et orné d'un riche fronton dont le bas-relief représente Dieu lui-même. La nef, de belles proportions, est flanquée de part et d'autre d'une remarquable suite de chapelles jumelles aux vitraux historiés. Beaux fonts baptismaux (1684). *Sur la place en haut de la rue Ville-Close.*

☆ **Forêt de Bellême** Elle s'étend partout au nord de la ville de Bellême. Classées au patrimoine mondial de l'Unesco, ses futaies de chênes et de hêtres sont bien agréables pour une promenade. L'idéal est de partir de l'étang de la Herse, particulièrement bucolique avec son écran d'eau reflétant les frondaisons aériennes des arbres qui le cernent… La forêt est également très riche en champignons : on en dénombre plus de 350 espèces, dont certaines très rares, ce qui vaut à Bellême d'accueillir chaque année la fine fleur des spécialistes mondiaux du champignon lors des Mycologiades internationales (1er w.-e. d'oct.). **Étang de la Herse** *À 2km au nord de la ville sur la D938 dir. Mortagne*

Château du Tertre Ancienne demeure de l'écrivain Roger Martin du Gard (1881-1958), qui y a écrit une partie de son œuvre, ce château du XVIIe siècle conserve aujourd'hui encore son bureau et sa bibliothèque. Le parc à l'anglaise d'inspiration maçonnique ouvre de superbes perspectives sur Bellême et la forêt. ***Sérigny*** *(à 1km de Bellême sur la D5) Tél. 02 33 73 18 30 Ouvert début juil.-mi-sept. : tlj. 13h-19h ; reste de l'année prendre rdv pour visiter le bureau et la bibliothèque de Roger Martin du Gard Entrée libre*

● Où chiner, dîner ?

Les Broc'hanteuses Cette brocanteuse voue une passion sans bornes aux meubles et objets des années 1950 ou 1980. Dans sa boutique toute en longueur, pas d'armoire normande mais un dédale de bureaux, fauteuils, tapis et luminaires vintage. Mais l'originalité du lieu, c'est qu'on y chine et qu'on y mange… Le soir venu, on peut s'attabler dans l'arrière-boutique pour se réchauffer d'une pomme de terre au truchot (spécialité parmentière du Nord, cuite à l'étouffée, sous une cloche en terre). Formule repas (plat, fromage et dessert) 18,50€ sans le vin, sur réservation uniquement. *22, rue Boucicaut Tél. 02 33 83 03 22 Ouvert jeu.-dim. 10h-13h et 15h-19h et sur rdv*

● Jouer au golf

Golf de Bellême Le parcours (18 trous, 5 935m) est vallonné et ponctué de petits plans d'eau avec, en prime, un large panorama sur la campagne percheronne et la forêt de Bellême. Entrée individuelle 26 et 37€ basse saison, 37 à 49€ haute saison. Également complexe hôtelier (50 chambres de 92 à 128€ et restaurant gastronomique (menus de 25 à 45€). *Les Sablons Tél. 02 33 73 12 79 www.domainedugolfdebelleme.com*

Les environs de Bellême

☆ **Les essentiels** Le manoir de Courboyer-Maison du parc naturel régional du Perche **Découvrir autrement** Succombez au charme du village médiéval de La Perrière, amateurs de plantes filez au jardin François du Préaux-du-Perche

☺ La Perrière

À l'extrémité ouest de la forêt de Bellême, ce village, l'un des plus jolis villages du Perche, est niché au sommet d'un éperon rocheux d'où il domine magistralement l'océan de verdure de la forêt et la plaine du Saosnois. Ses ruelles sont bordées de demeures de caractère des XVe, XVIIe et XVIIIe siècles : enduites de crépis aux couleurs chatoyantes et souvent recouvertes d'une pluie de glycine ou de vigne vierge, elles forment un tableau des plus charmants. Détour d'autant plus conseillé que les routes qui y mènent sont un ravissement ! Disponible à l'OT, sur la Grande-Place. *À 12km de Bellême* **Office de tourisme** *Tél. 02 33 73 35 49 www.cdcpaysbellemois.fr*

● Où croquer la baguette du Perche ?

Ferme de la Grande Suardière À deux kilomètres de La Perrière, un couple d'agriculteurs bio produisent leurs céréales et cuisent des pains délicieux dans un four à bois. Leur baguette caractérisée par sa couleur ambrée et son petit goût de noisette est composée uniquement de farines fabriquées dans le parc naturel du Perche. Possibilité de goûter aux produits de la ferme sur rdv. ***La Perrière*** *(12km à l'ouest de Bellême sur la D955 dir. Mamers puis la D644 à droite) Tél. 02 33 83 53 29 Vente à la ferme jeu. et dim. 10h-19h*

● Où boire un thé en chinant ?

☺ **La Maison d'Horbé** Cette maison est à la fois un salon de thé, une table d'hôtes et une brocante. Elle est située sur la place du village de La Perrière, dans une superbe maison de maître avec vieux carrelages, élégantes cheminées et marquises en verre ; toutes les pièces y sont encombrées d'une profusion de vieux objets, fruit d'un chinage très inspiré. Selon l'heure et l'humeur, vous pourrez y prendre un thé (belle carte) accompagné d'excellents biscuits maison,

GEOPLUS

Parc naturel régional du Perche

De collines en bocage, des forêts aux berges des étangs, des nobles demeures aux abbayes, le territoire du parc du Perche déploie une formidable palette de paysages naturels et construits. Ces terres fertiles à la ruralité bien assumée font le régal des amateurs de loisirs verts – randonnée, équitation, cyclotourisme – et leur offrent des lieux de séjours très nature le temps d'un week-end... ou plus !

TERRES FERTILES

Créé en 1998, le dernier-né des parcs normands occupe une superficie de 194 000ha entre les plaines de la Beauce à l'est et le bocage ornais à l'ouest et à cheval sur deux départements l'Eure-et-Loir et l'Orne. Les forêts de chênes et de hêtres y sont prédominantes : Bellême au sud-ouest, Perche-Trappe et Réno-Valdieu au nord-ouest, La Ferté-Vidame et Senonches au nord-est. On y découvre également de nombreux étangs (Haut-Perche) autrefois utilisés comme réserves de pêche et retenues d'eau pour les moulins, et des collines aux courbes adoucies par l'érosion (Perche). Enjeu de nombreuses rivalités au Moyen Âge, la région en garde des traces monumentales : châteaux Saint-Jean à Nogent-le-Rotrou, de Laborde à La Ferté-Vidame, abbaye de la Sainte-Trinité à Thiron-Gardais, commanderie des Templiers à Arville... C'est d'ailleurs dans l'une des demeures les plus représentatives de cette architecture historique percheronne, le manoir de Courboyer à Nocé, qu'a élu domicile le siège du Parc.

TERRITOIRE DE DÉCOUVERTE

Dans le manoir de Nocé sont rassemblés les services administratifs, dont des équipes de scientifiques et de spécialistes chargés entre autres de l'inventaire de la faune et de la flore et du patrimoine bâti et, dans une logique de développement durable, de la préservation des milieux naturels et des espaces construits. Le parc assure également une mission d'accueil et d'information auprès du grand public offrant des espaces d'exposition qui valent le détour : le manoir Courboyer et, quelques kilomètres plus loin, l'écomusée du Perche, attrayant conservatoire des savoir-faire mais aussi des "savoir être" percherons

Maison du Parc *Nocé (à 12,5km de Bellême) Tél. 02 33 25 70 10 www.parc-naturel-perche.fr*

Écomusée du Perche *Saint-Cyr-la-Rosière (13km au sud-est de Bellême) Tél. 02 33 73 48 06 www.ecomuseeduperche.fr*

ou vous installer à la table d'hôtes pour déguster une brouillade de Saint-Jacques au vinaigre de truffe, des ris de veau aux morilles ou un des meilleurs foies gras (aux morilles) de la région. Plats de 5 à 21€. ***La Perrière*** *(12km à l'ouest de Bellême par la D955 dir. Mamers puis la D644) Tél. 02 33 73 18 41 Ouvert ven.-dim. et j. fér. (mar.-dim. pendant les vac. scol.) 11h-20h (après 20h sur rés.)*

Nocé et ses alentours

☆ **Manoir de Courboyer-Maison du parc naturel régional du Perche** Construit à flanc de coteau on repère de loin la fière et haute silhouette du manoir de Courdoyer, l'un des plus anciens châteaux du Perche. Édifié vers 1500, flanqué aux quatre angles d'échauguettes assez haut perchées, ce qui lui donne un drôle d'air emprunté, l'ancien manoir offre aujourd'hui son cadre rustique à la maison du Parc, lieu d'information touristique et d'exposition. Le rez-de-chaussée retrace l'histoire du Perche, la visite se poursuit au premier niveau par une présentation du domaine de Courboyer et le deuxième niveau est réservé à des expositions temporaires. La visite se poursuit en extérieur sur les 65ha du domaine où paissent les fameux percherons. Des sentiers qui vous mèneront à la bergerie, au potager traditionnel créé en 2008, ou encore vers l'étang. Prévoyez une bonne matinée de visite et consultez l'agenda des animations. ***Nocé*** *(à 12,5km à l'est de Bellême) Tél. 02 33 25 70 10 Ouvert avr.-sept. : tlj. 10h30-18h30 ; oct.-mars : tlj. 10h30-17h30 Fermé 25 déc. et 1er jan. Domaine Visite libre Manoir 2€ Visite guidée 3€, moins de 16 ans gratuit*

PERCHE GOURMAND

Faites vibrer vos papilles ! Rendez-vous dans les dépendances du manoir de Courboyer pour remplir votre panier pique-nique de produits artisanaux 100% percherons (terrine de boudin noir, tartine au chèvre, gratin du terroir, pomme fruit, cidre...), à emporter ou à consommer sur place (p.526).

☺ **Jardin François** Autour d'une petite ferme percheronne pittoresque, recouverte d'un enduit jaune mêlé de sable extrêmement lumineux, Gérard François, horticulteur à Rungis, a créé un jardin contemporain des plus piquants. On se promène au gré de petites allées tortueuses à travers une profusion de couleurs et l'écho contrasté et étonnamment vivant des formes végétales les plus variées… De la belle nature ouvragée ! Le jardin François dispose également de cinq élégantes chambres d'hôtes (p.527). ***Préaux-du-Perche*** *(12km à l'est de Bellême par la D955 puis D9 à droite) Tél. 02 37 49 64 19 www.jardin-francois.com Ouvert sam.-jeu. jusqu'au coucher du soleil et ven. jusqu'à 23h (le jardin est éclairé) Tarif 5€, réduit 3€*

Manoir de la Fresnaye On l'atteint à l'issue d'une immense avenue perdue dans d'obscurs sous-bois et l'on a déjà l'impression de remonter le temps. Le manoir lui-même doit à sa volumineuse tour ronde du XIVe siècle le titre de "plus vieux manoir du Perche". On peut en visiter les extérieurs et une partie de l'intérieur où est présentée une exposition sur l'histoire du lieu. ***Saint-Germain-de-la-Coudre*** *(12km au sud de Bellême, bien indiqué sur la D7) Tél. 02 33 83 57 64 Ouvert juil.-mi-sept. : mar.-ven. 13h-19h, hors saison : sur rdv Tarif 4€, moins de 18 ans gratuit*

☺ **Écomusée du Perche-Prieuré Sainte-Gauburge** Ce musée des Arts et Traditions populaires percheronnes est installé dans le hameau de Sainte-Gauburge, né autour du prieuré qui lui a donné son nom. La riche collection est présentée de manière pédagogique : évolution du matériel agricole (du soc de charrue au tracteur), travail du blé, de l'osier, du chanvre, de la tuile et de la céramique, fabrication du cidre et ateliers reconstitués de nombreux métiers disparus (maréchal-ferrant, bourrelier, charron, tonnelier, sabotier, etc.). La visite du prieuré (XIIIe, XVe et XVIIIe siècles) est tout aussi passionnante. Bien que transformé en ferme après la Révolution, il conserve de belles croisées d'ogives et quelques éléments de décor sculptés Renaissance. Le logis du prieur recèle de remarquables cheminées du XVe siècle dont les manteaux sont sculptés de remarquables hauts-reliefs. L'un d'eux représente Adam et Ève chassés par Dieu en personne du Paradis. Très rare ! Un chemin de découverte autour du hameau de Sainte-Gauburge sillonne les alentours d'où l'on observera quelques manoirs. ***Saint-Cyr-la-Rosière*** *(2km à l'est de Préaux-du-Perche) Tél. 02 33 73 48 06 www.ecomuseeduperche.fr Ouvert tlj. 10h30-18h30 Fermé 24, 25 et 31 déc., 1er jan. Tarif 4,60€, réduit 3,80€, moins de 8 ans gratuit* **Prieuré** *Vac. scol. : tlj. 14h-17h ; hors vac. scol. : sam.-dim. et j. fér. 14h-17h Visite guidée du prieuré + entrée écomusée 5,70€, réduit 4,90€, moins de 18 ans gratuit*

ORNE

Manoir de l'Angenardière Il ne se visite pas mais il faut l'admirer à la sortie de Saint-Cyr-la-Rosière. Édifié dans les années 1590, il concentre en effet tous les styles des manoirs percherons : logis massif, échauguettes, grosses tours cernées de mâchicoulis et galerie Renaissance. Du rustique flamboyant ! *Indiqué à partir du bourg de Saint-Cyr-la-Rosière*

Parc du château de Lorière Le cadre d'une promenade romantique ! Le parc fut aménagé autour de cet élégant château de campagne de style Louis XV entre 1850 et 1870. Bien préservé et labellisé "jardin remarquable", il est caractéristique des créations paysagères à l'anglaise : l'alternance des pelouses et des bois épouse gracieusement les formes du relief et l'ensemble est percé de larges perspectives, appuyées sur de petits bosquets et des sous-étages plus sombres, ouvrant sur les collines environnantes…

Manoir, mon beau manoir !

On ne peut faire le moindre kilomètre dans ce pays sans croiser un manoir. Plus de trois cents furent ainsi construits entre 1490 et 1560, la guerre de Cent Ans ayant ravagé les antiques demeures seigneuriales. La plupart sont privés et ne se visitent pas (à l'exception de Courboyer). Les plus anciens sont les plus rustiques, car ils étaient, contrairement aux châteaux, le siège d'exploitations agricoles sommées, en outre, de se protéger contre les brigands de passage, d'où leur caractère si défensif. Cependant, la proximité de Paris et de la Loire et la prise de charges en ville par les nobles ont peu à peu motivé l'édification de demeures plus agréables, notamment marquées par des influences italiennes.

De nombreuses essences – séquoias, cèdres, pins laricio, genévriers, etc. – et un joli potager clos de murs. ***La Rouge*** *(20km au sud-est de Bellême sur la D11) Tél. 02 37 49 61 43 Ouvert mi-juil.-fin août : tlj. 10h-12h et 14h-18h Tarif 5€, moins de 12 ans gratuit*

● Où faire des provisions de cidre et de calvados ?

Cidrerie Dominique Plessis Cette cidrerie traditionnelle ouvre ses portes pour une visite et, bien sûr, pour déguster ses cidres, pommeau, poiré, jus de pomme et calvados. Dominique Plessis organise régulièrement des expositions d'art contemporain dans les chais. Le petit plus : sur réservation la cidrerie vous servira une collation salée ou sucrée composée de produits fermiers. *La Cour* ***L'Hermitière*** *(15km au sud de Bellême par la D7, puis la D107 à gauche dans le bourg de St-Germain-de-la-Coudre) Tél. 02 37 49 67 30 www.cidrerie-traditionnelle-du-perche.fr Ouvert avr.-oct. : tlj. 10h-12h et 15h-20h ; nov.-mars : mer.-dim. 10h-12h et 15h-19h Entrée libre*

● Partir en balade avec des percherons

Trait nature C'est le meilleur moyen pour faire connaissance avec la race chevaline emblématique du Perche. Catherine et Laurent Renou proposent des balades montées (11,20€ l'heure, 5,60€ pour les moins de 12 ans) ou attelées (17,30€ l'heure et 30,50€ les 2h) sur les chemins de la région. *Lieu-dit Le Village* ***La Chapelle-Souëf*** *(7km au sud de Bellême dir. Appenai-sous-Bellême, à gauche 2km après le bourg) Tél. 02 33 73 54 21 ou 06 84 58 92 64 www.traitnature.com*

CARNET D'ADRESSES

Restauration, hébergement

prix moyens

☺ **Hôtel-restaurant Le Relais d'Horbé** Sur la place du ravissant village de La Perrière, cet hôtel de campagne dispose de 3 chambres spacieuses et originales (double 57€, petit déj. 5€). Il y a la Marine, la Marocaine et la Normande, chacune, tout confort, décline une décoration thématique faite de souvenirs glanés au fil des voyages de Martin, le propriétaire. Dans son broc'hôtel, cet homme-orchestre fait tout : les travaux, la cuisine... mais aussi la sélection des objets de brocante, et se charge de l'animation. Aux beaux jours il faut absolument profiter de la délicieuse terrasse ombragée, sinon la salle vaut aussi le détour pour sa fabuleuse collection de percolateurs anciens. Menus à 11€ à midi, de 18 à 22€ le soir et le week-end. Spécialités : gigot à la paille, cochon de lait sur commande. *Grande-Place* ***La Perrière*** *(12km à l'ouest de Bellême) Tél. 02 33 25 95 44 www.relaisdhorbe.com Ouvert lun.-mar. et jeu.-dim.*

Restaurant du manoir Courboyer Outre la boutique, le manoir dispose d'un espace gourmand, destiné à découvrir sur place une cuisine à base de produits fermiers fabriqués dans un rayon de 20km. Plat du jour 13€. Menu enfant 7,30€. *Manoir Courboyer* ***Nocé*** *Tél. 02 33 25 70 10 Ouvert avr.-août : tlj. 11h-18h ; sept.-mars : jeu.-lun. 11h-17h30*

Restaurant La Tête noire Avec son décor de maison de famille, ce restaurant de bourg mérite le détour. Une carte courte et appétissante, composée avec la complicité d'une quinzaine de producteurs locaux, offre une traçabilité exemplaire de chaque assiette. Coup de cœur pour la terrine de foie de volaille, simplement posée sur la table avec son bocal de condiments multicolores : chacun se sert, comme chez soi ! Sans oublier le boudin noir du Perche "pom pom", avec compote et purée. Ici, même le pain est "maison". N'oubliez pas à la boutique de faire quelques réserves de conserves et de confitures du chef avant de reprendre la route. Formule midi en semaine 15€, menus de 19€ à 27€. *7, rue de la Coudre* ***Saint-Germain-de-la-Coudre*** *Tél. 02 33 25 01 77 Ouvert mar.-mer. et dim. midi, jeu.-sam. midi et soir*

prix élevés

☺ **Le Haut Buat** Une ancienne fermette typiquement percheronne harmonieusement restaurée. Sous les tuiles brunes des toitures, les murs conservent leurs moellons de craie blanche jointoyés avec le beau sable jaune local. Les chambres, aménagées dans une des dépendances, sont aussi champêtres que douillettes, avec vieux pavés, murs en pierre et mobilier ancien. Mention spéciale à celles de l'étage (plutôt pour des familles) : abrité par les sous-pentes et leur très beau jeu de poutres, on s'y endort dans un véritable cocon. Lit de 160cm. Double 75€, petit déj. inclus. *M. et Mme Thiéblin* ***Saint-Germain-de-la-Coudre*** *(13km de Bellême par la D7, rejoindre Saint-Germain-de-la-Coudre et suivre les panneaux Le Manoir de la Fresnaye, la fermette est indiquée) Tél. 02 33 83 36 00 http://haut.buat.free.fr*

prix très élevés

☺ **Chambres d'hôtes Manoir de Lormarin** L'ancien fournil d'un manoir percheron pour soi seul ! Le petit bâtiment a été construit au XVIIe siècle et conserve ses vieux pavés, son jeu de poutres rongées par les années et ses cheminées appareillées de grandes pierres plates. La restauration a su tirer le meilleur parti du charme de l'ensemble : mobilier ancien, salles de bains au design contemporain alliant avec réussite les formes les plus rustiques et murs recouverts d'un enduit ocre si lumineux qu'on le croirait toujours éclairé par un feu de bois. Salon au rez-de-chaussée et chambre à l'étage. Double à 130€ la nuit (250€/2 nuits) avec petit déjeuner. Magasin d'antiquités dans les dépendances du manoir ouvert du jeudi au dimanche de 14h à 19h. Visite libre du parc à ces heures. ***Nocé*** *Sur la D9 à la sortie de Nocé dir. Préaux-du-Perche (10km à l'est de Bellême) Tél. 02 33 25 41 89 www.manoirdelormarin.fr Fermé en fév.*

☺ **Le Jardin François** Une petite maison aux couleurs chatoyantes et dont les abords isolés ont été transformés en un luxuriant jardin contemporain par Gérard François (p.524). Les chambres sont toutes très confortables, rustiques, modernes ou plus bourgeoises, mais toujours agréables. Salle commune ou kitchenette dans certaines d'entre elles. De 80 à 120€ le week-end et de 45 à 90€ en semaine. ***Préaux-du-Perche*** *(12km à l'est de Bellême par la D955 puis D9 à droite) Tél. 02 37 49 64 19 www.jardin-francois.com*

Phare de Goury (p.263).

Maison des Quatrans (p.68), Caen.

GEODOCS

EN SAVOIR PLUS

BIBLIOGRAPHIE

histoire et société

Bataille de Normandie (La) coll. “Encyclopédies du voyage”, Éd. Gallimard, Paris, 2004
De terre et d'eau – au rythme de la blanchie dans les marais du Cotentin Corine Boujot, coll. “Les Carnets d'ici”, Éd. CRECET, Caen, 2003
Enluminure romane au Mont-Saint-Michel, Xe-XIIe siècles (L'), Monique Dosdat, Éd. Ouest France, Rennes, 2006
Entre ciel et mer, le Mont-Saint-Michel Jean-Paul Brighelli, coll. “Découvertes”, Éd. Gallimard, Paris, 2008
Histoire de la Normandie sous la direction de Michel de Bouard, Éd. Privat, Toulouse, 2001
Histoire de la Normandie Jean Mabire et Jean-Robert Ragache, Éd. France Empire, Paris, 1998
Histoire du département de la Manche André Dupont, Éd. OCEP, Coutances, 1991
Italies normandes Jean-Marie Martin, Éd. Hachette, Paris, 1994
Normandie romane (2 tomes) Lucien Musset, Éd. Zodiaque, La-Pierre-qui-vire, 1991
Normands en Méditerranée dans le sillage de Tancrède (Les) Pierre Bouet et François Neveux, Éd. PUC, Caen, 2001
Orne de la préhistoire à nos jours (L') sous la direction de René Plessix, Éd. J.-M. Bordessoules, Saint-Jean-d'Angély, 1999
Plages du Débarquement (Les) Jean-Jacques Lerosier, Éd. Actes Sud/Dexia, Paris-Arles, 2004
Sur le quai de Ouistreham Florence Aubenas, Éd. de l'Olivier, Paris, 2010

beaux livres

Baie du Mont-Saint-Michel (La) A. Johnston, coll. Carnet du Littoral Éd. Gallimard Loisirs, Paris, 1996
Île de Tatihou (L') F. Moireau, coll. Carnet du Littoral Éd. Gallimard Loisirs, Paris, 1997
Magnifique Normandie Franck Godard et Olivier Bouteiller, Éd. Déclics, Paris, 2004
Marguerite Duras de Trouville Hélène Bamberger, Éd. de Minuit, 2004
Mer écrite (La) Marguerite Duras, photographies d'Hélène Bamberger, Marval, 1996
Vivre en Normandie C. Sarramon et S. Gleizes, Éd. Flammarion, Paris, 2009

littérature

Balzac, Honoré de *Le Cabinet des Antiques*, coll. “Folio”, Éd. Gallimard, Paris, 1999 ; *La Vieille Fille*, coll. “Folio”, Éd. Gallimard, Paris, 1978
Barbey d'Aurevilly, Jules *Le Chevalier des Touches*, coll. “Folio”, Éd. Gallimard, Paris, 1999
Barnes, Julian *Le Perroquet de Flaubert* Éd. Stock, 2003
Chrétien de Troyes *Romans de la Table ronde*, coll. “Folio”, Éd. Gallimard, Paris, 1975
Duras, Marguerite *La Pute de la côte normande Éd. de Minuit 1986*
Fargues, Nicolas *Le Roman de l'été* Éd. POL, Paris, 2009
Flaubert, Gustave *Madame Bovary*, coll. “Folio”, Éd. Gallimard, Paris, 2001 ; *Un cœur simple*, coll. “Folio”, Éd. Gallimard, Paris, 2000
Hugo, Victor *Voyages, France et Belgique (1834-1837)*, Éd. Presses universitaires de Grenoble, 1974 ; *Les Travailleurs de la mer*, coll. “Folio”, Éd. Gallimard, Paris, 1980

Maupassant, Guy de *Contes et Nouvelles*, La Pléiade, Éd. Gallimard, Paris, 1974 et 1979 ; *Romans*, La Pléiade, Éd. Gallimard, Paris, 1987

Michelet, Jules *La Mer*, coll. "Folio", Éd. Gallimard, Paris, 1983

Mirbeau, Octave *Contes de la chaumière*, Éd. Le Serpent à plumes, Paris, 1999 ; *Journal d'une femme de chambre* coll. "Folio", Éd. Gallimard, Paris, 2012

Proust, Marcel *À la recherche du temps perdu*, coll. "Quarto", Éd. Gallimard, Paris, 1999

Stendhal *Mémoires d'un touriste*, Éd. Ressouvenances, Cœuvres-et-Valsery, 1999

gastronomie

Aimer la cuisine de Normandie M. Bruneau, Éd. Ouest France, Rennes, 2001

Cuisine normande d'hier et d'aujourd'hui M. Bruneau, Éd. Ouest France, Rennes, 2010

Les meilleurs desserts de Normandie M. Bruneau, Éd. Ouest France, Rennes, 2007

Normandie - Produits du terroir et Recettes traditionnelles collectif, Éd. Albin Michel/ Irqua-Normandie, Paris, 2003

topoguides

Bessin... à pied (Le) Éd. FFRP, Paris, 2005

Manche... à pied (La) Éd. FFRP, Paris, 2011

Orne... à pied (L') Éd. FFRP, Paris, 2011

Pays d'Auge... à pied (Le) Éd. FFRP, Paris, 2006

Perche... à pied (Le) Éd. FFRP, Paris, 2007

Sur les plages du Débarquement, À pied en famille Éd. FFRP, Paris, 2004

Tour du Cotentin Éd. FFRP, Paris, 2011

Villes et villages de charme du Calvados... à pied Éd. FFRP, Paris, 2009

FILMOGRAPHIE

Blain, Gérard *Les Amis*, 1971 (Deauville)

Camus, Marcel *Le Mur de l'Atlantique*, 1970 (Saint-Vaast-la-Hougue, Barfleur)

Carné, Marcel *La Marie du port*, 1949 (Port-en-Bessin)

Demy, Jacques *Les Parapluies de Cherbourg*, 1963 (Cherbourg)

Duras, Marguerite *La femme du Gange*, 1974 ; Le Camion, 1977 (pointe de la Hague) *Agatha*, 1981 ; *L'Homme atlantique*, 1981 (Trouville)

Goretta, Claude *La Dentellière*, 1977 (Cabourg, Deauville, Ouistreham)

Lelouch, Claude *Un homme et une femme*, 1966 (Deauville)

Losey, Joseph *Les Routes du sud*, 1978 (La Hague, Cherbourg, Le Rozel)

Marton, Andrew ; Annakin, Ken ; Wicki, Bernhard et Oswald, Gerd *Le Jour le plus long*, 1962 (sites du Débarquement)

Parrish, Robert *Le jour d'après*, 1965 (Val de Saire)

Perrin, Jacques *Le Peuple migrateur*, 2001 (Pays d'Auge, Mont-Saint-Michel)

Rappeneau, Jean-Paul *La Vie de château*, 1965 (marais de Carentan)

Rohmer, Éric *Pauline à la plage*, 1983 (Jullouville)

Truffaut, François *Les Deux Anglaises et le continent*, 1971 (Auderville, Barfleur, Le Vast)

Ruiz, Raoul *Le Temps retrouvé*, 2001 (Cabourg)

GEOPLUS

Glossaire

Arc en plein cintre Demi-cercle régulier décrit par une voûte ; s'oppose à l'arc brisé
Barbacane Ouvrage assurant la défense extérieure d'une porte ou d'un pont
Bocage Pays de prés et de cultures entrecoupés de haies
Bossage Saillie ou motifs en relief pratiqués à la surface d'un matériau (pierre, bois) dans un but décoratif
Caloges Vieux canots installés en retrait de la plage d'Étretat pour servir d'abri à filets et à cordages
Chapiteau Couronnement d'un pilier ou d'une colonne
Chevet Partie extérieure de l'église située à l'extrémité de la nef principale
Clef Pierre taillée qui ferme un arc ou une voûte à son sommet
Collatéral Vaisseau latéral d'une église (synonyme de bas-côté)
Cob normand Demi-sang issu du croisement du carrossier normand et d'un cheval anglo-normand ; utilisé pour la selle ou le trait léger
Colombage Construction en pans de bois
Courtine Dans les châteaux forts, muraille dressée entre les tours
Croisée du transept Intersection de la nef principale et du transept
Déambulatoire Galerie de circulation faisant le tour du chœur
Échaudes Nom donné aux multiples bras de la Risle irriguant la ville de Pont-Audemer
Estran Portion du littoral découverte par la marée basse
Étentes (greniers à) Greniers à claire-voie utilisés pour le séchage des tissus
Gâble Fronton décoratif pyramidal couronnant certains arcs
Horsain Désigne l'"étranger", celui qui n'est pas originaire de Normandie
Larmier Moulure horizontale en saillie sur le nu d'un mur afin d'en écarter les eaux de pluie
Mâchicoulis Trous perçant les fortifications, en surplomb du sol, pour les tirs plongeants
Marnage Différence de hauteur entre les pleine et basse mers
Mascaret Vague de plusieurs mètres de haut remontant l'estuaire d'un fleuve au moment des fortes marées. Ce phénomène naturel, qui se produisait dans les cours d'eau peu profonds, à fond plat et pourvu d'un estuaire en forme d'entonnoir (comme la Seine ou la Gironde), a aujourd'hui presque disparu du fait de l'aménagement des fleuves
Modillon Ornement saillant répété sous une corniche
Refend Rainure taillée dans le parement d'un mur afin d'accuser ou de simuler le tracé des joints d'un appareil
Scriptorium Salle d'un monastère où les moines recopiaient et enluminaient les manuscrits
Teurgoule Riz au lait traditionnel cuit dans une terrine en grès pendant de longues heures
Tour-lanterne Tour élevée à la croisée du transept, percée de grandes baies permettant l'éclairage de la nef
Transept Nef transversale qui coupe à angle droit la nef principale d'une église

INDEX

A

B

C

D

S

T

U-V

INDEX

LÉGENDES DES CARTES ET DES PLANS

Cartes

- Aaa Ville ou site étape
- Autoroute et 2x2 voies
- Route principale
- Route secondaire
- Autre route
- Zone urbaine
- Limite administrative
- Parc naturel
- Liaison maritime
- Site remarquable
- Sommet
- Panorama

Profondeur (en mètres)

- Plus de 50
- De 25 à 50
- Moins de 25

Altitude (en mètres)

- De 0 à 50
- De 50 à 100
- De 100 à 200
- De 200 à 300
- Plus de 300

Plans

- Axe urbain
- Zone urbaine
- Espace vert
- Cimetière
- Voie ferrée
- Office de tourisme
- Aéroport
- Gare maritime
- Gare ferroviaire
- Gare routière
- Départ de randonnée
- Plage

AUTEURS
GEOPANORAMA Patrick Lenormand, Hélène Le Tac.
GEOPLUS Le Débarquement Jean-Jacques Lerosier. **Les jardins de Normandie** Guillaume Pellerin.
Les peintres en Normandie Anne-Marie Bergeret-Gourbin.
GEOPRATIQUE Karim Bourtel, Laurent Boscq.
GEORÉGIONS
Côte de Nacre Karim Bourtel, Anne Lagarde.
Côte fleurie et pays d'Auge Anne Lagarde, Hélène Le Tac.
Cotentin Karim Bourtel, Hélène Le Tac.
Du Mont-Saint-Michel à Saint-Lô Hélène Le Tac, Laurent Vautier.
Orne Laurent Boscq, Hélène Le Tac.
CRÉDITS PHOTOGRAPHIQUES **Couverture et 3** © Frances/Wysocky/hemis.fr. **5** © Nicolas Dieppedalle/Fotolia.fr. **6** © Anthony Duhamel/Fotolia.fr. **8** © Kevin/Fotolia.fr. **42 haut** © Noël Hautemanière/Scope. **bas** © Fotosapiens/Fotolia.fr. **290-291** © David Hugues/Fotolia.fr. **292-293** © Berti/Fotolia.fr. **294-295** © Gregory Cedenot/Fotolia.fr. **296** © Olive/Fotolia.fr. **297** © J. M. Leligny/Photononstop. **298-299** © Jacques Guillard/Scope. **300-301** © Maddly/Fotolia.fr. **302-303** © Packshot/Fotolia.fr. **304-305** © Camille Moirenc/hemis.fr. **306-307** © Topdeq/Fotolia.fr. **308-309** © Elena Gueno/Fotolia.fr. **310** ©Gilles Rigoulet. **311** © Charlotte/Fotolia.fr. **312-313** © Mcsdwarken/Fotolia.fr. **448 haut** et **bas** © Gilles Rigoulet. **528 haut** © Olive/Fotolia.fr. **bas** © Packshot/Fotolia.fr.
CARTOGRAPHIE INFOGRAPHIQUE Édigraphie.
MISE À JOUR 2014 François-Xavier Brabant-Pelletier.
REMERCIEMENTS Alain Joubert (conseiller scientifique, conservateur du musée des Traditions et Arts normands), Jean-Jacques Le Rozier (correspondant Pays d'Auge).
PUBLICITÉ **Régie publicitaire** LM la Pub 112 bis, rue Cardinet 75017 Paris.
Responsable de clientèle Laurence Ountzian Tél. 01 44 29 04 66.
GALLIMARD LOISIRS 5, rue Gaston-Gallimard 75328 Paris Cedex 07.
Tél. 01 49 54 42 00 contact@geo-guide.fr www.geo-guide.fr

 Premier dépôt légal Avril 2012
Dépôt légal Janvier 2014. **Numéro d'édition** 252563. **ISBN** 978-2-74-243489-3.
Photogravure ARG (Gentilly). **Impression** LEGO (Italie).

Normandie

ALDERNEY (AURIGNY)
CAP DE LA HAGUE
POINTE DE BARFLEUR
Cherbourg
Beaumont
Barfleur
POINTE DE LA HAGUE
VAL DE SAIRE
Quettehou
ÎLES ANGLO-NORMANDES
GUERNSEY (GUERNESEY)
SARK (SERCQ)
Les Pieux
Bricquebec
Valognes
ÎLES SAINT-MARCOUF
N13
COTENTIN
Sainte-Mère-Église
Isigny-sur-Mer
Barneville-Carteret
Carentan
PARC NATUREL RÉGIONAL DES MARAIS DU COTENTIN ET DU BESSIN
Lessay
JERSEY
Périers
Saint-Lô
Coutances
VIRE
MANCHE
Montmartin-sur-Mer
Tessy-sur-Vire
ÎLES CHAUSEY
Gavray
Bréhal
A84
Granville
Villedieu-les-Poêles
GOLFE DE SAINT-MALO
CÔTE D'ÉMERAUDE
POINTE DU GROUIN
SÉE
Saint-Malo
BAIE DU MONT-SAINT-MICHEL
Mont-Saint-Michel
Avranches
Saint-Hilaire-du-Harcouët
N175
D176
PENTHIÈVRE
Pontorson
Saint-James
N176
Dinan
A84
CÔTES-D'ARMOR
N12
ILLE-ET-VILAINE
Fougères
D137
A84
N
25 km
BASSIN DE RENNES
VENDELAIS